Daneke/Eimer/Hahn

Finanzwirtschaft und Haushaltsrecht der Gemeinden in Hessen

Band 2

Finanzwirtschaft und Haushaltsrecht der Gemeinden in Hessen

Band 2: Praktische Übungen und Lösungen

von

Uwe Daneke
Angelika Eimer
Dieter Hahn

KSV Medien

MIX
Papier | Fördert gute Waldnutzung
FSC® C019821
www.fsc.org

Die Herstellung bei KSV Medien erfolgt weitgehend digital und in dem Bewusstsein, eine möglichst ressourcenschonende Produktion zu gewährleisten.

Bibliografische Information der Deutschen Nationalbibliothek
Die Deutsche Nationalbibliothek verzeichnet diese Publikation in der Deutschen Nationalbibliografie; detaillierte bibliografische Daten sind im Internet über http://dnb.dnb.de abrufbar.

4., vollständig überarbeitete und korrigierte Auflage 2023

Satz: SEUME Publishing Services GmbH, Erfurt
Druck: Druckerei C.H.Beck • Nördlingen

ISBN 978-3-8293-1832-7

Inhaltsverzeichnis

Übungen zu Kapitel 3: Finanzverfassung, Aufgaben-, Lasten- und Steuerverteilung, Finanzausgleich

Sachverhalt 1

Für die Stadt Musterstadt (Sonderstatus-Stadt) gelten folgende Strukturdaten:

Einwohnerzahl am 31.12.2022:	58.420
Einwohnerzahl am 31.12.2012:	63.500

Musterstadt ist kein Schulträger.

Folgende Einnahmedaten sind bekannt:

Steuerart	Aufkommen €	Hebesatz %
Grundsteuer A		
2. Halbjahr 2022	48.000	400
1. Halbjahr 2023	52.000	400
Grundsteuer B		
2. Halbjahr 2022	3.780.000	420
1. Halbjahr 2023	4.048.000	440
Gewerbesteuer		
2. Halbjahr 2022	6.300.000	350
1. Halbjahr 2023	7.030.000	370
Gemeindeanteil an der Einkommensteuer		
2. Halbjahr 2022	15.300.000	
1. Halbjahr 2023	16.200.000	
Gemeindeanteil an der Umsatzsteuer		
2. Halbjahr 2022	1.900.000	
1. Halbjahr 2023	2.100.000	

Weitere Informationen:

Grundbetrag (€):	1.370,00
Vervielfältiger gesamt Gewerbesteuerumlage 2022 (%)	35,0
Vervielfältiger gesamt Gewerbesteuerumlage 2023 (%)	35,0
Vervielfältiger Heimatumlage 2022 (%)	21,75
Vervielfältiger Heimatumlage 2023 (%)	21,75
Kreisumlagehebesatz (%)	40,0
Schulumlagehebesatz (%)	15,0
Vergleichsquotient nach § 17 Abs. 2 Satz 1 HFAG (€):	900,00

Aufgabe:

Berechnen Sie die Schlüsselzuweisung und die Kreis- und Schulumlage der Stadt Musterstadt für das Jahr 2024.

Bearbeitungshinweis: Alle Zwischenergebnisse werden auf volle Euro gerundet, die Berechnungen zum Quotienten nach § 17 Abs. 2 HFAG werden auf zwei Nachkommastellen gerundet.

Lösung:

a) Berechnung der Schlüsselzuweisung

aa) Berechnung der Ausgleichsmesszahl

Hauptansatz:
Einwohnerzahl am 31.12.2022: 58.420
§ 19 Nr. 4 i. V. m. § 7 Abs. 3 Nr. 3 Buchst. d HFAG:
Hauptansatz = 58.420 × 158 % = 92.304

Ergänzungsansätze:
§ 20 Abs. 1 HFAG: Ergänzungsansatz für Bevölkerungsrückgang:
Einwohnerzahl vor 10 Jahren: 63.500
Berechnung:
Rückgang der Einwohnerzahl in den letzten 10 Jahren: 5.080
dies entspricht 8,0 % (5.080 : 63.500 × 100)
Ergänzungsansatz i. H. des 5 % des Bevölkerungsrückganges übersteigenden Prozentsatzes vom Hauptansatz
8 % – 5 % = 3 % von 92.304 = 2.769

§ 20 Abs. 2 HFAG: Ergänzungsansatz für Ländlichen Raum, kommt nach dem Sachverhalt nicht in Betracht
Gesamtansatz: 95.073

Ausgleichsmesszahl = Grundbetrag × Gesamtansatz
1.370 € × 95.073 = 130.250.010 €

Die Ausgleichsmesszahl beträgt somit 130.250.010 €.

ab) Berechnung der Steuerkraftmesszahl

Die Steuerkraftmesszahl wird berechnet, indem die Steuerkraftzahlen der Grundsteuern, der Gewerbesteuer und des Gemeindeanteils an der Einkommensteuer addiert werden und die Steuerkraftzahlen der Gewerbesteuerumlage und der Heimatumlage hiervon abgezogen werden (§ 21 Abs. 1 HFAG).

Grundsteuer A

Die Steuerkraftzahl wird ermittelt, indem das Aufkommen durch den Hebesatz geteilt und das Ergebnis (Grundbetrag) mit dem Nivellierungshebesatz (332 %) multipliziert wird (§ 21 Abs. 2 Nr. 1 i. V. m. Abs. 5 HFAG).

2. Halbjahr 2022: 48.000 € : 400 % =	12.000 €	
1. Halbjahr 2023: 52.000 € : 400 % =	13.000 €	
Grundbetrag =	25.000 €	
Steuerkraftzahl = Grundbetrag × 332 % =		83.000 €

Grundsteuer B

Die Steuerkraftzahl wird ermittelt, indem das Aufkommen durch den Hebesatz geteilt und das Ergebnis (Grundbetrag) mit dem Nivellierungshebesatz (365 %) multipliziert wird (§ 21 Abs. 2 Nr. 2 i. V. m. Abs. 5 HFAG).

2. Halbjahr 2022: 3.780.000 € : 420 % =	900.000 €	
1. Halbjahr 2023: 4.048.000 € : 440 % =	920.000 €	
Grundbetrag =	1.820.000 €	
Steuerkraftzahl = Grundbetrag × 365 % =		6.643.000 €

Gewerbesteuer

Die Steuerkraftzahl wird ermittelt, indem das Ist-Aufkommen durch den Hebesatz geteilt und das Ergebnis (Grundbetrag) mit dem Nivellierungshebesatz (357 %) multipliziert wird (§ 21 Abs. 2 Nr. 3 i. V. m. Abs. 5 HFAG).

2. Halbjahr 2022: 6.300.000 € : 350 % =	1.800.000 €	
1. Halbjahr 2023: 7.030.000 € : 370 % =	1.900.000 €	
Grundbetrag =	3.700.000 €	
Steuerkraftzahl = Grundbetrag × 357 % =		13.209.000 €

Gemeindeanteil an der Einkommensteuer

Die Steuerkraftzahl ist der Betrag, der der Gemeinde für den maßgeblichen Zeitraum zugewiesen worden ist, einschließlich der Ausgleichsleistungen an die Gemeinden für die Belastungen aus der Neuregelung des Familienleistungsausgleichs nach § 62 HFAG (§ 21 Abs. 2 Nr. 4 HFAG).

2. Halbjahr 2022:	15.300.000 €	
1. Halbjahr 2023:	16.200.000 €	
Steuerkraftzahl =		31.500.000 €

Gemeindeanteil an der Umsatzsteuer

Die Steuerkraftzahl ist der Betrag, der der Gemeinde für den maßgeblichen Zeitraum zugewiesen worden ist (§ 21 Abs. 2 Nr. 5 HFAG).

2. Halbjahr 2022:	1.900.000 €	
1. Halbjahr 2023:	2.100.000 €	
Steuerkraftzahl =		4.000.000 €

Gewerbesteuerumlage

Die Steuerkraftzahl wird ermittelt nach dem Umlagesoll der Gewerbesteuerumlage, das ist der Betrag, der für die Gemeinde als Umlageverpflichtung nach der Formel Ist-Aufkommen geteilt durch Hebesatz mal Multiplikator gemäß § 6 GemFinRefG ermittelt wurde (§ 21 Abs. 2 Nr. 6 i. V. m. Abs. 4 HFAG).

2. Hj. 2022: 6.300.000 € : 350 % × 35,0 % =	630.000 €	
1. Hj. 2023: 7.030.000 € : 370 % × 35,0 % =	665.000 €	
Umlagesoll	1.295.000 €	
Steuerkraftzahl = Umlagesoll		–1.295.000 €

Heimatumlage

Die Steuerkraftzahl wird ermittelt nach dem Umlagesoll der Heimatumlage, das ist der Betrag, der für die Gemeinde als Umlageverpflichtung nach der Formel Ist-Aufkommen Gewerbesteuer geteilt durch Hebesatz Gewerbesteuer (§ 6 Abs. 2 GemFinRefG) mal Multiplikator nach § 1 HeimatUmlG ermittelt wurde (§ 21 Abs. 2 Nr. 7 i. V. m. Abs. 4 HFAG).

2. Hj. 2022: 6.300.000 € : 350 % × 21,75 % =	391.500 €	
1. Hj. 2023: 7.030.000 € : 370 % × 21,75 % =	413.250 €	
Umlagesoll	804.750 €	
Steuerkraftzahl = Umlagesoll		–804.750 €

Steuerkraftmesszahl gesamt =	**53.335.250 €**

ac) Berechnung der Schlüsselzuweisung A

Der „Schwellenwert“ für den Erhalt von Schlüsselzuweisung A liegt bei 65 % des landesdurchschnittlichen Quotienten, der hier 900 € beträgt, somit bei 585 €. Der Quotient von Musterstadt beträgt 560,99 €, liegt also um den Wert von 24,01 € darunter

(Steuerkraftmesszahl 53.335.250 € : Gesamtansatz 95.073)

Musterstadt erhält also nach § 17 Abs. 2 HFAG vorweg einen anteiligen Steuerkraftausgleich i. H. v. 65 Prozent des Unterschiedsbetrages zwischen den beiden Quotienten, vervielfacht mit dem Gesamtansatz, somit

Schlüsselzuweisung A = 24,01 € × 65 % × 95.073 = 1.483.757 €

ad) Berechnung der Schlüsselzuweisung B

Gegenüberstellung Ausgleichsmesszahl zu Steuerkraftmesszahl plus Schlüsselzuweisung A

Die Ausgleichsmesszahl ist höher als die Steuerkraftmesszahl plus Schlüsselzuweisung A:

Ausgleichsmesszahl =	130.250.010 €	
Steuerkraftmesszahl =	53.335.250 €	
Schlüsselzuweisung A =	1.483.757 €	
Zusammen		54.819.007 €
Unterschiedsbetrag		75.431.003 €

Musterstadt erhält nach § 17 Abs. 3 HFAG 65 % des Unterschiedsbetrages, somit
Schlüsselzuweisung B = 75.431.003 € × 65 % = 49.030152 €

ae) Schlüsselzuweisung gesamt

Schlüsselzuweisung A	1.483.757 €
Schlüsselzuweisung B	49.030.152 €

Die Schlüsselzuweisung beträgt insgesamt **50.513.909 €**

b) Berechnung der Kreis- und Schulumlage

ba) Berechnung der Kreisumlage
Umlagegrundlagen sind gem. § 50 Abs. 2 Satz 1 HFAG:

die Steuerkraftmesszahl =	53.335.250 €
die Schlüsselzuweisungen A und B =	50.513.909 €
vermindert um die Solidaritätsumlage (hier	0 €)
insgesamt =	103.849.159 €

Da Musterstadt Sonderstatus-Stadt ist, werden die Umlagegrundlagen **auf** 56,5 % ermäßigt (§ 50 Abs. 2 Satz 2 HFAG), somit
Umlagegrundlagen = 103.849.159 € × 56,5 % = 58.674.775 €
Kreisumlage = Umlagegrundlagen × Kreisumlagehebesatz
58.674.775 € × 40 % = 23.469.910 €

Die Kreisumlage beträgt **23.469.910 €.**

bb) Berechnung der Schulumlage
Schulumlage wird von den Gemeinden erhoben, die kein Schulträger sind. Da nach dem Sachverhalt die Stadt Musterstadt kein Schulträger ist, wird von ihr Schulumlage erhoben (§ 50 Abs. 3 i. V. m. Abs. 2 Satz 1 HFAG).
Die Umlagegrundlagen entsprechen denen der Kreisumlage, jedoch findet keine Ermäßigung für Sonderstatus-Städte statt, Umlagegrundlagen somit 103.849.159 €.
Schulumlage = Umlagegrundlagen × Schulumlagehebesatz
103.849.159 € × 15 % = 15.577.374 €

Die Schulumlage beträgt **15.577.374 €.**

Abwandlung des Sachverhaltes

Der Gemeindeanteil der Stadt Musterstadt an der Einkommensteuer beträgt im zweiten Halbjahr 2022 61.300.000 € und im ersten Halbjahr 2023 63.200.000 €.

Aufgabe:

Welche Auswirkungen hat dies auf die Schlüsselzuweisung und die Kreis- und Schulumlage der Stadt Musterstadt für das Jahr 2024?

Lösung:

a) Berechnung der Schlüsselzuweisung

aa) Berechnung der Ausgleichsmesszahl
Die Ausgleichsmesszahl beträgt unverändert 130.250.010 €

ab) Berechnung der Steuerkraftmesszahl
In diesem Fall würde die Steuerkraftzahl der Einkommensteuer 124.500.000 € betragen und die Steuerkraftmesszahl somit insgesamt 146.335.250 €.

ac) Berechnung der Schlüsselzuweisung A
Der Quotient für Musterstadt beträgt nun 1.539,19 €
(Steuerkraftmesszahl 146.335.250 € : Gesamtansatz 95.073)
und liegt über dem Schwellenwert, daher erhält Musterstadt keine Schlüsselzuweisung A.

ad) Berechnung der Schlüsselzuweisung B
Gegenüberstellung Ausgleichsmesszahl zu Steuerkraftmesszahl plus Schlüsselzuweisung A

Ausgleichsmesszahl =	130.250.010 €
Steuerkraftmesszahl =	146.335.250 €
Schlüsselzuweisung A =	0 €
Zusammen	146.335.250 €

Die Steuerkraftmesszahl plus Schlüsselzuweisung A ist höher als die Ausgleichsmesszahl, daher erhält Musterstadt auch keine Schlüsselzuweisung B.

ae) Berechnung der Solidaritätsumlage auf abundante Steuerkraft
Von den kreisangehörigen Gemeinden, deren Steuerkraftmesszahl zuzüglich der Schlüsselzuweisung A höher ist als ihre Ausgleichsmesszahl, wird eine Solidaritätsumlage auf abundante Steuerkraft erhoben.
Die Steuerkraftmesszahl (146.335.250 €) ist höher als die Ausgleichsmesszahl (130.250.010 €), die Differenz (Abundanzvolumen) beträgt 16.085.240 €, das sind 12,35 % der Ausgleichsmesszahl.
Für den Anteil des Abundanzvolumens, der 10 % der Ausgleichsmesszahl entspricht, beträgt der Umlagesatz 15 %, für den darüber liegen Anteil 25 %.
Daraus ergibt sich:

Abundanzvolumen entsprechend 10 % der Ausgleichsmesszahl =	13.025.001 €	
davon 15 % =	1.953.750 €	
Restliches Abundanzvolumen =	3.060.239 €	
davon 25 % =	765.060 €	
zusammen:		2.718.810 €

Die Solidaritätsumlage beträgt daher **2.718.810 €.**

b) Berechnung der Kreis- und Schulumlage

ba) Berechnung der Kreisumlage

Umlagegrundlagen sind gem. § 50 Abs. 2 Satz 1 HFAG:

die Steuerkraftmesszahl =	146.335.250 €
die Schlüsselzuweisungen A und B =	0 €
vermindert um die Solidaritätsumlage	2.718.810 €
insgesamt =	143.616.440 €

Da Musterstadt Sonderstatus-Stadt ist, werden die Umlagegrundlagen auf 56,5 % ermäßigt (§ 50 Abs. 2 Satz 2 HFAG), somit

Umlagegrundlagen = 143.616.440 € × 56,5 % = 81.143.289 €

Kreisumlage = Umlagegrundlagen × Kreisumlagehebesatz

81.143.289 € × 40 % = 32.457.316 €

Die Kreisumlage beträgt **32.457.316 €.**

bb) Berechnung der Schulumlage

Schulumlage wird von den Gemeinden erhoben, die kein Schulträger sind. Da nach dem Sachverhalt die Stadt Musterstadt kein Schulträger ist, wird von ihr Schulumlage erhoben (§ 50 Abs. 3 i. V. m. Abs. 2 Satz 1 HFAG).

Die Umlagegrundlagen entsprechen denen der Kreisumlage, jedoch findet keine Ermäßigung für Sonderstatus-Städte statt, Umlagegrundlagen somit 143.616.440 €.

Schulumlage = Umlagegrundlagen × Schulumlagehebesatz

143.616.4401 € × 15 % = 21.542.466 €

Die Schulumlage beträgt **21.542.466 €.**

Übungen zu Kapitel 6: Haushaltsplan

Sachverhalt 1

Im Haushaltsplan der Gemeinde G für das laufende Haushaltsjahr ist die Erneuerung der Fahrbahndecke der Hauptstraße mit Ausgaben[1] von 50.000 € veranschlagt. Im Mai des laufenden Jahres beschließt die Gemeindevertretung der Gemeinde G jedoch, die veranschlagten 50.000 € nicht für die Erneuerung der Hauptstraße, sondern vielmehr für den Rathausplatz zu verwenden. Der an der Hauptstraße wohnende Anlieger A schreibt nun an die Gemeinde G und verlangt auf Grund des Haushaltsplanes den sofortigen Ausbau der Hauptstraße.

Aufgabe:

Stellen Sie dar, was die Verwaltung dem Anlieger A mitteilen wird.

Lösung:

Im Haushaltsplan ist eine Ausgabeermächtigung in Höhe von 50.000 € enthalten. Durch diese Veranschlagung im Haushaltsplan ist die Verwaltung gehalten, die vorgesehene Maßnahme auch durchzuführen. Die Verwaltung ist bei ihrer Ausgabenwirtschaft an die Ansätze des Haushaltsplanes gebunden. Eine Änderung des Verwendungszweckes wie in diesem Fall bedarf eines Beschlusses der Gemeindevertretung – evtl. einer Nachtragssatzung –, wenn die Gemeinde dieses für notwendig oder geboten hält. Der Haushaltsplan regelt die finanzwirtschaftlichen Beziehungen zwischen Verwaltung und Gemeindevertretung (Innenwirkung). Dieses wird deutlich gemacht durch die Bestimmung des § 95 Abs. 1 HGO, wonach der Haushaltsplan Grundlage für die Haushaltswirtschaft der Gemeinde und als solche für die Haushaltsführung selbst verbindlich ist. Unterstützend kommt hinzu, dass Ansprüche und Verbindlichkeiten Dritter durch den Haushaltsplan weder begründet noch aufgehoben werden.

Der Anlieger A meldet einen solchen Anspruch auf Ausbau der Hauptstraße an. Jedoch folgt aus der Regelung des § 96 Abs. 2 HGO, dass aus der Veranschlagung einer Ausgabe im Haushaltsplan kein Rechtsanspruch auf Realisierung abgeleitet werden kann. Diese Mitteilung wird die Verwaltung dem Anlieger geben.

1 Hier und im Weiteren wird bewusst der Begriff „Ausgaben“ verwendet, da es an dieser Stelle dahingestellt sein kann, ob es sich bei der Erneuerung der Fahrbahndecke um einen Unterhaltungsaufwand oder um eine Investitionsauszahlung handelt.

Sachverhalt 2

Das Liegenschaftsamt der Gemeinde G teilt dem Vermieter eines für das Sozialamt angemieteten Verwaltungsgebäudes mit, dass die Miete für den Monat Dezember erst im Januar des folgenden Jahres beglichen wird, weil die Haushaltsmittel dieses Jahres erschöpft sind.

Aufgabe:

Begutachten Sie die Mitteilung des Liegenschaftsamtes aus haushaltsrechtlicher Sicht.

Lösung:

Der Haushaltsplan enthält gemäß § 95 Abs. 2 HGO alle im Haushaltsjahr für die Erfüllung der Aufgaben der Gemeinde voraussichtlich anfallenden Erträge und eingehenden Einzahlungen, entstehenden Aufwendungen und zu leistenden Auszahlungen und benötigten Verpflichtungsermächtigungen. Zu den gemeindlichen Aufgaben gehört auch die Bereitstellung entsprechender Gebäude für die Verwaltung.

Die Mitteilung des Liegenschaftsamtes bezieht sich auf einen (zahlungswirksamen) Aufwendungsansatz – Zahlung der Miete –. Aufwendungsansätze stellen für die Verwaltung grundsätzlich eine Ermächtigung und keine Verpflichtung zur Leistung der Aufwendung und der damit verbundenen Zahlung dar. Jedoch müssen die von der Gemeinde zu leistenden Beträge in solche auf Grund gesetzlicher oder vertraglicher Verpflichtung und in solche auf Grund freier Entscheidung unterteilt werden. Zur Leistung der Miete ist die Gemeinde auf Grund eines Mietvertrages verpflichtet. § 96 Abs. 2 HGO besagt, dass Ansprüche Dritter – hier des Vermieters – nicht durch den Haushaltsplan und somit auch nicht durch fehlende Haushaltsmittel beeinträchtigt werden dürfen. Insofern muss die Verwaltung die Miete für den Monat Dezember noch im laufenden Haushaltsjahr auszahlen. Die Verschiebung auf das kommende Haushaltsjahr ist rechtswidrig.

Durch die Veranschlagung von Aufwendungen und Auszahlungen wird zwar eine Obergrenze gezogen, die grundsätzlich nicht überschritten werden darf. Die Gemeinde kann sich jedoch, wie bereits festgestellt, in diesem Fall nicht auf diese Position zurückziehen. Vorrangig ist die Erfüllung des vertraglichen Anspruchs aus dem Mietvertrag. Die fehlende Ermächtigung muss also durch Erhöhung des Ansatzes geschaffen werden, wobei hier (sofern keine Pflicht zum Erlass einer Nachtragssatzung[2] gemäß § 98 Abs. 2 Nr. 3 HGO besteht) von einer überplanmäßigen Bewilligung[3] i. S. d. § 100 HGO auszugehen ist, denn wenn eine wie im Sachverhalt beschriebene Situation eintritt, dürften die Möglichkeiten der Deckungsfähigkeit[4] entweder nicht bestehen oder bereits ausgeschöpft sein.

2 Siehe auch Ziff. 14.1.

3 Siehe auch Ziff. 14.2.

4 Siehe auch Ziff. 7.4.3.

Sachverhalt 3

Ordnen Sie die nachstehenden Vorgänge dem Ergebnis- bzw. dem Finanzhaushalt zu. Nennen Sie jeweils die Zeilenposition gemäß Muster 7 bzw. 8 zur GemHVO. Soweit der Ergebnishaushalt betroffen ist, stellen Sie unter Angabe der Zeilenposition dar, wie sich der Vorgang ggf. auf den Finanzhaushalt auswirkt. Prüfen Sie in diesen Fällen auch die Periodenzuordnung:

a)	Zahlung der Entgelte der Beschäftigten	500.000 €
b)	Gebühren für die Abwasserbeseitigung	100.000 €
c)	Reparatur an einer Gemeindestraße	100.000 €
d)	Pachteinnahmen aus der Verpachtung eines landwirtschaftlichen Grundstücks	500 €
e)	Abschreibung für die Straßen	100.000 €
f)	Zahlung der Beamtenbezüge für Januar 2024	50.000 €
g)	Zahlung der Versicherungsbeiträge vom 1. Oktober 2023 bis 30. September des folgenden Jahres	10.000 €
h)	Begleichung der Rechnung für den Neubau einer Straße	125.000 €
i)	Für die Herstellung der Straße erhält die Gemeinde Erschließungsbeiträge	100.000 €
j)	Auflösung des Sonderpostens aus den Erschließungsbeiträgen	2.000 €
k)	Verkauf eines PKW, der mit 5.000 € bilanziert ist, zum Preis von	6.000 €

Lösung:

a) Entgelte der Beschäftigten stellen Personalaufwendungen i. S. v. § 2 Abs. 1 Nr. 10 GemHVO dar und sind folglich dem Ergebnishaushalt zuzuordnen. Sie werden in der Zeilenposition 11 des Muster 7 nachgewiesen. Da es sich um zahlungswirksame Aufwendungen i. S. v. § 3 Abs. 1 Nr. 10 GemHVO handelt, werden sie auch im Finanzhaushalt nachgewiesen, und zwar in der Zeile 10 des Muster 8. Es ist davon auszugehen, dass die Entgelte der Zahlungsperiode auch vollständig wirtschaftlich zuzuordnen sind, sodass eine Periodenabgrenzung nicht vorzunehmen ist.

b) Gebühren für die Abwasserbeseitigung stellen öffentlich-rechtliche Leistungsentgelte i. S. v. § 2 Abs. 1 Nr. 2 GemHVO dar und sind folglich dem Ergebnishaushalt zuzuordnen. Sie werden in der Zeilenposition 2 des Muster 7 nachgewiesen. Da es sich um zahlungswirksame Erträge i. S. v. § 3 Abs. 1 Nr. 2 GemHVO handelt, werden sie auch im Finanzhaushalt nachgewiesen, und zwar in der Zeile 2 des Muster 8. Es ist davon auszugehen, dass die Gebühren der Zahlungsperiode auch vollständig wirtschaftlich zuzuordnen sind, sodass eine Periodenabgrenzung nicht vorzunehmen ist.

c) Die Reparatur an einer Gemeindestraße stellt Aufwand für Sach- und Dienstleistungen i. S. v. § 2 Abs. 1 Nr. 12 GemHVO dar und ist folglich dem Ergebnishaushalt zuzuordnen. Sie wird in der Zeilenposition 13 des Muster 7 nachgewiesen. Da es sich um zahlungswirksame Aufwendungen i. S. v. § 3 Abs. 1 Nr. 12 GemHVO handelt, werden sie auch im Finanzhaushalt nachgewiesen, und zwar in der Zeile 12

des Muster 8. Es ist davon auszugehen, dass die Zahlungsperiode der Reparatur auch die Periode der wirtschaftlichen Zugehörigkeit ist, sodass eine Periodenabgrenzung nicht vorzunehmen ist.
Sofern es sich bei der Reparatur um einen Vorgang handelt, der selten oder unregelmäßig anfällt und eine im Einzelfall erhebliche Aufwendung darstellt (vgl. § 58 Nr. 6a GemHVO), was bezüglich der Betragshöhe zumindest bei kleineren Gemeinden nicht auszuschließen ist, kommt auch in Betracht, den Betrag als außerordentlichen Aufwand zu behandeln (§ 2 Abs. 1 Nr. 21 GemHVO) und damit in Zeile 28 des Muster 7 nachzuweisen. Bezüglich der Betrachtung für den Finanzhaushalt ergeben sich keine Abweichungen zur vorstehenden Lösung.

d) Pachteinnahmen stellen Erträge des Ergebnishaushaltes dar, es ist aber fraglich, in welcher Zeilenposition des Muster 7 sie aufzuführen sind. Entscheidend hierbei ist, ob es sich bei der Verpachtung einer landwirtschaftlichen Fläche um eine Hauptleistung der Gemeinde handelt, einen Hauptzweck der gemeindlichen Tätigkeit (vgl. Erläuterungen zum Kommunalen Verwaltungskontenrahmen, Muster 12 der GemHVO, Staatsanzeiger Nr. 28 vom 6.7.2009, Erläuterungen zu Hauptkonto 500). Ist dies der Fall, sind die Pachterträge als privatrechtliche Entgelte in der Zeilenposition 1 des Muster 7 nachzuweisen. Bei der Verpachtung eines landwirtschaftlichen Grundstückes dürfte aber nicht von einer Hauptleistung der Gemeinde auszugehen sein, sondern von einer Nebenleistung im Sinne der Erläuterungen zu Hauptkonto 530. In diesem Fall sind die Pachterträge in Zeile 9 (sonstige ordentliche Erträge) des Muster 7 aufzunehmen.
   Da es sich bei der Pachteinnahme um einen zahlungswirksamen Ertrag handelt, wird sie auch im Finanzhaushalt nachgewiesen, und zwar je nach vorstehender Betrachtung entweder in der Zeile 1 oder der Zeile 8 des Muster 8. Es ist davon auszugehen, dass die Pachteinnahme der Zahlungsperiode auch vollständig wirtschaftlich zuzuordnen sind, sodass eine Periodenabgrenzung nicht vorzunehmen ist.
e) Die Abschreibung stellt ordentlichen Aufwand des Ergebnishaushaltes gemäß § 2 Abs. 1 Nr. 13 GemHVO dar und ist in Zeilenposition 14 des Muster 7 darzustellen. Sie mindert das Ergebnis des Ergebnishaushaltes, ist aber nicht zahlungswirksam und daher nicht im Finanzhaushalt nachzuweisen. Es ist davon auszugehen, dass die Abschreibung periodengerecht zugeordnet wird, sodass eine Periodenabgrenzung nicht vorzunehmen ist.
f) Die Beamtenbezüge sind ordentlicher Aufwand des Ergebnishaushaltes gemäß § 2 Abs. 1 Nr. 10 GemHVO und sind in Zeilenposition 11 des Muster 7 darzustellen. Sie sind auch zahlungswirksam und daher im Finanzhaushalt nachzuweisen. Fraglich ist hier die Periodenzuordnung. Die Beamtenbezüge für den Januar 2024 sind wirtschaftlich dem Jahr 2024 zuzuordnen und als Aufwand im **Ergebnishaushalt für das Jahr 2024** darzustellen. Sie werden jedoch nach den besoldungsrechtlichen Vorschriften (Fälligkeit am letzten Werktag des Vormonates) im Dezember 2023 gezahlt und sind daher als Auszahlung i. S. v. § 3 Abs. 1 Nr. 10 GemHVO im **Finanzhaushalt für das Jahr 2023** nachzuweisen. Hier fallen also die Periode der Zahlung und die Periode der Ergebniswirksamkeit (wirtschaftliche Zuordnung ge-

mäß § 10 Abs. 2 GemHVO, siehe auch Ziff. 7.3.2) auseinander, was veranschlagungs- und buchungstechnisch darzustellen ist.

In der Finanzrechnung werden die für den Januar 2024 im Dezember 2023 kassenwirksam zu zahlenden Beträge der Finanzrechnung des Jahres 2023 zugeordnet, sie sind also in der Zeile 10 des Muster 8 **für das Jahr 2023** darzustellen. In der Finanzrechnung des Jahres 2023 werden folglich die für den Januar 2024 zu zahlenden Beamtenbezüge nachgewiesen. Buchungstechnisch erfolgt die Abwicklung über einen sog. Aktiven Rechnungsabgrenzungsposten (siehe § 45 Abs. 1 GemHVO).

In 2024 wird der entsprechende Aufwand gebucht und damit der aktive Rechnungsabgrenzungsposten wieder aufgelöst. In 2024 entsteht also Ergebniswirksamkeit, aber keine Zahlungswirksamkeit.

g) Versicherungsbeiträge stellen Aufwendungen für Sach- und Dienstleistungen und damit ordentlichen Aufwand des Ergebnishaushaltes gemäß § 2 Abs. 1 Nr. 12 GemHVO dar. Sie sind in Zeile 13 des Muster 7 nachzuweisen, siehe auch Hauptkonto 690 gemäß Muster 12 der GemHVO.

   Entsprechend des Grundsatzes der periodengerechten Abgrenzung ist von dem Zahlungsbetrag nur der Betrag als Aufwand des Zahlungsjahres anzusehen, der wirtschaftlich auf dieses entfällt, das ist der Betrag für Oktober bis Dezember, also ein Viertel von 10.000 €, somit 2.500 €. Dieser Betrag ist im Ergebnishaushalt 2023 in Zeile 13 des Muster 7 auszuweisen.

   In der Finanzrechnung erfolgt der Nachweis der Auszahlung i. S. v. § 3 Abs. 1 Nr. 12 GemHVO von 10.000 € in Zeile 12 des Muster 8. Der wirtschaftlich auf das folgende Jahr anteilig entfallende Auszahlungsbetrag von 7.500 € wird einem aktiven Rechnungsabgrenzungsposten zugebucht. Es ergibt sich dann die gleiche Vorgehensweise wie in der Lösung zu f) behandelt.

h) Der Neubau einer Straße stellt eine Investition dar, da es sich um eine Veränderung des Anlagevermögens handelt (Zugang des Infrastrukturvermögens, § 49 Abs. 3 Nr. 1.2.3 GemHVO), für die eine Auszahlung zu leisten ist (§ 58 Nr. 18 GemHVO). Dieser Vorgang ist gemäß § 3 Abs. 1 Nr. 25 GemHVO dem Finanzhaushalt zuzuordnen. Der Nachweis erfolgt im Muster 8 in Zeile 25. Eine Periodenabgrenzung findet nur im Ergebnishaushalt statt, im Finanzhaushalt erfolgt die Zuordnung nach Kassenwirksamkeit (§ 10 Abs. 2 GemHVO, siehe auch Ziff. 7.3.2).

i) Erschließungsbeiträge sind investitionsbezogene Finanzierungsbeteiligungen. Sie stellen keine Erträge des Ergebnishaushaltes, sondern Einzahlungen des Finanzhaushaltes gemäß § 3 Abs. 1 Nr. 20 GemHVO dar. Der Nachweis erfolgt im Muster 8 in Zeile 20.

j) Erschließungsbeiträge werden bilanziell als Sonderposten passiviert und über die Nutzungsdauer des damit finanzierten Vermögensgegenstandes (hier: die Straße) aufgelöst (§ 38 Abs. 4 GemHVO), die Auflösung stellt quasi die Gegenposition zur Abschreibung dar.

   Die Auflösung von Sonderposten ist gemäß § 2 Abs. 1 Nr. 8 GemHVO ordentlicher Ertrag des Ergebnishaushaltes und in Zeile 8 des Muster 7 auszuweisen. Sie ist jedoch nicht zahlungswirksam und daher in der Finanzrechnung nicht auszuweisen. Das Muster 8 sieht hierfür auch keine Zeilenposition vor.

k) Der Pkw ist gemäß § 49 Abs. 3 Nr. 1.2.5 GemHVO dem Sachanlagevermögen zuzuordnen, siehe auch Hauptkonto 081 gemäß Muster 12 GemHVO. Der Verkaufspreis des Pkw stellt eine Einzahlung aus Abgängen von Vermögensgegenständen des Sachanlagevermögens dar und ist damit eine Einzahlung des Finanzhaushaltes gemäß § 3 Abs. 1 Nr. 21 GemHVO. Der Nachweis erfolgt im Muster 8 in Zeile 21. Die Zahlungswirksamkeit des Vorganges ist damit abgebildet.
Da der Verkaufspreis des Pkw über dessen Bilanzwert liegt, entsteht ein außerordentlicher Ertrag (§ 2 Abs. 1 Nr. 20 und Abs. 3 GemHVO) des Ergebnishaushaltes in Höhe von 1.000 €. Dieser ist in Zeile 27 des Muster 7 darzustellen. In der Finanzrechnung ergibt sich kein weiterer Handlungsbedarf.

Sachverhalt 4

Aufgabe:

Ermitteln Sie die Kennzahl der finanziellen Leistungsfähigkeit für den Finanzstatusbericht aus folgenden Angaben:

Einwohnerzahl:	37.800
ordentliches Ergebnis	170.100 €
Bestand der Rücklage aus ordentlichem Ergebnis	0 €
Fehlbeträge aus Vorjahren	560.000 €
Bildung Liquiditätsreserve zu	60 %
Eigenkapital	85.000.000 €
Liquiditätskredite	3.000.000 €
Verbindlichkeiten Hessenkasse	0 €
Zahlungsmittelfluss aus lfd. Verwaltungstätigkeit	280.000 €
ordentliche Tilgung	204.000 €

Lösung siehe nächste Seite

Lösung:

Grundlage der Lösung ist das Datenblatt zur Auswertung der finanziellen Leistungsfähigkeit gemäß Muster 20 zur GemHVO (Finanzstatusbericht):

Indikator pro Einwohner	Bewertung ggf. der Entwicklung nach Indikatoren pro Einwohner	Gewichtung der Indikatoren pro Einwohner in %	Status
ordentliches Ergebnis	Überschuss (mehr als +5 €) = 1	40 %	grün (+) ≥ 70 % gelb (0) < 70 % und > 40 % rot (–) ≤ 40 %
	jahresbezogener Haushaltsausgleich (im Korridor von –5 € bis +5 € oder durch Rücklage) = 0,75		
	defizitär im Korridor (weniger als –5 € bis –40 €) = 0,5		
	defizitär im Korridor (weniger als –40 € bis –75 €) = 0,25		
	defizitär (weniger als –75 €) = 0		
Bestand ordentliche Rücklage	Bestand = 1	5 %	
	kein Bestand (≤ 0 €) = 0		
Fehlbeträge aus Vorjahren (Bilanzwert der letzten aufgestellten Bilanz)	kein Bestandswert = 1	5 %	
	Ausweis eines Fehlbetragbestands = 0		
Bestand der Liquiditätsreserve	Bestand vollständig gebildet = 1	5 %	
	Bestand teilweise gebildet (≥ 50 %) = 0,5		
	Bestand unzureichend oder nicht gebildet (< 50 %) = 0		
Ausweis von Eigenkapital (nach letzter aufgestellter Bilanz)	positiver Eigenkapitalbestand = 1	5 %	
	negativer Eigenkapitalbestand (≤ 0 €) = 0		
Verbindlichkeiten aus Liquidtitätskrediten (Kommune plus Sondervermögen)	kein Bestand (= 0 €) = 1	5 %	
	Bestand (> 0 €) = 0		
Verbindlichkeiten gegenüber dem Sondervermögen Hessenkasse	kein Bestand (= 0 €) = 1	5 %	
	Bestand (> 0 €) = 0		
Zahlungsmittelfluss lfd. Verwaltungstätigkeit abzüglich der Tilgung sowie der	Saldo > 5 € = 1	30 %	
	im Korridor von 0 € bis +5 € = 0,5		
	Saldo < 0 € = 0		
		100 %	0 %

Daraus ergibt sich:

		pro Ew.	Wert	Gewichtung	gewicht. Wert
Einwohnerzahl	37.800				
ordentliches Ergebnis:	170.100 €	4,50 €	0,75	40 %	30,0 %
Bestand der Rücklage aus ordentlichem Ergebnis	0 €		0	5 %	0,0 %
Fehlbeträge aus Vorjahren	560.000 €		0	5 %	0,0 %
Bildung Liquiditätsreserve nach § 106 HGO	zu 60 %		0,5	5 %	2,5 %
Eigenkapital	85 Mio. €		1	5 %	5,0 %
Liquiditätskredite	3 Mio. €		0	5 %	0,0 %
Verb. Hessenkasse	0 €		1	5 %	5,0 %
Zahlungsmittelfluss aus lfd. Verwaltungstätigkeit	280.000 €	2,00 €	0,5	30 %	15,0 %
ordentliche Tilgung	204.400 €				
				100 %	**57,5 %**

Der Wert von 57,5 % der Gemeinde liegt im „gelben“ Bereich zwischen > 40 % und < 70 %. Das bedeutet, dass die Gemeinde eingeschränkt leistungsfähig ist.

Übungen zu Kapitel 7: Haushaltsgrundsätze

Sachverhalt 1

In der Gemeinde E sind im Entwurf der Haushaltssatzung und des Haushaltsplanes 320.000 € für dringende Unterhaltungsmaßnahmen an Obdachlosenunterkünften zur Angleichung an den Ausstattungsstandard von Normalwohnungen vorgesehen.

Die Wirtschaftssituation zum Zeitpunkt der Beratung im zuständigen Fachausschuss stellt sich als überhitzte Konjunktur dar. Der Gemeindevertreter R weist deshalb auf die Anforderung der §§ 1, 16 StabG und auf den allgemeinen Haushaltsgrundsatz des § 92 Abs. 1 Satz 2 HGO hin, wonach dem gesamtwirtschaftlichen Gleichgewicht Rechnung zu tragen ist. Er fordert, dass dem Ziel der Stabilität des Preisniveaus Priorität einzuräumen ist und die Gemeinde sich antizyklisch verhält, das heißt, diese Unterhaltungsmaßnahme sollte bis zur Abschwächung der Konjunktur zurückgestellt werden.

Aufgabe:

Begutachten Sie die Auffassung des R und kommen Sie begründet zu einem Ergebnis.

Lösung:

Gemeindevertreter R gibt hier dem Ziel der Preisstabilität den Vorrang. In seiner Begründung bezieht er sich auf die §§ 1, 16 StabG und auf den allgemeinen Haushaltsgrundsatz der Beachtung des gesamtwirtschaftlichen Gleichgewichts gemäß § 92 Abs. 1 Satz 2 HGO. Sieht man diese Bestimmungen isoliert, könnte die Meinung des R einschlägig sein.

Gemäß § 1 StabG haben Bund und Länder die Erfordernisse des gesamtwirtschaftlichen Gleichgewichts zu beachten; durch § 16 StabG wird die Beachtung dieser Ziele auf die Gemeinden und Gemeindeverbände ausgedehnt. § 92 Abs. 1 Satz 2 HGO regelt diese Verpflichtung im kommunalen Haushaltsrecht (Nr. 5 Hw. zu § 92 HGO).

Es könnte sich jedoch bei den Unterhaltungsmaßnahmen an Obdachlosenunterkünften um eine unabweisbare Maßnahme der Daseinsvorsorge handeln. Die Beseitigung der Obdachlosigkeit und damit die Einrichtung und Unterhaltung von Obdachlosenunterkünften ist nach h. M. als eine ordnungsrechtliche Aufgabe im Rahmen der öffentliche Sicherheit und Ordnung anzusehen. Zuständig sind die Städte und Gemeinden als kommunale Ordnungsbehörden. Somit handelt es sich um eine kommunale Aufgabe.

Die Wohnungen werden von Bürgern täglich in Anspruch genommen. Kann es also den Bewohnern dieser Unterkünfte zugemutet werden, auf die dringende Renovierung aus konjunkturpolitischen Gründen länger zu warten? Unter Umständen könnten die unterlassenen Unterhaltungsmaßnahmen (aus bautechnischen, gesundheitlichen u. a. Gründen) zu einer Schließung der Unterkünfte führen. Fraglich ist, ob dies mit dem Grundsatz der stetigen Aufgabenerfüllung vereinbar ist. Zwischen der Pflicht der Aufgabenerfüllung gemäß § 92 Abs. 1 Satz 1 HGO und der Pflicht zu konjunkturgerechtem Verhalten gemäß § 92 Abs. 1 Satz 2 HGO ergibt sich demnach ein Zwiespalt. § 92 Abs. 1 HGO stellt beide Anforderungen nebeneinander. Der Gesetzgeber hat aber die Verpflichtung, bei Planung und Ausführung des Haushaltes die Sicherung der Aufgabenerfüllung zu beachten, an die erste Stelle gesetzt und weiterhin geregelt, dass **dabei** den Erfordernissen des gesamtwirtschaftlichen Gleichgewichts Rechnung zu tragen ist. Insofern ist den konjunkturpolitischen Erfordernissen nur dann Rechnung zu tragen, soweit es die Erfüllung unabweisbarer Aufgaben zulässt.

Die Erfüllung unabweisbarer Aufgaben wie in diesem Fall die Vornahme der dringenden Unterhaltungsmaßnahmen an den Obdachlosenunterkünften hat Vorrang vor der Berücksichtigung der konjunkturpolitischer Erfordernisse.

Sachverhalt 2

Die Gemeinde E will im kommenden Haushaltsjahr die stark befahrene X-Straße ausbauen, weil diese in einer Kurve trotz Beschränkung der Höchstgeschwindigkeit sehr unfallträchtig ist. Der Ausbau in der bisherigen Linienführung würde 600.000 € kosten. Bei einer Begradigung der Kurve erhöht sich die Summe auf 700.000 €.

Die Gemeindevertretung der Gemeinde E beauftragt den Gemeindevorstand, eine Entscheidung unter alleiniger Berücksichtigung des § 92 Abs. 2 HGO vorzubereiten, weil ein Verstoß gegen die Geschwindigkeitsbegrenzung durch die Autofahrer und nicht durch die Gemeinde zu vertreten ist.

Aufgabe:

Stellen Sie begründet einen weiteren Entscheidungsvorschlag des Gemeindevorstandes dar.

Lösung:

In diesem Fall taucht das Problem der Konkurrenz zwischen der Sparsamkeit und der Wirtschaftlichkeit auf.

Zunächst sollte grundsätzlich jede Investition an sich in Frage gestellt werden. Dies wohnt dem Grundsatz der Wirtschaftlichkeit und Sparsamkeit inne, wonach zuerst über die Notwendigkeit der Investition (d. h. über das Ob einer Investition) zu entscheiden ist, um finanzielle Belastungen der Abgabepflichtigen auf das notwendige und vertretbare Maß zu begrenzen. Auch bei dieser Investitionsmaßnahme ist dies zu beachten, d. h. der Gemeindevorstand sollte Stellung nehmen, ob evtl. die Zielerreichung (Reduzierung der Unfallhäufigkeit) durch andere Maßnahmen als durch die

Investition (Straßenbaumaßnahme) vermieden werden könnte. So könnte z. B. die Unfallhäufigkeit der Straße durch eine weitere Beschränkung der Höchstgeschwindigkeit entschärft werden kann. Nach dem Grundsatz der Sparsamkeit wäre das Aufstellen von Verkehrsschildern mit einer neuen Geschwindigkeitsbeschränkung (niedrigere km-Begrenzung) die günstigste/sparsamste Variante.

Unterstellt, dass durch diese neue Geschwindigkeitsbeschränkung der Verkehrsstrom in der Weise beeinträchtigt wird, dass es zu Verkehrsstockungen bzw. Verkehrsstaus kommt, die zudem ein Ansteigen der Stickoxide auslösen, sind dies Gesichtspunkte, die im Rahmen der Sparsamkeit keine Beachtung finden, da es sich nicht um monetäre Kosten handelt.

Nach dem Grundsatz der Wirtschaftlichkeit soll ein optimales Verhältnis zwischen Nutzen und Kosten gesucht werden. Hier würde sich eine Nutzen-Kosten-Untersuchung eignen, die versucht, den öffentlichen Nutzen (weniger Verkehrsunfälle, keine zeitlichen Verzögerungen durch Staus, kein Ansteigen der Luftverschmutzung, Möglichkeit durch neue Straßenführung die Stadtentwicklung voranzutreiben usw.) monetär zu bewerten. Dieser monetär bewertete Nutzen könnte zum Ergebnis führen, dass die Durchführung der Investition (Straßenbaumaßnahme) wirtschaftlicher ist.[1]

Ebenso ist der Grundsatz der Wirtschaftlichkeit und Sparsamkeit bei der Auswahl der beiden Varianten der Straßenbaumaßnahme (Ausbau der bisherigen Linienführung oder Begradigung der Kurve) anzuwenden.

Sparsamkeit bedeutet in diesem Fall, dass die Auszahlungen unter Berücksichtigung der Einzahlungen möglichst gering gehalten werden. Unter diesem Blickwinkel kann dann nur die Maßnahme mit dem geringeren Investitionsvolumen in Betracht kommen, d. h. die Maßnahme mit einem Investitionsvolumen von 600.000 €.

Des Weiteren ist das Prinzip der Wirtschaftlichkeit zu beachten, wonach ein optimales Verhältnis zwischen Nutzen und Kosten gesucht werden muss. In diesem Zusammenhang sind auch die jeweiligen Folgekosten der beiden Straßenbaumaßnahmen zu beachten. So könnten z. B. die Unterhaltungskosten für eine begradigte Straße niedriger ausfallen, es müssten keine zusätzlichen Verkehrsschilder (Achtung Kurve) aufgestellt werden usw. Zudem könnte auch hier eine Nutzen-Kosten-Untersuchung angestellt werden. Z. B. belegen Untersuchungen[2], dass ca. 25 v. H. der Verkehrsunfälle auf Landstraßen sich ein einer Kurve ereignen. Die Zielsetzung Reduzierung der Unfallhäufigkeit würde besser erreicht werden können. Darüber hinaus könnten noch weitere Überlegungen in die Entscheidung mit einfließen, z. B. dass sich ein Fahrradweg an der begradigten Straße leichter realisieren lassen würde (geringere Baukosten, geringere Gefährdung der Radfahrer da keine Kurven, steigert die Attraktivität der Gemeinde, fördert Tourismus, Klimaschutz …).

Insofern könnte auch hier das Ergebnis sein, dass die teurere Straßenbaumaßnahme die Wirtschaftlichere ist.

---

1 An dieser Stelle soll die Notwendigkeit der statischen und dynamischen Investitionsrechnungen deutlich werden. Eine Vertiefung der Anwendung der statischen und dynamischen Investitionsrechnungen bleibt der Fachliteratur vorbehalten.

2 *Statistisches Bundesamt* (Destatis), Unfallentwicklung auf deutschen Straßen 2017, Kap. 4.

Sachverhalt 3

Im Rahmen der Aufstellung des Haushaltsplanes zieht der Fachdienst Finanzen der Gemeinde E folgende Finanzierungen in Erwägung:

a) Für die Ausstattung der Räume des Feuerwehrstützpunkts gewährt das Land eine erhebliche zweckgebundene Zuweisung, die allerdings mit Auflagen versehen ist. Die Einhaltung dieser Auflagen kann von der Gemeinde problemlos sichergestellt werden. Die Gemeinde möchte aber auf die Zuweisung verzichten, da diese Auflagen zusätzliche Auszahlungen verursachen. Der dadurch entstehende „Einnahmen"ausfall soll durch eine Anhebung der Grundsteuern (zahlungswirksame Mehrerträge) gedeckt werden.
b) Bei den öffentlichen Einrichtungen Bäder, Theater und Büchereien sollen Gebühren erhoben werden, die bei weitem nicht die Aufwendungen der Einrichtungen decken. Im Rahmen der Gesamtdeckung wird die Finanzierung durch sonstige Erträge und Einzahlungen sowie durch Steuern sichergestellt.
c) Für den Bau eines Schulzentrums werden der Gemeinde Kredite durch das Land mit einer Verzinsung von 3,2 % (feststehend) angeboten. Die notwendigen Deckungsmittel könnten allerdings auch durch Veräußerung von Wertpapieren des Umlaufvermögens (gesicherte Zinserwartung: 2,0 %) erzielt werden. Die Gemeinde möchte der Kreditaufnahme den Vorzug geben und will die Deckungsmittel aus dem Verkauf der Wertpapiere für die Finanzierung von Maßnahmen im nächsten Haushaltsjahr verwenden.[3]

Aufgabe:

Begutachten Sie, ob die von dem Fachdienst Finanzen geplanten Finanzierungen zulässig sind.

Lösung:

Die vom Fachdienst Finanzen in Erwägung gezogenen Finanzierungsmöglichkeiten könnten zulässig sein, sofern die Grundsätze der Erzielung von Erträgen und Einzahlungen gemäß § 93 Abs. 2 bis 3 HGO beachtet werden.

a) Bei der bewilligten zweckgebundenen Landeszuweisung handelt es sich um eine sonstige Einzahlung i. S. d. § 93 Abs. 2 HGO, die zu den vorrangigen Deckungsmitteln gehört. Im Sachverhalt wird darauf hingewiesen, dass die mit der Zuweisung verbundenen Auflagen für die Gemeinde problemlos und damit zumutbar sind. Die Gemeinde begründet den Verzicht auf die Landeszuweisung damit, dass durch die Auflagen zusätzliche Auszahlungen entstehen, wobei nicht ausgeführt wird, ob diese Mehrauszahlungen erheblich (und u. U. unverhältnismäßig) sind. Mit dem Ar-

3 Der Sachverhalt ist für Übungszwecke konzipiert. Insofern entsprechen der Zinssatz bzw. die Zinserwartung nicht immer der aktuellen Marktlage.

gument, dass Mehrauszahlungen durch die Zuweisungsauflagen entstehen, ist ein Abweichen von der verbindlichen Rangfolge der Deckungsmittel nicht nachvollziehbar begründet. Dieser Verzicht auf die Inanspruchnahme der bewilligten Zuweisung ist unzulässig, da gemäß § 93 Abs. 2 HGO die sonstigen Einzahlungen an der ersten Stelle der Deckungsmittel genannt sind, während die Erträge aus Grundsteuern (durch Erhöhung der Hebesätze) zu den nachrangigen Deckungsmitteln zählen.

Anders wäre der Fall zu beurteilen, wenn die mit den Auflagen verbundenen zusätzlichen Auszahlungen höher sind, als die zweckgebundene Landeszuweisung.

b) Die öffentlichen Einrichtungen sollen nach dem Sachverhalt zum einen durch vorrangige Deckungsmittel i. S. v. § 93 Abs. 2 HGO (sonstige Erträge und Einzahlungen sowie Benutzungsgebühren nach § 10 KAG) und zum anderen durch nachrangige Deckungsmittel (Steuern) finanziert werden. Durch die Grundsätze der Erzielung von Erträgen und Einzahlungen soll einer Entwicklung Einhalt geboten werden, dass auf eine Gegenleistung der Benutzer einer kommunalen Einrichtung verzichtet und die Kostendeckung durch Steuereinnahmen angestrebt wird. Somit dürfen Steuern grundsätzlich erst dann als Deckungsmittel für die Aufwendungen der öffentlichen Einrichtungen herangezogen werden, wenn die vorrangigen Deckungsmittel (sonstige Erträge und Einzahlungen sowie Entgelte für Leistungen) nicht ausreichen.

Fraglich ist, ob es mit den Grundsätzen der Erzielung von Erträgen und Einzahlungen im Sinne von § 93 Abs. 2 HGO vereinbar ist, dass keine kostendeckenden Gebühren erhoben werden und stattdessen insbesondere nachrangige Deckungsmittel (hier: Steuern) in Anspruch genommen werden müssen. § 10 Abs. 2 KAG schreibt bei Benutzungsgebühren nur „in der Regel“ die Kostendeckung vor und § 10 Abs. 4 KAG eröffnet die Möglichkeit, bei der Gebührenbemessung sonstige Merkmale, insbesondere soziale Gesichtspunkte oder eine Ehrenamtstätigkeit, zu berücksichtigen. Diese Vorschriften werden ergänzt durch § 93 Abs. 2 HGO, wonach spezielle Entgelte, soweit vertretbar und geboten, zu erheben sind. Hier wird Raum für selbstständige politische Entscheidungen der Gemeinde gelassen. Sie hat zudem die wirtschaftliche Leistungsfähigkeit der Abgabepflichtigen zu berücksichtigen (§ 10 Satz 2 HGO). Neben den sozialen, wirtschaftlichen und politischen Gründen sind auch die Vorteile der Allgemeinheit bei der Festsetzung die Höhe des speziellen Entgeltes zu beachten. Vor diesem Hintergrund ist eine Finanzierung in der vorgegebenen Form zulässig (siehe Ziff. 2.3.2).

c) Die Subsidiarität der Kreditaufnahmen ist in der Weise eingeschränkt, als Kreditaufnahmen auch dann erlaubt sind, wenn eine andere Finanzierung wirtschaftlich unzweckmäßig wäre. Hier stehen sich zwei Finanzierungsmöglichkeiten gegenüber: Zum einen die nach den Grundregeln des § 93 Abs. 2 HGO vorrangige Einzahlung aus dem Verkaufserlös der Wertpapiere und zum anderen die nachrangige Kreditaufnahme. Grundsätzlich wäre die Einzahlung aus dem Verkaufserlös vorrangig einzusetzen und eine Kreditaufnahme demnach unzulässig.

Es bleibt jedoch zu prüfen, ob es nicht wirtschaftlicher und zweckmäßiger ist, der Kreditaufnahme den Vorzug zu geben. Dieser Tatbestand würde erfüllt werden, wenn der Zinssatz für den Landeskredit mit 3,2 % feststehend im Vergleich zu Vorjahren sehr günstig ist und wohl kaum in der Zukunft noch einmal so günstig zu erhalten sein wird, schon gar nicht am Kapitalmarkt. Zwar liegt die Zinserwartung für die Wertpapiere mit 2 % unter den Sollzinsen des Landeskredites und es wäre kurzfristig günstiger, auf den Guthabenzins zu verzichten. Jedoch wirkt der Grundsatz der Wirtschaftlichkeit nicht nur jahresbezogen. Mittelfristig wäre die jetzige Kreditaufnahme beim Land zu diesem günstigen Zinssatz wirtschaftlich unbedingt vorrangig geboten, weil laut Sachverhalt die Mittel aus dem Verkaufserlös für die Wertpapiere ohnehin im nächsten Jahr zur Haushaltsfinanzierung eingesetzt werden. Dann wäre aber u. U. ein solch günstiger Kredit nicht mehr zu erlangen.

Sachverhalt 4

Auf Grund eines Brandschadens im Rathaus der Gemeinde E im August 2023 sind alle für die Aufstellung des Haushaltsplanes für das Jahr 2024 wichtigen Unterlagen beschädigt worden. Die Wiederherstellung wird bis zum Ende des Jahres 2023 andauern. Erst danach kann das förmliche Verfahren (Aufstellungsverfahren, Beschlüsse usw.) weitergeführt werden. Es wird davon ausgegangen, dass die Haushaltssatzung und der Haushaltsplan mit Anlagen für das Jahr 2024 erst zum 1. April 2024 der Aufsichtsbehörde vorgelegt werden können.

Aufgabe:

Prüfen Sie, ob dies mit den haushaltsrechtlichen Bestimmungen vereinbar ist.

Lösung:

Die Haushaltssatzung ist mit dem Haushaltsplan und seinen Anlagen der Aufsichtsbehörde vorzulegen. Nach Beschlussfassung durch die Gemeindevertretung ist der Gemeindevorstand für diese Vorlage zuständig (§ 97 Abs. 3 Satz 1 HGO). Fraglich ist, ob durch die Vorlage im April 2024 gegen den Grundsatz der Vorherigkeit verstoßen wird.

Nach § 97 Abs. 3 Satz 2 HGO **soll** die Vorlage der Haushaltssatzung spätestens einen Monat vor Beginn des Haushaltsjahres, also am 30. November des dem Haushaltsjahr vorangehenden Jahres, erfolgen (Grundsatz der Vorherigkeit). Durch diese Terminsetzung in ergibt sich für den Gemeindevorstand die Verpflichtung, den Entwurf der Haushaltssatzung so rechtzeitig aufzustellen, dass der Gemeindevertretung genügend Zeit für die Beratung und Beschlussfassung verbleibt und nach der Beschlussfassung die beschlossene Haushaltssatzung mit ihren Anlagen rechtzeitig i. S. d. § 97 Abs. 3 Satz 2 HGO der Aufsichtsbehörde vorgelegt werden kann.

Es handelt sich hier um eine Soll-Bestimmung, d. h. solange die Verwaltung nicht besondere Umstände dartun und beweisen kann, sind sie für die Verwaltung ebenso verbindlich wie Mussvorschriften.[4] In der Praxis treten sehr oft Beeinträchtigungen im zeitlichen Ablauf des formellen Verfahrens zum Zustandekommen der Haushaltssatzung auf. In besonders begründeten Ausnahmefällen kann somit von diesem Termin abgewichen werden. Der durch den Sachverhalt vorgegebene Fall ist sicherlich ein solcher Ausnahmefall. Insofern liegt ein besonderer Umstand vor, der ein Abweichen von dem Grundsatz der Vorherigkeit rechtfertigt.

Sachverhalt 5

Die Haushaltssatzung der Gemeinde E für das Haushaltsjahr 2024 wird nicht vor April 2024 bekannt gemacht werden. In den Monaten Januar und Februar 2024 sollen folgende Aufwendungen/Auszahlungen geleistet bzw. Aufträge erteilt werden:

a) Nach einem schweren Unwetter muss das Rathausdach mit einem Kostenaufwand von 30.000 € erneuert werden. In dem Haushaltsentwurf, der bereits in der Gemeindevertretung eingebracht wurde, sind Mittel für diese Maßnahme **nicht** vorgesehen.
b) Für die Fortführung des Parkplatzbaues am gemeindlichen Friedhof werden 400.000 € benötigt. Bereits im Haushaltsplan 2023 war der erste Teilbetrag für diese Maßnahme veranschlagt.
c) Mit dem Bau des seit Jahren geplanten Theaters soll begonnen werden. Im Haushaltsplanentwurf 2024 ist die erste Teilrate von 1.400.000 € eingestellt.
d) Die Fachstelle „Zentrale Dienste“ will die Telefongebühren an die Telekom AG überweisen. Außerdem ist der Papierbestand der Verwaltung weitgehend verbraucht. Statt der benötigten Menge für das 1. Quartal 2024 soll bereits jetzt der Gesamtjahresbedarf bestellt werden, weil dann ein Rabatt von 10 % zu erzielen ist.
e) Mit dem Bau einer Schule soll begonnen werden, damit zum Schuljahresbeginn 2025 die Schule fertig gestellt ist. Im Haushaltsplanentwurf 2024 sind als erste Rate Baukosten von 2.000.000 € enthalten. Nach einer Verfügung des Bauordnungsamtes darf das bisherige Schulgebäude nur bis zum 1.7.2025 genutzt werden.
f) Im Haushaltsplanentwurf 2024 ist als erste Rate für den Bau des seit Jahren geplanten Freibades ein Betrag 1.400.000 € vorgesehen. Bereits im November 2023 hat der Bauunternehmer U den Auftrag zur Errichtung des Freibades erhalten. Für die Auftragsvergabe standen die erforderlichen Beträge haushaltsrechtlich zur Verfügung.

4 Bundesverwaltungsgericht, Urt. vom 2.12.1959 – VC 106.58 –, DVBl. 1960 S. 252.

Aufgabe:

Prüfen Sie, ob die Geschäftsvorfälle aus haushaltsrechtlicher Sicht geleistet werden dürfen.

Lösung:

Alle vorstehenden Aufwendungen und Auszahlungen sind nach den Vorschriften der vorläufigen Haushaltsführung gemäß § 99 HGO zu beurteilen, da die Haushaltssatzung der Gemeinde E voraussichtlich erst im April 2024 bekannt gemacht wird. Die Gemeinde E befindet sich bis dahin in der so genannten haushaltslosen Zeit.

a) Das Rathausdach der Gemeinde E wurde bei einem Unwetter beschädigt. Da das Rathausdach „nur" repariert wird und keine über seinen ursprünglichen Zustand hinausgehende wesentliche Verbesserung erfolgt (§ 41 Abs. 3 GemHVO), handelt es sich um einen Aufwand, der zahlungswirksam wird. Gemäß § 4 Abs. 3 i. V. m. §§ 2 Abs. 1 und 58 Nr. 6 GemHVO ist dieser zahlungswirksame Aufwand als außerordentlicher Aufwand zu klassifizieren und im Teilergebnishaushalt nachzuweisen.
Nach der Aufgabenstellung ist zu prüfen, ob der zahlungswirksame Aufwand für die Reparatur in der haushaltslosen Zeit geleistet werden darf. Die Gemeinde darf in der Zeit der vorläufigen Haushaltsführung u. a. zahlungswirksame Aufwendungen leisten, die für die Weiterführung notwendiger Aufgaben unaufschiebbar sind (§ 99 Abs. 1 Nr. 1 HGO). Ein intaktes Rathaus ist schon aus Gründen der Aufrechterhaltung des Dienstbetriebes und des Vermögenserhaltes (§ 10 HGO) notwendig. Darüber hinaus ergibt sich aus der Fürsorgepflicht des Dienstherren gegenüber den Beschäftigten eine rechtliche Verpflichtung auf funktionsfähige Diensträume. Somit sind die Kriterien „Weiterführung" und „notwendige Aufgaben" erfüllt.
Des Weiteren kann die Reparatur nicht bis zur Vollendung der Bekanntmachung der Haushaltssatzung verschoben werden, da der Dienstbetrieb auch in der haushaltslosen Zeit sicherzustellen ist. Außerdem könnten von dem beschädigten Rathausdach Gefahren für die Bediensteten und Bürger ausgehen, die ebenfalls ein schnelles Handeln notwendig machen. Damit ist die Maßnahme unaufschiebbar.
Die Leistung der zahlungswirksamen Aufwendung von 30.000 € ist demnach zulässig. Dabei ist es ohne Bedeutung, dass die Mittel bisher im Haushaltsplanentwurf nicht vorgesehen waren (sie könnten z. B. im Rahmen der Haushaltsberatungen noch mit berücksichtigt werden).[5]

b) Der Parkplatzneubau am gemeindlichen Friedhof stellt eine Veränderung (Erhöhung) des Sachanlagevermögens (§ 49 Abs. 3 Nr. 1.2 i. V. m. § 58 Nr. 18 GemHVO) dar, da es sich hier um Herstellungskosten i. S. v. § 41 Abs. 3 GemHVO handelt. Nach

5 Der Erlass einer Nachtragssatzung ist hier nicht zu prüfen, da für dieses Haushaltsjahr noch keine rechtsgültige Haushaltssatzung vorliegt.

§ 4 Abs. 4 i. V. m. § 3 Abs. 1 Nr. 25 GemHVO sind Auszahlungen für Investitionen im Teilfinanzhaushalt zu veranschlagen.
Nach der Aufgabenstellung ist zu prüfen, ob für die Fortführung der Bauarbeiten in der haushaltslosen Zeit Auszahlungen geleistet werden dürfen. Die Gemeinde darf nach § 99 Abs. 1 Nr. 1 HGO insbesondere Baumaßnahmen (Parkplatzneubau am gemeindlichen Friedhof) des Finanzhaushalts fortsetzen, für die im Haushaltsplan eines Vorjahres Beträge vorgesehen waren. Die Zulässigkeit der Leistung der Auszahlungen könnte sich zum einen aus einer rechtlichen Verpflichtung ergeben, nämlich dann, wenn im Vorjahr bereits entsprechende vertragliche Vereinbarungen mit den bauausführenden Firmen bezüglich des Parkplatzneubaus geschlossen wurden. Zum anderen handelt es sich um eine klassische Baufortsetzungsmaßnahme, da im Haushaltsplan 2023 bereits Haushaltsmittel veranschlagt waren. Eine Unterbrechung dieser Investitionsmaßnahme widerspräche dem Grundsatz der Wirtschaftlichkeit und Sparsamkeit. Die Auszahlung ist demnach gemäß § 99 Abs. 1 Nr. 1 HGO zulässig.

c) Der Neubau des Theaters stellt eine Veränderung (Erhöhung) des Sachanlagevermögens (§ 49 Abs. 3 Nr. 1.2 i. V. m. § 58 Nr. 18 GemHVO) dar, da es sich hier um Herstellungskosten i. S. v. § 41 Abs. 3 GemHVO handelt. Nach § 4 Abs. 4 i. V. m. § 3 Abs. 1 Nr. 25 GemHVO sind Auszahlungen für Investitionen im Teilfinanzhaushalt zu veranschlagen.
Nach der Aufgabenstellung ist zu prüfen, ob für den Neubau des Theaters in der haushaltslosen Zeit Aufträge erteilt werden dürfen. Es sind die gleichen Voraussetzungen wie für den Parkplatzneubau am gemeindlichen Friedhof zu prüfen (siehe Fall b).
In der haushaltslosen Zeit dürfen für diese Investitionsmaßnahme **keine** Aufträge[6] erteilt und **keine** Auszahlungen geleistet werden, da
– es sich **nicht** um eine Fortsetzungsmaßnahme i. S. d. § 99 Abs. Nr. 1 HGO handelt (die erstmalige Bereitstellung von Beträgen für diese Maßnahme ist im Haushalt 2024 vorgesehen),
– **keine** rechtliche Verpflichtung zur Leistung von Investitionsauszahlungen für diese freiwillige gemeindliche Aufgabe besteht,
– zudem keine Gründe erkennbar sind, dass diese Maßnahme der unaufschiebbaren Weiterführung gemeindlicher Aufgaben dient.

d) Sowohl bei der Zahlung der Telefongebühren als auch bei der Bestellung von Büromaterial (Papierbestellung) handelt es sich um Ressourcenverbrauch und damit um ordentliche Aufwendungen für Sach- und Dienstleistungen nach § 2 Abs. 1 Nr. 12 GemHVO, die zu einem Mittelabfluss führen, d. h. zahlungswirksam werden. Gemäß § 4 Abs. 3 i. V. m. § 2 Abs. 1 Nr. 12 GemHVO sind diese zahlungswirksamen Aufwendungen als ordentliche Aufwendungen zu klassifizieren (§ 58 Nr. 5 GemHVO) und im Teilergebnishaushalt nachzuweisen.

6 Eine Inanspruchnahme der Haushaltsansätze liegt nach Nr. 1 Hw. zu § 27 GemHVO bereits bei der Ausschreibung von Leistungen, bei der Erteilung von Aufträgen und bei sonstigen Maßnahmen, die Zahlungsverpflichtungen begründen, vor. Siehe hierzu Ziff. 13.2.

Nach der Aufgabenstellung ist zunächst zu prüfen, ob der zahlungswirksame Aufwand für Telefongebühren an die Telekom AG in der haushaltslosen Zeit geleistet werden darf. Die Gemeinde darf in der Zeit der vorläufigen Haushaltsführung u. a. zahlungswirksame Aufwendungen leisten, zu denen sie rechtlich verpflichtet ist (§ 99 Abs. 1 Nr. 1 HGO). Die Zahlung der Telefongebühren beruht auf der vertraglichen Verbindung mit der Telekom AG, so dass der zahlungswirksame Aufwand geleistet werden darf.[7]

Des Weiteren ist nach der Aufgabenstellung zu prüfen, ob die Bestellung von Büromaterial in der haushaltslosen Zeit erfolgen darf. Die Gemeinde darf in der Zeit der vorläufigen Haushaltsführung u. a. zahlungswirksame Aufwendungen leisten und damit auch Aufträge erteilen, die für die Weiterführung notwendiger Aufgaben unaufschiebbar sind. Für die Weiterführung notwendiger Aufgaben wird konkret nur die Papiermenge des 1. Quartals benötigt. Bei der Bestellung des Gesamtbedarfs kann jedoch ein Rabatt von 10 % erzielt werden. Dieser Geschäftsvorgang ist unter Beachtung des Grundsatzes der Wirtschaftlichkeit und Sparsamkeit nach § 92 Abs. 2 HGO zu sehen. Unter dem Aspekt der Muss-Vorschrift ist diese Bestellung für das gesamte Jahr auch während der vorläufigen Haushaltsführung zulässig. Es handelt sich somit um die auch aus wirtschaftlichen Gründen notwendige unaufschiebbare Aufgabenerfüllung im Sinne des § 99 Abs. 1 Nr. 1 HGO.

e) Der Bau einer Schule stellt eine Veränderung (Erhöhung) des Sachanlagevermögens (§ 49 Abs. 3 Nr. 1.2 i. V. m. § 58 Nr. 18 GemHVO) dar, da es sich hier um Herstellungskosten im Sinne von § 41 Abs. 3 GemHVO handelt. Nach § 4 Abs. 4 i. V. m. § 3 Abs. 1 Nr. 25 GemHVO sind Auszahlungen für Investitionen im Teilfinanzhaushalt zu veranschlagen.

Nach der Aufgabenstellung ist zu prüfen, ob für den Bau der Schule in der haushaltslosen Zeit Aufträge erteilt werden dürfen. Es sind die gleichen Voraussetzungen wie für den Parkplatzneubau am gemeindlichen Friedhof zu prüfen (siehe Fall b).

Da es sich bei dem Bau der Schule **nicht** um eine Fortsetzungsmaßnahme im Sinne des § 99 Abs. 1 Nr. 1 HGO handelt (erstmalige Veranschlagung von Baukosten im Haushaltsplan 2024), dürfen in der haushaltslosen Zeit grundsätzlich für diese Investitionsmaßnahme **keine** Aufträge[8] erteilt und **keine** Auszahlungen geleistet werden. Allerdings ist in diesem Zusammenhang zu berücksichtigen, dass das bisherige Schulgebäude nur bis zum 1.7. des folgenden Jahres benutzt werden kann. Bis zu diesem Zeitpunkt muss das neue Schulgebäude fertig gestellt sein. Aus diesem Grunde ist auch der Beginn der Schulbaumaßnahme vor dem Hintergrund der Weiterführung notwendiger Aufgaben in den kommenden Jahren (Fortsetzung des

7 Die Zahlung der Telefongebühren könnte ebenso unter den Aspekt der „für die Weiterführung notwendiger Aufgaben unaufschiebbar" subsumieren werden, da einerseits die Verwaltung für die Bürger und Bürgerinnen erreichbar sein muss und andererseits das Telefon für die Verwaltung zur Aufgabenerfüllung ein wichtiges Kommunikationsmittel ist.

8 Eine Inanspruchnahme der Haushaltsansätze liegt nach Nr. 1 Hw. zu § 27 GemHVO bereits bei der Ausschreibung von Leistungen, bei der Erteilung von Aufträgen und bei sonstigen Maßnahmen, die Zahlungsverpflichtungen begründen, vor. Siehe hierzu Ziff. 13.2.

Schulunterrichts) zulässig und die Leistung der Investitionsauszahlung unaufschiebbar.

f) Der Bau des Freibades stellt eine Veränderung (Erhöhung) des Sachanlagevermögens (§ 49 Abs. 3 Nr. 1.2 i. V. m. § 58 Nr. 18 GemHVO) dar, da es sich hier um Herstellungskosten im Sinne von § 41 Abs. 3 GemHVO handelt. Nach § 4 Abs. 4 i. V. m. § 3 Abs. 1 Nr. 25 GemHVO sind Auszahlungen für Investitionen im Teilfinanzhaushalt zu veranschlagen.
Nach der Aufgabenstellung ist zu prüfen, ob für den Bau des Freibades in der haushaltslosen Zeit Aufträge erteilt bzw. Auszahlungen geleistet werden dürfen. Es sind die gleichen Voraussetzungen wie für den Parkplatzneubau am gemeindlichen Friedhof zu prüfen (siehe Fall b).
In der haushaltslosen Zeit dürfen Aufträge vergeben und Auszahlungen für den Bau des Freibades geleistet werden, da
– es sich um eine Fortsetzungsmaßnahme im Sinne des § 99 Abs. 1 Nr. 1 HGO handelt; Voraussetzung für die Auftragsvergabe in 2023 war, dass bereits Beträge für diese Maßnahme im Vorjahr bereitgestellt sein mussten.
– durch die Auftragsvergabe an den Bauunternehmer U eine rechtliche Verpflichtung zur Leistung der Investitionsauszahlungen, für diese zwar freiwillige gemeindliche Aufgabe, besteht (Verpflichtung durch Abschluss eines Bauvertrags).

Sachverhalt 6

Die Haushaltssatzung der Gemeinde E für das Haushaltsjahr 2024 wird nicht vor April 2024 bekannt gemacht werden. In den Monaten Januar und Februar 2024 sollen folgende Finanzierungen („Erzielung von Erträgen und Einzahlungen“) vorgenommen werden:

a) Die kommunale Investition „Bau einer Schwimmhalle“ soll fortgesetzt werden. Im Haushaltsjahr 2024 besteht insgesamt ein Bedarf von 1.000.000 € (übertragene Ermächtigungen aus 2023 und Haushaltsplanentwurf 2024). Diese investiven Auszahlungen sollen durch Kreditaufnahmen finanziert werden, da keine anderen Deckungsmittel zur Verfügung stehen. Im Haushaltsjahr 2023 waren 1.000.000 € als Kreditermächtigung in der Haushaltssatzung vorgesehen, von denen allerdings bisher nur 700.000 € benötigt wurden. Im Entwurf der Haushaltssatzung für 2024 sind 2.8 Mio. € an Kreditaufnahmen geplant. Die Kreditermächtigung 2022 wurde in voller Höhe bereits in Anspruch genommen.
b) Es sollen die Mieten für die Wohnhäuser erhöht und die Hundesteuern festgesetzt werden.

Aufgabe:

Prüfen Sie, ob die Einzahlungen bzw. Erträge erzielt/erhoben werden können.

Lösung:

Alle vorstehenden Finanzierungsmöglichkeiten sind nach den Vorschriften der vorläufigen Haushaltsführung gemäß § 99 HGO zu beurteilen, da die Haushaltssatzung der Gemeinde E voraussichtlich erst im April 2024 bekannt gemacht wird. Die Gemeinde E befindet sich bis dahin in der so genannten haushaltslosen Zeit.

a) Gemäß § 103 Abs. 1 HGO dürfen Kredite unbeschadet des § 93 Abs. 3 HGO nur im Finanzhaushalt und nur für Investitionen, Investitionsförderungsmaßnahmen und zur Umschuldung aufgenommen werden. Da es sich bei dem Bau einer Schwimmhalle um eine Veränderung (Erhöhung) des Sachanlagevermögens (§ 49 Abs. 3 Nr. 1.2 GemHVO) handelt – es liegen Herstellungskosten im Sinne von § 41 Abs. 3 GemHVO vor – ist die Voraussetzung „Investition" (§ 58 Nr. 18 GemHVO) erfüllt. Somit ist grundsätzlich eine Kreditfinanzierung unter Beachtung des § 93 Abs. 3 HGO möglich.[9]
Eine nicht in Anspruch genommene Kreditermächtigung aus dem Vorvorjahr (Haushaltsjahr 2022) steht lt. Sachverhalt nicht zu Verfügung. Die Kreditermächtigung des Haushaltsjahres 2023 ist hingegen nicht ausgeschöpft, so dass vorrangig die Inanspruchnahme der Kreditermächtigung des Vorjahres zu prüfen ist. Gemäß § 103 Abs. 3 HGO gilt die Kreditermächtigung zunächst bis zum Ende des auf das Haushaltsjahr folgenden Jahres, d. h. bezogen auf den Sachverhalt bis zum Ende des Haushaltsjahres 2024. Das bedeutet, dass die Kreditermächtigung in dem noch nicht ausgeschöpften Umfang (1.000.000 € ./. 700.000 € = 300.000 €) bis zum Ende des Haushaltsjahres 2024, ggf. sogar bis zur Vollendung der Bekanntmachung der Haushaltssatzung 2025, ausgenutzt werden könnte. Der Betrag von 300.000 € steht demnach zur Verfügung. Eine Genehmigung der Aufsichtsbehörde ist dazu nicht erforderlich.
Um den Auszahlungsbedarf von insgesamt 1.000.000 € zu decken, werden noch weitere 700.000 € aus dem Kreditkontingent des neuen Haushaltsjahres benötigt. Zu prüfen ist daher, inwieweit im Rahmen der vorläufigen Haushaltsführung auf die Kreditermächtigung des Haushaltsjahres 2024 zugegriffen werden darf. Gemäß § 99 Abs. 2 HGO darf die Gemeinde Kredite für Investitionen bis zu einem Viertel des Gesamtbetrages der in der Haushaltssatzung **des Vorjahres** festgesetzten Kredite aufnehmen, wenn die Finanzmittel für die Fortsetzung der Bauten, der Beschaffungen und der sonstigen Leistungen des Finanzhaushalts nicht ausreichen. Nach dem Sachverhalt stehen keine anderen Finanzmittel zur Verfügung, so dass die Voraussetzungen nach § 99 Abs. 2 HGO erfüllt sind. Die Kreditermächtigung des Vorjahres betrug 1.000.000 €. Demnach kann die Gemeinde im Rahmen der vorläufigen Haushaltsführung aus dem Kreditkontingent für 2024 lediglich einen Betrag von 250.000 € aufnehmen, so dass insgesamt nur eine Kreditaufnahme von 550.000 € für die Maßnahme möglich ist. Eine Finanzierung der Maßnahme wäre aber nach Beendigung der haushaltslosen Zeit möglich; in 2024 sind Kreditaufnahmen in

9 Aufgrund fehlender Angaben im Sachverhalt ist eine weitergehende Prüfung i. S. v. § 93 HGO (vorrangige/nachrangige Deckungsmittel) nicht möglich. Die Beachtung der Grundsätze der Erzielung von Erträgen und Einzahlungen wird daher unterstellt.

Höhe von 2,8 Mio. € vorgesehen. Unter Umständen könnte der restliche Betrag von 450.000 € durch Liquiditätskredite[10] bzw. eine nicht anderweitig benötige Liquiditätsreserve[11] „vorfinanziert" werden, sofern und soweit die Ermächtigung des Vorjahres (siehe oben Ziff. 7.2.7.2 c) zur Zeit noch nicht ausgeschöpft ist.

b) Sowohl bei den Mieten für Wohnhäuser als auch bei der Hundesteuer handelt es sich um Ressourcenaufkommen, die zu einem Mittelzufluss führen, d. h. zahlungswirksam werden. Während es sich bei den Mieterträgen um privatrechtliche Leistungsentgelte nach § 2 Abs. 1 Nr. 1 GemHVO handelt, liegen bei der Hundesteuer Erträge aus Steuern nach § 2 Abs. 1 Nr. 5 GemHVO vor. Gemäß § 4 Abs. 3 i. V. m. § 2 Abs. 1 Nr. 1 und 5 GemHVO sind beide Ertragsarten als ordentliche Erträge zu klassifizieren (§ 58 Nr. 15 GemHVO) und im Teilergebnishaushalt nachzuweisen.
Zu prüfen ist, ob diese ordentlichen Erträge im Rahmen der vorläufigen Haushaltsführung festgesetzt bzw. erhöht werden können. Die Erhebung dieser zahlungswirksamen Erträge einschließlich möglicher Erhöhungen ist zulässig, denn die genannten Deckungsmittel werden aufgrund besondere Rechtsgrundlagen (Mietverträge bzw. Hundesteuersatzung) festgesetzt. Das Fehlen der Haushaltssatzung 2024 tangiert insofern die Erhebung, Festsetzung und Erhöhung dieser Ertragsarten nicht, sodass § 99 Abs. 1 Nr. 2 HGO keine Anwendung findet.

Sachverhalt 7

Die von der Gemeindevertretung der Gemeinde E beschlossene Haushaltssatzung wird öffentlich bekannt gemacht. Der Bürger B liest die Bekanntmachung am 20.12. in der Tageszeitung und wundert sich, dass die ihn interessierende Produktgruppe „Sportförderung" nicht abgedruckt ist. Die Bekanntmachung enthält nur Gesamtzahlen, die für ihn keine Aussagekraft und keinen Informationswert besitzen.

Aufgabe:

Welche Auskunft geben Sie dem Bürger B, wenn er die Verwaltung zum vorgenannten Problem befragt?

10 Nach Nr. 5 Hw. zu § 105 HGO dürfen ausnahmsweise auch für die rechtzeitige Leistung von Auszahlungen für Investitionen und Investitionsförderungsmaßnahmen, jedoch ausschließlich zur kurzfristigen Vor- und Zwischenfinanzierung, aufgenommen werden.

11 Nach Nr. 4 Hw. zu § 106 HGO darf der Bestand der Liquiditätsreserve zur unterjährigen kurzfristigen Vorfinanzierung von Investitionen verwendet werden, soweit die Mittel nicht für Auszahlungen im Rahmen der laufenden Verwaltungstätigkeit benötigt werden.

Lösung:

In diesem Fall geht es um den Grundsatz der Öffentlichkeit, der in mehreren Rechtsgrundlagen der HGO verankert ist. Da es sich lt. Sachverhalt um die Haushaltssatzung bzw. den Haushaltsplan handelt, könnte hier ein Verstoß gegen den Grundsatz der Öffentlichkeit im Rahmen der Bekanntmachung der Haushaltssatzung nach § 97 HGO vorliegen.

Gemäß § 97 Abs. 4 HGO ist nur die von der Gemeindevertretung beschlossene Haushaltssatzung – nicht der Haushaltsplan – öffentlich bekannt zu machen. In der Haushaltsatzung werden allerdings nur die Gesamtbeträge für die Erträge und Aufwendungen, Einzahlungen und Auszahlungen, für die Kredit- und Liquiditätskreditaufnahmen, die Hebesätze für die Realsteuern usw. festgesetzt. Hierfür wird ein vorgeschriebenes Muster (Muster 1 zu § 94 i. V. m. § 97 HGO) verwendet, das für alle hessischen Kommunen gleich ist.

Enthält die Haushaltssatzung genehmigungspflichtige Teile, so sind auch diese von der Aufsichtsbehörde erteilten Genehmigungen bekanntzumachen. Es handelt sich hier um formelle Anforderungen, die für die Rechtswirksamkeit der Haushaltssatzung erforderlich sind.

Dem Anliegen des Bürgers, Einsicht in die Produktgruppe „Sportförderung" zu nehmen, kann aber durch die öffentliche Auslegung des Haushaltsplanes mit seinen Anlagen im Anschluss an die öffentliche Bekanntmachung entsprochen werden. In Rahmen der Bekanntmachung der Haushaltssatzung wird auf den Auslegungszeitraum und den Auslegungsort hingewiesen. Erst dann hat der Bürger B an sieben Tagen Gelegenheit, den Haushaltsplan einschließlich der für ihn interessanten Produktgruppe einzusehen (siehe auch Ziff. 11.3.8).

Da die meisten Gemeinden den Haushaltsplan im Internet veröffentlichen (Nrn. 5 und 10 Hw. zu § 97 HGO), könnte dem Bürger B auch ein entsprechender Hinweis auf die Homepage der Gemeinde gegeben werden.

Sachverhalt 8

Die Gemeinde E möchte folgende Einrichtungen in finanzieller Hinsicht im Haushaltsplan nachweisen:

a) Wasserwerk (Aktiengesellschaft, deren Kapital zu 100 % im Eigentum der Gemeinde steht),
b) Wohlfahrtsstiftung, die von der Gemeinde errichtet wurde und verwaltet wird (juristische Person des öffentlichen Rechts)[12],
c) Abfallbeseitigung (Regiebetrieb),
d) Gaswerk als Eigenbetrieb,
e) rechtlich unselbstständige Schulstiftung und
f) Stadtwerke GmbH

12 Hierbei wird unterstellt, dass die Voraussetzungen des § 120 HGO erfüllt sind.

Aufgabe:

Begutachten Sie die Zulässigkeit der gemeindlichen Absicht.

Lösung:

Zu prüfen ist, ob nach dem Grundsatz der Vollständigkeit und Einheit alle vorstehenden Einrichtungen in den Haushaltsplan der Gemeinde E aufgenommen werden müssen oder ob für diese Einrichtungen aufgrund besonderer Rechtsgrundlagen Sonderpläne bzw. Sonderrechnungen zu führen sind.

a) Die Gemeinde betätigt sich in einer privatrechtlichen Rechtsform, und zwar in der Form einer Kapitalgesellschaft (juristische Person des privaten Rechts). Da das Kapital (Aktien) zu 100 % von der Gemeinde gehalten wird, handelt es sich um eine Eigengesellschaft.
Die Gemeinde hat die Rechtsform einer Aktiengesellschaft gewählt, so dass für die Planung und Rechnungslegung das Aktiengesetz – nicht die HGO – anzuwenden ist. Eine Veranschlagung im Haushaltsplan ist wegen der rechtlichen Selbständigkeit und aktienrechtlicher Bestimmungen nicht möglich. Allerdings sind nach § 1 Abs. 5 Nr. 10 GemHVO der Wirtschaftsplan und der neueste Jahresabschluss (Bilanz- sowie Gewinn- und Verlustrechnung) dem Haushaltsplan als Pflichtanlage beizufügen. Da davon auszugehen ist, dass der Jahresabschluss der Wasserwerk AG nicht von nachrangiger Bedeutung für die tatsächliche Vermögens-, Finanz- und Ertragslage der Gemeinde E ist, muss darüber hinaus nach § 112a HGO der Jahresabschluss der Wasserwerk AG der Gemeinde E mit dem Jahresabschluss der Gemeinde E zusammengefasst werden (konsolidierter Jahresabschluss).

b) Diese Wohlfahrtsstiftung ist eine juristische Person des öffentlichen Rechts und demzufolge rechtlich selbstständig. Nach § 116 Abs. 1 HGO ist in diesen Fällen ein besonderer Haushaltsplan aufzustellen; eine Veranschlagung im Haushaltsplan der Gemeinde ist unzulässig. Es ist umstritten, ob es sich hier um eine Pflichtanlage nach § 1 Abs. 5 Nr. 10 GemHVO handelt, da hier keine Beteiligung vorliegt. Nach Nr. 10 Hw. zu § 1 GemHVO ist es der Gemeinde freigestellt, dem Haushaltsplan weitere Anlagen beizufügen.
Grundsätzlich wären nach dem Sachverhalt die Voraussetzungen für die Einbeziehung in den Gesamtabschluss gegeben. Eine Einbeziehung in den Gesamtabschluss könnte nach § 112a HGO unterbleiben, sofern der Jahresabschluss der Wohlfahrtsstiftung von nachrangiger Bedeutung für die tatsächliche Vermögens-, Finanz- und Ertragslage der Gemeinde E ist.

c) Die Abfallbeseitigung wird als Regiebetrieb geführt. Der Regiebetrieb ist im Gegensatz zum Eigenbetrieb eine rechtlich, organisatorisch, personell und haushaltsrechtlich komplett in die Gemeinde eingegliederte Organisationsform. Die Aufnahme der Abfallbeseitigung in den Haushaltsplan ist nicht nur zulässig, sondern auch verpflichtend, da die öffentlichen Aufgaben (Produkte) unmittelbar von der eigentlichen Verwaltung erfüllt werden. Es liegt keine Ausnahme vom Grundsatz der Vollständigkeit und Einheit vor.

d) Das Gaswerk wird als Eigenbetrieb geführt. Es handelt sich um ein wirtschaftliches Unternehmen ohne eigene Rechtspersönlichkeit, bei dem die Wirtschaftsführung, Vermögensverwaltung und Rechnungslegung so einzurichten ist, dass sie eine vom übrigen Gemeindevermögen abgesonderte Betrachtung der Verwaltung und des Ergebnisses ermöglichen (§ 127 Abs. 1 HGO). Nach § 115 Abs. 1 Nr. 3 i. V. m. § 127 Abs. 3 HGO sind aufgrund des Eigenbetriebsgesetzes Sonderrechnungen zu führen. Eine Veranschlagung im Haushaltsplan ist demnach unzulässig.
   Zu beachten sind auch hier die Vorschriften nach § 1 Abs. 5 Nr. 9 GemHVO (Pflichtanlagen) und § 112a HGO (konsolidierter Jahresabschluss), da davon ausgegangen wird, dass der Jahresabschluss des Gaswerkes nicht von nachrangiger Bedeutung für die tatsächliche Vermögens-, Finanz- und Ertragslage der Gemeinde E ist.
e) Die rechtlich unselbstständige Schulstiftung gehört zwar zum Sondervermögen einer Gemeinde gemäß § 115 Abs. 1 Nr. 2 HGO. Jedoch unterliegt dieses Sondervermögen den Vorschriften der Haushaltswirtschaft. Die Aufnahme der Schulstiftung in den Haushaltsplan (und damit auch in die Bilanz der Gemeinde E) ist gemäß § 115 Abs. 2 HGO geboten. Sie ist aber gesondert im Haushalt nachzuweisen. Es liegt keine Ausnahme vom Grundsatz der Vollständigkeit und Einheit vor.
f) Bei der Stadtwerke GmbH handelt es sich – ebenfalls wie im Fall a) – um eine privatrechtliche Rechtsform in der Gestalt einer Kapitalgesellschaft. Hier ist für die Planung und Rechnungslegung das GmbH-Gesetz – nicht die HGO – einschlägig. Des Weiteren siehe Lösung wie zu Fall a)

Sachverhalt 9

Im Rahmen der Aufgabenerfüllung der Gemeinde fallen folgende Geschäftsvorfälle an:

a) Das Sporthaus M überweist zur Erlangung einer Zuwendungsbestätigung (Spendenquittung) 1.000 €, die von der Gemeinde an den örtlichen Sportverein weitergeleitet werden sollen.
b) Der Fachbereich Jugend, Familie und Soziales bewirkt die Leistungen nach dem Bundesausbildungsförderungsgesetz (BAföG) unmittelbar aus den Mitteln des Landeshaushalts[13] (endgültig verpflichteter Aufgabenträger).
c) Der Landkreis W leitet die vom Land Hessen im Rahmen des Lasten- und Finanzausgleichs gewährten Gemeindeschlüsselzuweisungen nach § 3 Abs. 1 HFAGDV Hessen an die kreisangehörigen Städte und Gemeinden weiter.

13 Im Rahmen der Auftragsverwaltung führen die Länder das Gesetz im Auftrag des Bundes aus (§ 39 BAföG).

Aufgabe:

Begutachten Sie, ob die vorstehenden Geschäftsvorgänge über den Haushaltsplan abzuwickeln sind.

Lösung:

Zu prüfen ist, ob die vorstehenden Geschäftsvorfälle nach dem Grundsatz der Vollständigkeit im Haushalts der Gemeinde E zu veranschlagen sind oder ob es sich hier um Ausnahmen von dem Grundsatz der Vollständigkeit handelt.

a) Dieses Verfahren dient zur Ausstellung einer Zuwendungsbestätigung (Spendenbescheinigung), welches heute nur noch vereinzelt praktiziert wird, da Vereine, die vom Finanzamt als gemeinnützig anerkannt sind, selbst Spendenbescheinigungen ausstellen dürfen.
   Bei der Spende des Sporthauses M handelt es sich nach der Definition des § 58 Nr. 11 GemHVO um Beträge, die für einen Dritten – hier: örtlicher Sportverein – lediglich vereinnahmt und verausgabt werden, demnach um durchlaufende Zahlungsmittel. Eine Veranschlagung im Haushaltsplan ist somit gemäß § 15 Abs. 1 GemHVO unzulässig.
b) Der Fachbereich Jugend, Familie und Soziales bewirtschaftet hier Zahlungsmittel, die durch die Wahrnehmung von Aufgaben eines anderen öffentlichen Aufgabenträgers entstehen. Da die angesprochenen Zahlungsmittelflüsse nicht über die Bücher der Gemeinde abgewickelt werden, dürfen sie nach § 15 Abs. 2 GemHVO nicht im gemeindlichen Haushaltsplan veranschlagt werden.
c) Nach § 3 Abs. 1 HFAGDV Hessen werden die Gemeindeschlüsselzuweisungen für die kreisangehörigen Städte und Gemeinden den Landkreisen überwiesen. Die Landkreise haben sie unverzüglich weiterzuleiten. Sie dürfen nur mit Forderungen auf rückständige Kreisumlage aufgerechnet werden.[14] Fraglich ist, ob es sich hier **aus Sicht des Landkreises** W um durchlaufende Zahlungsmittel im Sinne von § 15 Abs. 1 GemHVO handelt. Hiernach sind durchlaufende Zahlungsmittel insbesondere solche, die aufgrund eines Gesetzes unmittelbar für den Haushalt eines anderen öffentlichen Aufgabenträgers eingenommen und verausgabt werden. Diese Voraussetzungen liegen hier vor, mit der Konsequenz, dass hier eine Ausnahme vom Grundsatz der Vollständigkeit vorliegt. Eine Veranschlagung im Haushalt des Landkreises W erfolgt nicht.
   Aus Sicht der kreisangehörigen Städte und Gemeinden handelt es sich um ordentliche Erträge, die nach § 4 Abs. 3 i. V. m. § 2 Abs. 1 Nr. 7 GemHVO im Teilergebnishaushalt für den Produktbereich 16 zu veranschlagen sind.

14 Vgl. § 3 Abs. 1 HFAGDV Hessen.

Sachverhalt 10

Die kreisfreie Stadt E will in 2024 mit dem Bau einer Grundschule beginnen. Nach der wirtschaftlichsten Lösung und aufgrund vorliegender Pläne und Kostenberechnungen wird mit einem voraussichtlichen Auszahlungsvolumen von insgesamt 9 Mio. € gerechnet. Der Bauzeitplan sieht folgende Verteilung der Auszahlungen vor:

2024 = 3 Mio. €, 2025 = 4 Mio. € und 2026 = 2 Mio. €.

Geplant ist, dass die Grundschule nach den Sommerferien 2026 (also zum 1.9.2026) für den Schulbetrieb fertiggestellt ist und dann für 60 Jahre[15] genutzt werden kann. Um eine zügige Durchführung der Maßnahme zu gewährleisten, soll in 2024 der Auftrag für die gesamte Maßnahme vergeben werden.

Aufgabe:

Stellen Sie die Veranschlagung der Schulbaumaßnahme in dem Teilergebnis- und Teilfinanzhaushalt der kreisfreien Stadt E formlos dar. Begründen Sie Ihre Entscheidungen.

Lösung:

Nach der Aufgabenstellung soll eine Schulbaumaßnahme veranschlagt werden. Im Rahmen der Veranschlagung von Maßnahmen sind die Veranschlagungs- bzw. Planungsgrundsätze nach §§ 10 ff. GemHVO zu beachten.

Zunächst ist zu prüfen, ob es sich um eine investive oder konsumtive Maßnahme handelt, die zu veranschlagen ist. Der Bau der Grundschule könnte eine Investition nach § 58 Nr. 18 GemHVO sein, sofern es sich hierbei um Herstellungskosten im Sinne von § 41 Abs. 3 GemHVO handelt. Durch den Bau der Grundschule wird ein neuer Vermögensgegenstand hergestellt und damit das Sachanlagevermögen der Gemeinde vermehrt (§ 49 Abs. 3 Nr. 1.2 GemHVO). Nach § 4 Abs. 4 i. V. m. § 3 Abs. 1 Nr. 25 GemHVO sind Auszahlungen für Investitionen in das Sachanlagevermögen sowohl im Teilfinanzhaushalt als auch im Finanzhaushalt zu veranschlagen.

Gemäß § 4 Abs. 1 GemHVO sind in den Teilhaushalten Produktbereiche, Produktgruppen und Produkte (§ 58 Nr. 26 bis 28 GemHVO) darzustellen. Die Teilfinanzhaushalte sind nach § 4 Abs. 2 GemHVO nach vorgegebenen Produktbereichen oder nach der örtlichen Organisation produktorientiert zu gliedern. In Ermangelung einer Angabe im Sachverhalt bezüglich der örtlichen Organisation wird unterstellt, dass die kreisfreie Stadt E ihre Teilhaushalte nach den vorgegebenen Produktbereichen gliedert. Maßgebend ist daher Muster 11 zur GemHVO.[16] Der Bau der Grundschule ist

15 Die Nutzungsdauer bei Gebäuden ist u. a. abhängig von der Bauweise. Für die Fallbearbeitung wurde eine betriebsgewöhnliche Nutzungsdauer von 60 Jahren angenommen.

16 Vgl. Nr. 2 Hw zu § 4 GemHVO wonach den Gemeinden dringend empfohlen wird, sich bei der Zuordnung ihrer Aufgaben bzw. Produkte zu den Produktbereichen und Produktgruppen an den Erläuterungen des Produktbuches zu orientieren, siehe im Downloadbereich des HMdIS.

dem Produktbereich 03 „Schulträgeraufgaben“ und, sofern tiefer gegliedert wird, der Produktgruppe „Grundschulen“ zuzuordnen.

Das Muster 10 für den Teilfinanzhaushalt enthält keine weiteren Vorgaben, in welcher Differenzierung die Darstellung der Investitionen zu erfolgen hat. Die kreisfreie Stadt E sollte daher bei der Differenzierung der investiven Auszahlungen mindestens die Untergliederung nach § 3 Abs. 1 Nr. 24 bis 27 GemHVO vornehmen. Sie kann darüber hinaus tiefer untergliedern. Sofern die kreisfreie Stadt E die Differenzierung nach der Mindestgliederung gemäß § 3 Abs. 1 GemHVO wählt, wäre im Teilfinanzhaushalt im Bereich der Auszahlungen für Investitionstätigkeit die Mindestgliederung „Auszahlungen für Baumaßnahmen“ (Hauptkonto 842) zu beplanen.

Bei der Veranschlagung von Auszahlungen ist u. a. § 10 Abs. 2 GemHVO zu beachten. Hiernach sind die Auszahlungen nur in Höhe der im Haushaltsjahr voraussichtlich zu leistenden Beträge zu veranschlagen (Kassenwirksamkeitsprinzip). Die Beträge sind sorgfältig zu schätzen, soweit sie nicht errechenbar sind. Dies hat zur Konsequenz, dass die kreisfreie Stadt E nicht das gesamte Auszahlungsvolumen von 9 Mio. € im Haushaltsplan 2024 veranschlagen darf, sondern jeweils nur die Beträge, die sich aus dem Bauzeitplan für die jeweiligen Jahre ergeben. In diesem Zusammenhang wird unterstellt, dass die Angaben im Bauzeitenplan nach dem Grundsatz der Haushaltswahrheit – sorgfältig (siehe Ziff. 7.3.3) berechnet bzw. sorgfältig geschätzt – ermittelt wurden.

Da im Haushaltsjahr 2024 ein Gesamtauftrag in Höhe von 9,0 Mio. € vergeben werden soll, aber nach § 10 Abs. 2 GemHVO „nur“ 3,0 Mio. € als Auszahlungsermächtigung im Haushaltsplan 2024 enthalten sind, muss über den Restbetrag von 6,0 Mio. € eine Verpflichtungsermächtigung veranschlagt werden. Verpflichtungsermächtigungen sind Ermächtigungen zum Eingehen von Verpflichtungen, die künftige Haushaltsjahre mit Auszahlungen für Investitionen zu belasten (§ 94 Abs. 2 Nr. 1d) HGO); siehe Kap. 8. Die Verpflichtungsermächtigung verteilt sich wie folgt: zulasten 2025 = 4 Mio. €, zulasten 2026 = 2 Mio. €.

Fraglich ist, ob diese Schulbaumaßnahme auch Auswirkungen auf den Teilergebnishaushalt des Produktbereichs 03 „Schulträgeraufgaben“ und damit auch auf den Ergebnishaushalt hat. Während der Bauphase wird der Ergebnishaushalt nicht tangiert, da weder Ressourcenaufkommen noch Ressourcenverbrauch ausgelöst wird. Erst nach der Fertigstellung bzw. mit der Inbetriebnahme nach den Sommerferien 2026 entstehen eine Vielzahl von Aufwendungen, z. B. Personalkosten (für den Hausmeister und die Schulsekretärin – nicht für die Lehrkräfte, da diese Landesbedienstete sind), Reinigung, Energiekosten sowie sonstige Bewirtschaftungskosten, und insbesondere beginnt der Werteverlust, da es sich hier um einen Vermögensgegenstand handelt, dessen Nutzung zeitlich begrenzt ist (60 Jahre). Nach § 43 Abs. 1 GemHVO ist der Vermögensgegenstand planmäßig über die Dauer der voraussichtlichen Nutzung abzuschreiben (lineare Abschreibung, vgl. Nr. 3 Hw. zu § 43 GemHVO).

Unterstellt, dass sich die Herstellungskosten auf 9,0 Mio. € belaufen und die Grundschule zum 1.9.2026 fertiggestellt und in Betrieb genommen wird, ist für die Berechnung der Abschreibung folgendes zu beachten:

Nach § 10 Abs. 2 GemHVO ist bei der Veranschlagung von Erträgen und Aufwendungen (und insbesondere bei den Aufwendungen für Abschreibungen) der Grundsatz der Periodenabgrenzung zu beachten. Hiernach sind die Erträge und Aufwendungen in ihrer voraussichtlichen Höhe in dem Haushaltsjahr zu veranschlagen, dem sie wirtschaftlich zuzurechnen sind, d. h. die Gesamtkosten der Maßnahme sind über 60 Jahre zu verteilen. Darüber hinaus ist im Haushaltsjahr 2026 zu beachten, dass planmäßige Abschreibungen nach dem Grundsatz der Periodenabgrenzung erst dann vorzunehmen sind, sobald der abnutzbare Vermögensgegenstand angeschafft oder hergestellt ist, siehe Nr. 1 Hw. zu § 43 GemHVO. Bezogen auf den Sachverhalt darf im Jahr 2026 nur eine zeitanteilige Abschreibung, d. h. nur für die Monate September bis Dezember 2026 (4 Monate), erfolgen (§ 43 Abs. 2 GemHVO). Es ergibt sich folgende Berechnung:

→ 9,0 Mio. € : 60 Jahre = 150.000 € Abschreibung p. a.

→ 150.000 € : 12 Monate × 4 Monate = 50.000 € Abschreibung für 2026

Da der Aufwand für Abschreibungen nicht zahlungswirksam ist, wird der Finanzhaushalt nicht berührt.

Veranschlagung	Teilfinanzhaushalt	Teilergebnishaushalt
im Haushaltsjahr 2024	Auszahlung: 3,0 Mio. € Verpflichtungserm.: 6,0 Mio. €	0 €
im Haushaltsjahr 2025	Auszahlung: 4,0 Mio. € Verpflichtungserm.: 0 €	0 €
im Haushaltsjahr 2026	Auszahlung: 2,0 Mio. € Verpflichtungserm.: 0 €	Abschreibung: 50.000 € Des Weiteren z. B. Personalaufwendungen, Bewirtschaftungskosten usw. (siehe oben)

In diesem Zusammenhang sind auch die Erläuterungspflichten nach § 17 Abs. 1 Nr. 2 und 3 GemHVO zu beachten.

Sachverhalt 11

Die Gemeinde E stellt zur Zeit den Haushaltsplan 2024 auf. Dem Fachdienst Finanzen liegen folgende Anfragen zur periodengerechten Zuordnung einzelner Finanzvorfälle vor:

a) Lehrgangskosten

   Zwei Beschäftige des Fachbereichs „Sicherheit und Ordnung“ sollen im Haushaltsjahr 2024 an der Fortbildung „neue Löschtechniken“ teilnehmen. Aufgrund der großen Nachfrage sind erst ab November 2024 zwei Plätze frei. Die Fortbildung erstreckt sich über die Monate November 2024 bis Februar 2025. Die Rechnung in Höhe von 1.200 € ist nach Abschluss der Fortbildung zu zahlen.

b) Miete für das Dorfgemeinschaftshaus

   Um das 50-jährige Jubiläum im Januar 2025 gebührend zu feiern, reserviert der Landfrauenverein bereits jetzt schon das Dorfgemeinschaftshaus. Vertragsgemäß ist die Miete hierfür im Vormonat zu überweisen.

c) Grundstücksverkauf
   Das für eine Erweiterung des Kindergartens vor 30 Jahren zu einem Preis von 10.000 € erworbene Grundstück wird nicht mehr benötigt. Die Veräußerung ist im Haushaltsjahr 2024 geplant. Aufgrund der guten Lage des Grundstückes haben schon mehrere Bürger ihr Interesse an dem Grundstück bekundet. Es wird mit einem Verkaufserlös von 25.000 € gerechnet. Sämtliche Nebenkosten des Kaufvertrages werden von dem Käufer getragen.

Aufgabe:

Prüfen Sie, in welcher Höhe die Finanzvorfälle im Haushaltsplan 2024 zu veranschlagen sind.

Lösung:

Zu prüfen ist, in welcher Höhe und in welchem Teilhaushalt unter Beachtung der maßgeblichen Veranschlagungs- bzw. Planungsgrundsätzen eine Veranschlagung der im Sachverhalt genannten Finanzvorfälle möglich ist.

a) Lehrgangskosten
   Bei den Lehrgangskosten handelt es sich um ordentliche Aufwendungen für Sach- und Dienstleistungen nach § 2 Abs. 1 Nr. 12 GemHVO, die sowohl im Ergebnis- als auch im Teilergebnishaushalt zu veranschlagen sind (§ 4 Abs. 3 GemHVO).
   Zu prüfen ist, ob die gesamten Lehrgangskosten in Höhe von 1.200 € im **Ergebnishaushalt** 2024 (Ergebnis- und Teilergebnishaushalt) zu veranschlagen sind. Nach § 10 Abs. 2 GemHVO sind die Aufwendungen in ihrer voraussichtlichen Höhe in dem Haushaltsjahr zu veranschlagen, in dem sie wirtschaftlich verursacht wurden. Da sich die Lehrgangsdauer über das Haushaltsjahr hinaus erstreckt, muss eine Abgrenzung dahingehend erfolgen, dass die anteiligen Lehrgangskosten für die Monate November und Dezember dem Haushaltsjahr 2024 zugeordnet werden müssen. Es ist folgende Berechnung anzustellen:

$$1.200\ € : 4\ \text{Monate} \times 2\ \text{Monate} = 600\ €$$

   Im Haushalt 2024 sind daher Aufwendungen für Sach- und Dienstleistungen in Höhe von 600 € zu veranschlagen. Die restlichen 600 € Lehrgangskosten für die Monate Januar und Februar 2025 sind im Ergebnishaushalt 2025 zu veranschlagen.
   Bei den Lehrgangskosten handelt es sich um zahlungswirksame Aufwendungen. Somit sind auch die Auswirkungen im **Finanzhaushalt** zu berücksichtigen (§ 3 Abs. 1 GemHVO). Zu prüfen ist, ob die Lehrgangskosten von 1.200 € im Finanzhaushalt 2024 zu Buche schlagen. Nach § 10 Abs. 2 GemHVO sind Auszahlungen nur in Höhe der im Haushaltsjahr voraussichtlich zu leistenden Beträge zu veranschlagen. Da die Zahlung (Mittelabfluss) erst nach Abschluss des Lehrgangs er-

folgt – und damit im Februar 2025 – sind die Auszahlungen für Lehrgangskosten erst im Haushaltsjahr 2025 zu berücksichtigen.

Anmerkung:

Inwiefern diese detaillierte Planung des Finanzhaushalts in der Praxis gewährleistet werden kann, ist u. a. auch abhängig von der jeweils eingesetzten DV-Software. Vereinfachend wird daher in der Praxis für die Planung des Zahlungsmittelflusses aus laufender Verwaltungstätigkeit davon ausgegangen, dass zahlungswirksame Erträge und Aufwendungen betragsgleich zu entsprechenden Ein- und Auszahlungen führen.[17] Insofern dient dieser Sachverhalt nur dem Übungszweck.

b) Miete für das Dorfgemeinschaftshaus

Bei der Miete für das Dorfgemeinschaftshaus handelt es sich um ordentliche Erträge aus privatrechtlichen Leistungsentgelten nach § 2 Abs. 1 Nr. 1 GemHVO, die sowohl im Ergebnis- als auch Teilergebnishaushalt zu veranschlagen sind (§ 4 Abs. 3 GemHVO).

Zu prüfen ist, ob die Mieterträge im **Ergebnishaushalt** 2024 (Ergebnis- und Teilergebnishaushalt) zu veranschlagen sind. Nach § 10 Abs. 2 GemHVO sind die Erträge in ihrer voraussichtlichen Höhe in dem Haushaltsjahr zu veranschlagen, dem sie wirtschaftlich zuzurechnen sind. Da das Dorfgemeinschaftshaus erst im Januar 2025 von den Landfrauen genutzt wird, ist der Mietertrag auch dem Haushaltsjahr 2025 wirtschaftlich zuzurechnen, unabhängig davon, dass bereits im Dezember 2024 die Miete an die Gemeinde gezahlt wird. Im Haushaltsjahr 2024 erfolgt daher im Ergebnishaushalt keine Veranschlagung für diesen Anlass.

Bei den Mieterträgen handelt es sich um zahlungswirksame Erträge. Somit sind auch die Auswirkungen im **Finanzhaushalt** zu berücksichtigen (§ 3 Abs. 1 GemHVO). Zu prüfen ist, ob die Mieterträge im Finanzhaushalt 2024 zu veranschlagen sind. Nach § 10 Abs. 2 GemHVO sind Einzahlungen nur in Höhe der im Haushaltsjahr voraussichtlich eingehenden Beträge zu veranschlagen. Laut Sachverhalt erfolgt die Zahlung der Miete bereits im Dezember 2024, so dass der Finanzhaushalt tangiert ist (bilanziell erfolgt am Jahresende 2024 eine Abgrenzung als passiver Rechnungsabgrenzungsposten).

c) Grundstücksverkauf

Bei dem Grundstücksverkauf handelt es sich um einen Abgang aus Vermögensgegenständen des Sachanlagevermögens nach § 3 Abs. 1 Nr. 21 GemHVO, da das Anlagevermögen durch den Verkauf vermindert wird. Der Vorgang ist sowohl im Teilfinanz- als auch im Finanzhaushalt zu veranschlagen (§ 4 Abs. 4 i. V. m. § 3 Abs. 1 Nr. 21 GemHVO) und zwar unter Beachtung des § 10 Abs. 2 GemHVO als Einzahlung in Höhe von 25.000 €.

Zu prüfen ist, ob der Grundstücksverkauf auch den Ergebnishaushalt 2024 (Ergebnis- und Teilergebnishaushalt) berührt, da es sich hier um einen außerordentlichen Ertrag im Sinne von § 58 Nr. 6b) i. V. m. § 2 Abs. 3 GemHVO handeln könnte. Hiernach liegt ein außerordentlicher Ertrag vor, wenn die Einzahlungen aus Veräu-

---

17 Vgl. Haufe (Hrsg.) Neues kommunales Rechnungs- und Steuerungssystem (Doppik Hessen), Ziff. 3.1.2.

ßerungen von Vermögensgegenständen den Restbuchwert **übersteigen**. Laut Sachverhalt übersteigt die Einzahlung aus Veräußerung den Restbuchwert mit 15.000 €. Nach § 2 Abs. 3 GemHVO ist der **Gewinn** aus der Veräußerung als **außerordentlicher Ertrag** im Ergebnishaushalt 2024 zu veranschlagen, da nach § 10 Abs. 2 GemHVO dieser Ertrag dem Haushaltsjahr 2024 wirtschaftlich zuzurechnen ist.
Es handelt sich zwar um einen Ertrag, der aber nach § 3 Abs. 1 Nr. 1 bis 8 GemHVO **nicht** in der Summe der Einzahlungen aus laufender Verwaltungstätigkeit (§ 3 Abs. 1 Nr. 9 GemHVO) und damit auch nicht in dem Zahlungsmittelüberschuss/Zahlungsmittelbedarf aus laufender Verwaltungstätigkeit (§ 3 Abs. 1 Nr. 19 GemHVO) berücksichtigt wird. Die Einzahlung aus dem Grundstücksverkauf wird im Finanzhaushalt als Einzahlung aus Abgängen von Vermögensgegenständen des Sachanlagevermögens nachgewiesen und fließt damit in den Zahlungsmittelüberschuss/Zahlungsmittelfehlbedarf aus Investitionstätigkeit ein (§ 3 Abs. 1 Nr. 29 GemHVO).

Sachverhalt 12

Die Gemeinde E stellt im Juli 2024 den I. Nachtragshaushaltsplan[18] 2024 auf. Bei der Ermittlung des Ansatzes für die Gewerbesteuer liegen dem Fachdienst „Finanzen" folgende Informationen vor:

Nachzahlung aus 2021 (festgestellt im Januar 2024):	20.000 €
Rückzahlung aus 2022 (festgestellt im Mai 2024):	100.000 €
Ansatz für 2024:	2.500.000 €

Aufgabe:

Prüfen Sie, in welcher Höhe der Finanzvorfall im Nachtragshaushaltsplan 2024 zu veranschlagen ist.

Lösung:

Bei der Gewerbesteuer handelt es sich um ordentliche Erträge aus Steuern nach § 2 Abs. 1 Nr. 5 GemHVO, die sowohl im Ergebnis- als auch im Teilergebnishaushalt zu veranschlagen sind (§ 4 Abs. 3 GemHVO).

Zu prüfen ist, ob die Steuernachzahlungen 2021 und Steuerrückzahlungen 2022 im ordentlichen Ergebnis des Nachtragshaushaltes 2024 (Ergebnis- und Teilergebnishaushalt) zu veranschlagen sind, oder ob es sich hier um außerordentliche Erträge bzw. außerordentliche Aufwendungen im Sinne von § 58 Nr. 6a) GemHVO handelt, da periodenfremde Erträge (Nachzahlung) bzw. periodenfremde Aufwendungen (Rückzahlung) vorliegen könnten.

18 Siehe Ziff. 14.1.

Bei der **Steuerrückzahlung** handelt es sich **nicht** um einen außerordentlichen (obwohl periodenfremd) Aufwand, wenn die Voraussetzungen des § 16 Abs. 1 GemHVO erfüllt sind. Hiernach sind Abgaben, die die Gemeinde zurückzuzahlen hat, bei den ordentlichen Erträgen abzusetzen sind, auch wenn sie sich auf Erträge der Vorjahre beziehen. Bei der Gewerbesteuer handelt es sich zum einen um Abgaben[19] im Sinne des § 16 Abs. 1 GemHVO und zum anderen ist die Steuer an den Steuerpflichtigen im Haushaltsjahr 2024 zurückzuzahlen. In diesem Fall „muss" eine Verrechnung mit den ordentlichen Erträge erfolgen (es handelt sich hier nicht um eine Kann-Bestimmung). Damit wird sichergestellt, dass das tatsächliche Steueraufkommen eines Zeitraumes bei den Berechnungen des Kommunalen Finanzausgleichs berücksichtigt werden, Satz 2 Hinweis zu § 16 GemHVO.

Bei der **Steuernachzahlung** handelt es sich ebenfalls **nicht** um einen außerordentlichen (obwohl periodenfremd) Ertrag, da für die Periodenabgrenzung der Gewerbesteuer das Jahr maßgebend ist, in dem die Steuernachzahlung festgestellt wird. Laut Sachverhalt wird die Steuernachzahlung erst im Jahr 2024 festgestellt und führt daher zu einem ordentlichen Ertrag, welcher im Rahmen der Nachtragshaushalts veranschlagt werden kann.

Im Ergebnishaushalt 2024 sind daher Erträge aus Gewerbesteuer von 2.420.000 € anzusetzen.

Bei den Erträgen aus Gewerbesteuer handelt es sich um zahlungswirksame Erträge. Zu prüfen ist daher auch, ob die Erträge aus der Gewerbesteuer den Finanzhaushalt 2024 tangieren. Da erfahrungsgemäß nicht alle Gewerbetreibende fristgerecht bezahlen wollen (oder können), sind hinsichtlich der Höhe der voraussichtlich eingehenden Einzahlungen aus Gewerbesteuer unter Umständen Abstriche vorzunehmen (siehe auch Anmerkungen zu Fall 2.a). Allerdings ist auch zu berücksichtigen, dass im laufenden Jahr auch Einzahlungen aus Veranlagungen des Vorjahres eingehen.[20]

Sachverhalt 13

Im Rahmen der Planung des Haushalts 2024 werden von der Gemeinde E die Erträge aus der Gewerbesteuer gegenüber dem Vorjahr um 3,3 %[21] angehoben. Der zuständige Haushaltssachbearbeiter hat bei der Schätzung der Gewerbesteuererträge die Orientierungsdaten für die Haushalts- und Finanzplanung der Gemeinden (GV) des Landes Hessen zugrunde gelegt, die eine derartige Steigerung vorsehen. Bekannt ist dem Sachbearbeiter, dass im kommenden Haushaltsjahr zwei der größten Betriebe der Gemeinde ihren Betriebssitz in den Nachbarort verlegen, also als Steuerzahler ausfallen.

Trotz kritischer Nachfragen eines Kollegen, der ebenfalls für die Aufstellung des Haushalts zuständig ist, bleibt der Haushaltssachbearbeiter bei seiner Auffassung, dass die Orientierungsdaten für die Planung als verbindlich anzusehen sind.

---

19 Kommunale Abgaben sind nach § 1 Abs. 1 KAG Steuern, Gebühren und Beiträge.

20 Siehe hierzu Thematik Liquiditätsplanung Ziff. 13.6.4.2.

21 Für Übungszwecke unterstellt.

Aufgabe:

Ist die Auffassung des Haushaltssachbearbeiters richtig?

Lösung:

Der Haushaltssachbearbeiter hat den Haushaltsplan unter anderem unter Beachtung der allgemeinen Haushalts- und Planungsgrundsätze aufzustellen. Der in diesem Fall zu beachtende Grundsatz wäre neben der Vollständigkeit insbesondere der Grundsatz der Haushaltswahrheit. Danach sind die Erträge und Aufwendungen sowie die Einzahlungen und Auszahlungen sorgfältig zu schätzen, soweit sie nicht errechenbar sind.

Bei der Gewerbesteuer handelt es sich um Ressourcenaufkommen, die zu einem Mittelzufluss führen, d. h. zahlungswirksam werden. Nach § 58 Nr. 15 GemHVO liegen somit Erträge aus Steuern vor, die gemäß § 4 Abs. 3 i. V. m. § 2 Abs. 1 Nr. 5 GemHVO als ordentliche Erträge zu klassifizieren und im Teilergebnishaushalt nachzuweisen sind.

Zu prüfen ist, ob diese ordentlichen Erträge nach dem Grundsatz der Haushaltswahrheit richtig festgesetzt wurden. Zunächst ist festzustellen, dass die Erträge aus der Gewerbesteuer nicht genau zu berechnen sind; demzufolge wendet der Sachbearbeiter die richtige Methode der **Schätzung** an.

Im Bereich der methodischen Schätzung geht er von einem Hilfsmittel, den Orientierungsdaten für die Haushalts- und Finanzplanung der Gemeinden (GV) des Landes Hessen aus. Es ist daher zu prüfen, ob dieses herangezogene Hilfsmittel bei der Schätzung von den Erträgen aus der Gewerbesteuer verbindlich ist. Gemäß § 101 Abs. 2 HGO i. V. m § 9 Abs. 3 GemHVO sollen bei der Aufstellung und Fortschreibung der mittelfristigen Ergebnis- und Finanzplanung die vom Hessischen Ministerium des Innern und für Sport im Einvernehmen mit dem Hessischen Ministerium der Finanzen bekannt gegebenen Orientierungsdaten (Finanzplanungserlass) berücksichtigt werden.

Die Vorschrift nach § 9 Abs. 3 GemHVO ist als „Soll-Vorschrift“ formuliert. Hiernach sollen die Gemeinden bei der Aufstellung und Fortschreibung der mittelfristigen Ergebnis- und Finanzplanung die bekannt gegebenen Orientierungsdaten „berücksichtigen“. Da es sich aber bei den Orientierungsdaten um landesweite Durchschnittswerte handelt und strukturelle Unterschiede nicht angemessen berücksichtigt werden können, weist der Finanzplanungserlass explizit darauf hin, dass es Aufgabe der Gemeinden bleibt, aufgrund der besonderen örtlichen Gegebenheiten die für ihre Planung maßgebenden Einzelwerte selbst zu ermitteln (siehe hierzu ausführlich Ziffn. 12. 5 und 12.6).

Eine besondere örtliche Gegebenheit bei der Gemeinde E liegt vor, da zwei der größten Steuerzahler das Gemeindegebiet verlassen. In diesem Fall ist es unrealistisch, von einer 3,3 %-Steigerung der Gewerbesteuererträge auf der Basis der Vorjahres auszugehen. Insofern liegt ein Verstoß gegen den Grundsatz der Haushaltswahrheit vor, da bei den Berechnungen und Schätzungen nicht alle zum Zeitpunkt der

Erstellung des Haushalts verfügbaren und relevanten Datenquellen und Erkenntnisse berücksichtigt wurden. Der Haushaltssachbearbeiter hat daher die Gewerbesteuererträge entsprechend niedriger zu veranschlagen.

Sachverhalt 14

Die Gemeinde E möchte im Haushaltsjahr 2024 für den Produktbereich „Kultur und Wissenschaft“, Produktgruppe „Volkshochschule“ ein neues Filmgerät kaufen. Der zuständige Sachbearbeiter C informiert sich im Rahmen der Haushaltsplanung durch Internetrecherche, Fachkataloge und Nachfragen bei entsprechenden Anbietern über die Preise, um einen verlässlichen Haushaltsansatz zu ermitteln. In diesem Zusammenhang findet er einen Anbieter, der der Gemeinde einen Behördenrabatt von 10 v. H. verbindlich zusagt. Die Recherche ergibt, dass das für die Zwecke der Volkshochschule in Frage kommende Filmgerät in etwa 2.200 € (ohne Rabatt/ohne Nachlass) kosten wird. Das alte Gerät soll mit einem Wert von 200 € (Buchwert) in Zahlung gegeben werden.

Der Sachbearbeiter C beantragt daraufhin, dass ein Betrag in Höhe von 2.000 € für die Anschaffung des Filmgerätes im Haushalt 2024 bereitgestellt wird.

Aufgabe:

Veranschlagen Sie diesen Geschäftsvorgang in dem entsprechenden Teilhaushalt für das Haushaltsjahr 2024 und begründen Sie Ihre Vorgehensweise.

Lösung:

Bei der Anschaffung des Filmgerätes könnte eine Investition nach § 58 Nr. 18 GemHVO vorliegen, wenn es sich um Anschaffungskosten im Sinne von § 41 Abs. 2 GemHVO handelt. Hiernach sind Anschaffungskosten die Aufwendungen, die geleistet werden müssen, um einen Vermögensgegenstand zu erwerben. Das Filmgerät soll zur Aufgabenerfüllung käuflich erworben werden; es handelt sich hierbei um Sachanlagevermögen nach § 49 Abs. 3 Nr. 1.2 GemHVO. Nach § 4 Abs. 4 i. V. m. § 3 Abs. 1 Nr. 26 GemHVO sind Auszahlungen für Investitionen in das sonstige Sachanlagevermögen im Teilfinanzhaushalt zu veranschlagen.

Zu prüfen ist, ob der Betrag in Höhe von 2.000 € unter Beachtung der Planungsgrundsätze die richtige Veranschlagungshöhe darstellt.

Gemäß § 10 Abs. 1 GemHVO sind die Einzahlungen und Auszahlungen in voller Höhe und getrennt voneinander zu veranschlagen (Bruttoprinzip). Nach dem Sachverhalt handelt es sich hier einmal um eine Auszahlung von 2.200 € für die Anschaffung des neuen Filmgerätes und zum anderen um eine Einzahlung von 200 € für die Inzahlungnahme des alten Gerätes. Die Einzahlung ist nach § 3 Abs. 1 Nr. 21 GemHVO als Einzahlung aus dem Abgang von Vermögensgegenständen zu klassifizieren und darf aufgrund des Bruttoprinzips nicht mit der Auszahlung aufgerechnet werden. Auch ist die Ausnahmeregelung nach § 16 Abs. 1 GemHVO hier nicht anwendbar.

Darüber hinaus würde eine „An- bzw. Verrechnungsdarstellung" lt. Sachverhalt der Klarheit und Übersichtlichkeit sowie der Darstellung des Ablaufs der Haushaltswirtschaft nicht entsprechen.

Abschließend ist noch zu klären, inwieweit der Behördenrabatt, der lt. Sachverhalt verbindlich Gültigkeit hat, im Rahmen der Veranschlagung u. U. als Ertrag zu berücksichtigen ist. Nach Nr. 1 Hw. zu § 41 GemHVO handelt es sich bei gewährten Rabatten um Anschaffungskostenminderungen und nicht um Erträge, sie reduzieren unmittelbar die Höhe der Anschaffungskosten. Übertragen auf den Sachverhalt wären demnach nur Anschaffungskosten von 1.980 € für das Filmgerät als Auszahlung für Investitionen in das sonstige Sachanlagevermögen zu veranschlagen.

Unter Berücksichtigung der oben gemachten Ausführungen ergibt sich folgende Veranschlagung für den Haushalt 2024:

Auszug aus dem Haushaltsplan 2024[22]

Produktbereich: Wissenschaft und Kultur
Produktgruppe: Volkshochschule

Muster 10 zu § 4 Abs. 4

Teilfinanzhaushalt – **vereinfachte** Darstellung
– Euro –

Nr.	**Bezeichnung**	**Haushaltsansatz**			**Ergebnis des Jahresabschlusses**
		2024	**Verpflichtungsermächtigung**	**2023**	**2022**
1	2	3	4	5	6
	Einzahlungen aus Investitionstätigkeit **Einzahlungen aus Abgängen von Vermögensgegenständen des Sachanlagevermögens und des immateriellen Anlagevermögens**	200 €		0	0,00
	Summe investive Einzahlungen	200 €		0	0,00
	Auszahlungen aus Investitionstätigkeit **Auszahlungen für Investitionen in das sonstige Sachanlagevermögen und immaterielle Anlagevermögen**	1.980 €			
	Summe investive Auszahlungen	1.980 €	0	0	0,00
	Saldo aus Investitionstätigkeit (Einzahlungen ./. Auszahlungen)	**1.780 €**		0	0,00

22 Da es sich um einen „Auszug" aus dem Teilfinanzhaushalt handelt, wurde auf die Darstellung der Einzahlungen und Auszahlungen aus Finanzierungstätigkeit sowie auf die Angabe des Gesamtauszahlungsbedarfs und der Summe der bisher bereitgestellten Haushaltsmittel verzichtet, vgl. § 4 Abs. 4 und 5 GemHVO.

Sachverhalt 15

Der Sachbearbeiter R, der erst seit einem Monat im Fachdienst Finanzen arbeitet, ist für alle Angelegenheiten rund um die Gewerbesteuer zuständig. Bei der Veranschlagung der Haushaltsansätze für das Jahr 2024 ermittelt er folgende Beträge:

- Erträge aus Gewerbesteuer: 25.000.000 €
- Gewerbesteuerumlage: 2.900.000 €

Nach seiner Auffassung ist hier § 16 Abs. 1 GemHVO einschlägig. Demzufolge sind im Haushaltsplan 2024 insgesamt Erträge aus Gewerbesteuer in Höhe von 22.100.000 € zu veranschlagen.

Aufgabe:

Begutachten Sie die Auffassung des Sachbearbeiters R.

Lösung:

Bei den Erträgen aus der Gewerbesteuer handelt es sich um ordentliche Erträge aus Steuern und steuerähnlichen Erträgen einschließlich Erträge aus gesetzlichen Umlagen nach § 2 Abs. 1 Nr. 5 GemHVO, die im Ergebnis- und Teilergebnishaushalt zur veranschlagen sind. Grundlagen für die Erhebung der Gewerbesteuer sind Art. 106 Abs. 6 GG, das Gewerbesteuergesetz, das Realsteuerzuständigkeitsgesetz sowie die Haushaltssatzung. Es wird unterstellt, dass der Sachbearbeiter R auf diesen Grundlagen den Gesamtertrag der Gewerbesteuer für das Haushaltsjahr 2024 ermittelt hat.

Bei der Gewerbesteuerumlage handelt es sich um einen ordentlichen Aufwand aus gesetzlichen Umlageverpflichtungen nach § 2 Abs. 1 Nr. 15 GemHVO, der ebenfalls im Ergebnis- und Teilergebnishaushalt zu veranschlagen ist. Grundlagen für die Zahlung der Gewerbesteuerumlagen sind Art. 106 Abs. 6 GG und das Gemeindefinanzreformgesetz. Auch hier wird unterstellt, dass die Höhe der Gewerbesteuerumlage richtig ermittelt wurde.

Bei der Aufstellung des Haushalts sind die Planungsgrundsätze nach § 10 ff. GemHVO zu beachten. Der Sachverhalt zielt auf das Bruttoprinzip nach § 10 Abs. 1 GemHVO ab. Hiernach sind bezogen auf den Ergebnishaushalt die Erträge und Aufwendungen in voller Höhe und getrennt voneinander zu veranschlagen, soweit in der GemHVO nichts anderes bestimmt ist. Nach § 16 Abs. 1 GemHVO dürfen ausnahmsweise Abgaben, abgabeähnliche Erträge und allgemeine Zuweisungen, die die Gemeinde zurückzuzahlen hat, bei den Erträgen abgesetzt, auch wenn sie sich auf Erträge der Vorjahre beziehen. Aufgrund dieser Regelung möchte Sachbearbeiter R für die Haushaltsplanung 2024 die Gewerbesteuererträge mit der Gewerbesteuerumlage verrechnen.

Abgaben sind nach § 1 KAG Steuern, Gebühren und Beiträge. Bei der Gewerbesteuer handelt es sich somit um eine Abgabe im Sinne von § 16 Abs. 1 GemHVO, nicht aber bei der Gewerbesteuerumlage. Die Gewerbesteuerumlage ist eine gesetzlich vorgeschriebene Beteiligung des Bundes und der Länder an dem Aufkommen der Gewerbesteuer und ist damit nicht an den ursprünglichen Abgabepflichtigen zurückzuzahlen. Damit ist die Ausnahmeregelung in diesem Fall nicht anwendbar. Die richtige Veranschlagung für den Haushalt 2024 sieht folgendermaßen aus:

Auszug aus dem Haushaltsplan 2024:

Produktbereich: Allgemeine Finanzwirtschaft
Produktgruppe: Steuern, allgemeine Zuweisungen, allgemeine Umlagen

Teilergebnishaushalt – vereinfachte Darstellung[23]
– Euro –

Nr.	**Konten**	**Bezeichnung**	**Haushaltsansatz**		Ergebnis des Jahresabschlusses
			2024	2023	2022
1	**2**	**3**	**4**	**5**	**6**
5		**Ordentliche Erträge** … Steuern, steuerähnliche Erträge einschl. Erträge aus gesetzlichen Umlagen …	25.000.000	26.000.000	24.999.000,05
		Summe der ordentlichen Erträge			
16		**Ordentliche Aufwendungen** … Steueraufwendungen einschl. Aufwendungen aus gesetzlichen Umlageverpflichtungen …	2.900.000	3.000.000	2.916.550,01
19		**Summe der ordentlichen Aufwendungen**			
20		**Verwaltungsergebnis**			

Sachverhalt 16

Die Gemeinde E will im Haushaltsjahr 2024 zur Finanzierung der Investitionen und Investitionsförderungsmaßnahmen von 4 Mio. € einen Kredit in gleicher Höhe auf-

23 Es erfolgt im gesamten Muster keine Absummierung in den Summenzeilen, da in dieser Produktgruppe in der Praxis noch weitere Erträge und Aufwendungen veranschlagt werden.

nehmen. Aufgrund der Erfahrungen der vorangegangenen Jahre wird davon ausgegangen, dass ein Disagio[24] von 2 v. H. einzuplanen ist.[25]

Aufgabe:

Stellen Sie die erforderlichen Veranschlagungen für die Kreditaufnahme im Finanzhaushalt des Haushaltsjahr 2024 dar. Die Auflösungen des Disagios beginnt erst im folgenden Haushaltsjahr.

Lösung:

Bei der Kreditaufnahme handelt es sich nach § 58 Nr. 21 GemHVO um das unter der Verpflichtung zur Rückzahlung von Dritten oder von Sondervermögen mit Sonderrechnung aufgenommene Kapital mit Ausnahme der Liquiditätskredite. Kredite dürfen gemäß § 103 HGO unter Beachtung des § 93 Abs. 3 HGO nur im Finanzhaushalt und nur für Investitionen, Investitionsförderungsmaßnahmen und zur Umschuldung aufgenommen werden. Laut Sachverhalt handelt es sich um keine Umschuldung, da mit den Krediten Investitionen und Investitionsförderungsmaßnahmen finanziert werden sollen. Die Beachtung der Subsidiarität der Kreditaufnahme im Sinne von § 93 Abs. 3 HGO wird in Ermangelung weiterer Angaben unterstellt.

Nach § 103 Abs. 1 HGO dürfen Kredite nur im Finanzhaushalt aufgenommen werden. § 3 Abs. 1 GemHVO konkretisiert diese Vorgabe und führt in Nr. 31 dazu aus, dass die Zahlungsströme aus der Finanzierungstätigkeit und damit die Einzahlungen aus Kreditaufnahmen in dem Finanzhaushalt zu nachzuweisen sind (vgl. Muster 8, Zeile 31). Zu prüfen ist weiter, ob ebenso eine Veranschlagung im Teilfinanzhaushalt erfolgt. Nach § 4 Abs. 4 i. V. m. § 3 Abs. 1 Nr. 31 GemHVO ist eine Veranschlagung der Einzahlungen aus Kreditaufnahmen (= Einzahlungen aus Finanzierungstätigkeit) in den jeweiligen Teilfinanzhaushalten möglich, sofern diese **nicht zentral** im Produktbereich 16 „Allgemeine Finanzwirtschaft" veranschlagt werden.[26]

Zu prüfen ist weiter, in welcher Höhe eine Veranschlagung zu erfolgen hat. Nach dem Grundsatz der Kassenwirksamkeit (§ 10 Abs. 2 GemHVO) sind Einzahlungen nur in Höhe der im Haushaltsjahr voraussichtlich eingehenden Beträge zu veranschlagen;

---

24 Ein Disagio (Abgeld) ist ein Abschlag vom Nennwert (Ausgangswert bzw. Kreditbetrag), der bei einer Kreditgewährung einbehalten wird. So auch *Kröckel* in GemHR Hessen, § 45 Rn. 25: *„Die Differenz zwischen Auszahlungs-/Nennbetrag einer Verbindlichkeit und dem Rückzahlungsbetrag wird allgemein als Disagio bezeichnet."*

25 Dieser Sachverhalt soll nur das Bruttoprinzips vertiefen. Deshalb sind in diesem Sachverhalt weder Angaben zu Zinsaufwendungen noch zu Tilgungsmodalitäten und der Auflösung des Disagios enthalten.

26 Nr. 12 Hw. zu § 4 GemHVO widerspricht dem Verordnungstext in § 4 Abs. 4 GemHVO, da nach diesem Hinweis eine dezentrale Veranschlagung von Einzahlungen und Auszahlungen aus Finanzierungstätigkeit wegen des Gesamtdeckungsprinzips nicht zulässig sei. Problematik hierzu siehe Ziff. 6.5.2.4.2.

sie sind sorgfältig zu schätzen, soweit sie nicht errechenbar sind. Dies gilt ebenso für die Auszahlungen des anfallenden Disagios.

Fraglich ist, ob durch das Disagio in Höhe von 2 v. H. der Kreditsumme die Einzahlung aus der Aufnahme von Krediten um 80.000 € mindert, da das Disagio vom Kreditbetrag einbehalten wird. Nach dem Bruttoprinzip gemäß § 10 Abs. 1 GemHVO sind die Erträge und Aufwendungen sowie die Einzahlungen und Auszahlungen in voller Höhe und getrennt voneinander zu veranschlagen. Bezogen auf den Sachverhalt sind danach die Einzahlungen aus der Aufnahme von Krediten in voller Höhe (4 Mio. €) in den Haushaltsplan 2024 einzustellen. Das Bruttoprinzip wird für die Aufnahme von Krediten in § 41 Abs. 1 GemHVO nochmals konkretisiert; hiernach sind die Verbindlichkeiten (hierzu zählen nach § 58 Nr. 37 GemHVO auch Kreditaufnahmen) mit ihrem **Rückzahlungsbetrag**[27] anzusetzen. Eine Aufrechnung darf daher bei der Veranschlagung nicht erfolgen.

Die bei der Aufnahme von Krediten u. U. anfallenden Nebenkosten (Disagio, einmalige Verwaltungskostenbeiträge u. Ä.[28]) sind Beträge,

- um den die Rückzahlungsbeträge die tatsächlichen Auszahlungsbeträge übersteigen (hier: 80.000 €[29]).
- die zum Zeitpunkt der Kreditaufnahme in voller Höhe zahlungswirksam werden (vorab fällige Auszahlungen, die in späteren Jahren zu Aufwand führen).
- die als **aktive Rechnungsabgrenzungsposten** zu bilanzieren sind und über die Laufzeit des Kredits aufgelöst und damit als Aufwand ergebniswirksam werden.[30]

Diese Beträge sind als aktive Rechnungsabgrenzungsposten anzusetzen (§ 45 Abs. 1 GemHVO, Auszahlungen vor dem Abschlussstichtag, Aufwand nach dem Abschlussstichtag); sie stellen Zugänge zu aktiven Rechnungsabgrenzungsposten dar und sind folglich nach § 3 Abs. 1 Nr. 17 GemHVO im Finanzhaushalt als „sonstige ordentliche Auszahlungen …, die sich **nicht** aus Investitionstätigkeit[31] ergeben" nachzuweisen. Damit schmälern sie den Zahlungsmittelüberschuss (oder erhöhen den Zahlungsmittelbedarf) aus laufender Verwaltungstätigkeit (§ 3 Abs. 1 Nr. 19 GemHVO).

Aus Vereinfachungsgründen wird hier davon ausgegangen, dass im Haushaltsjahr 2024 **noch keine Auflösung des Disagios veranschlagt** wird. Ebenfalls außen vor gelassen wird die Berechnung und Veranschlagung von Zinsaufwendungen und Tilgungsauszahlungen.

27 Vgl. Kröckel in GemHR Hessen, § 41 Rn. 6: „Der Begriff „Rückzahlungsbetrag" ist im engeren Sinne nur auf Darlehensverbindlichkeiten anwendbar; …"

28 Kreditbeschaffungskosten sind auch die Ansparraten für Darlehen aus dem Investitionsfonds – Abteilung B, siehe Nr. 5 Satz 1 Hw. zu § 45 GemHVO.

29 Der Rückzahlungsbetrag beträgt 4,0 Mio. €, der Auszahlungsbetrag beträgt 3,920 Mio. €, der Differenzbetrag ist das Disagio in Höhe von 80.000 €.

30 Vgl. *Kröckel* in GemHR, § 45 Rn. 24/25 sowie Nr. 5 Hw. zu § 45 GemHVO.

31 Es handelt sich hier um Auszahlungen aus **Finanzierungs**tätigkeit.

***Auszug** aus dem Haushaltsplan 2024 (die Angaben sind auf den Sachverhalt reduziert):*

Finanzhaushalt (Muster 8) – vereinfachte Darstellung
– Euro –

Nr.	Konten	Bezeichnung	Haushaltsansatz 2024
17	837, 848	Sonstige ordentliche Auszahlungen und sonstige außerordentliche Auszahlungen, die sich nicht aus Investitionstätigkeit ergeben	80.000 €
19		Zahlungsmittelüberschuss oder Zahlungsmittelbedarf aus laufender Verwaltungstätigkeit (Saldo aus Nrn. 9 und 18)	–80.000 €
28		Summe der Auszahlungen aus Investitionstätigkeit (Nrn. 24 bis 27)	4.000.000 €
29		Zahlungsmittelüberschuss oder Zahlungsmittelbedarf aus Investitionstätigkeit (Saldo aus Nrn. 23 und 28)	–4.000.000 €
30		Zahlungsmittelüberschuss oder Zahlungsmittelbedarf (Summe aus Nrn. 19 und 29)	–4.080.000 €
31	826	Einzahlung aus der Aufnahme von Krediten und wirtschaftlich vgl. Vorgängen für Investitionen	4.000.000 €
33		Zahlungsmittelüberschuss oder Zahlungsmittelbedarf aus Finanzierungstätigkeit (Saldo aus Nrn. 31 und 32)	4.000.000 €
34		Änderung des Zahlungsmittelbestandes zum Ende des Haushaltsjahres (Summe aus Nrn. 30 und 33)	–80.000 €

§ 103 Abs. 1 HGO wird beachtet

Sachverhalt 17

Auf Vorschlag des zuständigen Budgetverantwortlichen sollen im Rahmen der Aufstellung des Haushalts im Produktbereich „Sportförderung“, Produktgruppe „Hallenbäder“ die Personalaufwendungen, Versorgungsaufwendungen und Aufwendungen für Sach- und Dienstleistungen wegen Geringfügigkeit der Aufwendungen (im Vergleich zum gesamten Ergebnishaushalt) zusammengefasst werden. Dies trage auch dem Grundsatz der Haushaltsklarheit Rechnung.

Darüber hinaus könne auf die Darstellung der Ertragsposition nach § 2 Abs. 1 Nr. 5 GemHVO „Steuern und steuerähnliche Erträge einschließlich Erträge aus gesetzlichen Umlagen“ in dieser Produktgruppe verzichtet werden, da schon über mehrere Jahre keine Erträge zu verzeichnen sind.

Aufgabe:

Beurteilen Sie, ob diese Verfahrensweise rechtlich zulässig ist.

Lösung:

Es handelt sich hier um einen Vorschlag des Budgetverantwortlichen im Rahmen der Aufstellung des Haushaltsplanes. Da im Sachverhalt nur Erträge und Aufwendungen der Produktgruppe „Hallenbäder" angesprochen werden, handelt es sich um die Aufstellung des Teilergebnishaushaltes.

Bei der Aufstellung des Haushaltsplanes sind die Veranschlagungsgrundsätze zu beachten. Einschlägig könnte hier der Grundsatz der Einzelveranschlagung in Verbindung mit dem Grundsatz der Haushaltswahrheit und -klarheit sein (§ 10 Abs. 1 i. V. m. § 4 GemHVO). Hiernach sind die Erträge, Aufwendungen, Einzahlungen und Auszahlungen getrennt zu veranschlagen. Zu prüfen ist, ob die Personal- und Versorgungsaufwendungen sowie die Aufwendungen für Sach- und Dienstleistungen zusammengefasst im Teilergebnishaushalt dargestellt werden dürfen.

Nach § 4 Abs. 3 GemHVO enthält jeder Teilergebnishaushalt[32], die auf ihn entfallenden Erträge und Aufwendungen nach § 2 Abs. 1 GemHVO. Nr. 8 Hw. zu § 4 GemHVO konkretisiert den Inhalt des Teilergebnishaushalts dahingehend, dass die in § 2 Abs. 1 GemHVO vorgegebene Mindestgliederung der Erträge und Aufwendungen nachgewiesen werden muss. Dies schließt eine Zusammenfassung der Aufwandsarten Personalaufwendungen (§ 2 Abs. 1 Nr. 10 GemHVO), Versorgungsaufwendungen (§ 2 Abs. 1 Nr. 11 GemHVO) und Aufwendungen für Sach- und Dienstleistungen (§ 2 Abs. 1 Nr. 12 GemHVO) aus.

Vollständigkeitshalber wird darauf hingewiesen, dass außerdem

- nach § 4 Abs. 3 GemHVO die Verpflichtung besteht, Erlöse und Kosten aus internen Leistungsbeziehungen abzubilden (siehe ausführlich auch in Nr. 8 zu § 4 GemHVO).
- nach § 10 Abs. 3 GemHVO produktorientierte Ziele sowie Kennzahlen zur Zielerreichung bestimmt werden sollen (siehe ausführlich in Nrn. 3 bis 6 Hw. zu § 4 GemHVO).

Darüber hinaus ist noch zu prüfen, ob die Darstellung der Ertragsposition für „Steuern und steuerähnliche Erträge einschließlich Erträge aus gesetzlichen Umlagen" entfallen kann, da sie seit mehreren Jahren keine Beträge aufweist. Diesem Wunsch des Fachbereichsleiters kann auf der Ebene der Produktgruppe „Hallenbäder" entsprochen werden, da eine Position, unter der für das Haushaltsjahr und der beiden Vorjahre keinen Betrag auszuweisen ist, nicht im Teilergebnishaushalt angegeben werden muss (siehe Nr. 8 Satz 2 Hw. zu § 4 GemHVO i. V. m. Fußnote 1 zu Muster 9 der GemHVO).

Die äußere Form des Teilergebnishaushaltes ist in dem verbindlichen Muster 9 zur GemHVO vorgegeben.

32 Die Teilergebnishaushalte können auf der Ebene von Produktbereichen, Produktgruppen oder Produkten gebildet werden vgl. § 4 Abs. 1 GemHVO.

Sachverhalt 18

Im Nachtragshaushalt 2024 der Gemeinde E sollen neben den Verfügungsmitteln für den Vorsitzenden der Gemeindevertretung auch für den Vorsitzenden des Haupt- und Finanzausschusses Verfügungsmittel bereitgestellt werden, da dieser vermehrt Repräsentationsaufgaben wahrnimmt. Um eine möglichst wirtschaftliche Verwendung der Mittel zu gewährleisten, soll ein Übertragbarkeitsvermerk angebracht werden.

Aufgabe:

Beurteilen Sie, ob diese Verfahrensweise rechtlich zulässig ist.

Lösung:

Bei den Verfügungsmitteln handelt es sich um Mittel für dienstliche Zwecke, insbesondere für vielfältige repräsentative Zwecke, für die keine zweckbezogenen Aufwendungen veranschlagt sind (Nr. 1 Hw. zu § 13 i. V. m. § 58 Nr. 38 GemHVO). Sie sind im Ergebnishaushalt zu veranschlagen.

Zu prüfen ist, ob für die Vorsitzenden der Gemeindevertretung und des Haupt- und Finanzausschusses Verfügungsmittel veranschlagt werden dürfen. § 13 GemHVO regelt hierzu, dass für den Vorsitzenden der Gemeindevertretung Verfügungsmittel zu veranschlagen sind, während entweder für den Gemeindevorstand oder für den Bürgermeister Verfügungsmittel veranschlagt werden können. Die Veranschlagung von Verfügungsmitteln zu Gunsten anderer Funktionsträger oder Gremien ist damit ausgeschlossen. Der Finanzausschuss (hier: Haupt- und Finanzausschuss) ist zwar ein Pflichtausschuss (§ 62 Abs. 1 HGO) und genießt vor diesem Hintergrund eine Sonderstellung gegenüber den anderen (fakultativen) Ausschüssen, aber für den Vorsitzenden dieses Ausschusses ist die Veranschlagung von Verfügungsmitteln nach § 13 GemHVO unzulässig.

Zu prüfen ist des Weiteren, ob die Verfügungsmittel für übertragbar erklärt werden dürfen. Dies hat der Verordnungsgeber nach § 13 GemHVO i. V. m. § 21 Abs. 5 GemHVO für die Verfügungsmittel ausdrücklich ausgeschlossen.

Sowohl die Veranschlagung von Verfügungsmitteln für den Vorsitzenden des Haupt- und Finanzausschusses als auch die Anbringung eines Übertragungsvermerks sind somit unzulässig.

Sachverhalt 19

Die Gemeinde E will in den Jahren 2024–2025 den Bau einer großen Sporthalle durchführen. Nachdem für den Bau die wirtschaftlichste Lösung ermittelt ist und die notwendigen Baupläne und sonstigen Unterlagen erstellt sind, muss die Investitionsmaßnahme haushaltsrechtlich veranschlagt werden.

Zur Aufstellung des Haushaltsplanes 2024 und der Finanzplanung 2023 bis 2027 erhält der Fachdienst Finanzen folgende Angaben:

a) Der Vertrag über den Kauf eines Grundstückes im Werte von 400.000 € wird im November 2023 unterzeichnet. Die Zahlung des Kaufpreises wird fällig je zur Hälfte am 1.12.2024 und am 1.12.2025.
b) Insgesamt werden Baukosten in Höhe von 3,5 Mio. € anfallen, die mit 1,5 Mio. € in 2024 und 2 Mio. € in 2025 kassenwirksam werden. Von den Auszahlungen in 2025 sollen 500.000 € erst im Januar 2025 ausgeschrieben werden. Der Restauftrag von 1,5 Mio. € soll bereits in 2024 vergeben werden.
c) Einrichtungskosten in Höhe von 150.000 € werden 2025 anfallen. Der Auftrag wird im Dezember 2024 vergeben.
d) Einzahlungen sind nicht zu erwarten.

Aufgabe:

Nehmen Sie Stellung dazu, in welchen Spalten des Muster 10 (zu § 4 Abs. 4 GemHVO), die anfallenden Auszahlungen und Verpflichtungsermächtigungen einzutragen und welche Besonderheiten zu beachten sind (nur für die Haushaltsjahre 2024 und 2025).

Lösung:

Bei dem Bau der Sporthalle handelt es sich um eine Investition im Sinne von § 58 Nr. 18 GemHVO, da das Sachanlagevermögen nach § 49 Abs. 3 Nr. 1 GemHVO der Gemeinde erhöht wird. Gemäß § 4 Abs. 4 GemHVO sind Auszahlungen für Investitionen – hier Auszahlungen für Investitionen in das Sachanlagevermögen – im Teilfinanzhaushalt zu veranschlagen. Gemäß § 4 Abs. 4 i. V. m. § 10 Abs. 1 GemHVO wäre folgende Unterteilung für die Veranschlagung der Investitionsmaßnahme erforderlich:

§ 3 Abs. 1 Nr. 24 (Konto 841)	=	Auszahlungen für den Erwerb von Grundstücken und Gebäuden
§ 3 Abs. 1 Nr. 25 (Konto 842)	=	Auszahlungen für Baumaßnahmen
§ 3 Abs. 1 Nr. 26 (Konto 843)	=	Auszahlungen für Investitionen in das bewegliche Sachanlagevermögen und immaterielle Anlagevermögen

Sofern die Gemeinde E ihren Haushalt nach den vorgegebenen Produktbereichen aufstellt, ist der Produktbereich „Sportförderung“ und evtl. die Produktgruppe „Sportstätten“ zu bilden (§ 4 Abs. 2 GemHVO i. V. m. Muster 11).

Bei der Veranschlagung dieser Investitionsmaßnahme sind die Veranschlagungsgrundsätze nach den §§ 10 ff. GemHVO zu beachten, insbesondere § 12 Abs. 1 und 2 GemHVO i. V. m. § 92 Abs. 2 HGO – Beachtung des Grundsatzes der Wirtschaftlichkeit und Sparsamkeit bei der Veranschlagung von Investitionen. Nach dem Sachverhalt sind die Voraussetzungen des § 12 Abs. 1 und 2 GemHVO erfüllt.

Darüber hinaus ist insbesondere der Grundsatz der Kassenwirksamkeit nach § 10 Abs. 2 GemHVO zu beachten, da z. B.

- bereits in 2023 der Kaufvertrag für den Grunderwerb abgeschlossen wurde, die Zahlungen aber erst in den Jahren 2024 und 2025 erfolgen.
- bereits im Jahr 2024 der Auftrag für die Baukosten in Höhe von 1,5 Mio. € sowie der Auftrag für die Einrichtungskosten in Höhe von 150.000 € vergeben werden soll.

In diesen Fällen ist die Veranschlagung von Verpflichtungsermächtigungen erforderlich. Es handelt sich hier um eine Ermächtigung zum Eingehen von Verpflichtungen, künftige Haushaltsjahre mit Auszahlungen für Investitionen und Investitionsförderungsmaßnahmen zu belasten (§ 94 Abs. 2 Nr. 1 d) HGO).

Folgende Veranschlagungen sind vorzunehmen:

a) **Grunderwerbskosten, Finanzrechnungskonto 841**

Haushaltsjahr 2024

Spalte 3: 200.000 € – Haushaltsansatz 2024
Spalte 7: 400.000 € – Gesamtauszahlungsbedarf
Spalte 9: Erläuterung der neuen Maßnahme (auch im Vorbericht möglich); u. U. bereits in 2023 geschehen, da in diesem Jahr der Kaufvertrag abgeschlossen wurde) – nach § 17 Abs. 1 Nr. 2 und 3 GemHVO

Haushaltsjahr 2025

Spalte 3: 200.000 € – Haushaltsansatz 2025
Spalte 5: 200.000 € – Haushaltsansatz 2024
Spalte 7: 400.000 € – Gesamtauszahlungsbedarf
Spalte 8: 200.000 € – davon bisher bereitgestellt
Spalte 9: Erläuterung der bisherigen Abwicklung nach § 17 Abs. 1 Nr. 2 GemHVO

b) **Hochbaukosten, Finanzrechnungskonto 842**

Haushaltsjahr 2024

Spalte 3: 1.500.000 € – Haushaltsansatz 2024
Spalte 4: 1.500.000 € – Verpflichtungsermächtigung
Spalte 7: 3.500.000 € – Gesamtauszahlungsbedarf
Spalte 9:
- Erläuterung der neuen Maßnahme (auch im Vorbericht möglich); u. U. bereits in 2023 geschehen (siehe oben) – § 17 Abs. 1 Nr. 2 GemHVO
- Notwendigkeit und Höhe der Verpflichtungsermächtigungen erläutern nach § 17 Abs. 1 Nr. 3 GemHVO (auch im Vorbericht möglich)
- Verteilung der Belastungen aus Verpflichtungsermächtigungen auf die künftigen Haushaltsjahre nach § 11 GemHVO

Haushaltsjahr 2025

Spalte 3: 2.000.000 € – Haushaltsansatz 2025
Spalte 5: 1.500.000 € – Haushaltsansatz 2024
Spalte 7: 3.500.000 € – Gesamtauszahlungsbedarf

Spalte 8: 1.500.000 € – davon bisher bereitgestellt
Spalte 9: Erläuterung der bisherigen Abwicklung nach § 17 Abs. 1 Nr. 2 GemHVO

c) Einrichtungskosten, Finanzrechnungskonto 843

Haushaltsjahr 2024
Spalte 4: 150.000 € – Verpflichtungsermächtigung
Spalte 7: 150.000 € – Gesamtauszahlungsbedarf
Spalte 9:
- Erläuterung der neuen Maßnahme (auch im Vorbericht möglich); u. U. bereits in 2023 geschehen – § 17 Abs. 1 Nr. 2 GemHVO
- Notwendigkeit und Höhe der Verpflichtungsermächtigungen erläutern nach § 17 Abs. 1 Nr. 3 GemHVO (auch im Vorbericht möglich)
- Verteilung der Belastungen aus Verpflichtungsermächtigungen auf die künftigen Haushaltsjahre nach § 11 GemHVO

Haushaltsjahr 2025
Spalte 3: 150.000 € – Haushaltsansatz 2025
Spalte 7: 150.000 € – Gesamtauszahlungsbedarf
Spalte 9: Erläuterung der bisherigen Abwicklung nach § 17 Abs. 1 Nr. 2 GemHVO

Sachverhalt 20

Der Haushaltsplan der kreisfreien Stadt E wird nach dem vorgegebenen Produktbereichsplan (Muster 11 zur GemHVO) gegliedert. Im Haushalt 2024 sollen folgende Teilhaushalte auf der Ebene der Produktgruppen gebildet und mit den angegebenen Haushaltsvermerken versehen werden.

a) Teilhaushalt Musikschulen	Mehrerträge bei den „Zuweisungen des Landes zu den Aufwendungen für Musikschulen" nach § 42 HFAG dürfen zu Gunsten der Mehraufwendungen in diesem Teilhaushalt verwendet werden.
b) Teilhaushalt Steuern, allgemeine Zuweisungen, allgemeine Umlagen	Erträge aus der Schlüsselzuweisung sind zu Gunsten der Aufwendungen für Zinsen zweckgebunden.
c) Teilhaushalt Tageseinrichtungen für Kinder	Zuweisungen für Investitionen in Tageseinrichtungen für Kinder nach § 48 HFAG sind zweckgebunden zu Gunsten der Investitionsauszahlungen im Teilhaushalt Tageseinrichtungen für Kinder.
d) Teilhaushalt Grundschulen Teilhaushalt Hauptschulen Teilhaushalt Realschulen Teilhaushalt Gesamtschulen	Die Aufwendungen der aufgeführten Teilhaushalte sind gegenseitig deckungsfähig.
e) Teilhaushalt Brandschutz Teilhaushalt Rettungsdienst Teilhaushalt Sportstätten und Bäder	Die Verpflichtungsermächtigungen der aufgeführten Teilhaushalte sind gegenseitig deckungsfähig.
f) Alle Teilhaushalte	Die Personalaufwendungen aller Teilhaushalte werden für gegenseitig deckungsfähig erklärt.

Aufgabe:

Prüfen Sie die Zulässigkeit der Deckungsvermerke. Sofern Sie einen Deckungsvermerk **nicht** für zulässig halten, formulieren Sie eine zulässige Alternative.

Lösung:

Allgemeine Einführung
Nach § 4 Abs. 1 GemHVO sind in den Teilhaushalten mindestens die Produktbereiche darzustellen. Eine weitere Differenzierung in Produktgruppen und Produkte ist den Kommunen freigestellt. Der Haushalt der kreisfreien Stadt E, der nach dem vorgegebenen Produktbereichsplan gegliedert wird, bildet Teilhaushalte auf der Ebene der Produktgruppen (§ 58 Nr. 28 GemHVO). Jeder Teilhaushalt bildet kraft Verordnung ein Budget (§ 4 Abs. 1 GemHVO), so dass die im Sachverhalt angegebenen Teilhaushalte gleichzeitig Budgets darstellen.

a) Bei dem Teilhaushalt Musikschule soll ein Haushaltsvermerk angebracht werden, der sich auf den Teilergebnishaushalt bezieht, da von Mehrerträgen und Mehraufwendungen die Rede ist.
Zu prüfen ist, ob die Mehrerträge bei den Zuweisungen des Landes nach § 42 HFAG zu Gunsten von Mehraufwendungen in dem Teilergebnishaushalt Musikschulen verwendet werden können. Nach dem Sacherhalt handelt es sich hier um einen Haushaltsvermerk, der auf die unechte Deckungsfähigkeit nach § 19 Abs. 2 GemHVO abzielt. Voraussetzung hierfür ist, dass es sich um einen zahlungswirksamen Ertrag handelt.
Bei den Zuweisungen nach § 42 HFAG handelt es sich um besondere Finanzzuweisungen, die den Kommunen zum Ausgleich besonderer Belastungen gewährt werden, hier zu den Auszahlungen für Musikschulen. Es handelt sich somit um einen Ertrag, der auch zu Einzahlungen führt und damit die Zahlungsmittel erhöht (§ 58 Nr. 40 GemHVO). Nach § 36 Abs. 1 HFAG sind die besonderen Finanzzuweisungen im Haushaltsplan der Gemeinden **zweckgebunden** zu vereinnahmen. Vor diesem Hintergrund ist zu prüfen, ob sich in diesem Fall eine Verpflichtung zur Zweckbindung der Erträge nach § 19 Abs. 1 GemHVO ergeben könnte. Hiernach sind Erträge, die zu Einzahlungen führen, auf die Verwendungen für bestimmte Aufwendungen zu beschränken, wenn sich die Beschränkung aus der Herkunft oder Natur der Erträge ergibt. Dies ist hier gegeben, da die Zuweisung nicht nur zweckgebunden zu vereinnahmen, sondern auch zweckgebunden zu verwenden ist, Nr. 1 Hw. zu § 19 GemHVO.
Ergebnis:
Nach § 19 Abs. 1 GemHVO ist hier zwingend ein Zweckbindungsvermerk anzubringen. Die Zweckbindung bewirkt „automatisch“, dass zweckgebundene Mehrerträge für entsprechende Mehraufwendungen verwendet werden dürfen (= unechte Deckungsfähigkeit). Der Haushaltsvermerk ist daher entsprechend zu ändern, z. B.

„Die Finanzzuweisungen aus den Zuweisungen zu den Auszahlungen für Musikschulen (§ 42 HFAG) sind gemäß § 19 Abs. 1 GemHVO zu Gunsten der Aufwendungen des Teilhaushaltes Musikschulen zweckgebunden."

b) Bei dem Teilhaushalt Steuern, allgemeine Zuweisungen, allgemeine Umlagen soll ein Zweckbindungsvermerk gemäß § 19 Abs. 1 GemHVO angebracht werden.
Zu prüfen ist, ob die Schlüsselzuweisungen zu Gunsten der Aufwendungen für Zinsen zweckgebunden werden dürfen. Nach § 19 Abs. 1 GemHVO sind Erträge, die zu Einzahlungen führen, auf die Verwendungen für bestimmte Aufwendungen zu beschränken, wenn sich die Beschränkung aus der Natur oder Herkunft der Erträge ergibt bzw. wenn ein sachlicher Zusammenhang dies erfordert und durch die Zweckbindung die Bewirtschaftung der Mittel erleichtert wird. Zunächst ist zu prüfen, ob die Schlüsselzuweisungen zu einem zahlungswirksamen Ertrag führen.
Bei den Schlüsselzuweisungen handelt es sich um allgemeine Finanzzuweisungen, die die Finanzkraft der Kommunen stärken und die Unterschiede in der Steuerkraft zwischen den einzelnen Gemeinden verringern sollen (§ 14 HFAG). Insofern liegt ein Ertrag vor, der zu Einzahlungen führt und die Zahlungsmittel erhöht (§ 58 Nr. 40 GemHVO). Allerdings lässt die Klassifizierung der Schlüsselzuweisung als allgemeine Finanzzuweisung keine Zweckbindung zu; es handelt sich um ein „allgemeines" Deckungsmittel.
Ergebnis:
Der angebrachte Zweckbindungsvermerk ist nicht zulässig, da sich dieser Ertrag weder aufgrund seiner Herkunft noch seiner Natur oder eines sachlichen Zusammenhangs auf bestimmte Aufwendungen beschränkten lässt. Vielmehr handelt es sich in diesem Fall um ein **allgemeines Deckungsmittel**, welches nicht für bestimmte Aufwandspositionen zweckgebunden werden darf.
Auch eine unechte Deckungsfähigkeit nach § 19 Abs. 2 GemHVO ist hier nicht möglich, da nach Satz 2 dieser Vorschrift ausdrücklich allgemeine Zuweisungen hiervon ausgenommen sind, siehe Nr. 4 Satz 2 Hw. zu § 19 GemHVO.

c) Bei dem Teilhaushalt Tageseinrichtungen für Kinder soll ebenfalls ein Zweckbindungsvermerk angebracht werden. Nach § 48 Abs. 1 HFAG können für Investitionen der Gemeinden Zuweisungen zur Projektförderung im Bereich der kommunalen Kinderbetreuungseinrichtungen Zuwendungen gewährt werden[33]. Hieraus ist zu schließen, dass sich der Haushaltsvermerk auf den Teilfinanzhaushalt bezieht, da es um Investitionen bzw. Investitionszuwendungen geht.
Zu prüfen ist, ob die Zuwendung zur Projektförderung nach § 48 Abs. 1 HFAG für Kinderbetreuungseinrichtungen zu Gunsten der Auszahlungen im Teilhaushalt Tageseinrichtungen für Kinder zweckgebunden werden darf. Nach § 19 Abs. 4 i. V. m. Abs. 1 GemHVO sind ebenso Einzahlungen für Investitionen auf die Verwendung für bestimmte Auszahlungen zu beschränken, wenn sich die Beschrän-

33 Die einzelnen Zuwendungen zur Projektförderung werden in dem HFAG 2016 nicht mehr konkret benannt bzw. aufgeführt, da neue oder anderslautende Investitionsbereiche immer zu einer Änderung des Gesetzes führten. Auch ohne Aufzählung im HFAG entscheidet der Gesetzgeber im Rahmen des Haushalts über die Zuwendungen für Projektförderungen, vgl. LT-Drs. Hessen 19/1953, S. 116, Erläuterung zu § 48 HFAG.

kung aus der Natur oder Herkunft der Einzahlung ergibt bzw. wenn ein sachlicher Zusammenhang dies erfordert und durch die Zweckbindung die Bewirtschaftung der Mittel erleichtert wird. Im vorliegenden Fall könnte sich die Verpflichtung zur Zweckbindung aus der Herkunft oder Natur der Einzahlung ergeben. Nach § 48 HFAG werden den Kommunen Projektzuweisungen für Investitionen gewährt (hier für kommunale Kinderbetreuungseinrichtungen), die **ausschließlich dazu bestimmt sind, die Auszahlungen zu decken**, die die Kommunen selbst tragen, § 48 Abs. 2 HFAG.

Ergebnis:

Die Verpflichtung zur Zweckbindung ergibt sich aus § 48 Abs. 1 HFAG und erfordert einen ausdrücklichen Haushaltsvermerk. Der angebrachte Vermerk ist somit zulässig.

d) Bei den aufgezählten Teilhaushalten soll eine gegenseitige Deckungsfähigkeit ermöglicht werden, die sich auf Teilergebnishaushalte bezieht (Aufwendungen sollen für gegenseitig deckungsfähig erklärt werden).

Zu prüfen ist, ob eine gegenseitige Deckungsfähigkeit zwischen den Aufwendungen der aufgeführten Teilhaushalte möglich ist. Eine „gegenseitige Deckungsfähigkeit" ist nur im Rahmen der echten Deckungsfähigkeit nach § 20 GemHVO möglich. Hiernach gibt es zwei Möglichkeiten:

a) Gegenseitige Deckungsfähigkeit kraft Verordnung nach § 20 Abs. 1 GemHVO
Die in **einem** Budget veranschlagten zahlungswirksamen Aufwendungen sind gegenseitig deckungsfähig, wenn im Haushaltsplan nichts anderes bestimmt ist. Da die kreisfreie Stadt E ihre Teilhaushalte auf der Ebene der Produktgruppen bildet, würde jeder Teilhaushalt (Grundschulen, Hauptschulen ...) ein eigenes Budget bilden. Das Anliegen der Stadt E ist aber, **alle** Aufwendungen der aufgezählten Teilhaushalte für gegenseitig deckungsfähig zu erklären. Das wird durch § 20 Abs. 1 GemHVO nicht erreicht.

b) Gegenseitige Deckungsfähigkeit kraft Vermerk nach § 20 Abs. 2 GemHVO
Fraglich ist, ob darüber hinaus eine gegenseitige Deckungsfähigkeit zwischen den aufgeführten Teilhaushalten möglich ist. Nach § 20 Abs. 2 GemHVO können Ansätze für zahlungswirksame Aufwendungen, die in einem Budget veranschlagt sind, mit Ansätzen für zahlungswirksame Aufwendungen eines anderen Budgets für gegenseitig deckungsfähig erklärt werden, wenn sie sachlich zusammenhängen. Dies gilt auch für **nicht** zahlungswirksame Aufwendungen.
Ein **sachlicher Zusammenhang** ist sicherlich bei den hier aufgeführten Teilhaushalten zu bejahen, da es sich hier um Schulen und damit um Schulträgeraufgaben handelt; alle aufgeführten Teilhaushalte gehören dem Produktbereich 03 an.

Ergebnis:

Die Deckungsfähigkeit nach § 20 Abs. 2 GemHVO bedarf eines ausdrücklichen Haushaltsvermerks. Gemäß § 20 Abs. 2 GemHVO können die **zahlungswirksamen** Aufwendungen der aufgezählten Teilhaushalte für gegenseitig deckungsfähig **erklärt** werden. Dadurch einsteht ein „eigenes Budget", also eine **selbständige Be-**

wirtschaftungseinheit im Sinne von § 4 Abs. 1 GemHVO i. V. m. Nr. 2 Hw. zu § 20 GemHVO.

Für die in den aufgezählten Teilhaushalten **nicht zahlungswirksamen** Aufwendungen muss gemäß § 20 Abs. 2 GemHVO ein eigenes Budget gebildet werden, wenn auch diese Aufwendungen für gegenseitig deckungsfähig erklärt werden sollen.

Der Haushaltsvermerk sollte dahingehend präzisiert werden, dass durch diesen Vermerk

- die zahlungswirksamen Aufwendungen **oder**
- die nicht zahlungswirksamen Aufwendungen **oder**
- sowohl die zahlungswirksamen als auch die nicht zahlungswirksamem Aufwendungen – jeweils für sich –

für gegenseitig deckungsfähig erklärt werden sollen.

e) Bei den aufgezählten Teilhaushalten sollen nicht die Aufwendungen oder die investiven Auszahlungen, sondern die Verpflichtungsermächtigungen eine gegenseitige Deckungsfähigkeit ermöglicht werden. Da Verpflichtungsermächtigungen für gegenseitig deckungsfähig erklärt werden sollen, bezieht sich der Haushaltsvermerk auf die Teilfinanzhaushalte (§ 102 HGO i. V. m. § 11 GemHVO).

Zu prüfen ist, ob eine Deckungsfähigkeit zwischen Verpflichtungsermächtigungen überhaupt möglich ist. Nach § 20 Abs. 3 GemHVO gilt für Verpflichtungsermächtigungen sowohl die Deckungsfähigkeit kraft Verordnung nach § 20 Abs. 1 GemHVO als auch die Deckungsfähigkeit kraft Vermerk nach § 20 Abs. 2 GemHVO. Somit ist auch in diesem Fall ist § 20 GemHVO anzuwenden.

Fraglich ist, ob eine gegenseitige Deckungsfähigkeit zwischen den aufgeführten Teilhaushalten möglich ist. Nach § 20 Abs. 3 i. V. m. Abs. 2 GemHVO können Ansätze für Verpflichtungsermächtigungen, die in einem Budget veranschlagt sind, mit Ansätzen für Verpflichtungsermächtigungen eines anderen Budgets für gegenseitig deckungsfähig erklärt werden, wenn sie **sachlich zusammenhängen**. Ein sachlicher Zusammenhang ist sicherlich bei den Teilhaushalten Brandschutz und Rettungsdienst zu bejahen, da beide Teilhaushalte dem Produktbereich Sicherheit und Ordnung (Produktbereich 02) angehören. Fraglich ist dies allerdings bei dem Teilhaushalt Sportstätten und Bäder, der dem Produktbereich Sportförderung (Produktbereich 08) zuzuordnen ist. Zu beachten ist hier, dass ein sachlicher Zusammenhang auch dann angenommen werden kann, wenn die Auszahlungen für Investitionstätigkeit, für die Verpflichtungsermächtigungen vorgesehen sind, ähnlich sind (denselben Zweck verfolgen), z. B. Auszahlungen für Baumaßnahmen. Auch in diesem Fall ist ein sachlicher Zusammenhang denkbar, insbesondere dann, wenn die Immobilien der Kommune zentral bewirtschaftet werden, z. B. von der Organisationseinheit „Gebäude- und Immobilienmanagement".

Ergebnis:

Die Deckungsfähigkeit nach § 20 Abs. 3 i. V. m. Abs. 2 GemHVO bedarf eines ausdrücklichen Haushaltsvermerks. Hiernach können die Verpflichtungsermächtigungen in den Teilhaushalten Brandschutz und Rettungsdienst für gegenseitig deckungsfähig erklärt werden. Inwiefern ein sachlicher Zusammenhang auch zu dem Teilhaushalt Sportstätten und Bäder anzunehmen ist, lässt sich aufgrund fehlender

Informationen nicht abschließend aus den Angaben des Sachverhalts herauslesen. Sofern sich die Deckungsfähigkeit der Verpflichtungsermächtigungen auf investive Auszahlungen für denselben Zweck erstrecken soll, z. B. Auszahlungen für Baumaßnahmen, wäre auch in diesem Fall die gegenseitige Deckungsfähigkeit nach § 20 Abs. 3 i. V. m. Abs. 2 GemHVO möglich.

f) Zwischen allen Teilhaushalten soll eine gegenseitige Deckungsfähigkeit für Personalaufwendungen ermöglicht werden. Demnach bezieht sich der Haushaltsvermerk auf alle Teilergebnishaushalte.
Zu prüfen ist, ob eine gegenseitige Deckungsfähigkeit zwischen den Personalaufwendungen aller Teilhaushalte – also budgetübergreifend – möglich ist. Vor diesem Hintergrund ist § 20 Abs. 2 GemHVO zu prüfen. Hiernach können Ansätze für zahlungswirksame Aufwendungen, die in einem Budget veranschlagt sind, mit Ansätzen für zahlungswirksame Aufwendungen eines anderen Budgets für gegenseitig deckungsfähig erklärt werden, wenn sie sachlich zusammenhängen.
Zu beachten ist in diesem Zusammenhang, dass die Personalaufwendungen aus der Deckungsfähigkeit **kraft Verordnung** (§ 20 Abs. 1 GemHVO) bei den Teilhaushaltsbudgets ausgeschlossen werden müssen, da sie nur einem Budget – in diesem Fall dem Personalkostenbudget **kraft Vermerk** – angehören können.
Ergebnis:
Die Deckungsfähigkeit nach § 20 Abs. 2 GemHVO bedarf eines ausdrücklichen Haushaltsvermerks. Ein sachlicher Zusammenhang im Sinne von § 20 Abs. 2 GemHVO ist eindeutig bei den Personalaufwendungen aller Teilhaushalte gegeben. Der angebrachte Deckungsvermerk ist damit möglich und auch in der Praxis häufig anzutreffen.

Sachverhalt 21

Im Rahmen der dezentralen Ressourcenverantwortung beabsichtigt die Gemeinde E, dass Mehrerträge im Teilhaushalt Sportstätten und Bäder nur zur Hälfte dem Budget zur Verfügung stehen sollen. Mindererträge in diesem Budget sollen im vollen Umfang zu Minderaufwendungen führen. Dieses soll bereits im Haushaltsplan des kommenden Jahres durch einen entsprechenden Haushaltsvermerk abgesichert werden.

Aufgabe:

Begutachten Sie, wie die Gemeinde E ihr Vorhaben realisieren kann. Formulieren Sie einen evtl. notwendigen Haushaltsvermerk.

Lösung:

Der Sachverhalt bezieht sich auf den Teilergebnishaushalt, da in dem Haushaltsvermerk Regelungen hinsichtlich Mehr- und Mindererträgen bzw. Mehr- und Minderaufwendungen enthalten sein sollen.

Gemäß § 19 Abs. 2 GemHVO kann im Haushaltsplan bestimmt werden, dass bestimmte zahlungswirksame Mehrerträge bestimmte Ansätze für Aufwendungen erhöhen (= Verstärkungsvermerk) oder bestimmte zahlungswirksame Mindererträge bestimmte Ansätze für Aufwendungen vermindern (= Verminderungsvermerk). Ein Ausnahmetatbestand von dieser gesetzlichen Regelung liegt hier nicht vor (z. B. Steuern, allgemeine Zuweisungen). Voraussetzung für die Wirksamkeit der Verstärkungs- bzw. Verminderungsvermerke ist die Anbringung eines entsprechenden Haushaltsvermerks.

Ein Haushaltsvermerk ist nach Nr. 5 Hw. zu § 17 GemHVO eine einschränkende oder erweiternde Bestimmung zu Ansätzen des Haushaltsplanes, insbesondere Vermerke über Deckungsfähigkeit, Übertragbarkeit, Zweckbindung und Sperren.

Darüber hinaus liegt es im Ermessen der Gemeinde E, ob und inwiefern sie weitergehende Budgetierungsrichtlinien erlässt, die Regelungen dahingehend beinhalten, dass Mehrerträge nicht in voller Höhe dem Teilhaushalt/Budget zur Verfügung stehen. Sofern sich die Finanzlage der Kommunen verschlechtert wird immer häufiger von einschränkenden Verstärkungsvermerken bzw. von Verminderungsvermerken Gebrauch gemacht. Insofern kann die Gemeinde ihr Vorhaben realisieren.

Die erforderlichen Haushaltsvermerke könnten lauten:

- *„Gemäß § 19 Abs. 2 GemHVO dürfen Mehrerträge im Teilhaushalt Sportstätten und Bäder zu 50 v. H. zur Leistung von Mehraufwendungen in diesem Teilhaushalt verwendet werden.“*
- *„Gemäß § 19 Abs. 2 GemHVO reduzieren Mindererträge im Teilhaushalt Sportstätten und Bäder die Ansätze für Aufwendungen in entsprechender Höhe in diesem Teilhaushalt.“*

Sachverhalt 22

Die Gemeinde E hat eine Hundesteuersatzung erlassen, deren § 8 folgenden Wortlaut hat:

> *„Die Erträge aus der Steuer dürfen nur für die Unterhaltung des gemeindeeigenen Tierheimes verwendet werden.“*

Der Bürgermeister will daraufhin die Steuererträge auf die Verwendung zur Unterhaltung des Tierheims beschränken und, sofern Steuer**mehr**erträge entstehen, ebenso verfahren. Im Haushaltsplanentwurf soll deshalb ein entsprechender Vermerk angebracht werden.

Aufgabe:

Prüfen Sie die Zulässigkeit des vorgesehenen Haushaltsvermerks.

Lösung:

In Betracht könnte hier ein Zweckbindungsvermerk nach § 19 Abs. 1 GemHVO oder ein Verstärkungsvermerk nach § 19 Abs. 2 GemHVO kommen.

- **Prüfung des Zweckbindungsvermerks**
  Zu prüfen ist, ob die Hundesteuer zu Gunsten der Haushaltsposition „Aufwendungen für Sach- und Dienstleistungen" (die die Unterhaltung von Gebäuden beinhaltet) zweckgebunden werden darf. Nach § 19 Abs. 1 GemHVO sind Erträge, die zu Einzahlungen führen, auf die Verwendung für bestimmte Aufwendungen zu beschränken, wenn sich die Beschränkung aus der Natur oder Herkunft der Erträge ergibt bzw. wenn ein sachlicher Zusammenhang dies erfordert und durch die Zweckbindung die Bewirtschaftung der Mittel erleichtert wird.
  Zunächst ist zu prüfen, ob die Hundesteuer zu einem zahlungswirksamen Ertrag führt. Die Hundesteuer ist eine von der Gemeinde erhobene Steuer nach § 7 Abs. 2 KAG (siehe Ziff. 2.3.1.6). Steuerpflichtig sind die Hundehalter der Gemeinde, die aufgrund einer geltenden Hundesteuersatzung (§ 2 KAG) die entsprechenden Beträge an die Gemeinde zu zahlen haben. Damit handelt es sich um einen zahlungswirksamen Ertrag im Sinne von § 19 Abs. 1 GemHVO.
  Fraglich ist aber, ob sich aus der Ertragsart „Hunde**steuer**" eine Beschränkung der Verwendung aufgrund der Natur, der Herkunft oder des sachlichen Zusammenhangs herleiten lässt. Die Erhebung der Hundesteuer verfolgt überwiegend ordnungspolitische Ziele. Diese Steuer soll nämlich dazu beitragen, die Zahl der Hunde in der Gemeinde zu begrenzen. Sie wird nicht deswegen erhoben, um Gebäude (hier: das Tierheim) zu unterhalten. Des Weiteren sind unterschiedliche Produktbereiche betroffen (Tierheim = Produktgruppe Ordnungsangelegenheiten, Hundesteuer = Produktgruppe Steuern, allgemeine Zuweisungen, allgemeine Umlagen), so dass auch hier kein sachlicher Zusammenhang erkennbar ist. Eine Zweckbindung nach § 19 Abs. 1 GemHVO ist damit haushaltsrechtlich nicht möglich.
- **Prüfung der unechten Deckungsfähigkeit**
  Zu prüfen ist, ob hier ein Verstärkungsvermerk nach § 19 Abs. 2 GemHVO angebracht werden kann. Hiernach kann im Haushaltsplan bestimmt werden, dass bestimmte zahlungswirksame Mehrerträge bestimmte Ansätze für Aufwendungen erhöhen. Nach Satz 2 dieser Vorschrift sowie Nr. 4 Hw. zu § 19 GemHVO sind allerdings ausdrücklich Mehrerträge aus Steuern hiervon ausgeschlossen. Damit kann auch **kein** Verstärkungsvermerk angebracht werden.

Ergebnis:
Die Anbringung eines Haushaltsvermerkes ist weder nach § 19 Abs. 1 GemHVO (= Zweckbindungsvermerk) noch nach Abs. 2 GemHVO (= Verstärkungsvermerk) haushaltsrechtlich möglich.

Sachverhalt 23

Im Haushaltsplan 2024 der Gemeinde E ist im Teilfinanzhaushalt „Sportstätten" der Neubau einer Sporthalle veranschlagt. Um die Beratungen und Entscheidungen über die anstehende Investition zu erleichtern, stellt die Gemeinde E in diesem Teilfinanzhaushalt die Auszahlungen für diese Investition differenziert dar. Die Einzahlungen und Auszahlungen aus Finanzierungstätigkeit werden zentral im Produktbereich 16 veranschlagt.

Produktbereich: Sportförderung
Produktgruppe: Sportstätten

Teilfinanzhaushalt
– Investitionstätigkeit –
– Euro –

Nr.	Bezeichnung	Haushaltsansatz			Ergebnis des Jahresabschlusschlusses 2022	Investitions- und Investitionsförderungsmaßnahmen		Erläuterungen
		2024	VE	2023		Gesamtauszahlungsbedarf	davon bisher bereitgestellt	
1	2	3	4	5	6	7	8	9
	Einzahlungen aus Investitionstätigkeit **Einzahlungen aus Investitionszuweisungen und -zuschüssen sowie aus Investitionsbeiträgen**	500.000		0	0			
	Summe	500.000		0	0			
	Auszahlungen aus Investitionstätigkeit **Auszahlungen für Baumaßnahmen**	2.500.000	0	0	0	2.500.000	0	
	Auszahlungen für Investitionen in das sonstige Sachanlagevermögen und immaterielle Anlagevermögen – Auszahlungen für Einrichtung	0	300.000	0	0	300.000	0	in 2025
	Summe	2.500.000	300.000			2.500.000	0	
	Saldo (Einzahlungen ./. Auszahlungen)	**–2.000.000**		0	0	2.800.000	0	

Im Laufe des Jahres 2024 wird mit den Arbeiten noch nicht begonnen, da der Bewilligungsbescheid des Landes zur Finanzierung der Maßnahme noch nicht vorliegt.

Aufgabe:

Können die veranschlagten Haushaltsmittel für die Baumaßnahme, die Einrichtungskosten sowie die Landeszuweisung in das nächste Haushaltsjahr übertragen werden? Wenn ja, in welcher Höhe?

Lösung:

Aufgabe 1:
Der Neubau der Sporthalle stellt eine Investition im Sinne von § 58 Nr. 18 i. V. m. § 49 Abs. 3 GemHVO und § 41 Abs. 3 GemHVO dar, da durch die Errichtung der Sporthalle Herstellungskosten entstehen, die das Sachanlagevermögen der Gemeinde E erhöhen. Nach § 4 Abs. 4 i. V. m. § 3 Abs. 1 Nr. 25 und 26 GemHVO sind Auszahlungen für Investitionen in dem jeweiligen Teilfinanzhaushalt zu veranschlagen.

Nach § 4 Abs. 2 GemHVO sind die Teilfinanzhaushalte nach vorgegebenen Produktbereichen oder nach der örtlichen Organisation produktorientiert zu gliedern. Laut Sachverhalt veranschlagt die Gemeinde E die Investitionsmaßnahme im Produktbereich Sportförderung in der Produktgruppe Sportstätten (vgl. Muster 11 GemHVO). Die Gemeinde hat die Investitionsmaßnahme richtig veranschlagt.

Zu prüfen ist, ob die im Haushaltsplan 2024 veranschlagten Haushaltsmittel in das nächste Haushaltsjahr übertragen werden können.

→ **Auszahlungen für die Baumaßnahmen**

Für die Übertragung von Auszahlungen für Investitionen ist § 21 Abs. 2 GemHVO einschlägig. Hiernach **bleiben** grundsätzlich Ansätze für Investitionsauszahlungen bis zur Fälligkeit der letzten Zahlung für ihren Zweck verfügbar. Fraglich ist, ob dies auch so uneingeschränkt für Maßnahmen Gültigkeit hat, die im Haushaltsjahr noch nicht begonnen wurden (oder ob in diesen Fällen eine Neuveranschlagung im nächsten Jahr zu erfolgen hat). § 21 Abs. 2 Satz 2 GemHVO greift das Thema auf und regelt, dass Auszahlungsansätze für Maßnahmen, die im Haushaltsjahr nicht begonnen wurden, bis zum Ende des zweiten dem Haushaltsjahr folgenden Jahres verfügbar bleiben. Bezogen auf den Sachverhalt erfolgt im Haushaltsjahr 2024 die erstmalige Veranschlagung dieser Investitionsmaßnahme, so dass diese Haushaltsmittel durch die Ermächtigung zur Übertragung bis zum 31.12.2026 verfügbar bleiben.

Wird im Haushaltsjahr 2024 mit der Maßnahme begonnen, so gilt § 21 Abs. 2 Satz 1 GemHVO, d. h. die Auszahlungsansätze bleiben bis zur Fälligkeit der letzten Zahlungen für ihren Zweck verfügbar. Da es sich hier um eine Baumaßnahme handelt, ist die Zwei-Jahres-Frist nur dann zu beachten, wenn der Bau in seinen wesentlichen Teilen bereits benutzt werden kann, aber noch Rechnungen ausstehen. Bei der Übertragbarkeit nach § 21 Abs. 2 GemHVO handelt es sich um die Übertragbarkeit kraft Verordnung, so dass ein ausdrücklicher Haushaltsvermerk **nicht** erforderlich ist.

Ergebnis:

Der Auszahlungsansatz 2024 für Baumaßnahmen der Sporthalle in Höhe von 2.500.000 € kann in voller Höhe in das nächste Haushaltsjahr übertragen werden. Ein Haushaltsvermerk ist hier nicht erforderlich.

→ **Verpflichtungsermächtigung für die Inneneinrichtung**

§ 21 GemHVO kann für Verpflichtungsermächtigungen nicht angewendet werden, da hier nur die Übertragbarkeit für Aufwendungen und Auszahlungen (Nr. 1

Hw. zu § 21 GemHVO) geregelt wird. Daraus ist zu schließen, dass eine Übertragbarkeit für Verpflichtungsermächtigungen **nicht** vorgesehen ist. Bestätigt wird dies durch

- Nr. 3 Hw. zu § 11 GemHVO, wonach Verpflichtungsermächtigungen nicht übertragbar sind.
- § 102 Abs. 3 HGO, wonach die Verpflichtungsermächtigungen nur bis zum Ende des Haushaltsjahres in Anspruch genommen werden dürfen, es sei denn, dass die Haushaltssatzung des folgenden Jahres nicht rechtzeitig öffentlich bekannt gemacht wurde, dann bis zur Vollendung der Bekanntmachung dieser Haushaltssatzung.

Ergebnis:
Die Verpflichtungsermächtigung aus 2024 für die Inneneinrichtung in Höhe von 300.000 € kann nicht in das nächste Haushaltsjahr übertragen werden. Sofern sich die gesamte Maßnahme um ein Jahr verschiebt und der Auftrag für die Einrichtungskosten 2026 bereits im Jahr 2025 vergeben werden soll, muss eine neues Verpflichtungsermächtigung im Haushalt 2025 veranschlagt werden.

→ **Zuweisung des Landes zum Neubau der Sporthalle**
§ 21 GemHVO kann für Einzahlungen aus Landeszuweisungen nicht angewendet werden, da hier nur die Übertragbarkeit für Aufwendungen und Auszahlungen (Nr. 1 Hw. zu § 21 GemHVO) geregelt wird.
Ergebnis:
Daraus ist zu schließen, dass haushaltsrechtlich eine Übertragbarkeit für Zuweisungen des Landes im Sinne von § 21 GemHVO nicht vorgesehen ist und damit auch keine Dokumentation im Buchführungssystem und im Rahmen des Jahresabschlusses nach § 112 Abs. 4 Nr. 2 HGO erfolgt. Dies hat **aber nicht zur Folge**, dass der Anspruch auf die Landeszuweisung verfällt, da nach § 96 Abs. 2 HGO durch den Haushaltsplan Ansprüche weder begründet noch aufgehoben werden. Dies ist sinngemäß auf die Übertragbarkeit anzuwenden.
Noch nicht bewilligte oder noch nicht abgerufene Zuwendungen, die in einem „früheren bzw. abgelaufenen" Haushaltsjahr veranschlagt waren, müssen daher manuell überwacht werden und bewirken einen Zahlungsmittelzufluss in dem Haushaltsjahr, in dem sie tatsächlich eingehen (= kassenwirksam werden).

Sachverhalt 24

Im Teilhaushalt „Haushalts- und Finanzmanagement" der Gemeinde E wird am 1.12.2023 eine größere Menge Papier bestellt, da der Haushaltsplan 2024 sowie der Jahresabschluss 2023 gedruckt und an die Gremien verteilt werden sollen. Aufgrund von Lieferschwierigkeiten des Zulieferers kann zum 15.12.2023 nur ca. die Hälfte der Bestellung geliefert werden. Die andere Hälfte des bestellten Papiers wird voraussichtlich am 31.1.2024 geliefert. Die Rechnung, die erst am 2.2.2024 eingeht, beläuft sich auf insgesamt 5.000 €. Die Mittel stehen haushaltsrechtlich im Jahr 2023 in voller Höhe zur Verfügung. Das restliche Budget wird im Haushaltsjahr 2023 planmäßig abgewickelt.

Um eine flexible Haushaltsführung zu gewährleisten, hat die Gemeinde E folgenden Haushaltsvermerk angebracht:

„Gemäß § 21 Abs. 1 GemHVO werden die Aufwendungen im Budget „Haushalts- und Finanzmanagement“ für übertragbar erklärt.“

Aufgabe:

Der Budgetverantwortliche möchte die Mittel, die in 2023 haushaltsrechtlich zur Verfügung stehen, in das neue Haushaltsjahr „retten“. Kann er die Mittel in Höhe von 5.000 € in voller Höhe in das nächste Haushaltsjahr übertragen?

Lösung:

Bei der Papierbestellung (= Büromaterial) handelt es sich um Ressourcenverbrauch, der zu einem Zahlungsmittelabfluss führt. Gemäß § 4 Abs. 3 i. V. m. § 2 Abs. 1 Nr. 12 GemHVO sind diese zahlungswirksamen Aufwendungen als ordentliche Aufwendungen zu klassifizieren (§ 58 Nr. 5 GemHVO) und im zutreffenden Teilergebnishaushalt nachzuweisen.

Zu prüfen ist, ob die im Haushaltsplan 2023 nicht verbrauchten Haushaltsmittel in das nächste Haushaltsjahr übertragen werden können. Eine Übertragbarkeit wäre möglich, wenn die Voraussetzungen des § 21 Abs. 1 GemHVO erfüllt sind. Hiernach können die Ansätze für Aufwendungen eines Budgets ganz oder teilweise für übertragbar erklärt werden. Sie bleiben längstens bis zum Ende des zweiten auf die Veranschlagung folgenden Jahres verfügbar.

Ein entsprechender Haushaltsvermerk, der nach § 21 Abs. 1 GemHVO Voraussetzung ist, wurde im Haushaltsplan angebracht (= Übertragbarkeit kraft Vermerk). Darüber hinaus handelt es sich um eine Aufwendung im Budget (jeder Teilhaushalt bildet ein Budget gemäß § 4 Abs. 1 GemHVO). Laut Aufgabenstellung sollen die Mittel von 2023 nach 2024 übertragen werden, so dass auch die zeitliche Begrenzung des § 21 Abs. 1 Satz 2 GemHVO eingehalten wird.

Anschließend ist zu prüfen, in welcher Höhe die Ermächtigung aus 2023 in das nächste Haushaltsjahr übertragen werden darf. Hierbei ist nach § 10 Abs. 2 GemHVO der Grundsatz der Periodenabgrenzung zu berücksichtigen, wonach die Aufwendungen dem Haushaltsjahr zuzuordnen sind, in dem sie wirtschaftlich entstanden sind. Laut Sachverhalt wird ca. die Hälfte der Papierbestellung bereits am 15.12.2023 geliefert; dies entspricht einem Wert von ca. 2.500 €[34] (der genaue Rechnungsbetrag ist

34 Der Fall ist für die Lösung einer Rückstellung konzipiert. Wenn es keine Zweifel über die Höhe der Rechnung gibt (d. h. der genaue Rechnungsbetrag steht fest), dann wäre eine Verbindlichkeit zu buchen. Es sollte bei der Fall-Lösung mindestens erkannt werden, dass es zu einer Aufwandsbelastung von ca. 2.500 € im alten Jahr kommt.

noch nicht bekannt), der wirtschaftlich dem Haushaltsjahr 2023 zuzurechnen ist. Zu prüfen ist daher, ob in diesem Fall eine Rückstellung zu bilden ist. Mit dem Ausweis einer Rückstellung wird eine noch ungewisse Verbindlichkeit der Rechnungsperiode zugeordnet, in der sie rechtlich bzw. wirtschaftlich verursacht wurde (Nr. 2 Hw. zu § 39 GemHVO). Das gelieferte Papier ist dem Haushaltsjahr bzw. der Rechnungsperiode 2023 zuzuordnen. In dieser Höhe (ca. 2.500 €) ist somit eine Rückstellung für ausstehende Rechnungen nach § 39 GemHVO zu bilden.

Für die restlichen 2.500 €, die nach der Bildung der Rückstellung bei der Haushaltsposition Aufwendungen für Sach- und Dienstleistungen noch zur Verfügung stehen, kann eine Übertragung der Ermächtigung in das nächste Haushaltsjahr vorgenommen werden.

Sachverhalt 25

Im Teilhaushalt der Produktgruppe „Rettungsdienst" (Teilfinanzhaushalt) der Gemeinde E ist im Haushaltsjahr 2023 für eine aktivierungsfähige Instandhaltungsmaßnahme am Gebäude, in dem der Rettungsdienst untergebracht ist, ein Betrag in Höhe von 400.000 € vorgesehen. Der Auftrag für die Durchführung der Maßnahme wurde im Juni 2023 vergeben. Am 31.12.2023 ist die Maßnahme bereits zu $^{3}/_{4}$ fertig gestellt. Eine Rechnung der beauftragten Firma wurde noch nicht vorgelegt.

Aufgabe:

Welche Maßnahme muss der Budgetverantwortliche veranlassen, damit die Rechnung nach kompletter Fertigstellung beglichen werden kann?

Lösung:

Die aktivierungsfähige Instandhaltungsmaßnahme für das Gebäude des Rettungsdienstes stellt eine Investition im Sinne von § 58 Nr. 18 i. V. m. § 49 Abs. 3 GemHVO und § 41 Abs. 3 GemHVO (Herstellungskosten) dar, da das Sachanlagevermögen der Gemeinde E erhöht wird.[35] Nach § 4 Abs. 4 i. V. m. § 3 Abs. 1 Nr. 25 GemHVO sind Auszahlungen für Baumaßnahmen im zuständigen Teilfinanzhaushalt zu veranschlagen. Die Gemeinde hat die Investitionsmaßnahme richtig im Teilfinanzhaushalt veranschlagt.

Zu prüfen ist, ob die im Haushaltsplan 2023 veranschlagten Haushaltsmittel in das nächste Haushaltsjahr übertragen werden können bzw. ob die teilweise Fertigstellung der Instandhaltungsmaßnahme bereits eine bilanzielle Berücksichtigung im Jahresab-

35 Eine detaillierte Prüfung, ob es sich hier tatsächlich um eine aktivierungsfähige Instandhaltungsmaßnahme handelt, kann aufgrund fehlender Angaben nicht erfolgen. Somit sind die Angaben im Sachverhalt als richtig anzusehen. Zudem liegt der Schwerpunkt der Übung bei dem Thema „Übertragbarkeit".

schluss auslöst, z. B. durch Bildung einer Rückstellung (vgl. Sachverhalt 24). Dies ist zu verneinen, da bei Investitionsauszahlungen

a) gemäß § 10 Abs. 2 GemHVO der Kassenwirksamkeitsgrundsatz anzuwenden ist. Demnach sind Auszahlungen auch erst dann zu leisten bzw. dem Haushaltsjahr zuzuordnen, in dem sie tatsächlich zum Zahlungsmittelabfluss führen.
b) keine laufenden planmäßigen **Aufwendungen** vorliegen, die zu einer Rückstellung im Sinne von § 39 GemHVO führen.[36]

Um die Rechnung im folgenden Jahr zu begleichen, könnte eine Übertragung der Ermächtigung nach § 21 Abs. 2 GemHVO in Betracht kommen. Hiernach **bleiben** grundsätzlich Ansätze für Investitionsauszahlungen bis zur Fälligkeit der letzten Zahlung für ihren Zweck verfügbar. Da es sich bei der aktivierungsfähigen Instandhaltungsmaßnahme um eine Investition im Sinne von § 58 Nr. 18 GemHVO handelt, die auch bereits begonnen wurde (die Maßnahme steht bereits kurz vor dem Abschluss), können die Haushaltsmittel in voller Höhe in das nächste Haushaltsjahr übertragen werden. Sie stehen dann für denselben Zweck zu Verfügung, sodass die Begleichung der Rechnung gewährleistet ist.

36 So auch *Kröckel* in GemHR Hessen, § 39 GemHVO Rn. 47.

Übungen zu Kapitel 8: Verpflichtungsermächtigungen

Sachverhalt 1

Prüfen und begründen Sie, ob und in welcher Höhe bei den nachstehenden Sachverhalten Verpflichtungsermächtigungen zu veranschlagen sind:

a) Die Gemeinde E will eine Grundschule mit einem Gesamtauszahlungsbedarf von 2 Mio. € bauen. Die Baukosten fallen je zur Hälfte in 2024 und 2025 an. Der Gesamtauftrag soll in 2024 vergeben werden.

b) Wie Fall 1.a), jedoch soll kein Gesamtauftrag, sondern für jedes Haushaltsjahr getrennt Aufträge jeweils zu Beginn der Jahre 2024 und 2025 erteilt werden.

c) Die Gemeinde E möchte eine DV-Anlage für die Jahre 2024 bis 2028 mieten (jährliche Mietaufwendungen laut Vertrag = 600.000 €).

d) Die Gemeinde E möchte in 2024 einen Bewilligungsbescheid über 300.000 € an den Sportverein V erteilen. Der Zuschuss dient der Kostenbeteiligung zur Errichtung eines neuen Vereinsheims und soll zu je einem Drittel in 2024, 2025 und 2026 ausgezahlt werden.

e) Die Gemeinde E will in 2025 einige qm Straßenland erwerben. Der Vertrag über den Kaufpreis von 300 € soll bereits im Dezember 2024 abgeschlossen werden.

Lösung:

Die Lösung des Falls 1.a) soll als Beispiel für den Aufbau und die sachverhaltsbezogene Prüfung der weiteren Fälle dienen.

a) Eine Verpflichtungsermächtigung wäre zu veranschlagen, wenn die Gemeinde E in 2024 eine Verpflichtung eingehen möchte, die künftige Haushaltsjahre mit Auszahlungen für Investitionen und Investitionsförderungsmaßnahmen belastet (§ 94 Abs. 2 Nr. 1d) HGO).

Da die Gemeinde E bereits im Haushaltsjahr 2024 den Gesamtauftrag für die Baumaßnahme vergeben möchte, würde sie sowohl für das Haushaltsjahr 2024 als auch für das künftige Haushaltsjahr 2025 eine Verpflichtung zur Leistung von Auszahlungen eingehen. Dazu bedarf es einer haushaltsrechtlichen Ermächtigung. Nach den Grundsätzen der Jährlichkeit gemäß § 94 Abs. 1 HGO und Kassenwirksamkeit gemäß § 10 Abs. 2 GemHVO darf im Haushaltsjahr 2024 allerdings nicht der Gesamtauszahlungsbedarf als Auszahlungsansatz veranschlagt werden, sondern nur die Auszahlungen in Höhe der voraussichtlich im Haushaltsjahr zu leistenden Beträge, d. h. im Haushaltsplan 2024 dürfen nur Auszahlungen in Höhe von 1 Mio. € veranschlagt werden.[1] Um den Gesamtauftrag vergeben zu können, benötigt daher die Gemeinde E eine über das Haushaltsjahr 2024 hinausgehende haushaltsrechtliche Ermächtigung in Form einer Verpflichtungsermächtigung in Höhe von wei-

1 Da der Übungsschwerpunkt in diesem Fall bei dem Thema Verpflichtungsermächtigungen liegt, wird an dieser Stelle der Grundsatz der Kassenwirksamkeit nicht vertieft dargestellt, sondern auf Ziff. 7.3.2.5 verwiesen.

teren 1 Mio. €, da sie durch die Auftragsvergabe bereits das künftige Haushaltsjahr 2025 mit Auszahlungen belastet. Damit ist die Veranschlagung einer Verpflichtungsermächtigung zulässig und notwendig (vgl. Nr. 4 Hw. zu § 11 GemHVO).

Für die Veranschlagung einer Verpflichtungsermächtigung müssen weiterhin folgende Voraussetzungen erfüllt sein (hier erfolgt nur eine Kurzdarstellung, da die Voraussetzungen in Ziff. 8.4 des Hauptbandes ausführlich erläutert sind):

Investition oder Investitionsförderungsmaßnahme?

... liegt vor, wenn die Auszahlungen für den Bau der Grundschule das Anlagevermögen der Gemeinde E verändern (§ 58 Nr. 18/19 GemHVO). Durch den Grundschulbau wird ein neuer Vermögensgegenstand hergestellt, der das Anlagevermögen (genauer: Sachanlagevermögen nach § 49 Abs. 3 Nr. 1.2 GemHVO) erhöht. Es handelt sich um eine Auszahlung für Baumaßnahmen gemäß § 3 Abs. 1 Nr. 25 GemHVO.

Maßnahmenbezogene Veranschlagung

Nach § 11 GemHVO erfolgt eine maßnahmenbezogene Veranschlagung der Verpflichtungsermächtigung bei der sachlich zuständigen Haushaltsposition im jeweiligen **Teilfinanzhaushalt** in Höhe von 1 Mio. € (§ 4 Abs. 5 GemHVO i. V. m. Muster 10 zur GemHVO; einzusetzen in Spalte 4 des Musters 10). Neben der Veranschlagung der Verpflichtungsermächtigung ist ebenso die Veranschlagung der im Haushaltsjahr 2024 kassenwirksamen Auszahlungen in Höhe von 1 Mio. € zu veranschlagen (§ 4 Abs. 4 GemHVO i. V. m. Muster 10; einzusetzen in Spalte 3 des Muster 10).

Darüber hinaus sind nach § 4 Abs. 5 GemHVO noch der Gesamtauszahlungsbedarf[2] anzugeben sowie ein Teilabschluss im Sinne von Satz 2 zu bilden.

Investitionsprogramm und mittelfristige Ergebnis- und Finanzplanung

Nach § 9 Abs. 1 und 2 GemHVO sind Investitionen sowohl in das Investitionsprogramm aufzunehmen als auch in der mittelfristigen Ergebnis- und Finanzplanung zu berücksichtigen (siehe Kap. 12). Die Veranschlagung von Verpflichtungsermächtigungen ist nach § 102 Abs. 2 HGO nur zulässig, wenn die Finanzierung der aus ihrer Inanspruchnahme entstehenden Auszahlungen in den künftigen Haushaltsjahren gesichert erscheint; Voraussetzung dafür ist eine sachgerechte Ergebnis- und Finanzplanung.

Unterlagen nach § 12 Abs. 2 GemHVO

Verpflichtungsermächtigungen (und Auszahlungen) für investive Baumaßnahmen dürfen erst veranschlagt werden, wenn die nach § 12 Abs. 2 GemHVO geforderten Unterlagen vorliegen.

Erläuterungen

Nach § 17 Abs. 1 Nr. 2 und 3 GemHVO besteht für die neue investive Baumaßnahme sowie hinsichtlich der Notwendigkeit und der Höhe der Verpflichtungsermächtigung eine Erläuterungspflicht.

---

2 Die weiteren Angaben, wie die Summe der bisher bereit gestellten Haushaltsmittel, der Haushaltsansatz des Vorjahres sowie das Ergebnis des letzten Jahresabschlusses sind in diesem Fall nicht erforderlich, da es sich um eine neue Maßnahme handelt und daher keine Werte vorliegen können.

b) Bei der abgewandelten Variante des Sachverhalts zu 1.a) ist eine Veranschlagung von Verpflichtungsermächtigungen weder erforderlich noch zulässig. Auftragsvergaben und Bezahlung der eingegangenen Verpflichtungen erfolgen jeweils zu Lasten des Haushaltsansatzes, also 2024 bzw. 2025.

c) Aufbau und sachverhaltsbezogene Prüfung der Fall-Lösung siehe Lösung Fall a). Die Anmietung einer DV-Anlage ist **keine** Investition oder Investitionsförderungsmaßnahme, da eine Veränderung des Anlagevermögens **nicht** stattfindet; die Gemeinde wird weder rechtliche noch wirtschaftliche Eigentümerin der DV-Anlage. Somit handelt es sich gemäß § 4 Abs. 3 i. V. m. § 2 Abs. 1 Nr. 12 GemHVO um ordentliche Aufwendungen für Sach- und Dienstleistungen (lt. Muster 12 – KVKR – Hauptkonto 671). Auch wenn der Mietvertrag in 2024 mit der Wirkung bis 2028 abgeschlossen wird, sieht das Haushaltsrecht für die Veranschlagung von Aufwendungen, die über das Haushaltsjahr hinaus zu Zahlungsverpflichtungen führen, keine Verpflichtungsermächtigungen vor.

d) Laut Sachverhalt dient der Zuschuss als Finanzhilfe zur Errichtung eines neuen Vereinsheims, im Teilhaushalt für den Produktbereich Sportförderung, Produktgruppe Förderung des Sports (§ 4 Abs. 2 GemHVO i. V. m. Muster 11 zur GemHVO). Da sich das Anlagevermögen eines Dritten (des Vereins) vermehrt, handelt es sich aus Sicht der Gemeinde E um eine Investitionsförderungsmaßnahme i. S. v. § 58 Nr. 19 GemHVO (Zuschüsse für Investitionen Dritter), also um einen von der Gemeinde gewährten Investitionszuschuss nach § 38 Abs. 4 GemHVO.[3]
Nach § 102 Abs. 1 HGO ist die Veranschlagung von Verpflichtungsermächtigungen auch bei Investitionsförderungsmaßnahmen zulässig bzw. erforderlich. Haushaltsrechtliche Voraussetzung für den Erlass des Bewilligungsbescheides ist eine haushaltsrechtliche Ermächtigung in Höhe von 300.000 €. Der in 2024 bewilligte Betrag wird in den Haushaltsjahren 2024, 2025 und 2026 kassenwirksam. Somit ist neben dem Haushaltsansatz in 2024 in Höhe von 100.000 € eine Verpflichtungsermächtigung in Höhe von 200.000 € (fällig in 2025 und 2026 mit je 100.000 € – § 11 GemHVO) zu veranschlagen. (Prüfung weiterer Voraussetzungen siehe die Lösung zum Sachverhalt 1.a).

e) Der Erwerb von Grundvermögen stellt eine Investition dar (Veränderung des Anlagevermögens, hier: Grundstücke gemäß § 58 Nr. 18 i. V. m. § 49 Abs. 3 Nr. 1.2 GemHVO). Somit ist hier die Veranschlagung von Verpflichtungsermächtigungen möglich und für den Abschluss des Kaufvertrages auch haushaltsrechtlich erforderlich (obwohl es sich hier nur um einen relativ niedrigen Betrag handelt), da die Verpflichtung, nämlich der Abschluss des Kaufvertrages, bereits in 2024 eingegangen wird. Die Bezahlung des Kaufpreises erfolgt erst im Haushaltsjahr 2025, so dass im Haushaltsplan 2025 ein Auszahlungsansatz zu veranschlagen ist.

3 Die bei der Erteilung des Bewilligungsbescheides zu beachtenden Voraussetzungen für die Aktivierung des Investitionszuschusses sind in Nr. 2 Hw. zu § 38 GemHVO geregelt (z. B Zweckbindung, Rückforderungsvorbehalt).

Sachverhalt 2

Die Gemeinde E möchte in 2024 zwei größere Bauvorhaben beginnen. Die zuständigen Fachbereiche informieren die Kämmerei wie folgt:

a) **Neubau des Rathauses**

Der Kaufvertrag für das Grundstück wurde bereits in 2023 abgeschlossen. Der Gesamtkaufpreis von 500.000 € ist mit 400.000 € in 2023 und 100.000 € in 2024 zu zahlen. Die Baukosten belaufen sich auf voraussichtlich 15.000.000 €. Der Auftrag für die Gesamtherstellung des Gebäudes einschließlich der Außenanlagen (schlüsselfertige Übergabe) an ein Bauunternehmen soll im Frühjahr 2024 vergeben werden. Nach dem Bauzeitplan verteilen sich die entsprechenden Auszahlungen für die Herstellung wie folgt:

2024 4.000.000 €
2025 7.500.000 €
2026 3.500.000 €

Die Einrichtungsgegenstände (Auszahlungen von 150.000 €) werden voraussichtlich in 2026 bestellt und bezahlt.

b) **Bau des Sportzentrums Südstadt**

Der Vertrag über den Grunderwerb (Grunderwerbskosten von insgesamt 450.000 €) soll im März 2024 geschlossen werden. Der Eigentümer des Grundstücks verlangt die Auszahlung je zur Hälfte zum 15.8.2024 und 15.2.2025.

Die Baukosten belaufen sich auf insgesamt 4.000.000 € (ohne Außenanlagen) und werden nach dem Bauzeitplan mit 2.500.000 € in 2024 und 1.500.000 € in 2025 anfallen. Der Fachbereich Hochbau beabsichtigt, im Jahr 2024 einen Auftrag für Bauarbeiten in Höhe von 3 Mio. € zu vergeben, die restlichen Bauarbeiten sollen erst im Januar 2025 ausgeschrieben und vergeben werden. Die Außenanlagen (gärtnerische Arbeiten) sollen im Januar/Februar 2026 durchgeführt werden. Der Auftrag über diese Gesamtkosten von 25.000 € (**nicht** in den bisherigen Baukosten enthalten, aber bei derselben Haushaltsposition abzuwickeln) soll bereits Ende 2025 vergeben werden.

Die Einrichtungskosten von 75.000 € fallen in 2025 an. Wegen der langen Lieferzeit soll der Auftrag bereits im Dezember 2024 vergeben werden.

Aufgabe:

Gehen Sie davon aus, dass die haushaltsrechtlichen Voraussetzungen für die Veranschlagung der beiden Baumaßnahmen als erfüllt anzusehen und nicht zu prüfen sind.

a) Veranschlagen Sie die Maßnahmen in den Haushaltsplänen für die Jahre 2024 und 2025 unter Verwendung der verbindlichen Muster. Die Anbringung von Erläuterungen nach § 17 GemHVO sind nicht erforderlich.
b) Fertigen Sie die entsprechende Übersicht gemäß § 1 Abs. 5 Nr. 4 GemHVO für die Haushaltsjahre 2024 und 2025 an.

c) Beurteilen Sie die Genehmigungsbedürftigkeit der im Haushaltsjahr 2024 vorzusehenden Verpflichtungsermächtigungen.

Bearbeitungshinweise für Aufgabe b):

- Verpflichtungsermächtigungen 2022 zu Lasten des Jahres 2025: 3.000.000 €
- Verpflichtungsermächtigungen 2023 zu Lasten des Jahres 2025: 3.815.000 €
- Verpflichtungsermächtigungen 2023 zu Lasten des Jahres 2026: 2.715.000 €
- im Finanzplan vorgesehene Kreditaufnahmen des Jahres 2025: 7.715.000 €
- im Finanzplan vorgesehene Kreditaufnahmen des Jahres 2026: 6.250.000 €
- im Finanzplan vorgesehene Kreditaufnahmen des Jahres 2027: 8.350.000 €
- im Finanzplan vorgesehene Kreditaufnahmen des Jahres 2028: 5.000.000 €

Lösung:

a) Die Lösungen sind auf den nächsten Seiten abgedruckt.

Produktbereich: 01 Innere Verwaltung
Produktgruppe: 01 Verwaltungssteuerung und -service
Fall: Neubau Rathaus

Teilfinanzhaushalt – Investitionstätigkeit -
- Euro -
vereinfachte Darstellung Muster 10

Haushaltsjahr 2024

Nr.	Bezeichnung	Haushaltsansatz			Ergebnis des Jahresabschlusses	Investitions- und Investitionsförderungsmaßnahmen		Erläuterungen
		2024	Verpflichtungsermächtigungen	2023	2022	Gesamtauszahlungsbedarf	davon bisher bereitgestellt	
1	2	3	4	5	6	7	8	9
	Auszahlungen aus Investitionstätigkeit							
	Auszahlungen f. d. Erwerb v. Grundstücken u. Gebäuden	100.000	0	400.000	0	500.000	400.000	
	Auszahlungen für Baumaßnahmen	4.000.000	11.000.000	0	0	15.000.000	0	fällig 2022: 7,5 Mio. fällig 2023: 3,5 Mio.
	Auszahlungen f. Investitionen i. d. sonstige Sachanlagevermögen und immaterielle Anlagevermögen	0	0	0	0	150.000	0	
	Summe investive Auszahlungen	4.100.000	11.000.000	400.000	0	15.650.000	400.000	

Haushaltsjahr 2025

Nr.	Bezeichnung	Haushaltsansatz			Ergebnis des Jahresabschlusses	Investitions- und Investitionsförderungsmaßnahmen		Erläuterungen
		2025	Verpflichtungsermächtigungen	2024	2023	Gesamtauszahlungsbedarf	davon bisher bereitgestellt	
1	2	3	4	5	6	7	8	9
	Auszahlungen aus Investitionstätigkeit							
	Auszahlungen f .d. Erwerb v. Grundstücken u. Gebäuden	0	0	100.000	400.000	500.000	500.000	
	Auszahlungen für Baumaßnahmen	7.500.000	0	4.000.000	0	15.000.000	4.000.000	
	Auszahlungen f. Investitionen i. d. sonstige Sachanlagevermögen und immaterielle Anlagevermögen	0	0	0	0	150.000	0	
	Summe investive Auszahlungen	7.500.000	0	4.100.000	400.000	15.650.000	4.500.000	

Produktbereich: 08 Sportförderung
Produktgruppe: 02 Sportstätten
Fall: Bau Sportzentrum Südstadt

Teilfinanzhaushalt – Investitionstätigkeit -
- Euro -
vereinfachte Darstellung Muster 10

Haushaltsjahr 2024

Nr.	Bezeichnung	Haushaltsansatz			Ergebnis des Jahresabschlusses	Investitions- und Investitionsförderungsmaßnahmen		Erläuterungen
		2024	Verpflichtungsermächtigungen	2023	2022	Gesamtauszahlungsbedarf	davon bisher bereitgestellt	
1	2	3	4	5	6	7	8	9
	Auszahlungen aus Investitionstätigkeit							
	Auszahlungen f. d. Erwerb v. Grundstücken u. Gebäuden	225.000	225.000	0	0	450.000	0	fällig 2022: 225 T€
	Auszahlungen für Baumaßnahmen	2.500.000	500.000	0	0	4.025.000	0	fällig 2022: 500 T€
	Auszahlungen f. Investitionen i. d. sonstige Sachanlagevermögen und immaterielle Anlagevermögen	0	75.000	0	0	75.000	0	fällig 2022: 75 T€
	Summe investive Auszahlungen	2.725.000	800.000	0	0	4.550.000	0	

Haushaltsjahr 2025

Nr.	Bezeichnung	Haushaltsansatz			Ergebnis des Jahresabschlusses	Investitions- und Investitionsförderungsmaßnahmen		Erläuterungen
		2025	Verpflichtungsermächtigungen	2024	2023	Gesamtauszahlungsbedarf	davon bisher bereitgestellt	
1	2	3	4	5	6	7	8	9
	Auszahlungen aus Investitionstätigkeit							
	Auszahlungen f. d. Erwerb v. Grundstücken u. Gebäuden	225.000	0	225.000	0	450.000	225.000	
	Auszahlungen für Baumaßnahmen	1.500.000	25.000	2.500.000	0	4.025.000	2.500.000	fällig 2023: 25 T€
	Auszahlungen f. Investitionen i. d. sonstige Sachanlagevermögen und immaterielle Anlagevermögen	75.000	0	0	0	75.000	0	
	Summe investive Auszahlungen	1.800.000	25.000	2.725.000	0	4.550.000	2.725.000	

Zu b):

Übersicht[4]
über die aus Verpflichtungsermächtigungen voraussichtlich fällig werdenden Auszahlungen für das Haushaltsjahr 2024

Verpflichtungs-ermächtigungen im	Voraussichtlich fällige Auszahlungen – in 1.000 € –		
Haushaltsplan des Jahres	**2025**	**2026**	**2027**
1	2	3	4
2022	3.000	0	0
2023	3.815	2.715	0
2024	8.300	3.500	0
Summe	**15.115**	**6.215**	**0**
nachrichtlich: in der Ergebnis- und Finanzplanung vorgesehene Kreditaufnahmen	7.715	6.250	8.350

... für das Haushaltsjahr 2025

Verpflichtungs-ermächtigungen im	Voraussichtlich fällige Auszahlungen – in 1.000 € –		
Haushaltsplan des Jahres	**2026**	**2027**	**2028**
1	2	3	4
2023	2.715	0	0
2024	3.500	0	0
2025	25	0	0
Summe	**6.240**	**0**	**0**
nachrichtlich: In der Ergebnis- und Finanzplanung vorgesehene Kreditaufnahmen	6.250	8.350	5.000

Zu c):
Aus vorstehender Übersicht (Muster 3 zur GemHVO) für das Haushaltsjahr 2024 ergibt sich, dass die Verpflichtungsermächtigungen des Jahres 2024 in den Jahren 2025 und 2026 kassenwirksam werden. In beiden Jahren sind nach dieser Übersicht Kreditaufnahmen in der Ergebnis- und Finanzplanung vorgesehen. Daher bedarf der Gesamtbetrag der in § 3 der Haushaltssatzung für das Haushaltsjahr 2024 vorgesehenen Verpflichtungsermächtigung der Genehmigung der Aufsichtsbehörde, § 102 Abs. 4 HGO.

Die Genehmigung ist nach den Grundsätzen einer geordneten Haushaltswirtschaft zu erteilen oder zu versagen. Da die Aufsichtsbehörde mit der Genehmigung der Inan-

4 Muster 3 (zu § 1 Abs. 5 Nr. 4 GemHVO) – Pflichtanlage zum Haushaltsplan.

spruchnahme der Verpflichtungsermächtigungen eine Selbstbindung bezüglich der Genehmigung der Kreditaufnahmen in den Jahren der Kassenwirksamkeit dieser Verpflichtungsermächtigungen eingeht, prüft sie anhand der für die Genehmigung von Kreditaufnahmen maßgeblichen Kriterien, ob die Inanspruchnahme der Verpflichtungsermächtigungen genehmigt werden kann. Sie wird die Genehmigung mit Bedingungen oder Auflagen erteilen oder ganz oder teilweise versagen, wenn sie feststellt, dass die späteren Kreditaufnahmen mit der dauernden Leistungsfähigkeit der Gemeinde nicht in Einklang stehen bzw. die dauernde Leistungsfähigkeit der Gemeinde gefährden (siehe Ziff. 8.6 und ausführlich Ziff. 9.2.3.7).

Sachverhalt 3:

Im Haushaltsplan der Gemeinde E für 2023 ist bei dem Produktbereich Kinder-, Jugend- und Familienhilfe für den Bau der Kindertagesstätte „Rappelkiste“ eine Verpflichtungsermächtigung von 1.000.000 € zu Lasten der Jahre 2024 und 2025 mit je 500.000 € veranschlagt. Aufgrund sich verzögernder Grundstücksverhandlungen kann der Auftrag jedoch nicht bis zum Ende des Jahres 2023 vergeben werden. Der Fachbereich Hochbau rechnet nunmehr mit einer Auftragsvergabe im Januar 2024.

Aufgabe:

Begutachten Sie, was haushaltsrechtlich zu veranlassen ist, damit der Auftrag im Januar 2024 vergeben werden kann.

Lösung:

Gemäß § 102 Abs. 3 HGO gelten die Verpflichtungsermächtigungen bis zum Ende des Haushaltsjahres (der Veranschlagung); demnach kann die Ermächtigung des Jahres 2023 bis zum 31.12.2023 ausgeschöpft werden. Die bis dahin nicht in Anspruch genommenen Verpflichtungsermächtigungen verfallen. Sie gelten jedoch dann weiter, wenn die Haushaltssatzung für das folgende Haushaltsjahr nicht rechtzeitig bekannt gemacht ist, und zwar bis zur Vollendung der Bekanntmachung dieser Haushaltssatzung. Eine weitere Übertragung der Verpflichtungsermächtigungen ist explizit nach Nr. 3 Hw. zu § 11 GemHVO ausgeschlossen.

Nach der Fallgestaltung ist davon auszugehen, dass im Jahr 2024 ein Haushaltsansatz in Höhe von 500.000 € zur Verfügung steht. Für die Lösung der Aufgabe kommt es also darauf an, ob zum Zeitpunkt der Auftragsvergabe im Jahre 2024 die Haushaltssatzung für dieses Jahr bereits bekannt gemacht wurde oder nicht.

a) **Bekanntmachung ist zum Zeitpunkt der Auftragsvergabe noch nicht erfolgt**
Die Verpflichtungsermächtigung des Jahres 2023 ist gemäß § 102 Abs. 3 HGO noch gültig, d. h. die Gemeinde kann, wenn die Haushaltssatzung 2024 nicht rechtzeitig öffentlich bekanntgemacht wird, bis zur Bekanntmachung der Haushaltssatzung

2024 die Verpflichtungsermächtigungen aus 2023 in Anspruch nehmen. Somit kann die Gemeinde eine Auftragsvergabe in Höhe von 1.000.000 € in 2024 vornehmen, auch soweit die Kassenwirksamkeit für den Teilbetrag von 500.000 € bereits in 2024 eintritt. Dies wird auch **nicht** durch den Wortlaut des § 102 Abs. 1 HGO gehindert („... Auszahlungen in künftigen Jahren ...“), denn diese Betrachtung bezieht sich auf das Jahr der Veranschlagung der Verpflichtungsermächtigung.

b) Bekanntmachung ist zum Zeitpunkt der Auftragsvergabe bereits vollendet

Die Verpflichtungsermächtigung des Jahres 2023 ist erloschen. Dafür steht jedoch jetzt ein Haushaltsansatz zur Verfügung, der sich jedoch nur auf 500.000 € beläuft. Eine Verpflichtungsermächtigung über 500.000 €, deren Inanspruchnahme in 2025 kassenwirksam wird, ist nach Lage des Falles nicht vorhanden, da bereits in 2023 eine vollständige Ermächtigung vorlag. Hier tritt nun der Fall ein, dass die im Haushalt 2024 vorhandene Ermächtigung in Höhe von 500.000 € nicht ausreicht, um die Auftragsvergabe in Höhe von 1.000.000 € vorzunehmen. Es wird eine „neue“ Verpflichtungsermächtigung in Höhe von 500.000 € benötigt, die in 2025 kassenwirksam wird.

Zunächst könnte geprüft werden, ob der Mehrbedarf an Verpflichtungsermächtigungen in Höhe von 500.000 € im Rahmen der Deckungsfähigkeit § 20 Abs. 3 GemHVO bereitgestellt werden könnte (siehe Ziffn. 7.4.3.2.1 und 7.4.3.2.2), d. h. ob es bei einer anderen Haushaltsposition Einsparungen bei veranschlagten Verpflichtungsermächtigungen gibt. Dies dürfte allerdings im Januar 2024 sehr schwer zu beurteilen sein.[5]

Wenn man unterstellt, dass im Haushalt 2024 **keine** Verpflichtungsermächtigung veranschlagt wurde[6] und ebenso keine Deckungsmöglichkeit nach § 20 Abs. 3 GemHVO besteht, kommt eine überplanmäßige Verpflichtungsermächtigung (§ 102 Abs. 5 HGO) **nicht** in Betracht. Jedoch besteht die Möglichkeit einer außerplanmäßigen Verpflichtungsermächtigung nach § 102 Abs. 5 HGO; zur Bereitstellung außerplanmäßiger Verpflichtungsermächtigungen siehe ausführlich Ziff. 14.3.

5 Im Sachverhalt werden hinsichtlich der Prüfung der Deckungsfähigkeit keine weiteren Anhaltspunkte gegeben. Die Intention dieses Falles liegt bei der zeitlichen Beschränkung der Inanspruchnahme von Verpflichtungsermächtigungen.

6 Im Rahmen der Haushaltsplanungen für das Jahr 2024 könnte davon ausgegangen worden sein, dass der Auftrag noch bis zum Ende des laufenden Jahres (2023) vergeben wird.

Übungen zu Kapitel 9: Kommunale Schuldenwirtschaft

Sachverhalt 1

Die Gemeinde G will einen Kredit von 5 Mio. € aufnehmen. Der Zahlungsmittelbestand auf den Konten der Gemeindekasse beträgt zzt. 6 Mio. € und ist frei verfügbar. Der Bürgermeister prüft, ob die Kreditaufnahme zulässig ist. Folgende Kreditkonditionen sind zu berücksichtigen:

- Der Kredit ist mit 1 % zu tilgen.
- Der Kredit ist mit 4,0 % zu verzinsen. Der Bürgermeister will zurzeit als Tagesgeld angelegte Mittel (2,5 % Guthabenzins) trotz der Verfügbarkeit nicht einsetzen, weil er dieses Geld für einen im übernächsten Jahr geplanten Rathausneubau einsetzen will.
- Der Kreditbedarf der Gemeinde G beträgt im gesamten Zeitraum der Finanzplanung 20 Mio. €. In diesem Zeitraum wird voraussichtlich auch der gesamte Zahlungsmittelbestand eingesetzt. Am Kapitalmarkt deutet sich eine Verteuerung der Kredite an.

Aufgabe:

Begutachten Sie die Zulässigkeit dieser Kreditaufnahme unter dem Aspekt der Subsidiarität. Lassen Sie eine ggf. notwendige Liquiditätsreserve nach § 106 Abs. 1 Satz 2 HGO außer Acht.

Lösung:

Nach § 93 Abs. 3 HGO darf die Gemeinde Kredite nur aufnehmen, wenn eine andere Finanzierung nicht möglich ist oder wirtschaftlich unzweckmäßig wäre. Hier wird der Grundsatz der Subsidiarität angesprochen, d. h. eine Kreditaufnahme soll erst erfolgen, wenn die übrigen Finanzierungsmöglichkeiten (§ 93 Abs. 2 HGO) ausgeschöpft sind. Dieser Grundsatz gilt aber nicht ausschließlich. Bei der Kreditaufnahme ist die wirtschaftliche Zweckmäßigkeit zu prüfen. So kann aus wirtschaftlichen Überlegungen heraus durchaus von einer Nachrangigkeit der Kreditaufnahme abgesehen werden.

Laut Sachverhalt ist im übernächsten Jahr der Neubau eines Rathauses geplant. Dieser Neubau wird einen erhöhten Finanzbedarf verursachen und damit – wenn kein ausreichender Zahlungsmittelbestand vorhanden wäre – einen erhöhten Kreditbedarf bedingen. Ferner ist für den gesamten Planungszeitraum eine Kreditaufnahme von 20 Mio. € vorgesehen. Wenn dieser über den gesamten Zeitraum gleichmäßig verteilt anfällt und darüber hinaus der Zahlungsmittelbestand ebenfalls gleichmäßig zum Einsatz kommt, ist den Erfordernissen einer kontinuierlichen Finanzpolitik Rechnung getragen. Diese Absicht ist mit den Vorschriften des § 93 Abs. 3 HGO vereinbar. Der

Einsatz anderer Finanzierungsmittel würde sonst in den Folgejahren einen erhöhten Kreditbedarf verursachen. Die Gemeinde hätte auch keine Möglichkeit mehr, bei hohen Kreditkonditionen durch den Einsatz von Eigenmitteln einer Kreditaufnahme auszuweichen.

Auch der Vergleich der Kreditzinsen mit den Guthabenzinsen vorhandener Zahlungsmittel ändert nichts an dieser Entscheidung. Zwar sind zzt. 1,5 Prozentpunkte mehr für die Kreditzinsen aufzubringen, aber es deutet sich eine Verteuerung der Kredite am Kapitalmarkt an, sodass dieses Verhältnis nur ungünstiger werden kann. Deshalb kann eine Kreditaufnahme dem Einsatz anderer Finanzierungsmittel in diesem Fall vorgezogen werden.

Sachverhalt 2

Die Gemeinde G will in den Jahren 2024 bis 2026 jeweils 15 Mio. € Kredite aufnehmen. Die Auszahlungen der Finanzhaushalte unterteilen sich wie folgt:

Art der Auszahlungen/Einzahlungen	2024 Mio €	2025 Mio €	2026 Mio €
Auszahlungen			
Darlehensgewährungen	2	4	2
Baumaßnahmen	9	6	10
Tilgung von Krediten (ohne Umschuldung)	4	7	10
Tilgungszahlungen Hessenkasse	5	5	5
Investitionszuschüsse	2	12	1
Disagio	1	–	–
Umschuldung	–	–	1
Einzahlungen			
Zuweisungen/Zuschüsse für Investitionen	–	2	–

Aufgabe:

Prüfen Sie die Zulässigkeit dieser Kreditveranschlagungen in Bezug auf § 103 Abs. 1 HGO.

Lösung:

Nach § 103 Abs. 1 HGO dürfen Kredite nur im Finanzhaushalt und nur für Investitionen, Investitionsförderungsmaßnahmen und zur Umschuldung aufgenommen werden. Von den im Sachverhalt aufgeführten Auszahlungen gehören hierzu:
Darlehensgewährungen
Baumaßnahmen
Investitionszuschüsse
Umschuldung

Die Summe der bei diesen Auszahlungsarten ausgewiesenen Ansätze stellt die Höchstgrenze der Kreditaufnahmen dar. Diese Höchstbeträge sind um die zweckgebundenen Zuweisungen und Zuschüsse für Investitionen zu kürzen, weil der mit diesen Mitteln geförderte Investitionsanteil nicht auch noch mit Krediten finanziert werden kann (keine Doppelfinanzierung). Somit verbleiben in den Jahren folgende Kreditaufnahmemöglichkeiten:

2024 Mio. €	**2025 Mio. €**	**2026 Mio. €**
13	20	14

Die laut Sachverhalt vorgesehen Kreditaufnahmen i. H. v. 15 Mio. € sind lediglich im Jahr 2025 zulässig. Die im Jahr 2025 noch fehlenden 5 Mio. € werden durch vorhandene Liquidität gedeckt. In 2024 und 2026 dürfen gemäß § 103 Abs. 1 HGO nur 13 Mio. bzw. 14 Mio. € aufgenommen werden. In § 2 der Haushaltssatzung des Jahres 2026 erscheinen jedoch lediglich 13 Mio. €, da der auf Umschuldungen entfallende Betrag der Kreditaufnahme nur im Haushaltsplan veranschlagt, aber nicht in der Haushaltssatzung festgesetzt wird.

Sachverhalt 3

Die Gemeinde G beabsichtigt, zur Finanzierung ihres Haushaltes einen Kredit vom Kreditmarkt i. H. v. 5 Mio. € zu veranschlagen. Sie rechnet mit folgenden Konditionen:

Zinsen = 6 %
Tilgung = 5 %
Auszahlungskurs = 98 %[1]

Die Kreditaufnahme ist für den 1.4. des Haushaltsjahres vorgesehen, wobei mit einer halbjährlichen Zins- und Tilgungsleistung (erstmals zum 1.10.) gerechnet wird.

Aufgabe:

Bilden Sie die erforderlichen Ansätze (einschließlich Buchungskonten) im Haushaltsplan (vereinfachte Darstellung).

1 Die Kreditkonditionen sind aus Übungsgründen zur Verdeutlichung der Veranschlagung sämtlicher Kreditkosten dargestellt. Sie entsprechen nicht immer der aktuellen Marktlage.

Lösung:

a) Finanzhaushalt gem. Muster 8

Pla-nungs-position	Buchungs-konto	Bezeichnung	Ansatz €
		Produktbereich: 16 Allgemeine Finanzwirtschaft	
		Einzahlungen	
31	*826*	Kredite von privaten Unternehmen	5.000.000
		Auszahlungen	
17	*837*	Sonstige ordentliche Auszahlungen	100.000
32	*846*	Tilgung der Kredite von priv. Untern.	125.000[2]

b) Ergebnishaushalt gemäß Muster 7

Pla-nungs-position	Buchungs-konto	Bezeichnung	Ansatz €
22	*771*	Bankzinsen	225.000[3]
	773	Auflösung von Disagio	3.750[4]

Sachverhalt 4

Die Sparkasse G bietet am 11.11.2023 einen äußerst günstigen Kredit i. H. v. 3 Mio. € zu 4,0 % Zinsen und 1 % Tilgung zuzüglich ersparter Zinsen bei einem Auszahlungskurs von 100 % an. Das Angebot gilt aber nur bis zum 12.11.2023 Die Gemeinde G benötigt diesen Kredit dringend, zumal sie wegen der bisher angespannten Lage am Kreditmarkt ihre Kreditermächtigung i. H. v. 10 Mio. € nicht ausgenutzt hat. Bürgermeister B gibt der Sparkasse am gleichen Tage mündlich die Zusage. Die Gemeindevertretung hat die Entscheidung über die Kreditaufnahme auf den Gemeindevorstand übertragen. Nach dem Terminplan tagt der Gemeindevorstand am 20.11.2023.

Aufgabe:

Begutachten Sie, wer für die Kreditaufnahme zuständig ist und welche Formvorschriften zu beachten sind.

2 Berechnung: 5 v. H. von 5.000.000 € = 250.000 € : 2 (ein halbes Jahr) = 125.000 €.
3 Berechnung: 6 v. H. von 5.000.000 € = 300.000 € × 3/4 (ein Dreivierteljahr) = 225.000 €.
4 Berechnung: 2 v. H. von 5.000.000 € = 100.000 € : 20 Jahre × 3/4 = 3.750 €.

Lösung:

Eine ausschließliche Zuständigkeit der Gemeindevertretung für die Entscheidung über eine Kreditaufnahme sieht § 51 HGO nicht vor. Die Gemeindevertretung hat bereits in der Haushaltssatzung die Gesamtsumme der Kreditaufnahme festgelegt. Weiterhin hat sie gemäß § 103 Abs. 1 Satz 2 HGO die Entscheidungszuständigkeit für Kreditaufnahmen auf den Gemeindevorstand übertragen. Laut Sachverhalt kann jedoch aus Termingründen keine Entscheidung des Gemeindevorstandes bis zum Annahmezeitpunkt mehr herbeigeführt werden.

Gemäß § 70 Abs. 3 HGO kann der Bürgermeister in dringenden Fällen, wenn die vorherige Entscheidung des Gemeindevorstandes nicht eingeholt werden kann, die erforderlichen Maßnahmen von sich aus anordnen.

Angesichts der günstigen Konditionen und des dringenden Bedarfs würde die Nichtannahme des Kreditangebotes erhebliche Nachteile für die Gemeinde bringen. Ein dringender Fall ist also anzunehmen. Folglich kann der Bürgermeister nach § 70 Abs. 3 HGO die Entscheidung über die Kreditaufnahme treffen, er muss jedoch dem Gemeindevorstand unverzüglich hierüber berichten.

Der Abschluss eines Kreditvertrages über 3 Mio. € kann sicherlich nicht mehr als Geschäft der laufenden Verwaltung im Sinne des § 71 Abs. 2 Satz 3 HGO angesehen werden. Der Kreditvertrag (Schuldurkunde) muss daher vom Bürgermeister oder seinem allgemeinen Vertreter und einem weiteren Beigeordneten handschriftlich unterzeichnet werden (§ 71 Abs. 2 Satz 1 und 2 HGO).

Seit 1.1.2016 kann die Gemeindevertretung die Entscheidungskompetenz zur Aufnahme eines Kredites grundsätzlich auf ein einzelnes Mitglied des Gemeindevorstandes übertragen (§ 103 Abs. 1 Satz 2 HGO). Diese Option gibt der Gemeinde die Möglichkeit im Bedarfsfall schnell handlungsfähig zu sein.

Sachverhalt 5

Die kreisfreie Stadt S hat in den letzten Jahren eine extrem hohe Arbeitslosenzahl zu beklagen. Diese liegt erheblich über dem Landesdurchschnitt. Zum Abbau der Arbeitslosenzahlen bemüht sich die Gemeinde, Betriebe in ihrem Gemeindebereich anzusiedeln. U. a. verhandelt sie mit der Firma X, die in einer leer stehenden Lagerhalle einen Zweigbetrieb für die Herstellung von Isolierfenstern eröffnen will. Die Firma macht aber die Eröffnung des Betriebes von der Übernahme einer Bürgschaft durch die Stadt S für einen Kredit in Höhe von 500.000 € abhängig. Dieser Kredit ist für die erheblichen Instandsetzungskosten der Lagerhalle erforderlich. Da die Firma nach den eingeholten Auskünften als sehr solide anzusehen ist, stimmt die Stadtverordnetenversammlung der Bürgschaft zu, zumal die Lage der städtischen Finanzen als gut zu bezeichnen ist.

Die Aufsichtsbehörde will jedoch die notwendige Genehmigung nicht erteilen.

Aufgabe:

Begutachten Sie die Rechtmäßigkeit des Beschlusses der Stadtverordnetenversammlung zur Übernahme der Bürgschaft. Fragen des EU-Beihilferechts sind nicht zu berücksichtigen.

Lösung:

Nach § 104 Abs. 2 HGO darf eine Gemeinde Bürgschaften nur übernehmen, wenn diese im Rahmen ihrer Aufgabenerfüllung liegen. Es ergibt sich demnach die Frage, ob die im Sachverhalt angesprochene Maßnahme eine Aufgabe der Stadt S darstellt.

Nach § 2 HGO sind die Gemeinden in ihrem Gebiet, soweit die Gesetze nicht ausdrücklich etwas anderes bestimmen, ausschließliche und eigenverantwortliche Träger der öffentlichen Verwaltung. Weder Grundgesetz noch Hess. Verfassung weisen die Förderung der Gewerbeansiedlung in die ausschließliche Kompetenz des Staates. Eine so genannte „Kompetenz aus der Natur der Sache" zu Gunsten des Staates kann auch nicht angenommen werden. Andere Rechtsnormen, die ausdrücklich eine Förderung im vorstehenden Sinne verbieten, bestehen nicht. Die Kompetenzen der Gemeinde reichen allerdings nur so weit, wie es sich um Angelegenheiten der örtlichen Gemeinschaft (Art. 28 Abs. 2 GG) handelt. Die Übernahme der Bürgschaft muss also im Rahmen der freien Leistungsverwaltung zur Daseinsvorsorge zum gemeindlichen Wirkungskreis i. S. v. § 2 HGO zählen.

Ferner darf eine Bürgschaftsübernahme im Einzelfall die durch Gesetz und Recht gezogenen Grenzen nicht überschreiten. Es ist in erster Linie darauf zu achten, für welchen Raum die Maßnahme Wirkung zeigt. Die Stadt S hat laut Sachverhalt extrem hohe Arbeitslosenzahlen. Ihr Bestreben ist es also, diesen Missstand abzubauen, zumal ihr hierdurch unmittelbar und mittelbar erhebliche Kosten entstehen (Sozialhilfeleistungen usw.) und sich ihre Einnahmesituation verschlechtert (Minderung des Gemeindeanteils an der Einkommensteuer, Gewerbesteuer usw.).

Auch wenn die Ansiedlung des Gewerbebetriebes nicht nur auf dem Arbeitsmarkt der Stadt S wirkt, sondern auch auf den der Gemeinden des Umlandes, so ist es dennoch eine Aufgabe der Stadt S. Über den räumlichen Bezug hinaus wird in neuerer Zeit vermehrt auf eine funktionelle Komponente abgestellt.

Die unmittelbare Wirtschaftsförderung gehört zum Aufgabenbereich der Gemeinde.[5] Somit kann auch die Übernahme einer Bürgschaft im vorliegenden Sachverhalt als eine Angelegenheit im Rahmen der Aufgabenerfüllung angesehen werden. Bedenken könnten allenfalls erhoben werden, wenn die Übernahme der Bürgschaft die Grenzen des Gebotes der wirtschaftlichen Haushaltsführung (§ 92 Abs. 2 HGO) überschreiten würde.

In diesem Zusammenhang hat also die Stadt für die Maßnahme möglichst wenig auszugeben. Unter wirtschaftlichen Gesichtspunkten hat sie die Auswirkungen auf andere Maßnahmen und auf die Zukunft zu beachten. Die Übernahme der Bürgschaft

5 Siehe z. B. VG Münster, Urt. vom 18.2.1962 – 2 K 530/61 –.

führt zunächst einmal nicht zu Ausgaben. Bei der Solidität der Firma ist auch das Risiko gering. Mit Blick auf die gesamte Finanzsituation wird die Förderungsmaßnahme auf Dauer zu Einsparungen (z. B. Sozialhilfe, Arbeitslose finden Beschäftigung) und Mehrerträgen (Gemeindeanteil an der Einkommensteuer, Gewerbesteuer usw.) führen, also insgesamt zu Ergebnissen i. S. v. § 92 Abs. 2 HGO. Eine Beurteilung aus der gesamten Finanzsituation der Stadt heraus lässt nach der Vorgabe des Sachverhaltes den Schluss zu, dass die Wahrnehmung der sonstigen Aufgaben durch diese Maßnahme auch nicht gefährdet ist.

Es bestehen also keine Gründe, die eine Verweigerung der Genehmigung durch die Aufsichtsbehörde stützen würden.

Übungen zu Kapitel 10: Haushaltsausgleich

Sachverhalt 1

In der Gemeindevertretung der Gemeinde G wird derzeit der vom Gemeindevorstand eingebrachte Haushaltsplan für das nächste Jahr beraten. Der Ergebnishaushalt stellt sich zusammengefasst wie folgt dar:

Summe der ordentlichen Erträge	28.100.000 €		
Summe der ordentlichen Aufwendungen	29.300.000 €		
Verwaltungsergebnis		–1.200.000 €	
Finanzerträge	150.000 €		
Zinsen und ähnliche Aufwendungen	850.000 €		
Finanzergebnis		–700.000 €	
Ordentliches Ergebnis			**–1.900.000 €**
Außerordentliche Erträge	100.000 €		
Außerordentliche Aufwendungen	300.000 €		
Außerordentliches Ergebnis			**–200.000 €**
Jahresergebnis			**–2.100.000 €**

Die Gemeinde G hat in vorangegangenen Jahren einen Überschuss von insgesamt 2.000.000 € im ordentlichen Ergebnis erzielt und der Rücklage aus Überschüssen des ordentlichen Ergebnisses zugeführt.

Aufgabe 1:

Beurteilen Sie die finanzielle Situation der Gemeinde G im Hinblick auf den Haushaltsausgleich im Ergebnishaushalt.

Lösung:

Gemäß § 92 Abs. 4 HGO soll der Haushalt in jedem Haushaltsjahr ausgeglichen sein. Maßstab für den Haushaltsausgleich im Ergebnishaushalt ist das ordentliche Ergebnis, § 92 Abs. 5 Nr. 1 HGO bezüglich der Planung. Hiernach ist der Ergebnishaushalt ausgeglichen, wenn das ordentliche Ergebnis ausgeglichen ist oder der Fehlbedarf im ordentlichen Ergebnis durch die Inanspruchnahme von Mitteln der Rücklagen ausgeglichen werden kann. Relevant für den Haushaltsausgleich ist im vorliegenden Fall also zunächst der Betrag von 1,9 Mio. € Defizit im ordentlichen Ergebnis.

Da die Gemeinde in den Vorjahren Überschüsse im ordentlichen Ergebnis erzielt hat, waren diese der entsprechenden Rücklage zuzuführen (§ 25 Abs. 1 Nr. 2 i. V. m. § 49 Abs. 4 Nr. 1.2.1 GemHVO). Diesen Bestand kann die Gemeinde G nach § 92 Abs. 5 Nr. 1 HGO, § 24 Nr. 2 GemHVO zum Ausgleich des ordentlichen Ergebnisses verwenden. Da der Bestand dieser Rücklage höher ist als das Defizit im ordentlichen

Ergebnis, ist der Haushaltsausgleich gegeben. Obwohl jahresbezogen ein Defizit im ordentlichen Ergebnis besteht, ist das Ausgleichserfordernis erfüllt, ein Haushaltssicherungskonzept nicht erforderlich. Das Defizit im außerordentlichen Ergebnis ist für die Frage, ob Haushaltsausgleich besteht, nicht von Bedeutung. Es muss auch im Rahmen der Haushaltsplanung nicht weiter behandelt werden (siehe auch oben Ziff. 10.2.2). Seine Behandlung im Jahresabschluss wird durch § 25 Abs. 4 GemHVO geregelt. Danach erfolgt der Ausgleich entweder, soweit vorhanden, durch Entnahme aus der aus Überschüssen des außerordentlichen Ergebnisses gebildeten Rücklage oder, soweit dies nicht möglich ist, durch Vortrag auf neue Rechnung.

Ein auf neue Rechnung vorgetragener Fehlbetrag soll innerhalb von fünf Jahren ausgeglichen werden. Ein nach fünf Jahren noch nicht ausgeglichener Fehlbetrag kann mit Überschüssen des ordentlichen Ergebnisses oder mit Mitteln aus der aus Überschüssen des ordentlichen Ergebnisses gebildeten Rücklage ausgeglichen werden, soweit diese nicht jeweils vorrangig zum Ausgleich von Jahresfehlbeträgen des ordentlichen Ergebnisses benötigt werden.

Aufgabe 2:

Abweichend von Aufgabe 1 soll gelten, dass eine Rücklage aus Überschüssen des ordentlichen Ergebnisses nicht besteht. Der Fehlbetrag im ordentlichen Ergebnis kann daher nicht hierüber ausgeglichen werden.

Gemeindevertreter Schlau beantragt nun, zur Erreichung des Haushaltsausgleichs einige gemeindeeigene Grundstücke zu veräußern. Begutachten Sie, ob diese Maßnahme geeignet ist, den Haushaltsausgleich tatsächlich zu erreichen.

Lösung:

Wenn die Gemeinde Vermögensgegenstände, dazu gehören auch Grundstücke, veräußert, entstehen Einzahlungen im Finanzhaushalt (§ 3 Abs. 1 Nr. 21 GemHVO), der Ergebnishaushalt ist also zunächst überhaupt nicht betroffen. Es muss aber berücksichtigt werden, zu welchem Preis die Grundstücke veräußert werden, und wie sich dieser Preis in Bezug zum bilanziellen Wert des Grundstückes darstellt. Wird das Grundstück zu genau dem Preis verkauft, mit dem es bilanziert ist, entsteht ein Aktivtausch in der Bilanz, in Höhe des Abganges beim Sachanlagevermögen entsteht ein Zugang beim Umlaufvermögen (Forderungen bzw. flüssige Mittel), folglich entstehen keine Auswirkungen beim Eigenkapital, der Ergebnishaushalt ist demnach nicht tangiert. Würde das Grundstück zu einem geringeren Preis verkauft, als es bilanziert ist, entsteht sogar ein Verlust, da dem Abgang im Anlagevermögen kein mindestens gleich hoher Zugang im Umlaufvermögen gegenübersteht. Dies würde das Haushaltsdefizit insgesamt sogar noch vergrößern. Nur wenn der Verkaufspreis höher ist als der bilanzierte Wert, kommt in Höhe der Differenz ein Gewinn zustande. Fraglich ist, ob dieser unter dem Aspekt des Haushaltsausgleiches Relevanz hat.

Gewinne aus Vermögensveräußerungen sind gemäß § 2 Abs. 3, § 58 Nr. 6b GemHVO als außerordentliche Erträge deklariert und fallen somit in das außerordentliche Ergebnis, so dass keine Wirkung im ordentlichen Ergebnis eintritt. Die Vorschriften des § 25 GemHVO trennen strikt zwischen dem ordentlichen und dem außerordentlichen Bereich. Danach ist die Verwendung von Überschüssen des außerordentlichen Ergebnisses zum Ausgleich von Fehlbeträgen im ordentlichen Ergebnis ausgeschlossen.[1] Daher kann der Antrag des Gemeindevertreters Schlau unter keinem denkbaren Aspekt zum Haushaltsausgleich im ordentlichen Ergebnis führen; ein Haushaltssicherungskonzept nach § 92a HGO muss aufgestellt und beschlossen werden, es bedarf zudem der Genehmigung der Aufsichtsbehörde. Auch die Tatsache selbst, dass die Vorgaben zum Haushaltsausgleich nicht eingehalten sind, bedarf der aufsichtsbehördlichen Genehmigung (§ 97a Nr. 1 HGO).

Sachverhalt 2

Der Entwurf der Haushaltssatzung mit Haushaltsplan der Gemeinde B sieht im Finanzhaushalt folgende Beträge vor:

Einzahlungen aus laufender Verwaltungstätigkeit	58.000.000 €
Auszahlungen aus laufender Verwaltungstätigkeit	56.000.000 €
Ordentliche Tilgung	1.000.000 €
Tilgungszuschüsse aus einem Förderprogramm	100.000 €
Auszahlungen an die Hessenkasse	750.000 €

Aufgabe:

Begutachten Sie, ob die Vorgaben zum Haushaltsausgleich im Finanzhaushalt erfüllt sind.

Lösung:

Gemäß § 92 Abs. 5 Nr. 2 HGO soll in der Planung der Überschuss im Saldo des Zahlungsmittelflusses aus laufender Verwaltungstätigkeit mindestens so hoch sein, dass daraus die Auszahlungen zur ordentlichen Tilgung von Krediten sowie an das Sondervermögen „Hessenkasse" geleistet werden können, soweit die Auszahlungen zur ordentlichen Tilgung von Investitionskrediten nicht durch zweckgebundene Einzahlungen gedeckt sind.

Aus dem Sachverhalt ergibt sich ein Überschuss der Einzahlungen aus laufender Verwaltungstätigkeit über die entsprechenden Auszahlungen von 2.000.000 €. Dieser dient zur Deckung der nicht anderweitig gedeckten Tilgungsauszahlungen, hier also

1 Auf die bei Ziff. 10.5 erläuterten Ausnahmen gemäß Finanzplanungserlassen wird hier nicht Bezug genommen.

900.000 € (ordentliche Tilgung 1.000.000 € abzüglich Tilgungszuschuss 100.000 €). Es verbleiben also 1.100.000 €, die zur Deckung der Auszahlungen an die „Hessenkasse" von 750.000 € zu verwenden sind. Der Finanzhaushalt ist damit ausgeglichen.

Es verbleiben vom Überschuss 350.000 €, die ggf. zur Finanzierung der Investitionstätigkeit (Reduzierung der Aufnahme von Investitionskrediten) eingesetzt werden können, soweit die Liquiditätsreserve nach § 106 Abs. 1 HGO aufgebaut ist (Nr. 3 Hw. zu § 93 HGO).

Abwandlung:
Die ordentliche Tilgung soll 1.500.000 € betragen.

Lösung:

In diesem Fall sind die Vorgaben zum Haushaltsausgleich im Finanzhaushalt nicht eingehalten:

Zahlungsmittelüberschuss aus laufender Verwaltungstätigkeit:	2.000.000 €
Ordentliche Tilgung	–1.500.000 €
Tilgungszuschüsse aus einem Förderprogramm	+100.000 €
Auszahlungen an die Hessenkasse	–750.000 €
nicht gedeckt damit	150.000 €

In diesem Fall muss die Gemeinde ein Haushaltssicherungskonzept (§ 92a HGO) aufstellen[2] und von der Gemeindevertretung beschließen lassen, dieses bedarf zudem der Genehmigung der Aufsichtsbehörde. Auch die Tatsache selbst, dass die Vorgaben zum Haushaltsausgleich nicht eingehalten sind, bedarf der aufsichtsbehördlichen Genehmigung (§ 97a HGO).

2 Siehe vorhergehende Fußnote.

Übungen zu Kapitel 11: Haushaltssatzung

Sachverhalt 1

Die Gemeinde G hat am 17. Januar 2024 ihre Haushaltssatzung für das Haushaltsjahr 2024 öffentlich bekannt gemacht. Der Grundstückseigentümer E hält die darin erfolgte Anhebung der Hebesätze für die Realsteuern für rechtswidrig. Gegen diese Festsetzung will E vor dem Verwaltungsgericht gerichtlich vorgehen.

Aufgabe:

Begutachten Sie die Möglichkeiten einer gerichtlichen Überprüfung.

Lösung:

Nach § 40 Abs. 1 VwGO ist der Verwaltungsrechtsweg in allen öffentlich-rechtlichen Streitigkeiten nicht verfassungsrechtlicher Art gegeben. E wendet sich gegen die Haushaltssatzung. Die Rechtmäßigkeit dieser Satzung richtet sich nach § 94 HGO und damit nach öffentlichem Recht. Somit ist der Verwaltungsrechtsweg gegeben.

Die weiteren Zulässigkeitsvoraussetzungen ergeben sich nach der Klageart. Die Anfechtungs- oder Verpflichtungsklage nach § 42 VwGO scheiden aus, da sich E nicht durch einen Verwaltungsakt, sondern durch die Haushaltssatzung als materielles Gesetz beschwert fühlt.

Die Erhebung einer Feststellungsklage nach § 43 VwGO ist auch nicht möglich, da E nicht unmittelbar durch die Haushaltssatzung berührt wird.

Nach § 47 Abs. 1 Nr. 2 VwGO entscheidet das Oberverwaltungsgericht im Rahmen seiner Gerichtsbarkeit auf Antrag über die Gültigkeit von anderen im Rang unter dem Landesgesetz stehenden Rechtsvorschriften (also auch Satzungen), sofern das Landesrecht dieses bestimmt (abstraktes Normenkontrollverfahren). Eine entsprechende Bestimmung trifft § 15 Abs. 1 Hess. Ausführungsgesetz zur VwGO. E ist also berechtigt, die Rechtmäßigkeit der Haushaltssatzung im Wege eines abstrakten Normenkontrollverfahrens vom Oberverwaltungsgericht (in Hessen: Verwaltungsgerichtshof) überprüfen zu lassen.

Daneben hat E die Möglichkeit, im Rahmen eines Streitverfahrens gegen einen auf Grund dieser Haushaltssatzung erlassenen Verwaltungsakt (z. B. Grundsteuerbescheid) die Satzung überprüfen zu lassen. Das zuständige Gericht muss nämlich in diesem Verfahren (z. B.: Anfechtungsklage gegen den Grundsteuerbescheid) prüfen, ob die Haushaltssatzung ganz oder teilweise gegen übergeordnetes Recht verstößt oder aus anderen Gründen rechtswidrig ist. In dieser so genannten konkreten Normenkontrolle ist die formelle und materielle Rechtswirksamkeit zu überprüfen.

Sachverhalt 2

Zur Sitzung der Gemeindevertretung der Gemeinde G am 18.1.2024 leitet der Kämmerer seinen Haushaltsentwurf für das Haushaltsjahr 2024 der Gemeindevertretung zur Beratung und Beschlussfassung zu. Die Gemeindevertretung beschließt in gleicher Sitzung, diesen Entwurf abzulehnen.

Während der Debatte am 18.01.2024 macht Gemeindevertreter A u. a. den Vorschlag, einen neuen Haushaltsplan-Entwurf in der März-Sitzung zu verabschieden und ihn ab 1.4.2024 ein Jahr, also bis 31.3.2025, rechtsgültig werden zu lassen. Gemeindevertreterin E empfiehlt dagegen, ohne Beschluss die Haushaltssatzung 2023 nochmals anzuwenden und die Haushaltsansätze 2023 auch für 2024 gelten zu lassen. Gemeindevertreter B schlägt schließlich vor, doch nur die Teilhaushalte für die Produktbereiche 01 bis 15 zu beraten und zu beschließen. Produktbereich 16 sei besser Ende 2024 zu beraten und der Gesamthaushalt und die ganzen Übersichten seien ohnehin überflüssig und nicht erforderlich.

Aufgaben:

a) Begutachten Sie, gegen welche haushaltsrechtlichen Bestimmungen das Verfahren und der Beschluss vom 18.1.2024 verstoßen.
b) Nehmen Sie zu den Vorschlägen der Gemeindevertreter A, E und B kritisch Stellung.
c) Prüfen Sie, ob bei einem ordnungsgemäß zugeleiteten Entwurf der Haushaltssatzung nach der Ablehnung durch die Gemeindevertretung gegen diesen Beschluss Maßnahmen unternommen werden können.[1]

Lösung:

a) Nach § 97 Abs. 3 HGO soll die Haushaltssatzung spätestens einen Monat vor Beginn des neuen Haushaltsjahres der Aufsichtsbehörde vorgelegt werden. Die Ausgestaltung als Soll-Vorschrift bedeutet, dass ohne zwingende Gründe hiervon nicht abgewichen werden kann. Es ist der Grundsatz der Vorherigkeit angesprochen, d. h. das Aufstellungsverfahren für die Haushaltssatzung einschließlich Haushaltsplan soll vollständig abgeschlossen sein, bevor das Haushaltsjahr beginnt. Hierdurch wird die Rechtssicherheit erhöht, denn die Haushaltssatzung und der Haushaltsplan sind die Leitlinien der Haushaltswirtschaft für ein Haushaltsjahr. Die Monatsfrist des § 97 Abs. 3 HGO soll die Einhaltung des Vorherigkeitsprinzips sicherstellen.
   Die Vorlage des Satzungsentwurfes durch die Verwaltung am 18.1.2024, also bereits im begonnen Haushaltsjahr, ist zu spät. Somit liegt ein Verstoß gegen den

1 Zur Lösung dieser Aufgabe sind vertiefte Kenntnisse des allgemeinen Kommunalrechts notwendig.

Grundsatz der Vorherigkeit vor. Gründe, die diese Verspätung rechtfertigen könnten, sind im Sachverhalt nicht ersichtlich.
Des Weiteren ist festzustellen, dass **der Kämmerer** den Entwurf der Satzung der Gemeindevertretung zugeleitet hat. Nach § 97 Abs. 1 HGO stellt der Gemeindevorstand den Entwurf der Haushaltssatzung fest und legt ihn der Gemeindevertretung zur Beratung und Beschlussfassung vor. Die Sonderfunktion des Kämmerers bezieht sich nur auf die Vorbereitung des Entwurfes, nicht auf seine Vorlage. Diese Vorschrift steht in Einklang mit § 66 Abs. 1 Satz 3 Nr. 2 HGO, wonach der Gemeindevorstand die Beschlüsse der Gemeindevertretung vorbereitet. Somit war die Zuleitung des Satzungsentwurfs an die Gemeindevertretung durch den Kämmerer nicht rechtens.
Die Ablehnung des Entwurfes kann aus folgendem Grund rechtens sein: Es ist die Frage zu stellen „Ist der Entwurf der Haushaltssatzung nebst Anlagen überhaupt existent?" Nach den haushaltsrechtlichen Vorschriften (§ 97 Abs. 1 HGO) wird der Entwurf der Haushaltssatzung nebst Anlagen vom Gemeindevorstand festgestellt. Der Gemeindevorstand leitet den Entwurf der Satzung nebst Anlagen der Gemeindevertretung zu. Dieses ist offensichtlich laut Sachverhalt nicht geschehen. Ob der Gemeindevorstand nachträglich den Satzungsentwurf festgestellt und „weitergeleitet" hat, geht aus dem Sachverhalt nicht hervor. Insofern kann die Frage der Rechtsgültigkeit des Ablehnungsbeschlusses nicht endgültig geklärt werden. Sollte der Gemeindevorstand nicht entsprechend § 97 Abs. 1 HGO tätig gewesen sein, wäre der Beschluss insoweit rechtens, als der Satzungsentwurf rechtlich nicht existent ist und die Gemeindevertretung damit zum Ausdruck bringt, dass sie einen formal ordnungsgemäß zu Stande gekommenen und vorgelegten Entwurf beraten will.
Ferner ist festzustellen, dass die Gemeindevertretung in dieser Sitzung ohnehin nicht über Annahme oder Ablehnung des Satzungsentwurfs entscheiden konnte. Nach § 97 Abs. 2 HGO soll der Entwurf der Haushaltssatzung vor der Beschlussfassung im Finanzausschuss eingehend behandelt werden. Auch wenn dies eine Soll-Vorschrift ist, kann hiervon nur abgewichen werden, wenn Rechtfertigungsgründe vorliegen. Diese sind aus dem Sachverhalt nicht ersichtlich.

b) **Gemeindevertreter A**
Wie bereits bei a) ausgeführt, würde die Verabschiedung im März einen Verstoß gegen den Grundsatz der Vorherigkeit darstellen.
Ferner kann der Anregung des A, die Satzung ab 1.4. gelten zu lassen, nicht gefolgt werden. Nach § 94 Abs. 3 HGO tritt die Haushaltssatzung mit Beginn des Haushaltsjahres in Kraft. Haushaltsjahr ist nach § 94 Abs. 4 HGO das Kalenderjahr, also der Zeitraum vom 1.1. bis 31.12. Abweichungen sind nicht möglich, auch nicht für einzelne Bereiche, da dies in den geltenden haushaltsrechtlichen Vorschriften nicht vorgesehen ist. Somit würde ein Beschluss i. S. d. Anregung des Gemeindevertreters A gegen geltendes Recht verstoßen.
Gemeindevertreterin E
Die Empfehlung der Frau E verstößt gegen § 94 Abs. 1 HGO. Danach hat eine Gemeinde für jedes Jahr eine Haushaltssatzung zu erlassen. Nach § 94 Abs. 3 Satz 2 HGO kann zwar eine Haushaltssatzung Festsetzungen für zwei Jahre enthalten,

aber nach Jahren getrennt. Dieses trifft aber laut Sachverhalt hier nicht zu. Eine Weitergeltung bzw. unveränderte Übernahme der Haushaltssatzung nebst Haushaltsplan des Vorjahres ist aber auch schon aus praktischen Erwägungen heraus nicht möglich. Einerseits sind in aller Regel Auszahlungsermächtigungen bzw. Verpflichtungsermächtigungen erschöpft und andererseits sind zumindest im Finanzhaushalt die Ansätze des Vorjahres für Investitionen nicht auch im neuen Haushaltsjahr verwendbar. Ferner hat die Gemeindevertretung nach § 51 Nr. 7 i. V. m. § 94 Abs. 1 und § 97 Abs. 2 HGO die Haushaltssatzung zu beschließen. Dieses ist nicht nur das Recht der Gemeindevertretung, sondern auch ihre Verpflichtung.

Gemeindevertreter B

Nach § 97 Abs. 2 HGO hat die Gemeindevertretung den Entwurf der Haushaltssatzung und ihrer Anlagen zu beraten und zu beschließen. Unverzichtbarer Bestandteil der Haushaltssatzung ist der Haushaltsplan. Der Haushaltsplan besteht gemäß § 1 Abs. 1 und 2 GemHVO aus dem Ergebnis- und dem Finanzhaushalt, den Teilhaushalten und dem Stellenplan. Die Teilhaushalte können nach vorgegebenen Produktbereichen oder nach der örtlichen Organisation gebildet werden (§ 4 Abs. 2 GemHVO). Hier wurde offenkundig eine produktbereichsbezogene Teilhaushaltsbildung entsprechend Muster 11 zur GemHVO vorgenommen. Somit ist der Haushaltsplan nur einschließlich des Produktbereiches 16 als Haushaltsplan zu bezeichnen. Auch der Gesamthaushalt ist unverzichtbarer Bestandteil des Haushaltsplanes. Nach § 1 Abs. 5 GemHVO sind dem Haushaltsplan die dort bezeichneten Anlagen beizufügen. Somit kann auch auf die Übersichten zum Haushaltsplan (Anlagen) nicht verzichtet werden. Ein Beschluss i. S. d. Anregung des Gemeindevertreters B wäre nicht rechtens.

c) Nach § 63 Abs. 1 Satz 1 HGO hat der Bürgermeister einem Beschluss der Gemeindevertretung zu widersprechen, wenn der Beschluss das Recht verletzt. Nach Satz 2 dieser Vorschrift kann der Bürgermeister einem Beschluss der Gemeindevertretung widersprechen, wenn der Beschluss das Wohl der Gemeinde gefährdet. Der Widerspruch muss unverzüglich, spätestens jedoch innerhalb von zwei Wochen nach der Beschlussfassung gegenüber dem Vorsitzenden der Gemeindevertretung ausgesprochen werden. Inwieweit im vorliegenden Fall das Wohl der Gemeinde gefährdet ist, kann aus dem Sachverhalt nicht ersehen werden. Dies wäre jedenfalls dann der Fall, wenn im Haushaltsplan Maßnahmen vorgesehen sind, die für das Wohl der Gemeinde wichtig sind, deren Nichtdurchführung auf Grund fehlender Haushaltssatzung also das Wohl der Gemeinde gefährden würde.

   Hier liegt jedoch eindeutig eine Rechtsverletzung vor, weil die Gemeindevertretung nach § 94 Abs. 1 i. V. m. § 97 Abs. 2 HGO verpflichtet ist, über die Haushaltssatzung zu beraten und (positiv) zu beschließen. Eine Ablehnung und Rückverweisung ist zwar möglich, dann muss dies jedoch mit dem konkreten Auftrag der Umarbeitung im Sinne des Willens der Gemeindevertretung und anschließenden erneuten Vorlage verbunden sein, was aus dem Sachverhalt jedoch nicht ersichtlich ist. Daher muss der Bürgermeister dem Ablehnungsbeschluss gemäß § 63 Abs. 1 Satz 1 HGO widersprechen. Auf die weiteren Rechtsfragen im Zusammenhang mit dem Widerspruch (insbesondere Beanstandung gemäß § 63 Abs. 2 HGO, Eintritt des Gemeindevorstandes gemäß § 63 Abs. 4 HGO, aufsichtsbehördliches Tätigwerden nach §§ 137 ff. HGO) ist an dieser Stelle nicht näher einzugehen.

Sachverhalt 3

Die Gemeindevertretung der Gemeinde G überträgt die Zuständigkeit für den Beschluss über die Haushaltssatzung auf den Finanzausschuss. Dieser soll künftig in nicht öffentlicher Sitzung die Haushaltssatzung beraten und beschließen.

Aufgabe:

Begutachten Sie die Rechtmäßigkeit dieses Beschlusses.

Lösung:

Nach § 51 Nr. 7 HGO gehört der Erlass der Haushaltssatzungen zu den Angelegenheiten der Gemeindevertretung, deren Entscheidung sie nicht übertragen kann. Auch § 97 Abs. 2 HGO bestimmt, dass der Entwurf der Haushaltssatzung nebst Anlagen von der Gemeindevertretung in öffentlicher Sitzung zu beraten und zu beschließen ist. Somit ist eine Übertragung der Entscheidungsbefugnis auf den Finanzausschuss nicht möglich. Auch die Verweisung der Beratung in die nicht öffentliche Sitzung wäre nicht rechtens, da auch die Ausschusssitzungen grundsätzlich öffentlich sind (§ 62 Abs. 5 i. V. m. § 52 HGO). Die Behandlung der Haushaltssatzung ist kein Punkt, der in nicht öffentlicher Sitzung zu beraten wäre.

Bezüglich der Maßnahmen gegen diesen Beschluss der Gemeindevertretung siehe Lösung c) zu obigem Sachverhalt Nr. 2.

Sachverhalt 4

Der Gemeindevertretung der Gemeinde G will am 9. November 2023 die Haushaltssatzung für das Jahr 2024 verabschieden. Nach der Beratung im Finanzausschuss sollen folgende Daten zur Beschlussfassung empfohlen werden:

a) Realsteuerhebesätze:

Grundsteuer A	340 v. H.
Grundsteuer B	450 v. H.
Gewerbesteuer	380 v. H.

b) Höchstbetrag der Liquiditätskredite = 2.500.000 €

c) Verpflichtungsermächtigungen zu Lasten der dem Haushaltsjahr folgenden Jahre:

2025	2.319.000 €
2026	5.798.000 €
2027	2.260.000 €

d) Laut Haushaltsplanentwurf 2024 sind Einzahlungen aus Kreditaufnahmen in Höhe von 3.720.000 € veranschlagt, davon 1.000.000 € zur Umschuldung, außerdem ist die ordentliche Tilgung von Krediten i. H. v. 680.000 € vorgesehen.
Nach dem Finanzplan sind in den drei Finanzplanungsjahren Kreditaufnahmen (ohne Umschuldung) vorgesehen:

2025	3.000.000 €
2026	6.000.000 €
2027	4.000.000 €

e) Die ordentlichen Erträge des Jahres 2024 betragen 71.591.900 €, davon entfallen auf die Auflösung von Sonderposten 1.315.700 €, die Finanzerträge belaufen sich auf 795.000 € und die außerordentlichen Erträge auf 630.000 €, darin enthalten 500.000 € an Gewinnen aus Vermögensveräußerungen.
Die ordentlichen Aufwendungen betragen 69.585.700 €, davon entfallen auf Abschreibungen 2.318.000 € und auf Zugänge zu Pensionsrückstellungen 1.290.200 €. Die Finanzaufwendungen belaufen sich auf 2.403.700 €. Die außerordentlichen Aufwendungen betragen 540.000 €, darin enthalten 400.000 € an Verlusten aus Vermögensveräußerungen.
Investitionsauszahlungen sind i. H. v. 13.220.000 € geplant, Investitionseinzahlungen von 8.500.000 €.

Aufgabe:

a) Fertigen Sie den Entwurf der Haushaltssatzung (§§ 1 bis 7) für das Haushaltsjahr 2024.
b) Prüfen Sie, ob die Haushaltssatzung genehmigungsbedürftige Teile enthält, und wenn ja, ob die formalen Voraussetzungen für eine Genehmigung vorliegen.

Bearbeitungshinweis: Der Bestand der Liquiditätsreserve nach § 106 Abs. 1 HGO ist vollständig aufgebaut.

Lösung:

zu a)

Haushaltssatzung der Gemeinde G
für das Haushaltsjahr 2024

Auf Grund der §§ 94 ff. der Hessischen Gemeindeordnung in der ab 1. April 2005 geltenden Fassung (GVBl. I S. 142), zuletzt geändert durch Artikel 2 des Gesetzes vom 16. Februar 2023 (GVBl. S. 90, 93) hat die Gemeindevertretung der Gemeinde G am 9. November 2023 folgende Haushaltssatzung beschlossen:

§ 1

Der Haushaltsplan für das Haushaltsjahr 2024 wird
im Ergebnishaushalt

im ordentlichen Ergebnis	
mit dem Gesamtbetrag der Erträge auf	72.386.900 EUR
mit dem Gesamtbetrag der Aufwendungen auf	71.989.400 EUR
mit einem Saldo von	397.500 EUR
im außerordentlichen Ergebnis	
mit dem Gesamtbetrag der Erträge auf	630.000 EUR
mit dem Gesamtbetrag der Aufwendungen auf	540.000 EUR
mit einem Saldo von	90.000 EUR
mit einem Überschuss von	487.500 EUR,

im Finanzhaushalt

mit dem Saldo aus den Einzahlungen und Auszahlungen aus laufender Verwaltungstätigkeit auf	2.680.000 EUR
und dem Gesamtbetrag der	
Einzahlungen aus Investitionstätigkeit auf	8.500.000 EUR
Auszahlungen aus Investitionstätigkeit auf	13.220.000 EUR
mit einem Saldo von	–4.720.000 EUR
Einzahlungen aus Finanzierungstätigkeit auf	3.720.000 EUR
Auszahlungen aus Finanzierungstätigkeit auf	1.680.000 EUR
mit einem Saldo von	2.040.000 EUR
ausgeglichen	0 EUR

festgesetzt.

§ 2

Der Gesamtbetrag der Kredite, deren Aufnahme im Haushaltsjahr 2024 zur Finanzierung von Investitionen und Investitionsförderungsmaßnahmen erforderlich ist, wird auf 2.720.000 EUR festgesetzt.

§ 3

Der Gesamtbetrag von Verpflichtungsermächtigungen im Haushaltsjahr 2024 zur Leistung von Auszahlungen in künftigen Jahren für Investitionen und Investitionsförderungsmaßnahmen wird auf 10.377.000 EUR festgesetzt.

§ 4

Der Höchstbetrag der Liquiditätskredite, die im Haushaltsjahr 2024 zur rechtzeitigen Leistung von Auszahlungen in Anspruch genommen werden dürfen, wird auf 2.500.000 EUR festgesetzt.

§ 5

Die Steuersätze für die Gemeindesteuern werden für das Haushaltsjahr 2024 wie folgt festgesetzt:

1. Grundsteuer
   a) für die land- und forstwirtschaftlichen Betriebe (Grundsteuer A) auf 340 v. H.
   b) für die Grundstücke (Grundsteuer B) auf 450 v. H.
2. Gewerbesteuer auf 380 v. H.

§ 6

Ein Haushaltssicherungskonzept wurde nicht beschlossen.

§ 7

Es gilt der von der Gemeindevertretung als Teil des Haushaltsplanes am 9. November 2023 beschlossene Stellenplan.

G, den ......2023 Der Gemeindevorstand
Unterschrift

Erläuterungen zu § 1:

Im ordentlichen Ergebnis setzt sich der Gesamtbetrag der Erträge aus den ordentlichen Erträgen (71.591.900 €) und den Finanzerträgen (795.000 €) und der Gesamtbetrag der Aufwendungen aus den ordentlichen Aufwendungen (69.585.700 €) und den Finanzaufwendungen (2.403.700 €) zusammen. Das ordentliche Ergebnis ist positiv, damit liegt Haushaltsausgleich vor. Die außerordentlichen Beträge lt. Sachverhalt führen ebenfalls zu einem positiven Ergebnis, der gesamte Ergebnishaushalt weist einen Überschuss aus.

Für die Ermittlung des Saldos aus laufender Verwaltungstätigkeit im Finanzhaushalt müssen diverse Berechnungen durchgeführt werden:

Vom Gesamtbetrag der ordentlichen Erträge	72.386.900 €
müssen die nicht zahlungswirksamen Erträge aus der Auflösung von Sonderposten	1.315.700 €
abgezogen werden. Hinzugerechnet wird der zahlungswirksame Betrag der außerordentlichen Erträge. Dieser ergibt sich aus dem Gesamtbetrag von 630.000 € abzüglich der darin enthaltenen Gewinne aus Vermögensveräußerung von 500.000 €.	
Da die Einzahlungen aus Vermögensveräußerung komplett in der Investitionstätigkeit enthalten sind, handelt es sich an dieser Stelle um einen nicht zahlungswirksamen Ertrag. Damit verbleiben zahlungswirksam	130.000 €
Die zahlungswirksamen Erträge belaufen sich damit auf	71.201.200 €

Vom Gesamtbetrag der ordentlichen Aufwendungen	71.989.400 €
müssen die nicht zahlungswirksamen Abschreibungen	2.318.000 €
und die nicht zahlungswirksamen Zugänge zu Pensionsrückstellungen	1.290.200 €
abgezogen werden. Hinzugerechnet wird der zahlungswirksame Betrag der außerordentlichen Aufwendungen. Dieser ergibt sich aus dem Gesamtbetrag von 540.000 € abzüglich der darin enthaltenen Verluste aus Vermögensveräußerung von 400.000 €, s. o. Damit verbleiben zahlungswirksam	140.000 €
Die zahlungswirksamen Aufwendungen belaufen sich damit auf	68.521.200 €
Daraus ergibt sich ein positiver Saldo aus laufender Verwaltungstätigkeit von	**2.680.000 €**
Damit ist der Anforderungen des § 92 Abs. 5 Nr. 2 HGO/§ 3 Abs. 2 GemHVO Rechnung getragen, wonach der Saldo des Zahlungsmittelflusses aus laufender Verwaltungstätigkeit mindestens so hoch sein soll, dass daraus die Auszahlungen zur ordentlichen Tilgung von Krediten geleistet werden können (siehe Kap. 10), diese betragen	680.000 €
Der danach verbleibende Betrag von	2.000.000 €
kann zur Investitionsfinanzierung und damit Reduzierung des Kreditbedarfes verwendet werden.	

Der negative Saldo aus den Einzahlungen und Auszahlungen aus Investitionstätigkeit beträgt 4.720.000 €. Er kann mit 2.000.000 € aus dem verbleibenden Saldo aus laufender Verwaltungstätigkeit gedeckt werden. Lt, Bearbeitungshinweis ist die Liquiditätsreserve nach § 106 Abs. 1 HGO vollständig aufgebaut, so dass der verbleibende Saldo hierfür nicht benötigt wird. Es verbleibt ein Betrag von 2.720.000 €, der durch Kreditaufnahme gedeckt werden muss (§ 2 der Haushaltssatzung).

In der Angabe der Finanzierungstätigkeit in § 1 der Haushaltssatzung wird der Einzahlungsbetrag aus Finanzierungstätigkeit jedoch einschließlich des Umschuldungsbetrages von 1.000.000 €, also mit 3.720.000 € ausgewiesen, ebenso der Auszahlungsbetrag einschließlich der Tilgung für Umschuldung, also 680.000 € ordentliche und 1.000.000 € Umschuldungstilgung, insgesamt 1.680.000 €.

Damit ist der Finanzhaushalt insgesamt genau ausgeglichen festgesetzt.

Erläuterungen zu § 2:
In § 2 der Haushaltssatzung wird der Kreditbetrag zur Finanzierung von Investitionen und Investitionsförderungsmaßnahmen festgesetzt, jedoch nicht der Umschuldungsbetrag

Erläuterungen zu § 3:
Die Festsetzung erfolgt in der Summe der jeweiligen Jahresbeträge.

Die Festsetzungen der weiteren Paragrafen der Haushaltssatzung ergeben sich aus dem Sachverhalt i. V. m. dem Muster 1 zur GemHVO.

zu b)

Genehmigungsbedürftige Festsetzungen in der Haushaltssatzung sind gemäß § 97a HGO

- eine Abweichung von den Vorgaben zum Haushaltsausgleich in der Planung,
  Wie oben ausgeführt, ist der Haushaltsausgleich sowohl im ordentlichen Ergebnis des Ergebnishaushaltes erreicht als auch aufgrund der Deckung der Auszahlungen für die ordentliche Tilgung durch den Überschuss im Saldo des Zahlungsmittelflusses aus laufender Verwaltungstätigkeit im Finanzhaushalt. Daher besteht keine genehmigungsbedürftige Abweichung von den Vorgaben zum Haushaltsausgleich.
- das Haushaltssicherungskonzept,
  Da keine Abweichung von den Vorgaben zum Haushaltsausgleich vorliegt, besteht auch keine Verpflichtung zur Aufstellung eines zu genehmigenden Haushaltssicherungskonzeptes, was sich auch in § 6 der Haushaltssatzung widerspiegelt. Zu dem weiteren Verpflichtungsgrund, der Erwartung von Fehlbeträgen (im ordentlichen Ergebnis) oder eines negativen Zahlungsmittelbestand im Finanzhaushalt nach der Ergebnis- und Finanzplanung im Planungszeitraum (siehe Kap. 12) macht der Sachverhalt keine Angaben.
- der Gesamtbetrag der Kredite für Investitionen und Investitionsförderungsmaßnahmen in § 2 der Haushaltssatzung gemäß § 103 Abs. 2 HGO,
  In § 2 der vorstehenden Haushaltssatzung wird der Gesamtbetrag der Kredite auf 2.720.000 € festgesetzt. Diese Festsetzung bedarf nach § 103 Abs. 2 HGO der Genehmigung der Aufsichtsbehörde.
- der Gesamtbetrag der Verpflichtungsermächtigungen in § 3 der Haushaltssatzung, wenn in den Jahren, zu deren Lasten sie veranschlagt sind, Kreditaufnahmen vorgesehen sind, gemäß § 102 Abs. 4 HGO,
  In § 3 der vorstehenden Haushaltssatzung wird der Gesamtbetrag der Verpflichtungsermächtigungen auf 10.377.000 € festgesetzt. Diese sollen in den Jahren 2025–2027 voraussichtlich kassenwirksam werden. Lt. Sachverhalt sind in den Jahren 2025–2027 Kreditaufnahmen vorgesehen. Diese Festsetzung bedarf daher nach § 102 Abs. 4 HGO ebenfalls der Genehmigung der Aufsichtsbehörde.[2]
- der Höchstbetrag der Liquiditätskredite gem. § 105 HGO.
  In § 4 der vorstehenden Haushaltssatzung wird der Höchstbetrag der Liquiditätskredite auf 2.500.000 € festgesetzt. Diese Festsetzung bedarf nach § 105 Abs. 2 HGO der Genehmigung der Aufsichtsbehörde. Voraussetzung für die Genehmigung ist, dass die Gemeinde G den Höchstbetrag der Liquiditätskredite bedarfsgerecht aufgrund einer dokumentierten Liquiditätsplanung ermittelt und diese Liquiditätsplanung der Aufsichtsbehörde mit der Haushaltssatzung vorgelegt hat.

2 Für die Frage der Genehmigungsbedürftigkeit kommt es lediglich darauf an, dass in einem der Jahre, in denen die Verpflichtungsermächtigungen voraussichtlich kassenwirksam werden, Kreditaufnahmen dem Grunde nach vorgesehen sind. Eine betragsmäßige Abhängigkeit von vorgesehener Kreditaufnahme und kassenwirksamen Verpflichtungsermächtigungen besteht nicht, siehe hierzu Kap. 8.

Insgesamt kann die Genehmigung aber erst erteilt werden, wenn die Gemeinde der Aufsichtsbehörde dargelegt hat, dass der Jahresabschluss für das Haushaltsjahr 2022 aufgestellt und die Gemeindevertretung über dessen wesentlichen Ergebnisse unterrichtet wurde. Solange das nicht der Fall ist, darf die Aufsichtsbehörde die Genehmigung nicht erteilen, auch wenn ansonsten alle Voraussetzungen erfüllt sind.

Sachverhalt 5

Die Aufsichtsbehörde versagt die Genehmigung für die von der Gemeinde G in § 3 der Haushaltssatzung festgesetzten Verpflichtungsermächtigungen. Die Gemeinde G ist mit der Ablehnung nicht einverstanden und möchte dagegen rechtlich vorgehen.

Aufgabe:

Begutachten Sie, welche rechtlichen Möglichkeiten die Gemeinde G gegen die Versagung der Genehmigung des § 3 der Haushaltssatzung ausschöpfen kann.[3]

Lösung:

Bei der Frage nach der Klageart ist das angestrebte Ziel bedeutsam. Hinsichtlich der Ablehnung der Genehmigung wäre die Erhebung einer Anfechtungsklage gemäß § 42 VwGO nicht sinnvoll, denn hiermit kann nur die Beseitigung der Ablehnung erreicht werden. Ziel der Klage der Gemeinde G ist aber die Erteilung der Genehmigung. Dieses kann nur durch eine Verpflichtungsklage gemäß § 42 Abs. 1 VwGO erreicht werden.

Ob dem Klageverfahren ein Vorverfahren nach § 68 der Verwaltungsgerichtsordnung (VwGO) vorangehen muss, richtet sich nach § 16a des Hess. Ausführungsgesetzes zur VwGO. Da derartige Streitigkeiten nicht in der dort genannten Anlage aufgeführt sind, richtet sich die Antwort auf diese Frage nach Abs. 2 Satz 1 der Vorschrift. Danach bedarf es eines Vorverfahrens dann nicht, wenn die Versagung durch das Regierungspräsidium erfolgt ist (zur Zuständigkeit siehe oben Ziff. 11.3.7). Ist sie durch den Landrat erfolgt, muss ein Vorverfahren stattfinden.

Sachverhalt 6

Die Haushaltssatzung der Stadt S für das Haushaltsjahr 2024 wird am 23. November 2023 von der Stadtverordnetenversammlung beschlossen. Sie enthält keine genehmigungsbedürftigen Festsetzungen. Der Bürgermeister fertigt sie am nächsten Tag aus und lässt sie sofort per Boten der Aufsichtsbehörde überbringen. Anschließend ver-

3 Der Fall kann nur mit Kenntnissen des Verwaltungsrechts gelöst werden. Insofern dient er der Vervollständigung der Gesamtproblematik.

anlasst er die Bekanntmachung der Haushaltssatzung und nachfolgende Auslegung des Haushaltsplans. Weiterhin teilt er den mittelbewirtschaftenden Stellen mit, dass die Haushaltsermächtigungen ab Jahresbeginn 2024 in Anspruch genommen werden können, da die Haushaltssatzung 2024 vor Beginn des Haushaltsjahres rechtsgültig zu Stande gekommen ist.

Aufgabe:

Begutachten Sie, ob das Vorgehen des Bürgermeisters rechtmäßig ist.

Lösung:

Wenn die Haushaltssatzung keine genehmigungsbedürftigen Teile enthält, kann sie grundsätzlich nach erfolgter Beschlussfassung und Ausfertigung bekannt gemacht werden. Allerdings sieht § 97 Abs. 4 HGO vor, dass die Haushaltssatzung in diesem Fall erst öffentlich bekannt gemacht werden darf, wenn die Aufsichtsbehörde innerhalb eines Monats nach Vorlage keine Bedenken wegen Rechtsverletzung erhebt. Der Bürgermeister hätte also diese Monatsfrist abwarten müssen. Die Bekanntmachung der Haushaltssatzung ist daher nicht rechtsgültig erfolgt.

Wenn man unterstellt, dass die Vorlage an die Aufsichtsbehörde mit Eingangsdatum am 24. November 2023 erfolgt ist, beginnt die Monatsfrist am 25. November und endet am 24. Dezember 2023. Da dies ein Sonntag ist und zwei Feiertage folgen, endet die Frist am darauffolgenden Werktag, also dem 27. Dezember[4]. Erst danach kann die Haushaltssatzung bekannt gemacht und im Anschluss daran der Haushaltsplan zur Einsicht ausgelegt werden[5]. Wenn man annimmt, dass die Bekanntmachung am 29. Dezember erfolgt und die Auslegung am 3. Januar beginnend an sieben Werktagen erfolgt, ist der letzte Auslegungstag der 11. Januar. Erst mit Ablauf diesen Tages ist die Haushaltssatzung 2024 rechtsgültig zu Stande gekommen (§§ 3, 6 Abs. 3 der Verordnung über öffentliche Bekanntmachungen der Gemeinden und Landkreise) und entfaltet ihre Ermächtigungswirkung. Dies erfolgt zwar rückwirkend zum 1. Januar, gleichwohl standen die Ermächtigungen erst ab 12. Januar zur Verfügung, bis dahin galten die Vorschriften über die vorläufige Haushaltsführung (§ 99 HGO, siehe Ziff. 7.2.7.2).

Da mit der Ausfertigung bestätigt wird, dass die Haushaltssatzung dem Beschluss der Gemeindevertretung entspricht und alle für ihr rechtsgültiges Zustandekommen maßgeblichen Vorschriften eingehalten sind (die Haushaltssatzung also bekanntmachungsreif ist), kann diese auch erst nach Ablauf der Monatsfrist erfolgen, da mit der Ausfertigung auch bestätigt wird, dass innerhalb der Monatsfrist keine Bedenken der Aufsichtsbehörde wegen Rechtsverletzung erhoben wurden.

---

4 vgl. zur Fristberechnung §§ 187, 188, 193 BGB.

5 Wenn zu diesem Zeitpunkt der Jahresabschluss für das Haushaltsjahr 2022 noch nicht aufgestellt bzw. die Stadtverordnetenversammlung noch nicht über dessen wesentliche Ergebnisse unterrichtet ist, kann gleichwohl eine Bekanntmachung nicht erfolgen, dies ist erst nach der Unterrichtung der Stadtverordnetenversammlung möglich (§ 112 Abs. 6 HGO).

Übungen zu Kapitel 12: Mittelfristige Ergebnis- und Finanzplanung mit Investitionsprogramm

Sachverhalt 1

Die Gemeinde E will den Haushalt 2024 und die entsprechende Ergebnis- und Finanzplanung gleichzeitig aufstellen.

Nach den Orientierungsdaten des Landes Hessen[1] wird die Gewerbesteuer bei einem Hebesatz von 400 % (Ansatz 2023 = 10 Mio. €) mit jährlichen Steigerungsraten von +7 % gerechnet. In der Gemeinde E ist aber aufgrund der Abwanderung eines wichtigen Gewerbesteuerzahlers nur mit Steigerungsraten von jährlich +5 % zu rechnen.

Ferner beabsichtigt die Gemeinde E erstmals ab 2024 **jährliche** Kreditaufnahmen vom Kreditmarkt von 3 Mio. € pro Jahr (angenommene Konditionen: Zinsen = 5 %, Tilgung = 2 % fest, Auszahlungskurs = 100 %, Aufnahme jeweils zum 1.1., Zins und Tilgung fällig jeweils zum 31.12.).[2]

Aufgaben:

a) Begutachten Sie, ob eine zeitgleiche Aufstellung von Haushaltsplan und Ergebnis- und Finanzplanung zulässig ist.
b) Welche Jahre umfasst die mittelfristige Ergebnis- und Finanzplanung, wenn die Gemeinde E den Haushalt für 2024 aufstellt? Begründen Sie Ihre Entscheidung.
c) Erläutern Sie, inwieweit die Orientierungsdaten des Landes für die Kommunen verbindlich sind.
d) Fertigen Sie **einen Auszug** aus der mittelfristigen Ergebnis- und Finanzplanung (in vereinfachter Form) an.

Bearbeitungshinweis:

- Der Sachverhalt enthält keine Angaben zu den Ergebnissen des Jahresabschlusses.
- Auf die Ermittlung der Gewerbesteuerumlage wird aus Vereinfachungsgründen verzichtet.
- Es sind nur die im Sachverhalt genannten Angaben zu berücksichtigen.

Lösung:

a) Nach § 101 Abs. 4 HGO ist die Ergebnis- und Finanzplanung spätestens mit dem Entwurf der Haushaltssatzung der Gemeindevertretung vorzulegen. Hieraus ergibt

1 Jährlicher Finanzplanungserlass des HMdIS im Einvernehmen mit dem HMdF, siehe Ziff. 12.5.

2 Alle Zahlenangaben sind für Übungszwecke konzipiert und entsprechen deshalb nicht immer der aktuellen Praxis- und Marktlage. Aus Vereinfachungsgründen wird bei diesem Übungsfall unterstellt, dass die Gemeinde keine aus Vorjahren bestehenden Schuldendienstverpflichtungen hat.

sich, dass die Ergebnis- und Finanzplanung spätestens zeitgleich mit dem Entwurf der Haushaltssatzung und damit auch mit dem Entwurf des Haushaltsplans zu erstellen ist.

b) Bestandteil des Entwurfs des Haushaltsplans wiederum ist der Ergebnis- und der Finanzhaushalt nach § 1 Abs. 1 Nr. 1 und Abs. 2 Nr. 1 und 2 GemHVO. Da nach § 1 Abs. 4 GemHVO der Ergebnis- und der Finanzhaushalt ebenso die Planungsansätze der drei dem Haushaltsjahr folgenden Jahre enthalten müssen, d. h. die Ergebnis- und Finanzplanung ist in den Ergebnis- bzw. den Finanzhaushalt zu integrieren, ist eine zeitliche Aufstellung nicht nur zulässig, sondern systemimmanent.

c) Nach § 101 Abs. 1 HGO umfasst die Ergebnis- und Finanzplanung fünf Jahre. Das erste Planungsjahr ist das laufende Haushaltsjahr. Die Aufstellung des Haushalts 2024 wird unter Berücksichtigung des § 97 HGO im Jahre 2023[3] erfolgen. Somit ist das laufende Haushaltsjahr im vorliegenden Fall 2023. Ausgehend davon umfasst die Finanzplanung i. S. v. § 101 Abs. 1 HGO die Jahre 2023 bis 2027.

d) Nach § 101 Abs. 2 HGO und § 9 Abs. 3 GemHVO sollen bei der Aufstellung und Fortschreibung der Ergebnis- und Finanzplanung die vom HMdIS im Einvernehmen mit dem HMdF bekannt gegebenen Orientierungsdaten berücksichtigt werden (sog. Finanzplanungserlass). Bei diesen Orientierungsdaten handelt es sich um **landesweite** Durchschnittswerte, die strukturelle Unterschiede allerdings **nicht** angemessen berücksichtigen können. Daher sind die Gemeinden aufgefordert, die Orientierungsdaten unter Beachtung der individuellen örtlichen Gegebenheiten anzupassen.

   Somit muss die Gemeinde E bei der Schätzung ihrer Gewerbesteuererträge anstelle der Orientierungsdaten des Landes die eigenen Daten bzw. Prognosen berücksichtigen. Der Finanzplanungserlass weist ausdrücklich darauf hin, dass es Aufgabe der Gemeinden bleibt, aufgrund der besonderen örtlichen Gegebenheiten die für ihre Planung maßgebenden Einzelwerte selbst zu ermitteln. D. h., auch wenn das Land eine günstigere Entwicklung auf Grund des Konjunkturverlaufs annimmt, ist hier sicherlich eine unveränderte Übernahme der Steigerungsraten von 7 % bedenklich. Bezogen auf die örtlichen Verhältnisse der Gemeinde E ist höchstens eine Steigerungsrate von 5 % vertretbar.

e) Im Ergebnis- und Finanzhaushalt sind ab dem Haushaltsjahr 2024 ebenso die Planungsdaten der mittelfristigen Ergebnis- und Finanzplanung darzustellen, vgl. § 1 Abs. 4 GemHVO. Die dafür ergänzten Muster 7 (Ergebnishaushalt) und Muster 8 (Finanzhaushalt) zur GemHVO sollen lt. Aufgabenstellung in vereinfachter Form dargestellt werden.

3 Siehe Grundsatz der Vorherigkeit, Ziff. 7.2.7.

1. Auszug aus dem Ergebnishaushalt (Muster 7)

Zeile	Konto	Bezeichnung	Ergebnis Jahresab-ab-schluss	HH-Ansatz in €		Planungsjahre in T€		
			2022	2023	2024	2025	2026	2027
1	2	3	4	5	6	7	8	9
5	55	Steuern und steuerähnliche Erträge einschl. Erträge aus gesetzlichen Umlagen	Keine Angabe im SV	10.000.000	10.500.000	11.025	11.576	12.155
22	77	Zinsen und andere Finanzaufwendungen	Keine Angabe im SV	0	150.000	297	441	582

Anmerkung:

In Zeile 5 des Ergebnishaushalts sind neben der Gewerbesteuer noch weitere Steuern enthalten, siehe Kontengruppe 55 im KVKR. **In der Lösung werden nur die Erträge aus Gewerbesteuer dargestellt** (siehe Bearbeitungshinweis). Eine Detailplanung, insbesondere im Bereich der Steuererträge, ist für einzelne Steuerarten dem Finanzstatusbericht[4] – Details Ergebnishaushalt (Muster 20 zur GemHVO) zu entnehmen.

In Zeile 22 des Ergebnishaushalts sind nur die Zinsen für die ab 2024 neu aufgenommenen Kredite darzustellen (siehe Bearbeitungshinweis).

2. Auszug aus dem Finanzhaushalt (Muster 8)

Zeile	Konto	Bezeichnung	Ergebnis Jahresab-schluss	HH-Ansatz in €		Planungsjahre in T€		
			2022	2023	2024	2025	2026	2027
1	2	3	4	5	6	7	8	9
4	814	Einzahlungen aus Steuern und steuerähnlichen Erträgen einschließlich Erträgen aus gesetzlichen Umlagen	Keine Angabe im SV	10.000.000	10.500.000	11.025	11.576	12.155
16	836	Zinsen und ähnliche Auszahlungen	Keine Angabe im SV	0	150.000	297	441	582
31	826	Einzahlungen aus der Aufnahme von Krediten und wirtschaftlich vergleichbaren Vorgängen für Investitionen	Keine Angabe im SV	0	3.000.000	3.000	3.000	3.000
32	846	Auszahlungen für die Tilgung von Krediten und wirtschaftlich vergleichbaren Vorgängen für Investitionen sowie an das Sondervermögen Hessenkasse	Keine Angabe im SV	0	60.000	120	180	240
		***davon:** Auszahlung für die ordentliche Tilgung von Investitionskrediten*		*0*	*60.000*	*280*	*180*	*240*

In der Lösung werden nur die im Sachverhalt genannten Zahlungsvorgänge berücksichtigt (siehe Bearbeitungshinweis).

4 Siehe Ziff. 6.6.

Übungen zu Kapitel 13: Ausführung und Überwachung des Haushaltsplanes, Kassen- und Anordnungswesen

Sachverhalt 1

Zum 1.12.2023 soll die neue Grundschule in der Gemeinde G in Betrieb genommen werden. Die Firma F bietet an, die notwendige Erstausstattung an Kreide, Schwämmen usw. in der letzten Novemberwoche zu einem Gesamtpreis von 4.000 € zu liefern. Gleichzeitig teilt sie mit, dass bei Abnahme bis zum 30.9.2023 noch ein um 10 % niedriger Verkaufspreis angeboten werden könne. Die Sachbearbeiterin im Fachdienst Schulverwaltung der Gemeinde G bedauert gegenüber der Firma F, dieses preisgünstige Angebot auf Grund der Vorschrift des § 27 Abs. 1 Satz 2 GemHVO nicht annehmen zu können.

Aufgabe:

Begutachten Sie die Entscheidung der Sachbearbeiterin im Fachdienst Schulverwaltung.

Lösung:

Konkrete Regelungen über die Bewirtschaftung von Haushaltsmitteln enthält § 27 Abs. 1 Satz 2 GemHVO. Danach darf erst dann, wenn der Aufgabenzweck es erfordert, über die Haushaltsansätze verfügt werden. Da die neue Grundschule erst zum 1.12.2023 in Betrieb genommen werden soll, braucht auch erst zu diesem Zeitpunkt die notwendige Erstausstattung an Kreide, Schwämmen u. Ä. vorhanden zu sein. Eine Lieferung im November des Jahres würde dafür durchaus reichen. Da der Sachverhalt Lieferbesonderheiten wie z. B. längere Lieferfristen nicht enthält, dürfte die Bestellung etwa Anfang November 2023 erforderlich werden.

Dem gegenüber steht das Angebot der Lieferfirma, bei einer Lieferung bis zum 30.9.2023 10 % Preisnachlass zu gewähren. Die Gemeinde würde somit bei der vorzeitigen Abnahme 400 € sparen, was aufgrund des Grundsatzes der Wirtschaftlichkeit und Sparsamkeit[1] gemäß § 92 Abs. 2 HGO zu beachten ist, zumal der Sachverhalt keine Anhaltspunkte über evtl. Lagerschwierigkeiten bei vorzeitiger Lieferung enthält.

Es fragt sich somit, in welchem Verhältnis die konkrete Regelung des § 27 Abs. 1 Satz 2 GemHVO zum Grundsatz der Wirtschaftlichkeit und Sparsamkeit steht. Rein gesetzessystematisch ist festzustellen, dass die Gemeindeordnung als formelles Gesetz der Gemeindehaushaltsverordnung als rein materielles Recht vorgeht. Somit wäre der Grundsatz der Wirtschaftlichkeit und Sparsamkeit nach § 92 Abs. 2 HGO vorzuziehen. § 27 Abs. 1 Satz 2 GemHVO schließt dieses aber entgegen der Ansicht der Sachbearbeiterin auch nicht aus, denn die dort angesprochene „Aufgabenerfüllung"

1 Siehe hierzu Ziff. 7.2.2.

bedeutet ja immer eine wirtschaftliche und sparsame Aufgabenerfüllung, denn jedes Handeln der Gemeinde unterliegt diesen Erwägungen. Insofern bedingt eine wirtschaftlich sinnvolle Aufgabenerfüllung die Beschaffung der Ausrüstungsgegenstände bis zum 30.9.2023, um den niedrigen Kaufpreis zu erhalten. Eine 10 %ige Einsparung kann ja auch nicht durch Zinsgewinne auf dem Girokonto ausgeglichen werden.

Mit ihrer Entscheidung verstößt die Sachbearbeiterin sowohl unmittelbar gegen § 27 Abs. 1 Satz 2 GemHVO als auch gegen § 92 Abs. 2 HGO durch Nichtbeachtung des Grundsatzes der Wirtschaftlichkeit und Sparsamkeit.

Sachverhalt 2

Im Haushaltsplan (zuständiger Teilfinanzhaushalt) der Gemeinde G ist in 2023 Folgendes erstmalig veranschlagt:

Neubau eines Verwaltungsgebäudes (Produkt 11.1.01), hierin sollen auch Räume für die Bundesagentur für Arbeit geschaffen werden, die sich entsprechend an der Investition beteiligt.

11.1.01/8201	Zuweisungen des Landes	500.000 €
11.1.01/8202	Zuweisungen der Bundesagentur für Arbeit	250.000 €
11.1.01.8420	Bauauszahlungen Hochbau	2.000.000 €

Der Sachstand im Februar 2023 lautet:

Im vorliegenden Zuweisungsbescheid des Landes ist die Auszahlung der 500.000 € für den 10. Dezember 2023 zugesichert, falls bis dahin der Rohbau planmäßig erstellt ist. Die Bundesagentur für Arbeit hat bereits schriftlich zugesagt, mindestens 250.000 € in 2023 auszuzahlen.

Die Gemeinde will den Neubau i. H. v. 250.000 € mit vorhandenen, hierfür angesparten Zahlungsmittelbeständen finanzieren, die jedoch bis zum 30.12.2023 als Festgelder angelegt sind, und den Restbetrag mit Krediten.

Aufgabe:

Begutachten Sie, ob bereits im Februar 2023 der Auftrag für die Hochbauarbeiten vergeben werden kann.

Bearbeitungshinweis: Die Haushaltssatzung für 2023 ist im Januar 2023 rechtsgültig bekannt gemacht worden.

Lösung:

Im Haushaltsplan der Gemeinde G für 2023 sind im zuständigen Finanzhaushalt für Bauauszahlungen zur Errichtung eines Verwaltungsgebäudes 2.000.000 € veranschlagt. Aus dem Sachverhalt ist eine Verfügungsbeschränkung für Auszahlungen dieses Teilhaushaltes nicht ersichtlich, die Ermächtigungswirkung des Haushaltsplanes ist gegeben.

Gemäß § 27 Abs. 2 GemHVO dürfen jedoch Ansätze für Auszahlungen für Investitionen des Finanzhaushalts und der Teilfinanzhaushalte erst in Anspruch genommen werden, wenn die rechtzeitige Bereitstellung der Deckungsmittel gesichert ist. Aus diesem Grunde ist die Finanzierung der Maßnahme näher zu untersuchen.

- Zuweisung des Landes
  Der Zuweisungsbescheid (Verwaltungsakt im Sinne der Zweistufentheorie im allgemeinen Verwaltungsrecht) sichert die Auszahlung zum 10.12.2023 zu. Die Haushaltswirtschaft wird vom Prinzip der Jährlichkeit[2] beherrscht, sodass der Begriff „rechtzeitig" im § 27 Abs. 2 GemHVO auf den Zahlungseingang im Laufe des Haushaltsjahres abstellt, was hier gegeben ist. Die Zuweisungsleistung und damit der Deckungsanteil von 500.000 € sind gesichert.
  Die Rohbauerstellung als weitere Bedingung für die Zuweisungszahlung liegt im Bereich der Gemeinde und soll ja gerade durch die Auftragsvergabe im Februar 2023 sichergestellt werden.
- Zuweisung der Bundesagentur für Arbeit
  Die Auszahlungszusage der Bundesagentur für Arbeit erfüllt ebenfalls die Anforderungen der Deckungsabsicherung i. S. d. § 27 Abs. 2 GemHVO und der Hinweise hierzu.
- Kreditaufnahme
  Da die Haushaltsatzung 2023 lt. Sachverhalt ordnungsgemäß bekannt gemacht worden ist, ist davon auszugehen, dass die darin enthaltene Kreditermächtigung aufsichtsbehördlich genehmigt wurde. Einschränkungen sind aus dem Sachverhalt nicht ersichtlich. Der Eingang der benötigten Kredite ist daher als gesichert anzusehen.
- Zahlungsmittelbestand
  Gemäß des Grundsatzes der Jährlichkeit reicht die Verfügbarkeit der Mittel bis 31.12.2023 aus, was hier mit dem Termin des 30.12.2023 gegeben ist.

Aus dem Sachverhalt ergibt sich nicht, dass die Finanzierungsmittel für den Neubau anderweitig benötigt werden. Die Bereitstellung der Deckungsmittel i. S. d. § 27 Abs. 2 GemHVO ist somit gesichert, sodass der Auftrag erteilt werden kann.

Sachverhalt 3

Bei der Gemeinde G wird die Haushaltsüberwachung auf der Basis von Buchungsstellen (Produktkonten) geführt. Bei dem Konto 616100[3] (Instandhaltung der Gebäude und Außenanlagen) der Produktgruppe 06.5 (Tageseinrichtungen für Kinder), die einen Teilhaushalt bildet, fallen die entscheidenden Arbeiten bereits in den ersten Monaten

2 Vgl. Ziff. 7.3.7.

3 Beispielhafte Angabe, verbindlich sind nach Muster 12 GemHVO (KVKR) nur die ersten drei Stellen.

des Jahres 20.. an. Für die Durchführung der Haushaltsüberwachung sind folgende Informationen zu verarbeiten:

Im Haushaltsjahr 20.. sind für das Produktkonto 06.5/616100 104.000 € bereitgestellt. Außerdem steht eine aus dem Vorjahr nach § 21 GemHVO übertragene Ermächtigung von 16.000 € zur Verfügung.

Folgende Vorgänge fallen an und sind der Haushaltsüberwachung zuzuführen:

1.	7.1.	Auftrag Fa. Walter, Neudeckung des Daches	68.000 €
2.	7.1.	Auszahlung Fa. Meier, Fensterreparatur (ohne vorherige Auftragsbuchung)	200 €
3.	10.1.	Auftrag Fa. Riese, Erneuerung der Türen	10.000 €
4.	21.1.	Erster Abschlag Fa. Walter	20.000 €
5.	28.1.	Auftrag Fa. Weinreich, Anstreicherarbeiten	800 €
6.	28.1.	Zweiter Abschlag Fa. Walter	20.000 €
7.	7.2.	Erster Abschlag Fa. Riese	6.000 €
8.	11.2.	Gesamtrechnung Fa. Weinreich	900 €
9.	14.2.	Schlussrechnung Fa. Walter	70.200 €
10.	19.2.	Soll-Übertragung von Produktkonto 06.5/703000 gem. § 20 Abs. 6 GemHVO	2.000 €
11.	19.2.	Auftrag Fa. Haak, Erneuerung des Fußbodens	40.000 €
12.	25.2.	Schlussrechnung Fa. Riese	9.300 €
13.	9.3.	Berechtigte Nachforderung der Fa. Walter	600 €
14.	9.3.	Gesamtrechnung Fa. Haak	39.900 €

Aufgaben:

3.1 Führen Sie die Haushaltsüberwachung für das im Sachverhalt genannte Produktkonto in Form einer Liste und nehmen Sie die notwendigen Buchungen vor.

3.2 Erläutern und begründen Sie die bei 3.1 durchgeführten Buchungen ausführlich. Aus der Darstellung sollen Sinn und Technik der Haushaltsüberwachung zu erkennen sein.

Lösung:

Zu 3.1:

Die Haushaltsüberwachung für das Produktkonto soll in Form einer Liste geführt werden. Die Liste mit den einzelnen Buchungen ist auf der nächsten Seite dargestellt.

Haushaltsüberwachungsliste

Produktkonto: 06.5/616100

Datum	Lfd.Nr.	Hinweis Nr.	Text	Ermächtigung	Aufträge	Anordnung	Summe		verfügbar
							Aufträge	Anordnung	
1	2	3	4	5	6	7	8	9	10
			Ansatz	104.000					104.000
			Erm. Vorj.	16.000					120.000
07. 01.	1		Fa. Walter		68.000		68.000	0	52.000
07. 01.	2		Fa. Meier			200	68.000	200	51.800
10. 01.	3		Fa. Riese		10.000		78.000	200	41.800
21. 01.	4	1	Fa. Walter		-20.000	20.000	58.000	20.200	41.800
28. 01.	5		Fa. Weinreich		800		58.800	20.200	41.000
28. 01.	6	1	Fa. Walter		-20.000	20.000	38.800	40.200	41.000
07. 02.	7	3	Fa. Riese		-6.000	6.000	32.800	46.200	41.000
11. 02.	8	5	Fa. Weinreich		-800	900	32.000	47.100	40.900
14. 02.	9	1	Fa. Walter		-28.000	30.200	4.000	77.300	38.700
19. 02.	10		Sollübertragung	2.000			4.000	77.300	40.700
19. 02.	11		Fa. Haak		40.000		44.000	77.300	700
25. 02.	12	3	Fa. Riese		-4.000	3.300	40.000	80.600	1.400
09. 03.	13		Fa. Walter			600	40.000	81.200	800
09. 03.	14	11	Fa. Haak		-40.000	39.900	0	121.100	900

Zu 3.2:

- Eröffnung der Haushaltsüberwachung
  Wenn die Haushaltsüberwachung wie hier in Listenform geführt wird, sind zunächst die bereitgestellten Haushaltsmittel vorzutragen. Diese bestehen laut Sachverhalt aus dem Ansatz des Produktkontos von 104.000 €, der in Spalte 5 einzusetzen ist. In Spalte 4 empfiehlt es sich, einen Hinweis auf die Art der Haushaltsmittel zu geben.
  Die aus dem Vorjahr übertragenen Ermächtigungen von 16.000 € stehen neben dem Ansatz als verfügbare Haushaltsmittel zur Verfügung, sodass über insgesamt 120.000 € auf dem Produktkonto verfügt werden kann.
  In der Spalte „lfd. Nr." wird nun jede Buchung einzeln durchnummeriert.
- Buchung 1
  Die Neudeckung des Daches wird ca. 68.000 € kosten. Bereits bei der Auftragserteilung an die Fa. Walter muss dieser Betrag eingeplant, d. h. vom verfügbaren Betrag abgesetzt werden, weil die Mittel nun nicht mehr für andere Zwecke einsetzbar sind[4]. Die 68.000 € sind darum in Spalte 6 zu erfassen, die für Aufträge vorgesehen ist. In Spalte 8 erscheint der Betrag ein zweites Mal, weil hier die Zahlen der Spalte 6 aufgerechnet werden. Der vorgenannte Betrag ist dann vom verfügbaren Betrag in Spalte 10 abzuziehen, sodass jetzt nur noch 52.000 € verfügbar sind.
- Buchung 2
  Für die Auszahlung von 200 € an die Fa. Meier war kein Auftrag vorgemerkt. Der Betrag ist somit unmittelbar in Spalte 7 zu übernehmen und erscheint dann entsprechend als Aufrechnungsbetrag in Spalte 9. Er vermindert den verfügbaren Betrag auf 51.800 €. In der Aufrechnungsspalte 8 für Aufträge muss wieder der Betrag von 68.000 € erscheinen, weil hier stets der neueste Buchungsstand ausgewiesen wird.
- Buchung 3
  Der Auftrag der Fa. Riese führt nach einer Buchung in Spalte 6 zu einer Erhöhung der Gesamtaufträge in Spalte 8 auf 78.000 €. In Spalte 9 müssen wiederum 200 € erscheinen, weil der Stand der Auszahlungen am 10.1.20.. 200 € beträgt. Der verfügbare Betrag verringert sich um 10.000 €.
- Buchung 4
  Die Fa. Walter erhält einen Abschlag auf den Auftrag vom 7.1.20... Da es sich um eine Auszahlung handelt, erfolgt die Buchung des Betrages zunächst in den Spalten 7 und 9. Der verfügbare Betrag (Spalte 10) ändert sich nicht, weil dieses Geld bereits am 7.1.20.. durch Vormerkung des Gesamtauftrages von 68.000 € eingeplant und vom verfügenden Betrag abgesetzt wurde. Aus dem Auftrag wurde nun teilweise eine Auszahlung. Es findet somit nur eine Verschiebung von 20.000 € von den Aufträgen (Vormerkungen) zu den Anordnungen (Auszahlung) statt. Die Anordnungen erhöhen sich um 20.000 €, während sich die Vormerkungen um die-

4 Dies entspricht auch der durch Nr. 4 Hw. zu § 27 GemHVO vorgegebenen Einbeziehung der erteilten, aber noch nicht erfüllten Aufträge in die Haushaltsüberwachung.

sen Betrag verringern. Die 20.000 € sind darum auch in Spalte 6 abzusetzen. In Spalte 8 verringert sich ebenfalls der Aufrechnungsbetrag um 20.000 € auf nunmehr 58.000 €.

Die Richtigkeit der Rechnung kann jeweils nach folgender Formel geprüft werden:

verfügbarer Betrag
minus Aufrechnung Aufträge
minus Aufrechnung Anordnungen
= verfügbarer Betrag am Buchungstag

Gegenrechnung am 21.1.20..:

	120.000 €
	– 58.000 €
	– 20.200 €
noch verfügbar	41.800 €

Da hier eine Auszahlung zu einem bereits vorgemerkten Betrag gebucht wurde, ist auf die Buchung des Ursprungsbetrages hinzuweisen, damit jederzeit festzustellen ist, wie viel noch für den Auftrag vorgemerkt ist. In Spalte 3 ist darum die Buchungsnummer des Auftrages anzugeben, also die Ziffer 1.

- Buchung 5
  Siehe dazu die Erläuterungen zu den Buchungen 1 und 3.
- Buchungen 6 und 7
  Siehe dazu die Erläuterungen zur Buchung 4.
- Buchung 8
  Es wird zunächst auf die Buchung 4 verwiesen. Neu hieran ist jedoch, dass erstmals eine Gesamtrechnung zu zahlen ist. Die Auszahlung der 900 € wird in Spalte 7 gebucht und in Spalte 9 addiert. Vorgemerkt waren für den Auftrag 800 €, sodass eine Mehrbelastung von 100 € vorliegt. In der Spalte 6 wird der bei Nr. 5 eingebuchte Betrag wieder abgesetzt. Zwischen den Spalten 6 und 7 besteht nun ein Unterschied von 100 €, der die Gemeinde entgegen der Planung mehr belastet und darum beim verfügbaren Betrag in Abzug zu bringen ist, sodass nur noch 40.900 € zur Verfügung stehen.

  Die Kontrollrechnung beweist wiederum die Richtigkeit:

	120.000 €
	– 32.000 €
	– 47.100 €
noch verfügbar	40.900 €

- Buchung 9
  Von der Schlussrechnung der Fa. Walter in Höhe von 70.200 € müssen die bisherigen Zahlungen = 2 × 20.000 € abgesetzt werden, so dass eine Auszahlung über 30.200 € in Spalte 7 aufzunehmen ist. Vorgemerkt sind jedoch nur noch 28.000 €, weil bei den Buchungsnummern 4 und 6 bereits insgesamt 40.000 € vom Auftrag abgesetzt wurden. Eine nicht eingeplante Belastung von 2.200 € (Spalte 6 minus Spalte 7) verringert den verfügbaren Betrag auf 38.700 €.

- Buchung 10
  Am 19.2.20.. wird eine sog. Soll-Übertragung (Ansatzverschiebung) in Höhe von 2.000 € gemäß § 20 Abs. 6 GemHVO im Rahmen der gegenseitigen Deckungsfähigkeit[5] vom Produktkonto 06.5/703000 vorgenommen. Diese wird erforderlich, weil der verfügbare Betrag für weitere Buchungen nicht mehr ausreicht. Die Buchung Nr. 11 zeigt bereits, dass noch ein Auftrag über 40.000 € erteilt werden soll, jedoch am 14.2.20.. nur noch 38.700 € verfügbar sind.
  Durch die Soll-Übertragung erhöht sich die Ermächtigung um 2.000 €, sodass dieser Betrag in Spalte 5 zu buchen ist. Der verfügbare Gesamtbetrag erhöht sich auf 122.000 €, sodass nach Abzug der Aufträge und Anordnungen am 19.2.20.. noch 40.700 € zur Verfügung stehen.
- Buchung 11
  Siehe dazu die Erläuterungen zu den Buchungen 1 und 3.
- Buchung 12
  Siehe dazu zunächst die Erläuterung zu Buchung 9. Die noch zu zahlende Summe von 3.300 € liegt um 700 € unter dem geschätzten Betrag, so dass der verfügbare Betrag in Spalte 10 eine Verbesserung auf 1.400 € erfährt.
  Die Kontrollrechnung beweist die Richtigkeit dieser Aussage:

	122.000 €
	– 40.000 €
	– 80.600 €
noch verfügbar	1.400 €

- Buchung 13
  Es handelt sich um einen auszuzahlenden Betrag, der nicht mehr vorgemerkt ist, weil der Ursprungsauftrag an die Firma Walter bereits endgültig bei Buchungsnummer 11 ausgebucht wurde. In Spalte 3 erfolgt somit kein Hinweis mehr auf den Ursprungsbetrag. Es liegt somit eine reine Auszahlung vor, sodass auf die Erläuterungen zu Buchung 2 verwiesen wird.
- Buchung 14
  Siehe dazu die Erläuterungen zu Buchung 12.

Am 9.3.20.. stehen somit bei dem Produktkonto 06.5/616100 noch 900 € für weitere, über den Sachverhalt hinausgehende Vorgänge zur Verfügung.

Sachverhalt 4

Bei der Gemeinde G stehen folgende Beschaffungen bzw. Bauleistungen an:

a) Es soll ein hochwertiger Beamer im Wert von netto 4.000 € einmalig beschafft werden.
b) Anschaffung einer Straßenkehrmaschine im Wert von rd. 230.000 € einschl. Umsatzsteuer.

5 Zur Deckungsfähigkeit siehe Ziff. 7.4.3.

c) Auftrag an eine Baufirma, die gerade das Sportzentrum errichtet, eine bisher nicht ausgeschriebene Zwischenwand dort einzubauen (Kosten 10.000 €).
d) Auf eine öffentliche Ausschreibung im Unterschwellenbereich hat sich nur ein Bieter gemeldet, dessen Angebot sich aber als unwirtschaftlich darstellt.
e) Nach einem Unwetter ist das Rathausdach neu einzudecken.

Aufgabe:

Prüfen Sie, ob in den vorstehenden Fällen öffentlich bzw. beschränkt auszuschreiben oder eine freihändige Vergabe zulässig ist.

Lösung:

a) Es handelt sich um eine Lieferleistung unterhalb von 10.000 €, für die Ziffer 2.2 des Vergabeerlasses einschlägig ist, wobei deren Anwendung durch die Gemeinde unterstellt wird. Daher besteht keine Pflicht zur Einholung von förmlichen Angeboten und auch keine Pflicht zur Ermittlung von zwei weiteren Preisen, da unterhalb 7.500 €. Aus Gründen der Wirtschaftlichkeit und Sparsamkeit ist es trotzdem angezeigt, Preisvergleiche durchzuführen, eine telefonische oder Internet-Preisanfrage dürfte hier ausreichen.
b) Es ist zunächst zu prüfen, ob ein europaweites Verfahren gemäß VgV durchzuführen ist, denn die Auftragssumme von 230.000 € liegt über dem Schwellenwert von 215.000 €. Die Schwellenwerte sind jedoch Beträge ohne Umsatzsteuer, so dass aus dem Betrag von 230.000 € die Umsatzsteuer herauszurechnen ist. Der Nettobetrag beläuft sich demnach auf rd. 193.000 € und liegt daher unter dem Schwellenwert. Es finden also die Vorschriften des HVTG und des § 29 GemHVO i. V. m. mit dem Vergabeerlass Anwendung, und damit auch die Unterschwellenvergabeordnung (UVgO).
   Dem Auftraggeber steht nach UVgO nach seiner Wahl die Öffentliche Ausschreibung und die Beschränkte Ausschreibung mit Teilnahmewettbewerb zur Verfügung, soweit nicht auf den Teilnahmewettbewerb verzichtet werden darf.
   Fraglich ist, ob bei dieser Beschränkten Ausschreibung auf einen Teilnahmewettbewerb verzichtet werden darf. Gründe hierfür können sich aus § 12 Abs. 2 Nr. 2 HVTG ergeben. Da der Netto-Beschaffungswert 193.000 € beträgt, kommt lit. b) dieser Vorschrift nicht zum Tragen (100.000 € werden überschritten). Fraglich ist, ob sich nach lit. a) aus der UVgO Gründe für einen Verzicht ergeben. Hier ist § 8 Abs. 3 UVgO maßgeblich. Aus den Sachverhalt ergeben sich jedoch keine Anhaltspunkte dafür, dass die dort genannten Gründe in Betracht kommen. Daher muss die Gemeinde, wenn sie eine Beschränkte Ausschreibung vornehmen will, einen Teilnahmewettbewerb nach Maßgabe des § 10 UVgO durchführen. Sollten Gründe für einen Verzicht auf den Teilnahmewettbewerb gemäß § 8 Abs. 3 UVgO gegeben sein, richtet sich das Verfahren nach § 11 UVgO.

c) Eine Baufirma errichtet zur Zeit ein Sportzentrum, was sicherlich ein Auszahlungsvolumen von mehr als 1 Mio. € bedeutet. Es wird daher unterstellt, dass diese Investition öffentlich oder beschränkt mit Teilnahmewettbewerb ausgeschrieben worden ist, sodass das bauausführende Unternehmen das günstigste Angebot vorweisen konnte. Gemäß § 12 Abs. 3 HVTG Nr. 1 lit. a) ist eine freihändige Vergabe von Bauleistungen möglich, soweit dies nach der VOB/A Abschnitt 1 zulässig ist. Einschlägig ist hier § 3a Abs. 3 Nr. 6 VOB/A Abschnitt 1, eine kleine Leistung lässt sich von einer vergebenen größeren Leistung nicht ohne Nachteil trennen. Nachteile können hier insbesondere im Hinblick auf die Gewährleistung entstehen. Aus alledem ergibt sich die Zulässigkeit einer freihändigen Vergabe an die bauausführende Firma.
d) Wenn sich bei einer öffentlichen Ausschreibung nur ein Bieter bewirbt, muss die Gemeinde abwägen, ob sie dieses Angebot annimmt, was i. d. R. dann der Fall sein wird, wenn es wirtschaftlich vertretbar ist, oder ob sie das Verfahren wiederholt. Lt. Sachverhalt ist das Angebot unwirtschaftlich, sodass die Gemeinde dieses Angebot nicht anzunehmen braucht, sie kann und wird die Ausschreibung aufheben. Maßgeblich sind bei Bauleistungen § 16d i. V. m. § 17 VOB/A Abschnitt 1 und bei Liefer- und Dienstleistungen § 48 Abs. 1 Nr. 3 UVgO.
Es ist jetzt wenig sinnvoll, die öffentliche Ausschreibung zu wiederholen. Es ist anzunehmen, dass derselbe Kreis von Unternehmen wiederum die Bekanntmachung zur Kenntnis nimmt und die Angebotssituation sich nicht ändert. Es bietet sich deshalb vielmehr an, eine beschränkte Ausschreibung **ohne** Teilnahmewettbewerb durchzuführen. Diese ist zulässig bei Baumaßnahmen nach § 3a Abs. 2 Nr. 2 VOB/A Abschnitt 1 i. V. m. § 12 Abs. 2 Nr. 1 lit. a) HVTG und bei Liefer- und Dienstleistungen nach § 8 Abs. 3 Nr. 1 UVgO i. V. m. § 12 Abs. 2 Nr. 2 lit. a) HVTG.
e) Sofern die Neueindeckung des Daches (Bauleistung) den Betrag 10.000 € nicht überschreitet, richtet sich die Auftragsvergabe nach Ziffer 2.2 Vergabeerlass, Vergleichsangebote müssen nicht eingeholt werden, es kann ein sog. Direktauftrag an ein geeignetes Unternehmen vergeben werden. Liegt der Betrag höher, überschreitet aber nicht 100.000 €, richtet sich die Zulässigkeit der freihändigen Vergabe nach § 12 Abs. 3 Nr. 1 lit. b) HVTG, im Übrigen nach § 3a Abs. 3 Nr. 2 VOB/A Abschnitt 1 i. V. m. § 12 Abs. 3 Nr. 1 lit. a) HVTG (besondere Dringlichkeit, zur Erfüllung der öffentlichen Aufgaben ist ein betriebsbereites Verwaltungsgebäude unbedingt notwendig).

Sachverhalt 5

Die zuständigen Dienststellen der Gemeinde G möchten auf die Erhebung der nachstehenden Forderungen aus Kostengründen (Einziehungskosten sind größer als die Forderungsbeträge) verzichten:

a) Kanalbenutzungsgebühr	2,38 €
b) Gewerbesteuer	9,24 €
c) Mietrestforderung	7,93 €
d) Restforderung aus Erschließungsbeitrag	11,22 €

Aufgaben:

5.1 Ist der jeweilige Verzicht auf die Erhebung zulässig?
5.2 Können die im Sachverhalt genannten Forderungen auch auf volle Euro abgerundet werden?
5.3 Wie wäre der Sachverhalt zu behandeln, wenn es sich bei a) und d) um Erstattungsbeträge handeln würde?

Lösung:

Bei den Forderungen des Sachverhaltes handelt es sich um unterschiedliche Einzahlungsarten, sodass jede Forderung für sich zu betrachten ist. Entscheidend für die Lösung ist das Auffinden der entsprechenden Rechtsgrundlage. Dabei besteht dieselbe Normengruppe sowohl für die Erhebung von Kleinbeträgen als auch für die bei Aufgabe 5.2 angesprochene Problematik der Rundungen. Aus diesem Grunde ist es angebracht, die Aufgaben 5.1 und 5.2 im Zusammenhang zu lösen.

a) Kanalbenutzungsgebühr
Es handelt sich um eine öffentlich-rechtliche Benutzungsgebühr i. S. d. § 10 KAG, somit um eine Abgabe gemäß § 1 Abs. 1 KAG. Bundes- und landesrechtliche Spezialvorschriften gibt es für diesen Bereich nicht, sodass das Kommunalabgabengesetz anzuwenden ist. Als formelles Landesgesetz geht es der Gemeindehaushaltsverordnung vor.
Gemäß § 6 Abs. 1 KAG kann auf Forderungen unter 10 € verzichtet werden, so dass die Gemeinde die Kanalbenutzungsgebühr von 2,38 € nicht zu erheben braucht. Eine Abrundung der Forderung könnte gemäß § 6 Abs. 2 KAG auf volle Euro und damit auf 2,00 € erfolgen.

b) Gewerbesteuer
Gemäß § 1 Abs. 2 Nr. 4 AO sind die Bestimmungen der Abgabenordnung über die Durchführung der Besteuerung auch auf die Realsteuern, zu denen die Gewerbesteuer gemäß § 3 Abs. 2 AO zählt, anzuwenden. § 156 AO beinhaltet dann auch konkrete Regelungen über Kleinbeträge. Die nach § 156 Abs. 1 Nr. 1 AO erlassene Kleinbetragsverordnung vom 19.12.2000 enthält für eine Reihe von Steuern Ermächtigungen zum Erhebungsverzicht bei Kleinbeträgen. Die Gewerbesteuer ist allerdings in diesem Katalog nicht enthalten, sodass ein genereller Verzicht auf den Kleinbetrag nicht möglich ist. Allerdings kann nach § 156 Abs. 2 AO auf die Festsetzung der Steuern verzichtet werden, wenn die Kosten der Einziehung in keinem Verhältnis zur Steuerforderung stehen, was laut Sachverhalt vorliegt.
Für Rundungen enthält die AO dagegen keine Ermächtigungsgrundlage, sodass eine solche unzulässig ist. Insofern ist die Gemeinde, wenn sie nicht auf die Erhebung verzichten will, verpflichtet, die Gewerbesteuerforderung in voller Höhe und damit auf 9,24 € festzusetzen.

c) Mietrestforderung
Es handelt sich um eine privatrechtliche Forderung, so dass weder die Abgabenordnung noch das Kommunalabgabengesetz anwendbar sind. Beide gelten nur bei

öffentlich-rechtlichen Forderungen. Es verbleibt somit die Regelung des § 31 GemHVO. Danach kann nur auf Forderungen unter 10 € verzichtet werden, sodass die hier bestehende Mietrestforderung von 7,93 € nicht festgesetzt und erhoben werden muss.

Falls die Gemeinde aus grundsätzlichen Erwägungen dennoch die Mietrestforderung einziehen will, ist eine Abrundung jedoch unzulässig, weil eine gesetzliche Ermächtigung für Forderungen des Privatrechts nicht vorliegt. Die Festsetzung würde dann 7,93 € betragen.

d) Restforderung aus Erschließungsbeitrag

Gemäß § 1 Abs. 1 KAG zählen auch die Beiträge zu den Abgaben. Soweit bundes- und landesrechtliche Gesetze nichts anderes regeln, ist das Kommunalabgabengesetz anwendbar. Erschließungsbeiträge werden auf Grund der §§ 127 ff. BauGB erhoben, sodass zunächst die Vorschriften dieses Gesetzes zu prüfen sind. Lediglich § 135 Abs. 5 BauGB enthält eine Regelung über die Nichtfestsetzung von Erschließungsbeiträgen, allerdings nur in den Fällen des Vorliegens öffentlichen Interesses und unbilliger Härten. Hier geht es um das wirtschaftliche Interesse der Gemeinde, sodass die Regelung des Bundesbaugesetzes nicht zutrifft. Auch Regelungen über die Rundung von Erschließungsbeiträgen enthält das Baugesetzbuch nicht.

Somit ist gemäß § 1 Abs. 2 KAG das Kommunalabgabengesetz anwendbar. Wie bei der Lösung zu a) dargestellt, kann gemäß § 6 KAG sowohl auf die Festsetzung von Beträgen bis 10 € verzichtet werden, als auch eine Abrundung auf volle Euro erfolgen. Der Erschließungsbeitrag von 11,22 € muss daher festgesetzt und eingezogen werden, er kann jedoch auf 11,00 € abgerundet werden. Die Abgabenordnung kommt in diesem Fall nicht in Betracht.

Würde es sich bei dem unter a) genannten Vorgang um eine Erstattung handeln, könnte die Gemeinde von der Auszahlung absehen, da der Betrag niedriger ist als 2,50 Euro (§ 6 Abs. 1 KAG). Würde die Erstattung vorgenommen, könnte der Erstattungsbetrag von 2,38 Euro auf 3,00 Euro aufgerundet werden (§ 6 Abs. 2 KAG).

Würde es sich bei dem unter d) genannten Vorgang um eine Erstattung handeln, müsste die Gemeinde den Betrag von 11,22 Euro erstatten, da er über 2,50 Euro liegt. Sie kann ihn auf 12,00 Euro aufrunden.

Sachverhalt 6

Die Gemeinde G beabsichtigt, aufgrund der folgenden Sachverhalte Stundungen auszusprechen:

a) Der Gastwirt W bittet, die fällige Gewerbesteuer drei Monate später zahlen zu dürfen, weil er zu diesem Zeitpunkt eine Einkommensteuererstattung erwartet. Ansonsten müsste er erhebliche Zinsverluste für vorzeitig in Anspruch genommene Spargelder hinnehmen.

b) Der Schreinermeister S bittet um die Stundung einer Gewerbesteuerforderung bis zur in drei Monaten fälligen Einkommensteuererstattung des Finanzamtes. Er weist darauf hin, dass sein Kreditkontingent vollständig ausgeschöpft sei und auch dringende Lohnforderungen gegen ihn anstehen. Sparvermögen steht nicht zur Verfügung. Größere Gewinne werde sein Betrieb erst wieder in einem halben Jahr abwerfen.
c) Der Gewerbetreibende G bittet um die Stundung seiner Gewerbesteuerzahlung. Er begründet den Antrag damit, dass er noch erhebliche Handwerkerrechnungen zu begleichen habe. Vom Finanzamt kommt die Auskunft, dass sich ein Insolvenzverfahren anbahne.

Aufgabe:

Begutachten Sie die rechtliche Zulässigkeit der vorgenannten Stundungen.

Lösung:

Bei der in allen Teilsachverhalten angesprochenen Gewerbesteuer handelt es sich um eine Realsteuer, so dass gemäß § 1 Abs. 2 Nr. 5 AO über die Stundung nach den Vorschriften des § 222 AO zu entscheiden ist. Voraussetzung für eine Stundung ist, dass die Einziehung der Gewerbesteuer zum Fälligkeitstermin eine erhebliche Härte für den Schuldner darstellen würde und der Anspruch durch die Stundung nicht gefährdet erscheint. In Bezug auf die Voraussetzungen sind die Teilfälle wie folgt zu beurteilen:

a) Die vom Gastwirt geltend gemachte Härte liegt darin, dass er die zur Gewerbesteuerzahlung notwendigen Mittel unter Zinsverlust vom Sparbuch abheben muss. Das Argument des Zinsverlustes ist jedoch nicht zu beachten, weil bei jeder Zahlung ein Zinsverlust für den Zahlenden eintritt, indem eine mögliche Geldanlage mit der Zahlung entfällt. Dazu kommt, dass die zu erzielenden Zinsgewinne auf dem Sparbuch sicherlich geringer sind als die gemäß § 234 AO festzusetzenden Stundungszinsen, so dass die sofortige Zahlung dem Gastwirt sogar wirtschaftliche Vorteile bringen wird. Es liegt somit keine Härte für den Gastwirt vor, da er zur Zeit durchaus zahlungsfähig ist. Auch das Argument der sich abzeichnenden Einkommensteuererstattung ist nicht triftig, weil jede Steuer für sich und unabhängig von anderen zu sehen ist, und die Einkommensteuer durch das Finanzamt (Land) erhoben bzw. erstattet wird. – Die Stundung ist nach alledem unzulässig.
b) Der Schreinermeister S verfügt zur Zeit über keine Mittel zur Begleichung der Forderung, zumal auch eine Finanzierung über den Kreditmarkt nicht möglich ist. Die Zahlung kann somit zu dem Fälligkeitstermin objektiv nicht erfolgen. Insofern verfügt S erst wieder mit der Einkommensteuererstattung über entsprechende Zahlungsmittel, so dass bis zu diesem Zeitpunkt gestundet werden kann. Aus dem Sachverhalt sind Gefährdungen der Zahlung nicht ersichtlich, so dass das Vorliegen dieser Voraussetzung unterstellt werden kann. Zudem kann durch eine Abtretung

der Einkommenssteuererstattung des Finanzamtes an die Gemeinde die gestundete Gewerbesteuerzahlung gesichert werden.

c) Wie im Fall b) verfügt der Gewerbetreibende zzt. über keine ausreichenden Mittel, so dass die Einziehung der Gewerbesteuer bei Fälligkeit eine besondere Härte für ihn darstellen würde. Allerdings wäre der Anspruch bei einer Stundung gefährdet, weil damit zu rechnen ist, dass G später zahlungsunfähig sein wird, zumal sich ein Insolvenzverfahren anbahnt. Wegen der Gefährdung des Zahlungseinganges ist die Stundung gemäß § 222 AO unzulässig. Die Gemeinde muss versuchen, die Forderung schnellstens zu verwirklichen.

Sachverhalt 7

Die Gemeinde G stundet zulässigerweise eine zum 25.10.2023 fällige Forderung von 4.540 €. Dabei handelt es sich um einen Anspruch aus Abfallbeseitigungsgebühren. Es werden Monatsraten von je 900 €, erstmals fällig zum 25.1.2024, festgesetzt.

Aufgabe:

Ermitteln Sie die festzusetzenden Stundungszinsen.

Lösung:

Es handelt sich um ein öffentlich-rechtliches Entgelt (Benutzungsgebühr), somit um eine Abgabe nach § 1 Abs. 1 KAG. Gemäß § 4 Abs. 1 Nr. 5 KAG ist für die Berechnung der Stundungszinsen § 234 AO anzuwenden. Danach sind Zinsen zu erheben, zumal der Sachverhalt keinen Anhaltspunkt für einen Zinsverzicht enthält. Gemäß § 238 Abs. 1 AO betragen die Zinsen für jeden vollen Monat 0,5 %. Die Forderung ist dabei auf volle 50 €, also auf 4.500 €, abzurunden.

In der Praxis gibt es zwei Berechnungsverfahren, die nachstehend Anwendung finden.

a) Konventionelles Berechnungsverfahren

Zahlungstermine	Betrag €	Stundungsdauer	Restbetrag €	gerundeter Betrag €	Zinsen €
–	–	25.10.–25.1.	4.540,00	4.500,00	67,50
25.1.24	900,00	26.1.–25.2.	3.640,00	3.600,00	18,00
25.2.24	900,00	26.2.–25.3.	2.740,00	2.700,00	13,50
25.3.24	900,00	26.3.–25.4.	1.840,00	1.800,00	9,00
25.4.24	900,00	26.4.–25.5.	940,00	900,00	4,50
25.5.24	900,00	26.5.–25.6.	40,00	–	–
25.6.24	40,00	–	–	–	–
				Stundungszinsen	**112,50**

Der Zinsbetrag ist auf volle € zum Vorteil des Steuerpflichtigen zu runden, also auf 112,00 €.

b) vereinfachtes Berechnungsverfahren
Ausgangsbasis sind die Raten, wobei zu überlegen ist, wie lange eine einzelne Rate zu verzinsen ist, bis sie gezahlt wird. Auf dieser Grundlage ergibt sich nachstehende Berechnung:

Rate vom 25.5.2024	=	7 Monate
Rate vom 25.4.2024	=	6 Monate
Rate vom 25.3.2024	=	5 Monate
Rate vom 25.2.2024	=	4 Monate
Rate vom 25.1.2024	=	3 Monate
		25 Monate × 0,5 % × 900,00 €
	=	112,50 € abgerundet 112,00 €

Sachverhalt 8

Im Ergebnishaushalt der Gemeinde G für das Haushaltsjahr 2023 ist bei der Produktgruppe 08.2 – Sportstätten und Bäder – unter anderem die Miete für die Hausmeisterwohnung der Sporthalle mit 1.800 € veranschlagt.

Der ledige Hausmeister H ist Ende Juli 2023 verstorben. Angehörige und finanzielle Mittel einschließlich Vermögen sind nicht vorhanden. Nach dem Tod des Hausmeisters wird festgestellt, dass lediglich die Miete für Januar 2023 in Höhe von 150 € überweisen wurde.

Aufgaben:

8.1. Begutachten Sie, was bezüglich der geschuldeten Miete für die Zeit vom 1.2. bis 31.7.2023 zu veranlassen ist.

8.2 Wie ändert sich die Lösung, wenn der Hausmeister zu diesem Zeitpunkt seine Tätigkeit aufgegeben hätte und unbekannt verzogen wäre?

Lösung:

Zu 8.1:

Es ist zunächst zu unterstellen, dass für die Jahresmiete von 1.800 € per Annahmeanordnung eine Ertragsbuchung bei gleichzeitiger Buchung einer entsprechenden Forderung erzeugt wurde. Da die Wohnung ab August 2023 nicht mehr an den Hausmeister vermietet ist, sind die Ertrags- und die Forderungsbuchung entsprechend zu korrigieren, d. h. um 5 × 150 € = 750 €.

Es verbleibt eine Forderung für Februar – Juli in Höhe von 6 × 150 € = 900 €, die nicht mehr einbringlich ist. Bei der ausstehenden Miete handelt es sich um eine privatrechtliche Forderung, sodass § 30 GemHVO heranzuziehen ist. Es fragt sich, ob in diesem Fall eine Niederschlagung der Mietforderung möglich ist. Voraussetzung dazu ist gemäß § 30 Abs. 2 GemHVO, dass die Einziehung des Anspruches keine Aussicht auf Erfolg hat. Dieses ist gegeben, weil der Zahlungspflichtige verstorben ist und Angehörige, auf die im Rahmen des Erbrechtes evtl. zurückgegriffen werden könnte, nicht vorhanden sind. Finanzielle Mittel einschließlich Vermögen sind laut Sachverhalt nicht vorhanden. Eine Einziehung ist somit praktisch nicht realisierbar. Da sie auch zum späteren Zeitpunkt nicht möglich sein wird, erfolgt deshalb eine unbefristete Niederschlagung. Eine Eintragung in die Niederschlagungsliste erübrigt sich bei einer unbefristeten Niederschlagung.

In Höhe der Niederschlagung erfolgt nun eine Aufwandsbuchung bei Konto 667x[6] (Abschreibung auf Forderungen wegen Uneinbringlichkeit), da die Ertragsbuchung für die Zeit von Januar–Juli 2023 nicht verändert wird, denn hier bestand ja noch das Mietverhältnis mit dem Hausmeister.

Zu 8.2:

Auch in diesem Fall erfolgt eine Niederschlagung, weil die Forderung nicht realisiert werden kann. Dieses geschieht wegen einer möglichen späteren Verwirklichung in Form einer befristeten Niederschlagung, sodass die bestehende Forderung von 900 € in die entsprechende Niederschlagungsliste aufzunehmen ist. Von Zeit zu Zeit hat das zuständige Fachamt zu prüfen, ob der Aufenthaltsort des ehemaligen Hausmeisters bekannt ist, um dann gegebenenfalls die Gemeindekasse zu erneuten Beitreibungsaktivitäten zu veranlassen. Es empfiehlt sich zudem, einen Vermerk in das Melderegister eintragen zu lassen, damit von dort unverzüglich Informationen über den neuen Wohnort dem zuständigen Fachamt übergeben werden können.

Die Gemeinde muss zudem abschätzen, ob durch diese Situation ein Forderungsausfall droht. Wenn sie der Auffassung ist, dass die Wahrscheinlichkeit, die Mietforderung noch zu realisieren, bei 50 % liegt, müsste sie eine Einzelwertberichtigung über 450 € über das Konto 667x ergebniswirksam als Aufwand buchen.

6 Die Kontierung ab der 4. Stelle ist den Gemeinden freigestellt.

Übungen zu Kapitel 14: Nachtragssatzung, Nachtragshaushaltsplan und Nachbewilligung von Haushaltsmitteln

Sachverhalt 1

Bei der Gemeinde E, deren ordentliches Ergebnis ausgeglichen veranschlagt ist (der Gesamtbetrag der ordentlichen Erträge und Aufwendungen beläuft sich jeweils auf 35.000.000 €), fallen im Laufe des Haushaltsjahres folgende Sachverhalte an:

a) Durch ein Unwetter wird das Rathaus der Gemeinde E stark beschädigt. Die nicht veranschlagten Instandsetzungsaufwendungen[1] (vor allem Dach- und Fenstererneuerung) werden mit 400.000 € ermittelt. Das Budget des Produktbereichs 01 „Innere Verwaltung“ kann diese zusätzlichen Aufwendungen nicht auffangen.
b) Es soll ein Kindergarten gebaut werden. Im Haushaltsplan des Vorjahres war ein Haushaltsansatz von 50.000 € für Planungskosten vorgesehen, der auch in voller Höhe in Anspruch genommen wurde. Obwohl die Planung für diese Maßnahme abgeschlossen war, wurde der benötigte Betrag von 300.000 € für die Bauausführung irrtümlich nicht veranschlagt.
c) Durch das bereits bei 1.a) beschriebene Unwetter ist auch das Vereinsheim der Sportfreunde e. V. unbenutzbar geworden. Der Verein Sportfreunde e. V. will ein neues Vereinsheim errichten, an dessen Kosten sich die Gemeinde E mit 15.000 € beteiligen möchte. Mittel dafür sind im Haushaltsplan nicht vorgesehen.
d) Auf dem Gelände der Sporthalle sollen Fertiggaragen aufgestellt werden, deren Kosten in Höhe von 20.000 € nicht veranschlagt sind.
e) Es zeichnet sich Mitte Juli ab, dass trotz Ausnutzung jeder Sparmöglichkeit und Ausschöpfung aller Ertragsmöglichkeiten der Ergebnishaushalt der Gemeinde E in diesem Haushaltsjahr wohl mit einem Fehlbetrag im ordentlichen Ergebnis von 2.000.000 € abschließen wird.

In der Haushaltssatzung der Gemeinde E sind die Wert- und Erheblichkeitsgrenzen nach § 98 HGO wie folgt festgesetzt:[2]

1. Als erheblich i. S. d. § 98 Abs. 2 Nr. 1 HGO gilt ein Fehlbetrag im Ergebnishaushalt, der 2 v. H. der Summe der ordentlichen Erträge des Ergebnishaushalts beträgt.
2. Als erheblich sind Mehraufwendungen i. S. d. § 98 Abs. 2 Nr. 3 HGO anzusehen, wenn sie im Einzelfall 1 v. H. der Summe der ordentlichen Aufwendungen des Ergebnishaushalts betragen. Diese Wertgrenze hat auch für Mehrauszahlungen i. S. d. § 98 Abs. 2 Nr. 3 HGO Gültigkeit.[3]

---

1 Instandsetzungsmaßnahmen sind die Aufwendungen, die erforderlich sind, um einen Vermögensgegenstand der Gemeinde wieder betriebsbereit zu machen (z. B. Reparaturkosten), Nr. 2 Hw. zu § 12 GemHVO.

2 Vgl. Nr. 2 Hw. zu § 94 HGO.

3 Aus Vereinfachungsgründen wird hier die gleiche Wertgrenze zugrunde gelegt; siehe hierzu auch Ziff. 14.1.2.5.

3. Als unerheblich i. S. d. § 98 Abs. 3 Nr. 1 HGO gelten Auszahlungen für den Erwerb von beweglichen Sachen des Anlagevermögens und Baumaßnahmen, die nicht mehr als 25.000 € betragen.

Aufgabe:

Begutachten Sie, ob die im Sachverhalt enthaltenen Tatbestände eine Pflicht zur Nachtragssatzung begründen. Unterstellen Sie hierbei, dass die Deckung der Mehrbedarfe **nicht** durch Deckungsmöglichkeiten nach den §§ 19 und 20 GemHVO gewährleistet ist.

Lösung:

Die Lösung des Falles a) soll als Beispiel für den Aufbau und die sachverhaltsbezogene Prüfung der weiteren Fälle dienen.

a) Bei den Instandsetzungsarbeiten handelt es sich um Aufwendungen, die erforderlich sind, um einen Vermögensgegenstand wieder in betriebsbereiten Zustand zu versetzen.[4] Damit handelt es sich nicht um aktivierungsfähige Maßnahmen, sondern um Aufwendungen, die dem Ergebnishaushalt nach § 2 GemHVO zuzuordnen sind. Es könnte sich um außerordentliche Aufwendungen nach § 58 Nr. 6 GemHVO handeln, sofern sie selten oder unregelmäßig vorkommen (und demnach nicht planbar sind) und zudem erheblich sind. Da die Schäden am Rathaus durch ein Unwetter entstanden sind, treffen diese Voraussetzungen zu. Bei den nicht veranschlagten Instandsetzungsaufwendungen liegen somit außerordentliche Aufwendungen vor. Lt. Sachverhalt entsteht ein Mehrbedarf in Höhe von 400.000 €. Deckungsmöglichkeiten nach den §§ 19 und 20 GemHVO bestehen nicht.[5]
Eine Pflicht zum Erlass einer Nachtragssatzung könnte sich aus § 98 Abs. 2 Nr. 3 HGO ergeben, sofern bisher nicht veranschlagte Aufwendungen für die Instandsetzung des Rathauses in einem im Verhältnis zu den gesamten Aufwendungen erheblichen Umfang vorliegen. Zu prüfen ist, ob die Mehraufwendungen von 400.000 € als erheblich im Verhältnis zu den gesamten Aufwendungen des Ergebnishaushalts zu werten sind. Die Gemeinde E hat für die Erheblichkeit i. S. d. § 98 Abs. 2 Nr. 3 HGO eine Wertgrenze definiert. Auf Grund der Festlegung in der Haushaltssatzung der Gemeinde E sind Mehraufwendungen i. S. dieser Regelung dann erheblich, wenn sie 1 v. H. der ordentlichen Aufwendungen des Ergebnishaushalts übersteigen.[6] Die ordentlichen Aufwendungen des Ergebnishaushalts der Gemeinde E belaufen sich in diesem Haushaltsjahr auf 35.000.000 €, sodass die Erheblichkeitsgrenze der Gemeinde E nach § 98 Abs. 2 Nr. 3 HGO bei 350.000 € liegt.

4 Vgl. Nr. 2 Hw. zu § 12 GemHVO.
5 Siehe Bearbeitungshinweis.
6 Die Gemeinde E orientiert sich bei der Auslegung der Erheblichkeit i. S. v. § 98 Abs. 2 Nr. 3 HGO als Maßstab an den ordentlichen Aufwendungen, die auch bei der Beurteilung der Erheblichkeit von **außerordentlichen** Aufwendungen Gültigkeit hat.

Die Mehraufwendungen für die Arbeiten am Rathaus übersteigen diesen Betrag um 50.000 €. Sie stellen somit eine erhebliche Mehraufwendung i. S. d. § 98 Abs. 2 Nr. 3 HGO dar und können nur durch eine Nachtragssatzung bereitgestellt werden.
Zu prüfen ist anschließend, ob ein Ausnahmetatbestand nach § 98 Abs. 3 HGO vorliegt. In Betracht kommen könnte hier § 98 Abs. 3 Nr. 1 HGO, wonach keine Nachtragspflicht besteht, wenn es sich um eine Instandsetzung an Bauten und Anlagen handelt, die unabweisbar ist – unabhängig von ihrer Höhe. Unabweisbar sind Aufwendungen dann, wenn sie zeitlich unaufschiebbar und sachlich notwendig sind. Laut Sachverhalt handelt es sich um die Beseitigung von Unwetterschäden, es sind Dach- und Fenstererneuerungen vorzunehmen. Daraus ist zu schließen, dass das Rathaus durch das Unwetter so erheblich beschädigt wurde, dass eine Weiternutzung nicht möglich, bzw. eine Ausweitung des Schadens zu befürchten ist. Ebenso lässt die Höhe der voraussichtlich benötigten Mittel für die Instandsetzung dies vermuten. Die Funktionsfähigkeit des Rathauses ist aber für die gemeindliche Aufgabenerfüllung unerlässlich, so dass die Aufwendungen zeitlich nicht verschoben werden können, bis eine Nachtragssatzung erlassen wird.
Die sachliche Notwendigkeit zur Leistung der Aufwendungen ist gegeben, wenn aus rechtlichen Gründen eine Verpflichtung zum Handeln besteht. Von dem erheblich beschädigten Rathaus könnten sowohl für die Kunden als auch für das Verwaltungspersonal Gefahren ausgehen (z. B. lose Dachziegel, defekte Fenster usw.). Aufgrund der Verkehrssicherungspflicht ist die Gemeinde verpflichtet, die Gefahrenquelle zu sichern, um Gefahren für Dritte abzuwenden. Damit ist ebenso die sachliche Notwendigkeit gegeben. Würden darüber hinaus die Reparaturarbeiten nicht sofort in Angriff genommen, bestünde ebenso die Gefahr, dass sich die Schäden wegen des defekten Dachstuhls durch weitere Regenfälle vergrößern könnten (wirtschaftlicher Aspekt i. V. m. dem Grundsatz der Wirtschaftlichkeit und Sparsamkeit). Insofern sind die Instandsetzungsaufwendungen für die Reparatur des Rathauses sachlich notwendig und zeitlich unaufschiebbar, demnach unabweisbar.
Obwohl es sich um eine erhebliche Mehraufwendung i. S. d. § 98 Abs. 2 Nr. 3 HGO handelt, ist gemäß § 98 Abs. 3 Nr. 1 HGO eine Nachtragssatzung zunächst nicht zwingend erforderlich.[7]

b) Bei dem Neubau handelt es sich um eine Investition i. S. v. § 58 Nr. 17 GemHVO, da kommunales Anlagevermögen (Sachanlagevermögen gemäß § 49 Abs. 3 Nr. 1.2 GemHVO) durch den Neubau (Herstellungskosten gemäß § 41 Abs. 3 GemHVO) erhöht wird. Laut Sachverhalt wurden im Vorjahr Planungskosten für diese Investitionsmaßnahme zur Verfügung gestellt, die auch in voller Höhe in Anspruch genommen wurden. Daraus kann geschlossen werden, dass die Planungsarbeiten abgeschlossen sind. Mit der eigentlichen Bauausführung soll im laufenden Haus-

7 Die Aufwendungen sind dann als über- oder außerplanmäßige Aufwendungen nach § 100 HGO zu behandeln, siehe Ziff. 14.2. **Fehlt es** jedoch bei dessen Anwendung **am Vorhandensein der Deckung**, so wäre gleichwohl eine Nachtragssatzung zu erlassen, jedoch dann gemäß § 98 Abs. 1, sofern kein erheblicher Fehlbetrag i. S. v. § 98 Abs. 2 Nr. 1 und 2 HGO entsteht. Siehe ebenso *Daneke* in KVR Hessen, § 98 HGO Rn. 34.

haltsjahr begonnen werden. Eine klare Trennung zwischen Planung und Ausführung der Baumaßnahme ist damit gegeben.
Lt. Sachverhalt entsteht ein Mehrbedarf in Höhe von 300.000 €. Es ist wiederum zu prüfen, ob sich eine Verpflichtung zum Erlass einer Nachtragssatzung aus § 98 Abs. 2 Nr. 3 HGO ergibt, da in dem Sachverhalt keine Hinweise auf bestehende Deckungsmöglichkeiten nach den §§ 19 und 20 GemHVO enthalten sind.
In der Lösung zu 1.a) wurde bereits festgestellt, dass die Erheblichkeitsgrenze durch die Haushaltssatzung auf 350.000 € festgesetzt ist, die auch für Mehrauszahlungen Gültigkeit hat. Der für den Kindergartenneubau benötigte Jahresbetrag von 300.000 € liegt somit **unter** dieser Grenze, so dass nach § 98 Abs. 2 Nr. 3 HGO keine Pflichtnachtragssatzung zu erlassen wäre.
Es fragt sich allerdings, ob hier überhaupt ein Fall des § 98 Abs. 2 Nr. 3 HGO vorliegt oder vielmehr eine Nachtragssatzung gemäß § 98 Abs. 2 Nr. 4 HGO, also für eine nicht veranschlagte Investition, erforderlich ist. § 98 Abs. 2 Nr. 4 HGO ist hier die speziellere Regelung, so dass bisher nicht veranschlagte Auszahlungen für Investitionen und Investitionsförderungsmaßnahmen ausschließlich nach Abs. 2 Nr. 4 zu beurteilen sind. Die Höhe des Mehrbedarfes ist hierbei nicht relevant.
Für die Beurteilung, ob es sich um einen Fall nach § 98 Abs. 2 Nr. 4 HGO handelt, ist zu prüfen, ob Haushaltsmittel für die **Ausführung der Baumaßnahme** veranschlagt waren. Der Begriff „bisher nicht veranschlagt" in § 98 Abs. 2 Nr. 4 HGO bezieht **sich auf die Veranschlagung im Haushaltsjahr**. Laut Sachverhalt wurde es aber versäumt, die erforderlichen Baukosten zu veranschlagen. Insofern handelt es sich um bisher nicht veranschlagte Auszahlungen i. S. v. § 98 Abs. 2 Nr. 4 HGO, die eine Nachtragssatzungspflicht auslösen, wenn im laufenden Jahr mit der Bauausführung begonnen werden soll.
Zu prüfen ist weitergehend, ob ein Ausnahmetatbestand nach § 98 Abs. 3 HGO vorliegt. In Betracht kommen könnte hier § 98 Abs. 3 Nr. 1 HGO, wonach **keine** Nachtragspflicht besteht, wenn unerhebliche Auszahlungen für Baumaßnahmen zu leisten sind. Da der Mehrbedarf 300.000 € beträgt und damit die Unerheblichkeitsgrenze nach der Festsetzung lt. Haushaltssatzung (25.000 €) überschritten wird, ist der Ausnahmetatbestand nach § 98 Abs. 3 Nr. 1 HGO nicht anwendbar. Es besteht daher die Pflicht zum Erlass einer Nachtragssatzung.

c) Die Gemeinde E möchte sich mit einen Zuschuss in Höhe von 15.000 € an dem Neubau des Vereinsheims beteiligen. Es handelte sich hierbei um eine Investitionsförderungsmaßnahme gemäß § 58 Nr. 19 GemHVO, da mit dem Zuschuss die Investition eines Dritten gefördert wird (der Neubau des Vereinsheims erhöht das Anlagevermögen des Vereins und stellt eine Investition dar).[8]
Eine Pflicht zum Erlass einer Nachtragssatzung könnte sich nach § 98 Abs. 2 Nr. 3 und 4 HGO ergeben. § 98 Abs. 2 Nr. 4 HGO ist hier die spezieller Regelung, so dass der Sachverhalt ausschließlich nach Abs. 2 Nr. 4 zu beurteilen ist. Laut Sachverhalt sind Mittel für diese Investitionsförderung nicht im Haushaltsplan enthalten; es handelt sich daher um eine bisher nicht veranschlagte Auszahlung für Investiti-

8 Siehe hierzu auch § 38 Abs. 4 GemHVO i. V. m. Nr. 3 Hw. zu § 49 GemHVO.

onsförderungsmaßnahme in Höhe von 15.000 €. Die Höhe des Mehrbedarfes ist hierbei nicht relevant. Diese Voraussetzungen treffen zu, sodass die Nachtragspflicht nach dieser Vorschrift zu bejahen ist.
Zu prüfen ist anschließend, ob ein Ausnahmetatbestand nach § 98 Abs. 3 HGO vorliegt, zumal sich die Auszahlungssumme für diese Investitionsförderungsmaßnahme „nur" auf 15.000 € beläuft. Die HGO sieht allerdings für nicht veranschlagte Investitionsförderungsmaßnahmen – auch wenn diese geringfügig sind – keine Ausnahmen vor, so dass der Erlass einer Nachtragssatzung zur Verpflichtung wird.

d) Die Aufstellung der Fertiggaragen ist gemäß § 58 Nr. 18 GemHVO zu den Investitionen zu zählen, da es sich um eine Neuerrichtung von Gebäuden handelt und die Art der Bauausführung nicht entscheidend ist (Veränderung des kommunalen Anlagevermögens gemäß § 49 Abs. 3 Nr. 1.2 GemHVO). Laut Sachverhalt sind die dafür benötigten Mittel von 20.000 € bisher nicht veranschlagt, sodass die Verpflichtung zum Erlass einer Nachtragssatzung gemäß § 98 Abs. 2 Nr. 4 HGO gegeben ist (siehe auch Ausführung zu den Lösung b und c).
Es fragt sich allerdings, ob der Ausnahmetatbestand nach § 98 Abs. 3 Nr. 1 HGO anzuwenden ist. Bei der Aufstellung von Fertiggaragen handelt es sich unzweifelhaft um Auszahlungen für eine Baumaßnahme. Zu prüfen ist, ob die Gemeinde E eine Erheblichkeitsgrenze i. S. v. § 98 Abs. 3 HGO festgelegt hat. Lt. Sachverhalt beträgt die Wertgrenze für unerhebliche Auszahlungen für Baumaßnahmen nach § 98 Abs. 3 Nr. 1 HGO 25.000 €. Der Mehrbedarf für die Aufstellung von Fertiggaragen liegt unter dieser Wertgrenze, sodass aufgrund des Ausnahmetatbestandes der Erlass einer Nachtragssatzung nicht erforderlich ist.
Die Auszahlungen sind als außerplanmäßige Auszahlungen nach § 100 HGO zu beurteilen. Fehlt es jedoch bei dessen Anwendung am Vorhandensein der Deckung, so wäre gleichwohl eine Nachtragssatzung zu erlassen, jedoch dann gemäß § 98 Abs. 1 HGO.[9]

e) Trotz Ausnutzung jeder Sparmöglichkeit zeichnet sich in der Gemeinde E ein Fehlbetrag im Ergebnishaushalt in Höhe von 2.000.000 € ab. Die Gründe hierfür können vielfältig sein, siehe hierzu Ziff. 14.1.2.3.
Eine Nachtragssatzung wäre gemäß § 98 Abs. 2 Nr. 1 HGO erforderlich, wenn der Fehlbetrag **erheblich** ist und er nur durch den Erlass einer Nachtragssatzung gedeckt werden kann. Andere Deckungsmöglichkeiten (Einsparungen bei Aufwendungen oder Mehrerträge) haben laut Sachverhalt nicht ausgereicht, um den zu erwartenden Fehlbedarf auszugleichen.
Auf Grund der Haushaltssatzung der Gemeinde E gilt ein Fehlbetrag dann als erheblich, wenn er 2 v. H. der ordentlichen Erträge des Ergebnishaushalts von 35.000.000 € = 700.000 € übersteigt, was bei dem zu erwartenden Fehlbetrag von 2.000.000 € der Fall ist. Eine Nachtragspflicht besteht, wenn der zu erwartende Fehlbetrag durch den Erlass der Nachtragssatzung gedeckt werden kann. Dieses kann wegen der zusätzlichen Beschaffung von Erträgen nur durch Änderung des

9 Vgl. *Daneke* in KVR Hessen, § 98 HGO Rn. 34.

§ 5 der Haushaltssatzung geschehen, weil alle anderen Bestimmungen der Haushaltssatzung keine Erträge für den Ergebnishaushalt begründen.
Gemäß § 25 Abs. 3 GrStG und § 16 Abs. 3 GewStG muss eine Nachtragssatzung, in der die Steuersätze (§ 5 der Haushaltssatzung) angehoben werden sollen, von der Gemeindevertretung bis zum 30. Juni des Jahres beschlossen werden. Die Entwicklung des Fehlbetrages zeichnet sich allerdings erst im Juli des Jahres ab[10], sodass die Erhöhung der Hebesätze mit Wirkung auf den Beginn des Haushaltsjahres zu diesem Zeitpunkt nicht mehr möglich ist. Eine Erhöhung zu einem späterem Zeitpunkt des Jahres scheidet gemäß § 25 Abs. 2 GrStG und § 16 Abs. 2 GewStG aus, weil die Realsteuern Jahressteuern und somit immer nur für ein ganzes Kalenderjahr festzusetzen sind.
Durch eine die Haushaltssatzung ändernde Nachtragssatzung kann somit der Haushaltsausgleich nicht herbeigeführt werden, sodass trotz des erheblichen Fehlbetrages im Ergebnishaushalts die Gemeinde E nicht zum Erlass einer Nachtragssatzung verpflichtet ist.
Allerdings könnte sich eine Verpflichtung zum Erlass einer Nachtragssatzung nach § 98 Abs. 2 Nr. 2 HGO für den Finanzhaushalt ergeben. Dies wäre dann der Fall, wenn sich der Zahlungsmittelsaldo aus laufender Verwaltungstätigkeit so verschlechtert, dass die gesetzlich geforderte Mindesthöhe für die ordentliche Tilgung von Krediten[11] sowie an das Sondervermögen „Hessenkasse" nach § 92 Abs. 5 und 6 HGO nicht mehr geleistet werden können (und u. U. darüber hinaus noch weitere Einzahlungen fehlen, um die Auszahlungen als laufender Verwaltungstätigkeit zu finanzieren). Sofern keine Zahlungsmittelbestände aus Vorjahren zur Verfügung stehen, müsste die Gemeinde E, um zahlungsfähig zu bleiben, Liquiditätskredite aufnehmen. Insofern könnte es erforderlich sein, einen Höchstbetrag für Liquiditätskredite in der Nachtragssatzung festzusetzen bzw. den ursprünglichen Höchstbetrag für Liquiditätskredite anzuheben. Bei beiden Varianten verändert sich § 4 der Haushaltssatzung, so dass alleine hieraus die Pflicht zum Erlass einer Nachtragssatzung erwächst.
In einer solchen Situation muss nach § 28 Abs. 2 Nr. 1 und 2 GemHVO die Gemeindevertretung unverzüglich über diesen Umstand informiert werden, der Bericht ist zeitgleich der Aufsichtsbehörde vorzulegen.[12]

Sachverhalt 2

Die Gemeinde E stellt im August 2024 den 1. Nachtragshaushaltsplan für dieses Haushaltsjahr auf. Der Nachtrag wurde gemäß § 98 Abs. 2 Nr. 4 HGO aufgrund eines nicht veranschlagten Sporthallenneubaus erforderlich, mit dem noch in 2024 begonnen wer-

10 Die Gefährdung des Haushaltsausgleichs bzw. die Entwicklung des Fehlbetrages im Haushaltsvollzug war trotz regelmäßigem Berichtswesen gemäß § 28 GemHVO nicht absehbar.
11 Unter Berücksichtigung der zweckgebundenen Einzahlungen in Form von Tilgungszuschüssen im Rahmen von Investitionsförderprogrammen.
12 Vgl. Ziff. 13.3.2.

den soll. Für den Neubau der Sporthalle werden 700.000 € für den Grunderwerb und 300.000 € für den Hochbau noch im laufenden Jahr benötigt. Für Verpflichtungsermächtigungen besteht kein Bedarf.

Außerdem sind bei der Aufstellung des Nachtragshaushalts folgende Finanzvorfälle durch den Fachdienst Finanzen zu beachten:

Geschäftsvorfall	**Änderungsbetrag €**	**Ansatz bisher €**
bereits geleistete überplanmäßige Aufwendungen, die durch die Mehrerträge in gleicher Höhe bei den Schlüsselzuweisungen gedeckt sind:	70.000	830.000
• Kraftstoffe Fuhrpark	20.000	85.000
• Straßenunterhaltung	45.000	55.000
• Mieten Kindergärten	5.000	20.000
Mehrertrag aus dem Verkauf alter Musikinstrumente (500 € über dem Buchwert) der Musikschule	500	–
Mehraufwendungen bei den Personalaufwendungen der Musikschule	10.000	200.000
Gebührenerhöhung aufgrund der neuen Gebührensatzung zum 1.8. bei der Musikschule	6.000	40.000
voraussichtliche, aber noch nicht geleistete Mehraufwendungen bei der Unterhaltung der Musikschule	50.000	50.000
Mehrerträge bei der Grundsteuer B	40.000	4.500.000
Mehrerträge bei der Spielapparatesteuer	2.000	150.000
Mehrerträge bei der Hundesteuer	400	30.000
Anstieg der Zinsaufwendungen	15.000	300.000

Aufgabe:

Erläutern Sie, welche Finanzvorfälle in dem Nachtragshaushaltsplan zu berücksichtigen sind. Stellen Sie für die Musikschule und den Sporthallenneubau die entsprechenden Teilhaushalte für den Entwurf des 1. Nachtragshaushaltsplanes 2024 auf; eine vereinfachte Darstellung ist ausreichend.

Bearbeitungshinweise:

- Die Gemeinde E hat in der Haushaltssatzung Erträge, Aufwendungen, Einzahlungen und Auszahlungen i. S. d. § 8 Abs. 1 GemHVO als erheblich erklärt, wenn diese einen Betrag von 5.000 € übersteigen.
- Bei der Erstellung der jeweiligen Teilhaushalte kann auf die Spalten „Gesamtauszahlungsbedarf", „bisher bereitgestellt" und „Erläuterungen" sowie auf die Teilabschlüsse verzichtet werden.

Lösung:

Überplanmäßige Aufwendungen
Bei den im Sachverhalt angegebenen Finanzvorfällen (Kraftstoffe Fuhrpark, Straßenunterhaltung, Mieten Kindergärten) handelt es sich durchweg um überplanmäßige Aufwendungen nach § 58 Nr. 34 GemHVO. Die Deckung dieser Mehraufwendungen erfolgt durch Mehrerträge in gleicher Höhe bei den Schlüsselzuweisungen. Gemäß § 8 Abs. 1 GemHVO brauchen nach § 100 HGO bewilligte über- und außerplanmäßige Aufwendungen und Auszahlungen nicht veranschlagt werden, da sie bereits das Verfahren nach § 100 HGO durchlaufen haben. Ebenfalls liegt kein Sonderfall nach § 8 Abs. 2 GemHVO vor, so dass diese Geschäftsvorfälle im Rahmen der Nachtragsplanungen unberücksichtigt bleiben.

Finanzvorfälle der Musikschule
Gemäß § 4 Abs. 2 GemHVO i. V. m. Muster 11 zur GemHVO ist die Musikschule bei einem produktorientierten Haushalt dem Produktbereich 04 „Kultur und Wissenschaft" zuzuordnen. Da sich die Angaben nach dem Sachverhalt lediglich auf die Musikschule beziehen, wird der Teilergebnishaushalt auf der Ebene der Produktgruppe „Musikschule" dargestellt.

Im 1. Nachtragshaushalt der Gemeinde E sind nach § 8 GemHVO folgende Veranschlagungen vorzunehmen:

- Bei dem Mehrertrag aus der Veräußerung von Musikinstrumenten von 500 € handelt es sich um einen außerordentlichen Ertrag nach § 58 Nr. 6 i. V. m. § 2 Abs. 3 GemHVO, da bei dem Verkauf des beweglichen Anlagevermögens 500 € über dem Buchwert erzielt wurden (= Gewinn). Dieser Mehrertrag ist unerheblich i. S. v. § 8 Abs. 1 GemHVO, da die Gemeinde E in ihrer Haushaltssatzung den unbestimmten Rechtsbegriff so ausgelegt hat, dass erhebliche Änderungen erst ab 5.000 € vorliegen. Eine Aufnahme in den Nachtragshaushaltsplan erfolgt deshalb nicht.
- Bei den Mehraufwendungen für Personalaufwendungen der Musikschule (+10.000 €) handelt es sich um ordentliche Aufwendungen nach § 2 Abs. 1 Nr. 10 GemHVO, die aufgrund ihrer Höhe in den Nachtragshaushalt aufzunehmen sind.
- Bei der Gebührenerhöhung handelt es sich um Mehrerträge aufgrund einer Gebührensatzung, die nach § 2 Abs. 1 Nr. 2 GemHVO den öffentlich-rechtlichen Leistungsentgelten und damit den ordentlichen Erträgen zugeordnet werden können. Der Veränderungsbetrag übersteigt die in der Hauptsatzung festgelegte Erheblichkeitsgrenze und ist daher im Nachtragshaushalt zu veranschlagen.
- Bei den voraussichtlichen Mehraufwendungen für die Unterhaltung der Musikschule handelt es sich um ordentliche Aufwendungen für Sach- und Dienstleistungen i. S. v. § 2 Abs. 1 Nr. 12 GemHVO. Auch hier übersteigt der Veränderungsbetrag die Erheblichkeitsgrenze, so dass dieser Finanzvorfall im Rahmen der Nachtragsplanungen zu berücksichtigen ist.

Ein Nachtrag für den Teilergebnishaushalt könnte in Anlehnung an Muster 9 zur GemHVO folgendermaßen aussehen:

Aus Vereinfachungsgründen kann lt. Bearbeitungshinweis auf die Teilabschlüsse verzichtet werden.

Produktbereich: Kultur und Wissenschaft
Produktgruppe: Musikschulen

Teilergebnishaushalt – vereinfachte Darstellung
– Euro –

Nr.	Konten[13]	Bezeichnung	Haushaltsansatz 2024		Abweichung Mehr (+)/ Weniger (–)
			Neuer Ansatz	Ansatz bisher	
1	2	3	4	5	6
		Ordentliche Erträge Öffentlich-rechtliche Leistungsentgelte	 46.000	 40.000	 +6.000
		Summe der ordentlichen Erträge			+6.000
		Ordentliche Aufwendungen Personalaufwendungen Aufwendungen für Sach- und Dienstleistungen	 210.000 100.000	 200.000 50.000	 +10.000 +50.000
		Summe der ordentlichen Aufwendungen			+60.000
		Verwaltungsergebnis			–54.000
		Finanzerträge Finanzaufwendungen			0 0
		Finanzergebnis			0
		Ordentliches Ergebnis (Verwaltungsergebnis und Finanzergebnis)			–54.000
		Außerordentliche Erträge Außerordentliche Aufwendungen			0 0
		Außerordentliches Ergebnis			0
		Jahresergebnis vor internen Leistungsbeziehungen (ordentliches Ergebnis und außerordentliches Ergebnis)			–54.000
		Erlöse aus internen Leistungsbeziehungen Kosten aus internen Leistungsbeziehungen			0 0
		Ergebnis der internen Leistungsbeziehungen			0
		Jahresergebnis nach internen Leistungsbeziehungen			–54.000

13 Auf die Angabe der Konten wurde hier verzichtet, da sie für die Fallbeispiele von untergeordneter Bedeutung sind. Insofern wird auf die Muster 7 und 9 zur GemHVO verwiesen.

Finanzvorfälle der Allgemeinen Finanzwirtschaft

Die weiteren Finanzvorfälle sind gemäß § 4 Abs. 2 GemHVO i. V. m. Muster 11 zur GemHVO bei einem produktorientierten Haushalt dem **Produktbereich 16 „Allgemeine Finanzwirtschaft"** zuzuordnen. Im 1. Nachtragshaushalt der Gemeinde E sind nach § 8 GemHVO folgende Veranschlagungen vorzunehmen:

- Die Mehrerträge aus der Grundsteuer B (+40.000 €), der Spielapparatesteuer (+2.000 €) sowie der Hundesteuer (+400 €) sind ordentliche Erträge nach § 2 Abs. 1 Nr. 5 GemHVO – Erträge aus Steuern. Während die Mehrerträge aus der Spielapparatesteuer und der Hundesteuer unerheblich i. S. v. § 8 Abs. 1 GemHVO sind und daher nicht in den Nachtragshaushalt aufgenommen werden müssen (siehe Ausführungen zur Musikschule), ist der Mehrertrag bei der Grundsteuer B erheblich. In Ermangelung weiterer Angaben im Sachverhalt (z. B. weitere Erträge aus anderen Steuerarten) und aus Gründen den Vereinfachung wird davon ausgegangen, dass sich die gesamten Steuern und steuerähnliche Erträge einschließlich Erträge aus gesetzlichen Umlagen von insgesamt bisher 4.500.000 € durch den Mehrertrag bei der Grundsteuer B auf nunmehr 4.540.000 € erhöhen.
- Bei den Mehraufwendungen für Zinsen (+15.000 €) handelt es sich um ordentliche Aufwendungen nach § 2 Abs. 1 Nr. 19 GemHVO, die in die Nachtragsplanungen mit aufzunehmen sind.

Finanzvorfälle für Sporthallenneubau

Gemäß § 4 Abs. 2 GemHVO i. V. m. Muster 11 zur GemHVO ist der Sporthallenneubau bei einem produktorientierten Haushalt dem Produktbereich 08 „Sportförderung" zuzuordnen. Im 1. Nachtragshaushalt der Gemeinde E sin4d nach § 98 Abs. 2 Nr. 4 HGO i. V. m. § 8 GemHVO folgende Veranschlagungen vorzunehmen:

Bei den Kosten für den Grunderwerb (700.000 €) und den Baukosten (300.000 €) handelt es sich um Auszahlungen für Investitionen in das Sachanlagevermögen nach § 58 Nr. 18 i. V. m. § 49 Abs. 3 Nr. 1.2 GemHVO, die nach § 4 Abs. 4 GemHVO im Teilfinanzhaushalt zu veranschlagen sind (siehe Ziff. 7.3.5.1).

Ein Nachtrag für den Teilfinanzhaushalt könnte in Anlehnung an Muster 10 zur GemHVO folgendermaßen aussehen:

Aus Vereinfachungsgründen kann lt. Bearbeitungshinweis auf die auf die Spalten „Gesamtauszahlungsbedarf", „bisher bereitgestellt" und „Erläuterungen" sowie auf die Teilabschlüsse verzichtet werden.

Produktbereich: 08 Sportförderung

Teilfinanzhaushalt
– Euro –

Nr.	Bezeichnung	Haushaltsansatz 2024			Verpflichtungsermächtigungen 2024		
		Neuer Ansatz	Ansatz bisher	Mehr(+)/ Weniger (–)	Neu	Bisher	Veränderung
1	2	3	4	5	6	7	8
	Einzahlungen aus Investitionstätigkeit **Einzahlung aus Finanzierungstätigkeit**						
	Summe						
	Auszahlungen aus Investitionstätigkeit • Auszahlungen für den Erwerb von Grundstücken • Auszahlungen für Baumaßnahmen **Auszahlungen aus Finanzierungstätigkeit**	700.000 300.000	0 0	+700.000 +300.000	0 0	0 0	0 0
	Summe						
	Saldo (Einzahlungen ./. Auszahlungen)						

Da es sich hier um eine neue Maßnahme handelt, ist diese nach § 17 Abs. 1 Nr. 2 GemHVO zu erläutern. Siehe hierzu auch Grundsatz der Einzelveranschlagung, Ziff. 7.3.5.1

Sachverhalt 3

Die Gemeinde E will **im Dezember** eines Haushaltsjahres **überplanmäßige** Aufwendungen bzw. Auszahlungen leisten für

a) die Reparatur des Rathausdaches nach einem Unwetter.
b) die Ersatzbeschaffung eines höhenverstellbaren Schreibtisches, geschätzter Preis 1.200 € (laufende jährliche Erneuerung von Teilen des Mobiliars).
c) den Kauf eines Abfallbeseitigungsfahrzeuges, obwohl das alte Fahrzeug noch nicht abgeschrieben ist. Allerdings haben sich im Bereich der Abfallentsorgung neue Anforderungen ergeben, die mit dem bisherigen Fahrzeug nicht mehr wirtschaftlich erfüllt werden können.
d) die Beschaffung von Treibstoff (Auffüllung des Treibstofflagers) für den gemeindlichen Fuhrpark für das 1. Quartal des nächsten Haushaltsjahres (wird vorgezogen, weil für Januar des nächsten Jahres erhebliche Preiserhöhungen angekündigt sind).

Aufgabe:

Begutachten Sie, ob die Leistung der Mehraufwendungen/Mehrauszahlungen i. S. d. § 100 Abs. 1 HGO **unvorhergesehen und unabweisbar** ist. Hierbei wird unterstellt, dass **keine** Pflicht zum Erlass einer Nachtragssatzung gemäß § 98 HGO besteht.[14]

Lösung:

Die Lösung des Falles a) soll als Beispiel für den Aufbau und die sachverhaltsbezogene Prüfung der weiteren Fälle dienen.

a) Das Rathausdach der Gemeinde E wurde bei einem Unwetter beschädigt. Da das Rathausdach „nur" repariert wird und keine über seinen ursprünglichen Zustand hinausgehende wesentliche Verbesserung erfolgt (§ 41 Abs. 3 GemHVO), handelt es sich um einen Aufwand[15], der zahlungswirksam wird. Gemäß § 4 Abs. 3 i. V. m. § 2 Abs. 1 und 3 GemHVO ist dieser zahlungswirksame Aufwand als **außerordentlicher Aufwand**[16] zu klassifizieren (§ 58 Nr. 6 GemHVO) und im Teilergebnishaushalt nachzuweisen.

   Nach der Aufgabenstellung ist zu prüfen, ob der zahlungswirksame Aufwand für die Reparatur nach § 100 Abs. 1 HGO unvorhergesehen ist. Gemäß Nr. 4 Hw. zu § 100 HGO ist ein Aufwand nicht unvorhergesehen, wenn er bei der Beschlussfassung über die Haushaltssatzung **bereits bekannt war, aber trotzdem kein Ansatz im Haushaltsplan vorgesehen wurde**. Wetterereignisse und somit auch das Unwetter, welches zu der Beschädigung des Rathauses geführt hat, sind sicherlich nicht im Voraus bekannt und ihre Folgen damit nicht zu veranschlagen.[17] Auch die Klassifizierung als außerordentlicher Aufwand nach § 58 Nr. 6 GemHVO unterstreicht, dass ein solcher Aufwand „unvorhergesehen" ist. Folglich ist diese Voraussetzung erfüllt.

   Weiterhin müsste die Reparatur des Rathausdaches unabweisbar sein. Unabweisbar ist eine Maßnahme, wenn die Beseitigung der Schäden zur Weiterführung der öffentlichen Aufgaben sachlich notwendig und zeitlich unaufschiebbar ist. Die sachliche Notwendigkeit zur Leistung der Aufwendungen ist gegeben, wenn aus rechtlichen Gründen eine Verpflichtung zum Handeln besteht. Von dem erheblich be-

14 Da sich die Übungen nur auf die Problematik über- und außerplanmäßigen Aufwendungen und Auszahlungen beziehen, wird unterstellt, dass eine Pflicht zum Erlass einer Nachtragssatzung gemäß § 98 Abs. 2 HGO **nicht** besteht.

15 Instandsetzungsmaßnahmen sind Aufwendungen, die erforderlich sind, um einen Vermögensgegenstand wieder betriebsbereit zu machen (z. B. Reparaturkosten), vgl. Nr. 2 Hw. zu § 12 GemHVO.

16 Siehe hierzu Ausführungen in Ziff. 14.1, Sachverhalt 1a).

17 Davon zu unterscheiden ist, dass andere Vorkehrungen getroffen werden können, um den finanziellen Schaden aufzufangen, z. B. der Abschluss von entsprechenden Schadensversicherungen. In Anbetracht der in den letzten Jahren aufgetretenen extremen Wetterverhältnisse und die damit einhergehenden Schäden, ausgelöst durch den Klimawandel, überprüfen nicht nur Private, sondern auch Kommunen ihren Versicherungsschutz (z. B. Abschluss von Elementarversicherungen).

schädigten Rathaus könnten sowohl für die Kunden als auch für das Verwaltungspersonal Gefahren für Leib und Leben ausgehen (z. B. lose Dachziegel usw.). Aufgrund der Vermeidung von Folgeschäden sowie der Verkehrssicherungspflicht ist die Gemeinde verpflichtet, die Gefahrenquelle zu sichern, um Gefahren für Dritte abzuwenden. Ein weiterer Gesichtspunkt der sachlichen Notwendigkeit ergibt sich auch aus der Fürsorgepflicht des Dienstherrn gegenüber den Bediensteten, verankert im Beamten- bzw. im Tarifrecht. Zur Fürsorgepflicht gehört die Bereitstellung arbeitsgerechter und arbeitssicherer Räumlichkeiten. Folglich ist die sachliche Notwendigkeit gegeben.

Die zeitliche Unaufschiebbarkeit ist gegeben, wenn mit der Leistung der Mehraufwendung nicht gewartet werden kann, bis die notwendigen haushaltsrechtlichen Ermächtigungen (Nachtragssatzung bzw. Haushaltssatzung für das folgende Jahr) vorliegen. Nur eine Sicherung des Gebäudes bis zum Vorliegen einer entsprechenden haushaltsrechtlichen Ermächtigung, reicht hier nicht aus. Die von dem Gebäude unmittelbar ausgehende Gefahr für Dritte erfordert ein sofortiges Handeln. Darüber hinaus ist ebenso der wirtschaftliche Aspekt zu berücksichtigen. Würden die Reparaturarbeiten nicht sofort in Angriff genommen, besteht die Gefahr, dass sich die Schäden aufgrund des defekten Dachstuhls durch weitere Regenfälle vergrößern könnten. Der Grundsatz der Wirtschaftlichkeit nach § 92 Abs. 2 HGO verlangt die sofortige Beseitigung der Schäden. Insofern sind die Instandsetzungsaufwendungen für die Reparatur des Rathauses sachlich notwendig und zeitlich unaufschiebbar, demnach unabweisbar.

Damit ist diese Mehraufwendung i. S. v. § 100 HGO unvorhergesehen und unabweisbar.

b) Bei der Ersatzbeschaffung des Schreibtisches handelt es sich um die Anschaffung von beweglichem Sachanlagevermögen (§ 49 Abs. 3 Nr. 1.2 GemHVO) und damit um Anschaffungskosten i. S. v. § 41 Abs. 2 GemHVO, die nach § 3 Abs. 1 Nr. 26 GemHVO zu Auszahlungen für Investitionen führen. Gemäß § 4 Abs. 4 GemHVO ist diese Auszahlung im Teilfinanzhaushalt nachzuweisen.

   Zu prüfen ist, ob die Investition nach § 100 Abs. 1 HGO unvorhergesehen ist … (siehe Lösung zu Sacherhalt a)). In der Praxis ist es bei vielen Gemeinden üblich, das bestehende Mobiliar entsprechend des Abschreibungsfortschritts nach und nach zu erneuern. Dafür werden jährlich bestimmte Pauschalbeträge in die Haushaltspläne eingestellt. Im Sachverhalt ist dieses Verfahren offensichtlich angesprochen.

   Die Voraussetzung „unvorhergesehen" ist **nicht** erfüllt, wenn die Auszahlung bei der Beschlussfassung über den Haushaltsplan bekannt war und trotzdem nicht berücksichtigt wurde (Nr. 4 Hw. zu § 100 HGO). In der Regel erfolgt die Planung der Haushaltsmittel aufgrund eines Inventarverzeichnisses, aus dem hervorgeht, welche Ersatzbeschaffungen anstehen. Trotzdem kann im Laufe eines Haushaltsjahres ein Umstand eintreten, der weitere Ersatzbeschaffungen erforderlich macht. Sofern dieser Umstand bei der Beschlussfassung bekannt war und trotzdem nicht berücksichtigt wurde (oder sogar im Rahmen der Beschlussfassung in der Gemeindevertretung aus dem Haushaltsplan entfernt wurde), ist die Voraussetzung nicht erfüllt. Dies ist aber aus dem Sachverhalt nicht erkennbar, so dass die Auszahlung für die Ersatzbeschaffung des Schreibtisches durchaus als „unvorhergesehen" eingestuft werden kann.

Fraglich ist, ob die Ersatzbeschaffung unabweisbar ist.[18] Unabweisbar ist eine Maßnahme, wenn … (siehe Lösung zu Sachverhalt a)). Zwar ist die Bereitstellung geeigneten Mobiliars zur Erfüllung der gemeindlichen Aufgaben unbedingt erforderlich, jedoch könnte der im **Dezember** anstehende Kauf des Schreibtisches durchaus in das kommende Haushaltsjahr verschoben werden, in dem wiederum ein Pauschalbetrag für die Neubeschaffung von Mobiliar bereitstehen wird. Die Unbedenklichkeit des Verschiebens ist gegeben, wenn für den Arbeitsplatz bereits ein Schreibtisch vorhanden ist, der ebenso voll funktionsfähig ist. Aus dem Sachverhalt gehen keine Anhaltspunkte hervor, die für eine noch unbedingt im Dezember vorzunehmende Beschaffung sprechen (z. B. Beschädigung des Schreibtisches). Der Kauf des neuen Schreibtisches kann somit zeitlich verschoben werden, sodass die Mehrauszahlung nicht unabweisbar i. S. d. § 100 Abs. 1 HGO ist.

Damit ist diese Mehrauszahlung i. S. v. § 100 HGO unvorhergesehen, aber **nicht** unabweisbar.

c) Bei dem Kauf des Abfallbeseitigungsfahrzeuges handelt es sich um die Anschaffung von beweglichem Sachanlagevermögen (§ 49 Abs. 3 Nr. 1.2 GemHVO) und damit um Anschaffungskosten i. S. v. § 41 Abs. 2 GemHVO, die nach § 3 Abs. 1 Nr. 26 GemHVO zu Auszahlungen für Investitionen führen. Gemäß § 4 Abs. 4 GemHVO ist diese Auszahlung im Teilfinanzhaushalt nachzuweisen. Da es sich um einen Vermögensgegenstand handelt, dessen Nutzung zeitlich begrenzt ist, unterliegt er der Abschreibung (§ 43 GemHVO).[19]

Es gilt zu beurteilen, ob die Anschaffung des Fahrzeuges unvorhergesehen und unabweisbar ist. Unvorhergesehen ist die Auszahlung, wenn sie bei der Beschlussfassung über den Haushaltsplan nicht bekannt war und auch nicht mit ihr gerechnet werden konnte.[20] Die Veränderungen der Anforderungen im Bereich der Abfallentsorgung, die einen Austausch des Fahrzeuges wirtschaftlich sinnvoll erscheinen lassen, waren bei der Beschlussfassung des Haushalts nicht bekannt, so dass dieser Bedarf unvorhergesehen ist.

Unabweisbar ist eine Maßnahme, wenn ein dringendes sachliches Bedürfnis zur Erfüllung der Aufgabe besteht und eine Verschiebung der Auszahlungen nicht möglich oder wirtschaftlich unzweckmäßig wäre[21]. Nach dem Sachverhalt ist das zur Zeit bei der Gemeinde E in Betrieb befindliche Abfallbeseitigungsfahrzeug noch nicht abgeschrieben. Das bedeutet lediglich, dass es noch einen Restbuchwert besitzt. Inwiefern das alte Fahrzeug noch einsatzfähig ist, lässt sich hieraus nicht ableiten. Es kann also davon ausgegangen werden, dass das Fahrzeug noch funktions-

---

18 Vgl. Nr. 4 Satz 3 Hw. zu § 100 HGO.

19 Hinsichtlich der Abschreibungsart und -methode wird auf § 43 GemHVO einschließlich Hw. verwiesen.

20 Siehe Nr. 4 Hw. zu § 100 HGO.

21 Vgl. Nr. 4 Satz 3 Hw. zu § 100 HGO.

tüchtig und zumindest noch für den einen Monat (Dezember) einsatzfähig ist. Vor diesem Hintergrund besteht keine Unabweisbarkeit i. S. v. § 100 Abs. 1 HGO.

Damit ist diese Mehrauszahlung i. S. v. § 100 HGO unvorhergesehen, aber **nicht** unabweisbar.

Anders wäre der Fall zu beurteilen, wenn das Fahrzeug seine Aufgabe nicht mehr erfüllen kann. Da die Gemeinde die Aufgaben der Abfallentsorgung dauerhaft erfüllen muss und nicht zeitweilig aussetzen kann, bis die Mittel für ein aufgabengerechtes Fahrzeug im Rahmen eines neuen Haushaltsplans bereitgestellt werden, wäre in dieser Situation die Unabweisbarkeit gegeben.

Unter Umständen könnte sich die Unabweisbarkeit auch aus dem Grundsatz der Wirtschaftlichkeit und Sparsamkeit ergeben (§ 92 Abs. 2 HGO), da nach dem Sachverhalt der Einsatz des neuen Fahrzeuges wirtschaftlich zweckmäßiger ist. Für eine abschließende Beurteilung fehlen hierzu allerdings weitere Angaben. Zu berücksichtigen ist in diesem Zusammenhang sicherlich auch der Zeitpunkt der Beurteilung (Monat Dezember).

d) Bei der Beschaffung von Treibstoff handelt es sich um ordentliche Aufwendungen für Sach- und Dienstleistungen nach § 2 Abs. 1 Nr. 12 GemHVO, die zu einem Mittelabfluss führen, d. h. zahlungswirksam werden. Gemäß § 4 Abs. 3 i. V. m. § 2 Abs. 1 Nr. 12 GemHVO ist dieser zahlungswirksame Aufwand im Teilergebnishaushalt zu veranschlagen.

Die Gemeinde will den Treibstoff des Fuhrparks für das 1. Quartal des nächsten Jahres bereits zum Ende dieses Haushaltsjahres bestellen und bezahlen, so dass zwar keine überplanmäßige Aufwendung (kein Ressourcenverbrauch in diesem Jahr, da der Treibstoff auf Lagerbestand genommen wird), jedoch eine überplanmäßige Auszahlung entsteht. Zu prüfen ist, ob die Mehrauszahlung nach § 100 Abs. 1 HGO unvorhergesehen ist … (siehe Lösung zu Sacherhalt a)). Die Entwicklung der Rohölpreise (und daran gekoppelt der Benzinpreis) wird von weltweiten Entwicklungen beeinflusst, so dass die anstehenden erheblichen Preiserhöhungen im Januar des nächsten Jahres unvorhergesehen sind.

Fraglich ist, ob die Maßnahme unabweisbar ist.[22] Unabweisbar ist eine Maßnahme, wenn … (siehe Lösung zu Sachverhalt a)). Einziger Grund dafür ist, dass im Januar des nächsten Jahres eine Preissteigerung zu erwarten ist. Somit verfügt der Fuhrpark noch über genügend Treibstoffreserven für das laufende Jahr, sodass die Beschaffung an sich erst im kommenden Haushaltsjahr notwendig wäre. Allerdings wäre die Verschiebung in das kommende Jahr unwirtschaftlich, weil sich im neuen Haushaltsjahr die Beschaffung verteuern würde. Das Prinzip der Wirtschaftlichkeit bedeutet, dass ein vorgegebenes Ziel (Kauf einer bestimmten Menge von Treibstoff) mit dem geringsten Mitteleinsatz erreicht werden soll. Gemäß § 92 Abs. 2 HGO sind Wirtschaftlichkeit und Sparsamkeit oberste Grundsätze der gemeindlichen Haushaltsführung. Die Unabweisbarkeit einer Mehrauszahlung nach § 100 Abs. 1 HGO stellt deshalb nicht nur auf die Möglichkeit der zeitlichen Verschiebung ab, sondern umfasst auch den Tatbestand der Wirtschaftlichkeit. Die

22 Vgl. Nr. 4 Satz 3 Hw. zu § 100 HGO.

Mehrauszahlung für die zeitlich vorgezogene Treibstoffbeschaffung ist somit unabweisbar, weil sie aus den wirtschaftlich gerechtfertigten Gründen der Kostenersparnis unaufschiebbar ist. Auch in diesem Falle ist mangels anderweitiger Anhaltspunkte im Sachverhalt zu unterstellen, dass bei Aufstellung des Haushaltsplanes die geschilderte Preisentwicklung nicht vorhergesehen werden konnte.[23] Damit ist diese Mehraufwendung i. S. v. § 100 HGO unvorhergesehen und unabweisbar.

Sachverhalt 4

Im Rahmen der Haushaltsüberwachung der Stadt E stellt sich der Haushalt 2024 in der Produktgruppe „Einrichtungen der Jugendarbeit" wie folgt dar (Auszug aus der Haushaltsüberwachung vom 5.11.2024 in Anlehnung an das Muster des Teilergebnishaushalts):

Konten	Bezeichnung	Entwicklung im Rahmen der Haushaltsausführung		
		Ansatz 2024	bisherige Einzahlungen/ Inanspruchnahmen	Vormerkungen
	Erträge			
51	Öffentlich-rechtliche Leistungsentgelte	300.000	275.000	
540–543	Erträge aus Zuweisungen und Zuschüsse für laufende Zwecke und allgemeine Umlagen	1.000	6.000	
53	sonstige ordentlichen Erträge	2.500	5.900	
	Summe der ordentlichen Erträge	303.500	286.900	
	Aufwendungen			
62, 63 …	Personalaufwendungen	200.000	150.000	50.000
644–646	Versorgungsaufwendungen	25.000	20.000	5.000
60, 61, 67–69	Aufwendungen für Sach- u. Dienstleistungen	150.000	110.000	30.000
66	Abschreibungen	20.000	10.000	5.000
70,74,76	sonstige ordentliche Aufwendungen	17.000	5.000	2.000
	Summe der ordentlichen Aufwendungen	412.000	295.000	92.000
	Verwaltungsergebnis			

Haushaltsvermerke:

Gemäß § 19 Abs. 1 GemHVO sind Erträge aus Zuweisungen und Zuschüsse für laufende Zwecke und aus allgemeinen Umlagen zu Gunsten von Aufwendungen für Sach-

23 Die Erfahrungen der letzten Jahre zeigten, dass gerade der Erdgas- und Rohölpreis (und daran gekoppelt auch der Benzinpreis) von weltweiten Entwicklungen beeinflusst wird, die für eine Kommune nicht vorhersehbar sind und zu erheblichen Preisschwankungen führen, z. B. die durch den Ukraine-Krieg ausgelöste Energiekrise 2022/2023.

und Dienstleistungen zweckgebunden. Es handelt sich um Spenden von Bürgern, privaten Unternehmen sowie dem Förderverein „Jugendzentrum" für die Renovierung des Jugendzentrums.

Im Rahmen der Haushaltsausführung zeichnen sich folgende Entwicklungen ab:
- Der Haushaltsansatz 2024 berücksichtigt eine angemessene Tariferhöhung bei den Personalaufwendungen. Aufgrund der nunmehr abgeschlossenen Tarifverhandlungen werden darüber hinaus noch zusätzlich 10.000 € an Personalaufwendungen benötigt.
- Für die Renovierung des Jugendzentrums werden in 2024 noch 17.000 € zusätzlich benötigt, da die Renovierung, die mit Teilbeträgen in 2024 und 2025 veranschlagt ist, in der Ausführung zügiger als geplant vorangeht.
- Bei allen anderen Positionen der Produktgruppe erfolgen keine Veränderungen mehr.

Aufgaben:

1. Begutachten Sie, ob und in welcher Form die Mehrbedarfe für Personal und Renovierung des Jugendzentrums bereitgestellt werden können. Begründen Sie ihre Entscheidungen ausführlich. Die Zulässigkeit der Haushaltsvermerke ist zu unterstellen.
2. Fertigen Sie außerdem für eine evtl. erforderliche überplanmäßige Bewilligung der Mehraufwendungen gemäß § 100 Abs. 1 HGO den notwendigen Bewilligungsantrag (Vorlage an das Entscheidungsgremium).

Lösung Sachverhalt 4.1:

Die Lösung soll als Beispiel für eine ausführliche gutachterliche Bearbeitung dienen.

Personalaufwendungen

Bei den Personalaufwendungen handelt es sich um den Verbrauch von Dienstleistungen (§ 58 Nr. 5 GemHVO) und somit um zahlungswirksame, ordentliche Aufwendungen nach § 4 Abs. 3 i. V. m. § 2 Abs. 1 Nr. 10 GemHVO, die im Teilergebnishaushalt zu veranschlagen sind. Nach dem Sachverhalt werden Teilhaushalte auf der Ebene der Produktgruppen – hier: Produktgruppe Einrichtungen der Jugendarbeit – gebildet (§ 4 Abs. 1 und 2 i. V. m. Muster 11 GemHVO). Bei einer produktorientierten Gliederung handelt es sich um einen Teilhaushalt, der dem Produktbereich 06 „Kinder-, Jugend- und Familienhilfe" zuzuordnen ist.

Die zusätzlichen Personalaufwendungen in Höhe von 10.000 €, die aufgrund der abgeschlossenen Tarifverhandlungen von der Stadt E zu zahlen sind, könnten nach § 96 HGO geleistet werden, wenn der Haushaltsplan den Magistrat hierzu ermächtigt. Hierfür müssten ausreichende Haushaltsmittel entweder bei der entsprechenden Haushaltsposition oder/und im Rahmen der Deckungsmöglichkeiten nach den §§ 19 oder 20 GemHVO zur Verfügung stehen.

Zu prüfen ist, ob bei der entsprechenden Haushaltsposition ausreichende Mittel zur Verfügung stehen. Im Haushaltsjahr 2024 sind bei der Produktgruppe Einrichtungen der Jugendarbeit für Personalaufwendungen insgesamt 200.000 € veranschlagt, wovon bereits 150.000 € ausgezahlt wurden, während die restlichen 50.000 € noch bis zum Ende des Haushaltsjahres für weitere Personalaufwendungen benötigt werden[24]. Darüber hinaus ergeben sich aufgrund tariflicher Erhöhungen noch zusätzliche Personalaufwendungen von 10.000 €, die ebenfalls im Haushaltsjahr 2024 zu zahlen sind. Im Sachverhalt sind keine Angaben über Änderungen durch Nachtragshaushaltspläne oder Verfügungsbeschränkungen wie z. B. haushaltswirtschaftliche Sperren enthalten. Im Ergebnis können die zusätzlichen Personalaufwendungen durch den Haushaltsansatz nicht gedeckt werden können.

Daher ist zu prüfen, ob die zusätzlichen Personalaufwendungen im Rahmen der Deckungsmöglichkeiten nach den §§ 19 oder 20 GemHVO gedeckt werden können. Zunächst ist die Deckungsfähigkeit nach § 20 Abs. 1 GemHVO zu prüfen, da der im Sachverhalt angegebene Zweckbindungsvermerk nicht auf Personalaufwendungen abzielt. Bei der Deckungsfähigkeit nach § 20 Abs. 1 GemHVO handelt es sich um die Deckungsfähigkeit kraft Verordnung, d. h. ein ausdrücklicher Haushaltsvermerk ist nicht erforderlich.

Nach § 20 Abs. 1 GemHVO sind kraft Verordnung alle Ansätze der in einem Budget veranschlagten zahlungswirksamen Aufwendungen gegenseitig deckungsfähig, wenn im Haushaltsplan nichts anderes bestimmt ist. Ein ausdrücklicher Haushaltsvermerk, der die echte Deckungsfähigkeit kraft Verordnung einschränkt, liegt nicht vor. Bei den Personalaufwendungen handelt es sich – wie oben bereits festgestellt – um ordentliche zahlungswirksame Aufwendungen, die im Teilhaushalt „Einrichtungen der Jugendarbeit“ veranschlagt sind. Ein Budget ist nach § 58 Nr. 10 GemHVO ein vorgegebener Finanzrahmen, der einer Organisationseinheit zur selbständigen und eigenverantwortlichen Bewirtschaftung im Rahmen eines vorgegebenen Leistungsumfangs zugewiesen wird. Jeder Teilhaushalt, hier die Produktgruppe Einrichtungen der Jugendarbeit, bildet gemäß § 4 Abs. 1 GemHVO ein Budget. Es gilt somit die gegenseitige Deckungsfähigkeit zwischen allen veranschlagten zahlungswirksamen Aufwendungen.

Zu prüfen ist, ob die zusätzlichen Personalaufwendungen von 10.000 € innerhalb des Budgets nach § 20 Abs. 1 GemHVO bereitgestellt werden können. Voraussetzung dafür ist, dass es innerhalb des Budgets bis zum Ende des Haushaltsjahres zu Einsparungen in Form von zahlungswirksamen Minderaufwendungen kommt. Minderaufwendungen liegen vor, wenn die bei der jeweiligen Haushaltsposition veranschlagten Mittel bis zum Jahresende tatsächlich nicht benötigt werden. Um Minderaufwendungen festzustellen, ist nach § 27 GemHVO die Inanspruchnahme der Aufwendungen zu überwachen; hiernach müssen stets die noch zur Verfügung stehenden Mittel erkennbar sein (§ 27 Abs. 3 GemHVO). Nach Nr. 4 Hw. zu § 27 GemHVO soll dadurch eine Überschreitung der Ansätze verhindert werden. Die erteilten, aber noch nicht

24 Verfügbarkeitsberechnung nach § 27 Abs. 3 GemHVO.

erfüllten Aufträge und die Durchführung ähnlicher Maßnahmen, die Zahlungsverpflichtungen der Stadt begründen, sind einzubeziehen (sog. Vormerkungen).[25]

Minderaufwendungen könnten nach dem Sachverhalt bei folgenden Budgetansätzen (Haushaltspositionen) in Betracht kommen:

- Bei den Versorgungsaufwendungen kommt es nach der Haushaltsüberwachung durch die zu berücksichtigenden Vormerkungen bis zum Jahresende nicht zu Einsparungen/Minderaufwendungen, so dass auf diese Mittel nicht zugegriffen werden darf.
- Bei den Aufwendungen für Sach- und Dienstleistungen stehen unter Berücksichtigung der Vormerkungen zwar derzeit noch Mittel in Höhe von 10.000 € zur Verfügung, die aber für die zusätzlichen Aufwendungen für Renovierungsarbeiten am Jugendzentrum benötigt werden.
- Bei den Aufwendungen für Abschreibungen kommt es bis zum Jahresende zu Minderaufwendungen in Höhe von 5.000 €. Zu prüfen ist, ob diese Einsparung für den Mehrbedarf bei den Personalaufwendungen herangezogen werden kann. Bei den Personalaufwendungen handelt es sich um zahlungswirksame Aufwendungen, d. h. um Aufwendungen, die eine Auszahlung gemäß § 58 Nr. 8 GemHVO nach sich ziehen und damit die flüssigen Mittel vermindern. Bei den Abschreibungen hingegen handelt es sich um **zahlungsunwirksame** Aufwendungen. Demnach können die Minderaufwendungen bei den Abschreibungen nicht zur Deckung des Mehrbedarfs der zahlungswirksamen Personalaufwendungen verwendet werden, da sich die Deckungsfähigkeit nach § 20 Abs. 1 GemHVO nur auf zahlungswirksame Aufwendungen bezieht. Eine Deckungsfähigkeit von zahlungsunwirksamen Aufwendungen zugunsten von zahlungswirksamen Aufwendungen würde die Liquidität des Finanzhaushalts berühren (einschränken) und zu einer Verschlechterung des Zahlungsmittelflusses aus laufender Verwaltungstätigkeit führen.
- Bei den sonstigen ordentlichen Aufwendungen kommt es unter Berücksichtigung der Vormerkungen bis zum Jahresende zu Einsparungen in Höhe von 10.000 € (lt. Sachverhalt erfolgen hier keine Veränderungen mehr). Vorausgesetzt,[26] dass es sich hier um zahlungswirksame Minderaufwendungen handelt, können sie ohne weiteres förmliches Verfahren zur Deckung der Mehraufwendungen bei den Personalaufwendungen herangezogen werden.

Ergebnis:

Die zusätzlichen Personalaufwendungen können in voller Höhe im Rahmen der echten Deckungsfähigkeit nach § 20 Abs. 1 GemHVO durch Minderaufwendungen bei den sonstigen ordentlichen Aufwendungen gedeckt werden. Gemäß § 20 Abs. 6 GemHVO werden die deckungsberechtigten Ansätze zu Lasten der deckungspflichtigen Ansätze erhöht. Ein formelles Bereitstellungsverfahren und damit ein besonderer Verwaltungsaufwand ist nicht erforderlich. Die Bearbeitung und Entscheidung verbleibt im Fachbereich bzw. bei dem Produktgruppenverantwortlichen/Budgetverantwortlichen. Damit

25 Vertiefung zu dem Themenbereich Haushaltsüberwachung erfolgt in Ziff. 13.2.

26 Da im Sachverhalt keine näheren Angaben gemacht werden, wird die Zahlungswirksamkeit der Minderaufwendungen unterstellt.

ermächtigt der Haushaltsplan gemäß § 96 HGO den Magistrat zur Leistung der zusätzlichen Aufwendungen.

Renovierung des Jugendzentrums

Bei der Renovierung des Jugendzentrums handelt es sich nach § 41 GemHVO i. V. m. Nr. 7 Hw. zu § 41 GemHVO um Instandhaltungsmaßnahmen[27], da keine über den ursprünglichen Zustand hinausgehende wesentliche Verbesserung entsteht. Daher führt die Renovierung nicht zu einer Veränderung des Anlagevermögens. Vor diesem Hintergrund ist die Renovierung des Jugendzentrums Instandhaltung der Gebäude (Bauunterhaltung) und damit als ordentlicher Aufwand gemäß § 4 Abs. 3 i. V. m. § 2 Abs. 1 Nr. 12 GemHVO im Teilergebnishaushalt den Aufwendungen für Sach- und Dienstleistungen zuzuordnen. Hinsichtlich der produktorientierten Gliederung wird auf obige Ausführungen verwiesen.

Die zusätzlichen Instandhaltungsmaßnahmen in Höhe von 17.000 € für das Jugendzentrum könnten nach § 96 HGO geleistet werden, wenn … (siehe oben).

Zu prüfen ist, ob bei der entsprechenden Haushaltsposition ausreichende Mittel zur Verfügung stehen. Im Haushaltsjahr 2024 sind Aufwendungen für Sach- und Dienstleistungen von insgesamt 150.000 € veranschlagt, wovon bereits 110.000 € ausgezahlt wurden, während noch 30.000 € bis zum Ende des Haushaltsjahres für weitere Aufwendungen im Bereich der Sach- und Dienstleistungen benötigt werden (Vormerkungen/Aufträge). Im Sachverhalt sind keine Angaben über Änderungen durch Nachtragshaushaltspläne oder Verfügungsbeschränkungen wie z. B. haushaltswirtschaftliche Sperren enthalten, so dass bei der Haushaltsposition noch 10.000 € zur Verfügung stehen.[28] Der Fortgang der Renovierung gestaltet sich zügiger als ursprünglich geplant, so dass für Instandhaltungsmaßnahmen weitere 17.000 € im Haushaltsjahr 2024 benötigt werden. Durch den Haushaltsansatz können lediglich 10.000 € gedeckt werden, so dass ungedeckte Instandhaltungsaufwendungen von 7.000 € entstehen.

Daher ist zu prüfen, ob die zusätzlichen Instandhaltungsaufwendungen im Rahmen der Deckungsmöglichkeiten nach den §§ 19 oder 20 GemHVO …

Zu prüfen ist, ob die zusätzlichen Instandhaltungsaufwendungen für die Renovierung des Jugendzentrums durch Mehrerträge im Wege von § 19 GemHVO gedeckt werden können. Hiernach gibt es zwei Möglichkeiten:

1. Voraussetzung für die Anwendung von § 19 Abs. 1 GemHVO ist, dass **zweckgebundene zahlungswirksame Mehrerträge** vorliegen. Zu prüfen ist, ob es sich bei der Ertragsposition Erträge aus Zuweisungen und Zuschüsse für laufende Zwecke und allgemeine Umlagen um Erträge handelt, deren Verwendung aufgrund der Herkunft oder Natur einer Beschränkung unterliegen. Bei den Zuschüssen handelt es sich um zweckgebundene Spenden für die Renovierung des Jugendzentrums von Bürgern, privaten Unternehmen sowie dem Förderverein „Jugendzentrum". Damit ergibt sich aus der Natur des Ertrags (zweckgebundene Spende) eine Zweckbin-

27 Vgl. hierzu ebenso Nr. 2 Hw. zu § 12 GemHVO.

28 Verfügbarkeitsberechnung nach § 27 Abs. 3 GemHVO.

dung i. S. v. § 19 Abs. 1 GemHVO. Ein ausdrücklicher Haushaltsvermerk ist angebracht (siehe Sachverhalt).
Fraglich ist, ob bei den Erträgen aus Zuweisungen und Zuschüsse für laufende Zwecke zahlungswirksame Mehrerträge zu verzeichnen sind. Mehrerträge liegen dann vor, wenn die bei der jeweiligen Haushaltsposition gebuchten Beträge die geplanten Ansätze übersteigen. Bei der Planung wird mit Erträgen in Höhe von 1.000 € kalkuliert. Tatsächlich eingegangen sind zwischenzeitlich 6.000 €; dies führt zu zahlungswirksamen Mehrerträgen in Höhe von 5.000 €. Damit liegen zweckgebundene Mehrerträge vor, die zur Deckung der Mehraufwendungen für Sach- und Dienstleistungen (Renovierung des Jugendzentrums) verwendet werden können.

2. Voraussetzung für die Anwendung von § 19 Abs. 2 GemHVO ist, dass **bestimmte zahlungswirksame Mehrerträge bestimmte Ansätze für Aufwendungen erhöhen**. Es handelt sich hier um die **unechte Deckungsfähigkeit**, die nur aufgrund eines ausdrücklichen **Haushaltsvermerks** zugelassen werden kann. Im Teilhaushalt der Produktgruppe Einrichtungen der Jugendarbeit ist allerdings kein entsprechender Haushaltsvermerk nach § 19 Abs. 2 GemHVO angebracht worden. Eine weitergehende Prüfung kann daher in diesem Fall unterbleiben.

Eine ausführliche Prüfung der echten Deckungsfähigkeit nach § 20 Abs. 1 GemHVO ist bereits bei der ersten Bereitstellung erfolgt, so dass an dieser Stelle darauf verwiesen wird. Die Minderaufwendungen bei den sonstigen Aufwendungen werden zur Deckung der zusätzlichen Personalaufwendungen herangezogen. Weitere Minderaufwendungen in diesem Budget sind nicht vorhanden. Somit kann keine Deckung nach § 20 Abs. 1 GemHVO erfolgen.

Zwischenergebnis:
Die zusätzlichen Instandhaltungsaufwendungen für die Renovierung des Jugendzentrums von 17.000 € können zum einen durch frei verfügbare Mittel bei der Haushaltsposition Aufwendungen für Sach- und Dienstleistungen in Höhe von 10.000 € und zum anderen im Rahmen der Zweckbindung nach § 19 Abs. 1 GemHVO durch zweckgebundene Mehrerträge bei den ordentlichen Erträgen aus Zuweisungen für laufende Zwecke in Höhe von 5.000 € gedeckt werden. Mehraufwendungen, die im Rahmen der unechten Deckungsfähigkeit nach § 19 Abs. 1 GemHVO gedeckt werden können, gelten nach § 19 Abs. 3 GemHVO nicht als überplanmäßige Aufwendungen. Ein formelles Bereitstellungsverfahren und damit ein besonderer Verwaltungsaufwand ist nicht erforderlich. Die Bearbeitung und Entscheidung verbleibt im Fachbereich bzw. bei den Budgetverantwortlichen.

Damit ermächtigt der Haushaltsplan gemäß § 96 HGO den Magistrat zur Leistung der zusätzlichen Aufwendungen nur bis zu 15.000 €.

Im Weiteren könnte die Deckungsfähigkeit nach § 20 GemHVO geprüft werden. Eine ausführliche Prüfung der echten Deckungsfähigkeit nach § 20 Abs. 1 GemHVO ist bereits bei der ersten Bereitstellung erfolgt, so dass an dieser Stelle darauf verwiesen wird. Die Minderaufwendungen bei den sonstigen Aufwendungen werden zur Deckung der zusätzlichen Personalaufwendungen herangezogen. Weitere Minderaufwendungen in diesem Budget sind nicht vorhanden. Somit kann keine Deckung nach § 20 Abs. 1 GemHVO erfolgen.

Es verbleibt ein Mehrbedarf in Höhe von 2.000 € der nicht im Rahmen von § 96 HGO gedeckt werden kann.

Ein weiteres flexibles Element der Haushaltsführung stellt die Leistung von über- und außerplanmäßigen Aufwendungen und Auszahlungen dar. Der verbleibende Mehrbedarf in Höhe von 2.000 € für die Instandhaltung (Renovierung) des Jugendzentrums könnte durch die Bewilligung einer überplanmäßigen Aufwendung nach § 100 Abs. 1 HGO zulässig sein. Bevor jedoch diese Rechtsnorm angewendet werden kann, ist vorrangig der Erlass einer Nachtragssatzung nach § 98 Abs. 2 HGO zu prüfen (siehe auch § 100 Abs. 5 HGO sowie Nr. 1 Hw. zu § 100 HGO).

Es könnte die Verpflichtung zum Erlass einer Nachtragssatzung nach § 98 Abs. 2 HGO bestehen. Voraussetzung dafür ist, dass es sich nach § 98 Abs. 2 Nr. 3 HGO bei dem Mehrbedarf von 2.000 € um bisher nicht veranschlagte oder zusätzliche Aufwendungen bei einzelnen vorgegebenen Finanzrahmen (Budget) in einem im Verhältnis zum Gesamthaushaltsvolumen erheblichen Umfang handelt. Bei dem Mehrbedarf für die Instandhaltung (Renovierung des Jugendzentrums) handelt es sich um zusätzliche Aufwendungen, da die im Haushaltsplan veranschlagten Ermächtigungen überschritten werden. Zu prüfen ist, ob die zusätzlichen Aufwendungen als erheblich im Verhältnis zu den gesamten Aufwendungen anzusehen sind. Auch wenn die konkrete Auslegung des Begriffes „erheblich" in der Stadt E nicht bekannt ist, kann eine Mehraufwendung von 2.000 € **nicht** als erheblich i. S. d. § 98 Abs. 2 Nr. 3 HGO bezeichnet werden. Der betroffene Teilhaushalt auf der Ebene der dargestellten Produktgruppe hat bereits auf der Stufe des Verwaltungsergebnisses ordentliche Aufwendungen von über 400.000 €, so dass davon ausgegangen werden kann, dass die gesamten Aufwendungen i. S. v. § 98 Abs. 2 Nr. 3 HGO wesentlich höher sind. Somit ist der Mehrbedarf in Höhe von 2.000 € nicht erheblich i. S. v. § 98 Abs. 2 Nr. 3 HGO.[29]

Die Pflicht zum Erlass einer Nachtragssatzung gemäß § 98 Abs. 2 Nr. 4 HGO scheidet aus, weil diese Vorschrift nur auf bisher nicht veranschlagte Investitionen und Investitionsförderungsmaßnahmen anzuwenden ist, nicht auf zusätzliche Aufwendungen im Teilergebnishaushalt.

Zwischenergebnis:
Es besteht **keine Pflicht zum Erlass einer Nachtragssatzung** gemäß § 98 Abs. 2 HGO. Der Weg zur Überprüfung der Voraussetzungen für eine überplanmäßige Aufwendung ist somit frei.

Bevor § 100 HGO angewendet werden kann, ist nach Nr. 2 Hw. zu § 100 HGO zu prüfen, ob die Haushaltsüberschreitungen im Wege der Zweckbindung, der echten und unechten Deckungsfähigkeit oder aus Haushaltsübertragungen aus Vorjahren gedeckt

29 Siehe hierzu ausführlich Ziff. 14.1.2.3.

werden können (§§ 19 bis 21 GemHVO). Insofern sind diese Deckungsmöglichkeiten immer vorrangig zu prüfen (siehe oben).

Der verbleibende Mehrbedarf in Höhe von 2.000 € für die Instandhaltung (Renovierung) des Jugendzentrums könnte durch die Bewilligung einer über- oder außerplanmäßigen Aufwendung nach § 100 Abs. 1 HGO zulässig sein. Voraussetzung für die Bewilligung einer überplanmäßigen Aufwendung nach § 100 Abs. 1 HGO ist, dass sie unvorhergesehen und unabweisbar und ihre Deckung gewährleistet ist.[30]

Überplanmäßige Aufwendungen nach § 58 Nr. 34 GemHVO liegen vor, wenn die benötigten Aufwendungen die Ermächtigungen im Haushaltsplan und die übertragenen Ermächtigungen aus Vorjahren übersteigen. Wie bereits oben geprüft, reichen die Ermächtigungen im Haushaltsplan nach § 96 HGO nicht aus, um den kompletten Bedarf für die Instandhaltung (Renovierung) des Jugendzentrums abzudecken. Somit handelt es sich um eine überplanmäßige Aufwendung.

Unvorhergesehen ist eine Aufwendung, wenn sie im Rahmen der Aufstellung und Beschlussfassung der Haushaltssatzung nicht bekannt war und auch nicht mit ihr gerechnet werden konnte. Es ist davon auszugehen, dass die Veranschlagung aufgrund eines Bau- und Durchführungsplanes erfolgte. Dass sich der Fortgang der Renovierung im Laufe des Haushaltsjahres zügiger gestaltet hat als ursprünglich geplant, ist im Rahmen der Aufstellung und Beschlussfassung der Haushaltsatzung nicht erkennbar. Somit ist der Mehrbedarf unvorhergesehen.

Ein Mehrbedarf ist unabweisbar, wenn er sich zwingend aus der Aufgabenerfüllung der Gemeinde ergibt und ein dringendes sachliches Bedürfnis zur Erfüllung der Aufgabe besteht sowie eine Verschiebung der Aufwendungen und Auszahlungen auf einen Zeitpunkt, zu dem Haushaltsmittel hierfür zur Verfügung stehen (durch Nachtrag oder den Haushaltsplan des folgenden Jahres), nicht möglich ist oder wirtschaftlich unzweckmäßig wäre. Es wäre bautechnisch und wirtschaftlich nicht vertretbar, die Arbeiten zu unterbrechen. Unter Umständen könnte das bauausführende Unternehmen bei einer Bauunterbrechung zusätzliche Kosten geltend machen. Somit ist der Mehrbedarf unabweisbar.

Als letzte Voraussetzung ist die Deckung zu prüfen. Grundsätzlich kommen hierfür Minderaufwendungen und/oder Mehrerträge in Betracht. Minderaufwendungen liegen vor, wenn die bei der jeweiligen Haushaltsposition veranschlagten Mittel bis zum Jahresende tatsächlich nicht benötigt werden. In Ermangelung zusätzlicher Angaben im Sachverhalt können keine weiteren Minderaufwendungen (außerhalb des Budgets) erkannt werden, so dass sich die Prüfung auf Mehrerträge beschränkt. Mehrerträge liegen dann vor, wenn die bei der jeweiligen Haushaltsposition gebuchten Beträge die geplanten Ansätze übersteigen. In Betracht kommen die Mehrerträge bei den sonstigen ordentlichen Erträgen. Geplant war hier ein Ansatz von 2.500 €; tatsächlich sind Zahlungen in Höhe von 5.900 € eingegangen, so dass insgesamt zahlungswirksame Mehrerträge von 3.400 € bei den sonstigen ordentlichen Erträgen zu verzeichnen sind. Damit kann die Deckung der überplanmäßigen Aufwendungen in Höhe von 2.000 € sichergestellt werden.

30 Nr. 4 Hw. zu § 100 HGO.

Zwischenergebnis:
Die überplanmäßigen Aufwendungen von 2.000 € sind somit gemäß § 100 Abs. 1 HGO zulässig. Die Entscheidung darüber trifft gemäß § 100 Abs. 1 Satz 2 HGO der Gemeindevorstand (hier Magistrat, da es sich um eine Stadt handelt, § 9 Abs. 2 HGO), da der Betrag von 2.000 € weder vom Umfang noch von der Bedeutung als erheblich anzusehen sein dürfte und damit eine vorherige Zustimmung der Gemeindevertretung (hier: Stadtverordnetenversammlung, § 9 Abs. 1 Satz 3 HGO) nicht erforderlich ist. Auch sagt der Sachverhalt nichts über eine andere Regelung durch die Gemeindevertretung i. S. d. § 100 Abs. 1 Satz 2 2. Hs. HGO aus. Der Gemeindevertretung ist jedoch gemäß § 100 Abs. 1 Satz 3 2. Hs. HGO alsbald davon Kenntnis zu geben, in Anwendung der Nr. 4 Hw. zu § 100 HGO bedeutet dies: „mindestens vierteljährlich".

Ergebnis:
Die Renovierung des Jugendzentrums (17.000 €) kann wie folgt finanziert werden:
→ durch frei verfügbare Mittel aus dem Haushaltsansatz in Höhe von 10.000 €.
→ im Rahmen der Zweckbindung nach § 19 Abs. 1 GemHVO durch Mehrerträge in Höhe von 5.000 €.
→ im Rahmen der Bewilligung von überplanmäßigen Aufwendungen nach § 100 Abs. 1 HGO durch Mehrerträge bei den sonstigen ordentlichen Erträgen der Produktgruppe Einrichtungen der Jugendarbeit in Höhe von 2.000 €.

Während bei den ersten beiden Finanzierungsmöglichkeiten kein formelles Bereitstellungsverfahren erforderlich ist, muss die Bereitstellung der überplanmäßigen Aufwendungen beantragt werden (siehe Lösung zu 4.2).

Lösung Sachverhalt 4.2:

Vorlage bzw. Bewilligungsantrag an das Entscheidungsorgan

Der Antrag auf Bewilligung der überplanmäßigen Aufwendung ist nachstehend dargestellt. Dabei wurde das Beispiel eines Musters gewählt, da in der Praxis zur Beantragung von Mehraufwendungen nach § 100 HGO vielfach Vordrucke eingesetzt werden. Die Art des Vorlagenvordrucks ist jedoch von Gemeinde zu Gemeinde unterschiedlich.

Fachbereich xx		Datum: 5.11.2024
Vorlage an den Magistrat Antrag auf Bewilligung einer über-/außerplanmäßigen Aufwendung/Auszahlung		
☒ üpl. ☐ apl.	Haushaltsjahr 2024	Produktbereich/Produktgruppe 06 – Einrichtungen der Jugendarbeit
Betrag: 2.000 €	Aufwendungen für Sach- und Dienstleistungen: Renovierung Jugendzentrum	

Berechnung der Gesamtaufwendungen

Haushaltsansatz und Übertragungen aus Vorjahren		150.000 €
bisherige und geplante Ansatzüberschreitungen (unechte und echte Deckungsfähigkeiten)	+	5.000 €
neu beantragte Haushaltsüberschreitung	+	2.000 €
voraussichtliche Gesamtaufwendungen		157.000 €

Begründung der Mehraufwendungen:

Die Renovierung des Jugendzentrums soll in den Jahren 2024 und 2025 durchgeführt werden. Entgegen der Ursprungsplanung können die Arbeiten zügiger erledigt werden; dies war bei der Beratung und Beschlussfassung der Haushaltssatzung nicht abzusehen. Ohne Steigerung der Gesamtkosten werden in 2024 7.000 € für zeitlich vorgezogene Arbeiten zusätzlich benötigt, von denen bereits 5.000 € durch zweckgebundene Spenden gemäß § 19 Abs. 1 GemHVO finanziert werden können. Es wäre bautechnisch und wirtschaftlich nicht vertretbar, die Arbeiten zu unterbrechen, zumal das bauausführende Unternehmen bei einer Bauunterbrechung u. U. zusätzliche Kosten geltend machen würde. Die überplanmäßigen Aufwendungen in Höhe von 2.000 € sind daher unvorhergesehen und unabweisbar.

Nachweis der Deckung:

Mehrerträge bei den sonstigen ordentlichen Erträge in Höhe von insgesamt 3.400 € bei der Produktgruppe „Einrichtungen der Jugendarbeit".

Unterschrift

Sachverhalt 5

Im Produktbereich „Sportförderung“ sind bei der Gemeinde E für den Neubau eines Freibades Auszahlungen wie folgt im Haushaltsplan und im Investitionsprogramm veranschlagt:

Haushaltsansatz 2024	1.500.000 €
Investitionsprogramm 2025	1.000.000 €
Investitionsprogramm 2026	500.000 €

Weitere Investitionsmaßnahmen sind in dem Produktbereich „Sportförderung“ nicht enthalten.

Die Witterungsbedingungen begünstigen den Baufortschritt, sodass voraussichtlich bis Ende 2024 bereits 1,75 Mio. € verbaut werden können. Da nach dem Bauvertrag mit der nächsten Abschlagsrechnung im Dezember dieser Betrag von dem Bauunternehmen in Rechnung gestellt wird, beantragt das Hochbauamt die Bewilligung einer überplanmäßigen Auszahlung in Höhe von 250.000 €. Der Gesamtauszahlungsbedarf für diese Investitionsmaßnahme insgesamt ändert sich nicht. Auf Grund der angespannten Haushaltslage besteht jedoch in 2024 eine Deckungsmöglichkeit nur durch Erhöhung der Kreditaufnahme.

Aufgaben:

1. Prüfen Sie die Zulässigkeit der überplanmäßigen Auszahlung. Unterstellen Sie dabei, dass ein Pflichtnachtrag **nicht** erforderlich ist.
2 Wie beurteilen Sie den Sachverhalt, wenn die Mehrauszahlung 2024 von 250.000 € auf eine Erhöhung des Gesamtauszahlungsbedarfs zurückzuführen ist, sodass die Baumaßnahme jetzt insgesamt 3,25 Mio. € kostet? Die Deckung könnte in 2025 durch erhebliche Steuermehrerträge gegenüber der ursprünglichen mittelfristigen Ergebnis- und Finanzplanung möglich sein.

Lösungen:

Zu 1:
Bei dem Neubau des Freibades handelt es sich unstreitig um eine Investition nach § 58 Nr. 18 GemHVO, da das Sachanlagevermögen nach § 49 Abs. 3 Nr. 1.2 GemHVO durch Herstellungskosten (§ 41 Abs. 3 i. V. m. Nr. 7 Hw. GemHVO) erhöht wird. Diese Investitionsmaßnahme ist somit gemäß § 4 Abs. 4 i. V. m. § 3 Abs. 1 Nr. 25 GemHVO im Teilfinanzhaushalt zu veranschlagen.

Der Neubau des Freibades wird bei einer produktorientierten Gliederung des Haushalts richtigerweise im Produktbereich 08 „Sportförderung“ nachgewiesen (§ 4 Abs. 1 und 2 i. V. m. Muster 11 GemHVO).

Der Gesamtauszahlungsbedarf für den Neubau des Freibades beläuft sich auf 3 Mio. €. Die voraussichtliche Durchführung der Maßnahme erfolgt in den Haushaltsjahren 2024 bis 2026 (siehe Sachverhalt), wobei im ersten Haushaltsjahr ein Auszahlungsbetrag in Höhe von 1,5 Mio. € als voraussichtlich kassenwirksamer Betrag vorgesehen ist. Da nach § 12 Abs. 2 GemHVO Auszahlungen erst veranschlagt werden dürfen, wenn die entsprechenden Unterlagen – so auch ein Bauzeitplan – vorliegen, wird unterstellt, dass die Ansätze sorgfältig errechnet wurden. Im Zuge der Durchführung der Maßnahme gestaltet sich der Baufortschritt aufgrund günstiger Wetterbedingungen zügiger als geplant, so dass im Haushaltsjahr 2024 über den Haushaltsansatz hinaus 250.000 € benötigt werden.[31] Es handelt sich demnach um einen überplanmäßigen Bedarf nach § 58 Nr. 34 GemHVO.

Zunächst ist zu prüfen, ob dieser Mehrbedarf durch Mehreinzahlungen im Wege von § 19 GemHVO gedeckt werden kann. Voraussetzung dafür ist entweder ein Zweckbindungsvermerk nach § 19 Abs. 4 i. V. m. Abs. 1 GemHVO oder ein Haushaltsvermerk, der die unechte Deckungsfähigkeit nach § 19 Abs. 4 i. V. m. Abs. 2 GemHVO beinhaltet. Da im Produktbereich „Sportförderung" weder Einzahlungen veranschlagt noch Haushaltsvermerke angebracht sind, scheidet eine Deckung durch Mehreinzahlungen aus.

Fraglich ist, ob der Mehrbedarf von 250.000 € im Rahmen der echten Deckungsfähigkeit nach § 20 GemHVO gedeckt werden kann. Nach § 20 Abs. 3 i. V. m. Abs. 1 GemHVO sind kraft Verordnung alle Ansätze der in einem Budget veranschlagten Auszahlungen gegenseitig deckungsfähig, wenn im Haushaltsplan nichts anderes bestimmt ist. Da der Sachverhalt keine Hinweise auf mögliche Einsparungen im Budget (§ 20 Abs. 3 und 1 GemHVO) des laufenden Haushaltsjahres beinhaltet, können die Mehrauszahlungen nicht im Rahmen des Budgets gedeckt werden. Ebenso scheidet eine weitergehende Prüfung nach § 20 Abs. 2 und 5 GemHVO aus, da laut Sachverhalt die dafür erforderlichen Haushaltsvermerke fehlen.

Zwischenergebnis:
Die Deckungsmöglichkeiten nach §§ 19 und 20 GemHVO führen nicht zu einer Reduzierung des Mehrbedarfs.

Ein Pflichtnachtrag soll laut Aufgabenstellung ausscheiden, so dass im Rahmen der flexiblen Haushaltsführung noch das Instrument der über- und außerplanmäßigen Auszahlungen nach § 100 HGO zur Anwendung kommen kann.

Eine überplanmäßige Auszahlung von 250.000 € wäre gemäß § 100 Abs. 1 HGO zulässig, wenn sie unvorhergesehen und unabweisbar[32] ist sowie die Deckung[33] gewährleistet werden kann. Unvorhergesehen ist die Mehrauszahlung, wenn bei Aufstellung des Haushaltsplanes niemand vorhergesehen konnte, dass der Baufortschritt witterungsbedingt so zügig voranschreitet, wovon mangels anderweitiger Anhaltspunkte auszugehen ist. Die Unabweisbarkeit liegt vor, weil es wirtschaftlich, bautechnisch oder aus anderen Gründen nicht vertretbar wäre, die Baumaßnahme wegen der zurzeit fehlenden Finanzierungsmittel für mehr als einen Monat stillzulegen. Somit liegen die Voraussetzung unvorhergesehen und unabweisbar vor.

31 Verfügbarkeitsberechnung nach § 27 Abs. 3 GemHVO.
32 Nr. 4 Hw. zu § 100 HGO.
33 Nr. 3 Hw. zu § 100 HGO.

Fraglich ist, ob eine Deckung im laufenden Haushaltsjahr möglich ist. Die Verpflichtung zur Deckung der über- und außerplanmäßigen Auszahlungen[34] ergibt sich aus dem Gebot des Haushaltsausgleichs nach § 92 Abs. 4 HGO. Laut Sachverhalt ist allerdings die notwendige Deckung im Haushaltsjahr aufgrund der angespannten Finanzlage der Gemeinde weder durch Minderauszahlungen noch durch Mehreinzahlungen möglich. Vielmehr könnte die Deckung nur durch eine Erhöhung der Kreditaufnahme bereitgestellt werden. Dies würde dann aber zwangsläufig den Erlass einer Nachtragssatzung nach § 98 Abs. 1 HGO notwendig machen, da § 2 der Haushaltssatzung der Gemeinde E geändert (erhöht) werden müsste.

Zu prüfen ist daher, ob die erforderliche Deckung im laufenden Haushaltsjahr durch eine Deckung im kommenden Haushaltsjahr gemäß § 100 Abs. 2 HGO ersetzt werden kann, da laut Sachverhalt[35] im nächsten Haushaltsjahr Mittel für die Fortsetzung der Maßnahme vorgesehen sind. Die Voraussetzungen des § 100 Abs. 2 HGO, die sämtlich vorliegen müssen, sind wie folgt zu prüfen:

- Investition
  Durch den Neubau des Freibades wird das Anlagevermögen erhöht. Somit liegt hier eine Investition vor, wie oben geprüft.
- Deckung im laufenden Jahr nur durch Erlass einer Nachtragssatzung möglich
  Wie oben geprüft, trifft diese Voraussetzung zu.
- Überplanmäßige Auszahlungen
  Es besteht ein überplanmäßiger Mehrbedarf i. S. v. § 58 Nr. 34 HGO, wie oben geprüft.
- Fortführungsmaßnahme
  Die Investition muss lt. Investitionsprogramm im folgenden Jahr fortgeführt werden. Im Investitionsprogramm sind lt. Sachverhalt für den Bau des Freibades sowohl für das Jahr 2025 (1.000.000 €) als auch für das Jahr 2026 (500.000 €) Veranschlagungen vorgesehen. Daraus ist ersichtlich, dass die Baumaßnahme nicht in 2024 beendet wird, sondern in den nächsten Haushaltsjahren fortgesetzt wird.
- Deckung im kommenden Jahr gewährleistet
  Die in 2024 nicht vorhandene Deckung muss aber im folgenden Haushaltsjahr, d. h. in 2025 gewährleistet sein. Laut Sachverhalt sind für dem Freibadbau in 2025 weitere 1.000.000 € im Investitionsprogramm der Gemeinde E vorgesehen. Wird die Baumaßnahme in 2024 nun zügiger als geplant abgewickelt und sind deshalb Haushaltsmittel, die erst für 2025 vorgesehen waren, bereits in 2024 eingesetzt, werden diese in 2025 nicht mehr benötigt. Es tritt somit in 2025 praktisch eine Ersparnis von 250.000 € für den Bau des Freibades ein, sodass die überplanmäßige Auszahlung von 250.000 € in 2027 aus der Einsparung bei den für 2025 vorgesehenen Investitionsmittel für das Freibad gedeckt werden können. In diesem Fall handelt es sich um einen „klassischen Haushaltsvorgriff".
  Voraussetzung ist allerdings, dass die Gemeinde im Haushaltsjahr 2024 über genügend Liquidität verfügt, um die Rechnung auch bezahlen zu können, z. B. durch

34 Gilt ebenso für über- und außerplanmäßige Aufwendungen, vgl. Nr. 3 Hw. zu § 100 HGO.
35 Für die Beurteilung ist das Investitionsprogramm bzw. die Ergebnis- und Finanzplanung heranzuziehen, § 101 HGO, § 9 GemHVO).

vorhandene Zahlungsmittelbestände, notfalls durch die Inanspruchnahme eines Liquiditätskredits. So dürfen nach Nr. 5 Hw. zu § 105 HGO ausnahmsweise auch für die rechtzeitige Leistung von Auszahlungen für Investitionen aufgenommen werden, jedoch ausschließlich zur kurzfristigen Vor- und Zwischenfinanzierung.

Damit sind alle Voraussetzungen des § 100 Abs. 2 HGO erfüllt. Die überplanmäßige Auszahlung für den Bau des Freibades in Höhe von 250.000 € ist somit gemäß § 100 Abs. 1 und 2 HGO zulässig. Wegen der Höhe des Betrages könnte unter Umständen die Erheblichkeit nach § 100 Abs. 1 HGO gegeben sein, sodass die Gemeindevertretung über die Genehmigung der Mehrauszahlung zu entscheiden hätte. Da es sich hier aber nicht um eine gänzlich neue Maßnahme handelt, welche grundsätzlich bereits durch die Gemeindevertretung im Rahmen des Investitionsprogramms nach § 101 Abs. 3 HGO beschlossen wurde und es sich hier lediglich um ein zeitliches Verschieben der Investitionsmaßnahme geht, ist eine Entscheidung durch die Gemeindevertretung obsolet.

Zu 2:
Der Ursprungssachverhalt ist nur in Bezug auf die Deckung im Haushaltsjahr 2024 insofern geändert, als die in 2024 benötigten 250.000 € nicht mehr bei dem Haushaltsansatz des Freibades für 2025 eingespart werden können, sondern sich die Maßnahme insgesamt verteuert und geprüft werden soll, ob zahlungswirksame Mehrerträge in 2025 die Mehrkosten der investive Maßnahmen decken könnten.

Insofern wird an dieser Stelle lediglich die Deckungsmöglichkeit bei dieser geänderten Fallkonstellation ausführlich dargestellt.

Da für 2025 erhebliche Steuermehrerträge erwartet werden, ist zu prüfen, ob auch diese zahlungswirksamen Erträge Deckungsmittel i. S. d. § 100 Abs. 2 HGO sein können.

Gemäß § 9 Abs. 4 GemHVO soll die mittelfristige Ergebnis- und Finanzplanung ebenso wie der Ergebnis- und Finanzhaushalt (siehe § 92 Abs. 5 und 6 HGO) in den einzelnen Jahren ausgeglichen sein. Die Beachtung dieser Rechtsnorm wird auch für das Haushaltsjahr 2025 bei der Gemeinde E unterstellt, zumal der Sachverhalt nichts Gegenteiliges aussagt. Wenn also die Ergebnis- und Finanzplanung 2025 der Gemeinde E ausgeglichen[36] ist und sich bereits Mitte/Ende 2024 Steuermehreinzahlungen für das nächste Haushaltsjahr abzeichnen, wird gegenüber der Planung sowohl die Ergebnisplanung im ordentlichen Ergebnis (dort sind gemäß § 2 Abs. 1 Nr. 5 GemHVO Steuern zu veranschlagen) als auch die Finanzplanung (§ 3 Abs. 1 Nr. 4 GemHVO (Einzahlungen aus Steuern) beim Zahlungsmittelflusses aus laufender Verwaltungstätigkeit einen Überschuss aufweisen.

Dieser Überschuss bei dem Zahlungsmittelfluss aus laufender Verwaltungstätigkeit, der aus Mehreinzahlungen aus Steuern resultiert, kann, sofern er im nächsten Jahr

- nicht gemäß § 92 Abs. 5 bzw. 6 HGO für die Finanzierung der Auszahlungen der ordentlichen Tilgung sowie an das Sondervermögen Hessenkasse,

36 Vgl. § 9 Abs. 4 GemHVO.

- nicht nach Nr. 7 Hw. zu § 3 GemHVO zur Rückzahlung von Liquiditätskrediten und
- nicht nach § 106 Abs. 1 HGO zum Aufbau der Liquiditätsreserve

benötigt wird, nun im Rahmen der Gesamtdeckung verwendet werden[37], sodass die Mehrauszahlungen in 2024 durch die Mehreinzahlungen in 2025 i. S. d. § 100 Abs. 2 HGO gedeckt werden können. Der Begriff „Deckung" in dieser Vorschrift ist nämlich identisch mit dem allgemeinen Begriff in § 100 Abs. 1 HGO, sodass sämtliche Deckungsmöglichkeiten im Rahmen der Gesamtdeckung des Finanzhaushalts bzw. der Finanzplanung (§ 18 Nr. 2 GemHVO) herangezogen werden können.[38]

Da die weiteren Voraussetzungen, wie oben festgestellt, bestehen bleiben, ist die überplanmäßige Auszahlung auch im Rahmen dieser Sachverhaltsänderung gemäß § 100 Abs. 1 und 2 HGO zulässig.

Sachverhalt 6

Bei dem Produktbereich Verkehrsflächen und -anlagen, ÖPNV sind im Haushalt 2024 der Gemeinde E für den Bau der Hauptstraße ein Auszahlungsansatz von 100.000 € und eine Verpflichtungsermächtigung von 200.000 € veranschlagt. Im September 2024 beabsichtigt das Tiefbauamt nach durchgeführter Ausschreibung, den Gesamtauftrag für den Bau der Hauptstraße in Höhe von 300.000 € zu vergeben. Nach dem Ausschreibungsergebnis wird damit gerechnet, dass Auszahlungen für die Baumaßnahme mit 90.000 € in 2024 und 220.000 € in 2025 anfallen werden.

Die im Teilfinanzhaushalt bei dem Produktbereich Natur- und Landschaftspflege veranschlagte Verpflichtungsermächtigung von 100.000 € wird nicht in Anspruch genommen.

Aufgabe:

Begutachten Sie die Zulässigkeit der Auftragsvergabe.

Bearbeitungshinweis:
Es ist davon auszugehen, dass die Voraussetzungen „unvorhergesehen" und „unabweisbar" erfüllt sind. Der Fokus dieses Falls liegt bei der Darstellung der Deckungsmöglichkeiten.

---

37 Siehe zu dieser Thematik ausführlich Ziffn. 13.6.4.1 bis 13.6.4.3.

38 So auch die Kommentierung zur HGO, siehe *Daneke* in KVR Hessen, § 100 Rn. 35. Hiernach ist die Deckung im folgenden Jahr nicht nur auf Beträge aus der Investitionstätigkeit beschränkt, sondern kann auch unter bestimmten Konstellationen aus dem Saldo aus laufender Verwaltungstätigkeit erfolgen. Voraussetzung dafür ist, dass im folgenden Jahr zahlungswirksame Mehrerträge gegenüber der Ergebnis- und Finanzplanung eintreten und diese nicht zum Ausgleich des Saldos aus laufender Verwaltungstätigkeit und der Deckung der ordentlichen Tilgung benötigt werden sowie keine Zweckbindung der Mehrerträge besteht.

Lösung:

Die Auftragsvergabe könnte zulässig sein, wenn die Voraussetzungen des § 96 HGO erfüllt sind. Hiernach kann der Gemeindevorstand Auszahlungen leisten und Verpflichtungen eingehen, wenn der Haushaltsplan 2024 die entsprechenden Ermächtigungen enthält.

Der Auszahlungsansatz 2024 ermächtigt zum Vertragsabschluss mit Auszahlungen für die Baumaßnahme in 2024 in Höhe von 100.000 €. Insofern kann der Auftragsanteil für 2024 von 90.000 € vergeben werden. Für die vertragliche Bindung von 220.000 € zu Lasten des Haushaltsjahres 2025 werden gemäß § 102 Abs. 1 HGO Verpflichtungsermächtigungen in dieser Höhe benötigt. Vorhanden ist jedoch nur eine Ermächtigung von 200.000 €, so dass sich ein Mehrbedarf an Verpflichtungsermächtigungen von 20.000 € ergibt.

Eine Deckung der zusätzlichen Verpflichtungsermächtigung könnte im Rahmen der Deckungsfähigkeit nach § 20 Abs. 3 i. V. m. Abs. 1 GemHVO kraft Verordnung erfolgen, sofern weitere Verpflichtungsermächtigungen im Budget veranschlagt sind, die nicht benötigt werden. Da der Sachverhalt hierzu keine Angaben sowie keine Hinweise auf einen Haushaltsvermerk nach § 20 Abs. 3 i. V. m. Abs. 2 GemHVO enthält, erübrigt sich eine weitergehende Prüfung.

§ 98 Abs. 2 HGO, die Verpflichtung zum Erlass einer Nachtragssatzung, ist in diesem Fall nicht anwendbar, da diese gesetzliche Regelung keinen Tatbestand hinsichtlich zusätzlicher bzw. nicht veranschlagter Verpflichtungsermächtigungen beinhaltet.

Es ist daher zu prüfen, ob die noch benötigten Verpflichtungsermächtigungen von 20.000 € überplanmäßig bereitgestellt werden können. Zulässig sind überplanmäßige Verpflichtungsermächtigungen gemäß § 102 Abs. 5 HGO, wenn sie unvorhergesehen und unabweisbar sind und der in der Haushaltssatzung (§ 3) festgesetzte Gesamtbetrag der Verpflichtungsermächtigungen nicht überschritten wird. Gemäß Bearbeitungshinweis handelt es sich um eine unvorhergesehene und unabweisbare Maßnahme, so dass eine weitergehende Prüfung hier nicht erforderlich ist.[39]

Die Deckung der überplanmäßigen Verpflichtungsermächtigung könnte durch Einsparungen von Verpflichtungsermächtigungen bei anderen Haushaltspositionen erfolgen. Nach dem Sachverhalt wird die im Produktbereich Natur- und Landschaftspflege veranschlagte Verpflichtungsermächtigung von 100.000 € nicht benötigt. Folglich kann der im Produktbereich Verkehrsflächen und -anlagen, ÖPNV zusätzlich benötigte Betrag durch diese Einsparung aufgefangen werden. Die Gesamtsumme der Verpflichtungsermächtigungen laut § 3 der Haushaltssatzung der Gemeinde E wird demnach nicht überschritten.

Somit könnten die zusätzlich benötigten Verpflichtungsermächtigungen in Höhe von 20.000 € überplanmäßig bereitgestellt werden. Für das Bewilligungsverfahren sind gemäß § 102 Abs. 5 Satz 2 HGO die Vorschriften für über- und außerplanmäßige Auf-

39 Die Unvorhergesehenheit und Unabweisbarkeit werden bereits in den vorhergehenden Übungen ausführlich geprüft, so dass hier der Übungsschwerpunkt auf § 102 Abs. 5 HGO liegen soll.

wendungen und Auszahlungen sinngemäß anzuwenden. Es wird unterstellt, dass der Betrag von 20.000 € in der Gemeinde E **nicht** als erheblich i. S. v. § 100 Abs. 1 HGO gilt, sodass die Bewilligung der Mittel durch den Gemeindevorstand erfolgt und eine vorherige Zustimmung der Gemeindevertretung nicht erforderlich ist. Gemäß Nr. 7 Hw. zu § 100 HGO ist diese überplanmäßige Bewilligung der Gemeindevertretung im Rahmen der mindestens vierteljährlichen Berichterstattung zur Kenntnis zu bringen.

Übungen zu Kapitel 15: Buchführung und Jahresabschluss

Sachverhalt 1

Udo Lehmann will sich zum Jahreswechsel als Kaufmann selbstständig machen. Zurzeit besitzt er folgende Gegenstände: VW Golf (15.000 €), Schreibtisch (600 €), Grundstück Schustergasse 4 (20.000 €), 300 € Bargeld, Arbeitsplatzcomputer (1.500 €), Haus auf dem Grundstück Schustergasse 4 (120.000 €), dafür hat er bei der Bank ein Hypothekendarlehen aufgenommen, von dem noch 98.800 € offen sind. Auf dem Bankkonto befindet sich ein Guthaben von 1.400 €, ein Laptop im Wert von 1.200 € steht noch unter Eigentumsvorbehalt des Lieferanten, weil er noch nicht bezahlt ist.

Erstellen Sie das Inventar und entwickeln Sie daraus die zugehörige Eröffnungsbilanz!

Sachverhalt 2

A Dem Inventar des Kaufmanns X zum 31.12.xx können folgende Informationen entnommen werden:

Grundstücke und Gebäude	200.000 €
Geschäftsausstattung	30.000 €
Kundenforderungen	8.000 €
Bank	1.500 €
Kasse	500 €
Hypothekendarlehen	180.000 €
Lieferantenverbindlichkeiten	20.000 €

B Folgende Geschäftsvorfälle liegen vor:

1. Ein Kunde überweist zum Ausgleich einer Forderung 1.500 € auf das Bankkonto.
2. Kauf von Geschäftsausstattung im Wert von 4.000 € auf Rechnung.
3. Die fällige Hypothekenrate von 1.800 € wird von der Bank abgebucht.
4. Forderungen in Höhe von 800 € werden von den Kunden bar bezahlt.
5. Lieferantenverbindlichkeiten in Höhe von 2.500 € werden per Banküberweisung beglichen.
6. Mit einem Lieferanten wird die Umwandlung einer Lieferantenverbindlichkeit in Höhe von 9.000 € in ein langfristiges Darlehen vereinbart.
7. Kauf eines Computers für 999 € in bar.
8. Erwerb eines Grundstücks im Wert von 33.000 €. Der Besitz geht am gleichen Tag auf den Erwerber über. Es wird eine Anzahlung von 3.000 € per Banküberweisung geleistet, der Restbetrag wird nach erfolgter grundbuchlicher Umschreibung fällig.

Aufgaben:

1. Erstellen Sie die Bilanz zum 31.12.xx!
2. Bilden Sie Buchungssätze für die vorstehenden Geschäftsvorfälle und ordnen Sie sie den vier Kategorien (Aktiv-Passiv-Mehrung, -Minderung, Aktiv- oder Passivtausch) zu!
3. Eröffnen Sie die Bestandskonten für die aufgeführten Bilanzpositionen!
4. Verbuchen Sie die vorstehenden Geschäftsvorfälle!
5. Schließen Sie die Konten ab und erstellen Sie eine neue Bilanz!

Sachverhalt 3

Der Kaufmann X setzt seine Geschäftstätigkeit fort (vgl. Sachverhalt 2).

Folgende Geschäftsvorfälle sind zu verzeichnen:

9. Ankauf von Waren auf Ziel; Nettopreis 2.000 € zzgl. MwSt. (19 %)
10. Verkauf von Waren auf Ziel; Nettopreis 8.000 € zzgl. MwSt.
11. Die Stromrechnung über 400 € (zzgl. MwSt.) wird per Banküberweisung beglichen.
12. Verkauf von Waren gegen Barzahlung Bruttowert (incl. MwSt.) 238 €
13. Lieferantenverbindlichkeiten in Höhe von 2.200 € werden per Banküberweisung beglichen.
14. Betanken des Dienstwagens gegen Barzahlung (incl. MwSt.) 119 €
15. Forderungen in Höhe von 10.800 € werden per Banküberweisung beglichen.
16. Ankauf von Waren gegen bar im Wert von 200 € (zzgl. MwSt.)
17. Zur Verstärkung des Bargeldbestandes werden 1.000 € vom Bankkonto abgehoben.
18. Die MwSt.-Zahllast wird ermittelt und per Banküberweisung an das Finanzamt abgeführt.

Aufgaben:

1. Formulieren Sie die sich aus den Geschäftsvorfällen ergebenden Buchungssätze unter Benutzung der in der folgenden Aufgabe bezeichneten Konten.
2. Eröffnen Sie die Konten der Bilanzpositionen aus Sachverhalt 2; legen Sie zusätzlich Konten für Wareneinkauf, Warenverkauf, Vorsteuer, Mehrwertsteuer und Geschäftsaufwand an.
3. Führen Sie die notwendigen Buchungen aus.
4. Erstellen Sie einen Zwischenabschluss (Bilanz und Gewinn- und Verlustrechnung) aus besonderem Anlass unter Berücksichtigung des bisher behandelten Stoffes! (Der Warenbestand beträgt 600 €. Wie groß war der Wareneinsatz?)
5. Wie groß ist die Bilanzsumme?
6. Wie hoch ist die Zahllast gegenüber dem Finanzamt?
7. Wie groß ist der Erfolg des Kaufmanns?
   (Wie hat sich das Eigenkapital verändert?)

Lösungen

Lösung zum Sachverhalt 1:

Inventar des Kaufmanns Udo Lehmann zum 1.1.xx

1. Sachanlagevermögen		
1.1 Grundstück Schustergasse 4	20.000 €	
1.2 Gebäude Schustergasse 4	120.000 €	
1.3 PKW VW Golf	15.000 €	
1.4 PC	1.500 €	
1.5 Laptop	1.200 €	
1.6 Schreibtisch	600 €	
2. Umlaufvermögen		
2.1 Bankguthaben	1.400 €	
2.2 Bargeld	300 €	
Summe der Vermögensgegenstände		160.000 €
3. Schulden		
3.1 Hypothekendarlehen für Haus	98.800 €	
3.2 Lieferantenkredit für Laptop	1.200 €	
Summe der Schulden		100.000 €
Differenz (Vermögen ./. Schulden = Reinvermögen)		60.000 €

Eröffnungsbilanz des Einzelkaufmanns Udo Lehmann zum 1.1.xx

Aktiva			Passiva
Grundstücke + Gebäude	140.000 €	Eigenkapital	60.000 €
Fuhrpark	15.000 €	Hypothekendarlehen	98.800 €
Geschäftsausstattung	3.300 €	Lieferantendarlehen	1.200 €
Bank	1.400 €		--------------
Bargeld	300 €		--------------
Summe der Aktiva	160.000 €	Summe der Passiva	160.000 €

Lösung zum Sachverhalt 2:

Zu 1:

Bilanz des Betriebes X zum 31.12.xx

Aktiva			**Passiva**
Grundstücke und Gebäude	200.000 €	Eigenkapital	40.000 €
Geschäftsausstattung	30.000 €	Hypothekendarlehen	180.000 €
Kundenforderungen	8.000 €	Lieferantenverbindlichkeiten	20.000 €
Bank	1.500 €		
Kasse	500 €		
Sa.	240.000 €	Sa.	240.000 €

Zu 2.

Die Buchungssätze lauten:

1. Bank an Kundenforderungen 1.500 € (Aktivtausch)
2. Geschäftsausstattung an Lieferantenverbindlichkeiten 4.000 € (A-P-Mehrung)
3. Hypothekendarlehen an Bank 1.800 € (A-P-Minderung)
4. Kasse an Forderungen 800 € (Aktivtausch)
5. Lieferantenverbindlichkeiten an Bank 2.500 € (A-P-Minderung)
6. Lieferantenverbindlichkeiten an Darlehensverbindlichkeiten 9.000 € (Passivtausch)
7. Geschäftsausstattung an Kasse 999 € (Aktivtausch)
8. Grundstücke an Lieferantenverbindlichkeiten 33.000 € (A-P-Mehrung) Lieferantenverbindlichkeiten an Bank 3.000 € (A-P-Minderung)

Zu 3. und 4.

Die Buchungen und der Abschluss auf den Konten lauten:

Soll	**Grundstücke und Gebäude**		**Haben**
Anfangsbestand	200.000 €	9) Schlussbilanzkonto	233.000 €
8) Lieferantenverb.	33.000 €		
Sa.	233.000 €	Sa.	233.000 €

Soll	**Geschäftsausstattung**		**Haben**
Anfangsbestand	30.000 €	10) Schlussbilanzkonto	34.999 €
2) Lieferantenverb.	4.000 €		
7) Kasse	999 €		
Sa.	34.999 €	Sa.	34.999 €

Soll	**Kundenforderungen**		**Haben**
Anfangsbestand	8.000 €	1) Bank	1.500 €
		4) Kasse	800 €
		11) Schlussbilanzkonto	5.700 €
Sa.	8.000 €	Sa.	8.000 €

Soll	**Bank**		**Haben**
Anfangsbestand	1.500 €	3) Hypothekenverb.	1.800 €
1) Kundenforderungen	1.500 €	5) Lieferantenverb.	2.500 €
12) Schlussbilanzkonto	4.300 €	8) Lieferantenverb.	3.000 €
Sa.	7.300 €	Sa.	7.300 €

Soll		Kasse	Haben
Anfangsbestand	500 €	7) Geschäftsausstatt	999 €
4) Kundenforderungen	800 €	13) Schlussbilanzkonto	301 €
Sa.	1.300 €	Sa.	1.300 €

Soll		Eigenkapital	Haben
14) Schlussbilanzkonto	40.000 €	Anfangsbestand	40.000 €
Sa.	40.000 €	Sa.	40.000 €

Soll		Hypothekendarlehen	Haben
3) Bank	1.800 €	Anfangsbestand	180.000 €
15) Schlussbilanzkonto	178.200 €		
Sa.	180.000 €	Sa.	180.000 €

Soll		Darlehensverbindlichkeiten	Haben
16) Schlussbilanzkonto	9.000 €	6) Lieferantenverb.	9.000 €
Sa.	9.000 €	Sa.	9.000 €

Soll		Lieferantenverbindlichkeiten	Haben
5) Bank	2.500 €	Anfangsbestand	20.000 €
6) Darlehensverb.	9.000 €	2) Geschäftsaustatt.	4.000 €
8) Bank	3.000 €	8) Grundstücke	33.000 €
17) Schlussbilanzkonto	42.500 €		
Sa.	57.000 €	Sa.	57.000 €

Soll		Schlussbilanzkonto (SBK)	Haben
9) Grundstücke u. Gebäude	233.000 €	12) Bank	4.300 €
10) Geschäftsausstattung	34.999 €	14) Eigenkapital	40.000 €
11) Kundenforderungen	5.700 €	15) Hypothekendarlehen	178.200 €
13) Kasse	301 €	16) Darlehensverbindlichkeiten	9.000 €
		17) Lieferantenverbindlichk.	42.500 €
Sa.	274.000 €	Sa.	274.000 €

Zu 5.

Der Abschluss lautet:

Aktiva	Bilanz zum 31.12.x1		Passiva
Grundstücke und Gebäude	233.000 €	Eigenkapital	40.000 €
Geschäftsausstattung	34.999 €	Hypothekendarlehen	178.200 €
Kundenforderungen	5.700 €	Darlehensverbindlichkeiten	9.000 €
Kasse	301 €	Lieferantenverbindlichkeiten	42.500 €
		Bank	4.300 €
Sa.	274.000 €	Sa.	274.000 €

Lösung zu Sachverhalt 3:

zu 1.

Buchungssätze:

9	Wareneinkauf	an	Lieferantenverb.	2.000 €
	Vorsteuer	an	Lieferantenverb.	380 €
10	Kundenforderungen	an	Warenverkauf	8.000 €
	Kundenforderungen	an	MwSt.	1.520 €
11	Geschäftsaufwand	an	Bank	400 €
	Vorsteuer	an	Bank	76 €
12	Kasse	an	Warenverkauf	200 €
	Kasse	an	MwSt.	38 €
13	Lieferantenverb.	an	Bank	2.200 €
14	Geschäftsaufwand	an	Kasse	100 €
	Vorsteuer	an	Kasse	19 €
15	Bank	an	Kundenforderungen	10.800 €
16	Wareneinkauf	an	Kasse	200 €
	Vorsteuer	an	Kasse	38 €
17	Kasse	an	Bank	1.000 €
18	MWSt	an	Vorsteuer	?
	MWSt	an	Bank	?

zu 2. und 3.

Aktivkonten

Soll	Grundstücke und Gebäude		Haben
Anfangsbestand	233.000 €	Schlussbilanz	233.000 €
Sa.	233.000 €	Sa.	233.000 €

Soll	Geschäftsausstattung		Haben
Anfangsbestand	34.999 €	Schlussbilanz	34.999 €
Sa.	34.999 €	Sa.	34.999 €

Soll	Wareneinkauf		Haben
9) Lieferantenverb.	2.000 €	Schlussbilanz	600 €
16) Kasse	200 €	Wareneinsatz	1.600 €
Sa.	2.200 €	Sa.	2.200 €

Soll	Vorsteuer		Haben
9) Lieferantenverb.	380 €	18) MwSt.	513 €
11) Bank	76 €		
14) Kasse	19 €		
16) Kasse	38 €		
Sa.	513 €	Sa.	513 €

Soll	Kundenforderungen		Haben
Anfangsbestand	5.700 €	15) Bank	10.800 €
10) Warenverkauf	8.000 €	Schlussbilanz	4.420 €
10) MwSt.	1.520 €		
Sa.	15.220 €	Sa.	15.220 €

Soll	Bank		Haben
15) Kundenforderungen	10.800 €	Anfangsbestand	4.300 €
		11) Geschäftsaufwand	400 €
		11) Vorsteuer	76 €
		13) Lieferantenverb.	2.200 €
		17) Kasse	1.000 €
		18) MwSt.	1.045 €
		Schlussbilanz	1.779 €
Sa.	10.800 €	Sa.	10.800 €

Soll	Kasse		Haben
Anfangsbestand	301 €	14) Geschäftsaufwand	100 €
12) Warenverkauf	200 €	14) Vorsteuer	19 €
12) MWSt	38 €	16) Wareneinkauf	200 €
17) Bank	1.000 €	16) Vorsteuer	38 €
		Schlussbilanz	1.182 €
Sa.	1.539 €	Sa.	1.539 €

Passivkonten

Soll	Eigenkapital		Haben
Schlussbilanz	46.100 €	Anfangsbestand	40.000 €
		G+V	6.100 €
Sa.	46.100 €	Sa.	46.100 €

Soll	Hypothekendarlehen		Haben
Schlussbilanz	178.200 €	Anfangsbestand	178.200 €
Sa.	178.200 €	Sa.	178.200 €

Soll	Darlehensverbindlichkeiten		Haben
Schlussbilanz	9.000 €	Anfangsbestand	9.000 €
Sa.	9.000 €	Sa.	9.000 €

Soll	Lieferantenverbindlichkeiten		Haben
13) Bank	2.200 €	Anfangsbestand	42.500 €
Schlussbilanz	42.680 €	9) Wareneinkauf	2.000 €
		9) Vorsteuer	380 €
Sa.	44.880 €	Sa.	44.880 €

Soll	Mehrwertsteuer		Haben
18) Vorsteuer	513 €	10) Kundenforderungen	1.520 €
18) Bank	1.045 €	12) Kasse	38 €
Sa.	1.558 €	Sa.	1.558 €

Aufwandskonten

Soll	Geschäftsaufwand		Haben
11) Bank	400 €	G+V	500 €
14) Kasse	100 €		
Sa.	500 €	Sa.	500 €

Soll	Wareneinsatz		Haben
Wareneinkauf	1.600 €	G+V	1.600 €
Sa.	1.600 €	Sa.	1.600 €

Ertragskonten

Soll	Lieferantenverbindlichkeiten		Haben
G+V	8.200 €	10) Kundenforderungen	8.000 €
		12) Kasse	200 €
Sa.	8.200 €	Sa.	8.200 €

Zu 4.

Der Abschluss lautet:

Soll	Gewinn- und Verlustrechnung zum 28.2.x1		Haben
Wareneinsatz	1.600 €	Warenverkauf	8.200 €
Geschäftsaufwand	500 €		
Eigenkapital	6.100 €		
Sa.	8.200 €	Sa.	8.200 €

Soll	Bilanz zum 28.2.x1		Haben
Grundstücke und Gebäude	233.000 €	Eigenkapital	46.100 €
Geschäftsausstattung	34.999 €	Hypothekendarlehen	178.200 €
Waren	600 €	Darlehensverbindlichkeiten	9.000 €
Kundenforderungen	4.420 €	Lieferantenverbindlichkeiten	42.680 €
Bank	1.779 €		
Kasse	1.182 €		
Sa.	275.980 €	Sa.	275.980 €

zu 4. Der Wareneinsatz beträgt 1.600 €

zu 5. Die Bilanzsumme beträgt 275.980 €

zu 6. Die Zahllast beträgt 1.045 €

zu 7. Der Erfolg beträgt 6.100 €

Übungen zu Kapitel 16: Die kommunale Vermögensrechnung (Bilanz) – Ansatz, Ausweis und Bewertung in den einzelnen Posten

Sachverhalt 1

Die Gemeinde G hat in ihrer Geschäftsanweisung festgelegt, dass die Inventur jeweils bis zum 31.1. eines jeden Jahres durchzuführen ist (nachverlegte Inventur). Am 31.1.2023 wurde bei der Gemeinde G der Inventurbestand wie folgt ermittelt:

Betriebs- und Geschäftsausstattung (BGA)	300.000 €
Fahrzeuge	500.000 €
Maschinen u. technische Anlagen (MtA)	200.000 €

Abschreibungen für 2022 wurden noch nicht gebucht.

Der Anlagenbuchhalter hat für den Zeitraum zwischen dem Bilanzstichtag und dem Inventurstichtag folgende Bestandsveränderungen ermittelt:

Zugang von zwei Stahlschränken	Wert	5.000 €	am 5.1.2023
Abgang eines Feuerwehrfahrzeugs	Buchwert 31.12.	10.000 €	am 12.1.2023
Austausch zweier Kettensägen			
Bestand (Inzahlungnahme)	Buchwert 31.12.	100 €	am 2.1.2023
Neue Kettensägen (zusammen)	Restkaufpreis	1.000 €	am 5.1.2023

Aufgabe:

Ermitteln Sie die Bestandswerte für den Bilanzstichtag.

Lösung:

	Betriebs- u. Geschäftsausstattung		**Fahrzeuge**		**Maschinen u. technische Anlagen**
Bestand 31.1.	300.000 €	Bestand 31.1.	500.000 €	Bestand 31.1.	200.000 €
Zugang 5.1.	–5.000 €	Abgang 12.1.	+10.000 €	Abgang 2.1.	+100 €
				Zugang 5.1.	–1.100 €
Bestandswert Bilanzstichtag	**295.000 €**		**510.000 €**		**199.000 €**

Anmerkung: Beim Ankauf der Kettensägen handelt es sich um eine vorherige Inzahlungnahme i. H. v. 100 €, so dass der Gesamtkaufpreis 1.100 € beträgt.

Sachverhalt 2

Die Gemeinde G nutzt als Inventur- und Bewertungsvereinfachungen die Festwertbildung nach § 35 Abs. 2 GemHVO und die Gruppenbewertung nach § 35 Abs. 3 GemHVO. Hierbei ergeben sich folgende Sachverhalte:

a) Festwertbildung
Bei der Feuerwehr wird eine gleichbleibende Menge von Atemschutzmasken eingesetzt. Unbrauchbar gewordene Masken werden regelmäßig ersetzt. Zum Zeitpunkt der Bildung des Festwertes sind 20 Masken vorhanden. Die Anschaffungskosten betrugen durchgängig 300 € je Maske.

Aufgabe:

Ermitteln Sie den Festwert für die Atemschutzmasken der Feuerwehr.

b) Fortschreibung des Festwertes
Im Jahr vor der nach § 35 Abs. 1 Satz 2 GemHVO regelmäßig vorgeschriebenen Bestandsaufnahme werden sechs neue Masken zu je 350 € beschafft. Neben der notwendigen Ersatzbeschaffung ist ein Teil hiervon für die erstmalige Ausstattung der Freiwilligen Feuerwehr vorgesehen. Der Bestand an alten Masken beträgt 16 Stück, wobei die durchschnittliche Nutzungszeit sich nicht verändert hat.

Aufgabe:

Ermitteln Sie die Abweichung vom bisherigen Festwert und entscheiden Sie anhand der Abweichung, ob eine Festwertanpassung erforderlich ist.

c) Gruppenbewertung mit dem gewogenen Durchschnittswert
Im Rahmen der Inventur wurde festgestellt, dass in der Feuerwehrwerkstatt 50 Werkzeuge vorhanden sind. Aufgeteilt nach Einzelpreisen setzen sich die Werkzeuge wie folgt zusammen:

- 15 × 120 €
- 10 × 125 €
- 20 × 130 €
- 5 × 110 €

Die Restnutzungsdauer liegt bei fünf Jahren.

Aufgabe:

Ermitteln Sie den Gesamtwert der Werkzeuge und den gewogenen Durchschnittswert eines Werkzeugs.

Lösung:

zu a) Festwertbildung

Anschaffungswert	20 Stück	300 €	6.000 €
anzusetzender Festwert		50 %	3.000 €

zu b) Festwertfortschreibung

bisheriger Festwert		50 %	3.000 €
anzusetzender Wert (alt)	16 Stück	300 €	50 % = 2.400 €
anzusetzender Wert (neu)	6 Stück	350 €	50 % = 1.050 €
anzusetzender Wert gesamt			3.450 €
Abweichung			15 %

Der Festwert ist fortzuschreiben, da sich Menge und Anschaffungskosten wesentlich verändert haben.

zu c) Gruppenbewertung mit gewogenem Durchschnitt

Berechnung des Durchschnittswertes					
Werkzeug I	15	Stück	×	120,00 €	1.800,00 €
Werkzeug II	10	Stück	×	125,00 €	1.250,00 €
Werkzeug III	20	Stück	×	130,00 €	2.600,00 €
Werkzeug IV	5	Stück	×	110,00 €	550,00 €
Gesamtwert für 50 Werkzeuge					6.200,00 €
Gewogener Durchschnittswert				/50 Stück	124,00 €

Sachverhalt 4 (Anschaffungskosten)

Der Anschaffungspreis einer Druckmaschine für die Hausdruckerei beträgt 58.000 €. Dieser Preis beinhaltet nicht die einzelnen Kosten für Verpackung i. H. v. 100 €, Transport i. H. v. 500 € und Transportversicherung i. H. v. 150 €. Die Kommune nutzt den eingeräumten Skontoabzug auf den Anschaffungspreis i. H. v. 2 %. Aufgrund einiger Lackschäden erhält die Kommune einen pauschalierten Nachlass auf die Gesamtrechnungssumme i. H. v. 1.000 €. Bei der Aufstellung der Maschine ist eine Montage bzw. Verankerung mit dem Boden erforderlich, hierfür stellt ein Serviceunternehmen 410 € in Rechnung.

Aufgabe:

Ermitteln Sie anhand des Berechnungsschemas die Anschaffungskosten.

Lösung:

Anschaffungspreis		
Kaufpreis	58.000,00 €	58.000,00 €
Anschaffungsnebenkosten		
Verpackung	100,00 €	
Transport	500,00 €	
Transportversicherung	150,00 €	
Montage	410,00 €	1.160,00 €
Anschaffungspreisminderungen		
Preisnachlass	1.000,00 €	
Skonto	1.140,00 €	2.140,00 €
Anschaffungskosten insgesamt		**57.020,00 €**

Sachverhalt 5 (Anschaffungskosten)

Die Kommune erwirbt ein unbebautes Grundstück. Die Grundstücksgröße wird im Kaufvertrag mit ca. 2.000 qm festgelegt, durch eine spätere Vermessung soll die genaue Grundstücksgröße ermittelt werden. Bei einer Abweichung wird eine nachträgliche Anpassung des Kaufpreises i. H. v. 25 € je qm fällig. Das Grundstück ist mit einer Grundschuld i. H. v. 20.000 €, welche mit einer Restschuld i. H. v. 10.000 € valutiert, belastet. Es wird mit dem Verkäufer eine Kaufpreiszahlung von 40.000 € vereinbart, die Grundschuldbelastung wird von der Kommune zusätzlich übernommen. Die Kommune hat Grunderwerbssteuer i. H. v. 3.000 € zu entrichten.[1] Notariatskosten fallen i. H. v. 800 € und Gerichtskosten i. H. v. 500 € an. Für die im Kaufvertrag vereinbarte Vermessung fallen für die Kommune Kosten i. H. v. 500 € an. Bei der Vermessung wurde festgestellt, dass die Grundstücksgröße 2.020 qm beträgt.

Aufgabe:

Ermitteln Sie anhand des Berechnungsschemas die Anschaffungskosten.

1 Der Steuersatz der Grunderwerbsteuer beläuft sich in Hessen momentan auf 6 %.

Lösung:

Anschaffungspreis		
Kaufpreis	40.000,00 €	
Restschuld aus Grundschuld	10.000,00 €	50.000,00 €
Anschaffungsnebenkosten		
Grunderwerbsteuer	3.000,00 €	
Notargebühren	800,00 €	
Gerichtsgebühren	500,00 €	
Vermessungsgebühren	500,00 €	4.800,00 €
Nachträgliche Anschaffungskosten		
Preis für 20 m² à 25 €	500,00 €	500,00 €
Anschaffungskosten insgesamt		**55.300,00 €**

Sachverhalt 6 (Herstellungskosten)

Die Kommune erstellt eine neue Kindertagesstätte. Das vom Hochbauamt beauftragte Bauunternehmen rechnet insgesamt Materialkosten i. H. v. 200.000 € und Lohnkosten i. H. v. 300.000 € ab. Die Personalkosten des Hochbauamtes für die selbst erstellte Planung betragen nach Abrechnung der Kosten- und Leistungsrechnung (KLR) 50.000 €. Neben den allgemeinen Materialkosten des beauftragten Bauunternehmens wurden seitens der Kommune mehrere zusätzliche Bauteile auf eigene Rechnung i. H. v. 25.000 € beschafft, die vom Bauunternehmen eingebaut wurden. Zum Schutz vor Diebstahl wurde ein Teil der Baumaterialien in einem Lager untergebracht. Der in der KLR ermittelte Materialgemeinkostenzuschlag (Personalkosten, Abschreibung, Energiekosten etc. für das Lager) beträgt 2.000 €. In der KLR der Kommune wurde ein Fertigungsgemeinkostenzuschlag (Fertigungskontrolle, Energiekosten, Sachversicherungen für eingesetzte Anlagen etc.) beim Bau i. H. v. 1.500 € ermittelt. Ein Architekturbüro rechnet für ein in der Planungsphase erstelltes Modell 1.000 € ab.

Aufgabe:

Ermitteln Sie anhand des Berechnungsschemas die Herstellungskosten.

Lösung:

Für die Lösung dieser Aufgabe bestehen aufgrund des bestehenden Wahlrechts hinsichtlich der Gemeinkosten zwei alternative Lösungsmöglichkeiten.

a) Unter Einbeziehung der Gemeinkosten ergibt sich folgende Lösung:

Lösung:		
Materialeinzelkosten		
Bauunternehmen	200.000,00 €	
Sonderbauteile	25.000,00 €	225.000,00 €
Fertigungseinzelkosten		
Bauunternehmen	300.000,00 €	
Eigene Planungskosten	50.000,00 €	350.000,00 €
Materialgemeinkosten		
Materialgemeinkostenzuschlag	2.000,00 €	2.000,00 €
Fertigungsgemeinkosten		
Fertigungsgemeinkostenzuschlag	1.500,00 €	1.500,00 €
Sondereinzelkosten der Fertigung		
Modell	1.000,00 €	1.000,00 €
Herstellungskosten insgesamt		**579.500,00 €**

b) Bei Nichtberücksichtigung der Gemeinkosten ergibt sich folgende alternative Lösung:

Lösung:		
Materialeinzelkosten		
Bauunternehmen	200.000,00 €	
Sonderbauteile	25.000,00 €	225.000,00 €
Fertigungseinzelkosten		
Bauunternehmen	300.000,00 €	
Eigene Planungskosten	50.000,00 €	350.000,00 €
Sondereinzelkosten der Fertigung		
Modell	1.000,00 €	1.000,00 €
Herstellungskosten insgesamt		**576.000,00 €**

Sachverhalt 7 (Erweiterung eines Vermögensgegenstandes)

Geschäftsvorfälle	
1.	Anbringen einer zusätzlichen Verkleidung zu Wärme- und Schallschutzzwecken an einer Schule.
2.	Ersatz eines Flachdaches durch ein Spitzdach, wodurch eine zusätzliche Nutzfläche geschaffen wird.
3.	Erweiterung der Funktionalität einer Zentralheizungsanlage um eine Warmwasserbereitung.
4.	Erstmaliger Einbau einer Alarmanlage.
5.	Anbau eines Balkons.

6.	Ersatz eines Flachdaches durch ein Satteldach; die nutzbare Fläche bzw. die Nutzungsmöglichkeit wird nicht erweitert.
7.	Erweiterung des Gebäudes um einen Windfang-Vorbau.
8.	Vergrößern eines bereits vorhandenen Fensters.
9.	Im Rathaus wird erstmalig ein Kamin eingebaut.
10.	Versetzen von einigen Wänden für neue Raumzuschnitte des Amtsleiter- und Vorzimmerbüros.
11.	Zur Vermeidung von Wasserschäden durch Niederschläge an der rissigen Fassade einer Kindertagesstätte wird die Wandfläche mit einer einfachen Dachüberbauung geschützt.

Aufgabe:

Begutachten Sie, ob es sich um Herstellungskosten oder Erhaltungsaufwand handelt.

Lösungen:

1. Grundsätzlich stellt dies Erhaltungsaufwand dar, da keine Substanzmehrung entsteht. Es handelt sich vielmehr um die Anpassung an den aktuellen bautechnischen Standard. Eine Ausnahme könnte lediglich darin bestehen, dass für die Verkleidung besonders hochwertige Materialien verwendet wurden (Hebung des Standards).
2. Aufgrund der Schaffung einer zusätzlichen Nutzfläche handelt es sich um Substanzmehrung, so dass Herstellungsaufwand vorliegt.
3. Die Erweiterung der Funktionalität einer Zentralheizungsanlage um eine Warmwasserbereitung stellt Erhaltungsaufwand dar, da keine Substanzmehrung entsteht. Es handelt sich vielmehr um die Anpassung an den aktuellen Ausstattungsstandard.
4. Der Einbau einer Alarmanlage stellt eine Substanzmehrung dar, so dass Herstellungsaufwand vorliegt. Bei Alarmanlagen handelt es sich zudem um separate Vermögensgegenstände, für die in der einschlägigen AfA-Tabelle eine eigene Nutzungsdauer vorgesehen ist. Deswegen kann dieser Vermögensgegenstand eigenständig aktiviert werden.
5. Der Anbau eines Balkons stellt eine Substanzmehrung dar, so dass Herstellungsaufwand vorliegt.
6. Durch den Wechsel von einem Flachdach auf ein Satteldach allein entsteht nur Erhaltungsaufwand. Da keine Erweiterung der Fläche oder Nutzungsmöglichkeit vorliegt, stellt dies keine Substanzmehrung dar.
7. Ein Windfang-Vorbau stellt eine Substanzmehrung am Gebäude dar, so dass Herstellungsaufwand vorliegt.
8. Die Vergrößerung eines Fensters bedingt keine Substanzmehrung, so dass Erhaltungsaufwand vorliegt. Ein einziges Fenster zu vergrößern erhöht weder den Wert noch die Substanz des gesamten Gebäudes.

9. Der Einbau eines Kamins stellt eine Substanzmehrung dar, so dass Herstellungsaufwand vorliegt. Der Kamin bietet zusätzliche Nutzungsmöglichkeiten, weshalb der Gebrauchswert des Gebäudes gesteigert wird. Der Kamin ist fest mit dem Gebäude verbunden und kann daher nicht separat aktiviert werden.
10. Das Versetzen von Wänden für neue Raumzuschnitte stellt keine Substanzmehrung dar, es handelt sich somit um Erhaltungsaufwand. Nach wie vor besteht der ursprüngliche Substanzwert des Gebäudes.
11. Die Dachüberbauung erfolgte lediglich zu dem Zweck, die rissige Fassade vor möglichen Wasserschäden zu schützen. Der neue Gebäudebestandteil hat keinerlei eigene Funktion, sondern erfüllt lediglich die Funktion des bisherigen Gebäudebestandteils als Ergänzung in vergleichbarer Weise. Dementsprechend handelt es sich hier eher um Reparatur- bzw. Erhaltungsaufwand.

Sachverhalt 8 (Anschaffungs- bzw. Herstellungskosten)

Geschäftsvorfälle	
1.	Es werden unterlassene Instandhaltungen an einem Schulgebäude nachgeholt (Fassadenausbesserung, Prüfung und Reparatur sämtlicher Fenster, neuer Anstrich, Austausch defekt gewordener Sanitäranlagen).
2.	Der einfach geputzte Vorbau des Rathauses wird zur Verbesserung des Erscheinungsbildes durch eine Marmor-Aluminium-Glaskonstruktion ersetzt.
3.	Im Rahmen der Nachholung versäumter Instandhaltungsmaßnahmen werden die Nachtspeicherheizungen durch eine Zentralheizung ersetzt. Des Weiteren werden die sanitären Anlagen durchgängig modernisiert. Die noch zweiphasigen Elektroinstallationen werden durch dreiphasige Installationen ersetzt. Außerdem werden die einfach verglasten Fenster durch Isolierfenster ersetzt. Der Mietwert der städtischen Immobilie kann um vier € je qm erhöht werden.
4.	Ein marodes Fundament wird durch ein neues ersetzt; die Lebensdauer des Gebäudes erhöht sich hierdurch um 20 Jahre.
5.	Ein Geschäftsgebäude wird mit dem Ziel erworben, es künftig als Kindertagesstätte zu nutzen. Um die gesetzlichen Anforderungen für Kindertageseinrichtungen zu erfüllen, werden zahlreiche Wände in dem Gebäude entfernt und die Räume baulich völlig neu gestaltet.
6.	Ein Verwaltungsgebäude aus den 60er Jahren wird entkernt und mit Einzelbüros und großzügig angelegten Besucherbereichen bürgerorientiert neu gestaltet.
7.	Das baulich sehr einfach erstellte Rathaus aus den 50er Jahren erfährt im Rahmen der erstmaligen Instandsetzung durch Einbau hochwertiger Materialien eine Standardanhebung.
8.	Im Rahmen eines Anbaus an eine Schule aus den 50er Jahren werden am alten Gebäude die einfach verglasten Fenster durch Isolierfenster sowie sämtliche zweiphasigen Elektroinstallationen durch dreiphasige Installationen ersetzt.

Aufgabe:

Begutachten Sie, ob es sich um Herstellungskosten oder Erhaltungsaufwand handelt.

Lösungen:

1. Selbst ein quantitativ gehäuft anfallender Erhaltungsaufwand stellt keine über den ursprünglichen Zustand hinausgehende Verbesserung dar, so dass Erhaltungsaufwand vorliegt.
2. Aufgrund hochwertiger Materialien und einer besonderen baulichen Gestaltung liegt eine wesentliche Verbesserung gegenüber dem ursprünglichen Zustand vor, so dass es sich um Herstellungsaufwand handelt.
3. Durch die Verbesserung von mehr als drei zentralen Ausstattungsmerkmalen hat sich eine Standardverbesserung ergeben. Hierdurch sind die erfolgten Sanierungsmaßnahmen als Herstellungskosten aktivierungsfähig.
4. Es wurden für die Lebensdauer des Gebäudes bestimmende Bauteile erneuert. Die Lebensdauer wurde deutlich erhöht, so dass hierdurch Herstellungsaufwand entstanden ist.
5. Erst durch die Neugestaltung der Räumlichkeiten ist das Gebäude für seinen eigentlichen Zweck nutzbar, somit sind die Kosten für die Umbaumaßnahme als Anschaffungskosten einzuordnen.
6. Durch die Entkernung des Gebäudes und der räumlichen Neugestaltung liegt eine wesentliche Verbesserung vor, so dass Herstellungsaufwand entstanden ist.
7. Durch den Einbau hochwertiger Materialien, die nicht nur Anforderungen hinsichtlich der Zweckmäßigkeit erfüllen, ergibt sich eine wesentliche Verbesserung des sehr einfach erstellten Rathauses, so dass die Instandsetzungsmaßnahme aktivierungsfähig ist.
8. Im Rahmen des Schulanbaus erfolgt eine Herstellungsmaßnahme. Daneben erfolgen durch zwei weitere zentrale Gewerke Verbesserungen der Ausstattungsstandards. Für die Aktivierung als Herstellungskosten im Rahmen der Standardverbesserung gilt, dass in Verbindung mit einer aktivierungsfähigen Herstellungsmaßnahme mindestens zwei Bereiche der zentralen Ausstattungsmerkmale verbessert werden müssen. Demnach ist die gesamte Maßnahme als Herstellungskosten aktivierbar.

Sachverhalt 9 (Zusammentreffen von Herstellungskosten und Erhaltungsaufwendungen)

Geschäftsvorfälle	
1.	Im Rahmen der Schulbausanierung entstehen Kosten von 1 Mio. €. Das beauftragte Unternehmen erstellt eine Rechnung i. H. v. 1 Mio. €, obwohl die Auftragskalkulation des Hochbauamtes neben dem überwiegenden Sanierungsaufwand auch Kosten für einen Anbau in Höhe von 200.000 € vorsah.
2.	Zwei Gebäude eines Schulzentrums werden durch einen Verbindungstrakt für 300.000 € erweitert, hierzu sind Ausbesserungsarbeiten i. H. v. 50.000 € am bestehenden Fundament der beiden Gebäude erforderlich.

3.	Im Verwaltungsgebäude werden in den Obergeschossen für 50.000 € erstmalig Besuchertoiletten eingerichtet. Hierzu ist es erforderlich, größere Fallrohre in der bestehenden Besuchertoilette im Erdgeschoss zu verlegen. Hierfür werden 2.000 € in Rechnung gestellt; des Weiteren werden 3.000 € fällig, um im Rahmen der Verlegung des Fallrohrs entstandene Schäden in der bestehenden Besuchertoilette zu beseitigen.
4.	Gleicher Sachverhalt wie zuvor; zusätzlich wird die Besuchertoilette im Erdgeschoss für 7.000 € durch Neuverfliesung und neue Sanitäranlagen modernisiert.
5.	Es ist erforderlich, ein Schuldach neu einzudecken. Im Rahmen dieser Maßnahme wird eine Solaranlage installiert. Die Gesamtrechnung lautet auf 19.000 €, wobei 10.000 € auf die Installation der Solaranlage fallen.
6.	Im Rahmen einer Schulbauerweiterung wird der Einbau von 6 neuen Fenstern erforderlich. Gleichzeitig werden die 18 aus Einfachverglasung bestehenden Fenster gleicher Art und Größe des Altbaus durch Fenster mit Isolierverglasung ausgetauscht. Die Rechnung beträgt insgesamt 12.000 €.
7.	Um die Barrierefreiheit im Rathaus sicherzustellen, wird ein Personenaufzug für 40.000 € installiert. Die Umsetzung der Maßnahme macht anschließend einen Anstrich des Treppenhauses für 3.000 € erforderlich.

Aufgabe:

Ermitteln Sie die aktivierungsfähigen Herstellungskosten und die ergebniswirksamen Erhaltungsaufwendungen und begründen Sie Ihre Entscheidung.

Lösungen:

1. Eine gemeinsame Rechnung für Erhaltungs- und Herstellungsaufwand ist sachgerecht zu trennen. Hier waren für den Anbau 200.000 € Herstellungskosten vorgesehen, so dass diese entsprechend zu buchen sind. Die restlichen 800.000 € stellen Erhaltungsaufwand dar.
2. Die Ausbesserungsarbeiten am Fundament sind durch den Neubau begründet, es besteht somit ein unmittelbarer bautechnischer Zusammenhang mit der Herstellungsmaßnahme. Die 350.000 € stellen daher insgesamt Herstellungsaufwand dar.
3. Die entstandenen Schäden sind durch die Neuinstallation bedingt, es besteht somit ein unmittelbarer bautechnischer Zusammenhang des Erhaltungsaufwands mit der Herstellungsmaßnahme. Die 55.000 € stellen somit insgesamt Herstellungsaufwand dar.
4. Hier steht der Erhaltungsaufwand nicht im unmittelbaren bautechnischen Zusammenhang mit der Herstellungsmaßnahme, so dass die 7.000 € Erhaltungsaufwand darstellen und es bei 55.000 € Herstellungsaufwand bleibt.
5. Das Eindecken des Daches steht nicht im unmittelbaren bautechnischen Zusammenhang mit der Herstellungsmaßnahme einer Solaranlage, so dass die 9.000 € für das Eindecken des Daches Erhaltungsaufwand und die 10.000 € für die Substanzmehrung um eine Solaranlage Herstellungsaufwand darstellen.

6. Die Fenster für die Schulbauerweiterung stellen Herstellungsaufwand in Höhe von 3000 € dar. Der Austausch der vorhandenen Fenster stellt eine Anpassung an den aktuellen bautechnischen Standard dar, eine Substanzmehrung bzw. eine Verbesserung über den ursprünglichen Zustand hinaus liegt somit nicht vor. Der Austausch der vorhandenen Fenster ist auch nicht unmittelbar durch die Schulbauerweiterung und dem dortigen Fenstereinbau bedingt. Die 9.000 € für den Fensteraustausch stellen somit Erhaltungsaufwand dar.
7. Nach Nr. 7 Hw. zu § 41 GemHVO können unerhebliche Erhaltungsaufwendungen den Herstellungskosten zugerechnet werden, wenn sie in einem engen räumlichen und zeitlichen Zusammenhang anfallen. Dementsprechend zählen im vorliegenden Fall auch die Kosten für den Anstrich zu den Herstellungskosten.

Sachverhalt 10 (Bilanzierung von Anlagen im Bau)

In der Gemeinde G wird für eine Hochbaumaßnahme mit einem Gesamtfinanzierungsvolumen von zwei Millionen € am 1.12.2023 der Rohbau fertig gestellt. Die Rohbaufertigstellung ist bis zum 31.12.2023 noch nicht abgerechnet und ist zu diesem Zeitpunkt auch noch nicht absehbar. Nach vorsichtiger Schätzung betragen die Herstellungskosten des Rohbaus 800.000 €. Das wirtschaftliche Eigentum des Rohbaus ist der Kommune zuzurechnen.

Aufgabe:

Ist der Rohbau in der Bilanz der Gemeinde G auszuweisen, was ist hierbei und beim späteren Rechnungseingang zu bedenken?

Lösung:

Der bisherige Herstellungswert der Anlage im Bau ist in der Bilanz darzustellen. Hierbei wird der Schätzwert in Höhe von 800.000 € zugrunde gelegt. Als Gegenposition ist eine sonstige Verbindlichkeit zu buchen. Sobald die Rechnung eingeht, erfolgt die Berichtigung des Wertes der Anlage im Bau und unter Berücksichtigung der sonstigen Verbindlichkeit die Auszahlung des Rechnungsbetrages.

Sachverhalt 11 (Abrechnung von Anlagen im Bau)

Für eine im Januar begonnene Hochbaumaßnahme geht bei der Gemeinde G am 10.4.2023 die erste Teilrechnung in Höhe von 700.000 € entsprechend dem Baufortschritt ein. Am 17.6.2023 erfolgt die Schlussabrechnung mit einer Restforderung in Höhe von 930.000 €. Nach Prüfung der Rechnung stellt der Anlagenbuchhalter fest, dass ein Betrag von 22.000 € nicht aktivierungsfähigen Aufwand darstellt.

Aufgabe:

Welche Buchungen sind bis zur Aktivierung der Anlage im Bau vorzunehmen?

Lösung:

Am 10.4.2023 ist ein Zugang in Höhe von 700.000 € auf die Anlage im Bau zu buchen.

Die Schlussabrechnung in Höhe von 930.000 € ist aufzuteilen, wobei 908.000 € als weiterer Zugang auf die Anlage im Bau zu buchen ist. Der Gesamtbetrag in Höhe von 1.608.000 € ist danach auf die „endgültige" Anlage umzubuchen. Der nicht aktivierungsfähige Aufwand in Höhe von 22.000 € ist auf das entsprechende Aufwandskonto zu buchen.

Sachverhalt 12 (Aktivierung von Eigenleistungen)

Feuerwehrleute der Gemeinde G bauen während ihrer Bereitschaftsdienststunden mehrere kleine nicht genutzte Lagerräume in einen Schulungsraum um. Es entstanden Materialkosten in Höhe von 20.000 €. Mittels Kosten- und Leistungsrechnung werden Kosten für Arbeitsleistung in Höhe von 80.000 € festgestellt. Ein Handwerksbetrieb hatte die identische Umbauleistung für 49.900 € angeboten.

Aufgabe:

Welche Buchungen und in welcher Höhe sind bis zur Aktivierung in der Anlagenbuchhaltung vorzunehmen?

Lösung:

Die Auszahlung für die Materialkosten sind auf der Anlage im Bau in Höhe von 20.000 € zu buchen. Vermögensgegenstände sind betraglich höchstens mit ihren Anschaffungs- oder Herstellungskosten zu erfassen. Entsprechend § 43 Abs. 3 GemHVO liegt der tatsächliche Herstellungswert über dem üblichen Herstellungswert. Diese Wertdifferenz besteht als Wertminderung dauerhaft. Daher sind nicht die tatsächlich angefallenen 80.000 €, sondern die den üblichen Herstellungskosten entsprechenden Beträge, also 49.900 €, zu aktivieren. Ein höherer Vermögenswert wurde trotz höherem Aufwand nicht geschaffen.

Sachverhalt 13

In der Gemeinde G wird eine Geschäftsanweisung für die Vermögensbewirtschaftung erstellt. Hierin wird vorgesehen, dass zur Erleichterung der Anlagenbuchhaltung die erhaltenen Zuwendungen bei Aktivierung der zugeordneten Vermögensgegenstände den Vermögenswert mit dem vollen Betrag der erhaltenen Zuwendung gemindert werden sollen, da diese Vorgehensweise keinerlei Auswirkungen auf das Jahresergebnis in der Ergebnisrechnung hat.

Aufgabe:

Beurteilen Sie diese Regelung.

Lösung:

Die Regelung ist unzulässig, da das Wahlrecht des kaufmännischen Rechnungswesens einer aktivischen Minderung der Anschaffungs- oder Herstellungskosten durch Zuwendungen nach § 38 Abs. 4 GemHVO nicht zulässig ist. § 38 Abs. 2 GemHVO schließt zudem eine direkte Verrechnung von Positionen der Aktivseite mit Positionen der Passivseite eindeutig aus. Das Haushaltsrecht hat das Ziel, den vollständigen Ressourcenverbrauch und auch das zugehörige Ressourcenaufkommen unsaldiert abzubilden. Hierbei soll neben der Vermögensverwendung auch die Vermögensfinanzierung anhand der Zuwendungsgeber dargestellt werden.

Sachverhalt 14

Ein Versicherungsmathematiker hat im Auftrage des Kämmerers der Gemeinde G die **Pensionsansprüche für Pensionäre und Hinterbliebene** ermittelt, um hierdurch sämtliche Verpflichtungen aus der Bildung von Pensionsrückstellungen darzustellen.

Aufgabe:

Prüfen Sie das Vorgehen der Gemeinde G anhand der gesetzlichen Anforderungen für die Bildung von Pensionsrückstellungen.

Lösung:

§ 41 Abs. 6 GemHVO sieht vor, dass sämtliche Pensionsverpflichtungen nach beamtenrechtlichen Vorschriften abzubilden sind. Hierunter fallen neben den Verpflichtungen gegenüber Pensionären und Hinterbliebenen insbesondere auch die Verpflichtungen gegenüber aktiv beschäftigten Beamten. Um den Anforderungen des kommunalen Haushaltsrechts zu genügen, muss das Gutachten bei der Bildung der Pensionsrückstellungen auch die Verpflichtungen gegenüber den aktiv beschäftigten Beamten berücksichtigen. Des Weiteren sind Beihilfeansprüche sowie ggf. weitere Ansprüche außerhalb des Beamtenversorgungsgesetzes zu berücksichtigen, dies gilt insbesondere für die Beihilfeansprüche.

Sachverhalt 15

Für eine im Jahre 2023 errichtete Deponie wird eine Nutzungsdauer von 20 Jahren geplant. Am Abschlussstichtag 31.12.2023 beträgt die Verfüllmenge 10 % des Gesamtvolumens. Nach den aktualisierten genehmigten Planungsunterlagen betragen die Gesamtkosten für die Rekultivierung und Nachsorge der Deponie 3.000.000 €.[2]

Aufgabe:

In welcher Höhe sind Rückstellungen für die Rekultivierung und Nachsorge der Deponie zu bilden?

Lösung:

Sinnvoller Maßstab für die Rückstellung für die Rekultivierung und Nachsorge der Deponie ist die Verfüllmenge und nicht die geplante Nutzungsdauer der Deponie. Demnach ist nach § 39 Abs. 1 Nr. 5 GemHVO eine Rückstellung von 300.000 € zu bilden (10 % von 3.000.000 €).

Sachverhalt 16

Die Gemeinde G kann ihre Instandhaltungsverpflichtungen nicht mehr vollständig erfüllen. Aus vier notwendigen Instandhaltungsmaßnahmen wurde für zwei eine Aufwandsrückstellung für unterlassene Instandhaltung gebildet. Die zwei weiteren Instandhaltungsmaßnahmen wurden auf unbestimmte Zeit verschoben. Bei diesen Maßnahmen soll zunächst geprüft werden, ob es noch wirtschaftlich sinnvoll ist, die Instandhaltung nachzuholen. Der Kämmerer ist der Meinung, dass hierfür eine Aufwandsrückstellung nicht zu bilden ist und somit nichts weiter zu veranlassen ist.

Aufgabe:

Beurteilen Sie die Auffassung des Kämmerers.

2 Nach § 39 Abs. 1 GemHVO sind Rückstellungen für die zu erwartenden Gesamtkosten zum Zeitpunkt der Rekultivierungs- und Nachsorgemaßnahmen anzusetzen, so dass anders als bei den Pensionsrückstellungen keine Abzinsung erfolgt.

Lösung:

Hinsichtlich der Bildung einer Rückstellung aufgrund unterlassener Instandhaltung ist § 39 Abs. 1 Nr. 4 GemHVO zu beachten. Danach sind Instandhaltungsrückstellungen nur für solche Instandhaltungsmaßnahmen zu bilden, die im folgenden Haushaltsjahr nachgeholt werden sollen. Die Auffassung des Kämmerers ist also richtig, weil durch die Verschiebung der Maßnahme auf unbestimmte Zeit und die vorgesehene Prüfung hinsichtlich der Wirtschaftlichkeit eine Nachholung im folgenden Haushaltsjahr eher unwahrscheinlich ist. Der Kämmerer hat aber außer Acht gelassen, dass eine Prüfung hinsichtlich der Richtigkeit des Vermögensansatzes zu erfolgen hat. Die Gemeinde hat hierbei zu prüfen, ob und in welcher Höhe eine außerplanmäßige Abschreibung beim Vermögensgegenstand aufgrund der unterlassenen Instandhaltung notwendig wird (gemildertes Niederstwertprinzip nach § 43 Abs. 3 GemHVO). Ggf. hat die Gemeinde die notwendige außerplanmäßige Abschreibung im Anhang zu erläutern.

Sachverhalt 17

a) Die Gemeinde G hat im November 2023 die Firma F beauftragt, im Februar 2024 Baumschnittarbeiten durchzuführen. Hat die Gemeinde G am Abschlussstichtag eine Rückstellung für den erteilten Auftrag zu bilden?
b) Die Gemeinde G hat im September 2023 die Firma F beauftragt, im November 2023 Baumschnittarbeiten durchzuführen. Die Firma F hat die Arbeiten termingerecht durchgeführt. Eine Rechnung liegt am Abschlussstichtag noch nicht vor. Hat die Gemeinde G am Abschlussstichtag eine Rückstellung zu bilden?
c) Die Gemeinde G hat im September 2023 die Firma F beauftragt, im November 2023 Baumschnittarbeiten durchzuführen. Die Firma F hat die Arbeiten termingerecht durchgeführt. Die Rechnung geht am 30.12.2023 ein. Aufgrund krankheitsbedingter Personalausfälle kann die Rechnung vor dem Bilanzstichtag nicht mehr auf ihre Richtigkeit geprüft werden. Hat die Gemeinde G am Abschlussstichtag eine Rückstellung zu bilden?

Lösung:

a) Mangels Erfüllung des Auftrages hat die Gemeinde G hinsichtlich einer Rückstellungsbildung für ungewisse Verbindlichkeiten nichts zu veranlassen, da zum Abschlussstichtag noch keine Verbindlichkeit entstanden ist. Eine Beauftragung stellt noch keine Verpflichtung dar, die in der Bilanz deutlich gemacht werden müsste.
b) Es kommt zwar keine Pflichtrückstellung für unterlassene Instandhaltungen, aber eine Wahlrückstellung für noch ausstehende Rechnungen in Betracht (§ 39 Abs. 2 GemHVO).

c) Trotz des sehr späten Rechnungseingangs stehen die Höhe und die Fälligkeit am Abschlussstichtag fest. Daher ist keine Rückstellung, sondern eine Verbindlichkeit zu buchen.

Sachverhalt 18

Im Rahmen der Inventur wurden folgende Posten für die Bilanz festgestellt:
1. Anzahlung für ein Löschfahrzeug
2. Grund und Boden der Straße X
3. Fahrbahndecke der Straße X
4. unselbstständiges Stiftungsvermögen (von der Gemeinde errichtete Stiftung)
5. Bestand an Pfandbriefen
6. Kleingartendaueranlage
7. unbebautes Gewerbegrundstück
8. Straßentunnel unter einer S-Bahn-Strecke
9. Schulgebäude
10. PC-Ausstattung
11. Sportplatz
12. Verkehrssignalanlage
13. Schulgrundstück
14. Mobiliar einer Schule
15. selbst erstellte Software
16. zehn Tischrechner für je 19 €
17. vom Land erhaltene Zuwendung für einen Schulbau
18. fertiggestellte Friedhofskapelle
19. offene Lieferantenrechnung
20. 100 %-Beteiligung an einer GmbH
21. 100 %-Beteiligung an einer eigenbetriebsähnlichen Einrichtung
22. nicht in Anspruch genommene Urlaubstage der Beschäftigten am Jahresende
23. Verbindlichkeiten aus Leasingverträgen
24. Abschluss der Ergebnisrechnung
25. Verbindlichkeiten gegenüber Krankenkassen

Aufgabe:

Bestimmen Sie den Ausweis in der Bilanz, Begründungen sind hierbei nicht erforderlich.

Lösung:

Ausweis unter
1. Sachanlagen, geleistete Anzahlungen
2. Sachanlagen, Grundstücke
3. Sachanlagen im Gemeingebrauch, Infrastrukturvermögen
4. Finanzanlagen, verbundene Unternehmen
5. Finanzanlagen, Wertpapiere des Anlagevermögens
6. Sachanlagen, Grundstücke
7. Sachanlagen, Grundstücke
8. Sachanlagen, Infrastrukturvermögen
9. Sachanlagen, Bauten
10. Sachanlagen, andere Anlagen, Betriebs- und Geschäftsausstattung
11. Sachanlagen, Grundstücke und Anlagen zur Leistungserstellung
12. Sachanlagen, Infrastrukturvermögen
13. Sachanlagen, Grundstücke und Bauten
14. Sachanlagen, Betriebs- und Geschäftsausstattung
15. kein Ausweis, da ein Aktivierungsverbot besteht
16. kein Ausweis, da geringwertige Vermögensgegenstände; ggf. auch Aktivierung als Betriebs- und Geschäftsausstattung
17. Sonderposten, Zuweisungen vom öffentlichen Bereich
18. Sachanlagen, Bauten
19. Verbindlichkeiten aus Lieferung und Leistung
20. Finanzanlagen, Anteile an verbundenen Unternehmen
21. Finanzanlagen, Anteile an verbundenen Unternehmen
22. Rückstellungen, sonstige Rückstellungen
23. Verbindlichkeiten, Verbindlichkeiten aus Vorgängen, die Kreditaufnahmen wirtschaftlich gleichkommen
24. Eigenkapital, Jahresüberschuss/Jahresfehlbetrag
25. Verbindlichkeiten aus Steuern und steuerähnlichen Abgaben

Sachverhalt 19

Die Gemeinde G will folgende Vermögenserwerbe durchführen:

a) Kauf verschiedener Wohngrundstücke, um später diese Grundstücke bei konkreten Objekten als Tauschgrundstücke anbieten zu können.

b) Kauf verschiedener unbebauter Grundstücke, um liquide Mittel „gut" anzulegen.

c) Kauf eines alten Fabrikgebäudes, weil in etwa zehn Jahren auf diesem Gelände eine Eissporthalle durch die Gemeinde errichtet werden soll.

d) Kauf eines alten Fabrikgebäudes, um im Rahmen der Wirtschaftsförderung das bisherige Eigentümerunternehmen von den erheblichen Unterhaltungskosten für diese Gebäude zu entlasten.

Aufgabe:

Prüfen Sie die Zulässigkeit der beabsichtigten Vermögenserwerbe.

Lösung:

Gemäß § 108 Abs. 1 HGO soll ein Vermögenserwerb nur erfolgen, wenn dieser zur Erfüllung gemeindlicher Aufgaben erforderlich ist oder wird. Unter diesem Aspekt sind die einzelnen Fälle des Sachverhaltes zu beurteilen.

a) Die zu erwerbenden Wohngrundstücke dienen zwar nicht unmittelbar der direkten Aufgabenerfüllung, weil sie nicht konkret einer Aufgabe der Gemeinde zugeordnet werden können. Dieses wäre z. B. gegeben, wenn die Grundstücke für den Bau einer Schule oder die Errichtung einer Kindertagesstätte eingesetzt würden. Die Gemeinde benötigt die Grundstücke aber im Laufe der Zeit mittelbar zur Erfüllung ihrer Aufgaben. Wegen der Knappheit von Baugrundstücken können heute in vielen Fällen Kaufverträge nur noch abgeschlossen werden, wenn gleichzeitig Ersatzgrundstücke angeboten werden. Insofern dient die Beschaffung der Wohngrundstücke letztlich der zukünftigen Aufgabenerledigung, sodass der Erwerb zulässig ist (vgl. Nr. 1 Hw. zu § 108 HGO).

b) Die öffentlichen Aufgaben einer Gemeinde werden in der Schaffung und im Betrieb öffentlicher Einrichtungen konkretisiert. Ein Überhang an flüssigen Mitteln der Gemeindekasse ist stets nur temporär zu erwarten. I. d. R. müssen diese Mittel in absehbarer Zeit wieder für die eigentlichen Aufgaben der Gemeinde verwendet werden. Deshalb ist darauf zu achten, dass diese Mittel zum erforderlichen Zeitpunkt unvermindert wieder zur Verfügung stehen. Dies ist bei der vorübergehenden Verwendung zum Ankauf von Grundstücken nicht gegeben, da der Grundstücksmarkt periodischen Schwankungen unterliegt. Außerdem ist eine Ertrag bringende Anlage nicht gesichert.

c) Die Gemeinde will in etwa zehn Jahren als öffentliche Einrichtung eine Eissporthalle schaffen. Insofern handelt es sich um die Erledigung einer öffentlichen Aufgabe i. S. d. § 108 Abs. 1 HGO, auch wenn diese freiwillig ist. Das Grundstück wird zur Erfüllung dieser Aufgabe benötigt, wobei der zeitliche Aspekt unter den besonderen Gegebenheiten des Grundstücksmarktes gesehen werden muss.

d) Der Kauf des Fabrikgrundstückes erfolgt im Rahmen der Wirtschaftsförderung. Um den Betrieb von unrentablen Kosten zu entlasten, erwirbt die Gemeinde das Gebäude. Wirtschaftsförderung ist zwar zweifellos eine gemeindliche Aufgabe, jedoch muss bei der Erledigung auch der Aspekt der Wirtschaftlichkeit beachtet werden. Die Wirtschaftsförderung für diesen speziellen Betrieb hätte auch in anderer Form, z. B. durch Zuschüsse oder Darlehen, erreicht werden können, die nicht so hohe Folgekosten der Grundstücksunterhaltung nach sich ziehen würden. Das Unternehmen selbst müsste versuchen, das Grundstück am Markt zu veräußern. Der Grunderwerb ist somit nicht unbedingt zur gemeindlichen Aufgabenerfüllung erforderlich, sodass er gemäß § 108 Abs. 1 HGO unzulässig ist.

Sachverhalt 20

Die Gemeinde G, 70.000 Einwohner, will dem Deutschen Roten Kreuz (DRK) das Nutzungsrecht an einem Grundstück (Zeitwert: 300.000 €) kostenlos einräumen, damit der soziale Träger darauf ein Altenheim errichten kann.

Aufgaben:

a) Begutachten Sie die Zulässigkeit[3] der kostenlosen Überlassung des Grundstückes.
b) Wie wäre der Sachverhalt zu betrachten, wenn das Grundstück zu einem Preis von 30.000 € an das DRK veräußert würde?

Lösung:

a) Für Bedenken, dass das Grundstück für die Aufgabenerfüllung der Gemeinde noch benötigt wird, bietet der Sachverhalt keine Anhaltspunkte. § 109 Abs. 1 Satz 1 HGO ist deshalb nicht näher zu prüfen.
Die kostenlose Verpachtung des Grundstückes stellt eine unentgeltliche Überlassung eines Vermögensgegenstandes i. S. d. § 109 Abs. 2 HGO dar, sodass § 109 Abs. 1 Satz 2 HGO sinngemäß anzuwenden ist. Danach ist in der Regel eine unentgeltliche Überlassung ausgeschlossen. Allerdings erfüllt die Gemeinde hier einen öffentlichen Zweck, nämlich die Unterstützung der Bereitstellung von sozialen Einrichtungen für die Bevölkerung. Durch die Schaffung des Altenheimes durch einen freien Träger wird die Gemeinde außerdem von der Aufgabe entbunden, selbst ein Altenheim zu bauen und zu betreiben. Insofern hat sie sich durch die kostenlose Verpachtung auch wirtschaftlich verhalten. Die unentgeltliche Überlassung ist somit auf Grund einer sachlich fundierten Entscheidung erfolgt, sodass sie als Ausnahme zu § 109 Abs. 2 HGO i. V. m. Abs. 1 als zulässig anzusehen ist.
Eine Genehmigungs- oder Anzeigepflicht für dieses Rechtsgeschäft besteht nach § 109 HGO nicht.
Wenn schon eine kostenlose Überlassung nach der sinngemäßen Anwendung des § 109 Abs. 1 HGO zulässig wäre, würde aus denselben Gründen auch eine unentgeltliche Veräußerung, also Schenkung, nicht gegen § 109 Abs. 1 HGO verstoßen. Erst recht ist dann ein Verkauf weit unter dem Verkehrswert des Grundstückes zulässig (vgl. Nr. 3 Hw. zu § 109 HGO).
Eine aufsichtsbehördliche Genehmigung oder Anzeige dieses Rechtsgeschäfts ist nicht vorgesehen.

3 EU-Subventionsrecht ist hierbei nicht zu beachten.

Sachverhalt 21

Die Gemeinde G will einige historisch wertvolle Ritterrüstungen an den Gastwirt W zum Zeitwert verkaufen, die dieser in den Räumen seines Hotels aufstellen will. Als der örtliche Heimatverein gegen diesen Verkauf öffentlich protestiert, kommen der zuständigen Sachbearbeiterin Bedenken.

Aufgabe:

Begutachten Sie, inwieweit die Bedenken der Sachbearbeiterin gerechtfertigt sind.

Lösung:

Gemäß § 109 Abs. 1 HGO darf die Gemeinde Vermögensgegenstände veräußern, soweit diese für die Aufgabenerfüllung der Gemeinde nicht mehr benötigt werden. Aus dem Sachverhalt ist nicht ersichtlich, ob die Ritterrüstungen für einen konkreten Aufgabenbereich benötigt werden (z. B. für ein Museum). Da die Vorhaltung solcher Gegenstände sicher nicht zu den Pflichtaufgaben einer Gemeinde gehört, kann unterstellt werden, dass die Gegenstände nicht für die Aufgabenerfüllung der Gemeinde G benötigt werden. Ohnehin ist festzustellen, dass im Bereich der freiwilligen Gemeindeaufgaben jede Gemeinde selbst entscheiden kann, ob sie eine Aufgabe weiterführt oder sie aufgibt. Dadurch werden Vermögensgegenstände aus diesem Bereich im Ermessen der Gemeinde frei. Da der Verkauf auch zum vollen Wert (Verkehrswert) erfolgt, bestehen nach § 109 Abs. 1 HGO keine rechtlichen Bedenken.

Allerdings ist zu überlegen, ob die Gemeinde wegen des geschichtlichen Wertes des Vermögensgegenstandes gut beraten ist, diesen zu veräußern. Es bietet sich an, den Erwerber zu verpflichten, diesen Gegenstand entsprechend seines geschichtlichen Wertes zu behandeln und evtl. weiter der Öffentlichkeit zugänglich zu machen.

Eine aufsichtsbehördliche Genehmigung oder Anzeige dieses Rechtsgeschäfts ist nicht vorgesehen.

Sachverhalt 22

Die Stadt S (60.000 Einwohner) hat einen Eigenbetrieb „Bauhof“ und ist mit 75 % an der Stadtwerke S GmbH beteiligt. Außerdem ist die Stadt S Mitglied im Zweckverband Z und besetzt drei der neun Sitze in dessen Mitgliederversammlung.

Die Umsätze des Eigenbetriebes Bauhof beruhen ausschließlich auf Leistungen ggü. der Stadt S. Die Stadt S bezieht im Wert von 500 T€ und der Eigenbetrieb im Wert von 100 T€ Energie und Wasser von der Stadtwerke S GmbH.

Die Schlussbilanz der Stadt S auf den 31.12.20xx stellt sich wie folgt dar:

Schlussbilanz Stadt S			
Aktiva		**Passiva**	
Anlagevermögen		Eigenkapital (NP)	1.555
Sach-AV	300	Verbindlichkeiten	280
Finanz-AV	875		
Anteil an Eigenb.	*100*		
Anteil an Stadtw.	*525*		
Anteil an ZV	*250*		
Umlaufvermögen	660		
dar. Ford. gg. Stadtw.	*260*		
Summe	1.835	**Summe**	1.835

Die Schlussbilanz der Stadtwerke S GmbH auf den 31.12.20xx stellt sich wie folgt dar:

Schlussbilanz Stadtwerke S GmbH			
Aktiva		**Passiva**	
Sachanlagevermögen	800	Eigenkapital	700
Umlaufvermögen	560	Verbindlichkeiten	660
		dar. gg. Stadt	*260*
Summe	1.360	**Summe**	1.360

Die Schlussbilanz des Eigenbetriebes Bauhof auf den 31.12.20xx stellt sich wie folgt dar:

Schlussbilanz Eigenbetrieb Bauhof			
Aktiva		**Passiva**	
Sachanlagevermögen	90	Eigenkapital	100
Umlaufvermögen	70	Verbindlichkeiten	60
Summe	160	**Summe**	160

Die Schlussbilanz des Zweckverbandes Z auf den 31.12.20xx stellt sich wie folgt dar:

Schlussbilanz Zweckverband			
Aktiva		**Passiva**	
Sachanlagevermögen	700	Eigenkapital	750
Umlaufvermögen	260	Verbindlichkeiten	210
Summe	960	**Summe**	960

Die Ergebnis- bzw. Gewinn- und Verlustrechnung der Stadt und der Beteiligungen für das Jahr 20xx stellen sich wie folgt dar:

Ergebnisrechnung Stadt S	
Öffentlich-rechtl. Leistungsentgelte	400
Erträge aus Steuern	600
Personalaufwand	500
Aufwand Sach- und Dienstleistung	800
darunter an Stadtwerke S	*500*
darunter an Eigenbetrieb	*300*
Abschreibungen	200
Sonstiger ord. Aufwand	100
Jahresfehlbetrag	600

Gewinn- und Verlustrechnung Eigenbetrieb	
Umsatzerlöse (von Stadt S)	300
darunter von Stadt	*300*
Personalaufwand	80
Materialaufwand	100
darunter an Stadtwerke S	*100*
Abschreibung	210
Sonstiger ord. Aufwand	5
Jahresfehlbetrag	95

Gewinn- und Verlustrechnung Stadtwerke S	
Umsatzerlöse	1.600
darunter von Stadt S	*500*
darunter von Eigenbetrieb	*100*
Sonstige Erträge	200
Personalaufwand	320
Materialaufwand	400
Abschreibung	60
Sonstiger ord. Aufwand	200
Zinsaufwand	150
Jahresüberschuss	670

Gewinn- und Verlustrechnung Zweckverband	
Umsatzerlöse	500
Personalaufwand	200
Abschreibung	100
Sonstiger ord. Aufwand	250
Jahresfehlbetrag	50

Aufgabe 1:

Ermitteln Sie zunächst, welche Aufgabenträger voll zu konsolidieren sind.

Lösung zu 1:

- Voll zu konsolidieren sind der Eigenbetrieb (von der Gemeinde ausschließlich beherrscht) sowie die Stadtwerke S GmbH (Beteiligung 75 %, somit mehr als die Hälfte der Stimmrechte).
- Beim Zweckverband Z stehen der Gemeinde drei von neun Stimmen zu, also ein Drittel, somit keine Mehrheit der Stimmrechte. Daher keine Vollkonsolidierung, sondern Kapitalkonsolidierung (At-Equity-Methode, Anteil am Eigenkapital).

Aufgabe 2:

Erstellen Sie anhand der oben dargestellten Zahlen die Summenbilanz und die Summenergebnisrechnung für die Stadt S.

Lösung zu 2:

Durch Addition der Einzelpositionen in den Bilanzen der Stadt S, des Eigenbetriebs Bauhof und der Stadtwerke S GmbH entsteht die unten dargestellte Summenbilanz (in T€). Der Zweckverband bleibt bei dieser Berechnung außen vor, da keine Vollkonsolidierung geboten ist.

Summenbilanz			
Aktiva		**Passiva**	
Anlagevermögen		Eigenkapital	2.355
Sach-AV	1.190	*Nettoposition*	*1.555*
Finanz-AV	875	*Eigenkap. Beteil.*	*800*
Stadt an EB	*100*	Verbindlichkeiten	1.000
Stadt an SW	*525*	*dar. gg. Stadt*	*260*
Stadt an ZV	*250*		
Umlaufvermögen	1.290		
dar. Forderungen	*260*		
Summe	3.355	**Summe**	3.355

Anschließend sind genauso die einzelnen Positionen der Gewinn- und Verlustrechnungen bzw. der Ergebnisrechnung der Stadt aufzuaddieren. So gibt sich daraufhin die Summen-Ergebnisrechnung.

Summen-Ergebnisrechnung	
Öffentlich-rechtl. Leistungsentgelte	400
Privatrechtl. Leistungsentgelte	1.900
Erträge aus Steuern	600
Sonstige Erträge	200
Personalaufwand	900
Aufwand Sach- und Dienstl./Mat.	1.300
Abschreibung	470
Sonstiger ord. Aufwand	305
Zinsaufwand	150
Jahresfehlbetrag	25

Aufgabe 3:

Bereinigen Sie die Summenbilanz und die Summenergebnisrechnung um die korrespondierenden Positionen und erstellen Sie daraufhin den zusammengefassten Abschluss (Vermögensrechnung und Ergebnisrechnung).

Lösung zu 3:

Im nächsten Schritt werden die korrespondierenden Positionen
- Finanzanlagevermögen/Eigenkapital (Kapitalkonsolidierung),
- Forderungen/Verbindlichkeiten (Schuldenkonsolidierung) und
- Ertrag/Aufwand (Ertrags- und Aufwandskonsolidierung)

bereinigt (eliminiert). Durch diese Bereinigung entsteht die zusammengefasste (konsolidierte) Bilanz und die zusammengefasste (konsolidierte) Ergebnisrechnung (jeweils in T€), die in der HGO gemeinsam als zusammengefasster Jahresabschluss bezeichnet werden.

Konsolidierte Bilanz			
Aktiva		**Passiva**	
Anlagevermögen		Eigenkapital	1.555
Sach-AV	1.190	*Nettoposition*	*1.555*
Finanz-AV	250	Anteile Dritter am EK SW	175
Stadt an EB	*0*	Verbindlichkeiten	740
Stadt an SW	*0*	*dar. gg. Stadt*	*0*
Stadt an ZV	*250*		
Umlaufvermögen	1.030		
dar. Forderungen	*0*		
Summe	2.470	**Summe**	2.470

Gesamtergebnisrechnung	
Öffentlich-rechtl. Leistungsentgelte	400
Privatrechtl. Leistungsentgelte	1.000
Erträge aus Steuern	600
Sonstige Erträge	200
Personalaufwand	900
Aufwand Sach- und Dienstl./Mat.	400
Abschreibung	470
Sonstiger ord. Aufwand	305
Zinsaufwand	150
Jahresfehlbetrag	25

Übungen zu Kapitel 17: Die Ergebnisrechnung – Grundlagen und Einzelpositionen

Sachverhalt 1

Im laufenden Jahr ergeben sich in der Gemeinde G u. a. nachfolgende Geschäftsvorfälle:

1. Die Gemeinde versendet im Januar die Vorauszahlungsbescheide für die Gewerbesteuer. Die Gesamtforderung beträgt 2 Mio. €, die jeweils zu ¼ am 15.2., 15.5., 15.8. und 15.11 fällig werden.
2. Die Stadtbücherei nimmt im Juli 20.000 € Benutzungsgebühren als Jahresgebühr ein. Die erworbenen Jahreskarten gelten von Anfang Juli des laufenden Jahres bis Ende Juni des folgenden Jahres.
3. Die Gemeinde veräußert ein gebrauchtes Notebook (Neupreis 1.200 €) an einen Mitarbeiter. Sie erhält dafür 300 €. Der Restbuchwert des Gerätes betrug zum Zeitpunkt der Veräußerung noch 250 €.
4. Der Bauhof der Gemeinde G stellt im Januar ein Klettergerüst für den Spielplatz her. Es fallen Materialaufwand von 800 € und Personalaufwand von 1.500 € an. Aus der Kostenrechnung werden für die Erstellung des Klettergerüsts Materialgemeinkosten von 100 €, Fertigungsgemeinkosten von 300 € und Verwaltungsgemeinkosten von 100 € ermittelt. Das Klettergerüst wird am 20. Januar aufgestellt. Als Nutzungsdauer werden fünf Jahre kalkuliert.

Aufgabe:

Zeigen Sie für die Geschäftsvorfälle alle notwendigen Buchungssätze auf. Nutzen Sie die Konten des Muster 12 zur GemHVO. Eine Mitkontierung der Produktbereiche und eine Berücksichtigung der Finanzrechnung sind nicht erforderlich.

Lösung:

Zu 1.:
Bei den Gewerbesteuerbescheiden handelt es sich um Vorauszahlungsbescheide. Mit dieser Vorauszahlung soll der im gleichen Jahr erwirtschaftete Ertrag besteuert werden. Nach dem Prinzip der wirtschaftlichen Zugehörigkeit handelt es sich dabei um periodenbezogene Erträge, die für das laufende Haushaltsjahr zu verbuchen sind. Es ist daher zu buchen:

230 Debitor	**an**	**555 Gewerbesteuer**	**2.000.000 €**

Zu 2.:
Die im Juli eingenommenen Benutzungsgebühren für die Stadtbücherei beziehen sich nicht nur auf das laufende Haushaltsjahr. Die erworbenen Jahreskarten sind im Haushaltsjahr sechs Monate gültig und im folgenden Jahr ebenfalls sechs Monate. Zur Ermittlung des Ertrages ist daher eine Abgrenzung vorzunehmen.

Zunächst wird die Debitorenrechnung vollständig auf das Ertragskonto gebucht:

234 Debitor	**an**	**511 Benutzungsgebühren**	**20.000 €**

Anschließend[1] erfolgt die Korrektur des Ertragskontos durch eine passive transitorische Rechnungsabgrenzung:

511 Benutzungsgebühren	**an**	**490 Passive RAP**	**10.000 €**

Zu 3.:
Die Buchung des Veräußerungserlöses erfolgt zunächst über das entsprechende Ertragskonto:

240 Debitor	**an**	**591 Erträge aus Veräußerung**	**300 €**

Anschließend ist die der Anlagengegenstand über das entsprechende Bestandskonto auszubuchen:

591 Erträge aus Veräußerung	**an**	**085 BGA**	**250 €**

Durch diese Buchungen weist das Ertragskonto einen Saldo von 50 € im Soll aus, der als Ertrag in die Ergebnisrechnung einfließt. Das Notebook ist aus dem Bestandskonto mit dem Restbuchwert ausgebucht.

Zu 4.:
Während der Herstellung des Klettergerüsts fallen Personal- und Materialaufwendungen an. Die Personalaufwendungen werden zunächst ohne Bezug zu der Herstellung des Klettergerüsts buchhalterisch erfasst:

620 Entgelte gel. Arbeitszeit	**an**	**440 Kreditor**	**1.500 €**

1 In der Praxis ist es ratsam, nicht das Jahresende abzuwarten, sondern eine sofortige Korrektur zu verbuchen, insbesondere auch im Hinblick auf eine aussagekräftige KLR. Alternativ wäre es möglich, den Zahlungsbetrag sofort aufzusplitten und auf eine Korrekturbuchung völlig zu verzichten.

Die Materialaufwendungen werden dem neu erstellten Klettergerüst direkt zugeordnet. Für das Klettergerüst wird daher in der Anlagenbuchhaltung eine „Anlage im Bau" eingerichtet. Die Buchung der Rechnungen für das Material des Klettergerüsts lautet:

095 Anlagen im Bau an 440 Kreditor 800 €

Nach Fertigstellung des Klettergerüsts, aber spätestens am Jahresende, werden die erbrachten Eigenleistungen der Anlage im Bau zugerechnet. Als aktivierbare Eigenleistungen kommen nach § 41 Abs. 3 GemHVO sowie Nr. 2 Hw. zu § 41 GemHVO neben den Materialeinzelkosten noch die Fertigungseinzelkosten, die Sonderkosten der Fertigung, Fertigungs- und Materialgemeinkosten in Frage. Zuzurechnen sind dem Klettergerüst danach noch der entsprechende Personalaufwand (Fertigungseinzelkosten), die Material- und Fertigungsgemeinkosten. Verwaltungsgemeinkosten können nicht aktiviert werden (Nr. 3 Hw. zu § 41 GemHVO).

Aktivierbar sind daher weiterhin:

Fertigungseinzelkosten:	1.500 €
Fertigungsgemeinkosten:	300 €
Materialgemeinkosten:	100 €
Summe:	**1.900 €**

Die Buchung erfolgt als Ertrag aus aktivierten Eigenleistungen:

095 Anlagen im Bau an 525 Aktiv. Eigenleistungen 1.900 €

Auf der Anlage im Bau „Klettergerüst" haben sich damit Herstellungskosten i. H. v. insgesamt 2.700 € angesammelt. Bei Inbetriebnahme des Klettergerüsts werden diese Herstellungskosten von der Anlage im Bau auf das endgültige Anlagenkonto umgebucht:

084 Betriebsausstattung an 095 Anl. im Bau 2.700 €

Mit Inbetriebnahme des Klettergerüsts erfolgt auch die Abschreibung des Anlageguts. Der Abschreibungssatz beträgt bei einer 5-jährigen Nutzungsdauer 20 %:

664 Abschreibungen an 084 Betriebsausstattung 540 €

Mit der Buchung der Abschreibung sind alle erforderlichen Buchungen im Haushaltsjahr durchgeführt.

Sachverhalt 2

Die Gemeinde G schafft im Juni 2023 DV-Ausstattung für die Grundschule für insgesamt 80.000 € an. Aus Landesmitteln wird die Anschaffung mit 20 % gefördert. Der Förderbescheid liegt bereits im April 2023 vor, die Auszahlung der Förderung wird erst im November erwartet. Ab dem 1. Juli ist die DV-Ausstattung einsatzbereit. Die vorgesehene Nutzungsdauer der Ausstattung beträgt vier Jahre.

Aufgaben:

a) Wie war dieser Vorgang im Teilfinanz- und Teilergebnishaushalt des Produktbereichs „Schulträgeraufgaben" zu veranschlagen?
b) Zeigen Sie die notwendigen Buchungen (Buchungssätze) für die Anschaffung der Ausstattung (inkl. Ausgleich der Kreditoren- und Debitorenkonten), die Erfassung der Zuwendung und die erfolgswirksame Behandlung dieser Positionen im Jahr der Anschaffung.

Lösung:

zu a)
Im Teilfinanzhaushalt sind die investiven Ein- und Auszahlungen des Produktbereichs zu erfassen. Das sind zum einen die Auszahlungen für die Anschaffung der DV-Ausstattung und daneben die Einzahlungen für die Landeszuwendung. Damit hat der Teilfinanzhaushalt folgendes Bild:

Teilfinanzhaushalt Produktbereich 03 Schulträgeraufgaben		Ansatz 2023 €
Investitionstätigkeit		
Einzahlungen		
20	aus Zuwendungen für Investitionsmaßnahmen	16.000
Auszahlungen		
26	für Investitionen in das Sachanlagevermögen …	80.000
29	**Finanzmittelfluss aus Investitionstätigkeit (Einzahlungen ./. Auszahlungen)**	**–64.000**

Im Teilergebnishaushalt sind nur die aufwands- bzw. ertragswirksamen Vorgänge zu veranschlagen. Dies sind für den vorliegenden Geschäftsvorfall die planmäßigen Abschreibungen der DV-Ausstattung und die ertragswirksame Auflösung des Sonderpostens aus der Landeszuweisung. Beschränkt auf diesen Geschäftsvorfall ergeben sich nachfolgende Planungspositionen in der Teilergebnisrechnung:

Teilergebnishaushalt Produktbereich 03 Schulträgeraufgaben		Ansatz 2023 €
8	+ Erträge aus Auflösung von Sonderposten …	2.000
10	**= Summe der ordentlichen Erträge**	**2.000**
14	– Abschreibungen	10.000
19	**= Summe der ordentlichen Aufwendungen**	**10.000**
20	**= Verwaltungsergebnis**	**–8.000**

zu b)
Die Anschaffung der DV-Ausstattung erfolgt i. d. R. über die Anlagenbuchhaltung, in der für jedes einzelne Anlagegut ein separater Stammsatz angelegt wird. Auf den einzelnen Stammsätzen werden dann die Kreditorenrechnungen erfasst. In der Summe ergibt sich daraus die Buchung:

085 Datenverarbeitungsanl. an Kreditor 80.000 €

Bei Zahlung des Rechnungsbetrags wird das Kreditorenkonto wieder ausgeglichen:

Kreditor an 280 Bank 80.000 €

Für den Förderbetrag liegt bereits im April ein Förderbescheid vor. Zu diesem Zeitpunkt hat die Gemeinde jedoch die Fördervoraussetzungen noch nicht erfüllt. Die Erfüllung der Fördervoraussetzungen ist mit der Anschaffung und Inbetriebnahme der DV-Ausstattung gegeben. Zu diesem Zeitpunkt (1.7.2023) kann dann auch die Landesförderung buchhalterisch erfasst werden:

Debitor an 360 Sonderposten 16.000 €

Erst bei Forderungseingang im November wird das Debitorenkonto ausgeglichen:

280 Bank an Debitor 16.000 €

Durch die bisherigen Buchungen wurden die DV-Anlagen i. H. v. 80.000 € auf Aktivkonten erfasst, die Landeszuwendung i. H. v. 16.000 € wurde auf einem Passivkonto als Sonderposten erfasst. Die Debitoren- und Kreditorenkonten sind durch die entsprechenden Zahlungsein- und -ausgänge wieder ausgeglichen. Zur Abbildung des Ressourcenverbrauchs sind für das Jahr 2023 noch die anteiligen Abschreibungen für ½ Jahr und die entsprechende Auflösung des Sonderpostens zu buchen.

Die Abschreibung für das Jahr 2023 beträgt ½ der normalen jährlichen Abschreibung:

664 Abschreibungen an 085 Datenverarb.anl. 10.000 €

Mit dem gleichen Anteil wird in 2023 der für die Landesförderung gebildete Sonderposten ertragswirksam aufgelöst:

360 Sonderposten	**an**	**546 Ertr. Aufl. Sopo**	**2.000 €**

Sachverhalt 3

Die Musikschule der Gemeinde G plant, im Juni 2024 ihren Konzertflügel auszutauschen. Dazu soll der bisherige Flügel, der im Januar 2009 für 60.000 € gekauft wurde, in Zahlung gegeben werden. Der Musikschulleiter erwartet bei der Inzahlungnahme eine Gutschrift i. H. v. 50.000 €. Der Preis des neuen Flügels wird mit 75.000 € kalkuliert. Für Konzertflügel kalkuliert die Gemeinde G eine Nutzungsdauer von 30 Jahren.

Aufgabe:

Stellen Sie die mit den Konzertflügeln in Verbindung stehenden Positionen des Teilergebnishaushalts für das Jahr 2024 zusammen.

Lösung:

Im Teilergebnishaushalt sind die Aufwendungen und Erträge zu kalkulieren, die mit den Konzertflügeln in Verbindung stehen.

Zunächst ist daher zu ermitteln, wie hoch die Abschreibung für den alten Flügel im Jahr 2024 voraussichtlich sein wird. Die Anschaffungskosten des Flügels betrugen 60.000 €. Bei einer kalkulierten Nutzungsdauer von 30 Jahren beträgt die planmäßige jährliche Abschreibung 2.000 €. Im Jahr 2024 beschränkt sich die Abschreibungsdauer gem. § 43 Abs. 2 GemHVO auf fünf Monate (Januar–Mai), so dass für den alten Flügel Abschreibungen i. H. v. 833 € für das Jahr 2024 anzusetzen sind.

Für den neuen Flügel ist ebenfalls die Abschreibung zu kalkulieren. Bei einer Anschaffung im Juni können nach § 43 Abs. 2 GemHVO die Abschreibungen ab dem Monat des Erwerbs berücksichtigt werden (d. h. Juni–Dezember). Ausgehend von Anschaffungskosten von 75.000 € errechnet sich eine Abschreibung i. H. v. 1.458 € für den neuen Flügel.

In Verbindung mit der Inzahlungnahme des alten Flügels ist festzustellen, ob Aufwendungen oder Erträge aus der Veräußerung des Anlagevermögens zu kalkulieren sind. Diese ergeben sich aus der Differenz des Veräußerungserlöses zum aktuellen Restbuchwert. Laut Sachverhalt wird als Veräußerungserlös für den alten Flügel mit 50.000 € gerechnet. Der Restbuchwert ergibt sich aus den Anschaffungskosten abzüglich der aufgelaufenen Abschreibungen. Die Anschaffungskosten betrugen 60.000 €. Von Januar 2009 bis Ende 2023 sind insgesamt planmäßige Abschreibungen für 15 Jahre aufgelaufen. Die jährlichen Abschreibungen betragen 2.000 €. Der Restbuchwert des Flügels betrug damit Ende 2023 36.000 € (60.000 € ./. 30.000 €). Bis zum Zeitpunkt der Veräußerung im Juni 2024 werden weitere 833 € an Abschreibungen anfallen. Der Restbuchwert des Flügels wird zum Zeitpunkt der Veräußerung damit voraussichtlich 29.167 € betragen. Da der erwartete Veräußerungserlös um 20.833 € über dem Restbuchwert liegt, ist in dieser Höhe ein Ertrag zu veranschlagen. Die Veranschlagung erfolgt in der Kontengruppe 59 außerordentliche Erträge.

Im Teilergebnishaushalt „Kultur" ergeben sich damit nachfolgende Positionen:

bilanzielle Abschreibungen:	**2.291 €**
außerordentliche Erträge:	**20.833 €**

Sachverhalt 4

Die Gemeinde G beabsichtigt; im folgenden Jahr 49 % ihrer Anteile an der 100 %igen Tochter Stadtwerke G zu veräußern, um den Haushalt auszugleichen.[2] Nach der bisherigen Haushaltsplanung stehen den Gesamtaufwendungen von 28 Mio. € nur Erträge von 25 Mio. € gegenüber.

Der Bilanzwert des verbundenen Unternehmens beträgt 4.081.633 €. Der Kämmerer rechnet mit einem Veräußerungserlös von rd. 7 Mio. € für den zum Verkauf stehenden Anteil. Das Verfahren der Veräußerung soll durch verschiedene Beratungsfirmen begleitet werden. Hierfür wird insgesamt mit einem Beratungshonorar von 250.000 € gerechnet.

Aufgabe:

Stellen Sie die Veranschlagung der Veräußerung im Ergebnishaushalt dar.

Lösung:

Im Ergebnishaushalt sind gem. § 2 Abs. 1 GemHVO Erträge und Aufwendungen auszuweisen. Zunächst ist daher festzustellen, inwieweit durch die geplante Veräußerung Aufwendungen oder Erträge entstehen.

Erträge aus Veräußerungserlösen könnten entstehen, wenn der erzielte Veräußerungserlös über dem Restbuchwert des veräußerten Anlagegutes liegt. Laut Sachverhalt beträgt der Bilanzwert der Stadtwerke GmbH, bei der die Gemeinde alleiniger Gesellschafter ist, 4.081.633 €. Die Gemeinde beabsichtigt allerdings, nur einen Anteil von 49 % der Gesellschaft zu veräußern. Bei einer Veräußerung müsste demnach der anteilige Buchwert ermittelt und als Anlagenabgang gebucht werden. Der Buchwert des zum Verkauf stehenden Anteils beträgt 4.081.633 € × 49 % = 2.000.000 €.

Der voraussichtliche Veräußerungserlös beträgt 7 Mio. €. Demnach ergibt sich aus der Veräußerung ein Ertrag i. H. v. voraussichtlich 5 Mio. €. Für die Durchführung des

2 Vgl. Kap. 10.

Verkaufsverfahrens und für sonstige Beratungen wird mit Aufwendungen i. H. v. 250.000 € gerechnet.

Grundsätzlich sind die erwarteten Erträge aus der Veräußerung von Vermögensgegenständen des Anlagevermögens in der Kontengruppe 59 bei den „außerordentlichen Erträgen" zu veranschlagen. Dies ergibt sich einerseits aus § 2 Abs. 3 GemHVO und andererseits schon aus der Begriffsdefinition in § 58 Nr. 6 b) GemHVO. § 2 Abs. 3 GemHVO führt diesbezüglich aus: „Unter den Posten außerordentliche Erträge und außerordentliche Aufwendungen sind insbesondere Gewinne und Verluste aus der Veräußerung von Vermögensgegenständen des Anlagevermögens auszuweisen." § 58 Nr. 6b) GemHVO definiert außerordentliche Erträge und Aufwendungen als „Aufwendungen und Erträge aus Veräußerungen von Vermögensgegenständen des Anlagevermögens, die den Restbuchwert übersteigen beziehungsweise unterschreiten".

Da es sich bei den Stadtwerken um eine 100 %ige Tochter der Gemeinde handelt, sind die Stadtwerke als sog. verbundenes Unternehmen Teil der Finanzanlagen in der kommunalen Bilanz (§ 49 Abs. 3 Pos. 1.3.1 GemHVO). Im Ergebnis liegt demnach ein Verkauf von Anlagevermögen über dem Buchwert vor. Der zu erwartende Ertrag von 5 Mio. € ist somit zwingend im außerordentlichen Ergebnis zu veranschlagen. Bleibt die Frage zu klären, wo die Aufwendungen für die Beratungsleistungen auszuweisen sind.

Da es sich bei den Aufwendungen für die Beratungsleistungen um Aufwendungen handelt, die dem Geschäftsvorfall der Veräußerung unmittelbar zuzurechnen sind, sind sie dementsprechend als außerordentliche Aufwendungen auszuweisen. Zwar erfüllen sie isoliert betrachtet die Anforderungen des § 58 Nr. 6 GemHVO nur bedingt, bei der Zuordnung kommt es jedoch vorrangig auf die Betrachtung des gesamten Geschäftsvorfalls an. Da der gesamte Sachverhalt unstrittig dem außerordentlichen Ergebnis zuzurechnen ist, sind auch die Beratungsleistungen als außerordentliche Aufwendungen zu klassifizieren.

Entscheidend ist jedoch letztlich, ob das ursprüngliche Ziel, den Haushalt auszugleichen, so erreicht werden kann. Hier bleibt festzuhalten, dass die Veräußerung der Anteile an den Stadtwerken keinerlei positive Wirkung für den Haushaltsausgleich hat. Der Haushaltsausgleich ist nach § 92 Abs. 5 und 6 HGO nämlich nur dann ausgeglichen, wenn der Ergebnishaushalt bzw. die Ergebnisrechnung unter Berücksichtigung der Summe der vorgetragenen Jahresfehlbeträge im ordentlichen Ergebnis ausgeglichen ist oder der Fehlbedarf im ordentlichen Ergebnis durch die Inanspruchnahme von Mitteln der Rücklagen ausgeglichen werden kann und im Finanzhaushalt bzw. in der Finanzrechnung der Saldo des Zahlungsmittelflusses aus laufender Verwaltungstätigkeit mindestens so hoch ist, dass daraus die Auszahlungen zur ordentlichen Tilgung von Krediten sowie an das Sondervermögen „Hessenkasse" geleistet werden können. Insofern ist es für den Haushaltsausgleich der Gemeinde G völlig unerheblich, wie hoch der Jahresüberschuss im außerordentlichen Ergebnis hier ausfällt.[3]

3 Auf die bei Ziff. 10.5 erläuterten Ausnahmen gemäß Finanzplanungserlassen wird hier nicht Bezug genommen.

Darüber hinaus sind die zu erwartenden Einzahlungen für die anteilige Veräußerung der Stadtwerke im Finanzhaushalt in der Zeile 22 als Einzahlungen aus Abgängen von Vermögensgegenständen des Finanzanlagevermögens auszuweisen (Muster 8). Sie sind daher Teil des Zahlungsmittelflusses aus Investitionstätigkeit und dienen somit nicht der Verbesserung des Zahlungsmittelflusses aus laufender Verwaltungstätigkeit. Der Geschäftsvorfall hat demnach keine Auswirkungen auf den Haushaltsausgleich.

Übungen zu Kapitel 18: Die Finanzrechnung – Grundlagen und Einzelpositionen

Sachverhalt 1

Im Januar 2023 fallen in der Gemeindeverwaltung G folgende Geschäftsvorfälle an:

1. Tarif-Entgelte für Beschäftigte in Höhe von 50.000 € sind auszuzahlen, darauf entfallen je 10.000 € Arbeitnehmer- und Arbeitgeber-Anteile für Sozialversicherung, sowie 8.000 € Lohn- und Kirchensteuer.
2. Die monatliche Stromrechnung für Dezember 2022 geht ein mit 15.000 €. Der fällige Betrag wird nach Prüfung der Rechnung ausgezahlt.
3. Die Kreiskasse teilt mit, dass Schlüsselzuweisungen für Dezember 2022 in Höhe von 120.000 € aufgerechnet werden mit der Kreisumlage für den gleichen Monat. Die restliche Kreisumlage in Höhe von 40.000 € ist noch an die Kreiskasse zu überweisen. (Hinweis: Gehen Sie davon aus, dass für diese Beträge auch noch keine Aufwands- und Ertragsbuchungen vorgenommen wurden.)
4. Mit den Vorjahresrechnungen für die Abwasserentsorgung waren bereits Vorauszahlungen in Höhe von 2.400.000 € angefordert worden, von denen bis zum Jahresende 2.350.000 € eingezahlt worden waren. (Stellen Sie in diesem Fall zunächst auch die Kontierungen für die Vorauszahlungen dar). Lt. jetzt vorliegenden Daten der Zählerablesungen wurden im Laufe des Haushaltsjahres 2022 Leistungen der Abwasserentsorgung im Wert von 2.500.000 € erbracht, die nunmehr in Rechnung gestellt werden. Bis Ende Januar gehen weitere Zahlungen in Höhe von 35.000 € ein.

Aufgabe:

Kontieren Sie die vorstehenden Geschäftsvorfälle in Ergebnis- und Vermögensrechnung sowie in der Finanzrechnung unter Benutzung des KVKR. Geben Sie auch das betroffene Haushaltsjahr an und erläutern Sie die Kontierung:

Lösung:

a) Kontierung

GV-Nr.	HH-Jahr	Konten der Ergebnis- und Vermögensrechnung		Konten der Finanzrechnung		Betrag
		Soll	Haben	Einzahlungen	Auszahlungen	€
1	2023	620	440			32.000
1	2023	620	483			8.000
1	2023	620	484			10.000
1	2023	640	484			10.000

GV-Nr.	HH-Jahr	Konten der Ergebnis- und Vermögensrechnung		Konten der Finanzrechnung		Betrag
		Soll	Haben	Einzahlungen	Auszahlungen	€
1	2023	440	280		830	32.000
1	2023	484	280		830	20.000
1	2023	483	280		830	8.000
2	2022	603	440			15.000
2	2023	440	280		832	15.000
3	2022	2201	540			120.000
3	2022	735	430			160.000
3	2022	430	220	816	835	120.000
3	2023	430	280		835	40.000
4	2022	234	511			2.400.000
4	2022	280	234	811		2.350.000
4	2022	234	511			100.000
4	2023	280	234	811		35.000

b) Erläuterungen

zu GV 1

Es handelt sich um einen Aufwand, der in der Logik der kaufmännischen Buchführung als Verminderung des Eigenkapitals zu verstehen ist und deshalb auf der Sollseite des Kontos 620 Entgelte für geleistete Arbeitszeit zu buchen ist. Die Gegenbuchung stellt die gleichzeitig entstandene Verbindlichkeit (Konto 440) dar. Nach den nicht nur in der öffentlichen Verwaltung üblichen Sicherheitskonzepten für die Buchführung (vgl. § 33 Abs. 6 GemHVO) darf derjenige, der auf Sachkonten buchen darf, nicht gleichzeitig Zahlungen ausführen, deshalb erfolgt hier im ersten Schritt nur die Buchung als Verbindlichkeit und noch keine Buchung in der Finanzrechnung. Gleichzeitig mit der Feststellung und Kontierung des tarifvertraglichen Entgeltes für den Januar 2023 ist die Feststellung zu treffen, welcher Arbeitgeberanteil an Sozialversicherungsbeiträgen zu leisten ist. Diese Beträge sind zwar nach betriebswirtschaftlicher Auffassung ebenfalls Teil der Personalaufwendungen, werden aber traditionell wegen des maßgeblichen gesetzlichen Hintergrundes auf dem speziell dafür vorgesehenen Aufwandskonto 640 gebucht.

Erst im zweiten Schritt darf derjenige, der die Berechtigung besitzt, auf Finanzmittelkonten (Kontengruppe 28) zu buchen, die Zahlung ausführen und die zugehörigen Buchungen vornehmen. Dazu muss aber zuvor festgestellt worden sein, dass eine entsprechende Zahlungsverpflichtung besteht. Die mit der Zahlung verbundene Reduzierung der Verbindlichkeit und des Zahlungsmittelbestandes ist auf der Sollseite des Kontos 440 und auf der Habenseite des Kontos 280 Guthaben bei Kreditinstituten und gleichzeitig auf dem sachlich zuständigen Konto 830 Personalauszahlungen der Finanzrechnung zu buchen. Alle Buchungen betreffen das Haushaltsjahr 2023.

Maßgebend hierfür ist hinsichtlich des Aufwandes die Information, dass es sich um Personalaufwendungen für den Monat Januar 2023 handelt. Hinsichtlich der Finanzrechnung ist für diese Zuordnung maßgebend, dass die Zahlung im Januar 2023 stattfindet (vgl. § 10 Abs. 2 GemHVO).

Die gesamten Sozialversicherungsbeiträge werden auf dem speziell dafür eingerichteten Konto 484 Verbindlichkeiten gegenüber der Sozialversicherung gesammelt. Die Auszahlung an die Sozialversicherungsträger hat nach den gesetzlichen Vorschriften seit 2006 bis zum 3. letzten Bankarbeitstag zu erfolgen. Dagegen müssen die Lohn- und Kirchensteuer erst am 10. des Folgemonats an das zuständige Finanzamt abgeführt werden, was früher auch für die Sozialversicherungsbeiträge galt.

zu GV 2
Auch hier ist zunächst sowohl ein Zugang auf dem sachlich zuständigen Aufwandskonto 603 Aufwendungen für Energie als auch auf dem Kreditorenkonto 440 festzustellen. Da es hier um den Stromverbrauch des Monats Dezember 2022 geht, ist nach dem Prinzip der wirtschaftlichen Zugehörigkeit das Haushaltsjahr 2022 betroffen.

Die Reduzierung der Verbindlichkeit durch die Bezahlung der Rechnung und der damit verbundene Abgang von Bankguthaben findet erst im Jahre 2023 statt und ist deshalb auch im Haushaltjahr 2023 zu buchen. Das gleiche gilt für die Buchung auf dem Konto 832 Auszahlungen für Sach- und Dienstleistungen der Finanzrechnung.

zu GV 3
Die Schlüsselzuweisung des Landes Hessen, die über die Landkreise an die Gemeinden verteilt wird, ist für die Gemeinde ein Ertrag auf der Habenseite des Kontos 540 „Erträge aus allgemeinen Zuweisungen und Zuschüssen" und gleichzeitig eine Forderung auf der Sollseite des Kontos 220 „Forderungen aus allgemeinen Zuweisungen und Zuschüssen". Da es sich noch um die letzte Monatsrate der Schlüsselzuweisung des Jahres 2022 handelt, ist nach dem Prinzip der wirtschaftlichen Zugehörigkeit das Haushaltsjahr 2022 betroffen.

Die Kreisumlage stellt für die Gemeinde G Aufwand dar, der auf der Sollseite des sachlich zuständigen Kontos 735 Aufwendungen aus steuerähnlichen Umlagen und aus gesetzlichen Umlageverpflichtungen zu buchen ist. Sie stellt bis zum Zeitpunkt der Zahlung eine Verbindlichkeit dar, die auf der Habenseite des speziellen Verbindlichkeiten-Kontos 430 Verbindlichkeiten aus Zuweisungen und Zuschüssen zu buchen ist. Da es sich noch um die letzte Monatsrate der Schlüsselzuweisung des Jahres 2022 handelt, ist nach dem Prinzip der wirtschaftlichen Zugehörigkeit das Haushaltsjahr 2022 betroffen.

Die von der Kreiskasse zulässigerweise ausgesprochene Aufrechnung gem. § 16 GemKVO fingiert Zahlungsmittelflüsse in beide Richtungen. Dadurch werden nicht nur die offen stehenden Verbindlichkeiten und Forderungen erledigt, sondern auch entsprechende Buchungen auf den Finanzrechnungskonten 816 Einzahlungen aus Zuweisungen und Zuschüssen für laufende Zwecke und 835 Auszahlungen für Steuern einschließlich Auszahlungen aus gesetzlichen Umlageverpflichtungen ausgelöst. Dabei stellt die Aufrechnung keinen Verstoß, sondern eine konsequente Beachtung des

Bruttoprinzips dar. Da die Aufrechnung erst im Januar 2023 ausgesprochen wird, ist nach dem für die Finanzrechnung geltenden Kassenwirksamkeitsprinzip das Haushaltsjahr 2023 betroffen. Das gilt auch für die abschließende Zahlung des Restbetrages der Kreisumlage.

zu GV 4
Die bereits im Vorjahr angeforderten Vorauszahlungen für die Abwasserentsorgung waren als Forderungen aus Gebühren (Konto 234) auf der Sollseite und auf der Habenseite als Erträge aus Öffentlich-rechtliche Benutzungsgebühren (Konto 511) des Haushaltjahres 2022 darzustellen. Der im Haushaltjahr 2022 hierfür ausgelöste Zahlungseingang war auf der Sollseite als Zahlungsmittelzuwachs auf dem Konto 280 Guthaben bei Kreditinstituten und auf der Habenseite als Abgang auf dem Konto 234 Forderungen aus Gebühren sowie auf dem Finanzrechnungskonto 811 Einzahlungen aus öffentlich-rechtlichen Leistungsentgelten im zuständigen Haushaltsjahr 2022 zu verbuchen. Auch die abschließende Feststellung, dass lt. Zählerablesung weitere 100.000 € mehr an Leistungen erbracht wurden, betrifft das Haushaltsjahr 2022.

Hier können allerdings Zweifel durch die Regelung des § 16 GemHVO entstehen, wonach das Prinzip der wirtschaftlichen Zugehörigkeit für Abgaben und abgabenähnliche Erträge durchbrochen wird. Dies scheint aber für Gebühren nicht sachgerecht, weil hier die Gemeinde unmittelbar am Jahresende über die notwendigen Informationen verfügt, um das Prinzip der wirtschaftlichen Zugehörigkeit und damit eine ökonomisch sinnvolle Periodenabgrenzung vorzunehmen. Dies ist für Ertragsteuern (auf die diese Regelung eigentlich abzielt) völlig anders zu beurteilen, denn hier erfährt die Gemeinde erst mit großem zeitlichen Abstand (i. d. R. erst nach Abschluss der Bücher für das jeweilige Haushaltjahr), welche wirtschaftlichen Erfolge die Steuerpflichtigen erzielt haben und welche Steuerzahlungen sich daraus ergeben.

Aus diesem Grund sehen die Autoren einen Vorrang des Prinzips der wirtschaftlichen Zugehörigkeit (§§ 10 Abs. 2, 46 Abs. 1 GemHVO), solange eine Buchung in den Büchern des Jahres der wirtschaftlichen Zugehörigkeit möglich ist.

Die erst im Jahre 2023 eintreffenden Zahlungen sind dagegen sowohl auf den Zahlungsmittelkonten der Vermögensrechnung (Kontengruppe 28) als auch der Finanzrechnung nach dem Kassenwirksamkeitsprinzip im Haushaltsjahr 2023 zu buchen.

Übungen zu Kapitel 20: Wirtschaftliche Betätigung der Kommunen

Sachverhalt 1

Die Abwasserentsorgung der Gemeinde G wird im Fachbereich Tiefbau verwaltet. In den letzten Jahren ist diese Aufgabe immer umfangreicher geworden.

Der Teilergebnishaushalt für das Produkt Abwasserentsorgung umfasst ca. 12.000.000 €. Zurzeit sind etwa 60 Personen im Bereich dieses Produktes beschäftigt. Es stehen gewaltige Investitionen für Sanierung und Ausbau der Kläranlagen an.

In jüngster Zeit mehren sich die Stimmen, die die gegenwärtige Organisationsform nicht mehr für zweckmäßig halten.

Gewünscht wird eine solche Organisationsform, die die Ziele der Abwasserentsorgung (Umweltschutz und Wirtschaftlichkeit) besser verwirklichen kann und weniger von politischen Einflüssen berührt wird. Die fachliche Verantwortung soll gestärkt, die Entscheidungsabläufe sollen gestrafft und verkürzt werden.

Der wirtschaftliche Handlungsspielraum soll gegenüber der gegenwärtigen Betriebsführung als Regiebetrieb ausgeweitet werden. Gleichzeitig möchte man einen genaueren Überblick über die Vermögens- und Erfolgssituation des Betriebes erlangen. Außerdem möchte man die Möglichkeit des Vorsteuerabzuges eröffnen.

Aufgabe:

Prüfen Sie, welche alternativen Organisationsmöglichkeiten der Gemeinde zur Verfügung stehen und bereiten Sie eine Entscheidung vor, indem Sie Vor- und Nachteile infrage kommender Alternativen wertend gegenüberstellen.

Lösung:

Die Abwasserbeseitigung ist definitorisch als wirtschaftliche Betätigung anzusehen, sie ist auf der Grundlage der Fiktion des § 121 Abs. 2 HGO („… gelten nicht …") von den Regelungen des § 121 Abs. 1 HGO ausgenommen. Sie muss deshalb nicht zwingend, kann aber gleichwohl fakultativ als Eigenbetrieb geführt werden. Mit der Rechtsform des Eigenbetriebes kann allerdings nach gegenwärtiger Rechtslage ein Vorsteuerabzug nicht erzielt werden.

Daneben sind die Rechtsformen des Privatrechts mit Haftungsbegrenzung nutzbar (§ 122 Abs. 2 HGO). Die Wahl der Rechtsform einer Aktiengesellschaft ist jedoch wegen § 122 Abs. 3 HGO im Ergebnis auszuschließen.

Dagegen kann mit der Wahl der Rechtsform einer GmbH der politische Einfluss gegenüber dem fachlichen Zielen reduziert und in die fachliche Verantwortung des Geschäftsführers gestellt werden, der im Rahmen der umfassenden Befugnisse nach Gesellschaftsrecht schnelle Entscheidungsabläufe organisieren kann. Schließlich ist mit dieser Rechtsform auch eine Verschiebung der Umsatzsteuerbelastung vom Zeitpunkt der Investition auf den Zeitpunkt der Leistungserbringung möglich, die sich kostenmindernd auswirkt.[1]

1 Auf die Betrachtung weiterer steuerrechtlicher Konsequenzen soll an dieser Stelle verzichtet werden.

Daneke/Eimer/Hahn

Finanzwirtschaft und Haushaltsrecht der Gemeinden in Hessen

Band 1

Finanzwirtschaft und Haushaltsrecht der Gemeinden in Hessen

Band 1: Sachdarstellung

von

Uwe Daneke
Angelika Eimer
Dieter Hahn

KSV Medien

MIX
Papier | Fördert gute Waldnutzung
FSC® C019821
www.fsc.org

Die Herstellung bei KSV Medien erfolgt weitgehend digital
und in dem Bewusstsein, eine möglichst ressourcenschonende
Produktion zu gewährleisten.

Bibliografische Information der Deutschen Nationalbibliothek
Die Deutsche Nationalbibliothek verzeichnet diese Publikation in der Deutschen Nationalbibliografie; detaillierte bibliografische Daten sind im Internet über http://dnb.dnb.de abrufbar.

4., vollständig überarbeitete Auflage 2023

Satz: SEUME Publishing Services GmbH, Erfurt
Druck: Druckerei C.H.Beck • Nördlingen

ISBN 978-3-8293-1832-7

Inhalt

1 Detaillierte Inhaltsverzeichnisse befinden sich vor den jeweiligen Kapiteln.

Vorwort zur 4. Auflage

Mit der 4. Auflage des Werkes werden die seit dem Erscheinen der 3. Auflage eingetretenen gesetzlichen Änderungen berücksichtigt und die damit notwendig gewordenen Fortschreibungen vorgenommen. Im Wesentlichen handelt es sich um die Novellierung der GemHVO und die Neufassung der Hinweise zur HGO und zur GemHVO (wesentliche Punkte waren bereits auf der Basis des Entwurfsstandes in der 3. Auflage berücksichtigt) und die Einführung der Unterschwellenvergabeordnung (UVgO) anstelle der VOL.

Dargestellt werden konnten erste zahlenmäßige Auswirkungen der Neuordnung des Länderfinanzausgleichs ab dem Jahr 2020.

Die Darstellungen wurden auch sonst umfassend überarbeitet.

Beibehalten wurde die Aufteilung des Werkes in zwei Bände. Band 1 enthält die Sachdarstellung, Band 2 nimmt die Aufgaben und Lösungen auf.

Der Titel des Werkes wurde leicht modifiziert. Da das Haushaltsrecht der Gemeinden in Hessen seit mehreren Jahren nach den Grundsätzen der Doppik als alleiniger Standard gestaltet ist, haben sich Autoren und Verlag entschlossen, ab dieser Auflage auf die Beifügung „doppisches“ zu verzichten.

Auch bezüglich der 4. Auflage sind Verlag und Autoren für Hinweise auf inhaltliche oder redaktionelle Fehler, Unverständlichkeiten in der Darstellung und sonstige Verbesserungsvorschläge sehr dankbar.

Langen (Hessen), Echzell und Nüsttal, im April 2023

Hinweis:
In diesem Lehrbuch werden – wenn möglich – neutrale Begriffe verwendet, die alle Geschlechter einbeziehen. Gibt es keinen neutralen Begriff, werden Personen in ihrer Rolle als Akteure, Adressaten oder Betroffene mit der männlichen Form bezeichnet. Dies stellt keine Diskriminierung der weiblichen Funktionsträger dar, sondern soll lediglich der einfacheren Lesbarkeit dienen.

Vorwort zur 3. Auflage

Mit der 3. Auflage des Werkes werden die seit dem Erscheinen der 2. Auflage eingetretenen umfangreichen gesetzlichen Änderungen berücksichtigt und die damit notwendig gewordenen Fortschreibungen vorgenommen. Im Wesentlichen handelt es sich um

- die Änderungen in der Hessische Gemeindeordnung (HGO), insbesondere zum Haushaltsausgleich und zu den Kassen- (jetzt Liquiditäts-)krediten,
- die Änderungen in der Gemeindekassenverordnung (GemKVO) und den Erlass der Hinweise zur GemKVO
- die umfassenden Änderungen im Hessischen Gesetz zur Regelung des Finanzausgleichs (HFAG) aufgrund der Rechtsprechung des Staatsgerichtshofes
- die Änderungen im KAG insbesondere zum Straßenbeitrag
- die Reform des Vergaberechts 2016

Weitere Rechtsänderungen betreffen u. a. den Länderfinanzausgleich, die Gewerbesteuerumlage und die vom Land Hessen eingeführte „Heimatumlage“.

Außerdem greifen wir die Reform der Umsatzbesteuerung der Öffentlichen Hand auf (§ 2b UStG), wobei sich die Darstellung darauf beschränkt, wie im steuerbaren bzw. im nichtsteuerbaren Bereich zu verfahren ist. Eine Darstellung, welche Bereiche steuerbar bzw. nichtsteuerbar sind, muss Stand heutiger Erkenntnisse dazu einer künftigen Auflage vorbehalten bleiben, wenn sich eine gefestigte und durch Rechtsprechung bestätigte Praxis hierzu herausgebildet hat.

Die Darstellungen wurden auch sonst umfassend überarbeitet.

Hinweis:
Autoren und Verlag hatten sich zum Ziel gesetzt, eine umfassende Überarbeitung der Darstellungen zum Gemeindehaushaltsrecht anhand der Änderungen der HGO und in Folge der Hinweise zur HGO, der GemHVO und der Hinweise zur GemHVO vorzunehmen. Aufgrund der Verzögerungen in der Bekanntmachung dieser Folgevorschriften aus den unterschiedlichsten Gründen hatte sich das Erscheinen der 3. Auflage ebenfalls immer wieder verzögert. Nach Verlautbarungen aus dem Hessischen Ministerium des Innern und für Sport zum weiteren Zeitbedarf bis zum Erscheinen der Folgevorschriften haben sich Verlag und Autoren entschlossen, nunmehr das Manuskript zur 3. Auflage fertigzustellen und diese auf den Markt zu bringen, auch wenn die geänderte GemHVO und die geänderten Hinweise zur HGO und zur GemHVO noch nicht vorliegen. Wesentliche Änderungen im Haushaltsrecht der GemHVO werden sich z. B. ergeben durch den Wegfall der indirekten Finanzrechnung, die Behandlung von Überschüssen und Fehlbeträgen im Jahresabschluss und die Einbeziehung der Ergebnis- und Finanzplanung in den Ergebnishaushalt und den Finanzhaushalt.

Soweit es erforderlich ist, wird in der jeweiligen Darstellung der Entwurfsstand dieser Vorschriften[2] verwendet, darauf wird in den einzelnen Kapitel jeweils hingewiesen, im Übrigen wird auf die bisherige Fassung zurückgegriffen, die jedoch im Einzelfall nicht mehr aktuell sein kann. In einer relativ zeitnah nach Bekanntmachung dieser Folgevorschriften zu erstellenden 4. Auflage werden dann die Endfassungen der GemHVO und der Hinweise sowie bis dahin ergangene Vorschriftenänderungen aufgearbeitet.

Aus technischen Gründen (Umfang des Werkes) haben sich Verlag und Autoren entschieden, das Werk in zwei Bände aufzuteilen. Band 1 enthält die Sachdarstellung, Band 2 nimmt die Aufgaben und Fälle auf, die bisher bei den einzelnen Kapiteln enthalten waren. Das gibt auch die Möglichkeit, diesen Band zu einer umfassenden Fallsammlung weiterzuentwickeln, um z. B. auch umfangreichere Fälle zur Vorbereitung auf schriftliche Klausuren im Studium aufzunehmen und mit einer Musterlösung zu versehen.

Mit dem Erscheinen dieser 3. Auflage wird Herr Karl-Friedrich Emde aus dem Autorenteam ausscheiden. Sein Nachfolger in seinem Hauptamt als Fachhochschullehrer, Herr Dieter Hahn, ist auch sein Nachfolger im Autorenteam. Herr Hahn übernimmt 1:1 die Bearbeitung der Kapitel, die bisher von Herrn Emde bearbeitet wurden.

Auch bezüglich der 3. Auflage sind Verlag und Autoren für Hinweise auf inhaltliche oder redaktionelle Fehler, Unverständlichkeiten in der Darstellung und sonstige Verbesserungsvorschläge sehr dankbar.

Langen (Hessen), Echzell, Waldeck und Nüsttal, im Juli 2020

2 Der Entwurf zur Änderung der GemHVO wurde vom HMdIS mit Schreiben vom 20.2.2019 und der Entwurf zur Änderung der Hinweise zur HGO und zur GemHVO ebenfalls mit Schreiben vom 20.2.2019 u. a. den Kommunalen Spitzenverbänden zugeleitet. Diese Unterlagen sind zu finden u. a. auf der Homepage des Hessischen Städte- und Gemeindebundes unter https://www.hsgb.de/finanzen-gemeindewirtschaftsrecht, Artikel „Gemeindehaushaltsverordnung und Hinweise zum Haushaltsrecht – HMdIS legt Änderungsvorschlag vor“.

Vorwort zur 2. Auflage

Mit der 2. Auflage des Werkes werden die durch das geänderte Haushaltsrecht im Land Hessen, das im Wesentlichen ab dem Haushaltsjahr 2012 zur Anwendung kommt, notwendig gewordenen Fortschreibungen vorgenommen.

Mit Gesetz vom 16. Dezember 2011, GVBl. I S. 786 ist eine umfassende Novelle der HGO erfolgt, mit der die Doppik als alleiniges Rechnungswesen der Gemeinden festgelegt und das bisherige Wahlrecht (Verwaltungsbuchführung als Standard, Doppik als zu bestimmende Abweichung) aufgehoben wurde. Damit ergab sich auch eine Änderung der Paragrafenfolge in der HGO, die wegfallenden Paragrafen der Verwaltungsbuchführung (§§ 92–114) wurden durch die Paragrafen der Doppik (§§ 114a–114u) ziffernmäßig ersetzt.

Die Gemeindehaushaltsverordnung wurde quasi zeitgleich an die geänderte HGO angepasst (Verordnung vom 27. Dezember 2011, GVBl. I S. 840).

Mit dem Wegfall des Wahlrechts und den damit verbundenen formalen Änderungen gingen auch etliche inhaltliche Anpassungen des Haushaltsrechts einher, u. a. bei der Finanzrechnung, beim Haushaltsausgleich und bei der Deckungsfähigkeit.

Weiterhin aufgegriffen werden in der 2. Auflage die Änderungen beim Kommunalen Finanzausgleich – dargestellt wird der für das Ausgleichsjahr 2013 geltende Rechtsstand –, die Änderungen im Vergaberecht sowie weitere Anpassungen aufgrund von Veränderungen der jeweiligen Rechtsvorschriften.

Berücksichtigt wurde auch die Novelle des Hessischen Gesetzes über kommunale Abgaben (KAG) durch Gesetz von 21.11.2012 sowie das Hessische Vergabegesetz, verkündet als Artikel 2 des Gesetzes zur Förderung der mittelständischen Wirtschaft und zur Vergabe öffentlicher Aufträge vom 25. März 2013 (GVBl. S. 119, 121).

Eingearbeitet ist weiterhin die Neufassung der VV zur GemHVO, erlassen als „Hinweise zur Gemeindehaushaltsverordnung“ mit Erlass vom 22.1.2013, StAnz. S. 222 sowie die Neufassung der VV zum 6. Teil der HGO, erlassen als „Hinweise zur Anwendung der haushaltsrechtlichen Vorschriften der Hessischen Gemeindeordnung (HGO) – Sechster Teil –“ gemäß Erlass vom 1.10.2013, StAnz. S. 1295.

Auch bezüglich der 2. Auflage sind Verlag und Autoren für Hinweise auf inhaltliche oder redaktionelle Fehler, Unverständlichkeiten in der Darstellung und sonstige Verbesserungsvorschläge sehr dankbar.

Langen (Hessen), Echzell und Waldeck, im Januar 2014

Vorwort zur 1. Auflage

Mit dem vorliegenden Fachbuch „Finanzwirtschaft und doppisches Haushaltsrecht der Gemeinden in Hessen“ wird eine umfassende Darstellung des Haushaltsrechts und darüber hinaus des gesamten Finanzwesens der hessischen Gemeinden und Gemeindeverbände vorgelegt, die ihre Haushaltswirtschaft nach den **Grundsätzen der doppelten Buchführung** führen. Das Buch ist primär für die Ansprüche der Ausbildung an der Verwaltungsfachhochschule konzipiert; es richtet sich aber nicht nur an die Studierenden dieser Einrichtung, sondern auch an alle anderen für eine Tätigkeit in der Kommunalverwaltung auszubildenden Personen, daneben an die Praktiker in den Kommunalverwaltungen, auch soweit sie nicht unmittelbar in der Finanzverwaltung tätig sind, und an die politischen Mandatsträger, für die eine profunde Kenntnis des Haushaltsrechts unverzichtbare Voraussetzung für die Wahrnehmung ihrer verantwortungsvollen Tätigkeit ist. Auch die Redakteurinnen und Redakteure, die in den Lokalredaktionen über das kommunale Geschehen zu berichten haben, können und sollen von diesem Werk angesprochen sein, lässt doch häufig die Berichterstattung erkennen, dass tiefer gehende Kenntnisse dieser Materie fehlen. Auch für alle anderen Personen, die sich, aus welchen Gründen auch immer, mit Fragen des Haushaltsrechts der Gemeinden und Gemeindeverbände in Hessen befassen wollen oder müssen, soll dieses Fachbuch eine wertvolle Hilfe sein.

Dieses Fachbuch ist einerseits eine Fortführung des Fachbuches „Kommunales Haushaltsrecht Hessen“, das 2004 in 2. Auflage erschienen ist, und andererseits eine auf die in Hessen geltende Rechtslage abgestellte Überarbeitung der 5. Auflage des überaus erfolgreichen Werkes „Kommunales Finanzmanagement NRW“ von Bernhardt/Mutschler/Stockel-Veltmann, zumindest soweit dessen Darstellungen aufgrund unterschiedlicher Rechtslagen auf Hessen übertragbar sind. Zudem wurde auf Darstellungen der 11. Auflage des Werkes „Kommunales Finanz- und Abgabenrecht NRW“ von Bernhardt/Schwingeler zurückgegriffen. Insofern gilt unser Dank den Autoren der vorgenannten Fachbücher.

Mit § 92 Abs. 3 HGO in der Fassung des Gesetzes zur Änderung der Hessischen Gemeindeordnung und anderer Gesetze vom 31. Januar 2005 wurden die Beschlüsse der Ständigen Konferenz der Innenminister und -senatoren der Länder (IMK) am 21. November 2003 in Jena zur Reform des Gemeindehaushaltsrechts für das Land Hessen umgesetzt.

Diese Reform steht unter dem Leitmotto „Von einem zahlungsorientierten zu einem ressourcenverbrauchsorientierten Haushalts- und Rechnungswesen“. Durch diese Reform des Gemeindehaushaltsrechts soll das kommunale Haushalts- und Rechnungswesen von der bislang zahlungsorientierten Darstellungsform auf eine ressourcenverbrauchsorientierte Darstellung umgestellt und die Steuerung der Kommunalverwaltungen anstelle der herkömmlichen Bereitstellung von Ausgabeermächtigungen für Einzelzwecke (Input-Steuerung) durch die Vorgabe von Zielen, Produkten und Qualitäten für die kommunalen Dienstleistungen (Output-Steuerung) ermöglicht werden.

Die Umstellung auf ein ressourcenverbrauchsorientiertes Haushalts- und Rechnungswesen kann nach IMK-Beschlüssen entweder durch eine erweiterte kameralistische Buchführung oder durch ein Haushalts- und Rechnungswesen nach den Grundsätzen der doppelten Buchführung (Doppik) erfolgen. Die Länder regeln, in welcher Weise in dem jeweiligen Bundesland diese Umstellung erfolgt, also entweder durch eine erweiterte Kameralistik oder durch Doppik oder durch Weitergabe dieses Wahlrechtes an die einzelne Kommune des jeweiligen Bundeslandes.

Das Land Hessen hat sich für letztere Version entschieden und durch die Regelung in § 92 Abs. 3 HGO bestimmt, dass die Haushaltswirtschaft entweder nach den Grundsätzen der Verwaltungsbuchführung (das meint die erweiterte Kameralistik) oder nach den Grundsätzen der doppelten Buchführung geführt wird, wobei die Verwaltungsbuchführung den Standard darstellt und die doppelte Buchführung eine durch ausdrücklichen Beschluss festzulegende Abweichung davon.

Nahezu ausnahmslos alle hessischen Gemeinden und Gemeindeverbände haben ihre Haushaltswirtschaft auf die Doppik umgestellt. Seitens der Verwaltungsfachhochschule Hessen wurde auf diese Entwicklung dahingehend reagiert, dass ausschließlich das Recht der Haushaltswirtschaft nach den Grundsätzen der doppelten Buchführung in den entsprechenden Fächern gelehrt wird.

Dieses Lehrbuch zeichnet diese Entwicklung nach und befasst sich in seinen Darstellungen ausschließlich mit der Materie des doppischen Haushalts- und Rechnungswesens der Gemeinden. Lediglich dort, wo ein Bezug auf das kamerale Recht zum besseren Verständnis erforderlich erschien, wurde hierauf verwiesen.

Mit dem Haushaltsrecht nach den Grundsätzen der doppelten Buchführung haben sich auch wesentliche terminologische Änderungen ergeben. Die in der Kameralistik verwendeten Begriffe

- „Einnahmen“ (definiert als Zunahme von Bar- und Girobeständen) und
- „Ausgaben“ (definiert als Abnahme von Bar- und Girobeständen)
  (jeweils unter Berücksichtigung von Kassen- und Haushaltsresten)

sind nicht mehr Teil der doppischen Terminologie.

An ihre Stelle treten die Begriffe

- „Ertrag“ (zahlungswirksamer und nichtzahlungswirksamer Wertzuwachs eines Haushaltsjahres – Ressourcenaufkommen),
- „Einzahlung“ (Barzahlungen und bargeldlose Zahlungen, die die flüssigen Mittel erhöhen),
- „Aufwand“ (wertmäßiger, zahlungs- und nichtzahlungswirksamer Verbrauch von Gütern und Dienstleistungen eines Haushaltsjahres – Ressourcenverbrauch) sowie
- „Auszahlung“ (Barzahlungen und bargeldlose Zahlungen, die die flüssigen Mittel vermindern).

Die Autoren haben sich im Sinne einer besseren Lesbarkeit dieses Buches dazu entschieden, die Begriffe „Einnahmen“ und „Ausgaben“ weiterhin zu verwenden, jedoch im Sinne von Oberbegriffen für Ertrag und Einzahlung bzw. Aufwand und Auszahlung. Dies erfolgt regelmäßig dort, wo die Darstellung gleichermaßen Ertrag und

Einzahlung bzw. Aufwand und Auszahlung umfasst und eine sprachliche Differenzierung daher keinen Sinn ergibt, z. B. beim Grundsatz der Einnahmenbeschaffung.

Überall dort, wo aus inhaltlichen oder rechtlichen Gründen nach Ertrag und Einzahlung bzw. Aufwand und Auszahlung zu differenzieren ist, werden die Begriffe natürlich auch differenziert verwendet.

Die Bestimmungen der HGO, der GemHVO-Doppik, der hierzu bisher ergangenen Verwaltungsvorschriften und der weiteren Rechtsgrundlagen zur doppischen Haushaltswirtschaft werfen bei der für das Verfassen dieses Buches notwendigen vertieften Analyse der Vorschriften vielfältige Fragen auf und enthalten Regelungen, die nicht widerspruchsfrei zueinander stehen. Soweit es für das Verständnis der Materie notwendig erschien, wurden diese Punkte aufgegriffen und benannt. Insofern hoffen die Autoren, dass dieses Buch auch einen Beitrag zur anstehenden Evaluierung der haushaltsrechtlichen Vorschriften in Hessen leisten kann.

Das Haushaltsrecht nach den Grundsätzen der doppelten Buchführung kennt den seitherigen kameralen Begriff der „Haushaltsstelle“ als Planungs- und Darstellungselement nicht mehr. Eine einheitliche neue Terminologie hat sich jedoch noch nicht herausgebildet, was nicht zuletzt auch darin begründet ist, dass im doppischen Haushaltsrecht die Darstellungsebene hochaggregiert ist (siehe die Muster 7 und 9 zur GemHVO-Doppik für den Gesamtergebnis- bzw. den Gesamtfinanzhaushalt), während die Planung und vor allem die Buchung sehr viel differenzierter nach den Konten des KVKR (Muster 12 zur GemHVO-Doppik) erfolgt. Hierfür haben sich Begriffe wie Planungs- bzw. Buchungsstelle oder auch Produktkonto herausgebildet. Auf der Darstellungsebene des Gesamtergebnis- bzw. Gesamtfinanzhaushaltes und der jeweiligen Teilhaushalte spricht man dagegen häufig von der Haushalts- bzw. der Zeilenposition. Entsprechend haben wir die Begriffe in die Darstellungen eingearbeitet.

Soweit wir innerhalb des Buches verweisen, verwenden wir den Oberbegriff „Kapitel“ mit der Kapitelnummer, wenn sich der Verweis auf das gesamte Kapitel bezieht. Soweit sich der Verweis auf konkrete Stellen innerhalb eines Kapitels bezieht, verwenden wir den Begriff „Ziffer“ mit Angabe der jeweiligen Gliederungsnummer.

Unser besonderer Dank gilt Herrn Hartmut Vogt vom Hessischen Verwaltungsschulverband, Verwaltungsseminar Kassel, der unsere Autorenarbeit über weite Strecken kritisch und bereichernd begleitet und damit einen wesentlichen Beitrag zur Qualitätssicherung dieses Werkes geleistet hat.

Ein herzlicher Dank gilt außerdem Frau Regine Hoppe vom Stenografenverein 1897 Langen E. V. für die intensive Durchsicht des Manuskriptes auf redaktionelle und sprachliche Unzulänglichkeiten und auf Fehler in Orthografie, Interpunktion und Grammatik und für die Beratung zur Anwendung der DIN 5008.

Verlag und Autoren sind für Hinweise auf inhaltliche oder redaktionelle Fehler, Unverständlichkeiten in der Darstellung und sonstige Verbesserungsvorschläge sehr dankbar.

Langen (Hessen), Echzell und Waldeck, im August 2010
Die Verfasser

Zu den Verfassern

Uwe Daneke, Jahrgang 1954, Ltd. Magistratsdirektor a. D., Diplom-Verwaltungswirt, war seit 1975 in unterschiedlichen Funktionen im Bereich der kommunalen Finanzwirtschaft tätig, u. a. als Steueramtsleiter, Kassenverwalter, Finanzprüfer in der Kommunalaufsicht, Kämmereiamtsleiter und Eigenbetriebsleiter. Von 2003 bis zu seiner Pensionierung im März 2017 war Uwe Daneke Leiter des Fachbereiches „Zentrale Funktionen und interne Dienste" der Stadt Langen, Landkreis Offenbach, und damit zugleich Leiter der Finanzverwaltung dieser Stadt. Seit 1985 lehrt Uwe Daneke als nebenamtlicher Dozent an der Hessischen Hochschule für öffentliches Management und Sicherheit – HöMS – (vormals Hessische Hochschule für Polizei und Verwaltung bzw. Verwaltungsfachhochschule Wiesbaden) im Studienfach „Öffentliche Finanzen" bzw. „Ökonomisches Handeln". Er ist Mitautor eines Kommentars zur Hessischen Gemeindeordnung; zudem berät und begleitet er Kommunalverwaltungen in Fragen des Rechnungswesens und bei Verwaltungsmodernisierungsprozessen.

Angelika Eimer, Jahrgang 1961, Regierungsdirektorin, Diplom-Verwaltungswirtin, war bis 2001 Leiterin der Finanzabteilung des Wetteraukreises und übernahm dort den Aufbau der Beteiligungs- und der Liegenschaftsverwaltung einschließlich der Bewertung des Vermögens sowie die Implementierung des neuen Steuerungsmodells in die Verwaltungsstrukturen. Sie war Dezernats-Delegierte der Stabsstelle Zentrale Steuerungsunterstützung und ständige Vertreterin in der Stabsstelle Beteiligungssteuerung. Angelika Eimer ist seit 2001 hauptamtliche Dozentin an der Hessischen Hochschule für öffentliches Management und Sicherheit – HöMS – (vormals Hessische Hochschule für Polizei und Verwaltung), Fachbereich Verwaltung. Ihr obliegt zudem die Modulverantwortlichkeit für das Modul Ökonomisches Handeln 1. Zeitweilig übernahm sie die Abteilungsleitung der Abteilung Gießen sowie die Fachkoordination des Studienfaches Öffentliche Finanzen. Darüber hinaus war sie mehrere Jahre Mitglied im Fachbereichsrat der Hessischen Hochschule für Polizei und Verwaltung. Ihre Forschungs- und Arbeitsschwerpunkte liegen im Bereich der Einführung von Bürgerhaushalten und der Budgetierung. Daneben leitete Angelika Eimer Workshops für kommunale Finanzbuchhalter im Rahmen der Fort- und Weiterbildung und ist Referentin für Mandatsträger und Führungskräfte in den Kommunen sowie bei dem Büro für staatsbürgerliche Frauenarbeit e. V. mit den Themenschwerpunkten „betriebswirtschaftliche Grundlagen im Rahmen des neuen kommunalen Rechnungs- und Steuerungssystems".

Karl-Friedrich Emde (Mitautor bis zur 3. Auflage), Jahrgang 1955, Regierungsdirektor a. D., Diplom-Ökonom, Diplom-Verwaltungswirt, war nach dem Abitur in den Jahren 1976 bis 1979 Anwärter für den gehobenen Dienst in der Kommunalverwaltung des Landkreises Waldeck-Frankenberg, bis 1990 zunächst Sachbearbeiter, später Leiter des Regiebetriebes Abfallentsorgung beim Landkreis Waldeck-Frankenberg. Von 1980 bis 1988 absolvierte Karl-Friedrich Emde ein nebenberufliches Studium der Wirtschaftswissenschaften an der Fernuniversität Hagen mit betriebswirtschaftlichem Schwerpunkt. Seit 1990 bis zum Eintritt in den Ruhestand 2018 war er Fachhochschullehrer an der Hessischen Hochschule für Polizei und Verwaltung, Abteilung Kassel, Fachbereich Verwaltung, für die Fächer Betriebswirtschaftslehre und Öffentliche Finanzen. Zeitweilig war er Studienleiter im Masterstudiengang Public Management. Daneben nahm Karl-Friedrich Emde die Leitung der Workshops kommunaler Finanzbuchalter und kommunaler Controller im Rahmen der Fort- und Weiterbildung im Rahmen der Einführung des neuen kommunalen Rechnungs- und Steuerungssystems wahr. Außerdem war er zeitweise Fachkoordinator für die Fächer Betriebswirtschaftslehre der Öffentlichen Verwaltung und Öffentliche Finanzen, sowie Abteilungsleiter der Abteilung Kassel. Er war ehrenamtlicher Stadtrat seiner Heimatstadt Waldeck am Edersee. Seine Arbeitsschwerpunkte lagen im Bereich des Rechnungswesens und des Controllings.

Dieter Hahn (Mitautor ab der 3. Auflage), Jahrgang 1986, Oberamtsrat, Diplom-Verwaltungswirt, Master of Public Administration, lehrt als Fachhochschullehrer an der Hessischen Hochschule für öffentliches Management und Sicherheit (HöMS) in Kassel alle Module, die im Zusammenhang mit dem kommunalen Haushaltsrecht und der öffentlichen BWL stehen. Vor seiner Tätigkeit an der HöMS war er viele Jahre als Teamleiter im Rechnungsprüfungsamt des Landkreises Fulda tätig. Dort war er verantwortlich für die inhaltliche Prüfung zahlreicher kommunaler Jahres- und Gesamtabschlüsse und somit tagtäglich mit Fragen des öffentlichen Finanzwesens konfrontiert. Seit vielen Jahren führt er bei verschiedenen Bildungsinstituten Fortbildungen und Seminare zu den Themengebieten öffentliches Haushaltsrecht, kommunales Rechnungswesen sowie Kosten- und Leistungsrechnung durch. Die Teilnehmer seiner Schulungen erstrecken sich über angehende Verwaltungsfachwirte, Mitarbeiter kommunaler Finanzabteilungen, Rechnungsprüfer bis hin zu kommunalen Mandatsträgern. Darüber hinaus hat er zahlreiche Veröffentlichungen in einschlägigen Fachzeitschriften getätigt und so zur kritischen Auseinandersetzung mit den genannten Themenbereichen beigetragen. Letztlich ist er auch selbst als ehrenamtlicher Mandatsträger in seiner Heimatgemeinde Nüsttal (Landkreis Fulda) aktiv und blickt auf über zehn Jahre Erfahrung in der Kommunalpolitik zurück.

Das Autorenteam Uwe Daneke, Angelika Eimer, Karl-Friedrich Emde und Dieter Hahn (v. l. n. r.) bei einer Autorenbesprechung in Fulda

Foto: Regine Daneke

Überblick über die Kapitel und ihre Bearbeiter

3 Ziff. 13.1 bis 13.5 Daneke, Ziff. 13.6 Eimer.

Abkürzungsverzeichnis

a. a. O.	am angegebenen Ort
a. F.	alte Fassung
Abs.	Absatz
AfA	Absetzung für Abnutzung
AG	Aktiengesellschaft
Anm.	Anmerkung
AO	Abgabenordnung
Art.	Artikel
BAB	Betriebsabrechnungsbogen
BAfÖG	Bundesausbildungsförderungsgesetz
BauGB	Baugesetzbuch
BbesG	Bundesbesoldungsgesetz
BekanntmVO	Bekanntmachungsverordnung
BFH	Bundesfinanzhof
BgA	Betrieb gewerblicher Art
BGB	Bürgerliches Gesetzbuch
BGBl.	Bundesgesetzblatt
BHO	Bundeshaushaltsordnung
BMF	Bundesministerium der Finanzen
BMWi	Bundesministerium für Wirtschaft und Energie
BSC	Balanced Scorecard
BStBl.	Bundessteuerblatt
BT-Drs.	Bundestagsdrucksache
Buchst.	Buchstabe
BVerwG	Bundesverwaltungsgericht
BW	Baden-Württemberg
d. h.	das heißt
d. J.	dieses/des Jahres
dergl.	dergleichen
DGO	Deutsche Gemeindeordnung
DIN	Deutsche Industrienorm bzw. „Das ist Norm"
DSGVO	Datenschutz-Grundverordnung
DStGB	Deutscher Städte- und Gemeindebund
DSTGB	Deutscher Städte- und Gemeindebund
DV	Datenverarbeitung
DVO	Durchführungsverordnung
e. V.	eingetragener Verein
ED	Eildienst
EfoG	Entlastungsfondsgesetz
EigBGes	Eigenbetriebsgesetz
Entsch.	Entscheidung

Erl.	Erläuterung/en
EStG	Einkommensteuergesetz
evtl.	eventuell/e
Ew.	Einwohner
f.	folgender
FAG	Finanzausgleichsgesetz (Länder-Finanzausgleich)
ff.	fortfolgende
GemFinRefG	Gemeindefinanzreformgesetz
GemHR	Gemeindehaushaltsrecht
GemHVO	Gemeindehaushaltsverordnung
GemHVO 1974	Verordnung über die Aufstellung und Ausführung des Haushaltsplans der Gemeinden
GemHVO-Doppik	Verordnung über die Aufstellung und Ausführung des Haushaltsplans der Gemeinde mit doppelter Buchführung
GemHVO-Vwbuchfg 2009	Verordnung über die Aufstellung und Ausführung des Haushaltsplans der Gemeinden mit Verwaltungsbuchführung 2009
GemKVO	Gemeindekassenverordnung
GewStG	Gewerbesteuergesetz
GG	Grundgesetz
GmbH	Gesellschaft mit beschränkter Haftung
GO	Gemeindeordnung
GoB	Grundsätze ordnungsmäßiger Buchführung
GoI	Grundsätze ordnungsmäßiger Inventur
GrStG	Grundsteuergesetz
GV	Gemeindeverbände
GV.NRW	Gesetz- und Verordnungsblatt Nordrhein-Westfalen
GVBl.	Gesetz- und Verordnungsblatt
GWB	Gesetz gegen Wettbewerbsbeschränkungen
HAG SGB XII	Hessisches Ausführungsgesetz zum Zwölften Buch Sozialgesetzbuch – Sozialhilfe
HAGTierGesG	Hessisches Ausführungsgesetz zum Tiergesundheitsgesetz
HBO	Hess. Bauordnung
HDSG	Hessisches Datenschutzgesetz
HeimatUmlG	Gesetz über die Heimatumlage
Hess.	Hessische/-s/-r
HessVwVG	Hessisches Verwaltungsvollstreckungsgesetz
HFAG	Hessisches Gesetz zur Regelung des Finanzausgleichs (Hessisches Finanzausgleichsgesetz)
HFAGDV	Verordnung zur Durchführung des Finanzausgleichsgesetzes Hessen
HGB	Handelsgesetzbuch
HGO	Hessische Gemeindeordnung
HGrG	Haushaltsgrundsätzegesetz
HGrStG	Hessisches Grundsteuergesetz

HKJGB	Hessisches Kinder- und Jugendhilfegesetzbuch
HKO	Hessische Landkreisordnung
HMdF	Hessisches Ministerium der Finanzen
HMdIS	Hessisches Ministerium des Innern und für Sport
Hrsg.	Herausgeber
Hs.	Halbsatz
HSGB	Hessischer Städte- und Gemeindebund
HSGZ	Hessische Städte- und Gemeindezeitung
HSOG	Hess. Gesetz über die öffentliche Sicherheit und Ordnung
HÜL	Haushaltsüberwachungsliste
HV	Hessische Verfassung
HVTG	Hessisches Vergabe- und Tariftreuegesetz
Hw.	Hinweis/Hinweise
i. A.	im Allgemeinen
i. d. F.	in der Fassung
i. d. R.	in der Regel
i. H. v.	in Höhe von
i. S.	im Sinne
i. S. d.	im Sinne der/des
i. S. v.	im Sinne von
i. V. m.	in Verbindung mit
ICV	Internationaler Controller-Verein
IDR	Institut der Rechnungsprüfer
IKZ	Interkommunale Zusammenarbeit
IM	Innenminister
IMK	Innenministerkonferenz
incl.	inclusive
KAG	Kommunalabgabengesetz
Kap.	Kapitel
KFA	Kommunaler Finanzausgleich
KG	Kommanditgesellschaft
KGaA	Kommanditgesellschaft auf Aktien
KGG	Gesetz über kommunale Gemeinschaftsarbeit
KGSt	Kommunale Gemeinschaftsstelle für Verwaltungsmanagement
KInvFG	Gesetz zur Förderung von Investitionen finanzschwacher Kommunen (Kommunalinvestitionsförderungsgesetz)
KLR	Kosten- und Leistungsrechnung
KStG	Körperschaftsteuergesetz
KVKR	Kommunaler Verwaltungskontenrahmen
KVR	Kommunales Verfassungsrecht
KVR	Kommunalverfassungsrecht
KWG	Kommunalwahlgesetz
L.+L.	Lieferungen und Leistungen
LHO	Landeshaushaltsordnung

lt.	laut
LT-Drs.	Landtags-Drucksache
LV	Landesverfassung
m. w. N.	mit weiteren Nachweisen
MeldeG	Meldegesetz
MinBl.	Ministerialblatt
MwSt.	Mehrwertsteuer
NI	Niedersachsen
NKF	Neues Kommunales Finanzmanagement
NKR	Neues Kommunales Rechnungswesen
NKRS	Neues Kommunales Rechnungs- und Steuerungssystem
NKS	Neues Kommunales Steuerungssystem
Nr.	Nummer
Nrn.	Nummern
NRW	Nordrhein-Westfalen
NVwZ	Neue Zeitschrift für Verwaltungsrecht
öffentl.	öffentlich
oHG	offene Handelsgesellschaft
OVG	Oberverwaltungsgericht
RdErl.	Runderlass
Rdnr.	Randnummer
Rdnrn.	Randnummern
Rechtspr.-Slg.	Rechtsprechungssammlung
RGBl.	Reichsgesetzblatt
RGZ	Entscheidungen des Reichsgerichts in Zivilsachen
Rh-Pfalz	Rheinland-Pfalz
Rn.	Randnummer
RPA	Rechnungsprüfungsamt
RSp.	Rechtsprechung zum kommunalen Verfassungsrecht in Nordrhein-Westfalen
RVO	Reichsversicherungsordnung
S.	Seite
s. o.	siehe oben
s. u.	siehe unten
SGB	Sozialgesetzbuch
sog.	so genannt/e
Sp.	Spalte
StabG	Gesetz zur Förderung der Stabilität und des Wachstums der Wirtschaft
StabiRatG	Stabilitätsratsgesetz
StAnpG	Steueranpassungsgesetz
StAnz.	Staatsanzeiger für das Land Hessen
StOV-Gem.	Stellenobergrenzenverordnung Gemeinden
TH	Thüringen

tlw.	teilweise
TOP	Tagesordnungspunkt
TVÖD	Tarifvertrag für den öffentlichen Dienst
TVÜ-VKA	Tarifvertrag zur Überleitung
u.	und
u. a.	unter anderem
u. Ä.	und Ähnliche/s
u. U.	unter Umständen
u. v. a. m.	und vieles andere mehr
ÜPKKG	Gesetz zur Regelung der überörtlichen Prüfung kommunaler Körperschaften in Hessen
Urt.	Urteil
USt., UStG	Umsatzsteuer, Umsatzsteuergesetz
UVgO	Unterschwellenvergabeordnung
v. g.	vorstehend genannt
v. H.	vom Hundert
VG	Verwaltungsgericht
VGH	Verwaltungsgerichtshof
vgl.	vergleiche
VGR	Volkswirtschaftliche Gesamtrechnung
VgV	Vergabeverordnung
VO	Verordnung
VOB	Vergabe- und Vertragsordnung für Bauleistungen
VOF	Vergabeordnung für freiberufliche Leistungen
VOL	Vergabe- und Vertragsordnung für Leistungen ausgenommen Bauleistungen
Vorl. VV	Vorläufige Verwaltungsvorschriften
VV	Verwaltungsvorschrift(en)
VwGO	Verwaltungsgerichtsordnung
WoGZustV	Wohngeldzuständigkeitsverordnung
z. B.	zum Beispiel
z. T.	zum Teil
Ziff.	Ziffer
zzgl.	zuzüglich
zzt.	zurzeit

Literaturverzeichnis

Adam, Berit	Analyse der Unterschiede zwischen den (beabsichtigten) kommunalen haushaltsrechtlichen Bestimmungen in Nordrhein-Westfalen, Hessen und Niedersachsen, in: der gemeindehaushalt 7/2005
Adler/Düring/Schmaltz	Rechnungslegung und Prüfung der Unternehmen, 6. Aufl., Stuttgart 1998
Adrian/Coburger-Becker u. a.	Handbuch Kommunalpolitik Hessen, 2. Aufl., Stuttgart 2006
Amerkamp/Kröckel/Rauber/Watz	Gemeindehaushaltsrecht Hessen, Kommentar, Loseblattausgabe. Stand: 05/2021 (zitiert als „GemHR Hessen")
Amerkamp, Kurt	Hessisches Gemeindewirtschaftsrecht, Kommentar, Loseblattausgabe, Stuttgart 2005
Bals/Hack/Reichard (Hrsg.)	Die neue Kommunalverwaltung, Band 3: Führung und Organisation. Möglichkeiten erkennen, Strategien entwickeln und umsetzen, 1. Aufl., 2001
Bals/Hack/Reichard (Hrsg.)	Die neue Kommunalverwaltung. Band 10: Neues kommunales Finanz- und Produktmanagement. Erfolgreich steuern und budgetieren, 2. Aufl., 2008
Baßeler/Heinrich/Koch	Grundlagen und Probleme der Volkswirtschaft, 14. Aufl., Köln 1995
Bellefontaine/Deisenroth/Höhlein/Meiborg/Rößler	Kommunale Doppik Rheinland-Pfalz, Stuttgart 2008
Bennemann, Gerhard u. a.	Kommunalverfassungsrecht Hessen, Kommentar, Loseblattausgabe, Stand 03/2023 (zitiert als „KVR")
Bernhardt, Horst	Halten die Regelungen des NKF in Nordrhein-Westfalen den Anforderungen eines modernen Finanzmanagements Stand? in: der gemeindehaushalt 5/2005
Birkenfeld, Daniela	Kommunalrecht, 8. Aufl., Baden-Baden 2022
Brixner/Harms/Noe	Verwaltungs-Kontenrahmen, München 2003
Bundesministerium der Finanzen	Eckdaten zur Entwicklung und Struktur der Kommunalfinanzen 2012–2021, Stand 11.5.2022, Online: www.bundesfinanzministerium.de, abgerufen: 17.8.2022
Bundesministerium der Finanzen	Die neue Grundsteuer – Fragen und Antworten Online: www.bundesfinanzministerium.de/Content/DE/FAQ/2019-06-21-faq-die-neue-grundsteuer.html, abgerufen: 18.8.2022

Bundesministerium der Finanzen — Bund-Länder-Finanzbeziehungen auf der Grundlage der Finanzverfassung 2021, Online: www.bundesfinanzministerium.de/Content/DE/Downloads/Broschueren_Bestellservice/bund-laender-finanzbeziehungen-2021.html, abgerufen: 20.8.2022

Bundesministerium der Finanzen — Der Gemeindeanteil an der Einkommensteuer in der Gemeindefinanzreform, Online: www.bundesfinanzministerium.de, Suchbegriff: Gemeindeanteil Einkommensteuer, abgerufen: 19.8.2022

Bundesministerium der Finanzen — Vorläufige Abrechnung des Länderfinanzausgleichs für das Jahr 2019, Online: www.bundesfinanzministerium.de, abgerufen: 19.8.2022

Bundesministerium der Finanzen — Vorläufige Abrechnung des bundesstaatlichen Finanzausgleichs für das Jahr 2022, Online: www.bundesfinanzministerium.de, abgerufen: 8.3.2023

Burth/Gnädiger — Haushaltssteuerung.de, Online: https://www.haushaltssteuerung.de, abgerufen: 12.1.2023

Daneke, Uwe — Budgetierung nun auch in Hessen eingeführt, Deutsche Verwaltungspraxis, Heft 1/2003

Deutsche Bundesbank (Hrsg.) — Zahlungsverhalten in Deutschland 2017, Vierte Studie über die Verwendung von Bargeld und unbaren Zahlungsinstrumenten, Stand: Februar 2018

Deutsche Bundesbank (Hrsg.) — Zahlungsverhalten in Deutschland 2021, Stand: Juli 2022

Deutscher Städte- und Gemeindebund — Positionspapier vom 18.7.2021, Liquid Feedback, Piraten-Programm an der Nordseeküste, Online: https://www.dstgb.de/aktuelles/archiv/archiv-2012/archiv-kommunalreport-2012/piraten-programm-an-der-nordseekueste-erster-landkreis-fuehrt-liquid-feedback-ein/, abgerufen: 16.2.2023

Deutscher Städte- und Gemeindebund — Positionspapier vom 9.5.2021, Piraten setzen auf andere Politikinstrumente, Online: https://www.dstgb.de/aktuelles/archiv/archiv-2012/archiv-kommunalreport-2012/piraten-setzen-auf-andere-politikinstrumente/, abgerufen: 16.2.2023

Die Welt (Hrsg.) — Die Exekutive zockt und die Legislative wird hinters Licht geführt, Onlineausgabe vom 27.8.2018, https://www.welt.de/politik/deutschland/article181312000/Derivate-Skandal-Die-Exekutive-zockt-und-die-Legislative-wird-hinters-Licht-gefuehrt.html, abgerufen: 14.2.2023

Die Welt (Hrsg.)	Hessen verzockt mehr als drei Milliarden Euro, Onlineausgabe vom 26.10.2018, https://www.welt.de/wirtschaft/article182769514/Riskante-Geschaefte-Hessen-verzockt-mehr-als-drei-Milliarden-Euro.html, abgerufen: 14.2.2023
Driehaus, Hans-Joachim	Kommunalabgabenrecht (Kommentar), Loseblattausgabe, Stand 03/2020
During/Tepassé	Praktische Verwaltungssteuerung mit Kennzahlungen und Zielen in einem kennzahlengestützten Steuerungssystem, in: der gemeindehaushalt 7/2006
Eichhorn, Peter	Das Prinzip der Wirtschaftlichkeit, 4. Aufl., Wiesbaden 2016
Fachverband der Kommunalkassenverwalter e. V.	Studie zum Liquiditätsmanagement in Zusammenarbeit mit Public Management Consulting der Pricewaterhouse-Coopers AG WPG vom 29.12.2014
Falterbaum/Bolk/Reiß	Buchführung und Bilanz, Band 10, 19. Aufl., 2003
Fritze/Mutschler/Stockel-Veltmann	Kommunales Finanzmanagement NRW, 8. Aufl., Witten 2020
Gabler (Hrsg.)	Wirtschaftslexikon, Online: https://wirtschaftslexikon.gabler.de/
Georg/Gnädiger/Hardt	Kommunales Auswertungssystem Hessen (kash) 2.0, in: der gemeindehaushalt 5/2019
Gittermann, Stephan	Die Bürgeranleihe: Ein innovatives Instrument zur Finanzierung des Breitbandausbaus, in: der gemeindehaushalt 9/2016
Groß/Hahn	Das Zusammenwirken von Aufsichtsbehörde und Rechnungsprüfungsamt in der kommunalen Finanzwirtschaft, in: der gemeindehaushalt 8/2019
Hagemann, Helmut	Zu den rechtlichen Möglichkeiten von Kooperation bei den Kassenaufgaben im kommunalen Beteiligungsmanagement, in: Kommunal-Kassen-Zeitschrift 6/2002, S. 129 ff.
Hahn/Ziegler	Der kommunale Gesamtabschluss – Sinnvolles Steuerungsinstrument oder notwendiges Übel?, in: der gemeindehaushalt 9/2018
Haufe (Hrsg.)	Neues Kommunales Rechnungs- und Steuerungssystem, Doppik Hessen, Grundlagen, Methoden, Empfehlungen und Richtlinien, 2005
Henneke/Pünder/Waldhoff	Recht der Kommunalfinanzen, Abgaben, Haushalt, Finanzausgleich, 1. Aufl., München 2006
Henneke/Strobl/Diemert	Recht der kommunalen Haushaltswirtschaft, Doppik und Neue Steuerung, 1. Aufl., München 2008
Hessischer Rechnungshof (Hrsg.)	Pressemitteilung „Derivate" vom 27.8.2018, Online: https://rechnungshof.hessen.de/presse/derivate, abgerufen: 14.2.2023

Hessischer Rechnungshof (Hrsg.)	Überörtliche Prüfung kommunaler Körperschaften, Kommunalberichte, Online: https://rechnungshof.hessen.de/veroeffentlichungen/kommunalberichte, abgerufen: 16.2.2023
Hessischer Städte- und Gemeindebund (Hrsg.)	Eildienste
Hessisches Ministerium des Innern und für Sport	Downloadbereich, Online: https://innen.hessen.de/kommunales/finanzen/downloadbereich, abgerufen: 10.3.2023
Hessisches Ministerium des Innern und für Sport (Hrsg.)	Entwicklung der finanziellen Situation der hessischen Kommunen 2019, Online: https://innen.hessen.de/sites/innen.hessen.de/files/2021-10/a1_entwicklung_2019_der_finanzsituation_der_hessischen_kommunen.pdf, abgerufen: 10.3.2023)
Hopp, Helmut	Management in der öffentlichen Verwaltung, Organisation- und Personalarbeit, 5. Aufl., Stuttgart 2020
Horstmann, Johann	Haushaltsausgleich und strategische Liquiditätsplanung, NI Studieninstitut für kommunale Verwaltung e. V. zur Jahrestagung des AK II am 17.9.2014 in Nienburg
Ihr digitales Finanzamt Hessen	Grundsteuer B. Das Flächen-Faktor-Verfahren, Online: https://finanzamt.hessen.de/grundsteuerreform/grundsteuer-b-in-hessen, abgerufen: 18.8.2022
Institut der Rechnungsprüfer e. V.	Bad Lauterberger Erklärung 2016
Klieve (Hrsg.)	Der doppische Haushalt, Neues kommunales Finanzmanagement, Rheinbach 2003
Klieve, Lars	Über ein Jahrzehnt Doppik – Versuch einer Bilanz (Gastkommentar), in: PublicGovernance, 01/2017
Klümper/Möllers/Zimmermann	Kommunale Kosten- und Wirtschaftlichkeitsrechnung, 20. Aufl., Witten 2019
Klümper/Zimmermann	Die produktorientierte Kosten- und Leistungsrechnung, München/Berlin 2002, S. 22 ff.
Krähmer, Rolf	Das Tilburger Modell der Verwaltungsorganisation und Verwaltungsführung, Sozialdemokratische Gemeinschaft für Kommunalpolitik, Düsseldorf 1992
Kreisausschuss Landkreis Marburg-Biedenkopf	Präsentation des Haushalts 2020, Online: https://www.mein-marburg-biedenkopf.de/sites/default/files/downloads/info-veranstaltung_offener_haushalt_2020.pdf, abgerufen: 16.2.2023
Löhr, Ulrike	Wie viel Bürgerbeteiligung ist bei den Finanzen möglich?, in: innovative Verwaltung 4/2010

Mallien, Jan — In Deutschland ist wieder mehr Falschgeld im Umlauf, Handelsblatt, Geldpolitik vom 26.7.2019

Meichsner/Seeger/Steenbock — Kommunale Finanzplanung, Loseblattausgabe, Stuttgart 2003

Million, Christian — JAS Consulting, Liquiditätsmanagement, Die mittel- und langfristige Liquiditätsplanung, Online: https://www.controlling-wiki.com/de/index.php/Liquidit%C3%A4tsmanagement (abgerufen: 10.3.2023)

Mülhaupt, Ludwig — Probleme der staatlichen und kommunalen Rechnungslegung und ihre Lösung, Die Betriebswirtschaft 1990, S. 731 ff. m. w. N.

Mutschler — Kommunales Finanz- und Abgabenrecht NRW, 14. Aufl., Witten 2018

Mutschler/Schlösser — Praktische Fälle aus dem externen Rechnungswesen und kommunalen Finanzmanagement NRW, 7. Aufl., Witten 2021

Notheis/Ade — Das neue kommunale Haushaltsrecht Baden-Württemberg, Leitfaden für Praxis, Aus- und Fortbildung, Stuttgart 2009

Odenthal/Beckermann — Einführung in die öffentliche Betriebswirtschaftslehre, 11. Aufl., 2021

Rauber, David — Das neue Gemeindehaushaltsrecht in Hessen, in: HSGZ Nr. 7/8 aus 2018

Rohde/Lustig/Wöhler — Allgemeines Verwaltungsrecht mit Verwaltungsvollstreckung und verwaltungsgerichtlichem Rechtsschutz, 16. Aufl., Witten 2020

Rose, Joachim — Kommunale Finanzwirtschaft Niedersachsen, Grundriss für die Aus- und Fortbildung, 9. Aufl., 2023

Rottmann/Krampe/Beuter — Zwischen Zinssicherung und Anlagedruck, Kredit- und Anlagemanagement in der Niedrigzinsphase – auf welche Strategie setzen Kämmerer?, in: Der Neue Kämmerer 1/2018

Schelberg/Dumele — Abschaffung der Einlagensicherung für Kommunen – Auswirkungen und Handlungsempfehlungen, in: der gemeindehaushalt 7/2019

Schlüter, Katharina — Pacht gegen Cash, in: Der Neue Kämmerer Nr. 3, 16.9.2016

Schmolke/Deitermann — Industrielles Rechnungswesen – IKR, 43. Aufl., Braunschweig 2020

Schneider, Stefan — Mehr Wirkungsorientierung in Kommunen. Bedingungen für eine veränderte politisch-administrative Steuerung, Difu-Impulse Bd. 4/2015, Berlin 2015

Schneider/Dressler/Rauber/Risch — Hessische Gemeindeordnung, Kommentar, Loseblattausgabe, Stuttgart, Stand 07/2020

Schwarting, Gunnar — Der kommunale Haushalt, 5. Aufl., Berlin 2019

Schwarting, Gunnar	Den kommunalen Haushalt richtig lesen und verstehen, 6. Aufl., 2022
Spierling, Detlev	Premiere der Online-Beteiligung beim Bürgerhaushalt, in: innovative Verwaltung 5/2012
Statistisches Bundesamt (Destatis)	Volkswirtschaftliche Gesamtrechnung, Arbeitsunterlage Investitionen, 3. Vierteljahr 2022
Statistisches Bundesamt (Destatis)	Eckpunkte der Finanzstatistik für die Reform des kommunalen Haushaltsrechts, Wiesbaden 2000
Statistisches Bundesamt (Destatis)	Unfallentwicklung auf deutschen Straßen 2017, Wiesbaden 2018
Tebbe/Gnädiger	Mit dem Konjunkturpaket in die Folgekostenfalle? in: Innovative Verwaltung 5/2009
Wagner/Ruesch	Ausprägung und Merkmale der deutschen Bürgerhaushalte, in: innovative Verwaltung 9/2013
Watz, Jürgen	Berechnung einer Erheblichkeitsgrenze für den Jahresabschluss, in: HSGZ, Ausgabe Nr. 07/08 aus 2014
Wöhe, Günter	Einführung in die Allgemeine Betriebswirtschaftslehre. 27. Aufl., München 2020
Zimmermann, Daniel	Die Online-Beteiligung beim Haushalt zeigt, dass die Bürger mit entscheiden wollen, in: innovative Verwaltung 5/2012

– Kapitel 1 –

Inhaltsverzeichnis

1. Einführung

1.1 Öffentliche Finanzwirtschaft

1.1.1 Begriff

„Öffentliche Finanzwirtschaft“ ist der Tätigkeitsbereich der gesamten „Öffentlichen Hand“, durch welchen diese die erforderlichen finanzwirtschaftlichen Maßnahmen trifft bzw. notwendigen Mittel aufbringt, verwaltet und verwendet, die zur Erfüllung ihrer Aufgaben notwendig sind.

Die öffentliche Finanzwirtschaft hat demnach zunächst die Aufgabe, die zur Erfüllung der öffentlichen Aufgaben erforderlichen finanziellen Ressourcen bereitzustellen und diese entsprechend zu finanzieren (Bedarfsdeckungsprinzip). Der Begriff der „öffentlichen Aufgaben“ hat aber insbesondere in den letzten Jahrzehnten eine erhebliche Wandlung bzw. Ausweitung erfahren. Die Übertragung neuer und die Erweiterung bestehender Aufgaben erfordern zwangsläufig einen höheren Finanzbedarf. Da dieser Finanzbedarf dem Volkseinkommen entnommen werden muss, ergeben sich hierdurch enge Verflechtungen der öffentlichen Finanzwirtschaft mit der Privatwirtschaft. Dies wiederum führt dazu, dass der öffentlichen Finanzwirtschaft im verstärktem Maße Aufgaben der Steuerung und Beeinflussung der Gesamtwirtschaft zufallen. Art. 109 Abs. 2 GG bestimmt, dass Bund und Länder (auch die Gemeinden als Bestandteile der Länder) bei ihrer Haushaltswirtschaft den Erfordernissen des gesamtwirtschaftlichen Gleichgewichts Rechnung zu tragen haben. Die öffentliche Finanzwirtschaft hat sich somit in das Gesamtsystem der Volkswirtschaft einzuordnen.

Wie sehr sich der Bedarf im Laufe der letzten Jahrzehnte verändert hat, wird deutlich, wenn man bedenkt, dass zu Beginn des 20. Jahrhunderts die öffentliche Hand nur etwa 14 % des Bruttoinlandsproduktes beeinflusste. Heute wird je nach Standpunkt der wirtschaftlichen Institute und Zurechnung der Staatstätigkeiten im engeren oder weiteren Sinne ein Anteil des Staates am gesamten Bruttoinlandsprodukt (sog. Staatsquote) durch die öffentliche Hand von etwa 44 % errechnet.[1]

1.1.2 Rechtfertigung öffentlicher Güterbereitstellung

In diesem Zusammenhang ist natürlich auch die Frage zu stellen, was dazu führt, dass der Staat überhaupt finanzwirtschaftlich tätig wird, also bestimmte Leistungen erbringt, die man auch als öffentliche Güter bezeichnet, denn man könnte ja auch der Auffassung sein, dass alle Güter und Dienstleistungen privat- oder marktwirtschaftlich angeboten und nachgefragt werden müssen – eine Auffassung, die von bestimmten politischen Strömungen immer wieder durchaus ernsthaft vorgetragen wird.

---

1 Siehe dazu Ziff. 1.5.4.

In der Finanzwissenschaft – das ist die Lehre von der öffentlichen Finanzwirtschaft – werden verschiedene Rechtfertigungstheorien für das finanzwirtschaftliche Tätigwerden des Staates angeboten.

Demnach resultiert die Notwendigkeit, bestimmte Güter und Dienstleistungen durch die öffentliche Hand anzubieten, aus dem Versagen des Marktes, das sich aus mehreren Erklärungsansätzen ergibt, von denen hier die drei wichtigsten dargestellt werden sollen, nämlich

- die Nicht-Anwendbarkeit des Ausschlussprinzips
- die Nicht-Rivalität des Konsums
- das Entstehen externer Effekte.

Es ist zunächst selbstverständlich, dass derjenige, der nicht bereit ist, für den Nutzen eines bestimmten Gutes zu bezahlen, auch nicht in dessen Genuss kommt. So wird der Zugang zu einer Kinovorstellung nur dem gewährt, der auch eine Eintrittskarte gelöst hat. Es gibt aber Güter, von denen Alle Nutzen haben, ohne dass jemand hiervon ausgeschlossen werden kann. Typische Beispiele hierfür sind die innere (Polizei) und äußere Sicherheit (Bundeswehr), die vom Staat (im Sinne von Bund bzw. Ländern) bereitgestellt werden. Auch auf der kommunalen Ebene gibt es Güter, die allein aufgrund der Tatsache, dass sie bereitgestellt werden, genutzt werden können, ohne dass hierfür unmittelbar ein Entgelt entrichtet werden muss. Ganz typisch hierfür ist das Gut „Straßenbeleuchtung".

Solche Güter können nicht marktwirtschaftlich bereitgestellt werden, da wohl niemand bereit ist, für etwas zu bezahlen, was auch umsonst zu haben ist. Die Nicht-Anwendbarkeit des Ausschlussprinzips ist daher ein typisches Kennzeichen für öffentliche Güter, die daher nicht marktwirtschaftlich bereitgestellt werden können, trotzdem benötigt werden und somit eine öffentliche Bereitstellung erfordern.

In engem Zusammenhang mit der Nicht-Anwendbarkeit des Ausschlussprinzips steht die Nicht-Rivalität des Konsums. Das bedeutet, dass ein Gut zur gleichen Zeit von verschiedenen Individuen konsumiert werden kann, ohne dass es zu einer Einschränkung des Nutzens des Einzelnen kommt. Auch hier ist wieder die Straßenbeleuchtung zu nennen, oder auch der Nutzen durch das Gut Küstenschutz (Deiche).

Externe Effekte entstehen dann, wenn durch die Bereitstellung und den Nutzen eines Gutes nicht nur der unmittelbare Nutzer, der auch die Kosten trägt, sondern auch andere, nicht zahlende Personen (= Externe) einen Vorteil haben. Typisches Beispiel hierfür ist der öffentliche Personennahverkehr, von dem nicht nur diejenigen profitieren, die Bus und Bahn tatsächlich benutzen, sondern auch diejenigen, die z. B. an belebten Straßen wohnen und durch geringeren Individualverkehr weniger Belastungen durch Lärm und Abgase ausgesetzt sind, aber nicht zu den Kosten des ÖPNV unmittelbar herangezogen werden. Würden die Kosten des ÖPNV nur den direkten Nutzern in voller Höhe belastet, entstünden Preise, die nur wenige zu akzeptieren bereit wären. Da aber der Staat die Möglichkeit hat, auch den externen Nutzern durch Zwangsabgaben (Steuern) „in die Tasche zu greifen", kann er einen Teil des Steueraufkommens dazu verwenden, die Preise für den ÖPNV so weit zu subventionieren, dass dessen Attraktivität und Akzeptanz gegeben ist.

Externe Effekte verlangen also eine Beteiligung der nicht unmittelbaren Nutzer eines Gutes an den Kosten, die nur über die staatlichen Eingriffsmittel hergestellt werden kann, weshalb Güter, die (in größerem Maße) externe Effekte hervorbringen, üblicherweise als öffentliche Güter bereitgestellt werden.

1.1.3 Innere Abgrenzung der öffentlichen Finanzwirtschaft

„Die Öffentliche Finanzwirtschaft" als Teil der Volkswirtschaft gliedert sich in die Bereiche

- Einnahmenbeschaffung[2],
- Finanzmanagement[3] (Haushaltswirtschaft),
- wirtschaftliche Betätigung und
- Prüfungswesen.

Die **Einnahmebeschaffung** umfasst die Bereiche

- Abgaben (Steuern, Gebühren, Beiträge),
- übrige öffentliche Einnahmen (z. B. Buß- und Zwangsgelder, Zuwendungen, Umlagen) und
- privatrechtliche Einnahmen (z. B. Mieten, Zinsen, Verkaufserlöse).

Das **Finanzmanagement** (die Haushaltswirtschaft) umfasst die Bereiche

- Planung des Jahreshaushaltes
- mittelfristige Planung
- Steuerung des kommunalen Wirtschaftsablaufs
- Ausführung des Haushaltes mit Buchführung und Zahlbarmachung
- Rechnungslegung

Die **wirtschaftliche Betätigung** der öffentlichen Hand umfasst die Bereiche

- öffentlich-rechtliche Betriebsführung (Regiebetriebe und Eigenbetriebe)
- privatrechtliche Betriebsführung (GmbH, AG usw.)

---

2 Vereinfacht wird in der Einführungsphase dieses Buches der Begriff „Einnahmen" verwendet. Die in der Haushaltswirtschaft nach den Grundsätzen der doppelten Buchführung notwendige Konkretisierung nach Erträgen und Einzahlungen bleibt den weiteren Kapiteln vorbehalten. Zur Begriffsdefinition siehe u. a. Ziffn. 6.5.1.1.1 und 6.5.1.2.1.

3 Zum Begriff „Finanzmanagement" siehe Ziff. 4.1.

Dem **Prüfungswesen** obliegt es, die öffentliche Verwaltung bei ihrer Aufgabenerfüllung in rechtlicher, wirtschaftlicher und zweckmäßiger Hinsicht zu überwachen. Es greift also in alle Bereiche der öffentlichen Finanzwirtschaft ein. Eine Kurzübersicht ergibt bezüglich der Bereiche der öffentlichen Finanzwirtschaft folgendes Bild:

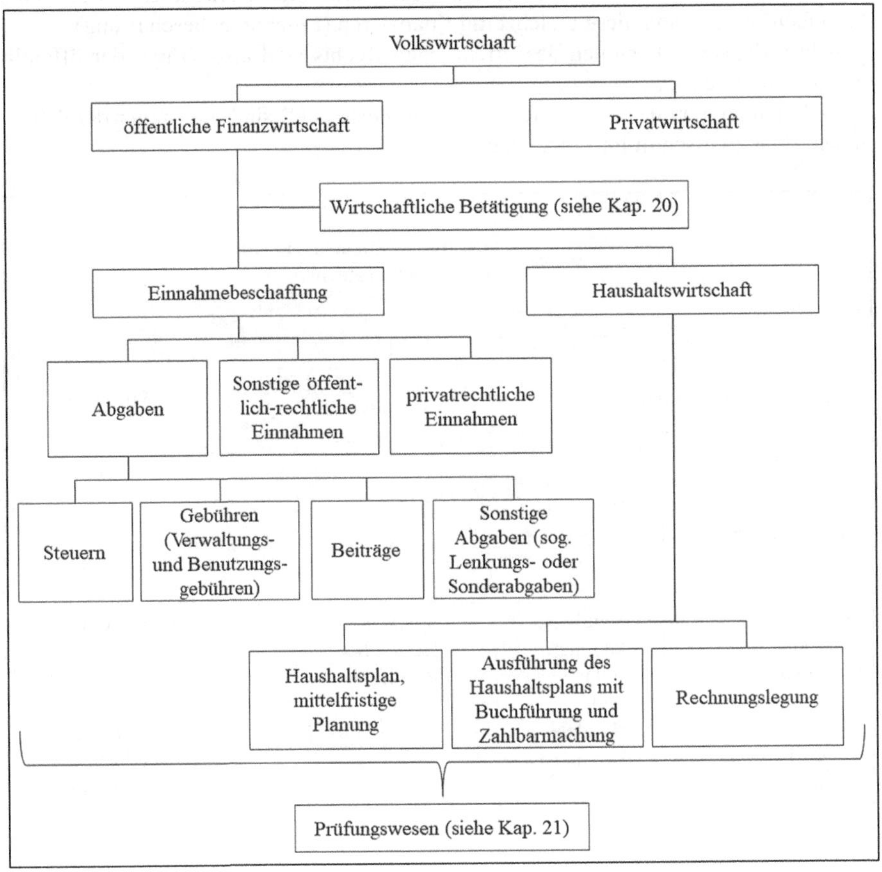

1.2 Träger der öffentlichen Finanzwirtschaft

Die öffentliche Hand benötigt zur Erfüllung ihrer Aufgaben die Bereitstellung der dafür notwendigen Ressourcen. Dieses bedeutet, dass zwangsläufig alle juristischen Personen des öffentlichen Rechts, die mit der Erledigung öffentlicher Aufgaben betraut sind, Ausgaben[4] tätigen und diese gleichzeitig finanzieren (Einnahmenbeschaffung).

Alle juristischen Personen des öffentlichen Rechts sind also Träger der öffentlichen Finanzwirtschaft.

In Anlehnung an das „Allgemeine Verwaltungsrecht"[5] sind die Träger der öffentlichen Finanzwirtschaft im Einzelnen:

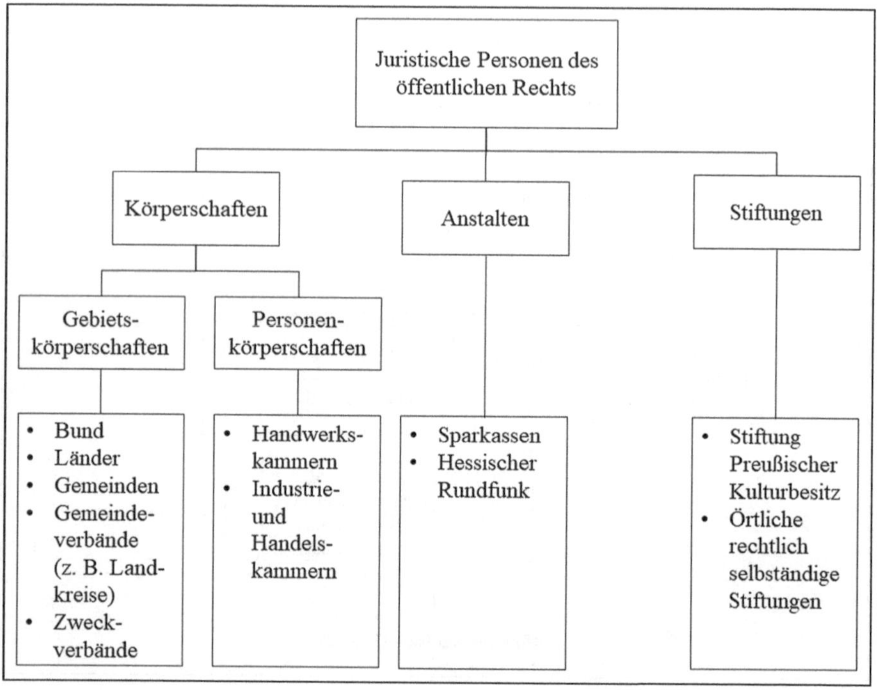

4 Vereinfacht wird in der Einführungsphase dieses Buches der Begriff „Ausgaben" verwendet. Die in der Haushaltswirtschaft nach den Grundsätzen der doppelten Buchführung notwendige Konkretisierung in Aufwendungen und Auszahlungen bleibt den weiteren Kapiteln vorbehalten. Zur Begriffsdefinition siehe u. a. Ziffn. 6.5.1.1.1 und 6.5.1.2.1.

5 Für alle: *Rohde/Lustig/Wöhler*, S. 10 ff.

Von ihrer politischen und finanzwirtschaftlichen Bedeutung her sind die Träger – unabhängig vom Haushaltsvolumen – in folgender Reihenfolge zu nennen[6]:

- der Bund,
- die Länder,
- die Gemeinden/Gemeindeverbände und
- die sonstigen Körperschaften, Anstalten und Stiftungen des öffentlichen Rechts

Letztlich kann man zu den Trägern der öffentlichen Finanzwirtschaft im weiteren Sinne auch die Unternehmungen und Institutionen des privaten Rechts hinzurechnen, die von der öffentlichen Hand betrieben und „kontrolliert" werden.

1.3 Finanzhoheit

1.3.1 Begriff und Bedeutung

Finanzhoheit ist das Recht, die Finanzwirtschaft eigenverantwortlich zu regeln. Finanzhoheit ist somit die selbstständige Mittelverwaltung, also die eigenverantwortliche Einnahmen- und Ausgabenverwaltung.

Der Bund und die Länder haben dieses Recht originär. Grundgesetz und die Länderverfassungen sichern dieses ausdrücklich zu. So bestimmt z. B. Art. 109 Abs. 1 GG, dass Bund und Länder in ihrer Haushaltswirtschaft – als Teilgebiet der öffentlichen Finanzwirtschaft – selbstständig und voneinander unabhängig sind. Aber bereits die Vorschriften des Art. 109 Abs. 3 GG[7] sowie beispielsweise auch die nationalen[8] und multinationalen[9] Regelungen auf dem Sektor der Einnahmenbeschaffung (Steuern, Zölle usw.) lassen erkennen, dass die Finanzhoheit des Bundes und der Länder sowie verstärkt die der dann folgenden Ebenen (Gemeinden usw.) eingeschränkt ist.

1.3.2 Finanzhoheit der Gemeinden

Die Finanzhoheit der Gemeinden ist nicht originär, sondern abgeleitet. Der Staat (Bund und Land Hessen) gewährt den Kommunen die Finanzhoheit.

6 Die Bedeutung der Europäischen Union in diesem Zusammenhang wird hier nicht weiter thematisiert, auf die entsprechende Literatur einschließlich der Darstellung im Internet wird verwiesen.

7 Siehe dazu die Regelungen des Haushaltsgrundsätzegesetzes (HGrG) vom 19.8.1969 (BGBl. I S. 1273) in der derzeit geltenden Fassung.

8 Art. 104a ff. GG enthalten die Bestimmungen über die Finanzausstattung von Bund, Ländern und Gemeinden sowie die Gesetzgebungs- und Ertragskompetenzen im Bereich der Steuern, siehe dazu im Überblick Kap. 3 sowie die ausführliche Darstellung bei *Mutschler*, S. 4 ff.

9 Ausführliche und umfangreiche Informationen zum Thema „Steuern" stellt das Bundesfinanzministerium auf seiner Homepage https://www.bundesfinanzministerium.de zur Verfügung.

In Art. 28 Abs. 2 GG ist den Gemeinden die sog. Selbstverwaltungsgarantie verfassungsrechtlich zugesichert. Ein unverzichtbarer Bestandteil der Selbstverwaltung ist die Finanzhoheit. Auch Art. 137 der Hessischen Verfassung enthält die Selbstverwaltungsgarantie und gewährleistet damit die Finanzhoheit der Gemeinden.[10]

Eine nähere Ausgestaltung bezüglich des Inhaltes und Umfanges der Finanzhoheit gibt die Hessische Gemeindeordnung (§§ 1, 2, 92 ff.). Die Finanzhoheit beschränkt sich aber nicht nur auf die Haushaltswirtschaft, sondern umfasst zwingend auch die Einnahmenbeschaffung. So gibt z. B. Art. 106 Abs. 6 GG den Gemeinden die Aufkommensgarantie und das Hebesatzrecht der Grund- und Gewerbesteuern (Realsteuergarantie). Im Zusammenhang mit dem Steuerrecht, Finanz- und sonstigen Abgabenrecht wird auf diesen Teil der Finanzhoheit noch näher einzugehen sein.[11]

Insgesamt ist festzustellen, dass die Gemeinden grundsätzlich Finanzhoheit besitzen, diese ist aber durch gesetzliche und wirtschaftliche Rahmenbedingen begrenzt.

1.4 Abgrenzung der öffentlichen Finanzwirtschaft zur Privatwirtschaft

Einleitend muss darauf hingewiesen werden, dass diese Darstellung keine detaillierte und umfassende Abgrenzung im Sinne der Volkswirtschaftslehre sein kann. Das soll der speziellen wissenschaftlichen Disziplin vorbehalten bleiben. An dieser Stelle sollen jedoch die wesentlichen Abgrenzungsmerkmale aufgezeigt werden. Dabei wird das Verständnis für die hier vorgenommene Abgrenzung deutlicher, wenn man die Zielsetzungen und Ergebnisse der öffentlichen Verwaltung allgemein herausstellt:

- Die öffentliche Verwaltung liefert vor allem immaterielle Güter (Dienstleistungen) für die Bedürfnisse ihrer Bürger (z. B. Rechtsschutz, Bildung, innere und äußere Sicherheit).
  Hier ist aber nicht zu verkennen, dass im Dienstleistungsbereich auch materielle Güter produziert werden (z. B. Ver- und Entsorgung durch die Gemeinden bzw. deren Betriebe in den Bereichen Strom, Gas, Wasser, Entwässerung, Abfallbeseitigung, Straßenreinigung usw.)

und

- ihre Leistungen sind im Wesentlichen nicht unmittelbar messbar.
  Der Nutzen für erhöhte Aufwendungen, z. B. für die innere Sicherheit, kann nicht unmittelbar nach betriebswirtschaftlichen Gesichtspunkten gemessen werden. Das bedeutet jedoch nicht, dass nicht auch im öffentlichen Bereich nach ökonomischen Gesichtspunkten gehandelt werden muss.

10 Auf die weiterführende umfangreiche Literatur zum Kommunalrecht wird verwiesen.

11 Für eine ausführliche Darstellung der Gesamtmaterie siehe *Mutschler;* im Überblick siehe Kap. 2 und 3 dieses Fachbuches.

Doch nun zu den wesentlichen Unterscheidungen:

Öffentliche Finanzwirtschaft	Privatwirtschaft
Bedarfsdeckung Dem öffentlichen Finanzwesen ist eine gewisse Aufgabenstellung vorgegeben, für die eine entsprechende Bereitstellung von Ressourcen erforderlich ist. Der Ressourcenbedarf soll gedeckt werden, wobei kein Gewinnstreben vorliegt. Nur die Mittel werden bestimmt, das Ziel liegt fest.	**Gewinnmaximierung** Der private Unternehmer beabsichtigt, einen größtmöglichen Gewinn zu erzielen. Er beginnt mit seiner Tätigkeit nur, wenn er sich daraus einen Gewinn erhofft. Ziel und Mittel werden in seinen Überlegungen gegenübergestellt.
Bindung an den Plan Die Haushaltswirtschaft des öffentlichen Gemeinwesens wird durch den Haushaltsplan bzw. das Budget bestimmt, welches durch die/das vom „Parlament" beschlossene Haushaltssatzung/-gesetz normiert ist.	**Anpassung an die Marktlage** Der private Unternehmer stellt zwar Pläne auf, jedoch kann er jederzeit von ihnen abweichen. Dieses ist schon dadurch bedingt, dass eine ständige Anpassung an die Marktlage erfolgen muss.
Zwangseinnahmen Die wesentlichen Einnahmen beruhen auf Zwang, wobei die Steuern den größten Teil ausmachen. Die Erhebung von Zwangseinnahmen ist Ausfluss der Finanzhoheit.	**Eigenmittel** Der private Unternehmer kann nur auf Eigenmittel zurückgreifen, die zu erwirtschaften sind. Fremdmittel (z. B. Kredite) sind letzten Endes auch Eigenmittel, weil sie zurückgezahlt werden müssen.
Gemeinwohlorientierte Ziele Die öffentliche Finanzwirtschaft verfolgt u. a. das Ziel der öffentlichen Daseinsvorsorge, unabhängig von der Frage, ob damit finanzielle Gewinne erzielt werden.	**Egoistische Ziele** Da der Kaufmann auf Gewinn bedacht ist, führt seine konsequente Marktausnutzung zu einem gewissen wirtschaftlichen Egoismus.
Gesamtwirtschaftliches Gleichgewicht Die öffentliche Hand hat im Rahmen ihrer Finanzwirtschaft dem gesamtwirtschaftlichen Gleichgewicht Rechnung zu tragen. Sie hat sich konjunkturgerecht zu verhalten. Die öffentliche Finanzwirtschaft verfügt über rd. 44 % des Sozialproduktes (siehe auch Ziff. 1.5.4).	**Prozyklisches Verhalten** Es ist der Privatwirtschaft naturgemäß fremd, sich in Zurückhaltung zu üben, wenn in Zeiten von Hochkonjunktur die Möglichkeit zur Gewinnsteigerung besteht. Dies und die damit verbundenen Steuereinnahmen versetzen ja den Staat erst in die Lage, sich antizyklisch zu verhalten.

Bei aller „Abgrenzung" darf nicht übersehen werden, dass vielfältige Verbindungen zwischen beiden Bereichen bestehen und auch notwendig sind. Insofern sind die vorstehenden „Abgrenzungen" nur grundsätzlicher Natur.

1.5 Aufgaben und Ziele der öffentlichen Finanzwirtschaft

1.5.1 Allgemeines

Die öffentliche Finanzwirtschaft hat – wie bei Ziff. 1.1.1 dargelegt – die Aufgabenerfüllung zu sichern. Hieraus ergeben sich die nachfolgend dargestellten Aufgaben und Ziele (Funktionen), die von den Trägern der öffentlichen Finanzwirtschaft erfüllt weden müssen. An dieser Stelle kann und soll jedoch nur Grundsätzliches angesprochen werden. Erschöpfend wird dieses Thema in der Volkswirtschafts- und Betriebswirtschaftslehre zu behandeln sein.

1.5.2 Finanzpolitische Funktion

Die Träger der öffentlichen Finanzwirtschaft können die ihnen übertragenen Aufgaben und Verpflichtungen nur erfüllen, wenn sie in die Lage versetzt werden, die öffentlichen Bedürfnisse befriedigen zu können. Der Haushaltsplan konkretisiert nun die zu erfüllenden Aufgaben in finanzieller Hinsicht und weist die Ziele und Kennzahlen zur Zielerreichung zu den einzelnen kommunalen Tätigkeitsfeldern aus, während gleichzeitig die zur Deckung des Finanzbedarfs erforderlichen Mittel aufgeführt werden.

Die beiden Seiten des Haushaltes (Mittelherkunft und Mittelverwendung) müssen aber miteinander in Einklang gebracht werden, d. h. der Haushaltsausgleich für die jeweilige Periode muss herbeigeführt werden. Der Haushaltsplan erfüllt insofern eine finanzpolitische Funktion, die auch als finanzwirtschaftliche Ordnungsfunktion bezeichnet werden kann. Hierzu gehört insbesondere das Prinzip des Haushaltsausgleichs, das die Solidität der öffentlichen Finanzwirtschaft sichern hilft. Gleichzeitig wird eine intergenerative Gerechtigkeit erzeugt, da bei einem ausgeglichenen Haushalt die Gesamtheit der Nutzer während dieser Haushaltsperiode den von ihr verursachten Aufwand erwirtschaftet, damit also den Ressourcenverbrauch ersetzt.

1.5.3 Politische Funktion

Der Etat kann als der „ziffernmäßige Ausdruck des politischen Programms“ bezeichnet werden. Die allermeisten öffentlichen Aufgaben sind nämlich mit dem Verbrauch von Haushaltsmitteln verbunden. Der Haushaltsplan ist auch das Ergebnis politischer Auseinandersetzungen, letztlich ein Kompromiss der verschiedenen politischen Kräfte. Im Ergebnis ist der Haushaltsplan damit Ausdruck des von der Politik geforderten von der Verwaltung zu erbringenden Leistungsspektrums.

Durch die parlamentarische Zustimmung wird dem Parlament bzw. der Gemeindevertretung die Möglichkeit geboten, regelmäßig lenkend, begrenzend und kontrollierend die Tätigkeit der Verwaltung zu beeinflussen. Insofern stellt der Haushaltsplan einen wesentlichen Generalkontrakt zwischen Politik und Verwaltung dar. Die Möglichkeiten der Einflussnahme sind dennoch begrenzt, weil der überwiegende Teil der Haushaltsmittel durch gesetzliche und andere rechtliche sowie durch politische Verpflichtungen festgelegt ist (z. B. Personalkosten, Sachaufwand, Investitionsfolgekosten). Die Beeinflussung durch das Parlament oder die Gemeindevertretung richtet sich daher insbesondere auf die freie „Manövriermasse“ des Haushalts, die oft nur einen geringen Teil des Gesamtvolumens beträgt, und auf die Gestaltung der Einnahmeseite.

Wie sehr die „Öffentliche Finanzwirtschaft“ in den Blickpunkt des politischen Interesses rückt, wird immer dann deutlich, wenn der „Etat“ des Bundes, Landes oder einer Gemeinde im Parlament bzw. in der Gemeindevertretung behandelt wird oder wenn z. B. steuerpolitische Maßnahmen diskutiert werden.

1.5.4 Wirtschaftspolitische Funktion

Die wirtschaftspolitische Aufgabenstellung ist eine weitere Funktion der öffentlichen Finanzwirtschaft.

Der Faktor „öffentliche Finanzwirtschaft" hat einen entscheidenden Einfluss auf die Aktivitäten in der Volkswirtschaft. Wie die nachstehende Übersicht belegt, werden heute ca. 44 % des Bruttoinlandsproduktes[12] durch die „öffentliche Hand" in Deutschland beeinflusst. Somit kommt der öffentlichen Finanzwirtschaft eine erhebliche volkswirtschaftliche Ordnungsfunktion zu.

1.5.5 Betriebswirtschaftliche Funktion

Insbesondere im kommunalen Bereich wird der betriebswirtschaftlichen Funktion der öffentlichen Finanzwirtschaft besondere Beachtung geschenkt.

Die Betriebswirtschaftslehre befasst sich mit den wirtschaftlichen Problemen der Betriebe, wobei ihre Erkenntnisse die praktische Konsequenz haben sollen, die Betriebe wirtschaftlicher zu gestalten. Wenn nun in § 92 Abs. 2 HGO die Forderung aufgestellt wird, dass nicht nur sparsam, sondern auch wirtschaftlich und damit effizient zu verwalten ist, so ergab sich früher unter dem Aspekt der reinen Hoheitsverwaltung die Frage, ob überall in der öffentlichen Verwaltung die betriebswirtschaftlichen Er-

12 Entnommen aus: Fritze/Mutschler/Stockel-Veltmann, S. 7.

kenntnisse zu Grunde zu legen sind oder ob diese einer öffentlichen Verwaltung wesensfremd sind.

Unstreitig liegt dieses in solchen öffentlichen Bereichen vor, in denen Entgelte für die von diesen Bereichen erbrachten Leistungen erhoben werden. Diese müssen nach betriebswirtschaftlichen Gesichtspunkten arbeiten. Neben den Eigenbetrieben gehören hierzu auch die öffentlichen Einrichtungen der Daseinsvorsorge unabhängig von ihrer Organisationsform. Beispiele hierfür sind: Abfallbeseitigung, Entwässerung, Straßenreinigung, Märkte, Schwimmbäder, Sportanlagen, Volkshochschulen, Musikschulen und Bibliotheken.

Auch für die restlichen Bereiche der „öffentlichen Tätigkeiten" sind betriebswirtschaftliche Grundsätze verstärkt zu berücksichtigen. So müssen Verwaltungsentscheidungen nicht nur unter haushaltsrechtlichen, sondern auch unter betriebswirtschaftlichen Überlegungen (z. B. Kosten-Nutzen-Untersuchungen, Organisationsanalysen, Personalentwicklung) getroffen werden. Insofern ist es selbstverständlich, dass auch z. B. in kommunalen Sozial- oder Ordnungsämtern betriebswirtschaftliches Denken verstärkt Eingang findet.

– Kapitel 2 –

Inhaltsverzeichnis

2. Die Einnahmen der öffentlichen Hand

2.1 Grundzüge der Staatsfinanzierung

Um die vielfältigen Ausgaben, die zur Bewältigung der öffentlichen Aufgaben notwendig sind, auch leisten zu können, müssen die einzelnen Träger der öffentlichen Finanzwirtschaft über entsprechende Einnahmequellen[1] verfügen. Zunächst ist also zu klären, um welche einzelnen Arten von Einnahmequellen es sich dabei handeln kann. Es gibt verschiedene Möglichkeiten, diese Einnahmequellen zu systematisieren.

In Abhängigkeit von der Theorie der externen Effekte (siehe Ziff. 1.1.2) bietet sich eine Unterscheidung an nach Einnahmen für Leistungen mit größeren externen Effekten (hier ist eine Zuordnung zu einem bestimmten Leistungsempfänger und die Bemessung seines Vorteils schwierig) und solchen mit geringeren externen Effekten (hier ist die Zuordnung und Vorteilsbestimmung einfacher).

Wenn staatliche Leistungen nicht unmittelbar dem einzelnen Empfänger zugeordnet werden können, ist eine Vorteilsbestimmung und damit auch eine Ermittlung des Gegenwertes für die Entgeltfindung schwierig. In diesem Fall wird darauf abzustellen sein, in welchem Maße der Einzelne aufgrund seiner wirtschaftlichen Leistungsfähigkeit zur Finanzierung der staatlichen Leistungen beitragen kann. Bei Leistungen mit größeren externen Effekten wird also eine Heranziehung zu den Kosten für die staatlichen Leistungen nach der Leistungsfähigkeit des Einzelnen erfolgen.

Im zweiten Fall erfolgt diese Heranziehung nach dem Wert der empfangenen Leistungen.

Wir unterscheiden daher bei der Betrachtung der Staatsfinanzierung zwischen dem **Leistungsfähigkeitsprinzip** und dem **Äquivalenzprinzip**.

Dem Leistungsfähigkeitsprinzip sind als wesentliche Einnahmequellen die Steuern zugeordnet, dem Äquivalenzprinzip im Wesentlichen alle anderen Einnahmearten, die unter dem Begriff der Entgelte zusammengefasst werden.

Die Unterscheidung ist jedoch nicht trennscharf. Ein wesentlicher Teil der öffentlichen Aufgaben wird nach beiden Prinzipien finanziert. Typisches Beispiel ist die Kinderbetreuung in Kindertagesstätten (ungeachtet der zum 1. August 2018 eingeführten teilweisen Beitragsfreiheit). Hier betragen die Entgelte etwa 20–25 % der tatsächlichen Kosten, der Rest wird aus Steuermitteln finanziert.

Die staatlichen Einnahmen können auch nach dem Zwangscharakter ihrer Erhebung unterschieden werden. Hierbei ist zu trennen nach den öffentlich-rechtlichen und den privatrechtlichen Einnahmen. Hierunter fallen alle Einnahmen, die ein Träger der öffentlichen Finanzwirtschaft erhebt als Teilnehmer am Markt für die jeweilige Leistung, z. B. Mieten für Wohnungen, Kaufpreise für Grundstücke. Letztlich fallen auch die Kredite (siehe Kap. 9) hierunter.

---

1 In diesem Kapitel wird ein Überblick über die Einnahmewirtschaft der öffentlichen Hand insbesondere aus Sicht der gemeindlichen Haushaltswirtschaft gegeben, soweit diese Materie für das Verständnis dieses Buches insgesamt notwendig ist. Eine vertiefende Darstellung dieser Problematik findet sich bei *Mutschler*. Auf die Darstellungen dieses Werkes wird bei den nachfolgenden Ausführungen teilweise zurückgegriffen.

Einnahmen, die auf öffentlich-rechtlicher Grundlage, also im Über- und Unterordnungsverhältnis zwischen Staat und Bürger, erhoben werden, bezeichnet man auch als Abgaben. Den Abgaben ist also das Merkmal des Zwangscharakters ihrer Erhebung eigen. Abgaben sind daher Leistungen, die die Träger der öffentlichen Finanzwirtschaft zur Deckung der Ausgaben, die bei der Erfüllung der öffentlichen Aufgaben entstehen, von natürlichen oder juristischen Personen erheben dürfen. Abgaben sind von den Pflichtigen grundsätzlich als Geldleistungen zu erbringen. Unter den Begriff der Abgaben fallen somit die Steuern, die Gebühren und die Beiträge sowie die sonstigen Abgaben, auch Lenkungs- oder Sonderabgaben genannt.

2.2 Die kommunalen Einnahmen im Überblick

Insgesamt ergibt sich folgende Übersicht über die kommunalen Einnahmen:

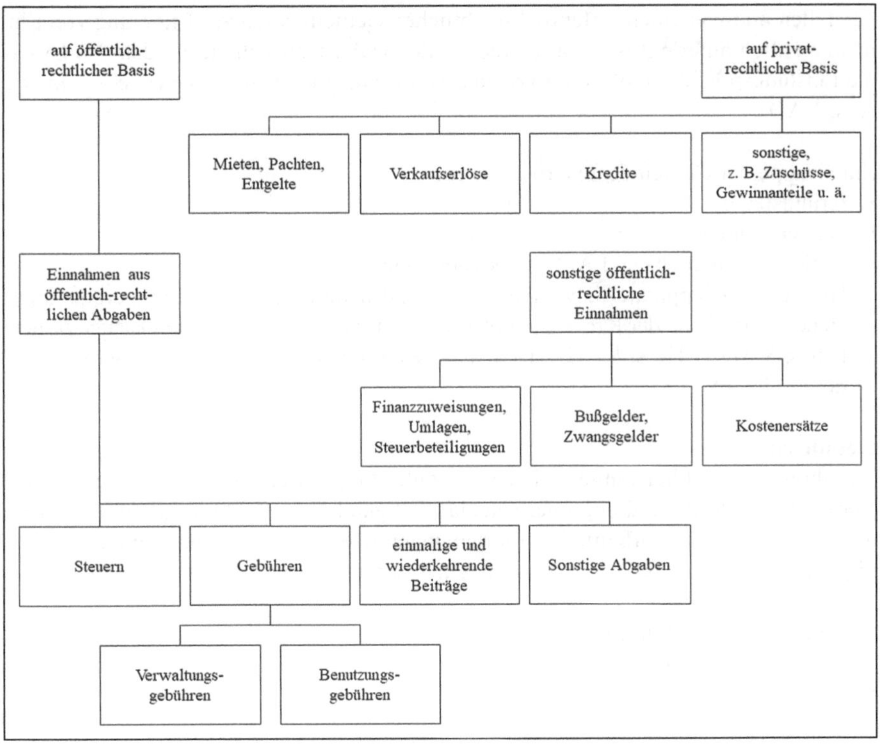

2.2.1 Einnahmen auf öffentlich-rechtlicher Grundlage

Die Tatsache, dass die Gemeinde als Gebietskörperschaft eine juristische Person des öffentlichen Rechts ist, bedeutet, dass sie aus öffentlich-rechtlichen Vorgängen (Verwaltungsakt wie z. B. Steuerbescheid) Einnahmen erzielen kann. Sie erhebt demnach diese Einnahmen durch behördlichen Zwang im Rahmen eines Über- und Unterordnungsverhältnisses.[2]

Hierzu gehören alle Einnahmen, die aufgrund öffentlich-rechtlicher Normen (Gesetze, Rechtsverordnungen, Satzungen) erzielt werden. Sie machen den größten Teil der gemeindlichen Finanzmittel aus. Innerhalb dieser Gruppe von Einnahmen spielen die **öffentlich-rechtlichen Abgaben** die bedeutendste Rolle. Folgende öffentlich-rechtliche Abgaben werden von den Gemeinden erhoben:

Steuern

Steuern sind Geldleistungen, die nicht eine Gegenleistung für eine besondere Leistung darstellen und von einem öffentlich-rechtlichen Gemeinwesen zur Erzielung von Einnahmen allen auferlegt werden, bei denen der Tatbestand zutrifft, an den das Gesetz die Leistungspflicht knüpft; die Erzielung von Einnahmen kann Nebenzweck sein (§ 3 Abs. 1 AO).

Zur Gruppe der Gemeindesteuern gehören:

- Grundsteuer
- Gewerbesteuer
- örtliche Verbrauch- und Aufwandsteuern wie
  Hunde-, Spielapparate-, Zweitwohnung- und neuerdings auch eine Verpackungssteuer. Auf Ebene der Kreise sind hier die Jagdsteuer und die Fischereisteuer zu nennen (§ 8 Abs. 1 Hess. KAG)[3]. Den kreisfreien Städten stehen diese Steuern anstelle der Kreise zu.

Gebühren

Gebühren sind Geldleistungen, die als Gegenleistung für eine besondere Leistung der Verwaltung – Amtshandlung oder sonstige Tätigkeit – (Verwaltungsgebühr) oder für die Inanspruchnahme öffentlicher Einrichtungen (Benutzungsgebühr) erhoben werden (§§ 9 und 10 Hess. KAG). Gebühren werden **verursachungsgerecht** erhoben.

Beispiele für Verwaltungsgebühren:

- Fahrerlaubnisgebühren
- Jagdscheingebühren
- Reisepassgebühren

---

2 Näheres zum Verwaltungsakt siehe bei *Rohde/Lustig/Wöhler*, S. 72 ff.

3 Den Kreisen steht nach § 8 Abs. 2 KAG auch das Recht zu, eine Steuer für die Errichtung, Erweiterung und Fortführung eines Gaststättengewerbes zu erheben, diese wurde nach seitherigem Recht auch als Gaststättenerlaubnissteuer bezeichnet. Hierbei handelt es sich steuersystematisch aber um eine Verkehrsteuer.

- Baugenehmigungsgebühren
- Mahngebühren

Beispiele für Benutzungsgebühren:
- Abwassergebühren
- Abfallbeseitigungsgebühren
- Straßenreinigungsgebühren
- Ausleihgebühren, z. B. Bücherei
- Friedhofsgebühren

Beiträge
Beiträge sind Geldleistungen, die dem Ersatz des Aufwandes für die Herstellung, Anschaffung und Erweiterung öffentlicher Einrichtungen, bei Straßen, Wegen und Plätzen auch für deren Verbesserung, jedoch ohne die laufende Unterhaltung und Instandsetzung, dienen. Sie werden von den Grundstückseigentümern als Gegenleistung dafür erhoben, dass ihnen durch die Möglichkeit der Inanspruchnahme der Einrichtungen und Anlagen nicht nur vorübergehend wirtschaftliche Vorteile geboten werden (§ 11 Hess. KAG). Beiträge werden **vorteilsgerecht** erhoben.

Beispiele für Beiträge:
- Erschließungsbeitrag (nach BauGB)
- Straßenbeitrag
- Entwässerungsbeitrag

Beitragsähnlichen Charakter, da nicht an das Grundstück gebunden, haben der Kurbeitrag und der Tourismusbeitrag nach § 13 des Hess. KAG.

Sonstige Abgaben (Sonder- bzw. Lenkungsabgaben)
Sie werden auf besondere Vorgänge oder Tatbestände erhoben. Ihr Aufkommen wird zweckgebunden verwendet für Vorhaben, die im Zusammenhang mit den Gründen ihrer Erhebung stehen, z. B. die Schwerbehindertenabgabe.

Die **sonstigen öffentlich-rechtlichen Einnahmen** werden nachstehend mit ihren wesentlichen Beispielen dargestellt.

Finanzzuweisungen
Einnahmen aus Finanz- und Ausgleichsbeziehungen (allgemeine und zweckgebundene Finanzzuweisungen) sind Finanzhilfen (Transfereinnahmen) zur Erfüllung von Aufgaben des Empfängers innerhalb des öffentlichen Bereiches (vgl. Nr. 22 Hw. zu § 49 GemHVO).

Beispiele für Finanzzuweisungen
- Zuweisung des Landes zum Bau einer Schule (zweckgebundene Zuweisung)
- Schlüsselzuweisung (allgemeine Zuweisung)

Umlagen (aus Sicht des Empfängers)
Umlagen sind Einnahmen) übergeordneter Körperschaften, die diese von den ihnen angehörigen Gemeinden und Gemeindeverbänden mit oder ohne Zweckbindung an einen bestimmten Aufgabenbereich zur Deckung ihres allgemeinen Finanzbedarfes aufgrund eines bestimmten Schlüssels erheben.

Beispiele für Umlagen:
- Kreisumlage
- Schulumlage
- Zweckverbandsumlage
- Verbandsumlage des Landeswohlfahrtsverbandes

Steuerbeteiligungen
Anteile der Gemeinden an Bundes- oder Landessteuern (siehe auch Ziff. 3.3). Derzeit bestehen folgende unmittelbare Beteiligungen:
- 15 %- bzw. 12 %iger Gemeindeanteil an der Einkommensteuer gemäß Art. 106 Abs. 5 GG i. V. m. § 1 GemFinRefG
- Gemeindeanteil an der Umsatzsteuer gemäß Art. 106 Abs. 5a GG und § 1 Abs. 1 Länder-Finanzausgleichsgesetz i. V. m. §§ 5a und 5b GemFinRefG

Buß- und Zwangsgelder
Bußgelder sind Einnahmen, die zur Verfolgung und Ahndung von Ordnungswidrigkeiten, z. B. Verkehrsordnungswidrigkeiten, festgesetzt werden. Zwangsgelder werden festgesetzt, um im Verwaltungsverfahren von einem Beteiligten ein bestimmtes Tun oder Unterlassen zu erzwingen, z. B. die Abgabe einer Steuererklärung bei der Spielapparatesteuer.

Kostenersätze und Kostenerstattungen
Kostenersätze ergeben sich aus der Verpflichtung einer natürlichen oder juristischen Person zur Beteiligung an entsprechenden Kosten oder aus der Verpflichtung zur Rückzahlung von entstandenen Kosten.

Beispiele für Kostenersätze:
- Ersatz von Sozialleistungen (Rückzahlung von zu Unrecht erhaltener Hilfe zum Lebensunterhalt)
- Erstattung von Aufwendungen der laufenden Verwaltungstätigkeit (z. B. Erstattung von Aufwendungen für die Durchführung von Landtagswahlen durch das Land)

2.2.2 Einnahmen auf privatrechtlicher Grundlage

Kennzeichnend für Einnahmen auf privatrechtlicher Grundlage ist, dass diese Finanzmittel i. d. R. auf Grund eines Vertrages erzielt werden, der den Vertragspartnern Rechte gewährt und Pflichten auferlegt. Im Einzelnen handelt es sich um:

Mieten, Pachten, Erbbauzinsen
Einnahmen aus der Bewirtschaftung von gemeindeeigenen Grundstücken und Gebäuden auf Grund eines Vertrages (z. B. Vermietung von Wohnungen, Verpachtung eines Kioskes im Freibad)

Verkaufserlöse
Einnahmen aus dem Verkauf von beweglichen oder unbeweglichen Gegenständen aus dem Bestand bzw. Vermögen der Gemeinde auf Grund eines geschlossenen Vertrages (z. B. Verkauf eines nicht mehr benötigten Fahrzeuges, Verkauf von Grundstücken)

Kredite
Kredite sind das unter Verpflichtung zur Rückzahlung von Dritten oder von Sondervermögen mit Sonderrechnung aufgenommene Kapital (§ 58 Nr. 21 GemHVO), z. B. Aufnahme eines langfristigen Kredites bei der Sparkasse zur Finanzierung gemeindlicher Investitionen (siehe hierzu auch Kap. 9).

Sonstige privatrechtliche Einnahmen
Wegen der Vielzahl der im freien Rechtsgeschäft möglichen Einnahmen dieser Art können nur die wichtigsten Beispiele aufgelistet werden.

- Zinseinnahmen (z. B. Verzinsung von Festgeldern oder gewährten Darlehen)
- Gewinnanteile (z. B. Dividende einer Energieversorgungs-GmbH, an der die Gemeinde beteiligt ist)
- Eintrittsgelder (Eintritt in gemeindliche Bäder oder Theater, soweit nicht eine Benutzungsgebühr erhoben wird)
- Zuschüsse und Spenden aus dem privaten Bereich

2.2.3 Bedeutung der gemeindlichen Einnahmearten für die Haushaltsfinanzierung

Vorstehend sind die einzelnen Einnahmearten inhaltlich dargestellt worden, ohne ihren Anteil an den Gesamteinnahmen der Gemeinden und damit ihre Bedeutung für die Haushaltsfinanzierung zu verdeutlichen. Angedeutet wurde lediglich, dass die öffentlich-rechtlichen Abgaben den gewichtigsten Teil der Finanzierung ausmachen.

Die Gewichtung einzelner Finanzmittelarten kann der nachfolgenden Übersicht entnommen werden.

Ausgewählte Einnahmearten der Gemeinden und Gemeindeverbände im Bundesgebiet für die Jahre 2018 – 2021[4]

	2018 Mrd. €	2019 Mrd. €	2020 Mrd. €	2021 Mrd. €
Steuern und steuerähnliche Einnahmen sowie Steuerbeteiligungen	101,1	104,4	98,4	113,4
lfd. Länderzuweisungen	89,8	94,1	112,9	107,3
Gebühren	19,7	20,1	19,1	19,8
Landesinvestitionszuweisungen	8,3	9,3	10,8	11,1
sonst. Einnahmen (nicht investiv)	27,4	27,9	26,4	27,1

2.3 Die Abgaben im Einzelnen

Nach dem Überblick in Ziff. 2.2 werden im Folgenden die Abgaben näher dargestellt. Abgaben sind Leistungen, die die Träger der öffentlichen Finanzwirtschaft zur Deckung der Ausgaben, die bei der Erfüllung der öffentlichen Aufgaben entstehen, von natürlichen oder juristischen Personen erheben dürfen. Abgaben sind von den Pflichtigen grundsätzlich als Geldleistungen zu erbringen. Abgaben werden unterteilt in die Steuern, die Gebühren und die Beiträge sowie in die auch als Sonder- oder Lenkungsabgaben bezeichneten sonstigen Abgaben.

2.3.1 Die Steuern

2.3.1.1 Definition der Steuern

Gemäß § 3 der Abgabenordnung (AO) sind Steuern

- **Geldleistungen**, die
- **nicht Gegenleistungen für eine besondere Leistung** darstellen und von einem
- **öffentlich-rechtlichen Gemeinwesen** zur
- **Erzielung von Einnahmen**
- **allen auferlegt** werden, bei denen der
- **Tatbestand** zutrifft, an den das Gesetz die
- **Leistungspflicht** knüpft.

Die Erzielung von Einnahmen kann Nebenzweck sein. Dies ist bei Steuern der Fall, denen primär eine Lenkungswirkung zukommt, wie der Hundesteuer. Zu den Steuern zählen auch die Zölle (Abgaben auf die Einfuhr, Durchfuhr und Ausfuhr von Waren).

4 Entnommen aus: *Bundesministerium der Finanzen*, Eckdaten zur Entwicklung und Struktur der Kommunalfinanzen, online.

2.3.1.2 Grundsätze der Besteuerung

Jede Besteuerung ist Inanspruchnahme wirtschaftlicher Kraft des einzelnen Steuerpflichtigen. Daher müssen Grundsätze gelten, um zu gewährleisten, dass diese Inanspruchnahme gerecht und effizient erfolgt. In der Finanzwissenschaft wurden daher Grundsätze entwickelt, die diesem Anspruch Rechnung tragen. Einige besonders wichtige Grundsätze sind hier beispielhaft genannt, auf die weiterführende Literatur (siehe Fußnote 1) wird verwiesen.

Grundsatz der Bedarfsdeckung:
Das Steuersystem muss so gestaltet sein, dass es den öffentlichen Finanzbedarf auf längere Zeit decken kann, also auch dann ausreichende Erträge liefert, wenn Konjunkturschwankungen eintreten.

Grundsatz der Steuergerechtigkeit:
Die Steuern sollen ausnahmslos alle Steuerpflichtigen treffen und in wirtschaftlich vergleichbaren Fällen eine gleichmäßige Steuerbelastung bewirken.

Grundsatz der Steuerwirkung:
Die Steuern sind so auszuwählen und zu gestalten, dass die finanzwirtschaftlich und politisch angestrebten Wirkungen möglichst vollständig erreicht werden können.

Grundsatz der Zweckmäßigkeit:
Von mehreren gleichwertigen Steuerarten oder -erhebungsformen soll diejenige ausgewählt werden, die für Steuergläubiger und Steuerschuldner die ökonomisch geeignetste ist.

Grundsatz der rationalen Besteuerung:
Steuerarten und Erhebungsformen sind so zu gestalten, dass möglichst geringe Verwaltungskosten entstehen und dem Streben nach Steuerumgehung entgegengewirkt wird.

Grundsatz der Leistungsfähigkeit:
Der einzelne Steuerpflichtige soll nach seiner wirtschaftlichen Leistungsfähigkeit besteuert werden.

2.3.1.3 Steuerliche Grundbegriffe

Im Steuerrecht gibt es eine Reihe von Grundbegriffen, die in den einzelnen Steuergesetzen einheitlich verwendet werden.

Steuergegenstand (Steuerobjekt):
Durch die Festlegung von Steuergegenständen werden die einzelnen Steuerquellen näher fixiert. Steuergegenstand ist entweder ein Wirtschaftsgut oder ein wirtschaftlicher Vorgang, den das einzelne Steuergesetz zur Grundlage oder zum Anlass der Besteuerung nimmt. Für die Einkommensteuer ist dies der Besitz einer Einkommensquelle, für die Hundesteuer das Halten von Hunden.

Steuerbemessungsgrundlage (Steuermaßstab):
Dies ist das Merkmal des Steuergegenstandes, nach dem die Steuer durch Anwendung eines Steuersatzes (s. u.) berechnet wird. Für die Einkommensteuer ist dies das zu versteuernde Einkommen, für die Hundesteuer die Zahl der gehaltenen Hunde.

Steuersatz:
Der Steuersatz ist ein Prozentsatz oder Euro-Betrag, dessen Anwendung auf die Steuerbemessungsgrundlage für die Berechnung der Steuer maßgebend ist.

Steuerbetrag:
Der Steuerbetrag ist das Ergebnis der Anwendung des Steuersatzes auf die Steuerbemessungsgrundlage.

Steuertarif:
Der Steuertarif ist die Zusammenfassung von Steuersätzen für eine Steuerart in einer Formel oder Bestimmung. Hierbei unterscheidet man lineare und nicht lineare Tarife. Ein linearer Tarif ist dadurch gekennzeichnet, dass sich der Steuersatz bei veränderter Steuerbemessungsgrundlage nicht ändert. Steigt die Steuerbemessungsgrundlage, so steigt der Steuerbetrag im gleichen Verhältnis. Beim nicht linearen Tarif verändert sich der Steuersatz progressiv oder degressiv. Steigt die Steuerbemessungsgrundlage, so steigt der Steuerbetrag überproportional (progressiver Tarif) oder unterproportional (degressiver Tarif). Typisches Beispiel für eine Steuer mit einem linearen Tarif ist die Umsatzsteuer, mit einem (teilweise) progressiven Tarif die Einkommensteuer. Degressive Tarife sind im Steuerecht derzeit nicht bekannt. Im Hinblick auf die Sozialversicherungsbeiträge ergibt sich aber durch die sog. Beitragsbemessungsgrenze faktisch ein (teilweise) degressiver Beitragssatz.

Nachstehende Schaubilder verdeutlichen die Verläufe des Steuerbetrages und des Steuersatzes bei einem linearen und einem progressiven Tarif:

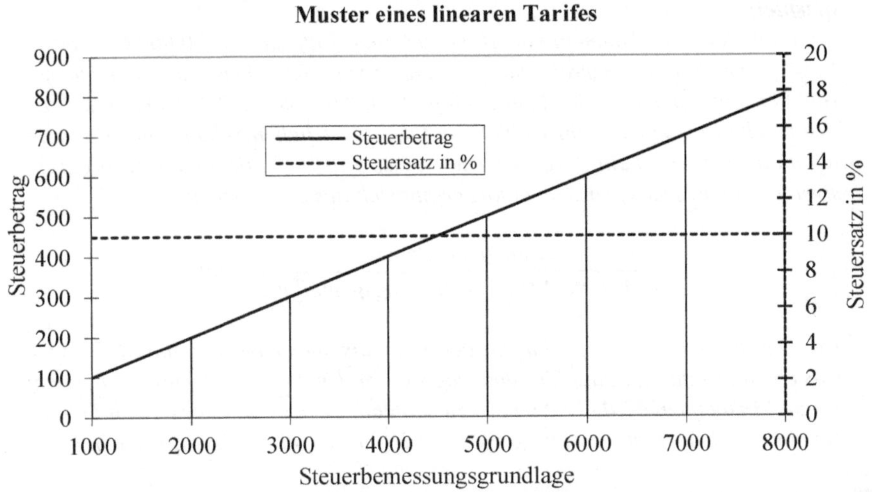

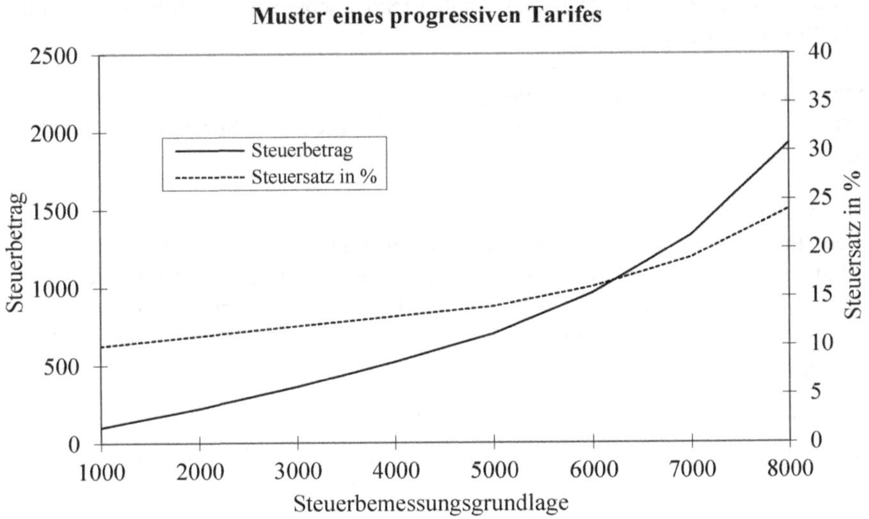

Der Tarif ist auch über den Grenzsteuersatz zu definieren, das ist der Steuersatz, der für eine zusätzliche Einheit der Steuerbemessungsgrundlage gilt. Wird diese zusätzliche Einheit mit dem gleichen Satz besteuert wie die bisherige Steuerbemessungsgrundlage, ist der Tarif linear. Beispiel: Der Steuersatz der Umsatzsteuer beträgt 19 %, unabhängig davon, ob der Preis 100 €, 200 € oder 500 € beträgt. Wird jedoch die zusätzliche Einheit mit einem höheren Steuersatz besteuert, ist der Tarif progressiv.

Beispiel:
A hat ein Jahreseinkommen von 100.000 € und zahlt hierauf 20.000 € Steuern. Dies entspricht einem Durchschnittssteuersatz von 20 %. Das Jahreseinkommen von A erhöht sich um 10.000 €, er zahlt jetzt 24.000 € Steuern[5]*. Setzt man nur das zusätzliche Einkommen von 10.000 € mit der zusätzlichen Steuer von 4.000 € in Relation, ergibt sich ein (Grenz-)Steuersatz von 40 %. Es liegt also ein progressiver Tarif vor. Der Grenzsteuersatz ergibt sich aus der Formel:*

$$\frac{\textit{zusätzliche Steuer}}{\textit{zusätzliche Steuerbemessungsgrundlage}} \times 100$$

Der Durchschnittssteuersatz für das gesamte Einkommen beträgt nun rd. 21,8 %, was ebenfalls anzeigt, dass hier ein progressiver Tarif vorliegt. Würde A bei dem neuen Einkommen 22.000 € Steuern zu zahlen haben, ergäbe dies einen Durchschnitts- und Grenzsteuersatz von jeweils 20 %, also einen linearen Tarif.

Es ist aber auch ein gemischt linear-progressiver Tarif denkbar, wie er zurzeit bei der Einkommensteuer besteht. D. h., bestimmte Einkommensspannen werden linear, andere progressiv besteuert.

Steuerpflichtiger (Steuerschuldner):
Dies ist derjenige, der nach dem Steuergesetz eine Steuer als Steuerschuld zu entrichten hat.

Steuerträger:
Steuerträger ist derjenige, der die Steuer aus seinem Einkommen oder Vermögen wirtschaftlich trägt. Bei den Besitzsteuern (s. u.) fallen Steuerschuldner und Steuerträger in der Regel zusammen. Bei den Verkehr- und Verbrauchsteuern (s. u.) ist dies normalerweise nicht der Fall, da hier üblicherweise die sog. Steuerüberwälzung (s. u.) stattfindet.

Steuerüberwälzung:
Steuerüberwälzung tritt ein, wenn es dem Steuerschuldner gelingt, die Steuer z. B. über den Preis auf den Abnehmer einer Ware oder Dienstleistung abzuwälzen. Der Abnehmer wird damit zum Steuerträger.

2.3.1.4 Arten der Steuern

Die Finanzwissenschaft hat eine Reihe von Systematisierungen der Steuern entwickelt. Zunächst bietet sie die Unterscheidung in direkte und indirekte Steuern an. Direkte Steuern sind dadurch gekennzeichnet, dass Steuerschuldner und Steuerträger identisch

5 Das Beispiel ist für Übungszwecke konzipiert und entspricht in seinen Beträgen nicht unbedingt den einkommensteuerrechtlichen Vorschriften.

sind, also keine Überwälzung stattfindet. Dies trifft typischerweise für die Besitzsteuern zu. Indirekte Steuern sind solche, die vom Steuerschuldner auf den Steuerträger überwälzt werden können, also die meisten Verkehr- und Verbrauchsteuern. Allerdings können auch Besitzsteuern überwälzt werden, z. B. die Grundsteuer bei vermieteten Objekten im Rahmen der sog. Nebenkostenabrechnung.

Damit ergibt sich eine weitere Unterscheidung, nämlich die nach dem Steuergegenstand in Besitz-, Verkehr- und Verbrauchsteuern.

Besitzsteuern knüpfen an den Tatbestand des Besitzes einer Einkommensquelle an (Einkommen, Vermögen). Besitzsteuern werden wiederum in zwei Gruppen unterteilt:

- **Personensteuern**, bei denen für den Eintritt und den Umfang der Steuerpflicht die persönlichen Verhältnisse des Steuerpflichtigen maßgebend sind, und
- **Realsteuern**, bei denen für den Eintritt und den Umfang der Steuerpflicht nur der Steuergegenstand als solcher maßgeblich ist. Die persönlichen Verhältnisse des Steuerpflichtigen spielen dabei keine Rolle. Hierzu gehören ausschließlich die Grundsteuer und die Gewerbesteuer (vgl. § 3 Abs. 2 AO).

Verkehrsteuern erfassen Vorgänge des volkswirtschaftlichen Verkehrs mit Gütern und Dienstleistungen (Umsatzsteuer, Grunderwerbsteuer, Kfz-Steuer[6]).

Verbrauchsteuern sind Steuern, die den Verbrauch vertretbarer, regelmäßig zum baldigen oder kurzfristigen Verbrauch bestimmter Güter des ständigen Bedarfs belasten und im Regelfall mit der Entfernung der Ware aus dem Herstellungsbetrieb entstehen. Die Verbrauchsteuererhebung knüpft an die im Verbrauch bestimmter Güter (Kaffee, Tabak) zum Ausdruck kommende wirtschaftliche Leistungsfähigkeit, also an die Einkommensverwendung, an. Daher zählen zu ihnen im weiteren Sinne auch die Aufwandsteuern, die ebenfalls Ausdruck bestimmter Einkommensverwendung sind, ohne jedoch etwas zu verbrauchen, wie z. B. die Hundesteuer oder die Jagdsteuer. Zu den Verbrauchsteuern zählen im weiteren Sinne auch die Zölle.

Übersicht: Arten der Steuern

Besitzsteuern		Verkehrsteuern	Verbrauchsteuern einschl. Aufwandst.
Personensteuern	Realsteuern		
Einkommensteuer	Gewerbesteuer	Umsatzsteuer	Zölle
Körperschaftsteuer	Grundsteuer	Grunderwerbsteuer	Tabaksteuer
Erbschaftsteuer		Kraftfahrzeugsteuer	Kaffeesteuer
		Versicherungsteuer	Biersteuer
			Energiesteuer (früher Mineralölsteuer)
			örtliche Aufwandsteuern wie Hundesteuer

6 Die Kfz-Steuer wird i. d. R. zu den Verkehrsteuern gezählt, ist ihrem Charakter nach aber eine Aufwandsteuer.

Nachstehend werden einige Steuern kurz skizziert, weil die Gemeinde sie direkt erhebt (Grundsteuer, Gewerbesteuer) oder an ihnen unmittelbar (Einkommensteuer, Umsatzsteuer) bzw. mittelbar über den Kommunalen Finanzausgleich (Körperschaftsteuer) beteiligt ist.

2.3.1.5 Einzelne Steuern

2.3.1.5.1 Einkommensteuer

Rechtsgrundlage ist das Einkommensteuergesetz (EStG) mit weiteren Bestimmungen wie LohnsteuerdurchführungsVO und Einkommensteuerrichtlinien.

Steuerpflichtig zur Einkommensteuer sind natürliche Personen mit Sitz im Inland. Steuergegenstand der Einkommensteuer sind die Einkünfte aus den 7 Einkunftsarten

(1) Land- und Forstwirtschaft
(2) Gewerbebetrieb
(3) selbstständige Arbeit
(4) nicht selbstständige Arbeit
(5) Kapitalvermögen
(6) Vermietung und Verpachtung
(7) sonstige Einkünfte (z. B. Spekulationsgewinne, Renten)

Steuerpflichtige Einkünfte sind der Gewinn (1) – (3) bzw. der Überschuss der Einnahmen über die Werbungskosten (4) – (7). Das zu versteuernde Einkommen (Steuerbemessungsgrundlage) ergibt sich aus den steuerpflichtigen Einkünften abzüglich verschiedener Abzugsbeträge, Sonderausgaben und Freibeträge.

Der Steuersatz ermittelt sich in Abhängigkeit von der Höhe des zu versteuernden Einkommens aus dem Steuertarif.

Die Einkommensteuer wird erhoben im Quellenabzugsverfahren bei den Einkünften aus nicht selbstständiger Arbeit (Lohnsteuer) und bei den Einkünften aus Kapitalvermögen (Kapitalertragsteuer) und im Veranlagungsverfahren bei allen anderen Einkunftsarten.

2.3.1.5.2 Körperschaftsteuer

Rechtsgrundlage ist das Körperschaftsteuergesetz (KStG) mit weiteren Bestimmungen wie Körperschaftsteuer-Durchführungsverordnung.

Steuerpflichtig zur Körperschaftsteuer sind juristische Personen mit Sitz im Inland. Die Körperschaftsteuer wird daher oft auch als die Einkommensteuer der juristischen Personen bezeichnet. Sie besteuert also insbesondere die AG und die GmbH, aber auch Betriebe gewerblicher Art (BgA) von juristischen Personen des öffentlichen Rechts (z. B. Stadthallenbetriebe von Gemeinden).

Steuerbemessungsgrundlage ist der zu versteuernde Gewinn der Körperschaft. Der Steuersatz beträgt derzeit 15 %.

2.3.1.5.3 Umsatzsteuer

Der Umsatzsteuer unterliegen insbesondere die steuerbaren Umsätze aus Lieferungen und sonstigen Leistungen, die ein Unternehmer im Inland gegen Entgelt ausführt. Steuerpflichtiger ist der Unternehmer, Steuerträger der Endverbraucher der Lieferung oder Leistung. Steuerbemessungsgrundlage ist das Entgelt für die Lieferung oder Leistung. Der Steuersatz beträgt ab 2007 19 % (vorher seit 1.4.1998 16 % und davor 15 %) und bei bestimmten Umsätzen (z. B. Lebensmittel, Wasser, Bücher) 7 %.[7]

Der Unternehmer kann die ihm (z. B. vom Vorlieferanten) in Rechnung gestellte Umsatzsteuer von seiner Umsatzsteuerlast abziehen (Vorsteuer), daher auch der Begriff „Mehrwertsteuer" (MwSt.), der die geltende Erhebungsform der Umsatzsteuer bezeichnet.

Beispiel (zur Vereinfachung wird ein Steuersatz von 10 % unterstellt):
A ist Urproduzent und veräußert eine Ware an Unternehmer B zum Preis von 1.000 € zzgl. MwSt. von 100 €, also insgesamt 1.100 €. A muss den Betrag von 100 € an das Finanzamt abführen.

B veräußert die Ware an C zum Preis von 3.000 € zzgl. MwSt. von 300 €, also insgesamt 3.300 €. B muss den Betrag von 300 € an das Finanzamt abführen (Umsatzsteuertraglast). Er kann jedoch die von ihm an A gezahlte MwSt. von 100 € hiervon abziehen und zahlt tatsächlich nur 200 € an das Finanzamt (Umsatzsteuerzahllast), also den Steuerbetrag für den in dieser Handelsstufe entstandenen Mehrwert (3.000 € Verkaufspreis – 1.000 € Einstandspreis = 2.000 € Mehrwert).

Ist C kein Unternehmer, sondern privater Endverbraucher, kann er die Umsatzsteuer nicht mehr abwälzen. Er zahlt also die im gesamten Handelsprozess entstandene Umsatzsteuer.

2.3.1.5.4 Gewerbesteuer

Die Gewerbesteuer ist neben dem Gemeindeanteil an der Einkommensteuer die wichtigste Steuerquelle der Gemeinden. Rechtsgrundlagen sind das Gewerbesteuergesetz, die Gewerbesteuer-Durchführungsverordnung und die Gewerbesteuer-Richtlinien.

Steuergegenstand der Gewerbesteuer sind die im Inland betriebenen Gewerbebetriebe (stehende Gewerbebetriebe, § 2 GewStG; Reisegewerbebetriebe, § 35a GewStG). Unter einem Gewerbebetrieb ist jedes gewerbliche Unternehmen im Sinne des Einkommensteuergesetzes zu verstehen.

Als Gewerbebetrieb gilt stets und in vollem Umfang die Tätigkeit u. a. der Kapitalgesellschaften (AG, KGaA, GmbH) und der Genossenschaften (Gewerbebetrieb kraft Rechtsform).

---

7 Für den Zeitraum vom 1.7.2020 bis zum 31.12.2020 waren die Steuersätze von 19 % auf 16 % und von 7 % auf 5 % gesenkt, Art. 3 Nr. 3 Zweites Corona-Steuerhilfegesetz vom 29.6.2020, BGBl. I S. 1512, Grund: Steuerliche Maßnahme zur Wiederbelebung der Wirtschaft angesichts der Corona-Pandemie.

Die Gewerbebetriebe unterliegen der Gewerbesteuer in der Gemeinde, in der sie eine Betriebsstätte unterhalten, § 4 GewStG (bei Betriebsstätten in mehreren Gemeinden erfolgt eine Zerlegung, s. u.).

Besteuerungsgrundlage ist der Gewerbeertrag (§ 7 GewStG). Gewerbeertrag ist der nach den Vorschriften des Einkommensteuergesetzes (bei natürlichen Personen) oder des Körperschaftsteuergesetzes (bei juristischen Personen) ermittelte Gewinn. Dieser Gewinn wird um verschiedene Hinzurechnungen (§ 8 GewStG) und Kürzungen (§ 9 GewStG) modifiziert, die dazu dienen, den „realen" Ertrag des Unternehmens, also bereinigt von personensteuerrechtlichen Elementen, zu ermitteln.

Auf den so ermittelten Gewerbeertrag wird eine Steuermesszahl in Höhe von 3,5 % angewendet, woraus sich der Steuermessbetrag nach dem Gewerbeertrag ergibt, § 11 GewStG. Bei natürlichen Personen und Personengesellschaften (z. B. OHG) wird zuvor ein Freibetrag von 24.500 € abgezogen.

Berechnungsbeispiel:

Die A-GmbH erzielt einen Gewinn von	*200.000 €.*
Dieser wird um Kürzungen von	*50.000 €*
und Hinzurechnungen von	*30.000 €*
modifiziert, woraus sich ein Gewerbeertrag von	*180.000 €*
ergibt. Hierauf wird eine Steuermesszahl von	*3,5 %*
angewandt, was zu einem	
Steuermessbetrag nach dem Gewerbeertrag von	*6.300 € führt.*

Wird das Unternehmen als Personengesellschaft oder von einer einzelnen natürlichen Person betrieben, ergibt sich bei sonst gleichen Vorgaben folgende Berechnung:

Gewerbeertrag:	*180.000 €*
Freibetrag: 24.500 €, verbleiben:	*155.500 €*
Steuermesszahl	*3,5 %*
Steuermessbetrag	*5.442,50 €*

Die Ermittlung des einkommen- bzw. körperschaftsteuerlichen Gewinns und des Gewerbesteuermessbetrages gemäß des oben geschilderten Verfahrens ist Sache der Finanzämter. Das jeweils zuständige Finanzamt erlässt einen Gewerbesteuermessbescheid (Grundlagenbescheid), den der Pflichtige und die Gemeinde, in der die Betriebsstätte liegt, erhalten. Aufgrund des Gewerbesteuermessbescheides erlässt die Gemeinde einen Gewerbesteuerbescheid (§ 16 GewStG). Die darin festzusetzende zu zahlende Gewerbesteuer ergibt sich aus dem Gewerbesteuermessbetrag, multipliziert mit einem Hebesatz, den die Gemeinde in der Haushaltssatzung oder einer gesonderten Hebesatzsatzung[8] festsetzt.

Der Hebesatz muss für alle in der Gemeinde vorhandenen Unternehmen gleich sein. Er beträgt 200 %, wenn die Gemeinde nicht einen höheren Hebesatz bestimmt hat (§ 16 Abs. 4 GewStG). Mit dieser Mindestregelung wird sichergestellt, dass sich Gemeinden

8 Siehe Ziff. 11.2.2.5.

nicht dadurch zur „Steueroase“ erklären, in dem sie einen Hebesatz von 0 % festsetzen, also keine Gewerbesteuer erheben.

Die Zuständigkeit der Gemeinden für die Festsetzung, Erhebung und Verwaltung der Gewerbesteuer ergibt sich aus § 1 Realsteuerzuständigkeitsgesetz.

Berechnungsbeispiel:

Gewerbesteuermessbetrag:	*6.300 €*
Hebesatz der Gemeinde:	*300 %*
Gewerbesteuerbetrag:	*18.900 €*

Vorauszahlungen im laufenden Jahr werden in Höhe des Betrages erhoben, der sich bei der letzten Veranlagung ergeben hat. Sie sind mit jeweils einem Viertel fällig am 15.2., 15.5., 15.8. und 15.11 eines jeden Jahres (§ 19 GewStG).

Die Gewerbesteuer entsteht mit Ablauf des Erhebungszeitraumes, für den die Festsetzung vorgenommen wird (§ 18 GewStG), bei Vorauszahlungen mit Beginn des Kalendervierteljahres, in dem die Vorauszahlungen zu entrichten sind (§ 21 GewStG). Über die Vorauszahlung wird mit dem Gewerbesteuerbescheid abgerechnet (§ 20 GewStG), d. h. die Gewerbesteuerschuld wird den erhobenen Vorauszahlungen gegenübergestellt. Verbleibt ein Restbetrag zugunsten der Gemeinde, ist dieser einen Monat nach Bekanntgabe des Bescheides zu zahlen.

Berechnungsbeispiel:

Die A-GmbH hat für 2021 Vorauszahlungen von	*15.000 €*
geleistet. Am 13.6.2023 wird der A-GmbH der Gewerbesteuerbescheid für 2021 bekanntgegeben, der einen Gewerbesteuerbetrag von	*18.900 €*
festsetzt. Den Unterschiedsbetrag (Abschlusszahlung) von	*3.900 €*
muss die A-GmbH am 13.7.2023 zahlen.	

Ist der Gewerbesteuerbetrag geringer als die erhobenen Vorauszahlungen, erhält der Steuerpflichtige den Unterschiedsbetrag erstattet.

Unterhält ein Unternehmen in mehreren Gemeinden Betriebsstätten, so wird der einheitliche Gewerbesteuermessbetrag auf die einzelnen Gemeinden zerlegt (§§ 28, 29 GewStG). Maßstab für die Zerlegung ist das Verhältnis der Arbeitslöhne, die in den einzelnen Betriebsstätten gezahlt worden sind. In diesem Falle erhält die Gemeinde anstelle des Gewerbesteuermessbescheides eine sog. Zerlegungsmitteilung, in der ihr der auf sie entfallende Zerlegungsanteil des einheitlichen Gewerbesteuermessbetrages mitgeteilt wird.

Berechnungsbeispiel:

Die A-GmbH unterhielt 2021 in den Gemeinden B und C jeweils eine Betriebsstätte. Der einheitliche Gewerbesteuermessbetrag betrug für 2021 10.000 €. An Löhnen wurden 500.000 € gezahlt, davon in B 150.000 € und in C 350.000 €.

Die Gemeinde B hat für 2021 einen Hebesatz von 300 %, die Gemeinde C von 400 % festgesetzt.

Berechnung der Gewerbesteuer in B:

10.000 € : 500.000 € × 150.000 € =	*3.000 € Zerlegungsanteil in B*
3.000 € × Hebesatz von 300 % =	*9.000 € Gewerbesteuer in B*

Berechnung der Gewerbesteuer in C:

10.000 € : 500.000 € × 350.000 € =	*7.000 € Zerlegungsanteil in C*
7.000 € × Hebesatz von 400 % =	*28.000 € Gewerbesteuer in C*

2.3.1.5.5 Grundsteuer

Rechtsgrundlage der Grundsteuer sind das Grundsteuergesetz und die Grundsteuerrichtlinien. Die Grundsteuer wird als Gemeindesteuer erhoben; die Gemeinde bestimmt, ob in ihrem Gebiet Grundsteuer erhoben wird.

Steuergegenstand der Grundsteuer ist der Grundbesitz in Sinne des Bewertungsgesetzes, darunter fallen:

- die land- und forstwirtschaftlichen Betriebe (Grundsteuer A)
- die bebauten und unbebauten Grundstücke (Grundsteuer B)

Das Bundesverfassungsgericht hatte im April 2018 die bisherigen Bemessungsgrundlagen der Grundsteuer als verfassungswidrig erklärt, da diese gegen den Gleichheitsgrundsatz verstoßen, weil sie auf erheblich veralteten Wertgrundlagen beruhen (alte Länder 1964, neue Länder 1935). Aufgrund dieser Rechtsprechung musste das Grundsteuerrecht reformiert werden, das Bundesverfassungsgericht hatte dem Gesetzgeber für den Abschluss des entsprechenden Gesetzgebungsverfahren Frist bis zum 31.12.2019 eingeräumt. Spätestens ab 2025 müssen dann die neuen Bewertungsgrundlagen angewendet werden. Durch das Grundsteuer-Reformgesetz vom 26. November 2019 wurden rechtzeitig die gesetzlichen Regelungen zur Anpassung des Grundsteuer- und des ihm zugrundeliegenden Bewertungsrechts an das Urteil des Bundesverfassungsgerichts geschaffen.

Die Ermittlung des Grundstückswertes erfolgt entsprechend den Reformregelungen nach einem sog. wertabhängigen Modell, d. h. es werden die Grundstückswerte und das Alter der Gebäude berücksichtigt, ebenso Erträge wie Mieten, ggf. mit pauschalierten Werten. Bei einem unbebauten Grundstück richtet sich der Wert nach der Ermittlung durch unabhängige Gutachterausschüsse. Bei unbebauten, aber baureifen Grundstücken kann die Gemeinde einen erhöhten Hebesatz anwenden (sog. Grundsteuer C), um einen Anreiz zu schaffen, diese Grundstücke einer Bebauung zuzuführen.[9]

Die Grundsteuer wird danach weiterhin in einem zweistufigen Verfahren berechnet: Berechnung des Grundstückswertes und dessen Multiplikation mit einer Steuermesszahl zur Ermittlung des Steuermessbetrages einerseits und Multiplikation des Steuermessbetrages mit dem durch die Gemeinde festgesetzten Hebesatz und Erhebung durch die Gemeinde andererseits.

9 Siehe auch *Bundesministerium der Finanzen*, Die neue Grundsteuer – Fragen und Antworten, online.

Da der Gesetzgeber die vom Bundesverfassungsgericht gesetzte Frist zur Neuordnung des Grundsteuerrechts eingehalten hat, darf die Grundsteuer bis zum 31. Dezember 2024 nach der bisherigen Rechtslage weiter erhoben werden. Ab dem Jahr 2025 muss dann die Grundsteuer gemäß der neuen Rechtslage erhoben werden, was bis dahin einen massiven Verwaltungsaufwand zur Ermittlung der neuen Besteuerungsgrundlagen erfordern wird.

Durch eine Öffnungsklausel im Grundgesetz (Art. 72 Abs. 3 Nr. 7 GG) können die Bundesländer die Grundsteuer für ihr Gebiet auch nach dem sog. wertunabhängigen Modell, also nur bezogen auf die Fläche, berechnen. Das Land Hessen hat hiervon Gebrauch gemacht und das Hessische Grundsteuergesetz (HGrStG) vom 15. Dezember 2021 erlassen, das für die Grundsteuer B ein wertunabhängiges, aber um einen sog. Lagefaktor ergänztes Grundsteuerrecht für Hessen schafft. Die Grundsteuer A wird in Hessen, wie wohl auch in allen anderen Bundesländern, nach den Bundesregeln erhoben. § 13 HGrStG eröffnet zudem die Möglichkeit der Erhebung einer Grundsteuer C für unbebaute, aber baureife Grundstücke mit einem erhöhten Hebesatz.

Im Hinblick darauf, dass das bisherige Recht nur noch bis 2024 anzuwenden ist, wird nachfolgend die ab 2025 in Hessen geltende Rechtslage für die Grundsteuer B skizziert:

Es wird für jedes Grundstück ein Flächenbeitrag für den Grund und Boden und ein Flächenbeitrag für die Wohn- bzw. Nutzfläche ermittelt. Der Flächenbeitrag für den Grund und Boden beträgt 0,04 Euro/m², hierauf wird eine Steuermesszahl von 100 % angewendet. Der Flächenbeitrag für die Wohn- bzw. Nutzfläche beträgt 0,50 Euro/m², hierauf wird einen Steuermesszahl von 70 % angewendet.

Die Summe dieser beiden Flächenbeiträge wird mit einem sog. Lagefaktor multipliziert, der zum Ausdruck bringt, ob das Grundstück einen höheren Bodenwert gegenüber dem durchschnittlichen Wert der Grundstücke in der Gemeinde hat (Faktor > 1) oder einen niedrigeren (Faktor < 1). Der Faktor ermittelt sich aus der Formel

$$\left[\frac{\text{Bodenwert Grundstück}}{\text{Durchschnittlicher Bodenwert Gemeinde}}\right]^{0,3}$$

Berechnungsbeispiel[10]***:***

Es wird eine Grundstücksfläche von 500 m² und eine Wohn- oder Nutzfläche von 140 m² angenommen. Der für das Grundstück festgestellte Bodenwert beträgt 100 Euro/m², der für die Gemeinde geltende durchschnittliche Bodenwert 200 Euro/m². Die Gemeinde hat einen Hebesatz von 400 % festgesetzt. Daraus ergibt sich:

10 Beispiel entnommen aus: *Ihr digitales Finanzamt Hessen*, online.

			Wert-ansatz	Steuer-Messz.	
Flächenbeitrag für den Grund und Boden					
Grundstücksfläche	*500*	*m²*	*0,04 €*	*100 %*	*20 €*
Flächenbeitrag Wohn-/Nutzzwecke					
Wohn-/Nutzfläche	*140*	*m²*	*0,50 €*	*70 %*	*49 €*
Summe Flächenbeiträge					*69 €*
Bodenwert Grundstück	*100 €*				
Durchschn. Bodenwert Gemeinde	*200 €*				
Faktor					*0,81*
Steuermessbetrag					*55 €*
Hebesatz der Gemeinde (Beispiel!)					*400 %*
Grundsteuerbetrag					***220 €***

2.3.1.6 Das Steuerfindungsrecht der Gemeinden

Die Gemeinden erheben nach § 7 Abs. 1 KAG Steuern nach Maßgabe der Gesetze. Diese Vorschrift bezieht sich insbesondere auf die örtlichen Aufwand- und Verbrauchsteuern, soweit für ihre Erhebung Steuergesetze bestehen. § 7 Abs. 1 KAG ist also keine Rechtsgrundlage für die Steuererhebung, sondern lediglich eine Klarstellung dahingehend, dass sich die Steuererhebung nach den Gesetzen richtet. In Hessen besteht derzeit kein Gesetz für eine Steuererhebung im Sinne des § 7 Abs. 1 KAG, nachdem das Hundesteuergesetz zum 31.12.1998 aufgehoben wurde.

§ 7 Abs. 2 KAG räumt den Gemeinden weiterhin ein sog. Steuerfindungsrecht ein, soweit solche Gesetze nicht bestehen. Diese Steuern dürfen jedoch nicht vom Land erhoben werden oder den Landkreisen (§ 8 KAG; Jagdsteuer, Fischereisteuer, Steuer für die Errichtung, Erweiterung und Fortführung eines Gaststättengewerbes) vorbehalten sein und sie dürfen nicht bundesgesetzlich geregelten Steuern gleichartig sein (Art. 105 Abs. 2a GG). Typische Steuern nach § 7 Abs. 2 KAG sind derzeit die Hundesteuer, die Spielapparatesteuer und die Zweitwohnungsteuer.

Diese Steuern werden aufgrund von örtlichen Satzungen[11] erhoben (§ 2 Abs. 1 KAG). Diese Steuersatzungen müssen, wie alle anderen Abgabensatzungen (Gebühren, Beiträge) auch, mindestens folgende Bestimmungen treffen:

- den Kreis der Abgabepflichtigen (die Steuerschuldner)

11 Zum Satzungsrecht siehe § 5 HGO, auf die kommunalrechtliche Literatur hierzu, z. B. *Birkenfeld* 2022, Kap. 9, und die entsprechenden Lehrinhalte wird verwiesen.

- den die Abgabe begründenden Tatbestand (Steuergegenstand)
- den Zeitpunkt der Entstehung der Abgabeschuld
- den Maßstab und den Satz der Abgabe (Steuerbemessungsgrundlage, Steuersatz)
- die Fälligkeit der Abgabeschuld

Die Steuersatzungen bedürfen keiner Genehmigung der kommunalen Aufsichtsbehörden. Sie sind, wie alle anderen Satzungen auch, der zuständigen Aufsichtsbehörde mitzuteilen und unterliegen der allgemeinen Kommunalaufsicht.

2.3.2 Die Gebühren

Gebühren sind Geldleistungen für die Inanspruchnahme einer besonderen Leistung der Verwaltung (Verwaltungsgebühr, § 9 KAG) oder die Inanspruchnahme einer öffentlichen Einrichtung (Benutzungsgebühr, § 10 KAG). Den Gebühren steht damit, anders als den Steuern, eine unmittelbare Gegenleistung gegenüber. Sie zählen daher zu den öffentlich-rechtlichen Entgelten. Für die Gebühren gelten die satzungsrechtlichen Bestimmungen des KAG und der HGO (s. o. Ziff. 2.3.1.6).

2.3.2.1 Verwaltungsgebühren

Die Gemeinden können Gebühren für solche Amtshandlungen oder Verwaltungstätigkeiten erheben, die von den Beteiligten entweder beantragt oder veranlasst oder in ihrem überwiegenden Interesse vorgenommen werden. Aufgrund einer Satzung können Verwaltungsgebühren nur erhoben werden, soweit keine Sondergesetze bestehen, z. B. das Hess. Verwaltungskostengesetz, das Personenstandsgesetz und das Gesetz über das Passwesen, die dem KAG vorgehend die Verwaltungsgebührenerhebung durch die Gemeinde regeln. Das Gebührenaufkommen soll die voraussichtlichen Kosten für den betreffenden Verwaltungszweig nicht übersteigen und in der Regel dessen Kosten decken. Die Gebühren sind nach dem Verwaltungsaufwand zu bemessen; das Interesse des Gebührenpflichtigen (damit sind insbesondere Umfang und Wirkung der Begünstigung gemeint) kann bei der Bemessung berücksichtigt werden, jedoch nur, soweit nicht EU-rechtliche Vorgaben entgegenstehen. Als Gebührenerhebungsformen kommen Festbetragsgebühren, Rahmengebühren (mindestens/höchstens) und Wertgebühren in Betracht.

2.3.2.2 Benutzungsgebühren

Die Gemeinde hat die Aufgabe, in den Grenzen ihrer Leistungsfähigkeit die für ihre Einwohner erforderlichen wirtschaftlichen, sozialen, sportlichen und kulturellen öffentlichen Einrichtungen bereitzustellen (§ 19 Abs. 1 HGO). Solche Einrichtungen sind z. B. Schwimmbäder, Büchereien, Theater, Sozialstationen, Altenheime, Museen,

Volkshochschulen usw. Daneben bestehen Spezialgesetze, die die Gemeinde verpflichten, bestimmte Einrichtungen zu unterhalten (z. B. Feuerwehr, Friedhof, Abfall- und Abwasserbeseitigung). Die Einwohner und die ihnen gleichgestellten Personen sind berechtigt, diese öffentlichen Einrichtungen zu benutzen und verpflichtet, die Gemeindelasten zu tragen (§ 20 HGO). Soweit **vertretbar** und **geboten**, erfolgt diese Finanzierung aus Entgelten für die Leistungen der Gemeinde (§ 93 HGO).

Die Erhebung von Entgelten ist dann **geboten**, wenn die Einrichtung nicht allen Einwohnern in gleichem Maße zugutekommt, also unterschiedliche Vorteile bietet, die durch eine entsprechende Entgeltgestaltung abzugelten sind, und sie ist auch dann geboten, wenn es überhaupt möglich ist, entsprechend der Nutzung Entgelte zu erheben, was z. B. bei der Straßenbenutzung und insbesondere der Straßenbeleuchtung als nicht der Fall anzusehen ist.

Unter **vertretbar** ist die Gestaltung der Entgelthöhe zu verstehen. Entgelte dürfen also nicht eine unvertretbare Höhe erreichen, was auch mit § 10 Satz 2 HGO korrespondiert, wonach auf die wirtschaftliche Leistungsfähigkeit der Abgabepflichtigen Rücksicht zu nehmen ist.

Entgelte können sowohl privatrechtlicher Art als auch öffentlich-rechtlicher Art sein. Dabei kommt es darauf an, auf welcher Rechtsgrundlage eine Einrichtung betrieben wird. Ist dies eine Satzung, was überwiegend der Fall ist, handelt es sich um eine öffentlich-rechtliche Einrichtung, für deren Inanspruchnahme ein öffentlich-rechtliches Entgelt, die Benutzungsgebühr, erhoben wird. (Eine privatrechtliche Einrichtung liegt vor, wenn ihre Inanspruchnahme durch allgemeine Geschäftsbedingungen o. ä. Regelungen bestimmt wird.) Die Gemeinde muss also Entgelte, im Wesentlichen also Benutzungsgebühren, erheben, wenn dies geboten ist, weil eine Leistung nur einem bestimmten Kreis der Einwohner zugutekommt oder von den Nutzern in unterschiedlichem Maße in Anspruch genommen wird.

Wird eine öffentliche Einrichtung öffentlich-rechtlich betrieben, richtet sich die Erhebung der Benutzungsgebühren nach den Vorschriften des KAG, insbesondere § 10 KAG. Abs. 1 dieser Vorschrift räumt den Gemeinden (und den Landkreisen) das Recht ein, Benutzungsgebühren zu erheben. Unter Berücksichtigung der Vorschriften des § 93 Abs. 2 HGO kann sich dies zu einer Verpflichtung entwickeln, wenn die Erhebung geboten ist.

Die Bemessung der Gebühr richtet sich nach zwei Grundsätzen,

- dem Äquivalenzprinzip, d. h. die Gebühr soll dem Wert der gewährten Leistung entsprechen. Das Äquivalenzprinzip wirkt individualisierend, d. h. die Gebührenhöhe im Einzelfall ist von der konkreten Leistung abhängig. Die Geldleistung ist der Verwaltungsleistung „äquivalent", es besteht eine Verhältnismäßigkeit zwischen Leistung und Gegenleistung, die Gebühr darf in keinem Missverhältnis zur gebotenen Leistung stehen.
- dem Kostendeckungsgebot bzw. Kostenüberschreitungsverbot, d. h. die Gebührensätze sind in der Regel so zu bemessen, dass die Kosten der Einrichtung gedeckt werden, wobei sich der Grad der Kostendeckung nach dem Grundsatz der Vertret-

barkeit gem. § 93 Abs. 2 HGO richtet. Das Gebührenaufkommen soll die Kosten der Einrichtung nicht übersteigen (§ 10 Abs. 1 KAG).

Bei der Betrachtung der Kostendeckung stellt sich zwangsläufig die Frage, was mit dem Begriff „Kosten“ gemeint ist.[12] Hierunter sind die nach betriebswirtschaftlichen Grundsätzen ansatzfähigen Kosten zu verstehen, das ist der bewertete, also in Geldeinheiten ausgedrückte Güter- und Leistungsverbrauch in einer Periode, der zur Erstellung und zum Absatz der betrieblichen Produkte und zur Aufrechterhaltung der hierfür notwendigen Kapazitäten in dieser Periode erforderlich ist. § 10 Abs. 2 KAG nennt im Einzelnen in Betracht kommende Kostenarten. Diese lassen sich wie folgt darstellen:

- Kosten für eigenes Personal sowie für den Bezug von Fremdleistungen, von Roh-, Hilfs- und Betriebsstoffen usw., die zur Leistungserstellung unmittelbar notwendig sind
- innerbetriebliche Leistungsverrechnung, das sind Kosten für Leistungen, die andere Betriebszweige einschl. der Hilfsbetriebe für die Einrichtung erbringen und nach bestimmten Verrechnungssätzen vergütet werden, z. B. nimmt der Friedhof die Leistung der öffentlichen Straßenreinigung für die Reinigung des Friedhofsgeländes in Anspruch, Mitarbeiter des Bauhofes führen Unterhaltungsarbeiten an Kanalschächten durch usw.
- Im weiteren Sinne zählen dazu auch die Gemeinkosten, also die Kosten der Gesamtverwaltung, die für die Leistungserstellung mittelbar anfallen, z. B. die anteiligen Kosten der Personalverwaltung, des Steueramtes, der Kasse usw., üblicherweise werden diese Kosten unter dem Begriff der Verwaltungskostenerstattung zusammengefasst.
- Abschreibungen, das ist der leistungsbedingte Werteverzehr von Gütern des Anlagevermögens, im Steuerrecht auch Absetzung für Abnutzung (AfA) genannt. Die Abschreibung ist i. d. R. linear, d. h. in gleichbleibenden Beträgen zu bemessen. Ein Müllfahrzeug, das 280.000 € kostet und sieben Jahre genutzt werden soll, wird jährlich mit 40.000 € abgeschrieben. Der jährliche Betrag von 40.000 € fließt in die Kosten ein.

  Bei Einrichtungen, für die **Beiträge** erhoben wurden (i. d. R. die Entwässerungsanlagen), ergibt sich eine Besonderheit bei der Abschreibung: sie darf nur dann kostenmäßig angesetzt werden, wenn diese Beiträge – als Sonderposten – passiviert (siehe hierzu Ziff. 16.3.5) und jährlich mit einem durchschnittlichen Abschreibungssatz ertragswirksam (siehe hierzu Ziff. 6.5.1.1) aufgelöst werden. Damit soll verhindert werden, dass die Gemeinde Kosten aus Investitionen generiert, aber Entlastungen aus Finanzierungsbeteiligungen der Vorteilsnehmer hieran, die i. d. R. auch die Nutzer darstellen, nicht gegenrechnet. Letztlich wird damit auch erreicht, dass die Gebührenkalkulation und die haushaltsmäßige Veranschlagung kongruent sind, denn im Ergebnishaushalt und später in der Ergebnisrechnung sind sowohl die Aufwendungen für Abschreibungen als auch die Erträge aus der Auflösung der Sonder-

12 Zum Thema Kostenrechnung insgesamt siehe Kap. 19.

posten nachzuweisen. Betragsmäßige Abweichungen bei den Abschreibungen können sich aber dadurch ergeben, dass bei der haushaltsmäßigen Darstellung nur auf der Basis von Anschaffungs- und Herstellungskosten abgeschrieben werden darf (§ 43 Abs. 1 GemHVO), während bei der Gebührenkalkulation auch der i. d. R. höhere Wiederbeschaffungszeitwert (§ 10 Abs. 2 KAG) zugrunde gelegt werden darf (siehe hierzu auch Ziff. 19.2.2.2).

- kalkulatorische Verzinsung des Anlagekapitals, das ist der kostenmäßige Ausdruck entweder für die durch Investitionen stattfindende Kapitalbindung, also die entgangenen Zinsen (würde die Gemeinde anstelle für die Anschaffung eines Müllfahrzeuges den Betrag von 280.000 € auf der Bank anlegen, könnte sie hieraus Zinsen erzielen) oder für die Kosten der Aufnahme von Krediten zur Finanzierung der Investitionen, also der Fremdkapitalzinsen. Bei der Verzinsung ist § 10 Abs. 2 KAG zu beachten, der verlangt, dass bei der betragsmäßigen Ermittlung der Verzinsung der aus **Beiträgen und Zuschüssen** Dritter aufgebrachte Kapitalanteil, das sog. Abzugskapital, außer Betracht bleibt. Das ist auch nur folgerichtig, denn in Höhe dieser Drittmittel entstehen der Gemeinde keine Finanzierungskosten (Fremdkapitalzinsen).

Aufgrund der so ermittelten Kosten nimmt die Gemeinde eine Gebührenkalkulation vor, wobei sie nach dem Grundsatz der Vertretbarkeit entscheiden muss, ob eine vollständige Kostendeckung erfolgen soll oder nicht. Die Gebühr ist nach Art und Umfang der Inanspruchnahme der Einrichtung zu bemessen, also nach dem Wirklichkeitsmaßstab. Wenn die Verwendung des Wirklichkeitsmaßstabes besonders schwierig oder wirtschaftlich nicht vertretbar ist, kann ein Wahrscheinlichkeitsmaßstab gewählt werden, dieser darf aber nicht in einem offensichtlichen Missverhältnis zu der Inanspruchnahme stehen. So wird üblicherweise der Bezug von Wasser über Zähler gemessen (Wirklichkeitsmaßstab) und die Abwassergebühr nach dem Wasserbezug erhoben, weil als wahrscheinlich unterstellt wird, dass in dem Maße, in dem Wasser bezogen wird, auch Abwasser abgeleitet wird. Die Gebührengestaltung kann auch die Erhebung von Grund- oder Mindestgebühren umfassen.

Die Kalkulation der Gebühren erfolgt in mehreren Schritten:

Zunächst muss die Gemeinde aufgrund der oben beschriebenen Kostenarten eine Zusammenstellung aller für die Leistungserstellung anfallenden Kosten vornehmen, also die Gesamtkosten der Einrichtung ermitteln. Anschließend muss sie festlegen, in welcher Höhe diese Kosten durch Gebühren gedeckt werden sollen (zu 100 % oder entsprechend der Vertretbarkeit zu weniger als 100 %), also den Gebührenbedarf ermitteln. In einem dritten Schritt erfolgt die Berechnung der Gebühr pro Leistungseinheit, also die Verteilung der Kosten auf die Kostenträger.[13] Hierbei finden verschiedene Verfahren Anwendung, insbesondere die Divisionskalkulation und die Äquivalenzziffernkalkulation (modifizierte Divisionskalkulation). Die Darstellung dieser Verfahren erfolgt in Kap. 19.

13 Zur Kostenträgerrechnung insgesamt siehe Ziff. 19.4.

Die Gemeinde ist nicht verpflichtet, die Gebührenkalkulation jährlich vorzunehmen. § 10 Abs. 2 KAG lässt es zu, dass der Ermittlung der Kosten ein mehrjähriger Kalkulationszeitraum zugrunde gelegt wird, dieser soll fünf Jahre nicht überschreiten. Kostenüberdeckungen, die sich am Ende dieses Zeitraumes ergeben, sind innerhalb der folgenden fünf Jahre auszugleichen, Kostenunterdeckungen sollen in diesem Zeitraum ausgeglichen werden. Zur bilanziellen Behandlung siehe Ziff. 16.3.5.4.

Die Gebührenpflichtigen grundstücksbezogener Benutzungsgebühren sind berechtigt, in die Kostenrechnung und die Gebührenkalkulation Einsicht zu nehmen. § 29 des Hessischen Verwaltungsverfahrensgesetzes gilt entsprechend (§ 10 Abs. 7 KAG).

2.3.3 Die Beiträge

Oben unter 2.3.2 wurde erläutert, dass Gebühren erhoben werden als Gegenleistung für eine unmittelbare, **tatsächliche Inanspruchnahme**, dies unterscheidet sie von den Steuern. Die dritte Gruppe der Abgaben, die Beiträge i. S. des KAG bzw. des BauGB, zählt zwar auch zu den Entgelten, diesen steht aber keine unmittelbare Inanspruchnahme einer Leistung gegenüber. Gegenleistung ist hier der nicht nur vorübergehende Vorteil, der durch die **Möglichkeit der Inanspruchnahme**[14] einer öffentlichen, grundstücksbezogenen Einrichtung geboten wird.

Beiträge werden demnach von den Gemeinden und Landkreisen[15] erhoben zur Deckung des Aufwandes für die Herstellung, Anschaffung, Erweiterung und Erneuerung öffentlicher Einrichtungen, und zwar von denjenigen Grundstückseigentümern, denen die Möglichkeit der Inanspruchnahme dieser öffentlichen Einrichtungen nicht nur vorübergehende Vorteile bietet. Beiträge sind demnach **grundstücksbezogene** Finanzierungsbeteiligungen für öffentliche Einrichtungen.

Die Erhebung von Beiträgen kommt demnach typischerweise in Betracht für
- die erstmalige Herstellung von Straßen (Erschließungsbeitrag)
- den späteren Aus- und Umbau einschl. Erneuerung und Erweiterung von Straßen (Straßenbeitrag)
- die erstmalige Herstellung und die spätere Erneuerung und Erweiterung von Einrichtungen der Ortsentwässerung incl. Kläranlagen (Entwässerungsbeitrag).

Beiträge sind daneben auch denkbar für Einrichtungen der Wasser-, Strom-, Gas- und Fernwärmeversorgung. Da diese Einrichtungen aber überwiegend privatrechtlich betrieben werden (meist in der Rechtsform der GmbH oder der AG), finden sich diese Beitragsformen nur selten in der Praxis. Daher sollen sich die folgenden Darstellungen auf Beiträge für Straßen und Ortsentwässerungseinrichtungen beschränken.

---

14 Dies ist eine dem Beitrag immanente Eigenschaft, so wird z. B. der Rundfunkbeitrag erhoben, auch wenn gar kein Empfangsgerät bereitgehalten wird.

15 Das KAG räumt sowohl den Gemeinden als auch den Landkreisen das Recht zur Beitragserhebung ein. Allerdings hat das Beitragserhebungsrecht der Landkreise derzeit keinerlei praktische Bedeutung, sodass im Folgenden nur auf die Gemeinden abgestellt wird.

Bei der Bemessung der Beiträge bleibt i. d. R. ein bestimmter Betrag außer Ansatz, der den Vorteil der Allgemeinheit aus der Einrichtung abgelten soll.

Folgendes Beispiel soll noch einmal den Unterschied zur Gebühr illustrieren:
Die Gemeinde G stellt die Ortsentwässerungsanlagen (Kanalisation) in einem Neubaugebiet her. U ist Eigentümer eines Bauplatzes in diesem Neubaugebiet. Er hat nicht vor, in nächster Zeit das Grundstück zu bebauen. Trotzdem wird er rechtmäßig zum Entwässerungsbeitrag herangezogen, da durch die Kanalisation erst die Bebauungsmöglichkeit seines Grundstückes geschaffen wird, er hat also einen nicht nur vorübergehenden (dauerhaften) Vorteil durch die Maßnahme. Ob und wann er durch Bebauung diesen Vorteil realisiert, ist unerheblich. Solange er das Grundstück nicht bebaut, fällt aber kein Abwasser auf dem Grundstück an, das in die Kanalisation fließt. Das wird erst dann der Fall sein, wenn das Grundstück bebaut ist und durch die Nutzung Abwasser anfällt und eingeleitet wird. Hierfür ist ab dann die entsprechende Kanalgebühr zu entrichten.

Übersicht: Beitragsarten, Verwendung, Rechtsgrundlagen und Eigenanteil der Gemeinde

Beitragsart	Verwendung	Rechtsgrundlage	Eigenanteil Gemeinde
Erschließungsbeitrag	erstmalige Herstellung von Straßen	§§ 127 ff. BauGB Verpflichtung zur Erhebung	mind. 10 % (§ 129 Abs. 1 BauGB)
Straßenbeitrag	Umbau und Ausbau der öffentlichen Straßen, Wege und Plätze (Verkehrsanlagen), der über die laufende Unterhaltung und Instandsetzung hinausgeht	§ 11 KAG (einmaliger Beitrag, sog. „Klassischer" Straßenbeitrag) Kann-Vorschrift	je nach Verkehrsbedeutung, mind. 25 % bei Anliegerstraßen 50 % bei innerörtlichen Durchgangsstraßen 75 % bei überörtlichen Durchgangsstraßen (§ 11 Abs. 4 KAG)
		Alternativ: Wiederkehrende Beiträge nach § 11a KAG Kann-Vorschrift	Von der Gemeinde nach der Verkehrsbedeutung der Straßen im Abrechnungsgebiet festzulegen, mind. 25 %
Entwässerungs- oder Kanalbeitrag	erstmalige Herstellung, Erneuerung, Erweiterung von Einrichtungen der Ortsentwässerung einschl. Kläranlagen	§ 11 KAG Kann-Vorschrift	gemäß § 11 Abs. 4 KAG, danach ist ein Eigenanteil von „0" vertretbar.

Die Beiträge können erhoben werden nach tatsächlichen Kosten (Regelfall beim Erschließungs- und Straßenbeitrag) oder aufgrund von Einheitssätzen. Die Einheitssätze sind nach den Kosten festzusetzen, die in der Gemeinde üblicherweise durchschnittlich für vergleichbare Einrichtungen bzw. örtliche Bauobjekte aufgebracht werden müssen (§ 130 Abs. 1 BauGB, § 11 Abs. 2 KAG).

Zum beitragsfähigen Aufwand gehören die Kosten für den Erwerb der notwendigen Grundstücke einschl. des Wertes der von der Gemeinde aus ihrem Vermögen bereitgestellten Grundstücke im Zeitpunkt der Bereitstellung und die Kosten für die bauliche Herstellung der jeweiligen Einrichtung einschl. der Kosten für die vergebenen Planungs- und Ingenieurleistungen (§ 128 BauGB, § 11 Abs. 2 KAG).

Der Beitrag kann für einzelne Teile der Einrichtung (z. B. Fahrbahn, Gehweg, Straßenbeleuchtung) gesondert erhoben werden, dies nennt man Kostenspaltung (§§ 127 Abs. 3, 130 Abs. 2 BauGB, § 11 Abs. 3 KAG).

Beitragspflichtig ist derjenige, der zum Zeitpunkt der Bekanntgabe des Beitragsbescheides im Grundbuch verzeichneter Eigentümer des Grundstückes ist (§ 134 BauGB, § 11 Abs. 7 KAG). Ist das Grundstück mit einem Erbbaurecht belastet, so ist der Erbbauberechtigte an Stelle des Eigentümers beitragspflichtig. Bei Wohnungs- und Teileigentum sind die einzelnen Wohnungs- und Teileigentümer nur entsprechend ihrem Miteigentumsanteil beitragspflichtig.

Der Beitrag entsteht mit der endgültigen Herstellung der Anlage (§ 133 Abs. 2 BauGB) bzw. mit der Fertigstellung der Einrichtung (§ 11 Abs. 8 KAG). Mit Beginn der Herstellungsarbeiten können Vorausleistungen verlangt werden (§ 133 Abs. 3 BauGB, § 11 Abs. 10 KAG.

Anstelle des einmaligen Straßenbeitrages für einen Umbau oder Ausbau der das Grundstück unmittelbar erschließenden Verkehrsanlage nach § 11 KAG kann die Gemeinde auch einen sog. „Wiederkehrenden Straßenbeitrag“ gemäß § 11a KAG erheben. Nach Abs. 1 dieser Vorschrift können die Gemeinden durch Satzung bestimmen, dass anstelle der Erhebung einmaliger Beiträge die jährlichen Investitionsaufwendungen für den Umbau und Ausbau ihrer öffentlichen Verkehrsanlagen als wiederkehrende Beiträge auf die im Abrechnungsgebiet gelegenen Grundstücke verteilt werden; was als Abrechnungsgebiet anzusehen ist, regeln Abs. 2, 2a und 2b. Der wiederkehrende Beitrag wird für den besonderen Vorteil erhoben, der durch die Möglichkeit der Inanspruchnahme der im Abrechnungsgebiet gelegenen Verkehrsanlagen geboten wird; er darf ausschließlich für die in § 11 Abs. 1 Satz 1 KAG genannten Investitionsmaßnahmen verwendet werden.

Als „wiederkehrend“ wird diese Art der Beitragserhebung bezeichnet, da jedes Grundstück des jeweiligen Abrechnungsgebietes immer dann herangezogen wird, wenn eine Verkehrsanlage innerhalb des Gebietes um- oder ausgebaut wird. Der Beitrag pro Grundstück ist aufgrund des größeren Gebietes geringer, er kann aber auch aus diesem Grund häufiger (wiederkehrend) anfallen.

Abs. 2 bestimmt, dass die zu einem Abrechnungsgebiet zusammengefassten Verkehrsanlagen eine einheitliche kommunale Einrichtung bilden. Die Bildung eines solchen Abrechnungsgebietes setzt voraus, dass die in ihm zusammengefassten Verkehrsanlagen in einem räumlichen Zusammenhang stehen.

§ 11a KAG ist mit der Novelle vom 21.11.2012 in das Gesetz eingefügt worden. Es muss für weitergehende Darstellungen zunächst abgewartet werden, wie die Praxis und vor allem die Rechtsprechung diese Regelungen und ihre Anwendung aufgreifen. Es zeichnet sich aber ab, dass die Gemeinden, die einen Straßenbeitrag neu einführen, eher zum wiederkehrenden Beitrag tendieren.

Für den Bereich des KAG gilt, dass die Beitrags- und Vorausleistungspflichtigen berechtigt sind, die Beitragskalkulation und die Aufwandsermittlung einzusehen. § 29 des Hessischen Verwaltungsverfahrensgesetzes gilt entsprechend (§ 11 Abs. 9 KAG).

Der beitragsfähige Aufwand ist auf die erschlossenen Grundstücke zu verteilen. Verteilungsmaßstäbe sind dabei (das KAG versieht die Aufzählung mit dem Attribut „insbesondere“, was zumindest theoretisch auch andere Verteilungsmaßstäbe zulässt):

- die Art und das (zulässige oder das tatsächliche) Maß der baulichen oder sonstigen Nutzung des Grundstücks
- die Grundstücksflächen
- die Grundstücksbreiten (nur beim Erschließungsbeitrag)

Diese Maßstäbe können miteinander verbunden werden, § 131 Abs. 2 BauGB, § 11 Abs. 6 KAG.

Der Maßstab der Grundstücksbreite findet heute kaum noch Anwendung und ist als alleiniger Maßstab von der Rechtsprechung nicht akzeptiert. In der Praxis haben sich Kombinationen aus der Grundstücksfläche mit der Art und dem Maß der baulichen Nutzung durchgesetzt.

In nachstehendem Beispiel ist die Ermittlung eines Erschließungs- und eines Entwässerungsbeitrages dargestellt, dabei wurde von folgenden Annahmen ausgegangen:

Die Gemeinde G erstellt erstmals die Blumenstraße als Erschließungsanlage und stellt gleichzeitig die Ortsentwässerungsanlage für die von der Blumenstraße erschlossenen Grundstücke her. Beim Erschließungsbeitrag (EB) trägt sie 10 % des Aufwandes selbst und legt den Rest nach dem Geschossflächenmaßstab aufgrund der tatsächlichen Kosten um. Die Geschossfläche ist die Grundstücksfläche multipliziert mit der im Bebauungsplan festgesetzten Geschossflächenzahl (Verhältnis Grundstücksfläche zu Geschossfläche). Den Kanalbeitrag (KB) erhebt sie nach dem Summenmaßstab aus Grundstücks- und Geschossfläche, wobei sie für den qm Grundstücksfläche 4,00 € und für den qm Geschossfläche 3,00 € festgesetzt hat. Von der Blumenstraße werden 10 Grundstücke erschlossen, die alle eine Größe von 1.000 qm haben, für die aber der Bebauungsplan eine unterschiedliche Ausnutzung (Geschossflächenzahl, GFZ) festsetzt.

Beispiel einer Erschließungs- und Entwässerungsbeitragskalkulation					
Gesamtkosten der Erschließungsanlage (in €)					*120.000*
Eigenanteil Gemeinde (in %)					*10*
beitragsfähiger Aufwand (in €)					*108.000*
pro qm Geschossfläche (in €)					*13,50*
Kanalbeitrag	*pro qm Grundstücksfläche (in €)*				*4,00*
	pro qm Geschossfläche (in €)				*3,00*
Grundstücke	*Größe qm*	*GFZ lt. BPl.*	*Geschossfl.*	*EB*	*KB*
A	*1.000*	*0,5*	*500*	*6.750*	*5.500*
B	*1.000*	*0,5*	*500*	*6.750*	*5.500*
C	*1.000*	*0,5*	*500*	*6.750*	*5.500*
D	*1.000*	*0,5*	*500*	*6.750*	*5.500*
E	*1.000*	*0,8*	*800*	*10.800*	*6.400*
F	*1.000*	*0,8*	*800*	*10.800*	*6.400*
G	*1.000*	*0,8*	*800*	*10.800*	*6.400*
H	*1.000*	*1,2*	*1.200*	*16.200*	*7.600*
I	*1.000*	*1,2*	*1.200*	*16.200*	*7.600*
J	*1.000*	*1,2*	*1.200*	*16.200*	*7.600*
Summe			***8.000***	***108.000***	***64.000***

KAG und BauGB nennen weitere Abgaben, die beitragsähnlichen Charakter haben:

- die in § 12 KAG geregelten Kostenerstattungen für Grundstücksanschlüsse. Sie werden erhoben für den tatsächlichen Anschluss des Grundstückes (Hausanschluss) an die Entwässerungseinrichtung (Kanalleitung in der Straße).
- den in § 13 KAG genannten „Kurbeitrag" bzw. „Tourismusbeitrag". Gemeinden, denen die Bezeichnung „Bad" verliehen worden ist oder die als Kur-, Erholungs- oder Tourismusort anerkannt sind, können für die Schaffung, Erweiterung, Unterhaltung und Vermarktung der zu Kur-, Erholungs- und sonstigen Fremdenverkehrszwecken bereitgestellten Einrichtungen und für die zu diesen Zwecken durchgeführten Veranstaltungen einen Kur- oder Tourismusbeitrag erheben. Beitragspflichtig sind alle ortsfremden Personen, die sich nicht zur Ausübung ihres Berufes in der Gemeinde aufhalten und denen die Möglichkeit geboten wird, die Einrichtungen in Anspruch zu nehmen oder an den Veranstaltungen teilzunehmen.
- die in § 135a–135c BauGB geregelten Kostenerstattungsbeträge für Ausgleichsmaßnahmen im Rahmen des Bebauungsplanverfahrens für Eingriffe in Natur und Landschaft.

2.3.4 Die sonstigen öffentlich-rechtlichen Abgaben

Neben den Steuern, Gebühren und Beiträgen gibt es noch eine weitere Gruppe von Abgaben, die sog. Lenkungs- oder Sonderabgaben. Sie werden erhoben auf besondere Vorgänge oder Tatbestände, ihr Aufkommen wird zweckgebunden verwendet für Vorhaben, die im Zusammenhang mit den Gründen ihrer Erhebung stehen.

Typische Abgaben sind hierbei:
- die Schwerbehindertenabgabe (Ausgleichsabgabe nach § 77 SGB IX – Rehabilitation und Teilhabe behinderter Menschen), die von denjenigen Arbeitgebern erhoben wird, die nicht die lt. SGB IX geforderte Quote von schwerbehinderten Menschen beschäftigen; das Aufkommen wird zur Förderung der Eingliederung von Menschen mit Behinderung in das Arbeitsleben verwendet.
- die Abgabe nach dem Hessischen Gesetz über die Erhebung einer Fehlbelegungsabgabe in der öffentlichen Wohnraumförderung vom 30.11.2015 (Fehlbelegungsabgabe), sie trifft Mieter von Sozialmietwohnungen, die bestimmte Einkommensgrenzen überschreiten, ihr Aufkommen dient zur Förderung von Sozialmietwohnungen in Anwendung des Hessischen Wohnraumfördergesetzes.
- die Abwasserabgabe, sie trifft Einleiter von Abwasser in öffentliche Gewässer, die bestimmte Reinigungsgrade des Abwassers nicht erreichen, mit ihrem Aufkommen werden Maßnahmen zur Gewässerreinhaltung gefördert.
- die naturschutzrechtliche Ausgleichsabgabe, sie trifft alle, die Eingriffe in Natur und Landschaft vornehmen (Gemeinden im Bebauungsplanverfahren oder im Straßenbau, Bauherren) und keinen Ausgleich schaffen, mit ihrem Aufkommen werden naturschutzrechtliche Ausgleichsmaßnahmen gefördert.

– Kapitel 3 –

Inhaltsverzeichnis

3. Finanzverfassung, Aufgaben- und Lastenverteilung im föderativen System, Steuerverteilung und Finanzausgleich

3.1 Finanzverfassung

Der Begriff „Finanzverfassung" bezeichnet insgesamt die Bestimmungen des Grundgesetzes, die die verfassungsrechtlichen Fragen der öffentlichen Finanzwirtschaft regeln. Hierbei geht es insbesondere um folgende Fragen:

- Wer ist im Verhältnis Bund – Länder für die Gesetzgebung zuständig?
- Wer nimmt im Verhältnis Bund – Länder – Gemeinden die staatlichen Aufgaben wahr?
- Wer trägt die Kosten aus der Aufgabenwahrnehmung?
- Wer ist im Verhältnis Bund – Länder für den Erlass der Steuergesetze zuständig?
- Wer erhält im Verhältnis Bund – Länder – Gemeinden den Ertrag der Steuern?
- Wie werden Unterschiede in der Finanzkraft der Bundesländer (und im Weiteren innerhalb der Gemeinden eines Bundeslandes) ausgeglichen?

Nachdem in Kap. 1 dieses Lehrbuches die grundsätzliche Notwendigkeit einer öffentlichen Finanzwirtschaft erörtert wurde, soll nun dargestellt werden, welche Ebenen des Staates die damit im Zusammenhang stehenden Aufgaben erfüllen und die sich daraus ergebenden Lasten tragen.

3.2 Aufgaben- und Lastenverteilung im föderativen System

Unter einem föderativen Staatsaufbau versteht man die Gliederung des Staates in Länder mit eigenen staatlichen Befugnissen und einer darüber angeordneten gesamtstaatlichen Ebene. Dies ergibt sich für die Bundesrepublik Deutschland aus Art. 20 Abs. 1 GG (Bundesstaatsprinzip). Aus dem föderativen Staatsaufbau ergibt sich die Notwendigkeit, Kompetenzregelungen zwischen Bund und Ländern sowie Regelungen über die Lastenverteilung zu schaffen.

3.2.1 Gesetzgebungskompetenz[1]

Da die Bereitstellung öffentlicher Güter und die dazu notwendigen Handlungen regelmäßig durch Gesetze geregelt werden, ist zunächst zu klären, welche Gesetzgebungsbefugnisse für den Bund und die Länder bestehen. Unterschieden wird hierbei die ausschließliche und die konkurrierende Gesetzgebung (Art. 70 Abs. 2 GG). Weiterhin besteht die Vermutung der Gesetzgebungskompetenz zugunsten der Länder, soweit

1 Die folgende Darstellung dient lediglich einer ersten Näherung an das Thema aus finanzwirtschaftlicher Sicht. Die Thematik bleibt ansonsten der staats- und verfassungsrechtlichen Lehre und der entsprechenden Literatur vorbehalten.

das Grundgesetz keine Regelung zugunsten des Bundes trifft (Art. 70 Abs. 1 GG). Der Begriff der ausschließlichen Gesetzgebung (des Bundes) ist in Art. 71 GG und der Katalog der hierunter fallenden Angelegenheiten ist in Art. 73 GG geregelt. Der Begriff der konkurrierenden Gesetzgebung ist in Art. 72 GG und der Katalog der hierunter fallenden Angelegenheiten ist in Art. 74 GG geregelt.

3.2.2 Ausführungskompetenz

Bezüglich der Ausführung der Gesetze, also der Wahrnehmung der Befugnisse im Zusammenhang mit der Bereitstellung öffentlicher Güter, trifft das Grundgesetz ebenfalls eindeutige Regelungen. Zunächst bestimmt Artikel 30 GG, dass die Ausübung der staatlichen Befugnisse und die Erfüllung der staatlichen Aufgaben Sache der Länder ist, soweit das Grundgesetz keine andere Regelung trifft oder zulässt. Konkretisiert wird diese Regelung in der Vorschrift des Art. 83 GG, wonach die Länder die Bundesgesetze als eigene Angelegenheiten ausführen, soweit das Grundgesetz nichts anderes bestimmt oder zulässt. Die weiteren Regelungen über die landeseigene Verwaltung, die Auftragsverwaltung und die bundeseigene Verwaltung treffen Art. 84–91 GG.

3.2.3 Lastenverteilung

Abschließend ist zu klären, wer die Lasten aus der jeweiligen Aufgabenerfüllung trägt. Hierzu trifft Art. 104a Abs. 1 GG zunächst die grundsätzliche Regelung, dass der Bund die Ausgaben für die bundeseigene Verwaltung trägt und die Länder die Ausgaben für die landeseigene Verwaltung tragen.

Im Falle der Bundesauftragsverwaltung (Art. 85, 87b, 87c, 87d, 90 Abs. 3, 108 Abs. 3 und 120a GG) bestimmt Art. 104a Abs. 2 und 5 GG, dass der Bund die jeweiligen Zweckausgaben trägt und die Länder die jeweiligen Verwaltungsausgaben (Personal- und Sachkosten) tragen.

Beispiel:
Gem. Art. 90 Abs. 3 GG wird die Verwaltung der sonstigen Bundesstraßen des Fernverkehrs von den Ländern im Auftrage des Bundes vorgenommen. Wird nun z. B. die Ortsumgehung einer Bundesstraße gebaut, trägt der Bund die Kosten für den eigentlichen Bau und das Land die Kosten für die Behörde, die den Bau durchführt.

Verschiedene Bundesgesetze, die Geldleistungen gewähren und von den Ländern ausgeführt werden, bestimmen gem. Art. 104a Abs. 3 GG die Verteilung der Kosten der Geldleistungen zwischen Bund und Ländern. Daneben kommt die Beteiligung des Bundes an besonders bedeutsamen Investitionen der Länder und der Gemeinden/GV[2] durch die Gewährung von Finanzhilfen gem. Art. 104b GG in Betracht.

Bei zwei Aufgabenbereichen der Länder, den sog. Gemeinschaftsaufgaben, das sind

- die Verbesserung der regionalen Wirtschaftsstruktur
- die Verbesserung der Agrarstruktur und des Küstenschutzes

wirkt der Bund u. a. dadurch mit, dass er einen Anteil der Kosten trägt. Dies ergibt sich aus Art. 91a GG.

Mit den Bestimmungen in Art. 104a und 104b sowie 91a ff. GG und den hierzu ergangenen Gesetzen bzw. geschlossenen Vereinbarungen ist eine eindeutige Regelung der aus der Aufgabenerfüllung resultierenden Lasten getroffen.[3]

Die Aufgabenzuweisung der kommunalen Ebene (Gemeinden, GV) wird in Art. 28 Abs. 2 GG getroffen. Sie umfasst alle Angelegenheiten der örtlichen Gemeinschaft. Art. 28 Abs. 2 GG enthält demnach die sog. Selbstverwaltungsgarantie, die auch die finanzielle Eigenverantwortung einschließt. Daraus folgt, dass die Gemeinden und GV auch die Lasten der Selbstverwaltungsaufgaben tragen.

3.3 Steuerverteilung

Die Steuern dienen zur Finanzierung der Aufgaben der einzelnen Träger der öffentlichen Finanzwirtschaft[4]. Daher müssen die Steuern auch den einzelnen Trägern, insbesondere auch den einzelnen Ebenen des Staatsaufbaus (Bund, Länder, Gemeinden/GV) zur Verfügung stehen, also auf diese verteilt werden.

---

2 Unter Gemeindeverbänden (GV) werden hier und im Folgenden insbesondere die Landkreise verstanden.

3 *Bundesministerium der Finanzen*, Bund-Länder-Finanzbeziehungen auf der Grundlage der Finanzverfassung 2021, online.

4 Die Behandlung der Steuern als wichtigste Einnahmequelle der öffentlichen Hand und die Darstellung einzelner Steuerarten erfolgt in Kap. 2 dieses Lehrbuches. Soweit zum Verständnis des Folgenden erforderlich, sollten zunächst diese Ausführungen gelesen werden.

3.3.1 Grundzüge der Steuerverteilung

Bei der Steuerverteilung auf die staatlichen Ebenen unterscheidet man grundsätzlich zwischen dem Trennsystem und dem Verbundsystem. Beim Trennsystem wird eine Steuerquelle einer Ebene zugeordnet, beim Verbundsystem wird eine Steuerquelle mehreren Ebenen zugeordnet. Nachstehende Tabelle enthält beispielhaft einige Steuern in der Verteilung nach dem Trennsystem:

Bund (Art. 106 Abs. 1 GG)	**Länder (Art. 106 Abs. 2 GG)**	**Gemeinden/GV (Art. 106 Abs. 6 GG)**
Zölle	Erbschaftsteuer	Grundsteuer
Energiesteuer	Biersteuer	Gewerbesteuer nach Maßgabe des Art. 106 Abs. 6 Satz 4 GG[5]
Tabaksteuer	Grunderwerbsteuer	
Versicherungsteuer		örtliche Aufwand- und Verbrauchsteuern
Kraftfahrzeugsteuer		

Drei Steuerarten, nämlich die ertragreichsten, werden gemäß Art. 106 Abs. 3 GG nach dem Verbundsystem entsprechend nachstehender Übersicht auf Bund und Länder bzw. Bund, Länder und Gemeinden verteilt:

Steuerart	**Rechtsgrundlage**	**Gemeindeanteil**	**Bund**	**Länder**
Umsatzsteuer (ab 2020)	Art. 106 Abs. 3 und 5a GG, § 1 FAG	2,0 % (rd.)	52,8 % (rd.)	45,2 % (rd.)
		zu-/abzüglich der in § 1 Abs. 2 und 5 FAG 2020 genannten Beträge		
Einkommensteuer Kapitalertragsteuer[6]	Art. 106 Abs. 3 u. 5 GG §§ 1–5 GemFinRefG	15,0 % 12,0 %	50,0 % * 50,0 % *	50,0 % * 50,0 % *
Körperschaftsteuer	Art. 106 Abs. 3 GG		50,0 %	50,0 %

* nach Abzug des Gemeindeanteils

3.3.2 Die Steuern und Steueranteile der Gemeinden

Gemäß Artikel 106 Abs. 6 GG steht den Gemeinden das Aufkommen der Grundsteuer und der Gewerbesteuer zu. Das Aufkommen der örtlichen Verbrauch- und Aufwandsteuern (z. B. Hundesteuer, Spielapparatesteuer, Zweitwohnungsteuer) steht den Ge-

5 Die Gewerbesteuer nimmt eine Art Zwitterstellung zwischen dem Trennsystem und dem Verbundsystem ein. Zum einen steht ihr Aufkommen als Realsteuer zunächst den Gemeinden zu, zum anderen können Bund und Land über Umlagen an ihrem Aufkommen beteiligt werden.

6 Die Kapitalertragsteuer (ab 2009 als Abgeltungsteuer gestaltet) ist eine Erhebungsform der Einkommensteuer bzw. der Körperschaftsteuer und wird auf Kapitalerträge wie Zinsen u. Ä. unmittelbar bei der Auszahlung einbehalten. Da die Gemeinden nicht an der Körperschaftsteuer beteiligt sind, beträgt der Anteil hier nur 12 %, da etwa 20 % des Aufkommens der Kapitalertragsteuer auf den Bereich der Körperschaftsteuerpflichtigen entfallen.

meinden oder nach Maßgabe der Landesgesetzgebung den Gemeindeverbänden zu, letzteres betrifft in Hessen die in § 8 Abs. 1 KAG genannten Steuern Jagdsteuer und Fischereisteuer. Die Gemeinden erhalten zudem Anteile an der Einkommensteuer und der Umsatzsteuer.

3.3.2.1 Gewerbesteuerumlage und Heimatumlage

Das Aufkommen der Gewerbesteuer steht zwar den Gemeinden zu, das ihnen auch zunächst in voller Höhe zufließt, Bund und Länder können aber gemäß Art. 106 Abs. 6 GG durch eine Umlage an dem Aufkommen der Gewerbesteuer beteiligt werden. Die Gewerbesteuerumlage wird seit 1970 als Ausgleich für die Beteiligung der Gemeinden am Aufkommen der Einkommensteuer (s. u.) erhoben. Das Nähere über die Umlage bestimmt ein Bundesgesetz, das Gemeindefinanzreformgesetz (GemFinRefG). Mit diesem Gesetz wird nicht nur die Gewerbesteuerumlage geregelt, sondern auch der Anteil der Gemeinden an der Einkommen- und an der Umsatzsteuer.

Für die Gewerbesteuerumlage gibt es keinen festen Prozentsatz vom Aufkommen, ihre relative Höhe ist vielmehr von Gemeinde zu Gemeinde je nach Hebesatz unterschiedlich. Es findet also keine Abführung bezogen auf das Aufkommen, sondern bezogen auf die Ertragskraft, ausgedrückt durch Aufkommen dividiert durch Hebesatz, statt.

Zur Ermittlung der von einer Gemeinde zu zahlenden Gewerbesteuerumlage wird daher das Ist-Aufkommen (d. h. die tatsächlich vereinnahmten Beträge) im Erhebungsjahr zunächst durch den von der Gemeinde für dieses Jahr festgesetzten Hebesatz der Gewerbesteuer geteilt. Das Ergebnis dieser Division wird mit dem Vervielfältiger gem. § 6 Abs. 3 GemFinRefG multipliziert. Dieser Vervielfältiger setzt sich zusammen aus einem Bundes- und einem Landesvervielfältiger.

Der Bundesvervielfältiger beträgt seit 2010) 14,5 %, der Landesvervielfältiger betrug in Hessen ab 2010 49,5 % und beträgt ab 2020 20,5 %. Der Landesvervielfältiger wurde bis 2018 um eine Erhöhungszahl, die durch Rechtsverordnung festgesetzt wurde, nochmals angehoben. Diese Erhöhungszahl betrug für 2018 4,3 %. Sie diente der Beteiligung der Gemeinden an der Finanzierung des „Fonds Deutsche Einheit“.

Berechnungsbeispiel:
Die Gemeinde G hat 2020 bei einem Hebesatz von 350 % ein Gewerbesteueraufkommen von 3.500.000 €. Daraus ermittelt sich folgende Gewerbesteuerumlage:
3.500.000 € : 350 % = 1.000.000 €
Vervielfältiger: 14,5 % Bund + 20,5 % Land = 35,0 %
1.000.000 € × 35,0 % = 350.000 €
Davon erhalten der Bund 145.000 € und das Land 205.000 €.

Bei einem Hebesatz von 350 % beträgt die Gewerbesteuerumlage also genau 10 % des Ist-Aufkommens. Bei 300 % wären es rd. 11,7 %, bei 400 % rd. 8,8 %. Die Höhe des

Hebesatzes bestimmt also die relative (prozentuale) Höhe der Gewerbesteuerumlage am Gewerbesteueraufkommen.

Die Absenkung des Landesvervielfältigers um 29 Punkte auf 20,5 Punkte ab dem Jahr 2020 hat das Land Hessen zum Anlass genommen, die dadurch entstehende Entlastung der Gemeinden zu 75 % durch die sog. „Heimatumlage" abzuschöpfen und das Aufkommen daraus nach bestimmten Maßstäben über den Kommunalen Finanzausgleich (siehe Ziff. 3.4.2) an die Kommunen zurück zu verteilen (Gesetz über die Heimatumlage – HeimatUmlG – vom 31. Oktober 2019, GVBl. 2019 S. 314). Es handelt sich damit faktisch um eine landesgesetzlich geregelte Gewerbesteuerumlage, für die ein Vervielfältiger von 21,75 % gilt (75 % der Absenkung um 29 Punkte). Insgesamt beträgt der Vervielfältiger aus Gewerbesteuerumlage und Heimatumlage damit 56,75 % ab dem Jahr 2020.

Nach obigem Berechnungsbeispiel würde sich zusätzlich zur Gewerbesteuerumlage eine Heimatumlage von 217.500 € ergeben und eine Summe aus beiden Umlagen von 567.500 €, das entspricht bei einem Gewerbesteuer-Hebesatz von 350 % rd. 16,2 % des Aufkommens (bei 300 % rd. 18,9 %, bei 400 % rd. 14,2 %).

3.3.2.2 Gemeindeanteil an der Einkommensteuer

Die Gemeinden erhalten einen Anteil an der Einkommensteuer, der sich aus 15 % des Aufkommens an Lohn- und veranlagter Einkommensteuer und 12 % des Aufkommens aus der Kapitalertragsteuer (siehe auch Fußnote oben) zusammensetzt (§ 1 GemFinRefG).

Der Gemeindeanteil an der Einkommensteuer wurde 1970 als Ergebnis einer Gemeindefinanzreform eingeführt, diese Reform war eine Reaktion auf die finanzwirtschaftliche Situation der Gemeinden im Laufe der 60er Jahre des letzten Jahrhunderts. Kennzeichnend hierfür war ein rückläufiger Anteil am Steueraufkommen bei gleichzeitigem Anstieg der Aufgabenbelastung. Zudem hatte die Gewerbesteuer im kommunalen Steuersystem ein deutliches Übergewicht erhalten. Vor der Steuerreform betrug ihr Anteil fast 80 % an den kommunalen Steuereinnahmen, was eine ungesunde Abhängigkeit von dieser konjunkturanfälligen Steuer bedeutete. Das Ergebnis der Reform war eine Beteiligung der Gemeinden an der Einkommensteuer bei gleichzeitiger Abführung eines Teils des Gewerbesteueraufkommens durch eine Gewerbesteuerumlage.[7]

Der Gemeindeanteil an der Einkommensteuer wird für jedes Land ermittelt aus den in diesem Land vereinnahmten Beträgen dieser Steuern unter Berücksichtigung der Zerlegung nach dem Wohnsitzprinzip, d. h. wenn Wohnsitz und Arbeitsstätte in verschiedenen Bundesländern liegen, stellt die Zerlegung sicher, dass die im Arbeitsstätten-Bundesland vereinnahmten Steuern dem Wohnsitz-Bundesland zugewiesen werden.

Der Gemeindeanteil eines Bundeslandes wird auf die Gemeinden nach einem bestimmten Schlüssel verteilt (§§ 2 und 3 GemFinRefG). Dieser Schlüssel ist Ausdruck

7 *Bundesministerium der Finanzen*, Der Gemeindeanteil an der Einkommensteuer in der Gemeindefinanzreform, online.

des Verhältnisses der Einkommensteuerbeträge aller Gemeinden eines Bundeslandes zueinander. Er wird alle drei Jahre aufgrund der Einkommensteuerstatistik für jede Gemeinde neu festgesetzt.

Für jede Gemeinde wird also als Grundlage für die Aufkommensverteilung ermittelt, wie hoch die Lohn- und Einkommensteuerleistung ihrer Einwohner ist, um daraus die Schlüsselzahl zu errechnen. Dabei wird eine Ausgleichsfunktion verwendet, durch die Gemeinden mit überdurchschnittlich hohem Steueraufkommen eine geringere Schlüsselzahl erhalten als ihnen rein rechnerisch nach ihrem Aufkommen zustehen würde, die anderen Gemeinden erhalten folglich eine entsprechend höhere Schlüsselzahl.

Die Ausgleichsfunktion wird dadurch erreicht, dass die einzelnen Steuerbeträge nur bis zur Höhe eines bestimmten zu versteuernden Einkommens (sog. Sockelbeträge) ermittelt werden. Diese Sockelbeträge belaufen sich ab 2012 auf 35.000 € bei Ledigen bzw. 70.000 € bei Verheirateten. Zu versteuernde Einkommen oberhalb dieser Beträge werden also bei der Berechnung der Schlüsselzahl nicht berücksichtigt. Die Höhe der Sockelbeträge ist demnach eine entscheidende Größe bei der Ermittlung der Schlüsselzahl und damit des auf die Gemeinde entfallenden Einkommensteueranteils.

Die Sockelbeträge werden üblicherweise alle drei Jahre zusammen mit der Neufestsetzung der Schlüsselzahlen überprüft und ggf. neu festgesetzt. Dabei sind die Interessenlagen der Gemeinden durchaus unterschiedlich: Gemeinden mit einer hohen Zahl von Beziehern zu versteuernder Einkommen über dem seitherigen Sockelbetrag werden naturgemäß ihr Interesse an einer Anhebung der Sockelbeträge artikulieren, andere Gemeinden entsprechend für eine Beibehaltung votieren.

Die Schlüsselzahl der Stadt Frankfurt am Main beträgt derzeit[8] 0,1307573. D. h. die Stadt Frankfurt am Main erhält rd. 13,1 % des Gemeindeanteils an der Einkommensteuer in Hessen. Die Stadt Königstein im Taunus (rd. 16.700 Einwohner) hat eine Schlüsselzahl von 0,0039612, eine nur wenig kleinere Stadt in Nordost-Hessen eine solche von 0,0018338, sie ist dort also trotz Ausgleichsfunktion nur knapp halb so hoch. Die Ausgleichswirkung der Sockelbeträge zeigt sich aber deutlich, wenn man die Zahlen betrachtet, die sich ergeben würden, wenn keine Sockelbeträge berücksichtigt werden, also nach vollem Aufkommen verteilt wird: Dann würde die Stadt Königstein rd. 150 % mehr Anteil an der Einkommensteuer erhalten (Schlüsselzahl 0,0105570), während der Anteil der Stadt in Nordost-Hessen um rd. 20 % sinken würde (Schlüsselzahl 0,0014227).[9]

3.3.2.3 Gemeindeanteil an der Umsatzsteuer

Die Gemeinden erhalten ab 1998 als Ausgleich für den Wegfall der Gewerbekapitalsteuer eine Beteiligung an der Umsatzsteuer. Diese betrug bis einschließlich 2019 2,2 % des Aufkommens nach Vorwegentnahme des Bundes (§ 1 FAG[10]). Ab 2020 gelten auf-

---

8 Für die Jahre 2021 bis 2023.

9 Lt. von den Autoren eingeholter Auskunft des Hessischen Statistischen Landesamtes.

10 Gesetz über den Finanzausgleich zwischen Bund und Ländern (Finanzausgleichsgesetz – FAG).

grund der Neuordnung des Länderfinanzausgleichs die in der Tabelle oben genannten Werte.

Für jede Gemeinde eines Bundeslandes wird eine Schlüsselzahl festgesetzt, nach der der auf das Bundesland entfallende Gemeindeanteil an der Umsatzsteuer auf die Gemeinden dieses Bundeslandes verteilt wird. Die Vorschriften zur Ermittlung der Schlüsselzahl enthalten die §§ 5a–5e GemFinRefG.

3.4 Der Finanzausgleich

Der Begriff „Finanzausgleich" beinhaltet die Aufteilung der öffentlichen Aufgaben und der zu ihrer Finanzierung notwendigen Einnahmen auf die Gebietskörperschaften eines Staatsverbandes.

Ein Finanzausgleich ist also dann erforderlich, wenn ein Staat aus mehreren Ebenen (Bund, Land, kommunale Ebene) besteht, diese Ebenen in Teilebenen (mehrere Bundesländer, innerhalb der Bundesländer jeweils mehrere Gemeinden) gegliedert sind und den Ebenen unterschiedliche Aufgaben sowie eigene Steuerquellen zugewiesen sind.

Diese Beschreibung ist typisch für den Staatsaufbau der Bundesrepublik, so dass das Grundgesetz folgerichtig auch Regelungen über einen Finanzausgleich vorsieht.

Bei der Betrachtung des Begriffes „Finanzausgleich" wird im Weiteren von folgender Unterteilung[11] ausgegangen:

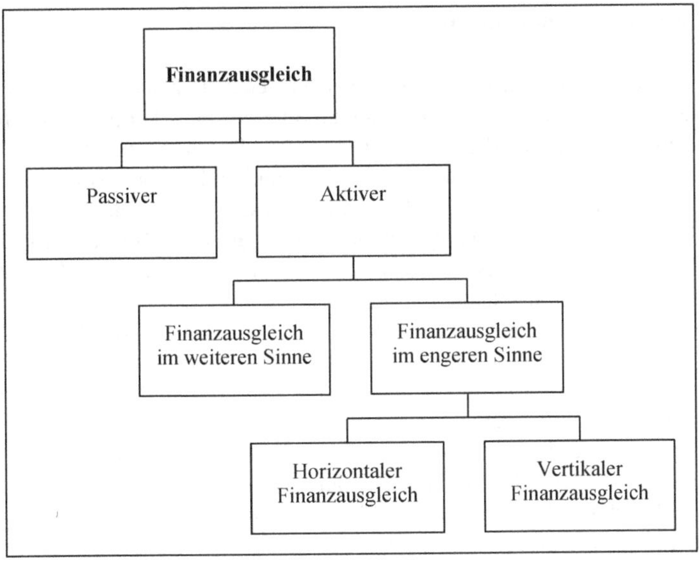

11 Gelegentlich werden andere bzw. differenziertere Begriffe als die nachstehenden verwendet. Das liegt auch an der Vielzahl von Systemen, die von der Finanzwissenschaft zur Gestaltung eines Finanzausgleichssystems entwickelt wurden, um eine möglichst gerechte Verteilung des Steueraufkommens anzustreben.

Der passive Finanzausgleich umfasst alle Regelungen, die der Verteilung der Aufgaben und der hieraus resultierenden Lasten auf die einzelnen Ebenen eines Staates dienen.

Der aktive Finanzausgleich im weiteren Sinne befasst sich mit den Regelungen, die der Verteilung der Einnahmequellen, insbesondere der Steuern, auf die einzelnen Ebenen des Staates dienen. Diese Thematik wurde in der vorhergehenden Ziffer behandelt. Der aktive Finanzausgleich im engeren Sinne hat den Ausgleich von Unterschieden zum Gegenstand, die sich aus der Steuerverteilung auf die einzelnen Teile (Länder, Gemeinden/GV) der jeweiligen Ebene ergeben. Diese Unterschiede ergeben sich daraus, dass diese Verteilung nicht nach einem bundesdurchschnittlichen Pro-Kopf-Maßstab für die jeweilige Steuerart erfolgt, sondern regelmäßig nach dem Aufkommen im Bundesland (Art. 107 Abs. 1 GG).

Jedes Bundesland erhält also das Steueraufkommen, das in seinem Gebiet entstanden ist (Prinzip des örtlichen Aufkommens), dabei sind teilweise große Unterschiede festzustellen. Der Ausgleich dieser Unterschiede ist erforderlich, um dem bundesstaatlichen Prinzip der Gleichwertigkeit der Lebensverhältnisse Rechnung zu tragen (Art. 72 Abs. 2 GG). Dabei ist jedoch darauf zu achten, dass Unterschiede im Steueraufkommen nicht völlig nivelliert werden, sondern nach Durchführung des Finanzausgleichs lediglich gemindert sind, um den Anreiz zur eigenen Aufkommenserzielung zu erhalten.

Grundsätzlich kann man zwei Typen des aktiven Finanzausgleichs im engeren Sinne unterscheiden, den horizontalen und den vertikalen Finanzausgleich.

3.4.1 Länder-Finanzausgleich

Horizontal bedeutet, dass Finanzausgleichsbeziehungen zwischen den Teilen einer Ebene unmittelbar stattfinden. Dies war ein Hauptmerkmal des bis 2019 praktizierten Finanzausgleichs zwischen den Bundesländern, dessen Grundlagen in Art. 107 Abs. 2 GG und dem Gesetz über den Finanzausgleich zwischen Bund und Ländern (Finanzausgleichsgesetz – FAG), jeweils in der bis 2019 geltenden Fassung, geregelt waren.

Der Ausgleich unterschiedlicher Finanzausstattung der Bundesländer (Länder-Finanzausgleich) vollzog sich nach diesen Regelungen insgesamt in drei Schritten:

1. Umsatzsteuervorwegausgleich
   Bis zu einem Viertel des Länderanteils an der Umsatzsteuer wurde zugunsten der Länder mit unterdurchschnittlichem Steueraufkommen umgeschichtet, damit wurden die Steuereinnahmen auf mind. 92 % des Bundesdurchschnittes gehoben. Der Rest (¾) wurde nach Einwohnerzahl auf die Bundesländer verteilt.
2. eigentlicher Länderfinanzausgleich (horizontaler Finanzausgleich)
   Die finanzschwächeren Bundesländer erhielten Finanzzuweisungen von den finanzstärkeren Bundesländern, in 2019[12] im Volumen von rd. 11,161 Mrd. €. Finanzstärkere Bundesländer („Geberländer“) waren 2019:

12 *Bundesministerium der Finanzen*, Vorläufige Abrechnung des Länderfinanzausgleichs für das Jahr 2019, online.

Bayern	6,70 Mrd. €	512 € pro Ew.
Baden-Württemberg	2,44 Mrd. €	220 € pro Ew.
Hessen	1,90 Mrd. €	304 € pro Ew.
Hamburg	0,12 Mrd. €	65 € pro Ew.

Alle anderen Bundesländer waren „Nehmerländer", allen voran Berlin mit 4,33 Mrd. € insgesamt und 1.186 € pro Ew.

Die Berechnung erfolgte durch Gegenüberstellung einer Finanzkraftmesszahl (eigenes Steueraufkommen pro Ew.) und einer Ausgleichsmesszahl (durchschnittliches Steueraufkommen aller Länder pro Ew.). Der jeweilige Ausgleichsbetrag wurde über eine teilweise progressiv wirkende Formel ermittelt, d. h. weiter vom Durchschnitt entfernte Werte wurden stärker ausgleichend berücksichtigt als näher am Durchschnitt liegende.

3. Bundesergänzungszuweisungen (vertikaler Finanzausgleich)
   Der Bund gewährte aus seinem Haushalt Zuweisungen an die Länder, die nach Schritt 2 nicht mindestens 99,5 % der durchschnittlichen Finanzkraft aufwiesen, in Höhe von rd. ¾ der Differenz (allgemeine Bundesergänzungszuweisungen).
   Daneben gab es weitere Bundesergänzungszuweisungen, sog. Sonderbedarfs-Bundesergänzungszuweisungen.

Ab dem Jahr 2020 gilt eine Neuregelung des Länderfinanzausgleichs, durch die das bisherige (horizontale) System weitestgehend abgeschafft und durch ein vertikal orientiertes System ersetzt wurde. Das entsprechende Gesetzgebungsverfahren einschließlich der notwendigen Änderung des Grundgesetzes wurde im Juni 2017 abgeschlossen. Vertikal bedeutet, dass sich die Ausgleichsbeziehungen nicht auf der gleichen Ebene, hier also zwischen den Ländern, sondern von oben nach unten, also zwischen Bund und Ländern, abspielen.

Diese Neuordnung sieht vor, dass der Länderanteil am Umsatzsteueraufkommen grundsätzlich nach Einwohnerzahl auf die Bundesländer verteilt wird. Der jeweilige Betrag wird mit einem finanzkraftorientierten Zu- oder Abschlag versehen. Zuschläge werden den Ländern gewährt, deren Finanzkraftmesszahl im Ausgleichsjahr ihre Ausgleichsmesszahl nicht erreicht.[13] Abschläge werden von den Ländern erhoben, deren Finanzkraftmesszahl im Ausgleichsjahr ihre Ausgleichsmesszahl übersteigt. Der Zu- bzw. Abschlagsbetrag beläuft sich jeweils auf 63 % der Differenz von Finanzkraftmesszahl und Ausgleichsmesszahl. Der bisherige Umsatzsteuervorwegausgleich und der auf Ausgleichszuweisungen und Ausgleichsbeiträgen basierende Finanzausgleich unter den Ländern entfällt damit.

Für das Jahr 2022 ergibt sich daraus folgende Übersicht der Zu- und Abschlagsbeträge:[14]

---

13 Die Finanzkraftmesszahl bildet das tatsächliche Steueraufkommen eines Bundeslandes einschl. seiner Gemeinden ab. Die Ausgleichsmesszahl bildet, vereinfacht ausgedrückt, den Betrag ab, der sich für das jeweilige Bundesland ergeben würde, wenn das gesamte Steueraufkommen nach einem bundeseinheitlichen, durchschnittlichen Pro-Kopf-Betrag verteilt würde.

14 Entnommen aus: *Bundesministerium der Finanzen*, Vorläufige Abrechnung des bundesstaatlichen Finanzausgleichs für das Jahr 2022, online.

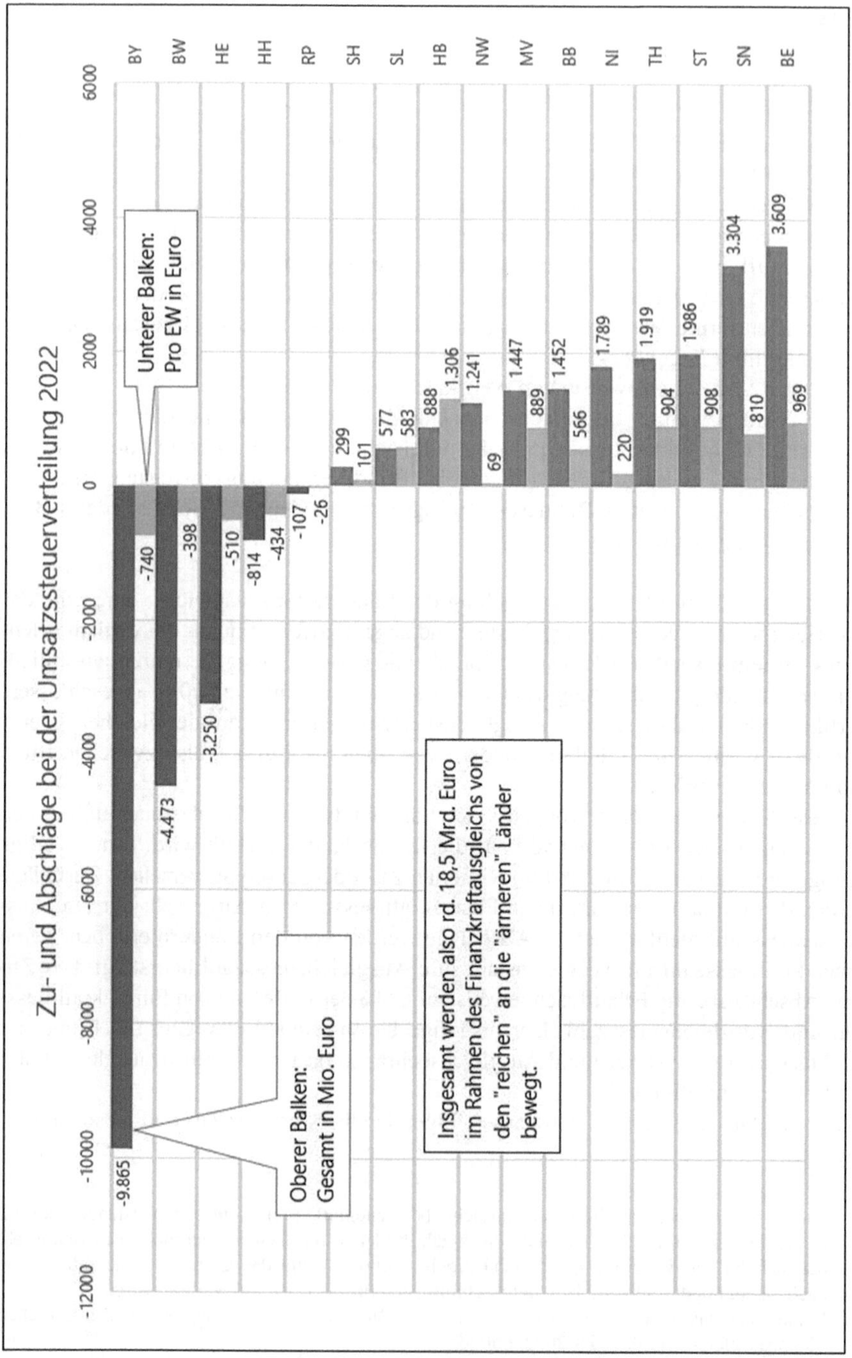
Zu- und Abschläge bei der Umsatzssteuerverteilung 2022
Unterer Balken: Pro EW in Euro
Oberer Balken: Gesamt in Mio. Euro
Insgesamt werden also rd. 18,5 Mrd. Euro im Rahmen des Finanzkraftausgleichs von den "reichen" an die "ärmeren" Länder bewegt.
BY
BW
HE
HH
RP
SH
SL
HB
NW
MV
BB
NI
TH
ST
SN
BE
-12000
-10000
-8000
-6000
-4000
-2000
0
2000
4000
6000
-9.865
-740
-4.473
-398
-3.250
-510
-814
-434
-107
-26
299
101
577
583
888
1.306
1.241
69
1.447
889
1.452
566
1.789
220
1.919
904
1.986
908
3.304
810
3.609
969

Nachstehende Tabelle soll den Rechenweg im Vergleich der Länder Hessen und Thüringen noch einmal verdeutlichen:[15]

		Hessen	Thüringen
	in Mrd. Euro		
Gesamtaufkommen der Umsatzsteuer in 2022	284,9		
Länderanteil nach § 2 Abs. 1, 2 und 5 L-FAG	144		
Landesanteil daran nach Pro-Kopf-Verteilung[1]		10,9	3,6
Steuereinnahmen gesamt Länder und 75 % Gemeinden	456,5		
Steuereinnahmen Land + 75 % Gemeinden		38,9	8,2
Ausgleichsmesszahl Land + 75 % Gemeinden[2]		33,7	11,2
Unterschied		5,2	–3
davon 63 % Zu-Abschlag(-)		–3,3	1,9
Umsatzsteueranteil nach Abschlag		7,6	5,5
[1] Gesamteinwohnerzahl	84.079.811		
Landeseinwohnerzahl		6.371.340	2.122.369
[2] Rechnerische Pro-Kopf-Verteilung nach gewichteter Einwohnerzahl gem. § 9 FAG			

Die bisherigen Bundesergänzungszuweisungen bleiben mit Modifizierungen im Wesentlichen bestehen. So wird die Ausgleichsobergrenze der allgemeinen Bundesergänzungszuweisung von 99,5 % auf 99,75 % der nach Finanzkraftausgleich ermittelten durchschnittlichen Finanzkraft heraufgesetzt. Die Differenz, also die Finanzkraftlücke, wird nunmehr zu 80 % ausgeglichen.

Neu eingeführt werden ab 2020 jährliche Zuweisungen für Länder mit besonders steuerschwachen Kommunen (Bundesergänzungszuweisungen zum Ausgleich besonders geringer kommunaler Steuerkraft, § 11 Abs. 5 FAG).

3.4.2 Kommunaler Finanzausgleich

Der kommunale Finanzausgleich (KFA) ist in Hessen (und im Wesentlichen auch in den anderen Bundesländern) als vertikaler Finanzausgleich ausgestaltet. Der KFA soll

15 Siehe vorhergehende Fußnote.

das unterschiedliche Steueraufkommen der Gemeinden/GV innerhalb eines Bundeslandes (teilweise) ausgleichen und nach dem aktuellen hessischen Recht eine von der Finanzlage des Landes unabhängige finanzielle Mindestausstattung der Gemeinden/GV sicherstellen. Im Gegensatz zum horizontalen Finanzausgleich finden beim vertikalen Finanzausgleich keine Finanzausgleichsbeziehungen auf gleicher Ebene statt. Diese Beziehungen bestehen vielmehr in Form von Zuweisungen und Umlagen von und an übergeordnete/n Ebenen.

Die Gemeinden/GV erhalten vom Land Finanzzuweisungen, deren Höhe sich nach der Finanzkraft der jeweiligen Gemeinde richtet. Die Gemeinden/GV leisten Umlagen an übergeordnete Gemeindeverbände (z. B. Kreis, Landeswohlfahrtsverband). Die Ausgleichswirkung entsteht dadurch, dass finanzstärkere Gemeinden/GV entsprechend geringere Zuweisungen erhalten und höhere Umlagen zahlen, finanzschwächere Gemeinden/GV entsprechend höhere Zuweisungen erhalten und geringere Umlagen zahlen, jeweils pro Einwohner.

Diese Zuweisungen sind dem Grunde nach bereits im Grundgesetz geregelt. Art. 106 Abs. 7 GG bestimmt, dass den Gemeinden/GV vom Länderanteil an den Gemeinschaftssteuern (Einkommensteuer, Körperschaftsteuer und Umsatzsteuer) ein von der Landesgesetzgebung zu bestimmender Anteil zufließt. Er überlässt es der Landesgesetzgebung weiterhin zu bestimmen, ob und wie die Gemeinden/GV am Aufkommen aus den Landessteuern beteiligt werden. Weitere Rechtsgrundlage für den kommunalen Finanzausgleich in Hessen ist Art. 137 Abs. 5 HV.

Die für die hessischen Gemeinden/GV geltenden Bestimmungen zum kommunalen Finanzausgleich enthält das Hessische Gesetz zur Regelung des Finanzausgleichs[16], das im Prinzip jährlich überarbeitet und neu bekannt gemacht wird. Die Regelungen dieses Gesetzes sind Grundlage der folgenden Darstellungen.

Aufgrund des Urteils des Staatsgerichtshofes vom 21. Mai 2013 musste der kommunale Finanzausgleich in Hessen ab dem Jahr 2016 neu geregelt werden. Der Staatsgerichtshof hatte festgestellt, dass die mit dem Finanzausgleichsänderungsgesetzes 2011 erfolgten Veränderungen in der Struktur und Ausgestaltung des KFA deshalb verfassungswidrig seien, weil das Land es unterlassen habe festzustellen, welchen Finanzbedarf die kommunale Ebene durch die Erfüllung der kommunalen Aufgaben hat. Das ab 2016 geltende Recht basiert also auf der Bedarfsorientierung der kommunalen Ebene.

Um dies rechnerisch abzubilden, wird zunächst ein sog. Festansatz gemäß § 6 HFAG gebildet. Der Festansatz ist der Betrag, der erforderlich ist, um die angemessene Finanzausstattung der Gemeinden und Gemeindeverbände in ihrer Gesamtheit sicherzustellen. Die angemessene Finanzausstattung umfasst die Mindestausstattung und den Finanzkraftzuschlag.

Das Land muss – ohne Rücksicht auf seine eigene finanzielle Lage – den Gemeinden und Gemeindeverbänden eine finanzielle Mindestausstattung gewährleisten. Darunter ist die Finanzausstattung zu verstehen, die sicherstellt, dass die Gemeinden und Gemeindeverbände **in ihrer Gesamtheit** in der Lage sind, ihre Pflichtaufgaben

16 Seit 2020 abgekürzt als HFAG, es ist nicht zu verwechseln mit dem in den vorhergehenden Ziffern angesprochenen Gesetz über den Finanzausgleich zwischen Bund und Ländern (FAG).

sowie ein Mindestmaß an freiwilligen Selbstverwaltungsaufgaben wahrzunehmen. Diese Mindestausstattung wird nach den Regelungen in § 7 HFAG ermittelt.

Welcher Betrag für die Erfüllung von Pflichtaufgaben erforderlich ist, ergibt sich aus einer jährlichen statistischen Erfassung der Auszahlungen aller Gemeinden/GV, die bei der Wahrnehmung von Pflichtaufgaben angefallen sind, abzüglich der unmittelbar zurechenbaren Einzahlungen. Der sich daraus ergebende Saldo wird dann noch einer Angemessenheitsprüfung unterzogen, wobei die wirtschaftlich und sparsam arbeitenden Gemeinden und Gemeindeverbände den Maßstab bilden, was über Durchschnittswerte ermittelt wird. Über dem Durchschnitt liegende Saldenwerte einzelner Gemeinden werden dabei herausgerechnet. Die Berechnung des für die Erfüllung von Pflichtaufgaben erforderlichen Betrages erfolgt getrennt für die kreisfreien Städte, die kreisangehörigen Städte und Gemeinden (diese nochmals unterteilt nach Einwohnerzahl und zentralörtlicher Funktion, vgl. dazu § 3 Abs. 4 HFAG) und die Landkreise (diese nochmals unterteilt nach solchen mit und solchen ohne Sonderstatusstädte, das sind Städte mit mehr als 50.000 Einwohnern nach Maßgabe des § 4a Abs. 2 der HGO).

Für die Erfüllung eines Mindestmaßes an freiwilligen Selbstverwaltungsaufgaben erhalten die Gemeinden/GV einen Zuschlag in Höhe von 6,1 % ihrer Auszahlungen, die bei der Wahrnehmung von Pflichtaufgaben insgesamt angefallen sind. Der sich daraus ergebende Betrag wird auf die kreisfreien Städte und die einzelnen Gruppen der kreisangehörigen Gemeinden und Landkreise gemäß der Regelung in § 7 Abs. 4 HFAG aufgeteilt.

Für das Ausgleichsjahr 2019[17] hat das Land Hessen nach diesen Regelungen ermittelt, dass die angemessenen Defizite (nach Abzug der Deckungsmittel wie Steuern, Gebühren u. Ä.) in der Summe der kreisfreien Städte, der kreisangehörigen Gemeinden und der Landkreise rd. 1,7 Mrd. € betragen. Dieser Betrag wird im Wege der Allgemeinen Finanzzuweisungen, der sog. Schlüsselzuweisungen (zu den Arten der Finanzzuweisungen insgesamt siehe unten) den genannten Empfängergruppen insgesamt zur Verfügung gestellt. Hinzu kommen weitere Zuweisungen, insbesondere die Besonderen Finanzzuweisungen und die Investitionszuweisungen (in Summe 1,4 Mrd. €) sowie die Finanzzuweisung an den Landeswohlfahrtsverband (LWV) in Höhe von 145 Mio. €. Daraus ermittelt sich eine finanzielle Mindestausstattung von rd. 3,3 Mrd. € für das Ausgleichsjahr 2019.

§ 8 HFAG bestimmt, dass die Mindestausstattung nach § 7 um einen Finanzkraftzuschlag erhöht wird. Dieser besteht aus 1,03 Prozent der dem Land verbleibenden Einnahmen (also insbesondere unter Berücksichtigung des Länderfinanzausgleichs) an Einkommensteuer, Körperschaftsteuer und Umsatzsteuer (Steuerverbund). Er wird für das jeweilige Ausgleichsjahr nach den entsprechenden Ansätzen im Landeshaushalt berechnet, im zweiten darauf folgenden Jahr wird darüber nach Maßgabe des § 11 HFAG nach den tatsächlichen Beträgen abgerechnet.

Mit dem Finanzkraftzuschlag wird auch der verfassungsrechtlichen Vorgabe des Art. 106 Abs. 7 GG entsprochen, wonach den Gemeinden/GV vom Länderanteil an den

17 Aufgrund von atypischen Sonderfaktoren im KFA der Jahre 2020 bis 2022, u. a. aufgrund der Corona-Pandemie, wird hier auf die Daten von 2019 zurückgegriffen, die die standardmäßige Abwicklung des KFA wiedergeben.

Gemeinschaftssteuern (Einkommensteuer, Körperschaftsteuer und Umsatzsteuer) ein von der Landesgesetzgebung zu bestimmender Anteil zufließt.

Der Finanzkraftzuschlag wurde für das Ausgleichsjahr 2019 mit 191 Mio. € ermittelt. Dieser Betrag wächst der sog. Schlüsselmasse zu, also dem Betrag, der für die Gewährung von Schlüsselzuweisungen zur Verfügung steht. Davon entfallen auf die Landkreise 12,7 %, die kreisfreien Städte 17,4 % und die kreisangehörigen Gemeinden 69,9 %.

Aus der Mindestausstattung nach § 7 und dem Finanzkraftzuschlag nach § 8 HFAG entsteht nun der Festansatz, der für das Ausgleichsjahr 2019 mit rd. 3,5 Mrd. € ermittelt wurde.

Als weitere Rechengröße wird nun noch ein sog. Stabilitätsansatz gem. § 9 HFAG ermittelt. Der Stabilitätsansatz soll sicherstellen, dass das Niveau der Zuweisungen im Kommunalen Finanzausgleich insgesamt ab 2016 nicht niedriger ist als nach der bis 2015 geltenden Rechtslage. Die Regelungen des § 9 HFAG sind sehr komplex und brauchen im Rahmen dieses Lehrbuches nicht weiter vertieft werden. Der Stabilitätsansatz wurde für das Ausgleichsjahr 2019 mit 1,5 Mrd. € ermittelt, dieser Betrag wächst in voller Höhe der Schlüsselmasse zu.

Aus Festansatz und Stabilitätsansatz sowie der unten näher erläuterten Solidaritätsumlage, die für 2019 mit 74 Mio. € berechnet wurde, und zusätzlichen Landesmitteln von 192 Mio. € ergibt sich die Finanzausgleichsmasse, für 2019 somit rd. 5,2 Mrd. €. Davon entfallen rd. 3,5 Mrd. € auf die Schlüsselmasse, also die Schlüsselzuweisungen.

Nachstehendes Schaubild soll die Zusammensetzung der Finanzausgleichsmasse im Jahr 2019 noch einmal verdeutlichen:

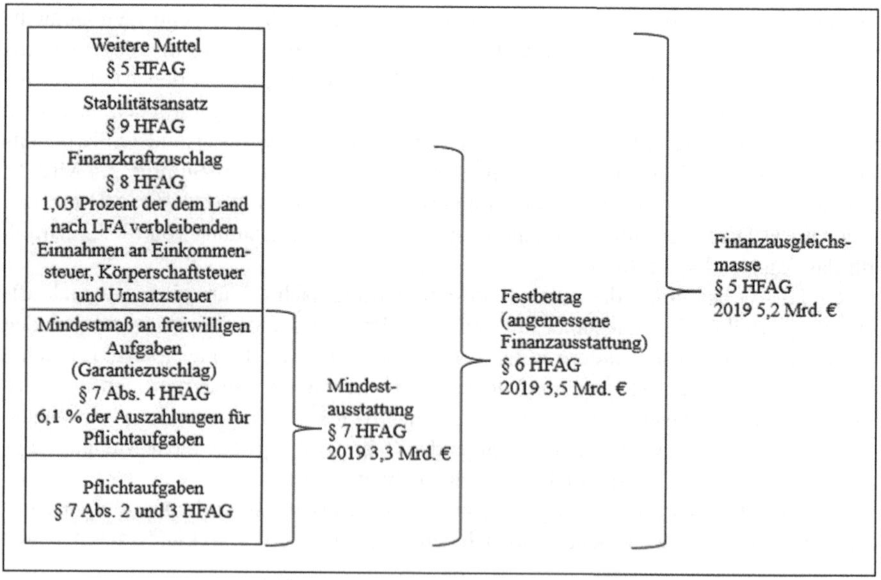

Die Leistungen des kommunalen Finanzausgleichs werden gem. § 13 HFAG gewährt in Form von

- Allgemeinen Finanzzuweisungen
- Besonderen Finanzzuweisungen
- Auszahlungen zur Finanzierung von Investitionen
- Spezielle Finanzierungen nach Maßgabe des § 13 Abs. 2 HFAG
- Leistungen aus dem Landesausgleichsstock

Die allgemeinen Finanzzuweisungen wiederum teilen sich gemäß § 14 HFAG auf in

- die Zuweisung an den LWV gemäß § 35 HFAG
- die Schlüsselzuweisungen an
  - die kreisangehörigen Gemeinden
  - die kreisfreien Städte
  - die Landkreise

Nachstehende Übersicht zeigt die Verteilung der Finanzausgleichsmasse im Ausgleichsjahr 2019 auf die einzelnen Zuweisungsarten und die Empfängergruppen der Allgemeinen Finanzzuweisungen entsprechend § 13 HFAG (in Mio. €):

<table>
<tr><td colspan="7">Finanzausgleichsmasse (§ 13)
5.211</td></tr>
<tr><td colspan="4">Allgemeine Finanzzuweisungen (§ 14)
3.601</td><td rowspan="3">Besondere Finanzzuweisungen (§§ 36 ff.)</td><td rowspan="3">Investitionszuweisungen (§§ 45 ff.)</td><td rowspan="3">Spezielle Finanzierungen, Landesausgleichsstock und Übergangsfonds (§§ 13 Abs. 2, 58, 63)</td></tr>
<tr><td rowspan="2">Zuweisung LWV (§ 35)</td><td colspan="3">Gesamtschlüsselmasse (§ 15)
3.456</td></tr>
<tr><td>kreisangehörige Gemeinden (§§ 17 ff.)</td><td>kreisfreie Städte (§§ 23 ff.)</td><td>Landkreise (§§ 29 ff.)</td></tr>
<tr><td>145</td><td>1.653</td><td>601</td><td>1.202</td><td>996</td><td>452</td><td>162</td></tr>
</table>

3.4.2.1 Schlüsselzuweisungen

Die Schlüsselzuweisungen der kreisangehörigen Gemeinden sind in §§ 17–21 HFAG geregelt. Ausgangspunkt ihrer Berechnung ist die Steuerkraft der einzelnen Gemeinde, ausgedrückt durch die sog. Steuerkraftmesszahl. Der Steuerkraftmesszahl wird eine sog. Ausgleichsmesszahl gegenübergestellt, die sich aus Einwohnerzahl, bestimmten zentralörtlichen Funktionen, besonderen Belastungen und der insgesamt verfügbaren Finanzmasse ermittelt.

Zum Verständnis der Rechenwege für die Ermittlung der Schlüsselzuweisungen (hier erläutert anhand der Schlüsselzuweisungen der kreisangehörigen Gemeinden, für die kreisfreien Städte und Landkreise gelten ähnliche Rechenwege) ist es zunächst erforderlich, bestimmte dabei verwendete Begriffe zu erläutern:

Steuerkraftmesszahl (§ 21 HFAG):
Die Steuerkraftmesszahl drückt die Steuerkraft der Gemeinde im Referenzzeitraum aus. Referenzzeitraum ist ein Zwölfmonatszeitraum, der am 30. Juni des dem Ausgleichsjahr vorangegangenen Kalenderjahres endet, z. B. für das Ausgleichsjahr 2020 also der Zeitraum vom 1.7.2018 bis 30.6.2019 oder anders ausgedrückt: das zweite Halbjahr des Vorvorjahres und das erste Halbjahr des Vorjahres. Für die Steuerkraftermittlung werden die Grundsteuern A und B, die Gewerbesteuer (netto, also abzüglich der Gewerbesteuerumlage und der Heimatumlage), der Gemeindeanteil an der Einkommensteuer (einschließlich Familienleistungsausgleich nach § 62 HFAG) und der Gemeindeanteil an der Umsatzsteuer berücksichtigt. Für jede Steuerart wird eine Steuerkraftzahl ermittelt. Dabei gelten für den Einkommen- und den Umsatzsteueranteil die für den Referenzzeitraum zugewiesenen Beträge als Steuerkraftzahl.

Für die Realsteuern (Grundsteuern und Gewerbesteuer) werden nicht die tatsächlichen Beträge, sondern Beträge unter Berücksichtigung sog. Nivellierungshebesätze angesetzt, diese orientieren sich am Landesdurchschnitt und sollen das Einnahmepotenzial ausdrücken. Für die Grundsteuer A gilt ein Nivellierungshebesatz von 332 %, für die Grundsteuer B von 365 % und für die Gewerbesteuer von 357 %. Die Nivellierungshebesätze bewirken, dass eine Gemeinde, die einen niedrigeren Hebesatz festgesetzt hat, „reicher“ gerechnet wird, also nicht ihre tatsächlichen Einnahmen, sondern ihr Einnahmepotenzial in die Steuerkraftmesszahl einfließt.

Rechenbeispiel:
Die Gemeinde G hat einen Hebesatz der Grundsteuer B von 320 % festgelegt. Im Referenzzeitraum hat sie ein Aufkommen von 3.200.000 € erzielt. Zunächst wird ein Grundbetrag ermittelt, in dem das Aufkommen durch den Hebesatz geteilt wird, dieser Grundbetrag wird dann mit dem Nivellierungshebesatz multipliziert, also:

3.200.000 € : 320 % = 1.000.000 € × 365 % = 3.650.000 €.

Der Gemeinde G wird also die Grundsteuer B mit einer Steuerkraftzahl von 3.650.000 € angerechnet, obwohl sie nur 3.200.000 € tatsächlich erzielt hat. Damit soll letztlich auch der einzelnen Gemeinde ein Anreiz gegeben werden, die Hebesätze der Realsteuern mindestens in Höhe der am Landesdurchschnitt orientierten Nivellierungshebesätze festzusetzen.

Gemeinden, die Hebesätze oberhalb der Nivellierungshebesätze festgesetzt haben, erhalten folglich eine Steuerkraftzahl, die entsprechend geringer ist als ihr tatsächliches Aufkommen.

Die Steuerkraftzahlen der Gewerbesteuerumlage und (ab dem Jahr 2020) der Heimatumlage (siehe Ziff. 3.3.2.1) werden nach den tatsächlich zu zahlenden Beträgen (Umlagesoll) ermittelt.

Die nach den vorstehenden Regeln ermittelten Steuerkraftzahlen werden nun addiert, die Steuerkraftzahlen der Gewerbesteuerumlage und der Heimatumlage abgezogen, daraus ergibt sich insgesamt die Steuerkraftmesszahl.

Ausgleichsmesszahl
Zur Ermittlung der Ausgleichsmesszahl wird zunächst ein sog. Hauptansatz ermittelt, aus dem sich zusammen mit den Ergänzungsansätzen für besondere Belastungen (insbesondere Bevölkerungsrückgang) der Gesamtansatz bildet.

Hauptansatz (§ 19 HFAG):
Der Hauptansatz wird gebildet aus der Einwohnerzahl der Gemeinde (i. d. R. zum 31.12. des zweiten vorangegangenen Jahres, vgl. § 3 Abs. 2 HFAG), multipliziert mit einem Faktor, der sich aus Größe und zentralörtlicher Funktion (vgl. § 3 Abs. 4 HFAG) bildet, wobei hier wieder die Gruppen gemäß § 7 Abs. 3 HFAG zugrunde gelegt werden. Die Faktoren betragen danach für

- Grundzentren (Gemeinden ohne zentralörtliche Funktion) mit weniger als 7.500 Einwohnern 100 %,
- Grundzentren ab 7.500 Einwohnern, die keine Sonderstatus-Städte nach § 4a Abs. 2 HGO sind 109 %
- Mittelzentren und Mittelzentren mit Teilfunktionen eines Oberzentrums, die keine Sonderstatus-Städte sind 130 %
- Sonderstatus-Städte 158 %

Beispiel:
Die Stadt S ist als Mittelzentrum festgestellt und hat 30.000 Einwohner, sie erhält also einen Hauptansatz von 30.000 × 130 % = 39.000.

Ergänzungsansätze (§ 20 HFAG):
Ergänzungsansätze werden gewährt für Gemeinden im Ländlichen Raum (Abs. 2) sowie für Gemeinden mit Bevölkerungsrückgang (Abs. 1 und 3). Diese sollen Belastungen ausgleichen, die aufgrund dieser Umstände den jeweiligen Gemeinden entstehen.

Nach Abs. 1 erhalten Gemeinden mit einem Bevölkerungsrückgang von mehr als 5 %, bezogen auf die Einwohnerzahl 10 Jahre zuvor, einen Ergänzungsansatz. Dazu wird der Hauptansatz mit einem Prozentsatz multipliziert, der dem 5 % übersteigenden Prozentsatz des Rückganges entspricht.

Beispiel:
Hat die im vorigen Beispiel genannte Stadt S 10 Jahre zuvor eine Einwohnerzahl von 32.967 gehabt, ist ihre Einwohnerzahl folglich um 9 % gesunken, dann erhält sie einen Ergänzungsansatz von:

9 % – 5 % = 4 % × 39.000 = 1.560.

Nach Abs. 2 erhalten im Ländlichen Raum (vgl. § 3 Abs. 4 HFAG) gelegene kreisangehörige Gemeinden einen Ergänzungsansatz in Höhe von 3 % ihrer Einwohnerzahl.

Beispiel:
Eine entsprechende Gemeinde mit 5.000 Ew. erhält also einen Ergänzungsansatz von 150 (5.000 × 3 %).

Abs. 3 regelt spezielle Fälle des Einwohnerrückganges, auf die hier nicht im Einzelnen eingegangen wird.

Gesamtansatz (§ 18 Abs. 2 HFAG)
Der Gesamtansatz ist die Summe von Hauptansatz und Ergänzungsansätzen.

Die in vorigen Beispielen genannte Stadt S würde also einen Gesamtansatz von 40.560 erhalten (Hauptansatz 39.000 + Ergänzungsansatz 1.560).

Grundbetrag (§ 18 Abs. 3 HFAG)
Der Grundbetrag ist die wesentliche Rechengröße im System der Schlüsselzuweisungen. Er wird in einer Höhe festgesetzt, die sicherstellen soll, dass die Teilschlüsselmasse der jeweiligen Empfängergruppe (hier die der kreisangehörigen Gemeinden) möglichst vollständig aufgebraucht wird. Für 2019 ist der Grundbetrag für die kreisangehörigen Gemeinden auf rd. 1.370 € festgesetzt.

Ausgleichsmesszahl (§ 18 Abs. 1 HFAG)
Die Ausgleichsmesszahl einer kreisangehörigen Gemeinde wird gebildet, in dem der Gesamtansatz mit dem Grundbetrag multipliziert wird.

Im Beispiel der Stadt S würde sich eine Ausgleichsmesszahl von 40.560 × 1.370 € = 55.567.200 € ergeben.

Nachstehendes Schaubild soll diese Zusammenhänge noch einmal verdeutlichen:

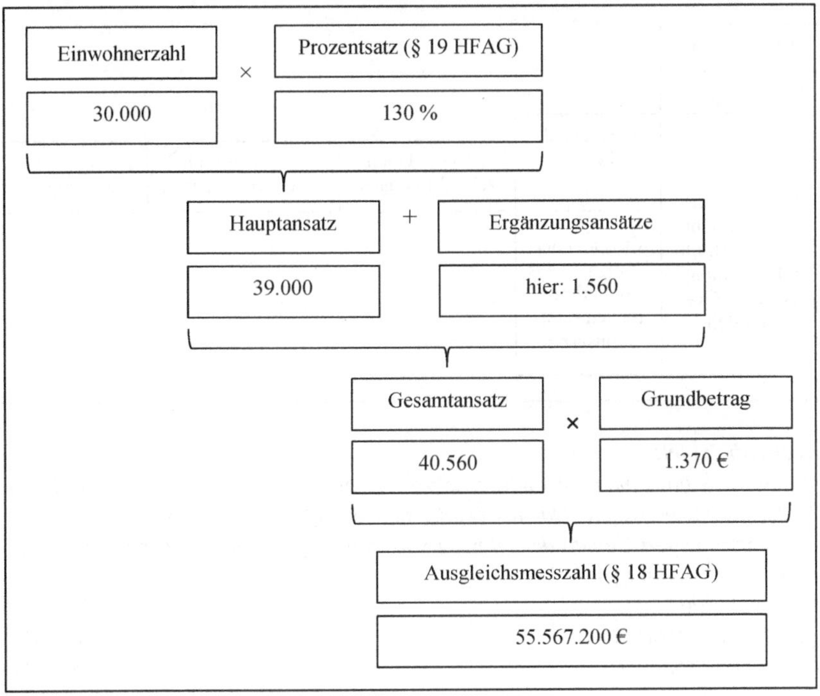

Berechnung der Schlüsselzuweisung

Nach diesen Erläuterungen der relevanten Begriffe kann nun die Ermittlung der Schlüsselzuweisung in den verschiedenen Fallkonstellationen dargestellt werden.

Nach § 17 Abs. 1 HFAG erhalten die kreisangehörigen Gemeinden jährliche Schlüsselzuweisungen.

Besonders steuerschwache Gemeinden (in Relation zu allen Gemeinden) erhalten vorweg einen anteiligen Steuerkraftausgleich, die Schlüsselzuweisung A. Um dies zu berechnen, wird für die einzelne Gemeinde ein Quotient aus der Steuerkraftmesszahl und dem Gesamtansatz gebildet, also ein Pro-Kopf-Wert der Steuerkraftmesszahl bezogen auf den Einwohner im Gesamtansatz. Dieser wird dem Quotienten aus der Summe der Steuerkraftmesszahlen und der Summe der Gesamtansätze aller kreisangehörigen Gemeinden gegenübergestellt. Erreicht der Quotient der einzelnen Gemeinde nicht mindestens 65 % des Quotienten für alle kreisangehörigen Gemeinden, erhält sie die Schlüsselzuweisung A. Sie beträgt 65 % des Unterschiedsbetrages ihres Quotienten zu 65 % des Landesdurchschnitts, vervielfacht mit dem Gesamtansatz der ausgleichsberechtigten Gemeinde.

Nachstehendes Schaubild soll dies verdeutlichen:

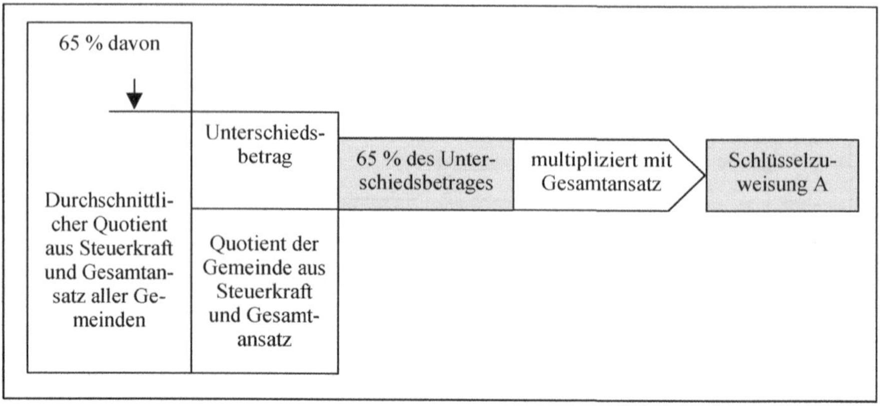

Rechenbeispiel:

Die Stadt S hat einen Gesamtansatz von 40.560. Die Steuerkraftmesszahl soll 20.280.000 € betragen. Daraus ergibt sich ein Quotient von 500 €. Über alle kreisangehörigen Gemeinden hinweg soll dieser Quotient 900 € betragen. Daraus ergibt sich folgende Rechnung:

65 % von 900 € =	*585,00 €*
Quotient der Stadt S	*500,00 €*
Unterschiedsbetrag	*85,00 €*
davon 65 % =	*55,25 €*
dies multipliziert mit dem Gesamtansatz von 40.560 =	*2.240.940,00 €*

*Die Stadt S erhält also eine Schlüsselzuweisung A in Höhe von **2.240.940 €**.*

Kreisangehörige Gemeinden, deren Quotient über dem „Schwellenwert" von 65 % des Quotienten über alle Gemeinden dieser Gruppe hinweg liegt, erhalten keine Schlüsselzuweisung A.

Kreisangehörige Gemeinden, deren Steuerkraftmesszahl einschl. Schlüsselzuweisung A niedriger ist als ihre Ausgleichsmesszahl, erhalten eine Zuweisung in Höhe von 65 % der Differenz als Schlüsselzuweisung B.

Dies führt für die Stadt S zu folgender Berechnung:

Steuerkraftmesszahl	*20.280.000 €*
Schlüsselzuweisung A	*2.240.940 €*
Summe	*22.520.940 €*
Ausgleichsmesszahl	*55.567.200 €*
Übersteigender Betrag	*33.046.260 €*
davon 65 %	*21.480.069 €*

Die Stadt S erhält also eine Schlüsselzuweisung B von 21.480.069 € und insgesamt eine Schlüsselzuweisung von 23.721.009 €.

Solidaritätsumlage

Letztlich kann es noch den Fall geben, dass die Steuerkraftmesszahl einer Gemeinde zuzüglich der Schlüsselzuweisung A höher ist als ihre Ausgleichsmesszahl.[18] In diesem Fall ist zunächst davon auszugehen, dass ihr Quotient über dem landesweiten Quotienten liegt, jedenfalls über dem Schwellenwert von 65 % hiervon, es fällt also keine Schlüsselzuweisung A an. Sie erhält nach § 17 Abs. 3 HFAG im Umkehrschluss auch keine Schlüsselzuweisung B. Stattdessen hat sie nach § 22 Satz 1 HFAG eine Solidaritätsumlage auf abundante Steuerkraft zu zahlen. Unter Abundanz versteht man eine Finanzausstattung durch eigene Steuerkraft, die höher ist als der durch die Ausgleichsmesszahl ausgedrückte typisierte Bedarf entsprechend der Einwohnerzahl und der Zentralörtlichkeit.

Der Betrag, um den die Steuerkraftmesszahl die Ausgleichsmesszahl überschreitet, wird auch als Abundanzvolumen bezeichnet. Hieraus wird die Solidaritätsumlage berechnet. Zunächst ist festzustellen, welchen Prozentwert das Abundanzvolumen in Relation zur Ausgleichsmesszahl darstellt.

Angenommen, die Ausgleichsmesszahl beträgt 60.000.000 € und die Steuerkraftmesszahl 69.000.000 €, dann beträgt das Abundanzvolumen 9.000.000 €, was 15 % der Ausgleichsmesszahl entspricht.

Zur Berechnung der Solidaritätsumlage wird gemäß § 22 Satz 2 HFAG zunächst der Teil des Abundanzvolumens herangezogen, der 10 % der Ausgleichsmesszahl entspricht. Das sind hier 6.000.000 €. Hierauf wird die Umlage i. H. v. 15 % erhoben, somit 900.000 €. Auf den Rest des Abundanzvolumens, das sind in diesem Fall 3.000.000 €, wird die Umlage i. H. v. 25 % erhoben, das sind 750.000 €. Insgesamt würde in diesem Fall eine Solidaritätsumlage für abundante Steuerkraft von 1.650.000 € erhoben. Beträgt das Abundanzvolumen bis zu 10 % der Ausgleichsmesszahl, dann wird das gesamte Abundanzvolumen mit 15 % Solidaritätsumlage belegt.

18 Es ist kaum vorstellbar, dass eine Gemeinde durch den Erhalt von Schlüsselzuweisung A (was ja eine erhebliche Finanzschwäche dokumentiert) auf einmal so finanzstark wird, dass Abundanz eintritt. Insofern ist die Formulierung des Gesetzgebers an dieser Stelle von keinerlei praktischer Relevanz und wird in der Darstellung nicht weiter berücksichtigt.

Nachstehendes Schaubild soll diese Zusammenhänge verdeutlichen:

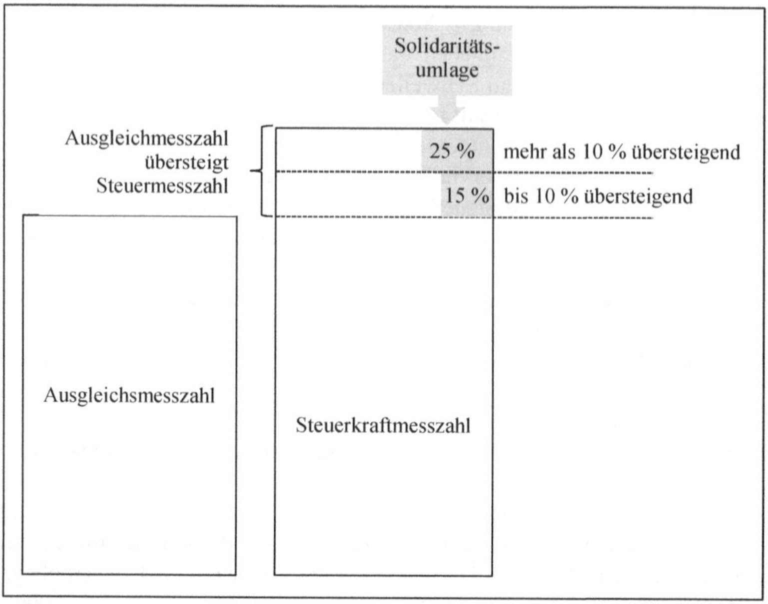

Das Aufkommen der Solidaritätsumlage fließt der Teilschlüsselmasse der jeweiligen Empfängergruppe, hier der Gruppe der kreisangehörigen Gemeinden, zu und wird als Schlüsselzuweisung B verteilt, stärkt also die Gemeinden, die Schlüsselzuweisung B erhalten.[19]

3.4.2.2 Besondere Finanzzuweisungen

Gemäß § 36 HFAG können Landkreisen und Gemeinden zum Ausgleich besonderer Belastungen für das Ausgleichsjahr Besondere Finanzzuweisungen gewährt werden. Dies erfolgt grundsätzlich finanzkraftunabhängig. Sie sind im Haushaltsplan des jeweiligen Empfängers **zweckgebunden**[20] zu vereinnahmen.

19 Mit Urteil vom 16.1.2019, Az. P.St. 2606, hat der Staatsgerichtshof gegen die Solidaritätsumlage gerichtete Grundrechtsklagen mehrerer hessischer Gemeinden zurückgewiesen und die Solidaritätsumlage als verfassungsrechtlich zulässig anerkannt.

20 Siehe zur Zweckbindung Ziff. 7.4.2.1.

Für welche Zwecke im Einzelnen Zuweisungen gewährt werden, ergibt sich aus den §§ 37–44 HFAG, die Dotierung der Zwecke ergibt sich aus dem jeweiligen Landeshaushalt. Nachstehende Tabelle zeigt die Zuweisungen im Jahre 2019 auf:[21]

Art der Zuweisung	Rechtsgrundlage (HFAG)	Betrag (Mio. €)
Zuweisungen für Betreuungsangebote an Schulen	§ 37	6,570
Zuweisungen zu den Auszahlungen für Kinder- und Jugenderholung, für Projekte der Jugendhilfe und zur Schaffung von familien- und kinderfreundlichen Rahmenbedingungen	§ 38	0,250
Zuweisungen nach den §§ 32, 32a und 32c des Hessischen Kinder- und Jugendhilfegesetzbuches	§ 39	788,880
Zuweisungen für den öffentlichen Personennahverkehr	§ 40	142,405
Zuweisungen zu den Auszahlungen für Theater	§ 41	24,439
Zuweisungen zu den Auszahlungen für Bibliotheken, Museen und Musikschulen	§ 42	2,350
Zuweisungen zu den Auszahlungen für Straßen	§ 43	18,200
Zuweisungen zu den Belastungen der Heilkurorte	§ 44	13,000
Sonstige		0,010
insgesamt		996,104

3.4.2.3 Investitionszuweisungen

Die Kommunen erhalten im Rahmen des HFAG (§§ 45–49) als dritte Form der Zuweisung Zuwendungen für Investitionen und Investitionsförderungsmaßnahmen (zum Begriff siehe § 58 Nr. 18 und 19 i. V. m. § 49 Abs. 3 Nr. 1 GemHVO sowie Ziff. 6.5.1.2 dieses Lehrbuches) nach Maßgabe der §§ 46 bis 49 HFAG. Die Höhe der Mittel wird im Landeshaushalt festgelegt. Die Zuwendungen sind im Finanzhaushalt der Kommune zu vereinnahmen.

Diese Zuweisungen werden gewährt

- als pauschale Investitionsförderung im Ländlichen Raum gem. § 46 HFAG,
- als pauschale Zuweisungen für wasserwirtschaftliche Maßnahmen gem. § 47 HFAG,
- als Zuwendungen zur Projektförderung für einzelne Investitionen, die im Landeshaushalt festgelegt werden gem. § 48 HFAG, wobei ab 2020 Förderquoten entsprechend der jeweiligen individuellen Finanzkraft der Kommune zu Grunde gelegt werden[22],
- als Zuwendungen zu den Auszahlungen für Krankenhäuser gem. § 49 HFAG.

21 Quelle: Anlage zum Rundschreiben des Hess. Städtetages 541-2019 vom 30.8.2019. Inzwischen wurden weitere Zuweisungstatbestände in §§ 44a, 44b HFAG eingeführt.

22 Quelle: Schreiben des HMdF vom 31.3.2020, als Anlage zum Rundschreiben des Hess. Städtetages 238-2020 vom 2.4.2020.

Unbedingt zu beachten sind bei den maßnahmenbezogenen Investitionszuweisungen die Vorschriften der §§ 23, 44 LHO und der VV dazu. Von besonderer Bedeutung ist dabei u. a. die Bestimmung, dass vor Erteilung des Bewilligungsbescheides kein Baubeginn erfolgen darf. Auch ist darauf hinzuweisen, dass diese Zuweisungen an die strikte Einhaltung des Vergaberechts (siehe Ziff. 13.2.3) durch die Gemeinde gebunden sind und Vergaberechtsverstöße zu Rückforderungen führen können.

3.4.2.4 Umlagen

Das HFAG regelt jedoch nicht nur Zuweisungen, die die Gemeinden/GV als Einnahmen erhalten, sondern auch Umlagen, die von diesen zu zahlen sind.

Diese Umlagen sind:

- die Kreisumlage einschließlich Schulumlage der kreisangehörigen Gemeinden nach §§ 50 HFAG, 53 Abs. 2 HKO,
- die Krankenhausumlage der Landkreise und kreisfreien Städte nach § 51 HFAG,
- die Verbandsumlage der Landkreise und kreisfreien Städte an den Landeswohlfahrtsverband Hessen nach § 52 HFAG sowie § 14 Abs. 2 des Gesetzes über den Landeswohlfahrtsverband Hessen,
- die Umlage der Verbandsmitglieder an den Regionalverband FrankfurtRheinMain nach § 53 HFAG und § 18 des Gesetzes über die Metropolregion Frankfurt/Rhein-Main,
- die Zinsdienstumlage für das Sonderinvestitionsprogramm nach § 55 HFAG,

Bezüglich der außerhalb des HFAG geregelten Gewerbesteuerumlage und Heimatumlage siehe oben Ziff. 3.3.2.1.

Von diesen Umlagen soll nachstehend die Berechnung der Kreis- und Schulumlage näher dargestellt werden.

Die Kreisumlage ist die wichtigste Einnahmequelle der Landkreise. Die Landkreise haben gemäß § 50 Abs. 1 HFAG von ihren Gemeinden eine Kreisumlage zu erheben, soweit ihre Erträge und Einzahlungen zum Ausgleich des Haushalts und zum Ausgleich von Fehlbeträgen aus Vorjahren nicht ausreichen. Die Kreisumlage ist als Prozentsatz (Kreisumlagehebesatz) auf die Umlagegrundlagen festzulegen.[23] Nach dem Wortlaut des Gesetzes müsste der Kreisumlagehebesatz so festgesetzt sein, dass der Kreishaushalt und auch die Fehlbeträge aus Vorjahren durch die Kreisumlage ausgeglichen werden.

Die Kreisumlagegrundlage setzt sich gem. § 50 Abs. 2 Satz 1 HFAG zusammen aus

- der Steuerkraftmesszahl
- zuzüglich der Schlüsselzuweisungen A und B
- abzüglich der Solidaritätsumlage (siehe oben), soweit eine solche anfällt.

23 Zur Genehmigungsbedürftigkeit einer Anhebung des Kreisumlagehebesatzes siehe Ziff. 11.3.8.

Beispiel (Stadt S):

Steuerkraftmesszahl	*20.280.000 €*
Schlüsselzuweisung A und B	*23.721.009 €*
Kreisumlagegrundlage	*44.001.009 €*
Hebesatz (Beispiel)	*40 %*
Kreisumlage (rd.)	*17.600.404 €*

Für Sonderstatusstädte gilt nach § 50 Abs. 2 Satz 2 HFAG eine besondere Regelung, ihre Kreisumlagegrundlagen werden ermäßigt. Die Ermäßigung bewirkt eine Absenkung der Kreisumlagegrundlagen **auf 56,5 %**, siehe auch Übung unten. Die jeweilige Gemeinde und der Landkreis können hiervon abweichende Vereinbarungen treffen.

Neben der Kreisumlage erheben die Kreise gem. § 50 Abs. 3 HFAG zusätzlich einen Zuschlag zur Kreisumlage, die Schulumlage, von den Gemeinden, die nicht Schulträger sind. Der Hebesatz der Schulumlage muss so festgesetzt sein, dass das Aufkommen aus dem Zuschlag die Belastung des Landkreises aus der Schulträgerschaft nicht übersteigt,[24] sie ist im Kreishaushalt zweckgebunden[25] zu vereinnahmen.

Umlagegrundlagen sind die Beträge, die auch für die Kreisumlage gelten, die Ermäßigung bei Sonderstatusstädten wie bei der Kreisumlage findet jedoch nicht statt, siehe auch Übung unten.

3.5 Übung

Siehe hierzu Sachverhalt 1 zu Kap. 3 im Übungsband.

24 Siehe zur Ermittlung der Schulumlage Nr. 13 ff. Hw. zu § 4 GemHVO.

25 Siehe zur Zweckbindung Ziff. 7.4.2.1.

– Kapitel 4 –

Inhaltsverzeichnis

4. Gemeindliches Haushaltsrecht

4.1 Haushaltswirtschaft

Unter Haushaltswirtschaft versteht man die Bewirtschaftung der Einnahmen und Ausgaben[1] der Träger der öffentlichen Finanzwirtschaft ausgehend von der Planung – auch Etatisierung genannt. Der Bereich der Haushaltswirtschaft beginnt mit der Aufstellung des Haushaltsplans, setzt sich mit dem Vollzug des Haushaltes und der damit verbundenen Kassenwirtschaft (Buchführung) fort und endet mit der Aufstellung des Jahresabschlusses sowie der Kontrolle des Finanzgebarens (Abschlussprüfung) des jeweiligen Trägers und der politischen Entlastung.

Für den Begriff Haushaltswirtschaft wird, bedingt vor allem durch das Neue Kommunale Rechnungs- und Steuerungssystem, auf das nachfolgend noch eingegangen wird, häufig synonym auch der Begriff „Finanzmanagement" verwendet. In NRW wurde dieser Begriff sogar zum Gesetzestitel, in Hessen hat er dagegen keinen Eingang in die haushaltsrechtlichen Bestimmungen gefunden. Die Autoren haben sich dazu entschlossen, den Begriff „Finanzmanagement" in diesem Lehrbuch gleichwohl zu verwenden, jedoch nur dort, wo die Darstellung nicht in konkretem Bezug zu den hessischen gesetzlichen Bestimmungen steht.

Die nachfolgende Darstellung soll die einzelnen Stationen der Haushaltswirtschaft und die Beziehungen zueinander verdeutlichen. Sie ist gleichermaßen für den Bund, die Länder und Gemeinden (GV) gültig.

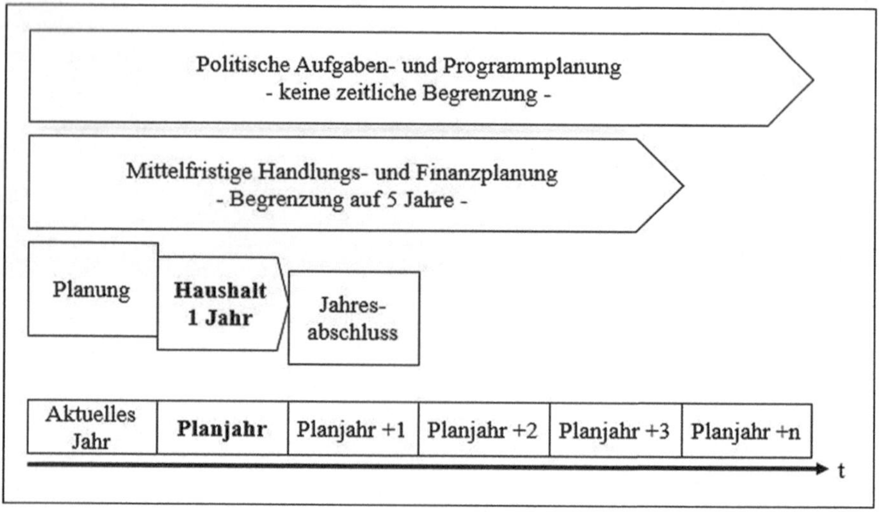

1 Zur Begrifflichkeit siehe Vorwort zur 1. Aufl.

4.2 Verfassungsrechtliche Grundlagen und Haushaltsautonomie

Die verfassungsrechtlichen Grundlagen des gemeindlichen Haushaltsrechtes können nicht unmittelbar (originär) aus der Verfassung (Grundgesetz/Landesverfassung) abgelesen werden. Im Gegensatz zum Bund und den Ländern haben die Gemeinden und Gemeindeverbände nur eine abgeleitete Haushaltsautonomie. Art. 28 Abs. 2 GG gewährleistet den Gemeinden (GV) die Selbstverwaltungsgarantie und damit als wesentlichen Bestandteil der Selbstverwaltungsgarantie auch die Haushaltsautonomie (Finanzhoheit). So bestimmt Art. 28 Abs. 2 Satz 2 GG ausdrücklich, dass die Gewährleistung der Selbstverwaltung auch die Grundlagen der finanziellen Eigenverantwortung umfasst. Auch die Landesverfassung Hessen garantiert in Art. 137 die Existenz und Selbstverwaltung der Gemeinden (GV). Somit ist die Haushaltsautonomie der Gemeinden (GV) auch verfassungsrechtlich verankert.

Die Gemeindeordnung bestimmt nun im einzelnen Umfang und Inhalt der tatsächlich vorhandenen Haushaltsautonomie. Sie hat sich danach in dem vom Landesgesetzgeber gesteckten Rahmen zu vollziehen. Hierbei darf jedoch nicht übersehen werden, dass das Land bei der Abfassung der kommunalen haushaltsrechtlichen Vorschriften in seinen Handlungen und Regelungen im Wesentlichen durch Art. 109 GG festgelegt ist.

In Art. 109 GG ist das Haushaltsverfassungsrecht von Bund und Ländern geregelt. Die Bestimmung enthält folgende Grundsätze:

- den Grundsatz der Haushaltsautonomie von Bund und Ländern (Abs. 1),
- die gemeinsame Erfüllung der Verpflichtungen der Bundesrepublik Deutschland aus Rechtsakten der Europäischen Gemeinschaft auf Grund des Artikels 104 des Vertrags zur Gründung der Europäischen Gemeinschaft zur Einhaltung der Haushaltsdisziplin und in diesem Rahmen Beachtung der Erfordernisse des gesamtwirtschaftlichen Gleichgewichts (Abs. 2),
- die sog. Schuldenbremse und Ausnahmeregelungen dazu (Abs. 3),
- Gesetzgebungskompetenz des Bundes für gemeinsame Grundsätze des Haushaltsrechts, eine konjunkturgerechte Haushaltswirtschaft und für eine mehrjährige Finanzplanung von Bund und Ländern (Abs. 4),
- die Verteilung der Lasten aus Sanktionsmaßnahmen der Europäischen Gemeinschaft (Abs. 5),

Die Haushaltswirtschaft der öffentlichen Hand kann bei den heute insgesamt vorgegebenen Aufgaben in gesamtwirtschaftlicher Hinsicht nicht mehr nach unterschiedlichen Kriterien und Regelungen geführt werden. Art. 109 GG gibt den Status an, den Bund und Länder jeder für sich und zueinander haben. Sie sind selbstständig und rechtlich unabhängig voneinander, aber dem Gemeinwohl verpflichtet. Die einzelnen Haushaltswirtschaften können sich nur innerhalb der in Art. 109 GG gesetzten Grenzen entfalten.

Hierbei ist ferner zu berücksichtigen, dass auf Grund des Art. 109 GG der Bund mit Zustimmung der Länder zwei für die Haushaltswirtschaft bedeutsame Gesetze erlassen hat, nämlich

- das Gesetz zur Förderung der Stabilität und des Wachstums der Wirtschaft und
- das Gesetz über die Grundsätze des Haushaltsrechtes des Bundes und der Länder.

Diese Rechtsnormen stecken im Interesse des Gesamtstaates detailliert den eigentlichen Rahmen für die Haushaltswirtschaft der öffentlichen Hand (Bund, Länder, Gemeinden usw.) ab.

Die Haushaltsautonomie von Bund, Ländern und Gemeinden (GV) ist also in der Verfassungswirklichkeit bei der gegebenen Aufgabenstellung wie folgt zu sehen:

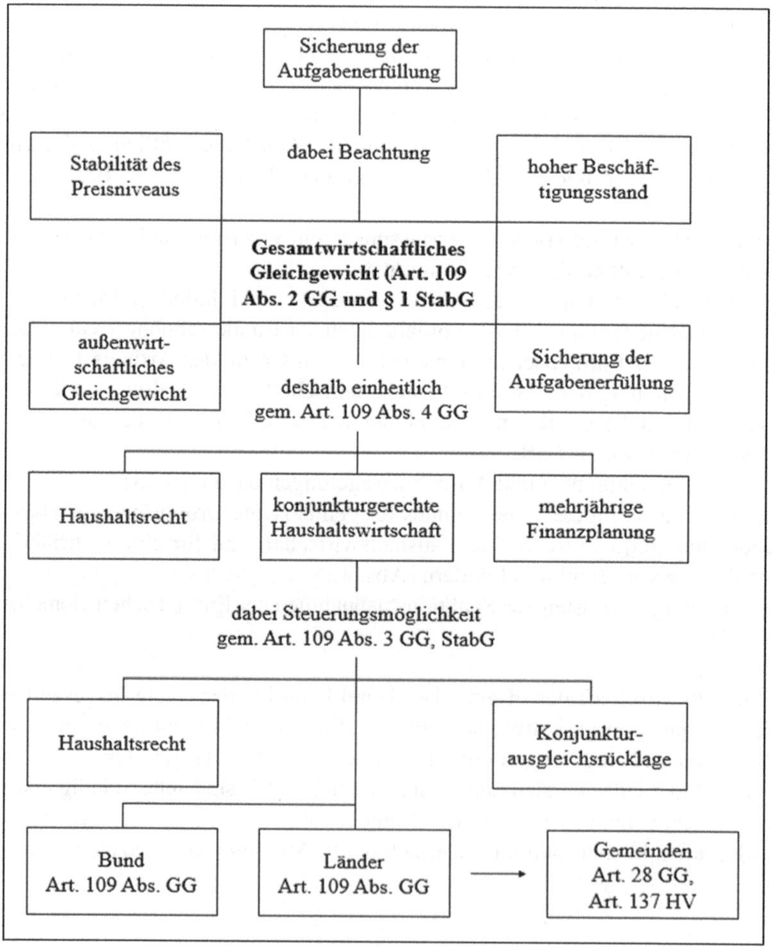

4.3 Geschichtlicher Überblick[2]

4.3.1 Entwicklung bis zur Haushaltsrechtsreform 1967

Die Entwicklung des Haushaltsrechts hat ihren Ursprung im Wesentlichen im gemeindlichen Bereich. Bedingt durch die „demokratische“ Struktur der Städte war hier zuerst ein Bedürfnis nach allgemein gültigen „Normen“ gegeben. Im staatlichen Bereich war durch die monarchistische Führung zunächst der Wille des jeweiligen Monarchen allein maßgebend.

Konkrete Formen nahm das Haushaltsrecht im 16. Jahrhundert an. Der erste kommunale Haushalt wird 1516 erwähnt. Der erste staatliche Haushalt wird rd. 100 Jahre später (1618–1619) genannt. In der Folgezeit wurde die Entwicklung im Wesentlichen von staatlicher Seite beeinflusst, wobei die Gemeinden mit einbezogen wurden. Daher soll nachfolgend auch die Entwicklung des Haushaltsrechts in seiner Gesamtheit dargestellt werden.

Die ersten Versuche, eine Haushaltsplanung nach „Normen“ zu erstellen, allerdings auf Teilbereiche beschränkt, wurden 1689 in Preußen unternommen. Mit der Erstellung eines „Generaletats“ aller Domäneneinkünfte und -ausgaben wurde hier so etwas wie ein Haushaltsplan aufgestellt. Im selben Jahr bestimmte eine kurfürstliche Instruktion, dass alle Provinzen „einen Domänenetat formieren, darin ein balance der einnahmen und ausgaben machen und Sr.K.D. gnädigster vollanziehung gehörigen Ohrts überliefern“ (sic!) sollten.

In den preußischen Gebieten wurden diese Etats für weitere Bereiche eingeführt und die Normen verbessert. Im süddeutschen Raum wurden dagegen erst 1803 Etats aufgestellt.

Im kommunalen Bereich wurde auch zuerst in den preußischen Gebietsteilen der zaghafte Versuch unternommen, Formvorschriften über das Haushalts-, Kassen- und Rechnungswesen zu erstellen. Die Städteordnung für die östlichen Provinzen von 1853, für die Provinz Westfalen von 1856 und die Rheinische Städteordnung von 1856 bestimmten die Aufstellung eines Haushaltsplanes über alle voraussehbaren Ausgaben, Einnahmen und Naturaldienste.

Das Kommunalabgabengesetz von 1893 legte das Haushaltsjahr auf die Zeit vom 1.4. bis zum 31.3. des folgenden Jahres fest. Unter bestimmten Voraussetzungen konnte die Haushaltsperiode bis zu drei Jahre umfassen. Nach Ablauf der Haushaltsperiode war gegenüber der Stadtverordnetenversammlung Rechnung zu legen, der auch die Prüfung und Feststellung der Jahresrechnung und die Entlastung des Gemeindevorstandes oblag. Für den Fall, dass eine preußische Gemeinde ihrer Verpflichtung zur Aufstellung eines Haushaltsplanes nicht nachkam, räumte das preußische Zuständigkeitsgesetz von 1883 den Aufsichtsbehörden das Recht auf Zwangsetatisierung ein.

Ein Haushaltsrecht im heutigen Sinne kam erstmals mit Einführung der Demokratie (1918/19) in Deutschland auf. Ab 1922 wurden gesetzliche Grundlagen für das staat-

2 Siehe für eine vertiefende Darstellung der geschichtlichen Entwicklung des kommunalen Haushaltsrechts z. B. *Amerkamp*.

liche und kommunale Haushaltsrecht geschaffen, die bereits große Ähnlichkeit mit den heutigen Regelungen aufweisen.

Bei Ende des 2. Weltkrieges galten für alle Gemeinden die Wirtschaftsbestimmungen der DGO bis zum 24. Januar 1946 und der Groß-Hessischen Gemeindeordnung bis 4. Mai 1952. Ab 5. Mai 1952 galten die Vorschriften der Hessischen Gemeindeordnung (HGO). Erstmals für die Haushaltspläne 1956 waren anzuwenden die Hessische Gemeindehaushaltsverordnung, die Hessische Rücklagenverordnung und die Hessische Kassen- und Rechnungsverordnung, jeweils vom 27. Januar 1956.

4.3.2 Haushaltsrechtsreform 1967

Stationen der Reform 1967

Ab dem Jahre 1967 wurden dann jedoch die entscheidenden Schritte zur Haushaltsreform der öffentlichen Hand unternommen, was nicht zuletzt durch die erste ernsthafte Wirtschaftskrise der Nachkriegszeit veranlasst war. Wesentliche Stationen dieser Reform in Bezug auf das Bundes- und Landesrecht waren 1967 das Gesetz zur Förderung der Stabilität und des Wachstums der Wirtschaft (StabG), 1969 das Gesetz über die Grundsätze des Haushaltsrechts des Bundes und der Länder sowie die Bundeshaushaltsordnung und 1970 die Hessische Landeshaushaltsordnung.

Durch das Gesetz zur Änderung des Gemeindewirtschaftsrechts und anderer kommunalrechtlicher Vorschriften vom 23. Mai 1973 (GVBl. I S. 161) wurde eine grundlegende Reform des kommunalen Haushaltsrechts in Hessen vorgenommen, mit der die bundesrechtlichen Vorgaben an die Länder, was die Haushaltswirtschaft der Gemeinden betrifft, insbesondere aus dem StabG, in Landesrecht umgesetzt wurden und mit der das Haushaltsrecht der Gemeinden und Gemeindeverbände in Hessen seine heutige Ausprägung erfuhr.

Auf der Grundlage der HGO in der Fassung durch das v. g. Gesetz wurde

- die ab dem Haushaltsjahr 1974 anzuwendende Verordnung über die Aufstellung und Ausführung des Haushaltsplans der Gemeinden (Gemeindehaushaltsverordnung – GemHVO) vom 13. Juli 1973, die die Gemeindehaushaltsverordnung und die Rücklagenverordnung, beide aus 1956, abgelöst hat und
- die ab dem Haushaltsjahr 1978 anzuwendende Verordnung über die Kassenführung der Gemeinden (Gemeindekassenverordnung – GemKVO) vom 8. März 1977, die die Kassen- und Rechnungsverordnung aus 1956 abgelöst hat,

erlassen.

Die vorstehenden Gesetze und Verordnungen sind durch entsprechende Verwaltungsvorschriften und Erlasse ergänzt und vertieft worden, auf die im Rahmen dieses Überblickes nicht im Einzelnen einzugehen ist.

Gründe für die Reform 1967

Die Staatsauffassung, wonach der Obrigkeitsstaat in erster Linie ein Verwaltungsstaat sei, der sich hauptsächlich für die Bewahrung der äußeren und inneren Sicherheit und

Ordnung einsetzt, hat sich insbesondere nach dem 2. Weltkrieg gewandelt. Die Finanzwirtschaft des Staates betrachtete sich vorher isoliert vom wirtschaftlichen Geschehen im Staate. Dass hier zwangsläufig ein Wandel in der Auffassung eintreten musste, wird an folgenden Zahlen deutlich:

1913 betrug der Anteil der öffentlichen Hand am Sozialprodukt nur rd. 15 %. In den 70er Jahren stieg er auf über 40 % an. Er liegt heute bei ca. 45 %. Die öffentlichen Haushalte wirken somit in steigendem Umfang sowohl von der Einnahmen- als auch von der Ausgabenseite her auf den Wirtschaftsablauf ein.

Im Bereich der öffentlichen Finanzen wird der Anspruch auf die Gestaltung der Lebensverhältnisse, die sog. **„Lenkungsfinanzpolitik"**, verstärkt bemerkbar. Hiermit ist jedoch keine Abkehr von der **„Bedarfsdeckungswirtschaft"** verbunden. Vielmehr ist hier ein Aufgabenzuwachs entstanden, der eine erhebliche Steigerung des Finanzbedarfs hervorrief.

Der Obrigkeitsstaat hat sich zu einem Leistungsstaat gewandelt, wobei Staat, Wirtschaft und Gesellschaft in einem modernen sozialen Wirtschafts- und Rechtsstaat nicht mehr scharf getrennt werden können. Der Wandel der politischen, wirtschaftlichen und gesellschaftlichen Verhältnisse erforderte eine Neuordnung der althergebrachten haushaltswirtschaftlichen Grundsätze.

Nicht zuletzt ist die Neuordnung des Haushaltsrechts auch im Zusammenhang mit anderen wichtigen Reformen zu sehen. Zu nennen sind die Finanzreform, die sog. „Große Steuerreform" und die Reform des Abgabenrechts.

Dieser Wandel in der Auffassung und in der Aufgabenstellung blieb nicht auf den Bund und die Länder beschränkt. Auch die Gemeinden (GV) waren in diesen Prozess mit einzubeziehen. Somit war zwangsläufig die Reform ausgehend vom Bund über die Länder bis hin zu den Gemeinden (GV) durchzuführen. Gleichzeitig wurde die Möglichkeit genutzt, das Haushaltsrecht der öffentlichen Hand insgesamt zu vereinheitlichen. Dass hierbei kleinere Abweichungen wegen der unterschiedlichen Aufgabenstellung in Kauf genommen werden mussten, ist in diesem Zusammenhang unerheblich.

4.3.3 Weitere Fortentwicklung des kommunalen Haushaltsrechts

Die Innenministerkonferenz hatte zu den Reformüberlegungen zum kommunalen Haushaltsrecht mit Blick auf neue Steuerungsmodelle für die Kommunalverwaltung in ihrer Sitzung am 6.5.1994 folgenden Beschluss gefasst:

> *„Die Umgestaltung des Haushalts-, Kassen- und Rechnungswesens für eine dezentrale Budgetverantwortung ist im Rahmen des geltenden Haushaltsrechts weitgehend zulässig*
>
> *...*
>
> *Umstellungen im Haushalts- und Rechnungswesen sollten im Rahmen von rechtlichen Ausnahmeregelungen (Experimentierklauseln) zunächst in Pilotprojekten erprobt werden, bevor sie allgemein durch die Gemeindehaushaltsverordnung zugelassen werden. In der Experimentierphase kommen in erster Linie Erweiterungen der haushaltswirtschaftlichen Vorschriften über die einseitige und gegenseitige Deckungsfähigkeit, die Übertragbarkeit und die Bildung von Sonderabschlüssen in Betracht.*

Auf die Länder übergreifende Einheitlichkeit des kommunalen Haushaltsrechts sollte nicht verzichtet werden. Die Innenministerkonferenz empfiehlt deshalb, die ***Eckpunkte*** *des kommunalen Haushaltsrechts* ***beizubehalten****, die Länder übergreifende weitgehende Einheitlichkeit auch in Zukunft sicherzustellen und die Bemühungen in den Ländern zur Weiterentwicklung des kommunalen Haushaltsrechts untereinander abzustimmen."*

Weitere Reformbestrebungen zielten darauf ab, verstärkt umfangreiche betriebswirtschaftliche Überlegungen in die kommunale Haushaltswirtschaft einzubauen und die Selbstverantwortung der Fachämter zu stärken. Budgetierung, Tilburger Modell[3] und „Neues Steuerungsmodell" waren und sind auch noch heute heftig diskutierte Schlagworte in kommunalen Gesprächsrunden. Modellversuche wurden in einer Reihe von Städten und Kreisen initiiert und vielerorts in der Verwaltungspraxis umgesetzt. In die Gemeindeordnung wurde eine Öffnungsklausel aufgenommen, damit Gemeinden die Möglichkeit erhalten, neue kommunale Wirtschaftsmodelle zu erproben (§ 133 HGO).

Festzuhalten ist, dass auf Grund der seit 1974 erfolgten Änderungen des Gemeindewirtschaftsrechts schon eine beweglichere Bewirtschaftung der kommunalen Finanzen ermöglicht wurde. Bewegliche Haushaltsführung mit mehr Verantwortung und Entscheidungskompetenz der Fachämter/Fachbereiche konnte im Rahmen der Vorschriften praktiziert werden. Zudem machte eine Reihe von Gemeinden Gebrauch von der Experimentierklausel des § 133 HGO.

Mit der Verordnung zur Änderung der Gemeindehaushaltverordnung und der Gemeindekassenverordnung vom 19.7.2002, GVBl. I S. 426, wurde auch in Hessen die gesetzliche Verankerung insbesondere der Budgetierung[4] als ein wesentliches Instrument des sog. „Neuen Steuerungsmodells" der Gemeinden ermöglicht.[5]

4.3.4 Umstellung des Haushaltsrechts auf ein ressourcenverbrauchsorientiertes Rechnungswesen

Bereits 1999 hat die Ständige Konferenz der Innenminister und -senatoren (IMK) die Orientierung des Haushalts- und Rechnungswesens an den Grundlagen des Neuen Steuerungsmodells und die Umsetzung des Ressourcenverbrauchskonzeptes im zukünftigen kommunalen Haushaltsrecht beschlossen.

Die IMK hat am 21.11.2003 abschließend die Eckpunkte für ein neues Haushaltsrecht, einheitliche Kontenpläne und Produktvorgaben (Haushaltsgliederung) sowie eine „Muster-Haushaltsverordnung" beschlossen. Kernpunkt dieser Reform des kommunalen Haushaltsrechts ist der **Übergang von einem zahlungsorientierten auf ein ressourcenverbrauchsorientiertes Haushalts- und Rechnungswesen**.

Steuerungsrelevante Betrachtungsgröße für die kommunale Finanzwirtschaft sind folglich nicht mehr (primär) die Zahlungsströme, sondern (vorrangig) der Verbrauch

3 Für alle: siehe *Krähmer*.

4 Siehe hierzu z. B. den Artikel von *Daneke*.

5 In der Haushaltswirtschaft nach den Grundsätzen der doppelten Buchführung ist die Budgetierung nach den aktuellen Reformen des kommunalen Haushaltsrechts inzwischen Standard. Hierauf wird in den entsprechenden Kapiteln dieses Lehrbuches noch eingegangen.

von Ressourcen (Produktionsfaktoren) für die Leistungserstellung und deren Ersatz durch entsprechendes Ressourcenaufkommen.

Als wesentliche Kritikpunkte an dem bisherigen kameralen Rechnungswesen und damit Auslöser der Reform werden insbesondere genannt:

- Das kamerale Rechnungswesen ist eine Geldverbrauchsrechnung, die nur diejenigen Vorgänge erfasst und aufzeigt, die mit Zahlungsflüssen in Verbindung stehen.
- Es zeigt also diejenigen Ressourcenverbräuche und Zukunftsbelastungen nicht auf, die nicht in Verbindung mit Zahlungen (in der gleichen Periode) entstehen.
- Es grenzt nach Kassenwirksamkeit ab und nicht nach wirtschaftlicher Zugehörigkeit, daher entstehen periodische Verzerrungen und es besteht keine unmittelbare Verwendbarkeit der Daten für Kostenrechnungen.
- Die Kameralistik kontrolliert die Einhaltung der Mittelbereitstellung nach Einzelzwecken, aber nicht das Ergebnis der Leistungserstellung insgesamt.
- Insgesamt liefert die Kameralistik nicht oder nur unvollständig die Daten, die für eine wirksame politische und administrative Steuerung kommunaler Haushalte heute notwendig sind.

Die aktuelle Reform des Gemeindehaushaltsrechts lässt sich daher in zwei Hauptaspekten betrachten:

- Umstellung des Haushalts- und Rechnungswesens von der zahlungsorientierten Darstellungsform auf eine ressourcenverbrauchsorientierte Darstellungsform
  (Ressourcenverbrauchsrechnung statt Geldverbrauchsrechnung)
- Steuerung der Kommunalverwaltungen durch die Vorgabe von Zielen für die kommunalen Dienstleistungen an Stelle der Bereitstellung von Ausgabeermächtigungen für Einzelzwecke
  (Output-Steuerung statt Input-Steuerung)

Die IMK hat zwar den Versuch unternommen, mit den Beschlüssen von 2003 die Grundlagen für ein bundesweit einheitliches neues Haushalts- und Rechnungswesen der Gemeinden zu schaffen, da diese Beschlüsse aber einen Minimalkonsens von 16 Bundesländern darstellen und die Umsetzung in anwendbares Recht ohnehin Ländersache ist, haben sich sehr schnell unterschiedliche Vorgehensweisen entwickelt.[6]

Die Umstellung auf ein ressourcenorientiertes Haushalts- und Rechnungswesen kann nach den Beschlüssen der IMK 2003 entweder durch eine erweiterte kameralistische Buchführung als Fortentwicklung bisherigen Rechts oder durch ein Haushalts- und Rechnungswesen nach den Grundsätzen der doppelten Buchführung (Doppik) erfolgen. Die IMK überlässt es den Ländern zu regeln, in welcher Weise in dem jeweiligen Bundesland diese Umstellung erfolgt, also entweder durch erweiterte Kameralistik oder Doppik oder durch Weitergabe dieses Wahlrechtes an die einzelne Kommune des jeweiligen Bundeslandes (Optionsmodell). In der überwiegenden Zahl der Bundesländer wurde, mit teilweise langen Übergangsfristen, die Doppik als alleiniges Rechnungs-

6 *Burth/Gnädiger*, Harmonisierung des Haushaltsrechts.

wesen der Kommunen eingeführt. Aber auch das doppische Rechnungswesen ist in den einzelnen Bundesländern sehr unterschiedlich entwickelt worden.

Das Land Hessen hatte sich zunächst entschieden, den Gemeinden das Wahlrecht einzuräumen und durch entsprechende Regelung in § 92 HGO in der bis 23.12.2011 geltenden Fassung bestimmt, dass die Haushaltswirtschaft nach den Grundsätzen der Verwaltungsbuchführung (das meint die erweiterte Kameralistik) oder durch Bestimmung in der Hauptsatzung nach den Grundsätzen der doppelten Buchführung (hierzu wurden die §§ 114a bis 114u in die HGO eingefügt, diese waren ein „doppisches Spiegelbild" der kameralen §§ 94 bis 114 HGO) geführt wird.

Allerdings gab es bis 2012 nur zwei Gemeinden in Hessen, die ihre Haushaltswirtschaft nach den Grundsätzen der Verwaltungsbuchführung führten, alle anderen Gemeinden und alle Landkreise hatten bis dahin auf die doppelte Buchführung umgestellt.

Aufgrund der Erkenntnis, dass es nicht gerechtfertigt erscheint, für die Haushaltsführung von lediglich zwei Gemeinden ein sehr umfangreiches Regelwerk vorzuhalten, hat der Gesetzgeber mit Gesetz vom 16. Dezember 2011 das eingeräumte Wahlrecht wieder aufgehoben und die doppelte Buchführung (Doppik) zur ausschließlich zulässigen Haushaltssystematik bestimmt.

In Folge dessen sind auch die Regelungen zur Verwaltungsbuchführung (§§ 94 bis 114 HGO) obsolet geworden und wurden aufgehoben. An ihre nummernmäßige Stelle sind die Paragrafen zur Doppik getreten, d. h. aus § 114a wird § 94 usw., die GemHVO-Doppik wurde geändert und in GemHVO umbenannt. Die Gemeindekassenverordnung wurde in diesem Zuge mit Gültigkeit ab 1. Januar 2012 neu erlassen. Insbesondere wurden die die Buchführung betreffenden Vorschriften aus der Verordnung herausgenommen, da sich diese auf die Verwaltungsbuchführung bezogen und die Buchführungsbestimmungen für die Haushaltswirtschaft nach den Grundsätzen der doppelten Buchführung in der GemHVO enthalten sind. Die GemHVO-Verwaltungsbuchführung wurde folgerichtig aufgehoben.

In Hessen hat sich der Begriff „Neues Kommunales Rechnungs- und Steuerungssystem – NKRS" als Bezeichnung für die Gesamtheit aller Regelungen und Inhalte der neuen Verwaltungssteuerung im Sinne des Ressourcenverbrauchskonzeptes etabliert.[7] Auch wenn das in diesem Lehrbuch beschriebene Haushaltsrecht nach den Grundsätzen der doppelten Buchführung nicht alle Aspekte des NKRS umfasst, wird in diesem Buch an geeigneten Stellen auf diesen Begriff zurückgegriffen.

4.3.5 Produktbildung als Grundlage Output-orientierter Steuerung

Wie in vorstehender Ziffer geschildert, war ein Hauptaspekt der dort genannten Haushaltsrechtsreform die Umstellung der Steuerung der Kommunalverwaltungen auf die Vorgabe von Zielen für die kommunalen Dienstleistungen an Stelle der Bereitstellung von Ausgabeermächtigungen für Einzelzwecke, was kurz gefasst auch als „Out-

7 In den anderen Bundesländern haben sich andere Bezeichnungen durchgesetzt, z. B. Neues Kommunales Finanzmanagement (NKF) in NRW, Neues Kommunales Rechnungswesen (NKR) oder Steuerungssystem (NKS).

put-Steuerung statt Input-Steuerung“ bezeichnet wird. Um die kommunalen Dienstleistungen steuerbar zu machen, müssen sie als steuerungsrelevante Objekte dargestellt werden. Dazu dient die Produktbildung, was auf kommunaler Ebene durchaus problematisch ist, da eine Vielzahl von gemeindlichen Leistungen keine körperlichen Güter darstellt, sondern Dienstleistungen mit teilweise hohem Abstraktionsgrad (z. B. Leistungen im Bereich der Stadtplanung). Als Produkt wird nach den haushaltsrechtlichen Vorschriften (vgl. § 58 Nr. 26 GemHVO) das Ergebnis von Leistungsprozessen verstanden; es soll im Ergebnis das Verwaltungshandeln darstellen und steuerbar machen; es richtet sich an Empfänger außerhalb der eigenen Organisationseinheit.

Die Produkte sind die Grundlage zur Darstellung und Beschreibung von Produktzielen mit Kennzahlen zur Zielerreichung, zur Qualität und zu Produktmengen. Diese Informationen dienen dazu, die politischen Entscheidungsträger in die Lage zu versetzen, Output-orientierte Entscheidungen zukunftsorientiert und sachgerechter treffen zu können (siehe auch Hinweise zu § 4 GemHVO).

Um Produkte darstellbar und steuerbar zu machen, hat sich eine Grundsystematik zur Produktbeschreibung entwickelt, danach sollte die Beschreibung eines Produktes zumindest folgende Merkmale beinhalten:

- Bezeichnung und Kurzbeschreibung
- Auftragsgrundlage (Gesetz, Beschluss)
- Zielgruppe
- dauerhafte Produktziele (Wirkungen)
- Angaben zur Produktqualität (Merkmale und Indikatoren)
- jahresbezogene Zieldaten (Kennzahlen)
- Angaben zum Leistungsumfang
- Angaben zu den Produktfinanzen (Ressourcenverbrauch und -aufkommen, investive Zahlungen)

Produkte werden zu Produktgruppen und Produktgruppen zu Produktbereichen sachlich zusammengefasst (§ 58 Nr. 27 und 28 GemHVO).

Zu den kostenrechnerischen Aspekten der Produktbildung siehe Ziff. 19.4.1

Im Juni 2019 wurde von einer Arbeitsgruppe unter Führung des Hessischen Rechnungshofes – Überörtliche Prüfung kommunaler Körperschaften – der erste Entwurf eines Produktbuches für die Kommunen entwickelt und vorgelegt. Dieses hat die Aufgabe, die korrekte Zuordnung der kommunalen Leistungen zu den Produktbereichen und -gruppen zu erleichtern. Dieses Produktbuch steht inzwischen zur Verfügung und kann auf der Download-Seite des HMdIS bezogen werden.[8] Nr. 2 Hw. zu § 4 GemHVO führt dazu aus, dass den Gemeinden dringend empfohlen wird, sich bei der Zuordnung ihrer Aufgaben bzw. Produkte zu den Produktbereichen und Produktgruppen an den Erläuterungen des Produktbuchs zu orientieren.

8 *Hessisches Ministerium des Innern und für Sport*, Downloadbereich, online.

4.4 Rechtsgrundlagen der Haushaltswirtschaft

Im kommunalen Bereich der Haushaltswirtschaft ist eine Fülle von Vorschriften zu beachten. Die nachfolgende Aufzählung kann zwangsläufig nicht vollständig sein. Auch ist die Reihenfolge kein Indiz für die Bedeutung der Vorschrift im kommunalen Haushaltsrecht des Landes Hessen.

	vom bzw. i. d. F. vom	**zuletzt geändert**
Grundgesetz	23.05.1949	19.12.2022
Verfassung des Landes Hessen	01.12.1946	12.12.2018
Gesetz zur Förderung der Stabilität und des Wachstums der Wirtschaft (StabG)	08.06.1967	31.08.2015
Gesetz über die Grundsätze des Haushaltsrechts des Bundes und der Länder (HGrG)	19.08.1969	14.08.2017
Gemeindefinanzreformgesetz (GemFinRefG)	10.03.2009	04.12.2022
Abgabenordnung (AO)	01.10.2002	16.12.2022
Bewertungsgesetz (BewG)	01.02.1991	16.12.2022
Grundsteuergesetz (GrStG)	07.08.1973	16.12.2022
Gewerbesteuergesetz (GewStG)	15.10.2002	16.12.2022
Landeshaushaltsordnung (LHO) mit VV	01.04.2022	12.12.2022
Hessische Gemeindeordnung (HGO)	07.03.2005	16.02.2023
Hessische Landkreisordnung (HKO)	07.03.2005	11.12.2020
Gesetz zur Regelung der überörtlichen Prüfung kommunaler Körperschaften in Hessen (ÜPKKG)	22.12.1993	07.05.2020
Finanzausgleichsgesetz (HFAG)	23.07.2015	12.12.2022
Kommunalabgabengesetz (KAG)	24.03.2013	28.05.2018
Eigenbetriebsgesetz (EigBGes)	09.06.1989	14.07.2016
Gesetz über die Zuständigkeiten der Gemeinden für die Festsetzung und Erhebung der Realsteuern (RealStFestGemZustG)	03.12.1981	
Hessisches Vergabe- und Tariftreuegesetz (HVTG)	12.07.2021	
Hessisches Grundsteuergesetz (HGrStG)	15.12.2021	
Verordnung über die Aufstellung und Ausführung des Haushaltsplans der Gemeinden (Gemeindehaushaltsverordnung – GemHVO)	02.04.2006	30.07.2021
Hinweise[9] zur GemHVO	27.09.2021	

9 Die Terminologie „Hinweise“ begründet sich gemäß Auskunft des HMdIS darin, dass der GemHVO eine Ermächtigung zum Erlass von Durchführungsbestimmungen fehle, wie dies in § 154 Abs. 2 HGO für die HGO bestimmt werde. Im Sinne einer einheitlichen Terminologie seien daher auch die VV zur HGO als „Hinweise“ ergangen. Beide Regelungen seien als Hinweise dahingehend zu verstehen, wie der Gesetz- bzw. Verordnungsgeber die jeweiligen Vorschriften angewendet wissen will, und daher Maßstab bei Auslegungsfragen. Insgesamt sind die Hinweise daher nicht weniger verbindlich als förmliche Verwaltungsvorschriften. Mit der Änderung der GemHVO vom 16.12.2016 wurde eine Ermächtigung zum Erlass von Ausführungsbestimmungen in § 60 Abs. 3 aufgenommen. Es bleibt abzuwarten, ob, wie und wann das HMdIS von dieser Ermächtigung Gebrauch macht.

	vom bzw. i. d. F. vom	zuletzt geändert
Verordnung über die Kassenführung der Gemeinden (Gemeindekassenverordnung – GemKVO) einschließlich Verwaltungsvorschriften	27.12.2011	07.12.2016
Verordnung über öffentliche Bekanntmachungen der Gemeinden und Landkreise (GemLKrBekV)	12.10.1977	16.12.2011
Hinweise[10] zum Sechsten Teil der HGO	27.09.2021	
Hinweise zur GemKVO	24.01.2016	

4.5 Öffentliches Haushaltsrecht im System bzw. Vergleich

4.5.1 Stellung im System der Volkswirtschaft

Lange Zeit hindurch war der Grundsatz des Haushaltsausgleiches, also die Bedarfsdeckung, beherrschendes Thema des Haushaltsrechtes. Wirtschaftswissenschaftler (zuerst *Keynes*) haben sich gegen diese Fiskalpolitik gewandt und dafür ausgesprochen, dass die Haushaltswirtschaft als ein bewusstes Instrument zur Steuerung des volkswirtschaftlichen Ablaufs (Konjunktur) angewandt wird. Ihnen schwebte als Ziel vor, die öffentlichen Haushalte als Instrument der Gegensteuerung gegen Konjunkturausschläge (antizyklische Haushaltspolitik) zu benutzen. Das Gesetz zur Förderung der Stabilität und des Wachstums der Wirtschaft (StabG) hat diese Vorstellungen übernommen. Bund und Länder werden verpflichtet, bei ihren wirtschafts- und finanzpolitischen Maßnahmen die Erfordernisse des gesamtwirtschaftlichen Gleichgewichts zu beachten. Dabei sind die Maßnahmen so zu treffen, dass sie im Rahmen der marktwirtschaftlichen Ordnung gleichzeitig die Ziele anstreben:

- Stabilität des Preisniveaus
- hoher Beschäftigungsstand
- außenwirtschaftliches Gleichgewicht bei
- stetigem angemessenen Wirtschaftswachstum (§ 1 StabG).

Die Gemeinden werden in § 16 StabG aufgefordert, bei ihrer Haushaltswirtschaft den Zielen des § 1 StabG Rechnung zu tragen. Mit der Reform des kommunalen Haushaltsrechtes, d. h. also mit der Novellierung der HGO im Jahre 1973, wurde hier auch kommunalverfassungsrechtlich die Aufgabe „Beachtung des gesamtwirtschaftlichen Gleichgewichts" zwingende Verpflichtung. Der kritische Leser könnte jetzt fragen: Wie kann eine kleine Gemeinde diese hochgesteckten Ziele des gesamtwirtschaftlichen Gleichgewichtes mit ihrem relativ kleinen Haushalt, also mit einem kleinen Finanzvolumen, erfüllen? Bezogen auf die einzelne Gemeinde ist die Beantwortung sicherlich problematisch und schwierig. Auf die Gesamtheit aller Gemeinden bezogen, wird die Einbeziehung der Gemeinden in die konjunkturpolitischen Überlegungen aber not-

10 Siehe Fußnote 9.

wendig. Die Statistik[11] hat ermittelt, dass mehr als ein Drittel aller öffentlichen Investitionen in den Bereich der Gemeinden und Gemeindeverbände fallen. Somit wäre eine staatliche Konjunkturpolitik unvollständig, wenn sie nicht auch die Gemeinden einbezieht. § 92 Abs. 1 HGO bestimmt daher, dass die Gemeinden bei ihrer Haushaltswirtschaft den Erfordernissen des gesamtwirtschaftlichen Gleichgewichts Rechnung tragen müssen. Auch bei zahlreichen weiteren Vorschriften lässt sich die konjunkturpolitische Zielsetzung erkennen, wie bei den entsprechenden Bestimmungen im Einzelnen noch zu erläutern sein wird.

Problematisch ist die Einbeziehung der Gemeinden in die staatliche Konjunkturpolitik aber dennoch. Insbesondere im kommunalen Bereich kann es aus der Konkurrenz zwischen der Aufgabenerfüllung auf der einen Seite und des konjunkturgerechten Verhaltens auf der anderen Seite i. S. v. § 92 Abs. 1 HGO zu Problemen kommen. Da jedoch die Sicherung der Aufgabenerfüllung oberster Grundsatz im kommunalen Haushaltsrecht ist, muss letztlich diese Vorschrift den Vorrang haben (siehe auch Ziff. 7.2.1).

4.5.2 Verhältnis zur Betriebswirtschaft

Mit jedem Schritt der Reform des kommunalen Haushaltsrechts wurden vermehrt betriebswirtschaftliche Inhalte in das Haushaltsrecht übernommen. Seit jeher war die Gemeinde verpflichtet, ihren Haushalt wirtschaftlich und sparsam zu führen, aktuell geregelt in § 92 Abs. 2 HGO. Schon dazu ist die Verwendung betriebswirtschaftlicher Erkenntnisse unumgänglich, insbesondere auch zur Einhaltung der Verpflichtung, Wirtschaftlichkeitsvergleiche bei Investitionen durchzuführen (§ 12 Abs. 1 GemHVO).[12]

Elemente des betriebswirtschaftlichen Rechnungswesens, die nicht zugleich Zahlungen darstellten, waren ursprünglich im Haushalt jedoch nur dort zugelassen, wo dies für sog. Kostenrechnende Einrichtungen, auch als Gebührenhaushalte bezeichnet, erforderlich war. Dabei handelt es sich um Einrichtungen, die zu mehr als 50 % aus Gebühren finanziert werden (§ 12 GemHVO 1974). Insbesondere umfasste dies die Abschreibung und die kalkulatorische Verzinsung sowie die interne Leistungsverrechnung (§ 14 Abs. 3 GemHVO 1974). Mit den Reformschritten seit Erlass der GemHVO 1974, erstmals 1996, wurde die Möglichkeit, solche Positionen zu veranschlagen, nach und nach auf den gesamten Haushalt erweitert.

Im Haushaltsrecht nach den Grundsätzen der doppelten Buchführung wurde die Veranschlagung interner Leistungsbeziehungen für den gesamten Haushalt verpflichtend (§ 4 Abs. 3 GemHVO), dazu zählt auch die kalkulatorische Verzinsung, vgl. Nr. 8 letzter Satz Hw. zu § 4 GemHVO. Aus dem Verweis dort auf § 10 Abs. 2 KAG lässt sich schließen, dass dies zunächst nur dort gelten soll, wo die kalkulatorische Verzinsung in die Gebührenkalkulation einfließt. Es bestehen aber sicherlich keine Einwände, wenn die Gemeinde die kalkulatorische Verzinsung auch in anderen Bereichen aus-

11 Siehe z. B. *Burth/Gnädiger*, Entwicklung der Investitionen von Bund, Ländern und Kommunen in Deutschland, online.

12 Siehe hierzu *Klümper/Möllers/Zimmermann*.

weist, in denen größere Bestände des Anlagevermögens vorhanden sind, aber keine Gebühren erhoben werden, insbesondere bei den Gemeindestraßen. Nr. 1 Hw. zu § 14 GemHVO verlangt zudem, dass die Kosten- und Leistungsrechnung in allen Produktbereichen der Gemeinde zu führen ist. Kostenrechnung schließt auch die kalkulatorische Verzinsung des Anlagekapitals ein. Abschreibungen sind im doppischen Rechnungswesen ohnehin für das gesamte Anlagevermögen nachzuweisen (§ 2 Abs. 1 Nr. 13, § 43 GemHVO).

Weitere ursprünglich der Betriebswirtschaft zuzuordnende Elemente des doppischen Haushaltswesens sind die in §§ 4 Abs. 2 und 10 Abs. 3 GemHVO genannten Ziele und Kennzahlen.

Insgesamt hat sich durch die Haushaltsrechtsreform 2005/2006 eine deutliche betriebswirtschaftlich orientierte Neuausrichtung der kommunalen Haushaltswirtschaft ergeben, nicht zuletzt auch durch die Verpflichtung zur Erfassung des gesamten Vermögens und der gesamten Schulden und zur Erstellung von entsprechenden Bilanzen.

4.6 Staatliche Überwachung der gemeindlichen Haushaltswirtschaft

Mit staatlicher Überwachung ist die Aufsicht des Landes gegenüber den Gemeinden angesprochen. Sie wird als Staatsaufsicht bezeichnet und hat ihre verfassungsmäßige Grundlage im Art. 137 HV, wonach das Land die Gesetzmäßigkeit der Verwaltung der Gemeinden und Gemeindeverbände zu überwachen hat. Die HGO umschreibt die Grenzen der Staatsaufsicht in einer Doppelfunktion, nach der sie einerseits die Gemeinden in ihren Rechten schützt und andererseits die Erfüllung ihrer Pflichten sichert (§ 11 HGO). Das in diesen Bestimmungen verankerte Recht des Landes, die Gemeinden zu überwachen, findet im 7. Teil der HGO seine nähere Ausgestaltung. Das Aufsichtsrecht des Landes ist nach diesem Abschnitt in eine allgemeine Aufsicht und eine Sonderaufsicht geteilt (§ 135 HGO). Der allgemeinen Aufsicht (auch Rechtsaufsicht genannt) unterliegen die Selbstverwaltungsaufgaben der Gemeinden, und zwar die freiwillig übernommenen wie auch die gesetzlich übertragenen Selbstverwaltungsaufgaben. Die Sonderaufsicht, die auch als Fachaufsicht bezeichnet wird, erstreckt sich auf die Pflichtaufgaben der Gemeinden, die ihnen zur Erfüllung nach Weisung übertragen sind (§ 4 HGO), wie z. B. die Gefahrenabwehr nach dem Hess. Gesetz über die öffentliche Sicherheit und Ordnung (§ 82 HSOG) und die Bauaufsicht nach der Hess. Bauordnung (§ 52 HBO).

Die gemeindliche Haushaltswirtschaft gehört zu den gesetzlich zugewiesenen Selbstverwaltungsaufgaben. Sie ist entsprechend der vorstehenden Systematik der allgemeinen Aufsicht des Landes unterworfen. Nach den verschiedenen Wirkungen und Wirkungsmöglichkeiten der Staatsaufsicht muss sie nach einer schützenden, kontrollierenden und vorbeugenden Aufsicht unterschieden werden. Die Grenzen zwischen diesen einzelnen Aufsichtsarten fließen in der Praxis häufig ineinander. Als einige typische Beispiele sind jedoch angeführt:

- Vorlage der beschlossenen Haushaltssatzung (§ 97 Abs. 3 HGO)

- Genehmigung der Abweichung von den Vorgaben zum Haushaltsausgleich, des Haushaltssicherungskonzeptes, der Kredite, der Liquiditätskredite und ggf. der Verpflichtungsermächtigungen im Rahmen der Haushaltssatzung (§ 97a HGO)
- Unterrichtung der Aufsichtsbehörde über die wesentlichen Ergebnisse der Abschlüsse (§§ 112 Abs. 5, 112a Abs. 6 HGO) und Vorlage der Beschlüsse der Gemeindevertretung über die Jahresrechnung und die Entlastung (§ 114 Abs. 2 HGO)

Darüber hinaus kann sich das Land aufgrund seines Informationsrechtes, dem eine Informationspflicht der Gemeinde entspricht, zusätzlich über alle anderen finanzwirtschaftlichen Angelegenheiten erschöpfend unterrichten lassen.

In einer Kurzübersicht ergibt sich folgendes Bild:

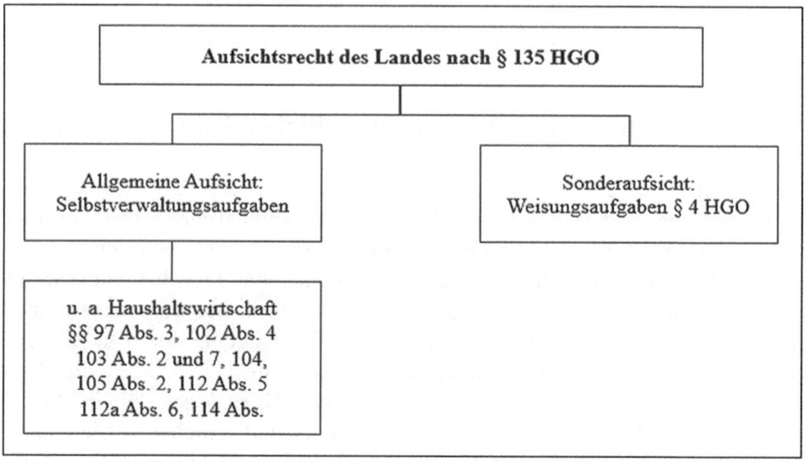

Die Aufsichtskompetenzen sind in § 136 HGO geregelt. Danach sind Aufsichtsbehörden:

Aufsichtsbehörde	Landeshauptstadt Wiesbaden und Stadt Frankfurt am Main	Sonstige kreisfreie Städte und Sonderstatusstädte	Übrige Gemeinden
untere	Minister des Innern	Regierungspräsident	Landrat als untere staatl. Aufsichtsbehörde
obere	Minister des Innern	Minister des Innern	Regierungspräsident
oberste	Minister des Innern	Minister des Innern	Minister des Innern

Aufsichtsbehörden der Kreise sind nach § 54 Abs. 2 HKO:

- der Regierungspräsident als untere staatliche Aufsichtsbehörde,
- der Minister des Innern als obere und oberste Aufsichtsbehörde.

4.7 Ablauf der Haushaltswirtschaft

4.7.1 Haushaltskreislauf

Den Ablauf der Haushaltswirtschaft der Gemeinde kann man sich als einen Kreislauf vorstellen, in dem sich die einzelnen Phasen in jedem Haushaltsjahr in stets gleich bleibender Reihenfolge wiederholen:

- Planung und Aufstellung des Haushaltsplanes (Kämmerei und Fachämter[13]),
- Ausführung des Haushaltsplanes (Kämmerei, Fachämter und Kasse),
- Jahresabschluss, Prüfung und Entlastung (Kasse, Kämmerei, Fachämter, Rechnungsprüfungsamt).

Daneben sind in den haushaltsrechtlichen Vorschriften im Einzelnen die Zuständigkeiten des Gemeindevorstandes und der Gemeindevertretung geregelt.

Die Abwicklung eines Haushaltes erfolgt etwa über drei Jahre von der Aufstellung bis zur Entlastung.

Folgendes Beispiel bezogen auf den Haushaltsplan für das Jahr 2024 soll dieses verdeutlichen:

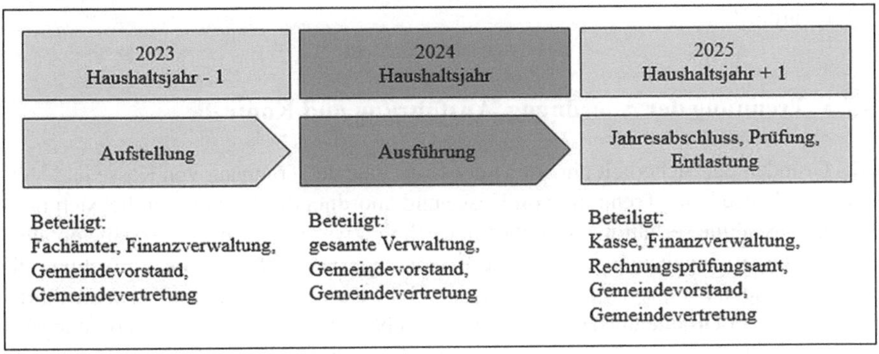

4.7.2 Ausführung des Haushaltsplanes

Bei der Ausführung des Haushaltsplanes wirken verschiedene Stellen der Gemeindeverwaltung zusammen, und zwar die einzelnen Fachämter, die Kämmerei und die Kasse.

13 In der Verwaltungspraxis hat sich eine Vielzahl von Bezeichnungen für die einzelnen Organisationseinheiten entwickelt. In vielen Kommunalverwaltungen wurde der Begriff des Amtes/der Abteilung bzw. des Fachamtes/der Fachabteilung durch die Begriffe „Fachbereich" oder „Fachdienst" abgelöst. Auch die Bezeichnung „Kämmerei" bzw. „Kämmereiamt" als zuständige Organisationseinheit für die Finanzverwaltung findet sich in vielen Verwaltungen nicht mehr. Stattdessen anzutreffende Bezeichnung ist heute häufig „Fachbereich Finanzen" bzw. „Fachdienst Finanzen". Soweit nicht auf den hergebrachten Begriff „Kämmerei" zurückgegriffen wird, verwenden die Autoren in diesem Lehrbuch vorzugsweise den Begriff „Finanzverwaltung".

Die Fachämter/Kämmerei ordnen die Annahme der der Gemeinde zustehenden Einzahlungen (Annahmeanordnungen) und die Auszahlungen (Auszahlungsanordnungen) an. Die Fachämter/Kämmerei haben also grundsätzlich allein das Recht, über die im Haushaltsplan veranschlagten Beträge zu verfügen, und die Pflicht, die Einhaltung des Haushaltsplanes (ggf. Überschreitung der Haushaltsansätze) zu überwachen (siehe § 27 GemHVO). Jedoch hat die unmittelbare Verfügungsgewalt (Annehmen und Auszahlen) über die Zahlungsmittel die Kasse.

Die Kasse darf nur auf Grund der Anordnungen der Ämter tätig werden und hat kein Recht, über den Verwendungszweck der Geldmittel zu entscheiden. Diese Trennung von Verfügung über die Haushaltsmittel (Fachämter) und Verwaltung der Zahlungsmittel (Kasse) ist in der öffentlichen Verwaltung eingeführt, um Sicherheit und Ordnungsmäßigkeit der öffentlichen Finanzwirtschaft zu sichern.

Die Kasse übernimmt nicht nur den gesamten Zahlungsverkehr, sie hat auch sämtliche Kassenvorgänge zu buchen und die Belege zu sammeln. Mit dem Buchen aller Kassenvorgänge bereitet die Gemeindekasse die Erstellung des Jahresabschlusses vor, die am Ende eines jeden Haushaltsjahres steht. Mit dem Jahresabschluss wird der prüfungsfähige Nachweis darüber erbracht, wie sich das Gemeindevermögen verändert hat, mit welchem Ergebnis die Haushaltswirtschaft abgeschlossen wurde, inwieweit die Kasse die erteilten Anordnungen ausgeführt hat und wie der Haushaltsplan ausgeführt wurde.[14]

4.7.3 Trennung der Anordnung, Ausführung und Kontrolle

Aus Gründen der Sicherheit gilt streng der Grundsatz der Trennung von Kasse und Verwaltung. Diese klare Trennung von Kasse und anordnender Verwaltung hat sich nach langer Verwaltungserfahrung als unbedingt richtig erwiesen. Sie muss deshalb von allen Verwaltungen eingehalten werden. Diese Trennung bedeutet, dass die Verwaltung die zu erledigenden Kassengeschäfte anordnet und die Kasse diese Anordnungen ausführt.

Aus diesem Grunde dürfen in der Kasse beschäftigte Personen keine Anordnungsgeschäfte oder Prüfungsgeschäfte wahrnehmen (§ 110 Abs. 5 HGO, § 6 Abs. 3 GemKVO). Die Trennung der Kontrolle von der Anordnung und Ausführung der Anordnung ist durch § 130 Abs. 5 HGO sichergestellt.

14 Siehe Ziffn. 13.6 bzw. 15.8.

– Kapitel 5 –

Inhaltsverzeichnis

5. Personal der Haushaltswirtschaft

5.1 Der Kämmerer

5.1.1 Rechtsstellung des Kämmerers

Das Hessische Kommunalverfassungsrecht in der Ausprägung der unechten Magistratsverfassung unterscheidet zwischen den Organen „Gemeindevertretung" und „Gemeindevorstand". Nach § 9 Abs. 1 HGO ist die von den Bürgern gewählte Gemeindevertretung das oberste Organ der Gemeinde. Sie trifft die wichtigen Entscheidungen.

Die laufende Verwaltung besorgt nach § 9 Abs. 2 HGO der kollegial gestaltete, also aus mehreren Personen bestehende, Gemeindevorstand. Dieser setzt sich zusammen aus dem von den Bürgern gewählten Bürgermeister, der den Vorsitz im Gemeindevorstand führt, dem Ersten Beigeordneten und weiteren Beigeordneten (§ 65 Abs. 1 HGO). Der Gemeindevorstand bereitet die Beschlüsse der Gemeindevertretung vor und führt sie aus (§ 66 Abs. 1 Nr. 2 HGO). Die Beschlüsse des Gemeindevorstandes werden vom Bürgermeister vorbereitet und ausgeführt, soweit nicht Beigeordnete mit der Ausführung beauftragt sind (§ 70 Abs. 1 HGO).

Wenn ein hauptamtlicher Beigeordneter für die Verwaltung des Finanzwesens bestellt ist, trägt dieser in Städten die Bezeichnung „Stadtkämmerer", ansonsten kann die Bezeichnung „Kämmerer" für diesen Beigeordneten durch die Hauptsatzung festgelegt werden (§ 45 HGO)[1].

Wenn ein Beigeordneter für die Verwaltung des Finanzwesens nicht bestellt ist, nimmt dessen Aufgaben und Rechte automatisch der Bürgermeister wahr.

In der weiteren Darstellung wird der Begriff „Kämmerer" als Bezeichnung für den mit der Verwaltung des Finanzwesens bestellten Beigeordneten verwendet.

5.1.2 Aufgabenbereich des Kämmerers

5.1.2.1 Verwaltungsorganisatorischer Aufgabenbereich

Eine eindeutige Abgrenzung des Aufgabenbereiches des Kämmerers wird weder im kommunalen Verfassungsrecht noch im Haushaltsrecht vorgenommen. Nach § 70 Abs. 1 HGO verteilt der Bürgermeister die Geschäfte unter die Mitglieder des Gemeindevorstands. Nach der jetzigen Regelung des § 70 Abs. 1 HGO steht die Zuweisung von Geschäftsbereichen an die Beigeordneten im alleinigen Ermessen des Bürgermeisters. Er ist weder an Aufträge des Gemeindevorstands noch an solche der Gemeindevertre-

1 Die Bezeichnung „Kämmerer" ist jedoch, anders als z. B. in Nordrhein-Westfalen, keine durch die Gemeindeordnung festgelegte Funktion. Auch die durch die GO NRW ausdrücklich an die Person des Kämmerers gebundenen besonderen Befugnisse sind in der HGO so nicht geregelt, mit Ausnahme bestimmter weiter unten dargestellter Aufgaben und Rechte. Insbesondere hat der „Kämmerer" in Hessen keine Organstellung, wie dies z. B. in Nordrhein-Westfalen zumindest faktisch der Fall ist.

tung gebunden.[2] Es liegt also letztlich im Ermessen des Bürgermeisters, welchen Aufgabenbereich der Kämmerer insgesamt zu verwalten hat.

Verwaltungsorganisatorisch umfasst der Geschäftsbereich des Kämmerers die Verwaltung des Finanzwesens der Gemeinde (§ 97 Abs. 1 Satz 2 HGO). Dazu gehören die Haushaltsgestaltung, die Einnahmenbeschaffung sowie die Verwaltung des Vermögens und der Schulden. In der Praxis gehören hierzu die Kämmerei[3] mit der Haushaltsabteilung und der Vermögens- und Schuldenverwaltung, die Steuerverwaltung und die Kasse. Der Bürgermeister wird also bei der Geschäftsverteilung nicht umhinkommen, diese Abteilungen bzw. Ämter auf jeden Fall dem Kämmerer zuzuweisen. Je nach Größe der Gemeinde können weitere Organisationseinheiten zum Geschäftsbereich des Kämmerers gehören. Selbstverständlich ist, dass der Kämmerer darüber hinaus auch andere nicht unbedingt zum Aufgabenbereich des Finanzwesens gehörende Aufgaben wahrnehmen kann.

5.1.2.2 Haushaltsrechtlicher Aufgabenbereich

Nach der verwaltungsorganisatorischen Abgrenzung werden nun die wesentlichen Aufgaben, Rechte und Pflichten des Kämmerers auf Grund der Gemeindeordnung und der sonstigen kommunalen haushaltsrechtlichen Bestimmungen dargestellt. Im Überblick sind es Folgende:

Eigener Aufgabenbereich des Kämmerers	
Beschreibung des Aufgabenbereichs	**Fundstelle**
Aufstellung des Entwurfs der Haushaltssatzung und des Haushaltsplanes	§ 97 Abs. 1 HGO
Abweichende schriftliche Stellungnahme	§ 97 Abs. 1 HGO
Aufstellung des Entwurfs des Investitionsprogramms	§ 101 Abs. 3 HGO
Abweichende schriftliche Stellungnahme	§ 101 Abs. 3 HGO
Mündliche Stellungnahme vor der Gemeindevertretung	§ 97 Abs. 2 HGO
Mitglied der Betriebskommission von Eigenbetrieben der Gemeinde	§ 6 Abs. 1 Nr. 2 Eigenbetriebsgesetz
Unterrichtung durch die und Auskunft von der Betriebsleitung von Eigenbetrieben der Gemeinde	§ 4 Abs. 2 Eigenbetriebsgesetz

Im Einzelnen umfasst der haushaltsrechtliche Aufgabenbereich des Kämmerers folgende Punkte:

a) Gemäß § 97 Abs. 1 HGO hat der Kämmerer den Entwurf der Haushaltssatzung vorzubereiten. Hiermit ist gleichzeitig auch die Aufstellung des Haushaltsplanes mit seinen Anlagen gemeint. Auch wenn die HGO die Anlagen zur Haushaltssatzung nicht näher bestimmt, kann festgestellt werden, dass der Haushaltsplan und seine Anlagen (§ 1 GemHVO) unverzichtbarer Bestandteil der Haushaltssatzung sind.

2 Siehe *Unger* in KVR Hessen, § 70 HGO, Rdnr. 21.
3 Zur Terminologie der Organisationseinheiten siehe Fußnote bei Ziff. 4.7.1.

Das Recht zur Vorbereitung des Entwurfes steht dem Kämmerer auch bezüglich des Investitionsprogramms zu, § 101 Abs. 3 Satz 3 HGO.

b) Gemäß § 97 Abs. 1 Satz 3 HGO kann der Kämmerer eine abweichende (schriftliche) Stellungnahme zu dem durch den Gemeindevorstand festgestellten Entwurf der Haushaltssatzung der Gemeindevertretung vorlegen. Dieses Recht steht dem Kämmerer auch bezüglich des Investitionsprogramms zu, § 101 Abs. 3 Satz 4 HGO.
c) Gemäß § 97 Abs. 2 Satz 3 HGO kann der Kämmerer seine abweichende Auffassung in der Beratung (mündlich) vertreten. Eine entsprechende Regelung trifft § 101 HGO für das Investitionsprogramm zwar nicht ausdrücklich, aus dem Recht, eine abweichende Stellungnahme schriftlich vorzulegen, kann aber in analoger Anwendung des § 97 Abs. 2 HGO auch bezüglich des Investitionsprogramms gefolgert werden, dass der Kämmerer eine abweichende Auffassung auch in der Beratung (mündlich) vertreten kann.
d) Nach § 4 Abs. 2 Satz 2 Eigenbetriebsgesetz hat die Betriebsleitung eines Eigenbetriebes dem Kämmerer den Entwurf der Wirtschaftspläne, Jahresabschlüsse usw. zuzuleiten. Sie hat ferner auf Anforderung alle sonstigen finanzwirtschaftlichen Auskünfte zu erteilen.
e) Nach § 6 Abs. 2 Nr. 2 Eigenbetriebsgesetz gehört der Kämmerer zwingend der Betriebskommission an.

5.2 Haushaltssachbearbeiter, Beauftragter für den Haushalt, Budgetverantwortlicher

Das kommunale Haushaltsrecht enthält keine weiteren Vorschriften über das sonstige Personal der Haushaltswirtschaft oder die Organisation der Finanzverwaltung (Kämmerei). Es überlässt es den Gemeinden bzw. dem Bürgermeister – im Rahmen seiner Rechte –, Zuständigkeiten für die Aufstellung, Ausführung usw. des Haushaltsplanes innerhalb der Verwaltung festzulegen. In größeren Gemeinden wird es in der Regel unvermeidbar sein, in den einzelnen Organisationseinheiten der Verwaltung Sachgebiete bzw. Sachbearbeiter zu bestimmen, die sich mit der Haushaltswirtschaft ihres Teilbereiches befassen. Diese Aufgabe wird nicht immer von der Leitungsperson der Organisationseinheit selbst wahrgenommen werden können.

Der Aufgabenbereich dieser Sachbearbeiter kann unterschiedlich umfangreich ausgestaltet sein. Er kann von der Haushaltsüberwachung über die federführende Aufstellung der Voranschläge zum Haushalt und Zusammenstellung der Unterlagen für den Finanz- und Investitionsplan bis hin zur Beteiligung bei allen Maßnahmen mit finanzieller Auswirkung gehen. Die Festlegung dieses Aufgabenkreises sollte im Interesse einer ordnungsgemäßen Haushaltswirtschaft vorgenommen werden.

Die Autoren vertreten die Auffassung, dass hier die Regelung nach § 9 der Bundeshaushaltsordnung (BHO) bzw. § 9 der Landeshaushaltsordnung (LHO) über den Beauftragten für den Haushalt durchaus im kommunalen Bereich analog angewendet werden kann. Dieses gilt insbesondere für größere Gemeinden. Bei einer dezentralen Ressourcenverantwortung, wie sie in der Haushaltswirtschaft nach den Grundsätzen der doppelten Buchführung üblich ist, ist dieses sogar unerlässlich.

Nach § 9 Abs. 2 LHO obliegen dem Beauftragten

- die Aufstellung der Unterlagen für die Finanzplanung und der Voranschläge für den Entwurf des Haushaltsplanes
- die Ausführung des Haushaltsplanes
- die Beteiligung bei allen Maßnahmen von finanzieller Bedeutung.

Den Gemeinden ist es im Rahmen ihrer Organisationshoheit freigestellt, eine solche Funktion zu schaffen, wobei die Verwaltungsvorschriften zu § 9 LHO weitere Hinweise auf die Ausgestaltung geben können.

Im Zusammenhang mit der Teilhaushalts- und Budgetbildung (siehe Ziff. 6.5.2) erhält der Begriff des Budgetverantwortlichen zunehmend Bedeutung. Abgeleitet aus der Budgetdefinition des § 58 Nr. 10 GemHVO umfasst Budgetverantwortung zum einen die Verantwortung für die Einhaltung des Finanzrahmens und zum anderen die Verantwortung für die Erreichung der Sachziele des Budgets. Diese Verantwortungen sind i. d. R. an die Leitungsverantwortung der Organisationseinheit geknüpft.

5.3 Buchhalter und Controller

Die Führung der Haushaltswirtschaft nach den Grundsätzen der doppelten Buchführung erfordert weiterhin entsprechend qualifiziertes Personal für die damit verbundenen Buchführungsaufgaben. Dies betrifft insbesondere die Finanzbuchhaltung und die Anlagenbuchhaltung, die sich inhaltlich deutlich vom früheren kameralen Rechnungswesen unterscheiden und im Umfang des Buchungsstoffes weit darüber hinausgehen. Auch die Verantwortung für den gesamten Prozess der Jahresabschlusserstellung bis hin zum zusammengefassten Abschluss (sog. Konzernbilanz) stellt weitaus höhere Anforderungen als in der früheren Kameralistik gegeben. Auch hier muss die Gemeinde vorhandenes Personal entsprechend qualifizieren oder entsprechend qualifiziertes Personal einstellen.

Bei der Anwendung doppischer Haushaltswirtschaft mit dezentraler Ressourcenverantwortung kommt der Einrichtung von zusätzlicher Steuerungsverantwortung sowohl zentral als auch dezentral eine große Bedeutung zu. Diese Aufgaben sind Personen mit Controllingfunktionen übertragen. Insbesondere die Steuerung der Haushaltswirtschaft über Ziele und Kennzahlen, wie sie in §§ 4 und 10 GemHVO angelegt ist, stellt eine klassische Controllingaufgabe dar. Für die Gemeinde ist es also unerlässlich, über Personal mit entsprechenden Kenntnissen zu verfügen, durch Aus- und Fortbildung oder Einstellungsmaßnahmen.

Insgesamt stellen sich damit auch deutlich höhere Anforderungen an die Ausbildung und Fortbildung im öffentlichen Dienst und an die Träger und Anbieter entsprechender Maßnahmen.

5.4 Kassenpersonal und Rechnungsprüfungspersonal[4]

Wie bereits zu Ziff. 4.7.3 ausgeführt, besteht eine strikte Trennung zwischen Anordnung, Ausführung und Kontrolle. Dieser Tatsache tragen die haushaltsrechtlichen Vorschriften insofern Rechnung, als sie dem Kassenpersonal und dem Rechnungsprüfungspersonal besondere Vorschriften widmen.

Nach § 110 Abs. 4 HGO dürfen der Kassenverwalter und sein Stellvertreter nicht miteinander oder mit dem Bürgermeister, den Beigeordneten sowie dem Leiter und den Prüfern des Rechnungsprüfungsamtes bis zum dritten Grade verwandt oder bis zum zweiten Grade verschwägert oder durch Ehe oder durch eingetragene Lebenspartnerschaft verbunden sein.

Nach § 130 Abs. 4 HGO darf der Leiter des Rechnungsprüfungsamtes nicht Angehöriger in o. g. Graden des Vorsitzenden der Gemeindevertretung, des Bürgermeisters und der Beigeordneten sein. Dieses gilt auch im Verhältnis zum Kassenverwalter und seinem Stellvertreter, § 110 Abs. 4 HGO.

Nach § 130 Abs. 3 Satz 3 HGO dürfen der Leiter und die Prüfer des Rechnungsprüfungsamtes eine andere Stellung in der Gemeinde nur innehaben, wenn dies mit ihren Prüfungsaufgaben vereinbar ist.

Kreisfreie Städte und Sonderstatus-Städte müssen ein Rechnungsprüfungsamt einrichten, andere Gemeinden können es einrichten, § 129 Satz 1 HGO. Wenn die Gemeinde kein eigenes Rechnungsprüfungsamt eingerichtet hat, werden dessen Aufgaben vom Rechnungsprüfungsamt des Kreises wahrgenommen, § 129 Satz 2 HGO.

Nach § 37 Abs. 1 lit. e) HGO dürfen Bedienstete des Landkreises, die mit Aufgaben der Rechnungsprüfung für die Gemeinde befasst sind, nicht zugleich Gemeindevertreter sein. Entsprechendes gilt für die Mitglieder des Gemeindevorstandes nach § 43 Abs. 1 Nr. 4 HGO.

Durch die vorgenannten Vorschriften soll sichergestellt werden, dass im Bereich der Haushaltswirtschaft keine abhängigen Bindungen oder besondere Weisungsrechte zwischen den Stellen der Ausführung des Haushaltes und der Kasse bzw. dem Rechnungsprüfungsamt bestehen.

4 Siehe hierzu auch weitergehend die Ausführungen bei Ziff. 13.6 sowie Kap. 21.

– Kapitel 6 –

Inhaltsverzeichnis

6. Haushaltsplan

6.1 Begriff

Das kommunale Haushaltsrecht enthält keine Legaldefinition des Begriffes Haushaltsplan. Meist wird der Haushaltsplan definiert als die regelmäßig vorgenommene, für die Wirtschaftsführung der Gemeinde maßgebende systematische Zusammenstellung aller für eine Haushaltsperiode geplanten Aufwendungen, Auszahlungen und Verpflichtungsermächtigungen und der zur Deckung der Aufwendungen bzw. Auszahlungen vorgesehenen Erträge und Einzahlungen.

Auch die bekannten Definitionen der verwandten Begriffe „Budget“ und „Etat“ wonach darunter das Ordnungsinstrument und Rechenwerk, welches mit Blick in die Zukunft einen systematischen Überblick über die Einnahmen und Ausgaben eines Gemeinwesens in einer bestimmten Referenzperiode gewährt, zu sehen ist, werden dem Haushaltsplan in seiner jetzigen Form nur bedingt gerecht.

Für den staatlichen Bereich führt § 2 Gesetz über die Grundsätze des Haushaltsrechts des Bundes und der Länder (Haushaltsgrundsätzegesetz – HGrG) zur Bedeutung des Haushaltsplans aus, dass „der Haushaltsplan ... der Feststellung und Deckung des Finanzbedarfs beziehungsweise bei doppisch basierter Haushaltswirtschaft auch des Aufwands, der zur Erfüllung der Aufgaben des Bundes oder des Landes im Bewilligungszeitraum voraussichtlich notwendig ist“, dient.

Das kommunale Haushaltsrecht, im Wesentlichen in den Bestimmungen der HGO und der Gemeindehaushaltsverordnung festgelegt einschließlich jeweils hierzu ergangenen Hinweise[1], zeigt nur den Inhalt, die Bestandteile und die Gliederung des Haushaltsplanes auf. Aus diesen Einzelregelungen kann der Begriff des Haushaltsplanes herauskristallisiert werden.

§ 95 Abs. 2 HGO sagt aus, dass der Haushaltsplan die anfallenden Erträge und eingehenden Einzahlungen, entstehenden Aufwendungen und zu leistenden Auszahlungen sowie die benötigten Verpflichtungsermächtigungen (siehe Kap. 8) enthält. Zusätzlich spricht diese Vorschrift an, dass die veranschlagten Erträge, Einzahlungen, Aufwendungen, Auszahlungen und Verpflichtungsermächtigungen für die Erfüllung der Aufgaben der Gemeinde vorzusehen sind und korrespondiert demnach mit dem allgemeinen Haushaltsgrundsatz der stetigen Aufgabenerfüllung gemäß § 92 Abs. 1 Satz 1 HGO (siehe Ziff. 7.2.1). Die Aufgabenerfüllung ist also ohne die entsprechende Veranschlagung im Haushaltsplan nicht durchführbar. Ergänzend ist die Bestimmung des § 95 Abs. 1 HGO zu sehen, wonach der Haushaltsplan die Grundlage für die Haushaltswirtschaft der Gemeinde darstellt. Der Haushaltsplan, der ja die jahresbezogenen finanzwirtschaftlichen Vorstellungen der Gemeinde enthält, ist somit im Innenverhältnis für die Haushaltsführung verbindlich; diese Verbindlichkeit entsteht nach Maßgabe der HGO und der auf Grund der HGO erlassenen Rechtsverordnungen.

Zusammenfassend kann gesagt werden: Der Haushaltsplan ist die Grundlage für die Haushaltswirtschaft der Gemeinde und enthält für die Zwecke der Aufgabenerfüllung

---

1 Siehe hierzu Ziff. 4.4.

alle im Haushaltsjahr voraussichtlich anfallenden Erträge und eingehenden Einzahlungen, entstehenden Aufwendungen und zu leistenden Auszahlungen und die benötigten Verpflichtungsermächtigungen. In seiner Eigenschaft als Finanzierungsplan ist er für die Haushaltsführung der Gemeinde im Innenverhältnis verbindlich. Ansprüche und Verbindlichkeiten Dritter werden durch ihn weder begründet noch aufgehoben; der Haushaltsplan hat demnach keine Außenwirkung (§ 96 Abs. 2 HGO), s. u. Ziff. 6.4.6.[2]

6.2 Abgrenzung zu anderen Plänen und Rechnungen

6.2.1 Haushaltssatzung und Haushaltsplan

Die Haushaltssatzung (siehe Kap. 11) enthält gemäß § 94 Abs. 2 HGO die Festsetzung des Haushaltsplanes unter Angabe des Gesamtbetrages

- der Erträge und Aufwendungen bzw. der Einzahlungen und Auszahlungen des Haushaltsjahres unter Angabe der sich daraus ergebenden Salden (§ 1 der Haushaltssatzung),
- der vorgesehen Kreditaufnahmen für Investitionen und Investitionsförderungsmaßnahmen – Kreditermächtigung – (§ 2 der Haushaltssatzung),
- der vorgesehenen Verpflichtungsermächtigungen (§ 3 der Haushaltssatzung).

Die im § 1 der Haushaltssatzung angegebenen Gesamtbeträge werden aus dem Ergebnis- bzw. dem Finanzhaushalt übernommen und ergeben sich aus der Addition aller in den Teilhaushalten nach den Veranschlagungsgrundsätzen veranschlagten Erträge und Aufwendungen sowie Einzahlungen und Auszahlungen.

In § 2 der Haushaltssatzung ist die sog. Kreditermächtigung enthalten für die Aufnahme von Krediten für Investitionen und Investitionsförderungsmaßnahmen. Dieser Betrag ergibt sich nicht unmittelbar aus dem Finanzhaushalt, da hier auch Aufnahme und Tilgung von Krediten für Umschuldungen (siehe Kap. 9) enthalten sein können. Diese sind im Finanzhaushalt nachrichtlich anzugeben, siehe § 3 Abs. 3 Nrn. 1 und 2 GemHVO.

Der in § 3 der Haushaltssatzung genannte Gesamtbetrag der Verpflichtungsermächtigungen ergibt sich aus den Einzelpositionen der Verpflichtungsermächtigung in den einzelnen Teilfinanzhaushalten.

§ 4 der Haushaltssatzung enthält den Höchstbetrag der Liquiditätskredite (siehe Ziff. 9.5). Diese Einzahlungen dienen der kurzfristigen Verstärkung des Kassenbestandes (Sicherung der Zahlungsfähigkeit – Liquiditätssicherung –) und sind keine Einzahlungen im Sinne der Haushaltsfinanzierung. Soweit sie noch nicht getilgt sind, stellen sie jedoch Verbindlichkeiten im Sinne der Vermögensrechnung (Bilanz) dar. Haushaltsrelevant im Zusammenhang mit den Liquiditätskrediten sind nur die damit verbundenen Zinsen und Verwaltungskosten, die als Aufwand in den Ergebnishaushalt eingestellt werden und im entsprechenden Gesamtbetrag des § 1 der Haushaltssatzung erscheinen.

2 Siehe hierzu auch *Daneke* in KVR Hessen, § 96 HGO.

In § 5 der Haushaltssatzung werden die Realsteuerhebesätze (siehe Ziff. 2.3.1) festgesetzt. Auf Grund der Realsteuerhebesätze werden die Gemeinden die Höhe dieser Steuern ermitteln. Demzufolge haben die Realsteuerhebesätze Einfluss auf die Höhe der voraussichtlich eingehenden Steuererträge, die im Teilhaushalt für die Allgemeine Finanzwirtschaft veranschlagt und als Folge der Aufrechnung auch in der Gesamtsumme der Erträge des Ergebnishaushaltes in § 1 der Haushaltssatzung enthalten sind.

§ 6 der Haushaltssatzung enthält die Festsetzung des Haushaltssicherungskonzeptes, das aufzustellen ist, wenn die Vorgaben zum Haushaltsausgleich verfehlt werden, dies lässt sich aus § 1 der Haushaltssatzung bzw. den Mustern 7 und 8 für den Ergebnis- und den Finanzhaushalt ablesen. Ein Haushaltssicherungskonzept ist auch aufzustellen, wenn nach der Ergebnis- und Finanzplanung (vgl. Kap. 12) im Planungszeitraum Fehlbeträge oder ein negativer Zahlungsmittelbestand erwartet werden, siehe hierzu insgesamt Kap. 10.

In § 7 der Haushaltssatzung wird der Stellenplan festgesetzt. Gemäß § 5 Abs. 1 GemHVO hat dieser die im Haushaltsjahr erforderlichen Stellen der Beamten und der nicht nur vorübergehend eingestellten Arbeitnehmer auszuweisen. Gemäß § 16 Abs. 2 Satz 1 GemHVO richtet sich die Veranschlagung von Personalaufwendungen nach den im Haushaltsjahr voraussichtlich besetzten Stellen. Die Personalaufwendungen erscheinen im Haushaltsplan in den jeweiligen Teilergebnishaushalten und fließen somit in die Angabe der Gesamtaufwendungen in § 1 der Haushaltssatzung ein.

Unter anderem sollen diese Darstellungen klären, dass die Haushaltssatzung mit dem Haushaltsplan nicht identisch ist und nicht identisch sein kann. Festzuhalten ist, dass der Haushaltsplan wichtigster und notwendiger Bestandteil der Haushaltssatzung ist.

6.2.2 Mittelfristige Ergebnis- und Finanzplanung und Haushaltsplan

Gemäß § 101 HGO hat die Gemeinde ihrer Haushaltswirtschaft eine fünfjährige Ergebnis- und Finanzplanung zu Grunde zu legen (siehe Kap. 12). Die weiteren Anforderungen und Instrumente sind in § 9 GemHVO festgehalten.

Die Unterschiede zwischen der Ergebnis- und Finanzplanung und dem Haushaltsplan sind insbesondere im Planungshorizont, der Planungstiefe und der Verbindlichkeit begründet. Die Ergebnis- und Finanzplanung ist auf fünf Jahre angelegt, wobei sich der reine, über den Haushaltsplan hinausgehende Planungszeitraum auf drei Jahre beläuft. Sie besitzt keinerlei Vollzugsverbindlichkeit und dient der Verwaltung und den Organen der Gemeinde als Orientierungsmittel für die Planung der künftigen Jahre. Umsetzungsverpflichtungen können sich aber aus dem Investitionsprogramm ergeben, welches gemäß § 101 Abs. 3 HGO als Grundlage für die Ergebnis- und Finanzplanung zu erstellen ist und durch Beschluss der Gemeindevertretung Verbindlichkeit im Hinblick auf die Maßnahmen, die zu seiner Umsetzung erforderlich sind, erlangt, z. B. Einleitung entsprechender Planungen. Aus der Ergebnis- und Finanzplanung kann sich die Verpflichtung zur Aufstellung eines Haushaltssicherungskonzeptes und Beschlussfassung im Rahmen der Haushaltssatzung ergeben, wenn im Planungszeitraum Fehlbeträge oder ein negativer Zahlungsmittelbestand erwartet werden (§ 92a Abs. 1 Nr. 2 HGO), siehe auch Kap. 10.

Bei der Erstellung des Haushaltsplanes werden grundsätzlich die jeweiligen Ergebnis- und Finanzplanungen des Vorjahres einbezogen, wobei die Veranschlagung im Haushaltsplan als Grundlage der Haushaltswirtschaft von der bisherigen Ergebnis- und Finanzplanung abweichen kann. Dann sollte von der Gemeinde jedoch Aufklärung darüber gegeben werden, in welchen wesentlichen Punkten der Haushaltsplan vom Finanzplan abweicht. Die Möglichkeit der Darstellung der Abweichungen ist gemäß § 6 GemHVO insbesondere im Vorbericht gegeben.

Eindeutig zu erkennen ist, dass sowohl der Haushaltsplan als auch die Ergebnis- und Finanzplanung Pläne darstellen, die vorausschauend für die Zukunft aufgestellt sind und in der Zukunft verwirklicht werden sollen. Beide Pläne wirken nur im Innenverhältnis, haben keine Drittwirkung, und es werden die Erträge und Einzahlungen, Aufwendungen und Auszahlungen und (im Haushaltsplan) Verpflichtungsermächtigungen dargestellt. Die Unterschiede liegen im Zeithorizont und in der Ermächtigungswirkung. Wo der Haushaltsplan für ein Haushaltsjahr eine verbindliche Grundlage der Haushaltswirtschaft darstellt, ist die Ergebnis- und Finanzplanung ein auf den Zeitraum von fünf Jahren angelegter Orientierungsrahmen ohne Verbindlichkeit. Die Ergebnis- und Finanzplanung ist nach § 1 Abs. 4 GemHVO in den Ergebnishaushalt bzw. den Finanzhaushalt zu integrieren (vgl. Kap. 12), das ihr zu Grunde liegende Investitionsprogramm gemäß § 1 Abs. 5 Nr. 2 GemHVO dem Haushaltsplan als Anlage beizufügen.

6.2.3 Wirtschaftsplan und Haushaltsplan

Der Wirtschaftsplan ist ein für wirtschaftliche Betätigungen (§ 121 ff. HGO) vorgesehenes Rechenwerk, das für solche Bereiche vorgeschrieben ist, in denen die Gemeinde nach den kaufmännischen Rechnungslegungsregeln des HGB tätig ist. Das betrifft vor allem die Eigenbetriebe (Sondervermögen mit Sonderrechnung) und diejenigen Gesellschaftsbeteiligungen (GmbH, AG), für die das Eigenbetriebsrecht anzuwenden ist (§ 122 Abs. 4 HGO). In diesen Bereichen tritt er mit seinen Untergliederungen Erfolgsplan, Vermögensplan und Stellenübersicht an die Stelle des Haushaltsplanes und ist diesem gemäß § 1 Abs. 5 Nrn. 9 und 10 GemHVO als Anlage beizufügen. Zur wirtschaftlichen Betätigung der Gemeinde insgesamt siehe Kap. 20.

6.2.4 Jahresabschluss und Haushaltsplan

Der Jahresabschluss (siehe Kap. 15) ist das Gegenstück zum Haushaltsplan. Während der Haushaltsplan das auf die Zukunft gerichtete Programm für die Gemeindearbeit eines Jahres abgibt, soll der Jahresabschluss nach Ablauf des Haushaltsjahres die Aussage darüber liefern, was wirklich geschehen ist. Er ist insofern das auf die Wirklichkeit bezogene Spiegelbild des Haushaltsplanes, das in effektiven Ertrags-, Aufwands-, Einzahlungs- und Auszahlungsbeträgen aufzeigt, wie sich der Verlauf des Haushaltsjahres de facto gestaltet hat. Der Jahresabschluss ist das Rechenwerk der Gemeinde, das die tatsächliche Vermögens-, Finanz- und Ertragslage der Gemeinde darstellt und mit dem der Gemeindevorstand über seine Haushaltsführung Rechenschaft ablegt. Er gliedert sich in die Vermögensrechnung (Bilanz), die Ergebnisrechnung und die Finanzrechnung. Der Jahresabschluss ist durch einen Rechenschaftsbericht zu erläutern, ihm sind die in § 112 Abs. 4 HGO, § 52 GemHVO genannten Anlagen beizufügen. Zu den Einzelheiten des Jahresabschlusses siehe Kap. 15 bis 18 sowie §§ 44 ff. GemHVO.

6.2.5 Budget und Haushaltsplan

Der Begriff „Budget“ ist gemäß § 4 Abs. 1 Satz 2 GemHVO im Wesentlichen deckungsgleich mit dem Begriff des Teilhaushaltes, jedenfalls soweit, als ein Teilhaushalt von der jeweils gleichen Organisationseinheit bewirtschaftet wird (§ 58 Nr. 10 GemHVO). Budget (im doppischen Verständnis) meint damit einen Teilbereich des gesamten Haushaltsplanes. Wenn die Teilhaushaltsbildung (s. u. Ziff. 6.5.2) gemäß § 4 Abs. 2 Satz 1 GemHVO nach der örtlichen Organisation erfolgt, dürften Teilhaushalte und Budgets strukturell identisch sein. Werden die Teilhaushalte jedoch nach Produktbereichen gebildet und sind mehrere Organisationseinheiten der gleichen Hierarchieebene für einen Teilhaushalt verantwortlich (z. B. Produktbereich 01 Innere Verwaltung, verantwortlich sind gleichermaßen Hauptamt, Personalamt und Kämmereiamt bzw. entsprechende Fachbereiche oder Fachdienste), würde dieser Teilhaushalt in drei Budgets gemäß den beteiligten Organisationseinheiten aufzuteilen sein, um eindeutige Verantwortungsbereiche zu schaffen.

6.3 Bedeutung des Haushaltsplanes

6.3.1 Allgemeines

Der Haushaltsplan ist nicht mit der Haushaltssatzung identisch. Er bildet jedoch einen unverzichtbaren Teil der Haushaltssatzung (§ 94 Abs. 2 Nr. 1 HGO).

Die Bedeutung des Haushaltsplanes liegt darin, dass er gemäß § 95 Abs. 1 HGO die Grundlage für die Haushaltswirtschaft der Gemeinde bildet. Auch diese Bestimmung ist letztlich zu global, um daraus die Bedeutung des Haushaltsplanes für die kommunale Haushaltswirtschaft zu erkennen. Das für das Haushaltsrecht des Bundes und der Länder maßgebende Gesetz über die Grundsätze des Haushaltsrechts des Bundes und der Länder (Haushaltsgrundsätzegesetz – HGrG) enthält in § 2 eine bessere Beschreibung der Bedeutung des Haushaltsplanes. Mit der dort enthaltenen Funktionenbeschreibung ist die Bedeutung eines Haushaltsplanes schon deutlicher gemacht. Danach dient der Haushaltsplan der Feststellung und Deckung des Finanzbedarfs, der zur Erfüllung der Aufgaben des Bundes oder des Landes im Bewilligungszeitraum voraussichtlich notwendig ist. Der Haushaltsplan ist die Grundlage für die Haushalts- und Wirtschaftsführung. Bei seiner Aufstellung und Ausführung ist den Erfordernissen des gesamtwirtschaftlichen Gleichgewichts Rechnung zu tragen. Diese Funktionsbeschreibung kommt der Klärung der Bedeutung des Haushaltsplanes schon sehr nahe.

Die Bedeutung des Haushaltsplanes kann anhand seiner Funktionen erkannt werden:

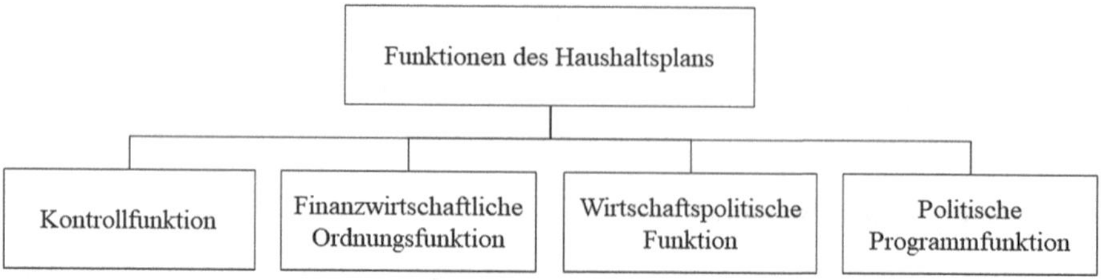

6.3.2 Finanzwirtschaftliche Ordnungsfunktion

Der Haushaltsplan der Gemeinde hat in erster Linie finanzwirtschaftliche Ordnungsfunktionen zu erfüllen. Er enthält nach § 95 Abs. 2 HGO alle im Haushaltsjahr für die Erfüllung der Aufgaben der Gemeinde voraussichtlich

- anfallenden Erträge und eingehenden Einzahlungen,
- entstehenden Aufwendungen und zu leistenden Auszahlungen und
- benötigten Verpflichtungsermächtigungen.

Daraus ist zu ersehen, dass der Haushaltsplan ein vollständiges Abbild der wirtschaftlichen Vorgänge einer geplanten Haushaltsperiode, also eines Kalenderjahres, gibt. Er umfasst (anders als in der früheren Kameralistik) nicht nur die Vorgänge, die zu tatsächlichen Zahlungen führen, sondern auch alle Vorgänge mit wirtschaftlicher Wirkung, die nicht in Verbindung mit Zahlungen entstehen, insbesondere Abschreibungen, Auflösung von Sonderposten sowie Zu- und Abgänge bei den Rückstellungen.

Es soll durch die Veranschlagung der Erträge, Einzahlungen, Aufwendungen, Auszahlungen und Verpflichtungsermächtigungen in einem fest gefügten Plan, der nach bestimmten Grundsätzen aufgestellt wird, die übersichtliche und rationale Handhabung der Gemeindefinanzen und unter dem gleichen Aspekt die Bewirtschaftung der einzelnen Bereiche erzielt werden.

Folgende Gesichtspunkte sind zur Erreichung dieses Zieles im Einzelnen maßgeblich:

- Durch die planmäßige Vorausschau der Aufwendungen und Auszahlungen und der ihrer Deckung dienenden Erträge und Einzahlungen wird die öffentliche Finanzwirtschaft in die Lage versetzt, die gestellten Aufgaben auch finanziell durchführen zu können, und
- durch das Erfordernis des finanziellen Ausgleiches von Aufwendungen und Erträgen bzw. Auszahlungen und Einzahlungen wird die Wirtschaftlichkeit im öffentlichen Bereich gesteigert – siehe auch § 92 Abs. 2 HGO und § 12 Abs. 1 GemHVO.
- Der Haushaltsplan soll übersichtlich sein. Dieses angestrebte Ziel wird durch ein Ordnungssystem von Teilhaushalten, Produkten und Konten erreicht, siehe auch

Muster 11 und 12 zu § 60 GemHVO. Aus der Kombination von Produkt und Konto ergibt sich das einzelne Produktkonto (in der Praxis auch Planungsstelle in der Planungsphase bzw. Buchungsstelle in der Ausführungsphase genannt).[3]

6.3.3 Kontrollfunktion

Der Haushaltsplan ist für die Haushaltsführung verbindlich. Ansprüche und Verbindlichkeiten Dritter werden durch ihn weder begründet noch aufgehoben (§ 96 Abs. 2 HGO). Durch den Haushaltsplan wird der Verwaltung ein finanzieller Handlungsrahmen gesteckt, den sie bezüglich der Aufwendungen bzw. Auszahlungen und Verpflichtungen einhalten muss. Er ermächtigt sie, im Rahmen der Aufgabenerfüllung Aufwendungen und Auszahlungen zu leisten und Verpflichtungen einzugehen. Diese weit reichenden Ermächtigungen zu Gunsten der Verwaltung müssen überprüfbar sein. Die Kontrolle wird auch anhand des Haushaltsplanes vorgenommen. Die im Folgenden angegebenen Regelungen sollen dieses nachweisen:

- Der Haushaltsplan enthält neben den Ansätzen für das Haushaltsjahr noch die Ansätze für das Vorjahr und die Ergebnisse des diesem vorangehenden Jahres (siehe Muster 7–10 zur GemHVO). Diese Zahlen geben in allen Einzelheiten Aufschluss über die finanzwirtschaftliche Entwicklung in drei Jahren, und ein Vergleich der Zahlen macht es der Verwaltung und auch der Gemeindevertretung möglich, den Ursachen für eingetretene wesentliche Veränderungen nachzugehen. Für den Ergebnis- und für den Finanzhaushalt (Muster 7 und 8) gilt zudem, dass die Planungsdaten der folgenden drei Haushaltsjahre (mittelfristige Ergebnis- und Finanzplanung, siehe oben Ziff. 6.2.2), für jedes Haushaltsjahr getrennt, anzugeben sind. Für die Teilhaushalte gilt dies nicht, es steht der Gemeinde aber frei, diese Angaben auch in den Teilergebnis- und -finanzhaushalten zu machen, was auch bisher schon häufig in der Praxis erfolgte, allerdings führt dies zu einem höheren Planungsaufwand, der aber durch die damit erzeugte Transparenz sicherlich gerechtfertigt ist.
- Der Haushaltsplan ist Bestandteil der Haushaltssatzung (§ 94 Abs. 2 HGO). Der Entwurf der Haushaltssatzung einschließlich des Haushaltsplanes ist von der Gemeindevertretung in öffentlicher Sitzung zu beraten und zu beschließen (§ 97 Abs. 2 Satz 1 HGO). Durch die Beschlussfassung über die Haushaltssatzung wird der Haushaltsplan von der Gemeindevertretung erlassen. Die Angaben im Haushaltsplan ermöglichen der Gemeindevertretung eine Kontrolle der Planung und auch der Ausführung durch die Verwaltung.
- Die Ordnung des Haushaltsplanes nach Teilhaushalten/Produkten und die Einteilung der Erträge und Einzahlungen und der Aufwendungen und Auszahlungen in Konten (Muster 12 zur GemHVO) bilden die Grundlage für die Buchführung der Gemeinde (§§ 32 ff. GemHVO) und für die Aufstellung des Jahresabschlusses (§ 112 HGO, §§ 44 ff. GemHVO).

3 Häufig wird in der Praxis auch noch der kamerale Begriff „Haushaltsstelle" verwendet.

- Der Jahresabschluss wird vom Gemeindevorstand aufgestellt (§ 112 Abs. 5 HGO) und anschließend vom Rechnungsprüfungsamt (§ 129 ff. HGO) u. a. daraufhin geprüft, ob der Haushaltsplan eingehalten ist und ob bei den Erträgen, Einzahlungen, Aufwendungen und Auszahlungen sowie bei der Vermögens- und Schuldenverwaltung nach den geltenden Vorschriften verfahren worden ist (§ 128 HGO). Nach Abschluss der Prüfung legt der Gemeindevorstand den Jahresabschluss mit dem Schlussbericht des Rechnungsprüfungsamtes der Gemeindevertretung zur Beratung und Beschlussfassung vor (§ 113 HGO). Diese hat dann über den Jahresabschluss zu beschließen und über die Entlastung des Gemeindevorstandes zu entscheiden (§ 114 HGO).

6.3.4 Wirtschaftspolitische Funktion

Durch Art. 109 Abs. 2 GG wird die Funktion des Haushaltsplanes in wirtschaftspolitischer Hinsicht festgesetzt. Der Grundsatz, dass Bund und Länder bei ihrer Haushaltswirtschaft den Erfordernissen des gesamtwirtschaftlichen Gleichgewichts Rechnung zu tragen haben, ist in den Regelungen des Gesetzes zur Förderung der Stabilität und des Wachstums der Wirtschaft – Stabilitätsgesetz – detailliert geregelt. Die Hessische Gemeindeordnung übernimmt diesen Grundsatz. Bei der Planung und Durchführung ihrer Haushaltswirtschaft haben die Gemeinden gemäß § 92 Abs. 1 Satz 2 HGO den Erfordernissen des gesamtwirtschaftlichen Gleichgewichts Rechnung zu tragen (siehe Ziff. 7.2.1). Durch diese Regelungen haben die Haushaltspläne der Gemeinden als volkswirtschaftliches Ordnungsinstrument einen Platz in der Konjunkturpolitik erhalten. Es ist demnach rechtlich möglich, die in den Haushaltsplänen veranschlagten Zahlungsströme zur Steuerung und Lenkung der Gesamtwirtschaft in der Form des antizyklischen Verhaltens einzusetzen (siehe auch Kap. 12 zum Thema „Finanzplanung").

6.3.5 Politische Programmfunktion

Die Beschlussfassung über die Haushaltssatzung und den Haushaltsplan ist das Ergebnis zahlreicher Beratungen, Diskussionen und Auseinandersetzungen innerhalb und außerhalb der Gemeindevertretung und der Verwaltung. Im Haushaltsplan ist demzufolge die Finanzierung des politischen Programms mindestens der Mehrheit der Gemeindevertretung enthalten, denn durch den Haushaltsplan werden die Ausgabemittel und Ermächtigungen zum Eingehen von Verpflichtungen zur Verwirklichung der politischen Ziele bereitgestellt. Der Haushaltsplan ist also eine konsequente Fortsetzung von politischen Programmen. Die Grenzen der finanziellen Verwirklichung werden allerdings angesichts der angespannten Finanzausstattung der Gemeinden sehr oft deutlich. Nach Erfüllung der gesetzlichen und vertraglichen Verpflichtungen wird der verbleibende Spielraum – auch freie Finanzspitze genannt – immer geringer, und nur über diese Mittel kann politisch noch verfügt werden.

6.4 Wirkungen des Haushaltsplanes

6.4.1 Allgemeine Wirkung

Im Haushaltsplan sind die finanzwirtschaftlichen Vorstellungen der Gemeindevertretung und der Verwaltung niedergelegt. Der Haushaltsplan enthält alle im Haushaltsjahr für die Erfüllung der Aufgaben der Gemeinde voraussichtlich anfallenden Erträge und eingehenden Einzahlungen, entstehenden Aufwendungen und zu leistenden Auszahlungen und benötigten Verpflichtungsermächtigungen. Dadurch bedingt ist die Verwaltung auch gehalten, die Maßnahmen durchzuführen, für die Mittel vorgesehen sind. Der Haushaltsplan stellt demnach eine Richtlinie für die im Haushaltsjahr zu erfüllenden Aufgaben dar (§ 95 Abs. 1 HGO). Gelingt es nicht, die vorgesehene Maßnahme durchzuführen, ist ein ändernder Beschluss der Gemeindevertretung in Erwägung zu ziehen.

6.4.2 Wirkung bezüglich der Aufwendungen und Auszahlungen

Zu beachten ist in diesem Zusammenhang, dass die im Haushaltsplan veranschlagten Ansätze für Aufwendungen und Auszahlungen für die Verwaltung Ermächtigungen, jedoch keine Verpflichtung zur vollständigen oder teilweisen Inanspruchnahme darstellen, siehe auch Nr. 2 Hw. zu § 96 HGO. Die Ansätze dürfen nur unter Beachtung der Haushaltsgrundsätze in Anspruch genommen werden; besonders ist hier der Grundsatz der Wirtschaftlichkeit und Sparsamkeit zu erwähnen.

Mit der Höhe der Aufwendungs- bzw. Auszahlungsansätze wird durch die Festsetzung des Haushaltsplanes eine Obergrenze gezogen, die jedoch insoweit flexibel ist, als dass sie im Rahmen der §§ 19 und 20 GemHVO (unechte und echte Deckungsfähigkeit, siehe Ziff. 7.4.3) überschritten werden darf. Außerdem darf sie unter den Voraussetzungen des § 100 HGO (unvorhergesehen, unabweisbar und Deckung gewährleistet) überschritten werden, siehe hierzu insgesamt Kap. 14.

6.4.3 Wirkung bezüglich der Verpflichtungsermächtigungen

Verpflichtungen zur Leistung von Auszahlungen in künftigen Jahren für Investitionen und Investitionsförderungsmaßnahmen[4] dürfen nur eingegangen werden, wenn der Haushaltsplan hierzu ermächtigt (§ 102 HGO, siehe Kap. 8).

4 Die haushaltsrechtlichen Vorschriften differenzieren begrifflich zwischen Investitionen und Investitionsförderungsmaßnahmen, vgl. § 58 Nr. 18 und 19 GemHVO. Da jede Investitionsförderungsmaßnahme zugleich auch eine Veränderung des Anlagevermögens (§ 49 Abs. 3 Nr. 1 GemHVO) darstellt, weil sie entweder die immateriellen Vermögensgegenstände (bei Zuweisungen und Zuschüssen) oder das Finanzanlagevermögen (bei Darlehensgewährung) erhöht, entspricht sie bilanztechnisch und damit begrifflich auch der Investition. Rein terminologisch ist diese Differenzierung daher nicht erforderlich, da die Investitionsförderungsmaßnahmen eine Untermenge der Investitionen darstellen.

Hinsichtlich der Wirkung ist grundsätzlich auf die Ausführungen im Zusammenhang mit den Wirkungen bezüglich der Aufwendungen bzw. Auszahlungen zu verweisen. Es wird eine Obergrenze gezogen, die jedoch insoweit flexibel ist, als auch Verpflichtungsermächtigungen der Deckungsfähigkeit unterliegen (§ 20 Abs. 3 GemHVO). Zudem dürfen Verpflichtungsermächtigungen ausnahmsweise auch über- bzw. außerplanmäßig eingegangen werden, wenn sie unvorhergesehen und unabweisbar sind und der in der Haushaltssatzung festgesetzte Gesamtbetrag der Verpflichtungsermächtigungen nicht überschritten wird.

6.4.4 Wirkung bezüglich der Erträge und Einzahlungen

Die Verpflichtung zur Erhebung von Erträgen und Einzahlungen wird durch den Haushaltsplan nicht berührt. Sie entsteht durch spezialgesetzliche Regelungen (z. B. Steuergesetze, Gebühren- und Beitragssatzungen) sowie privatrechtliche (z. B. Mietverträge) und öffentlich-rechtliche Vereinbarungen und ist unabhängig davon, ob der Haushaltsansatz eingehalten, über- oder unterschritten wird.

Ansätze für Erträge und Einzahlungen sind die deklaratorische Angabe der aufgrund der o. g. Rechtsgründe zu erwartenden Beträge dem Grunde und der Höhe nach, siehe auch § 26 GemHVO. Ihre realitätsnahe Veranschlagung dient vorrangig der Beurteilung des Haushaltsausgleichs, siehe Kap. 10.

Ausnahme: Die Ansätze für Kreditaufnahmen stellen in Verbindung mit § 2 der Haushaltssatzung die Ermächtigung zur Einnahmebeschaffung aus Krediten dar (§ 103 HGO, Hinweise zu § 103 HGO) und dürfen insgesamt nicht überschritten werden.

Die im Haushaltsplan veranschlagten Erträge und Einzahlungen stellen mit Ausnahme der Kreditermächtigung folglich keine Obergrenzen für ihre Erzielung dar, sodass Mehrbeträge unbedenklich sind. Die Erträge und Einzahlungen werden bei der Planung und Aufstellung des Haushaltsplans unter Beachtung des Grundsatzes der Gesamtdeckung (§ 18 Abs. 1 GemHVO) dem Mittelbedarf (Aufwendungen und Auszahlungen) gegenüber gestellt. Das angestrebte Ziel, die für die Erfüllung der Aufgaben der Gemeinde zu leistenden Aufwendungen und Auszahlungen durch die entsprechenden Erträge und Einzahlungen zu decken, ist dadurch in seiner Erreichung dokumentiert. Die Vorschrift des Haushaltsausgleichs hat nicht nur für den Bereich der Aufstellung des Haushaltsplanes, sondern auch für die Ausführung und den Jahresabschluss Gültigkeit. Eine mögliche Konsequenz bei Mindererträgen bzw. -einzahlungen und die dadurch bedingte Gefährdung des Haushaltsausgleichs bzw. Erhöhung eines vorhandenen Defizits könnte der Erlass einer Nachtragssatzung gemäß § 98 Abs. 2 Nr. 1 bzw. 2 HGO sein, vgl. Ziff. 14.1.

Über die veranschlagten Beträge hinaus ist es der Gemeinde jederzeit möglich, zusätzliche Beträge zu erheben und zu vereinnahmen, wenn die rechtlichen Voraussetzungen gegeben sind. Grundsätzlich ist es Aufgabe der Verwaltung, die der Gemeinde zustehenden Einzahlungen rechtzeitig einzuziehen und ihren Eingang zu überwachen (siehe auch Ziff. 13.4). Die Entscheidung, auf einen Anspruch zu verzichten, die Weiterverfolgung eines fälligen Anspruchs zurückzustellen oder den Zahlungstermin hinauszuschieben, kann nur im Einzelfall unter Beachtung der konkreten gesetzlichen Bestimmungen erfolgen (z. B. § 30 GemHVO, siehe auch Ziff. 13.5).

6.4.5 Bindung im Innenverhältnis

Durch den Erlass der Haushaltssatzung und des Haushaltsplanes hat die Gemeindevertretung ein politisches Programm in Form von Ortsrecht beschlossen, an welches die Verwaltung gebunden ist. Im Gegensatz zur Haushaltssatzung, die durch die Festsetzung der Realsteuerhebesätze noch bedingt Außenwirkung hat, fehlt dem Haushaltsplan diese Wirkung nach außen vollständig. Er beschränkt sich auf Regelungen von Beziehungen finanzwirtschaftlicher Art innerhalb der Gemeindeverwaltung. In diesem Bereich ist er für die Haushaltsausführung verbindlich.

6.4.6 Wirkung gegenüber Dritten

Gemäß § 96 Abs. 2 HGO werden durch den Haushaltsplan bestehende Ansprüche oder Verbindlichkeiten im Verhältnis zu Dritten nicht aufgehoben. Mietforderungen eines Vermieters von Büroräumen werden also nicht dadurch hinfällig, dass es versäumt wurde, im Haushaltsplan die Mietzahlungen zu veranschlagen.

Ebenso wenig werden Ansprüche oder Verbindlichkeiten durch den Haushaltsplan begründet. So erwirbt ein Verein keinen Anspruch auf Auszahlung eines Zuschusses lediglich dadurch, dass dieser im Haushaltsplan veranschlagt wurde. Dieser Anspruch ergibt sich erst durch einen Bewilligungsbescheid (Verwaltungsakt), zu dessen Erlass wiederum eine haushaltsrechtliche Ermächtigung erforderlich ist.

6.5 Aufbau und Struktur des kommunalen Haushaltsplanes

Die grundsätzlichen Regelungen über die Struktur des Haushaltsplanes enthält § 95 Abs. 3 HGO. Konkretisiert wird dies in § 1 GemHVO in den Absätzen 1–3. Danach besteht der Haushaltsplan aus

- dem Gesamthaushalt,
- den Teilhaushalten und
- dem Stellenplan[5].

Weiterhin sind dem Haushaltsplan die in § 1 Abs. 5 GemHVO genannten Anlagen beizufügen (s. u. Ziff. 6.6).

5 Siehe Ziff. 6.5.3.

6.5.1 Gesamthaushalt

Der Gesamthaushalt ist in einen Ergebnishaushalt und einen Finanzhaushalt[6] zu unterteilen (Abs. 2), diese wiederum sind jeweils in Teilhaushalte (Teilergebnishaushalt bzw. Teilfinanzhaushalt) zu gliedern (Abs. 3). Für die Bildung der Teilhaushalte ist § 4 GemHVO maßgeblich.

6.5.1.1 Ergebnishaushalt[7]

6.5.1.1.1 Inhalt

Im Ergebnishaushalt sind die Erträge und Aufwendungen der Gemeinde nachzuweisen. Dabei handelt es sich um Größen, die sich deutlich von den Begriffen Einnahmen und Ausgaben des früheren kameralen Rechnungswesens unterscheiden, auch wenn sie in vielen Fällen mit Zahlungsvorgängen verbunden sind.

Das doppische Haushaltsrecht stellt das Ressourcenverbrauchskonzept in den Mittelpunkt der Planung und der Bewirtschaftung. Im Gegensatz zum Geldverbrauchskonzept, das der Kameralistik zu Grunde lag, legt das Ressourcenverbrauchskonzept den Augenmerk auf jeglichen Verzehr von Vermögen (Ressourcenverbrauch, Aufwand) und den Zuwachs an Vermögenswerten (Ressourcenaufkommen, Ertrag). Die Darstellung des vollständigen Ressourcenverbrauchs und des vollständigen Ressourcenaufkommens erfolgt also im Ergebnishaushalt, Nr. 1 Hw. zu § 2 GemHVO. Der Saldo dieser Größen in einem Jahr ergibt das Jahresergebnis, das in der Logik der kaufmännischen Buchführung die Änderung des Eigenkapitals zum vorherigen Bilanzstichtag abbildet, eine Mehrung des Eigenkapitals wird dabei kaufmännisch als Gewinn, eine Minderung als Verlust bezeichnet. An der Entwicklung des Eigenkapitals lässt sich feststellen, ob die Kommune ihr Vermögen erhält und ggf. sogar vermehrt oder ob sie „von der Substanz lebt". Sobald sich das Eigenkapital reduziert, verbraucht sie Vermögen, das in früheren Jahren erwirtschaftet wurde.

Haushaltsrechtlich werden die Begriffe Aufwand und Ertrag in § 58 GemHVO erläutert. Nach dessen Nr. 5 sind Aufwendungen der wertmäßige (zahlungs- und nichtzahlungswirksame) Verbrauch von Gütern und Dienstleistungen, nach dessen Nr. 15 ist Ertrag der zahlungswirksame und nichtzahlungswirksame Wertzuwachs (Ressourcenaufkommen) innerhalb eines Haushaltsjahres.

Im Vergleich zu den im früheren kameralen Haushaltsrecht verwendeten Begriffen Einnahmen und Ausgaben unterscheiden sich die Begriffe Ertrag und Aufwand im Wesentlichen zum einen dadurch, dass sie völlig unabhängig davon betrachtet werden, ob mit ihnen ein Zahlungsvorgang verbunden ist oder nicht und zum anderen durch ihre periodengerechte Zuordnung (§ 10 Abs. 2 GemHVO), d. h. sie werden der Haushalts-

6 In der Fassung der GemHVO-Doppik 2006 wurden diese als **Gesamt**ergebnis- und **Gesamt**finanzhaushalt bezeichnet. Die Streichung dieser vor allem für die Lehre wichtigen Verdeutlichung durch den Verordnungsgeber ist zu bedauern und sollte rückgängig gemacht werden.

7 Zur Ergebnisrechnung siehe Kap. 17.

periode zugeordnet, in der sie wirtschaftlich veranlasst sind, unabhängig von der Frage, wann eine ggf. mit ihnen verbundene Zahlung erfolgt, § 10 Abs. 2 und § 40 Nr. 4 GemHVO. Damit stimmen die in der Betriebswirtschaftslehre und im Haushaltsrecht verwendeten Begriffe überein. Die Zuordnung von Einnahmen und Ausgaben im Sinne des kameralistischen Rechnungswesens erfolgte dagegen nach Kassenwirksamkeit, also in die Periode, in der die Zahlung erfolgte.

6.5.1.1.2 Struktur

Die Struktur innerhalb des Ergebnishaushaltes regelt § 2 GemHVO insbesondere in den Abs. 1 und 2. Danach sind im Einzelnen darzustellen:

- die ordentlichen Erträge und Aufwendungen mit dem Saldo daraus (Verwaltungsergebnis),
- die Finanzerträge und Finanzaufwendungen mit dem Saldo daraus (Finanzergebnis),
- die Summe aus Verwaltungsergebnis und Finanzergebnis als ordentliches Ergebnis[8],
- die außerordentlichen Erträge und Aufwendungen mit dem Saldo daraus (außerordentliches Ergebnis)
- die Summe aus ordentlichem und außerordentlichem Ergebnis als Gesamtergebnis

Diese Struktur lässt sich auch folgendermaßen abbilden:

<table>
<tr><td>ordentliche Erträge</td><td>Finanzerträge</td><td>außerordentliche Erträge</td></tr>
<tr><td>./. ordentliche Aufwendungen</td><td>./. Finanzaufwendungen</td><td>./. außerordentliche Aufwendungen</td></tr>
<tr><td>= Verwaltungsergebnis</td><td>= Finanzergebnis</td><td>= außerordentliches Ergebnis</td></tr>
<tr><td>↓</td><td>↓</td><td rowspan="3">↓
↓
↓</td></tr>
<tr><td colspan="2">ordentliches Ergebnis</td></tr>
<tr><td colspan="2">↓</td></tr>
<tr><td colspan="3">Gesamtergebnis</td></tr>
</table>

Diese Struktur findet sich demnach auch in dem für den Ergebnishaushalt maßgeblichen Muster wieder (Muster 7 zu § 2 GemHVO), hier in sog. Staffelform.

In Spalte 2 dieses Musters ist zu jeder Position angegeben, welche Konten gemäß des Kommunalen Verwaltungskontenrahmens (Muster 12 zur GemHVO) hierzu gehören, sodass im Einzelnen nachvollziehbar ist, was die jeweilige Zeilenposition beinhaltet.[9]

---

8 Das ordentliche Ergebnis ist nach den Maßgaben des § 92 Abs. 5 Nr. 1 bzw. Abs. 6 Nr. 1 HGO und der §§ 24 und 25 GemHVO eine von zwei Beurteilungsgrößen (siehe Fn. 14) für die Frage, ob die Gemeinde einen ausgeglichenen Haushalt bzw. ein ausgeglichenes Jahresergebnis aufweist. Der Haushaltsausgleich selbst wird aufgrund seiner zentralen und umfassenden Bedeutung gesondert in Kap. 10 behandelt.

9 Man spricht in diesem Zusammenhang auch von dem Auseinanderfallen von Planungs- und Darstellungsebene. Die Gemeinde plant und bucht intern ihre Aufwendungen und Erträge auf Konten, die sich aus dem Kommunalen Verwaltungskontenrahmen (KVKR, Muster 12 zur GemHVO) ergeben, die Darstellung nach außen erfolgt jedoch kumuliert nach den Zeilen gemäß Muster 7. Inwieweit die Gemeinde in den zu bildenden Teilhaushalten hier weiter differenziert oder nicht, entscheidet sie in eigener Verantwortung, siehe auch Ziff. 6.5.2.4.1.

Insofern kann bei der nachstehenden Darstellung auf eine tiefer gehende Erläuterung der einzelnen Zeilenposition verzichtet werden.

§ 2 Abs. 1 GemHVO nennt in Ziff. 1 bis 9, was als ordentliche Erträge und in Ziff. 10 bis 17, was als ordentliche Aufwendungen anzusehen ist, im Einzelnen:

Ziffer	Bezeichnung	Konten	Beispiel
1	privatrechtliche Leistungsentgelte	Kontengruppe 50	Verkauf von Werbeartikeln, Mieterträge[10]
2	öffentlich-rechtliche Leistungsentgelte	Kontengruppe 51	Erträge aus Benutzungsgebühren
3	Kostenersatzleistungen und -erstattungen	Hauptkonten 548–549	Kostenerstattung durch eine Versicherung
4	Bestandsveränderungen und aktivierte Eigenleistungen	Kontengruppe 52	Wert der Leistung eigener Ingenieure beim Neubau einer Straße
5	Steuern und steuerähnliche Erträge einschließlich Erträge aus gesetzlichen Umlagen	Kontengruppe 55	Gemeindeanteil Einkommensteuer, Gewerbesteuer, Grundsteuer
6	Erträge aus Transferleistungen	Hauptkonto 547	Ersatz von gewährten sozialen Leistungen
7	Erträge aus Zuweisungen und Zuschüssen für laufende Zwecke und allgemeine Umlagen	Hauptkonten 540–543	Schlüsselzuweisung
8	Erträge aus der Auflösung von Sonderposten aus Investitionszuweisungen, -zuschüssen und Investitionsbeiträgen	Hauptkonto 546	Auflösung einer Landeszuweisung für eine Investition (wirtschaftliche Gegenposition zum Aufwand aus der Abschreibung des entsprechenden Vermögensgegenstands)
9	sonstige ordentliche Erträge	Kontengruppe 53	Konzessionsabgaben
10	Personalaufwendungen	Kontengruppen/ Hauptkonten 62, 63, 640–643, 647–649, 65	Vergütungen, Dienstbezüge
11	Versorgungsaufwendungen	Hauptkonten 644–646	Versorgungsbezüge, Zugänge zu Pensionsrückstellungen
12	Aufwendungen für Sach- und Dienstleistungen	Kontengruppen 60, 61, 67–69	Beschaffung von Material, Bezug von Fremdleistungen

10 Soweit die Vermietung als Hauptleistung der Gemeinde anzusehen ist, siehe Erläuterungen zum Kommunalen Verwaltungskontenrahmen, Muster 12 der GemHVO, Staatsanzeiger Nr. 28 vom 6.7.2009, Erläuterungen zu Hauptkonto 500.

Ziffer	Bezeichnung	Konten	Beispiel
13	Abschreibungen	Kontengruppe 66	Aufwand, der durch die Wertminderung bei langfristig genutzten Vermögensgegenständen des Anlagevermögens verursacht wird, siehe auch § 43 GemHVO
14	Aufwendungen für Zuweisungen und Zuschüsse sowie besondere Finanzaufwendungen	Kontengruppe 71	Zuschüsse für laufende Zwecke an Vereine
15	Steueraufwendungen einschließlich Aufwendungen aus gesetzlichen Umlageverpflichtungen	Kontengruppe 73	Kreis- und Schulumlage
16	Transferaufwendungen	Kontengruppe 72	Leistungen der Sozialhilfe und der Jugendhilfe
17	sonstige ordentliche Aufwendungen	Kontengruppen 70, 74, 76	zu zahlende Steuern

§ 2 Abs. 1 GemHVO regelt weiterhin in Ziffn. 18 und 19, dass die Finanzerträge einerseits und die Zinsen und ähnlichen Aufwendungen andererseits ebenfalls dem Ergebnishaushalt und innerhalb dessen dem ordentlichen Ergebnis zugeordnet sind, im Einzelnen:

18	Finanzerträge	Kontengruppen 56 und 57	Gewinnausschüttung aus Beteiligungen, Zinsen aus Geldanlagen, Stundungszinsen
19	Zinsen und ähnliche Aufwendungen	Kontengruppe 77	Zinsen für aufgenommene Kredite

Zum Ergebnishaushalt gehören ebenfalls die in § 2 Abs. 1 GemHVO Ziffn. 20 und 21 genannten außerordentlichen Erträge und außerordentlichen Aufwendungen (siehe auch Abs. 3 sowie § 58 Nr. 6 GemHVO). Außerordentliche Aufwendungen bzw. Erträge sind immer und betragsunabhängig Aufwendungen und Erträge aus Veräußerungen von Vermögensgegenständen des Anlagevermögens, deren Verkaufspreis den Restbuchwert unterschreitet (ao. Aufwand) beziehungsweise überschreitet (ao. Ertrag); weiterhin, wenn im Einzelfall erheblich, Aufwendungen und Erträge die wirtschaftlich andere Haushaltsjahre betreffen, oder selten oder unregelmäßig anfallen. Der Begriff „Außerordentliche Aufwendungen und Erträge" ist nach Nr. 3 Hw. zu § 2 GemHVO eng auszulegen. In Zweifelsfällen hat danach vorrangig eine Veranschlagung bzw. Buchung als ordentliche Erträge und Aufwendungen zu erfolgen.

Es ist daher der Gemeinde anzuraten, betragsmäßig zu definieren, was als erhebliche Aufwendungen und Erträge i. S. d. § 58 Nr. 6a) GemHVO anzusehen ist.

20	außerordentliche Erträge	Kontengruppe 59	Erträge aus Vermögensveräußerungen, soweit der Verkaufspreis über dem Bilanzwert liegt, Spenden[11]
21	außerordentliche Aufwendungen	Kontengruppe 79	Aufwendungen aus Vermögensveräußerungen, soweit der Verkaufspreis unter dem Bilanzwert liegt, außerplanmäßige Abschreibungen

Die Vorgaben des § 2 GemHVO werden durch das Muster 7 – Ergebnishaushalt – in eine für die Gemeinde verbindliche Form gebracht. Danach sind neben den Beträgen (Ansätzen) für das zu planende Haushaltsjahr zu jeder Position auch der Ansatz für das Vorjahr und das Ergebnis des Jahresabschlusses für das Vorvorjahr anzugeben, ebenso die Beträge für die drei folgenden Jahre nach § 1 Abs. 4 GemHVO (siehe oben Ziff. 6.2.2).

6.5.1.2 Finanzhaushalt

6.5.1.2.1 Inhalt

Während der in § 2 GemHVO geregelte Ergebnishaushalt die wirtschaftlichen Vorgänge der Gemeinde periodengerecht und unabhängig von Zahlungen als Ressourcenaufkommen (Ertrag) und Ressourcenverbrauch (Aufwand) darstellt und den Saldo daraus als Vermögensmehrung (Überschuss) bzw. Vermögensminderung (Fehlbetrag) mit entsprechender bilanzieller Wirkung in Bezug auf das Eigenkapital behandelt, werden im Finanzhaushalt (§ 3 GemHVO) die erwarteten Einzahlungen und Auszahlungen (geplanter Zahlungsmittelfluss) der Gemeinde abgebildet. Einzahlungen sind nach § 58 Nr. 13 GemHVO Barzahlungen und bargeldlose Zahlungen, die die flüssigen Mittel erhöhen, Auszahlungen sind nach Nr. 8 Barzahlungen und bargeldlose Zahlungen, die die flüssigen Mittel vermindern.[12]

Wesentliche Funktion des Finanzhaushalts ist die zusammengefasste Darstellung aller zahlungswirksamen Vorgänge, vgl. Nr. 1 Hw. zu § 3 GemHVO.

Bei der Betrachtung des Finanzhaushaltes wird danach unterschieden in den Zahlungsmittelfluss

- aus laufender Verwaltungstätigkeit,
- aus Investitionstätigkeit und
- aus Finanzierungstätigkeit.

11 Soweit es sich nicht um zweckgebundene Spenden für laufende Zwecke handelt, diese sind dem Konto 542 und damit der Zeilenposition 7 zuzuordnen, siehe auch Erläuterungen zum Kommunalen Verwaltungskontenrahmen, Muster 12 der GemHVO, Staatsanzeiger Nr. 28 vom 6.7.2009, Erläuterungen zu Hauptkonto 590.

12 Zur Finanzrechnung siehe Kap. 18.

Der Finanzhaushalt hat ferner die geplante Entwicklung des Zahlungsmittelbestandes aufzuzeigen. Dabei sind die Gründe für ein Zahlungsmitteldefizit anzugeben, vgl. Nr. 3 Hw. zu § 3 GemHVO.

Die Darstellung des Zahlungsmittelflusses kann grundsätzlich nach zwei Methoden erfolgen, der direkten und der indirekten Methode. Der Unterschied liegt im Wesentlichen in der Vorgehensweise bei der Ermittlung des Zahlungsmittelflusses aus laufender Verwaltungstätigkeit, da sowohl die Einzahlungen und Auszahlungen aus der Investitionstätigkeit als auch diejenigen aus der Finanzierungstätigkeit immer direkt ermittelt werden.

Es wird dabei grundsätzlich vorausgesetzt, dass die wirtschaftlichen Vorgänge der Gemeinde, die im Ergebnishaushalt abgebildet werden, dem Begriff der laufenden Verwaltungstätigkeit entsprechen. Als laufende Verwaltungstätigkeit in diesem Sinne sind also alle Vorgänge anzusehen, die nicht Investitions- oder Finanzierungstätigkeit sind. Im Ergebnishaushalt wird diese laufende Verwaltungstätigkeit umfassend abgebildet, also unabhängig von der Zahlungsbezogenheit des einzelnen Vorganges, im Finanzhaushalt erfolgt dagegen die Abbildung nur bezogen auf diejenigen Ertrags- und Aufwandspositionen, die auch zu Zahlungen führen. Diese Abbildung erfolgt zudem nach Kassenwirksamkeit, also bezogen auf die Periode, in der die Zahlung tatsächlich erfolgt.

Die indirekte Methode entspricht der im betriebswirtschaftlichen Bereich verwendeten Cash-flow-Rechnung. Das bedeutet, dass die einzelnen zahlungswirksamen Vorgänge (Einzahlungen, Auszahlungen und der Saldo daraus) aus laufender Verwaltungstätigkeit nicht als solche unmittelbar (direkt) erfasst und dargestellt werden, sondern dass sich der Saldo der Einzahlungen und Auszahlungen aus laufender Verwaltungstätigkeit durch Rückrechnung (Herausrechnung der nicht zahlungswirksamen Vorgänge) aus dem Ergebnis des Ergebnishaushaltes sowie Hinzurechnung von Einzahlungen und Auszahlungen aus laufender Verwaltungstätigkeit, die keine Anknüpfung im Ergebnishaushalt haben (z. B. Auszahlungen aus der Inanspruchnahme von Rückstellungen) ermittelt.

Bei der direkten Methode werden die Einzahlungen und Auszahlungen aus lfd. Verwaltungstätigkeit zusätzlich zu den Buchungen auf den jeweiligen Ertrags- bzw. Aufwandskonten direkt auf den entsprechenden Zahlungskonten gebucht und daraus der Saldo auf lfd. Verwaltungstätigkeit ermittelt.

Für die hessischen Gemeinden findet ab dem Haushaltsjahr 2021 ausschließlich die direkte Methode Anwendung, nachdem das bis dahin bestehende Wahlrecht entfallen ist. Der Wegfall des Wahlrechtes ist sicherlich auch dadurch begründet, dass die indirekte Methode nur von einer geringen Anzahl der hessischen Kommunen verwendet wurde.

§ 3 Abs. 1 GemHVO enthält die Vorschriften für die Darstellung des Finanzhaushaltes nach der direkten Methode. Im Rahmen der direkten Methode wird der Zahlungsmittelüberschuss oder Zahlungsmittelbedarf aus laufender Verwaltungstätigkeit ermittelt, indem alle zahlungswirksamen Vorgänge, die hierunter fallen, erfasst und im Muster 8 dargestellt werden. Das Muster 8 stimmt bezüglich seiner Struktur, was die laufende Verwaltungstätigkeit betrifft, weitgehend mit dem Muster 7 für den Ergebnishaushalt überein.[13] Daraus ergibt sich für die Gemeinde als Vorgehensweise, dass sie bezüglich aller Erträge und aller Aufwendungen die damit verbundenen zahlungswirksamen Beträge ermitteln muss. Überhaupt nicht zahlungswirksam sind z. B. die Aufwendungen für Abschreibungen oder die Erträge aus der Auflösung von Sonderposten, diese erscheinen daher auch nicht im Muster 8.

Weiterhin sind Vorgänge vorhanden, bei denen der Aufwands- vom Auszahlungs- bzw. der Ertrags- vom Einzahlungsbetrag abweicht. Wenn z. B. ein für ein Jahr im Voraus zu zahlender Versicherungsbeitrag von 1.000 € am 1. Juli fällig ist, entfallen wirtschaftlich 500 € als Aufwand auf das Jahr der Zahlung (die anderen 500 € werden als aktiver Rechnungsabgrenzungsposten gebucht) und werden im Ergebnishaushalt veranschlagt, dagegen wird die tatsächliche Zahlung von 1.000 € in voller Höhe im Finanzhaushalt dargestellt. Im folgenden Jahr wird der aktive Rechnungsabgrenzungsposten aufgelöst, dadurch entsteht nun wiederum ein Aufwand von 500 € im Ergebnishaushalt. Daraus entsteht jedoch keine Auszahlung und damit keine Veranschlagung im Finanzhaushalt.

Daneben wird es Fälle geben, bei denen eine Zahlung aus der laufenden Verwaltungstätigkeit zu leisten ist, ohne dass Aufwand entsteht, z. B. durch Inanspruchnahme einer im Vorjahr gebildeten Rückstellung für unterlassene Bauunterhaltung, hier erfolgt eine Abwicklung lediglich im Finanzhaushalt, aber nicht im Ergebnishaushalt, denn dieser wurde ja schon im Vorjahr belastet.

Bei der überwiegenden Zahl von Aufwands- und Ertragspositionen dürfte sich aber betragsmäßige Gleichheit zu den damit verbundenen Zahlungsvorgängen ergeben.

Die Gemeinde muss also bei der Aufstellung des Haushaltsplanes jede im Ergebnishaushalt veranschlagte Position, sowohl Ertrag als auch Aufwand, daraufhin untersuchen, ob sich daraus eine Zahlung im gleichen Jahr ergibt und ob diese betragsmäßig gleich ist oder abweicht, und zusätzlich, ob weitere Zahlungen, die der laufenden Verwaltungstätigkeit zuzurechnen sind, anfallen, ohne dass eine korrespondierende Veranschlagung im Ergebnishaushalt besteht. Aus diesen Informationen entsteht dann die Veranschlagung im Muster 8 bezüglich des Zahlungsmittelflusses der laufenden Verwaltungstätigkeit.

6.5.1.2.2 Struktur

Die Struktur des Finanzhaushaltes ergibt sich aus § 3 Abs. 1 GemHVO und Muster 8 zur GemHVO. Bei den in der Verwaltungspraxis eingesetzten EDV-Verfahren besteht zu jedem Konto der Ergebnisrechnung (Kontenklasse 5 für die Erträge und Kontenklassen 6 und 7 für die Aufwendungen), soweit damit zahlungswirksame Vorgänge verbunden sind, ein korrespondierendes Konto der Finanzrechnung, Kontengruppe 81 für die Einzahlungen und Kontengruppe 83 für die Auszahlungen, diese Angaben finden

13 Mangels anderweitiger Festlegung durch den Verordnungsgeber gehen die Autoren davon aus, dass auch die Buchung außerordentlicher Auszahlungen bzw. Einzahlungen in der jeweils zutreffenden Zeilenposition des Muster 8 zu erfolgen hat, z. B. außerordentliche Auszahlungen für die Bauunterhaltung in Zeile 12. Die Zeilen 8 bzw. 17 des Muster 8 sind nach Auffassung der Autoren denjenigen außerordentlichen (ebenso wie den jeweiligen ordentlichen) Einzahlungen bzw. Auszahlungen vorbehalten, die keiner anderen Zeilenposition dieses Musters zuzuordnen sind.

sich auch in der Spalte 2 des Muster 8. Die Gemeinde muss also jede Veranschlagung auf einem Konto der Kontengruppen 5–7 daraufhin überprüfen, ob der veranschlagte Betrag überhaupt und wenn ja in gleicher Höhe oder in veränderter Höhe auf dem korrespondierenden Finanzrechnungskonto zu veranschlagen ist, diese Veranschlagung einschl. der Ein- und Auszahlungen ohne korrespondierenden Aufwand oder Ertrag, z. B. Auszahlungen aus gebildeten Rückstellungen, vornehmen und sie dann in der Struktur des Muster 8 darstellen. Der Saldo aus laufender Verwaltungstätigkeit wird demnach wie folgt ermittelt:

Einzahlungen aus laufender Verwaltungstätigkeit

1. privatrechtliche Leistungsentgelte,
2. öffentlich-rechtliche Leistungsentgelte,
3. Kostenersatzleistungen und -erstattungen,
4. Steuern und Einzahlungen aus steuerähnlichen Erträgen einschließlich Einzahlungen aus Erträgen aus gesetzlichen Umlagen,
5. Einzahlungen aus Transferleistungen,
6. Zuweisungen und Zuschüsse für laufende Zwecke und allgemeine Umlagen,
7. Zinsen und sonstige Finanzeinzahlungen,
8. sonstige ordentliche Einzahlungen und sonstige außerordentliche Einzahlungen, die sich nicht aus Investitionstätigkeit ergeben,
9. **Summe der Einzahlungen aus laufender Verwaltungstätigkeit (Nrn. 1 bis 8)**

Auszahlungen aus laufender Verwaltungstätigkeit

10. Personalauszahlungen,
11. Versorgungsauszahlungen,
12. Auszahlungen für Sach- und Dienstleistungen,
13. Auszahlungen für Transferleistungen,
14. Auszahlungen für Zuweisungen und Zuschüsse für laufende Zwecke sowie besondere Finanzauszahlungen,
15. Auszahlungen für Steuern einschließlich Auszahlungen aus gesetzlichen Umlageverpflichtungen,
16. Zinsen und ähnliche Auszahlungen,
17. sonstige ordentliche Auszahlungen und sonstige außerordentliche Auszahlungen, die sich nicht aus Investitionstätigkeit ergeben,
18. **Summe der Auszahlungen aus laufender Verwaltungstätigkeit (Nrn. 10 bis 17),**
19. **Zahlungsmittelüberschuss oder Zahlungsmittelbedarf aus laufender Verwaltungstätigkeit (Saldo aus Nrn. 9 und 18)**

In der Regel weichen der Saldo des Ergebnishaushaltes und der Saldo des Zahlungsmittelflusses aus der laufenden Verwaltungstätigkeit deutlich voneinander ab. Insbesondere aufgrund der zahlungsunwirksamen Abschreibungsbeträge ist der Saldo des Zahlungsmittelflusses aus der laufenden Verwaltungstätigkeit in der Regel höher als das Ergebnis des Ergebnishaushaltes. Der Saldo des Zahlungsmittelflusses aus der laufenden Verwaltungstätigkeit soll mindestens so hoch sein wie die Auszahlungen für die ordentliche Tilgung, soweit nicht durch hierfür zweckgebundene Einzahlungen gedeckt, sowie die Auszahlungen an die „Hessenkasse", siehe auch § 92 Abs. 5 Nr. 2 bzw. Abs. 6 Nr. 2 und § 3 Abs. 2 GemHVO. Hierauf wird auch beim Haushaltsausgleich (Kap. 10) noch näher eingegangen.[14] Für die nachfolgenden Betrachtungen soll von einem Saldo des Zahlungsmittelflusses aus der laufenden Verwaltungstätigkeit (Überschuss) von 747.000 € ausgegangen werden.

Der Finanzmittelfluss aus Investitionstätigkeit wird aus den geplanten (beim Jahresabschluss aus den tatsächlichen) Zahlungsströmen ermittelt. Welche Positionen hier erfasst werden einschließlich der Summen und des Saldos, regelt § 3 Abs. 1 Nr. 20–29 GemHVO i. V. m. Muster 8 zur GemHVO, im Einzelnen:

20	**Einzahlungen aus Investitionszuweisungen und -zuschüssen sowie aus Investitionsbeiträgen** Hierunter fallen alle Zahlungseingänge, die die Gemeinde von öffentlich-rechtlichen Institutionen (Zuweisungen, z. B. Bund, Land, Kreis, anderen Gemeinden, Zweckverbänden) bzw. von privatrechtlichen Institutionen (Zuschüsse, z. B. von privaten Unternehmen, Vereinen u. Ä.) zur Finanzierung ihrer Investitionen oder Investitionsförderungsmaßnahmen[15] erhält. Es muss sich also um Vorgänge handeln, die unter nachstehenden Ziff. 24 bis 27 zu subsumieren sind. Ebenfalls hierunter fallen die Investitionsbeiträge, die nach den Vorschriften des BauGB (insbesondere Erschließungsbeitrag) oder des KAG (insbesondere Kanal- und Straßenbeitrag) erhoben werden. Zweckgebundene Einzahlungen für die ordentliche Tilgung von Investitionskrediten sind gesondert als Davon-Angabe auszuweisen. Angenommen sei hier ein Betrag von insgesamt	1.000.000 €
21	**Einzahlungen aus Abgängen von Vermögensgegenständen des Sachanlagevermögens und des immateriellen Anlagevermögens** Hierunter fallen in voller Höhe die Einzahlungen aus dem Verkauf von Grundstücken, Fahrzeugen und anderen Teilen des Sachanlagevermögens. Zur Problematik der dabei ggf. entstehenden außerordentlichen Erträge oder Aufwendungen siehe Ziff. 5 in der vorherigen Tabelle. In der Praxis von geringer Bedeutung sind die Einzahlungen aus Abgängen von Vermögensgegenständen des immateriellen Anlagevermögens, da diese nur selten vorkommen dürften. Denkbar sind Vorgänge, bei denen die Gemeinde erworbene Software-Lizenzen weiterveräußert oder Rückforderungsansprüche aus gewährten Investitionszuweisungen an einen Dritten, z. B. ein Inkassobüro, verkauft. Angenommen sei hier ein Betrag von insgesamt	200.000 €

14 Die Deckung der Tilgungsauszahlungen aus dem Überschuss im Saldo des Zahlungsmittelflusses aus der laufenden Verwaltungstätigkeit nach den Maßgaben des § 92 Abs. 5 Nr. 2 bzw. Abs. 6 Nr. 2 HGO ist eine von zwei Beurteilungsgrößen (siehe Fn. 8) für die Frage, ob die Gemeinde einen ausgeglichenen Haushalt bzw. ein ausgeglichenes Ergebnis im Jahresabschluss aufweist. Der Haushaltsausgleich selbst wird aufgrund seiner zentralen und umfassenden Bedeutung gesondert in Kap. 10 behandelt.

15 Zur Problematik des Begriffes der Investitionsförderungsmaßnahme siehe Fußnote bei Ziff. 6.4.3.

22	**Einzahlungen aus Abgängen von Vermögensgegenständen des Finanzanlagevermögens** Aus dem Abgang von Vermögensgegenständen des Finanzanlagevermögens können sich Einzahlungen insbesondere in folgenden Fällen ergeben: • Tilgung von Krediten, die die Gemeinde gewährt hat, z. B. im Rahmen der Wirtschafts-, Wohnungsbau- oder Vereinsförderung • Veräußerung von Beteiligungen, z. B. an einer GmbH (auch hier ist auf die Problematik der dabei ggf. entstehenden außerordentlichen Erträge oder Aufwendungen zu verweisen, siehe Zeilenposition 5 in der Tabelle oben für den Saldo der laufenden Verwaltungstätigkeit). Angenommen sei hier ein Betrag von insgesamt	100.000 €
23	**Summe der Einzahlungen aus Investitionstätigkeit (Nr. 20 bis 22)**	1.300.000 €
24	**Auszahlungen für den Erwerb von Grundstücken und Gebäuden** Angenommen sei hier ein Betrag von	500.000 €
25	**Auszahlungen für Baumaßnahmen** Angenommen sei hier ein Betrag von	3.000.000 €
26	**Auszahlungen für Investitionen in das sonstige Sachanlagevermögen** (z. B. Fahrzeuge, Betriebs- und Geschäftsausstattung) **und immaterielle Anlagevermögen** (z. B. Erwerb von Software-Lizenzen oder Investitionsförderungsmaßnahmen, vgl. § 58 Ziff. 18 GemHVO, soweit sie als Zuweisung bzw. Zuschuss gewährt werden. Darlehensgewährungen fallen unter den Begriff des Finanzanlagevermögens. Angenommen sei hier ein Betrag von	1.000.000 €
27	**Auszahlungen für Investitionen in das Finanzanlagevermögen** Analog zur Ziff. 22 sind hier folgende Beispiele zu nennen: • Die Gemeinde gewährt einem Verein ein Darlehen zur Finanzierung der Errichtung eines neuen Vereinshauses. • Die Gemeinde erwirbt zum Zwecke der Beteiligung Geschäftsanteile an einem Unternehmen in der Rechtsform der GmbH, z. B. aufgrund einer Kapitalerhöhung der örtlichen Stadtwerke GmbH. Angenommen sei hier ein Betrag von insgesamt	200.000 €
28	**Summe der Auszahlungen aus Investitionstätigkeit (Nr. 24 bis 27)**	4.700.000 €
29	**Zahlungsmittelüberschuss oder Zahlungsmittelbedarf aus Investitionstätigkeit (Saldo aus Nr. 23 und 28)**	3.400.000 €

Die dritte Komponente des Finanzhaushaltes stellt die Finanzierungstätigkeit dar. Hier ist unter Angabe des Saldos abzubilden, in welcher Höhe die Gemeinde neue Kredite aufnimmt bzw. Anleihen begibt und aufgenommene Kredite und Anleihen tilgt. Einzelheiten regelt § 3 Abs. 1 Nr. 31 und 32 GemHVO, im Einzelnen:

31	**Einzahlungen aus der Aufnahme von Krediten und wirtschaftlich vergleichbaren Vorgängen für Investitionen** Die Gemeinde nimmt bei einem Kreditinstitut nach den Vorschriften des § 103 HGO (siehe auch Kap. 9) einen Kredit auf, um die nicht durch andere Mittel gedeckten investiven Auszahlungen zu finanzieren. Soweit nicht Zahlungsmittelbestände einschließlich des positiven Saldos aus laufender Verwaltungstätigkeit (siehe hierzu auch nachstehende Ziff. 32) hierfür bereit stehen und verwendet werden, wäre unter Beachtung des § 93 Abs. 3 HGO der vorgenannte Betrag von 3,4 Mio. € die Obergrenze einer Kreditaufnahme.	3.400.000 €

32	**Auszahlungen für die Tilgung von Krediten und wirtschaftlich vergleichbaren Vorgängen für Investitionen sowie an das Sondervermögen Hessenkasse** Kredite, die die Gemeinde aufgenommen hat, muss sie zurückzahlen (tilgen) und i. d. R. auch verzinsen. Die Zinsbelastung wird im Ergebnishaushalt als Aufwand abgebildet und die daraus folgenden Auszahlungen sind folglich im Finanzmittelfluss aus laufender Verwaltungstätigkeit enthalten. Die Tilgung stellt dagegen keinen Aufwand dar, sie ist Gegenposition zur Kreditaufnahme und daher im Zahlungsmittelfluss aus Finanzierungstätigkeit abzubilden. Die mit der Tilgung[16] einhergehende Minderung des Zahlungsmittelbestandes soll durch einen entsprechenden Überschuss des Zahlungsmittelflusses aus laufender Verwaltungstätigkeit[17] finanziert werden, weil ansonsten die Gefahr besteht, dass die Tilgung von Krediten zur Investitionsfinanzierung durch die Aufnahme von Liquiditätskrediten finanziert wird, faktisch also gar keine Rückzahlung von Krediten erfolgt. Damit dies beurteilt werden kann, sind die Auszahlungen für die ordentliche Tilgung von Investitionskrediten gesondert als Davon-Angabe auszuweisen. Angenommen, die ordentliche Tilgung beträgt 500.000 €, wäre diese durch den Zahlungsmittelfluss aus laufender Verwaltungstätigkeit gedeckt, die Gemeinde wäre also in der Lage, ihre Tilgungsauszahlungen aus eigener Kraft (Überschuss der Einzahlungen über die Auszahlungen aus laufender Verwaltungstätigkeit) zu finanzieren.	500.000 €
33	**Zahlungsmittelüberschuss oder Zahlungsmittelbedarf aus Finanzierungstätigkeit[18] (Saldo aus Nr. 31 und 32)**	2.900.000 €

Nunmehr ist die Summe der drei Salden (Zeilen 19, 29 und 33 des Muster 8) als Gesamtbetrag der Zahlungsmittelveränderung[19] (geplanter Zahlungsmittelüberschuss oder geplanter Zahlungsmittelfehlbedarf des Haushaltsjahres (hier also Zahlungsmittelüberschuss von 247.000 €) zu ermitteln und unter Einschluss des Jahresanfangsbestandes der geplante Jahresendbestand auszuweisen.

Dies erfolgt entsprechend § 3 Abs. 1 Nr. 34–37 GemHVO und Muster 8.

Angenommen, der Zahlungsmittelbestand am Anfang des Haushaltsjahres hätte 380.000 € betragen, würde sich ein voraussichtlicher Endbestand der Zahlungsmittel am Ende des Haushaltsjahres belaufen auf 627.000 €.[20]

Die Vorgaben des § 3 GemHVO werden durch das Muster 8 – Finanzhaushalt in eine für die Gemeinde verbindliche Form gebracht. Danach sind neben den Beträgen (Ansätzen) für das zu planende Haushaltsjahr zu jeder Position auch der Ansatz für das Vorjahr und das Ergebnis des Jahresabschlusses für das Vorvorjahr anzugeben, zudem die Planungsdaten der folgenden drei Haushaltsjahre, siehe hierzu auch oben Ziff. 6.2.2 und Kap. 12.

16 Gemeint ist ausschließlich die ordentliche, also planmäßige Tilgung, nicht die Tilgung im Rahmen von Umschuldung, der ja eine entsprechende Einzahlung gegenüber steht.

17 Siehe Fn. 14.

18 Dieser Betrag wird auch als Netto-Neuverschuldung bezeichnet, d. h. um diesen Betrag erhöht sich der Schuldenstand der Gemeinde.

19 Gemäß § 58 Nr. 40 GemHVO sind Zahlungsmittel der Bestand an Bargeld, Schecks und Guthaben auf Bankkonten.

20 Ob dadurch die Nachrangigkeit von Kreditaufnahmen gemäß § 93 Abs. 3 HGO tangiert ist, soll hier nicht weiter thematisiert werden.

6.5.2 Gliederung des Haushaltsplanes in Teilhaushalte

In den vorstehenden Teilen dieses Buches wurde auf die Aufgaben und Ziele der öffentlichen Finanzwirtschaft hingewiesen. Dabei nimmt die politische Programmfunktion des Haushalts sicherlich eine ganz wesentliche Stellung ein. Der Haushaltsplan ist das wichtigste Planungs- und Steuerungsinstrument im Bereich aller öffentlichen Körperschaften. Durch die Darstellung von quantitativen und qualitativen Zielen des Verwaltungshandelns für das kommende Haushaltsjahr und darüber hinaus bestimmt die Gemeindevertretung über die grundsätzliche Ausrichtung der zukünftigen Politik. Der Etat ist damit eine konkrete planerische Umsetzung der politischen Programme unter Berücksichtigung der tatsächlichen finanzpolitischen Möglichkeiten.

Im Gegensatz zu den meisten privaten Unternehmen und auch zu den öffentlichen und halböffentlichen Betrieben und Gesellschaften ist die Kommunalverwaltung dadurch gekennzeichnet, dass sie für ihre Bürger und Einwohner eine Vielzahl sehr unterschiedlicher Leistungen erbringt. Diese Leistungen beziehen sich zudem auf sehr unterschiedliche Lebensbereiche der Einwohner. Beispiele für solche unterschiedlichen Leistungen lassen sich vielfältig anführen:

- Betreuung von Kindern in einer Kindertagesstätte,
- Erschließung von Baugrundstücken,
- Betrieb einer Bibliothek,
- Gewährleistung der öffentlichen Sicherheit und Ordnung,
- Beurkundung von Änderungen des Personenstands,
- Förderung junger Unternehmen,
- Organisation und Durchführung von kulturellen Veranstaltungen unterschiedlichster Art.

Damit der Haushaltsplan der politischen Programmfunktion gerecht werden kann, muss er demnach Aussagen darüber enthalten, auf welche Leistungen oder Lebensbereiche sich seine finanziellen und inhaltlichen Vorgaben beziehen. Während die Aktiengesellschaft, die am Markt nur ein Produkt oder eine Produktreihe absetzt, dem Aufsichtsrat in der Regel nur eine Gesamtplanung für das ganze Unternehmen vorlegt, würde eine solche Gesamtplanung für die notwendige Festlegung von Handlungsschwerpunkten im „Unternehmen Kommunalverwaltung“ nicht ausreichen.

Der Haushaltsplan als wichtigstes Planungs- und Steuerungsinstrument muss daher die Tätigkeitsbereiche der Kommunalverwaltung in einer Weise erkennbar machen, die eine politische Schwerpunktsetzung ermöglicht. Bürger und Politiker müssen aus dem Haushaltsplan nicht nur erkennen können, wie sich die finanzielle Lage der Kommune im Planungszeitraum voraussichtlich darstellt, sondern sie müssen feststellen können, woraus die Ertragslage resultiert und wofür in Zukunft die vorhandenen Ressourcen eingesetzt werden sollen. Dies ist nur möglich, wenn der Haushaltsplan neben der Gesamtplanung eine Planung von Teilbereichen (Teilplanung, Teilhaushalte) enthält.

6.5.2.1 Anforderungen an die Gliederung des Haushaltsplanes

Die Tatsache, dass sich der kommunale Gesamthaushaltsplan aus mehreren Teilplänen (Teilhaushalten) zusammensetzen muss, um seiner politischen Programmfunktion gerecht werden zu können, führt unmittelbar zu der Fragestellung, nach welchen Kriterien diese Teilhaushalte zu bilden sind bzw. wie der Haushaltsplan gegliedert werden soll. Diese Fragestellung lässt sich einerseits anhand der gesetzlich vorgesehenen Regelungen (§ 4 GemHVO mit Hinweisen) und andererseits im Hinblick auf die Anforderungen, die die Adressaten des Haushaltsplans an diese Gliederung stellen, beantworten. Diese Anforderungen sollen daher zunächst einmal dargestellt werden.

6.5.2.1.1 Die Anforderungen der Bürger und der politischen Gremien

Wesentlicher Adressat des Haushalts sind die Bürger und die politischen Gremien. Die oben dargestellte politische Programmfunktion bestimmt die Anforderungen dieser Adressaten an die Gliederung des Haushalts. Es geht demnach darum, dass Bürger und Politiker anhand des Haushalts erkennen können, wo die politischen Schwerpunkte des zukünftigen Handelns liegen und welche Ziele im Haushaltsjahr und in den drei folgenden Jahren verfolgt werden sollen.

Solche Informationen bietet ein Haushalt, der nach Produktbereichen (in der Privatwirtschaft würde man von Geschäftsbereichen reden), gegliedert ist. Diese Produktbereiche lassen sich z. B. aus den Politikfeldern ableiten, die Grundlage politischer Programme sind. Sie lassen sich aber auch aus den Lebensbereichen ableiten, auf die sich das kommunale Handeln bezieht. Letztlich sollte daher die Grundlage der Gliederung die (Dienst-) Leistung der Verwaltung sein, die den Einwohner, das örtliche Unternehmen oder andere „Kunden“ der Kommunalverwaltung erreicht. Im Sprachgebrauch des „Neuen Steuerungsmodells“ (NSM) handelt es sich bei diesen Ergebnissen des Verwaltungshandelns aus Sicht der Bürger um den „Output“ oder das Produkt der Verwaltung.

Gleichzeitig stellt der Haushaltsplan im Sinne des NSM auch den so genannten Hauptkontrakt zwischen der Gemeindevertretung als oberstem (politischen) Gremium und der Verwaltung dar, in dem die Ziele und die zur Umsetzung dieser Ziele einzusetzenden Ressourcen vereinbart werden. Bei dieser eher vertragsähnlichen Sichtweise des Haushaltsplanes erscheint es zusätzlich wichtig, festzustellen, wer auf Seiten der Verwaltung für die Umsetzung dieser Ziele verantwortlich ist. Das spricht dafür, dass der Haushalt nach Verantwortungsbereichen, d. h. nach der Aufbauorganisation der Verwaltung, oder *institutionell* gegliedert sein sollte, so dass für „die Politik“ als „Auftraggeber“ feststellbar ist, wer für die Ergebnisse des Verwaltungshandelns die Verantwortung trägt. Kommunalverfassungsrechtlich betrachtet ist dies immer der Gemeindevorstand als Organ bzw. der Bürgermeister und nach Maßgabe des § 70 Abs. 1 und 2 HGO die Beigeordneten als Dezernenten.

Die Ausweisung eines Amts- oder Abteilungsleiters als verantwortlichen **Kontraktpartner der Gemeindevertretung** im Haushaltsplan geht daher über die kommunalverfassungsrechtlichen Regelungen hinaus. Insofern ist diese Ausweisung lediglich als informatorische Angabe darüber zu bezeichnen, wer innerhalb der internen Organisation des „Auftragnehmers“ für die Sach- und Finanzzielerreichung zuständig ist. Die institutionelle Gliederung im Sinne einer **echten** Darstellung von Verantwortungsbereichen kann sich dagegen nur auf die Aufgabenbereiche der Beigeordneten beziehen, ggf. nochmals getrennt nach den Ämtern oder Fachbereichen, die dem jeweiligen Dezernat zugeordnet sind.

6.5.2.1.2 Die Anforderungen der Aufsichtsbehörden

Ein weiterer Adressat des Haushaltsplanes ist die jeweils zuständige Aufsichtsbehörde. Gemäß § 97 Abs. 3 HGO ist die von der Gemeindevertretung beschlossene Haushaltssatzung vollständig mit allen Anlagen der Aufsichtsbehörde vorzulegen.

Für die Aufsichtsbehörden ist es wichtig, dass die Gliederung der Haushalte einem einheitlichen System entspricht und ausreichend differenziert ist, um die zukünftigen Handlungsschwerpunkte der einzelnen Gemeinden erkennen zu können. Da es für die Aufsichtsbehörden wesentlich darum geht, sicherzustellen, dass die dauernde Aufgabenerfüllung in der jeweiligen Kommune gesichert ist (§ 92 HGO), sollte die Gliederung funktional sein. Eine produktbereichsbezogene Gliederung ermöglicht besser die intertemporären und interkommunalen Vergleiche, die eine wesentliche Grundlage für die Beurteilung von Haushaltsplänen und daraus folgende Genehmigung der genehmigungsbedürftigen Teile der Haushaltssatzung sein sollten.

6.5.2.1.3 Die Anforderungen der Finanzstatistik

„Die Finanzstatistiken haben im föderalen Aufbau der Bundesrepublik Deutschland die wichtige Aufgabe, aus den verschiedenen voneinander unabhängigen Haushaltsebenen ein in sich konsistentes Gesamtbild der öffentlichen Finanzwirtschaft zu erstellen und damit die Grundlage für zentrale wirtschafts-, finanz-, haushalts-, währungs- und geldpolitische Entscheidungen zu schaffen. Sie sind auch ausschließliche Datenbasis für das Staatskonto der Volkswirtschaftlichen Gesamtrechnung.“[21] Die Anforderungen der Finanzstatistik ergeben sich mittelbar aus den Anforderungen, die die Nutzer der Statistik haben. Hauptnutzer der Statistik sind die Bundesministerien für Finanzen, Wirtschaft, Arbeit, Inneres, Bildung und Forschung, die Spitzenverbände der Kommunen und der Wirtschaft sowie die Bundesbank. Schwerpunkte des Bedarfs an statistischen Informationen liegen in den Bereichen

- Schulen
- Wissenschaft, Forschung, Kulturpflege
- Soziale Sicherung und
- Bau- und Wohnungswesen, Verkehr.

In diesen Bereichen werden besonders detaillierte Daten nachgefragt. Die Haushaltsgliederung muss also in der Lage sein, diese Anforderungen aus produktbereichsbe-

21 Statistisches Bundesamt, Eckpunkte der Finanzstatistik für die Reform des kommunalen Haushaltsrechts, Wiesbaden 2000.

zogener Sicht zu befriedigen. Daneben benötigt das Statistische Bundesamt aber auch Daten, die sich auf die Verwaltungsorganisation beziehen (z. B. Schulverwaltung).

6.5.2.1.4 Die Anforderungen der Verwaltung

Als diejenige, die den Etat verwaltet und die dort vorgegebenen Ziele umsetzen soll, ist auch die Verwaltung ein wesentlicher Adressat des Haushaltsplanes. Da der Haushaltsentwurf gleichzeitig von ihr selbst erstellt wird, ist zunächst davon auszugehen, dass sich die Gestaltung des Haushaltsplanes auch an ihren Anforderungen orientiert.

Im Hinblick auf die Gliederung des Haushalts spiegeln sich weitgehend die Anforderungen von Bürgern und Politik wider. Die Verwaltung muss erkennen können, welche Ziele die Gemeindevertretung mit dem Haushaltsentwurf verbindet. Hierzu ist eine **produktbereichsbezogene** Gliederung erforderlich, die genau zeigt, in welchem Aufgabenbereich welche Ziele mit welchem Ressourceneinsatz zu verfolgen sind. Nur so kann die Verwaltung die politisch gesetzten Prioritäten auch tatsächlich umsetzen. Für diese Umsetzung trägt gegenüber der Gemeindevertretung der Gemeindevorstand und innerhalb dessen der Bürgermeister oder der zuständige Beigeordnete die Verantwortung (s. o.).

Gleichzeitig erfolgt die Umsetzung in der Verwaltung durch Organisationseinheiten. Für deren Steuerung wäre es sinnvoller, wenn die Formulierung der Sachziele und die Zuordnung der zur Erreichung bereitgestellten Ressourcen (wie Finanzen und Personal) im Rahmen einer **institutionellen** Gliederung erfolgt. Insbesondere im Hinblick auf die Überwachung der Zielerreichung und die Einhaltung der Budgetvorgaben erscheint für die Ausführung des Haushaltsplanes diese Gliederungsweise erforderlich.

6.5.2.2 Anknüpfungspunkte für eine Gliederung: Verwaltungsaufbau oder Aufgaben- bzw. Produktbereiche

Die dargestellten Anforderungen der wichtigsten Adressaten des Haushaltsplans an die Gliederung sind mit einer einheitlichen Struktur nicht vollständig abzudecken. Dieses Problem tritt in der Praxis immer dann auf, wenn produktbereichsbezogene und institutionelle Gliederung nicht übereinstimmen. Das ist dann der Fall, wenn sich ein Produktbereich auf mehrere Organisationseinheiten verteilt. Auch die Einrichtung sog. „Zentraler Dienstleister“ in der Verwaltung, wie z. B. eines zentralen Gebäudemanagements, führt dazu, dass produktbereichsbezogene und institutionelle Gliederung nicht notwendigerweise übereinstimmen. Es dürfte wohl kaum eine Gemeinde geben, bei der die Aufbauorganisation exakt deckungsgleich mit den vorgegebenen Produktbereichen ist.

Jede Gemeinde muss daher eine Entscheidung treffen, welchem der beiden grundsätzlichen Gliederungssysteme sie den Vorrang im Haushalt einräumen will (zur Gesetzeslage s. u.). Dieser Vorrang im Haushalt bedeutet aber nicht, dass die jeweils andere Gliederungsstruktur nicht zusätzlich ebenfalls abgebildet werden kann (und sollte).[22]

---

22 Bei Teilhaushaltsbildung nach örtlicher Organisation (institutionelle Gliederung) muss dem Haushaltsplan eine Übersicht gemäß der Produktbereiche des Muster 11 beigefügt werden, siehe Eingangstext zu diesem Muster.

Aus volks- und betriebswirtschaftlicher Sicht wird die produktbereichsbezogene Gliederung eindeutig präferiert,[23] da sie geeigneter ist, die politische Programmfunktion zu erfüllen. Interkommunale Vergleiche sind bei einer institutionellen Haushaltsgliederung deutlich erschwert und Zeitreihenvergleiche werden z. B. durch Reorganisationsmaßnahmen, die kommunaler Verwaltungsalltag sind, ebenfalls deutlich problematischer. Im Ergebnis entspricht die funktionale Gliederung auch eher den Anforderungen der Hauptadressaten (der Bürger und Mandatsträger) an den Haushaltsplan (s. o.).

Zusätzlich ist jedoch festzustellen, dass insbesondere zur internen Steuerung der Verwaltung eine Zuordnung von Zielen und Ressourcen zu Organisationseinheiten erforderlich ist, um Verantwortungsbereiche abzugrenzen.[24] Soweit dabei die Organisationsstruktur nicht der produktbereichsbezogenen Gliederung der Verwaltung folgt, ist es sinnvoll, diese zusätzlich im Rechnungswesen zu hinterlegen, was aber ohnehin aus gesetzlichen Gründen erfolgen muss (s. u.).

In zahlreichen Gemeinden wird versucht, das Auseinanderfallen von produktbereichsbezogener und institutioneller Haushaltsgliederung über eine produktbereichsorientierte Aufbauorganisation zu korrigieren, zumindest aber dessen Auswirkungen über eine organisationsunabhängige Produktbildung zu kompensieren.

6.5.2.3 Gliederungsvorschriften für den kommunalen Haushalt

Die grundlegenden Bestimmungen über die Aufteilung des Haushaltsplanes in Teilhaushalte enthält § 4 GemHVO.

Nach Absatz 2 dieser Vorschrift ist der Haushaltsplan (die dort verwendeten Begriffe Teilergebnishaushalt und Teilfinanzhaushalt werden in Ziff. 6.5.2.4 erläutert) entweder

- nach vorgegebenen Produktbereichen (Mindestgliederung)

oder

- produktorientiert nach der örtlichen Organisation

zu gliedern, vgl. auch Hinweise zu § 4 GemHVO.

Die einzelne Gemeinde muss also anhand ihrer speziellen Rahmenbedingungen unter Beachtung aller vorstehend vorgetragenen Aspekte entscheiden, nach welchem der beiden Grundprinzipien sie ihren Haushalt in Teilhaushalte gliedern will.

Die vorgegebenen Produktbereiche[25] finden sich in Muster 11 zur GemHVO, das die kommunale Aufgabenerfüllung in 16 Produktbereiche (beziffert mit 01–16) unterteilt. Dabei sind die Produktbereiche 01–15 als diejenigen anzusehen, die die eigentlichen Produktleistungen der Gemeinde erbringen, während der Produktbereich 16 – Allgemeine Finanzwirtschaft – gesamthaushaltsbezogene Finanzierungsangelegenheiten umfasst, also keine Produktleistungen im eigentlichen Sinn erbringt und deshalb häufig auch als Sonderproduktbereich (siehe auch unten) bezeichnet wird.

---

23 Vgl. Mülhaupt.

24 Vgl. z. B. Klümper/Zimmermann.

25 Zu den Begriffen Produktbereich, Produktgruppe und Produkt siehe § 58 Nr. 26 bis 28 GemHVO sowie die Darstellung in Ziff. 4.3.5.

Die Produktbereiche des Muster 11 entsprechen inhaltlich auch den Produktbereichen nach den Vorgaben des Statistischen Bundesamtes, werden in diesen aber nach einem anderen System beziffert. Das Muster 11 empfiehlt den Gemeinden, die weitere Gliederung der Teilhaushalte nach den dort angegebenen Produktgruppen[26], die aber nicht benummert sind, vorzunehmen. Diese Produktgruppen entsprechen inhaltlich den vom Statistischen Bundesamt vorgegebenen und benummerten Produktgruppen, welche den finanzstatistischen Meldungen der Gemeinde, die nach Aufgabenbereichen erfolgen müssen, zu Grunde liegen. Unabhängig von der Vorgehensweise bei der Teilhaushaltsbildung muss also jede Gemeinde sicherstellen, dass sie ihre finanzstatistischen Meldungen nach dieser Systematik abgeben kann.

Im Juni 2019 wurde von einer Arbeitsgruppe unter Führung des Hessischen Rechnungshofes – Überörtliche Prüfung kommunaler Körperschaften – der erste Entwurf eines Produktbuches für die Kommunen entwickelt und vorgelegt. Dieses hat die Aufgabe, die korrekte Zuordnung der kommunalen Leistungen zu den Produktbereichen und -gruppen zu erleichtern. Den Gemeinden wird dringend empfohlen, sich bei der Zuordnung ihrer Aufgaben bzw. Produkte zu den Produktbereichen und Produktgruppen an den Erläuterungen des Produktbuchs zu orientieren.[27]. Dieses Produktbuch kann nunmehr im Downloadbereich des Hessischen Ministeriums des Innern und für Sport bezogen werden.

Werden die Teilhaushalte nach der örtlichen Organisation gegliedert, sind die der Organisationseinheit zugewiesenen örtlichen Produktgruppen und Produkte darzustellen. Auch hier gilt, dass die Gemeinde die finanzstatistischen Meldungen in der dafür geltenden Systematik abgeben muss.

Die vorgegebenen Produktbereiche können auf mehrere Teilhaushalte aufgeteilt werden. Das ist dann der Fall, wenn die Teilhaushalte nach Organisationseinheiten gebildet sind und für einen Produktbereich im Sinne des Muster 11 mehrere Organisationseinheiten zuständig sind (s. o. Ziff. 6.2.5). Weiterhin ist dies der Fall, wenn die Teilhaushaltsbildung zwar zunächst produktbereichsorientiert erfolgt, aber für einen Produktbereich mehrere Organisationseinheiten zuständig sind. Dann kann der jeweilige produktbereichsbezogene Teilhaushalt in einzelne Teil-Teilhaushalte weiter aufgeteilt werden, die dann einheitlich, d. h. von der gleichen Organisationseinheit, bewirtschaftet werden, was dann auch wieder dem Budgetbegriff gemäß § 58 Nr. 10 GemHVO entspricht. Auf die Deckungsfähigkeit innerhalb von Budgets nach § 20 Abs. 1 und 3 GemHVO (siehe Ziff. 7.4.3) wird an dieser Stelle bereits ausdrücklich hingewiesen.

Die Produktbereiche sind bei Aufteilung auf mehrere Teilhaushalte in einer besonderen Übersicht darzustellen. Diese Übersicht wird wiederum durch Muster 11 konkretisiert, wonach dem Haushaltsplan eine Übersicht nach dieser Gliederung mit den auf die Produktbereiche entfallenden Erträgen und Aufwendungen und Einzahlungen und Auszahlungen beizufügen ist.

26 Zu den Begriffen Produktbereich, Produktgruppe und Produkt siehe § 58 Nr. 26 bis 28 GemHVO sowie die Darstellung in Ziff. 4.3.5.

27 Siehe auch Nr. 2 Hw. zu § 4 GemHVO.

Der Sonderproduktbereich „Allgemeine Finanzwirtschaft"
Die Gliederung des Haushalts nach aufgabenbezogenen Produktbereichen lässt sich insbesondere auf Grund des Gesamtdeckungsprinzips[28] nicht vollständig durchhalten. Da eine spezifische Zuordnung von allgemeinen Deckungsmitteln (z. B. Steuern, allgemeinen Zuweisungen) auf einzelne Verwendungszwecke nicht vorgesehen ist, ist eine Regelung erforderlich, die eine sachgerechte und transparente Abbildung dieser Positionen im Haushaltsplan und im Jahresabschluss gewährleistet. Ähnliches gilt für die von der Gemeinde zu zahlenden Umlagen, z. B. Kreis- und Schulumlage oder Gewerbesteuerumlage, und für die Zinsen für Liquiditätskredite, siehe hierzu auch Ziff. 6.5.2.4.2.

Die Festlegung der Produktbereiche sieht daher einen separaten Bereich „Allgemeine Finanzwirtschaft" vor. Die Charakterisierung als „Sonderproduktbereich" ergibt sich daraus, dass hier Produktleistungen auch im Sinne des § 58 Nr. 26 GemHVO nicht erbracht werden, sondern dass hier ein Überschuss entsteht, der – bei Haushaltsausgleich – die Unterdeckungen in den anderen Produktbereichen ausgleicht. Für diesen Bereich sind verbindlich Teilergebnis- und Teilfinanzhaushalte zu erstellen, die sich in ihrer Struktur nicht von den Plänen der übrigen Produktbereiche unterscheiden. Insbesondere müssen darin die Steuerarten und Zuweisungen nicht weiter differenziert und die allgemeinen Umlagen (insbes. Kreis- und Schulumlage) nicht separat ausgewiesen werden. Damit ist dem Haushaltsplan nach den vorliegenden Vorschriften die Höhe der Grundsteuererträge, der Erträge aus Gewerbesteuern, die Höhe der Kreisumlage und die Höhe der Schlüsselzuweisungen nicht mehr im Einzelnen zu entnehmen. Der Gemeinde steht es zwar frei, im entsprechenden Teilergebnishaushalt (siehe folgende Ziffer) eine differenzierte Darstellung vorzunehmen, was in der Praxis auch regelmäßig erfolgt, der Verordnungsgeber sollte gleichwohl für den Sonderproduktbereich 16 erwägen, eine detailliertere Darstellung vorzugeben.

6.5.2.4 Teilhaushaltsbildung nach Ergebnis- und Finanzhaushalt

Entsprechend der Grundsatzentscheidung der Gemeinde, nach welcher der beiden Möglichkeiten die Teilhaushalte gebildet werden sollen, hat sie sowohl den Ergebnishaushalt als auch den Finanzhaushalt in Teilhaushalte aufzuteilen, also den Ergebnishaushalt in die entsprechenden Teilergebnishaushalte und den Finanzhaushalt in die entsprechenden Teilfinanzhaushalte. Gemäß § 4 Abs. 2 Satz 5 GemHVO sollen in den Teilhaushalten Leistungsziele und Kennzahlen zur Messung der Zielerreichung angegeben werden, gemäß § 10 Abs. 3 GemHVO sollen in den Teilhaushalten produktorientierte Ziele (siehe hierzu auch Nr. 4–6 Hw. zu § 4 GemHVO) unter Berücksichtigung des einsetzbaren Ressourcenaufkommens und des voraussichtlichen Ressourcenverbrauchs sowie Kennzahlen zur Zielerreichung bestimmt werden. Die Ziele und Kennzahlen bilden danach die Grundlage für die Erfolgskontrolle und Steuerung der Haushaltswirtschaft.

28 Siehe Ziff. 7.4.2.

In den Teilhaushalten werden also nicht einfach nur die Finanzdaten aus dem jeweiligen Gesamthaushalt auf die Teilhaushalte heruntergebrochen, sondern diesen werden dort zusätzlich die mit den Finanzdaten korrespondierenden Ziele und Leistungsdaten, vgl. Nr. 3 Hw. zu § 4 GemHVO, gegenübergestellt, woraus sich die Möglichkeit ergibt, den Haushalt Output-orientiert, also anhand der von der Verwaltung zu erbringenden Leistungen aufzustellen, auszuführen und in seiner Einhaltung zu kontrollieren.[29] In der Praxis haben sich hierzu mangels konkreterer Vorgaben durch den Gesetz- und Verordnungsgeber vielfältige Darstellungsmöglichkeiten entwickelt, die durch die administrativen und politischen Rahmenbedingungen der einzelnen Gemeinde geprägt sind. Da inzwischen viele Gemeinden und Gemeindeverbände ihre Haushalte im Internet veröffentlichen, dürften sich durch entsprechende Recherche diverse Musterbeispiele für die Darstellung von Finanz- und Leistungsdaten finden.

Die GemHVO verlangt jedoch keine generelle, also insgesamt flächendeckende Anforderung der Angabe von Leistungszielen und Kennzahlen zur Messung der Zielerreichung, sondern beschränkt diese Angaben zum einen auf die wesentlichen Produkte und zum anderen auf die örtlichen Steuerungsbedürfnisse[30] der Gemeinde. Es ist dann Sache der Gemeinde festzulegen, was einerseits wesentliche Produkte und andererseits die örtlichen Steuerungsbedürfnisse sind.

Wesentliche Produkte[31] sind sicherlich solche mit einem hohen Ressourcenverbrauch, insbesondere, wenn dieser nur teilweise gedeckt ist, das betrifft vor allem Produkte aus dem Bereich Kinderbetreuung als eine der kommunalen Kernaufgaben. In Betracht kommen aber auch Produkte, bei denen die Definition von Zielen und Kennzahlen zur Messung der Zielerreichung und die entsprechende Steuerung vergleichsweise einfach sind. Als wesentliche Produkte sollten auch interne Leistungen angesehen werden, die betraglich umfangreich sind und eine größere Zahl externer Produkte betreffen, dies ist insbesondere die Personalverwaltung (siehe auch unten: interne Leistungsverrechnung).

6.5.2.4.1 Inhalte des Teilergebnishaushaltes

Für den Inhalt der Teilergebnishaushalte bestimmt § 4 Abs. 3 GemHVO, dass jeder Teilergebnishaushalt

- die auf ihn entfallenden Aufwendungen und Erträge nach § 2 Abs. 1 GemHVO

sowie

- die Kosten und Erlöse aus internen Leistungsbeziehungen (§ 4 Abs. 3 GemHVO, Nr. 2 Hw. zu § 2 und Nr. 8 Hw. zu § 4 GemHVO)

enthält.

Ein Teilergebnishaushalt wird also zunächst dadurch gebildet, dass ihm die Erträge und Aufwendungen gemäß der in § 2 Abs. 1 GemHVO (siehe auch oben 6.5.1.1) ge-

29 Siehe hierzu auch Ziff. 4.3.5.

30 Unter Steuerung ist generell ein Regelungskreislauf von Zielplanung, Ausführung, Kontrolle der Zielerreichung, ggf. bei Abweichungen Gegensteuerung bzw. Neubestimmung von Zielen, und erneuter Zielplanung zu verstehen.

31 Siehe hierzu auch *Daneke* in KVR Hessen, § 95 HGO, ab Rn. 64.

nannten Positionen zugeordnet werden, soweit diese ihn sachlich betreffen. Bei produktbereichsorientierter Teilhaushaltsbildung würde also z. B. der Teilergebnishaushalt 04 (Kultur und Wissenschaft) alle in § 2 Abs. 1 GemHVO genannten Aufwendungen und Erträge umfassen, die für diese Aufgabenstellung anfallen.

Die Darstellung erfolgt mindestens in der Gliederung, wie sie § 2 Abs. 1 GemHVO (und in Folge daraus das Muster 7 zur GemHVO) vorsehen, das ergibt sich aus Nr. 8 Satz 1 der Hinweise zu § 4 GemHVO. Für die Teilergebnishaushalte ist das Muster 9 zur GemHVO verbindlich. Es weist die gleiche Grundstruktur auf wie das Muster 7, enthält aber nicht dessen Einzelzeilen. Dadurch wird der Gemeinde die Möglichkeit gegeben, über die vorstehende Mindestanforderung hinaus die Aufwendungen und Erträge differenzierter darzustellen. Bei einigen Gemeinden erfolgt dies bis hinunter auf die Ebene der Einzelkonten nach Muster 12 GemHVO (Kommunaler Verwaltungskontenrahmen), was aber nur für kleinere Gemeinden wirklich praktikabel ist. Je größer eine Gemeinde ist, desto stärker muss der Aggregationsgrad der Einzelbeträge im Teilergebnishaushalt sein, bis hin zur Aggregation auf Ebene der Zeilen nach Muster 7.

Zudem ist es ein wesentliches Anliegen des Gesetzgebers bei der Neugestaltung des Haushaltsrechts gewesen, dass die Beratung, Entscheidung und Steuerung des Haushaltes durch die politischen Gremien nicht mehr auf Basis einzelner kontenbezogener Ansätze für Aufwand und Ertrag, sondern auf Basis aggregierter und saldierter Finanzdaten in Relation zu den entsprechenden Leistungsdaten erfolgt. Je stärker die Gemeinde in der Darstellung ihrer Teilergebnishaushalte die Aufwands- und Ertragspositionen ausdifferenziert, desto mehr entfernt sie sich von dem skizzierten Leitbild des Gesetzgebers.

Zusätzlich zu den Aufwands- und Ertragspositionen sind in den Teilergebnishaushalten die Kosten und Erlöse aus internen Leistungsbeziehungen abzubilden. Dem liegt die Vorstellung zu Grunde, dass den in den Teilergebnishaushalten dokumentierten Leistungen auch der Ressourcenverbrauch aus Querschnittsfunktionen gegenüberzustellen ist. So gehört zu dem personalintensiven Teilergebnishaushalt für die Kinderbetreuungseinrichtungen nicht nur der Aufwand für das pädagogische Personal in den Einrichtungen, sondern auch der üblicherweise im Teilhaushalt für den Produktbereich 01 – Innere Verwaltung – für die Personalverwaltung dieser Personen enthaltene Aufwand, der über eine interne Leistungsbeziehung abgebildet wird, d. h der Teilhaushalt für die Kinderbetreuung wird mit den entsprechenden Kosten belastet, die im gleichen Betrag als Erlöse im Teilhaushalt für die Personalverwaltung erscheinen. Entsprechendes gilt für alle zentralen Dienstleistungen wie EDV, Gebäudemanagement, Bauhofleistungen usw., siehe auch Nr. 8 Hw. zu § 4 GemHVO.

Mittels der internen Leistungsbeziehungen sind auch die kalkulatorischen Zinsen (Verzinsung des Anlagekapitals nicht nur im Rahmen der Gebührenkalkulation, vgl. Nr. 8 Satz 5 Hw. zu § 4 GemHVO) in den Teilhaushalten abzubilden, die die entsprechenden Leistungen erbringen, siehe auch Ziff. 2.3.2.2 und zur Kostenrechnung insgesamt Kap. 19.

Die Grundsteuer für gemeindeeigene Grundstücke und die dafür anfallenden Benutzungsgebühren (Abwassergebühr, Müllabfuhrgebühr, Straßenreinigungsgebühr etc.) gehören nicht zu den internen Leistungsbeziehungen. Sie sind in dem betreffenden

Teilergebnishaushalt als Aufwand zu veranschlagen und in der Teilergebnisrechnung nachzuweisen und als Ertrag in den Ansätzen „Grundsteuer" und „Benutzungsgebühr" zu berücksichtigen, Nr. 8 Satz 6 ff. Hw. zu § 4 GemHVO.

In der Regel ist davon auszugehen, dass die für die interne Leistungsverrechnung erforderlichen Daten das Ergebnis einer Kosten- und Leistungsrechnung (siehe auch § 14 GemHVO einschl. Hinweise) sind. Es erfolgt damit an dieser Stelle eine Verknüpfung zwischen dem klassischen betriebswirtschaftlichen externen Rechnungswesen (Gewinn- und Verlustrechnung mit den Rechengrößen Aufwand und Ertrag) und einem internen Rechnungswesen (Kosten- und Leistungsrechnung mit den Rechengrößen Kosten und Erlöse). Diese Verknüpfung macht im Hinblick auf den Zweck des Rechnungswesens in der öffentlichen Verwaltung durchaus Sinn. Es geht bei der Planung und Rechnungslegung in der öffentlichen Verwaltung nämlich nicht nur um die Rechenschaftslegung, die das klassische Ziel des privatwirtschaftlichen externen Rechnungswesens ist, sondern ebenso um die Steuerung, für die in der Privatwirtschaft das interne Rechnungswesen eingesetzt wird.

Um die unterschiedlichen Inhalte dennoch transparent abzubilden, wird bei den Teilergebnishaushalten zwischen einem Ergebnis vor und einem Ergebnis nach interner Leistungsverrechnung unterschieden. Die internen Leistungsverrechnungen sind damit für den Leser des Haushaltsplans und des Jahresabschlusses eindeutig zu erkennen. Damit wird auch deutlich, dass diese Positionen einem großen Maß an individuellem Bewertungsspielraum unterliegen.

Für jeden Teilergebnishaushalt ist ein Teilabschluss nach § 2 Abs. 2 GemHVO ergänzt um das Ergebnis der internen Leistungsbeziehungen zu bilden. Die Darstellungsregelung hierzu erfolgt in Muster 9 zur GemHVO. Danach ist in jedem Teilergebnishaushalt das Jahresergebnis vor internen Leistungsbeziehungen auszuweisen (das entspricht bezogen auf den Teilergebnishaushalt der Angabe gemäß § 2 Abs. 2 Nr. 5 GemHVO bzw. der Zeilenposition 30 des Muster 7 zur GemHVO). Gemäß Muster 9 ist dann zusätzlich das Ergebnis der internen Leistungsbeziehungen (Kosten und Erlöse des jeweiligen Teilergebnishaushaltes und der Saldo daraus) auszuweisen und aus diesen Positionen das Jahresergebnis nach internen Leistungsbeziehungen zu ermitteln.

6.5.2.4.2 Inhalte des Teilfinanzhaushaltes

In den Teilfinanzhaushalten wird die investive Tätigkeit der Gemeinde im Einzelnen dargestellt.

Der einzelne Teilfinanzhaushalt enthält gemäß § 4 Abs. 4 GemHVO die auf ihn entfallenden Einzahlungen nach § 3 Abs. 1 Nr. 20 bis 22 und Auszahlungen nach § 3 Abs. 1 Nr. 24 bis 27 GemHVO aus der Investitionstätigkeit, sowie die Einzahlungen und Auszahlungen nach § 3 Abs. 1 Nr. 31 und 32 aus Finanzierungstätigkeit, soweit diese nicht zentral, d. h. im Produktbereich 16 veranschlagt werden, § 4 Abs. 4 2. Halbs. GemHVO.

Für den Teilfinanzhaushalt wird das Muster 10 verwendet. Die Teilfinanzhaushalte bilden somit zunächst den auf sie entfallenden investiven Teil (Einzahlungen und Auszahlungen aus Investitionstätigkeit) des Finanzhaushaltes ab. Die Gemeinde kann sich zudem dafür entscheiden, auch den auf die Teilfinanzhaushalte entfallenden Teil der Finanzierungstätigkeit (Einzahlungen und Auszahlungen aus der Aufnahme und Tilgung von Krediten) dort nachzuweisen und nicht zentral im Produktbereich 16.

Andererseits wird durch Nr. 12 Hw. zu § 4 GemHVO diese durch die GemHVO selbst gegebene Option wieder zurückgenommen: *„Die Einzahlungen und Auszahlungen aus Finanzierungstätigkeit (Kreditaufnahmen, Tilgung von Krediten) können wegen des Gesamtdeckungsprinzips (§ 18 GemHVO) nicht einzelnen Teilfinanzhaushalten zugeordnet werden. Deshalb sind sie in einem eigenen Teilhaushalt des Produktbereichs ‚16 – Allgemeine Finanzwirtschaft' zu veranschlagen."*

Eine einigermaßen widerspruchsfreie Gesamtbetrachtung beider Vorschriften lässt sich nur dadurch herbeiführen, dass man die Regelung des § 4 Abs. 4 GemHVO nur auf zweckgebundene und damit einem Teilhaushalt unmittelbar zuzuordnende Kredite bezieht. Diese könnten dann in dem betreffenden Teilhaushalt nachgewiesen werden, die übrigen, nicht einzeln zuzuordnenden Kredite zentral.

Gemeinden, die von der Möglichkeit Gebrauch machen wollen, generell in den Teilfinanzhaushalten die Einzahlungen und Auszahlungen aus Finanzierungstätigkeit nachzuweisen, könnten sich allerdings darauf berufen, dass die GemHVO (Verordnung) als höherrangiges Recht gegenüber den Hinweisen, die allenfalls den Charakter von Verwaltungsvorschriften haben, anzusehen ist.

Kreditzinsen sind nach dem o. g. Hinweis im Produktbereich 16 zu veranschlagen.

Die Teilfinanzhaushalte bilden demnach (anders als bei den Teilergebnishaushalten in Bezug auf den Ergebnishaushalt) nicht die vollständige Struktur des Finanzhaushaltes ab, sondern nur den Teil, der sich auf die Investitionstätigkeit bezieht und ggf. die oder Teile der Finanzierungstätigkeit. Nicht dargestellt werden folglich die Einzahlungen und Auszahlungen aus laufender Verwaltungstätigkeit und diejenigen aus Finanzierungstätigkeit, die zentral im Produktbereich 16 veranschlagt werden. Diese Beträge sind nur im Finanzhaushalt enthalten, die Beträge der Finanzierungstätigkeit zudem im Teilfinanzhaushalt für den Produktbereich 16.

Für den Teilfinanzhaushalt ist das Muster 10 zur GemHVO maßgeblich. Dieses umfasst in der Spaltengliederung (vgl. § 4 Abs. 5 GemHVO) neben der Positionsbezeichnung und dem Ansatz des Haushaltsjahres auch die Angabe des Gesamtauszahlungsbedarfs für Investitionen und Investitionsförderungsmaßnahmen, der bisher bereitgestellten Haushaltsmittel und der benötigten Verpflichtungsermächtigungen (siehe Kap. 8), den Haushaltsansatz des Vorjahres sowie das Ergebnis des letzten Jahresabschlusses. Für jedes Haushaltsjahr ist ein Saldo auszuweisen, der sich aus den anteiligen Einzahlungen und Auszahlungen in dem jeweiligen Teilfinanzhaushalt entsprechend der vorstehenden Positionen ergibt. In der Spalte „bisher bereitgestellt" sind die Mittel anzugeben, die in den dem Haushaltsjahr vorangehenden Jahren für die Maßnahme als Auszahlungsmittel zur Verfügung gestellt worden sind, einschließlich der Ermächtigungen durch Nachtragshaushaltspläne und überplanmäßige Bewilligungen gemäß § 100 HGO. Die GemHVO und die Hinweise hierzu enthalten keine eigene Definition des Begriffes „bisher bereitgestellt". In analoger Anwendung der Nr. 3 VV zu § 5 GemHVO 1974 ist *„Als ‚bisher bereitgestellte' Ausgabemittel für Investitionen* *und Investitionsförderungsmaßnahmen ... der Betrag anzugeben, der entweder durch Veranschlagung im Haushaltsplan oder überplanmäßig bis zum Inkrafttreten des Haushaltsplanes voraussichtlich bereitgestellt sein wird. Es sind also auch diejenigen Beträge einzubeziehen, die in der Zeit zwischen Aufstellung des Haushaltsplanes und seinem Inkrafttreten noch durch Nachtragssatzung oder als überplanmäßige Ausgaben bereitgestellt werden".* Der durch den vorliegenden Haushaltsplan und/oder die künftigen Haushalte für die Durchführung der betreffenden Maßnahme noch bereitzustellende Betrag ergibt sich folglich aus der Differenz der Spalte „davon bisher bereitgestellt" zur Spalte „Gesamtauszahlungsbedarf".

Das Muster 10 enthält keine Vorgabe, in welcher Differenzierung die Darstellung zu erfolgen hat. Es ist zunächst zu trennen nach den Einzahlungen und den Auszahlungen aus Investitionstätigkeit. Innerhalb dieser Positionen ergibt sich die Mindestdifferenzierung aus den Vorgaben des § 4 Abs. 4 GemHVO. Es sind also mindestens die Zeilenpositionen anzugeben, wie sie sich aus Muster 8 für die Investitionstätigkeit ergeben. Der Gemeinde ist es freigestellt, darüber hinaus weiter, ggf. bis auf die einzelne Maßnahme zu unterteilen, was allein aus kommunalpolitischen Gründen sinnvoll ist. Zu beachten ist hierbei auch, dass dem Erfordernis des § 11 GemHVO, wonach die Verpflichtungsermächtigungen (siehe Kap. 8) in den Teilfinanzhaushalten **maßnahmenbezogen** zu veranschlagen sind, Rechnung getragen wird.

Der GemHVO fehlt eine ausdrückliche Bestimmung über die Einzelveranschlagung (siehe auch Ziff. 7.3.5) entsprechend der bisherigen kameralen Regelungen (*„Einnahmen sind einzeln nach ihrem Entstehungsgrund, die Ausgaben nach Einzelzwecken zu veranschlagen. Die Zwecke müssen hinreichend bestimmt sein. Im Vermögenshaushalt sind die einzelnen Vorhaben getrennt zu veranschlagen."*, § 7 Abs. 3 der aufgehobenen GemHVO-Vwbuchfg 2009).

Der Grund liegt in dem Auseinanderfallen von Planungsebene und Darstellungsebene im doppischen System. Die Gemeinde muss ihre Konten, auf denen sie die einzelnen Vorhaben plant und später buchungsmäßig abwickelt, entsprechend den Vorgaben des Muster 12 GemHVO (Kommunaler Verwaltungskontenrahmen – KVKR) bilden. Hiernach müssen in Bezug auf die Investitionsauszahlungen folgende Vorgänge unterschieden werden:

Hauptkonto 840: Auszahlungen für aktivierte Investitionszuweisungen und -zuschüsse
Hauptkonto 841: Auszahlungen für den Erwerb von Grundstücken und Gebäuden
Hauptkonto 842: Auszahlungen für Baumaßnahmen
Hauptkonto 843: Auszahlungen für Investitionen in das bewegliche Sachanlagevermögen und immaterielle Anlagevermögen (soweit dies nicht unter 840 fällt)
Hauptkonto 844: Auszahlungen für Investitionen in das Finanzanlagevermögen

Für die Darstellung im Teilfinanzhaushalt sollte die Gemeinde mindestens auf dieser Ebene unterteilen. In der Praxis hat es sich als häufig verwendeter Standard herausgebildet, dass innerhalb eines Teilfinanzhaushaltes eine weitere Unterteilung nach Einzelmaßnahmen erfolgt und innerhalb dieser Einzelmaßnahmen nach den vorstehend genannten Hauptkonten differenziert wird. Es wird nämlich für die politische Beratung und Entscheidungsfindung über den Haushalt nicht ausreichen, wenn die Gemeinde z. B. im Teilfinanzhaushalt für das Produkt „Bereitstellung und Betrieb der Gemeindestraßen“ lediglich v. g. Zeilenpositionen darstellt, aber nicht nach den einzelnen Straßenbauvorhaben unterscheidet.

6.5.3 Stellenplan

Als dritter Bestandteil des Haushaltsplanes ist der Stellenplan zu nennen. § 95 Abs. 3 Satz 2 HGO bestimmt, dass der Stellenplan Bestandteil des Haushaltsplanes ist, er wird folglich durch Beschluss über die Haushaltssatzung festgesetzt (so ausdrücklich auch Nr. 1 Hw. zu § 95 HGO), zur Haushaltssatzung insgesamt siehe Kap. 11. Folglich kann der Stellenplan auch nur durch Nachtragssatzung geändert werden (Nr. 2 Hw. zu § 95 HGO, zur Nachtragssatzung insgesamt siehe Ziff. 14.1).

Weitere Vorschriften zum Stellenplan enthalten § 5 GemHVO und die Hinweise hierzu. Danach hat der Stellenplan die im Haushaltsjahr erforderlichen Stellen der Beamten und der nicht nur vorübergehend eingestellten Arbeitnehmer auszuweisen. Wann ein Arbeitnehmer nicht nur vorübergehend eingestellt ist, wird durch das Gesetz nicht geregelt. Nr. 5 Hw. zu § 5 GemHVO führt dazu aus, dass für Arbeitnehmer, die als Aushilfe, für eine kurze Zeit oder für einen auf kurze Zeit begrenzten Zweck beschäftigt werden, eine Stelle im Stellenplan nicht erforderlich ist. Was als „kurze Zeit“ anzusehen ist, regelt dieser Hinweis jedoch nicht, dies festzulegen liegt im Ermessen jeder Gemeinde. Eine für 4 Wochen eingestellte Aushilfs- oder Vertretungskraft wird sicherlich als vorübergehend eingestellt zu betrachten sein, ein projektbezogen für 3 Jahre befristet eingestellter Mitarbeiter sicherlich nicht. Die Gemeinde muss also eine sachgerechte Auslegung dieses Begriffes treffen.

Nach Nr. 1 Hw. zu § 1 GemHVO ist der Stellenplan Bestandteil des Haushaltsplans und in die Beschlussfassung über die Haushaltssatzung (siehe Kap. 11) einbezogen. Änderungen des Stellenplans sind nur durch den Erlass einer Nachtragshaushaltssatzung möglich. Die Ausführung etwaiger Regelungen in der Haushaltssatzung über die Bewirtschaftung des Stellenplans erfordern keine Änderung des Stellenplans durch eine Nachtragshaushaltssatzung (z. B. das Verlagern von Stellen zwischen Teilhaushalten aufgrund organisatorischer Änderungen, wenn dies in der Haushaltssatzung zugelassen ist).

Soweit Beamte in Einrichtungen von Sondervermögen, für die Sonderrechnungen geführt werden (insbesondere Eigenbetriebe), beschäftigt sind, sind deren Stellen im Stellenplan gesondert aufzuführen. Dabei ist jedes Sondervermögen für sich aufzuführen, siehe Fußnote in Muster 13 zur GemHVO, Teil A.

Die Gliederung des Stellenplanes ergibt sich aus Nr. 1 Satz 1 Hw. zu § 5 GemHVO. Sie ist danach entsprechend der gebildeten Teilhaushalte vorzunehmen. Insofern ist § 5 Abs. 3 Nr. 1 GemHVO überholt, wonach dem Stellenplan eine Übersicht über die vorgesehene Aufteilung der Stellen auf die Teilhaushalte beizufügen ist, denn der Stellenplan ist ja nach diesem Hinweis genau in dieser Form darzustellen.

Neben den für das Haushaltsjahr benötigten Stellen ist im Stellenplan weiterhin für jede Besoldungs- und Entgeltgruppe die Gesamtzahl der Stellen für das Vorjahr sowie die Gesamtzahl der am 30. Juni des Vorjahres besetzten Stellen anzugeben. Soweit der Stellenplan wesentlich vom Stellenplan des Vorjahres abweicht, sind die Abweichungen zu erläutern, siehe § 5 Abs. 2 GemHVO. Für den Stellenplan ist das Muster 13 zur GemHVO zu verwenden, nach dem die Stellen für Beamte (Teil A), Arbeitnehmer außerhalb des Sozial- und Erziehungsdienstes (Teil B) und Arbeitnehmer des Sozial- und Erziehungsdienstes (Teil C) getrennt auszuweisen sind, im Teil D erfolgt dann eine entsprechende Zusammenstellung.

6.6 Anlagen zum Haushaltsplan

Gemäß § 1 Abs. 5 GemHVO sind dem Haushaltsplan diverse Anlagen beizufügen, im Einzelnen:

1. der Vorbericht
   Gemäß § 6 GemHVO, Nr. 2 Hw. zu § 1 GemHVO soll der Vorbericht einen Überblick über den Stand und die Entwicklung der Haushaltswirtschaft im Haushaltsjahr unter Einbeziehung der beiden Vorjahre geben. Die durch den Haushaltsplan gesetzten Rahmenbedingungen sollen erläutert werden. Der Vorbericht enthält einen Ausblick insbesondere auf wesentliche Veränderungen der Rahmenbedingungen der Planung und die Entwicklung wichtiger Planungskomponenten innerhalb des Zeitraums der mittelfristigen Ergebnis- und Finanzplanung.
   § 6 Abs. 2 Satz 2 GemHVO nennt dazu die Punkte, auf die im Vorbericht einzugehen ist, nämlich die Inanspruchnahme von Krediten zur Sicherung der Zahlungsfähigkeit (Liquiditätskredite), die Rückführung noch nicht zurückgeführter Liquiditätskredite, die Bildung der Liquiditätsreserve nach § 106 Abs. 1 Satz 2 HGO, der Einsatz flüssiger Mittel für Auszahlungen aus der notwendigen Inanspruchnahme von Rückstellungen und ob im Zusammenhang mit Förderprogrammen Investitionskredite zur Finanzierung von Auszahlungen aus laufender Verwaltungstätigkeit eingesetzt werden sollen.
   Im Vorbericht soll außerdem dargestellt werden, welche Auswirkungen sich durch die erwartete Bevölkerungsentwicklung auf die Gemeinde und ihre Einrichtungen voraussichtlich ergeben werden, damit wird die Gemeinde angehalten, den demografischen Wandel und seine Folgen bezogen auf die Gemeinde zu beobachten und zu analysieren und daraus Maßnahmen abzuleiten, siehe auch Nr. 3 Hw. zu § 6 GemHVO. Grundlagedaten für entsprechende Prognosen können z. B. der Internetseite der „Offensive LAND HAT ZUKUNFT“ entnommen werden.
   Gemäß der Hinweise zu § 6 GemHVO sollen im Vorbericht weiterhin folgende Sachverhalte dargestellt werden: Entwicklung der wichtigsten Ertrags- und Aufwandsarten; Übertragung von Ermächtigungen (§ 21 GemHVO); Entwicklung des Vermögens und der Schulden; ordentliche und außerordentliche Ergebnisse; Entwicklung des Zahlungsmittelüberschusses bzw. Zahlungsmittelfehlbedarfs aus laufender Verwaltungstätigkeit unter Berücksichtigung der Anforderungen des

Haushaltsausgleich im Finanzhaushalt (siehe Kap. 10); geplante Investitionen und Investitionsförderungsmaßnahmen mit ihren finanziellen Auswirkungen auf die künftigen Haushaltsjahre; wesentliche Auswirkungen der wirtschaftlichen Betätigung auf den Haushalt der Gemeinde; entstandene Fehlbeträge und ein erwarteter Fehlbedarf, getrennt nach ordentlichem und außerordentlichem Bereich.
Die für die Beurteilung der Haushaltswirtschaft wichtigen Daten aus dem Haushaltsplan und dessen Anlagen werden im Vorbericht in ihren Zusammenhängen in konzentrierter Form dargestellt. Im Vorbericht sollte dazu von den Möglichkeiten einer tabellarischen bzw. grafischen Darstellung Gebrauch gemacht werden.

2. das der mittelfristigen Ergebnis- und Finanzplanung zugrunde liegende Investitionsprogramm;
siehe hierzu die Darstellung bei Kap. 12
3. das Haushaltssicherungskonzept, wenn ein solches nach § 92a HGO erstellt werden muss;
zum Haushaltssicherungskonzept siehe die Darstellung im Rahmen des Haushaltsausgleichs bei Ziff. 10.5
4. eine Übersicht über die aus Verpflichtungsermächtigungen in den einzelnen Jahren voraussichtlich fällig werdenden Auszahlungen;
siehe hierzu die Darstellung bei Kap. 8
5. Übersichten über den voraussichtlichen Stand der Verbindlichkeiten aus Anleihen, Kreditaufnahmen und Rechtsgeschäften, die Kreditaufnahmen wirtschaftlich gleichkommen, der Rücklagen und der Rückstellungen zu Beginn und Ende des Haushaltsjahres sowie über den Stand zu Beginn des Vorjahres;
für diese Übersichten sind die Muster 4 und 5 zur GemHVO zu verwenden
6. eine Übersicht über die Budgets nach § 4 Abs. 6 GemHVO;
Wenn die Gemeinde die Teilhaushaltsbildung nach der örtlichen Organisation vornimmt, sind im jeweiligen Teilhaushalt (Budget) die der Organisationseinheit zugewiesenen örtlichen Produktgruppen und Produkte darzustellen (§ 4 Abs. 2 GemHVO). In diesem Fall ist dem Haushaltsplan zusätzlich eine Übersicht über die Budgets und die den einzelnen Budgets zugeordneten Produktgruppen als Anlage beizufügen.
7. eine Übersicht über die Mittel, die den Fraktionen der Gemeindevertretung nach § 36a Abs. 4 der Hessischen Gemeindeordnung zur Verfügung gestellt werden, siehe auch Nr. 5 Hw. zu § 1 GemHVO;
hierfür ist das Muster 6 zur GemHVO zu verwenden
8. der letzte Jahresabschluss und der letzte zusammengefasste Jahresabschluss, diese Beifügung dient insbesondere der Transparenz des Haushaltsplanes;
zum Jahresabschluss und zum zusammengefassten Jahresabschluss siehe Kap. 15–18
9. die Wirtschaftspläne und neuesten Jahresabschlüsse der Sondervermögen, für die Sonderrechnungen geführt werden,

10. die Wirtschaftspläne und neuesten Jahresabschlüsse der Unternehmen und Einrichtungen mit eigener Rechtspersönlichkeit, an denen die Gemeinde mit mehr als 50 vom Hundert beteiligt ist;
    Ziff. 9 betrifft insbesondere die Eigenbetriebe der Gemeinde, Ziff. 10 insbesondere die Gesellschaften, an denen die Gemeinde mehrheitlich beteiligt ist. Auch diese Beifügung dient der Transparenz und umfassenden Information.
    Um den Vorgaben des § 1 Abs. 5 Nr. 9 und 10 GemHVO zu entsprechen, reicht es aus, dem Haushaltsplan als Unterlagen des Jahresabschlusses die Vermögensrechnung (Bilanz), die Ergebnisrechnung bzw. die Gewinn- und Verlustrechnung und soweit vorhanden die Finanzrechnung bzw. die Kapitalflussrechnung beizufügen (Nr. 6 Hw. zu § 1 GemHVO).
11. der Finanzstatusbericht.
    Durch die Änderung der GemHVO vom 16.12.2016 wurde der Finanzstatusbericht zur Beurteilung der finanziellen Leistungsfähigkeit als weitere Anlage eingeführt und dazu das Muster 22 (jetzt Muster 20) bekanntgemacht, dieser war erstmals dem Haushaltsplan für das Jahr 2018 beizufügen. Der Finanzstatusbericht soll in einem Blick eine Übersicht über die finanzielle Situation der Kommune geben. Er dient der Information der Kommunalaufsicht und soll auch den Gemeindevertretern zur Verfügung gestellt werden, siehe auch Ziff. 13.3.2 dieses Lehrbuches.
    Da der Finanzstatusbericht eine wesentliche Größe bei der Beurteilung der dauernden Leistungsfähigkeit der Gemeinde darstellt (z. B. bei der Kreditgenehmigung, vgl. Ziff. 9.2.3.7), soll hier kurz auf seine wesentlichen Inhalte eingegangen werden.
    Der Finanzstatusbericht fasst die wesentlichen Haushalts- und Finanzdaten einer Gemeinde zusammen und gewichtet sie in einem Kennzahlenset. Hierfür stellt das HMdIS in seinem Download-Bereich eine Excel-Datei zur Verfügung. Die einzelnen Kennzahlen werden je nach Grad ihrer Erreichung und der entsprechenden Gewichtung zu einer einzigen Kennzahl (Maximalwert 100 %) verdichtet, die in Form eines Ampelsystems eine Aussage zur Beurteilung der dauernden finanziellen Leistungsfähigkeit trifft:

grün	leistungsfähig	$\geq$ 70 %,
gelb	eingeschränkt leistungsfähig	< 70 % und > 40 %,
rot	gefährdet bis nicht mehr leistungsfähig	$\leq$ 40 %.

    Anhand der Daten der Stadt Langen (Hessen) für das Haushaltsjahr 2023 stellt sich der Finanzstatusbericht in der praktischen Anwendung wie folgt dar:

Abs	Wert (Euro)	Wert pro Einwohner (Euro) Ew.-Zahl: 38.651	Bewertung ggf. der Entwicklung nach Indikatoren pro Einwohner	Wert	Gewichtung der Indikatoren pro Einwohner in %	Status
ordentliches Ergebnis Ausgleich des Defizits durch die Inanspruchnahme der ordentlichen Rücklage nach § 92 Abs. 5 Nr. 1 HGO beim Jahresabschluss geplant = ja	–5.084.533	–131,55	Überschuss (mehr als +5 €) = 1 jahresbezogener Haushaltsausgleich (im Korridor von –5 € bis +5 € oder durch Rücklage) = 0,75 defizitär im Korridor (weniger als –5 € bis –40 €) = 0,5 defizitär im Korridor (weniger als –40 € bis –75 €) = 0,25 defizitär (weniger als –75 €) = 0	0,75	40%	30,0%
Bestand ordentliche Rücklage zum 31.1.2.2022	9.326.366		Bestand = 1 kein Bestand (≤ 0 €) = 0	1	5%	5,0%
Fehlbeträge aus Vorjahren (Bilanzwert der letzten aufgestellten Bilanz)	0		kein Bestandswert = 1 Ausweis eines Fehlbetragbestands = 0	1	5%	5,0%
Bestand der Liquiditätsreserve	22.180.930 (Mindestbestand: 1.930.037)		Bestand vollständig gebildet = 1 Bestand teilweise gebildet (≥ 50 %) = 0,5 Bestand unzureichend oder nicht gebildet (< 50 %) = 0	1	5%	5,0%
Ausweis von Eigenkapital (nach letzter aufgestellter Bilanz)	118.210.371		positiver Eigenkapitalbestand = 1 negativer Eigenkapitalbestand (≤ 0 €) = 0	1	5%	5,0%
Verbindlichkeiten aus Liquidtitätskrediten (Kommune plus Sondervermögen)	0		kein Bestand (= 0 €) = 1 Bestand (> 0 €) = 0	1	5%	5,0%
Verbindlichkeiten gegenüber dem Sondervermögen Hessenkasse	10.417.660		kein Bestand (= 0 €) = 1 Bestand (> 0 €) = 0	0	5%	0,0%
Zahlungsmittelfluss lfd. Verwaltungstätigkeit abzüglich der Tilgung sowie der	–5.776.269	–149,45	Saldo > 5 € = 1 im Korridor von 0 € bis + 5 € = 0,5 Saldo < 0 € = 0	0	30%	0,0%
					100%	55,0%

Der Prozentsatz von 55 % liegt demnach im Bereich gelb (eingeschränkt leistungsfähig), genau zwischen dem Bereich rot und dem Bereich grün. Eine Bewertung der dauernden finanziellen Leistungsfähigkeit nur anhand dieser Kennzahl verbietet sich jedoch, weil sie für sich betrachtet weder Erklärungen liefert noch Entwicklungen berücksichtigt.

6.7 Übungen

Siehe hierzu die Sachverhalte Nr. 1 bis 4 zu Kap. 6 im Übungsband.

– Kapitel 7 –

Inhaltsverzeichnis

7. Haushaltsgrundsätze

7.1 Bedeutung der Haushaltsgrundsätze

Die Gemeinde muss ihre Haushaltswirtschaft nach bestimmten Grundsätzen ausrichten. Diese Grundsätze sind sowohl bei der Aufstellung des Haushaltsplanes als auch bei dessen Ausführung und Rechnungslegung zu beachten und lassen sich wie folgt klassifizieren:

Haushaltsgrundsätze			
Allgemeine Haushaltsgrundsätze	Planungsgrundsätze	Deckungsgrundsätze	Grundsätze ordnungsmäßiger Buchführung

Die allgemeinen Haushaltsgrundsätze, nach denen die Haushaltswirtschaft zu planen und durchzuführen ist, ergeben sich überwiegend aus § 92 HGO. Die weiteren Grundsätze sind im Wesentlichen in den Vorschriften der Gemeindehaushaltsverordnung enthalten, die zwischen Planungsgrundsätzen, Deckungsgrundsätzen und Grundsätzen ordnungsmäßiger Buchführung unterscheidet. Diese Unterscheidung ist jedoch **nicht als Trennung zu verstehen, vielmehr sind sämtliche Grundsätze eng miteinander verbunden und für die gesamte Haushaltswirtschaft verbindlich.**

Bei den allgemeinen Haushaltsgrundsätzen handelt es sich um „generelle Handlungsanweisungen“[1], die für die Aufstellung und Ausführung des Haushaltsplanes, für die mittelfristige Ergebnis- und Finanzplanung sowie das Investitionsprogramm, die Erzielung von Erträgen und Einzahlungen, die Aufnahme von Krediten und Liquiditätskrediten, den Abschluss von kreditähnlichen Rechtsgeschäften und die Verwaltung des Vermögens Gültigkeit haben.[2] Sie gelten somit für die gesamte kommunale Finanzwirtschaft.

Bei der Aufstellung und bei der Ausführung des Haushaltsplanes sind die Planungsgrundsätze zu beachten, die zum größten Teil in den Festsetzungen der §§ 10 ff. GemHVO enthalten sind. Diese Planungsgrundsätze – oft auch als Veranschlagungsgrundsätze bezeichnet – beziehen sich auf die konkrete Ausgestaltung des Haushaltsplanes.

Ebenfalls sind bei der Aufstellung und bei der Ausführung des Haushaltsplanes die Deckungsgrundsätze anzuwenden, die in den §§ 18 bis 21 GemHVO festgeschrieben sind. Neben der Budgetierung stellen sie ein Hilfsmittel für eine flexible Haushaltsführung dar.

Die Grundsätze ordnungsmäßiger Buchführung (GoB) sind Regeln, die bei der Bewertung des Vermögens und der Schulden sowie der Bilanzierung und der Buchführung zu beachten sind (§§ 32 ff. GemHVO). Der Begriff „Grundsätze ordnungsmäßiger Buchführung“ ist ein unbestimmter Rechtsbegriff. Das Handelsgesetzbuch verpflichtet ebenso in § 243 Abs. 1 HGB alle Kaufleute, diese Grundsätze einzuhalten, sie sind jedoch im Gesetz nicht umfassend definiert. Es handelt sich hier um ein Regelungs-

1 *Henneke/Strobl/Diemert*, Recht der kommunalen Haushaltswirtschaft, § 8 Rn. 1.
2 Vgl. Nr. 1 Hw. zu § 92 HGO.

system, welches in der Literatur weder abschließend noch einheitlich definiert ist, sondern sich vielmehr aus der Praxis, Empfehlungen der Wirtschaftsverbände und der Rechtsprechung entwickelt hat. Daher gibt es keine abschließende Aufzählung oder einheitliche Strukturierung dieser Grundsätze; vielmehr sind noch nicht einmal alle Grundsätze kodifiziert (siehe auch Ziff. 16.2.8).[3]

7.2 Allgemeine Haushaltsgrundsätze

Übersicht über die allgemeinen Haushaltsgrundsätze:

→ Grundsatz der Sicherung der stetigen Aufgabenerfüllung
→ Grundsatz der Beachtung des gesamtwirtschaftlichen Gleichgewichts
→ Grundsatz der Wirtschaftlichkeit und Sparsamkeit
→ Grundsatz der Anwendung der doppelten Buchführung
→ Grundsatz des Haushaltsausgleichs einschließlich Haushaltssicherungskonzept
→ Verbot der Überschuldung
→ Grundsatz der Erzielung von Erträgen und Einzahlungen
→ Grundsatz der Vorherigkeit (einschl. vorläufige Haushaltsführung)
→ Grundsatz der Öffentlichkeit

7.2.1 Sicherung der stetigen Aufgabenerfüllung und Beachtung des gesamtwirtschaftlichen Gleichgewichts

7.2.1.1 Stetige Aufgabenerfüllung

Die Gemeinde hat ihre Haushaltswirtschaft so zu planen und zu führen, dass die stetige Erfüllung ihrer Aufgaben gesichert ist (§ 92 Abs. 1 Satz 1 HGO). Hieraus ergibt sich die rechtliche Verpflichtung bezüglich der stetigen Aufgabenerfüllung durch die Gemeinde. Die Gemeinde muss also gewährleisten, dass sie ihre Aufgaben – gesetzliche, vertragliche und auch freiwillige Aufgaben – dauerhaft wahrnehmen und erfüllen kann.[4]

Die Erwähnung der **Stetigkeit** in der Formulierung des Haushaltsgrundsatzes gemäß § 92 Abs. 1 HGO spricht eine grundsätzliche Aufgabe der Selbstverwaltung einer Gemeinde an. Diese Aufgabe ist durch § 1 Abs. 1 Satz 2 HGO[5] kurz, aber völlig aus-

3 Hinweise zur GemHVO, StAnz. Land Hessen 42/2021, S. 1270 ff. Nr. 2: „Soweit die Vorschriften der HGO und der GemHVO sowie die nachfolgenden Hinweise zu einem konkreten Sachverhalt keine Regelungen enthalten, können bei der Beurteilung von Zweifelsfragen die entsprechenden handels- und steuerrechtlichen Regelungen sowie die „Grundsätze ordnungsmäßiger Buchführung" einbezogen werden." (Öffnungsklausel).

4 Nach der derzeitigen rechtlichen Regelung ist nicht näher bestimmt, in welcher Qualität (Standards) die Aufgabenerfüllung stattfinden soll; hilfreich könnte hier ein Bezug zu den formulierten Zielen sein.

5 § 1 Abs. 1 Satz 2 HGO: „Sie fördert das Wohl ihrer Einwohner in freier Selbstverwaltung durch ihre von der Bürgerschaft gewählten Organe".

reichend umschrieben. Mit diesem Anspruch zur Förderung des Wohls der Einwohner geht einher, dass dieses Wohl nicht nur auf die Dauer eines Jahres, z. B. eines Haushaltsjahres, sondern **über einen längeren mehrjährigen** Zeitraum, mindestens aber den Ergebnis- und Finanzplanungszeitraum nach § 101 HGO, zu gewährleisten und die Aufgabenerfüllung dementsprechend sicherzustellen ist.[6] Durch diese Anforderung an die Haushaltswirtschaft der Gemeinde ergibt sich zwangsläufig, dass die Haushaltswirtschaft umfassender geplant werden muss.

Das gemeindliche Haushaltsrecht bietet hierfür das Instrument der mittelfristigen Ergebnis- und Finanzplanung an (siehe Kap. 12). Die Gemeinde muss also insbesondere durch eine sorgsam vorausschauende Ergebnis- und Finanzplanung sicherstellen, dass die Erfüllung der gemeindlichen Aufgaben unter Berücksichtigung eines Freiraumes für die aus eigener Entscheidung übernommenen Selbstverwaltungsangelegenheiten (§ 19 HGO) auch in der Zukunft gewährleistet ist. In diesem Kontext ist auch § 9 Abs. 4 GemHVO zu sehen, wonach auch die mittelfristige Ergebnis- und Finanzplanung in den einzelnen Jahren ausgeglichen sein soll. Nur ein **regelmäßig ausgeglichener** Haushalt – insbesondere auch in den Finanzplanungsjahren – deutet darauf hin, dass die erforderliche finanzielle Leistungsfähigkeit der Gemeinde besteht,[7] die für die stetige Aufgabenerfüllung erforderlich ist.[8]

Folgende Indikatoren signalisieren z. B., wann u. U. die stetige Aufgabenerfüllung **gefährdet** sein könnte:

- fehlender Haushaltsausgleich, sowohl in Ergebnis- als auch in Finanzhaushalten der Vorjahre bzw. im laufenden Haushaltsjahr (§ 92 Abs. 4 bis 6 HGO)
- fehlender Ausgleich der mittelfristigen Ergebnis- und Finanzplanung (§ 92a Abs. 1 Nr. 2 HGO i. V. m. § 9 Abs. 4 GemHVO)
- aufgebrauchtes Eigenkapital bzw. der Ausweis des Bilanzpostens „nicht durch Eigenkapital gedeckter Fehlbetrag“ auf der Aktiv-Seite der Vermögensrechnung (siehe Ziff. 16.3.4.4.3)
- hohe Investitionsauszahlungen im laufenden Haushaltsjahr sowie in den Finanzplanungsjahren, wenn deren Folgekosten (Unterhaltung, Abschreibung, Personalaufwendungen, Bewirtschaftungsaufwendungen) die Ergebnis- und Finanzhaushalte in den nachfolgenden Jahren überlasten
- hohe Kreditaufnahmen für Investitionen im laufenden Haushaltsjahr und in den Finanzplanungsjahren, deren Zinsaufwendungen und Tilgungsauszahlungen die Ergebnis- und Finanzhaushalte in den nachfolgenden Jahren überlasten.

Weitere Indikatoren in Form von Kennzahlen, die die finanzielle Leistungsfähigkeit der Kommunen beurteilen, sind dem kommunalen Auswertungssystem Hessen „kash“ zu entnehmen.[9]

6 Vgl. Nr. 2 Hw. zu § 92 HGO.

7 Siehe hierzu auch Kap. 10 (Haushaltsausgleich) und Ziffn. 12.2.2 und 12.6.2.

8 Vgl. Nr. 1 Satz 2 Hw. zu § 101 HGO.

9 Vgl. § 60 GemHVO Muster 20 – Finanzstatusbericht.

Um insbesondere den zeitlichen Aspekt „stetig/dauernd" zu gewährleisten, müssen die Kommunen auch bei **langfristigen** Zielsetzungen und Planungen, die über den Finanzplanungszeitraum hinausgehen, diesen Grundsatz berücksichtigen (siehe auch Kap. 12). Dies ist der Bedeutung des Grundsatzes geschuldet, da die stetige Aufgabenerfüllung **Vorrang vor allen anderen Überlegungen hat**. Sobald Anzeichen erkennbar sind, dass die stetige Aufgabenerfüllung gefährdet ist (z. B. unausgeglichene Haushalte in den Finanzplanungsjahren), sind frühzeitig verbindliche und nachhaltig wirkende Konsolidierungsmaßnahmen von der Gemeindevertretung einzuleiten, § 101 Abs. 6 HGO. Dieses Gegensteuern durch konsequente und effektive Konsolidierungsmaßnahmen trägt ebenso der intergenerativen Gerechtigkeit Rechnung. § 92a HGO verpflichtet daher die Gemeinden, ein Haushaltssicherungskonzept zu beschließen, sofern der Haushaltsausgleich unter Beachtung der Vorschriften des § 92 Abs. 5 HGO nicht möglich ist (siehe Ziff. 10.5). Gleiches gilt, soweit nach der Ergebnis- und Finanzplanung Fehlbedarfe oder ein negativer Zahlungsmittelbestand zu erwarten sind (Ziff. 10.4 sowie Kap. 12).

§ 92 Abs. 1 Satz 1 HGO lässt auch eine weitere Folgerung zu. Die Haushaltswirtschaft dient hiernach der kommunalen Aufgabenerfüllung, **nicht aber erwerbswirtschaftlichen Zielen.** Insbesondere ist die Gewinnerzielung aus Finanzgeschäften keine kommunale Aufgabe.[10] In erster Linie hat die Gemeinde den Verpflichtungen nachzukommen, die das Allgemeinwohl an sie stellt.

7.2.1.2 Beachtung des gesamtwirtschaftlichen Gleichgewichts

Nach § 92 Abs. 1 Satz 2 HGO hat die Gemeinde bei der Planung und Durchführung ihrer Haushaltswirtschaft den Erfordernissen des gesamtwirtschaftlichen Gleichgewichts Rechnung zu tragen. Ausgangspunkt ist die Bestimmung des Art. 109 Abs. 2 GG. Danach haben Bund und Länder bei der Haushaltswirtschaft den Erfordernissen des gesamtwirtschaftlichen Gleichgewichts Rechnung zu tragen.[11]

Eine weitere Grundlage ist das Gesetz zur Förderung der Stabilität und des Wachstums der Wirtschaft (StabG) vom 8.6.1967 in der derzeit geltenden Fassung, das in § 1 den Grundsatz aufstellt, dass Bund und Länder bei ihren wirtschafts- und finanzpolitischen Maßnahmen die Erfordernisse des gesamtwirtschaftlichen Gleichgewichts zu beachten haben. Nach § 16 StabG haben auch die Gemeinden und Gemeindeverbände bei ihrer Haushaltswirtschaft den Zielen dieses Gesetzes Rechnung zu tragen.[12] Diese Ziele sind in § 1 Satz 2 StabG formuliert. Danach sind alle Maßnahmen so zu treffen, dass sie im Rahmen der marktwirtschaftlichen Ordnung gleichzeitig

- zur Stabilität des Preisniveaus,
- zu einem hohen Beschäftigungsstand und
- zum außenwirtschaftlichen Gleichgewicht
- bei stetigem und angemessenen Wirtschaftswachstum

beitragen.

10 Vgl. Nr. 6 Hw. Satz 5 und Nr. 8 Hw. zu § 92 HGO.
11 Das Thema wird in den volkswirtschaftlichen Modulen vertieft angesprochen.
12 Vgl. Nr. 5 Hw. zu § 92 HGO; siehe auch Ziff. 4.5.1.

Die Einbeziehung der Gemeinden in die Verpflichtung, durch antizyklisches Verhalten zur Zielerreichung beizutragen, wird unterschiedlich beurteilt. Fakt ist, dass die **Gesamtheit der Gemeinden,** die einen nicht unerheblichen Anteil der nachfragewirksamen Auszahlungen der öffentlichen Hand tätigen, die Konjunkturpolitik beeinflusst.[13] Fraglich ist allerdings, ob dieses Ziel, insbesondere für einzelne kleinere Gemeinden, nicht zu hoch gesteckt ist, als dass man sie mit dem Verlangen, ihre Haushaltswirtschaft jederzeit nach diesen Forderungen auszurichten, nicht nur fachlich, sondern auch finanziell überfordern würde.[14]

Mehr oder minder hat sich in der Praxis gezeigt, dass durch die Verpflichtung zur Sicherung einer stetigen Aufgabenerfüllung mit der zusätzlichen Bürde des konjunkturgerechten (antizyklischen) Verhaltens die Gemeinde immer wieder in Konflikt gebracht wird. Der Konflikt stellt sich in der Form dar, dass von der Gemeinde unter Beachtung des antizyklischen Verhaltens bei aufsteigender Konjunktur Zurückhaltung bei der Vornahme eigener Investitionen verlangt wird. Diese Anforderung stellt die Gemeinden vor Probleme bei der Entscheidung, denn unzweifelhaft ist bei einem positiven Konjunkturverlauf mit „Einnahme"steigerungen[15] zu rechnen, z. B. bei der Gewerbesteuer. Es könnte möglich sein, dass durch eine Zurückhaltung bei der Vornahme eigener Investitionen im Rahmen des antizyklischen Verhaltens die Erfüllung wichtiger Aufgaben durch die Kommune unterbleibt (Ziff. 4.5.1).

Grundsätzlich kann aber davon ausgegangen werden, dass die Sicherung der stetigen Aufgabenerfüllung **Vorrang** genießt. Dieses geht auch schon aus der Formulierung des Gesetzestextes in § 92 Abs. 1 Satz 2 HGO mit dem Wort **„dabei"** hervor. Konjunkturpolitische Gesichtspunkte sind jedoch zu berücksichtigen, soweit dies unter dem Aspekt der Aufgabenerfüllung möglich ist. Die Erfüllung der unabweisbaren Aufgaben muss aber bei der Berücksichtigung konjunkturpolitischer Erfordernisse Vorrang haben.

Im gemeindlichen Haushaltsrecht verankerte Maßnahmen zur Konjunktursteuerung sind im Wesentlichen die staatlichen Einflussnahmen auf die Kreditbeschaffung der Gemeinden. Hier sind die angeordneten Beschränkungen bei der Beschaffung von Geldmitteln auf dem Kreditwege zu beachten (z. B. Einzelgenehmigung gemäß § 103 Abs. 4 Nr. 1 HGO, siehe Ziff. 9.2.3.10).

7.2.1.3 Übung

Siehe zu diesem Abschnitt Sachverhalt 1 zu Kap. 7 im Übungsband.

---

13 *Statistisches Bundesamt (Destatis)*, VGR 3/2022, Kap. 3.6.1.

14 Siehe hierzu auch Ziff. 4.5.1.

15 Zu dem Begriff „Einnahmen" siehe Ziff. 7.2.4.

7.2.2 Wirtschaftlichkeit und Sparsamkeit

7.2.2.1 Grundsatz

Die Haushaltswirtschaft ist sparsam und wirtschaftlich zu führen (§ 92 Abs. 2 HGO). Dieser Haushaltsgrundsatz ist ein zentraler Grundsatz der kommunalen Haushaltswirtschaft und hat Gültigkeit für die **gesamte Haushaltswirtschaft** einer Gemeinde. Er gilt bereits vor der Aufstellung des Haushaltsplanes für die Planung jeder einzelnen Maßnahme, für die Aufstellung und Ausführung, für die Rechnungslegung bis hin zur abschließenden Erfolgskontrolle, z. B. für die Aufnahme eines Kredits, Bestellung von Büromaterial usw. Er beinhaltet nach allgemeiner Auffassung die Verpflichtung zu einem möglichst ökonomischen Einsatz der Haushaltsmittel.[16] Die Bedeutung dieses Grundsatzes wird dadurch unterstrichen, dass er durch § 92 Abs. 2 HGO als „Muss-Vorschrift" ohne Ausnahme formuliert ist.[17]

Zur inhaltlichen Klärung des Grundsatzes der Wirtschaftlichkeit ist auf die Betriebswirtschaftslehre zu verweisen. In jedweder Literatur zur Betriebswirtschaftslehre wird dieser Grundsatz angesprochen. Für die Anwendung im Bereich der Kommunalverwaltung sind besonders die Darstellungen zur Betriebswirtschaftslehre der öffentlichen Verwaltung von Belang.[18]

Die größte Übereinstimmung in den zahlreichen Definitionen besteht darin, dass **die Verwirklichung des Grundsatzes der Wirtschaftlichkeit** darin gesehen wird, eine optimale Relation von erzieltem Erfolg im Verhältnis zu den eingesetzten Mitteln zu suchen.[19] Je nach Ausgestaltung des Rechnungswesens wird eine Konkretisierung in den Quotienten von Ertrag und Aufwand bzw. Leistung und Kosten gesehen. Zur Verwirklichung des Grundsatzes der Wirtschaftlichkeit bedarf jede betriebliche Maßnahme vor ihrer Durchführung einer angemessenen Abwägung der prognostizierbaren damit herbeizuführenden Wirkungen (Nutzen und Kosten). Dafür stellt die Betriebswirtschaftslehre der öffentlichen Verwaltung angemessene Methoden bereit (z. B. Nutzwertanalyse, Kostenvergleichsrechnung, dynamische Investitionsrechnungsverfahren, Kosten-Nutzen-Analyse).

Eine Haushaltswirtschaft ist dann wirtschaftlich, wenn entweder mit den geringsten Kosten die gewünschte Leistung (Minimalprinzip) oder die möglichst größte Leistung mit den konstanten Kosten (vorhandene Mittel; Maximalprinzip) erzielt wird. Dabei sind die gesamten Kosten entsprechend betriebswirtschaftlicher Definition zu berücksichtigen (laufende Unterhaltungskosten, die aus der vorausgegangenen Investition

---

16 OVG NW, Beschl. vom 26.10.1990 – 15 A 1099/87 – in: der gemeindehaushalt 11/1991, S. 262.

17 Der Bund der Steuerzahler Hessen und der Hessische Städte- und Gemeindebund verleihen ausgewählten hessischen Kommunen den „SPAR-EURO". Mit dieser Auszeichnung werden Städte und Gemeinden gewürdigt, die durch wirtschaftliches Verhalten der Verwaltung, durch die Förderung des Engagements ihrer Bürger und Vereine oder durch gemeindeübergreifende Projekte positive Beispiele für andere Kommunen abgeben.

18 Vgl. *Eichhorn*, Das Prinzip der Wirtschaftlichkeit, *Odenthal/Beckermann*, Einführung in die öffentliche Betriebswirtschaftslehre; *Wöhe*, Einführung in die Allgemeine Betriebswirtschaftslehre u. a.

19 Vgl. auch VG Gießen, Urt. vom 8.5.2013 – 8 K 205/12 –, HSGZ 2013, 402.

abzuleitenden kalkulatorischen Kosten [mindestens Abschreibung und Verzinsung], auch ggf. die mit der Maßnahme verbundene Kosten, die erst später zu Auszahlungen führen [Rückstellungen]).

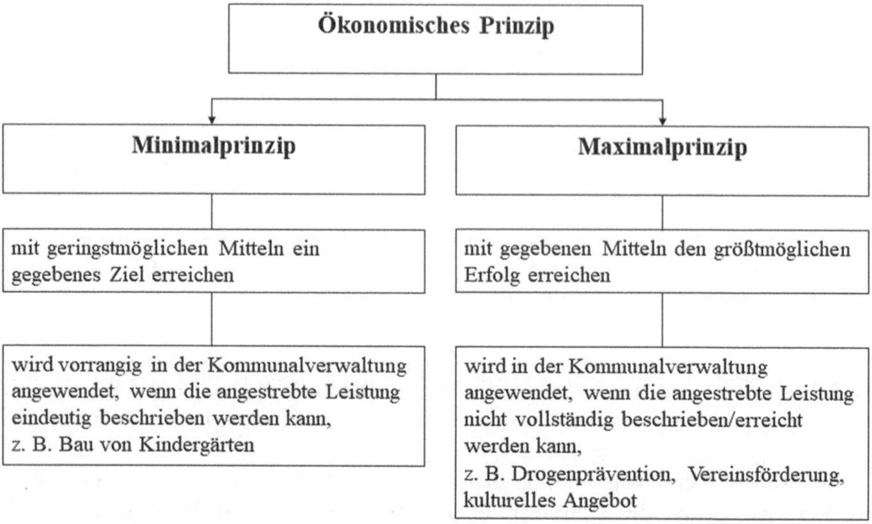

Während in der Vergangenheit in den Verwaltungen häufig das Minimalprinzip angewandt wurde, kann durch die **Vorgabe von Budgets** mit Zielen und Produkten vermehrt das Maximalprinzip in den Vordergrund treten.

Da für die Leistungen der öffentlichen Verwaltung nicht der damit zu erzielende Ertrag, sondern in aller Regel die schwieriger zu messende Wirkung auf das Allgemeinwohl im Vordergrund steht, wird der Grundsatz der Wirtschaftlichkeit in der entsprechenden Fachliteratur gern um die Kriterien von Effizienz[20] und Effektivität[21] erweitert, die allerdings bisher kaum Eingang in das Vokabular des Gesetzgebers gefunden haben.

Die **Sparsamkeit** erfordert, dass die Aufwendungen und Auszahlungen einerseits ohne Vernachlässigung der Aufgabenerfüllung möglichst niedrig gehalten werden müssen[22] und andererseits die Übernahme vermeidbarer Aufgaben zu unterlassen ist.[23]

Sparsamkeit muss nicht unbedingt auch Wirtschaftlichkeit bedeuten. So kann etwa eine bestimmte Maßnahme für sich betrachtet durchaus sparsam sein, da sie im Ver-

20 *Gabler Wirtschaftslexikon*, Online. „Beurteilungskriterium, mit dem sich beschreiben lässt, ob eine Maßnahme geeignet ist, ein vorgegebenes Ziel zu erreichen." Effizienz beantwortet die Frage, ob die richtigen Dinge getan werden, um das Ziel zu erreichen.

21 *Gabler Wirtschaftslexikon*, Online. „Beurteilungskriterium, mit dem sich beschreiben lässt, ob eine Maßnahme geeignet ist, ein vorgegebenes Ziel in einer bestimmten Art und Weise zu erreichen." Effektivität beantwortet die Frage, ob die Dinge in der richtigen Art und Weise getan werden.

22 Sparsamkeit kann – je nach Betrachtungsweise – unterschiedlich interpretiert werden. Volkswirtschaftlich bedeutet Sparsamkeit im Extremfall Konsumverzicht.

23 VG Gießen, Urt. vom 8.5.2013 – 8 K 205/12 –, HSGZ 2013, 402.

gleich zu anderen Möglichkeiten die niedrigsten Aufwendungen und Auszahlungen verursacht, sich aber für die Zukunft als unwirtschaftlich erweisen, weil evtl. die Folgekosten sehr hoch sind. Der Grundsatz der Wirtschaftlichkeit und Sparsamkeit enthält daher zwei verschiedene Regelungen, die allerdings vom Gesetz als **gleichwertig** angesehen werden.

Während das frühere Haushaltsrecht nur auf die Bereitstellung der Deckungsmittel (Input) ausgerichtet war und deshalb prinzipiell eher dem Grundsatz der Sparsamkeit Rechnung tragen konnte (für Wirtschaftlichkeitsüberlegungen waren stets Nebenrechnungen erforderlich), ist das Ziel des Neuen Kommunalen Rechnungs- und Steuerungssystems (NKRS), Informationen über Input und Output bereitzustellen und damit eine Beurteilung auch der Wirtschaftlichkeit zu ermöglichen.

Soweit dies gelingt, kann auf eine Beachtung des Prinzips der Sparsamkeit verzichtet werden, denn ein Verzicht auf Auszahlungen unter Berücksichtigung des Prinzips der Sparsamkeit, das im Widerspruch zum Prinzip der Wirtschaftlichkeit steht, wonach z. B. die Investition in eine neue Heizungsanlage sich nicht nur sicher amortisiert, sondern auch einen beachtlichen Beitrag zur CO_2-Einsparung mit sich bringt, wäre widersinnig.

Nur in Fällen fehlender umfassender Informationen, die die Wirtschaftlichkeit einer geplanten Maßnahme erst beurteilbar machen, ist auch weiterhin Raum für die Beachtung des traditionellen Grundsatzes der Sparsamkeit. Allerdings kommt diese durch das neue Haushaltsrecht intendierte Verschiebung der Gewichtung dieser Grundsätze im unveränderten Wortlaut des § 92 Abs. 2 HGO nicht zum Ausdruck.

Oft treffen Sparsamkeit und Wirtschaftlichkeit zusammen. **Die Wirtschaftlichkeit kann es aber erforderlich machen, eine Maßnahme zu treffen, die für sich allein betrachtet nicht sparsam ist.**[24] So kann eine Gemeinde z. B. für die Anlage eines Parkplatzes von zwei angebotenen gleich großen Grundstücken unter Umständen das Teurere wählen, wenn dieses auf lange Sicht niedrigere Unterhaltungskosten oder einen besseren Einfluss auf den Verkehr erwarten lässt. Im Jahr des Grundstückskaufs könnte ein Verstoß gegen den Grundsatz der Sparsamkeit vorliegen, aber bezogen auf die Nutzungsdauer gleichen die niedrigeren Folgekosten dies wieder aus, so dass insgesamt betrachtet die Maßnahme doch dem Grundsatz der Sparsamkeit Rechnung trägt.

Die Beachtung der Wirtschaftlichkeit ist besonders bei gemeindlichen Investitionen geboten. Bei Investitionen wird das gemeindliche Anlagevermögen[25] (immaterielles Anlagevermögen, Sachanlage- und Finanzanlagevermögen, Sparkassenrechtliche Sonderbeziehungen) verändert. Jede Investitionsentscheidung ist ein einmaliger Vorgang, der später laufend zahlungswirksame und/oder nicht zahlungswirksame Aufwendungen verursacht. Demzufolge muss ein möglichst optimales Verhältnis zwischen Nutzen und Kosten erreicht werden. Daher sollte vor der Durchführung der Investition stets die Suche nach Alternativen und deren Bewertung stehen.

Der Verordnungsgeber hat insbesondere die Relevanz in diesem Bereich erkannt und fordert daher nach § 12 GemHVO, dass, **bevor** Investitionen von **erheblicher**

24 Im Zweifelsfall wird man also der Wirtschaftlichkeit als umfassenderem Grundsatz den Vorrang vor der Sparsamkeit geben, vgl. auch *Daneke* in KVR Hessen, § 92 HGO Rd. 18.

25 Siehe § 58 Nr. 4 i. V. m. § 49 Abs. 3 Nr. 1 GemHVO.

finanzieller Bedeutung beschlossen werden (also noch vor der Veranschlagung im Haushaltsplan oder im Investitionsprogramm, als Teil der Finanzplanung),[26] unter mehreren in Betracht kommenden Möglichkeiten durch einen Wirtschaftlichkeitsvergleich, mindestens durch einen Vergleich der Anschaffungs- oder Herstellungskosten **und** der Folgekosten, die für die Gemeinde wirtschaftlichste Lösung zu ermitteln **ist**.

Detaillierter wird dann in den dazugehörigen Hinweisen[27] ausgeführt, dass bei der Ermittlung der wirtschaftlichsten Lösung nicht nur die Gesamtkosten (einschließlich Folgekosten), sondern auch der Gesamtnutzen der Maßnahme zu berücksichtigen sind. Darüber hinaus können bei Maßnahmen mit längerfristigen Auswirkungen dynamische Investitionsrechnungen erforderlich werden, die den Zeitpunkt der Ein- und Auszahlungen (den Zeitwert des Geldes) berücksichtigen. In geeigneten Fällen soll eine Nutzen-Kosten-Untersuchung erstellt werden.[28]

Diese Verpflichtung gilt nicht nur für erhebliche Investitionen, sondern für erhebliche Instandhaltungs-, Instandsetzungsmaßnahmen und vergleichbaren Maßnahmen entsprechend, gemäß § 12 Abs. 3 GemHVO.

Um den Kommunen die Berechnung der jährlichen Folgekosten einer Investition zu erleichtern, ist in der Anlage 1 der Hinweise zur GemHVO ein Muster zu § 12 GemHVO beigefügt.

Nach Nr. 5 Hw. zu § 12 GemHVO sind die Wirtschaftlichkeitsvergleiche und die Folgekostenberechnung der Gemeindevertretung vollständig vorzulegen.

Zur Auslegung des unbestimmten Rechtsbegriffs „**Investitionen von erheblicher Bedeu**tung„ ist es Aufgabe der Gemeinde, eine betragliche Wertgrenze festzulegen, die sich an den örtlichen Verhältnissen orientiert, z. B. neben dem Haushaltsvolumen der Gemeinde sollten auch die zukünftig zu erwartenden zahlungswirksamen und nichtzahlungswirksamen Auswirkungen der Maßnahme auf die Haushaltswirtschaft der Gemeinde berücksichtigt werden, siehe Nr. 4 Hw. zu § 12 GemHVO. Dies gilt entsprechend auch für Maßnahmen im Sinne von § 12 Abs. 3 GemHVO.

Letztendlich bieten sich einer Gemeinde **vor Durchführung** einer Investition folgende Alternativen an, die unter Beachtung des Grundsatzes der Wirtschaftlichkeit und Sparsamkeit zu beleuchten sind:

- Wahl zwischen Investition und Nichtinvestition,
- Wahl zwischen sofortiger und späterer Umsetzung,
- Wahl zwischen Selbstwahrnehmung und Aufgabenübertragung (Trägerschaft) und
- Wahl zwischen verschiedenen Anlageformen für dasselbe Investitionsvorhaben.

26 D. h. in diesen Fällen ist die Entscheidung nach § 12 Abs. 1 GemHVO **entsprechend vorzubereiten**.

27 Siehe Nr. 1 Hw. zu § 12 GemHVO.

28 § 6 Abs. 2 HGrG sieht ebenso für den Bund und die Länder als „Mussvorschrift“ vor, dass für alle finanzwirksamen Maßnahmen angemessene Wirtschaftlichkeitsuntersuchungen durchzuführen **sind**.

Muster[29] zur Berechnung jährlicher Folgekosten

Lfd. Nr.	**KVKR**	**Kostenart/Erlösart**	**jährliche Folgekosten in Euro**
1	60–61	Aufwendungen für Material, Energie und sonstige verwaltungswirtschaftliche Tätigkeiten sowie Aufwendungen für bezogene Leistungen	
2	62, 63, 640–643, 647–649, 65	Personalaufwendungen	
3	67–69	Aufwendungen für sonstige Sach- und Dienstleistungen, sowie nicht Hauptkonto 670	
4	670	Aufwendungen für Miet-, Leasing-, Erbbauzinsen	
5	71	Aufwendungen für Zuweisungen und Zuschüsse sowie besondere Finanzaufwendungen	
6	72	Aufwendungen für sonstige Leistungen an Dritte (Transferleistungen)	
7	73	Steueraufwendungen einschließlich Aufwendungen aus gesetzlichen Umlageverpflichtungen	
8	70, 74, 76	Sonstige ordentliche Aufwendungen	
9	66	Kalkulatorische Abschreibungen	
10	9	Kalkulatorische Zinsen	
$\sum$		***Summe der jährlichen Folgekosten (Bruttokosten)***	
11		unmittelbare Erlöse oder/und Kosteneinsparungen oder/und Kostenerstattungen	
$\sum$		***Summe der jährlichen Folgekosten (Nettokosten)***	

nachrichtlich:

Signalwert I:
Berechnung des Zeitraums, in dem die Folgekosten, die Summe der Anschaffungskosten/Herstellungskosten überschreiben

Signalwert II:
Jährliche Folgekosten (Brutto oder Nettokosten) entsprechen dem Aufkommen aus einer Erhöhung des Hebesatzes der Grundsteuer B von ... Punkten.
Bei umlagefinanzierten Körperschaften: statt der Grundsteuer B ist die Erhöhung des Hebesatzes der jeweiligen Umlage anzugeben (z. B. Kreis- oder Schulumlage, Zweckverbandsumlage etc.)

29 Vgl. Nr. 1 Hw. zu § 12 GemHVO in Anlehnung an den 27. Zusammenfassenden Bericht des Präsidenten des *Hess. Rechnungshofs*, S. 188–189 und Ziff. 7.3.6.1.

Neben den in § 12 GemHVO geforderten Wirtschaftlichkeitsberechnungen findet der in § 92 Abs. 2 HGO normierte Grundsatz der Wirtschaftlichkeit und Sparsamkeit seine Konkretisierung noch in einer Reihe von weiteren haushaltsrechtlichen Vorschriften. Insbesondere sind hierbei zu nennen:

→ § 99 Abs. 1 HGO	– Inanspruchnahme von Haushaltsmitteln im Rahmen der vorläufigen Haushaltsführung
→ § 108 HGO	– Erwerb und Verwaltung von Vermögen,
→ § 109 HGO	– Veräußerung von Vermögen,
→ § 103 HGO	– Aufnahme von Krediten[30],
→ § 22 GemHVO	– Liquiditätssicherung,
→ § 26 GemHVO	– Überwachung der Erträge und Forderungen,
→ § 27 GemHVO	– Bewirtschaftung und Überwachung der Aufwendungen/ Auszahlungen,
→ § 29 GemHVO	– Vergabe von Aufträgen.[31]

Aufgrund der schwierigen Finanzlage vieler Kommunen im Rahmen von Wirtschaftskrisen und der bis 2021 andauernden Niedrigzinsphase zeigen die Erfahrungen, dass eine **Konkretisierung bzw. Ergänzung der gesetzlichen Vorschriften** (§ 92 einschl. Hinweise) hinsichtlich der Risiken der Kommunen bei dem Abschluss von Rechtsgeschäften, dem Einsatz neuer Finanzierungsinstrumente sowie dem Verbot von spekulativen Finanzgeschäften erforderlich wurde. In § 92 Abs. 2 HGO wurden daher das Gebot der Minimierung von Risiken sowie das Spekulationsverbot ausdrücklich aufgenommen.

- Gebot der Minimierung von Risiken
  Aus dem Grundsatz der Wirtschaftlichkeit und Sparsamkeit lässt sich das Gebot der **Minimierung finanzieller Risiken** ableiten, § 92 Abs. 2 S. 2 HGO. Dazu muss die Gemeinde die finanziellen Risiken eines Rechtsgeschäfts erkennen, bewerten **und** nach Nr. 6 Hw. zu § 92 HGO eigenverantwortlich aufgabenbezogen und zielgerichtet minimieren **sowie** das Finanzgeschäft nach geringem, mittlerem, hohem und sehr hohem Risiko klassifizieren. Das Ergebnis ist nachvollziehbar zu dokumentieren. Insbesondere ist zu begründen, warum das finanzielle Risiko im Einzelfall vertretbar erscheint.[32]

30 Hier kommt in den Nrn. 1 und 3 Hw. zu § 103 HGO der Grundsatz der Wirtschaftlichkeit und Sparsamkeit zum Ausdruck.

31 VG Schleswig, Urt. vom 12.12.2017 – 12/A 205/15 – sowie *HSGB* Nr. 4/2018 ED 58. Die Annahme, dass ein Vergabeverstoß immer die Rückforderung einer Zuwendung begründet, ist so nicht mehr haltbar. Vielmehr muss der Zuwendungsgeber selbst bei einem Vergabeverstoß das pflichtgemäße Ermessen für jeden Einzelfall stets sachgerecht ausüben. Dabei ist insbesondere der Verhältnismäßigkeitsgrundsatz zu berücksichtigen. So sollen z. B. reine formale Vergabeverstöße, die zu keiner Beeinträchtigung der Wirtschaftlichkeit und Sparsamkeit führen, keinen Widerruf einer Zuwendung begründen. Ziel des Zuwendungsrechts ist eine sparsame und wirtschaftliche Verwendung gewährter Mittel (im Einzelfall kann dieser Zweck auch trotz eines Vergabeverstoßes erreicht werden).

32 Gesetzesbegründung LT-Drs. Hessen 19/2200, S. 20/21, Nr. 15.

Hinsichtlich der Beurteilung, wann ein **erhöhtes Risiko** vorliegt, ist in der Gesetzesbegründung folgendes ausgeführt:
„Erhöhte Risiken sind anzunehmen, wenn besondere Umstände die Gefahr eines erheblichen Vermögensschadens für die Gemeinde begründen, vor allem wenn ein grobes Missverhältnis bei der Risikoverteilung zulasten der Gemeinde vorliegt. Erhöhte Risiken liegen auch vor, wenn die Wahrscheinlichkeit, dass ein Vermögensschaden eintritt, höher ist, als es eine an der dauerhaften Erfüllung des öffentlichen Zwecks orientierte, mit der danach gebotenen Sorgfalt handelnde Gemeinde im Geschäftsleben akzeptieren würde. [...] Bei der Beurteilung der Frage, wann ein erhöhtes finanzielles Risiko vorliegt, sind auch die bei der jeweiligen Gemeinde gegebenen Besonderheiten zu berücksichtigen."[33]

- Verbot von spekulativen Finanzgeschäften
  § 92 Abs. 2 S. 3 HGO weist ausdrücklich darauf hin, dass der Haushaltsgrundsatz der Wirtschaftlichkeit und Sparsamkeit auch das **allgemeine Spekulationsverbot umfasst**[34]. Spekulative Finanzgeschäfte stehen **nicht** im Einklang mit der kommunalen Aufgabenstellung und sind daher **unzulässig**, Nr. 6 Satz 4 Hw. zu § 92 HGO. Dies gilt ebenso für Gewinnerzielungsabsichten. Insbesondere ist die Aufnahme von Krediten und die Inanspruchnahme von Liquiditätskrediten zum Zwecke der gewinnbringenden Wiederanlage unzulässig, Nr. 8 Hw. zu § 92 HGO.
  Es stellt sich die Frage, wann ein **spekulatives Finanzgeschäft** angenommen werden kann. Hierzu wird in der Gesetzesbegründung folgendes ausgeführt:
  „Rechtsgeschäfte, deren wirtschaftlicher Erfolg für die Gemeinde von [dem Verlauf künftiger] Entwicklungen abhängig ist, die nicht vorhergesehen und von der Gemeinde nicht beeinflusst werden können [...]."[35] Aufgrund ihres spekulativen Charakters sind sie nicht mit der Verpflichtung zur wirtschaftlichen und sparsamen Haushaltsführung vereinbar.
  Nach § 134 Abs. 2 HGO sind Rechtsgeschäfte, die gegen das Spekulationsverbot nach § 92 Abs. 2 Satz 3 HGO verstoßen, **nichtig**.[36]

Darüber hinaus ist zur Unterstützung der Verwaltungssteuerung und für die Beurteilung der Wirtschaftlichkeit und Leistungsfähigkeit bei der Aufgabenerfüllung eine flächendeckende (d. h. in allen Produktbereichen der Gemeinde) Kosten- und Leistungsrechnung zu führen (§ 14 GemHVO). Mit der Einführung der Kosten- und Leistungsrechnung wird nicht nur eine wirksame Steuerung und Kontrolle des Haushaltsvollzugs und der Haushaltsplanung verfolgt (Nr. 3 Hw. zu § 14 GemHVO), sondern

---

33 Gesetzesbegründung LT-Drs. Hessen 19/2200, S. 20/21, Nr. 15.

34 Trotzdem kam es insbesondere in den Jahren 2014/2015 bundesweit bei den Kommunen zu Millionen-Verlusten bei der Rückzahlung von Krediten, die in Fremdwährungen aufgenommen wurden (z. B. durch die massive Aufwertung des Schweizer Franken Anfang des Jahres 2015). Um dies zu unterbinden, dürfen nach § 105 Abs. 3 HGO Liquiditätskredite nur noch in Euro aufgenommen werden. Dies gilt grundsätzlich auch für Investitionskredite nach § 103 Abs. 1 HGO; ausnahmsweise ist hier eine Kreditaufnahme in Fremdwährungen nur i. V. m. einem Währungssicherungsgeschäft zulässig.

35 Gesetzesbegründung LT-Drs. Hessen 19/2200, S. 20/21, Nr. 15.

36 Sie sind nach § 134 HGO ebenso zivilrechtlich nichtig, LT-Drs. Hessen 19/2200, S. 23 Nr. 25.

sie ist aus Gründen der Kostentransparenz auch insbesondere bei der Festlegung von kostendeckenden Gebühren und Entgelten unverzichtbar (Nr. 4 Hw. zu § 14 GemHVO).

Bestandteile jeder Kosten- und Leistungsrechnung sind die Kostenarten-, Kostenstellen- und Kostenträgerrechnung (Nr. 2 Hw. zu § 14 GemHVO). Die weitere Ausgestaltung der Kosten- und Leistungsrechnung in den einzelnen Produktbereichen ist allerdings in das Ermessen der Gemeinden gestellt und wird sich an den örtlichen Bedürfnissen orientieren.[37]

7.2.2.2 Übung

Siehe zu diesem Abschnitt Sachverhalt 2 zu Kap. 7 im Übungsband.

7.2.3 Grundsätze der doppelten Buchführung

§ 92 Abs. 3 HGO legt für die hessischen Kommunen fest, dass die Haushaltswirtschaft und damit das Rechnungswesen nach den Grundsätzen der doppelten Buchführung zu führen ist. Damit werden die Beschlüsse der 173. Sitzung der Ständigen Konferenz der Innenminister und -senatoren der Länder vom 21.11.2003 zur Reform des Gemeindehaushaltsrechts umgesetzt. Durch die Reform des Gemeindehaushaltsrechts soll

- das bislang zahlungsorientierte Haushalts- und Rechnungswesen (Geldverbrauchskonzept) der Kommunen auf eine ressourcenverbrauchsorientierte Darstellungsform (Ressourcenverbrauchskonzept) umgestellt und
- die Steuerung der Kommunalverwaltungen statt durch die herkömmliche Bereitstellung von Ausgabeermächtigungen und Personalstellen (Input-Steuerung) durch die Vorgabe von Zielen für kommunale Dienstleistungen (Output-Steuerung) ermöglicht werden.[38]

Wesentliche Strukturelemente für die Realisierung des NKRS sind die Gesamtdarstellung von Ressourcenaufkommen und Ressourcenverbrauch sowie der Vermögens- und Kapitalpositionen zur Vermittlung eines vollständigen Bildes über die tatsächliche Vermögens-, Finanz- und Ertragslage der Kommune. Im Blickpunkt stehen hierbei die **Vermögensrechnung** (kommunale Bilanz), die **Ergebnisrechnung** (der Ergebnishaushalt ist hierzu die Planungskomponente) sowie die **Finanzrechnung** (der Finanzhaushalt ist hierzu die Planungskomponente).

---

37 In Nr. 1 Hw. zu § 14 GemHVO wird explizit darauf hingewiesen, dass die Kosten- und Leistungsrechnung in den einzelnen Produktbereichen von der Gemeinde bestimmt wird. In Hessen gibt es derzeit noch keine gesetzlichen Mindestanforderungen, die zumindest ansatzweise interkommunale Vergleiche ermöglicht hätten. Zur Durchführung interkommunaler Vergleiche sind entsprechende Verabredungen zwischen den beteiligten Gemeinden notwendig, wie sie bereits in so genannten Vergleichsringen praktiziert werden.

38 LT-Drs. Hessen 16/2463, S. 28 ff.

Des Weiteren ist der **Jahresabschluss** der Kommune mit den Jahresabschlüssen der aus dem Kommunalhaushalt ausgegliederten rechtlich selbständigen und unselbständigen Einheiten und Gesellschaften unter Beachtung der Befreiungstatbestände gemäß § 112b HGO zu einem **Gesamtabschluss** zusammenzufassen, damit über alle Aktivitäten der Kommunen Rechnung gelegt werden kann.

Die Grundsätze der doppelten Buchführung im Sinne von § 92 Abs. 3 HGO sind Regeln des gemeindlichen Haushaltsrechts, nach denen die Gemeinden eine entsprechende Buchführung anzuwenden und einen Jahresabschluss sowie einen Gesamtabschluss aufzustellen hat. Die Grundsätze sind sowohl in der HGO, GemHVO als auch in der GemKVO (einschl. der jeweiligen Hinweise) beschrieben. Soweit hier keine speziellen Regelungen enthalten sind, können zur Beurteilung von Zweifelsfragen entsprechende handels- und steuerrechtliche Regelungen herangezogen werden.[39] Die Grundsätze werden ausführlich in den Kap. 16 bis 18 dargestellt und mit Fallbeispielen vertieft.

7.2.4 Haushaltsausgleich

Der in § 92 Abs. 4 bis 6 HGO verankerte, allgemeine Haushaltsgrundsatz fordert in der Ausgestaltung als **Sollvorschrift**[40] den Haushaltsausgleich. Diese Forderung bezieht sich nicht nur auf die Aufstellung (Planung) des Haushaltes nach § 92 Abs. 5 HGO, sondern auch auf die Ausführung bzw. den Jahresabschluss (Rechnung) nach § 92 Abs. 6 HGO. Auch bezüglich der mittelfristigen Ergebnis- und Finanzplanung sieht § 9 Abs. 4 GemHVO die Verpflichtung zum Ausgleich (im Sinne einer Sollvorschrift) vor.

Nach § 92 Abs. 5 HGO ist der Haushalt **in der Planung** ausgeglichen, wenn

1. der Ergebnishaushalt unter Berücksichtigung der Summe der vorgetragenen Jahresfehlbeträge im ordentlichen Ergebnis ausgeglichen ist oder der Fehlbedarf im ordentlichen Ergebnis durch die Inanspruchnahme von Mitteln der Rücklagen ausgeglichen werden kann **und**
2. im Finanzhaushalt der Saldo des Zahlungsmittelflusses aus laufender Verwaltungstätigkeit mindestens so hoch ist, dass daraus die Auszahlungen zur ordentlichen Tilgung von Krediten sowie an das Sondervermögen „Hessenkasse“ geleistet werden können, soweit die Auszahlungen zur ordentlichen Tilgung von Investitionskrediten nicht durch zweckgebundene Einzahlungen gedeckt sind.

---

39 StAnz. Land Hessen 42/2021, S. 1270, Vorbemerkung Nr. 2.

40 Die Ausgestaltung als Soll-Vorschrift lockert nicht grundsätzlich die Verbindlichkeit der Rechtsnorm, sondern berücksichtigt, dass in Ausnahmefällen ein unausgeglichener Haushalt ohne Gesetzesverstoß ermöglicht wird (VG Gießen, Urt. vom 8.5.2013 – 8 K 205/12 –, HSGZ 2013, 402). Nr. 10 Satz 4 Hw. zu § 92 HGO regelt: *„Nur in besonderen Ausnahmefällen, in denen die Gemeinde trotz äußerster Haushaltsdisziplin bei den Aufwendungen und Auszahlung und Ausschöpfung aller Möglichkeiten zur Erzielung von Erträgen und Einzahlungen nach objektiver Beurteilung den jahresbezogenen Haushaltsausgleich nicht erreicht, kann hiervon abgewichen werden.“*

Mit dem Ausgleich des Ergebnishaushalts wird der Forderung nach einem ressourcenverbrauchsorientierten Rechnungswesen Rechnung getragen, um der intergenerativen Gerechtigkeit Ausdruck zu verleihen, d. h. jede Nutzergeneration bezogen auf das Haushaltsjahr soll die von ihr verbrauchten Ressourcen durch Ressourcenaufkommen in gleichem Umfang ersetzen.[41]

Durch den Ausgleich des Finanzhaushalts soll ebenfalls eine generationengerechte und nachhaltige Haushaltswirtschaft gewährleistet werden, da die Kommunen ab 2019 einen Zahlungsmittelüberschuss aus laufender Verwaltungstätigkeit erwirtschaften müssen, der mindestens so hoch ist, dass damit die ordentliche Tilgung und der kommunale Eigenbeitrag[42] für das Sondervermögen „Hessenkasse" gedeckt werden kann. Sofern zweckgebundene Einzahlungen für die Schuldentilgung zur Verfügung stehen, reduziert sich der Mindestbetrag entsprechend. Damit soll unterbunden werden, dass zukünftig die ordentliche Tilgung von Investitionskrediten und die Eigenbeiträge „Hessenkasse" über Liquiditätskredite finanziert werden.[43]

Diese Regelungen gelten deckungsgleich für den Haushaltsausgleich der Ergebnis- und Finanzrechnung im Rahmen des Jahresabschlusses nach § 92 Abs. 6 HGO. **Ausnahmen von den vorgenannten Ausgleichsregelungen** sind nur in den Fällen zulässig, in denen die Gemeinde trotz äußerster Haushaltsdisziplin bei den Aufwendungen und Auszahlungen und Ausschöpfung aller Möglichkeiten zur Erzielung von Erträgen und Einzahlungen nach objektiver Beurteilung den jahresbezogenen Haushaltsausgleich nicht erreichen kann, Nr. 10 Hw. zu § 92 HGO.

Sollte der Haushalt in der Planung (§ 92 Abs. 5 HGO) **nicht** ausgeglichen werden können, muss die Gemeinde ein **Haushaltssicherungskonzept** aufstellen, § 92a Abs. 1 HGO. Dies gilt auch dann, wenn der laufende Ergebnis- und Finanzhaushalt ausgeglichen ist, aber in dem Planungszeitraum der Ergebnis- und Finanzplanung Fehlbedarfe oder ein negativer Zahlungsmittelbestand erwarten werden.

Dieser Haushaltsgrundsatz einschließlich der Voraussetzungen und Anforderungen an das Haushaltssicherungskonzept werden wegen ihrer Tragweite und Komplexität im Kapitel 10 ausführlich dargestellt und anhand von Übungen vertieft.

---

41 Siehe Begründung der Landesregierung zur Novelle der HGO (LT-Drs. Hessen 16/2463, S. 28 ff.) zu § 114b HGO. Die Regelungen des § 114b HGO sind seit Dezember 2011 in § 92 Abs. 3 HGO übernommen.

42 Der kommunale Eigenbeitrag beläuft sich auf 25 € je Einwohner nach § 2 Abs. 3 Hessenkassegesetz.

43 Gesetzesbegründung LT-Drs. Hessen 19/2200, S. 30.

7.2.5 Überschuldungsverbot

Mit der Änderung der HGO in 2018[44] wurde erstmals ausdrücklich das Überschuldungsverbot in § 92 Abs. 7 HGO aufgenommen. Hiernach darf sich die Gemeinde nicht überschulden. Eine Überschuldung der Gemeinde liegt nach § 58 Nr. 35 GemHVO vor, wenn das Eigenkapital negativ ist. Unter Eigenkapital ist nach § 58 Nr. 12 GemHVO die Differenz zwischen Aktiva (Vermögen) und den Sonderposten, Rückstellungen, Verbindlichkeiten und Rechnungsabgrenzungsposten auf der Passivseite der Bilanz zu verstehen (siehe Ziff. 16.3.4).[45]

Deutlicher hierzu formuliert § 25 Abs. 6 GemHVO: „Steht für den Ausgleich von Fehlbeträgen **kein Eigenkapital** zur Verfügung, ist die Gemeinde im Sinne von § 92 Abs. 7 HGO **überschuldet**. In diesen Fällen ist in der Vermögensrechnung (Bilanz nach § 49 GemHVO) auf der Aktivseite der Posten „Nicht durch Eigenkapital gedeckter Fehlbetrag" auszuweisen", (siehe Ziff. 16.3.4.4.3). Man spricht in diesem Zusammenhang von der sogenannten **bilanziellen Überschuldung**. Unternehmen müssten in diesem Fall einen Insolvenzantrag stellen; ein Insolvenzverfahren über das Vermögen der Gemeinde ist hingegen nach § 146 HGO unzulässig.

„Bildlich gesprochen, gehört eine überschuldete Stadt nicht mehr den Bürgerinnen und Bürgern, sondern den Banken."[46] In der Gesetzesbegründung wird die Aufnahme des Überschuldungsverbots in die HGO damit begründet, dass das Verbot „den Rechtsgedanken des § 10 Satz 1 HGO vertieft und dafür sorgt, intensiver die Vermögenssituation in die Haushaltsführung einzubeziehen",[47] um eine Überschuldung zu vermeiden.

Ist eine Gemeinde bilanziell überschuldet, ist die dauernde Leistungsfähigkeit gefährdet und damit ebenso die stetige Aufgabenerfüllung nach § 92 Abs. 1 HGO. Der Bestand des Eigenkapitals (positiver bzw. negativer Eigenkapitalbestand) ist daher, neben anderen Kennzahlen, ein Indikator im Rahmen des kommunalen Auswertungssystems Hessen (kash),[48] welches versucht, mit objektiven Kriterien die finanzielle Leistungsfähigkeit einer Kommune zu bewerten. Weitere Kreditaufnahmen, die die finanzielle Lage noch verschärfen würden, dürften nur in begründeten Ausnahmefällen genehmigt werden (siehe hierzu Kap. 9 Kommunale Schuldenwirtschaft).

---

44 Hessenkassegesetz vom 25. April 2018, GVBl. S. 59.

45 Da durch das Hessenkassegesetz die höheren, „alten" Kassenkredite abgelöst wurden und nur eine niedrigere Verbindlichkeit gegenüber der Hessenkasse in der Bilanz auszuweisen ist, haben sich die Verbindlichkeiten auf der Passivseite insgesamt reduziert, so dass u. U. bei einzelnen Gemeinden wieder Eigenkapital ausgewiesen werden konnte. Vgl. *Rauber*, Das neue Gemeindehaushaltsrecht, S. 212.

46 *Klieve*, Über ein Jahrzehnt Doppik – Versuch einer Bilanz, S. 4 ff.

47 Begründung LT-Drs. Hessen 19/5957, S. 30.

48 Siehe hierzu auch *Georg/Gnädiger/Hardt*, Kommunales Auswertungssystem Hessen (kash) 2.0, S. 110 ff. sowie Ziff. 6.6, Finanzstatusbericht (Nr. 11).

7.2.6 Grundsätze der Erzielung von Erträgen und Einzahlungen

Mit dem Haushaltsrecht nach den Grundsätzen der doppelten Buchführung (§ 92 Abs. 3 HGO) haben sich auch wesentliche terminologische Änderungen ergeben.

Die in der Kameralistik verwendeten Begriffe
- „Einnahmen" (definiert als Zunahme von Bar- und Girobeständen) und
- „Ausgaben" (definiert als Abnahme von Bar- und Girobeständen)
  jeweils unter Berücksichtigung der Haushalts- und Kassenreste

sind nicht mehr Teil der doppischen Terminologie.

An ihre Stelle treten die Begriffe
- „Ertrag" (zahlungswirksamer und nichtzahlungswirksamer Wertzuwachs eines Haushaltsjahres – Ressourcenaufkommen, § 58 Nr. 15 GemHVO),
- „Einzahlung" (Barzahlungen und bargeldlose Zahlungen, die die flüssigen Mittel erhöhen, § 58 Nr. 13 GemHVO),
- „Aufwand" (wertmäßiger, zahlungs- und nichtzahlungswirksamer Verbrauch von Gütern und Dienstleistungen eines Haushaltsjahres – Ressourcenverbrauch, § 58 Nr. 5 GemHVO) sowie
- „Auszahlung" (Barzahlungen und bargeldlose Zahlungen, die die flüssigen Mittel vermindern, § 58 Nr. 7 GemHVO).

Die Autoren haben sich im Sinne einer besseren Lesbarkeit dieses Buches dazu entschieden, die Begriffe „Einnahmen" und „Ausgaben" weiterhin zu verwenden, jedoch im Sinne von Oberbegriffen für Ertrag und Einzahlung bzw. Aufwand und Auszahlung. Dies erfolgt regelmäßig dort, wo die Darstellung gleichermaßen Ertrag und Einzahlung bzw. Aufwand und Auszahlung umfasst und eine sprachliche Differenzierung daher keinen Sinn ergibt.

Überall dort, wo aus inhaltlichen oder rechtlichen Gründen nach Ertrag und Einzahlung bzw. Aufwand und Auszahlung zu differenzieren ist, werden die Begriffe auch differenziert verwendet.

7.2.6.1 Ertrags- und Einzahlungsarten der Haushaltswirtschaft

Bevor im Einzelnen auf die Grundsätze der Erzielung von Erträgen und Einzahlungen eingegangen wird, soll folgendes Schaubild noch einmal einen Überblick über die Vielfältigkeit der kommunalen Einnahmen vermitteln, die in Ziff. 2.2 näher erläutert werden:

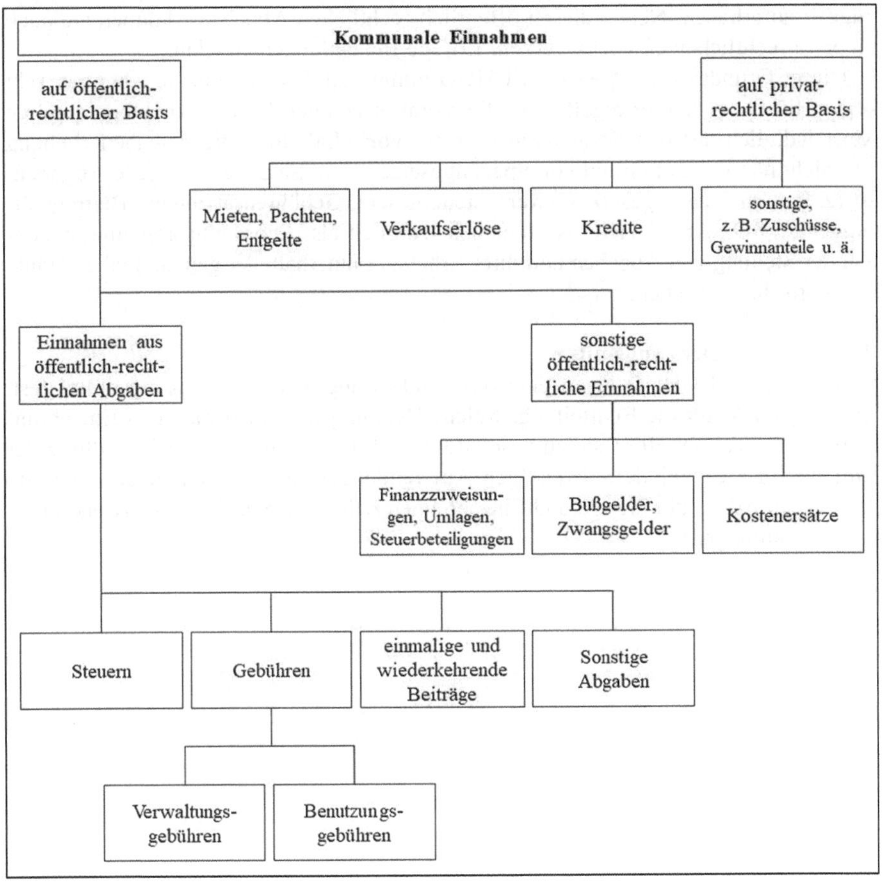

7.2.6.2 Grundsätze und Grenzen bei der Erzielung von Erträgen und Einzahlungen

Verpflichtung zur Erhebung von Abgaben

§ 93 Abs. 1 HGO sieht vor, dass die Gemeinde Abgaben nach gesetzlichen Vorschriften erhebt. Die Gemeinden sind berechtigt und verpflichtet, nach den speziellen gesetzlichen Vorschriften des Abgabenrechtes Abgaben (Steuern, Gebühren und Beiträge)[49] zu erheben. Neben diesen öffentlich-rechtlichen Abgaben[50] können sie auch im privatrechtlichen Geschäftsverkehr Erträge/Einzahlungen erzielen.

Dieser Grundsatz des § 93 Abs. 1 HGO nimmt auf das kommunale Abgabenrecht keinen Einfluss, d. h. er regelt nicht die Voraussetzungen für die Erhebung, sondern weist lediglich auf den besonderen **Gesetzesvorbehalt** hin. Die Abgabenerhebung geschieht nämlich auf Grund von Spezialgesetzen bzw. Satzungen für jede Abgabenart (z. B. Grundsteuergesetz, Gewerbesteuergesetz, Gebührensatzungen, Beitragssatzungen).[51] § 93 Abs. 1 HGO ist demnach lediglich als Einordnungsregelung bezüglich der Stellung von Abgaben und ihrer Erhebung innerhalb der gemeindlichen Haushaltswirtschaft zu sehen.

Rangfolge der Deckungsmittel

§ 93 Abs. 2 und 3 HGO legen eine bestimmte Rangfolge der Deckungsmittel fest. Ausgangspunkt für die Beurteilung, welche Deckungsmittel (Erträge und Einzahlungen) und in welcher Höhe sie zu beschaffen sind, ist die Höhe der zur Erfüllung der Aufgaben der Gemeinde notwendigen Aufwendungen und Auszahlungen (Bedarfsdeckungsprinzip = die Erträge und Einzahlungen richten sich nach den Aufwendungen und Auszahlungen).

---

49 Siehe § 1 Abs. 1 KAG.

50 Öffentlich-rechtliche Abgaben werden auf der Grundlage einer Rechtsnorm erhoben, z. B. Gesetz, Verordnung, Satzung.

51 Vgl. Nr. 1 Hw. zu § 93 HGO.

Die grundsätzliche Rangfolge der Deckungsmittel zur Finanzierung des Ausgabenbedarfs (Summe der im Haushaltsjahr zu erwartenden Aufwendungen und Auszahlungen) muss bei der Prüfung der einzelnen Einnahmemöglichkeiten (Erträge und Einzahlungen) zu Grunde gelegt werden und ist insoweit verbindlich. Das folgende Schaubild soll die Rangfolge bei der Erzielung der Erträge und Einzahlungen deutlich machen:[52]

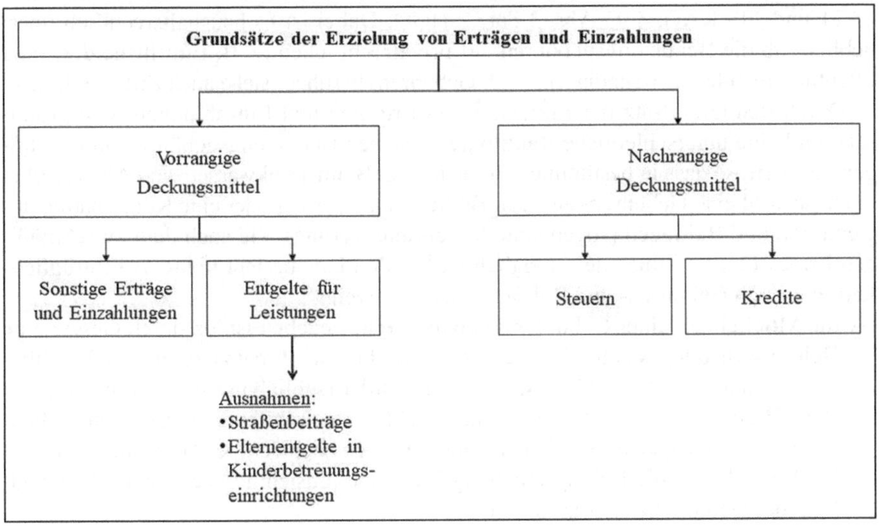

Diese gesetzliche Rangfolge spiegelt allerdings nicht die tatsächliche Bedeutung der Erträge und Einzahlungen in den kommunalen Haushalten, da die Steuern einschl. der Steuerbeteiligungen (z. B. an der Einkommensteuer, an der Umsatzsteuer, Familienleistungsausgleich) die wichtigste Einnahmequelle darstellen, also die Ertragsarten, denen keine unmittelbare gemeindliche Leistung gegenübersteht (siehe Ziff. 2.2.3).[53]

An erster Stelle werden die **sonstigen Erträge und Einzahlungen** genannt; dazu gehören insbesondere Erträge aus der Bewirtschaftung des Vermögens (Miet-, Pacht- und Zinserträge, Gewinnanteile der wirtschaftlichen Unternehmen) und auf öffentlich-rechtlicher und privatrechtlicher Basis beruhende Erträge wie z. B. Steuerbeteiligungen, allgemeine und zweckgebundene Finanzzuweisungen, Verkaufserlöse, Einzahlungen aus der Veräußerung von Anlagevermögen, Erstattungen von Dritten für ausgeführte Arbeiten, Kostenersätze von Dritten, Buß- und Verwarnungsgelder, Abführungen aus Nebentätigkeiten, Zuschüsse und Spenden.[54]

Die **Entgelte** für die von der Gemeinde erbrachten Leistungen (Leistungsentgelte) finden an zweiter Stelle Erwähnung. Durch diese Entgelte soll der spezielle Vorteil

52 Vgl. Nr. 2 Hw. zu § 93 HGO.

53 Bei den Landkreisen sind die wichtigsten Einnahmequellen die Umlagen nach § 50 HFAG.

54 Die Herabsetzung und Auflösung von Rückstellungen sind „Korrekturbuchungen" und keine **unmittelbaren** *Einnahmen (Erträge)*; dies gilt auch für die Erträge aus Auflösung von Sonderposten.

des Einzelnen, der die Leistung empfangen bzw. in Anspruch genommen hat, ausgeglichen werden (nach dem Grundsatz: Wer eine gemeindliche Einrichtung (be-)nutzt, soll auch die Kosten dafür tragen). Damit wird der Entwicklung entgegengetreten, möglichst viele Lasten der Allgemeinheit und damit dem Steuerzahler aufzuerlegen.

Zu den Entgelten für Leistungen[55] im Sinne von § 93 Abs. 2 Nr. 1 HGO zählen z. B. Verwaltungs- und Benutzungsgebühren, Beiträge[56] **ohne** Straßenbeiträge nach den §§ 11 und 11a KAG, § 93 Abs. 2 Satz 2 HGO. Dabei ist es haushaltsrechtlich unerheblich, ob die Benutzungsgebühren auf privatrechtlichen (z. B. Eintrittsgelder) oder öffentlich-rechtlichen Grundlagen (z. B. Gebühren) beruhen (siehe auch Ziff. 2.3.2.2).

Durch den Grundsatz der Erzielung von Erträgen und Einzahlungen wird grundsätzlich keine unterschiedliche Rangfolge zwischen Benutzungsgebühren und Beiträgen normiert, so dass in bestimmten Bereichen, z. B. im Trinkwasser- und Abwasserbereich, sowohl eine Gebühren- als auch Beitragsfinanzierung oder eine Kombination aus Gebühren und Beiträgen (sogenannte Mischfinanzierung) – je nach dem zweckmäßigen Ermessen der Gemeinde – möglich ist.[57] Allerdings besteht **keine Wahlmöglichkeit** zwischen Gebühren- und Beitragserhebung, wenn

→ die Möglichkeit einer Gebührenerhebung **nicht** gegeben ist, da durch Gesetz eine Beitragserhebung vorgeschrieben ist (z. B. bei der Finanzierung von Erschließungsanlagen nach § 127 Abs. 2 BauGB **sind** Erschließungsbeiträge nach § 129 BauGB zu erheben) oder wenn es sich **nicht** um eine öffentliche Einrichtung handelt (z. B. können keine Straßennutzungsgebühren nach dem KAG erhoben werden).

→ bei Verzicht auf die Beitragserhebung Probleme hinsichtlich der Ungleichbehandlung der Gebührenzahler auftreten.[58]

→ die Möglichkeit der Beitragserhebung **nicht** besteht, da keine investive bzw. keine beitragsfähige Maßnahme vorliegt (z. B. bei Instandhaltungsmaßnahmen).

Im Rahmen der vorrangigen Deckungsmittel ist das Verhältnis zwischen den „sonstigen Erträgen und Einzahlungen" und den „Entgelten für Leistungen" näher zu beleuchten. Nach der HGO haben grundsätzlich die „sonstigen Erträge und Einzahlungen" Vorrang vor den „Entgelten für Leistungen" und nach dem KAG „können" Entgelte erhoben werden.

---

55 Der Begriff der „Entgelte für Leistungen" im Gesetzestext ist nicht präzise gewählt. Unter Entgelten für Leistungen können im **weiteren Sinne** auch Miet- und Pachterträge verstanden werden. Im Sinne von § 93 Abs. 2 HGO werden aber diese Erträge und Einzahlungen aus Vermögensbewirtschaftung den sonstigen Erträgen und Einzahlungen zugerechnet. Der Gesetzgeber konkretisiert daher in Nr. 2b Hw. zu § 93 HGO die **Leistungsentgelte** im Sinne von § 93 Abs. 2 Nr. 1 HGO und nennt beispielhaft Verwaltungsgebühren, Benutzungsgebühren, Beiträge ohne Straßenbeiträge nach den §§ 11 und 11a KAG.

56 Bei den Beiträgen handelt es sich nicht um Erträge, sondern um Einzahlungen aus Investitionstätigkeit, vgl. § 3 Abs. 1 Nr. 20 GemHVO.

57 Siehe Gesetzesbegründung LT-Drs. Hessen 18/5453, Zweites Gesetz zur Änderung des Gesetzes über kommunale Abgaben vom 20.3.2012, Nr. 10 (§ 11 KAG). Des Weiteren ist bei der Gebühren- bzw. Beitragsfinanzierung der Beschl. vom 15.3.1991 des VGH Kassel, – 5 TH 642/89 – zu beachten.

58 Beschl. vom 15.3.1991 des VGH Kassel, – 5 TH 642/89 –, der gemeindehaushalt Nr. 9/1992, S. 206.

Allerdings kann sich vorrangig ein Erhebungszwang für Entgelte aus anderen rechtlichen Bestimmungen bzw. Aspekten ergeben, z. B.

→ aus dem BauGB – Pflicht zur Erhebung von Erschließungsbeiträgen nach dem BauGB.[59]

→ wenn die Erhebung von Beiträgen und Gebühren (Entgelten) für die von der Gemeinde erbrachten Leistungen **vertretbar und geboten** ist.

Aus den §§ 9 Abs. 1, 10 Abs. 1, 11 Abs. 1 Satz 1 und 11a Abs. 1 KAG kann zwar **keine Verpflichtung** zur Erhebung von Entgelten abgeleitet werden, da es sich hier um „Kann-Bestimmungen" handelt. Eine Pflicht zur Erhebung von Entgelten lässt sich jedoch aus den Grundsätzen der Erzielung von Erträgen und Einzahlungen (§ 93 HGO) ableiten, wonach die Gemeinden die zur Erfüllung ihrer Aufgaben erforderlichen Erträge und Einzahlungen aus Entgelten für ihre Leistungen zu beschaffen haben, soweit dies vertretbar und geboten ist.[60]

Geboten in diesem Zusammenhang ist eine Entgelterhebung insbesondere dann, wenn die Einrichtung überwiegend dem Vorteil einzelner Personen oder Personengruppen dient und **nicht allen Einwohnern in gleichem Maße** zugutekommt, also unterschiedliche Vorteile bietet. Die Erhebungspflicht besteht demnach insbesondere bei Einrichtungen mit Anschluss- und Benutzungszwang,[61] den sogen. Gebührenhaushalten (z. B. Wasser, Abwasser, Abfall, Straßenreinigung).

→ wenn die Gemeinde der haushaltsrechtlichen Pflicht, den Ergebnis- und Finanzhaushalt nach § 92 Abs. 4 bis 6 HGO auszugleichen, dauerhaft nicht nachkommen kann und dadurch die Wahrnehmung der stetigen Aufgabenerfüllung nicht gesichert ist.

Können die Gemeinden dieser haushaltsrechtlichen Pflicht trotz Reduzierung von Aufwendungen nicht nachkommen, müssen sie alle rechtlichen Möglichkeiten der Einnahmebeschaffung ausschöpfen, insbesondere die Erhebung aller rechtlich zur Verfügung stehenden Abgaben.[62]

Insofern verdichtet sich das Ermessen nach dem KAG, Entgelte erheben zu können, aufgrund des kommunalen Haushaltsrechts zu einer Pflicht.[63] D. h. die Gemeinde muss unter Beachtung der o. g. Ausnahmeregelungen (Straßenbeiträge, Elternentgelte) Entgelte für ihre Leistungen erheben, um die Gemeindefinanzen gesund zu erhalten (§ 10 HGO), den Haushaltsausgleich zu erreichen (§ 92 Abs. 4 HGO) und damit dem Grundsatz der stetigen Aufgabenerfüllung Rechnung zu tragen.

---

59 Vgl. *Henneke/Strobl/Diemert,* Recht der kommunalen Haushaltswirtschaft, § 9 Rn. 7.

60 Siehe Gesetzesbegründung LT-Drs. Hessen 18/5453, Zweites Gesetz zur Änderung des Gesetzes über kommunale Abgaben vom 20.3.2012, Nr. 9 (§ 10 KAG).

61 Siehe Gesetzesbegründung LT-Drs. Hessen 18/5453, Zweites Gesetz zur Änderung des Gesetzes über kommunale Abgaben vom 20.3.2012, Nr. 9 (§ 10 KAG).

62 Nach § 93 Abs. 1 HGO erhebt die Gemeinde Abgaben nach den gesetzlichen Vorschriften, das heißt, sie ist zur Abgabenerhebung verpflichtet (vgl. VGH Kassel, Urt. vom 12.1.2018 – 8 A 1485/13 –, Rn. 42).

63 Vgl. VG Gießen, Beschl. vom 27.9.2010 – 8 L 2015/10 –, VGH Kassel, Beschl. vom 20.12.2011 – 5 B 2017/11 –, VGH Kassel, Urt. vom 12.1.2018 – 8 A 1485/13 –, BVerwG, Urt. vom 29.5.2019 – 10 C 1.18 –.

Insofern sind die Leistungsentgelte **vorrangig** zu den sonstigen Erträgen und Einzahlungen und zu den Steuern als Finanzierungsmöglichkeit einzusetzen.

Mit der Regelung nach § 93 Abs. 2 Nr. 1 HGO – Entgelte für Leistungen zu erheben – verfolgt der Gesetzgeber die Forderung zur Erhebung von **kostendeckenden** Leistungsentgelten.[64] Allerdings wird dies durch die Formulierung „soweit **vertretbar**" modifiziert. Bei der Entscheidung, ob es vertretbar ist, durch die Erhebung von speziellen Entgelten den Kostendeckungsgrundsatz zu verwirklichen, sind **finanzwirtschaftliche, umweltpolitische**[65] **sowie soziale Gesichtspunkte** zu berücksichtigen und abzuwägen (Preisnachlässe im öffentlichen Interesse wie z. B. verbilligter Eintritt für Kinder, Jugendliche und Senioren oder erschwingliche Preise für Theaterveranstaltungen, Berücksichtigung des Vorteils für die Allgemeinheit). Immer dann, wenn öffentliche Belange dies rechtfertigen bzw. ein öffentliches Interesse daran besteht, eine Einrichtung zu ermäßigten Entgelten oder gar unentgeltlich zur Verfügung zu stellen, kann von der Kostendeckung ganz oder teilweise abgesehen werden (§§ 10 Abs. 4 und § 11 Abs. 4 KAG), z. B. bei sozialen und kulturellen Einrichtungen für die Allgemeinheit wie Sportstätten, Museen, Theater usw.[66] Dies gilt nicht für Einrichtungen mit Anschluss- und Benutzungszwang. Im Übrigen ist § 10 Satz 2 HGO zu beachten, wonach die Erhebung von Entgelten von den Benutzern der Einrichtungen und Anlagen ihre Grenze in der wirtschaftlichen Leistungsfähigkeit der Abgabepflichtigen findet (siehe auch Ziffn. 2.3.2 und 2.3.3).

Von der Verpflichtung, Entgelte vorrangig zu erheben, sind **ausgenommen**:

- **Straßenbeiträge** nach den §§ 11 und 11a KAG
  Mit dem Gesetz zur Neuregelung der Erhebung von Straßenbeiträgen vom 28. Mai 2018[67] wurde die bisherige Soll-Vorschrift des § 11 KAG wieder in eine Kann-Vorschrift umgewandelt. Damit besteht für die Gemeinden weiterhin die Möglichkeit Straßenbeiträge zu erheben – allerdings besteht dazu keine Rechtspflicht mehr.[68] Gleichzeitig wurde § 93 Abs. 2 HGO dahingehend ergänzt, dass Straßenbeiträge nach §§ 11 und 11a KAG **nicht mehr vorrangig** erhoben werden müssen, d. h. der bisher geltende Vorrang der Erhebung von Straßenbeiträgen gegenüber Steuern gilt damit nicht mehr. Nach der Gesetzesbegründung führt diese größere Entscheidungsfreiheit bei der Schwerpunktsetzung der Einnahmenquellen zur Stärkung der kommunalen Selbstverwaltung der Gemeinden.[69]

64 Vgl. *Schwarting*, Der kommunale Haushalt, Rn. 97.

65 Z. B. können bei der Gebührenbemessung für die Leistungen der Wasserversorgung und die Abwasserbeseitigung auch umweltpolitische Gesichtspunkte berücksichtigt werden, die über die aufgrund eines Gesetzes oder einer Rechtsverordnung bestehenden Vorgaben hinausgehen. Die dadurch entstehenden Kosten können abgaberechtlich nicht den Benutzern der Einrichtung auferlegt werden.

66 Siehe Gesetzesbegründung LT-Drs. Hessen 18/5453, Zweites Gesetz zur Änderung des Gesetzes über kommunale Abgaben vom 20.3.2012, Begründung zu Nr. 9 (§ 10 KAG).

67 GVBl. 2018, S. 247.

68 Vgl. Aufsichtsrechtliche Hinweise zur Erhebung von Straßenbeiträgen vom 22. Juni 2018, Ziff. 1 im Downloadbereich des HMdIS.

69 Gesetzesbegründung LT-Drs. Hessen 19/6375, Gesetz zur Aufhebung des Erhebungszwangs von Straßenbeiträgen und für mehr kommunale Selbstverwaltung, S. 4.

Diese gesetzliche Neuregelung wirkt sich auch auf § 93 Abs. 3 HGO – Subsidiarität der Kredite – aus. Nach den Aufsichtsrechtlichen Hinweisen zur Neuregelung der Erhebung von Straßenbeiträgen vom 22. Juni 2018 ist es daher nicht zulässig, *„die gesetzliche Grundentscheidung für die kommunale Wahlfreiheit dadurch zu konterkarieren, dass Kreditgenehmigungen mit dem Hinweis auf die weiter bestehende Möglichkeit der Beitragserhebung versagt werden"*.[70]
Unberührt hingegen bleibt die Verpflichtung zum Haushaltsausgleich gemäß § 93 Abs. 2 Satz 3 HGO. Damit wird sichergestellt, dass die Rangfolge der Erzielung von Erträgen und Einzahlungen (insbesondere die Änderung, dass Straßenbeiträge keine vorrangigen Deckungsmittel im Sinne von § 92 Abs. 2 HGO mehr darstellen) keine Auswirkung auf die haushaltsrechtliche Pflicht gemäß § 92 Abs. 4 HGO, den Haushalt auszugleichen, hat. Verzichtet die Gemeinde auf die Erhebung von Straßenbeiträgen, muss sie den Einzahlungsausfall ggf. durch Kredite finanzieren und die Folgen für den Haushaltsausgleich im Ergebnishaushalt (u. a. Wegfall der Sonderpostenauflösung für Straßenbeiträge, höhere Zinslast, höhere Auszahlungen für die ordentliche Kredittilgung) durch Aufwandsreduzierungen oder über **allgemeine** Deckungsmittel kompensieren; hierunter ist auch die Anhebung der Realsteuern zu subsumieren.

- **Elternentgelte für die Inanspruchnahme von Kinderbetreuungsangeboten**
  Mit der Neuregelung in § 32c Hess. Kinder- und Jugendgesetzbuch (HKJGB) werden ab 1. August 2018 alle Kinder, die im Alter vom vollendeten 3. Lebensjahr bis zum Schuleintritt in Kindergartengruppen oder in altersübergreifenden Gruppen betreut werden, für bis zu sechs Stunden täglich **von dem Kosten- oder Teilnahmebeitrag freigestellt**. Die Gemeinden erhalten jährlich pauschalierte Zuweisungen vom Land Hessen, die die ausbleibenden Elternentgelte ausgleichen sollen. Im Gegenzug stellen die Gemeinden sicher, dass alle Kinder dieser Altersgruppen, die eine Tageseinrichtung in ihrem Gemeindegebiet besuchen, in dem genannten Umfang beitragsfrei gestellt sind. Ziel des Gesetzgebers dieser erweiterten Beitragsfreistellung ist es vor allem, die Eltern finanziell zu entlasten.[71]
  Diese Ausnahme ist zwar nicht ausdrücklich in der HGO formuliert, führt aber durch die Anwendung von § 32c HKJGB (fachgesetzliche Regelung) faktisch zu der Befreiung von der Pflicht, Entgelte vorrangig zu erheben.[72]
  Bei allen darüber hinausgehenden Leistungen, z. B. längere Betreuungszeiten (mehr als 6 Stunden), Zusatzleistungen wie Verpflegung usw. sind nach § 93 Abs. 2 HGO Entgelte für die Erbringung der Leistung zu erheben, sofern ansonsten der Haushaltsausgleich nicht erreicht werden kann.

Erst wenn die „sonstigen Erträge und Einzahlungen" und die „Entgelte für Leistungen" (beides vorrangige Deckungsmittel) unter Beachtung der o. g. Ausnahmeregelungen ausgeschöpft, weitere Aufwandsreduzierungen nicht mehr möglich sind und die Ge-

70 Aufsichtsrechtliche Hinweise zur Erhebung von Straßenbeiträgen vom 22. Juni 2018, Ziff. 3 im Downloadbereich des HMdIS.
71 Gesetzesbegründung LT-Drs. Hessen 19/5472, S. 9 und 11/12.
72 Vgl. auch *Rauber*, Das neue Gemeindehaushaltsrecht in Hessen, S. 216.

meinde bei einem unausgeglichenen Haushalt dennoch auf die Erhebung von Straßenbeiträgen verzichtet, kann die Gemeinde zur Deckung des „Ausgaben"bedarfs[73] **Steuern** erheben bzw. Steuersätze der Realsteuern anheben. Damit gehören die Steuererträge im Sinne des § 92 Abs. 2 HGO zu den nachrangigen Deckungsmitteln. Dieser strenge Subsidiaritätsgrundsatz gilt allerdings nicht für die Vergnügungs-, Zweitwohnungs- und Hundesteuer (u. a.), die neben der Bedarfsdeckung auch als Ordnungssteuern erhoben werden.

Aus dem Grundsatz der Nachrangigkeit wurde lange Zeit von den Gerichten ein materielles Recht der Steuerpflichtigen abgeleitet, wonach eine Steuererhöhung der Gemeinde oder die Einführung einer neuen Steuer erst zulässig ist, wenn alle Möglichkeiten der Erhebung spezieller Entgelte von der Gemeinde ausgeschöpft sind.[74] Insofern hatten Klagen von Steuerpflichtigen zunächst Erfolg, die z. B. die Erhöhung der Gewerbesteuerhebesätze deshalb als rechtswidrig ansahen, weil die Gemeinde nicht in vollem Umfang die vorrangigen speziellen Entgelte ausgeschöpft hatte.

Das Bundesverwaltungsgericht hat jedoch dieses materielle Recht für die Realsteuern verneint.[75] Dabei stützt sich die Entscheidung auf die Feststellung, dass das bundesrechtliche Hebesatzrecht der Gemeinden (z. B. für die Gewerbesteuer auf Grund von Art. 106 Abs. 6 Satz 2 GG i. V. m. § 16 Abs. 1 und 5 GewStG) dem Landesgesetzgeber keine Kompetenz gewährt, die Bemessung der Hebesätze an die Ausschöpfung des Gebührenrahmens für besondere Leistungen der Gemeinden zu binden. **In welchem Ausmaß die Gemeinden zur Deckung ihres Finanzbedarfs ihre Steuerquellen heranziehen wollen, steht in ihrem Ermessen**. Insofern muss die Bestimmung des § 93 Abs. 2 HGO für die Realsteuern zwar als anwendbarer Grundsatz für die Gemeinde, nicht aber als einklagbares Recht für einen Realsteuerpflichtigen bewertet werden.

Eine entgegengesetzte Fallkonstellation belebte vor Jahren die Diskussion. Um für Gewerbetreibende als Standort attraktiv zu werden, reduzierten vereinzelt kleinere Gemeinden den Gewerbesteuerhebesatz auf Null. Nach haushaltsrechtlicher Auslegung des § 93 HGO wäre dies dann legitim, solange diese Kommunen nicht auf eine Kreditaufnahme (absolut nachrangiges Deckungsmittel nach § 93 Abs. 3 HGO – siehe unten) angewiesen sind. Der Bundesgesetzgeber hat allerdings zur Vermeidung eines „Gewerbesteuerwettbewerbs" einen Mindesthebesatz von 200 v. H.[76] seit dem 1.1.2004 bei der Gewerbesteuer gesetzlich normiert,[77] um Verlagerungsprozesse von Gewerbebetrieben in diese Steueroasen einzuschränken.

73 Siehe Ziff. 7.2.6: Summe der im Haushaltsjahr zu erwartenden Aufwendungen im Ergebnishaushalt und Auszahlungen im Finanzhaushalt.

74 Vgl. VG Aachen vom 13.12.1993 – VG 2 K 1389/82 – und OVG Münster vom 7.9.1989 – 4 A 698/84 –, beide zu Erhöhungen von Gewerbesteuerhebesätzen.

75 BVerwG Urt. vom 11.6.1993 – 8 C 32.90 – in: der gemeindehaushalt 1993, S. 236.

76 Siehe § 16 Abs. 4 GewStG.

77 Vgl. *Henneke/Strobl/Diemert*, Recht der kommunalen Haushaltswirtschaft, § 9 Rn. 12 und *NVwZ* 1/2006, S. 14 ff.

In der Rangfolge der Deckungsmittel sind die Kredite absolut subsidiär. Durch die Nennung in § 93 Abs. 3 HGO sind die **Kredite**[78] als Finanzierungsmittel für besondere Zwecke (gemäß § 103 Abs. 1 HGO nur für Investitionen, Investitionsförderungsmaßnahmen und zur Umschuldung) innerhalb der vorgenannten Rangfolge besonders zu betrachten (die Kredite einschl. der Kreditwirtschaft werden in Kap. 9 ausführlich behandelt). Sie dürfen für die genannten Zwecke nur aufgenommen werden, wenn eine andere Finanzierung **nicht möglich ist oder unzweckmäßig** wäre. **Zweckmäßig** kann eine Kreditaufnahme nur dann sein, wenn sonst Kapitalbestände eingesetzt werden müssten, die zu einem höheren Zinssatz angelegt und deshalb vor Ablauf des Anlagezeitraums nicht verfügbar sind, z. B. Zinsaufwand für Landeskredit 0,5 % aber Guthabenzins für Geldanlagen 2,5 %. In diesem Zusammenhang ist darauf hinzuweisen, dass insbesondere die Aufnahme von **Krediten** zum Zweck der **gewinnbringenden Anlage** mit der Aufgabenstellung der Gemeinde (§ 2 HGO) nicht zu vereinbaren und deshalb **unzulässig ist**, Nr. 1 Hw. zu § 103 HGO.

Grenzen der Erzielung von Erträgen und Einzahlungen

Nach dem Bedarfsdeckungsprinzip richten sich die zu beschaffenden Deckungsmittel nach dem Finanzbedarf. Die Höhe der Aufwendungen im Ergebnishaushalt und der Auszahlungen im Finanzhaushalt findet ihre Grenze in der Vorschrift des Haushaltsausgleichs gemäß § 92 Abs. 4 bis 6 HGO, wonach der Haushalt in der Planung und Rechnung in jedem Haushaltsjahr ausgeglichen sein soll. Die Erträge im Ergebnishaushalt und die Einzahlungen im Finanzhaushalt werden zudem durch das Gebot des § 10 Satz 2 HGO begrenzt, nach dem auf die wirtschaftliche Leistungsfähigkeit der Abgabepflichtigen Rücksicht zu nehmen ist (siehe Ziff. 2.3).

Bedeutung der Grundsätze der Erzielung von Erträgen und Einzahlungen

Bei den Grundsätzen der Erzielung von Erträgen und Einzahlungen handelt es sich um allgemein gültige Regeln zur Finanzierung kommunaler Aufgaben. Jede Gemeinde muss im Rahmen ihres Selbstverwaltungsrechts grundsätzlich selbst entscheiden, welche Finanzierung sie unter Abwägung aller Vor- und Nachteile, unter Berücksichtigung ihrer finanziellen Verhältnisse sowie der Rechtsprechung anwenden will.

Eine besondere Bedeutung entfalten die Grundsätze der Erzielung von Erträgen und Einzahlungen allerdings im Rahmen des Haushaltsgenehmigungsverfahrens bei unausgeglichenen Haushalten bzw. bei der Genehmigung von Haushaltssicherungskonzepten (§ 92a HGO). In diesem Zusammenhang werden die Gemeinden aufgefordert, verbindliche Festlegungen über Konsolidierungsmaßnahmen zu treffen und einen Zeitraum anzugeben, in dem der Haushaltsausgleich in der Planung schnellstmöglich wieder erreicht werden kann.

78 Nach der Begriffserklärung gemäß § 58 Nr. 21 GemHVO umfasst der Begriff „Kredite“ eben gerade **nicht** die Liquiditätskredite. In Nr. 2 Hw. zu § 105 HGO wird ausdrücklich darauf hingewiesen, dass die Liquiditätskredite nur zur Liquiditätssicherung aufgenommen werden dürfen und daher **keine** Deckungsmittel im Sinne von § 93 HGO sind.

Hierzu gehören z. B.

- den Kostendeckungsgrad kommunaler Einrichtungen durch Anhebung der Entgelte und/oder Reduzierung der Aufwendungen (Kosten) zu erhöhen,[79]
- Steuersätze anzuheben, um den Haushalt auszugleichen bzw. die Kreditaufnahmen zu reduzieren,
- freiwillige Aufgaben zu begrenzen,
- Organisationsstrukturen mit dem Ziel der Steigerung der Effizienz bei der Aufgabenerfüllung zu überprüfen,
- bei der Erfüllung der Aufgaben stärker interkommunal zusammenzuarbeiten, um Einsparungspotentiale zu erschließen.[80]

7.2.6.3 Übung

Siehe zu diesem Abschnitt Sachverhalt 3 zu Kap. 7 im Übungsband.

7.2.7 Vorherigkeit

7.2.7.1 Grundsatz

Der Haushaltsplan gilt für ein Haushaltsjahr, wobei das Haushaltsjahr mit dem Kalenderjahr identisch ist, soweit für einzelne Bereiche durch Gesetz oder Rechtsverordnung nicht etwas anderes bestimmt ist (§ 94 Abs. 4 HGO).[81]

Die Haushaltswirtschaft **muss ab Beginn des Haushaltsjahres** (1. Januar) auf der Basis eines **verbindlichen Haushaltsplanes** gesichert sein. Um dies zu erreichen, soll ein für die Haushaltswirtschaft verbindlicher Plan einschließlich Satzung (siehe Kap. 6 und 11) noch im alten Haushaltsjahr rechtsgültig zustande kommen. Der Grundsatz der Vorherigkeit hat zum Inhalt, dass das Verfahren der Haushaltssatzung mit dem zugehörigen Haushaltsplan rechtsgültig abgeschlossen sein soll, bevor das Haushaltsjahr beginnt, also bis zum 31.12. des vorhergehenden Jahres. Dieses dient der **Rechtssicherheit** der Gemeinde, denn der Beschluss der Gemeindevertretung über die Haushaltssatzung dient als „Leitlinie“ für den Gemeindevorstand und die Verwaltung. Im modernen Verwaltungsmanagement ist der Haushalt der Hauptkontrakt zwischen der Politik (Gemeindevertretung) und der Verwaltung (dem Gemeindevorstand) und somit zentrales Steuerungsinstrument.[82]

79 Siehe elektronisches Haushaltssicherungskonzept im Downloadbereich des HMdIS.

80 Vgl. *Henneke/Strobl/Diemert*, Recht der kommunalen Haushaltswirtschaft, § 9 Rn. 14.

81 Die GemHVO enthält **keine** Regelungen über ein abweichendes Wirtschaftsjahr (z. B. vom 1. Oktober bis zum 30. September), so dass für einzelne Bereiche aus eigener Entscheidung der Gemeinde im doppischen System ein abweichendes Wirtschaftsjahr **nicht** möglich ist, auch wenn die Eigenart des Betriebes es erfordern würde (siehe Ziff. 11.1.2).

82 Vgl. *Bals u. a.*, Neues kommunales Finanz- und Produktmanagement, Ziff. 3.1.

Als Ausfluss dieses Grundsatzes ist die Bestimmung des § 97 Abs. 3 HGO zu sehen, wonach die von der Gemeindevertretung beschlossene Haushaltssatzung mit ihren Anlagen der Aufsichtsbehörde vorzulegen **ist**. Zuständig für die Vorlage ist der Gemeindevorstand. Diese Vorlage **soll**[83] spätestens einen Monat **vor Beginn** des Haushaltsjahres erfolgen, also bis zum 30.11. des vorhergehenden Jahres (siehe Ziff. 11.3.7). Der Grundsatz der Vorherigkeit dient dem Zweck, dass die Gemeinde gedrängt wird,

- ihre Planungen für das kommende Haushaltsjahr **so zeitig zu beginnen** bzw. vorzubereiten, dass sie bis zum 30.11. abgeschlossen sind, und
- dass der **Aufsichtsbehörde** Gelegenheit gegeben wird, **festzustellen**, ob die geplante Haushaltssatzung einschließlich ihrer Anlagen mit dem geltenden Recht im Einklang steht und bis zum Beginn des Haushaltsjahres ggf. erforderliche Genehmigungen zu erteilen.

Ziel ist, zu Beginn des Haushaltsjahres eine beschlossene und öffentlich bekannt gemachte Haushaltssatzung zu haben, nach der Aufwendungen und Auszahlungen geleistet und Verpflichtungen eingegangen, Kredite und Liquiditätskredite aufgenommen sowie Realsteuern nach den geltenden Hebesätzen erhoben werden können.

7.2.7.2 Vorläufige Haushaltsführung in der haushaltslosen Zeit

Es lässt sich nicht immer vermeiden, dass die Haushaltssatzung erst nach Beginn eines Haushaltsjahres öffentlich bekannt gemacht wird. Möglicherweise hat sich das Verfahren zum Zustandekommen der Haushaltssatzung innerhalb der Gemeinde verzögert (z. B. in der Gemeindevertretung findet sich keine Mehrheit). Denkbar sind aber auch die Fälle, in denen es der Aufsichtsbehörde, aus welchen Gründen auch immer, nicht möglich ist, die notwendigen Genehmigungen rechtzeitig zu erteilen, so dass zu Beginn des Haushaltsjahres keine rechtsgültige Haushaltssatzung vorliegt. **Die Gemeinde muss aber auch in der haushaltslosen Zeit handlungsfähig sein und ihre Aufgaben erfüllen bzw. ihren Verpflichtungen nachkommen.** Der Gesetzgeber hat vor diesem Hintergrund die Vorschriften zur Vorläufigen Haushaltsführung in § 99 HGO aufgenommen, um eine so genannte Übergangswirtschaft (Interimswirtschaft) zu gewährleisten.[84]

Voraussetzung für die Anwendung des § 99 HGO ist, dass die Haushaltssatzung bei Beginn des Haushaltsjahres noch **nicht bekannt gemacht** ist, sodass der Anwendungsbereich auf die Zeit bis nach Vollendung der öffentlichen Bekanntmachung (siehe § 5 Abs. 3 HGO i. V. m. Bekanntmachungsverordnung und Ziff. 11.3.8) der neuen Haushaltssatzung beschränkt ist. Im Einzelnen darf die Gemeinde während dieser haushaltslosen Zeit Erträge/Einzahlungen erzielen, Aufwendungen/Auszahlungen leisten und auch Verpflichtungen eingehen, aber alles in dem durch § 99 HGO beschränkten Umfang.

83 Sollvorschriften sind – solange die Verwaltung nicht besondere Umstände dartun und beweisen kann – für die Verwaltung ebenso verbindlich wie Mussvorschriften (Urt. des Bundesverwaltungsgerichts vom 2.12.1959 – VC 106.58 – DVBl. 1960 S. 252).

84 Siehe zu dieser Thematik auch *Daneke* in KVR Hessen, § 99 HGO Rn. 1 bis 5.

a) Erzielung von Erträgen und Einzahlungen in der haushaltslosen Zeit
Übersicht:

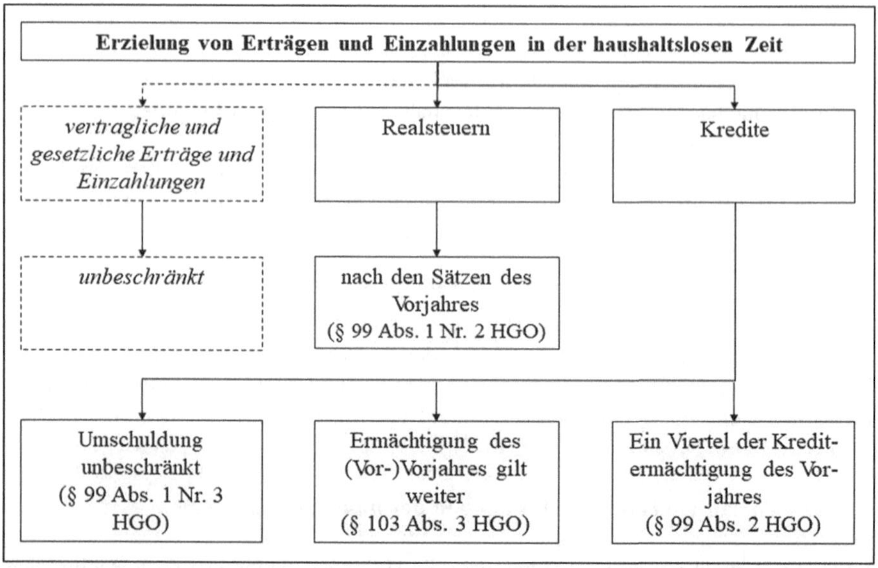

Die Gemeinde darf während der haushaltslosen Zeit uneingeschränkt ihre vertraglich und gesetzlich abgesicherten Erträge/Einzahlungen erheben bzw. einziehen, da sie nicht durch die fehlende Haushaltssatzung tangiert sind, sondern vielmehr unabhängig davon aufgrund spezieller Erhebungsgrundlagen erhoben und vereinnahmt werden können, z. B.

- Gebühren, Beiträge und örtliche Aufwands- und Verbrauchssteuern werden aufgrund örtlicher Satzungen (§ 2 KAG) oder aufgrund spezieller Gesetze erhoben,
- Mieten, Pachten und Verkaufserlöse werden aufgrund von Verträgen erhoben usw.

Da diese speziellen Erhebungsgrundlagen von der Gültigkeit der Haushaltssatzung unabhängig sind, können während der haushaltslosen Zeit auch Änderungen (z. B. Gebührenerhöhungen) vorgenommen bzw. neue Abgabensatzungen erlassen werden.

Diese Unabhängigkeit ist allerdings bei den Realsteuern[85] **nicht** gegeben, da die Hebesätze für die Grund- und Gewerbesteuer nach § 94 Abs. 2 Nr. 3 HGO in § 5 der Haushaltssatzung festgesetzt werden. Nach § 99 Abs. 1 Nr. 2 HGO darf die Gemeinde Realsteuern während der Interimswirtschaft nur nach den Sätzen des Vorjahres

85 Siehe § 3 Abs. 2 AO: „Realsteuern sind die Grundsteuer und die Gewerbesteuer." Siehe auch Ziff. 2.3.1 und Kap. 11.

erheben. Diese Ermächtigung tritt für die Zeit der vorläufigen Haushaltsführung an die Stelle der in § 5 der Haushaltssatzung festgesetzten Hebesätze für die Realsteuern.[86]

Weiterhin darf die Gemeinde Kredite aufnehmen, wobei hier drei Ermächtigungsgrundlagen zu unterscheiden sind:

- § 103 Abs. 3 HGO
  Unabhängig davon, ob eine Haushaltssatzung erlassen ist oder nicht – also auch in der haushaltslosen Zeit –, darf auf die bereits genehmigte Kreditermächtigung des Vorjahres zurückgegriffen werden, sofern diese Ermächtigung noch nicht ausgeschöpft wurde. Die hiernach aufgenommenen Kredite dienen grundsätzlich der Restfinanzierung des abgelaufenen Jahres. Im Hinblick auf die vorläufige Haushaltsführung ist die Inanspruchnahme der noch nicht ausgeschöpften Kreditermächtigungen des Vorjahres **vorrangig** vor der Aufnahme von Krediten auf Grund der Ermächtigung des § 99 Abs. 2 HGO.
  Auch die nicht ausgeschöpfte Kreditermächtigung des **Vorvorjahres** gilt weiter, aber nur bis zur Vollendung der Bekanntmachung der Haushaltssatzung. Beispielsweise gilt im Jahre 2024 die Kreditermächtigung des Jahres 2023, sofern sie noch nicht ausgeschöpft ist, bis zum Ende des Jahres 2024 und unabhängig davon, ob und wann die Haushaltssatzung für das Jahr 2024 bekannt gemacht ist **und** es gilt die nicht ausgeschöpfte Kreditermächtigung des Jahres 2022 bis zur Vollendung der Bekanntmachung der Haushaltssatzung 2024.
- § 99 Abs. 2 HGO
  Aufnahme von Krediten für Investitionen und Investitionsförderungsmaßnahmen bis zu einem Betrag der einem Viertel der Kreditermächtigung **des Vorjahres** entspricht, wenn die Deckungsmittel für die Fortsetzung von Bauten, Beschaffungen und sonstigen Leistungen des Finanzhaushalts nach § 99 Abs. 1 Nr. 1 HGO nicht ausreichen. Diese Kreditaufnahmen bedürfen keiner **eigenständigen** aufsichtsbehördlichen Genehmigung (mehr),[87] sondern sie sind in die Genehmigung des **Gesamtbetrages der Kreditaufnahmen** im Rahmen der Haushaltssatzung einzubeziehen.[88]
  Nicht konsequent ist, dass die anteilige Kreditaufnahme auf der Grundlage des Vorjahreswertes der Kreditermächtigung berechnet wird. Ein realistischer und zeitnaher Maßstab wäre hier der absehbare bzw. voraussichtliche Kreditbedarf des neuen

86 Gemeinden können in der vorläufigen Haushaltswirtschaft dann erhöhte Realsteuerhebesätze realisieren, wenn sie eine spezielle Hebesatzsatzung beschlossen haben. Vgl. hierzu auch *Daneke* in KVR Hessen, § 99 HGO Rn. 21.

87 Siehe Art. 1 Nr. 3 des Gesetzes zur Änderung kommunalrechtlicher Vorschriften vom 17.10.1996 (GVBl. I S. 456). Der Wegfall der Genehmigung von Krediten im Rahmen der vorläufigen Haushaltsführung nach § 99 Abs. 2 HGO wird unterschiedlich beurteilt. Sicherlich handelt es sich einerseits um eine Verwaltungsvereinfachungsmaßnahme. Andererseits wird durch diese Regelung die Aufsichtsbehörde bei der Kreditgenehmigung der neuen Haushaltssatzung ohne die Möglichkeit der vorherigen Prüfung der finanziellen Leistungsfähigkeit dahingehend in „Zugzwang" gebracht, zumindest das Viertel der Kreditermächtigung des Vorjahres zu genehmigen, wenn diese Ermächtigung in der haushaltslosen Zeit in Anspruch genommen wurde.

88 Vgl. Nr. 3 Hw. zu § 99 HGO.

Haushaltsjahres, da die Kreditbedarfe in den einzelnen Haushaltsjahren schon sehr unterschiedlich sein können.

- § 99 Abs. 1 Nr. 3 HGO
  In der vorläufigen Haushaltsführung ist die Abwicklung von Umschuldungen in unbegrenzter Höhe möglich. Dieses ist eine zwangsläufig richtige Entscheidung des Gesetzgebers, weil Umschuldungen keiner erneuten Ermächtigung durch die Haushaltssatzung bedürfen. Umschuldungen erhöhen zudem nicht den Kreditbestand der Gemeinde, weil sich Kredittilgung und Kreditaufnahme betragsmäßig entsprechen (Ziff. 9.2.7).

b) Leistung von Aufwendungen und Auszahlungen sowie das Eingehen von Verpflichtungsermächtigungen in der haushaltslosen Zeit

Die Ermächtigungen zur Leistung von Aufwendungen und Auszahlungen sowie die Gültigkeit von Verpflichtungsermächtigungen in der haushaltslosen Zeit werden zunächst im Überblick am nachstehenden Schaubild deutlich:

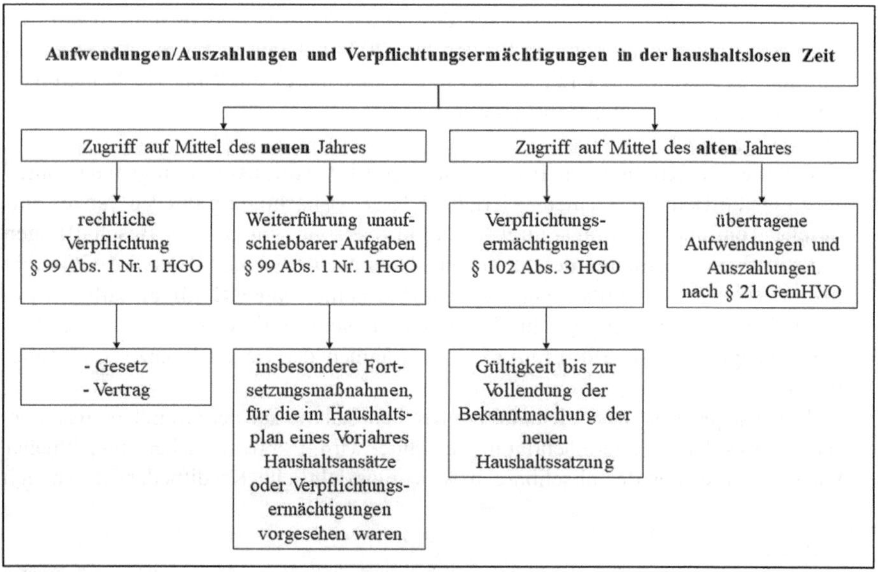

Leistung von Aufwendungen und Auszahlungen

In der haushaltslosen Zeit darf die Gemeinde nur die finanziellen Leistungen erbringen bzw. Aufwendungen und Auszahlungen leisten, zu denen sie rechtlich verpflichtet ist. Dazu zählen alle Aufwendungen und Auszahlungen, die sich auf Grund einer **vertraglichen** oder **gesetzlichen Verpflichtung** (durch Gesetz, Satzung bzw. Rechtsverordnung) ergeben, z. B. Miet- und Pachtverträge, Weiterzahlung von Personalaufwendungen (Arbeits- bzw. Werkverträge), Leistungen der Sozialhilfe (gesetzliche Verpflichtung), Zuweisung von Flüchtlingen nach § 2 LaufnG[89]. **Neue Vertragsabschlüsse** während der vorläufigen Haushaltsführung sind **nicht zulässig**, es sei denn, sie ergeben sich aus einer gesetzlichen Verpflichtung (Einhaltung der Verkehrssicherungspflichten). Rechtliche Verpflichtungen können sich auch aus **Urteilen** ergeben, die die Gemeinde zur Leistung einer Zahlung verpflichten (z. B. Rückzahlung von zu Unrecht erhobenen Erschließungsbeiträgen).

Zudem darf sie Aufwendungen und Auszahlungen leisten, die für die Weiterführung notwendiger Aufgaben unaufschiebbar sind.

- Das Kriterium der „**Weiterführung**" setzt voraus, dass im Vorjahr Haushaltsmittel für diese Aufgaben vorgesehen waren. Dies umfasst auch die Weiterführung von bestehenden Einrichtungen der Gemeinde, es sei denn, die Gemeindevertretung hat in ihrem Haushaltssicherungskonzept (§ 92a HGO) die Schließung dieser Einrichtung vorgesehen (siehe Nr. 1 Hw. zu § 99 HGO).[90] Neue Einrichtungen oder eine Ausweitung des Leistungsangebots während der vorläufigen Haushaltsführung sind demnach nicht möglich.
- Eine weitere Voraussetzung ist, dass es sich um **„notwendige Aufgaben"** handelt. Grundsätzlich sind hiermit alle Maßnahmen und Einrichtungen gemeint, die im Interesse der Gemeinde und ihrer Bürger notwendig sind, z. B. den Weiterbetrieb öffentlicher Einrichtungen, die Beschaffung von Arbeitsmaterial, Kauf von Heizöl. Allerdings ist es schwer, eine eindeutige Grenze zu den „nicht notwendigen Aufgaben" zu ziehen, so dass immer der Einzelfall zu beurteilen ist.
- Des Weiteren müssen die Aufwendungen/Auszahlungen **„unaufschiebbar„** sein, d. h. sie können nicht bis zur Vollendung der Bekanntmachung der Haushaltssatzung zurückgestellt werden. Bei einer abschließenden Beurteilung ist sicherlich auch der Grundsatz der Wirtschaftlichkeit und Sparsamkeit zu beachten (siehe Ziff. 7.2.2).

Ausdrücklich ist die **Fortsetzung** von bereits begonnenen Bauten, Beschaffungen und sonstigen Leistungen des Finanzhaushalts in § 99 Abs. 1 Nr. 1 HGO erwähnt. Bei diesen Maßnahmen handelt es sich insbesondere um Fortsetzungsmaßnahmen, die in der mittelfristigen Ergebnis- und Finanzplanung (§ 101 HGO, Kap. 12) enthalten sind (Nr. 2 Hw. zu § 99 HGO). Diese Regelung entspricht dem allgemeinen Haushaltsgrundsatz der Wirtschaftlichkeit und Sparsamkeit, denn ein Baustillstand führt i. d. R. zu teilweise erheblichen Kostensteigerungen. Kriterium für eine Fortsetzungsmaßnahme im Sinne von § 99 Abs. 1 HGO ist, dass

- im Haushaltsplan „**eines**" Vorjahres
  (d. h. es muss nicht im unmittelbar vorangegangenen Haushaltsjahr eine Veranschlagung vorhanden gewesen sein – allerdings muss ein zeitlicher und sachlicher Bezug zu der Maßnahme bestehen, die in der haushaltslosen Zeit durchgeführt werden soll)

89 *HSGB*, Nr. 5/2022 ED 59.

90 In der praktischen Umsetzung bedeutet dies, dass das neue Haushaltssicherungskonzept bereits mit Beschlussfassung durch die Gemeindevertretung für die vorläufige Haushaltsführung zu beachten ist, obwohl es noch nicht von der Aufsichtsbehörde genehmigt und mit der Haushaltssatzung bekannt gemacht wurde (**Selbstbindung der Gemeinde**). Siehe hierzu auch *Daneke* in KVR Hessen, § 92a HGO Rn. 20.

- Beträge
  (d. h. es kann sich sowohl um einen Auszahlungsansatz als auch um einen Ansatz für Verpflichtungsermächtigungen handeln)

vorgesehen waren. Dem Gesetzestext ist nicht ausdrücklich zu entnehmen, dass Voraussetzung für eine Fortsetzungsmaßnahme auch der tatsächliche „Beginn" (z. B. Vergabe eines Auftrages oder Aufnahme der Bauarbeiten) der Maßnahme ist. Eine Veranschlagung könnte daher bei weiter Auslegung als ausreichend angesehen werden. Die abschließende Qualifizierung, ob es sich um eine Fortsetzungsmaßnahme im Sinne von § 99 Abs. 1 HGO handelt, ist unter Beachtung der Unaufschiebbarkeit sowie der Wirtschaftlichkeit und Sparsamkeit der jeweiligen Maßnahme **im Einzelfall** zu entscheiden.[91]

Die im Rahmen des Jahresabschlusses **übertragenen Haushaltsermächtigungen für Aufwendungen und Auszahlungen nach § 21 GemHVO** können in der „haushaltslosen" Zeit **ohne Prüfung** der Voraussetzungen des § 99 HGO in Anspruch genommen werden, da diese Ermächtigungen bereits durch die Haushaltssatzung und den Haushaltsplan des bzw. eines Vorjahres gegeben sind (es wird hier nicht auf Haushaltsansätze des neuen Haushaltsjahres zugegriffen).

Gültigkeit von Verpflichtungsermächtigungen

Gemäß § 102 Abs. 3 HGO gelten die Verpflichtungsermächtigungen **des Vorjahres** während der vorläufigen Haushaltsführung bis zur Vollendung der Bekanntmachung der Haushaltssatzung für das neue Jahr weiter.[92] Dies hat zur Folge, dass die Gemeinde die Verpflichtungsermächtigungen des abgelaufenen Jahres auch in dieser Zeit in Anspruch nehmen kann. Voraussetzung ist allein, dass die Verpflichtungsermächtigungen im alten Jahr bei den entsprechenden Haushaltspositionen noch nicht ausgeschöpft sind (siehe Ziff. 8.3.2).[93]

---

91 Vgl. *Daneke* in KVR Hessen, § 99 HGO Rn. 15. Wirtschaftliche Schäden könnten z. B. durch Wegfall oder Kürzungen von Zuwendungen Dritter, Vertragsstrafen oder Schadensersatzleistungen entstehen.

92 Ein „Zugriff" bzw. „Vorgriff" auf Verpflichtungsermächtigungen des neuen Haushaltsjahres ist in der HGO **nicht** vorgesehen.

93 Die Möglichkeit der Inanspruchnahme der Verpflichtungsermächtigungen aus dem Vorjahr in der haushaltslosen Zeit führt in bestimmten Situationen dazu, dass während der haushaltslosen Zeit eine größere haushaltsrechtliche Ermächtigung gegeben sein könnte, als nach der Bekanntmachung der Haushaltssatzung. Siehe hierzu auch Ziff. 8.7, Sachverhalt 3 und *Daneke* in KVR Hessen, § 102 HGO Rn. 27. Als Lösungsmöglichkeit dieser Problematik wird hier die Verlängerung der Geltungsdauer der Verpflichtungsermächtigungen um ein Jahr – analog der Kreditermächtigung nach § 103 Abs. 3 HGO – vorgeschlagen.

Die Problematik für die konkrete Umsetzung dieser Vorschrift zeigt sich am folgenden Beispiel:

Verpflichtungsermächtigung 2023	*3.000.000 €*
• ***davon** zu Lasten des Jahres 2024*	*2.000.000 €*
• ***davon** zu Lasten des Jahres 2025*	*1.000.000 €*

*Die Verpflichtungsermächtigung wurde in 2023 **nicht** in Anspruch genommen.*
Die Haushaltssatzung für das Haushaltsjahr 2024 wird im April 2024 bekannt gemacht.

Die Verpflichtungsermächtigung aus 2023 gilt bis zur Vollendung der Bekanntmachung im April 2024 weiter. Wird die Verpflichtungsermächtigung aus 2023 im Rahmen der vorläufigen Haushaltsführung im Januar 2024 in Anspruch genommen,

- entspricht zwar der Anteil zu Lasten des Jahres 2025 (1.000.000 €) weiterhin dem Begriff der Verpflichtungsermächtigung, weil in 2024 immer noch ein späteres Haushaltsjahr, nämlich das Jahr 2025, belastet wird.
- bei der Verpflichtungsermächtigung über 2.000.000 € für 2024 dagegen wird in der vorläufigen Haushaltsführung der Begriff der Verpflichtungsermächtigung nicht mehr erfüllt, da eine Belastung (Auszahlung) des laufenden Jahres 2024 ausgelöst wird.

Insofern stellt sich die Frage, inwieweit für die 2 Mio. € die Vorschrift des § 99 Abs. 1 HGO (gesetzliche Verpflichtung bzw. Unaufschiebbarkeit) anzuwenden ist. Die Verfasser sind der Auffassung, dass § 102 Abs. 3 HGO gegenüber § 99 Abs. 1 HGO eine Spezialregelung darstellt, auch wenn aus der Verpflichtungsermächtigung eine Ermächtigung für das laufende Jahr wird. Die Verpflichtungsermächtigung war nämlich im Vorjahr bereits in der Haushaltssatzung und im Haushaltsplan formell enthalten.[94] Folglich wird der Haushalt des Vorjahres noch ausgeführt, wenn auch verspätet.

c) Gültigkeit von Liquiditätskrediten

Zur Sicherung der Liquidität, die auch während der haushaltslosen Zeit gewährleistet bleiben muss, sieht § 105 Abs. 1 Satz 2 HGO vor, dass die Liquiditätskreditermächtigung des Vorjahres bis zur Vollendung der Bekanntmachung der neuen Haushaltssatzung Gültigkeit hat. Es handelt sich hierbei um eine Obergrenze (Höchstbetrag), die auch in der vorläufigen Haushaltsführung nicht überschritten werden darf (siehe auch Ziff. 11.2.2.4).

d) Gültigkeit des Stellenplans

Der Stellenplan ist Bestandteil des Haushaltsplanes und durch § 7 der Haushaltssatzung (§ 94 Abs. 2 Nr. 5 HGO) in die Beschlussfassung über die Haushaltssatzung einbezogen, Nr. 1 Hw. zu § 95 HGO. Hinsichtlich der Personalwirtschaft regelt § 99 Abs. 3

94 Ebenso war für diese Investitionen eine Veranschlagung im Investitionsprogramm erforderlich, siehe Nr. 2 Hw. zu § 101.

HGO, dass der Stellenplan des Vorjahres weiterhin Gültigkeit besitzt, bis die Bekanntmachung der Haushaltssatzung für das neue Haushaltsjahr vollendet ist. Somit kann die Gemeinde während der vorläufigen Haushaltsführung, **soweit dies durch den Stellenplan abgedeckt** ist, Personal einstellen, befördern oder in eine höhere Vergütungs- oder Lohngruppe einstufen. Eine Ausnahme besteht bei gegebenen **tariflichen** Höhergruppierungs- bzw. Höherstufungsansprüchen. In diesen Fällen ist eine entsprechende Einstufung auch dann vorzunehmen, wenn dies der Stellenplan des Vorjahres nicht hergibt (siehe hierzu Ziff. 14.1.2.4).[95]

7.2.7.3 Übungen

Siehe zu diesem Abschnitt die Sachverhalte 4 bis 6 zu Kap. 7 im Übungsband.

7.2.8 Öffentlichkeit

7.2.8.1 Grundsatz

Der Grundsatz der Öffentlichkeit ist ein wesentlicher Bestandteil des demokratischen Gemeinwesens. „Er dient dazu, das Interesse der Einwohner und Bürger an der kommunalen Selbstverwaltung zu pflegen"[96] und ihnen Einblick in die Tätigkeit – und insbesondere in die Haushalts- und Finanzwirtschaft – der Gemeinde zu ermöglichen. In Hessen ist dieser Grundsatz im Bereich des Haushaltsrechts als **Informationsgrundsatz** ausgeprägt, eine direkte Beteiligung der Einwohner und Bürger ist nicht vorgesehen.[97] Eine vollständige und möglichst umfassende Information über die Haushalts- und Finanzwirtschaft soll aber durch folgende Verfahrensgrundsätze gewährleistet werden (siehe auch Ziff. 11.3):

a) **Beratung und Beschlussfassung des Entwurfes der Haushaltssatzung und des Haushaltsplanes in öffentlicher Sitzung (§ 97 Abs. 2 HGO)**
   Die Beratung des Entwurfs der Haushaltssatzung und des Haushaltsplanes sowie die Beschlussfassung hierüber müssen zwingend in öffentlicher Sitzung des Finanzausschusses und der Gemeindevertretung erfolgen, ein Ausschluss der Öffentlichkeit gem. § 97 Abs. 2 Satz 1 HGO ist nicht zulässig.[98] Datenschutz und Steuergeheimnis müssen jedoch gewahrt sein gem. Nr. 8 Hw. zu § 97 HGO.[99]

---

95 Insofern gehen das Tarifrecht und die daraus resultierenden Vertragsansprüche dem Haushaltsrecht vor.

96 *Birkenfeld*, Rn. 393 ff.

97 Insbesondere ist nach § 8b Abs. 2 Nr. 4 HGO ist ein Bürgerentscheid über die Haushaltssatzung (einschließlich der Wirtschaftspläne der Eigenbetriebe) ausdrücklich **ausgeschlossen**.

98 *Birkenfeld*, Rn. 393: *„Verstöße gegen den Öffentlichkeitsgrundsatz stellen einen schweren Verfahrensmangel dar und bewirken die Nichtigkeit der zu Unrecht in nichtöffentlicher Sitzung erfolgten Beschlüsse und Wahlen."*.

99 Siehe hierzu auch Ziff. 11.3.6 und 11.3.7.

„Der Öffentlichkeitsgrundsatz gewährt den Zuschauern das Recht auf Zutritt zu den Sitzungen, unabhängig davon, ob es sich bei den Interessierten um Einwohner, Bürger oder Ortsfremde handelt. Das Zutrittsrecht beschränkt sich jedoch auf die passive Teilnahme an der Sitzung, auf das Zuhören (HessVGH HessVGRspr. 1978, 93). Die Zuhörer dürfen die Ordnung der Sitzung nicht stören und haben Ruhe zu bewahren. Beifalls- oder Missfallensäußerungen, die den ordnungsgemäßen Ablauf der Sitzung gefährden, können von dem Vorsitzenden der Gemeindevertretung unterbunden werden und zu einer Entfernung aus dem Sitzungsraum führen."[100]

b) **Öffentliche Bekanntmachung der von der Gemeindevertretung beschlossenen Haushaltssatzung *und* öffentliche Auslegung des Haushaltsplanes und seiner Anlagen (§ 97 Abs. 4 HGO)**
Die von der Gemeindevertretung beschlossene Haushaltssatzung einschließlich der u. U. erforderlichen Genehmigungen nach § 97a HGO sind öffentlich bekannt zu machen. Für die Bekanntmachung ist das Muster 1 zur GemHVO für die Haushaltssatzung und die Bekanntgabe der Haushaltssatzung nach § 154 Abs. 4 Nr. 1 HGO i. V. m. § 60 GemHVO zu verwenden. Abweichungen sind nicht zugelassen.
Der Haushaltsplan selbst ist nicht bekannt zu machen, er wird mit seinen Anlagen im Anschluss an die Bekanntmachung der Haushaltssatzung an sieben Tagen öffentlich ausgelegt. Dadurch soll den Einwohnern und Abgabepflichtigen Gelegenheit gegeben werden, die Unterlagen einzusehen. Die Gemeinde kann sich darauf beschränken, den Haushaltsplan nur an Arbeitstagen auszulegen, wenn dabei sichergestellt wird, dass dadurch die Zahl von sieben Tagen nicht unterschritten wird. Um dieser Vorschrift Gewicht zu verleihen, sollten die Gemeinden darauf achten, dass möglichst den interessierten Personen Hilfestellung bei der Einsichtnahme durch einen sachkundigen Mitarbeiter der Verwaltung geboten wird.
Nach Nr. 5 bzw. Nr. 10 Hw. zu § 97 HGO wird den Gemeinden zudem empfohlen, den Haushaltsplan (auch bereits den Entwurf) im Internet zu veröffentlichen; dies trägt ebenso dem Grundsatz der Öffentlichkeit Rechnung.

c) **Öffentlichkeit der Ausführung des Haushaltes (§ 52 HGO)**
Die Überwachung der Gemeindefinanzen und der Ausführung des Haushaltsplanes obliegt der Gemeindevertretung in Vertretung der Einwohner und Bürger (Öffentlichkeit) gemäß den Festsetzungen in § 50 HGO. Die Entscheidung über folgende Angelegenheiten im Bereich der Haushaltswirtschaft kann die Gemeindevertretung gem. § 51 HGO **nicht übertragen**:
- die Zustimmung zu über- und außerplanmäßigen Aufwendungen und Auszahlungen nach näherer Maßgabe des § 100 HGO,
- die Beratung des Jahresabschlusses (§ 112 HGO)[101] und die Entlastung des Gemeindevorstandes,
- die Festsetzung öffentlicher Abgaben und privatrechtlicher Entgelte, die für größere Teile der Gemeindebevölkerung von Bedeutung sind,

100 *Birkenfeld*, Kommunalrecht Hessen, Rn. 395.

101 Dies gilt auch für die Beratung des Gesamtabschlusses, der jetzt in § 112a HGO geregelt ist. Der Gesetzgeber sollte § 51 HGO entsprechend anpassen.

– die Errichtung, Erweiterung, Übernahme und Veräußerung von öffentlichen Einrichtungen und wirtschaftlichen Unternehmen sowie die Beteiligung an diesen,
– die Umwandlung der Rechtsform von Eigenbetrieben oder wirtschaftlichen Unternehmen, an denen die Gemeinde beteiligt ist,
– die Übernahme von Bürgschaften, den Abschluss von Gewährverträgen und die Bestellung anderer Sicherheiten für Dritte.

Durch diese (nicht vollständige) Aufzählung der nicht übertragbaren Angelegenheiten wird vor dem Hintergrund der Bestimmung des § 52 Abs. 1 HGO deutlich gemacht, dass die Öffentlichkeit auch bei der Ausführung des Haushaltes beteiligt ist. Gemäß § 52 Abs. 1 HGO sind die Sitzungen der Gemeindevertretung grundsätzlich öffentlich. Die Gemeindevertretung kann zwar für einzelne Angelegenheiten die Öffentlichkeit ausschließen (z. B. bei Personalangelegenheiten, Grundstücksangelegenheiten), jedoch durchbricht diese Möglichkeit nicht das Prinzip der Öffentlichkeit.[102]

d) Öffentliche Bekanntmachung des Beschlusses über den Jahresabschluss, den zusammengefassten Jahresabschluss, den Gesamtabschluss und die Entlastung des Gemeindevorstandes (§ 114 Abs. 2 HGO)

Der Beschluss der Gemeindevertretung über den Jahresabschluss, den zusammengefassten Jahresabschluss und den Gesamtabschluss sowie die Entlastung des Gemeindevorstandes ist öffentlich bekannt zu machen. Im Anschluss an die Bekanntmachung sind der Jahresabschluss, der zusammengefasste Jahresabschluss und der Gesamtabschluss mit dem Rechenschaftsbericht an sieben Tagen öffentlich auszulegen; in der Bekanntmachung ist auf die Auslegung hinzuweisen. Ein Muster für die Bekanntmachung der Beschlüsse über die Jahresabschlüsse besteht nicht.

Abschließend soll noch auf eine innovative Tendenz hinsichtlich der **Beteiligung** der Öffentlichkeit an politischen Entscheidungen – und damit auch bei der Aufstellung der Haushaltssatzung – hingewiesen werden. Einige Kommunen in Deutschland setzen auf das Instrument der Bürgerbeteiligung. Auch in Hessen[103] wird diskutiert, ob die Einbeziehung der Bürger in den Aufstellungsprozess des Haushalts sinnvoll und praktikabel ist. Mit der Einführung eines **Bürgerhaushalts** werden folgende Ziele verfolgt:[104]

- mehr Transparenz für die Bürger über den Haushalt, die Haushaltsplanung und die Entwicklung der Gemeindefinanzen zu schaffen,
- den Dialog zwischen den Bürgern und der Gemeindevertretung zu verbessern; Modernisierung der Verwaltung durch Partizipation der Bürger ist eines der Kernziele,
- durch die Bürgerkonsultation Entscheidungshilfen für die Politik zu generieren (z. B. durch partizipative Evaluation von Dienstleistungen).

---

102 Siehe ausführlich Birkenfeld, Kommunalrecht Hessen, Rn. 397 und 398.

103 Im Rahmen einer Projektarbeit der Hochschule für Polizei und Verwaltung, Fachbereich Verwaltung (Abteilungen Gießen und Mühlheim) wurde im Sommer 2005 von den Studiengruppen 2-04-01 und 02 die Einführung eines Bürgerhaushalts in der Stadt Oberursel untersucht.

104 *Löhr*, Wie viel Bürgerbeteiligung ist bei den Finanzen möglich?, S. 23 ff. sowie *Wagner/Ruesch*, Ausprägung und Merkmale der deutschen Bürgerhaushalte in: innovative Verwaltung 9/2013, S. 36 ff.

Für die Aufstellung eines Bürgerhaushalts gibt es kein gesetzlich vorgeschriebenes Verfahren. Vielmehr haben sich im Laufe der letzten Jahre zahlreiche verschiedene Varianten/Modelle herausgebildet.[105] Grundsätzlich lassen sich bei der Aufstellung von Bürgerhaushalten in Deutschland folgende drei Phasen erkennen:

1. Informationsphase
2. Beteiligungs- bzw. Konsultationsphase
3. Rechenschaftsphase

Das **Etatrecht** der Gemeindevertretung wird dadurch **nicht geändert oder eingeschränkt**, da die Beteiligung der Bürger in Deutschland einen konsultativen Charakter hat, keinen Beschließenden. Die Bürger werden aufgerufen zu allen Haushaltsbereichen Vorschläge z. B. für Investitionen und/oder zu Sparmaßnahmen einzubringen.

Beispiele aus der Praxis:

- *So hat die Stadt Monheim am Rhein (NRW) erstmals zum Haushalt 2012 alle Einwohner aufgefordert, über 20 geplante Investitionen online zu diskutieren, Ideen entwickeln und abzustimmen.*[106]
- *Ähnliche Vorgehensweise der Bürgerbeteiligung ist auch im Kreistag Friesland (Nds.) vorgesehen. Hier wurde ab Herbst 2012 das Mitmach-Programm „Liquid Feedback" eingeführt. Den Friesländer Bürgern wird damit die Möglichkeit eröffnet, sich zu anstehenden Großprojekten zu äußern, eigene Anträge in den Kreistag einzubringen und öffentlich zu diskutieren. Auch hier ist eine bindende Wirkung des Bürgervotums nicht vorgesehen.*[107]
- *Die Stadt Gießen hat Anfang 2015 eine sogenannte Bürgerbeteiligungssatzung sowie Leitlinien für eine strukturierte Bürgerbeteiligung beschlossen. Sie bezieht sich nicht nur auf die Aufstellung des Haushalts.*
- *Seit 2015 bietet der Landkreis Marburg-Biedenkopf jedes Jahr die Informationsveranstaltung Offener Haushalt an. Hier wird der Haushaltsentwurf einschließlich Finanzplanung den Interessierten vorgestellt, erklärt und über die Inhalte diskutiert.*[108] *Ebenso hat der Landkreis Marburg-Biedenkopf eine sogenannte* ***Beteiligungsplattform*** *geschaffen, um Ideen, Anregungen und Meinungen der Bürger zu bestimmten Themen und Projekten zu erfahren (mein-marburg-biedenkopf.de).*

---

105 Weitere Informationen zum Thema Bürgerhaushalt sind im Internet verfügbar, z. B. auf der homepage der Bundeszentrale für politische Bildung sowie Open Knowledge Foundation Deutschland e. V.

106 *Spierling*, Premiere der Online-Beteiligung beim Bürgerhaushalt, S. 16 und *Zimmermann*, Die Online-Beteiligung beim Haushalt zeigt, dass die Bürger mit entscheiden wollen, S. 17.

107 *DStGB*, Positionspapier vom 18.7.2012 – Liquid Feedback, Erster Landkreis führt Liquid Feedback ein. Online. Eine detaillierte Beschreibung des Prinzips von Liquid Democracy und des Programms Liquid Feedback ist zu finden unter: *DStGB*, Positionspapier vom 9.5.2012, Piraten setzen auf andere Politikinstrumente, Online.

108 *Kreisausschuss des Landkreises Marburg-Biedenkopf*, Präsentation des Haushalts 2020, Online.

- *Die Stadt Marburg bringt seit mehreren Jahren eine Informationsbroschüre heraus, z. B. für das Haushaltsjahr 2020 „#Haushalt2020MR“, um die Bürger und Bürgerinnen über die Aufgabenschwerpunkte und deren Finanzierung zu informieren.*

7.2.8.2 Übung

Siehe zu diesem Abschnitt Sachverhalt 7 zu Kap. 7 im Übungsband.

7.3 Planungsgrundsätze

Übersicht über die Planungsgrundsätze:

→ Grundsatz der Vollständigkeit und Einheit
→ Grundsatz der Periodenabgrenzung und Kassenwirksamkeitsprinzip
→ Grundsatz der Haushaltswahrheit und -klarheit
→ Grundsatz der Bruttoveranschlagung
→ Grundsatz der Einzelveranschlagung
→ Grundsatz der Veranschlagung von Investitionen
→ Grundsatz der Jährlichkeit und zeitlichen Bindung

Die Planungsgrundsätze, die in der HGO und in den §§ 10 bis 17 GemHVO geregelt sind, enthalten sowohl allgemeine als auch konkrete Einzelregelungen, die sich auf die **Planung** des Haushalts beziehen. Häufig werden sie auch als „Veranschlagungsgrundsätze“ bezeichnet. Diese Planungsgrundsätze finden auch auf die Ausführung des Haushalts und sinngemäß ebenso bei der Aufstellung des Jahresabschlusses Anwendung, wobei hier noch die Grundsätze der ordnungsmäßigen Buchführung (GoB) hinzutreten (siehe Kap. 15 ff.).

7.3.1 Vollständigkeit und Einheit

7.3.1.1 Allgemeines

Die beiden Grundsätze „Vollständigkeit“ und „Einheit“ ergeben sich aus § 95 Abs. 2 HGO. Hiernach enthält **der** Haushaltsplan der Gemeinde **alle** im Haushaltsjahr für die Erfüllung der Aufgaben voraussichtlich

- anfallenden Erträge und eingehenden Einzahlungen,
- entstehenden Aufwendungen und zu leistenden Auszahlungen und
- benötigten Verpflichtungsermächtigungen.

Beide Grundsätze beziehen sich auf den Haushaltsplan, allerdings aus unterschiedlichen Betrachtungswinkeln. Durch den Planungsgrundsatz der Einheit soll gewährleistet werden, dass nur **ein** Haushaltsplan für jede Gemeinde erstellt wird; durch den Grundsatz der Vollständigkeit wird dieser Aspekt dahingehend ergänzt, dass in diesem Haushaltsplan **alle** Erträge und Einzahlungen, alle Aufwendungen und Auszahlungen sowie Verpflichtungsermächtigungen enthalten sind.

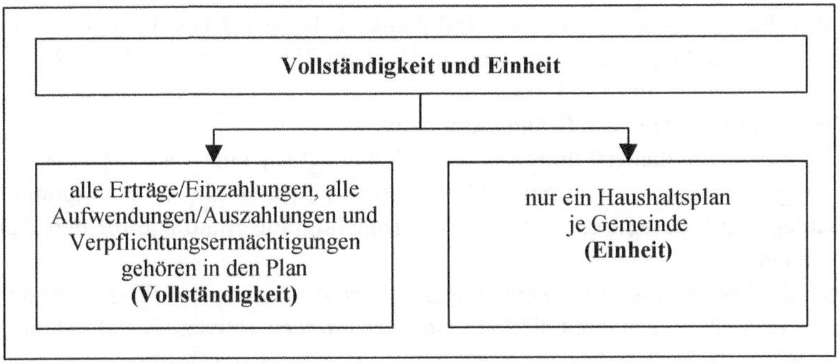

7.3.1.2 Vollständigkeit

Nach dem Grundsatz der Vollständigkeit soll gemäß § 95 Abs. 2 HGO sichergestellt werden, dass sich die **gesamte Haushaltswirtschaft** aus **dem Haushaltsplan** ergibt, um einen Gesamtüberblick der gemeindlichen Finanzen zu erhalten. Im Umkehrschluss ist es demnach unzulässig, Beträge außerhalb des Haushaltsplanes zu bewirtschaften.

Bewusstes bzw. fahrlässiges Weglassen oder Verschweigen von Erträgen/Einzahlungen und Aufwendungen/Auszahlungen widerspricht zudem auch dem Grundsatz der Haushaltswahrheit und -klarheit (Ziff. 7.3.3) und könnte ebenso den Grundsatz des Haushaltsausgleichs gefährden.[109] Der Grundsatz der Vollständigkeit wird allerdings durch die Regelung des § 8 Abs. 1 i. V. m. Nr. 1 Hw. zu § 8 GemHVO „durchbrochen", da der Nachtragshaushaltsplan – neben den Vorgängen, die sowieso zum Erlass einer Nachtragshaushaltssatzung führen (§ 98 HGO) – nur **die wesentlichen Änderungen bei den Erträgen und Aufwendungen und den Einzahlungen und Auszahlungen enthalten soll.** Dies ist dem Grundsatz der Wirtschaftlichkeit geschuldet (siehe Ziff. 14.1.3). Allerdings hat das keine Auswirkungen auf die Rechnungslegung.

Da § 95 Abs. 2 HGO „nur" auf Erträge/Einzahlungen und Aufwendungen/Auszahlungen sowie auf die Verpflichtungsermächtigungen abstellt, ist im Zusammenhang mit dem Grundsatz der Vollständigkeit auf folgende Besonderheiten hinzuweisen:

- interne Leistungsbeziehungen
  Zur Darstellung des vollständigen Ressourcenverbrauchs und -aufkommens sind nach § 4 Abs. 3 i. V. m. Nr. 8 Hw. zu § 4 GemHVO sowie Nr. 2 Hw. zu § 2 GemHVO neben den Aufwendungen und Erträgen auch die Erlöse und Kosten aus internen

109 Vgl. *Notheis/Ade*, Das neue kommunale Haushaltsrecht Baden-Württemberg, Ziff. 4.2.3.

Leistungsbeziehungen in den Teilergebnishaushalten abzubilden (siehe Ziff. 6.5.2.4.1 und Kap. 19).[110]

- zu aktivierende Eigenleistungen[111]
  Zur Darstellung des vollständigen Ressourcenverbrauchs und -aufkommens sind auch die zu aktivierenden Eigenleistungen abzubilden. Dies wäre dann der Fall, wenn die Gemeinde mit eigenem Personal Vermögen schafft, z. B. die Mitarbeiter des Bauhofes erstellen Spielgeräte für den Kindergarten. Die entstehenden Aufwendungen für Personal und Material sind gemäß § 41 Abs. 3 GemHVO einschl. Nr. 2 Hw. als Herstellungskosten anzusehen.[112] (siehe Ziff. 16.2.5 und Ziff. 17.1.1.4).

Ziel des Grundsatzes der Vollständigkeit ist es,

- die stetige Aufgabenerfüllung zu ermöglichen, denn nur wenn alle Erträge/Einzahlungen, Aufwendungen/Auszahlungen und Verpflichtungsermächtigungen veranschlagt sind, besteht eine finanzielle Ermächtigungsgrundlage für den Gemeindevorstand.[113]
- durch die Darstellung des gesamten Ressourcenverbrauchs und Ressourcenaufkommens eines Haushaltsjahres die Wahrung der intergenerativen Gerechtigkeit zu dokumentieren. Daneben wird das Vermögen einer objektiven Bewertung unterzogen.
- durch die Darstellung aller Einzahlungen und Auszahlungen eines Haushaltsjahres die Zahlungsfähigkeit/Liquidität zu sichern.

7.3.1.3 Ausnahmen zum Grundsatz der Vollständigkeit

Es gibt aber auch Einzahlungen und Auszahlungen, die zwar über die Finanzbuchhaltung abgewickelt werden, die aber letztlich **nicht zu veranschlagen** sind, da sie **nicht** in unmittelbarem Zusammenhang mit der gemeindlichen Aufgabenerfüllung stehen.[114] Gleichwohl sind diese Einzahlungen und Auszahlungen in der Finanzrechnung, allerdings als **haushaltsunwirksame** Zahlungsvorgänge nachzuweisen[115] (§ 47 Abs. 1

110 Z. B. Inanspruchnahme des Bauhofes, Serviceleistungen des Fachdienstes Personal, der Gemeindekasse, des Rechtsamtes usw. Ausführlich siehe Nr. 8 Hw. zu § 4 GemHVO.
Insbesondere sind interne Leistungsbeziehungen in den Teilergebnishaushalten zu veranschlagen, in denen bei der Gebührenbemessung für die Leistung der Wasserversorgung und die Abwasserbeseitigung umweltpolitische Gesichtspunkte berücksichtigt werden, die über die aufgrund eines Gesetzes oder einer Rechtsverordnung bestehenden Vorgaben hinausgehen. Da die dadurch entstehenden Kosten abgabenrechtlich nicht den Benutzern der Einrichtung auferlegt werden können, sind deshalb dem Gebührenhaushalt durch interne Leistungsbeziehungen entsprechende Mittel der korrespondierenden Produktbereiche zuzuführen.

111 Die Bezeichnung „zu aktivierende Eigenleistungen" beruht auf der Begebenheit, dass erst nach Verwirklichung der Maßnahme eine Aktivierung in der Vermögensrechnung (Bilanz) als „aktivierte Eigenleistungen" (vgl. Kontengruppe 52) erfolgen kann.

112 Die aktivierbare Eigenleistung führt im Ergebnishaushalt zu einem ordentlichen Ertrag, z. B. könnte der Buchungssatz lauten: Spielgeräte Kindergarten an aktivierte Eigenleistungen.

113 Vgl. § 92 Abs. 1 HGO i. V. m. § 96 HGO.

114 Vgl. *Rauber* in GemHR Hessen, § 15 GemHVO Rn. 2.

115 Vgl. Nr. 1 und 4 Hw. zu § 15 GemHVO.

Nrn. 35 und 36 GemHVO) und im Anhang zum Jahresabschluss anzugeben (§ 50 Abs. 2 Nr. 9 GemHVO). Vorhandene Bestände am Tag des Jahresabschlusses sind als flüssige Mittel auf der Aktiv-Seite der Bilanz auszuweisen, Nr. 5 Hw. zu § 15 GemHVO. Es handelt sich dabei um sogenannte „fremde Zahlungsmittel„ gemäß § 15 GemHVO.

Unter Zahlungsmitteln im Sinne der GemHVO werden nach § 58 Nr. 40 GemHVO Bestände an Bargeld, Schecks und Guthaben auf Bankkonten verstanden. Die fremden Zahlungsmittel werden nach § 15 GemHVO wie folgt eingeteilt:

- **durchlaufende Zahlungsmittel und die zur Selbstbewirtschaftung zugewiesenen Mittel nach § 15 Abs. 1 GemHVO**
  Durchlaufende Zahlungsmittel sind nach § 58 Nr. 11 GemHVO die Beträge, die für einen Dritten lediglich vereinnahmt und verausgabt werden. Sie stellen **rein kassenmäßige Vorgänge** dar, die aus der Wahrnehmung von Kassengeschäften für Dritte entstehen. Sie beschränken sich auf den eigentlichen Bereich der Kasse. Merkmal durchlaufender Zahlungsmittel ist auch die fehlende Entscheidungsbefugnis der Gemeinde, die praktisch nur eine Art Botentätigkeit ausübt (haushalts**un**wirksame Vorgänge nach Nr. 1 Hw. zu § 15 GemHVO).
  Bei den durchlaufenden Zahlungsmitteln handelt sich **insbesondere** um solche Zahlungsmittel, bei denen die Gemeinde
  - aufgrund eines Gesetzes
  - unmittelbar für den Haushalt eines anderen öffentlichen Aufgabenträgers

  tätig wird, in dem sie vereinnahmt oder verausgabt.
  Beispiele hierfür sind:
  - Weiterleitung der Gemeindeschlüsselzuweisungen durch die Landkreise nach § 3 Abs. 1 HFAGDV Hessen
  - Weiterleitung der Landesförderung für Kindertagespflege nach § 32a HKJHG durch die örtlichen Träger der öffentlichen Jugendhilfe (Jugendämter) an die Kindertagespflegepersonen nach § 39 HFAG
  - Lohnsteuer und Arbeitnehmeranteile der Sozialversicherung
  - Abrechnung der Umsatzsteuer bei Betrieben gewerblicher Art (Nr. 3 Hw. zu § 15 GemHVO)[116], siehe hierzu auch Ziff. 7.3.4.2
  - Beträge aus der Zwangsvollstreckung öffentlich-rechtlicher Geldforderungen aufgrund von Vollstreckungsersuchen fremder Kassen (§ 1 Abs. 1 Satz 2 GemKVO)
  - Beträge aus der Zwangsvollstreckung für die Tierseuchenkasse (§ 5 Abs. 9 Hess. Ausführungsgesetz zum Tiergesundheitsgesetz)[117]

116 Die auf seine Erträge und Einzahlungen entfallende Umsatzsteuer und die bei den Aufwendungen und Auszahlungen anfallende Vorsteuer werden als haushaltsunwirksame Vorgänge gebucht und zu den Zahlungsterminen mit dem Finanzamt abgerechnet, Nr. 3 Hw. zu § 15 GemHVO. Eine Veranschlagung der Umsatz- bzw. Vorsteuerbeträge erfolgt nicht.

117 Siehe Hess. Ausführungsgesetz zum Tiergesundheitsgesetz (HAGTierGesG) vom 14.12.2010 (GVBl. I, S. 623), zuletzt geändert durch Gesetz vom 3. Februar 2021 (GVBl. S. 50) sowie *Rauber* in GemHR Hessen, § 15 GemHVO Rn. 3.

- Beträge aus der Vollstreckung für Gemeinden ohne eigene Vollstreckungsstelle[118]
- Aufwendungen und Auszahlungen der Delegationsgemeinden, die die Aufgaben nach § 4 HAG/SGB XII für die Landkreise durchführen. Die Kosten werden den Delegationsgemeinden gemäß § 5 HAG/SGB XII von den Landkreisen erstattet (und nur bei den Landkreisen im Haushalt zu veranschlagt).[119] Verwaltungskosten hingegen werden nicht erstattet.
- Finanzwirtschaftliche Vorgänge, die von der Gemeinde im Rahmen der für einen Verband (Zweckverband, Wasser- und Bodenverband), bei dem die Gemeinde Mitglied ist, übernommenen Geschäftsführung abgewickelt werden nach Nr. 2 Hw. zu § 15 GemHVO (sogenannte fremde Kassengeschäfte nach § 2 GemKVO, siehe Ziff. 13.6.1.2)

Ebenfalls nicht veranschlagt werden die der Gemeinde zur Selbstbewirtschaftung zugewiesenen Mittel. Hier erhält die Gemeinde von der anderen juristischen Person des öffentlichen Rechts Mittel tatsächlich überwiesen. Aus diesen fremden Mitteln werden dann die entsprechenden Auszahlungen geleistet.

• **fremde Zahlungsmittel nach § 15 Abs. 2 GemHVO**

Eine Veranschlagung erfolgt auch nicht bei

- Zahlungsmittel, die eine Kasse des zur Übernahme der Kosten endgültig verpflichteten Aufgabenträgers an Stelle der Gemeindekasse einnimmt oder ausgibt,
- Zahlungsmittel, die eine andere Kasse, die unmittelbar mit dem zur Übernahme der Kosten endgültig verpflichteten Aufgabenträgers abrechnet oder an Stelle der Gemeindekasse einnimmt oder ausgibt.

Der Unterschied zu § 15 Abs. 1 GemHVO liegt darin, dass in diesem Fall zwar auch die Gemeinde tätig wird, sie aber den endgültigen Kostenträger direkt zur Zahlung veranlasst, also **keine finanzielle Abwicklung durch die Gemeindekasse** erfolgt.

Beispiel hierfür ist insbesondere das Wohngeld, das von den kreisfreien Städten, Sonderstatusstädten bzw. den Landkreisen ermittelt und festgesetzt wird (§ 1 Wohngeldzuständigkeitsverordnung – WoGZustV), die Auszahlung erfolgt jedoch nicht durch die Gemeindekasse, sondern durch die zuständige Staatskasse, die von der Gemeinde direkt zur Zahlung angewiesen wird (§ 2 Wohngeldzuständigkeitsverordnung – WoGZustV).

118 Für Gemeinden ohne eigene Vollstreckungsstelle vollstreckt die Kasse des Landkreises. Die weiterzuleitenden Beträge sind nicht zu veranschlagen. Die in diesem Zusammenhang entstehenden Gebühren und Auslagen der Vollstreckungsstelle sind hingegen im Haushalt des Landkreises bzw. der Gemeinde zu veranschlagen, da es sich hier um Entgelte für Leistungen handelt. Vgl. auch *Rauber* in GemHR Hessen, § 15 GemHVO Rn. 3.

119 Vgl. *Rauber* in GemHR Hessen, § 15 GemHVO Rn. 6.

Vollständigkeitshalber wird an dieser Stelle auch auf folgende Sachverhalte hingewiesen, die **nicht** im Haushalt zu veranschlagen sind:

Einzahlungen und Auszahlungen, die irrtümlich bei der Gemeindekasse eingegangen und zurückgezahlt bzw. weitergeleitet werden (§ 10 Abs. 2 Nr. 2 und Abs. 3 Nr. 2 GemKVO). Diese Einzahlungen und Auszahlungen können auch aus der Natur der Sache heraus nicht veranschlagt, sondern nur über die Finanzbuchhaltung abgewickelt werden.

7.3.1.4 Besonderheiten zum Grundsatz der Vollständigkeit

Eine Besonderheit stellen die

- „Veranschlagung„ und „Abwicklung" von Liquiditätskrediten (§ 105 HGO) und
- „Veranschlagung" der Zuführung eines Überschusses an die Rücklage sowie die Entnahme aus einer Rücklage zum Ausgleich des Haushalts (Nr. 3 Hw. zu § 25 GemHVO)

dar.

- **Liquiditätskredite**

  Klar und eindeutig geregelt ist in § 94 Abs. 2 Nr. 2 HGO, dass der „Höchstbetrag der Liquiditätskredite" in der Haushaltssatzung „**festzusetzen**" ist (siehe Ziff. 11.2.2.4). Eine **Veranschlagung** des Höchstbetrages der Liquiditätskredite, der Einzahlungen aus der Aufnahme von Liquiditätskrediten und der Auszahlungen zur Rückzahlung von Liquiditätskrediten **im Haushalt**, insbesondere im Finanzhaushalt, ist allerdings **nicht** vorgesehen (siehe § 3 Abs. 1 GemHVO).[120] Dies ist damit zu begründen, dass es sich hier weder um Erträge und Aufwendungen des Ergebnishaushalts handelt, noch um Einzahlungen und Auszahlungen des Finanzhaushalts. Durch diese Transaktionen wird lediglich der Bestand der flüssigen Mittel (Kassenbestand) verändert.

  Buchungs- bzw. kassentechnisch sind die Aufnahme von Liquiditätskrediten (Festbetragskredit) und deren Rückzahlung hingegen in der Finanz**rechnung** gemäß § 47 Abs. 1 Nr. 35 und 36 GemHVO als haushaltsunwirksame Zahlungsvorgänge nachzuweisen, Nr. 12 Satz 3 Hw. zu § 4 GemHVO. Der Bestand an noch nicht zurückgezahlten Liquiditätskrediten am Stichtag des Jahresabschlusses ist in der Bilanz auf der Passivseite unter „Verbindlichkeiten aus Kreditaufnahmen für die Liquiditätssicherung", § 49 Abs. 4 Nr. 4.3 GemHVO, anzugeben (Nr. 8 Hw. zu § 105 HGO). Ausdrücklich darauf hinzuweisen ist, dass in jedem Fall die **Zinsen für die Liquiditätskredite als ordentliche Aufwendungen** nach § 2 Abs. 1 Nr. 19 GemHVO sowohl im Ergebnishaushalt als auch im Teilergebnishaushalt (§ 4 Abs. 3 GemHVO) zu veranschlagen und zu buchen sind. Da die Zinsen für Liquiditätskredite auch einen Mittelabfluss bewirken, d. h. zahlungswirksam werden, werden sie auch im Finanzhaushalt (Auszahlungen aus laufender Verwaltungstätigkeit nach § 3 Abs. 1 Nr. 16 GemHVO) berücksichtigt.

---

120 Vgl. Nr. 7 Hw. zu § 105 HGO und Nr. 12 Hw. zu § 4 GemHVO.

- **Veranschlagung der Zuführung eines Überschusses an die Rücklage sowie die Entnahme aus einer Rücklage zum Ausgleich des Haushalts**
  Nach Nr. 3 Hw. zu § 25 GemHVO sind im Rahmen der Veranschlagung weder die Zuführung eines Überschusses an die Rücklage noch die Entnahme aus einer Rücklage zum Ausgleich des Haushalts darzustellen, da es sich auch in diesen Fällen weder um Aufwendungen noch um Erträge des Ergebnishaushalts handelt. Im Falle eines Überschusses im Ergebnishaushalt ist dieser Überschuss **im Haushalt** Muster 7 zur GemHVO auszuweisen.[121] Erst bei der Aufstellung des Jahresabschlusses wird dann der Überschuss
  a) des ordentlichen Ergebnisses der Rücklage des ordentlichen Ergebnisses zugeführt (§ 25 Abs. 1 Nr. 2 GemHVO)
  b) des außerordentlichen Ergebnisses der Rücklage des außerordentlichen Ergebnisses zugeführt (§ 25 Abs. 3 Nr. 2 GemHVO)
  Im Falle der Entnahme aus einer Rücklage zum Ausgleich des Haushalts im Rahmen der Veranschlagung (Haushaltsaufstellung) ist zunächst im Ergebnishaushalt das geplante Defizit (Fehlbedarf) auszuweisen. In der Praxis wird in diesem Fall am Ende des Muster 7 zur GemHVO (Ergebnishaushalt) aus Gründen der Verbesserung der Aussagefähigkeit[122] eine zusätzliche Zeile ergänzt, um die geplante Entnahme aus einer Rücklage zu dokumentieren. Dies führt aber zu keiner Veranschlagung.

7.3.1.5 Einheit

Die Gemeinde stellt nur **einen** Haushaltsplan für das Haushaltsjahr auf. Dieser Veranschlagungsgrundsatz der sachlichen Einheit ist aus mehreren Bestimmungen, insbesondere aus der Gemeindeordnung, zu entnehmen, z. B.

- nach § 94 Abs. 1 HGO hat die Gemeinde für jedes Jahr nur **eine** Haushaltssatzung zu erlassen, dessen Anlage **der** Haushaltsplan ist.
- in § 95 HGO ist nur die Rede von **dem Haushaltsplan**, der alle im Haushaltsjahr für die Erfüllung der Aufgaben eingehenden Erträge und Einzahlungen, zu leistenden Aufwendungen und Auszahlungen sowie die notwendigen Verpflichtungsermächtigungen enthält und der die Grundlage für die Haushaltswirtschaft der Gemeinde darstellt.

Es gilt somit der Grundsatz des **Einheitshaushaltsplanes**, d. h. alle nach dem Grundsatz der Vollständigkeit erforderlichen Veranschlagungen sind grundsätzlich in einem einzigen Haushaltsplan vorzunehmen. Neben- oder Schattenhaushalte sind nicht zulässig.

---

121 Siehe Ziff. 10.2.2, Fall d).

122 Vgl. Hw. zu § 60 GemHVO. Hiernach sind Ergänzungen der Muster zur GemHVO zur Verbesserung der Aussagefähigkeit zulässig.

Der Grundsatz der Einheit kann ebenso aus der Perspektive der „Einheitlichkeit" der Darstellung der Haushaltssatzung und des Haushaltsplanes gesehen werden; hierzu trägt die verbindliche Vorgabe der Muster nach § 60 GemHVO bei.

7.3.1.6 Ausnahmen zum Grundsatz der Einheit

Als Ausnahmen zum Grundsatz der Einheit des Haushaltsplanes werden diejenigen Regelungen der Haushaltswirtschaft bezeichnet, die es bestimmten Einrichtungen **vorschreiben** bzw. **erlauben**, Sonderpläne einzurichten.

Ausnahmen zur Einheit

- Eigenbetriebe (§ 115 Abs. 1 Nr. 3 HGO)
- rechtlich selbstständige Stiftungen sowie für Vermögen, welches die Gemeinde nach besonderem Recht treuhänderisch zu verwalten hat (§ 116 Abs. 1 HGO)
- rechtlich unselbstständige Versicherungs- und Versorgungseinrichtungen (§ 115 Abs. 1 Nr. 4 HGO)
- Eigen- und Beteiligungsgesellschaften aufgrund von Sondergesetzen (§ 122 HGO)
- Rechtsfähige Anstalten des öffentlichen Rechts (§ 126a HGO)

- Für wirtschaftliche Unternehmen ohne eigene Rechtspersönlichkeit und öffentliche Einrichtungen, für die aufgrund gesetzlicher Vorschriften Sonderrechnungen geführt werden (Eigenbetriebe), sind nach § 115 Abs. 1 Nr. 3 i. V. m. § 127 HGO besondere Wirtschaftspläne aufzustellen. Dies gilt ebenso für eigenbetriebsähnliche Einrichtungen nach § 121 Abs. 2 Satz 2 HGO.
- Für rechtlich selbstständige Stiftungen sowie Vermögen, die die Gemeinde treuhänderisch zu verwalten hat, sind Sonderhaushaltspläne nach § 116 HGO verbindlich vorgeschrieben. Das gilt aber nicht für unbedeutende bzw. geringfügige Treuhandvermögen (§ 116 Abs. 2 HGO) und rechtlich unselbstständige Stiftungen (§ 115 Abs. 2 HGO), die im Haushalt der Gemeinde gesondert nachzuweisen sind.
- Für rechtlich unselbstständige Versorgungs- und Versicherungseinrichtungen der Gemeinde sind Sonderhaushaltspläne nach § 115 Abs. 1 Nr. 4 i. V. m. Abs. 4 HGO aufzustellen. Beispiel sind Zusatzversorgungskassen und Krankenversicherungen, die von Gemeinden geführt werden, jedoch in der Praxis eher selten vorkommen.
- Für Eigen- oder Beteiligungsgesellschaften (§ 122 HGO), die auf Grund ihrer rechtlichen Selbständigkeit nach Sondergesetzen (AktG, GmbHG) planen und Rechnung zu legen haben.
- Für rechtsfähige Anstalten des öffentlichen Rechts ist ein eigener Haushalt aufzustellen, für den die Bestimmungen des Sechsten Teils der HGO einschließlich der dazu ergangenen Durchführungsbestimmungen entsprechend gelten (§ 126a Abs. 9 Satz 1 HGO). Ist die rechtsfähige Anstalt des öffentlichen Rechts überwiegend wirtschaftlich tätig, so kann sie in ihrer Satzung bestimmen, dass für die Wirtschafts-

und Haushaltsführung die Vorschriften über die Eigenbetriebe sinngemäß angewendet werden (§ 126a Abs. 9 Satz 4 HGO).

Allerdings erfolgt durch die Pflichtanlagen nach § 1 Abs. 5 Nr. 9 und 10 GemHVO (Ziff. 6.6) sowie durch den nach § 112a HGO vorgeschriebenen zusammengefassten Jahresabschluss (Ziff. 15.8.3) immer noch eine Einbindung in den Haushalt. Darüber hinaus dient auch der Beteiligungsbericht nach § 123a HGO als Informationsquelle für die Gemeindevertretung und die Öffentlichkeit, der zwar ebenfalls jährlich, jedoch vom Haushalt unabhängig, zu erstellen ist.

7.3.1.7 Übungen

Siehe zu diesem Abschnitt die Sachverhalte 8 und 9 zu Kap. 7 im Übungsband.

7.3.2 Periodenabgrenzung und Kassenwirksamkeitsprinzip

7.3.2.1 Einführung

Die Termini „Grundsatz der Periodenabgrenzung" und „Kassenwirksamkeitsprinzip" lassen sich in Hessen aus der Nr. 1 Hw. zu § 10 GemHVO ableiten. In anderen Bundesländern wird von dem Periodisierungs- und Kassenwirksamkeitsprinzip (Niedersachsen)[123] oder von dem Grundsatz der periodengerechten Zuordnung der Finanzvorfälle (Nordrhein-Westfalen)[124] gesprochen. Unabhängig von den unterschiedlichen Bezeichnungen dieser Planungsgrundsätze geht es um den Zeitpunkt und die Höhe der Veranschlagung der Erträge und Aufwendungen sowie der Einzahlungen und Auszahlungen bezogen auf das jeweilige Haushaltsjahr.

Bereits aus § 95 Abs. 2 HGO ergibt sich, dass der Haushaltsplan nur die „im Haushaltsjahr" voraussichtlich anfallenden Erträge und eingehenden Einzahlungen, entstehenden Aufwendungen und zu leistenden Auszahlungen sowie die benötigten Verpflichtungsermächtigungen enthalten darf. § 10 Abs. 2 GemHVO konkretisiert diese Bestimmung und unterscheidet in zwei Prinzipien:

→ **Periodenabgrenzung** für Aufwendungen und Erträge im Ergebnishaushalt,

→ **Kassenwirksamkeitsprinzip** für Auszahlungen und Einzahlungen im Finanzhaushalt.

Nicht explizit angeführt sind in § 10 GemHVO die Verpflichtungsermächtigungen, obwohl sie nach § 95 Abs. 2 HGO ebenso im Haushaltsplan zu „planen" und zu veranschlagen sind. Für die Verpflichtungsermächtigungen findet das Kassenwirksamkeitsprinzip sinngemäß Anwendung (siehe auch Ziff. 8.3.1).

---

123 Vgl. *Rose*, Kommunale Finanzwirtschaft Niedersachsen, Kap. 7.4.

124 Vgl. *Fritze/Mutschler/Stockel-Veltmann*, Kommunales Finanzmanagement NRW, Kap. 9.3.3.

7.3.2.2 Periodenabgrenzung im Ergebnishaushalt

Nach § 10 Abs. 2 GemHVO sind die Erträge (§ 58 Nr. 15 GemHVO) und Aufwendungen (§ 58 Nr. 5 GemHVO) des Ergebnishaushaltes in ihrer voraussichtlichen Höhe (unter Berücksichtigung des Grundsatzes der Haushaltswahrheit, Ziff. 7.3.3.2) in dem Haushaltsjahr zu veranschlagen, dem sie **wirtschaftlich** zuzurechnen sind. Damit wird der Ergebnishaushalt der Aufgabe gerecht, die Quellen und Ursachen des Ressourcenaufkommens und des Ressourcenverbrauchs aufzuzeigen.[125] Dies setzt allerdings voraus, dass stringent abgegrenzt wird, in welcher Periode (Haushaltsjahr) die Aufwendungen und Erträge **wirtschaftlich verursacht** werden, unabhängig von dem Zeitpunkt der tatsächlichen Zahlung (Nr. 1 Hw. zu § 10 GemHVO). Diese periodengerechte Abgrenzung ergibt sich bereits aus den Begriffsbestimmungen nach § 58 Nr. 5 und 15 GemHVO, wonach bei dem Ressourcenverbrauch und -aufkommen ebenfalls auf **ein Haushaltsjahr** abgestellt wird. Auch die internen Leistungsbeziehungen, die nach dem Grundsatz der Vollständigkeit in den jeweiligen Teilergebnishaushalten abgebildet werden (siehe Ziff. 7.3.1.2), sind periodengerecht zu veranschlagen. Damit wird die Planung des Ergebnisses verursachungsgerecht auf das Haushaltsjahr begrenzt. In diesem Zusammenhang spricht man auch von dem Grundsatz der Verursachungsgerechtigkeit.[126] Gerade diese Verursachungsgerechtigkeit trägt dem Prinzip der „**intergenerativen Gerechtigkeit**„ Rechnung (Ziff. 1.5.2).

Dieser Grundsatz gilt nicht nur für die Planung des Ergebnishaushalts (§ 10 Abs. 2 GemHVO), sondern auch für die Ergebnisrechnung im Rahmen des Jahresabschlusses nach § 40 Nr. 4 GemHVO (Ziff. 16.2.8.4). Zur Verdeutlichung des Grundsatzes der Periodenabgrenzung sollen folgende **Beispiele** beitragen:

→ *Zur Reinigung der Straßen und Gehwege wird für den Bauhof der Gemeinde zum 1.1.2024 eine neue Kehrmaschine im Wert von 10.000 € angeschafft. Es wird davon ausgegangen, dass diese Kehrmaschine vier Jahre genutzt werden kann.*
Da die Kehrmaschine vier Jahre genutzt wird, sind dem Haushaltsjahr 2024 nur ¼ der Anschaffungskosten verursachungsgerecht zuzuordnen, d. h. das Haushaltsjahr 2024 ist mit Aufwand für Abschreibungen (Wertminderung des Vermögensgegenstandes) in Höhe von 2.500 € zu belasten.

→ *Die Kraftfahrzeugsteuer für den Dienstwagen des Bürgermeisters beträgt für den Zeitraum 1.10.2024 bis 30.9.2025 insgesamt 400 €. Es handelt sich um eine Jahressteuer, die zum 1.10.2024 zu bezahlen ist.*
Das Haushaltsjahr 2024 darf wirtschaftlich nur für drei Monate mit dem Aufwand für Kraftfahrzeugsteuer belastet werden, d. h. nur mit 100 €. Die restlichen 300 € werden erst im nächsten Jahr (2025) zu Aufwand. Im Jahresabschluss 2024 ist der ergebnisunwirksame Betrag von 300 € als aktiver Rechnungsabgrenzungsposten auszuweisen (Ziff. 16.3.3).

---

125 Vgl. Begründung LT-Drs. Hessen 16/2463, S. 28–48, Begründung zu § 114b Abs. 3 HGO (jetzt: § 95 HGO).

126 Vgl. *Bellefontaine* u. a., Kommunale Doppik Rheinland-Pfalz, Kommentar zu § 9 GemHVO, Nr. 7.

→ *Die Gemeinde erhebt für die 25-jährige Bereitstellung eines Familiengrabes im Haushaltsjahr 2024 eine Gebühr von 1.500 € für die Grabnutzung, die im Haushaltsjahr 2024 in voller Höhe zu bezahlen ist.*
Nach der Periodenabgrenzung muss diese Gebühr als Ertrag auf die 25 Jahre (Zeitraum des Nutzungsrechts) verteilt werden, d. h. im Jahr 2024 sind verursachungsgerecht 60 € als Ressourcenaufkommen zu veranschlagen. Der restliche Betrag in Höhe von 1.440 € ist im Jahresabschluss 2024 als passiver Rechnungsabgrenzungsposten auszuweisen (Ziff. 16.3.8) und über den restlichen Zeitraum des Nutzungsrechts ebenfalls mit jährlich 60 € als Ertrag zu berücksichtigen, in dieser Höhe wird der passive Rechnungsabgrenzungsposten jährlich aufgelöst.

Bei den vorgenannten Beispielen handelt es sich um Aufwendungen bzw. Erträge, die hinsichtlich ihrer wirtschaftlichen Zuordnung **teilweise in die Periode des laufenden und teilweise eines späteren Haushaltsjahres** fallen. Soweit es sich allerdings um Aufwendungen und Erträge handelt, die ein bereits abgelaufenes Jahr betreffen **und** im Einzelfall erheblich sind, aber keine Berücksichtigung mehr im Rahmen des Jahresabschlusses finden konnten, sind sie als **periodenfremde** Vorgänge und damit als außerordentliche Aufwendungen und Erträge nach § 58 Nr. 6 GemHVO zu erfassen (siehe auch Ziff. 6.5.1.1 und Kap. 17).[127]

Beispiele:

→ *Zuweisung des Landes im Haushaltsjahr 2024 für Hochwasserschäden an Schulen im Haushaltsjahr 2022*[128] *(Erheblichkeit wird hier unterstellt).*
Es handelt sich hier um einen periodenfremden Ertrag im Haushaltsjahr 2024, da der Grund für die Zuweisung – nämlich die Hochwasserschäden – bereits im Haushaltsjahr 2022 vorlag.

→ *In Vorjahren wurden Rückstellungen zum Ausgleich der aufgelaufenen Verluste des Eigenbetriebs Abfallwirtschaft in unzureichender Höhe gebildet. Aufgrund der Verpflichtung zum Ausgleich wird im Haushaltsjahr 2024 der aufgelaufene Verlust 2021 abgedeckt (§ 11 Abs. 6 EigBGes).*
Aus der Perspektive des Haushaltsjahres 2024 handelt es sich hier um einen periodenfremden Aufwand, der nicht im laufenden Haushaltsjahr (2024), sondern in Vorjahren wirtschaftlich verursacht wurde.

Abschließend noch Beispiele, bei denen die Aufwendungen und Erträge **wirtschaftlich** im laufenden Haushaltsjahr **verursacht** werden, die tatsächliche Zahlung aber erst in folgenden Jahren erfolgt:

→ *Das auf dem Bankkonto bei der Sparkasse verfügbare Bankguthaben wird zum Teil vom 2.11.2024 bis 2.1.2025 sicher angelegt (Festgeld), da es zur Zeit*

---

127 Vgl. *Kröckel* in GemHR Hessen, § 40 GemHVO Rn. 34.

128 Die Ausnahmeregelung nach § 16 Abs. 1 GemHVO greift hier nicht, da es sich **nicht** um eine „allgemeine", sondern zweckgebundene Zuweisung handelt (siehe Ziff. 7.3.2.4).

für Auszahlungen nicht benötigt wird. Die Zinsgutschrift erfolgt nach Ablauf der Festgeldanlage.

Die Zahlung der Zinserträge für das Festgeld, die im Geschäftsverkehr üblicherweise nachträglich erfolgt – hier im Jahr 2025 –, stellt Ressourcenaufkommen für das Haushaltsjahr 2024 dar.

→ *Beamter A arbeitet vom 1.1.2024 bis 31.12.2024 im Fachdienst Zentrale Dienste. Neben seinen Beamtenbezügen, die monatlich ausgezahlt werden, erhöht sich der Pensionsanspruch, der nach Eintritt in den Ruhestand zu Zahlungen führt.*

Da durch seine Dienstzeit im Haushaltsjahr 2024 die Erhöhung des Pensionsanspruchs verursacht wurde, muss nach dem Grundsatz der Periodenabgrenzung auch in diesem Jahr der Aufwand berücksichtigt werden (Zuführung zu Pensionsrückstellungen). Die Auszahlung erfolgt erst in späteren Jahren, nämlich dann, wenn der Beamte A in den Ruhestand getreten ist (Ziff. 16.3.6.2).

7.3.2.3 Besonderheit bei der Veranschlagung von Personalaufwendungen

Ausdrücklich geregelt ist der Grundsatz der Periodenabgrenzung für die Beamtenbezüge in § 16 Abs. 2 Satz 2 GemHVO. Hiernach sind die für den ersten Monat des Haushaltsjahres (z. B. Januar 2024) vor dessen Beginn **zu zahlenden Beträge** für Personalaufwendungen (Auszahlung der Dienst- und Versorgungsbezüge für Beamte für den Monat Januar 2024 erfolgt nach den beamtenrechtlichen Vorschriften bereits am letzten Arbeitstag des Monats Dezember 2023) in die Veranschlagung des neuen Jahres (Haushaltsjahr 2024) einzubeziehen, da sie nach der wirtschaftlichen Verursachung in das neue Haushaltsjahr gehören. Dies führt zu folgender Veranschlagung:

- Die Personalaufwendungen für Beamte für den Monat Januar 2024 sind im Ergebnishaushalt 2024 zu veranschlagen, da sie diesem Haushaltsjahr wirtschaftlich zuzuordnen sind.
- Die Zahlung der Beamtenbezüge für Januar 2024 vollzieht sich bereits im Dezember des Vorjahres, so dass auch die Zahlung im Finanzhaushalt des Vorjahres abzuwickeln sind (siehe Ziff. 7.3.2.5 – Grundsatz der Kassenwirksamkeit im Finanzhaushalt).[129]

Darüber hinaus richtet sich gemäß § 16 Abs. 2 Satz 1 GemHVO die Höhe der Veranschlagung der Personalaufwendungen nach den im Haushaltsjahr **voraussichtlich besetzten Stellen**, nicht nach den Stellen, die im Stellenplan ausgewiesen sind. Eine Orientierung hierfür liefert der Stellenplan selbst, da neben der Gesamtzahl der Stellen

129 Vor dem Abschlussstichtag geleistete Auszahlungen sind in der Bilanz als aktive Rechnungsabgrenzungsposten nachzuweisen, soweit sie Aufwand für eine bestimmte Zeit nach diesem Tag darstellen (§ 45 Abs. 1 GemHVO), siehe auch Nr. 2 Hw. zu § 45 GemHVO. Im Folgejahr wird diese aktive Rechnungsabgrenzung dann durch die entsprechende Aufwandsbuchung für Bezüge Beamte wieder aufgelöst.

für jede Besoldungs- und Entgeltgruppe auch die im Vorjahr besetzten Stellen nach § 5 Abs. 2 Satz 1 GemHVO anzugeben sind (siehe Muster 13 zur GemHVO und Ziff. 6.5.3 Stellenplan). Außerdem ist bei der Planung des jeweiligen Haushaltsjahres unerlässliche Voraussetzung, dass alle sonstigen Personalentwicklungen, die im Laufe des Haushaltsjahres auftreten und Auswirkungen auf die Höhe der Personalaufwendungen haben, z. B. Stellenneubesetzungen, Beförderungen, Stellenabbau usw., ebenfalls berücksichtigt werden.[130]

7.3.2.4 Ausnahmen zur Periodenabgrenzung

- **Rückzahlungen von Abgaben, abgabenähnlichen Erträgen und allgemeinen Zuweisungen – § 16 Abs. 1 GemHVO**[131]
  Eine Ausnahme von dem Grundsatz der Periodenabgrenzung gilt nach Nr. 1 Hw. zu § 10 GemHVO für die **Rückzahlungen** (= „eigentlich periodenfremd“) bei Abgaben, abgabenähnlichen Erträgen und allgemeinen Zuweisungen gemäß § 16 Abs. 1 GemHVO. Hiernach sind Abgaben (Steuern, Gebühren und Beiträge), abgabenähnliche Erträge (Entgelte für Leistungen auf privatrechtlicher Grundlage, z. B. Eintrittsgelder) und allgemeine Zuweisungen (Schlüsselzuweisungen), die die Gemeinde zurückzuzahlen hat, bei den Erträgen abzusetzen, auch wenn sie sich auf **Erträge der Vorjahre** beziehen. Dies gilt entsprechend für geleistete Umlagen, die **an die Gemeinde zurückgezahlt** werden,[132] z. B. Rückzahlung der Kreisumlage an kreisangehörige Gemeinden. In diesen Fällen ist die Rückzahlung der Kreisumlage bei dem Haushaltsansatz Aufwendungen für Kreisumlage abzusetzen.[133]

  Beispiel:

Kalkulierte Erträge aus Gewerbesteuer für 2024:	*4.000.000 €*
Rückzahlung an Unternehmer A, der im Jahr 2022 zu viel vorausgezahlt hat (Absetzung nach § 16 Abs. 1 GemHVO)	*– 200.000 €*
Ansatz 2024 für Erträge aus Gewerbesteuer:	*3.800.000 €*

  Diese Verfahrensweise wird damit begründet, dass das tatsächliche Steueraufkommen eines Zeitraumes für die Finanzstatistik und im Folgenden für die Berechnung des Kommunalen Finanzausgleichs (KFA) relevant ist. Dabei ist es unerheblich, für welches Jahr die Steuer veranlagt worden ist, siehe Hinweis zu § 16 GemHVO.

130 Vgl. *Bellefontaine* u. a., Kommunale Doppik Rheinland-Pfalz, Erl. zu § 13 Nr. 2.

131 Die Autoren gehen bei der Anwendung des § 16 GemHVO davon aus, dass diese Regelung nur dann greift, wenn die Buchung in dem Jahr der wirtschaftlichen Zugehörigkeit nicht mehr möglich ist.

132 Es handelt sich hierbei ebenfalls um eine Ausnahme vom Bruttoprinzip, da z. B. die Rückzahlungen im Sinne von § 16 Abs. 1 GemHVO nicht als außerordentliche Aufwendungen und die Nachzahlungen im Sinne von § 16 Abs. 1 GemHVO nicht als außerordentliche Erträge behandelt werden.

133 Ebenso ist bei Mehr- oder Minderbeträgen der Krankenhausumlage, die die Landkreise und kreisfreie Städte nach § 30 HKHG zur Krankenhausfinanzierung zahlen, zu verfahren. Nach § 51 Abs. 1 Satz 2 HFAG sind Mehr- oder Minderbeträge bei der **Veranschlagung** der Umlage spätestens im zweiten auf das Ausgleichsjahr folgenden Haushaltsjahres zu berücksichtigen.

- **Nachzahlungen bei Abgaben, abgabeähnlichen Erträgen und allgemeinen Zuweisungen**
  Maßgebend für die Zuordnung der Erträge aus Abgaben, abgabeähnlichen Erträgen und allgemeinen Zuweisungen nach dem Grundsatz der Periodenabgrenzung ist das Jahr, in dem die Nachzahlungen festgestellt werden, nicht das Jahr, aus dem die Erträge resultieren.

  Beispiel:

Kalkulierte Erträge aus Gewerbesteuer für 2024:	*4.000.000 €*
Nachzahlung von Unternehmer E aufgrund der Steuerdaten aus 2021; Bescheid zur Nachzahlung im Juli 2024:	*20.000 €*
Nachtragsansatz 2024 für Erträge aus Gewerbesteuer:	*4.020.000 €*

  Bei der (Steuer-)Nachzahlung handelt es sich **nicht** um einen außerordentlichen Ertrag, da für die Periodenabgrenzung das Jahr maßgebend ist, in dem die Nachzahlung festgestellt wird. Es handelt sich laut Beispielsfall um eine Steuerfestsetzung für das Jahr 2024, sodass die Nachzahlung dem Nachtragsergebnishaushalt 2024 zuzuordnen ist.
- **Geringfügige bzw. unerhebliche Beträge**
  Als Ausfluss aus dem Grundsatz der Wirtschaftlichkeit sowie dem Wesentlichkeitsprinzip[134] kann von der Bildung von Rechnungsabgrenzungsposten, im Rahmen des Jahresabschlusses und damit auch im Rahmen der Planung, im Einzelfall wegen Unerheblichkeit abgesehen werden, soweit steuer- oder abgabenrechtliche Vorschriften dem nicht entgegenstehen, Nr. 1 Hw. zu § 45 GemHVO. Für die Auslegung des unbestimmten Rechtsbegriffs der Unerheblichkeit sind aufgrund fehlender Rechtsgrundlagen mehrere Möglichkeiten denkbar:
  – Orientierung an den Erläuterungen zum KVKR: Bei mehreren gleichartigen Fällen, z. B. gleichartige Versicherungsprämien, liegt die Geringfügigkeitsgrenze bei 2.000 €.[135]
  – Im Rahmen der Prüfung der Jahresabschlüsse besteht bei den Revisionsämtern die Tendenz, diese „Geringfügigkeit" an der „**Wesentlichkeit**„ (95 %) bezogen auf die Bilanzposition festzumachen.

  Beispiel hierzu:

Aktive Rechnungsabgrenzung nach der Eröffnungsbilanz:	*136.000 €*
davon 5 %	*6.800 €*

134 Nach dem Wesentlichkeitsprinzip ist es zulässig, von der Abgrenzung als Rechnungsabgrenzungsposten bei den Beträgen abzusehen, die „wegen ihrer Geringfügigkeit zu keiner Beeinträchtigung der tatsächlichen" Ergebnis-, Finanz- und Vermögenslage der Gemeinde führen. Vgl. auch *Kröckel* in GemHR Hessen, § 45 Rn. 7.

135 Vgl. Erläuterungen zum KVKR (Stand: 2009) zu den Kontengruppen 29 „Aktive Rechnungsabgrenzung" und 49 „Passive Rechnungsabgrenzung".

Daraus ergibt sich, dass die **Summe** von geringfügigen Beträgen, die nicht abgegrenzt werden, den Betrag von 6.800 € nicht übersteigen soll.

- In Anlehnung an steuerrechtliche Erwägungen des BFH könnte die optionale GWG-Grenze nach § 41 Abs. 5 Satz 2 GemHVO von 1.000 € als sachgerecht angesehen werden.[136]

Im Kommentar zur GemHVO wird den Gemeinden empfohlen, die von ihr festgelegte Wertgrenze mit dem Rechnungsprüfungsamt abzustimmen und als allgemeine Bewertungsregel (§ 50 Abs. 2 Nr. 1 GemHVO) in den Anhang aufzunehmen.[137] Um diese Problematik grundsätzlich zu umgehen, haben viele Kommunen – gerade im Bereich der Versicherungen u. dergl. – die Verträge auf das Kalenderjahr umgestellt.

7.3.2.5 Kassenwirksamkeitsprinzip im Finanzhaushalt

Nach § 10 Abs. 2 GemHVO sind die Einzahlungen (§ 58 Nr. 13 GemHVO) und Auszahlungen (§ 58 Nr. 8 GemHVO) nur in Höhe der im Haushaltsjahr **voraussichtlich** eingehenden oder zu leistenden Beträge zu veranschlagen. Die Veranschlagung erfolgt unter Berücksichtigung des angenommenen Einganges (der tatsächlichen Annahme von Beträgen) und Ausganges (der tatsächlichen Leistung von Zahlungen) durch die Gemeinde. Dieses Prinzip wird als Grundsatz der Kassenwirksamkeit bezeichnet.

Anzumerken ist in diesem Zusammenhang, dass im Finanzhaushalt nur die Aufwendungen und Erträge berücksichtigt werden, die zahlungswirksam sind, d. h. die einen Mittelzufluss bzw. Mittelabfluss bewirken. **Zahlungsunwirksame Aufwendungen und Erträge** werden im Rahmen der Ermittlung des Zahlungsmittelflusses aus laufender Verwaltungstätigkeit im Finanzhaushalt überhaupt nicht berücksichtigt (siehe Muster 8 zur GemHVO).[138]

Damit wird der Finanzhaushalt der Aufgabe gerecht, die Zahlungsströme vollständig und zeitraumbezogen abzubilden und die Finanzierungsquellen darzustellen, um einen Überblick über die **voraussichtliche finanzielle Lage der Gemeinde** zu ermöglichen.[139] In diesem Zusammenhang wird auch die geplante Entwicklung des Zahlungsmittelbestandes aufgezeigt (bei einem Zahlungsmitteldefizit sind die Gründe anzugeben).[140] Man spricht in diesem Zusammenhang auch von der Cash-flow-Rechnung bzw. Kapitalflussrechnung.

Bei Beantwortung der Frage nach der Kassenwirksamkeit (also dem Zeitpunkt der tatsächlichen Zahlungen) ist **in der Regel von der Fälligkeit einer Zahlung** auszugehen, weil zu diesem Termin mit dem Eingang oder der Leistung gerechnet werden muss. Der Fälligkeitstag ist der Tag, an dem nach gesetzlichen Vorschriften sowie nach

136 Vgl. *Kröckel* in GemHR Hessen, § 45 Rn. 7.
137 Vgl. *Kröckel* in GemHR Hessen, zu § 45 Rn. 7.
138 Siehe hierzu ausführlich Ziff. 6.5.1.2.1.
139 Vgl. LT-Drs. Hessen 16/2463, S. 28–48, Begründung zu § 114b Abs. 3 HGO (jetzt: § 95 HGO) und Nr. 1 Hw. zu § 3 GemHVO.
140 Vgl. Nr. 3 Hw. zu § 3 GemHVO.

den Vertrags- oder sonstigen Bestimmungen eine Einzahlung spätestens entrichtet werden muss, wenn die Schuld als rechtzeitig beglichen gelten soll. Demnach ist der Fälligkeitstag der Tag, an dem eine Zahlung für den Schuldner kraft Gesetzes oder Vertrages fällig wird, d. h. zu erfüllen ist (§ 271 BGB).

Nicht nur die rechtliche Fälligkeit, sondern auch der Zeitpunkt der **voraussichtlichen Zahlung bzw. Annahme von Beträgen** müssen sich auf das Haushaltsjahr beziehen, für das der Haushaltsplan gerade aufgestellt wird. Erst dann kann die Veranschlagung der Einzahlungen und Auszahlungen erfolgen. Zur Verdeutlichung des Kassenwirksamkeitsprinzips sollen folgende Beispiele beitragen, die bereits unter Ziff. 7.3.2.2 im Zusammenhang mit dem Grundsatz der Periodenabgrenzung dargestellt wurden:

→ *Zur Reinigung der Straßen und Gehwege wird für den Bauhof der Gemeinde zum 1.1.2024 eine neue Kehrmaschine im Wert von 10.000 € angeschafft. Es wird davon ausgegangen, dass diese Kehrmaschine vier Jahre benutzt werden kann.*
Der gesamte Auszahlungsbetrag in Höhe von 10.000 € ist im Teilfinanzhaushalt im Haushaltsjahr 2024 zu veranschlagen (da hier eine Investition vorliegt, § 4 Abs. 4 i. V. m. § 3 Abs. 1 Nr. 26 GemHVO), siehe auch Ziff. 6.5.1.2.2.

→ *Die Kraftfahrzeugsteuer für den Dienstwagen des Bürgermeisters beträgt für den Zeitraum 1.10.2024 bis 30.9.2025 insgesamt 400 €. Es handelt sich um eine Jahressteuer, die zum 1.10.2024 zu zahlen ist.*
Der gesamte Auszahlungsbetrag in Höhe von 400 € ist im Haushaltsjahr 2024 in den Finanzhaushalt einzustellen.

→ *Die Gemeinde erhebt für die 25-jährige Bereitstellung eines Familiengrabes im Haushaltsjahr 2024 eine Gebühr von 1.500 € für die Grabnutzung, die im Haushaltsjahr 2024 in voller Höhe zu zahlen ist.*
Aufgrund des Gebührenbescheides ist zu unterstellen, dass die gesamte Gebühr für die Grabnutzung im Haushaltsjahr 2024 gezahlt wird. Sie ist daher in voller Höhe im Finanzhaushalt zu berücksichtigen (Ziff. 6.5.1.2.2).

→ *Beamter A arbeitet vom 1.1.2024 bis 31.12.2024 im Fachdienst Zentrale Dienste. Neben seinen Beamtenbezügen, die monatlich ausgezahlt werden, erwirbt der Beamte A auch einen Pensionsanspruch, der mit Eintritt in den Ruhestand zu zahlen ist.*
Die Zuführungen zu Pensionsrückstellungen stellen zahlungsunwirksame Aufwendungen dar, die im Finanzhaushalt 2024 ***nicht*** *berücksichtigt werden (Ziff. 6.5.1.2.2).*

→ *Periodenabgrenzung für die Beamtenbezüge in § 16 Abs. 2 Satz 2 GemHVO*
Der Auszahlungsbetrag für die Beamtenbezüge Januar 2024 ist bereits im Finanzhaushalt 2023 zu berücksichtigen (siehe Ziff. 7.3.2.3 und Sachverhalt 3.f) zu Kap. 6 im Übungsband.

Inwiefern diese detaillierte Planung des Finanzhaushalts auch einzelfallbezogen in der Praxis gewährleistet werden kann, ist u. a. auch abhängig von der jeweils eingesetzten DV-Software. Vereinfachend wird daher in der Praxis für die Planung des Zahlungsmittelflusses aus laufender Verwaltungstätigkeit davon ausgegangen, dass grundsätzlich **zahlungswirksame** Erträge und Aufwendungen (z. B. Vergütungen, Aufwendungen für Sach- und Dienstleistungen, jedoch **nicht** Abschreibungen oder Zuführungen zu Rückstellungen bzw. Inanspruchnahme einer in Vorjahren gebildeten Rückstellung[141]) näherungsweise betragsgleich zu entsprechenden Ein- und Auszahlungen führen.[142]

Das Kassenwirksamkeitsprinzip kommt insbesondere bei mehrjährigen Investitionsmaßnahmen im Teilfinanzhaushalt zum Tragen, da hier nur die **jeweiligen Jahresraten** (lt. Bauzeitplan) im Haushaltsplan veranschlagt werden dürfen. Dadurch bedingt würde bei Maßnahmen, die sich über mehrere Jahre erstrecken, eine notwendige haushaltsrechtliche Ermächtigung für eine Auftragsvergabe zulasten künftiger Jahre fehlen. Sofern ein Gesamtauftrag bzw. ein Auftrag vergeben werden soll, der über die im Teilfinanzhaushalt veranschlagte Auszahlungsermächtigung hinausgeht, ist die Veranschlagung einer Verpflichtungsermächtigung erforderlich (Ziff. 8.3).

Das Kassenwirksamkeitsprinzip und die Veranschlagung von Verpflichtungsermächtigungen für eine mehrjährige Investitionsmaßnahme soll am folgenden Beispiel dargestellt werden:

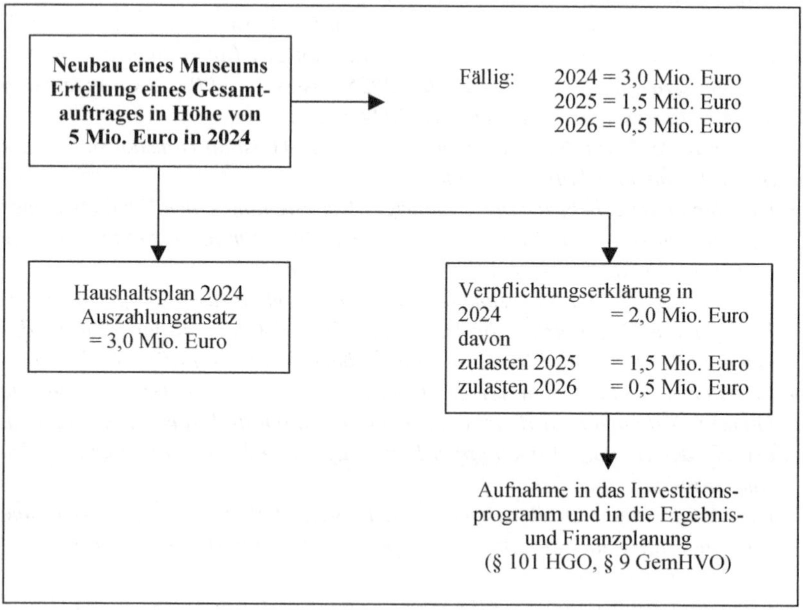

141 Die Berücksichtigung der Inanspruchnahme, d. h. der Auszahlung einer in Vorjahren gebildeten Rückstellung erfolgt im Rahmen der Liquiditätsplanung – nicht im Rahmen der Haushaltsplanung, siehe Ziff. 13.6.4.2.

142 Vgl. *Haufe (Hrsg.)*, Doppik Hessen, Abschlussdokumentation NKRS, Kap. 3.1.2. Andernfalls wäre im Zweifel eine postenscharfe Planung mit dezidierter Annahme von Zahlungslaufzeiten für Forderungen und Verbindlichkeiten notwendig, siehe auch Ziff. 6.5.1.2.1.

7.3.2.6 Besonderheit im Rahmen des Kassenwirksamkeitsprinzips

Eine Besonderheit stellt die Veranschlagung von Erschließungsbeiträgen nach dem BauGB und von Beiträgen nach dem KAG in den **Teilfinanzhaushalten** dar. Den Investitionsauszahlungen für eine beitragsfähige Maßnahme stehen die von den Beitragspflichtigen zu zahlenden (Investitions-)Beiträge[143] gegenüber.

Sofern die Gemeinde einmalige Beiträge erhebt und auch gemeindeeigene Grundstücke im Beitragsgebiet liegen, darf **für eigene beitragspflichtige Grundstücke keine Aktivierung**[144] vorgenommen werden. Dementsprechend ist im Rahmen der Beitragserhebung bei eigenen Grundstücken weder ein Sonderposten noch ein Anlagenzugang in der Bilanz auszuweisen, siehe Nr. 3 Hw. Satz 6 zu § 49 GemHVO und Ziff. 16.2.5. Hingegen dürfen in den Fällen Erschließungsbeiträge aktiviert werden, die von der Gemeinde für Grundstücke tatsächlich gezahlt werden; sie erhöhen den Wert des gemeindlichen Grundstücks (z. B. gemeindeeigene Grundstücke in anderen Gemeinden).

Sofern die Gemeinde wiederkehrende Beiträge nach § 11a KAG erhebt, sind die von der Gemeinde zu leistenden wiederkehrenden Beiträge als Aufwand zu behandeln und dürfen ebenso nicht aktiviert werden, siehe ebenso Nr. 3 Hw. zu § 49 GemHVO und Ziff. 16.2.5.

7.3.2.7 Übungen

Siehe zu diesem Abschnitt die Sachverhalte 10 bis 12 zu Kap. 7 im Übungsband.

7.3.3 Haushaltsklarheit und Haushaltswahrheit

Der Grundsatz der Haushaltsklarheit und Haushaltswahrheit zielt zum einen darauf ab,

→ den Haushaltsplan übersichtlich, nachvollziehbar, transparent und in verständlicher Form zu gestalten und zum anderen
→ mit dem Haushaltsplan eine umfassende und verlässliche Planungs- und Bewirtschaftungsgrundlage zu erstellen.

Somit wird der Haushaltsplan sowohl für die Gemeindevertretung und die Aufsichtsbehörde als auch für den Bürger und nicht zuletzt für alle Gemeindebediensteten „lesbar“ und zu einer grundlegenden Steuerungs- und Informationsquelle.

Der Grundsatz der Haushaltsklarheit und Haushaltswahrheit ist in keiner Rechtsnorm ausdrücklich beschrieben, sondern ergibt sich vielmehr aus der Beachtung aller haushaltsrechtlichen Vorschriften.

---

143 Bei den Investitionsbeiträgen handelt es sich um Sonderposten nach § 49 Abs. 4 Nr. 2.1.3 GemHVO.

144 Keine nachträglichen Anschaffungskosen im Sinne von § 41 Abs. 2 GemHVO.

7.3.3.1 Haushaltsklarheit

Dem Grundsatz der Haushaltsklarheit wird insbesondere durch folgende Vorschriften Rechnung getragen:

- **§ 4 Abs. 2 GemHVO – produktorientierte Gliederung des Haushalts**
  Der Gesamthaushalt ist in Teilhaushalte zu gliedern (siehe Ziff. 6.5.2). Jeder Teilhaushalt wiederum ist in einen Teil**ergebnis**haushalt und einen Teil**finanz**haushalt nach vorgegebenen Produktbereichen (vgl. Nr. 1 und 9 Hw. zu § 4 GemHVO) **oder** nach der örtlichen Organisation produktorientiert (vgl. Nr. 1 und 10 Hw. zu § 4 GemHVO) zu untergliedern.[145] Die Teilhaushalte sind somit unabhängig von der gewählten Gestaltungsalternative in jedem Fall produktorientiert zu gliedern, um eine Output-Steuerung zu gewährleisten. Eine rechtliche Verpflichtung für eine tiefere Aufgliederung der Teilhaushalte, z. B. in Produktgruppen oder in Produkte (vgl. Muster 11 zu GemHVO), besteht nicht. Eine ausführliche Darstellung hierzu siehe unter Ziff. 6.5.2.
- **§ 4 Abs. 3 GemHVO – Inhalte des Teilergebnishaushalts**
  Die Teilergebnishaushalte, die eine Untergliederung des Ergebnishaushaltes darstellen, müssen mindestens die nach § 2 Abs. 1 GemHVO vorgegebenen Ertrags- und Aufwandsposition ausweisen, **einschließlich** der Kosten und Erlöse aus den internen Leistungsbeziehungen (Ziff. 7.3.5.1).
  Darüber hinaus sind Teilabschlüsse für das Verwaltungsergebnis, das Finanzergebnis, das ordentliche und das außerordentliche Ergebnis, das Ergebnis der internen Leistungsbeziehungen sowie des Jahresergebnisses **vor und nach** internen Leistungsbeziehungen zu erstellen (§ 4 Abs. 3 Satz 2 i. V. m. Muster 9 zur GemHVO).
  Neben dem zu planenden Haushaltsjahr (z. B. Haushaltsjahr 2024) sind mindestens der Haushaltsansatz des Vorjahres (Haushaltsjahr 2023) und das Ergebnis des Jahresabschlusses (Haushaltsjahr 2022) anzugeben, um eine Entwicklung (Zeitreihe) der Erträge und Aufwendungen sowie der Kosten und Erlöse zu dokumentieren.[146]
  Ausführliche Darstellung siehe Ziff. 6.3.2 und 6.5.2.4.1.
- **§ 4 Abs. 4 und 5 GemHVO – Inhalte des Teilfinanzhaushalts**
  Die Teilfinanzhaushalte bilden mindestens die Einzahlungen und Auszahlungen aus **Investitionstätigkeit** der Gemeinde ab, während die Einzahlungen und Auszahlungen aus **Finanzierungstätigkeit** entweder in den jeweiligen Teilhaushalten maßnahmenbezogen **oder** zentral im Produktbereich „Allgemeine Finanzwirtschaft" veranschlagt werden können. Hier wird der Gemeinde ein Wahlrecht zugestanden.[147]

---

145 In diesen Fällen muss von der Gemeinde sichergestellt werden, dass die finanzstatistischen Anforderungen erfüllt werden, siehe Nr. 1 Hw. zu § 4 GemHVO und dem Haushaltsplan eine Übersicht über die Budgets und die den einzelnen Budgets zugeordneten Produktgruppen nach § 4 Abs. 6 GemHVO beigelegt wird.

146 Nur auf der Ebene des Ergebnis- und Finanzhaushalts sind zusätzlich noch die Finanzplanungsjahre angegeben, vgl. § 1 Abs. 4 GemHVO.

147 Nr. 12 Hw. zu § 4 GemHVO widerspricht dem Verordnungstext in § 4 Abs. 4 GemHVO, da nach diesem Hinweis eine **dezentrale** Veranschlagung von Einzahlungen und Auszahlungen aus Finanzierungstätigkeit wegen des Gesamtdeckungsprinzips nicht zulässig sei. Problematik hierzu siehe Ziff. 6.5.2.4.2.

Bei den Einzahlungen und Auszahlungen **aus Investitionstätigkeit** sind neben den Ansätzen für das Haushaltsjahr ebenso nach § 4 Abs. 5 GemHVO der Gesamtauszahlungsbedarfes der Investitionsmaßnahmen, die Summe der bisher bereitgestellten Haushaltsmittel und die benötigten Verpflichtungsermächtigungen (Kap. 8), der Haushaltsansatz des Vorjahres sowie das Ergebnis des letzten Jahresabschlusses anzugeben.

Auch für die Teilfinanzhaushalte sind für jedes Haushaltsjahr Teilabschlüsse zu bilden (der Saldo aus den anteiligen Einzahlungen und Auszahlungen aus Investitionstätigkeit und aus Finanzierungstätigkeit nach § 4 Abs. 5 letzter Satz GemHVO i. V. m. Muster 10 zur GemHVO).

Ausführliche Darstellung siehe Ziff. 6.5.2.4.2.

- **§ 4 Abs. 2 Satz 5 i. V. m. § 10 Abs. 3 GemHVO – Ziele und Kennzahlen**
  In den Teilhaushalten **sollen**[148] nach den **örtlichen Steuerungsbedürfnissen für die wesentlichen Produkte** außerdem
  → Leistungsziele/produktorientierte Ziele – unter Berücksichtigung des einsetzbaren Ressourcenaufkommens und des voraussichtlichen Ressourcenverbrauchs – formuliert werden und
  → Kennzahlen zur Messung der Zielerreichung angegeben werden.

  Die Anforderung an die Teilhaushalte nach Formulierung von Leistungs- bzw. Produktzielen und Kennzahlen ergibt sich aus den Zielen, die mit der Verwaltungsreform und der Einführung des NKRS verfolgt werden, z. B.
  - Steuerung der Kommunalverwaltungen von der herkömmlichen Bereitstellung der Ausgabeermächtigungen und Personalstellen auf eine Steuerung nach Zielen für die kommunalen Dienstleistungen umzustellen[149]
  - Weiterentwicklung von Führungsmethoden, insbesondere die Steuerung über Ziele und Zielvereinbarungen, und zwar auf allen Verwaltungsebenen (also verwaltungsintern) sowie zwischen Gemeindevertretung und Verwaltung (Gemeindevorstand)
  - Darstellung der Verwaltungsleistungen als Produkte[150]
  - die Entwicklung von Kennzahlen über Kosten und Qualität der Verwaltungsleistungen für Steuerungszwecke (Nachprüfbarkeit der Umsetzung der Ziele)[151]

148 Es handelt sich hier um eine Soll-Bestimmung, d. h. solange die Verwaltung nicht besondere Umstände dartun und beweisen kann, sind sie für die Verwaltung ebenso verbindlich wie Mussvorschriften (Urt. des Bundesverwaltungsgerichts vom 2.12.1959 – VC 106.58 – DVBl. 1960 S. 252).

149 Vgl. Begründung LT-Drs. Hessen 16/2463, S. 28–43, Ziff. I.1.

150 Vgl. Begründung LT-Drs. Hessen 16/2463, S. 28–43, Ziff. I.1.

151 Vgl. Begründung LT-Drs. Hessen 16/2463, S. 28–43, Ziff. I.1 sowie Nr. 3, 4 und 6 Hw. zu § 4 GemHVO.

Fazit:
Das NKRS sieht vor, dass den für die örtlichen Steuerungsbedürfnisse wesentlichen Produkten (siehe oben: produktorientierte Gliederung des Haushalts) Ziele und Kennzahlen hinzugefügt werden,[152] die die Grundlage für die Erfolgskontrolle und Steuerung der Haushaltswirtschaft bilden (§ 10 Abs. 3 Satz 2 GemHVO). Sie sind daher in die Berichtspflicht gegenüber der Gemeindevertretung nach § 28 Abs. 1 GemHVO einzubeziehen.
Voraussetzung für die Formulierung von Leistungszielen bzw. produktorientierten Zielen ist die Darstellung der Verwaltungsleistungen als Produkte oder Produktgruppe und damit einhergehend die Erstellung einer Produktbeschreibung. Die Ergebnisse der Produktdefinition können in einem individuellen Produktplan oder in den jeweiligen Teilhaushalt dokumentiert werden. Ein verbindliches Muster für eine Produktbeschreibung/Produktblatt gibt es nicht,[153] allerdings hat die „Arbeitsgruppe Produktbuch“[154] im Rahmen der Erläuterungen zum Produktbereichsplan (Muster 11 zu § 4 Abs. 2 GemHVO) ebenso ein **Musterproduktblatt** erarbeitet, welches als Grundlage dienen kann.
Erläuterungen zum unten dargestellten Produktblatt können dem Produktbuch, welches im Downloadbereich des HMdIS zur Verfügung steht, entnommen werden.
Zu dem Begriff „Ziele“ gibt es vielfältige Definitions- und Erklärungsansätze. Nach Nr. 4 Hw. zu § 4 GemHVO sind Ziele Aussagen über erreichbare, angestrebte Zustände, die als Ergebnisse von Entscheidungen durch die Realisierung von Produkten bzw. Maßnahmen eintreten sollen. Dabei sind drei Zieldimensionen – Zielinhalt, Zielhorizont und Zielvorschrift – hinreichend zu konkretisieren, um eine Steuerungsfunktion der Ziele zu gewährleisten. Beispiele für mögliche Produktziele sind in Nr. 5 Hw. zu § 4 GemHVO aufgezeigt.
In der Praxis lassen sich Kommunen bei der Zielfindung von dem betriebswirtschaftlichen Instrument der Balanced Scorecard (BSC) leiten. Die BSC basiert auf der Idee, dass dauerhafter Erfolg nicht nur durch die Verfolgung eines Ziels möglich ist, sondern dass mehreren Zielen gleichzeitig nachgegangen werden soll, um längerfristig Erfolge zu sichern.
Insofern sollten nicht nur finanzwirtschaftliche Aspekte (Fallkosten, Kostendeckungsgrad), sondern auch die Faktoren
- Bürger- und Kundenperspektive (Gemeinwohlorientierung),
- interne Verwaltungs- und Prozessperspektive (Gestaltung der Verwaltungsprozesse, Mitarbeiterzufriedenheit ···) und
- Auftragserfüllung/Leistungswirkung (Output [Menge, Zeit]/Outcome [welche Wirkung entfaltet das Produkt]).

berücksichtigt werden.

152 Die Begrenzung der Beschreibung von Zielen und Definition von Kennzahlen nur noch für die nach örtlichen Steuerungsbedürfnissen wesentlichen Produkte ist sinnvoll, da nicht jedes Produkt steuerungsrelevant ist, siehe § 4 Abs. 2 GemHVO.

153 Muster für ein Produktblatt im Produktbuch (Erläuterungen zum Produktbereichsplan nach Muster 11 zu § 4 Abs. 2 GemHVO, Stand: 20.6.2020), S. 48 ff.

154 Siehe Produktbuch (Stand: 20.6.2020) im Downloadbereich des HMdIS.

Muster Produktblatt (Produktbeschreibung)[155]

Produktbereich (Nummer und Bezeichnung):	
Produktgruppe (Nummer und Bezeichnung):	
Produkt (Nummer und Bezeichnung):	
Kurzberschreibung des Produktes:	
Produktverantwortlicher:	
Auftragsgrundlage I:	*pflichtige Leistung (Aufgabe) – rechtliche Grundlagen* *freiwillige Leistung (Aufgabe) – Beschluss, usw.*
Auftragsgrundlage II:	*freiwilliger Anteil an pflichtiger Leistung*
Wirkungen des Produkts:	
Empfänger des Produkts:	
Produktziel(e) mit Inhalt, Ausmaß und Zeitbezug:	
Produktmenge(n)	

Haushaltsjahr **Kennzahl(en) zur Messung der**	**20..[2] (Ist-Wert)**	**20..[3] (Ist-Wert)**	**20..[4] (Planwert)**	**20..[5] (Planwert)**	**Zielwert**
Zielerreichung:					6
Wirtschaftlichkeit:[7,8]					9
Dimension des Inputs der mengenmäßigen Wirtschaftlichkeit (Produktivität):					6
Qualität:					6
Erläuterungen zum Produkt, z. B. zur Entwicklung der Aufwendungen, der Zielerreichung:					

Um die Zielerreichung messbar und kontrollierbar zu machen, werden Kennzahlen benötigt. Gemäß Nr. 6 Hw. zu § 4 GemHVO sollen Kennzahlen Auskunft über die produktorientierte Zielerreichung geben, so dass für jedes Ziel/jedes Zielfeld mindestens eine Kennzahl vorhanden sein sollte. Grundsätzlich können drei Dimensionen durch Kennzahlen dargestellt werden:[156]

1. Finanzkennzahlen, z. B. Kostendeckungsgrad, Stück- bzw. Platzkosten
2. Quantitätskennzahlen, z. B. Anzahl von Bescheiden, Veranstaltungen, Fachkräften
3. Qualitätskennzahlen, z. B. Anzahl erfolgreicher Widersprüche, Fehlerquote

155 Produktbuch (S. 48 ff., Stand: 20.6.2020) im Downloadbereich des HMdIS.

156 Vgl. *During/Tepassé*: Praktische Verwaltungssteuerung mit Kennzahlen und Zielen in einem kennzahlengestützten Steuerungssystem, in: der gemeindehaushalt 7/2006, S. 151.

Weitere anschauliche Beispiele für Kennzahlen sind in Nr. 6 Hw. zu § 4 GemHVO dargestellt. Hier ist auch der Hinweis zu finden, dass neben reinen Finanzkennzahlen auch Kennzahlen zur Produktmenge (Quantität) sowie Qualitätskennzahlen eine sinnvolle Ergänzung darstellen.

An dieser Stelle soll nicht vertieft auf die Anforderungen an Produkte und Produktbeschreibungen, Ziele und Zielfindung sowie auf Kennzahlen und Kennzahlensysteme eingegangen werden; es wird auf Ziff. 6.5.2, die einschlägige Fachliteratur[157] sowie auf Veröffentlichungen von Produktbüchern und Produkthaushalten der Kommunen im Internet verwiesen.

Allerdings werden diese haushaltsrechtlichen Vorgaben, zum einen im Hinblick auf die Ausprägung und zum anderen wegen der engen Verknüpfung zwischen Planungs- und Steuerungsfunktion, derzeit in den Verwaltungen unterschiedlich stark bzw. nicht flächendeckend angewendet.

Anzumerken ist in diesem Zusammenhang, dass die Ziele und Kennzahlen grundsätzlich durch die Aufnahme in den Haushaltsplan über § 1 der Haushaltssatzung Bestandteil der Haushaltssatzung werden. **Sollen nur Ziele oder Kennzahlen im laufenden Jahr verändert werden,** die keine Verschlechterung der geplanten Jahresergebnisse im Ergebnis- und Finanzhaushalt nach sich ziehen, liegt nach § 98 Abs. 2 HGO keine Verpflichtung zum Erlass einer Nachtragssatzung vor, siehe Ziff. 14.1.2.8.

Als praktisches Beispiel soll hier der Teilhaushalt 2022 des Landkreises Gießen zum Produkt „Kreiskasse, Erledigung von Kassengeschäften" S. 382, 383 dienen. Der Landkreis Gießen arbeitet seit 2009/2010 mit einem kennzahlengestützten Zielsystem im Sinn einer Balanced Scorecard (BSC).

157 *Klieve* (Hrsg.), Der doppische Haushalt, Neues kommunales Finanzmanagement. *Hopp*, Management in der öffentlichen Verwaltung. *Bals/ Hack/Reichard*, Führung und Organisation, Band 3 sowie Neues kommunales Finanz- und Produktmanagement, Band 10.

BSC - Kennzahlengestütztes Zielsystem						
Organisationseinheit	Fachdienst Kreiskasse					
Produkt	11.1.21 Kreiskasse					
Vision	Erfüllung der gesetzlichen Aufgaben bei ressourcensparender Arbeitsgestaltung mit motivierten und flexiblen MitarbeiterInnen. Gewährleistung der Liquiditätssicherheit bei gleichzeitiger Zinsoptimierung.					
Rechtmäßigkeit / Wirtschaftlichkeit/ Gebühren						
Ziel						
1. Sicherstellung einer gesetzeskonformen Sachbearbeitung (rechtmäßige Entscheidungen)	**1.1 Kennzahl:**	**Quote rechtmäßiger Bescheide**				
		2018	**2019**	**2020**	**2021**	**2022**
	Soll	100%	100%	100%	100%	100%
	Ist	99,10%	99,00%	99,00%		
Gemeinwohlorientierung / Bürger- und Kundenperspektive						
Ziel						
1. Tagfertig arbeiten	**1.1 Kennzahl:**	**Erstellen des Tagesabschlusses und Überweisung der Auszahlungen am folgenden Arbeitstag**				
		2018	**2019**	**2020**	**2021**	**2022**
	Soll	1	1	1	1	1
	Ist	1,03	1,02	1,04		
Personal- und Organisationsentwicklung sowie Prozessabläufe und Strukturen						
Ziel						
1. Konstante fachliche und persönliche Weiterbildung der MitarbeiterInnen	**1.1 Kennzahl:**	**Durchschnittliche Fortbildungstage pro MitarbeiterIn**				
		2018	**2019**	**2020**	**2021**	**2022**
	Soll	2	2	2	2	2
	Ist	3,04	1,88	0,68		
	1.2 Kennzahl	**Fortbildungsquote MitarbeiterInnen** (Anzahl Mitarbeiter, die an Fobi teilgenommen haben/ Gesamtzahl Mitarbeiter)				
		2018	**2019**	**2020**	**2021**	**2022**
	Soll	90%	90%	90%	90%	90%
	Ist	86%	90%	27%		
2. Sicherstellung des Informationsflusses durch regelmäßigen, internen Informationsaustausch	**2.1 Kennzahl:**	**Anzahl der gemeinsamen Dienstbesprechungen**				
		2018	**2019**	**2020**	**2021**	**2022**
	Soll	1	1	1	1	1
	Ist	1	1	1		
	2.2 Kennzahl:	**Anzahl der Dienstbesprechungen innerhalb der Sachgebiete**				
	Vollstreckung	**2018**	**2019**	**2020**	**2021**	**2022**
	Soll	6	6	6	6	6
	Ist	6	12	4		
	Buchhaltung	**2018**	**2019**	**2020**	**2021**	**2022**
	Soll	6	6	10	10	10
	Ist	12	11	3		
3. Optimierung der Arbeitsabläufe	**3.1 Kennzahl:**	**Quote der automatisierten Buchungen**				
		2018	**2019**	**2020**	**2021**	**2022**
	Soll	70%	70%	70%	70%	70%
	Ist	66,74%	67,83%	64,65%		
4. Zeitnahe Ausstellung der Mahnung nach Fälligkeit durch monatliche Mahnlauferstellung	**4.1 Kennzahl:**	**Monatliche Mahnung pro Sachgebiet**				
		2018	**2019**	**2020**	**2021**	**2022**
	Soll	neue Kennzahl ab 2021			12	12
	Ist					

Fachspezifische Ausrichtung /Auftragserfüllung						
Ziel						
1. Beibehaltung der Vollstreckungsqualität	1.1 Kennzahl:	Auftragserledigungsquote *				
		2018	2019	2020	2021	2022
	Soll	105%	100%	100%	100%	100%
	Ist	92,99%	98,69%	101,78%		
	*Anmerkung: Eine Erledigungsquote von über 100% wird erzielt, wenn in einem Jahr mehr Aufträge abgearbeitet werden als neu hinzukommen.					
	1.2 Kennzahl:	Zahlungsquote				
		2018	2019	2020	2021	2022
	Soll	80%	80%	80%	80%	80%
	Ist	77%	78,41%	73,48%		

Rechnungsabwicklung in der Gesamtverwaltung (Dieses Ziel nimmt somit Bezug auf die gesamte Kreisverwaltung)						
Wirtschaftliches Handeln (Realisierung von Liquiditäts- und Zinsvorteilen) ohne Gefährdung der Zahlungsmoral	Kennzahl:	Abweichung zwischen Fälligkeit und Zahlung in Tagen.				
		2018	2019	2020	2021	2022
	Soll	0	0	5	5	5
	Ist	8,68	6,9	7,81		
	Anmerkung: Das Fälligkeitsdatum wird bei jedem Buchungsvorgang exakt erfasst. Ist kein Fälligkeitsdatum benannt erfolgt die Berechnung anhand des "Merkblattes Fälligkeiten". Seit 01.07.2016 werden die Regeln gem. Dienstvereinbarung Mittelstandsorientierte Kommunalverwaltung beachtet.					

- **Nr. 4 Hw. § 10 GemHVO – Besondere Veranschlagung von Erträgen bzw. Einzahlungen**
  Die Ansätze aus Erträgen bzw. Einzahlungen (z. B. zweckgebundene Zuweisungen, Beiträge) sind für das betreffende Vorhaben zweckgebunden zu veranschlagen. Erlöse aus dem Verkauf von Vermögensgegenständen und Kapitalrückflüsse sind dem Produktbereich zuzuordnen, in dem sie entstehen.
- **§ 10 Abs. 4 GemHVO – Sicherung der Transparenz der Ressourcen- und Zahlungsmittelabflüsse**
  Für denselben Zweck sollen Aufwendungen und Auszahlungen nicht an verschiedenen Stellen im Haushaltsplan veranschlagt werden. Wird ausnahmsweise anders verfahren, ist auf die Ansätze gegenseitig zu verweisen.
- **§ 11 Satz 1 GemHVO – Verpflichtungsermächtigungen sind in den Teilfinanzhaushalten maßnahmenbezogen zu veranschlagen**
  ausführlich siehe Ziff. 8.4
- **§ 101 HGO i. V. m. § 9 GemHVO – mittelfristige Ergebnis- und Finanzplanung**
  Die Gemeinde hat ihrer Haushaltswirtschaft eine fünfjährige Planung über den Umfang und Zusammensetzung der voraussichtlichen Aufwendungen sowie der Auszahlungen für Investitionen und Investitionsförderungsmaßnahmen und die Deckungsmöglichkeiten anzugeben. Diese mittelfristige Ergebnis- und Finanzplanung ist jährlich der Entwicklung anzupassen und fortzuführen (ausführlich Kap. 12).
- **§ 6 GemHVO – Vorbericht**
  Insbesondere der Vorbericht, der als Pflichtanlage dem Haushaltsplan beizufügen ist (§ 1 Abs. 5 Nr. 1 GemHVO), soll neben dem Überblick über den Stand und die

Entwicklung der Haushaltswirtschaft im Haushaltsjahr unter Einbeziehung der beiden Vorjahre auch einen Ausblick auf wesentliche Veränderungen der Rahmenbedingungen und Entwicklungen innerhalb des Finanzplanungszeitraumes geben (Ziff. 6.6).
Diese „Berichtspflicht" wird sukzessive erweitert; insbesondere ist über folgende Entwicklungen der Gemeindefinanzen im Vorbericht zu berichten[158]:
- In welcher Höhe die Gemeinde im Vorjahr Kredite zur Sicherung der Zahlungsfähigkeit (Liquiditätskredite) in Anspruch genommen hat und
- ob bis zum Jahresende nicht zurückgeführte Liquiditätskredite zurückgeführt werden sollen,
- ob und inwieweit die Verpflichtung nach § 106 Abs. 1 Satz 2 HGO erfüllt werden kann (Aufbau einer Liquiditätsreserve),
- in welchem Umfang flüssige Mittel für Auszahlungen aus der notwendigen Inanspruchnahme von Rückstellungen eingesetzt werden sollen,
- ob und inwieweit im Haushaltsjahr, insbesondere im Zusammenhang mit Förderprogrammen, Investitionskrediten zur Finanzierung von Auszahlungen nach § 3 Abs. 1 Nr. 10 bis 17 GemHVO (konsumtive Zwecke) eingesetzt werden sollen.

Darüber hinaus soll in dem Vorbericht dargestellt werden, welche Auswirkungen sich durch die erwartete Bevölkerungsentwicklung auf die Gemeinde und ihre Einrichtungen voraussichtlich ergeben werden.

- **§ 1 Abs. 5 GemHVO– Anlagen zum Haushaltsplan**
  Darüber hinaus sind auch die weiteren Anlagen zum Haushaltsplan – sowohl die pflichtigen, als auch die freiwilligen[159] – wichtige Instrumente und Informationsquellen zur Lesbarkeit des Haushaltsplanes. Ausführlich hierzu siehe Ziff. 6.6.
  Im Rahmen der Änderung der GemHVO vom 16.12.2016 ist mit dem Finanzstatusbericht eine weitere Pflichtanlage zum Haushaltsplan hinzugekommen, der als Grundlage für das Kommunale Auswertungssystem Hessen (kash) zur Bestimmung bzw. Beurteilung der finanziellen Leistungsfähigkeit der Gemeinden notwendig ist.
- **§ 17 GemHVO – Erläuterungen**
  Mit den Erläuterungen nach § 17 GemHVO wird die Transparenz des Haushalts verbessert und die Beratung in den kommunalen Gremien[160] erleichtert. Auch der Bürger kann bei der Einsichtnahme nach § 97 HGO die Veranschlagungen im Haushalt leichter nachvollziehen. Die Erläuterungen sollen möglichst in knapper Form über die wesentlichen Planungsgrundlagen eines Haushaltsansatzes Auskunft geben (Nr. 2 Hw. zu § 17 GemHVO). Kurz und prägnant gehaltene Erläuterungen erhöhen die Lesbarkeit eines Haushaltsplanes beträchtlich.
  Der Umfang der Erläuterungen in den verschiedenen Haushaltsplänen der Gemeinden kann unterschiedlich sein. Teils werden von den Gemeinden Erläuterungen nur in der Erläuterungsspalte (z. B. Muster 10 zur GemHVO, Teilfinanzhaushalt Spal-

158 Siehe § 6 Abs. 2 GemHVO.
159 Vgl. Nr. 10 Hw. zu § 1 GemHVO.
160 Nach Nr. 6 Hw. zu § 17 GemHVO sind z. B. die Notwendigkeit und die Höhe der Kreis- und Schulumlage im Einzelnen zu erläutern.

te 9) vorgesehen, teils werden freiwillig besondere Anlagen zum Haushaltsplan mit ausführlichen Erläuterungen erstellt.

§ 17 GemHVO unterscheidet in

- **Pflichterläuterungen**, z. B. für Ansätze von Erträgen und Aufwendungen, soweit sie erheblich sind oder von den Ansätzen des Vorjahres erheblich abweichen oder für neue Investitionsmaßnahmen sowie für die Notwendigkeit und Höhe von Verpflichtungsermächtigungen usw.)
- **freiwillige Erläuterungen**, wenn es die Gemeinde für erforderlich hält. Die Beurteilung und Entscheidung in diesen Fällen ist Angelegenheit der Gemeinde.

7.3.3.2 Haushaltswahrheit

Die Aussagefähigkeit und Qualität eines Haushaltsplanes hängen weitgehend von der Richtigkeit und Genauigkeit seiner Haushaltsansätze ab. Das setzt voraus, dass die Gemeinden im Rahmen der Planung und Veranschlagung der Erträge und Aufwendungen sowie Einzahlungen und Auszahlungen größte Sorgfalt walten lassen müssen. Die Forderung des § 10 Abs. 2 letzter Halbsatz GemHVO lautet:

> *„Sie [die Erträge und Aufwendungen sowie die Einzahlungen und Auszahlungen] sind sorgfältig zu schätzen, soweit sie nicht errechenbar sind."*

Mit dieser Forderung nach Sorgfalt ist verbunden, dass es keine Über- und Unterschätzung der Erträge/Einzahlungen und Aufwendungen/Auszahlungen geben soll, d. h. es ist vorsichtig[161] und sachgerecht vorzugehen; insbesondere dürfen keine Scheinansätze gebildet werden, nur um den Haushalt auszugleichen (z. B. fiktive Erträge/ Einzahlungen). In der Umsetzung bedeutet dies:

> *„Dass die Ertrags- und Einzahlungspositionen eher vorsichtig und niedriger, Aufwands- und Auszahlungspositionen ihrerseits vorsichtig, aber in diesem Fall eher im oberen Bereich des Denkbaren angesiedelt werden sollten, ...*"[162]

Nicht explizit angeführt sind in § 10 Abs. 2 GemHVO die Verpflichtungsermächtigungen. Da es sich hier um einen allgemeinen Planungsgrundsatz handelt und die benötigten Verpflichtungsermächtigungen nach § 95 Abs. 2 HGO ebenso im Haushaltsplan zu „planen" und zu veranschlagen sind, gilt diese Vorschrift für die Verpflichtungsermächtigungen entsprechend.

In § 16 Abs. 2 Satz 1 GemHVO sind hingegen für die Veranschlagung von Personalaufwendungen konkrete Vorgaben enthalten. Hiernach richtet sich die Veranschlagung von Personalaufwendungen nur nach den voraussichtlich besetzten Stellen (ausführlich siehe Ziff. 7.3.2.3).

---

161 Das in § 40 Abs. 3 GemHVO verankerte Vorsichtsprinzip kann als ein allgemeingültiger Haushaltsgrundsatz gesehen werden, der ebenso für die Berechnung und Schätzung der Haushaltsansätze Anwendung findet. Vgl. *Rauber* in GemHR Hessen, § 10 GemHVO Rn. 16.

162 *Rauber* in GemHR Hessen, § 10 GemHVO Rn. 17.

Darüber hinaus bietet § 10 Abs. 2 letzter Halbsatz GemHVO zwei Methoden an, um der Forderung nach Haushaltswahrheit gerecht zu werden: **Berechnung oder Schätzung**. Die vorrangige Methode ist die Berechnung der Ansätze. In den gemeindlichen Haushaltsplänen ist die Zahl der Ansätze, die sich exakt oder annähernd genau errechnen lassen, leider in der Minderheit.

Möglichkeiten der weitgehenden Berechnung:
- *Mieten, Pachten,*
- *Vereins- und Versicherungsbeiträge,*
- *Grundsteuer sowie*
- *Zins- und Tilgungsleistungen.*

Beispiele zur weitgehenden Schätzung von Ansätzen:
- *Sozialhilfe,*
- *Gebäudeunterhaltung,*
- *Kfz-Betrieb,*
- *Energieversorgung,*
- *Winterdienst,*
- *Gewerbesteuer,*
- *Friedhofsgebühren.*

Ziel der sorgfältigen Schätzung der Ansätze ist es, die Abweichungen zwischen den veranschlagten Beträgen und den späteren Rechnungsbeträgen so gering wie möglich zu halten. Zu diesem Zweck hat die Gemeinde alle relevanten und validen Hilfsmittel heranzuziehen.

Beispiele für Hilfsmittel:
- *Vorjahresergebnisse und Berücksichtigung der Besonderheiten (Einmaleffekte)*
- *Werte aus der Kosten- und Leistungsrechnung*
- *zu erwartende Veränderungen für das neue Haushaltsjahr*
- *Orientierungsdaten für die Finanzplanung (siehe Ziff. 12.5)*
- *Steuerschätzungen des „Arbeitskreises Steuerschätzungen" (Beirat des Bundesministeriums der Finanzen)*
- *Planungszahlen der Industrie- und Handelskammer, der Handwerkskammern sowie sonstiger regionaler und überregionaler Verbände*
- *eigene und fremde Statistiken und Entwicklungen (insbesondere die individuelle demographische Entwicklung)*

Sofern zukünftig vermehrt über Zielvereinbarungen (Vorgabe von Sach- **und Finanzzielen**) geplant und gesteuert wird, kommt den Ergebnissen der Kosten- und Leistungsrechnung bei der Bemessung des Finanzrahmens (Budgets) eine besondere Bedeutung zu, da hier solide Kennzahlen generiert werden können (z. B. Kosten pro Platz, Kosten pro Produkt, siehe Ziff. 7.3.5.1).

Abschließend ist festzuhalten, dass es trotz genauester Planungen und unter Berücksichtigung aktueller Entwicklungen aus unterschiedlichen Gründen immer zu Abweichungen kommen kann und wird. **Insofern ist dem Grundsatz der Haushaltswahrheit und Klarheit auch dann Rechnung getragen, wenn den Berechnungen und Schätzungen alle zum Zeitpunkt der Erstellung des Haushalts verfügbaren Datenquellen und Erkenntnisse zugrunde gelegt wurden und für einen Dritten schlüssig und nachvollziehbar sind.**

7.3.3.3 Übung

Siehe zu diesem Abschnitt Sachverhalt 13 zu Kap. 7 im Übungsband.

7.3.4 Bruttoprinzip

7.3.4.1 Grundsatz

Die Bruttoveranschlagung steht in enger Verbindung mit dem Grundsatz der Vollständigkeit (Ziff. 7.3.1) sowie der Haushaltswahrheit und Haushaltsklarheit (Ziff. 7.3.3).

Rechtsgrundlage für das Bruttoprinzip im Rahmen der Planung des kommunalen Haushalts ist § 10 Abs. 1 GemHVO, der die Anforderung formuliert, dass die Erträge, Aufwendungen, Einzahlungen und Auszahlungen in voller Höhe **und** getrennt voneinander (demnach brutto[163]) zu veranschlagen sind, soweit nicht etwas anderes bestimmt ist. § 10 Abs. 1 GemHVO gestattet damit nicht, dass Erträge und Aufwendungen, Einzahlungen und Auszahlungen vorab verrechnet und nur noch der Saldo (Differenz) veranschlagt wird.

Dieser Grundsatz gilt nicht nur für die Planung des Haushalts (§ 10 Abs. 1 GemHVO), sondern auch für die kommunale Bilanz nach § 38 Abs. 2 GemHVO. In diesem Zusammenhang wird von dem Saldierungsverbot gesprochen (siehe Ziff. 16.2.8.7). Er gehört zu den nicht mehr wegzudenkenden Prinzipien einer kommunalen Haushaltsführung und bildet die Voraussetzung für die Erreichung des Ziels, den Haushaltsplan vollständig sowie so übersichtlich und klar wie nur möglich zu gestalten. Das Nettoprinzip hingegen – Erlaubnis zur Verrechnung der Erträge mit Aufwendungen und der Einzahlungen mit Auszahlungen – würde den tatsächlichen Haushaltsverlauf verschleiern.

163 Der Begriff „brutto" in diesem Zusammenhang bezieht sich **nicht** auf die steuerrechtliche Sichtweise im Hinblick auf die Umsatzsteuer.

Zur Verdeutlichung des Bruttoprinzips sollen folgende **Beispiele** beitragen, die Veranschlagung erfolgt im Finanzhaushalt nach § 3 Abs. 1 GemHVO:

- *Kauf eines Dienstwagens im Wert von 50.000 €;*
  der alte Dienstwagen wird mit seinem Restbuchwert von 10.000 € in Zahlung genommen.
  Veranschlagung im Finanzhaushalt:
  - *Auszahlung in Höhe von 50.000 € für Investitionen in das Sachanlagevermögen (§ 3 Abs. 1 Nr. 26 GemHVO)*
  - *Einzahlung in Höhe von 10.000 € aus Abgängen von Vermögensgegenständen des Sachanlagevermögens (§ 3 Abs. 1 Nr. 21 GemHVO)*
- *Einrichtung eines naturwissenschaftlichen Klassenraums mit einem Auszahlungsvolumen von 200.000 €; das Land beteiligt sich mit einer zweckgebundenen Zuweisung in Höhe von 100.000 €.*
  Veranschlagung im Finanzhaushalt:
  - *Auszahlung in Höhe von 200.000 € für Investitionen in das Sachanlagevermögen (§ 3 Abs. 1 Nr. 26 GemHVO)*
  - *Einzahlung in Höhe von 100.000 € aus Investitionszuweisungen (§ 3 Abs. 1 Nr. 20 GemHVO)*
- *Kreditaufnahme in Höhe von 1.000.000 €; Auszahlungskurs: 98 %*[164]
  Veranschlagung:
  - *Einzahlung in Höhe von 1.000.000 € (= Rückzahlungsverpflichtung gem. § 41 Abs. 1 GemHVO) aus der Aufnahme von Krediten (§ 3 Abs. 1 Nr. 31 GemHVO)*
  - *Auszahlung in Höhe von 20.000 € für Kapitalbeschaffung/Kreditbeschaffungskosten/Nebenkosten (§ 3 Abs. 1 Nr. 17 GemHVO)*
    Da i. d. R. erst bei der Aufnahme eines Kredits die Entscheidung fällt, welches Angebot am wirtschaftlichsten ist (d. h. mit oder ohne Disagio), veranschlagt die überwiegende Zahl der Gemeinde kein Disagio. Möchte eine Gemeinde allerdings (bewusst) ein Disagio bei der Haushaltsplanung berücksichtigen, wären die entsprechenden Aufwendungen über die Laufzeit im Ergebnishaushalt (§ 2 Abs. 1 Nr. 19, § 45 Abs. 3 GemHVO) zu veranschlagen (siehe ausführlich Sachverhalt 16 zu Kap. 7 und Sachverhalt 3 zu Kap. 9 im Übungsband).

Im Rahmen der Ausführung des Haushalts kann es aber gerade bei der Inzahlungnahme von beweglichen Sachen des Anlagevermögens oder bei Kreditaufnahmen mit Disagio zu **Aufrechnungen von Forderungen und Verbindlichkeiten** (§ 387 BGB) zwischen den Geschäftspartnern kommen. Es handelt sich hier um rein **kassentechnische Verrechnungen**, die im allgemeinen Geschäftsverkehr üblich und durch § 16

164 Der Fokus bei diesem Beispiel liegt bei dem Bruttoprinzip bezogen auf die Kreditaufnahme. Nach dem Grundsatz der Vollständigkeit wären hier noch Zinsen (im Ergebnis- und Finanzhaushalt) und Tilgung (nur im Finanzhaushalt) zu veranschlagen. Siehe hierzu Sachverhalt 3 zu Kap. 9 im Übungsband.

Abs. 1 Satz 2 GemKVO gedeckt sind. Insofern handelt sich hier um typische kassenrechtliche Aufrechnungen von Forderungen und Verbindlichkeiten, die das Bruttoprinzip im Rahmen der Veranschlagung gemäß § 10 Abs. 1 GemHVO **nicht** berühren und damit keine Auswirkung auf die äußere Gestaltung des Haushaltsplanes haben.

7.3.4.2 Besonderheiten zum Bruttoprinzip

- **Rabatte, Preisnachlässe und Skontierungen**
  Zu beachten ist, dass Skontogewährungen, Rabatte und ähnliche Abzüge nicht als Erträge bzw. Einzahlungen zu Gunsten der Gemeinde anzusehen sind; sie verringern vielmehr den jeweiligen Kaufpreis und damit die Auszahlungen. Dies verdeutlicht auch Nr. 1 Hw. zu § 41 GemHVO, wonach bei der Ermittlung der Wertansätze für erworbene Vermögensgegenstände des Anlage- und Umlaufvermögens Skonto und Rabatte als **„Anschaffungskostenminderungen“** dargestellt sind (Ziff. 16.2.5).
  Skonto, Preisnachlässe und Rabatte sind nur dann im **Rahmen der Veranschlagung** zu beachten, sofern diese Anschaffungskostenminderungen im Vorfeld, d. h. bei der Planung bereits verbindlich sind, wie z. B. feststehende Behördenrabatte.
  Im allgemeinen Geschäftsverkehr ist es aber üblich, dass Rabatte erst im Rahmen der konkreten Verkaufsverhandlungen und Skonto erst bei Bezahlung der Rechnung wirksam werden. Diese Anschaffungskostenminderungen sind aber bei der Planung in der Regel nicht bekannt, so dass auch hier „brutto“ zu veranschlagen ist. Hinsichtlich der buchungstechnischen Behandlung von nachträglich gewährten Skonti, Rabatten und sonstigen Preisnachlässen wird auf Ziff. 15.6.8 verwiesen.[165]
- **Unternehmerische Tätigkeit**
  Mit der Anwendung des EU-Rechts zum 1.1.2023 gibt es das Konstrukt des Betriebes gewerblicher Art (BgA) für die juristischen Personen des öffentlich Recht nicht mehr.[166] Nunmehr ist § 2 UStG anzuwenden, wonach von einer allgemeinen Unternehmereigenschaft – auch für juristische Personen des öffentlichen Rechts – auszugehen ist. Hingegen regelt § 2b UStG die Ausnahmetatbestände von der allgemeinen Unternehmereigenschaft. Hiernach gelten die juristischen Personen **nicht** als Unternehmer i. S. v. § 2 UStG, soweit sie Tätigkeiten ausüben, die ihnen im Rahmen der öffentlichen Gewalt obliegen, auch wenn sie im Zusammenhang mit diesen Tätigkeiten Zölle, Beiträge oder sonstige Abgaben erheben. § 2b Satz 1 UStG gilt nicht, sofern eine Behandlung als Nichtunternehmer zu größeren Wettbewerbsverzerrungen führen würde.[167]

165 Werden Rabatte, Skonti und sonstige Preisnachlässe nachträglich gewährt, wird zunächst das Aufwands- bzw. Bilanzkonto mit dem vollen Wert belastet. Anschließend erfolgt die Berichtigungsbuchung.

166 § 2 Abs. 3 UStG ist weggefallen, siehe Ziff. 15.6.2.

167 Die Antwort auf die Frage, wann eine solche anzunehmen ist, befindet sich derzeit noch sehr im Fluss. Auch Rechtsprechung zu Einzelfragen liegt noch nicht vor. Da muss eine Vertiefung dieser Thematik einer der folgenden Auflagen vorbehalten sein.

Der Deutsche Bundestag hat in der 2./3. Lesung am 2.12.2022 im Rahmen des Jahressteuergesetzes 2022 eine weitere Verlängerung der Übergangsfrist für die Umsatzbesteuerung der öffentlichen Hand (Optionsfrist zu § 2b UStG) bis zum 31.12.2024 beschlossen. Für Kommunen, die diese Fristverlängerung in Anspruch nehmen, gelten die geänderten Übergangsregelungen nach § 27 Abs. 22a UStG.[168] Sofern eine Gemeinde Unternehmer i. S. v. § 2 UStG ist (z. B. Schwimmbäder, Parkhäuser, Messehallen u. Ä.), und somit umsatzsteuerpflichtig wird, ist bei der Veranschlagung Folgendes zu beachten:

- Weder die Umsatzsteuer noch die Vorsteuer sind Aufwand und Ertrag, d. h. es erfolgt keine Veranschlagung im Ergebnishaushalt. Insofern findet bei den Aufwendungen (z. B. Instandhaltungen) und Erträgen (Gebühren) eine Art Nettoveranschlagung statt.[169]
- Dies gilt ebenso für die Veranschlagung von investiven Maßnahmen (z. B. Baumaßnahmen, Beschaffungen); hier sind nur die Anschaffungs- und Herstellungskosten netto (also ohne Umsatzsteuer) im Teilfinanzhaushalt bereit zu stellen (siehe Nr. 4 Hw. zu § 41 GemHVO).
- Es erfolgt auch keine separate Veranschlagung der Mehrwertsteuer und der Vorsteuerbeträge im Finanzhaushalt der Gemeinde, da es sich hier um durchlaufende Zahlungsmittel (haushaltsunwirksame Vorgänge) nach § 15 Abs. 1 GemHVO handelt, siehe auch Ziff. 7.3.1.3.

In der Finanzrechnung allerdings sind die Vor- und Umsatzsteuer als haushaltsunwirksame Vorgänge **zu buchen** bzw. zu dokumentieren (§ 47 Abs. 1 Nrn. 35 und 36 GemHVO) und zu den Zahlungsterminen mit dem Finanzamt abzurechnen (Umsatzsteuervoranmeldung nach § 18 UStG). Hinsichtlich der buchungstechnischen Behandlung wird auf Ziff. 15.6.2 verwiesen.

168 Siehe BT-Drs. 20/4729.

169 Stellt die Gemeinde, die unternehmerisch i. S. v. § 2 UStG tätig wird, z. B. Rechnungen oder Gebührenbescheide im Volumen von 238.000 € aus, die Umsatzsteueranteile zum Steuersatz von 19 % enthalten, so sind als Ertrag nur 200.000 € zu berücksichtigen. Beim Restbetrag von 38.000 € handelt es sich um die in Rechnung gestellte Umsatzsteuer, die zum nächsten Steuertermin an das Finanzamt abzuführen ist. Insofern wird dieser Betrag als erfolgsneutrale Verbindlichkeit gegenüber dem Finanzamt behandelt.

7.3.4.3 Ausnahmen zum Bruttoprinzip

Der Grundsatz der Bruttoveranschlagung wird durch einzelne Vorschriften der HGO und der GemHVO durchbrochen. Im Folgenden werden die Ausnahmen aufgeführt:

Ausnahmen vom Bruttoprinzip	
Ergebnisse der Eigenbetriebe und kommunalen Einrichtungen, für die aufgrund gesetzlicher Vorschriften Sonderrechnungen geführt werden (§§ 115, 121 ff. und 126a HGO), siehe auch Kap. 21	Rückzahlung von Abgaben, abgabenähnlichen Erträgen und allgemeinen Zuweisungen (§ 16 Abs. 1 GemHVO)

- Als Ausnahme vom Bruttoprinzip gilt die **Behandlung der Ergebnisse der Eigenbetriebe, der Anstalten des öffentlichen Rechts und der kommunalen Einrichtungen, für die auf Grund gesetzlicher Vorschriften Sonderrechnungen geführt werden** sowie der **Unternehmen, an denen die Gemeinde beteiligt ist** (siehe Kap. 21).
  Diese Wirtschaftsbetriebe richten ihre Wirtschaftsführung nach besonderen Vorschriften aus. In diesem Zusammenhang siehe §§ 115, 121 ff. und 126a HGO.
  Wie bereits im Rahmen des Grundsatzes der Einheit (Ziff. 7.3.1.6) ausgeführt, werden bestimmte kommunale Sondervermögen außerhalb des Haushalts abgewickelt (z. B. Eigenbetriebe, eigenbetriebsähnliche Einrichtungen, rechtlich selbstständige Stiftungen, Anstalten des öffentlichen Rechts, Eigen- und Beteiligungsgesellschaften). Insoweit tritt an die Stelle einer getrennten Veranschlagung von Ressourcen- und Zahlungsmittelbewegungen die Übernahme des wirtschaftlichen Ergebnisses (Gewinnabführung an den Gemeindehaushalt [Ertrag/Einzahlung] oder Zuschuss der Gemeinde zur Deckung von Verlusten [Aufwendungen/Auszahlungen]).[170] Es handelt sich hierbei um „Netto-Beträge" (Saldo zwischen Erträgen und Aufwendungen). Um Details über das Entstehen oder die Zusammensetzung dieser „Netto-Beträge" zu erfahren, sind Einblicke in die jeweiligen Sonderrechnungen erforderlich.
- § 16 Abs. 1 GemHVO regelt eine weitere Ausnahme vom Prinzip der Bruttoveranschlagung. Er bestimmt, dass **Abgaben, abgabeähnliche Erträge und allgemeine Zuweisungen**, die die Gemeinde zurückzuzahlen hat, nicht als außerordentliche Aufwendungen zu veranschlagen sind, sondern von den Erträgen abgesetzt werden **müssen**, auch wenn sie sich auf Erträge aus Vorjahren beziehen. Dies gilt entsprechend auch für geleistete Umlagen, die **an die Gemeinde zurückgezahlt** werden. Für die Veranschlagung folgt daraus, dass in diesen Fällen nur der Betrag zu veranschlagen ist, der nach Abzug der vorhersehbaren und gerade bei Abgaben häufigen Rückzahlungen als voraussichtlicher (geminderter) Gesamtertrag verbleibt.

170 Vgl. *Rauber* in GemHR Hessen, § 10 GemHVO Rn. 11. Somit wird auch der Trennung von allgemeinem und Sondervermögen der Gemeinde Rechnung getragen (§ 115 Abs. 2 und 4 HGO).

Dies ist der korrekten Ausweisung der Zahlungsmittelflüsse für die Zwecke der Finanzstatistik und des Finanzausgleichs geschuldet (vgl. Hw. zu § 16 GemHVO und Ziff. 7.3.2.4).[171]
Zu den **Abgaben** im Sinne des § 16 Abs. 1 GemHVO gehören Steuern, Verwaltungsgebühren, Benutzungsgebühren und öffentlich-rechtliche Beiträge (siehe § 1 Abs. 1 KAG und Ziff. 2.2). Zu den **abgabeähnlichen Entgelten** im Sinne des § 16 Abs. 1 GemHVO zählen die den Gebühren nahestehenden Erträge auf privatrechtlicher Basis (z. B. Eintrittsgelder). Die **allgemeinen Zuweisungen sind Zuweisungen** des Bundes, des Landes, einer Gemeinde oder eines Gemeindeverbandes, die der Gemeinde **ohne Bindung** an einen bestimmten Verwendungszweck zufließen und über deren Verwendung sie auch selbst entscheiden kann, z. B. Schlüsselzuweisungen.[172]
In der Praxis kann es unter Umständen dazu kommen, dass Rückzahlungen die erwarteten Erträge übersteigen. Die Regelung des § 16 Abs. 1 GemHVO führt dann dazu, dass bei Voraussehbarkeit dieser Situation im Haushalt **ein negativer Ertragsansatz** zu bilden ist. Eine Veranschlagung der Differenz als **Aufwendung** ist unzulässig.[173]

7.3.4.4 Übungen

Siehe zu diesem Abschnitt Sachverhalte 14 bis 16 zu Kap. 7 im Übungsband.

7.3.5 Einzelveranschlagung

7.3.5.1 Grundsatz der Einzelveranschlagung

Der Grundsatz der Einzelveranschlagung lässt sich aus den Vorschriften der GemHVO nicht mehr so deutlich und stringent – wenn überhaupt noch – herauslesen, wie aus § 7 Abs. 3 der aufgehobenen GemHVO-Vwbuchfg 2009.[174] Lediglich in § 10 Abs. 1 GemHVO wird von einer „getrennten“ Veranschlagung von Erträgen, Aufwendungen, Einzahlungen und Auszahlungen gesprochen. Weiterhin befindet sich in Nr. 2 Hw. zu § 10 GemHVO eine Aussage dahingehend, dass für Vorhaben, für die Investitionszuweisungen des Landes/des Bundes oder der EU beantragt werden, entsprechend den Förderungsanträgen eine **getrennte Veranschlagung** erfolgen soll und diese zweck-

171 Vgl. auch *Rauber* in GemHR Hessen, § 16 GemHVO Rn. 2.
172 Vgl. auch *Rauber* in GemHR Hessen, § 16 GemHVO Rn. 4.
173 Damit wird sichergestellt, dass das tatsächliche Steueraufkommen (in diesem Fall ein Negativbetrag bei den Berechnungen des Kommunalen Finanzausgleichs berücksichtigt wird – siehe Satz 2 Hw. zu § 16 GemHVO.
174 § 7 Abs. 3 der aufgehobenen GemHVO-Vwbuchfg 2009 beinhaltete die Forderung, dass Einnahmen einzeln nach ihrem Entstehungsgrund, die Ausgaben nach Einzelzwecken zu veranschlagen sind.

gebundenen Einzahlungen bei dem betreffenden Vorhaben zu veranschlagen sind, Nr. 4 Satz 1 Hw. zu § 10 GemHVO. Ebenso sind Erlöse aus dem Verkauf von Vermögensgegenständen und Kapitalrückflüssen in dem Produktbereich zu veranschlagen, in dem sie entstehen, Nr. 4 Satz 2 Hw. zu § 10 GemHVO. Darüber hinaus kann je nach Bedeutung und Umfang eine Trennung bei gleichartigen Maßnahmen (z. B. Neubau der Gesamtschule A, Neubau der Gesamtschule B) vorgenommen werden, allerdings nicht durch eine weitergehende Differenzierung der Ertrags- und Aufwendungsarten bzw. der Einzahlungs- und Auszahlungsarten, sondern durch eine weitere Unterteilung der Produktgruppen in Produkte. Nach Nr. 3 Hw. zu § 10 GemHVO sollten im Übrigen gleichartige Maßnahmen nach Möglichkeit im Interesse der Übersichtlichkeit zusammengefasst werden.

Daraus lässt sich schließen, dass der hessische Verordnungsgeber für die Haushaltswirtschaft nach den Grundsätzen der doppelten Buchführung **bei der Veranschlagung** auf eine differenzierte, ausführliche Darstellung der Erträge und Aufwendungen sowie der Einzahlungen und Auszahlungen, z. B. auf der Basis des KVKR, verzichtet.[175] Dies deckt sich mit den Zielsetzungen des NKRS, wonach

- die Steuerung der Kommunalverwaltungen durch die Vorgabe von Zielen für die kommunalen Dienstleistungen (Output-orientiert) erfolgen soll und
- die Haushaltsinformationen sinnvoll strukturiert werden sollen, um vor allem die Übersichtlichkeit des Haushalts zu verbessern (siehe Ziff. 7.3.3).

Deutlich wird dies auch aus der Formulierung in § 4 Abs. 1 GemHVO. Hiernach sind in den **Teilhaushalten** – unabhängig von ihrer Tiefengliederung in Produktbereiche, Produktgruppen oder Produkte – auch immer die „**Gesamt**"beträge der Erträge und Aufwendungen bzw. der Einzahlungen und Auszahlungen für Investitionstätigkeit je Produktgruppe und Produktbereich zusammengefasst darzustellen.[176] Diese Forderungen müssten auch auf die Darstellung der Einzahlungen und Auszahlungen aus **Finanzierungstätigkeit** ausgedehnt werden, soweit diese nicht zentral veranschlagt werden.[177] Insofern bedarf es noch einer Klarstellung durch den Verordnungsgeber.

---

175 Im Rahmen der **Ausführung des Haushaltsplanes** (Buchführung) müssen die Bestimmungen der §§ 32 ff. GemHVO beachtet werden. Hiernach ist nach § 33 Abs. 4 GemHVO der Buchführung ein Kontenplan zugrunde zu legen, der aus dem verbindlichen KVKR zu entwickeln ist. Demgemäß sind die Erträge, Aufwendungen, Einzahlungen und Auszahlungen nach dem Grundsatz der Richtigkeit, Willkürfreiheit und Verständlichkeit sehr detailliert auf die entsprechenden Konten zu buchen (siehe Kap. 17 und 18).

176 Vgl. Nr. 7 Hw. zu § 4 GemHVO.

177 Nr. 12 Hw. zu § 4 GemHVO widerspricht dem Verordnungstext in § 4 Abs. 4 und 5 GemHVO, da nach diesem Hinweis eine dezentrale Veranschlagung von Einzahlungen und Auszahlungen aus Finanzierungstätigkeit wegen des Gesamtdeckungsprinzips nicht zulässig sei. Problematik hierzu siehe Ziff. 6.5.2.4.2.

Bei der Neugestaltung des Haushalts mit Ausrichtung auf die Output-Orientierung rücken vielmehr die Produkte und die produktorientierten Ziele sowie die Kennzahlen zur Zielerreichung in den Vordergrund der Beratungen und Entscheidungen. Dem trägt der Verordnungsgeber in der Weise Rechnung, dass in den Teilhaushalten je nach örtlichem Steuerungsbedürfnis zumindest für die **wesentlichen Produkte** Leistungsziele/produktorientierte Ziele sowie Kennzahlen bestimmt werden sollen, siehe § 4 Abs. 2 und § 10 Abs. 3 GemHVO (Ziff. 7.3.3).

An dieser Stelle muss angemerkt werden, dass sich **in der Praxis die Planung** des Ergebnishaushalts/Teilergebnishaushalts meist noch auf der Basis einzelner Konten vollzieht, da solide Kennzahlen (z. B. Kosten pro Platz), die für die Ermittlung von Budgetwerten bzw. Budgetrahmen Voraussetzung sind, derzeit noch nicht oder nicht vollständig vorhanden sind. Insofern fallen die Planungsebene und die Darstellungsebene des Haushaltsplanes auseinander (siehe Ziff. 6.5.2.4.1). Erst wenn die Informationen der Kosten- und Leistungsrechnung über mehrere Jahre ausgewertet und analysiert sind (und damit verlässliche Kennzahlen vorliegen), ist der Grundstein für die Aufstellung eines Haushalts im Wege des Output-orientierten Budgetierungsverfahrens gelegt.[178]

- **Einzelveranschlagung im Ergebnishaushalt und Teilergebnishaushalt**
  Der **Ergebnishaushalt** stellt eine „Absummierung“ oder „Aufrechnung“ aller Teilergebnishaushalte dar. Eine direkte Veranschlagung im Sinne von Planung des Ressourcenaufkommens und des Ressourcenverbrauchs findet hier nicht statt. Für die Darstellung und Tiefenausprägung der Aufwendungen und Erträge des Ergebnishaushalts ist § 2 GemHVO i. V. m. Muster 7 zur GemHVO zu beachten (siehe Ziff. 6.5.1.1).
  Die **Teilergebnishaushalte** stellen eine Untergliederung des Ergebnishaushalts dar. Ihnen kommt eine besondere Bedeutung bei den Beratungen und Entscheidungen über den Haushaltsplan zu. Sie **müssen** im Hinblick auf den Grundsatz der Einzelveranschlagung die in § 2 Abs. 1 GemHVO vorgegebene **Mindestgliederung** aufweisen.[179] Bei dieser Mindestgliederung handelt es sich um Ertrags- und Aufwands**arten**, die nach sachlichen Gesichtspunkten zu Ertrags- und Aufwands**gruppen** (Ertrags- und Aufwandspositionen) zusammengefasst (aggregiert) werden.

178 Vgl. *Schwarting*, Den kommunalen Haushaltsplan – kameral und doppisch – richtig lesen und verstehen, Kap. IV.2 und Schaubild 47.

179 Vgl. Nr. 8 Hw. zu § 4 GemHVO.

Außerdem besteht die Verpflichtung, die Erlöse und Kosten aus internen Leistungsbeziehungen abzubilden (§ 4 Abs. 3 i. V. m. Nr. 8 Hw. GemHVO). Die äußere Gestaltung des Teilergebnishaushalts hinsichtlich der Darstellung der Erträge, Aufwendungen, Erlöse und Kosten ist durch Muster 9 zur GemHVO verbindlich vorgegeben. Darüber hinaus gibt es keine konkreten Vorgaben, so dass sich in der Praxis unterschiedliche Darstellungsformen – insbesondere im Hinblick auf die Darstellung und Formulierung (und auch der Qualität) der produktorientierten Ziele und der Kennzahlen zur Zielerreichung – entwickelt haben (siehe auch Teilhaushalt des Landkreises Gießen mit kennzahlengestütztem Zielsystem einer Balanced Scorecard, Ziff. 7.3.3.1).

Wie oben bereits ausgeführt, stellt die Struktur des § 2 Abs. 1 GemHVO eine **Mindestgliederung** dar, wobei folgendes auftreten kann bzw. zu beachten ist:

- Eine Position, die mehrjährig keinen Betrag aufweist, kann entfallen.[180]
- Grundsätzlich können **weitergehende Differenzierungen** bei den im Teilergebnishaushalt relevanten Ertrags- und Aufwandspositionen vorgenommen werden.[181] Zur grundsätzlichen Problematik des Inhaltes des Teilergebnishaushalts wird auf Ziff. 6.5.2.4.1 verwiesen.
- Es ist demnach z. B. **unzulässig**, die Personalaufwendungen und die Versorgungsaufwendungen zusammenzufassen.

180 Vgl. Nr. 8 Satz 2 Hw. zu § 4 GemHVO und Fußnote 1 zum Muster 9 der GemHVO.

181 Je stärker eine Gemeinde in der Darstellung ihrer Teilergebnishaushalte die Aufwands- und Ertragspositionen ausdifferenziert, desto mehr entfernt sie sich von dem skizzierten Leitbild des Gesetzgebers (Führen und Steuern über Zielvereinbarungen, Output-Orientierung), siehe Ziff. 6.5.2.4.1.

Fiktives Beispiel für einen Teilergebnishaushalt; es werden nur die für den Teilergebnishaushalt überwiegend relevanten Ertrags- und Aufwandspositionen dargestellt:

Produktbereich: Muster 9
Produktgruppe: Teilergebnishaushalt zu § 4 Abs. 3
– Euro –

Nr.[182]	Konten	Bezeichnung	Haushaltsansatz 2024	Haushaltsansatz 2023	Ergebnis des Jahresabschlusses 2022
1	2	3	4	5	6
		Ordentliche Erträge			
1	50	Privatrechtliche Leistungsentgelte			
2	51	Öffentlich-rechtliche Leistungsentgelte			
4	52	Bestandsveränderungen und aktivierte Eigenleistungen			
6	547	Erträge aus Transferleistungen			
7	540–543	Erträge aus Zuweisungen und Zuschüssen für laufende Zwecke und allgemeine Umlagen			
9	53	Sonstige Erträge			
10		**Summe der ordentlichen Erträge**			
		Ordentliche Aufwendungen			
11	62,63, 640 …	Personalaufwendungen			
12	644–646	Versorgungsaufwendungen			
13	60,61, 67–…	Aufwendungen für Sach- und Dienstleistungen			
14	66	Abschreibungen			
15	71	Aufwendungen. f. Zuweisungen und Zuschüsse sowie besondere Finanzaufwendungen			
17	72	Transferaufwendungen			
19		**Summe der ordentlichen Aufwendungen**			
20		**Verwaltungsergebnis**			
21	56,57	Finanzerträge			
22	77	Zinsen und ähnliche Aufwendungen			
23		**Finanzergebnis**			
26		**Ordentliches Ergebnis (Verwaltungs- und Finanzergebnis)**			
27	59	Außerordentlicher Ertrag			
28	79	Außerordentlicher Aufwand			
29		**Außerordentliches Ergebnis**			
		Jahresergebnis vor internen Leistungsbeziehungen (ordentliches Ergebnis und außerordentliches Ergebnis)			
		Erlöse aus internen Leistungsbeziehungen			
		Kosten aus internen Leistungsbeziehungen			
		Ergebnis der internen Leistungsbeziehungen			
		Jahresergebnis nach internen Leistungsbeziehungen			

In diesem fiktiven Teilergebnishaushalt werden nicht alle Ertrags- und Aufwandspositionen nach § 2 Abs. 1 angegeben; daher keine fortlaufende Nummerierung in der Spalte 1.

182 Die Angabe der Nummerierung in dieser Spalte (Spalte 1) des Vordrucks ergibt sich aus dem Muster 7 zur GemHVO, Ergebnishaushalt.

- **Einzelveranschlagung im Finanzhaushalt und Teilfinanzhaushalt**
  Für die Darstellung und Tiefenausprägung der Einzahlungen und Auszahlungen ist
  - für den Finanzhaushalt § 3 Abs. 1 i. V. m. Muster 8 zur GemHVO und
  - für die Finanzrechnung § 47 Abs. 1 i. V. m. Muster 15 zur GemHVO

  zu beachten (siehe Ziff. 6.5.1.2 und Kap. 18).

  Der Grundsatz der Einzelveranschlagung entfaltet in den **Teilfinanzhaushalten** dahingehend seine Wirkung, dass nur die
  - Einzahlungen und Auszahlungen für Investitionen und Investitionsförderungsmaßnahmen (= Investitionstätigkeit) sowie
  - die Einzahlungen und Auszahlungen aus Finanzierungstätigkeit

  dargestellt bzw. veranschlagt werden. **Nicht** in den Teilfinanzhaushalten enthalten sind die Einzahlungen und Auszahlungen aus der laufenden Verwaltungstätigkeit.
  In den Teilfinanzhaushalten der Produktbereiche 01 bis 15 sind die Einzahlungen und Auszahlungen aus Investitionstätigkeit und sofern die Einzahlungen und Auszahlungen aus Finanzierungstätigkeit **nicht zentral veranschlagt** werden, auch diese mindestens nach den Vorgaben des § 3 Abs. 1 GemHVO zu gliedern (siehe hierzu § 4 Abs. 4 GemHVO). Sofern die Einzahlungen und Auszahlungen aus Finanzierungstätigkeit nicht (oder nur teilweise) in den Produktbereichen 01 bis 15 veranschlagt werden, sind sie (zentral) im Teilfinanzhaushalt des Produktbereichs 16 zu veranschlagen.
  Gewährt das Land Hessen der Gemeinde zweckgebundene Zuweisungen für einzelne Investitionen (z. B. nach § 48 HFAG) sind die mit dem Vorhaben zusammenhängenden Einzahlungen in dem Teilfinanzhaushalt nachzuweisen, in welchem die Investitionsauszahlungen veranschlagt sind. Dies gilt entsprechend für Zuwendungen anderer Zuwendungsgeber, die zur Förderung von investiven Projekten bewilligt werden.
  In diesem Kontext ist auch Nr. 3 Hw. zu § 10 GemHVO zu sehen, wonach gleichartige Maßnahmen nach Möglichkeit – und sofern eine getrennte Veranschlagung aufgrund der Bedeutung und des Umfangs nicht erforderlich ist – im Interesse der Übersichtlichkeit zusammengefasst werden sollten. Allerdings kann in Einzelfällen eine getrennte Veranschlagung geboten sein, z. B. dann, wenn für Investitionsvorhaben getrennte Investitionszuweisungen des Landes/des Bundes oder der EU beantragt werden (Nr. 2 Hw. zu § 10 GemHVO).
  Folgende Darstellung soll die Mindestgliederungsvorgaben des Teilfinanzhaushaltes verdeutlichen:

Beispiel für einen Teilfinanzhaushalt

Produktbereich: Teilfinanzhaushalt Muster 10
Produktgruppe: - Euro - § 4 Abs. 4

Nr.	Bezeichnung	Haushaltsansatz			Ergebnis des Jahresabschlusses	Investitions- und Investitionsförderungsmaßnahmen		Erläuterungen
		2024	VE	2023	2022	Gesamtauszahlungsbedarf	davon bisher bereitgestellt	
1	2	3	4	5	6	7	8	9
	Einzahlungen aus Investitionstätigkeit – Einzahlungen aus Investitionszuweisungen und –zuschüssen sowie aus Investitionsbeiträgen – Einzahlungen aus Abgängen von Vermögensgegenständen des Sachanlagevermögens und des immateriellen Anlagevermögens – Einzahlungen aus Abgängen von Vermögensgegenständen des Finanzanlagevermögens Einzahlungen aus Finanzierungstätigkeit – Einzahlungen aus der Aufnahme von Krediten und wirtschaftlich vergleichbaren Vorgängen für Investitionen							
	Summe							
	Auszahlungen aus Investitionstätigkeit – Auszahlungen für den Erwerb von Grundstücken und Gebäuden – Auszahlungen für Baumaßnahmen – Auszahlungen für Investitionen in das sonstige Sachanlagevermögen und immaterielle Anlagevermögen – Auszahlung für Investitionen in das Finanzanlagevermögen Auszahlungen aus Finanzierungstätigkeit – Auszahlungen für die Tilgung von Krediten und wirtschaftlich vergleichbaren Vorgängen für Investitionen							
	Summe							
	Saldo (Einzahlungen ./. Auszahlungen)							

Die Gliederungstiefe im Teilfinanzhaushalt bei den **Ein- und Auszahlungen** aus Investitions- und Finanzierungstätigkeit orientiert sich an den Vorgaben des § 3 Abs. 1 Nr. 20 bis 27 sowie Nr. 31 und 32 GemHVO.

In der Praxis sind viele Kommunen dazu übergegangen, unmittelbar im Anschluss an den jeweiligen Teilfinanzhaushalt die Auszahlungsposition „**Auszahlungen für Investitionen in das sonstige Sachanlagevermögen und immaterielle Anlagevermögen**" detaillierter aufzuschlüsseln, z. B. in

- Auszahlungen für aktivierte Investitionszuweisungen und -zuschüsse (sog. Investitionsförderungsmaßnahmen) und sonstige immaterielle Anlagevermögen und
- Auszahlungen für Investitionen in das bewegliche Sachanlagevermögen

Dies wird nachvollziehbar damit begründet, dass hierdurch die Beratungen und Entscheidungen über den Haushalt erleichtert werden (siehe hierzu auch Ziff. 6.5.2.4.2). Sofern Teilfinanzhaushalte nur auf der Ebene des Produktbereichs gebildet werden, kann auch hier – mit der gleichen Begründung – im Anschluss eine differenzierte Darstellung der Einzelmaßnahmen erfolgen, z. B.:

Beispiel Kreisstraßen:	*Neubau Brücke Franziskusstraße*
	Ausbau Bahnhofstraße
	Ausbau Graffweg
	Verkehrsbeschilderung Neuanlagen 2024
Beispiel Grundschulen:	*Otto-Dönges-Schule Nidda*
	Kurt-Moosdorf-Schule Echzell
	...

In diesem Zusammenhang ist der Bezug zu § 11 Satz 1 GemHVO herzustellen, wonach in den Teilfinanzhaushalten die Verpflichtungsermächtigungen maßnahmenbezogen zu veranschlagen sind (siehe Spalte 4 des Musters Teilfinanzhaushalt). Unter Umständen ist aber auch hier eine Zusammenfassung/Verdichtung im Rahmen der Veranschlagung der Verpflichtungsermächtigungen möglich, und zwar können Verpflichtungsermächtigungen für Investitionen unterhalb einer von der Gemeindevertretung bestimmten Wertgrenze zusammengefasst ausgewiesen werden (siehe Ziff. 8.4).

7.3.5.2 Ausnahmen zur Einzelveranschlagung

Eine Ausnahme vom Grundsatz der Einzelveranschlagung bilden die **Verfügungsmittel** nach § 13 GemHVO. Es handelt sich hier um Mittel für dienstliche Zwecke, für die keine zweckbezogenen Aufwendungen veranschlagt sind (Nr. 1 Hw. zu § 13 und § 58 Nr. 38GemHVO). Umgangssprachlich wird hier von sogenannten „zweckfreien Ansätzen„ gesprochen, da sie

- zum einen losgelöst von der Produktorientierung (nach § 4 Abs. 2 GemHVO) für alle Bereiche und

- zum anderen losgelöst von der Kategorisierung der Aufwendungen (nach § 2 Abs. 1 GemHVO) für alle Aufwandsarten (z. B. Sach- und Dienstaufwendungen oder Transferaufwendungen)

verwendet werden können.

Nach § 13 GemHVO **sind** Verfügungsmittel für den Vorsitzenden der Gemeindevertretung zu veranschlagen[183], während **entweder** dem Bürgermeister **oder** dem Gemeindevorstand Verfügungsmittel für dienstliche Zwecke zur Verfügung gestellt werden **können**. Eine Verpflichtung zur Veranschlagung besteht damit nur für die Verfügungsmittel des Vorsitzenden der Gemeindevertretung. Des Weiteren geht hieraus eindeutig hervor, dass die Veranschlagung von Verfügungsmitteln zu Gunsten von Ortsbeiräten, Kinder-, Jugend-, Senioren- oder Ausländerbeiräten **haushaltsrechtlich ausgeschlossen** ist.[184]

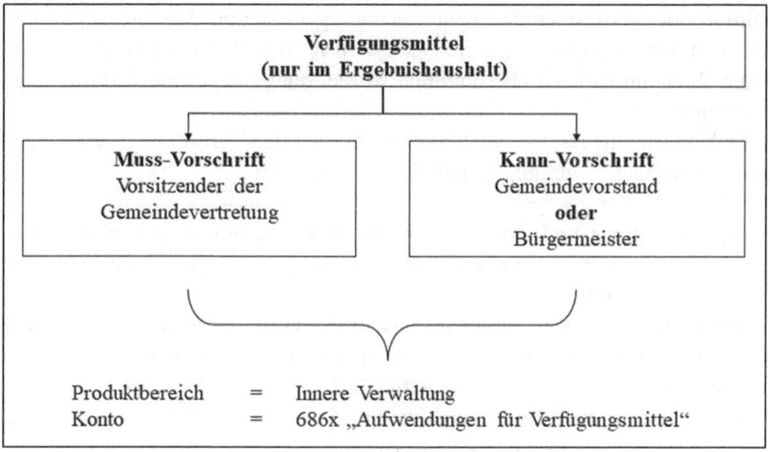

Das Recht der Verfügung über die Verfügungsmittel ist auf den Vorsitzenden der Gemeindevertretung einerseits und **entweder** auf den Gemeindevorstand als Organ **oder** den Bürgermeister als Person andererseits beschränkt, und zwar können solche Aufwendungen, die z. B. der Repräsentation dienen[185] und für die anderweitig **keine zweckbezogenen Aufwendungen** veranschlagt sind, aus diesen Haushaltsansätzen bestritten werden. Sollten allerdings zweckbezogene Aufwendungen im jeweiligen Haushaltsplan vorhanden sein, ist die Inanspruchnahme der Verfügungsmittel hierfür ausdrücklich versagt (Nr. 2 Hw. zu § 13 GemHVO).

183 Vgl. Nr. 3 Hw. zu § 13 GemHVO. Für die Erledigung/Wahrnehmung seiner Aufgaben sind dem Vorsitzenden der Gemeindevertretung gemäß § 57 Abs. 5 HGO die erforderlichen Mittel zur Verfügung zu stellen.

184 Vgl. *Rauber* in GemHR Hessen, § 13 GemHVO Rn. 4.

185 Dienstliche Zwecke sind ausnahmslos solche, die einen Bezug zur Dienstausübung in Gestalt von Repräsentation und Öffentlichkeitsarbeit haben. Damit ist die Verwendung für Wahlkampfzwecke ausgeschlossen. Vgl. BVerfGE 44, 125 ff. sowie *Rauber* in GemHR Hessen, § 13 GemHVO Rn. 5.

Diese Regelung ist allerdings kritisch zu hinterfragen. In der Kommentierung von Amerkamp/Kröckel/Rauber zum Gemeindehaushaltsrecht Hessen, Erl. zu § 13 GemHVO, Rn. 4, wird ausgeführt, dass die Gemeinde sowohl Verfügungsmittel als auch Mittel für Repräsentationen und Öffentlichkeitsarbeit veranschlagen darf. „Macht die Gemeinde jedoch von dieser Möglichkeit Gebrauch, ist zu beachten, dass die Verfügungsmittel insoweit nicht herangezogen werden dürfen, als für diese Zwecke eigens **ausgewiesene Mittel** zur Verfügung stehen.“[186] Es stellt sich die Frage, inwiefern Mittel für Öffentlichkeitsarbeit in den jeweiligen Teilergebnishaushalten einzeln und detailliert „ausgewiesen“ werden. Diese Einzeldarstellung steht im Widerspruch zu der Output-orientierten Darstellung des Haushalts, da eben gerade keine detaillierten Aufwandsarten „ausgewiesen“ werden sollen (siehe Ziff. 7.3.5.1). Des Weiteren ist es Anliegen der „neuen“ Steuerung, über Zielvereinbarungen zukünftig keine einzelnen Aufwandsarten zu beplanen, sondern der Verwaltung einen Finanzrahmen (Budget) zur Erfüllung des jeweiligen Ziels zur Verfügung zu stellen. Vor diesem Hintergrund gewinnt man den Eindruck, dass die Definition nach § 58 Nr. 38 GemHVO aus dem kameralen Rechnungswesen übernommen wurde, ohne sie auf die Anforderungen des NKRS anzupassen.

An die Veranschlagung der Verfügungsmittel hat der Verordnungsgeber eine Reihe von Beschränkungen[187] geknüpft, und zwar hinsichtlich

→ der Höhe

Verfügungsmittel sind/können im Ergebnishaushalt nur in „angemessener Höhe“ veranschlagt werden. Der unbestimmte Rechtsbegriff „angemessen“ ist in den Hinweisen konkretisiert:

Hiernach **sollten in der Regel** insgesamt 0,1 vom Tausend[188] der **ordentlichen** Erträge der Ergebnisrechnung des letzten **Jahresabschlusses** nicht überschritten werden (siehe Nr. 4 Hw. zu § 13 GemHVO).

Sollten im Laufe des Haushaltsjahres die Verfügungsmittel nicht ausreichen und wird eine Erhöhung des Ansatzes in Erwägung gezogen, so wäre dies nur im Wege einer Nachtragshaushaltssatzung zu verwirklichen (siehe Ziff. 14.1.2.7), da eine Überschreitung dieses Haushaltsansatzes **nicht möglich** ist.

→ der Übertragbarkeit

Die am Jahresende nicht verbrauchten Mittel dürfen nicht übertragen werden; sie gelten als eingespart (§ 21 Abs. 5 GemHVO, siehe auch Ziff. 7.4.4)

→ der Deckungsfähigkeit

Die Ansätze der Verfügungsmittel dürfen nicht für deckungsfähig erklärt werden (§ 20 Abs. 4 GemHVO, siehe auch Ziff. 7.4.3.2).

186 *Rauber* in GemHR Hessen, § 13 GemHVO Rn. 4.

187 Der Kommentar spricht von einer „haushaltsrechtlichen Sonderstellung“ der Verfügungsmittel, siehe *Rauber* in GemHR Hessen, § 13 GemHVO Rn. 1.

188 Die Angemessenheit der Verfügungsmittel von bisher 0,5 vom Tausend wurde mit Erlass der neuen Hinweise zur GemHVO am 27.9.2021 **auf 0,1 vom Tausend** der ordentlichen Erträge der Ergebnisrechnung des letzten Jahresabschlusses **reduziert**.

7.3.5.3 Übungen

Siehe zu diesem Abschnitt die Sachverhalte 17 und 18 zu Kap. 7 im Übungsband.

7.3.6 Veranschlagung von Investitionen und Instandhaltungs- und Instandsetzungsmaßnahmen

Investitionen haben in der öffentlichen Finanzwirtschaft eine hervorgehobene Stellung, da sie aufgrund ihrer Folgekosten (z. B. Abschreibungen, Personal-, Unterhaltungs- und Betriebskosten, Schuldendienst) die zukünftigen Ergebnishaushalte einer Gemeinde stark beeinflussen können. Daher werden an die Vorbereitung der Veranschlagung und an die Veranschlagung selbst besondere Anforderungen gestellt. Diese kommen in den Regelungen des § 12 GemHVO zum Ausdruck, **die bis auf § 12 Abs. 2 GemHVO ebenso für Instandsetzungs- und Instandhaltungsmaßnahmen anzuwenden sind, da auch in diesen Fällen erhebliche finanzielle Belastungen auf die Gemeinde zukommen können.**

Zur Klärung der Begriffe sind die Begriffsbestimmungen des § 58 GemHVO heranzuziehen:

§ 58 Nr. 18 GemHVO:	**Investitionen** sind Auszahlungen für die Veränderung des Anlagevermögens. Die nähere Bestimmung des Anlagevermögens ist in § 58 Nr. 4, § 49 Abs. 3 Nr. 1 GemHVO einschl. Hinweise zu § 49 GemHVO definiert.
§ 58 Nr. 19 GemHVO:	**Investitionsförderungsmaßnahmen** sind Zuweisungen, Zuschüsse **und** Darlehen für Investitionen Dritter (anderer) **und** für Investitionen der Sondervermögen mit Sonderrechnung.

Die haushaltsrechtlichen Vorschriften differenzieren begrifflich zwischen Investitionen und Investitionsförderungsmaßnahmen. Da jede Investitionsförderungsmaßnahme zugleich auch eine Veränderung des Anlagevermögens darstellt, weil sie entweder die immateriellen Vermögensgegenstände (bei Zuweisungen und Zuschüssen) oder das Finanzanlagevermögen (bei Darlehensgewährung) erhöht, entspricht sie bilanztechnisch und damit begrifflich auch der Investition. Rein terminologisch ist diese Differenzierung daher nicht erforderlich, da die Investitionsförderungsmaßnahmen eine Teilmenge der Investitionen darstellen (siehe auch Ziff. 6.4.3).

Entscheidend für die Zuordnung einer Maßnahme zum Begriff der Investition ist somit die Aktivierbarkeit als Anlagevermögen (Ziff. 16.3.1).

Im Gegensatz zu den Investitionen wird bei den Instandhaltungs- und Instandsetzungsmaßnahmen das **Anlagevermögen nicht verändert**. Nach Nr. 2 Hw. zu § 12 GemHVO resultieren aus

- **Instandhaltungsmaßnahmen** Aufwendungen, die erforderlich sind, um einen Vermögensgegenstand **betriebsbereit zu erhalten**, z. B. Wartungskosten, Inspektionskosten.
- **Instandsetzungsmaßnahmen** Aufwendungen, die erforderlich sind, um einen Vermögensgegenstand **wieder betriebsbereit** zu machen, z. B. Reparaturkosten.

Die Grenzen zwischen diesen Begriffen sind fließend, aber in beiden Fällen liegt Aufwand und damit Zuordnung zum Ergebnishaushalt vor, es handelt sich **nicht** um Investitionen.

7.3.6.1 Vorbereitung der Entscheidungsfindung

Im Rahmen ihres Selbstverwaltungsrechts bestimmt die Gemeinde, welche Investitionen zur Erfüllung ihrer kommunalpolitischen Zielsetzungen durchgeführt werden sollen. Hierbei ist nach § 92 Abs. 2 HGO der Grundsatz der Wirtschaftlichkeit und Sparsamkeit zu beachten, der für **alle haushaltsrelevanten Maßnahmen anzuwenden ist**, Nr. 1 Hw. zu § 92 HGO. Die Regelung des § 12 Abs. 1 GemHVO konkretisiert diesen allgemeinen Haushaltsgrundsatz (Ziff. 7.2.2) dahingehend, dass, **bevor Investitionen** von **erheblicher Bedeutung** beschlossen werden, die für die Gemeinde wirtschaftlichste Lösung zu ermitteln ist. Es handelt sich hierbei um solche Maßnahmen, die wegen ihrer Bedeutung in den Zuständigkeitsbereich der Gemeindevertretung fallen und daher von ihr zu beschließen sind. Diese Regelungen gelten entsprechend für **erhebliche Instandhaltungs- und Instandsetzungsmaßnahmen** sowie für vergleichbare Maßnahmen gemäß § 12 Abs. 3 GemHVO.

Zur Vorbereitung der Entscheidungsfindung ist § 12 Abs. 1 GemHVO zwingend zu beachten. Diese Vorschrift zielt explizit auf die Erstellung von Wirtschaftlichkeitsberechnungen einschl. Folgekostenberechnungen ab, die der Gemeindevertretung als **Entscheidungsgrundlage vollständig vor der Beschlussfassung** vorzulegen sind, Nr. 5 Hw. zu § 12 GemHVO. Auf dieser Grundlage können die Entscheidungsträger einschätzen, wie sich diese Maßnahmen auf die künftigen Haushalte der Gemeinde auswirken. Die Hinweise zu § 12 GemHVO beinhalten konkrete Handlungsanweisungen, die nach § 12 Abs. 3 GemHVO entsprechend für **erhebliche Instandhaltungs- und Instandsetzungsmaßnahmen** sowie **vergleichbare Maßnahmen** Anwendung finden:

- Durchführung von Wirtschaftlichkeitsberechnungen **noch vor Beschlussfassung** der Gemeindevertretung (= Grundsatzbeschluss), d. h. bezogen auf die Haushaltsplanung noch vor der Veranschlagung im Investitionsprogramm bzw. Teilfinanzhaushalt. Dies setzt wiederum voraus, dass diese Maßnahme auch tatsächlich realisiert werden kann (d. h. nicht gegen bestehende Planungen usw. verstößt) und der Aufgabenerfüllung der Gemeinde dient.
- Es ist unter **mehreren in Betracht** kommenden Möglichkeiten durch einen **Wirtschaftlichkeitsvergleich**, mindestens ein Vergleich der Anschaffungs- und Herstellungskosten unter Berücksichtigung der Folgekosten, die wirtschaftlichste Lösung zu ermitteln.

  Bei der Berechnung der Folgekosten, wie z. B. Abschreibungen, Aufwendungen für Unterhaltung, sonstige Betriebskosten, Personalaufwendungen, sind auch die Aufwendungen für die Finanzierung (Schuldendienst) zu berücksichtigen. Ausführlich hierzu siehe zu Ziff. 7.2.2.1 sowie Anlage 1 zur GemHVO (Muster zur Berechnung jährlicher Folgekosten).

- Handelt es sich um Maßnahmen **mit längerfristigen Auswirkungen**, können ebenso **dynamische Investitionsrechnungen** erforderlich werden, die den Zeitpunkt der Ein- und Auszahlungen (d. h. den Zeitwert des Geldes) berücksichtigen.
- Bei der Ermittlung der wirtschaftlichsten Lösung sind nicht nur die **Gesamtkosten** (einschließlich Folgekosten), sondern auch der **Gesamtnutzen** der Maßnahme zu berücksichtigen. Hierzu soll in geeigneten Fällen eine Nutzen-Kosten-Untersuchung angestellt werden.[189]

An dieser Stelle muss jetzt der unbestimmte Rechtsbegriff der **erheblichen Bedeutung** ausgelegt werden. Eine erhebliche Bedeutung kann sich zum einen aus kommunalpolitischer Sicht und zum anderen aus finanzieller Sicht ergeben. Vor dem Hintergrund der besonderen Anforderungen an den Grundsatz der Wirtschaftlichkeit und Sparsamkeit kann hier davon ausgegangen werden, dass vornehmlich auf eine **erhebliche finanzielle Bedeutung** abzustellen ist.

Eine **erhebliche finanzielle Bedeutung** der Maßnahme ist anzunehmen, wenn die Gesamt- und/oder Folgekosten der Maßnahme im Verhältnis zum Gesamtvolumen des Haushalts und zur Größe der Gemeinde von besonderer Bedeutung sind. Zur eindeutigen Bestimmung ist nach Nr. 4 Hw. zu § 12 GemHVO von der Gemeinde eine betragliche Wertgrenze entsprechend den örtlichen Verhältnissen festzulegen. Bei der Festlegung der Wertgrenze sollten neben dem Haushaltsvolumen der Gemeinde auch die zukünftig zu erwartenden zahlungswirksamen und nicht zahlungswirksamen Auswirkungen der Maßnahme auf die Haushaltswirtschaft der Gemeinde – insbesondere im Ergebnis- und Finanzplanungszeitraum – berücksichtigt werden, siehe hierzu Kap. 12.

Handelt es sich hingegen um **nicht erhebliche** Investitionen bzw. um **nicht erhebliche** Instandhaltungs- und Instandsetzungsmaßnahmen sowie vergleichbare Maßnahmen, sondern um Maßnahmen, die in den Zuständigkeitsbereich des Gemeindevorstands fallen, ist eine vorherige Beschlussfassung durch die Gemeindevertretung nicht erforderlich. Allerdings sind in diesen Fällen ebenso Wirtschaftlichkeitsberechnungen anzustellen. Dies ergibt sich aus dem allgemeinen Haushaltsgrundsatz der Wirtschaftlichkeit und Sparsamkeit nach § 92 Abs. 2 HGO, der in diesen Fällen unmittelbar anzuwenden ist.

Ausnahmen von § 12 Abs. 1 GemHVO sind nur zulässig **bei unabweisbaren Instandsetzungen,** § 12 Abs. 4 GemHVO. Eine Instandsetzung ist unabweisbar, wenn sie sich zwingend aus der Aufgabenerfüllung der Gemeinde ergibt und ein dringendes sachliches Bedürfnis zur Erfüllung der Aufgabe besteht sowie eine Verschiebung auf einen Zeitpunkt, zu dem die nach § 12 Abs. 1 GemHVO erforderlichen Wirtschaftlichkeitsberechnungen vorliegen, nicht möglich ist oder wirtschaftlich unzweckmäßig wäre (Ziff. 14.2.3.2). In diesen Fällen **muss** jedoch **mindestens** eine **Kostenberechnung** vorliegen. Darüber hinaus sind diese Ausnahmetatbestände nach § 17 Abs. 1 Nr. 9 GemHVO zwingend zu erläutern.

---

189 Bei einer Nutzen-Kosten-Untersuchung wird der Nutzen, der i. d. R. nur schwer monetär zu bewerten ist (nicht monetäre Nutzenfaktoren könnten sein: Verbesserung des Verkehrsflusses, Reduzierung des Verkehrsaufkommens, höhere Sicherheit, aber auch Verbesserung der Arbeitsabläufe, Verkürzung der Bearbeitungszeiten usw.), den Kosten gegenübergestellt.

7.3.6.2 Veranschlagung der Investitionen im Teilfinanzhaushalt

Nach § 12 Abs. 2 GemHVO dürfen Auszahlungen und Verpflichtungsermächtigungen (Ziff. 8.4) für **Baumaßnahmen erst veranschlagt** werden, wenn konkrete Unterlagen (Pläne, Kostenberechnungen, Erläuterungen) vorliegen, aus denen folgende Angaben erkannt werden können:[190]

a) Art der Bauausführung,
b) Kosten der Maßnahme,
c) Kosten des Grunderwerbs,
d) Kosten der Einrichtung,
e) voraussichtliche Jahresraten,
f) Kostenbeteiligungen Dritter,
g) Bauzeitplan und
h) Schätzung der zukünftigen jährlichen Haushaltsbelastungen.

Unter **Baumaßnahmen** werden Neu-, Erweiterungs- und Umbauten sowie aktivierungsfähige Instandsetzungen an Bauten verstanden, soweit sie nicht der Unterhaltung baulicher Anlagen dienen.[191] Durch die Konkretisierung „**Baumaßnahmen**„ wird zu anderen Veränderungen des Anlagevermögens abgegrenzt, z. B. zu Veränderungen des immateriellen Anlagevermögens, zum beweglichen Sachanlagevermögen und zum Finanzanlagevermögen.

Sofern sich die Baumaßnahme über mehrere Jahre erstreckt, sind die über das Haushaltsjahr hinaus benötigten Auszahlungen im Investitionsprogramm (Ziff. 12.4.3.1) zu berücksichtigen. Die voraussichtlich entstehenden Folgekosten sind in der mittelfristigen Ergebnis- und Finanzplanung einzustellen (Ziff. 12.4.3.2).

Bei der Höhe der Auszahlungen für Baumaßnahmen ist zu beachten, dass, soweit die Planung und/oder Bauleitung durch **eigenes Personal** erfolgen **und** diese Aufwendungen Herstellungskosten im Sinne von § 41 Abs. 3 GemHVO darstellen, aktivierbare Eigenleistungen entstehen können,[192] die nachrichtlich im Teilfinanzhaushalt angegeben werden können, um damit ein vollständiges Bild über die Gesamtkosten der Investition zusammenzustellen.

Zu beachten ist in diesem Zusammenhang des Weiteren, dass die Vorschrift nach § 12 Abs. 2 GemHVO auch auf die Maßnahmen anzuwenden ist, für die zwar **noch keine Auszahlungen, aber bereits Verpflichtungsermächtigungen** im Haushaltsplan veranschlagt werden.

Von der Erstellung dieser umfangreichen Unterlagen für **Baumaßnahmen** sind **Ausnahmen** gemäß § 12 Abs. 4 GemHVO dann zulässig, wenn es sich um Vorhaben von **geringer finanzieller Bedeutung** handelt. In diesen Fällen würde der Aufwand

190 Als Grundlage können hier sicherlich die für die nach § 12 Abs. 1 GemHVO erforderlichen Wirtschaftlichkeitsberechnungen erstellten Unterlagen sowie die für die baurechtliche Genehmigung erforderlichen Pläne dienen.

191 Legaldefinition des § 45 Nr. 4 GemHVO 1974. So auch *Burth*, Haushaltssteuerung.de, Online. Siehe hierzu auch Ziff. 7.4.4.4.

192 Vgl. Nr. 8 Hw. zur § 41 GemHVO.

für die Erstellung umfangreicher Unterlagen nach § 12 Abs. 2 GemHVO außer Verhältnis stehen. Für die Auslegung bzw. Beurteilung dieser „geringen finanziellen Bedeutung“ könnte sich z. B. an der nach § 11 Satz 3 GemHVO festgelegten Wertgrenze orientiert werden. Grundsätzlich handelt es sich hier um Maßnahmen, deren finanzielle Bedeutung aus Sicht der jeweiligen Kommune von untergeordneter Bedeutung sind. In diesen Fällen **muss** jedoch **mindestens** eine **Kostenberechnung** vorliegen. Darüber hinaus sind diese Ausnahmetatbestände nach § 17 Abs. 1 Nr. 9 GemHVO zwingend zu erläutern.

Gemäß § 4 Abs. 1 GemHVO sind die Einzahlungen und Auszahlungen aus **Investitionstätigkeit** im **Teilfinanzhaushalt** nach Produktbereichen, Produktgruppen bzw. Produkten zu veranschlagen (siehe Ziff. 7.3.5). Hinsichtlich der äußeren und inhaltlichen Gestaltung des Teilfinanzhaushalts wird auf § 4 Abs. 4 und 5 GemHVO und Muster 10 zur GemHVO verwiesen, welche verbindlich für die Erstellung des Teilfinanzhaushaltes anzuwenden sind (Ziff. 6.5.2.4.2 und 7.3.5.1), z. B. Angabe des Gesamtauszahlungsbedarfs, bisher bereitgestellte Haushaltsmittel, Bildung von Teilabschlüssen usw.

Im **Finanzhaushalt** wird die Gesamtsumme aller Auszahlungen aus Investitionstätigkeit abgebildet; siehe hierzu ausführlich Ziff. 6.5.1.2.

7.3.6.3 Übung

Siehe zu diesem Abschnitt Sachverhalt 19 zu Kap. 7 im Übungsband.

7.3.7 Jährlichkeit und zeitliche Bindung

7.3.7.1 Grundsatz der Jährlichkeit

Die Begriffe „Jährlichkeit“ und „zeitliche Bindung“ sind in ihrem Wesensgehalt gleichartig, wobei sich im kommunalen Haushaltsrecht der Grundsatz der Jährlichkeit auf die Phase der Aufstellung des Haushaltsplanes und der Grundsatz der zeitlichen Bindung auf den Bereich der Ausführung des Haushaltsplanes bezieht. § 94 Abs. 1 HGO legt die Verpflichtung fest, dass die Gemeinde für jedes Haushaltsjahr eine Haushaltssatzung zu erlassen hat (Pflichtsatzung). Der Begriff „Haushaltsjahr“ wird durch § 94 Abs. 4 HGO definiert; danach entspricht ein Haushaltsjahr dem Kalenderjahr, soweit für einzelne Bereiche durch Gesetz oder Rechtsverordnung nichts anderes bestimmt ist.[193]

Weitergehend wird durch die Bestimmung des § 94 Abs. 2 HGO geregelt, dass die Haushaltssatzung die Festsetzung des Haushaltsplanes einschließt. Der Haushaltsplan

193 Die GemHVO enthält keine Regelungen über ein abweichendes Wirtschaftsjahr (z. B. vom 1. Oktober bis zum 30. September), so dass für einzelne Bereiche aus eigener Entscheidung der Gemeinde im doppischen System ein abweichendes Wirtschaftsjahr nicht möglich ist, auch wenn die Eigenart des Betriebes es erfordern würde (siehe Ziff. 11.1.2).

bezieht sich demnach ebenfalls auf ein konkretes Haushaltsjahr. Nach § 95 Abs. 2 HGO sind im Haushaltsplan **alle im Haushaltsjahr** für die Erfüllung der Aufgaben der Gemeinde voraussichtlich
→ anfallenden Erträge und eingehenden Einzahlungen,
→ entstehenden Aufwendungen und zu leistenden Auszahlungen und
→ benötigten Verpflichtungsermächtigungen
zu veranschlagen.

Konkret auf die Veranschlagung bezogen bedeutet der Grundsatz der Jährlichkeit, insbesondere in Verbindung mit dem Grundsatz der Periodenabgrenzung und Kassenwirksamkeit (Ziff. 7.3.2) sowie den anderen Veranschlagungsgrundsätzen, demnach:

- Erträge = sind in dem Haushaltsjahr zu veranschlagen, in dem sie **wirtschaftlich entstehen,**
- Aufwendungen = sind in dem Haushaltsjahr zu veranschlagen, dem sie **wirtschaftlich zuzurechnen** sind,
- Einzahlungen = sind in dem Haushaltsjahr zu veranschlagen, in dem sie **eingehen,**
- Auszahlungen = sind in dem Haushaltsjahr zu veranschlagen, in dem sie **geleistet werden** und
- Verpflichtungsermächtigungen = sind in dem Haushaltsjahr zu veranschlagen, in dem die Verpflichtungen **eingegangen werden** sollen.

Ausdrückliche Regelungen zum Grundsatz der Jährlichkeit **von Auszahlungen für Investitionen** enthält Nr. 3 Hw. zu § 12 GemHVO:

> *„Die Veranschlagung von Auszahlungen von Investitionen ist nur zulässig, wenn die Maßnahme **auch tatsächlich** im Haushaltsjahr durchgeführt oder begonnen werden kann **und** voraussichtlich Zahlungen zu leisten sein werden."*

Die Möglichkeit gemäß § 94 Abs. 3 Satz 2 HGO, wonach die Haushaltssatzung Festsetzungen für zwei Haushaltsjahre enthalten kann (so genannter Doppelhaushalt), stellt **keine** Ausnahme vom Grundsatz der Jährlichkeit dar, da in diesem Fall die Gemeinde die Festsetzungen **nach Jahren getrennt** vorzunehmen hat (siehe Ziff. 11.1.2).

7.3.7.2 Grundsatz der zeitlichen Bindung

Der Grundsatz der zeitlichen Bindung bezieht sich aufbauend auf dem Prinzip der Jährlichkeit auf die **Ausführung des Haushaltsplanes** und bedeutet, dass über die im Haushaltsplan veranschlagten Erträge und Einzahlungen, Aufwendungen und Auszahlungen sowie Verpflichtungsermächtigungen nur bis zum Ende des Haushaltsjahres verfügt werden darf. Nicht ausgenutzte Verfügungsberechtigungen (Haushaltsansätze) erlöschen grundsätzlich am Jahresende.

7.3.7.3 Ausnahmen zur Jährlichkeit und zeitlichen Bindung

Der Haushaltsgrundsatz der Jährlichkeit wird durch mehrere Regelungen durchbrochen, um die Kontinuität und Flexibilität in der Haushaltsausführung sicherzustellen. Folgende Darstellung soll diese Regelungen im Überblick zeigen:

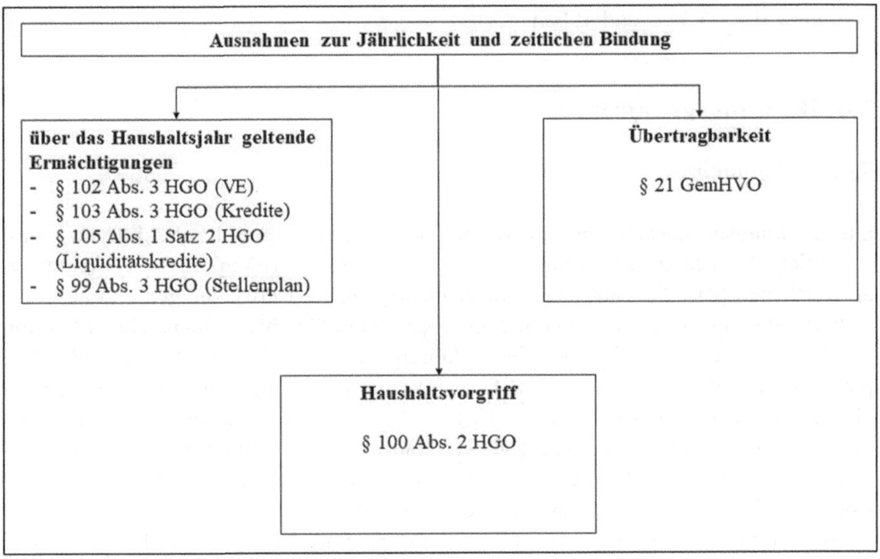

Diese Ausnahmen werden im Einzelnen wie folgt erläutert:

- **Über das Haushaltsjahr hinaus geltende Ermächtigungen**
  - Die Verpflichtungsermächtigungen gelten gemäß § 102 Abs. 3 HGO über das Haushaltsjahr hinaus, wenn die Haushaltssatzung für das folgende Haushaltsjahr nicht rechtzeitig öffentlich bekannt gemacht wird, bis zur Vollendung der Bekanntmachung dieser Haushaltssatzung (siehe Kap. 8 und Ziff. 7.2.7.2).
  - Die Kreditermächtigung gilt gemäß § 103 Abs. 3 HGO bis zum Ende des auf das Haushaltsjahr folgenden Jahres und, wenn die Haushaltssatzung für das übernächste Jahr nicht rechtzeitig bekannt gemacht wird, bis zur Vollendung der Bekanntmachung dieser Haushaltssatzung (siehe Kap. 9 und Ziff. 7.2.7.2).
  - Die Ermächtigung zur Aufnahme von Liquiditätskrediten gilt gemäß § 105 Abs. 1 Satz 2 HGO über das Haushaltsjahr hinaus bis zur Vollendung der Bekanntmachung der neuen Haushaltssatzung (siehe Kap. 9 und Ziff. 7.2.7.2).
  - Der Stellenplan des Vorjahres gilt nach § 99 Abs. 3 HGO weiter, bis die Haushaltssatzung für das neue Haushaltsjahr bekannt gemacht ist (siehe Ziffn. 6.5.3 und 7.2.7.2).

- **Haushaltsvorgriff**
  Unter Beachtung der umfangreichen Voraussetzungen des § 100 Abs. 2 HGO kann für überplanmäßige Auszahlungen für Investitionen und Investitionsförderungsmaßnahmen auf **Mittel des folgenden Jahres zugegriffen** werden (siehe Ziff. 14.2.4).
- **Übertragbarkeit**
  Die Übertragbarkeit nach § 21 GemHVO wird wegen der besonderen Bedeutung unter Ziff. 7.4.4 gesondert behandelt.

7.4 Deckungsgrundsätze

7.4.1 Allgemeines

Die Deckungsgrundsätze sind ein wichtiger Bestandteil, um eine flexible und wirtschaftliche Haushaltsausführung zu ermöglichen. Sie bewirken, dass die Budgetverantwortlichen (Ziff. 5.2) auf unerwartete, nicht planbare Entwicklungen und aufgrund sich ständig ändernder Rahmenbedingungen innerhalb ihres Finanzrahmens sofort reagieren können, ohne das formale Verfahren nach § 100 HGO für über- und außerplanmäßige Mittelbewilligungen (Ziff. 14.2) oder die Verpflichtung zum Erlass einer Nachtragssatzung nach § 98 HGO (Ziff. 14.1) durchlaufen zu müssen. Damit wird die im NKRS proklamierte dezentrale Ressourcenverantwortung gestärkt bzw. überhaupt erst ermöglicht. Dies steht auch nicht im Widerspruch zu dem ausschließlichen Etat- bzw. Budgetrecht der Gemeindevertretung, da

→ die Gemeindevertretung über Inhalt, Umfang und Ziele der Haushaltswirtschaft mit Beschluss der Haushaltssatzung den finanziellen Rahmen vorgegeben hat und

→ über die in § 28 Abs. 1 GemHVO verankerte Berichtspflicht (siehe Ziff. 13.3.2) sichergestellt ist, dass mehrmals[194] jährlich über den Stand des Haushaltsvollzugs unterrichtet wird, sofern nicht gemäß § 28 Abs. 2 GemHVO eine Entwicklung eintritt, nach der die Gemeindevertretung unverzüglich zu unterrichten ist.

Die Deckungsgrundsätze nach der GemHVO im Überblick:

→ Gesamtdeckung
→ Deckungsfähigkeit
  – Unechte Deckungsfähigkeit
  – Echte Deckungsfähigkeit
→ Übertragbarkeit

194 Vgl. Nr. 2 Hw. zu § 28 GemHVO. Hiernach ist die Anzahl der jährlichen Berichte von den örtlichen Verhältnissen abhängig. Allerdings hat der Gemeindevorstand die Gemeindevertretung mindestens zweimal jährlich durch einen Bericht zu informieren. Die Berichte sind zudem zeitgleich der Aufsichtsbehörde und dem Landkreis vorzulegen, § 28 Abs. 3 GemHVO.

7.4.2 Grundsatz der Gesamtdeckung

Gemäß § 18 GemHVO dienen

→ die Erträge des Ergebnishaushalts insgesamt der Deckung der Aufwendungen des Ergebnishaushalts (§ 18 Nr. 1) und

→ die Einzahlungen des Finanzhaushalts insgesamt zur Deckung der Auszahlungen des Finanzhaushalts (§ 18 Nr. 2),

sofern durch weitere Regelung der GemHVO nicht etwas anderes bestimmt ist, z. B. in den §§ 19 ff. GemHVO.

Diese Regelung kodifiziert den Grundsatz der Gesamtdeckung, wonach grundsätzlich **alle Erträge** zur Deckung **aller Aufwendungen** herangezogen werden können. Dies gilt gleichermaßen auch für **alle Einzahlungen** zu Gunsten **aller Auszahlungen**. Damit wird erreicht, dass ein bestimmter Ressourcenzuwachs **nicht** für einen bestimmten Ressourcenverbrauch reserviert werden darf bzw. bestimmte Einzahlungen **nicht** für bestimmte Auszahlungen. So ist es nicht erforderlich, den Erlös aus der Veräußerung eines Schulgrundstücks wieder für den Produktbereich „Schulträgeraufgaben" zu verwenden.

Insofern trägt das Gesamtdeckungsprinzip der Grundsatz des Haushaltsausgleichs und damit der intergenerativen Gerechtigkeit Rechnung.

Der Grundsatz der Gesamtdeckung kommt insbesondere im Ergebnishaushalt zum Tragen. Da die Erträge aus allgemeinen Deckungsmitteln[195] zentral im Produktbereich 16 zu veranschlagen sind, können die Unterdeckungen in den Produktbereichen 1 bis 15 durch den Überschuss des Produktbereichs 16 ausgeglichen werden (alle Erträge decken alle Aufwendungen).

Der Grundsatz der Gesamtdeckung soll eine möglichst flexible Mittelbewirtschaftung sicherstellen. Vorteile der Gesamtdeckung sind hiernach:

→ Die Gemeinde kann ihre Investitionen beweglicher finanzieren, da z. B. die Einzahlungen aus Krediten – aufgrund des Gesamtdeckungsprinzips – nicht an bestimmte investive Maßnahmen gebunden sind. Dies gilt auch dann, wenn diese Kredite maßnahmenbezogen in den Teilfinanzhaushalten 01 bis 15 veranschlagt sind.[196] Etwas anderes gilt, wenn es sich um **zweckgebundene Kredite** handelt, z. B. nach dem Hess. Investitionsfondsgesetz.[197]

→ Überschüsse eines Teilhaushalts (Budgets) können ohne Weiteres mit Fehlbeträgen eines anderen Teilhaushalts (Budgets) ausgeglichen werden. Zum Beispiel können Einzahlungsausfälle bei der Zahlung der Zuweisungen des Bundes oder Landes innerhalb des Finanzhaushalts aufgefangen werden, bevor etwa eine zusätzliche Kreditaufnahme erforderlich ist.

---

195 Z. B. Schlüsselzuweisungen, Steuererträge usw.

196 Nr. 12 Hw. zu § 4 GemHVO widerspricht dem Verordnungstext in § 4 Abs. 4 GemHVO, da nach diesem Hinweis eine **dezentrale** Veranschlagung von Einzahlungen und Auszahlungen aus Finanzierungstätigkeit wegen des Gesamtdeckungsprinzips nicht zulässig sei. Problematik hierzu siehe Ziff. 6.5.2.4.2.

197 Näheres zum Hess. Investitionsfondsgesetz siehe auf der Homepage des HMdIS.

An dieser Stelle wird aber auch darauf hingewiesen, dass durch die Gesamtdeckung nachteilige Folgen entstehen, da z. B. durch die **zentrale Veranschlagung** der Einzahlungen aus Krediten (siehe Nr. 12 Hw. zu § 4 GemHVO) der Überblick über die Darstellung der Finanzierung einzelner Vorhaben verloren geht.

Die Formulierung „**soweit in dieser Verordnung nichts anderes bestimmt ist**", ist ein Hinweis darauf, dass Ausnahmen von dem Grundsatz der Gesamtdeckung vorgesehen bzw. besondere Regelungen in der GemHVO enthalten sind, die ein Abweichen ermöglichen, nämlich:

→ Ausnahme vom Grundsatz der Gesamtdeckung:
  § 19 GemHVO **„Zweckbindung„** (siehe Ziff. 7.4.2.1)

→ Besondere Regelungen zum Grundsatz der Gesamtdeckung:
  § 20 GemHVO **„Deckungsfähigkeit„** (siehe Ziff. 7.4.3)
  § 25 Abs. 3 GemHVO i. V. m. Nr. 1 Hw. zu § 25 GemHVO **„Verwendung von Jahresüberschüssen im außerordentlichen Ergebnis"**[198]

Abschließend ist zum Grundsatz der Gesamtdeckung anzumerken, dass die Regelungen des § 18 GemHVO missverständlich formuliert sind. So wird z. B. durch die Formulierung in § 18 Nr. 2 GemHVO der Eindruck erweckt, dass die Einzahlungen aus Krediten (als Einzahlungen des Finanzhaushaltes) **insgesamt** zur Deckung der Auszahlungen des Finanzhaushalts (und damit auch zu Auszahlungen für konsumtive Zwecke) herangezogen werden können. Gerade eine solche Finanzierung ist nach § 103 Abs. 1 HGO ausdrücklich untersagt, da die Einzahlungen aus Krediten nur zur Finanzierung von Auszahlungen für Investitionen, Investitionsförderungsmaßnahmen und für Umschuldungen verwendet werden dürfen (Kap. 9). Der Verordnungsgeber sollte dahingehend die Deckungsregeln nach § 18 GemHVO konkretisieren.[199]

7.4.2.1 Ausnahmen von der Gesamtdeckung

- **Allgemeines**
  Der Grundsatz der Gesamtdeckung kann **nicht ausnahmslos** angewendet werden. Es gibt bei den Gemeinden auch Erträge und Einzahlungen, die nur für einen be-

198 Siehe § 25 Abs. 3 i. V. m. Nr. 1 Satz 2 Hw. zu § 25 GemHVO sowie Ziff. 10.2.3. Hiernach ist die Verwendung von Überschüssen des **außerordentlichen** Ergebnisses zum Ausgleich von nach dem 31. Dezember 2022 entstandenen Fehlbeträgen im **ordentlichen** Ergebnis **ausgeschlossen**. Diese Regelung möchte folgende Entwicklung vermeiden: Da Überschüsse im außerordentlichen unternehmerisch i. S. v. § 2 UStG tätig wird, z. B. Vermögensveräußerung entstehen, würde ihre Verwendung zum Ausgleich des ordentlichen Ergebnisses wirtschaftlich betrachtet dazu führen, dass Fehlbeträge aus der laufenden Verwaltung mit Überschüssen aus dem Abgang von Vermögen finanziert werden.

199 So ist z. B. in § 14 Nr. 3 GemHVO Rheinland-Pfalz explizit geregelt, dass „die Einzahlungen aus Investitionstätigkeit und aus der Aufnahme von Investitionskrediten insgesamt zur Deckung der Auszahlungen aus Investitionstätigkeit dienen". § 20 GemHVO NRW weist daraufhin, dass die Einzahlungen nur insoweit die Auszahlungen decken, sofern die Verwendung von Krediten für Investitionen und zur Umschuldung sichergestellt ist.

stimmten Zweck verwendet werden dürfen. Die Zweckbindung hat demnach Vorrang vor dem Grundsatz der Gesamtdeckung. Erhält eine Gemeinde z. B. eine Zuweisung für den Bau eines Kindergartens, darf sie dieses Geld **nicht** im Rahmen der Gesamtdeckung für den Bau eines Rathauses verwenden. Der Zuweisungsgeber macht seine Geldleistung von der zweckentsprechenden Verwendung abhängig.
Um dieser, bei einigen Erträgen und Einzahlungen, auftretenden Beschränkung der Verwendung Rechnung zu tragen, regelt § 19 Abs. 1 und Abs. 4 GemHVO die Ausnahmen von der Gesamtdeckung.
Hiernach **sind** die **zahlungswirksamen** Erträge und Einzahlungen auf die Verwendung für bestimmte Aufwendungen und Auszahlungen zu beschränken, wenn
→ die Beschränkung sich aus der **Herkunft** oder **Natur** der Erträge ergibt oder
→ ein **sachlicher Zusammenhang** dies erfordert **und** durch die Zweckbindung die **Bewirtschaftung der Mittel** erleichtert wird.

Mit dieser Regelung wird deutlich gemacht, dass bestimmte Erträge und Einzahlungen aus der Gesamtdeckung herausgenommen werden, mit der Folge, dass diese Erträge und Einzahlungen nur für bestimmte Einzelzwecke zur Verfügung stehen. Es ist aber darauf hinzuweisen, dass nach Nr. 1 Hw. zu § 19 GemHVO die Zweckbindung eine **Ausnahme** vom Grundsatz der Gesamtdeckung darstellt, d. h. im Umkehrschluss, dass die Zweckbindung **nicht der Regelfall** sein soll, da ansonsten der Grundsatz der Gesamtdeckung ausgehöhlt und damit wirkungslos wird. Ziel des NKRS ist es, die ohnehin knappen Ressourcenzuwächse möglichst flexibel einzusetzen (und eben nur ausnahmsweise einer Zweckbindung zu unterwerfen), um einen möglichst großen Handlungsspielraum zu erreichen. Folgendes Schaubild lässt sich hieraus ableiten:

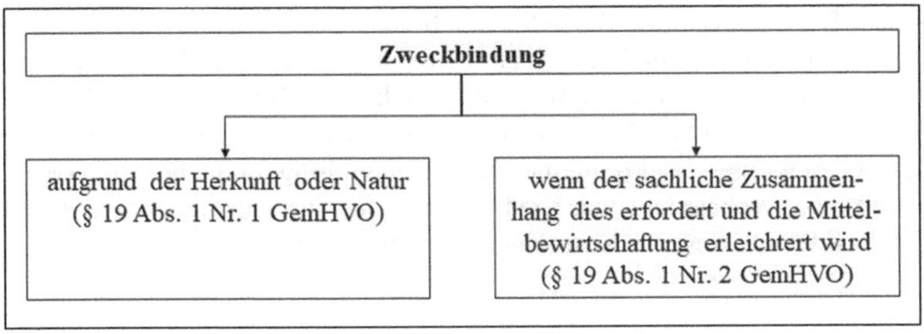

Die Voraussetzung, wonach nur **zahlungswirksame** Erträge einer Zweckbindung unterliegen können (Nr. 1 Hw. zu § 19 GemHVO), ist der Sicherstellung der Liquidität geschuldet und ergibt sich u. a. aus dem Zusammenhang mit der Folgewirkung der Zweckbindung, nämlich der unechten Deckungsfähigkeit (siehe unten). So können beispielsweise zahlungs**unwirksame** Erträge **nicht** zu Gunsten von z. B. zahlungswirksamen Aufwendungen zweckgebunden werden bzw. zahlungs**unwirk-**

same Mehrerträge können nicht für zahlungswirksame Mehraufwendungen verwendet werden.[200]

- **verpflichtende Zweckbindung aufgrund der Herkunft oder Natur des zahlungswirksamen Ertrages bzw. der Einzahlung**
  Gemäß § 19 Abs. 1 Nr. 1 GemHVO ist Voraussetzung einer verpflichtenden Beschränkung, dass sich diese aus der Herkunft oder der Natur des Ertrages bzw. der Einzahlung ableitet.
  Eine Beschränkung aus der „Herkunft des Ertrages/der Einzahlung" (Wer hat die Mittel bereitgestellt?) dürfte in der kommunalen Praxis weniger von Bedeutung sein. Dieses würde voraussetzen, dass allein aus der Tatsache, dass eine bestimmte Person oder ein bestimmter Träger der öffentlichen Finanzwirtschaft den Ertrag/die Einzahlung gewährt, ohne weitere Zweckangaben eine Verwendungsbeschränkung gegeben ist.
  Unter „Natur des Ertrages/der Einzahlung" (Wozu werden die Mittel bereitgestellt?) fallen solche Vorgänge, die geradezu zwingend für eine zweckbestimmte Verwendung vorgesehen sind, z. B. zweckgebundene Zuweisungen und Zuschüsse Dritter (hierunter sind auch die Spenden für einen bestimmten Zweck zu subsumieren). Die ausschließliche Verwendung der Erträge bzw. Einzahlungen kann ihre Grundlage in einem Spezialgesetz haben, also nicht in Vorschriften des kommunalen Haushaltsrechts begründet sein. Immer, wenn auf Grund eines Gesetzes, Vertrages (z. B. Schenkungsverträge oder Verträge, die eine Beteiligung einer Nachbargemeinde oder eines Unternehmens an einer Baumaßnahme vorsehen) oder Verwaltungsaktes (z. B. Bewilligungsbescheid nach § 23 LHO) eine zweckgebundene Zuwendung veranschlagt wird, **muss** die Gemeinde eine Zweckbindung erklären. Nach Nr. 1 Hw. zu § 19 GemHVO ist die Voraussetzung in erster Linie bei staatlichen Investitionshilfen[201] gegeben (z. B. nach dem HFAG). So ist z. B. in § 36 Abs. 1 HFAG geregelt, dass die „Besonderen Finanzzuweisungen" im Haushalt des Empfängers **zweckgebunden** zu vereinnahmen sind. Nach § 50 Abs. 3 HFAG i. V. m. Nr. 13 Hw. zu § 4 GemHVO ist die Schulumlage ebenfalls zweckzubinden und beim Empfänger (Landkreise) im Produktbereich 03 „Schulträgeraufgaben" zu veranschlagen.[202] Eine Zweckbindung von Krediten kann sich aus dem Hess. Investitionsfondsgesetz[203] oder aus weiteren Kommunalinvestitionsprogrammen[204] ergeben.

200 Es drängt sich hier die Frage auf, ob diese Zweckbindung auch zwischen zahlungsunwirksamen Erträgen (z. B. Auflösung von Sonderposten) und zahlungsunwirksamen Aufwendungen (z. B. Abschreibung) möglich ist oder als Folge der bereits erfolgten zweckgebundenen Einzahlungen – Investitionshilfe nach dem HFAG – auch für den Ergebnishaushalt Gültigkeit hat. Wie das Beispiel verdeutlicht, wäre diese Variante insbesondere dann praxisrelevant, wenn sich das aus Zuweisungen und Zuschüssen finanzierte Anlagevermögen im Laufe des Haushaltsjahres hinsichtlich der Abschreibungsdauer verändert und damit auch die Auflösung der Sonderposten tangiert.

201 Zum Beispiel nach der Richtlinie zur Förderung der Digitalisierung der hessischen Kommunen im Programm „Starke Heimat Hessen".

202 Die umlagepflichtigen Gemeinden hingegen veranschlagen die Schulumlage als Aufwand im Produktbereich 16 – Allgemeine Finanzwirtschaft, Nr. 13 Hw. zu § 4 GemHVO.

203 Näheres zum Hess. Investitionsfondsgesetz siehe auf der Homepage des HMdIS.

204 Kommunale Investitionsprogramme, z. B. Kommunales Investitionsprogramm I und II (Stichwort: Komplementärfinanzierung durch die Kommunen).

Der Nachweis der zweckentsprechenden Verwendung der Mittel ist i. d. R. durch Förderungsrichtlinien bzw. den im Bewilligungsbescheid vorgeschriebenen Verwendungsnachweis oder in sonstiger Weise – spätestens nach Abschluss der Maßnahme – zu erbringen (Nr. 2 Hw. zu § 19 GemHVO).

- **verpflichtende Zweckbindung, wenn der sachliche Zusammenhang die Zweckbindung des zahlungswirksamen Ertrages bzw. der Einzahlung erfordert und die Bewirtschaftung der Mittel erleichtert wird**

Eine weitere Alternative der verpflichtenden Beschränkung ergibt sich aus § 19 Abs. 1 Nr. 2 GemHVO, wenn ein sachlicher Zusammenhang dies erfordert und durch die Zweckbindung die Bewirtschaftung der Mittel erleichtert wird.

Ein **sachlicher Zusammenhang** wird immer dann anzunehmen sein, wenn zwischen Ertrags- und Aufwandsart bzw. Einzahlungs- und Auszahlungsart **im Einzelfall eine unmittelbare Verbindung** besteht,[205] z. B. Erträge und Aufwendungen bzw. Einzahlungen und Auszahlung betreffen dieselbe Produktgruppe bzw. dasselbe Produkt. Somit ist die Zweckbindung z. B. von Steuern **immer ausgeschlossen**, da nach § 3 Abs. 1 AO Steuern Geldleistungen sind, die nicht eine Gegenleistung für eine besondere Leistung darstellen und von einem öffentlich-rechtlichen Gemeinwesen zur Erzielung von Einnahmen allen auferlegt werden, bei denen der Tatbestand zutrifft, an den das Gesetz die Leistungspflicht knüpft; die Erzielung von Einnahmen kann Nebenzweck sein. Das Gleiche gilt für Schlüsselzuweisungen, die nach § 14 HFAG die Finanzkraft der Kommunen stärken sowie die Unterschiede in der Steuer- und Finanzkraft zwischen den einzelnen Empfängern verringern sollen. Eine unmittelbare Verbindung zu bestimmten Aufwendungen kann daher nicht hergestellt werden, es handelt sich hier vielmehr um sogenannte allgemeine (zweckfreie) Deckungsmittel.

Des Weiteren muss die Beschränkung der Erträge/Einzahlungen auf bestimmte Aufwendungen/Auszahlungen auch **erforderlich** sein. Dies wäre zum einen dann gegeben, wenn **ohne Zweckbindungsvermerk die zweckentsprechende Verwendung nicht gewährleistet werden** kann. Darüber hinaus muss die Zweckbindung auch die **Bewirtschaftung der Mittel erleichtern**.[206]

Alle drei Voraussetzungen treffen nach Auffassung des Vorschriftengebers bei der Erhebung von Benutzungsgebühren und Beiträgen nach dem BauGB und KAG zu, so dass diese nach Nr. 1 Hw. zu § 19 GemHVO zweckzubinden sind. An dieser Stelle wird ausdrücklich darauf hingewiesen, dass sich nach Auffassung der Verfasser bei den Entgelten keine verbindliche Zweckbindung aus den Gesetzen ableiten lässt[207], aber aus Gründen der Kostendeckung, Praktikabilität und der Folgen (unechte Deckungsfähigkeit) eine Zweckbindung sinnvoll erscheint.

205 Vgl. *Rauber* in GemHR Hessen, § 19 GemHVO Rn. 10.

206 Vgl. *Rauber* in GemHR Hessen, § 19 GemHVO Rn. 10.

207 Die Frage, ob Gebühren und Beiträge zweckzubinden sind oder nicht, wird bis heute kontrovers diskutiert, allerdings mit der Tendenz der Verneinung. So z. B. OVG Münster, NVwZ-RR 2000, 383, 387 (Gebührenerträge unterliegen der Gesamtdeckung). Weitere Ausführungen hierzu siehe *Rauber* in GemHR Hessen, § 19 GemHVO Rn. 5 ff.

Die Regelung der Zweckbindung ist aus dem kameralen Haushaltsrecht (§ 17 Abs. 1 Nr. 2 GemHVO 1974) übernommen worden, allerdings mit dem Unterschied, dass diese Zweckbindung seinerzeit **nicht verpflichtend** war. Hierunter wurde die Bewirtschaftung in Budgets subsumiert, um die Budgetverantwortlichen auch in die „Einnahmen"entwicklung einzubinden. Da nach der **GemHVO** Budgets kraft Verordnung bestehen (§ 4 Abs. 1 GemHVO), **müssten** nach der gleichen Auslegung von damals alle Teilhaushalte einen Zweckbindungsvermerk erhalten (verpflichtende Zweckbindung). Das würde bedeuten, dass die in § 18 GemHVO geregelte Gesamtdeckung auf die Teilhaushalte heruntergebrochen wird und die Zweckbindung damit zum Regelfall. Die Folge ist, dass die Flexibilität für den Gesamthaushalt eingeschränkt wird, z. B. Einzahlungen aus Grundstücksverkäufen bei Schulen könnten dann auch nur für Investitionsauszahlungen für Schulen verwendet werden. Der Verordnungsgeber verabschiedet sich damit ausdrücklich von der bisher geltenden Betrachtung, wonach die Zweckbindung als Ausnahme anzusehen ist. Dies ist umso kritischer zu sehen, da nach § 19 Abs. 2 GemHVO ohne Zweckbindung ebenfalls die Möglichkeit eröffnet wird, Erträge und Einzahlungen in die Budgetbewirtschaftung mit einzubeziehen. Siehe hierzu ausführlich Ziff. 7.4.3.2.4.

- **Erklärung der Zweckbindung**
  Die Zweckbindung **muss zwingend** durch Haushaltsvermerk[208] ausgewiesen werden (Nr. 1 Hw. zu § 19 GemHVO). Dieser Haushaltsvermerk wird i. d. R. bei den jeweiligen Teilergebnis- bzw. Teilfinanzhaushalten angebracht, in denen die Erträge/ Einzahlungen für zweckgebunden erklärt werden müssen. Ein solcher Vermerk könnte lauten:

> *„Die zahlungswirksamen Erträge aus ... (z. B. Zuweisungen und Zuschüssen für laufende Zwecke) der Produktgruppe/des Produktes ... (z. B. Feuerwehr) sind gemäß § 19 Abs. 1 GemHVO* ***zweckgebunden*** *zu Gunsten der Aufwendungen für ... der Produktgruppe/des Produkts ... "*
> *„Die Einzahlungen aus ... (z. B. Investitionszuweisungen) der Produktgruppe/des Produktes ... sind gemäß § 19 Abs. 4 und 1 GemHVO* ***zweckgebunden*** *zu Gunsten der Auszahlungen für ... (Investitionen in das Sachanlagevermögen) der Produktgruppe/des Produkts ... "*

Diese „Zweckbindungsvermerke" werden von der Gemeindevertretung im Rahmen der Beschlussfassung der Haushaltssatzung mit beschlossen und erhalten dadurch „Satzungscharakter". Eine Änderung der Haushalts- bzw. in diesem Fall der Zweckbindungsvermerke im Laufe eines Haushaltsjahres ist nur durch eine Nachtragssatzung möglich (Ziff. 14.1.2.6).

208 Ein Haushaltsvermerk ist eine einschränkende oder erweiternde Bestimmung zu Ansätzen des Haushaltsplanes, insbesondere Vermerke über Deckungsfähigkeit, Übertragbarkeit, Zweckbindung und Sperren gemäß Nr. 5 Hw. zu § 17 GemHVO.

In diesem Zusammenhang muss darauf hingewiesen werden, dass mit der erklärten Zweckbindung keine Garantie für eine zweckentsprechende Verwendung der Mittel erfolgt. Dies muss zum einen das Berichtwesen (§ 28 GemHVO) und zum anderen der Verwendungsnachweis (oder ein „sonstiger Nachweis") sicherstellen. In der Praxis werden hierfür im Rahmen des DV-Programms besondere „Deckungskreise" eingerichtet.

- **Unechte Deckungsfähigkeit als Folge des Zweckbindungsvermerks**
  Durch § 19 Abs. 1 Satz 2 GemHVO ergibt sich aus der verpflichtenden Zweckbindung auch die Folge einer „unechten Deckungsfähigkeit", d. h. zweckgebundene **Mehr**erträge dürfen für entsprechende **Mehr**aufwendungen verwendet werden (Nr. 3 Hw. zu § 19 GemHVO, siehe auch Ziff. 7.4.3.1). Dies bedeutet, dass Mehrerträge (also über den Haushaltsansatz hinausgehende zahlungswirksame Erträge) bei dem zweckgebundenen Ertragsansatz für Mehraufwendungen (über den Haushaltsansatz hinausgehende Aufwendungen) zu Gunsten des durch den Zweckbindungsvermerk bestimmten entsprechenden Aufwendungsansatz verwendet werden dürfen, d. h. also für deren Deckung. Entsprechendes gilt gemäß § 19 Abs. 4 GemHVO für Einzahlungen und Auszahlungen.
  Solche Mehraufwendungen/Mehrauszahlungen gelten nach § 19 Abs. 3 GemHVO rechtstechnisch **nicht** als überplanmäßige Aufwendungen/überplanmäßige Auszahlungen (gesetzliche Fiktion). Dies hat zur Konsequenz, dass § 100 HGO einschließlich des Zustimmungsverfahrens insoweit **nicht zur Anwendung** kommt (siehe hierzu auch Ziff. 14.2). Auch vor diesem Hintergrund ist es konsequent, dass nur die Erträge, die zu Einzahlungen führen, nach § 19 GemHVO zweckgebunden werden dürfen.

7.4.3 Deckungsfähigkeit

Die Deckungsfähigkeit nach der GemHVO unterscheidet in die **echte und unechte Deckungsfähigkeit**. Während die **echte** Deckungsfähigkeit nur zwischen Aufwandspositionen bzw. Auszahlungspositionen oder Verpflichtungsermächtigungen stattfindet, ist bei der **unechten** Deckungsfähigkeit auch immer die Ertrags- bzw. Einzahlungsseite involviert.

Ein weiterer wesentlicher Unterschied besteht darin, dass bei der echten Deckungsfähigkeit der Gesamtbetrag des Ergebnis- bzw. des Finanzhaushalts und der Gesamtbetrag der festgesetzten Verpflichtungsermächtigungen **nicht** verändert wird. Bei der unechten Deckungsfähigkeit hingegen ist systemimmanent, dass sich das Volumen des Ergebnis- bzw. des Finanzhaushalts erhöht bzw. vermindert.

Deckungsfähigkeit

unechte Deckungsfähigkeit	**echte Deckungsfähigkeit**
⇨ Mehrerträge zu Gunsten von Mehraufwendungen bzw. Mehreinzahlungen zu Gunsten von Mehrauszahlungen ⇨ Mindererträge/Mindereinzahlungen vermindern Aufwendungen/Auszahlungen ⇨ Rechtsgrundlage: § 19 Abs. 2 bis 4 GemHVO ⇨ Aufwands- und Ertragspositionen sind betroffen bzw. Auszahlungs- und Einzahlungspositionen sind betroffen ⇨ Verpflichtungsermächtigungen können **nicht** für unecht deckungsfähig erklärt werden ⇨ Volumen des Ergebnis- bzw. des Finanzhaushalts verändert sich	⇨ Minderaufwendungen zu Gunsten von Mehraufwendungen bzw. Minderauszahlungen zu Gunsten von Mehrauszahlungen ⇨ Einsparungen bei Verpflichtungsermächtigungen berechtigen an anderer Stelle zum Eingehen von höheren Verpflichtungsermächtigungen ⇨ Rechtsgrundlage: § 20 GemHVO ⇨ nur Aufwands- bzw. Auszahlungspositionen bzw. Verpflichtungsermächtigungen sind betroffen ⇨ Volumen des Ergebnis- bzw. des Finanzhaushalts sowie der Gesamtbetrag der Verpflichtungsermächtigungen wird **nicht** verändert

7.4.3.1 Unechte Deckungsfähigkeit

Die unechte Deckungsfähigkeit hat in § 19 Abs. 2 bis 4 GemHVO ihre Rechtsgrundlage. Hiernach **kann** im Haushaltsplan bestimmt werden, dass

→ bestimmte zahlungswirksame Mehrerträge bestimmte Ansätze für Aufwendungen erhöhen (**Verstärkungsvermerk**).

→ bestimmte zahlungswirksame Mindererträge bestimmte Ansätze für Aufwendungen vermindern (**Verminderungsvermerk**).

Entsprechendes gilt auch für Einzahlungen und Auszahlungen.

Die Regelung eröffnet eine **flexible Mittelbewirtschaftung**, da im Verlauf des Haushaltsjahres die Möglichkeit eröffnet wird, die Aufwendungen und Auszahlungen sowohl im positiven Sinn (Verstärkungsvermerk) als auch im negativen Sinn (Verminderungsvermerk) an sich u. U. ändernde Ertrags- und Einzahlungssituationen anzupassen. Ein formelles Verfahren nach § 100 HGO und der damit verbundene besondere Verwaltungsaufwand ist hier nicht erforderlich. Vielmehr verbleibt die Bearbeitung und Entscheidung im Verantwortungsbereich des Budgetverantwortlichen.

Die unechte Deckungsfähigkeit ist von der Zweckbindung dahingehend abzugrenzen, dass es sich hier um die **zahlungswirksamen Erträge und Einzahlungen** handelt, die **nicht** nach § 19 Abs. 1 GemHVO **zweckgebunden werden müssen**.

Auch bei der unechten Deckungsfähigkeit wird auf **zahlungswirksame** Erträge und Einzahlungen abgestellt, um nach dem Grundsatz der Gesamtdeckung die Liquidität im Finanzhaushalt sicherzustellen (Ziff. 7.4.2.1). So können zahlungsunwirksame Mehrerträge zahlungswirksame Mehraufwendungen **nicht** decken.

Wirkung des Verstärkungsvermerkes/Verminderungsvermerkes
Gehen im Rahmen eines **Verstärkungsvermerkes** bei einer zahlungswirksamen Ertragsposition **höhere Erträge als veranschlagt** ein, können in Höhe der zahlungswirksamen Mehrerträge ohne besonderes formelles Verfahren die dazugehörenden Aufwandspositionen des jeweiligen Teilhaushalts/Budgets überschritten werden (unechte Deckungsfähigkeit).

Die dann geleisteten Mehraufwendungen gelten gemäß § 19 Abs. 3 GemHVO **nicht** als überplanmäßige Aufwendung. Diese Fiktion in der GemHVO ist erforderlich, weil nach der Begriffsdefinition des § 58 Nr. 34 GemHVO faktisch eine überplanmäßige Aufwendung[209] vorliegen würde, die aber aufgrund der Fiktion nach § 19 Abs. 3 GemHVO nicht als solche zu behandeln ist. Der angebrachte Deckungsvermerk (hier: unechte Deckungsfähigkeit nach § 19 Abs. 2 GemHVO) bewirkt, dass das für überplanmäßige Aufwendungen vorgesehene umfangreiche Verfahren nach § 100 HGO[210] nicht durchlaufen werden muss, da die verfahrensrechtliche Seite schon abgedeckt ist. Der Budgetverantwortliche kann somit ohne Einschaltung des Fachdienstes Finanzen (Finanzverwaltung/Kämmerei) über die Mehrerträge verfügen. Es reicht dafür ausschließlich die Feststellung des Eingangs von Mehrerträgen.

Durch den **Verminderungsvermerk** werden die Budgetverantwortlichen hingegen in die Verantwortung genommen, den vorgegebenen Finanzrahmen nur dann auszuschöpfen, wenn die entsprechenden zahlungswirksamen Erträge auch realisiert werden können. Dies bedarf einer regelmäßigen Überwachung des Budgets. Gehen im Rahmen eines Verminderungsvermerkes bei einer zahlungswirksamen Ertragsposition **niedrigere Erträge als veranschlagt** ein, dann verringern sich entsprechend die dazugehörigen Aufwandsermächtigungen und die Budgetverantwortlichen müssen entsprechend reagieren. Die Intention des Verminderungsvermerks kann aber i. d. R. nur bei freiwilligen Aufgaben bzw. freiwilligen Produktangeboten Wirkung entfalten (oder bei gesetzlichen Aufgaben zur Standardherabsetzung[211] führen).

Das Gleiche gilt für Mehreinzahlungen und Mehrauszahlungen bzw. Mindereinzahlungen und Minderauszahlungen nach § 19 Abs. 4 GemHVO, wobei in diesem Zusammenhang auch auf § 27 Abs. 2 GemHVO hingewiesen werden muss. Hiernach darf über Ansätze für Auszahlungen für Investitionen nur verfügt werden, soweit die Deckungsmittel rechtzeitig bereitgestellt werden können.[212]

209 Bei überplanmäßigen Aufwendungen handelt es sich um Aufwendungen, die die Ermächtigungen im Haushaltsjahr und die übertragenen Ermächtigungen aus Vorjahren übersteigen, § 58 Nr. 34 GemHVO.

210 Eine Prüfung der Unabweisbarkeit, Unvorhergesehenheit sowie die Prüfung der Zuständigkeit entfällt in diesen Fällen. Die Deckung ist durch vorhandene zahlungswirksame Mehrerträge gewährleistet.

211 Standards beschreiben die Art und Weise der Aufgabenwahrnehmung, z. B. Kinderbetreuung mit Mittagstischangebot, Beförderungsdienst zum Kindergarten usw.

212 Siehe Nr. 3 Hw. zu § 27 GemHVO i. V. m. Ziff. 13.2.2.2.

Wegen der „Formlosigkeit“[213] ist die unechte Deckungsfähigkeit ein einfaches Verfahren zur Bereitstellung von Mehraufwendungen bzw. Mehrauszahlungen (siehe Ziff. 14.2.2).

In der Praxis werden diese Art von Haushaltsvermerken in Form von so genannten Deckungskreisen (Deckungsringe) im DV-Programm hinterlegt, so dass eine gewisse Plausibilitätskontrolle gewährleistet ist. Allerdings darf nicht übersehen werden, dass dieser Automatismus zwar die Flexibilität und die praktische Handhabung erleichtern, jedoch der Gesamtüberblick über ein Budget erschwert wird. So ist es durchaus möglich, dass im Rahmen des Vermerks bestimmte Mehrerträge zwar vorhanden sind, die dann zusätzlich verwendet werden. Bei anderen Positionen desselben Budgets, die nicht in den Vermerk eingebunden sind, können jedoch Mindererträge vorliegen, so dass der Gesamtbudgetabschluss gefährdet wird. Dies zeigt deutlich, dass auf ein individuelles und regelmäßiges Finanzcontrolling **nicht** verzichtet werden kann.[214]

7.4.3.1.1 Erklärung der unechten Deckungsfähigkeit

Nach § 19 Abs. 2 GemHVO ist die unechte Deckungsfähigkeit **„zu bestimmen“**. Diese Formulierung ist so auszulegen, dass die unechte Deckungsfähigkeit ausdrücklich durch einen Haushaltsvermerk[215] erklärt werden muss, z. B.

> *„Gemäß § 19 Abs. 2 GemHVO dürfen zahlungswirksame Mehrerträge für Mehraufwendungen innerhalb des Budgets ... verwendet werden.“*
> *„Zahlungswirksame Mindererträge des Budgets ... reduzieren nach § 19 Abs. 2 GemHVO die Aufwandsermächtigungen für ... entsprechend.“*
> *„Gemäß § 19 Abs. 4 i. V. m. Abs. 2 GemHVO berechtigen Mehreinzahlungen im Budget ... zur Leistung von Mehrauszahlungen für Investitionen in das Sachanlagevermögen für ... “*

Diese „Deckungsvermerke“ werden von der Gemeindevertretung im Rahmen der Beschlussfassung der Haushaltssatzung mit beschlossen und erhalten dadurch „Satzungscharakter“. Eine Änderung der Haushalts- bzw. in diesem Fall der Deckungsvermerke im Laufe eines Haushaltsjahres ist nur durch eine Nachtragssatzung möglich (Ziff. 14.1.2.6).

In der Praxis sind aufgrund der angespannten Haushalts- und Finanzlagen auch anteilige Einschränkungen anzutreffen, da bei allem Streben nach Flexibilität auch der Haushaltsausgleich nicht aus den Augen verloren werden darf, z. B. *Mehrerträge berechtigen „nur“ in Höhe von z. B. 50 % zu Mehraufwendungen.*

---

213 Es ist lediglich die Anbringung eines entsprechenden Haushaltsvermerks (Deckungsvermerks) erforderlich, siehe Ziff. 7.4.3.1.1.

214 *Fritze/Mutschler/Stockel-Veltmann*, Kommunales Finanzmanagement NRW, Ziff. 14.3.1.

215 Ein Haushaltsvermerk ist eine einschränkende oder erweiternde Bestimmung zu Ansätzen des Haushaltsplanes, insbesondere Vermerke über Deckungsfähigkeit, Übertragbarkeit, Zweckbindung und Sperren gemäß Nr. 5 Hw. zu § 17 GemHVO.

Für die Darstellung der Haushaltsvermerke empfiehlt sich folgenden Vorgehensweise:

- Haushaltsvermerke, die für alle Teilhaushalte/Budgets gleichermaßen gelten, sollten an einer zentralen Stelle im Haushaltsplan dargestellt werden (z. B. vor den Teilhaushalten).
- Haushaltsvermerke, die sich nur auf einzelne Budgets beziehen, sollten aus Gründen der Transparenz im Anschluss des jeweiligen Teilhaushalts/Budgets dargestellt werden.

7.4.3.1.2 Ausnahmen von der unechten Deckungsfähigkeit

Zahlungswirksame Mehrerträge

→ aus Steuerbeteiligungen und eigenen Steuern, soweit sie nicht zur Deckung überplanmäßiger Umlageverpflichtungen (z. B. bei der Gewerbesteuerumlage) benötigt werden, siehe Nr. 4 Hw. zu § 19 GemHVO,

→ aus allgemeinen Zuweisungen (z. B. Schlüsselzuweisung),

→ aus allgemeinen Umlagen (z. B. die Kreisumlage bei den Landkreisen)

sind von der Einbeziehung in die unechte Deckungsfähigkeit ausgenommen (§ 19 Abs. 2 Satz 2 i. V. m. Nr. 4 Hw. zu § 19 GemHVO). Dies ergibt sich zwingend aus dem Charakter dieser Erträge als allgemeine Deckungsmittel, der eine ausschließliche Verwendung – z. B. für ein bestimmtes Budget – verbietet.

7.4.3.1.3 Verbindung zur echten Deckungsfähigkeit

Siehe Ziff. 7.4.3.2.4

Um den Kontext zu der echten Deckungsfähigkeit zu verstehen, sollte erst Ziff. 7.4.3.2 (echte Deckungsfähigkeit) beachtet werden.

7.4.3.2 Echte Deckungsfähigkeit

- **Allgemeines**

  Bevor die echte Deckungsfähigkeit nach § 20 GemHVO erläutert werden kann, ist zunächst eine Abgrenzung zu den Wirkungen des Grundsatzes der Einzelveranschlagung vorzunehmen (Ziff. 7.3.5).

  Nach dem Grundsatz der Einzelveranschlagung werden die Haushaltsmittel für das jeweilige Haushaltsjahr **nicht** auf der Basis einzelner Ertrags- und Aufwandskonten des KVKR veranschlagt, sondern nach den verdichteten Ertrags- und Aufwands**positionen** gemäß § 2 Abs. 1 GemHVO.

  Vor diesem Hintergrund besteht bereits eine gewisse Flexibilität dahingehend, dass innerhalb der jeweiligen Aufwandsposition nach § 2 Abs. 1 GemHVO Umschichtungen vorgenommen werden können, z. B.:

  Innerhalb des Produktbereichs „Sportförderung" werden 10.000 € mehr als geplant für Büromaterial benötigt, aber gleichzeitig können entsprechende Mittel bei den Aufwendungen für Leasing eingespart werden. Dies ist ohne Weiteres möglich, da beide

Aufwandsarten der Aufwandsposition „Aufwendungen für Sach- und Dienstleistungen“ angehören und insgesamt der Haushaltsansatz der Aufwandsposition „Aufwendungen für Sach- und Dienstleistungen“ nicht überschritten wird.[216]

In diesen Fällen liegt noch keine Inanspruchnahme der Deckungsfähigkeit im Sinne von § 20 GemHVO vor.

Die **echte** Deckungsfähigkeit[217] im Sinne von § 20 GemHVO erlaubt es, Mehraufwendungen bei einer Aufwandsposition durch Minderaufwendungen bei einer anderen Aufwandsposition zu leisten. Es handelt sich also hier um ein **Verschieben von Haushaltsmitteln zwischen den Aufwandsarten** nach § 2 Abs. 1 GemHVO, z. B. Mehraufwendungen bei der Aufwandsposition „Aufwendungen für Sach- und Dienstleistungen“ (§ 2 Abs. 1 Nr. 12 GemHVO) können durch Minderaufwendungen bei der Aufwandsposition „Personalaufwendungen“ (§ 2 Abs. 1 Nr. 10 GemHVO) gedeckt werden. Ein formelles Verfahren nach § 100 HGO und ein damit verbundener besonderer Verwaltungsaufwand ist hier nicht erforderlich. Vielmehr verbleibt die Bearbeitung und Entscheidung im Zuständigkeitsbereich des Budgetverantwortlichen.

Gleiches gilt für die Auszahlungsarten aus Investitionstätigkeit nach § 3 Abs. 1 Nrn. 24 bis 27 GemHVO sowie für Verpflichtungsermächtigungen nach § 11 GemHVO (Ziff. 8.6), d. h. die echte Deckungsfähigkeit ermöglicht also Mehrauszahlungen bzw. zusätzliche Verpflichtungsermächtigungen bei einer Haushaltsposition durch Minderauszahlungen bzw. nicht benötigte Verpflichtungsermächtigungen bei anderen Haushaltspositionen auszugleichen. Insofern ist die echte Deckungsfähigkeit eine **Ausnahme vom Grundsatz der betraglichen** Bindung.

Im Gegensatz zur unechten Deckungsfähigkeit gemäß § 19 Abs. 1 Satz 2 und Abs. 2 GemHVO spielt sich die **echte Deckungsfähigkeit nur zwischen Aufwands- bzw. Auszahlungspositionen bzw. Verpflichtungsermächtigungen ab** (Ziff. 7.4.3).

- **Arten der echten Deckungsfähigkeit**

  Im Rahmen der Deckungsfähigkeit wird einerseits unterschieden in

  → Deckungsfähigkeit
    - kraft Verordnung und
    - kraft Vermerk

  und anderseits in

  → die gegenseitige Deckungsfähigkeit und

  → die einseitige Deckungsfähigkeit.

---

216 In der Praxis erfolgt die Planung des Haushalts zurzeit überwiegend noch auf der Basis einzelner Konten, da solide Kennzahlen (Kosten pro Produkt) noch nicht flächendeckend generiert werden können; siehe hierzu auch Ziff. 6.5.2.4 und 7.3.5.1. Nach dem Grundsatz der Einzelveranschlagung haben die von der Gemeinde evtl. unterhalb der jeweiligen Ertrags- und Aufwandspositionen nach § 2 Abs. 1 GemHVO geplanten Werte keine Bindungswirkung, sondern stellen nur einen internen Bewirtschaftungsplan dar.

217 Der Zusatz „echte“ soll zur unechten Deckungsfähigkeit nach § 19 Abs. 1 Satz 2 und Abs. 2 GemHVO abgrenzen, weil im Verfahren nach § 20 GemHVO die Mittelbereitstellung im Rahmen des vorgegebenen Haushaltsvolumens erfolgt. Die Bereitstellung zusätzlicher Haushaltsmittel nach § 19 Abs. 2 GemHVO führt dagegen zu einer Überschreitung des Haushaltsvolumens (Mehrerträge/Mehreinzahlungen führen zu Mehraufwendungen/Mehrauszahlungen – siehe Ziff. 7.4.3).

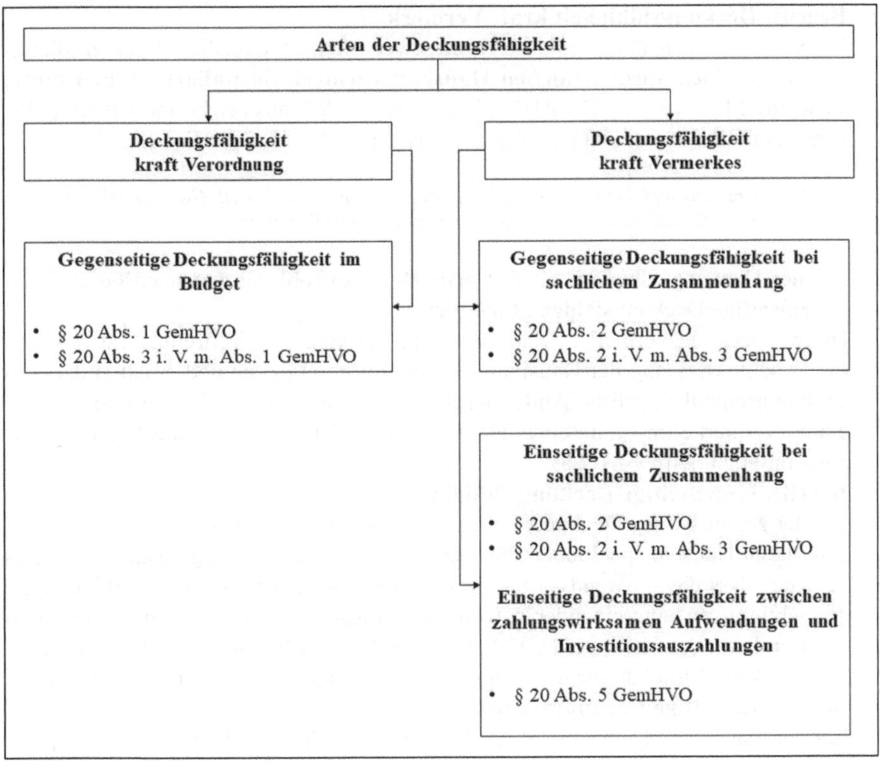

- **Begriff: Deckungsfähigkeit kraft Verordnung**
  Unter der Deckungsfähigkeit kraft Verordnung versteht man, dass diese Deckungsfähigkeit besteht, **ohne dass hierfür ein ausdrücklicher Haushaltsvermerk**[218] erforderlich ist. Dies wird aus der Formulierung in § 20 Abs. 1 GemHVO deutlich, wonach die Ansätze der **in einem Budget** veranschlagten Aufwendungen gegenseitig deckungsfähig **„sind"**, siehe Nr. 1 Hw. zu § 20 GemHVO.
  Möchte man diese Deckungsfähigkeit kraft Verordnung einschränken oder gar ausschließen, ist dies allerdings nur mittels eines ausdrücklichen Haushaltsvermerks möglich, z. B.

  „Von der Deckungsfähigkeit nach § 20 Abs. 1 GemHVO werden die Transferaufwendungen (oder die Personalaufwendungen) ausgenommen."[219]

  Bei der **Deckungsfähigkeit kraft Verordnung** handelt es sich immer um die **gegenseitige Deckungsfähigkeit** (siehe Ziff. 7.4.3.2.1).

---

218 Vgl. Nr. 5 Hw. zu § 17 GemHVO. Haushaltsvermerke sind einschränkende oder erweiternde Bestimmungen zu den Ansätzen des Haushaltsplanes, insbesondere Vermerke über Deckungsfähigkeit, Übertragbarkeit, Zweckbindung und Sperren.

219 Zur Sinnhaftigkeit von Einschränkung der Deckungsfähigkeit im Budget siehe auch Ausführungen zu Ziff. 7.4.3.2.2.

- **Begriff: Deckungsfähigkeit kraft Vermerk**
  Unter der Deckungsfähigkeit kraft Vermerk versteht man, dass diese Deckungsfähigkeit durch einen **ausdrücklichen Haushaltsvermerk formuliert werden muss,** siehe Nr. 2 Hw. zu § 20 GemHVO. Dies wird deutlich aus der Formulierung **„können ... erklärt werden“** (§ 20 Abs. 2, Abs. 3 und Abs. 5 GemHVO), z. B.

  „Die Personal- und Versorgungsaufwendungen werden gemäß § 20 Abs. 2 GemHVO über alle Teilhaushalte hinweg für gegenseitig deckungsfähig erklärt.“

  Bei der Deckungsfähigkeit **kraft Vermerk** ist sowohl die **gegenseitige** als auch die **einseitige** Deckungsfähigkeit möglich.
  Diese „Deckungsvermerke“[220] werden von der Gemeindevertretung im Rahmen der Beschlussfassung der Haushaltssatzung mit beschlossen und erhalten dadurch „Satzungscharakter“. Eine Änderung der Haushalts- bzw. in diesem Fall der Deckungsvermerke im Laufe eines Haushaltsjahres ist nur durch eine Nachtragssatzung möglich (Ziff. 14.1.2.6).
- **Begriff: Gegenseitige Deckungsfähigkeit**
  Bei der gegenseitigen Deckungsfähigkeit im Sinne von § 20 GemHVO können die beteiligten Haushaltspositionen ihre Haushaltsmittel gegenseitig austauschen. Das bedeutet, dass die Aufwands- bzw. Auszahlungspositionen und die Verpflichtungsermächtigungen untereinander sowohl **deckungsberechtigt** (d. h. die Haushaltsposition kann verstärkt werden) als auch **deckungspflichtig** (d. h. die Haushaltsposition kann Mittel an die deckungsberechtigte Haushaltsposition abgeben) sind.
- **Begriff: Einseitige Deckungsfähigkeit**
  Bei der einseitigen Deckungsfähigkeit können nur die Mittel einer Haushaltsposition zur Verstärkung einer anderen Haushaltsposition in Anspruch genommen werden, ohne dass aber die Möglichkeit besteht, im umgekehrten Fall die Mittel der anderen Haushaltsposition zur Verstärkung zu verwenden. Hier ist die jeweilige Haushaltsposition deckungsberechtigt (d. h. diese Haushaltsposition kann überschritten werden), während die jeweils andere Haushaltsposition nur deckungspflichtig ist (d. h. diese Haushaltsposition kann nur Mittel an die deckungsberechtigte Haushaltsposition abgeben).
  Eine Umkehrung dieses Verhältnisses kann im Rahmen der Ausführung des Haushaltsplanes von der Verwaltung **nicht mehr** vorgenommen werden. Es wird schon bei der Planung festgelegt, welche Haushaltsposition deckungsberechtigt und welche deckungspflichtig ist.

7.4.3.2.1 Deckungsfähigkeit kraft Verordnung

Die Deckungsfähigkeit kraft Verordnung – also ohne ausdrücklichen Haushaltsvermerk – gilt für **alle in einem Budget veranschlagten zahlungswirksamen Aufwendungen, Auszahlungen und Verpflichtungsermächtigungen.**

---

220 Vgl. Nr. 5 Hw. zu § 17 GemHVO. Haushaltsvermerke sind einschränkende oder erweiternde Bestimmungen zu den Ansätzen des Haushaltsplanes, insbesondere Vermerke über Deckungsfähigkeit, Übertragbarkeit, Zweckbindung und Sperren.

Zunächst ist hier der Begriff „Budget“ noch einmal in Erinnerung zu rufen (ausführlich siehe Ziff. 6.2.5). Ein Budget im Sinne der GemHVO ist nach § 58 Nr. 10 GemHVO ist ein vorgegebener **Finanzrahmen**, der einer Organisationseinheit zur selbstständigen und eigenverantwortlichen Bewirtschaftung im Rahmen eines vorgegebenen Leistungsumfangs zugewiesen wird. Jeder Teilhaushalt – entweder auf Produktbereichs-, Produktgruppen- oder Produktebene – bildet nach § 4 Abs. 1 GemHVO ein Budget (= Bewirtschaftungseinheit).[221] Diese Budgetierung dient der dezentralen Ressourcenverantwortung[222] (ein Kernelement des NKRS) und stärkt die Eigenverantwortlichkeit sowie das Kostenbewusstsein der Budgetverantwortlichen.

Der vorgegebene Finanzrahmen wird durch die Beschlussfassung der Haushaltssatzung von der Gemeindevertretung beschlossen und ist damit für die Ausführung des Haushaltsplanes verbindlich. Die hierdurch entstehende Flexibilität (z. B. innerhalb der jeweiligen Aufwandspositionen nach § 2 Abs. 1 GemHVO bzw. Auszahlungspositionen nach § 3 Abs. 1 Nrn. 24 bis 27 GemHVO können Umschichtungen vorgenommen werden) wurde bereits unter Ziff. 7.4.3.2 erläutert.[223] Darüber hinaus enthält § 20 GemHVO noch weitergehende Regelungen, die die Bewirtschaftung des Finanzrahmens (= Budgets) im Sinne von einer „echten“ (vollständigen) dezentralen Ressourcenverantwortung noch beweglicher gestalten.

Da jeder Teilhaushalt ein Budget bildet (§ 4 Abs. 1 GemHVO) und die Teilhaushalte jeweils aus einem Teilergebnis- und einem Teilfinanzhaushalt bestehen, enthält § 20 GemHVO Deckungsregelungen für
→ die Aufwendungen im Budget,
→ die investiven Auszahlungen im Budget[224] und
→ die Verpflichtungsermächtigungen im Budget,
auf die im Anschluss näher eingegangen wird.

Schließlich kann die Gemeinde weitergehende Budgetierungsrichtlinien erlassen, die dann entsprechend zu berücksichtigen sind. Aufgrund der Vielzahl von individuellen Budgetierungsrichtlinien wird auf Beispiele aus der kommunalen Praxis verwiesen, die auch überwiegend im Internet veröffentlicht sind.

- **Deckungsfähigkeit der Aufwendungen im Budget**

  Nach § 20 Abs. 1 GemHVO **sind** die Ansätze der in einem Budget **veranschlagten zahlungswirksamen Aufwendungen gegenseitig** deckungsfähig, wenn im Haushaltsplan nichts anderes bestimmt ist (= gegenseitige Deckungsfähigkeit kraft Verordnung, Ziff. 7.4.3.2).

221 Hierbei wird unterstellt, dass jeder Teilhaushalt auch von nur einer Organisationseinheit bewirtschaftet wird.

222 Vgl. Umstellung des Haushaltsrechts auf ein ressourcenverbrauchsorientiertes Rechnungswesen, Ziff. 4.3.4.

223 Möchte man diese Deckungsfähigkeit kraft Verordnung einschränken oder gar ausschließen, ist dies allerdings nur mittels eines ausdrücklichen Haushaltsvermerks möglich, vgl. Nr. 1 Hw. zu § 20 GemHVO.

224 Der Verordnungsgeber stellt bei der Deckungsfähigkeit **ausdrücklich auf die Auszahlungen für Investitionen ab.** Demnach dürfen Einsparungen bei den Auszahlungen für Finanzierungstätigkeit – sofern sie im Teilfinanzhaushalt veranschlagt sind – nicht herangezogen werden.

Die Beschränkung der Deckungsfähigkeit kraft Verordnung auf „zahlungswirksame“ Aufwendungen ist folgerichtig, da ansonsten die Liquidität im Finanzhaushalt nicht mehr gewährleistet wäre.

Beispiel für einen Teilergebnishaushalt 2024 (Muster 9 zur GemHVO):

Produktbereich: Kultur und Wissenschaft

Teilergebnishaushalt – vereinfachte Darstellung
– Euro –

Nr.*	**Konten**[1]	**Bezeichnung**[2]	**Haushaltsansatz**		Ergebnis des Jahres-abschlusses
			2024	2023	2022
1	**2**	**3**	**4**	**5**	**6**
		Ordentliche Erträge			
2		Öffentlich-rechtliche Leistungsentgelte	46.000	40.000	36.000
		…			
10		**Summe der ordentlichen Erträge**			
		Ordentliche Aufwendungen			
11		Personalaufwendungen	550.000	510.000	499.000
12		Versorgungsaufwendungen	95.000	90.000	80.000
13		Aufwendungen für Sach- und Dienstleistungen	800.000	750.000	749.000
14		Abschreibungen	100.000	100.000	90.000
15		Aufwendungen für Zuweisungen u. Zuschüsse	0	0	9.000
		…			
19		**Summe der ordentlichen Aufwendungen**			
20		**Verwaltungsergebnis**			
21		Finanzerträge			
22		Zinsen und ähnliche Aufwendungen			
23		**Finanzergebnis**			
26		**Ordentliches Ergebnis**			
27		Außerordentlicher Ertrag			
28		Außerordentlicher Aufwand			
29		**Außerordentliches Ergebnis**			
30		**Jahresergebnis vor internen Leistungsbeziehungen**			
		Leistungen aus internen Leistungsbeziehungen			
		Kosten aus internen Leistungsbeziehungen			
		Ergebnis der internen Leistungsbeziehungen			
		Jahresergebnis nach internen Leistungsbeziehungen			

*) *Die Angaben in der Spalte 1 beziehen sich im Beispielsfall auf die Positionsangaben des Ergebnishaushalts (Muster 7 zur GemHVO). Da es hinsichtlich der Positionsangaben im Teilergebnishaushalt keine verbindlichen Vorgaben gibt, wäre auch eine fortlaufende Nummerierung möglich.*

1) *Auf die Angabe der Konten wurde hier verzichtet, da sie für die Fallbeispiele von untergeordneter Bedeutung sind. Insofern wird auf die Muster 7 und Muster 9 zur GemHVO verwiesen.*

2) *In der Spalte 3 werden im Beispielsfall Erträge und Aufwendungen nach § 2 Abs. 1 GemHVO dargestellt; es handelt sich hierbei um die nach Nr. 8 Hw. zu § 4 GemHVO vorgeschriebene Mindestgliederung. Hiernach müssen Positionen, die im Haushaltsjahr und den beiden Vorjahren keine Beträge ausweisen, auf der Ebene des Teilergebnishaushalts* ***nicht*** *angegeben werden. Insofern weicht die Darstellung der Ertrags- und Aufwandspositionen auf der Ebene der Teilergebnishaushalt vom Ergebnishaushalt ab.*

Variante 1:
Werden z. B. innerhalb der Aufwandsposition „Aufwendungen für Sach- und Dienstleistungen“ (Zeile Nr. 13) 10.000 € Mehraufwendungen für Büromaterial (zahlungswirksamer Aufwand) benötigt **und** können diese zusätzlichen Aufwendungen **nicht** (oder nicht in voller Höhe) innerhalb der Aufwandsposition „Aufwendungen für Sach- und Dienstleistungen“ aufgefangen werden, aber im Bereich der Personalaufwendungen (Zeile Nr. 11) sind entsprechende Einsparungen bei zahlungswirksamen Aufwendungen gegeben, so ist dies durch die gegenseitige Deckungsfähigkeit nach § 20 Abs. 1 GemHVO gedeckt. Die durch die Deckungsfähigkeit erlangte Flexibilität kommt dadurch zum Ausdruck, dass **kein** formelles Bereitstellungsverfahren erforderlich ist, sondern dass die Entscheidung im Zuständigkeitsbereich des Budgetverantwortlichen liegt.
Erst wenn den zusätzlichen Aufwendungen von 10.000 € keine ausreichenden Einsparungen bei anderen zahlungswirksamen Aufwandspositionen in diesem Teilhaushalt gegenüberstehen (und keine übertragenen Haushaltsermächtigungen aus Vorjahren verfügbar sind sowie auch keine Mehrerträge im Rahmen der unechten Deckungsfähigkeit zur Verfügung stehen), liegt eine überplanmäßige Aufwendung vor (siehe Ziff. 14.2).

Variante 2:
Entsteht z. B. bei der Haushaltsposition „Aufwand für Zuweisungen und Zuschüsse“ (Zeile Nr. 15) im Laufe des Haushaltsjahres 2024 ein Bedarf, aber ein entsprechender Budgetansatz ist im jeweiligen Teilergebnishaushalt für das Haushaltsjahr **nicht** vorhanden,[225] kann dieser Mehrbedarf auch **nicht** im Rahmen der Deckungsfähigkeit nach § 20 Abs. 1 GemHVO durch andere Haushaltspositionen aufgefangen werden, da die gegenseitige Deckungsfähigkeit nach dem Wortlaut der GemHVO nur zwischen „**veranschlagten**“ Aufwendungen Gültigkeit entfaltet.[226] Warum der Verordnungsgeber hier nur auf die „veranschlagten“ Aufwendungen/Auszahlungen abstellt, lässt sich auch aus den Hinweisen zu § 20 GemHVO nicht nachvollziehen und widerspricht dem eigentlichen Budgetgedanken, wonach die Organisationseinheiten innerhalb des vorgegebenen Finanzrahmens und Leistungsumfangs (Erreichung von vorgegebenen Zielen) selbständig und eigenverantwortlich wirtschaften dürfen.[227]

---

225 Dabei wird unterstellt, dass auch keine Aufwandsermächtigungen aus Vorjahren übertragen wurden, was bei „sonstigen ordentlichen Aufwendungen“ i. d. R. auch nicht der Fall sein dürfte.

226 In diesem Fall würde eine außerplanmäßige Aufwendung entstehen – siehe hierzu ausführlich Ziffn. 14.1 und 14.2.

227 Hält der Verordnungsgeber an der Voraussetzung fest, dass die Deckungsfähigkeit im Budget nur für „**veranschlagte**“ Aufwendungen/Auszahlungen Gültigkeit hat, besteht die Gefahr, dass diese Regelung in der Praxis dadurch umgangen wird, dass Haushaltspositionen mit geringen, gleichwohl nicht benötigten Werten beplant werden, um die größtmögliche Budgetflexibilität zu erreichen.

Variante 3:
Da sich die Deckungsfähigkeit nur auf **zahlungswirksame** Aufwendungen beschränkt, ist es **nicht** möglich, dass z. B. Minderaufwendungen bei der Haushaltsposition „Abschreibungen" (Zeile Nr. 14) für Mehraufwendungen bei der Haushaltsposition „Personalaufwendungen" (Zeile Nr. 11) herangezogen werden können. Nach dem Wortlaut des § 20 Abs. 1 GemHVO ist die gegenseitige Deckungsfähigkeit grundsätzlich bei **allen zahlungswirksamen Aufwandspositionen** des Teilergebnishaushalts (§ 4 Abs. 3 GemHVO), die einen Haushaltsansatz aufweisen, möglich, d. h. **einschließlich der außerordentlichen Aufwendungen.**[228] **Nicht hierzu** zählen die **Kosten aus internen Leistungsbeziehungen**, die in den Teilergebnishaushalten abzubilden sind, da sich die Deckungsfähigkeit nach § 20 Abs. 1 GemHVO nur auf die „Aufwendungen" bezieht (auf die Ausnahmen wird unter Ziff. 7.4.3.2.3 eingegangen).[229]

- **Deckungsfähigkeit der Auszahlungen für Investitionen im Budget**
  Wie bereits oben ausgeführt, bildet jeder Teilhaushalt ein Budget (§ 4 Abs. 1 GemHVO) und ein Teilhaushalt wiederum setzt sich aus einem Teilergebnis- und einem Teilfinanzhaushalt zusammen. Gemäß § 20 Abs. 3 i. V. m. Abs. 1 GemHVO gelten für die Deckungsfähigkeit der **Auszahlungen für Investitionen** im Budget (= Teilfinanzhaushalt) die Ausführungen zur „Deckungsfähigkeit der Aufwendungen im Budget" entsprechend, wobei dann lediglich auf Auszahlungspositionen für Investitionstätigkeit abzustellen ist.[230]
  Möchte man diese Deckungsfähigkeit kraft Verordnung einschränken oder gar ausschließen, ist dies allerdings nur mittels eines ausdrücklichen Haushaltsvermerks möglich, vgl. Nr. 1 Hw. zu § 20 GemHVO (Ziff. 7.4.3.2).

228 Da nach § 4 Abs. 1 GemHVO jeder Teilhaushalt ein Budget bildet, ergibt sich hieraus im Umkehrschluss, dass es keine Veranschlagungen außerhalb eines Budgets geben kann. Vgl. hierzu auch *Bellefontaine* u. a., Kommunale Doppik Rheinland-Pfalz, Erl. 3 zu § 16 GemHVO.

229 Kritisch ist in diesem Zusammenhang anzumerken, dass der Ausschluss der Kosten aus internen Leistungsbeziehungen aus der Deckungsfähigkeit nicht dem Budgetgedanken Rechnung trägt.

230 Der Verordnungsgeber stellt bei der Deckungsfähigkeit **ausdrücklich auf die Auszahlungen für Investitionen ab.** Demnach dürfen Einsparungen bei den Auszahlungen für Finanzierungstätigkeit – sofern sie im Teilfinanzhaushalt veranschlagt sind – nicht herangezogen werden.

Beispiel für einen Teilfinanzhaushalt 2024 (Muster 10 zur GemHVO):

Produktbereich: Kultur und Wissenschaft
zu § 4 Abs. 4

Teilfinanzhaushalt – vereinfachte Darstellung
– Investitionstätigkeit –
– Euro –

Nr.*	Bezeichnung**	Haushaltsansatz			Ergebnis des Jahresabschlusses	Investitions- und Investitionsförderungsmaßnahmen		Erläuterungen
		2024	VE	2023	2022	Gesamtauszahlungsbedarf	davon bisher bereitgestellt	
1	2	3	4	5	6	7	8	9
	Einzahlungen aus Investitionstätigkeit							
1	Einzahlungen aus Investitionszuweisungen und -zuschüssen sowie aus Investitionsbeiträgen							
2	Einzahlungen aus Abgängen von Vermögensgegenständen des Sachanlagevermögens und des immateriellen Anlagevermögens							
3	Einzahlungen aus Abgängen von Vermögensgegenständen des Finanzanlagevermögens							
	Einzahlungen aus Finanzierungstätigkeit							
4	Einzahlungen aus der Aufnahme von Krediten und wirtschaftlich vergleichbaren Vorgängen für Investitionen							
5	Summe							
	Auszahlungen aus Investitionstätigkeit							
6	Auszahlungen für den Erwerb von Grundstücken und Gebäuden	0	0	0	0	0	0	
7	Auszahlungen für Baumaßnahmen	1.800.000	0	0	0	1.800.000	0	
8	Auszahlungen für Investitionen in das sonstige Sachanlagevermögen und immaterielle Anlagevermögen	200.000	0	0	0	200.000	0	
9	Auszahlungen für Investitionen in das Finanzanlagevermögen	0	0	0	0	0	0	
	Auszahlungen aus Finanzierungstätigkeit							
10	Auszahlung für die Tilgung von Krediten und wirtschaftlich vergleichbaren Vorgängen für Investitionen							
11	Summe	2.000.000	0	0	0	2.000.000	0	
12	Saldo (Einzahlungen ./. Auszahlungen)	–2.000.000						

Für die Deckungsfähigkeit nach § 20 GemHVO ist die Einzahlungsseite nicht relevant.

*) *Die Angaben in der Spalte 1 werden im Beispielsfall beginnend bei „1" fortlaufend durchnummeriert. Da es hinsichtlich der Nummerierung keine verbindlichen Vorgaben gibt, wäre auch eine Nummerierung in Anlehnung an den Finanzhaushalt, Muster 8 zur GemHVO, möglich.*

**) *In der Spalte 2 werden die Haushaltspositionen aus Investitionstätigkeit nach § 3 Abs. 1 Nrn. 20 bis 22, Nrn. 24 bis 27 sowie Nrn. 31 und 32 GemHVO getrennt nach Einzahlungen und Auszahlungen dargestellt, siehe hierzu auch Ziffn. 7.3.5 und 6.5.2.4.2.*

Variante 1)
Werden z. B. innerhalb der Haushaltsposition „Auszahlungen für Investitionen in das sonstige Sachanlagevermögen und immaterielle Anlagevermögen" (Zeile Nr. 8) 10.000 € Mehrauszahlungen für Einrichtungsgegenstände benötigt und im Bereich „Auszahlungen für Baumaßnahmen" (Zeile Nr. 7) sind entsprechende Einsparungen möglich, so ist dies durch die gegenseitige Deckungsfähigkeit nach § 20 Abs. 3 i. V. m. Abs. 1 GemHVO gedeckt.

Variante 2)
Im Laufe des Haushaltsjahres 2024 ergibt sich im Produktbereich „Kultur und Wissenschaft" ein Bedarf dahingehend, dass eine **Investitionsförderungsmaßnahme** in Höhe von 10.000 € an den Verein X geleistet werden soll[231] (war ursprünglich nicht bei der Haushaltsplanung berücksichtigt), die nach § 3 Abs. 1 Nr. 26 GemHVO ebenfalls unter die Haushaltsposition „Auszahlungen für Investitionen in das sonstige Sachanlagevermögen und immaterielle Anlagevermögen" (Zeile Nr. 8) zu subsumieren ist. Da Einsparungen bei den Auszahlungen für Baumaßnahmen in gleicher Höhe möglich sind, könnte nach § 20 Abs. 3 i. V. m. Abs. 1 GemHVO der Mehrbedarf für die Investitionsförderungsmaßnahme (Zuschuss an den Verein X) gedeckt werden.
Dies widerspricht allerdings den Vorschriften des § 98 Abs. 2 Nr. 4 HGO, wonach bei Auszahlungen für **bisher nicht veranschlagte Investitionsförderungsmaßnahmen** zwingend eine Nachtragssatzung zu erlassen ist (siehe ausführlich Ziff. 14.1.2.3). Der Widerspruch ist dadurch aufzulösen, dass die Regelungen der HGO (Verpflichtung zum Erlass einer Nachtragssatzung) als Gesetz den Regelungen der Verordnung **vorgehen** und **die an sich mögliche Deckungsfähigkeit nicht in Anspruch** genommen werden darf.
Es ist fraglich, ob der Verordnungsgeber diese Konsequenz gesehen hat. Auch hier ist es erforderlich, dass der Verordnungsgeber eine widerspruchsfreie Regelung trifft.

- **Deckungsfähigkeit der Verpflichtungsermächtigungen im Budget**
  Die Verpflichtungsermächtigungen (Begriff siehe Ziff. 8.1) sind nach § 11 i. V. m. § 4 Abs. 5 GemHVO maßnahmenbezogen in den Teilfinanzhaushalten zu veranschlagen und somit Gegenstand des von der Gemeindevertretung zur Verfügung gestellten Finanzrahmens (= Budget).[232] Gemäß § 20 Abs. 3 i. V. m. Abs. 1 GemHVO gelten für die Deckungsfähigkeit der Verpflichtungsermächtigungen im Budget die Ausführungen zu der „Deckungsfähigkeit der Aufwendungen sowie der Auszahlungen für Investitionen im Budget" entsprechend, wobei dann auf die Haushaltspositionen, für die Verpflichtungsermächtigungen veranschlagt sind, abzustellen ist.
  Die Inanspruchnahme der Deckungsfähigkeit bei Verpflichtungsermächtigungen führt dazu, dass, sofern bei einer Haushaltsposition nach § 3 Abs. 1 Nr. 24 bis 27 GemHVO Verpflichtungsermächtigungen eingespart werden, bei der jeweils an-

231 Zum Beispiel: Bau eines Keltenmuseums.
232 Im Rahmen der Beschlussfassung der Haushaltssatzung.

deren Haushaltsposition höhere Verpflichtungen als ursprünglich veranschlagt zu Lasten künftiger Haushaltsjahre eingegangen werden dürfen. Können die zusätzlichen Verpflichtungsermächtigungen nicht innerhalb des Budgets aufgefangen werden, liegt eine überplanmäßige Verpflichtungsermächtigung nach § 102 Abs. 5 HGO vor (siehe Ziff. 14.3).
Entsteht ein Bedarf an Verpflichtungsermächtigungen bei einer Haushaltsposition, bei der ursprünglich keine Verpflichtungsermächtigungen veranschlagt waren, kann auch hier § 20 Abs. 3 i. V. m. Abs. 1 GemHVO nicht greifen. In diesem Fall liegt eine außerplanmäßige Verpflichtungsermächtigung nach § 102 Abs. 5 HGO vor (siehe Ziff. 14.3).

7.4.3.2.2 Deckungsfähigkeit kraft Vermerk

Nach § 20 Abs. 2 und Abs. 3 GemHVO **können** die in einem Budget veranschlagten Ansätze für zahlungswirksame Aufwendungen, Auszahlungen und Verpflichtungsermächtigungen, mit den Ansätzen **eines anderen Budgets** für gegenseitig oder einseitig deckungsfähig erklärt werden. Darüber hinaus lässt die Deckungsfähigkeit kraft Verordnung ebenso ausdrücklich zu, dass veranschlagte **nicht zahlungswirksame Aufwendungen** mit den Ansätzen für veranschlagte nicht zahlungswirksamen Aufwendungen **eines anderen Budgets** für gegenseitig oder einseitig deckungsfähig erklärt werden können.

Als Voraussetzung dieser Deckungsfähigkeit **kraft Vermerk** wird aber **immer** ein **„sachlicher Zusammenhang"** gefordert. Dieser sachliche Zusammenhang ist z. B. gegeben

- bei Aufwendungen/Auszahlungen/Verpflichtungsermächtigungen, die zu einer Kontengruppe gehören.[233]
- zwischen Teilhaushalten, die zu einer Produktgruppe/einem Produktbereich gehören.

Die Deckungsfähigkeit kraft Vermerk nach § 20 Abs. 2 und Abs. 3 GemHVO kann sowohl als **einseitige oder als gegenseitige** Deckungsfähigkeit formuliert werden.

Mit dieser gesetzlichen Regelung eröffnet der Verordnungsgeber folgende Flexibilität:

→ Budgetübergreifende Deckungsfähigkeit zwischen bestimmen Aufwands- bzw. Auszahlungsarten **mit sachlichem Zusammenhang am Beispiel von Personalaufwendungen und Auszahlungen für Grunderwerb**:

> *„Gemäß § 20 Abs. 1 und 2 GemHVO werden die Personalaufwendungen von der gesetzlichen Deckungsfähigkeit ausgenommen und über alle Teilhaushalte hinweg für gegenseitig deckungsfähig erklärt."*[234]

233 Vgl. *Rauber* in GemHR Hessen, § 20 GemHVO Rn. 5.
234 Beispiel in Anlehnung an Deckungsvermerke aus dem Haushalt des Landkreises Gießen 2022. In der Praxis ist hierbei zu beachten, dass hierfür DV-technisch mehrere Deckungskreise für den jeweiligen Teilhaushalt eingerichtet werden müssen.

oder:

*„Innerhalb jedes Teilfinanzhaushalts sind alle Auszahlungen gegenseitig deckungsfähig, **mit Ausnahme** der Auszahlungen für den Erwerb von Grundstücken im Produktbereich Schulträgeraufgaben. Gemäß § 20 Abs. 3 i. V. m. Abs. 2 GemHVO werden die Auszahlungen für den Erwerb von Grundstücken aller Teilfinanzhaushalte des Produktbereichs Schulträgeraufgaben für gegenseitig deckungsfähig erklärt.“*

Durch die Herausnahme bestimmter Aufwands- bzw. Auszahlungsarten aus der Deckungsfähigkeit kraft Verordnung und Bildung eines **„neuen“ Budgets** nach § 20 Abs. 2 GemHVO wird deutlich, dass es sich hier um eine selbständige Bewirtschaftungseinheit im Sinne von § 4 Abs. 1 GemHVO handelt, siehe Nr. 2 Hw. zu § 20 GemHVO.

Diese Deckungsfähigkeit kraft Vermerk zwischen bestimmten Aufwands- bzw. Auszahlungsarten nach sachlichem Zusammenhang sollte aber nur auf notwendige Fälle beschränkt werden, da es nicht mit dem Sinn und dem Zweck der Budgetierung vereinbar ist, einen zur Zielerreichung vorgegebenen Finanzrahmen (= Budget) durch Haushaltsvermerke zu unterlaufen bzw. so einzuschränken bzw. zu erweitern, dass faktisch eine dezentrale Ressourcenverantwortung nicht möglich wird.[235]

→ Budgetübergreifende Deckungsfähigkeit **innerhalb eines Produktbereiches oder einer Produktgruppe**

Nach § 20 Abs. 1 GemHVO besteht „nur“ innerhalb **eines** Teilhaushaltes die gesetzliche Deckungsfähigkeit (Deckungsfähigkeit kraft Verordnung). Werden z. B. Teilhaushalte auf der Ebene der Produkte gebildet, handelt es sich naturgemäß um deutlich kleine Budgets.[236] Um dennoch eine flexible Mittelbewirtschaftung sicherzustellen, kann es durchaus sinnvoll sein zwischen einzelnen Teilhaushalten auf Produktebene einer Produktgruppe eine Deckungsfähigkeit herzustellen[237] (oder zwischen Teilhaushalten auf Produktgruppenebene eines Produktbereichs), z. B.

„Die Ansätze für veranschlagte, zahlungswirksame Aufwendungen der Teilhaushalte Grundschule X, Grundschule Y und Grundschule Z werden gemäß § 20 Abs. 2 GemHVO für gegenseitig deckungsfähig erklärt.“

oder:

„Die veranschlagten Verpflichtungsermächtigungen der Teilhaushalte Grundschule X, Grundschule Y und Grundschule Z werden gemäß § 20 Abs. 3 i. V. m. Abs. 2 GemHVO für gegenseitig deckungsfähig erklärt.“

235 Vgl. *Rauber* in GemHR Hessen, § 20 GemHVO Rn. 2, 4 und 6.

236 Ob eine derartig kleinteilige Teilhaushaltsbildung sinnvoll ist, kann zumindest bei kleineren Kommunen bezweifelt werden, denn größere Flexibilität bei der Bewirtschaftung erhält die Gemeinde, wenn sie ihre Teilhaushalte nach Produktgruppen bzw. -bereichen bildet, sofern sie nicht die Teilhaushaltsbildung nach der örtlichen Organisation vornimmt. Zur Teilhaushaltsbildung siehe grundsätzlich Ziff. 6.5.2.

237 So auch *Bellefontaine* u. a., Kommunale Doppik Rheinland-Pfalz, Erl. 4 zu § 16 GemHVO.

Auch bei dieser Konstellation wird durch das Zusammenfassen mehrerer (kleiner) Teilhaushalte zu **einem Budget eine selbständige Bewirtschaftungseinheit** im Sinne von § 4 Abs. 1 GemHVO gebildet, siehe Nr. 2 Hw. zu § 20 GemHVO.

→ Budgetübergreifende Deckungsfähigkeit zwischen **nicht zahlungswirksamen Aufwendungen**
Durch § 20 Abs. 2 Satz 2 GemHVO wird ausdrücklich ebenso eine Deckungsfähigkeit zwischen **zahlungsunwirksamen** Aufwendungen möglich. Da zahlungsunwirksame Aufwendungen nach § 20 Abs. 2 GemHVO nur **kraft Vermerk** für gegenseitig oder einseitig deckungsfähig erklärt werden können, wird für jeden einzelnen Vermerk ein Budget und damit eine eigenständige Bewirtschaftungseinheit gebildet z. B.

„Die zahlungsunwirksamen Versorgungsaufwendungen (z. B. Zuführung zu Pensionsrückstellungen ...) sind gemäß § 20 Abs. 2 GemHVO über alle Teilhaushalte hinweg gegenseitig deckungsfähig."
„Die Abschreibungen der Teilhaushalte X, Y und Z (oder „aller" Teilhaushalte) sind gemäß § 20 Abs. 2 GemHVO gegenseitig deckungsfähig."

- **Deckungsfähigkeit der zahlungswirksamen Aufwendungen zu Gunsten von Investitionsauszahlungen im Budget**
Eine besondere Art der Deckungsfähigkeit **kraft Vermerk** stellt die Regelung nach § 20 Abs. 5 GemHVO dar. Hiernach können zahlungswirksame Aufwendungen **eines Budgets** zu Gunsten von Investitionsauszahlungen **des Budgets** für **einseitig deckungsfähig** erklärt werden. Kurz: Eingesparte Auszahlungen im Teilergebnishaushalt (konsumtive zahlungswirksame Aufwendungen) können für Auszahlungen im Teilfinanzhaushalt (Investitionen) herangezogen werden. Insofern handelt es sich um eine **besondere Art der Deckungsfähigkeit**, weil hier eine Deckungsfähigkeit zwischen dem Teilergebnis- und Teilfinanzhaushalt ausdrücklich zugelassen wird.
An diese Art der Deckungsfähigkeit sind aber enge **Voraussetzungen** geknüpft:
→ Es ist nur die „**einseitige**" Deckungsfähigkeit zu Gunsten von Investitionsauszahlungen möglich, um sicherzustellen, dass Kredite **nicht** für konsumtive Zwecke aufgenommen werden.
→ Die betroffenen Haushaltspositionen müssen in demselben Teilhaushalt (Budget) veranschlagt sein und damit von der gleichen Organisationseinheit bewirtschaftet werden.
→ Es müssen Einsparungen bei **zahlungswirksamen Aufwendungen** vorliegen.
→ Es muss ein Haushaltsvermerk angebracht sein, z. B.:

„Zahlungswirksame Einsparungen bei den Aufwendungen für Sach- und Dienstleistungen werden nach § 20 Abs. 5 GemHVO zu Gunsten von Mehrauszahlungen für Investitionen in das Sachanlagevermögen in demselben Teilhaushalt für einseitig deckungsfähig erklärt."

Es steht außer Frage, dass diese Möglichkeit der Deckung die Flexibilität im Rahmen der Ausführung des Haushalts erhöht. Allerdings ist § 20 Abs. 5 GemHVO und

dessen Auswirkungen auf den Liquiditätsmittelfluss aus laufender Verwaltungstätigkeit vor dem Hintergrund der Neuregelung des Haushaltsausgleichs für den Finanzhaushalt neu zu beurteilen.
Voraussetzung für die Deckungsfähigkeit nach § 20 Abs. 5 GemHVO ist, dass veranschlagte zahlungswirksame Aufwendungen im Ergebnishaushalt nicht benötigt werden. Die Nichtinanspruchnahme der zahlungswirksamen Aufwandsermächtigung führt zunächst zu einer Verbesserung des Saldos des Zahlungsmittelflusses aus laufender Verwaltungstätigkeit. Durch die Anwendung des § 20 Abs. 5 GemHVO wird diese Verbesserung wieder „aufgehoben", da sie zur Deckung von investiven Auszahlungen herangezogen wird. Aus finanztechnischer Sicht werden somit investive Maßnahmen aus Einsparungen bei zahlungswirksamen Aufwendungen finanziert. Insofern ist das Verfahren nach § 20 Abs. 5 GemHVO unproblematisch.
Dies ändert sich allerdings, wenn der Saldo des Zahlungsmittelflusses aus laufender Verwaltungstätigkeit **nicht den Anforderungen nach § 92 Abs. 5 Nr. 2 HGO** im Rahmen der Planung **genügt**, d. h. nicht mindestens so hoch ist, um die Auszahlungen der ordentlichen Tilgung von Krediten sowie an das Sondervermögen Hessenkasse (ggf. unter Berücksichtigung zweckgebundener Einzahlungen) zu decken. Sofern keine Zahlungsmittelbestände aus Vorjahren vorhanden sind, müssten zur Sicherstellung der Zahlungsfähigkeit Liquiditätskredite aufgenommen werden. Insbesondere in diesem Zusammenhang stellt sich die Frage, ob bei einem unausgeglichenen Finanzhaushalt § 20 Abs. 5 GemHVO überhaupt in Anspruch genommen werden darf, da dies dazu führen würde, dass zwar zahlungswirksame Aufwendungen eingespart würden, aber durch die fehlende Liquidität aus laufender Verwaltungstätigkeit Investitionsauszahlungen über Liquiditätskredite finanziert werden müssten.
Wenn man die Vorschriften des § 105 HGO (Aufnahme von Liquiditätskrediten nur zur Sicherstellung der Zahlungsfähigkeit) eng auslegt, dürften die zahlungswirksamen Einsparungen im Ergebnishaushalt **vorrangig** nur für die Verbesserung der Liquidität aus laufender Verwaltungstätigkeit genutzt werden und nicht aufgrund von § 20 Abs. 5 GemHVO zur Finanzierung von investiven Maßnahmen. Mit derselben Begründung lässt sich aus § 92 Abs. 5 HGO und Nr. 5 und 6 Hw. zu § 3 GemHVO ableiten, dass die zahlungswirksamen Einsparungen im Ergebnishaushalt **vorrangig** zum Ausgleich des Finanzhaushalts einzusetzen sind, um Auszahlungen zur ordentlichen Tilgung von Krediten sowie an das Sondervermögens Hessenkasse zu leisten. Sofern darüber hinaus der Zahlungsmittelfluss aus laufender Verwaltungstätigkeit den abzudeckenden Betrag für die ordentliche Tilgung und Hessenkasse **übersteigt**, **soll** der übersteigende Betrag zunächst zur Rückzahlung von noch bestehenden Liquiditätskrediten eingesetzt werden. Selbst ein danach noch verbleibender Restbetrag ist vorrangig zum Aufbau der Liquiditätsreserve nach § 106 Abs. 1 Satz 2 HGO einzusetzen.
Der Gesetzgeber hat sich mit den Folgewirkungen des § 20 Abs. 5 GemHVO auf den Haushaltsausgleich im Finanzhaushalt und der Aufnahme von Liquiditätskrediten nicht abschließend beschäftigt. Bisher werden keine ausdrücklichen Einschrän-

kungen bei der Anwendung des § 20 Abs. 5 GemHVO getroffen. Es ist aber notwendig zu klären, welchen Normen an dieser Stelle Vorrang einzuräumen ist.

7.4.3.2.3 Ausnahmen von der Deckungsfähigkeit

Von der Deckungsfähigkeit im Sinne des § 20 GemHVO gibt es zwei Ausnahmen:

→ Die **Mittel für die Fraktionen** (§ 36a Abs. 4 HGO) dürfen nicht für deckungsfähig erklärt werden, § 20 Abs. 4 GemHVO.

→ Die **Verfügungsmittel** (§ 13 GemHVO) dürfen nicht für deckungsfähig erklärt werden, § 20 Abs. 4 GemHVO.

Hier stellt sich die Frage, ob diese Ausnahmen nur dann greifen, wenn diese einschränkende Deckungsfähigkeit ausdrücklich durch Vermerk nach § 20 Abs. 4 GemHVO „erklärt" wird, woraus man nach dem reinen Wortlaut der Verordnung schließen könnte, oder, ob der Verordnungsgeber diese **Aufwandspositionen grundsätzlich von der Deckungsfähigkeit** ausschließen wollte. Von den Autoren wird unterstellt, dass aufgrund der betreffenden Aufwandsarten die Deckungsfähigkeit grundsätzlich (d. h. ohne ausdrücklichen Vermerk) ausgeschlossen ist. Insofern ist es notwendig, dass der Verordnungsgeber für eine Klarstellung im Verordnungstext sorgt (siehe hierzu Ziff. 7.4.3.2.1).

7.4.3.2.4 Deckungsfähigkeit: Verbindung zur unechten Deckungsfähigkeit und zur Zweckbindung

Analysiert man die Deckungsfähigkeit nach § 20 GemHVO aus der Budgetierungssicht, so kommt man zu dem Ergebnis, dass es sich hier um klassische „Aufwandsbudgets" bzw. „Auszahlungsbudgets" handelt, da die gesetzliche Deckungsfähigkeit nur zwischen Aufwendungen bzw. Auszahlungen stattfindet.[238] Um aber ein ganzheitliches und sinnvoll strukturiertes Budgetmanagement zu implementieren, sollte den Budgetbeauftragten auch die **Verantwortung der Ertrags- bzw. Einzahlungsseite** übertragen werden, z. B. in Form sogenannter „**Zuschuss- bzw. Saldobudgets**".

Nach der hessischen Rechtslage kann die Ertrags- bzw. Einzahlungsseite bei der gesetzlichen Budgetierung in der Weise berücksichtigt werden, **dass die Deckungsfähigkeit nach § 20 GemHVO mit der unechten Deckungsfähigkeit nach § 19 Abs. 2 und Abs. 4 GemHVO** (insbesondere auch in Form der Verminderungsvermerke, siehe Ziff. 7.4.3.1) **kombiniert** wird, so dass die Wirkung eines „**Zuschussbudgets**" erreicht werden kann. Damit wird die Budgetverantwortung erweitert und daneben durch den Verstärkungsvermerk (Ziff. 7.4.3.1) die Haushaltsausführung flexibler gestaltet.

238 Die Deckungsfähigkeit der Verpflichtungsermächtigungen werden hier außer Acht gelassen, da es keine unechte Deckungsfähigkeit bei den Verpflichtungsermächtigungen geben kann.

Beispiel:

„Die Ansätze für Aufwendungen in den Teilhaushalten des ***Produktbereiches*** *X sind gemäß § 20 Abs. 2 GemHVO gegenseitig deckungsfähig. Gleichzeitig erhöhen die zahlungswirksamen Mehrerträge nach § 19 Abs. 2 GemHVO die in den Teilhaushalten veranschlagten Ansätze für Aufwendungen entsprechend."*

Auch ein Zweckbindungsvermerk nach § 19 Abs. 1 GemHVO kann mit der Deckungsfähigkeit nach § 20 GemHVO kombiniert werden. Dabei muss sichergestellt sein, dass die mit der Zweckbindung von Erträgen bzw. Einzahlung verbundene unechte Deckungsfähigkeit nicht dazu führt, dass zweckgebundene Mehrerträge oder Mehreinzahlungen durch die Zulassung der echten Deckungsfähigkeit zweckwidrig verwendet werden, siehe Nr. 3 Hw. zu § 20 GemHVO.

7.4.3.2.5 Inanspruchnahme der Deckungsfähigkeit

Nach § 20 Abs. 6 GemHVO können bei der Deckungsfähigkeit die deckungsberechtigten Haushaltspositionen zu Lasten der deckungspflichtigen Haushaltspositionen erhöht werden. Diese Regelung bezieht sich ausschließlich auf den Haushaltsvollzug, da im Bedarfsfall die bei den deckungspflichtigen Haushaltspositionen bis zum Jahresende ersparten oder einzusparenden Mittel bei den deckungsberechtigten Haushaltspositionen verwendet werden dürfen.

Bevor aber von der Deckungsfähigkeit im Laufe des Haushaltsjahres Gebrauch gemacht werden darf, sind folgende Voraussetzungen zu prüfen:

- Ist ein Deckungsvermerk vorhanden, sofern es sich nicht um eine gesetzlich geregelte Deckungsfähigkeit handelt, die nicht eingeschränkt oder aufgehoben wurde?
- Sind bei der deckungsberechtigten Haushaltsposition die Mittel nicht mehr in ausreichender Höhe vorhanden?
- Tritt bei der deckungspflichtigen Haushaltsposition bezogen auf das **gesamte Haushaltsjahr** voraussichtlich eine Ersparnis mindestens in der Höhe ein, in der von der Deckungsfähigkeit Gebrauch gemacht werden soll?

In der Praxis werden solche Haushaltsvermerke in dem DV-System hinterlegt und im Rahmen der Haushaltsausführung automatisch verarbeitet. Außerhalb von DV gestütztem Rechnungswesen könnten diese Aufgaben aufgrund der Datenmengen nicht mehr praktikabel geleistet werden. Entsteht dann ein Mehraufwands- oder Mehrauszahlungsbedarf, sucht das DV-System automatisch Einsparungen bei Positionen, die sich im „Deckungskreis" befinden und schichtet dann die Ermächtigung um. Dabei kann es vorkommen, dass Ermächtigungen umgesetzt werden, die zunächst als eingespart erscheinen, aber dann doch noch benötigt werden.

Solche Fehlentwicklungen müssen bei dem bestehenden Automatismus im Rahmen eines regelmäßigen Finanzcontrollings und Berichtswesen erkannt und aufgedeckt werden, um notfalls auch manuell gegenzusteuern. In diesem Zusammenhang ist auch darauf hinzuweisen, dass die Deckungsvermerke nach § 20 GemHVO nicht die Zweckbindung von Erträgen bzw. Einzahlungen nach § 19 Abs. 1 GemHVO berührt, d. h. die zweckbestimmte Verwendung muss nach wie vor sichergestellt und nachgewiesen werden, entweder durch den im Bewilligungsbescheid vorgeschriebenen Verwendungsnachweis oder in sonstiger Weise nach Abschluss der Maßnahme (siehe Ziff. 7.4.2.1).

7.4.3.2.6 Übungen

Siehe zu diesem Abschnitt die Sachverhalte 20 bis 22 zu Kap. 7 im Übungsband.

7.4.4 Übertragbarkeit

7.4.4.1 Allgemeines

Die Ansätze für Erträge und Einzahlungen, Aufwendungen und Auszahlungen sowie für Verpflichtungsermächtigungen werden zwar gewissenhaft für ein Haushaltsjahr geplant, jedoch kann es im Rahmen der Ausführung des Haushaltes immer wieder vorkommen, dass die bereitgestellten finanziellen Ermächtigungen nicht oder nicht vollständig in Anspruch genommen werden können (z. B. witterungsbedingte Verzögerungen bei Investitionsmaßnahmen, Lieferkettenprobleme). Nach dem Grundsatz der Jährlichkeit und zeitlichen Bindung gelten dann die am Jahresende nicht in Anspruch genommenen Ermächtigungen grundsätzlich als eingespart. Diese Sachlage widerspricht den Anforderungen an ein modernes Finanzmanagement, welches eine flexible und wirtschaftliche Aufgabenerfüllung/Zielerreichung gewährleisten soll, um insbesondere eine Abkehr vom so genannten „Dezemberfieber“[239] sicherzustellen.

Die Übertragbarkeit ist eine Ausnahme vom Grundsatz der Jährlichkeit und zeitlichen Bindung und ermöglicht, dass die bis zum Jahresende nicht ausgenutzten Ermächtigungen (Aufwendungen und Auszahlungen eines Teilhaushalts/Budgets) ganz oder teilweise in das nächste Jahr „übertragen“ werden können (siehe Ziff. 7.3.7).

In diesem Zusammenhang ist darauf hinzuweisen, dass bei einer Vielzahl von Fällen im Bereich der **Aufwendungen** aufgrund der Periodenabgrenzung eine Übertragung nicht mehr notwendig ist, weil z. B. durch erforderliche Rückstellungsbildungen die Mittel im Folgejahr zur Verfügung stehen. **Bei Auszahlungen für Investitionen im Teilfinanzhaushalt kann und darf keine Rückstellung erfolgen, da es sich hier um keine laufenden planmäßigen Aufwendungen handelt.** In diesen Fällen ist nur die Übertragung der nicht in Anspruch genommenen Mittel nach § 21 Abs. 2 GemHVO möglich.[240]

---

239 Dezemberfieber: Um ein Verfallen der Haushaltsmittel bzw. eine Kürzung in den Folgejahren zu umgehen, werden im Dezember Aufwendungen/Auszahlungen geleistet, ohne dass sie für die Aufgabenerfüllung erforderlich waren.

240 So auch *Kröckel* in GemHR Hessen, § 39 GemHVO Rn. 47.

Um den vollständigen Ressourcenverbrauch abzubilden, ist es am Jahresende erforderlich, genau abzugrenzen, ob eine Rückstellung zu bilden oder eine Übertragung vorzunehmen ist. Hierbei ist grundsätzlich nach der Wirkung zu unterscheiden:

→ Bei der Rückstellung wird der Aufwand periodisch dem **laufenden Haushaltsjahr** zugeordnet.

→ Bei der Übertragung wird der Aufwand periodisch dem **nächsten bzw. übernächsten Haushaltsjahr** zugeordnet.

Folgendes vereinfachtes Beispiel soll dies verdeutlichen:

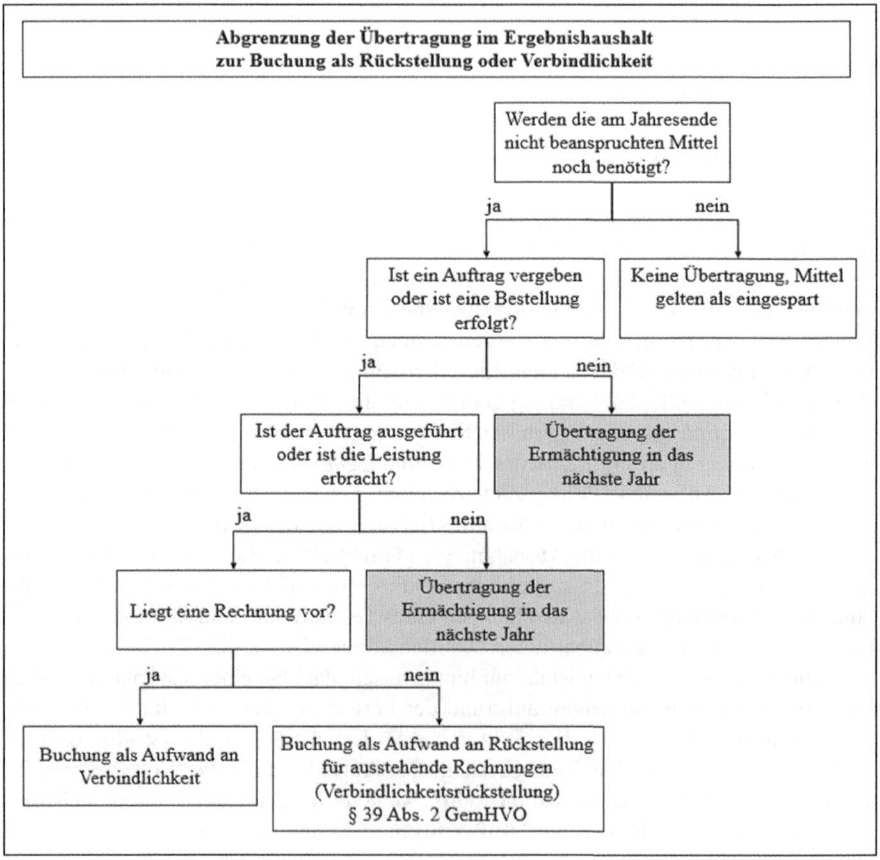

Nicht berücksichtigt hierbei sind die Besonderheiten, die bei der Bildung einer Instandhaltungsrückstellung nach § 39 Abs. 1 Nr. 4 GemHVO zu beachten sind[241] – siehe hierzu Ausführungen zu Ziff. 16.3.6.6.

In welchen Fällen und unter welchen Voraussetzungen darüber hinaus Rückstellungen zu bilden sind, ist in Ziff. 16.3.6 ausführlich dargestellt.

7.4.4.2 Übertragbarkeit

Bei der Übertragbarkeit handelt es sich – wie bei der Deckungsfähigkeit – um ein Instrument der flexiblen und wirtschaftlichen Haushaltsführung, welches in § 21 GemHVO geregelt ist.

An dieser Stelle sei angemerkt, dass § 21 GemHVO nur die Übertragbarkeit für Aufwendungen und Auszahlungen regelt, während die Übertragbarkeit von (Einzahlungen aus) Kreditermächtigungen in § 103 Abs. 3 HGO dargestellt wird (Nr. 1 Hw. zu § 21 GemHVO und Ziff. 7.4.4.6).

Ebenso wie bei der Deckungsfähigkeit wird auch bei der Übertragbarkeit unterschieden in

→ die Übertragbarkeit „kraft Verordnung“ und

→ die Übertragbarkeit „kraft Vermerk“.

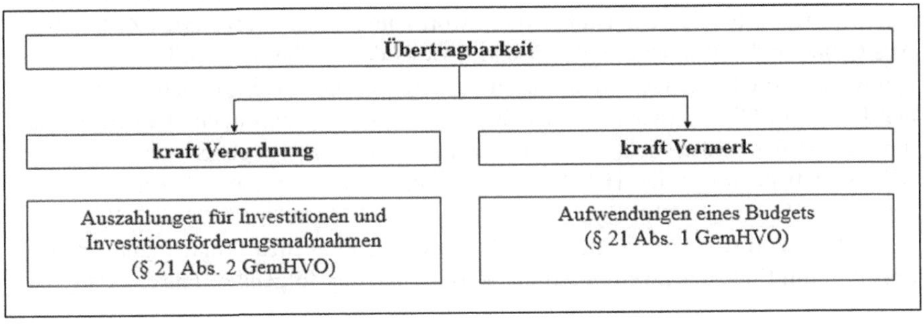

- **Begriff: Übertragbarkeit kraft Verordnung**
  Unter der Übertragbarkeit **kraft Verordnung** versteht man, dass diese Übertragbarkeit besteht, ohne dass hierfür ein ausdrücklicher Haushaltsvermerk erforderlich ist. Dies lässt sich aus der Formulierung in § 21 Abs. 2 GemHVO ableiten, wonach die Ansätze für … ihren Zweck „**verfügbar bleiben**“.
- **Begriff: Übertragbarkeit kraft Vermerk**
  Unter der Übertragbarkeit **kraft Vermerk** versteht man, dass diese Übertragbarkeit durch einen ausdrücklichen Haushaltsvermerk[242] erklärt werden muss. Dies wird

241 Siehe Nr. 12 Hw. zu § 39 GemHVO. Hiernach sind Rückstellungen für unterlassene Instandhaltungen **nur dann** zu bilden, wenn die konkrete Absicht besteht, die Maßnahmen im folgenden Haushaltsjahr durchzuführen.

deutlich aus der Formulierung in § 21 Abs. 1 GemHVO, wonach die Ansätze für Aufwendungen … für „**übertragbar erklärt werden**".

7.4.4.3 Übertragbarkeit von Aufwendungen

Nach § 21 Abs. 1 GemHVO können die Ansätze für Aufwendungen eines **Budgets ganz oder teilweise** für übertragbar **erklärt** werden. Es handelt sich hier um die Übertragbarkeit, die durch ausdrücklichen Vermerk im Haushaltsplan auszuweisen ist, „Übertragbarkeit kraft Vermerk" nach Nr. 2 Hw. zu § 21 GemHVO. Da jeder Teilhaushalt ein Budget bildet (§ 4 Abs. 1 GemHVO) kann es keine Aufwendungen „außerhalb" eines Budgets geben.

Beispiel für einen Übertragungsvermerk:
„Die Ansätze für Aufwendungen des Teilhaushalts/Budgets ... sind nach § 21 Abs. 1 GemHVO übertragbar."

Mit der Anbringung eines Übertragungsvermerks wird kein Automatismus ausgelöst, d. h. es werden am Jahresende nicht „automatisch", ohne weitere Prüfung, alle nicht in Anspruch genommenen Mittel übertragen, sondern die Entscheidung, ob und in welcher Höhe eine Übertragung der Ansätze notwendig und erforderlich ist, liegt im Verantwortungsbereich des Budgetverantwortlichen (siehe hierzu auch Ziff. 7.4.4.1). Aus Gründen der Wirtschaftlichkeit und Sparsamkeit sollen nur die Beträge übertragen werden, die tatsächlich (d. h. nur in der erforderlichen Höhe) noch in den folgenden Jahren benötigt werden (d. h. der Zweck bzw. das Ziel darf noch nicht erfüllt sein), um Schattenhaushalte nicht entstehen zu lassen. Die übertragenen Ermächtigungen stehen dann im folgenden Haushaltsjahr zusätzlich zu den „neuen" Haushaltsansätzen bereit.

Nach § 21 Abs. 1 Satz 2 GemHVO bleiben die übertragenen Ermächtigungen **längstens** bis zum Ende des **zweiten** auf die Veranschlagung folgenden Jahres verfügbar.

Beispiel:
Im Rahmen des Jahresabschlusses 2023 wird ein Betrag in Höhe von 10.000 € übertragen. Dieser Betrag kann dann ***längstens*** *bis zum 31.12.2025 in Anspruch genommen werden.*

Damit setzt zwar der Verordnungsgeber eine zeitliche Begrenzung, um eine ausgedehnte Bewirtschaftung konsumtiver Mittel über „Schattenhaushalte" zu vermeiden, aber dem „Dezemberfieber" wird wirksam vorgebeugt. Die Erfahrungen zeigen, dass

---

242 Vgl. Nr. 5 Hw. zu § 17 GemHVO. Haushaltsvermerke sind einschränkende oder erweiternde Bestimmungen zu den Ansätzen des Haushaltsplanes, insbesondere Vermerke über Deckungsfähigkeit, Übertragbarkeit, Zweckbindung und Sperren.

die übertragenen konsumtiven Mittel fast ausnahmslos spätestens im übernächsten Jahr (hier: 2025) verbraucht werden.

Aus den Formulierungen **„ganz oder teilweise für übertragbar erklärt werden“** und **„längstens“** ist zu schließen, dass die Übertragbarkeit auf Teilbeträge und/oder nur auf ein Haushaltsjahr begrenzt werden kann.[243] Diese Einschränkungen können dann zum Einsatz kommen, wenn sich zeigt, dass

→ die übertragenen Ermächtigungen nicht zeitnah abgebaut, sondern „angespart“ werden oder
→ die Ergebnisrechnung nicht ausgeglichen ist oder werden kann oder
→ die Finanzrechnung nicht ausgeglichen ist oder werden kann.

Hierdurch würden einerseits Ressourcen nicht gebunden, die an anderen Stellen u. U. wirtschaftlicher und sinnvoller eingesetzt werden könnten, und zum anderen darf der Grundsatz der stetigen Aufgabenerfüllung nicht außer Acht gelassen werden (Ziff. 7.2.1.1).

In § 21 Abs. 1 GemHVO wird hinsichtlich der Übertragbarkeit **nicht unterschieden** in zahlungswirksame und nicht zahlungswirksame Aufwendungen, da von **„Ansätze für Aufwendungen eines Budgets“** die Rede ist. Nach der derzeitigen Rechtslage ist daher beides möglich. Es ist allerdings kritisch zu hinterfragen, ob die Übertragung zahlungsunwirksamer Aufwendungen (z. B. Abschreibungen, Zuführungen zu Rückstellungen) im Sinne einer wirtschaftlichen Haushaltsführung überhaupt möglich bzw. erforderlich ist.

Bei der Übertragung von zahlungswirksamen Aufwendungen (dies wird der Regelfall sein) sind besonders die Auswirkungen auf den Finanzhaushalt (genauer: Zahlungsmittelfluss aus laufender Verwaltungstätigkeit), also auf die Liquidität, zu beachten. Konkret bedeutet dies, dass die aus den übertragenen Ermächtigungen resultierenden Liquiditätsabflüsse ebenfalls in entsprechender Höhe in den nächsten Haushaltsjahren zu finanzieren[244] und unter Umständen bei der Festsetzung der Höhe der Liquiditätskreditermächtigung (Ziff. 9.5) zu berücksichtigen sind, siehe hierzu ausführlich Liquiditätsplanung Ziff. 13.6.4.

Übertragbarkeit von Fraktionsmitteln

Nach § 21 Abs. 4 GemHVO können die Ansätze für die Fraktionsmittel nach § 36a Abs. 4 HGO ebenso wie die übrigen Aufwendungen ganz oder teilweise für übertragbar erklärt werden. Auch sie bleiben dann längstens bis zum Ende des zweiten auf die Veranschlagung folgenden Jahres verfügbar. Sind sie bis dahin nicht in Anspruch genommen, gelten sie als eingespart. **Scheidet allerdings eine Fraktion aus der Gemeindevertretung aus, verbleiben die nicht verwendeten und die übertragenen Mittel im Haushalt und gelten als eingespart.**[245]

243 So auch *Rauber* in GemHR Hessen, § 21 GemHVO Rn. 5.

244 Nach Nr. 4 Hw. zu § 21 GemHVO ist die Finanzierung von übertragenen Ermächtigungen sicherzustellen.

245 Eine Fraktion scheidet in diesem Sinne aus der Gemeindevertretung immer dann aus, wenn der Fraktionsstatus erlischt – siehe § 36a HGO.

7.4.4.4 Übertragbarkeit von Auszahlungen für Investitionen und Investitionsförderungsmaßnahmen

Die Übertragbarkeit von Auszahlungen für Investitionen und Investitionsförderungsmaßnahmen ist in § 21 Abs. 2 GemHVO geregelt. Hiernach bleiben die Auszahlungen für Investitionen und Investitionsförderungsmaßnahmen bis **zur Fälligkeit der letzten Zahlung für ihren Zweck verfügbar**.

Die Übertragbarkeit von Auszahlungen für Investitionen und Investitionsförderungsmaßnahmen erfolgt „**kraft Verordnung**“, d. h. ein ausdrücklicher Haushaltsvermerk ist nicht erforderlich, Nr. 2 Satz 2 Hw. zu § 21 GemHVO. Darüber hinaus gibt es hier grundsätzlich keine zeitliche Begrenzung, wie z. B. in § 21 Abs. 1 GemHVO die Zwei-Jahres-Frist, sondern die Dauer der Übertragbarkeit ist an den **Zeitpunkt „der Fälligkeit der letzten Zahlung“** gebunden, d. h. die Haushaltsansätze bleiben so lange verfügbar, bis die Maßnahme abgeschlossen ist und alle Auszahlungen erfolgt sind. Wann eine Zahlung in diesem Sinne fällig wird, bestimmt sich nach dem zu Grunde liegenden Rechtsverhältnis der Gemeinde mit ihrem Vertragspartner.[246]

Besonderheit bei Baumaßnahmen und Beschaffungen

Bei Baumaßnahmen und Beschaffungen ist die Übertragung **längstens** jedoch zwei Jahre nach Schluss des Haushaltsjahres erlaubt, in dem der **Bau oder der Gegenstand in seinen wesentlichen Teilen benutzt werden kann**. Bis zu diesem Zeitpunkt ist auch zu erwarten, dass die entsprechende Schlussrechnung vorliegt, sodass dann keine weiteren Auszahlungen mehr anstehen. Durch diese Regelung soll eine zügige Abwicklung der Maßnahmen gewährleistet werden.

In diesem Kontext ist auch die Regelung nach § 21 Abs. 2 Satz 2 GemHVO zu sehen, wonach für „diese Maßnahmen“ (= Baumaßnahmen und Beschaffungen), die im **Haushaltsjahr nicht begonnen** wurden, die Ansätze für Auszahlungen ebenfalls nur bis zum Ende des zweiten dem Haushaltsjahr folgenden Jahres verfügbar bleiben. Auch hier liegt der Fokus auf einem zügigen Beginn bzw. einer zügigen Realisierung der Maßnahmen.

Die Begriffe „Baumaßnahmen„ und „Beschaffungen“ sind nicht als Begriffsbestimmung in § 58 GemHVO definiert.

→ Unter **Baumaßnahmen** werden Neu-, Erweiterungs- und Umbauten sowie aktivierungsfähige Instandsetzungen an Bauten verstanden, soweit sie **nicht der Unterhaltung** baulicher Anlagen dienen.[247]

→ Unter **Beschaffungen** wird die Anschaffung von Gegenständen des Anlagevermögens verstanden.[248]

Die Zwei-Jahres-Frist bei den Maßnahmen, die bereits in **wesentlichen Teilen** benutzt werden, beginnt zu dem Zeitpunkt, an dem die **Baumaßnahme** oder **Beschaffung**

246 Vgl. *Rauber* in GemHR Hessen, § 21 GemHVO Rn. 6.

247 Legaldefinition des § 45 Nr. 4 GemHVO 1974. So auch *Burth*, Haushaltssteuerung.de. Siehe hierzu auch Ziff. 7.3.6.2.

248 Vgl. *Burth*, Haushaltssteuerung.de.

zweckentsprechend benutzt werden kann (die tatsächliche Nutzung ist hier nicht Voraussetzung).

Beispiel:
Der neu erbaute Kindergarten ist nutzbar ab 1.12.2023,
lediglich die Außenanlagen sind noch nicht fertiggestellt.
Offizielle Einweihung des Kindergartens erfolgt am 15.1.2024.
Schluss des Haushaltsjahres, in dem der Bau in seinen wesentlichen Teilen benutzt werden kann, ist der 31.12.2023.
Auszahlungsansätze bleiben längstens verfügbar bis zum 31.12.2025.

7.4.4.5 Übertragbarkeit der über- und außerplanmäßigen Aufwendungen und Auszahlungen

Nach § 21 Abs. 3 GemHVO gelten die Vorschriften der Absätze 1 und 2 entsprechend für über- und außerplanmäßige Aufwendungen und Auszahlungen, wenn sie bis zum Ende des Haushaltsjahres zwar in Anspruch genommen, jedoch noch nicht geleistet wurden. Hierdurch werden die Fälle erfasst, in denen nach § 100 HGO über- und außerplanmäßige Ermächtigungen bewilligt, Aufträge vergeben oder andere vertragliche Bindungen eingegangen wurden, aber **noch keine Lieferung bzw. Leistung** erfolgt ist (Nr. 3 Hw. zu § 21 GemHVO und Ziff. 14.2.3.4).

Da nach § 21 Abs. 3 GemHVO die Absätze 1 und 2 entsprechend gelten, gilt die Übertragbarkeit

→ für **über- und außerplanmäßige Aufwendungen nicht** kraft Verordnung, sondern muss nach Absatz 1 „erklärt" werden. Da ein nachträglicher Haushaltsvermerk im Sinne von Nr. 5 Hw. zu § 17 GemHVO nicht angebracht werden kann, muss im Rahmen der Bewilligungsentscheidung nach § 100 HGO die Übertragbarkeit und deren Dauer (längstens bis zum Ende des zweiten auf die Bewilligung folgenden Jahres) gleich mit geregelt werden.[249]

→ für **über- und außerplanmäßige Auszahlungen für Investitionen sowie Investitionsförderungsmaßnahmen** kraft Verordnung, d. h. sie bleiben ohne weiteres Zutun bis zur Fälligkeit der letzten Zahlung für ihren Zweck verfügbar, bei Baumaßnahmen und Beschaffungen längstens jedoch zwei Jahre nach Schluss des Haushaltsjahres, in dem der Bau oder der Gegenstand in seinen wesentlichen Teilen genutzt werden kann.

7.4.4.6 Übertragbarkeit von Kreditermächtigungen

Nach § 103 Abs. 3 HGO gilt die Kreditermächtigung bis zum Ende des auf das Haushaltsjahr folgenden Jahres und, wenn die Haushaltssatzung für das **übernächste** Jahr

249 Vgl. *Rauber* in GemHR Hessen, § 21 GemHVO Rn. 11–14.

nicht rechtzeitig öffentlich bekannt gemacht wird, bis zur Vollendung der Bekanntmachung dieser Haushaltssatzung.

> ***Beispiel:***
> *Die Haushaltssatzung für das Haushaltsjahr 2023 enthält eine Kreditermächtigung in Höhe von 10.000.000 €, die im Haushaltsjahr 2023 in Höhe von 6.000.000 € ausgeschöpft wird. Die restliche Kreditermächtigung von 4.000.000 € aus dem Haushaltsjahr 2023 gilt nach § 103 Abs. 3 HGO im Haushaltsjahr 2024 weiter. Unterstellt, dass die Kreditermächtigung aus 2023 im Haushaltsjahr 2024 mit weiteren 3.000.000 € in Anspruch genommen wird, bleiben die restlichen 1.000.000 € verfügbar, bis die Bekanntmachung der Haushaltssatzung für 2025 vollendet ist.*

Der Grundsatz der Subsidiarität ist nicht nur bei der Veranschlagung der Kredite zu beachten, sondern verstärkt auch bei der tatsächlichen Kreditaufnahme. Nach dem Kassenwirksamkeitsprinzip (§ 95 Abs. 2 HGO i. V. m. § 10 Abs. 2 GemHVO) dürfen Kredite nur in der Höhe des im Haushaltsjahr notwendigen Bedarfs veranschlagt und nur zur Deckung des gegenwärtigen Bedarfs in Anspruch genommen werden.

Um dieser Forderung gerecht zu werden, hat der Gesetzgeber den Zeitraum der Kreditermächtigung – abweichend vom Grundsatz der Jährlichkeit – weit gesteckt. Hier wurde die Erfahrung berücksichtigt, dass die zu finanzierenden Auszahlungen für Investitionen und Investitionsförderungsmaßnahmen trotz Beachtung der Kassenwirksamkeit nicht immer wie geplant abgewickelt werden können und zwangsläufig zu Übertragungen von Ermächtigungen am Jahresende führen. Die Verlängerung des Kreditermächtigungszeitraums ermöglicht es, die tatsächliche Kreditaufnahme dem kassenwirksamen Auszahlungsbedarf anzupassen (z. B. bedingen Bauverzögerungen oder Lieferschwierigkeiten eine Verschiebung bei der Inanspruchnahme von Kreditermächtigungen).

7.4.4.7 Ausnahmen zur Übertragbarkeit

Von der Übertragbarkeit ausgenommen sind

→ nach Nr. 3 Hw. zu § 11 GemHVO die **Verpflichtungsermächtigungen** (siehe Kap. 8).

→ nach den §§ 13 und 21 Abs. 5 GemHVO die **Verfügungsmittel** (siehe Ziff. 7.3.5.2).

7.4.4.8 Verfahren der Übertragbarkeit

Bei der Übertragung werden weder Aufwands- noch Auszahlungskonten angesprochen. Somit erscheinen sie auch in keiner Rechnungslegungskomponente (Ergebnis-, Finanz- und Vermögensrechnung) des abzuschießenden Jahres. Gleichwohl sind die übertragenen Ermächtigungen aus Gründen der Recht- und Ordnungsmäßigkeit (GoB) zu dokumentieren. Dies erfolgt über die Anlage zum Jahresabschluss nach § 112 Abs. 4 Nr. 2 HGO (Übersicht über die in das folgende Jahr zu übertragenden Haushaltsermächtigungen).

Die übertragenen Haushaltsmittel werden im Folgejahr als „**aus Vorjahren übertragene Ermächtigungen**" bezeichnet.[250] Sie erhöhen die Haushaltspositionen des folgenden Haushaltsjahres entsprechend und sind damit Teil des fortgeschriebenen Ansatzes (siehe Hw. zu § 46 GemHVO). Dies ist eine unbefriedigende Lösung, so dass Kommunen dazu übergegangen sind, weitere Spalten in den Mustern 14 bis 17 zur GemHVO einzurichten, um die übertragenen Ermächtigungen nachzuweisen. Es sei hier angemerkt, dass diese Verfahrensweise unter den Hw. zu § 60 GemHVO subsumiert werden kann, wonach Ergänzungen der Muster zur Verbesserung der Aussagefähigkeit zulässig sind.

Da die gesamten „in das folgende Jahr zu übertragende Haushaltsermächtigungen" erhebliche Auswirkungen auf die Gesamtfinanzsituation der Gemeinde haben (können), sind sie als Pflichtanlage dem Jahresabschluss nach § 112 Abs. 4 Nr. 2 HGO als „**Übersicht über die in das folgende Jahr zu übertragenden Haushaltsermächtigungen**" beizufügen. Der Gemeindevorstand soll den Jahresabschluss der Gemeinde innerhalb von vier Monaten nach Ablauf des Haushaltsjahres aufstellen und die Gemeindevertretung unverzüglich über die wesentlichen Ergebnisse der Abschlüsse unterrichten (§ 112 Abs. 5 HGO). Eine weitergehende Darstellung ist dem Thema Jahresabschluss vorbehalten (Kap. 15).

7.4.4.9 Übungen

Siehe zu diesem Abschnitt die Sachverhalte 23 bis 27 zu Kap. 7 im Übungsband.

250 Ableitung aus der Begriffsbestimmung nach § 58 Nr. 7 und 34 GemHVO.

– Kapitel 8 –

Inhaltsverzeichnis

8. Verpflichtungsermächtigungen

8.1 Begriff

Verpflichtungsermächtigungen[1] sind Ermächtigungen zum Eingehen von Verpflichtungen, die künftige Haushaltsjahre mit Auszahlungen für Investitionen und Investitionsförderungsmaßnahmen belasten (§ 94 Abs. 2 Nr. 1d) HGO).

Überwiegend liegen Verpflichtung (z. B. Auftragsvergabe, Abschluss eines Kaufvertrages nach § 433 BGB) und Bezahlung (= Auszahlung nach § 58 Nr. 8 GemHVO) im gleichen Haushaltsjahr. Insofern umfassen veranschlagte Haushaltsmittel sowohl die Ermächtigung zum Eingehen einer Verpflichtung als auch die Ermächtigung zu deren Begleichung durch eine Auszahlung. Soll nun im laufenden Haushaltsjahr nur eine rechtliche Verpflichtung eingegangen werden (z. B. nur ein Auftrag vergeben werden, dessen Bezahlung aber vorhersehbar erst in späteren Haushaltsjahren erfolgt), muss im laufenden Haushaltsjahr eine entsprechende Ermächtigung im Haushaltsplan geschaffen werden. Dies geschieht durch die Veranschlagung einer Verpflichtungsermächtigung. Durch diese Verpflichtungsermächtigung wird nun für bestimmte Maßnahmen im Haushaltsplan eine zusätzliche Ermächtigung geschaffen, die z. B. eine Auftragsvergabe im Haushaltsjahr erlaubt, deren Bezahlung erst in späteren Haushaltsjahren erfolgt.

Im kommunalen Haushaltsrecht ist die Veranschlagung von Verpflichtungsermächtigungen **nur bei Auszahlungen für Investitionen und Investitionsförderungsmaßnahmen** erforderlich bzw. überhaupt zulässig. Investitionen und Investitionsförderungsmaßnahmen sind begrifflich in § 58 Nr. 18 und 19 GemHVO definiert.

Demnach ist die Veranschlagung von Verpflichtungsermächtigungen nur bei Auszahlungen für

- immaterielle Vermögensgegenstände (§ 49 Abs. 3 Nr. 1.1 GemHVO)
- Sachanlagevermögen (§ 49 Abs. 3 Nr. 1.2 GemHVO)
- Finanzanlagevermögen (§ 49 Abs. 3 Nr. 1.3 GemHVO)
- Sparkassenrechtliche Sonderbeziehungen (§ 49 Abs. 3 Nr. 1.4 GemHVO)

zulässig.

Dies deckt sich mit den Vorschriften der §§ 4 Abs. 5 i. V. m. 11 GemHVO, wonach die Verpflichtungsermächtigungen nur in den Teil**finanz**haushalten veranschlagt werden (siehe Ziff. 6.5.2.4.2), da diese die Auszahlungen für Investitionstätigkeiten abbilden.

Die Beschränkung der Veranschlagung von Verpflichtungsermächtigungen nur auf Investitionen und Investitionsförderungsmaßnahmen ist jedoch nicht unproblematisch, da auch für **zahlungswirksame Aufwendungen**, also im Teil**ergebnis**haushalt, unter Umständen Verpflichtungen eingegangen werden, die künftige Haushaltsjahre mit Auszahlungen belasten, z. B. bei dem Abschluss von Mietverträgen, die in künftigen Jahren zu Mietzahlungen führen. Diese Verpflichtungen können betragsmäßig erhebliche Summen ausmachen und die Haushalte der künftigen Jahre in spürbarem Maße belasten.

1 Siehe zu dieser Thematik auch *Daneke* in KVR Hessen, § 102 HGO.

Unstrittig ist, dass bei Geschäften der laufenden Verwaltung keine besonderen haushaltsrechtlichen Ermächtigungen erforderlich sind. In einer „Grauzone" bewegt man sich allerdings, **wenn größere Instandhaltungs- bzw. Instandsetzungsmaßnahmen** an Gebäuden durchgeführt werden müssen, die sich über zwei oder mehrere Jahre erstrecken, z. B. bei umfangreichen Brandschutzmaßnahmen, und aus wirtschaftlichen Gründen ein Gesamtauftrag vergeben werden soll. Dies wäre ein typischer Fall für die Veranschlagung einer Verpflichtungsermächtigung, sofern es sich um eine investive Maßnahme handeln würde. Nach der HGO und der GemHVO ist aber die Veranschlagung von Verpflichtungsermächtigungen im Teil**ergebnis**haushalt für Aufwendungen **nicht vorgesehen.**

Diese Problematik betrifft grundsätzlich alle Kommunen, da durch die bilanziellen Abgrenzungskriterien mehr Maßnahmen als nach kameralem Haushaltsrecht als Instandhaltungs- und Instandsetzungsaufwendungen zu qualifizieren sind und damit zu zahlungswirksamen Aufwendungen führen.

Unabhängig von den haushaltsrechtlichen Unsicherheiten bleibt jedoch die Anforderung, dass für Maßnahmen, die nicht „Geschäfte der laufenden Verwaltung" sind, insbesondere für erhebliche Instandhaltungs- und Instandsetzungsmaßnahmen sowie für vergleichbare Maßnahmen,[2] zumindest ein Beschluss der Gemeindevertretung erforderlich ist. Zudem besteht eine Erläuterungspflicht nach § 17 Abs. 1 Nr. 4 GemHVO, wonach Ansätze für Aufwendungen und Auszahlungen zur Erfüllung von Verträgen, die die Gemeinde **über ein Jahr hinaus zu erheblichen Zahlungen verpflichtet**, zu erläutern sind. Somit ist die Information von Gemeindevertretung und Verwaltung über **erhebliche zukünftige Auszahlungsbelastungen** gesichert (siehe §§ 9, 50, 51, 66 HGO und § 12 GemHVO). Allerdings stellt sich die Frage, ob dies vor dem Hintergrund des neuen Steuerungsanspruchs der ressourcenverbrauchsorientierten Haushalte ausreichend ist. Eine Lösungsmöglichkeit wäre die Zulässigkeit der Veranschlagung von Verpflichtungsermächtigungen auch in den Teilergebnishaushalten – ähnlich wie auf Landesebene. Dies würde neben einer besseren Information der Aufsichtsbehörde auch zu mehr Transparenz – insbesondere im Hinblick auf die finanzielle Lage der Kommunen – beitragen (siehe Grundsatz der Haushaltswahrheit und Haushaltsklarheit, siehe Ziff. 7.3.3).

8.2 Bedeutung für die Haushaltswirtschaft

Die Bedeutung – und daraus folgend die Notwendigkeit – der Verpflichtungsermächtigungen für die Haushaltswirtschaft kommt besonders dadurch zum Ausdruck, dass Auszahlungen für Investitionen und Investitionsförderungsmaßnahmen nur in Höhe der im Haushaltsjahr voraussichtlich zu leistenden Beträge veranschlagt werden dürfen (Kassenwirksamkeitsprinzip nach § 10 Abs. 2 GemHVO, siehe Ziff. 7.3.2), aber bei größeren, sich über mehrere Jahre erstreckenden Investitionsvorhaben es häufig erfor-

2 Nach § 12 Abs. 3 GemHVO gelten für erhebliche Instandhaltungs-, Instandsetzungsmaßnahmen und vergleichbare Maßnahmen die Vorschriften des § 12 Abs. 1 GemHVO entsprechend.

derlich ist, schon zu Beginn der Maßnahme Aufträge zu erteilen, die erst in ein, zwei oder späteren Jahren zu Auszahlungen führen.

Mit Hilfe der Verpflichtungsermächtigungen ist es somit möglich, Verträge abzuschließen, Aufträge und Bewilligungsbescheide (bei Investitionsförderungsmaßnahmen) zu erteilen, die erst in zukünftigen Jahren zu Auszahlungen führen; **die Veranschlagung der Verpflichtungsermächtigungen im Haushaltsplan ist die dafür erforderliche haushaltsrechtliche Grundlage** (§ 102 Abs. 1 HGO). Für Investitionen und Investitionsförderungsmaßnahmen, die sich über mehrere Jahre erstrecken, ist dies ein geeignetes Mittel zur zügigen Abwicklung bzw. zum Beginn von Maßnahmen, ohne dass die später benötigten teilweise erheblichen Auszahlungsmittel zu früh bereitgestellt (und damit auch finanziert) werden müssen. Diese Verpflichtungen haushaltsrechtlich nicht abzusichern, wäre – insbesondere mit Blick auf ihren Einfluss auf künftige Haushalte – gefährlich und steht nicht im Einklang mit dem Grundsatz der stetigen Aufgabenerfüllung (siehe Ziff. 7.2.1.1).

Darüber hinaus unterstützt bzw. erleichtert die Möglichkeit, Verpflichtungsermächtigungen zu veranschlagen, die Liquiditätsplanung[3] der Gemeinde, da diese haushaltsrechtlichen Ermächtigungen im laufenden Jahr nicht in der (kurzfristigen) Liquiditätsplanung zu berücksichtigen sind.

Nicht unerwähnt bleiben darf die Bedeutung der Verpflichtungsermächtigung für den Grundsatz der Wirtschaftlichkeit und Sparsamkeit (siehe Ziff. 7.2.2). Durch die Möglichkeit, zu Beginn einer Investitionsmaßnahme einen Gesamtauftrag zu vergeben, kann es zu Einsparungen bei der Auftragsvergabe kommen und Probleme bei der Abgrenzung von Gewährleistungsmängeln werden vermieden.

Aus gesamthaushaltswirtschaftlicher Sicht darf nicht übersehen werden, dass durch die Verpflichtungsermächtigungen die Haushalte der künftigen Jahre präjudiziert werden. Soweit die Verpflichtungsermächtigungen in Anspruch genommen werden, ist dann bezüglich der bereitzustellenden Auszahlungsmittel kein Entscheidungsspielraum mehr gegeben (Selbstbindung der Gemeinde). Dieses ist mit ein Grund, den Gesamtbetrag der Verpflichtungsermächtigungen in der Haushaltssatzung festzusetzen und unter bestimmten Voraussetzungen der Genehmigungspflicht zu unterwerfen (siehe Ziff. 8.5).

8.3 Umfang und zeitliche Beschränkung der Verpflichtungsermächtigungen

8.3.1 Umfang

Grundsätzlich besteht **keine gesetzliche Pflicht**, Verpflichtungsermächtigungen zu veranschlagen (§ 102 Abs. 1 HGO), wenn in den Finanzplanungsjahren Investitionsauszahlungen vorgesehen sind, es sei denn, dass bereits im laufenden Haushaltsjahr Verpflichtungen für die jeweiligen Investitionsauszahlungen eingegangen werden sollen, deren Bezahlung aber erst in künftigen Haushaltsjahren erfolgt. In diesem Kon-

3 Zur Liquiditätsplanung siehe Ziff. 13.6.4.2.

text ist auch die Regelung des § 95 Abs. 2 Nr. 3 HGO zu sehen, wonach nur die **„benötigten“** Verpflichtungsermächtigungen im Haushaltsplan zu veranschlagen sind. Nr. 4 Hw. zu § 11 GemHVO weist noch einmal ausdrücklich darauf hin, dass die Veranschlagung von Verpflichtungsermächtigungen nach dem Grundsatz der Jährlichkeit nur zulässig ist, wenn für die Maßnahme im Haushaltsjahr eine rechtliche Verpflichtung eingegangen werden soll.

Dies hat zur Folge, dass als Verpflichtungsermächtigungen nicht automatisch die in den zukünftigen Haushaltsjahren noch zu erwartenden Auszahlungen veranschlagt werden dürfen. Der Betrag der zu veranschlagenden Verpflichtungsermächtigungen ist also nicht gleich dem Differenzbetrag aus den gesamten Auszahlungen für ein Vorhaben abzüglich der bereits bereitgestellten Mittel und dem Haushaltsansatz im Haushaltsjahr.

Bei der Veranschlagung von Verpflichtungsermächtigungen ist vielmehr nach folgendem Schema vorzugehen:

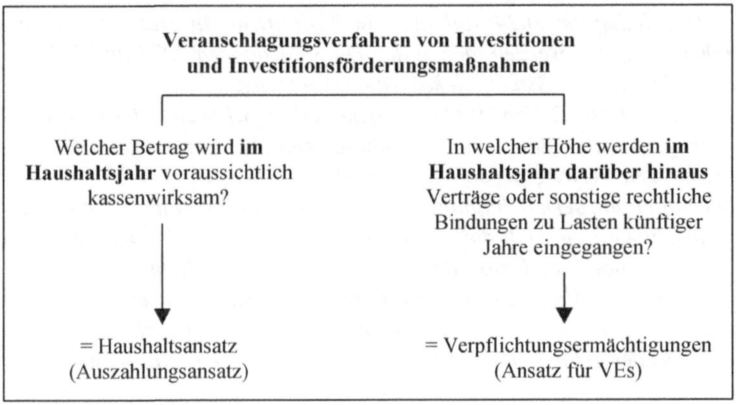

Beispiele:
Die Gemeinde E. plant für das Haushaltsjahr 2024 den Bau einer Bücherei mit Auszahlungen ***von je*** *200.000 € in 2024, 2025 und 2026.*

Veranschlagungen im Haushalt 2024:
Variante A:

Vor Baubeginn im März 2024 soll ein ***Gesamtauftrag*** *an einen Bauunternehmer vergeben werden:*

Gemäß § 10 Abs. 2 GemHVO ist in dem Teilfinanzhaushalt für das Jahr 2024 ein Betrag von 200.000 € als Auszahlungsermächtigung einzustellen. Zusätzlich ist für den Vertragsabschluss im Haushalt 2024 gemäß § 102 Abs. 1 HGO eine Verpflichtungsermächtigung in Höhe von 400.000 € im Teilfinanzhaushalt zu veranschlagen, da sich die Gemeinde durch die Vergabe des Gesamtauftrages mit 400.000 € über das Haushaltsjahr 2024 hinaus verpflichtet.

Die gesamte Maßnahme ist darüber hinaus im Investitionsprogramm, welches Grundlage für die mittelfristige Ergebnis- und Finanzplanung ist, einzustellen (siehe Kap. 12).

Sofern die Verpflichtungsermächtigung in 2024 in ***voller Höhe*** *in Anspruch genommen wird, ist eine erneute Veranschlagung einer Verpflichtungsermächtigung im Haushalt 2025 für das Jahr 2026* ***nicht*** *erforderlich.*

Zu beachten ist, dass in den Haushaltsjahren, in denen die in Anspruch genommenen Verpflichtungsermächtigen zahlungswirksam werden, die erforderlichen Ansätze für Auszahlungen veranschlagt werden müssen, vgl. Nr. 4 Hw. zu § 11 GemHVO. Bezogen auf das Beispiel heißt das, dass

- *im Haushaltsjahr 2025 ein Ansatz für Auszahlungen von 200.000 €,*
- *im Haushaltsjahr 2026 ein Ansatz für Auszahlungen von 200.000 €*

zu veranschlagen ist.

Variante B:

Im Haushaltsjahr 2024 soll nur ein ***Teilauftrag*** *in Höhe von insgesamt 400.000 € vergeben werden, der in den Haushaltsjahren 2024 und 2025 mit jeweils 200.000 € voraussichtlich kassenwirksam wird:*

Gemäß § 10 Abs. 2 GemHVO ist in dem Teilfinanzhaushalt für das Jahr 2024 ein Betrag von 200.000 € als Auszahlungsermächtigung einzustellen. Zusätzlich ist für den Vertragsabschluss im Haushalt 2024 gemäß § 102 Abs. 1 HGO eine Verpflichtungsermächtigung in Höhe von 200.000 € im Teilfinanzhaushalt zu veranschlagen, da sich die Gemeinde durch die Vergabe des ***Teilauftrages*** *mit 200.000 € über das Haushaltsjahr 2024 hinaus verpflichtet.*

Auch bei dieser Variante ist die ***gesamte*** *Maßnahme im Investitionsprogramm zu veranschlagen und für die in Anspruch genommene Verpflichtungsermächtigung muss der erforderliche Ansatz für Auszahlungen etatisiert werden (siehe oben).*

8.3.2 Zeitliche Beschränkung

Nach § 102 Abs. 3 HGO gelten Verpflichtungsermächtigungen bis zum Ende des Haushaltsjahres ihrer Veranschlagung. Sie gelten ausnahmsweise darüber hinaus weiter, wenn die Haushaltssatzung für das folgende Jahr vor Beginn des Haushaltsjahres noch nicht öffentlich bekannt gemacht ist, bis zur Vollendung deren Bekanntmachung (Ablauf des letzten Auslegungstages des Haushaltsplanes, siehe Ziff. 11.3.9). Die Weitergeltung der Verpflichtungsermächtigungen bis zur Vollendung der Bekanntmachung der Haushaltssatzung für das folgende Jahr (siehe hierzu auch Ziff. 7.2.7.2) versetzt die Gemeinde während dieser Zeit in die Lage, die nicht ausgeschöpften Verpflichtungsermächtigungen des abgelaufenen Jahres während der vorläufigen Haushaltsführung noch in Anspruch zu nehmen, z. B. um Aufträge für Maßnahmen zu erteilen, die bis zum 31.12. noch nicht erteilt wurden.[4] Die Verpflichtungsermächtigungen des abgelaufenen Jahres dürfen dann mit Vollendung der Bekanntmachung der Haushaltssatzung des neuen Jahres nicht mehr in Anspruch genommen werden. Eine Übertragung der Verpflichtungsermächtigungen im Sinne von § 21 GemHVO ist nach Nr. 3 Hw. zu § 11 GemHVO ausgeschlossen (siehe auch Ziff. 7.4.4).

Die Verpflichtungsermächtigungen dürfen nach § 102 Abs. 2 HGO grundsätzlich zu Lasten der dem Haushaltsjahr folgenden drei Jahre veranschlagt werden. Dieser Zeitraum ist bewusst auf den Finanzplanungszeitraum[5] abgestellt, da ohne die mittelfristige Ergebnis- und Finanzplanung eine Veranschlagung von Verpflichtungsermächtigungen nicht zulässig ist (siehe Nr. 1 Hw. zu § 102 HGO). Anhand der mittelfristigen Ergebnis- und Finanzplanung wird beurteilt, ob die Finanzierung der aus den Verpflichtungsermächtigungen entstehenden Auszahlungen in den künftigen Jahren **„gesichert erscheint“**.[6]

Die mittelfristige Ergebnis- und Finanzplanung ist gemäß § 101 Abs. 1 HGO für fünf Jahre aufzustellen, wobei erstes Planungsjahr das bereits laufende Haushaltsjahr (also das Vorjahr aus Sicht des aufzustellenden Haushaltsplans) ist. Damit sind die Haushaltsjahre, zu deren Lasten Verpflichtungsermächtigungen veranschlagt werden können, identisch mit dem Zeitraum der drei Finanzplanungsjahre.

Vorjahr	**Haushaltsjahr**	**Finanzplanungsjahre**		
2023	**2024**	**2025**	**2026**	**2027**
Aufstellung des Haushaltsplans 2024	Ansatz Verpflichtungs-ermächtigung	**voraussichtlich zahlungswirksam** →		

§ 102 Abs. 2 HGO schließt aber eine Veranschlagung von Verpflichtungsermächtigungen über den Finanzplanungszeitraum hinaus bis zum Abschluss einer Maßnahme nicht aus. Zur Frage der gesicherten Finanzierung in diesen Fällen bestimmt

4 Die Möglichkeit der Inanspruchnahme der Verpflichtungsermächtigungen aus dem Vorjahr in der haushaltslosen Zeit kann in bestimmten Situationen dazu führen, dass während der haushaltslosen Zeit eine größere haushaltsrechtliche Ermächtigung gegeben ist, als nach der Bekanntmachung der Haushaltssatzung (z. B. wenn der Auszahlungsansatz für das neue Haushaltsjahr niedriger ist als der Ansatz der Verpflichtungsermächtigung des Vorjahres; dies wäre dann der Fall, wenn die Höhe des Ansatzes der Verpflichtungsermächtigung die gesamten investiven Auszahlungen der Maßnahme einschl. der Folgejahre – wegen Vergabe eines Gesamtauftrages – beinhaltet). Siehe hierzu auch Sachverhalt 3 zu Kap. 8 im Übungsband und *Daneke* in KVR Hessen, § 102 HGO Rn. 26 und 27. Als Lösungsmöglichkeit dieser Problematik wird hier die Verlängerung der Geltungsdauer der Verpflichtungsermächtigungen um ein Jahr – analog der Kreditermächtigung nach § 103 Abs. 3 HGO – vorgeschlagen.

5 Zur mittelfristigen Ergebnis- und Finanzplanung insgesamt siehe Kap. 12.

6 Diese Formulierung soll deutlich machen, dass hier keine Sicherstellung der Finanzierung in rechtlicher oder tatsächlicher Hinsicht verlangt wird, da dies bei der Planung und Aufstellung der Haushaltssatzung auch gar nicht möglich wäre. Allerdings müssen die in Kap. 7 dargestellten Planungsgrundsätze beachtet werden. Siehe hierzu auch *Daneke* in KVR Hessen, § 102 HGO Rn. 19.

§ 1 Abs. 5 Nr. 4 GemHVO, dass die voraussichtliche Deckung der Auszahlungen, auf die sich die mittelfristige Ergebnis- und Finanzplanung **noch nicht erstreckt**, besonders darzustellen ist. Dazu gibt Nr. 3 Hw. zu § 1 GemHVO vor, dass die „Übersicht über die aus Verpflichtungsermächtigungen voraussichtlich fällig werdenden Auszahlungen“ (Muster 3 zur GemHVO) um die späteren, als von den der mittelfristigen Planung erfassten Jahre, zu erweitern ist. In diesen Fällen muss in der Übersicht mindestens

a) der Betrag der vorgesehenen Kreditaufnahme
   und
b) der Betrag der erwarteten Investitionszuweisungen und -zuschüsse (z. B. seitens des Landes)

ersichtlich sein. Sofern zur Finanzierung dieser geplanten Maßnahmen Investitionsbeiträge nach den §§ 11 oder 11a KAG erhoben werden sollen oder andere Finanzierungsmöglichkeiten vorgesehen sind, sollten auch diese Einzahlungen in der Übersicht ausgewiesen werden, um die gesicherte Finanzierung zu dokumentieren.

8.4 Veranschlagung der Verpflichtungsermächtigungen

Nach § 102 Abs. 1 HGO dürfen Verpflichtungen zur Leistung von Auszahlungen für Investitionen und Investitionsförderungsmaßnahmen in künftigen Jahren nur eingegangen werden, wenn der Haushaltsplan hierzu ermächtigt. Dazu bedarf es einer Veranschlagung im Haushaltsjahr. Die Veranschlagung von Verpflichtungsermächtigungen ist an mehrere Voraussetzungen geknüpft, die anschließend dargestellt werden:

- **Beachtung des Grundsatzes der Jährlichkeit**
  Die Veranschlagung von Verpflichtungsermächtigungen ist nach dem Haushaltsgrundsatz der Jährlichkeit (siehe Ziff. 7.3.7) nur zulässig, wenn für die Maßnahme im Haushaltsjahr auch eine rechtliche Verpflichtung eingegangen werden soll, die aber erst nach Ablauf des Haushaltsjahres zahlungswirksam wird (siehe Nr. 4 Hw. zu § 11 GemHVO).
- **Auszahlungen für Investitionen und Investitionsförderungsmaßnahmen**
  Die Veranschlagung von Verpflichtungsermächtigungen darf auf kommunaler Ebene nur für Auszahlungen im investiven Bereich erfolgen, d. h. für Investitionen und Investitionsförderungsmaßnahmen (§ 94 Abs. 2 Nr. 1d) HGO i. V m. § 102 Abs. 1 HGO). Damit erfolgt die Veranschlagung gemäß § 4 Abs. 5 GemHVO zwangsläufig im Teilfinanzhaushalt.
- **Maßnahmenbezogene Veranschlagung**
  Nach § 11 GemHVO sind die Verpflichtungsermächtigungen in den Teilfinanzhaushalten maßnahmenbezogen zu veranschlagen, d. h. der entsprechende Betrag wird bei der sachlich zuständigen Haushaltsposition (Produktkonto) dargestellt. Dies wird dadurch erreicht, dass in dem verbindlichen Muster 10 zur GemHVO (Teilfinanzhaushalt) in der Spalte 4 die Ansätze für die Verpflichtungsermächtigungen nach

den Auszahlungspositionen der Investitionstätigkeit (z. B. Grunderwerb, Baukosten ...) ausgewiesen werden.[7]
Ausnahme:
Von der „Einzeldarstellung" der Verpflichtungsermächtigungen **kann** abgewichen werden, wenn die Gemeindevertretung bestimmt hat, dass Verpflichtungsermächtigungen für Investitionen **unterhalb** einer von ihr festzulegenden Wertgrenze zusammengefasst auszuweisen sind (§ 11 Satz 3 GemHVO). Die Festlegung dieser **Wertgrenze** kann sowohl in der Haushaltssatzung[8] als auch durch einen Haushaltsvermerk erfolgen (Nr. 1 Hw. zu § 11 GemHVO).
Auffallend ist, dass § 11 Satz 3 GemHVO nur von Verpflichtungsermächtigungen **für Investitionen** – nicht für Investitionsförderungsmaßnahmen – spricht. Nach der Definition gemäß § 58 Nr. 18 GemHVO versteht man unter einer Investition die Veränderung des gesamten Anlagevermögens, wozu auch die Investitionsförderungsmaßnahmen nach § 58 Nr. 19 GemHVO zählen.

- **Sicherstellung der Finanzierung**
  Die Veranschlagung von Verpflichtungsermächtigungen (und deren Inanspruchnahme) ist **ohne** sachgerechte Ergebnis- und Finanzplanung nicht vertretbar, Nr. 1 Hw. zu § 102 HGO, da nur aus der Ergebnis- und Finanzplanung ersichtlich ist, ob die Finanzierung der aus der Inanspruchnahme von Verpflichtungsermächtigungen entstehenden Auszahlungen in den künftigen Jahren **„gesichert erscheint"**[9]. Insofern ist die Veranschlagung der Investitionsmaßnahme im Investitionsprogramm **und** in der Ergebnis- und Finanzplanung Voraussetzung für die Veranschlagung von Verpflichtungsermächtigungen, da nicht nur die Auszahlungen aus Verpflichtungsermächtigungen und ihre voraussichtliche Finanzierung dargestellt werden, sondern sie umfasst ebenfalls alle Aufwendungen und Auszahlungen sowie Erträge und Einzahlungen der Gemeinde, die in diesen Jahren voraussichtlich anfallen (§ 101 Abs. 2 HGO). Somit wird erreicht, dass die Frage der Finanzierbarkeit der künftigen Auszahlungen aus Verpflichtungsermächtigungen unter Beachtung der **gesamten Haushaltswirtschaft** analysiert und beurteilt werden kann, um letztlich den Gesamtbetrag der Verpflichtungsermächtigung laut Haushaltssatzung genehmigen zu können (siehe Ziff. 8.5).
  Diese Voraussetzung ist sicherlich dem Grundsatz der stetigen Aufgabenerfüllung nach § 92 Abs. 1 HGO geschuldet. Eine stetige Erfüllung der Aufgaben und damit ebenso die Sicherung der Finanzierung der Auszahlungen aus Verpflichtungsermächtigungen (§ 102 Abs. 2 HGO) kann vermutet werden, wenn die mittelfristige Ergebnis- und Finanzplanung ausgeglichen ist (Nr. 1 Hw. zu § 101 HGO i. V. m. § 9

7 Siehe hierzu auch Grundsatz der Einzelveranschlagung (Ziff. 7.3.5.1) sowie die Darstellung zum Teilfinanzhaushalt (Ziff. 6.5.2.4.2).
8 Siehe Nr. 2 Hw. zu § 94 HGO.
9 Diese Formulierung soll deutlich machen, dass hier keine Sicherstellung der Finanzierung in rechtlicher oder tatsächlicher Hinsicht verlangt wird, da dies bei der Planung und Aufstellung der Haushaltssatzung auch gar nicht möglich wäre. Allerdings müssen die in Kap. 7 dargestellten Planungsgrundsätze beachtet werden. Siehe hierzu auch *Daneke* in KVR Hessen, § 102 HGO Rn. 19.

Abs. 4 GemHVO).[10] Dies bezieht sich nicht nur auf das Haushaltsjahr, in dem die Verpflichtungsermächtigungen in Anspruch genommen werden und die Haushaltsjahre, in denen daraus Zahlungen erfolgen, sondern auch auf die folgenden Jahre, in denen die aus einer evtl. Kreditaufnahme resultierenden Schuldendienstbelastungen zu finanzieren sind.

Eine unausgeglichene Ergebnis- und Finanzplanung könnte nun die Frage aufwerfen, ob Verpflichtungsermächtigungen mit Auszahlungen zu Lasten dieser und späterer unausgeglichenen Jahre überhaupt veranschlagt werden dürfen. Bei der Unverbindlichkeit der mittelfristigen Ergebnis- und Finanzplanung (es handelt sich hier um eine **Einschätzung** der erwarteten Einwicklung der Haushaltswirtschaft[11], siehe Nr. 1 Hw. zu § 101 HGO, die der Gemeindevertretung lediglich zur Unterrichtung vorgelegt wird, siehe § 101 Abs. 4 HGO und Ziff. 12.4.3.2) erscheint dies aber als eine zu strenge Auslegung des § 102 Abs. 2 HGO und in der Praxis wohl auch nicht durchführbar. Dennoch ist die Gemeinde insofern zum Handeln gezwungen, als dass sie alle Anstrengungen unternehmen muss, um die Unausgeglichenheit sowohl im Rahmen der Ergebnis- und Finanzplanung als auch bei der Haushaltsplanung nicht wirklich eintreten zu lassen (siehe hierzu auch Ziff. 8.5, Genehmigung der Verpflichtungsermächtigungen). Durch § 92a Abs. 1 Nr. 2 HGO wird zukünftig auch der mittelfristigen Ergebnis- und Finanzplanung besondere Bedeutung beigemessen, da die Kommunen zur Aufstellung eines Haushaltssicherungskonzepts bereits dann verpflichtet sind, wenn die Ergebnis- und Finanzplanung unausgeglichen ist oder ein negativer Zahlungsmittelbestand erwartet wird (siehe auch Ziff. 10.1 und 10.4).

- **Unterlagen nach § 12 Abs. 2 GemHVO**

  Verpflichtungsermächtigungen für **Baumaßnahmen**[12] dürfen erst veranschlagt werden, wenn die in § 12 Abs. 2 GemHVO aufgezählten Unterlagen (Pläne, Kostenberechnungen, Erläuterungen, Bauzeitplan, Folgekostenberechnungen usw.) vorliegen, d. h. die entsprechenden Vorplanungen bereits abgeschlossen sind.

  Ausnahme:

  Bei Vorhaben von geringer finanzieller Bedeutung ist nur eine Kostenberechnung erforderlich gemäß § 12 Abs. 4 GemHVO.

- **Erläuterungspflichten**

  Eine Erläuterungspflicht ergibt sich aus § 17 Abs. 1 Nr. 3 und Nr. 9 GemHVO. Hiernach **sind** die Notwendigkeit und Höhe der jeweiligen Verpflichtungsermächtigungen sowie Ausnahmen nach § 12 Abs. 4 GemHVO zu erläutern.

  Darüber hinaus ist nach § 11 Satz 2 GemHVO bei der Veranschlagung anzugeben, wie sich die Belastungen voraussichtlich auf die künftigen Jahre verteilen werden, d. h. es ist darzustellen, in welchen Jahren und in welcher Höhe die veranschlagten

10 Vgl. Ziff. 12.2.2.

11 Die Einschätzung der erwarteten Entwicklung der Haushaltswirtschaft basiert neben den Prognosen zur gesamtwirtschaftlichen Entwicklung auf kommunalpolitischer Schwerpunktsetzung und sonstigen Besonderheiten der Gemeinde.

12 Es kann sich hier nur um investive Baumaßnahmen handeln, da Verpflichtungsermächtigungen nur für Investitionen veranschlagt werden dürfen, vgl. § 102 Abs. 1 HGO.

Verpflichtungsermächtigungen voraussichtlich zu Auszahlungen führen werden. Bezogen auf das Beispiel zu Ziff. 8.3.1, Variante A) ist zu dem „Ansatz Verpflichtungsermächtigungen 2024" (400.000 €) folgende Erläuterung anzugeben:
fällig in 2025: 200.000 €
fällig in 2026: 200.000 €
In der Regel sind diese Angaben in der Erläuterungsspalte (Muster 10 zur GemHVO, Spalte 9) anzugeben, soweit die Erläuterungen nicht an einer anderen Stelle im Haushaltsplan dargestellt werden.
Die Angaben zur voraussichtlichen Fälligkeit

- basieren auf dem Bauzeitplan (siehe oben: Unterlagen nach § 12 Abs. 2 GemHVO) und sind dementsprechend im Investitionsprogramm sowie in der mittelfristigen Ergebnis- und Finanzplanung zu berücksichtigen, vgl. Nr. 1 Hw. zu § 102 HGO
und
- sind die Grundlage für die Erstellung der Übersicht über die aus Verpflichtungsermächtigungen in den einzelnen Jahren voraussichtlich fällig werdenden Auszahlungen, einer Pflichtanlage zum Haushaltsplan nach § 1 Abs. 5 Nr. 4 GemHVO (vgl. Muster 3 zur GemHVO, siehe unten).

Darüber hinaus ist auf Nr. 3 Hw. zu § 17 GemHVO hinzuweisen. Hiernach sind die aufgrund der von der Gemeindevertretung festgelegten Wertgrenze zusammengefassten Verpflichtungsermächtigungen zu erläutern. Diese Erläuterung mag zwar vor dem Hintergrund des Grundsatzes der Haushaltsklarheit[13] nachvollziehbar sein, aber es stellt sich die Frage, ob sie für die Haushaltsberatungen wesentliche Erkenntnisse liefert, wenn man unterstellt, dass eine Zusammenfassung von Verpflichtungsermächtigungen nur für eher untergeordnete Investitionen in Betracht kommt.

- **Anlage zum Haushaltsplan nach § 1 Abs. 5 Nr. 4 GemHVO**
Dem Haushaltsplan ist gemäß § 1 Abs. 5 Nr. 4 GemHVO als Pflichtanlage eine Übersicht über die aus Verpflichtungsermächtigungen in den einzelnen Jahren voraussichtlich fällig werdenden Auszahlungen beizufügen. Für diese Pflichtanlage gibt es nach § 60 Nr. 3 GemHVO das verbindliche Muster 3 zur GemHVO. Nachrichtlich werden in diesem Muster auch die sich aus der mittelfristigen Ergebnis- und Finanzplanung voraussichtlich ergebenden Kreditaufnahmen in den jeweiligen Planungsjahren angegeben (siehe auch Ziff. 6.6). Diese Information wird für die Genehmigung der veranschlagten Verpflichtungsermächtigungen benötigt – siehe § 102 Abs. 4 HGO, Nr. 2 Hw. zu § 1 GemHVO und Ziff. 8.5.
Werden Auszahlungen in den Jahren fällig, auf die sich die mittelfristige Ergebnis- und Finanzplanung **noch nicht erstreckt**, so ist das Muster 3 zur GemHVO, die Übersicht über die aus Verpflichtungsermächtigungen voraussichtlich fällig werdenden Auszahlungen, entsprechend um die Angaben zu diesen Jahren zu erweitern (siehe Ziff. 8.3.2 und Nr. 3 Hw. zu § 1 GemHVO).

13 Vgl. Ziff. 7.3.3.

In der Übersicht über die Verpflichtungsermächtigungen (Muster 3 zur GemHVO) sind bezüglich der Ermächtigungen **des Vorjahres nicht** die tatsächlich in Anspruch genommenen, sondern die seinerzeit veranschlagten Verpflichtungsermächtigungen aufzuführen.[14] Die Darstellung der tatsächlich in Anspruch genommenen Verpflichtungsermächtigungen in diesem Fall ist deshalb nicht möglich, da bei Aufstellung der Übersicht nach § 1 Abs. 5 Nr. 4 GemHVO die Ergebnisse des Vorjahres noch gar nicht vorliegen können (Abschluss des Vorjahres liegt zeitlich in der Regel nach dem Termin der Aufstellung des Haushaltsplans). Somit können in der Übersicht nur die ursprünglich geplanten Beträge ausgewiesen werden.

8.5 Genehmigung der Verpflichtungsermächtigungen

Der Gesamtbetrag der Verpflichtungsermächtigungen ist nach § 94 Abs. 2 Nr. 1d) HGO in der Haushaltssatzung festzusetzen. Ausführlich hierzu siehe Ziff. 11.2.2.3. Dieser Gesamtbetrag der Verpflichtungsermächtigungen, ergibt sich aus der Summe der bei den einzelnen Haushaltspositionen veranschlagten Beträgen.

Soweit Verpflichtungsermächtigungen in der Haushaltssatzung festgesetzt werden, bedürfen sie gemäß § 102 Abs. 4 HGO (sowie § 97a Nr. 3 HGO) im Rahmen der Haushaltssatzung der Genehmigung der Aufsichtsbehörde, wenn in den Jahren, zu deren Lasten sie veranschlagt sind, Kreditaufnahmen vorgesehen sind. Ob und in welcher Höhe in den einzelnen Planungsjahren Kreditaufnahmen vorgesehen sind, ergibt sich zum einen aus der mittelfristigen Ergebnis- und Finanzplanung[15] **sowie** aus dem Muster 3 zur GemHVO, der Übersicht über die aus Verpflichtungsermächtigungen voraussichtlich fällig werdenden Auszahlungen (siehe unten)[16]. Diese beiden Informationsquellen sind gemäß Nr. 2 Hw. zu § 102 HGO und Nr. 3 Hw. zu § 1 GemHVO die **wesentlichen Grundlagen für**

a) die Feststellung der Genehmigungs**bedürftigkeit**
   und
b) die Genehmigungs**fähigkeit** der Verpflichtungsermächtigungen.

14 Sind in der Übersicht „Verpflichtungsermächtigungen **früherer** Jahre" anzugeben, so sind in diesen Fällen die tatsächlichen, aus deren Inanspruchnahme noch fälligen Auszahlungen zu ermitteln, vgl. Muster 3 zur GemHVO.

15 Gemäß § 101 Abs. 2 HGO sind in der mittelfristigen Ergebnis- und Finanzplanung die Deckungsmöglichkeiten für Investitionen und Investitionsförderungsmaßnahmen darzustellen.

16 Siehe Muster 3 zur GemHVO in der Zeile: *„Nachrichtlich: In der Ergebnis- und Finanzplanung vorgesehenen Kreditaufnahmen"*.

Muster 3
zu § 1 Abs. 5 Nr. 4

Übersicht
über die aus Verpflichtungsermächtigungen voraussichtlich fällig werdenden Auszahlungen

Verpflichtungsermächtigung im Haushaltsplan des Jahres[1]	Voraussichtlich fällige Auszahlungen[2, 3] 1000 EUR				
	20..	20..	20..	20..	20..
1	2	3	4	5	6
20..					
20..					
20..					
20..					
Summe					
Nachrichtlich In der Ergebnis- und Finanzplanung vorgesehene Kreditaufnahmen	← Vorgesehene Kreditaufnahmen				

[1] In Spalte 1 sind das Haushaltsjahr und alle früheren Jahre aufzuführen, in denen Verpflichtungsermächtigungen veranschlagt waren, aus deren Inanspruchnahme noch Auszahlungen fällig werden.
[2] In Spalte 2 ist das dem Haushaltsjahr folgende Jahr, in den Spalten 3 bis 6 die sich anschließenden Jahre einzusetzen.
[3] Werden Auszahlungen aus Verpflichtungsermächtigungen in den Jahren fällig, auf die sich die Ergebnis- und Finanzplanung noch nicht erstreckt, sind die voraussichtlichen Kreditaufnahmen in diesen Jahren nach § 1 Abs. 4 Nr. 4 zweiter Halbsatz dieser Verordnung zu übernehmen. Erforderlichenfalls sind weitere Kopfspalten hinzuzufügen.

Die **Genehmigungsbedürftigkeit** des Gesamtbetrages der veranschlagten Verpflichtungsermächtigungen ist allein von der Tatsache abhängig, dass im Finanzplanungszeitraum oder darüber hinausgehenden Jahren, zu deren Lasten die Verpflichtungsermächtigungen veranschlagt sind, Kreditaufnahmen **dem Grunde nach** vorgesehen sind. Es kommt also nicht darauf an, wie sich die Beträge der veranschlagten Verpflichtungsermächtigungen zu den Beträgen der vorgesehenen Kreditaufnahmen verhalten. **Wenn in einem der Jahre, in denen die Verpflichtungsermächtigungen voraussichtlich kassenwirksam werden, eine Kreditaufnahme dem Grunde nach vorgesehen ist, führt dies zur Genehmigungsbedürftigkeit des in § 3 der Haushaltssatzung genannten Gesamtbetrages der veranschlagten Verpflichtungsermächtigungen.**

Die Genehmigungsbedürftigkeit des Gesamtbetrages der Verpflichtungsermächtigungen in Abhängigkeit von der Tatsache einer voraussichtlichen Kreditaufnahme in den Jahren der geplanten Kassenwirksamkeit ergibt sich aus der in § 103 Abs. 2 HGO geregelten Genehmigungsbedürftigkeit dieser Kredite in den Haushaltssatzungen der jeweiligen künftigen Jahre. Nimmt die Gemeinde Verpflichtungsermächtigungen in Anspruch und geht damit rechtliche Verpflichtungen zur Leistung von Auszahlungen ein, die sie in den Jahren der Kassenwirksamkeit über Kreditaufnahmen finanziert, müsste in diesen Jahren eine aufsichtsbehördliche Genehmigung dieser Kreditaufnahmen zwingend erfolgen, obwohl ggf. Gründe vorliegen, die eine Versagung der Genehmigung erforderlich machen. Um diese Situation zu vermeiden, wird bereits im Rahmen der Genehmigung der in der Haushaltssatzung festgesetzten Verpflichtungsermächtigungen von der Aufsichtsbehörde geprüft, ob die spätere Kreditfinanzierung den in § 103 Abs. 2 Satz 2 und 3 HGO genannten Maßstäben entspricht und daraufhin entschieden, ob **eine Genehmigung dieser Verpflichtungsermächtigungen uneingeschränkt oder mit Bedingungen oder Auflagen erteilt werden kann oder ganz oder teilweise zu versagen ist.**

Zumindest bis zur Höhe der Kreditbeträge, die zur Finanzierung der aus der Inanspruchnahme von Verpflichtungsermächtigungen in den einzelnen Jahren fällig werdenden Auszahlungen benötigt werden, ist die Aufsichtsbehörde an ihre bezüglich des Gesamtbetrages der Verpflichtungsermächtigungen erteilte Genehmigung gebunden und kann eine spätere Genehmigung eines (Teil-)Betrages der Kredite, der zur Finanzierung der Inanspruchnahme der Verpflichtungsermächtigungen notwendig ist, nicht versagen (Selbstbindung der Aufsichtsbehörde).

Inhalt und Umfang der Prüfung, ob der Gesamtbetrag der Verpflichtungsermächtigungen genehmigt werden kann, müssen sich daher naturgemäß nach den für die Genehmigung des Gesamtbetrages der Kredite geltenden Bestimmungen richten (§ 102 Abs. 4 Satz 2 HGO, Nr. 2 Hw. Satz 2 zu § 102 HGO). Dies resultiert vornehmlich daraus, dass die Genehmigung des Gesamtbetrages der Verpflichtungsermächtigungen eine vorweggenommene Genehmigung der zu ihrer Finanzierung notwendigen Kreditaufnahme darstellt. Folglich finden § 103 Abs. 2 Satz 2 und 3 HGO sinngemäß Anwendung; dementsprechend richtet sich die Genehmigung nach den Grundsätzen einer geordneten Haushaltswirtschaft (siehe auch Nr. 7 Hw. zu § 103 HGO) und ist in der Regel zu **versagen**, wenn sich für die Aufsichtsbehörde Anhaltspunkte für die Annahme ergeben, dass die Übernahme der vorgesehenen (zur Finanzierung der Auszahlungen aus der Inanspruchnahme der Verpflichtungsermächtigungen notwendigen) Kreditverpflichtungen nicht mit der **dauernden Leistungsfähigkeit** der Gemeinde in Einklang stehen bzw. die dauernde Leistungsfähigkeit gefährden. Grundlage für die Prüfung der dauernden Leistungsfähigkeit ist u. a. der Finanzstatusbericht, eine Pflichtanlage zum Haushaltsplan, § 1 Abs. 5 Nr. 11 GemHVO.[17] Auf der Datenbasis des Finanzstatusberichts werden insbesondere die Kennzahlen bzw. Indikatoren des kommunalen Auswertungssystems Hessen „kash“ ermittelt, anhand derer in Hessen die finanzielle und dauernde Leistungsfähigkeit der Kommune beurteilt wird (siehe auch Ziff. 6.6).[18]

Wird die finanzielle und dauernde Leistungsfähigkeit und damit die stetige Aufgabenerfüllung **nicht** als gefährdet eingestuft, steht einer Gesamtgenehmigung grundsätzlich nichts im Wege. Sind die Voraussetzungen allerdings **nicht** erfüllt, so hat die Aufsichtsbehörde folgende Möglichkeiten (ausführlich siehe Ziff. 9.2.3.7):

a) Erteilung der Gesamtgenehmigung unter dem Vorbehalt der Einzelgenehmigung, soweit die Aufsichtsbehörde sich eine **Einzelkreditgenehmigung** nach § 104 Abs. 4 HGO vorbehalten hat[19]
   Nr. 3 Hw. zu § 102 HGO i. V. m. Nr. 7a) Hw. zu § 103 HGO

17 Die Aufsichtsbehörde kann weitere Unterlagen und Erläuterungen anfordern, wenn sie dies für erforderlich hält, § 102 Abs. 4 letzter Satz i. V. m. Nr. 7 Hw. zu § 103 HGO.

18 Vgl. *Georg, Gnädiger, Hardt*, Kommunales Auswertungssystem Hessen 2.0, S. 110 ff.

19 Siehe hierzu auch *Daneke* in KVR Hessen, § 102 HGO Rn. 33a und 33b.

b) Genehmigung eines Teilbetrages
Nr. 2 Hw. zu § 102 HGO i. V. m. Nr. 7b) Hw. zu § 103 HGO
c) Versagung der Genehmigung
Nr. 2 Hw. zu § 102 HGO i. V. m. Nr. 7c) Hw. zu § 103 HGO

Sofern die Aufsichtsbehörde eine Gesamtgenehmigung unter dem Vorbehalt der Einzelgenehmigung erteilt, ist der Hinweis Nr. 8 zu § 103 HGO zu beachten, welcher das Verfahren der Erteilung einer Einzelgenehmigung präzisiert. Hiernach sind Unterlagen zur Begründung der Notwendigkeit der Inanspruchnahme der Verpflichtungsermächtigung einzureichen.

8.6 Verpflichtungsermächtigungen im Rahmen der Haushaltsausführung

Im Laufe des Haushaltsjahres unterliegen die Verpflichtungsermächtigungen ebenso wie die Ansätze für Aufwendungen und Auszahlungen den Bewirtschaftungs- und Überwachungsregeln gemäß § 27 GemHVO.[20] Hiernach sind sie so zu bewirtschaften, dass sie für das Eingehen der im Haushaltsjahr anfallenden Verpflichtungen ausreichen und sie dürfen erst in Anspruch genommen werden, wenn die Aufgabenerfüllung es erfordert. Des Weiteren ist die Inanspruchnahme der Verpflichtungsermächtigungen in geeigneter Weise zu überwachen (§ 27 Abs. 4 GemHVO i. V. m. Nr. 6 Hw. zu § 27 GemHVO). Näheres hierzu siehe Ziff. 13.2.4.

Trotz sorgfältigster Planungen kann es während des Haushaltsvollzugs zu Abweichungen kommen. In diesen Fällen lässt die GemHVO die Deckungsfähigkeit gemäß § 20 Abs. 3 GemHVO auch für Verpflichtungsermächtigungen zu. Hiernach gelten die Bestimmungen über die echte Deckungsfähigkeit nach § 20 Abs. 1 GemHVO entsprechend, d. h. innerhalb eines Budgets sind die Verpflichtungsermächtigungen **kraft Verordnung** gegenseitig deckungsfähig, soweit im Haushaltsplan keine Einschränkung erfolgt. Darüber hinaus können Verpflichtungsermächtigungen, die in einem Budget veranschlagt sind, nach § 20 Abs. 3 i. V. m. Abs. 2 GemHVO mit Verpflichtungsermächtigungen eines anderen Budgets für gegenseitig oder einseitig **erklärt** werden, wenn ein sachlicher Zusammenhang besteht (ausführlich siehe Ziff. 7.4.3.2).

Können Mehrbedarfe bei Verpflichtungsermächtigungen nicht durch die Deckungsfähigkeit nach § 20 GemHVO aufgefangen werden, besteht des Weiteren die Möglichkeit der Inanspruchnahme von über- und außerplanmäßigen Verpflichtungsermächtigungen gemäß § 102 Abs. 5 HGO (ausführlich siehe Ziff. 3). Aber auch in diesen Fällen ist zu beachten, dass der in der Haushaltssatzung festgesetzte Gesamtbetrag der Verpflichtungsermächtigungen **nicht überschritten** werden darf.

Ausdrücklich ausgeschlossen hat der Verordnungsgeber die Übertragbarkeit der Verpflichtungsermächtigungen im Sinne von § 21 GemHVO – siehe Nr. 3 Hw. zu § 11 GemHVO und Ziff. 8.3.2.

20 Siehe ausführlich Ziff. 13.2.4.

8.7 Übungen

Siehe hierzu die Sachverhalte 1 bis 3 zu Kap. 8 im Übungsband.

– Kapitel 9 –

Inhaltsverzeichnis

9. Kommunale Schuldenwirtschaft

9.1 Abgrenzung des kommunalen Schuldenbegriffs

9.1.1 Kommunale Schulden

Im Zivilrecht leitet sich der Begriff der Schulden aus dem Inhalt des Schuldverhältnisses ab. Ein Schuldverhältnis im Sinne von § 241 BGB begründet grundsätzlich eine Verpflichtung zum Tun, Dulden oder Unterlassen. Von Schulden im zivilrechtlichen Sinne spricht man in der Regel aber nur dann, wenn ein Schuldverhältnis die Verpflichtung begründet, Geld zu bezahlen.

Der Begriff der Schulden hat im Rahmen der Anpassung des kommunalen Rechnungswesens ebenfalls gravierende Veränderungen erfahren. Definierte noch die bis Ende 2008 geltende Gemeindehaushaltsverordnung Schulden als „Rückzahlungsverpflichtungen aus Kreditaufnahmen und ihnen wirtschaftlich gleichkommenden Vorgängen sowie aus der Aufnahme von Kassenkrediten" (§ 45 Nr. 21 GemHVO 1974), so gilt nunmehr folgende Definition des Begriffes Schulden: „sämtliche Verpflichtungen gegenüber Dritten, insbesondere Rückzahlungsverpflichtungen aus Kreditaufnahmen und ihnen wirtschaftlich gleichkommenden Vorgängen, Aufnahme von Liquiditätskrediten, Rückstellungen" (§ 58 Nr. 31 GemHVO).

Als Schulden sind nun also nicht mehr nur Rückzahlungsverpflichtungen aus Kreditaufnahmen zu verstehen, sondern sämtliche finanziellen Verpflichtungen zu betrachten, auch diejenigen aus Liefer- und Leistungsbeziehungen zu Dritten und, was im Umfang wesentlich bedeutsamer ist, auch die Rückstellungen, auf die später genauer einzugehen ist.

Einen umfassenden Überblick über die Schulden vermittelt die jährliche Vermögensrechnung (Bilanz) auf der Passivseite (siehe Ziff. 16.3.7). Dem jährlichen Haushaltsplan sind jeweils Übersichten über den voraussichtlichen Stand der Verbindlichkeiten aus Anleihen, Kreditaufnahmen und Rechtsgeschäften, die Kreditaufnahmen wirtschaftlich gleichkommen und der Rückstellungen zu Beginn und Ende des Haushaltsjahres sowie über den Stand zu Beginn des Vorjahres beizufügen (§ 1 Abs. 5 Nr. 5 GemHVO).

Im Überblick werden gemeindliche Schulden wie folgt unterschieden:

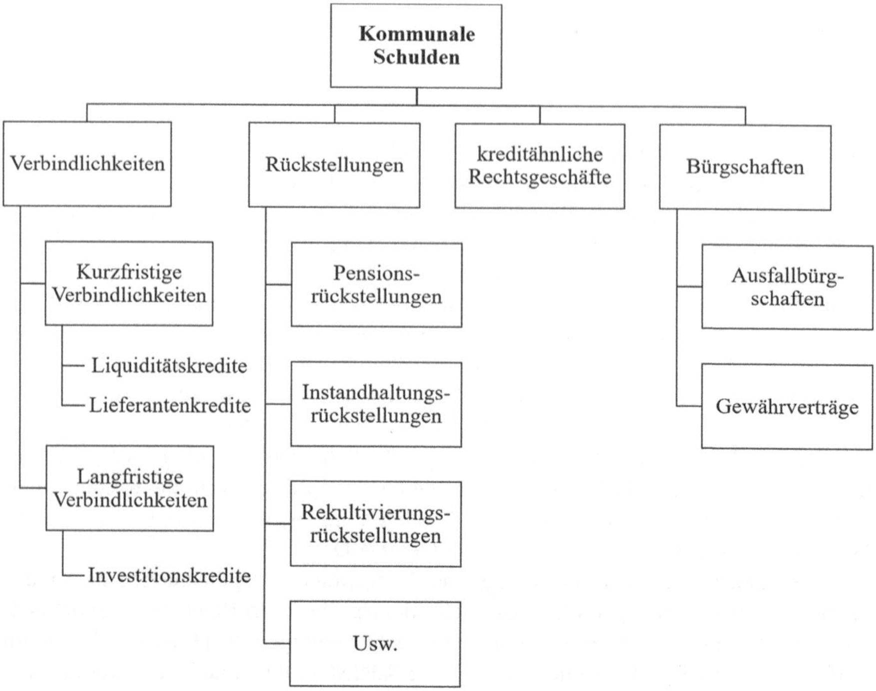

9.1.2 Kurzfristige Verbindlichkeiten

Der Kaufmann versteht unter Verbindlichkeiten finanzielle Verpflichtungen gegenüber Dritten. Sie entstehen durch die Entgegennahme von Lieferungen und Leistungen, die Übernahme vertraglicher Verpflichtungen oder die Verwirklichung gesetzlicher Tatbestände (z. B. Steuerverbindlichkeiten). Verbindlichkeiten sind „Verpflichtungen gegenüber Dritten, die dem Grunde und der Höhe nach sicher sind" (§ 58 Nr. 37 GemHVO). Das doppische Rechnungswesen verlangt nun von den Kommunen die Erfassung, Verbuchung und Ausweisung aller, also nun auch der kurzfristigen Verbindlichkeiten (z. B. unbezahlte Lieferantenrechnungen). Zu den Verbindlichkeiten gehören auch Kredite, die aufgrund ihrer Laufzeit zumeist als langfristige Verbindlichkeiten eingeordnet werden.

9.1.3 Kredite

Kredite sind im kommunalen Haushaltsrecht des Landes Hessen definiert als das unter der Verpflichtung zur Rückzahlung von Dritten oder von Sondervermögen mit Sonderrechnung aufgenommene Kapital, insbesondere Kredite für die Finanzierung von Investitionen und Investitionsförderungsmaßnahmen, mit Ausnahme der Liquiditätskredite (§ 58 Nr. 21 GemHVO). Näheres s. u. Ziff. 9.2.

9.1.4 Rückstellungen

Rückstellungen werden gebildet, um eine zu diesem Zeitpunkt noch ungewisse Verbindlichkeit der Rechnungsperiode zuzuordnen, in der sie rechtlich bzw. wirtschaftlich verursacht wurde (Nr. 2 Hw. zu § 39 GemHVO). Weiterhin definiert die GemHVO in § 58 Nr. 30 GemHVO Rückstellungen als „Passivposten der Bilanz, der dazu dient, durch zukünftige Handlungen bedingte Wertminderungen der Rechnungsperiode als Aufwand zuzurechnen; sie ist bezüglich ihres Eintretens oder ihrer Höhe nach nicht völlig sicher". Diese Definition ist durchaus missverständlich, da nach kaufmännischem Verständnis nicht zukünftige, sondern gegenwärtige oder frühere Handlungen oder Ereignisse die Bildung von Rückstellungen auslösen, wenn sie wahrscheinlich zukünftige Zahlungen bewirken. Wofür im Einzelnen Rückstellungen zu bilden sind oder gebildet werden können, ist in § 39 GemHVO detailliert geregelt, siehe auch Ziff. 16.3.6.

9.1.5 Bürgschaften, Gewährverträge usw.

Im Zusammenhang mit der Schuldenwirtschaft sind auch die Bürgschaften und Verpflichtungen aus Gewährverträgen[1] zu nennen. Zum Zeitpunkt der Übernahme von Bürgschaften und Gewährverträgen sollten zwar noch keine konkreten Zahlungsverpflichtungen vorliegen, sondern lediglich sog. Eventualverbindlichkeiten. Jedoch liegt es in der Natur derartiger Rechtsgeschäfte, dass sich bei ungünstigem Verlauf Zahlungsverpflichtungen daraus entwickeln können.

Die **Bürgschaft** ist die Verpflichtung des Bürgen gegenüber dem Gläubiger eines Dritten, für die Erfüllung der Verbindlichkeit des Dritten einzustehen (§ 765 Abs. 1 BGB).

Gewährverträge sind Verträge, durch die die Gemeinde verspricht, für einen bestimmten Erfolg einzutreten, insbesondere für die Gefahr (das Risiko), die dem Vertragspartner aus irgendeiner Unternehmung künftig erwachsen kann.

Alle **weiteren Verpflichtungen**, die den vorgenannten Bürgschaften und Gewährverträgen gleichkommen, sind in diesem Zusammenhang zu betrachten.

Risiken dieser Art sind zunächst nur „unter der Bilanz" als Gesamtsumme informatorisch darzustellen (siehe § 50 Abs. 2 Nr. 4 und 5 GemHVO). Sobald eine Inanspruch-

1 Siehe hierzu auch *Daneke* in KVR Hessen, Erl. zu § 104 HGO.

nahme der Gemeinde wahrscheinlich wird, ist jedoch eine entsprechende Rückstellung zu bilden (Nr. 14 Hw. zu § 39 GemHVO).

9.1.6 Liquiditätskredite

Liquiditätskredite sind zwar zivilrechtlich auch Darlehen, haushaltsrechtlich aber bei Dritten aufgenommene Gelder zur Sicherung der Zahlungsfähigkeit (§ 105 HGO) und somit keine Finanzierungsmittel des Haushaltes (Näheres hierzu s. u. Ziff. 9.5).

9.1.7 Kreditähnliche Rechtsgeschäfte

Zahlungsverpflichtungen, die den Krediten wirtschaftlich gleichkommen, sind in HGO und GemHVO nicht näher definiert. Der Gesetzgeber hat lediglich die Begründung von Zahlungsverpflichtungen im Rahmen der laufenden Verwaltung aus der ansonsten geltenden Genehmigungspflicht herausgenommen (§ 103 Abs. 7 Satz 3 HGO, Näheres s. u. Ziff. 9.3). Eine beispielhafte Aufzählung von kreditähnlichen Rechtsgeschäften enthält Nr. 12 Hw. zu § 103 HGO.

9.2 Kreditwirtschaft

9.2.1 Begriff und Arten

9.2.1.1 Begriff

Wie bereits unter Ziff. 9.1.3 ausgeführt, definiert die GemHVO in § 58 Nr. 21 Kredite als das unter der Verpflichtung zur Rückzahlung von Dritten (z. B. Banken) oder von Sondervermögen mit Sonderrechnung (z. B. Stadtwerke als Eigenbetrieb der Gemeinde) aufgenommene Kapital, insbesondere Kredite für die Finanzierung von Investitionen und Investitionsförderungsmaßnahmen, mit Ausnahme der Liquiditätskredite. Diese dürfen gemäß § 103 Abs. 1 HGO nur im Finanzhaushalt und nur für Investitionen, Investitionsförderungsmaßnahmen und zur Umschuldung aufgenommen werden.

Zivilrechtlich sind Kredite Darlehen i. S. v. §§ 488 ff. BGB. Die Form der Kapitalaufnahme ist unerheblich für die Begriffsbestimmung.

9.2.1.2 Arten von Krediten

Überblick

Kredite werden in unterschiedlichen Rechts- und Bewirtschaftungsformen am Markt angeboten. Das bedingt, dass die Arten der Kredite nach verschiedenen Kriterien je nach

Betrachtungsstandpunkt eingeteilt werden können. Die Verfasser beschränken sich auf die nachstehend aufgeführten wichtigsten Einteilungen:

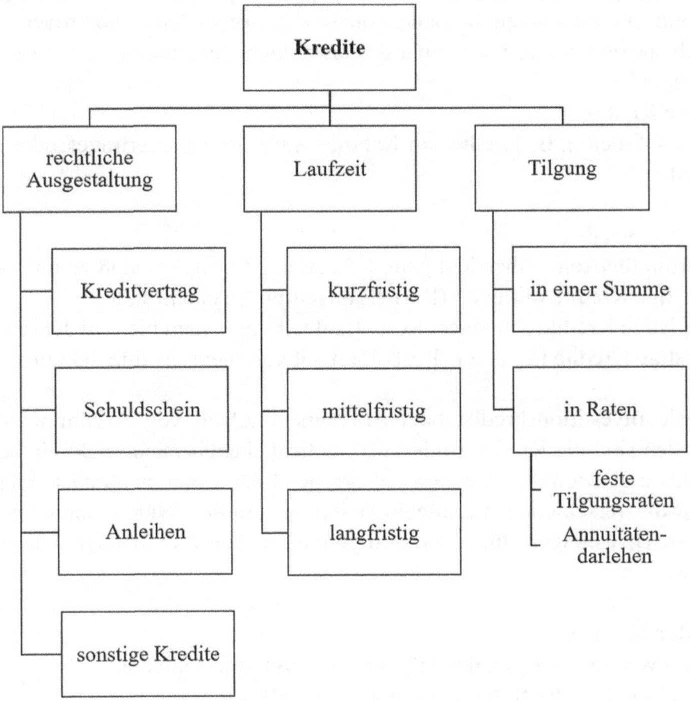

Rechtliche Ausgestaltung der Kredite

Von der rechtlichen Ausgestaltung der Kreditaufnahmen her unterscheidet man folgende Formen:

- Kreditvertrag
  Hier wird der Kredit von bestimmten institutionellen Geldgebern (Banken, Sparkassen usw.) gewährt. In einem Kreditvertrag werden die Darlehensbedingungen festgelegt. Diese Kreditform wird bevorzugt im kommunalen Bereich genutzt.
- Schuldscheindarlehen
  Diese Kreditform wird mit institutionellen Anlegern (zum Beispiel Banken, Versicherungen, Fondsgesellschaften, Pensionskassen), über Beträge von 10 Mio. € und mehr vereinbart.[2]
- Anleihen
  Das Kapital wird von einer unbestimmten Zahl von Geldgebern (auch Privatpersonen) durch den Kauf von Wertpapieren (z. B. Schuldverschreibungen, Kommunalobligationen) aufgebracht. Die Wertpapiere werden unter Umständen an der Börse gehandelt und unterliegen damit Kursschwankungen. Anleihen werden in der Regel

2 Vgl. *Daneke* in KVR Hessen, § 103 HGO, Rn. 9.

vom Bund und den Ländern aufgelegt; teilweise auch von Großstädten. Besonders zu beachten ist hier die Notwendigkeit der Erstellung eines Wertpapierprospektes gem. Wertpapierhandelsgesetz und Wertpapierprospektgesetz. In der Literatur wird in diesem Zusammenhang besonders die sog. „Bürgeranleihe" kontrovers diskutiert, die sich speziell an die Einwohner der jeweiligen Gemeinde richtet bzw. auf diese beschränkt ist.[3]
- Sonstige Kredite
  Hierunter fallen z. B. Kredite im Rahmen eines Bausparvertrages oder Hypothekenkredite.

Laufzeit der Kredite
In der Verbindlichkeitenübersicht gem. § 52 Abs. 2 GemHVO sind zu unterscheiden:
- kurzfristige Kredite mit einer (Rest-)Laufzeit bis zu einem Jahr
- mittelfristige Kredite mit einer (Rest-)Laufzeit von einem bis fünf Jahren
- langfristige Kredite mit einer (Rest-)Laufzeit von mehr als fünf Jahren

Kommunale Investitionskredite haben oft eine Laufzeit von 30 Jahren oder mehr. Grundsätzlich sind die Kredite in der Verbindlichkeitenübersicht nicht einfach in eine Laufzeitklasse einzuordnen, sondern entsprechend der voraussichtlichen Tilgungsleistungen auf die verschiedenen Laufzeitklassen zu verteilen. Nur so kann der Leser die zukünftigen Belastungen durch Kredittilgungen in den kommenden Jahren in etwa abschätzen.

Tilgung der Kredite
Die Kredite werden nach Art der Tilgung wie folgt unterschieden:
- Rückzahlung in einer Summe (gesamtbetragsfällig)
  Hier wird der Kredit nach Ablauf der vereinbarten Laufzeit in einer Summe zurückgezahlt. Das Kapital wird während der gesamten Laufzeit voll verzinst.
- Rückzahlung in Raten (Ratenkredit)
  Die gängigste und bei den Kommunalkrediten übliche Form der Rückzahlung ist die in Raten. Hier unterscheidet man die
  - Tilgung in festen Raten, d. h. über die gesamte Laufzeit wird in gleich hohen Raten getilgt. In der Kombination mit fallenden Zinszahlungen – resultierend aus der sinkenden Restschuld – ergibt sich eine im Zeitablauf sinkende Zahlungsbelastung
  - Tilgung zuzüglich ersparter Zinsen, d. h. mit zunehmender Laufzeit vergrößert sich der Tilgungsbetrag um die geringer werdenden Zinsen, die jeweils vom Restschuldenstand berechnet werden. Darlehen mit diesen Rückzahlungsbedingungen werden auch Annuitätenkredite genannt.

3 Vgl. *Gittermann, Stefan*, der gemeindehaushalt 2016, S. 210 ff. oder *Schlüter, Katharina*, Der Neue Kämmerer vom 16.9.2016, Nr. 3, S. 11.

a) Tilgungsplan bei gleich bleibender Tilgungsrate (Ratenkredit)

Kreditgeber: Sparkasse der Stadt X
Kreditbetrag: 100.000,00 €
Wertstellung: 1.7.2023 Tilgung ab 2024

Kapital €	**Zinsen 6,0 %** €	**Tilgung 2,5 % *gleich-bleibend*** €	**Gesamt-leistung** €	**fällig am**	**Haushalts-jahr**
100.000,00	3.000,00	0	3.000,00	31.12.	2023
100.000,00	6.000,00	2.500,00	8.500,00	31.12.	2024
97.500,00	5.850,00	2.500,00	8.350,00	31.12.	2025
95.000,00	5.700,00	2.500,00	8.200,00	31.12.	2026
92.500,00	5.550,00	2.500,00	8.050,00	31.12.	2027
90.000,00	……	……	usw.		

b) Tilgungsplan bei Tilgung zuzüglich ersparter Zinsen (Annuitätendarlehen)

Kreditgeber: Sparkasse der Stadt X
Kreditbetrag: 100.000,00 €
Wertstellung: 1.7.2023 Tilgung ab 2024

Kapital €	**Zinsen 6,0 %** €	**Tilgung 2,5 % *zzgl. ersparter Zinsen*** €	**Gesamt-leistung (Annuität)** €	**fällig am**	**Haushalts-jahr**
100.000,00	3.000,00	0	3.000,00	31.12.	2023
100.000,00	6.000,00	2.500,00	8.500,00	31.12.	2024
97.500,00	5.850,00	2.650,00	8.500,00	31.12.	2025
94.850,00	5.691,00	2.809,00	8.500,00	31.12.	2026
92.041,00	5.522,46	2.977,54	8.500,00	31.12.	2027
89.063,46	……	……	usw.		

Die Rückzahlungsbedingungen und ihre Bedeutung für die Haushaltswirtschaft werden im Zusammenhang mit der weiteren Erläuterung der Kreditwirtschaft näher behandelt.

9.2.2 Kreditgeber

Gemäß § 58 Nr. 21 GemHVO kann die Gemeinde Kredite von Dritten und von Sondervermögen mit Sonderrechnung aufnehmen.

Die Gemeinde ist also bei der Wahl ihrer Kreditgeber kaum eingeschränkt. In Frage kommen neben Banken sowohl öffentliche Institutionen (Bund, Länder, Parafiski) als auch Unternehmen und Privatpersonen. Wichtig ist nur, dass der Kreditgeber **zu wirtschaftlichen** Bedingungen anbietet. Allerdings schränkt § 103 Abs. 1 Satz 3 f. HGO seit 1.1.2016 ein: „Die Kreditaufnahme erfolgt grundsätzlich in Euro. In anderen Währungen ist die Kreditaufnahme nur in Verbindung mit einem Währungssicherungsgeschäft zulässig.“[4]

Auch die Kapitalaufnahme bei Sondervermögen mit Sonderrechnung gehört zu den Krediten vom Kreditmarkt. Zu Sondervermögen mit Sonderrechnung und Treuhandvermögen der Gemeinde gehören z. B. Versorgungs- und Verkehrsunternehmen als Eigenbetriebe und rechtlich selbständige Stiftungen (siehe hierzu auch Ziff. 16.5). Schulden aus diesem Bereich sind ebenfalls Kredite i. S. v. § 58 Nr. 21 GemHVO.

4 Zu den Hintergründen dieser Regelung wird auf *Daneke* in KVR Hessen, § 103 HGO, Rn. 83b verwiesen.

9.2.3 Voraussetzungen der Kreditaufnahme

9.2.3.1 Allgemeines

Wegen der besonderen Bedeutung der Kreditaufnahme für die Haushaltswirtschaft hat der Gesetzgeber hier auch sehr weitreichende Regelungen getroffen. Zu nennen sind hier die Vorschriften der §§ 92 Abs. 1, 93 Abs. 3, 94 Abs. 2, 103 und 71 HGO. Folgende Darstellung verdeutlicht in Kurzform die Voraussetzungen der Kreditaufnahmen:

9.2.3.2 Subsidiaritätsprinzip

Nach § 93 Abs. 3 HGO darf die Gemeinde Kredite nur aufnehmen, wenn eine andere Finanzierung nicht möglich ist oder wirtschaftlich unzweckmäßig wäre.

Welche anderen Finanzierungsmöglichkeiten bestehen, ist unter Ziff. 7.2.6 ausgeführt. An dieser Stelle bleibt festzuhalten, dass die Nachrangigkeit der Kreditfinanzierung regelmäßig auch dem Grundsatz der Wirtschaftlichkeit entspricht, weil Kreditaufnahmen in der Regel erhebliche Zinsbelastungen nach sich ziehen. Dies gilt auch in Zeiten niedriger Zinsen. Kreditaufnahmen bringen immer finanzielle Verpflichtungen mit sich und schränken generell den Handlungsspielraum zukünftiger Generationen ein.

9.2.3.3 Beachtung gemeindewirtschaftlicher Belange

Das Subsidiaritätsprinzip ist aber nicht absolut anzuwenden. Der Zusatz „wirtschaftlich unzweckmäßig" erlaubt es unter bestimmten Voraussetzungen, von der Nachrangigkeit abzuweichen. Die Zweckmäßigkeit oder Unzweckmäßigkeit einer Kreditaufnahme ist im **Rahmen der Haushaltswirtschaft** unter verschiedenen Aspekten zu sehen. Eine Kreditaufnahme ist auch unabhängig von anderen Finanzierungsmöglichkeiten in die Überlegung mit einzubeziehen, wenn es um die Finanzierung langlebiger Investitionsmaßnahmen geht. Unter dem Gesichtspunkt der Zumutbarkeit einer Belastung der Einwohner (§ 10 HGO) wurde in der Vergangenheit zuweilen angeführt, dass bei Vermeidung einer Kreditfinanzierung ausschließlich die gegenwärtigen Abgabepflichtigen erhebliche Belastungen (Beiträge, Steuern usw.) tragen, obwohl die künftigen Generationen noch einen Nutzen von diesen Investitionen haben. Nach der Umstellung auf das doppische Rechnungswesen und das Ressourcenverbrauchskonzept wird allerdings der Aspekt der Generationengerechtigkeit über die Abschreibung von langlebigen Vermögensgegenständen dargestellt.

Ein weiterer Aspekt, der bei der Nachrangigkeit der Kreditfinanzierung zu beachten ist, ist die Frage nach der möglichst beweglichen Haushaltsführung. Bei strikter Beachtung des Subsidiaritätsprinzips müssten zunächst alle vorhandenen Eigenmittel (Grundstückserlöse und andere Erlöse aus Veräußerung von Anlagevermögen …, mögliche Steuererhöhungen usw.) ausgeschöpft werden. Die Folge wäre einerseits, dass bei weiterem Finanzbedarf die angebotenen Kreditkonditionen ohne jegliche Ausweichmöglichkeit angenommen werden müssten. Andererseits würde bei einem plötzlichen Finanzbedarf eine schnelle und unkomplizierte Reaktion unmöglich. Eine dann notwendige Kreditfinanzierung wäre nur im Rahmen eines zeitaufwendigen Verfahrens zum Erlass einer Nachtragssatzung möglich.

Selbstverständlich ist eine Kreditaufnahme vorzuziehen, wenn der Schuldzins unter dem Guthabenzins liegt (evtl. bei zweckgebundenen Krediten der öffentlichen Hand; vgl. § 93 Abs. 3 HGO).

9.2.3.4 Beachtung gesamtwirtschaftlicher Belange

Nach § 92 Abs. 1 S. 2 HGO hat die Gemeinde bei der Führung ihrer Haushaltswirtschaft dem gesamtwirtschaftlichen Gleichgewicht Rechnung zu tragen. Im Rahmen dieser Verpflichtung ist auch die Frage der Kreditaufnahme zu sehen. Aus gesamtwirtschaftlichen Überlegungen heraus kann durchaus die Nachrangigkeit der Kreditaufnahme durchbrochen werden. Der Kreditmarkt lebt von Angebot und Nachfrage wie jeder andere Markt. Genauso wie die Kreditbeschränkung nach § 19 StabG zur

Beruhigung des Kreditmarktes und damit der konjunkturellen Entwicklung beiträgt, wirkt eine verstärkte Kreditaufnahme belebend. Dieses gilt insbesondere deshalb, weil Kredite nur für Investitionen und Investitionsförderungsmaßnahmen aufgenommen werden dürfen. Somit ist die Vorschrift des § 93 Abs. 3 HGO bezüglich der wirtschaftlichen Zweckmäßigkeit der Kreditaufnahme auch unter gesamtwirtschaftlichen Gesichtspunkten zu sehen, zumal im Falle einer konjunkturellen Krise gerade die öffentliche Hand gefordert ist, die gesamtwirtschaftliche Lage durch öffentliche Investitionen wieder anzukurbeln (sog. antizyklische Fiskalpolitik, vgl. auch Kap. 7.2.1.2).

9.2.3.5 Beschränkung der Kreditaufnahme

Nach § 103 Abs. 1 HGO dürfen Kredite nur im Finanzhaushalt und nur für Investitionen, Investitionsförderungsmaßnahmen und zur Umschuldung aufgenommen werden.

Investitionen sind Auszahlungen für die Veränderung des Anlagevermögens (siehe § 58 Nr. 18 GemHVO). Beim Anlagevermögen handelt es sich gem. § 58 Nr. 4 GemHVO um Vermögensgegenstände, die dazu bestimmt sind, dauernd der Aufgabenerfüllung der Gemeinde zu dienen (immaterielle Vermögensgegenstände, Sachanlagen, Finanzanlagen). Genauere Aufgliederungen finden sich diesbezüglich in § 49 Abs. 3 Nr. 1 GemHVO und in Muster 12 zu § 33 Abs. 4 GemHVO, Kontenklassen 0 und 1.[5]

Investitionsförderungsmaßnahmen sind Zuweisungen, Zuschüsse und Darlehen für Investitionen Dritter und für Investitionen der Sondervermögen mit Sonderrechnung (siehe §§ 58 Nr. 18 und 38 Abs. 4 GemHVO). Sondervermögen mit Sonderrechnung sind insbesondere die Eigenbetriebe. Aus bilanzieller Sicht bedarf es bei der Frage der Beschränkung der Kreditaufnahme jedoch keiner Abgrenzung der Investitionsförderungsmaßnahmen zu den Investitionen, da jede Investitionsförderungsmaßnahme zugleich auch eine Veränderung des Anlagevermögens darstellt, weil sie entweder die immateriellen Vermögensgegenstände (bei Zuweisungen und Zuschüssen) oder das Finanzanlagevermögen (bei Darlehensgewährung) erhöht, entspricht sie bilanztechnisch und damit begrifflich auch der Investition. Rein terminologisch ist diese Differenzierung daher nicht erforderlich, da die Investitionsförderungsmaßnahmen eine Untermenge der Investitionen darstellen.

Wegen der Gesamtdeckung innerhalb des Haushaltes (§ 18 Nr. 2 GemHVO, siehe auch Ziff. 7.4.2), bildet die Summe der investiven Auszahlungsansätze des Finanzhaushaltes die Obergrenze der Kreditaufnahme des betreffenden Jahres. Hiervon sind die auf Investitionen bezogenen Ansätze von Einzahlungen (zweckgebundene Zuweisungen und Zuschüsse außer Schuldendiensthilfen) abzusetzen. Diese Einzahlungen dienen zweckentsprechend zur Finanzierung der Auszahlungen für Investitionen und Investitionsförderungsmaßnahmen. Somit ist der Finanzierungsbedarf, der über Kredite abgedeckt werden kann, dementsprechend geringer. Darüber hinaus ist eine Kreditfinanzierung des kommunalen Haushaltes unzulässig.

5 In § 49 Abs. 3 Nr. 1 GemHVO sind die sparkassenrechtlichen Sonderbeziehungen als separater Bestandteil des Anlagevermögens aufgeführt. Im KVKR (Muster 12) stellen die sparkassenrechtlichen Sonderbeziehungen jedoch eine Untergruppe der Finanzanlagen dar.

Bei den Umschuldungen ist definitionsgemäß die Höhe der Einzahlungen gleich der Höhe der Auszahlungen (Kreditaufnahme und Rückzahlung), sie erhöhen also nicht den Schuldenstand, und können daher bei der vorstehenden Betrachtung außer Acht gelassen werden.

Auch im staatlichen Haushaltsrecht gilt die Bindung an die Investitionsausgaben (Art. 115 GG, § 18 BHO, § 18 LHO Hessen). Hier sind aber im Gegensatz zum kommunalen Bereich darüber hinausgehende Kreditaufnahmen zur Abwehr einer Störung des gesamtwirtschaftlichen Gleichgewichts zulässig. Unter dem Schlagwort „deficit-spending" wird hier also die Möglichkeit eröffnet, in Zeiten einer Rezession der Wirtschaft, über kürzere Zeiträume (ein oder zwei Jahre) Kreditaufnahmen für konsumtive Ausgaben zuzulassen. Zusammen mit einem bewusst in Kauf genommenen Defizit-Haushalt soll so die ausgefallene private Nachfrage durch den Staat ersetzt werden.

Diese gesamtwirtschaftlich notwendige Aufgabe wird den Gemeinden allerdings nicht zugemutet. Für die Gemeinden steht die Tragbarkeit ihrer Schulden im Vordergrund. Dieses geschieht sicherlich auch nicht zuletzt wegen ihrer beschränkten Einnahmebeschaffungsmöglichkeiten.

9.2.3.6 Kreditermächtigung in der Haushaltssatzung

Die Beschaffung von Erträgen und Einzahlungen ist i. d. R. nicht auf eine entsprechende Ermächtigung im Haushaltsplan zurückzuführen. Vielmehr werden die Finanzierungsmittel in der Haushaltswirtschaft auf Grund spezialgesetzlicher Regelungen (z. B. Steuergesetze, Gebührensatzungen), privatrechtlicher Verträge (z. B. Mietverträge) usw. erzielt. Im Hinblick auf die Möglichkeit der Erzielung von Einzahlungen aus Krediten hat der Gesetzgeber wegen der besonderen Folgewirkungen der Kredite auf die Haushaltswirtschaft eine besondere Ermächtigungsnorm vorgesehen.

Nach § 94 Abs. 2 Nr. 1c) HGO ist in der Haushaltssatzung (siehe Kap. 11) die vorgesehene Kreditaufnahme für Investitionen und Investitionsförderungsmaßnahmen mit ihrem Gesamtbetrag festzusetzen.

Kredite zur Umschuldung sind nicht in die Haushaltssatzung aufzunehmen. Dies ist auch sinnvoll, weil es sich um keine Erhöhung des gemeindlichen Schuldenstandes handelt. Die abgelösten Kredite waren einerseits bereits in Kreditermächtigungen von früheren Haushaltssatzungen enthalten und andererseits sind wirtschaftlich günstige Rahmenbedingungen für eine Umschuldung (niedrige Zinsen) oft nicht längerfristig absehbar und entziehen sich so einer sinnvollen haushaltswirtschaftlichen Planung.

Die Kreditermächtigung in der Haushaltssatzung ist eine der Voraussetzungen zur Kreditaufnahme für Investitionen und Investitionsförderungsmaßnahmen. Der in § 2 der Haushaltssatzung nach dem verbindlichen Muster (Muster 1 [zu § 60 Satz 1 Nr. 1 GemHVO und § 94 i. V. m. § 97 HGO]) festgesetzte Betrag ist gleichzeitig der höchstmögliche Kreditaufnahmebetrag. Ein evtl. darüber hinausgehender Bedarf kann nur im Rahmen einer Nachtragssatzung (§ 98 HGO) befriedigt werden. Die festgesetzte Kreditermächtigung ist aber nicht gleichzeitig auch eine Verpflichtung zur Aufnahme von Krediten. Auch bei der tatsächlichen Aufnahme der Kredite ist in besonderem Maße das Nachrangigkeitsprinzip zu beachten. Darüber hinaus ist im Hinblick auf § 103 Abs. 1 HGO vor jeder konkreten Aufnahme von Krediten zu prüfen, ob der geplante Umfang der Investitionen weiterhin verwirklicht werden soll. Soll der Umfang der Investitionsauszahlungen reduziert werden, muss ggf. auch die Höhe der Kreditaufnahme angepasst werden. Die Summe der Kreditaufnahme darf die Summe der Investitionen nicht übersteigen, dies gilt nicht nur für die Haushaltsplanung, sondern auch für den Jahresabschluss.

Festzusetzender Betrag ist die Summe der Rückzahlungsverpflichtungen der Kredite (§ 41 Abs. 1 GemHVO i. V. m. § 58 Nr. 21 GemHVO).

Alle übrigen Schulden im haushaltsrechtlichen Sinne (kreditähnliche Rechtsgeschäfte, Liquiditätskredite) sind nicht Gegenstand der Festsetzung in § 2 der Haushaltssatzung.

9.2.3.7 Genehmigung der Kredite

Nach § 103 Abs. 2 Satz 1 und § 97a Nr. 4 HGO bedarf der Gesamtbetrag der in der Haushaltssatzung (§ 2) vorgesehenen Kreditaufnahmen für Investitionen und Investitionsförderungsmaßnahmen (also ohne die für Umschuldungen vorgesehenen Beträge) der Genehmigung der Aufsichtsbehörde. Es handelt sich also um eine Gesamtgenehmigung der vorgesehenen Kreditaufnahme, eine Genehmigung der einzelnen später vorzunehmenden tatsächlichen Kreditaufnahmen ist nur in Ausnahmefällen vorgesehen. Die Genehmigung soll nach den Grundsätzen einer geordneten Haushaltswirtschaft erteilt oder versagt werden. Die Aufsichtsbehörde kann, wenn sie es für erforderlich hält, die Genehmigung unter Bedingungen erteilen oder mit Auflagen verbinden. Wenn die Aufsichtsbehörde feststellt, dass die aus der vorgesehenen Kreditaufnahme resultierenden Kreditverpflichtungen, also insbesondere die Belastungen mit Zins- und Tilgungsleistungen, nicht mit der dauernden Leistungsfähigkeit der Gemeinde in Einklang stehen, kann sie die Genehmigung für den gesamten vorgesehenen Betrag oder einen Teil davon versagen.

Zu den Grundsätzen einer geordneten Haushaltswirtschaft gehört insbesondere die Gewährleistung der stetigen Aufgabenerfüllung. Die Gemeinde darf also keine Kreditverpflichtungen eingehen, die dazu führen, dass sie ihren Aufgaben zukünftig nicht mehr in dem notwendigen Umfang nachkommen kann. Vor allem ablesbar ist dies am ordentlichen Ergebnis. Wenn das ordentliche Ergebnis im Ergebnishaushalt negativ ausfällt, ist dies ein Indikator für die Gefährdung der stetigen Aufgabenerfüllung. Die Aufsichtsbehörde prüft also nicht nur die sich im betreffenden Haushaltsplan widerspiegelnde Situation eines Jahres, sondern darüber hinaus insbesondere die im Ergebnis- und Finanzplan darzustellende Entwicklung der kommenden Jahre, in denen die aus Kreditaufnahmen entstehenden Zahlungsverpflichtungen dargestellt sind.

Zudem wurde mit dem Finanzstatusbericht ein Instrument geschaffen, das die diesbezügliche Einschätzung für die Aufsichtsbehörde, Kommunalpolitiker und Verwaltung wesentlich erleichtern soll.

Um die finanzielle Situation einer Gemeinde zu bewerten, sieht der Finanzstatusbericht (Muster 20 zur GemHVO) folgende Parameter vor:

- Geplantes ordentliches Ergebnis
- Bestand der Rücklage aus Überschüssen des ordentlichen Ergebnisses
- Kumulierte ordentliche Ergebnisse
- Bestand der Liquiditätsreserve
- Haushaltsjahr der letzten aufgestellten Vermögensrechnung
- Bestand an Eigenkapital
- Höhe der Liquiditätskredite
- Verbindlichkeiten gegenüber dem Sondervermögen Hessenkasse
- Differenz des Zahlungsmittelflusses aus laufender Verwaltungstätigkeit und der ordentlicher Tilgung

Der Finanzstatusbericht ist nach § 1 Abs. 5 Nr. 11 GemHVO dem Haushaltsplan beizufügen und darüber hinaus gemäß § 28 Abs. 1 S. 2 GemHVO im Rahmen der unterjährigen Berichtspflicht zu berücksichtigen.

Wenn die Aufsichtsbehörde feststellt, dass die Kreditaufnahme und die daraus resultierenden Belastungen mit der dauernden Leistungsfähigkeit der Gemeinde in Einklang steht und eine stetige Aufgabenerfüllung weiterhin gesichert ist, besteht kein Grund, die Genehmigung zu versagen (siehe auch Nr. 9 Hw. zu § 103 HGO).

Stellt die Aufsichtsbehörde jedoch fest, dass hiervon nicht auszugehen ist, so hat sie mehrere Möglichkeiten des Eingreifens, wobei der Grundsatz der Verhältnismäßigkeit zu wahren und das mildeste Mittel anzuwenden ist, das zu dem beabsichtigten Erfolg führt.

- **Bedingungen und Auflagen**
  Die Aufsichtsbehörde erteilt die (Gesamt-)Genehmigung unter Bedingungen oder Auflagen. Dabei bedeutet die Erteilung unter Bedingungen, dass die Genehmigung erst wirksam wird, wenn die Bedingung eintritt (aufschiebende Bedingung). Die ebenfalls nach dem Verwaltungsrecht mögliche auflösende Bedingung, wonach die Genehmigung zunächst wirksam wird, dann aber entfällt, wenn die Bedingung nicht realisiert wird, kann für die Genehmigung von Kreditaufnahmen nicht verwendet werden, da während der Geltung der Genehmigung vorgenommene Kreditaufnahmen nicht ohne gravierende wirtschaftliche Nachteile wieder rückgängig gemacht werden können, sollte die Genehmigung entfallen. Eine aufschiebende Bedingung könnte sein, dass die Genehmigung erst dann wirksam wird, wenn der Bewilligungsbescheid des Landes über eine Zuweisung vorliegt.
  „Auflagen" bedeutet, dass die Genehmigung wirksam ist, aber der Gemeinde auferlegt wird, bestimmte Dinge zu tun oder zu unterlassen, z. B. nur jede zweite freiwerdende Stelle wieder zu besetzen. Die Wirksamkeit der Genehmigung hängt nicht davon ab, ob die Gemeinde die Auflage auch tatsächlich erfüllt.
- **Einzelgenehmigung**
  Die Aufsichtsbehörde erteilt zwar die Gesamtgenehmigung, behält sich aber vor, jede einzelne Kreditaufnahme im Rahmen des genehmigten Gesamtbetrages einzeln zu genehmigen (vgl. Nrn. 9a), 10 Hw. zu § 103 HGO). Sie prüft dann die Kre-

ditkonditionen und die aktuelle Finanzlage der Gemeinde und entscheidet, ob diese einzelne Kreditaufnahme mit der Leistungsfähigkeit der Gemeinde in Einklang steht.

- **Teilbetragsgenehmigung**
  Die Aufsichtsbehörde genehmigt nur einen Teil der vorgesehenen Kreditaufnahme (z. B. den Teil, der für die Finanzierung bereits begonnener und fortzuführender Investitionen benötigt wird), und versagt die Genehmigung für den Restbetrag. Die Gemeindevertretung muss dann beschließen, wie die Investitionen an den genehmigten Kreditbetrag angepasst werden, z. B. durch Kürzung, Verschiebung oder Streichung. Dies erfolgt durch erneuten Beschluss über die Haushaltssatzung, der auch „Beitrittsbeschluss" genannt wird, weil die Gemeindevertretung damit der aufsichtsbehördlichen Entscheidung „beitritt".
- **Versagung der Genehmigung**
  Sofern die finanzielle Situation der Gemeinde es erforderlich macht, kann die Aufsichtsbehörde die Genehmigung auch vollständig versagen. Dies macht eine völlige Überarbeitung des Haushaltsplanes und eine erneute Beschlussfassung über die Haushaltssatzung mit dem Ziel notwendig, eine deutliche Reduzierung der Kreditaufnahme auf den von der Aufsichtsbehörde für genehmigungsfähig erachteten Umfang vorzunehmen.

Zum Inhalt und Umfang der aufsichtsbehördlichen Mitwirkung siehe auch Ziff. 11.3.7.

9.2.3.8 Dauerhafte Leistungsfähigkeit

§ 103 Abs. 2 Satz 3 HGO lässt Kreditaufnahmen nur zu, wenn die aus Kreditaufnahmen entstehenden Verpflichtungen mit der dauernden Leistungsfähigkeit der Gemeinde in Einklang stehen. Die Prüfung, ob dies der Fall ist, obliegt zunächst der Gemeinde im Rahmen ihrer Investitions-, Haushalts-, Ergebnis- und Finanzplanung selbst. Andererseits unterliegt der in der Haushaltssatzung (§ 2) festgesetzte Gesamtbetrag der Kreditaufnahmen für Investitionen und Investitionsförderungsmaßnahmen der Genehmigung durch die Aufsichtsbehörde. Kreditaufnahmen für Umschuldungen fallen folglich nicht darunter.

Die Gemeinde hat also grundsätzlich eigenverantwortlich darauf zu achten, dass die aus Kreditaufnahmen entstehenden Verpflichtungen mit ihrer dauernden Leistungsfähigkeit in Einklang stehen. Die Gemeinde hat also ihr besonderes Augenmerk auf die Frage zu richten, ob die für Zins- und Tilgungsverpflichtungen aufzubringenden Mittel auf Dauer noch erwirtschaftet werden können. Die Beantwortung dieser Frage ist nicht durch die evtl. Festlegung bestimmter Prozentrelationen zu den so genannten allgemeinen Deckungsmitteln, zur Gesamteinnahme oder die Festlegung z. B. bestimmter Höchstsätze der Pro-Kopf-Verschuldung möglich. Die sog. Pro-Kopf-Verschuldung ist zwar in der Presse oder bei den Mandatsträgern ein beliebtes Argument, eine weitere Kreditaufnahme zu befürworten oder abzulehnen. Tatsächlich ist sie aber nicht geeignet, die gestellten Fragen zu beantworten.

Folgendes ***Beispiel*** soll dieses verdeutlichen:

Herr A und Herr B nehmen jeweils einen Kredit in Höhe von 20.000 € auf. Beide haben also eine Pro-Kopf-Verschuldung von 20.000 €. Der Schuldendienst beträgt für beide gleichermaßen z. B. 500 € monatlich. A verdient 4.000 € im Monat, der monatliche Verdienst von B beträgt nur 1.000 €. Frage: Können beide die Belastungen bei gleicher Pro-Kopf-Verschuldung gleich gut tragen?

Eine Antwort erübrigt sich hier wohl. Das Beispiel verdeutlicht:

Nicht die Frage nach der absoluten Schuldenhöhe ist entscheidend, sondern wichtiger ist die Frage nach dem Schuldendienst (also die Zins- und Tilgungsleistungen), um dann überzuleiten auf die entscheidende Frage: Reichen die laufenden Mittel aus, um den Schuldendienst finanzieren zu können?

Wichtige Aspekte bezüglich der Frage nach einer noch möglichen Kreditaufnahme gibt das im Rahmen des Ergebnishaushaltes darzustellende ordentliche Ergebnis im Hinblick auf die Zinslast. Für die Frage der Aufbringung der Tilgung enthält auch der Finanzhaushalt wichtige Informationen. Nach den haushaltsrechtlichen Bestimmungen (§ 92 Abs. 4 ff. HGO) ist bei der dauernden Leistungsfähigkeit einer Kommune sowohl auf den Ergebnis- als auch auf den Finanzhaushalt abzustellen.

Im Rahmen des Ergebnishaushaltes kommt es bei der Frage nach der dauernden Leistungsfähigkeit darauf an, wie sich das „ordentliche Ergebnis" entwickelt, und zwar nicht nur bezogen auf das anstehende Haushaltsjahr, sondern auf den mittelfristigen Finanzplanungszeitraum. Sobald die Gemeinde nicht mehr in der Lage ist, den Anforderungen des § 92 Abs. 5 Nr. 1 bzw. Abs. 6 Nr. 1 HGO und des § 24 GemHVO gerecht zu werden, ist die dauernde Leistungsfähigkeit nicht mehr gegeben. Der Ergebnishaushalt weist dann einen Fehlbedarf aus, der die Gemeinde zwingt, notwendige Maßnahmen einzuleiten, um diesen Fehlbedarf in der Ausführung des Haushaltes gar nicht entstehen zu lassen bzw. den Haushaltsausgleich wieder herzustellen (siehe hierzu auch Ziff. 10.2).

Hinsichtlich des Finanzhaushaltes soll der Zahlungsmittelfluss aus laufender Verwaltungstätigkeit mindestens so hoch ausfallen, dass daraus die ordentlichen Kredittilgungen und die Zahlungen an das Sondervermögen „Hessenkasse" geleistet werden können (§ 92 Abs. 5 Nr. 2 und Abs. 6 Nr. 2 HGO i. V. m. § 3 Abs. 3 GemHVO). Darüber hinaus soll die Gemeinde nach § 106 Abs. 1 S. 2 HGO zur Sicherstellung der stetigen Zahlungsfähigkeit auf den Aufbau einer Liquiditätsreserve über 2 % der Summe der Auszahlungen aus laufender Verwaltungstätigkeit nach dem Durchschnitt der drei dem Haushaltsjahr vorangehenden Jahre hinwirken. Siehe auch Kap. 13.6.4.

Nur insoweit die vorgenannten Parameter kumulativ erfüllt sind, kann von der Sicherstellung der dauerhaften Leistungsfähigkeit ausgegangen werden. Die angesprochenen Kennzahlen ergeben sich aus dem kommunalen Auswertungssystem Hessen (kash).[6]

6 Verfügbar im Downloadbereich des Hessischen Innenministeriums.

9.2.3.9 Zuständigkeit für den Abschluss des Kreditvertrages

Die in § 2 der Haushaltssatzung gegebene Ermächtigung zur Aufnahme von Krediten ist die Festlegung nach dem Höchstbetrag. Es ergibt sich nun die Frage, wer die Entscheidung über die **tatsächliche** Kreditaufnahme im Rahmen der Ausführung des Haushalts trifft (z. B. Vertragsabschluss mit dem Kreditinstitut). In § 51 HGO ist kein ausdrücklicher Zuständigkeitsvorbehalt für die Gemeindevertretung vorgesehen.

Stattdessen regelt § 103 Abs. 1 Satz 2 HGO (in der seit 1. Januar 2016 geltenden Fassung) inzwischen die grundsätzliche Zuständigkeit des Gemeindevorstandes für die Entscheidung über die Aufnahme eines einzelnen Kredites.

Diese Zuständigkeit kann die Gemeindevertretung jedoch übertragen, in dem sie eine „andere Regelung" (§ 103 Abs. 1 Satz 2 2. Hs. HGO) trifft. Übertragen werden kann die Zuständigkeit sowohl auf einen Ausschuss, z. B. den Finanzausschuss, der nach § 62 Abs. 1 Satz 2 HGO ohnehin zwingend zu bilden ist, oder auch auf ein einzelnes Mitglied des Gemeindevorstandes (i. d. R. Kämmerer oder Bürgermeister). Diese Möglichkeit der Übertragung ist auch praxisgerecht, denn die Kreditmarktbedingungen verändern sich laufend, sodass die Gemeinde die Möglichkeit haben muss, hierauf schnell zu reagieren, was durch die i. d. R. langfristig festgelegten Termine der Sitzungen der Gemeindevertretung kaum möglich ist. Der in der Regel wöchentlich (§ 69 Abs. 1 HGO) tagende Gemeindevorstand kann diese Anforderungen weitaus eher erfüllen. Die alltägliche Kommunalpraxis zeigt, dass Kreditangebote oftmals sogar nur 24 Stunden Gültigkeit haben. Insofern ist es mitunter aus rein praktischen Gesichtspunkten erforderlich, die Zuständigkeit für die Kreditaufnahme auf ein einzelnes Mitglied des Gemeindevorstandes zu delegieren.

9.2.3.10 Evtl. Einzelgenehmigung

Grundsätzlich unterliegt die Kreditaufnahme im kommunalen Bereich nicht der Einzelgenehmigung. D. h., die tatsächliche Kreditaufnahme beim Geldgeber muss nicht jeweils einzeln von der Aufsichtsbehörde genehmigt werden, es sei denn, sie hat sich dies bei der Gesamtgenehmigung vorbehalten (s. o. Ziff. 9.2.3.7).

Eine Einzelgenehmigung der Kreditaufnahme kann weiterhin im Zusammenhang mit der Beachtung des gesamtwirtschaftlichen Gleichgewichts ggf. angeordnet werden. Nach § 103 Abs. 4 Nr. 1 HGO ist eine Einzelgenehmigung erforderlich, sofern die Kreditaufnahme durch **den Bund** nach § 19 StabG beschränkt worden ist. Diese Beschränkung darf nach § 20 Abs. 2 StabG allerdings nur bis zur Höhe von 80 % der Kreditaufnahmen nach dem Durchschnitt der letzten fünf Jahre reichen.

Die Einzelgenehmigung kann nach Maßgabe der Kreditbeschränkung versagt werden. Folge der Kreditbeschränkung ist die verminderte Investitionstätigkeit und damit ein Mittel zur Konjunkturdämpfung.[7]

Nach § 103 Abs. 5 HGO kann die Kreditaufnahme auch aus kreditwirtschaftlichen Gründen („wenn die Kreditbedingungen die Entwicklung am Kreditmarkt ungünstig beeinflussen oder die Versorgung der Gemeinden mit Krediten zu wirtschaftlich vertretbaren Bedingungen stören könnten") einer Einzelgenehmigung der Aufsichtsbehörde unterliegen, wenn dies durch Rechtsverordnung bestimmt wird. Eine solche Rechtsverordnung ist jedoch bisher nicht erlassen worden.

9.2.3.11 Formale Vorschriften bei der Kreditaufnahme

Nach § 71 Abs. 2 HGO bedürfen Erklärungen, durch welche die Gemeinde verpflichtet werden soll, der Schriftform oder müssen in elektronischer Form mit einer dauerhaft überprüfbaren qualifizierten elektronischen Signatur versehen sein. Zu diesen Erklärungen gehört auch der Kreditvertrag (Schuldurkunde). Verpflichtungserklärungen sind vom Bürgermeister oder dessen allgemeinen Vertreter und einem weiteren Mitglied des Gemeindevorstandes zu unterzeichnen. Die Bevollmächtigung von Gemeindebediensteten ist möglich, sofern die Bevollmächtigung in der vorgenannten Form erfolgt ist.

7 Bisher hat der Bund nur einmal von der Möglichkeit nach § 19 StabG Gebrauch gemacht. Dies geschah mit der Verordnung über die Begrenzung der Kreditaufnahme durch Bund, Länder, Gemeinden und Gemeindeverbände im Haushaltsjahr 1973 vom 1.6.1973, auch Schuldendeckel-Verordnung genannt (BGBl. I 1973 S. 504). In dieser Verordnung wurde für den Bund, die Länder und die Gemeinden (GV) jeweils ein Höchstbetrag der Kreditaufnahme festgesetzt. Im Rahmen der Einzelgenehmigung wurde dann unter Berücksichtigung der Nettokreditaufnahmen (Kreditaufnahme abzüglich Kredittilgung) der Vorjahre eine Kreditaufnahme genehmigt bzw. abgelehnt. Ggf. ist dieser Umstand bei der kommunalen Kreditpolitik zu berücksichtigen.

9.2.4 Ausgestaltung der Kredite (Kreditbedingungen)

9.2.4.1 Allgemeines

Die Gemeinden sind eigenverantwortlich gehalten, die Kreditbedingungen zu prüfen. Unter Kreditbedingungen sind die Bedingungen gemeint, die der Gläubiger bei der Hergabe des Kapitals stellt. Hierunter werden subsumiert:

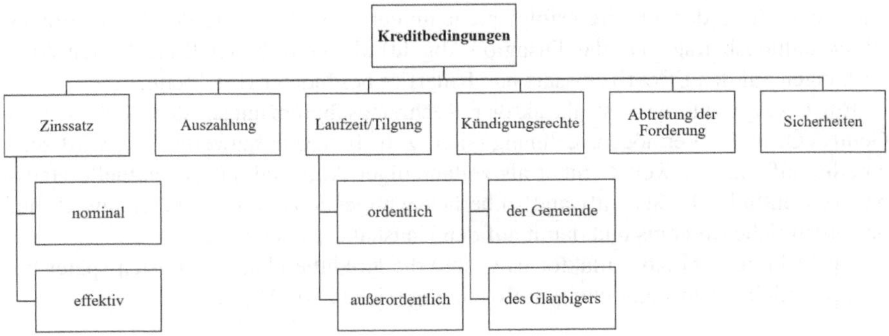

9.2.4.2 Zinssatz

Der **Nominalzinssatz** ist Ausdruck der Auszahlungen für Zinsen, die der Kredit jährlich verursacht. Er ist allerdings kein Kriterium zur Beurteilung der Wirtschaftlichkeit des jeweiligen Kreditangebotes. Bei der Frage nach der Wirtschaftlichkeit eines Kreditangebotes ist der sog. **Effektivzinssatz** zu beachten, der unter Berücksichtigung der Kreditbeschaffungskosten (z. B. Disagio, einmalige Verwaltungskosten, Gebühren) und der laufenden Kosten sowie der Laufzeit im Einzelfall zu ermitteln ist. Auch die unterschiedlichen Zahlungsmodalitäten der Zins- und Tilgungsleistungen (z. B. vierteljährlich, halbjährlich, jährlich nachträglich; sofortiger Abzug unterjähriger Tilgung vom Restkapital) haben Einfluss auf den Effektivzinssatz.

Die Kreditgeber sind gesetzlich verpflichtet, den Effektivzinssatz im Kreditangebot zu nennen. Mithilfe der Datenverarbeitung werden die einzelnen Effektivzinssätze maschinell ermittelt (vgl. Nr. 3 Hw. zu § 103 HGO).[8]

Im Zusammenhang mit dem Zinssatz ist auch eine evtl. Zinsgleitklausel zu beachten. Die Zinsgleitklausel erlaubt eine automatische Anpassung des Zinssatzes an die veränderte Kapitalmarktlage bzw. erlaubt es dem Gläubiger, einseitig einen neuen Zinssatz festzusetzen. Die Zinsgleitklausel ist nicht zu verwechseln mit der Zinsanpassungsklausel, die eine neue vertragliche Vereinbarung voraussetzt.

8 Eine ausführliche Darstellung der Effektivzinssätze und deren Berechnung enthält *Klümper/Möllers/Zimmermann*, Kommunale Kosten- und Wirtschaftlichkeitsrechnung, 20. Aufl., Witten 2019, S. 327.

Bei der Zinsgleitklausel wird vielfach ein bestimmtes Verhältnis zum Basiszinssatz der Europäischen Zentralbank festgeschrieben. Diese Gleitklauseln sollten unter dem Gesichtspunkt der Wirtschaftlichkeit und im Interesse der Haushaltssicherheit vermieden werden.

9.2.4.3 Auszahlung

Die Auszahlung der Kredite erfolgt nicht immer in voller Höhe des Nennbetrages (Rückzahlungsbetrag). Da das Disagio (Abgeld) als Kreditbeschaffungskosten Auswirkungen auf den Effektivzinssatz hat, bedarf es besonderer Beachtung.

Ein etwaiges Disagio ist als aktiver Rechnungsabgrenzungsposten (§ 45 Abs. 3 GemHVO) in der Vermögensrechnung (siehe Ziff. 16.3.3) auszuweisen und wird zeitanteilig aufgelöst, soweit er nicht als zeitanteiliger Aufwand auf das aktuelle Haushaltsjahr entfällt. Der als Aufwand zu berücksichtigende Anteil wirkt sich jeweils auf das ordentliche Ergebnis und damit auf den Haushaltsausgleich aus.

Unabhängig vom Kostenfaktor usw. sind die Kreditbeschaffungskosten später bei einer möglichen Umschuldung von Bedeutung (siehe Ziff. 9.2.7).

9.2.4.4 Laufzeit und Tilgung

Die Laufzeit eines Kredites ergibt sich aus der Höhe der jährlichen Tilgung (z. B. 2 % feststehende Tilgung = 50 Jahre Laufzeit).

Hinsichtlich der Tilgung von Krediten differenziert § 58 Nr. 33 GemHVO folgendermaßen:

- ordentliche Tilgung
  im Haushaltsjahr zurückzuzahlende Beträge bis zu der in den Rückzahlungsbedingungen festgelegten Mindesthöhe
- außerordentliche Tilgung
  die über die ordentliche Tilgung hinausgehende Rückzahlung einschließlich Umschuldung, ohne dass ein bestimmter Zeitpunkt besonders vereinbart wurde

Bei der Wahl der Tilgungsbedingungen sind die finanziellen Möglichkeiten der Gemeinde zu berücksichtigen. Ist aus der Haushaltssituation keine kurzfristige Tilgungsmöglichkeit zu erkennen, werden i. d. R. auch geringe Tilgungsraten anzustreben sein. Kredite mit langen Laufzeiten haben geringere Tilgungssätze. Kreditlaufzeiten von bis zu 40 Jahren sind üblich. Diese können bei festen Tilgungsraten in Höhe von 2,5 % bzw. bei Annuitätenkrediten mit anfänglicher Tilgung von 1 % erreicht werden.

Bei Annuitätenkrediten wachsen den Tilgungsbeträgen die ersparten Zinsen zu, deshalb kann die Zahlungsbelastung durch Zinsen und Tilgung während der gesamten Kreditlaufzeit konstant gehalten werden. Dadurch wird die Laufzeit der Kredite erheblich verringert, so z. B. bei 1 % anfänglicher Tilgung je nach Zinssatz auf etwa 30 bis 40 Jahre. Auch wenn nach § 18 Nr. 2 GemHVO im Finanzhaushalt das Gesamtdeckungsprinzip besteht und somit Kredite nicht einzelnen Investitionsvorhaben zugeordnet werden können, so sollte doch die Laufzeit der Kredite und die Lebensdauer der Investitionen aufeinander abgestimmt sein (vgl. Nr. 5 Hw. zu § 103 HGO). Auf keinen Fall darf die Tilgungsdauer des Kredites die durchschnittliche Nutzungsdauer der damit finanzierten Maßnahmen übersteigen. Verfügt die Gemeinde dagegen über eine ausreichende Finanzkraft, so ist gegen eine kürzere Tilgungsdauer nichts einzuwenden.

Aus betriebswirtschaftlicher Sicht führt die Gesamtdeckung der Kredite mit der damit verbundenen langfristigen Laufzeit zu dem Problem, dass u. U. Anlagevermögen mit kurzer Nutzungsdauer (z. B. Hardware im IT-Bereich, Kraftfahrzeuge) langfristig finanziert wird. Insofern sind die Gemeinden aufgerufen, diesen Aspekt bei der Kreditfinanzierung zu berücksichtigen. Im Sinne der Generationengerechtigkeit sollte stets eine Fristenkongruenz angestrebt werden, langfristig genutzte Vermögensgegenstände sollten demnach auch langfristig finanziert werden, kurzfristig nutzbare Vermögensgegenstände eher kurzfristig. In der Praxis werden andere Anlagen sowie Betriebs- und Geschäftsausstattung tendenziell über kürzere Laufzeiten finanziert.

9.2.4.5 Kündigungsrechte

Kredite müssen für die Gemeinde grundsätzlich immer kündbar sein, um eine vorzeitige völlige bzw. teilweise Tilgung zu ermöglichen. In diesem Zusammenhang wird auf § 489 BGB hingewiesen. Ein Kündigungsrecht sollte nicht länger als für die ersten fünf Jahre ausgeschlossen sein. Sofern dies die Kreditbedingen nicht zulassen, sollte der Gemeinde zumindest das Recht eingeräumt sein, Sondertilgungen in größerem Umfang leisten zu können.

Aus Gründen der Haushaltssicherheit und um die Kreditbelastung langfristig überschaubar zu halten, ist ein Kündigungsrecht des Gläubigers nach Möglichkeit auszuschließen bzw. nur zum Zwecke der Zinsanpassung zuzulassen. Eine gewisse Sonderstellung nehmen hier die Sparkassen – als bevorzugte Kreditgeber der Gemeinden – ein. Ihnen ist zum Zwecke der Zinsregulierung von jeher ein Kündigungsrecht eingeräumt. Falls Kündigungsklauseln vereinbart werden, sollte auf eine ausreichende Kündigungsfrist geachtet werden.

9.2.4.6 Abtretung der Forderung

Dem Gläubiger sollte das Recht zur Abtretung der Forderungen an einen anderen grundsätzlich nicht gegeben werden. Dieses geschieht deshalb, weil die Gemeinde aus Gründen der Haushaltssicherheit den Kredit während der gesamten Laufzeit mit einem ihr vorher bekannten Gläubiger abwickeln sollte. Ist eine Abtretung ausnahmsweise vertraglich doch eingeräumt, sollte die Gemeinde sich die jeweilige Zustimmung zur Abtretung vorbehalten.

9.2.4.7 Sicherheiten

Dem Wesen der öffentlichen Kredite entsprechend ist die Bestellung von Sicherheiten grundsätzlich unzulässig (§ 103 Abs. 8 HGO). Nur mit Zustimmung der Aufsichtsbehörde sind Ausnahmen zulässig, wenn die Sicherheitsbestellung der Verkehrsübung entspricht. Der Verkehrsübung entspricht eine Sicherheitsleistung, wenn sie im Geschäftsverkehr unter Berücksichtigung der besonderen Stellung der Gemeinden im Kreditgeschäft üblich ist. Beispiel hierfür sind Hypotheken auf Wohnhäuser. Insgesamt ist jedoch ein strenger Maßstab bei der Frage nach Sicherheitsleistungen anzulegen.

9.2.5 Dauer der Kreditermächtigung

Gemäß § 103 Abs. 3 HGO gilt die Kreditermächtigung eines Haushaltsjahres bis zum Ende des nächsten Haushaltsjahres und, wenn die Haushaltssatzung für das übernächste Jahr nicht rechtzeitig öffentlich bekannt gemacht wird, bis zur Bekanntmachung dieser Haushaltssatzung. Die Einzelheiten des Verfahrens und die technische Abwicklung werden bei Ziff. 7.4.4.6 dargestellt.

9.2.6 Veranschlagung der Kredite und der Folgekosten

Kredite einschließlich der geplanten Kredite zur Umschuldung sind nach § 3 Abs. 1 Nr. 31 GemHVO im Finanzhaushalt zu veranschlagen. Gleiches gilt für die Tilgung von Krediten (§ 3 Abs. 1 Nr. 32 GemHVO). Die Kreditzinsen sind im Ergebnishaushalt darzustellen (§ 2 Abs. 1 Nr. 19 GemHVO). Die Zahlung der Tilgung bewirkt keine Veränderung des Eigenkapitals bzw. Reinvermögens, sodass es sich hier nicht um eine ergebniswirksame Auszahlung handelt.

Gem. § 4 Abs. 4 GemHVO sind die Einzahlungen aus Kreditaufnahmen entweder zentral im Teilhaushalt „Allgemeine Finanzwirtschaft" (Produktbereich 16) oder im sachlich zuständigen Teilhaushalt zu veranschlagen, letzteres in erster Linie bei projektbezogenen Krediten z. B. im Rahmen öffentlicher Förderung. Näheres dazu siehe Kap. 6 Finanzhaushalt; das gleiche gilt für die Tilgung. Auch wenn die Verordnung keine verbindliche Zuordnung vornimmt, erscheint eine Zuordnung der Kapitalmarktkredite zum Teilhaushalt allgemeine Finanzwirtschaft sachgerecht und methodisch konsequent. Letztlich wird durch die zentrale Veranschlagung dokumentiert, dass die Kredite im Rahmen der Gesamtdeckung nach § 18 GemHVO als sog. allgemeine Deckungsmittel des Finanzhaushaltes dienen. Eine objektbezogene Kreditveranschlagung kommt dagegen nur ausnahmsweise bei Spezialkrediten zur Projektförderung oder aus anderen wichtigen Gründen in Betracht. Sicherlich wäre eine konsequente teilhaushaltsbezogene Stückelung der Kreditverträge auch aus dem Gesichtspunkt der Wirtschaftlichkeit nicht zu empfehlen. Die derzeitige Funktion der Kredite erlaubt es, die tatsächliche Aufnahme unter Liquiditätsgesichtspunkten vorzunehmen; wobei auch die Frage des günstigsten Zeitpunktes der Aufnahme eine Rolle spielen wird.

Auch wenn die Einzahlungen aus Krediten grundsätzlich zweckfrei sind, ist vom Haushaltsrecht her nicht ausgeschlossen, dass Kredite gemäß § 19 GemHVO für zweckgebunden[9] erklärt werden können. Dieses wird dann erforderlich sein, wenn die Kredite z. B. auf Grund von Gesetzen für bestimmte Maßnahmen bewilligt werden (z. B. Kredite aus dem Hess. Investitionsfonds). Denkbar ist jedoch auch eine Zweckbindung auf Grund einer besonderen Vereinbarung mit dem Gläubiger.

Daraus ergibt sich, dass auch die

- Kreditzinsen,
- Kredittilgung und
- Kreditbeschaffungskosten usw.

i. d. R. im Produktbereich 16 zu veranschlagen sind, soweit sie nicht dezentral in anderen Teilhaushalten ausgewiesen werden (Vgl. Kap. 6).

9.2.7 Umschuldung

Die Kreditaufnahme ist nach § 103 Abs. 1 HGO auch zur Umschuldung möglich. Hierunter ist die Ablösung von Krediten durch andere Kredite zu verstehen.

Eine Umschuldung findet i. d. R. statt, wenn nach Ablauf der Zinsbindungsfrist der Kredit gekündigt wird (seitens der Gemeinde, wenn die aktuellen Zinsen niedriger als die bisherigen sind, seitens des Kreditgebers, wenn sie höher sind). Die Gemeinde zahlt dann das noch nicht getilgte Kapital an den bisherigen Kreditgeber zurück und nimmt in dieser Höhe einen Kredit zu veränderten Bedingungen neu auf, dies kann auch beim bisherigen Kreditgeber sein, wenn dieser das günstigste Angebot unterbreitet. Man spricht dann nicht von Umschuldung, sondern von Prolongation, da Umschuldung einen Gläubigerwechsel beinhaltet.

Hierbei ist aber zu beachten, dass mit der neuen Kreditaufnahme ggf. erneut Kreditbeschaffungskosten anfallen. Ferner ist noch zu berücksichtigen, dass die Laufzeit des neuen Kredites nicht über die Restlaufzeit des abzulösenden Kredites hinausgehen sollte. Der Tilgungssatz muss also so festgelegt werden, dass der neue Kredit innerhalb der Restlaufzeit des alten Kredites getilgt wird.

Auch wenn rein rechtlich Kündigungsmöglichkeiten bestehen (§ 489 BGB bzw. vertraglich vereinbart), sollte hiervon nur dann Gebrauch gemacht werden, wenn ein wirklicher wirtschaftlicher Vorteil entsteht. Hierbei ist jedoch auch die „Vertragstreue“ bei bestehenden Geschäftsverbindungen nicht außer Acht zu lassen, außerdem verlangen Kreditgläubiger i. d. R. eine so genannte „Vorfälligkeitsentschädigung“, was den scheinbaren Vorteil eines niedrigeren Zinssatzes leicht wieder zunichtemachen kann.

9 Siehe hierzu Ziff. 7.4.2.1.

Eine Umschuldung ist aber auch denkbar, um eine Vielzahl von Einzelkrediten wirtschaftlich günstiger in der Form eines „neuen" Gesamtkredites abzuwickeln (geringerer Verwaltungsaufwand).

9.2.8 Übungen

Siehe zu diesem Abschnitt Sachverhalte 1 bis 4 zu Kap. 9 im Übungsband.

9.3 Kreditähnliche Geschäfte

9.3.1 Bedeutung der kreditähnlichen Geschäfte

Neben der Aufnahme von Krediten bedarf das Eingehen kreditähnlicher Verpflichtungen der aufsichtsbehördlichen Genehmigung (§ 103 Abs. 7 HGO). Eine Genehmigung ist nicht erforderlich für die Begründung von Zahlungsverpflichtungen im Rahmen der laufenden Verwaltung.

Der Begriff „kreditähnliche Geschäfte" ist ein unbestimmter Rechtsbegriff, dessen konkreter Inhalt durch Auslegung zu bestimmen ist. Entsprechend dem Zweck der Norm geht es im Kern um zukünftige Zahlungsverpflichtungen, die durch gegenwärtiges Handeln begründet werden. Hinzutreten muss der für Kredite typische Umstand, dass der gegenwärtige Handlungsspielraum erweitert und damit zukünftiger Handlungsspielraum eingeschränkt wird. Dabei sind Geschäfte der laufenden Verwaltung ausdrücklich vom Genehmigungsvorbehalt ausgenommen.

Die rechtliche Ausgestaltung ist unerheblich, somit muss nicht unbedingt ein Rechtsgeschäft der Zahlungsverpflichtung zugrunde liegen. Ein Verwaltungsakt ist ebenfalls denkbar (z. B. § 99 BauGB – Verrentung eines Enteignungsanspruchs im Enteignungsverfahren, § 59 BauGB – Abfindung im Umlegungsverfahren). Typische Beispiele für kreditähnliche Geschäfte der Gemeinden sind (Nr. 12 Hw. zu § 103 HGO):

- Leasingverträge,
- Schuldübernahmen,
- Leibrentenverträge,
- Sale-and-lease-back Geschäfte,
- gestundete Restkaufgelder in Zusammenhang mit Grundstücksgeschäften,
- Abschluss von Bausparverträgen, soweit ein Bauspardarlehen in Anspruch genommen werden soll.

Die vorgenannten Geschäfte fallen nicht unter die Kredite gemäß § 58 Nr. 21 GemHVO und werden nicht in § 2 der Haushaltssatzung aufgenommen. Derartige Geschäftsvorfälle werden als Rechtsgeschäfte nach § 103 Abs. 7 HGO behandelt.

In der Praxis kommen kreditähnliche Geschäfte heutzutage ungleich häufiger vor als Kreditaufnahmen im Rahmen der Kreditermächtigung gemäß § 2 der Haushaltssatzung. Vom Volumen her sind aber die Kreditaufnahmen im Rahmen des § 2 der Haushaltssatzung in der Regel gewichtiger.

Große Praxisrelevanz haben diesbezüglich vor allem Leasingverpflichtungen. In vielen Bereichen bevorzugen Gemeinden inzwischen Leasinggeschäfte gegenüber klassischen Anschaffungen. Einerseits werden so keine außergewöhnlich hohen Zahlungen für die Anschaffung von Vermögensgegenständen notwendig, andererseits kann die Kommune stets auf einen neuwertigen Fuhrpark, aktuelle Hardware bzw. funktionstüchtige Büroausstattung zurückgreifen.

Außerdem sind in letzter Zeit verstärkt sog. „Sale-and-lease-back Geschäfte" anzutreffen. Gemeinden veräußern Anlagevermögen (in der Regel Grundstücke und Gebäude) an einen Investor. Da sie das veräußerte Anlagevermögen jedoch weiterhin benötigen, erfolgt eine an das Verkaufsgeschäft gekoppelte Rückmietung des Vermögens (Leasing). Dadurch erhöht sich die Liquidität der Gemeinde und unter kameralen Gesichtspunkten wurde der Haushaltsausgleich durch die aus dem Verkauf zu erzielenden Einnahmen unterstützt.

Allerdings ist nicht zu verkennen, dass die Gemeinden damit ihre Vermögenssubstanz abbauen. Nach Ablauf der Leasingzeit sind die Gemeinden unter Umständen unter Entrichtung einer Ablösezahlung verpflichtet, das Vermögen zurückzuerwerben. Letztlich müssen diese Geschäfte allein aus dem Gesichtspunkt der Wirtschaftlichkeit betrachtet werden und stellen durchaus eine Finanzierungsalternative im kommunalen Finanzmanagement dar. Volkswirtschaftlich zu beachten ist jedoch, dass der Investor kommunales Anlagevermögen über Abschreibungen steuermindernd einsetzen kann, sodass letztlich auch Steuerausfälle für sämtliche Gebietskörperschaften entstehen.

9.3.2 Voraussetzungen zum Eingehen von kreditähnlichen Geschäften einschließlich Genehmigung

Bei der Vielzahl der gemeindlichen Betätigungen kommen kreditähnliche Geschäfte in allen Bereichen vor.

Derartige Rechtsgeschäfte sollen aber nur abgeschlossen werden, wenn die unter Ziff. 9.2.3 beschriebenen Voraussetzungen sinngemäß gegeben sind. Nach § 103 Abs. 7 HGO ist zu beachten, dass kreditähnliche Geschäfte der Genehmigung der Aufsichtsbehörde bedürfen. Nach § 103 Abs. 7 HGO gelten Abs. 2 Satz 2 und 3 sowie Abs. 6 sinngemäß. Das bedeutet, dass die aus den kreditähnlichen Rechtsgeschäften übernommenen Verpflichtungen mit der dauernden Leistungsfähigkeit der Gemeinde in Einklang stehen müssen. Dies hat die Aufsichtsbehörde im Rahmen des Genehmigungsverfahrens zu prüfen. Diese Form präventiver Aufsicht verpflichtet die Aufsichtsbehörden einzugreifen, wenn es sich um die Verletzung einer Rechtspflicht handelt. Ausgenommen von dieser Genehmigungspflicht sind die Begründungen von Zahlungsverpflichtungen im Rahmen der laufenden Verwaltung (z. B. Mietverträge oder Leasingverträge mit geringem Umfang).

9.3.3 Ausgestaltung

Bezüglich der laufenden Zahlungsverpflichtungen ist ein besonders strenger Maßstab anzulegen. Sinngemäß kann auf die Ausführungen zu Ziff. 9.2.4 verwiesen werden.

9.3.4 Verbindung zum Haushaltsplan

Die sich aus dem Abschluss von kreditähnlichen Geschäften ergebenden Zahlungsverpflichtungen sind haushaltsrechtlich zu berücksichtigen. Somit sind entsprechend § 3 Abs. 1 Nr. 32 GemHVO die Tilgung bzw. tilgungsähnliche Leistungen im Finanzhaushalt und alle Aufwendungen (Zinsen usw.) im Ergebnishaushalt aufzunehmen (§ 2 Abs. 1 Nr. 19 GemHVO).

Der Schuldendienst wird aber nicht im Produktbereich 16 nachgewiesen, sondern dort, wo das zahlungswirksame Rechtsgeschäft vom Aufgabenbereich her hingehört.

So wird z. B. die Leibrente für die Übernahme eines Grundstückes für Grundschulzwecke im Produktbereich 03 nachgewiesen.

Im Ergebnis wird also der Schuldendienst für kreditähnliche Geschäfte über den gesamten Haushalt verteilt veranschlagt und abgewickelt.

Leasingraten sowohl für Mobilien als auch für Immobilien, die später in das Eigentum der Gemeinde übergehen, sind im Ergebnishaushalt zu veranschlagen. Lediglich die beim Eigentumsübergang anfallenden Auszahlungen (z. B. Zahlung einer Ablösesumme in Höhe des Restbuchwertes) sind im Finanzhaushalt zu veranschlagen.

9.4 Sicherheitsleistungen, Bürgschaften und Gewährverträge

9.4.1 Sicherheitsleistungen[10]

Nach § 104 Abs. 1 HGO darf eine Gemeinde grundsätzlich keine Sicherheiten zu Gunsten Dritter bestellen. Mit dieser Vorschrift will der Gesetzgeber erreichen, dass die Gemeinde über das Verbot der Bestellung von Sicherheiten im Zusammenhang mit Kreditgeschäften (§ 103 Abs. 8 HGO) hinaus, auch in allen übrigen Fällen ihr für die Aufgabenerfüllung benötigtes Vermögen nicht einer Beschränkung unterwirft.

Solche Sicherheitsleistung sind

- die in § 232 BGB genannten Sicherheitsleistungen wie z. B.
  - Bestellung von Hypotheken
  - Verpfändung von Forderungen der genannten Art
  - Verpfändung von beweglichen Sachen (§ 1204 BGB)
- darüber hinaus aber noch weitere Sicherheitsgeschäfte wie z. B.
  - Übernahme einer Bürgschaft (§§ 765 ff. BGB)

10 Vgl. *Daneke* in KVR Hessen, § 104 HGO.

- Sicherungsübereignung
- Bestellung einer Grundschuld im Rahmen einer Sicherungsabrede
- Verpfändung sonstiger Rechte (§§ 1273 ff. BGB)

Der Grund für ein grundsätzliches Verbot zur Bestellung von Sicherheiten ergibt sich im Wesentlichen aus der Tatsache, dass die Gemeinde als öffentlich-rechtliche Körperschaft und Bestandteil des Staates (Land) ohnehin mit ihrem gesamten Vermögen und ihrer ganzen Finanzkraft (Steuerkraft usw.) für ihre Verbindlichkeiten haftet.

Eine Ausnahme vom Verbot der Bestellung von Sicherheiten ist nach § 104 Abs. 1 Satz 2 HGO allerdings mit Zustimmung der Aufsichtsbehörde möglich. In der Praxis kommen Ausnahmen vom Verbot der Bestellung von Sicherheiten selten vor.

9.4.2 Bürgschaften, Gewährverträge usw.

9.4.2.1 Allgemeines

Begrifflich sind die Bürgschaften und Gewährverträge bereits oben unter Ziff. 9.1.5 dargestellt. Folgendes Beispiel dient der Verdeutlichung:

Eine Wohnungsbaugesellschaft beabsichtigt, ein Wohnheim zur vorübergehenden Unterbringung von Obdachlosen (gemeindliche Aufgabe) zu errichten. Zur teilweisen Finanzierung wird auf der Grundlage eines Förderprogramms ein Kredit benötigt. Nach den Bewilligungsbedingungen der kreditgebenden Bank hat die Gemeinde die Ausfallbürgschaft[11] *für den Kredit zu übernehmen, d. h. sie tritt mit allen Rechten und Pflichten in das Kreditverhältnis ein, wenn die Wohnungsbaugesellschaft nicht zahlungsfähig sein sollte.*

In diesem Fall führt ein Privatunternehmen eine gemeindliche Aufgabe durch. Auf Grund der zunehmenden Organisationsprivatisierung gemeindlicher Leistungen ergibt sich vermehrt die Notwendigkeit für Gemeinden, zur Absicherung der Kreditfinanzierung dieser privatwirtschaftlich geführten Einrichtungen und Unternehmen/Gesellschaften entsprechende Bürgschaften zu übernehmen.

Die Bürgschaft kann für eine bestehende, künftige oder bedingte Verbindlichkeit übernommen werden (§ 765 Abs. 2 BGB). Nach § 766 BGB bedarf der Bürgschaftsvertrag der Schriftform (Ausnahme nach § 350 HGB für Kaufleute). Eine selbstschuldnerische Bürgschaft liegt vor, wenn der Bürge auf die Einrede der Vorausklage verzichtet (§ 773 Abs. 1 Ziff. 1 BGB – aber §§ 349, 351 HGB beachten).

11 Vgl. Nr. 2 Hw. zu § 104 HGO.

9.4.2.2 Voraussetzungen

Eine entsprechende Voraussetzung zur Übernahme von Bürgschaften, Verpflichtungen aus Gewährverträgen und ähnlichen Rechtsgeschäften (§ 104 Abs. 2 und 3 HGO) ist die Bestimmung, dass sie nur im Rahmen der gemeindlichen Aufgabenerfüllung übernommen werden dürfen. Diese Beschränkung bringt Probleme mit sich. Da der Begriff „Aufgaben der Gemeinde" nicht festgelegt ist und vor allem auch wegen der Vielzahl der freiwilligen Aufgaben nicht festgelegt werden kann, wird wohl immer im Einzelfall zu entscheiden sein, ob eine Bürgschaft übernommen werden kann oder nicht (z. B. Bürgschaftsübernahmen für private Unternehmen, Profi-Sportvereine usw.).

Eine weitere Voraussetzung zur Übernahme von Bürgschaften usw. ist die Genehmigung durch die Aufsichtsbehörde im Einzelfall (§ 104 Abs. 2 Satz 2 HGO), soweit es sich nicht um Geschäfte handelt, die im Rahmen der laufenden Verwaltung (§ 104 Abs. 2 Satz 2 HGO) oder zur Förderung des Städte- und Wohnungsbaues (§ 104 Abs. 4 HGO) abgeschlossen werden oder die für den Haushalt keine besondere Belastung (§ 104 Abs. 4 HGO) darstellen. Letzteres wird dann der Fall sein, wenn die Gemeinde die Inanspruchnahme aus einer Bürgschaft finanziell verkraften kann, ohne dass ihr dies größere Probleme verursacht. In diesem Zusammenhang ist auch auf Beschränkungen hinzuweisen, die sich aus dem EU-Beihilferecht ergeben. Mitunter kann schon die Gewährung einer Bürgschaft einen Eingriff in den europäischen Binnenmarkt darstellen, der nach EU-Recht grundsätzlich nicht zulässig ist.

Nach § 51 Nr. 15 HGO gehört die Übernahme von Bürgschaften usw. zur ausschließlichen Entscheidungskompetenz der Gemeindevertretung. Somit ist stets deren Beschluss erforderlich.

9.4.2.3 Ausgestaltung der Bürgschaften usw.

Wegen der evtl. Verpflichtungen aus Bürgschaftsübernahmen usw. sind die zugrunde liegenden Rechtsgeschäfte (Kreditverträge usw.) hinsichtlich ihrer Konditionen sinngemäß nach den gleichen Kriterien zu untersuchen wie unter Ziff. 9.2.4 für die gemeindlichen Kredite beschrieben.

Zu unterscheiden ist zwischen einer selbstschuldnerischen Bürgschaft und einer Ausfallbürgschaft. Bei der selbstschuldnerischen Bürgschaft braucht der säumige Zahlungspflichtige nur einmal erfolglos gemahnt werden, dann kann der Gläubiger ohne weitere Voraussetzungen an den Bürgen herantreten. Dieser muss dann in die Zahlungsverpflichtungen des Schuldners sofort eintreten. Bei einer Ausfallbürgschaft muss der Gläubiger zunächst mit allen Mitteln (bis zur Zwangsvollstreckung) versuchen, seine Zahlung vom Schuldner zu erhalten. Erst wenn der konkrete Schuldnerausfall belegt ist, kann der Bürge in Anspruch genommen werden. Insofern ist der Gemeinde zu empfehlen, ausschließlich Ausfallbürgschaften zu übernehmen.[12]

---

12 Auch in Nr. 2 Hw. zu § 104 HGO sind selbstschuldnerische Bürgschaften nur in „besonders gelagerten Ausnahmefällen" vorgesehen.

Auf die Bürgschaftsmuster auf der Homepage des Hessischen Innenministeriums wird in Nr. 2 Hw. zu § 104 HGO explizit verwiesen.

9.4.2.4 Verbindung zum Haushalt

Unmittelbar hat eine von der Gemeindevertretung beschlossene Bürgschaftsübernahme usw. keine Verbindung zum Haushaltsplan.[13] Sobald eine Inanspruchnahme aus einer Bürgschaft wahrscheinlich wird, ist eine entsprechende Rückstellung zu bilden (Nr. 14 Hw. zu § 39 GemHVO), dies stellt einen Aufwand dar, der im Ergebnishaushalt und der Ergebnisrechnung darzustellen ist. Bei der Inanspruchnahme der Gemeinde sind die dann fälligen Auszahlungen im Finanzhaushalt bzw. in der Finanzrechnung nachzuweisen.

Sie sind in dem Produktbereich anzusiedeln, in dem die „gemeindliche Aufgabe" zu veranschlagen wäre (z. B. Inanspruchnahme aus einer Bürgschaft für den Bau eines Kindergartens der Kirchengemeinde X im Produktbereich 06).

9.4.3 Übung

Siehe zu diesem Abschnitt Sachverhalt 5 zu Kap. 9 im Übungsband.

9.5 Liquiditätskredite

9.5.1 Aufgabe und Bedeutung der Liquiditätskredite

Der Liquiditätskredit ist begrifflich bereits oben unter Ziff. 9.1.6 dargestellt.

Nach § 105 Abs. 1 Satz 1 HGO kann die Gemeinde Liquiditätskredite zur rechtzeitigen Leistung ihrer Auszahlungen bis zu dem in der Haushaltssatzung festgesetzten Höchstbetrag aufnehmen. Diese Aufnahme ist jedoch nur möglich, wenn keine anderen Mittel zur Verfügung stehen. Liquiditätskredite sind Darlehen i. S. d. §§ 488 ff. BGB, also Schulden der Gemeinde. Haushaltsrechtlich zählen sie jedoch gemäß § 58 Nr. 21 GemHVO nicht zu den Krediten.

Die Aufnahme von Liquiditätskrediten wurde im Rahmen der Gesetzesnovelle 2018 mit Wirkung ab 2019 wesentlich verschärft. Liquiditätskredite sollen nunmehr nur noch aufgrund einer fundierten Liquiditätsplanung (§ 105 Abs. 2 HGO) aufgenommen werden und spätestens zum Ende des Jahres wieder zurückgezahlt sein (§ 105 Abs. 1 Satz 3 HGO). Zur Ermittlung des genehmigungsfähigen Höchstbetrages der Liquiditätskredite steht im Downloadbereich des Hessischen Ministeriums des Innern und für Sport ein entsprechender Vordruck zur Verfügung (vgl. Nr. 3 Hw. zu § 105 HGO).

13 Sie sind lediglich im Rahmen des Jahresabschlusses im Anhang nach § 50 GemHVO zu erwähnen.

Da das Land Hessen im Jahr 2019 im Rahmen der sog. Hessenkasse die Liquiditätskredite der Kommunen flächendeckend übernommen hat, hat der Gesetzgeber die zuvor genannten Vorkehrungen getroffen, um ein erneutes Ausufern derartiger Finanzierungen zu vermeiden.

Laut Nr. 5 Hw. zu § 105 HGO dürfen Liquiditätskredite ausnahmsweise auch für die rechtzeitige Leistung von Auszahlungen für Investitionen und Investitionsförderungsmaßnahmen, jedoch ausschließlich zur kurzfristigen Vor- und Zwischenfinanzierung, aufgenommen werden. Insofern handelt es sich hierbei um eine Ausnahmeregelung, die der Gemeinde ein zusätzliches Maß an Flexibilität ermöglicht.

Ein Überschreiten des Höchstbetrages der Liquiditätskredite kommt nach Nr. 6 Hw. zu § 105 HGO bei unvorhersehbaren Ereignissen, wie bspw. bei größeren Steuerrückzahlungen oder Naturkatastrophen, in Betracht. Allerdings setzt dies einen Beschluss der Gemeindevertretung sowie die Abstimmung mit der Aufsichtsbehörde voraus. Damit die Einhaltung der haushaltsrechtlichen Vorgaben sichergestellt werden kann, hat die Kommune die Aufsichtsbehörde spätestens bis zum 31. Januar über den Stand der Liquiditätskredite zum 31. Dezember des Vorjahres zu informieren (Nr. 9 Hw. zu § 105 HGO).

Aufgabe des Liquiditätskredites ist die Aufrechterhaltung der Zahlungsfähigkeit (Liquidität) der Kasse. Unabhängig von der haushaltsmäßigen Deckung kann im Rahmen der Ausführung des Haushaltsplanes die Situation eintreten, dass der Eingang von Finanzierungsmitteln und die Verpflichtung zur Leistung von Auszahlungen zeitlich so weit auseinander fallen, dass die Kasse nicht in der Lage ist, ihren Zahlungsverpflichtungen nachzukommen.

Zur Vermeidung dieses Zustandes hat der Gesetzgeber verschiedene Vorkehrungen und Möglichkeiten geschaffen. Eine dieser Möglichkeiten ist die Aufnahme von Liquiditätskrediten. Da dieses aber – wie bereits oben festgestellt – eine Angelegenheit der Kasse ist (vgl. § 18 GemKVO), erscheint eine Vertiefung an dieser Stelle nicht sinnvoll.[14] Hier soll lediglich auf die Verbindung zum Haushaltsplan eingegangen werden.

9.5.2 Verbindung zum Haushaltsplan

Liquiditätskredite haben keine unmittelbare Verbindung mit dem Haushaltsplan. Sie sind nicht Gegenstand der Haushaltsfinanzierung (vgl. Nr. 7 Hw. zu § 105 HGO). Ihre Rückzahlung erfolgt somit auch nicht aus Haushaltsmitteln, sondern aus liquiden Mitteln der Kasse. Aufnahme und Tilgung der Liquiditätskredite werden also unabhängig vom Haushaltsplan über Zahlungsmittelkonten abgewickelt. Sowohl im Vorbericht zum Haushaltsplan als auch im Finanzstatusbericht ist über eine evtl. Inanspruchnahme zu berichten (vgl. § 6 Abs. 2 GemHVO). Die aus der Aufnahme von Liquiditätskrediten entstehenden Kosten (Zinsen, Bearbeitungsgebühren u. Ä.) finden allerdings ihren Niederschlag im Haushaltsplan. Genau wie beim Investitions-

14 Diese Vertiefung erfolgt jedoch unter Ziff. 13.6.4.

kredit (§ 58 Nr. 21 GemHVO) sind die Zinsen des Liquiditätskredites im Ergebnishaushalt im Produktbereich 16 Konto 771 zu veranschlagen (Zeile 22 des Muster 7).

9.5.3 Genehmigungspflicht

Seit 2011 unterliegen die Liquiditätskredite wieder dem Genehmigungsvorbehalt durch die Aufsichtsbehörde. So soll von Seiten der Aufsichtsbehörden sichergestellt werden, dass von den Liquiditätskrediten nur begrenzt und auch nur im Rahmen der gesetzlichen Vorgaben Gebrauch gemacht wird.

Da die andauernde Haushaltsnotlage vieler Gemeinden dazu geführt hat, dass die in den Ergebnishaushalten erkennbaren Defizite faktisch dauerhaft durch Liquiditätskredite finanziert werden, hat sich der Gesetzgeber im Jahre 2018 dazu entschlossen, die Aufnahme von Liquiditätskrediten fortan strenger zu reglementieren. Der Gesetzgeber hat mit § 105 Abs. 1 Satz 3 HGO nunmehr festgelegt, dass Liquiditätskredite bis zum Ende des Haushaltsjahres zurückgeführt werden sollen. Zudem ist die Notwendigkeit des Gesamtbetrages der Liquiditätskredite gegenüber der Aufsichtsbehörde in Form einer dokumentierten Liquiditätsplanung nachzuweisen (§ 105 Abs. 2 Satz1 f. HGO).

Im Ergebnis wurde so herausgestellt, dass es sich bei Liquiditätskrediten um ein **kurzfristiges** Finanzierungsinstrument zur Überbrückung von finanziellen Engpässen handelt und **keinesfalls um eine dauerhafte** Finanzierungsmöglichkeit für kommunale Haushalte.

9.5.4 Zuständigkeit

Über die Aufnahme und die Kreditbedingungen entscheidet der Bürgermeister oder der für die Verwaltung des Finanzwesens zuständige Beigeordnete.

– Kapitel 10 –

Inhaltsverzeichnis

10. Haushaltsausgleich

10.1 Bedeutung und Umfang

Nach § 92 Abs. 1 HGO hat die Gemeinde ihre Haushaltswirtschaft so zu planen und zu führen, dass ihre Aufgabenerfüllung stetig, also dauerhaft gesichert ist, siehe zu diesem Grundsatz auch Ziff. 7.2.1.1. Dies kann die Gemeinde nur erreichen, wenn ihr Haushalt regelmäßig ausgeglichen ist. Haushaltsausgleich bedeutet, zunächst vereinfacht ausgedrückt, dass einerseits – im Ergebnishaushalt – die Aufwendungen, also der Ressourcenverbrauch, durch die Erträge, also das Ressourcenaufkommen, gedeckt werden, und dass andererseits – im Finanzhaushalt – die Auszahlungen, also der Verbrauch liquider Mittel, durch entsprechende Einzahlungen, also Liquiditätszuflüsse, gedeckt werden.

Zur mittelfristigen Ergebnis- und Finanzplanung (siehe Kap. 12) führt Nr. 1 Hw. zu § 101 HGO aus, dass die stetige Erfüllung der gemeindlichen Aufgaben angenommen werden kann, wenn die Ergebnis- und Finanzplanung in jedem der Planungsjahre ausgeglichen ist. Ein regelmäßig ausgeglichener Haushalt rechtfertigt also die Annahme, dass die erforderliche finanzielle Leistungsfähigkeit für die stetige Aufgabenerfüllung durch die Gemeinde gegeben ist.

Die Ausgleichsverpflichtung kann aber nur erfüllt werden, wenn die vorhandenen bzw. erzielbaren Deckungsmittel (Erträge und Einzahlungen) auf Dauer ausreichen, um den Finanzbedarf zu decken. Folgerichtig sieht das Gesetz den Haushaltsausgleich gemäß § 92 Abs. 4 HGO als „Sollvorschrift" vor. Sollvorschriften sind, solange die Verwaltung nicht besondere Umstände **dartun** und **beweisen** kann, für die Verwaltung ebenso verbindlich wie Muss-Vorschriften (Urteil des Bundesverwaltungsgerichtes vom 2. Dezember 1959). Mit der Sollvorschrift in § 92 Abs. 4 HGO wird also die Verpflichtung zum Haushaltsausgleich nicht gelockert, jedoch den Fällen Rechnung getragen, in denen ein Ausgleich trotz äußerster Sparsamkeit und Ausschöpfung aller Einnahmequellen unter Beachtung des § 10 HGO nicht erreicht werden kann (siehe auch Nr. 10 Hw. zu § 92 HGO).

Die Formulierung „Haushalt" bezieht sich sowohl auf die Planung, dies umfasst auch die Nachtragsplanung nach § 98 HGO (siehe Ziff. 14.1), als auch auf die Rechnung (Rechnungslegung), was durch § 92 Abs. 5 und 6 HGO deutlich wird. Damit unterliegt auch die Ausführung des Haushaltes einschließlich der Deckung von über- und außerplanmäßigen Aufwendungen bzw. Auszahlungen nach § 100 HGO (siehe Ziff. 14.2) der Verpflichtung zum Haushaltsausgleich. Außerdem erstreckt sich der Grundsatz auch auf die mittelfristige Ergebnis- und Finanzplanung (§ 9 Abs. 4 GemHVO).

In der Haushaltswirtschaft nach den Grundsätzen der doppelten Buchführung wird der Haushaltsausgleich zusätzlich auch nach bilanziellen Maßstäben (siehe auch Kap. 16) in Verbindung mit der Ergebnisrechnung betrachtet, da um den Betrag, um den die Aufwendungen die Erträge übersteigen, das Eigenkapital gemindert wird.[1] Um-

1 Unterstellt wird, dass die weiteren Komponenten des Eigenkapitals unverändert sind.

gekehrt tritt eine Eigenkapitalmehrung ein. Ist also in einem Haushaltsjahr der Bestand des Eigenkapitals zwischen Eröffnungs- und Schlussbilanz zurückgegangen, ist der Haushaltsausgleich[2] verfehlt worden. Ist das Eigenkapital dagegen gleich geblieben oder sogar gewachsen, wurde der Haushaltsausgleich gewahrt. Letztlich spiegelt sich in dieser Betrachtung auch der Begriff der „Intergenerativen Gerechtigkeit“ wider: Die Nutznießer der gemeindlichen Einrichtungen und Leistungen in einem Jahr sollen den durch die Nutzung entstandenen Vermögensverzehr möglichst vollständig ersetzen, also den gemeindlichen Vermögensbestand am Ende des Jahres an die Nutzer des nächsten Jahres so weitergeben, wie sie ihn selbst übernommen haben.

Im haushaltsrechtlichen Sinne bezieht sich der Haushaltsausgleich zum einen im Ergebnishaushalt auf die Deckung der Aufwendungen durch die Erträge. Dabei wird unterschieden zwischen dem ausgleichsrelevanten ordentlichen Ergebnis (Deckung der ordentlichen Aufwendungen durch die ordentlichen Erträge[3]) und dem außerordentlichen Ergebnis, siehe hierzu im Einzelnen die Darstellung bei Ziff. 6.5.1.1 dieses Buches.

Zum anderen bezieht sich der Haushaltsausgleich auf den Finanzhaushalt. Hier liegt Ausgleich vor, wenn im Saldo des Zahlungsmittelflusses aus laufender Verwaltungstätigkeit (siehe hierzu Ziff. 6.5.1.2.2) ein Überschuss entsteht, der mindestens so hoch ist wie die Auszahlungen für die ordentliche Tilgung, soweit für diese keine zweckgebundenen Einzahlungen bestehen, zuzüglich der Auszahlungen an die sog. „Hessenkasse“, sofern die Gemeinde an diesem Entschuldungsprogramm teilnimmt (§ 92 Abs. 5 Nr. 2 bzw. Abs. 6 Nr. 2 HGO, § 3 Abs. 2 GemHVO).

Die Finanzlage der Gemeinden bringt es häufig mit sich, dass Probleme beim Ausgleich der kommunalen Haushaltspläne bestehen bzw. der Ausgleich nur mit großen Mühen herbeigeführt werden kann. Aus diesem Grunde beschäftigen sich die Ausführungen zu den nachstehenden Gliederungspunkten ausführlich mit dem Verfahren des Haushaltsausgleichs.

10.2 Ausgleich des Ergebnishaushaltes

10.2.1 Im Grundsatz und im ordentlichen Ergebnis

Insbesondere der Grundsatz der Wirtschaftlichkeit und Sparsamkeit (siehe Ziff. 7.2.2) und die Grundsätze der Erzielung von Erträgen und Einzahlungen (siehe Ziff. 7.2.6) erfordern, dass im Ergebnishaushalt zunächst von der Aufwandseite her alle Möglichkeiten der sparsamen Ansatzbildung zum Tragen kommen. Auf der Ertragsseite sind die Möglichkeiten zur Erzielung von Erträgen voll auszuschöpfen. Unter dem Begriff

2 An dieser Stelle wird noch nicht zwischen dem für den Ausgleich relevanten ordentlichen und dem außerordentlichen Ergebnis unterschieden.

3 Dies schließt die Finanzaufwendungen und -erträge ein. Zu der nicht ganz eindeutigen Terminologie des Verordnungsgebers im Hinblick auf ordentliche Erträge und Aufwendungen einerseits und das ordentliche Ergebnis (definiert über § 2 Abs. 2 Nr. 3 GemHVO) andererseits siehe Ziff. 6.5.1.1.2.

„materieller Haushaltsausgleich" versteht man demnach die Summe aller Maßnahmen, die dazu führen, dass die Aufwendungen so weit reduziert (Ausschöpfung aller Sparmöglichkeiten) und die Erträge so weit gesteigert werden, dass das ordentliche Ergebnis mindestens ausgeglichen ist. Darüber hinaus sollte ein Überschuss der ordentlichen Erträge über die ordentlichen Aufwendungen angestrebt werden, um evtl. Fehlbeträge aus Vorjahren abdecken bzw. die vorgesehene Rücklage aus Überschüssen des ordentlichen Ergebnisses füllen zu können, die zum Ausgleich von evtl. Unterdeckungen im ordentlichen Ergebnis künftiger Jahre gebildet wird.

Unter dem Begriff „formeller Haushaltsausgleich" versteht man die im Folgenden behandelte buchungs- bzw. darstellungstechnische Abwicklung:

Gemäß § 92 Abs. 5 Nr. 1 bzw. Abs. 6 Nr. 1 HGO, § 24 GemHVO ist der Ergebnishaushalt in Planung bzw. Rechnung ausgeglichen, wenn der Gesamtbetrag der ordentlichen Erträge (incl. Finanzerträge) ebenso hoch ist wie der Gesamtbetrag der ordentlichen Aufwendungen (incl. Finanzaufwendungen). Es kann also sein, dass der Ergebnishaushalt insgesamt ein Defizit ausweist, weil das außerordentliche Ergebnis defizitär ist, trotzdem aber Haushaltsausgleich gegeben ist, wenn die ordentlichen Erträge die ordentlichen Aufwendungen decken, das ordentliche Ergebnis also ausgeglichen ist. Die unten zum Haushaltssicherungskonzept dargestellten Folgen eines nicht ausgeglichenen Haushalts treten also in einem solchen Fall nicht ein.

Die Betrachtung erfolgt unter der Maßgabe, dass vorgetragene Jahresfehlbeträge (des ordentlichen Ergebnisses) zu berücksichtigen sind, das meint Fehlbeträge, die in Vorjahren im ordentlichen Ergebnis entstanden sind und noch nicht nach den Regelungen des § 25 GemHVO ausgeglichen wurden (siehe unten Ziff. 10.2.3). Sofern solche Fehlbeträge bestehen, die nicht durch einen vorhandenen Überschuss im ordentlichen Ergebnis gedeckt werden können, besteht auch bei sonst ausgeglichenem ordentlichen Ergebnis kein Haushaltsausgleich.

Andererseits kann nach § 92 Abs. 5 Nr. 1 bzw. Abs. 6 Nr. 1 HGO und § 24 Nr. 2 GemHVO ein jahresbezogener Fehlbedarf bzw. Fehlbetrag durch vorhandene Mittel der Rücklagen ausgeglichen werden. Damit sind nur die Rücklagen aus Überschüssen des ordentlichen Ergebnisses gemeint, siehe Nr. 10 Satz 3 Hw. zu § 92 HGO. Diese Rücklagen sind grundsätzlich in § 106 HGO und § 23 GemHVO geregelt, im Hinblick auf die Bilanzgliederung auch in § 49 Abs. 4 Nr. 1.2.1 GemHVO (siehe auch Ziff. 16.3.4) und im Hinblick auf den Haushaltsausgleich in der Rechnung in § 25 GemHVO.

Wenn die Gemeinde also aus Überschüssen des ordentlichen Ergebnisses in vorangegangenen Jahren diese Rücklagenposition entsprechend aufgefüllt hat, kann sie nun die zum Ausgleich des aktuellen Jahres benötigten Beträge hier entnehmen. Der Verordnungsgeber hat also durchaus bedacht, dass im Verlaufe mehrerer Jahre sich Überschüsse und Unterdeckungen im ordentlichen Ergebnis abwechseln können und ein Ausgleich ggf. im Mehrjahreszeitraum betrachtet werden muss. Solange die Gemeinde also Unterdeckungen im ordentlichen Ergebnis mit in der entsprechenden Rücklage angesammelten Überschüssen der Vorjahre ausgleichen kann, befindet sie sich noch nicht in einer Defizitsituation. Die Möglichkeit, Fehlbeträge im ordentlichen Ergebnis mit Überschüssen des außerordentlichen Ergebnisses bzw. aus einer evtl. vorhandenen Rücklage aus Überschüssen des außerordentlichen Ergebnisses auszugleichen, hat der Gesetz- bzw. Verordnungsgeber nicht (mehr) vorgesehen bzw. nunmehr ausdrücklich durch § 25 GemHVO ausgeschlossen.

Abweichend von der ausdrücklichen Regelung in § 25 GemHVO lässt es das HMdIS auch für das Jahr 2023 zu, wie schon für die Jahre 2020–2022, dass Fehlbedarfe nach § 92 Abs. 5 Nr. 1 oder Fehlbeträge nach § 92 Abs. 6 Nr. 1 HGO wahlweise mit Rücklagen aus Überschüssen des ordentlichen Ergebnisses, also der ordentlichen Rücklage, ausgeglichen werden können (das ist der Stand der gesetzlichen Regelung) oder aus **bis zum 31.12.2020 entstandenen Überschüssen des außerordentlichen Ergebnisses (außerordentliche Rücklage)** ausgeglichen werden dürfen.[4] Im Umkehrschluss: Ein Bestand der außerordentlichen Rücklage, der aus entsprechenden Überschüssen in Haushaltsjahren nach dem Haushaltsjahr 2020 gebildet wurde, kann hierfür nicht herangezogen werden. Es bleibt abzuwarten, ob diese Regelung auch für das Haushaltsjahr 2024 gilt bzw. ob es grundsätzliche Veränderungen in der strikten Trennung von ordentlichem und außerordentlichem Ergebnis geben wird, dies war zum Zeitpunkt der Erstellung des Manuskriptes dieser Auflage noch nicht absehbar.

10.2.2 Im außerordentlichen Ergebnis

Gemäß § 58 Nr. 6 GemHVO sind außerordentliche Aufwendungen und Erträge im Einzelfall erhebliche Aufwendungen und Erträge, die wirtschaftlich andere Haushaltsjahre betreffen, oder selten oder unregelmäßig anfallen, bzw. Aufwendungen und Erträge aus Veräußerungen von Vermögensgegenständen des Anlagevermögens, die den Restbuchwert übersteigen beziehungsweise unterschreiten.

Gemäß § 2 Abs. 3 GemHVO sind außerordentliche Erträge und außerordentliche Aufwendungen insbesondere Gewinne und Verluste aus der Veräußerung von Vermögensgegenständen des Anlagevermögens. Erzielt die Gemeinde z. B. beim Verkauf eines Grundstückes einen höheren Preis als den Betrag, mit dem das Grundstück bilanziert ist, hat sie in Höhe des übersteigenden Betrages einen außerordentlichen Ertrag. Liegt der Verkaufspreis unter dem Bilanzwert, hat sie in Höhe der Differenz einen außerordentlichen Aufwand.

Weitere außerordentliche Erträge bzw. Aufwendungen sind u. a. solche, die periodenfremd sind, also wirtschaftlich ein Haushaltsjahr betreffen, das schon abgeschlossen ist und nicht mehr bebucht werden kann, sodass die buchungsmäßige Zuordnung zum aktuellen Jahr erfolgen muss. Einen Gesamtüberblick über die Vorgänge, die als außerordentliche Erträge bzw. außerordentliche Aufwendungen behandelt werden, erhält man beim Studium der Kontengruppen 59 bzw. 79 des Muster 12 zur GemHVO (Kommunaler Verwaltungskontenrahmen).

Zu beachten ist, dass nach § 58 Nr. 6a GemHVO Aufwendungen und Erträge, die wirtschaftlich andere Haushaltsjahre betreffen oder selten oder unregelmäßig anfallen, nur dann als außerordentliche Aufwendungen und Erträge gelten, wenn sie **im Ein-**

4 Finanzplanungserlass vom 14.10.2022, StAnz. 44/2022, S. 1223, Ziff. II 3.

zelfall als erheblich anzusehen sind, was die Gemeinde betragsmäßig unter Auslegung[5] dieses unbestimmten Rechtsbegriffes festlegen muss, während Aufwendungen und Erträge aus Veräußerungen von Vermögensgegenständen des Anlagevermögens, die den Restbuchwert unterschreiten beziehungsweise übersteigen, unabhängig vom Betrag **immer** als außerordentliche Aufwendungen bzw. Erträge gelten.

Das außerordentliche Ergebnis ist der Saldo aus den außerordentlichen Erträgen und den außerordentlichen Aufwendungen (§ 2 Abs. 2 Nr. 4 GemHVO).

Die haushaltsrechtlichen Vorschriften beinhalten keine Verpflichtung zum Ausgleich des außerordentlichen Ergebnisses bei der Planaufstellung, verlangen also kein Tätigwerden der Gemeinde für den Fall, dass das außerordentliche Ergebnis des Haushaltsplanes nicht ausgeglichen ist (die außerordentlichen Aufwendungen übersteigen die außerordentlichen Erträge). Es ist ohnehin bei der Haushaltsplanung sehr schwierig abzuschätzen, zu welchen Vorgängen mit welchen Beträgen es im außerordentlichen Bereich beim Haushaltsvollzug kommen wird, sodass die Betrachtungen hier eher auf der abschlusstechnischen Seite liegen.

Ein unausgeglichenes außerordentliches Ergebnis führt genauso zur Eigenkapitalminderung wie ein unausgeglichenes ordentliches Ergebnis. Die Gemeinde muss also im Interesse ihres Vermögenserhalts dafür sorgen, dass sich im Zeitverlauf Fehlbeträge und Überschüsse im außerordentlichen Ergebnis ausgleichen (siehe auch unten). Dies ergibt sich auch aus Nr. 4 Hw. zu § 25 GemHVO, wonach auch für einen außerordentlichen Fehlbetrag der Grundsatz einer unverzüglichen Ausgleichsverpflichtung („so schnell wie möglich") gilt.

Folgende Beispiele (bezogen auf die Haushaltsplanung) sollen diese Zusammenhänge noch einmal illustrieren:

Fall a)

Zeile	*Bezeichnung*	*Betrag (€)*
10	*Summe der ordentlichen Erträge*	*25.000.000*
19	*Summe der ordentlichen Aufwendungen*	*24.000.000*
20	*Verwaltungsergebnis*	*1.000.000*
21	*Finanzerträge*	*2.000.000*
22	*Zinsen und sonstige Finanzaufwendungen*	*3.000.000*
23	*Finanzergebnis*	*–1.000.000*
24	*Gesamtbetrag der ordentlichen Erträge (Zeile 10 + Zeile 21)*	*27.000.000*
25	*Gesamtbetrag der ordentlichen Aufwendungen (Zeile 19 + Zeile 22)*	*27.000.000*
26	***Ordentliches Ergebnis (Zeile 24 ./. Zeile 25)***	***0***

5 Nach Nr. 3 der Hinweise zu § 2 GemHVO ist der Begriff „Außerordentliche Aufwendungen und Erträge" eng auszulegen. In Zweifelsfällen hat danach vorrangig eine Veranschlagung bzw. Buchung als ordentliche Erträge und Aufwendungen zu erfolgen.

Zeile	Bezeichnung	Betrag (€)
27	*Außerordentliche Erträge*	*1.000.000*
28	*Außerordentliche Aufwendungen*	*1.000.000*
29	***Außerordentliches Ergebnis Zeile 27 ./. Zeile 28)***	***0***
30	***Jahresergebnis (Zeile 26 + Zeile 29)***	***0***

In diesem Fall ist das ordentliche (und auch das außerordentliche) Ergebnis ausgeglichen, die Anforderung des Haushaltsausgleichs damit erfüllt.

Fall b) (Zeilen 10, 19–25 wie vor)

Zeile	Bezeichnung	Betrag (€)
26	***Ordentliches Ergebnis (Zeile 24 ./. Zeile 25)***	***0***
27	*Außerordentliche Erträge*	*1.000.000*
28	*Außerordentliche Aufwendungen*	*2.000.000*
29	***Außerordentliches Ergebnis Zeile 27 ./. Zeile 28)***	***–1.000.000***
30	***Jahresergebnis (Zeile 26 + Zeile 29)***	***–1.000.000***

Hier entsteht insgesamt ein negatives Jahresergebnis, da dieses aber aus dem außerordentlichen Ergebnis resultiert und das ordentliche Ergebnis ausgeglichen ist, ist der Ergebnishaushalt ausgeglichen.

Fall c)

Zeile	Bezeichnung	Betrag (€)
10	*Summe der ordentlichen Erträge*	*25.000.000*
19	*Summe der ordentlichen Aufwendungen*	*24.000.000*
20	*Verwaltungsergebnis*	*+1.000.000*
21	*Finanzerträge*	*2.000.000*
22	*Zinsen und sonstige Finanzaufwendungen*	*4.000.000*
23	*Finanzergebnis*	*–2.000.000*
24	*Gesamtbetrag der ordentlichen Erträge (Zeile 10 + Zeile 21)*	*27.000.000*
25	*Gesamtbetrag der ordentlichen Aufwendungen (Zeile 19 + Zeile 22)*	*28.000.000*
26	***Ordentliches Ergebnis (Zeile 24 ./. Zeile 25)***	***–1.000.000***
27	*Außerordentliche Erträge*	*2.000.000*
28	*Außerordentliche Aufwendungen*	*1.000.000*
29	***Außerordentliches Ergebnis Zeile 27 ./. Zeile 28)***	***+1.000.000***
30	***Jahresergebnis (Zeile 26 + Zeile 29)***	***0***

Hier ist zwar das Jahresergebnis insgesamt ausgeglichen, aber nur dadurch, dass dem Defizit im ordentlichen Ergebnis ein gleichhoher Überschuss im außerordentlichen Ergebnis gegenübersteht. Damit liegt zunächst kein Haushaltsaus-

gleich vor. Es ist nun zu prüfen, ob eine Rücklage aus Überschüssen des ordentlichen Ergebnisses in den Vorjahren gebildet und entsprechend dotiert wurde (siehe auch unten Fall d)):

- *Ist diese Rücklage vorhanden und hat sie einen Bestand von mindestens 1.000.000 €, so ist der Haushaltsausgleich vorhanden, die Verrechnung des Fehlbetrages mit der Rücklage erfolgt aber erst beim Jahresabschluss (§ 25 Abs. 2 Nr. 1 GemHVO), ein Haushaltssicherungskonzept muss nicht erstellt werden.*
- *Ist diese Rücklage nicht vorhanden oder hat sie einen Bestand von unter 1.000.000 €, ist der Haushaltsausgleich nicht vorhanden, die Gemeinde muss ein Haushaltssicherungskonzept erstellen (§ 92 Abs. 5 Nr. 1 i. V. m. § 92a HGO).*

Fall d)

Zeile	*Bezeichnung*	*Betrag (€)*
10	*Summe der ordentlichen Erträge*	*25.000.000*
19	*Summe der ordentlichen Aufwendungen*	*24.000.000*
20	*Verwaltungsergebnis*	*+1.000.000*
21	*Finanzerträge*	*2.000.000*
22	*Zinsen und sonstige Finanzaufwendungen*	*1.000.000*
23	*Finanzergebnis*	*+1.000.000*
24	*Gesamtbetrag der ordentlichen Erträge (Zeile 10 + Zeile 21)*	*27.000.000*
25	*Gesamtbetrag der ordentlichen Aufwendungen (Zeile 19 + Zeile 22)*	*25.000.000*
26	***Ordentliches Ergebnis (Zeile 24 ./. Zeile 25)***	***+2.000.000***
27	*Außerordentliche Erträge*	*1.000.000*
28	*Außerordentliche Aufwendungen*	*2.000.000*
29	***Außerordentliches Ergebnis Zeile 27 ./. Zeile 28)***	***–1.000.000***
30	***Jahresergebnis (Zeile 26 + Zeile 29)***	***+1.000.000***

In diesem Fall ist das ordentliche Ergebnis nicht nur ausgeglichen, sondern weist einen Überschuss von 2.000.000 € auf. Dieser ist beim Jahresabschluss der Rücklage aus Überschüssen des ordentlichen Ergebnisses zuzuführen. Ein Ausgleich des außerordentlichen Ergebnisses hieraus findet nicht statt. Soweit keine Rücklage aus Überschüssen des außerordentlichen Ergebnisses besteht, um den Fehlbetrag auszugleichen oder diese nicht ausreichend dotiert ist, wird der Fehlbetrag auf neue Rechnung, also in das Folgejahr, vorgetragen, § 25 Abs. 4 GemHVO. Ein auf neue Rechnung vorgetragener Fehlbetrag soll innerhalb von fünf Jahren ausgeglichen werden, im Einzelnen siehe unten.

10.2.3 Abwicklung von Überschüssen und Fehlbeträgen[6]

Die Regelungen für den Umgang mit Überschüssen und Fehlbeträgen, die mit der Erstellung des Jahresabschlusses entstehen, enthält § 25 GemHVO.

Dabei gelten folgende Regelungen und Reihenfolgen:

Wird in der Ergebnisrechnung ein **Jahresüberschuss im ordentlichen Ergebnis** ausgewiesen, ist dieser zunächst, sofern vorhanden, zur Abdeckung von Jahresfehlbeträgen im ordentlichen Ergebnis der Haushaltsvorjahre zu verwenden. Wird der Überschuss dafür nicht oder nicht vollständig benötigt, ist der verbleibende Betrag der aus Überschüssen des ordentlichen Ergebnisses gebildeten Rücklage zuzuführen (Abs. 1).

Wird in der Ergebnisrechnung ein **Jahresfehlbetrag im ordentlichen Ergebnis** ausgewiesen, ist dieser zunächst als Fehlbetrag bei der Aufstellung des Jahresabschlusses auszuweisen. Sind Mittel in der aus Überschüssen des ordentlichen Ergebnisses gebildeten Rücklage vorhanden, darf der Fehlbetrag vor dem Abschluss der Bücher mit diesen Mitteln ausgeglichen werden. Ist diese Rücklage nicht dotiert oder reichen die Mittel nicht zur Fehlbetragsdeckung aus, wird der nicht gedeckte Betrag auf neue Rechnung, d. h. in die Vermögensrechnung (Bilanz) des Folgejahres vorgetragen. In diesem Fall soll ein Jahresfehlbetrag beim ordentlichen Ergebnis unverzüglich durch Überschüsse des ordentlichen Ergebnisses folgender Haushaltsjahre ausgeglichen werden (Abs. 2).

Gemäß Nr. 5 Hw. zu § 25 GemHVO soll ein Fehlbetrag beim ordentlichen Ergebnis unverzüglich, d. h. möglichst schon im Rahmen des Haushaltsvollzugs des Folgejahres ausgeglichen werden. Bei der Aufstellung eines Nachtragshaushalts für das folgende Jahr sollte die Erwirtschaftung eines Überschusses im ordentlichen Ergebnis angestrebt werden, um den Fehlbetrag des Vorjahres auszugleichen.

Die Gemeinde muss also alle Anstrengungen unternehmen, um in den dem Defizitjahr folgenden Jahren Überschüsse im ordentlichen Ergebnis zu erwirtschaften, mit denen der Fehlbetrag ausgeglichen werden kann. Das ist dann jedoch problematisch, wenn das Entstehen des Fehlbetrages nicht durch einen einmaligen Vorgang (z. B. ein einmaliger hoher Ausfall von Gewerbesteuern) bedingt ist, sondern strukturell, also dauerhaft erfolgt, die Gemeinde also aufgrund ihrer gesamten wirtschaftlichen Rahmenbedingungen langfristig nicht in der Lage ist, das ordentliche Ergebnis auszugleichen oder sogar Überschüsse zu erzielen. Solange Fehlbeträge aus Vorjahren im ordentlichen Ergebnis bei der Aufstellung der Haushalte folgender Jahre noch nicht ausgeglichen werden können, liegt kein Haushaltsausgleich vor, siehe oben. Dies führt für jedes betroffene Jahr zur Verpflichtung, ein Haushaltssicherungskonzept (siehe unten Ziff. 10.5) aufzustellen.

6 Siehe hierzu Ziff. 16.3.4.

Nachfolgendes Schema soll den Haushaltsausgleich im Ergebnishaushalt verdeutlichen:

Der Ergebnishaushalt ist im ordentlichen Ergebnis ausgeglichen (Gesamtbetrag der ordentlichen Erträge und der Zins- und sonstigen Finanzerträge mindestens ebenso hoch wie Gesamtbetrag der ordentlichen Aufwendungen und der Zins- und sonstigen Finanzaufwendungen) und	
es bestehen keine vorgetragenen Jahresfehlbeträge	Haushaltsausgleich erreicht
es bestehen vorgetragene Jahresfehlbeträge und	
ein Überschuss im ordentlichen Ergebnis reicht zum Ausgleich aus	Haushaltsausgleich erreicht
ein Überschuss im ordentlichen Ergebnis reicht zum Ausgleich nicht aus	Haushaltsausgleich verfehlt
Der Ergebnishaushalt ist im ordentlichen Ergebnis nicht ausgeglichen (Gesamtbetrag der ordentlichen Erträge und der Zins- und sonstigen Finanzerträge geringer als Gesamtbetrag der ordentlichen Aufwendungen und der Zins- und sonstigen Finanzaufwendungen) und	
es besteht eine Rücklage aus Überschüssen des ordentlichen Ergebnisses in mindestens der Höhe des Fehlbedarfes bzw. Fehlbetrages	Haushaltsausgleich erreicht
es besteht keine Rücklage aus Überschüssen des ordentlichen Ergebnisses oder ihr Bestand ist geringer als der Fehlbedarf bzw. Fehlbetrag	Haushaltsausgleich verfehlt

Für Überschüsse und Fehlbeträge im außerordentlichen Ergebnis gelten vergleichbare Regelungen:

Ein in der Ergebnisrechnung ausgewiesener **Jahresüberschuss im außerordentlichen Ergebnis** ist zur Abdeckung von Jahresfehlbeträgen im außerordentlichen Ergebnis der Haushaltsvorjahre zu verwenden, soweit diese bestehen. Verbleibende Beträge werden der aus Überschüssen des außerordentlichen Ergebnisses gebildeten Rücklage zugeführt (Abs. 3).

Ein in der Ergebnisrechnung ausgewiesener **Jahresfehlbetrag im außerordentlichen Ergebnis** ist zunächst durch Entnahme aus der aus Überschüssen des außerordentlichen Ergebnisses gebildeten Rücklage zu decken. Wenn dies nicht oder nicht vollständig möglich ist, erfolgt in der Vermögensrechnung (Bilanz) des Folgejahres Vortrag auf neue Rechnung. Ein auf neue Rechnung vorgetragener Fehlbetrag im außerordentlichen Ergebnis soll innerhalb von fünf Jahren ausgeglichen werden (Abs. 4). Sofern der Fehlbetrag auch nach fünf Jahren noch nicht ausgeglichen werden kann, lässt es § 25 Abs. 4 GemHVO zu, ihn mit Überschüssen des ordentlichen Ergebnisses oder mit Mitteln aus der aus Überschüssen des ordentlichen Ergebnisses gebildeten Rücklage auszugleichen, soweit diese nicht jeweils vorrangig zum Ausgleich von Jahresfehlbeträgen des ordentlichen Ergebnisses benötigt werden.

Für Verluste aus der unentgeltlichen Übertragung des wirtschaftlichen Eigentums von Vermögensgegenständen des Anlagevermögens an juristische Personen des öffentlichen Rechts gelten Sonderregelungen (§ 25 Abs. 5 GemHVO).

Wenn die Gemeinde ihren Jahresabschluss erstellt, werden das ordentliche und das außerordentliche Ergebnis bilanziell zunächst in den Hauptkonten 340 bzw. 341 (ordentliches bzw. außerordentliches Ergebnis) nachgewiesen; sofern Fehlbeträge entstanden sind, nach Ausgleich mit evtl. Mitteln der jeweiligen Rücklagen. Die Darstellung der weiteren bilanziellen Behandlung der Jahresergebnisse erfolgt in Kap. 15 und 16. Beschlüsse der Gemeindevertretung zur Behandlung bzw. Verwendung der ordentlichen und außerordentlichen Ergebnisse sind nicht erforderlich, da die bei der Aufstellung des Jahresabschlusses abzuwickelnden Vorgänge zum ordentlichen Ergebnis zwangsläufige Folge der rechtlichen Vorgaben (§ 25 Abs. 1 und 2 GemHVO) sind, die Regelungen des § 25 GemHVO lassen hierfür keine Dispositionsfreiheit (siehe auch Nr. 4 Hw. zu § 25 GemHVO).

Da die Inanspruchnahme der Rücklage aus Überschüssen des ordentlichen Ergebnisses demnach auf Verwaltungsebene erfolgt und damit kein Raum für eine entsprechende Disposition durch die Gemeindevertretung bleibt, sollte dieser Vorgang, um ihn publik und seinen finanzwirtschaftlichen Hintergrund bewusst zu machen, im Anhang ausreichend dokumentiert werden.

Die Gemeinde muss alle Möglichkeiten ausschöpfen, vorgetragene Fehlbeträge mit Überschüssen des ordentlichen bzw. des außerordentlichen Ergebnisses folgender Jahre nach Maßgabe obiger Regelungen auszugleichen. Fehlbeträge sowohl im ordentlichen als auch im außerordentlichen Ergebnis werden so lange vorgetragen, bis sie mit entsprechenden Überschüssen folgender Jahre ausgeglichen werden können, im Hinblick auf das ordentliche Ergebnis heißt das folglich auch, dass bis zum vollständigen Ausgleich eines dort entstandenen Fehlbetrages im Sinne von § 92 Abs. 5 Nr. 1 HGO kein Haushaltsausgleich vorliegt und entsprechend § 92a HGO weiterhin ein Haushaltssicherungskonzept aufzustellen ist, siehe hierzu unten Ziff. 10.5.

10.3 Ausgleich des Finanzhaushaltes

Die Verpflichtung zum Haushaltsausgleich umfasst in der seit 2019 gelten Gesetzesfassung auch den Finanzhaushalt.

Wie in Ziff. 6.5.1.2 dargestellt, weist der Finanzhaushalt die zahlungswirksamen Vorgänge aus, getrennt nach dem Zahlungsmittelfluss aus laufender Verwaltungstätigkeit, dem Zahlungsmittelfluss aus Investitionstätigkeit und dem Zahlungsmittelfluss aus Finanzierungstätigkeit und er weist aus, wie sich der Zahlungsmittelbestand zwischen Jahresanfang und Jahresende verändert.

Bezogen auf die drei vorstehend genannten Zahlungsmittelflüsse ist zum Ausgleich jeweils folgendes festzuhalten:

Der **Zahlungsmittelfluss aus laufender Verwaltungstätigkeit** soll nach den Vorgaben des § 92 Abs. 5 Nr. 2 bzw. Abs. 6 Nr. 2 sowohl in der Planung als auch in der Rechnung im Saldo immer positiv und mindestens so hoch sein, dass daraus die Auszahlungen zur ordentlichen Tilgung von Krediten geleistet werden können, soweit für die Tilgung keine zweckgebundenen Einzahlungen zur Verfügung stehen, dies können z. B. Tilgungszuschüsse im Rahmen von Investitionsförderprogrammen sein. Hinzugerechnet werden weiterhin die tilgungsgleichen Auszahlungen an die sog. „Hessenkasse“.

Die Hessenkasse ist ein Programm des Landes Hessen, mit dem die Gemeinden von den Kassenkreditverbindlichkeiten (siehe Ziff. 9.5), die aufgrund langjährig defizitärer Haushaltslage aufgelaufen waren, entschuldet wurden. Sofern die Gemeinde an diesem Programm teilgenommen hat, hat das Land Hessen i. d. R. zum 30. Juni 2018 über die „Hessenkasse“ die Kassenkreditverbindlichkeiten der Gemeinde übernommen, was sie insbesondere auch vom Zinsänderungsrisiko befreit. Dafür muss die Gemeinde einen jährlichen Tilgungsbeitrag von 25 € pro Einwohner an die Hessenkasse entrichten, das Land Hessen zahlt den gleichen Betrag hinzu. Sofern dann nach 30 Jahren die Kassenkreditverbindlichkeit noch nicht vollständig getilgt ist, übernimmt das Land den Restbetrag alleine, außerdem trägt das Land die komplette Zinslast.

Die Gemeinde muss nun, so wie bei der ordentlichen Tilgung auch, die Auszahlungen an die Hessenkasse aus dem Überschuss im Saldo des Zahlungsmittelflusses aus laufender Verwaltungstätigkeit decken. Hat die Gemeinde also im Saldo aus laufender Verwaltungstätigkeit einen Überschuss, der mindestens so hoch ist wie die Auszahlungen zur ordentlichen Tilgung von Krediten, soweit nicht durch entsprechend zweckgebundene Einzahlungen gedeckt, zuzüglich der Auszahlungen an die „Hessenkasse“, hat sie die gesetzlichen Anforderungen zum Haushaltsausgleich im Finanzhaushalt erfüllt.

Dies wird auch deutlich, wenn man sich die Situation eines Privathaushaltes vorstellt, der einen Kredit z. B. für ein neues Auto aufnimmt. Dieser Kredit muss aus den laufenden monatlichen Einnahmen zurückgezahlt werden. Ist dies nicht möglich, würde sich der Kontostand des Privathaushaltes immer weiter verringern, negativ werden und dann ggf. ein Dispositionslimit erreichen, was zur Zahlungsunfähigkeit des Privathaushaltes führen kann. Für die Gemeinde gilt grundsätzlich das Gleiche: Der Zahlungsmittelfluss aus laufender Verwaltungstätigkeit muss einen Überschuss erbringen, der es zumindest ermöglicht, daraus die Tilgungsleistungen zu decken, die ansonsten durch Liquiditätskredite finanziert werden müssten. Das bedeutet, dass sich die bilanzielle Verschuldung der Gemeinde nicht verringert, lediglich langfristige Verbindlichkeiten in (ggf. sogar höher zu verzinsende) kurzfristige Verbindlichkeiten umgewandelt werden.

Über die Finanzierung der Tilgung einschl. Hessenkasse hinaus soll der Zahlungsmittelfluss aus laufender Verwaltungstätigkeit weitere Überschüsse erwirtschaften. Gemäß § 106 Abs. 1 HGO muss die Gemeinde eine Liquiditätsreserve vorhalten bzw. aufbauen, die sich in der Regel auf mindestens 2 % der Summe der Auszahlungen aus laufender Verwaltungstätigkeit nach dem Durchschnitt der drei dem Haushaltsjahr vorangehenden Jahre belaufen soll und dazu dient, die stetige Zahlungsfähigkeit möglichst ohne Rückgriff auf Liquiditätskredite sicherzustellen. Darüber hinausgehende Überschüsse dienen dazu, die investiven Auszahlungen mitzufinanzieren, also einen evtl. Bedarf an Investitionskrediten zu verringern.

Im (negativen) Saldo des **Zahlungsmittelflusses aus Investitionstätigkeit** wird dargestellt, in welcher Höhe die investiven Auszahlungen nicht durch investive Einzahlungen gedeckt werden.

Der Zusammenhang der drei Zahlungsmittelflüsse des Finanzhaushaltes lässt sich insgesamt wie folgt darstellen:

Fall a)

Saldo des Zahlungsmittelflusses aus laufender Verwaltungstätigkeit (Überschuss)		500.000 €
Einzahlungen aus Investitionstätigkeit	1.500.000 €	
Auszahlungen aus Investitionstätigkeit	6.000.000 €	
Saldo des Zahlungsmittelflusses aus Investitionstätigkeit		–4.500.000 €
Einzahlungen aus Finanzierungstätigkeit (Kreditaufnahmen)	4.400.000 €	
Auszahlungen aus Finanzierungstätigkeit (ord. Kredittilgungen)	250.000 €	
Auszahlungen an die Hessenkasse	150.000 €	
Saldo aus Finanzierungstätigkeit		4.000.000 €
Änderung des Zahlungsmittelbestandes		0 €

Fall b)

Saldo des Zahlungsmittelflusses aus laufender Verwaltungstätigkeit (Überschuss)		300.000 €
Einzahlungen aus Investitionstätigkeit	1.500.000 €	
Auszahlungen aus Investitionstätigkeit	6.000.000 €	
Saldo des Zahlungsmittelflusses aus Investitionstätigkeit		–4.500.000 €
Einzahlungen aus Finanzierungstätigkeit (Kreditaufnahmen)	4.500.000 €	
Auszahlungen aus Finanzierungstätigkeit (Kredittilgungen)	250.000 €	
Auszahlungen an die Hessenkasse	150.000 €	
Saldo aus Finanzierungstätigkeit		4.100.000 €
Änderung des Zahlungsmittelbestandes		–100.000 €

Im Fall a) kann der Überschuss aus laufender Verwaltungstätigkeit (500.000 €) die Tilgung einschl. Hessenkasse (insgesamt 400.000 €) in voller Höhe decken (Anforderung aus § 92 Abs. 5 Nr. 2 bzw. Abs. 6 Nr. 2 HGO erfüllt) und darüber hinaus noch einen Teil (100.000 €) der nicht durch investive Einzahlungen gedeckten investiven Auszahlungen finanzieren, in dieser Höhe wird also keine Kreditaufnahme benötigt. Hierbei wird vorausgesetzt, dass die Liquiditätsreserve nach § 106 Abs. 1 HGO aufgebaut ist.

Im Fall b) reicht der Überschuss aus laufender Verwaltungstätigkeit (300.000 €) nicht aus, um die Tilgung einschl. Hessenkasse (insgesamt 400.000 €) in voller Höhe zu decken (Anforderung § 92 Abs. 5 Nr. 2 bzw. Abs. 6 Nr. 2 HGO nicht erfüllt, **kein Haushaltsausgleich**). Die nicht durch investive Einzahlungen gedeckten investiven Auszahlungen müssten in voller Höhe (4.500.000 €) durch Kredite finanziert werden, zudem würde ein (zusätzlicher) Bedarf an Liquiditätskrediten von 100.000 € entstehen, sofern nicht Zahlungsmittelbestände vorhanden sind, die hierfür eingesetzt werden können. Eine denkbare Erhöhung der Kreditaufnahme über den **Saldo aus Investitionstätigkeit** von 4,5 Mio. € hinaus, da die Investitionen ja insgesamt 6 Mio. € betragen, kommt nicht in Betracht, da dies gegen den Subsidiaritätsgrundsatz aus § 93 Abs. 3 HGO verstoßen würde, siehe auch Ziff. 7.2.6, denn es stehen ja in Höhe der Einzahlungen aus Investitionstätigkeit andere Finanzierungsmöglichkeiten zur Verfügung.

Dieser Fall würde gleich zwei Genehmigungstatbestände im Hinblick auf die Haushaltssatzung generieren:

- Die Tatsache an sich, dass von den Vorgaben zum Haushaltsausgleich (hier im Finanzhaushalt) abgewichen wird, bedarf der Genehmigung der Aufsichtsbehörde nach § 97a Nr. 1 HGO,
- zudem führt die Nichteinhaltung der Vorgaben zum Ausgleich (hier) des Finanzhaushaltes in der Planung trotz Ausnutzung aller Einsparmöglichkeiten bei den Auszahlungen sowie der Ausschöpfung aller Einzahlungsmöglichkeiten zur Notwendigkeit der Aufstellung und Beschlussfassung (durch die Gemeindevertretung) eines Haushaltssicherungskonzeptes, das im Rahmen der Haushaltssatzung der Genehmigung durch die Aufsichtsbehörde bedarf (§§ 92a Abs. 3, 97a Nr. 2 HGO).

Ungeachtet der Regelungen zum Haushaltsausgleich muss die Gemeinde immer sicherstellen, dass jederzeit die Fähigkeit besteht, die zu leistenden Zahlungen tatsächlich bewirken zu können, ggf. unter Inanspruchnahme von Liquiditätskrediten (siehe Ziff. 9.5). Aus dem Grundsatz des Vermögenserhalts, der sich aus § 10 HGO ergibt, und dem Grundsatz der stetigen Aufgabenerfüllung (siehe Ziff. 7.2.1.1) lässt sich ableiten, dass der Zahlungsmittelbestand am Jahresende unter Berücksichtigung der o. g. Verpflichtung zum Aufbau einer Liquiditätsreserve mindestens genauso hoch sein soll wie am Jahresanfang, ohne dass sich die Verbindlichkeiten aus Liquiditätskrediten erhöht haben. Eine Minderung des Zahlungsmittelendbestandes gegenüber dem Anfangsbestand sollte allenfalls dadurch entstanden sein, dass

- Auszahlungen zulasten von Rückstellungen oder Verbindlichkeiten oder aufgrund übertragener Ermächtigungen (siehe Ziff. 7.4.4) vorgenommen wurden,
- Investitionsauszahlungen des laufenden Jahres und aufgrund übertragener Ermächtigungen getätigt wurden,
- Kredite außerordentlich getilgt wurden oder
- Liquiditätskredite zurückgezahlt wurden.

10.4 Ausgleich der mittelfristigen Ergebnis- und Finanzplanung

Wie bereits unter Ziff. 10.1 ausgeführt, soll auch die mittelfristige Finanzplanung (§ 101 HGO, § 9 GemHVO) ausgeglichen gestaltet werden (§ 9 Abs. 4 GemHVO), zum Charakter einer Soll-Vorschrift siehe ebenfalls oben Ziff. 10.1.

Ebenso wie für ein Haushaltsjahr soll auch im Rahmen der Finanz- und Ergebnisplanung ein Ausgleich in den einzelnen Jahren unter Ausschöpfung aller Finanzierungsmöglichkeiten und einer sparsamen Ausgabenpolitik herbeigeführt werden.

Dabei kommt der Ergebnisplanung besondere Bedeutung zu, denn auch im Finanzplanungszeitraum gilt entsprechend der Regelungen für den Haushalt der Ausgleich im Ergebnishaushalt als vorhanden, wenn das ordentliche Ergebnis innerhalb der Ergebnisplanung in Aufwand und Ertrag ausgeglichen ist. Für den Finanzhaushalt gilt gleichermaßen die Erwirtschaftung der nicht anderweitig gedeckten ordentlichen Tilgung einschl. evtl. Auszahlungen an die „Hessenkasse" aus dem Überschuss des Zahlungsmittelflusses aus laufender Verwaltungstätigkeit. Da die Möglichkeiten der Beeinflussung der kommunalen Finanzen im Hinblick auf die Erzielung des Haushaltsausgleichs eher mittel- als kurzfristig wirksam sind, ist die Herbeiführung eines Ausgleichs der Ergebnis- und Finanzplanung und das Aufzeigen der dafür notwendigen Maßnahmen mindestens genauso wichtig wie beim jährlichen Haushaltsplan.

Gemäß § 92a Abs. 1 Nr. 2 HGO ist die Gemeinde auch dann verpflichtet, ein Haushaltssicherungskonzept aufzustellen, wenn nach der Ergebnis- und Finanzplanung im Planungszeitraum Fehlbeträge oder ein negativer Zahlungsmittelbestand erwartet werden. Hierzu hat das HMdIS im Erlasswege erleichternde Regelungen getroffen, siehe dazu insgesamt unten Ziff. 10.5.

10.5 Das Haushaltssicherungskonzept

Durch § 92a HGO sind zwei Tatbestände festgelegt, die zwingend zur Aufstellung eines Haushaltssicherungskonzeptes führen:

1. Wenn die Gemeinde die Vorgaben zum Ausgleich des Ergebnis- und des Finanzhaushaltes in der Planung trotz Ausnutzung aller Einsparmöglichkeiten bei den Aufwendungen und Auszahlungen sowie der Ausschöpfung aller Ertrags- und Einzahlungsmöglichkeiten nicht einhält oder
2. nach der Ergebnis- und Finanzplanung (§ 101 HGO, siehe Kap. 12) im Planungszeitraum Fehlbeträge oder ein negativer Zahlungsmittelbestand erwartet werden.[7]

Ein Haushaltssicherungskonzept ist demnach erforderlich, wenn im Ergebnishaushalt das ordentliche Ergebnis trotz Ausnutzung aller Einsparmöglichkeiten bei den Aufwendungen sowie der Ausschöpfung aller Ertragsmöglichkeiten einen Fehlbedarf ausweist oder im Finanzhaushalt der Saldo des Zahlungsmittelflusses aus laufender Verwaltungstätigkeit trotz Ausnutzung aller Einsparmöglichkeiten bei den Auszahlungen sowie der Ausschöpfung aller Einzahlungsmöglichkeiten nicht mindestens den Betrag erwirtschaftet, der für die ordentliche Tilgung (abzüglich hierfür zweckgebundener Einzahlungen) und die Auszahlungen an die Hessenkasse benötigt wird.

Ein Haushaltssicherungskonzept ist weiterhin erforderlich, wenn im Planungszeitraum der mittelfristigen Ergebnis- und Finanzplanung, also in einem der drei „echten"

7 Siehe hierzu auch die Darstellung bei *Daneke* in KVR Hessen, § 92a HGO.

Planungsjahre, Fehlbeträge (hier kann nur der Fehlbetrag im ordentlichen Ergebnis des Ergebnishaushaltes gemeint sein) oder (im Finanzhaushalt) ein negativer Zahlungsmittelbestand erwartet werden. Letzteres entspricht nicht genau den für den Haushalt geltenden Regelungen und lässt nach dem Wortlaut im Hinblick auf das Haushaltssicherungskonzept ein Abweichen davon zu, solange der Zahlungsmittelbestand positiv bleibt.

Damit wird auch die Verpflichtung aus § 101 Abs. 6 HGO („Die Gemeinde soll rechtzeitig geeignete Maßnahmen treffen, die nach der Ergebnis- und Finanzplanung erforderlich sind, um eine geordnete Haushaltsentwicklung unter Berücksichtigung ihrer voraussichtlichen Leistungsfähigkeit in den einzelnen Planungsjahren zu sichern.“) konkretisiert.

Mit dem sog. Finanzplanungserlass vom 14.10.2022, StAnz. 44/2022 S. 1223, hat das HMdIS Modifizierungen für den Zeitraum der mittelfristigen Ergebnisplanung bezüglich der Aufstellung eines Haushaltssicherungskonzeptes geregelt. Danach besteht keine Pflicht zu dessen Aufstellung, wenn für den Planungszeitraum insgesamt, also in Summe aller fünf Planungsjahre, das ordentliche Ergebnis ausgeglichen ist bzw. ein sich saldiert ergebendes Defizit im ordentlichen Ergebnis durch eine Entnahme aus der Rücklage für das ordentliche Ergebnis ausgeglichen werden kann. Auch der **zum 31.12.2020 vorhandene Bestand** der Rücklage für das außerordentliche Ergebnis kann zum Ausgleich eines saldierten Defizits im ordentlichen Ergebnis des Finanzplanungszeitraums bis 2027 eingesetzt werden. Hier erfolgt eine sicherlich sinnvolle und gerechtfertigte Abkehr von der Einzeljahresbetrachtung des Haushaltsausgleichs im ordentlichen Ergebnis hin zu einer Gesamtbetrachtung des jeweiligen Finanzplanungszeitraums vor. Ein Haushaltssicherungskonzept ist danach nur noch dann aufzustellen, wenn saldiert betrachtet ein Defizit im ordentlichen Ergebnis verbleibt, dass weder aus der ordentlichen Rücklage noch aus dem Bestand zum 31.12.2020 der außerordentlichen Rücklage ausgeglichen werden kann.

Auch für den Finanzhaushalt wird nun ausdrücklich eine Saldobetrachtung über die Planungsjahre geregelt. Ein Haushaltssicherungskonzept ist danach nicht aufzustellen, wenn im Finanzplanungszeitraum insgesamt die Summe der Salden aus laufender Verwaltungstätigkeit abzüglich der Summe der Auszahlungen für die ordentliche Tilgung von Investitionskrediten (unter Berücksichtigung hierfür vorgesehener zweckgebundener Einzahlungen) und an das Sondervermögen Hessenkasse nicht negativ ist. Selbst wenn sie negativ ist, entfällt zumindest für den Finanzplanungszeitraum 2022–2026 ein Haushaltssicherungskonzept, wenn im gesamten Finanzplanungszeitraum ausreichende, nicht anderweitig gebundene Liquidität für diese Auszahlungen zur Verfügung steht. Nur wenn dies nicht der Fall ist, also die ordentlichen Tilgungsauszahlungen einschl. Hessenkasse über den gesamten Finanzplanungszeitraum betrachtet liquiditätsmäßig nicht gedeckt sind, muss ein Haushaltssicherungskonzept aufgestellt werden.

Es bleibt abzuwarten, ob diese Erlassregelungen als dauerhafte Regelungen in die GemHVO übernommen werden.

Muss ein Haushaltssicherungskonzept aufgestellt werden, trifft es in sachlicher Hinsicht verbindliche Festlegungen über Konsolidierungsmaßnahmen und gibt es in zeitlicher Hinsicht den Zeitraum an, in dem der Haushaltsausgleich in der Planung schnellstmöglich wieder erreicht werden kann. Um genehmigungsfähig zu sein, muss das Haushaltssicherungskonzept konkrete, quantifizierbare Konsolidierungsmaßnahmen und einen Konsolidierungszeitraum benennen. Die Konsolidierungsmaßnahmen müssen nach der Gesetzesbegründung (Landtags-Drucksache 19/5957) zudem von der Gemeinde selbst steuer- und auch umsetzbar sein. Nur die bloße Erwartung, künftig höhere Steuereinnahmen oder höhere Landeszuweisungen zu erhalten, sind danach keine zulässigen Konsolidierungsmaßnahmen.

Die notwendigen Maßnahmen betreffen sowohl die Aufwandseite als auch die Ertragsseite des Haushaltes. Die Gemeinde muss alle Möglichkeiten der Einsparung von Aufwand, z. B. durch Leistungsabbau oder Personalreduzierung und der Ausschöpfung von Erträgen (insbesondere Erhöhung von Abgaben und Entgelten) benennen, in ihrer Realisierbarkeit untersuchen und darstellen sowie die zur Realisierung notwendigen Maßnahmen aufführen.

Weiterhin muss die Gemeinde darlegen, in welchem Zeitraum, ggf. in welchen Stufen sie das Konsolidierungsziel erreichen will.

Das Haushaltssicherungskonzept wird von der Gemeindevertretung jährlich im Rahmen der Haushaltssatzung beschlossen (§ 92a Abs. 3 Satz 1 HGO). D. h., dass für jedes Haushaltsjahr, für das die Vorgaben zum Haushaltsausgleich verfehlt werden, ein Haushaltssicherungskonzept aufzustellen und anhand der jeweils gegebenen konkreten Situation auszugestalten ist. Die Beschlussfassung erfolgt im Rahmen der Haushaltssatzung, zudem wird durch § 94 HGO das Haushaltssicherungskonzept durch die Haushaltssatzung festgesetzt und erhält damit faktisch Satzungsqualität. Die Beschlussfassung über das Haushaltssicherungskonzept muss gesondert vor der Beschlussfassung über die Haushaltssatzung erfolgen, weil sich die Maßnahmen des Haushaltssicherungskonzepts in der Haushalts- sowie der Ergebnis- und Finanzplanung widerspiegeln müssen.

Das Haushaltssicherungskonzept wird daher im unmittelbaren zeitlichen Zusammenhang mit der Beschlussfassung über die Haushaltssatzung (siehe Kap. 11) beschlossen, in der Regel ist dies die Sitzung der Gemeindevertretung, in der über die Haushaltssatzung selbst beschlossen wird. Der Beschluss zum Haushaltssicherungskonzept muss aber vor dem Beschluss über die Haushaltssatzung gefasst werden.

Die Beschlussfassung über das Haushaltssicherungskonzept obliegt der Gemeindevertretung. Hier liegt ein gesondert geregelter Fall der ausschließlichen Zuständigkeit der Gemeindevertretung vor. Die in dem Haushaltssicherungskonzept enthaltenen Maßnahmen machen zudem häufig ein Tätigwerden der Gemeindevertretung im Rahmen der ausschließlichen Zuständigkeit nach § 51 HGO erforderlich, z. B. Änderung von Abgabensatzungen. Daher wird über das Haushaltssicherungskonzept eine Selbstbindung der Gemeindevertretung bezüglich der Umsetzung der darin enthaltenen Maßnahmen bewirkt.

Das Haushaltssicherungskonzept muss für jedes Haushaltsjahr, für das es zu erstellen ist, von der Aufsichtsbehörde genehmigt werden. Die Aufsichtsbehörde kann die Genehmigung unter Bedingungen und mit Auflagen erteilen. Wenn der von der Gemeinde angegebene Konsolidierungszeitraum mehr als zwei Jahre beträgt, muss die Aufsichtsbehörde vor der Genehmigung das Einvernehmen der oberen Aufsichtsbehörde einholen. Zum Aufsichtsrecht insgesamt siehe Ziff. 4.6.

Das zu erstellende Haushaltssicherungskonzept ist Pflichtanlage zum Haushaltsplan, siehe § 1 Abs. 5 Nr. 3 GemHVO.

10.6 Übungen

Siehe hierzu die Sachverhalte 1 und 2 zu Kap. 10 im Übungsband.

– Kapitel 11 –

Inhaltsverzeichnis

11. Haushaltssatzung

11.1 Rechtsnatur und Bedeutung der Haushaltssatzung

11.1.1 Gemeindliches Satzungsrecht[1]

Das Grundgesetz bestimmt in Art. 28 Abs. 2 ausdrücklich, dass den Gemeinden das Recht einzuräumen ist, alle Angelegenheiten der örtlichen Gemeinschaft in eigener Verantwortung zu regeln. Die Gewährleistung der Selbstverwaltung umfasst auch die Grundlagen der finanziellen Eigenverantwortung. Dem folgt Art. 137 HV. Dieses Recht steht auch den Gemeindeverbänden im Rahmen ihres gesetzlichen Aufgabenbereichs zu. Damit ist der Erlass allgemeiner Rechtsvorschriften durch die Gemeinden im Rahmen ihres Selbstverwaltungsrechtes institutionell abgesichert.

So wird auch in der Hess. Gemeindeordnung (§ 5 HGO) den Gemeinden im Einklang mit dem Grundgesetz und der Landesverfassung das Recht zuerkannt, die Angelegenheiten der örtlichen Gemeinschaft durch Satzungen zu regeln (Landkreise: § 5 HKO). Dem Landeswohlfahrtsverband ist das Satzungsrecht in § 3 des Gesetzes über den Landeswohlfahrtsverband Hessen gegeben.

Eingeschränkt wird dieses Recht nur insofern, als die satzungsrechtlichen Regelungen anderen Rechtsnormen nicht entgegenstehen dürfen. Das verfassungsmäßig gewährleistete Satzungsrecht lässt es aber zu, dass von Gemeinde zu Gemeinde unterschiedliche Regelungen bestehen können. Der Gleichheitsgrundsatz wird dadurch nicht verletzt.

Vor der ranglichen Einordnung der Satzung ist im Gefüge der Rechtsnormen zunächst einmal begrifflich die Satzung zu klären.

Bei Satzungen handelt es sich um Rechtsvorschriften, die von einer in den Staat eingeordneten Körperschaft des öffentlichen Rechts im Rahmen der ihr gesetzlich verliehenen Satzungsbefugnis im Bereich ihrer eigenen Angelegenheiten mit Wirksamkeit für die ihr angehörigen bzw. unterworfenen Personen erlassen werden.[2] Satzungen sind somit keine Gesetze im formellen, wohl aber im materiellen Sinne.

Die Abgrenzung zur Rechtsverordnung ergibt sich daraus, dass die Satzung nicht den verfassungsrechtlichen Anforderungen an die Bestimmtheit von Verordnungsermächtigungen oder die Publikation von Rechtsverordnungen unterworfen ist. Da die Rechtsverordnungen staatliches Recht darstellen, sind sie ranghöher als kommunales Satzungsrecht. Die Satzung ist auch nicht gleichzusetzen mit Verwaltungsvorschriften, die sich an nachgeordnete Stellen wenden.

Der Erlass einer Satzung stellt ferner keinen Verwaltungsakt dar. Er ist ein Rechtssetzungsakt. Er kann daher nicht durch eine Anfechtungsklage angefochten werden.

1 Satzungsrecht ist eine vorrangig dem allgemeinen Kommunalrecht zuzuordnende Rechtsmaterie. Im Rahmen dieses Buches kann die Thematik daher nur insoweit angesprochen werden, als sie zum Verständnis des Begriffes der Haushaltssatzung notwendig ist. Auf die vielfältige Literatur zum Satzungsbegriff des allgemeinen Kommunalrechts (Fachbücher, Kommentare, Aufsätze mit Verweisen zur jeweiligen Rechtsprechung) wird daher verwiesen.

2 Siehe hierzu auch *Bennemann* in KVR Hessen, § 5 HGO, Rdnr. 2, m. w. N.

Allerdings ist jedes Verwaltungsgericht verpflichtet, die Rechtsgültigkeit einer Satzung zu überprüfen, wenn im Rahmen einer Klage ein Verwaltungsakt angefochten wird, der sich auf eine Satzung stützt (konkretes Normenkontrollverfahren). In Hessen ist es zudem möglich, dass Satzungen, also auch die Haushaltssatzung[3], im Wege eines abstrakten Normenkontrollverfahrens überprüft werden können (§ 47 Abs. 1 Nr. 2 VwGO, § 15 Abs. 1 Hess. Ausführungsgesetz zur VwGO).

Die gemeindlichen Satzungen sind jedoch zu unterscheiden in Satzungen im formellen Sinne und Satzungen im materiellen Sinne, wobei Satzungen im formellen Sinne keine allgemein verbindliche Wirkung nach außen entfalten. Hierzu gehören die Hauptsatzung und die Haushaltssatzung.[4] Dieser weitgehend vertretenen Auffassung kann bezogen auf die Hauptsatzung und die wesentlichen Teile der Haushaltssatzung gefolgt werden. Allerdings ist bezüglich des § 5 der Haushaltssatzung[5] anzumerken, dass von ihm sehr wohl eine Außenwirkung ausgeht. Er ist – sofern nicht besondere Hebesatzsatzungen von einer Gemeinde erlassen werden – wesentliche Berechnungsgrundlage für die Erhebung der Grund- und Gewerbesteuer.

11.1.2 Haushaltssatzung als besondere Satzung

Haushaltssatzung	Satzung allgemein
bis auf § 5 keine Außenwirkung	Außenwirkung
verbindliches Muster	i. d. R. kein verbindliches Muster
zeitlich begrenzt (Kalenderjahr)	zeitlich unbegrenzt
Pflichtsatzung	bis auf Hauptsatzung nur bedingte (z. B. Erschließungsbeitragssatzung) bzw. keine Verpflichtung zum Erlass der Satzung
Inkrafttreten immer am 1. Januar eines Jahres (evtl. rückwirkend)	i. d. R. Inkrafttreten am Tage nach der Bekanntmachung
Vorlagepflicht	keine Vorlagepflicht

Die Tatsache, dass die Haushaltssatzung in der Lehre nur als eine Satzung im formellen Sinne angesehen wird, beeinträchtigt jedoch nicht ihre Bedeutung für die Gemeinde, bildet sie doch die Rechtsgrundlage der gemeindlichen Haushaltsführung für ein Jahr. Durch die Festsetzung des Haushaltsplanes in der Satzung erhält dieser seine Rechtsverbindlichkeit. Ferner enthält die Haushaltssatzung weitere für die Haushalts- und Wirtschaftsführung einer Gemeinde entscheidende Regelungen. All diese Regelungen binden jedoch – ausgenommen die Festsetzungen in § 5 der Haushaltssatzung – nur die Gemeinde; genauer gesagt die Gemeindevertretung und den Gemeindevorstand mit der Verwaltung. Insofern kann hier auch von der „Innenwirkung" der Haushaltssat-

3 *Bennemann*, a. a. O., Rdnrn. 30 und 219 ff.
4 *Bennemann*, a. a. O., Rdnr. 30.
5 Siehe Muster 1 zu § 60 Nr. 1 GemHVO (§ 94 i. V. m. § 97 HGO).

zung gesprochen werden. Genauso wie für den Haushaltsplan gilt für die Haushaltssatzung, dass Ansprüche und Verbindlichkeiten Dritter weder begründet noch aufgehoben werden (§ 96 Abs. 2 HGO). „Außenwirkung" entsteht nur durch die Festsetzung der Realsteuerhebesätze im § 5 der Haushaltssatzung. Hier wird der Steuerpflichtige getroffen.

Aber auch in weiteren Punkten unterscheidet sich die Haushaltssatzung von den Satzungen allgemeiner Art.

Während für die gemeindliche Satzung bis auf wenige Ausnahmen keine verbindlichen Muster vorgeschrieben sind, gilt für die Haushaltssatzung ein verbindliches Muster (Muster 1 zu § 60 Nr. 1 GemHVO [zu § 94 i. V. m. § 97 HGO], siehe auch Nr. 1 der Hinweise zu § 94 HGO). Ferner unterliegt die Haushaltssatzung einer zeitlichen Begrenzung. Sie wird grundsätzlich für ein Haushaltsjahr (Kalenderjahr) erlassen (§ 94 Abs. 1 und 4 HGO).[6] Die Satzung allgemein hat eine unbestimmte, auf die Zukunft gerichtete Gültigkeit.

Die Haushaltssatzung zählt, wie die Hauptsatzung, zu den Pflichtsatzungen, d. h. die Gemeinde muss sie erlassen. Diese Verpflichtung trifft für die übrigen Satzungen nicht unbedingt zu (§ 5 Abs. 1 HGO).

Die Haushaltssatzung gehört zu den Angelegenheiten, über die die Gemeindevertretung selbst entscheiden muss (sog. ausschließliche Zuständigkeit). Sie kann diese Entscheidungsbefugnisse nicht auf andere Stellen übertragen (§ 51 Nr. 7 und § 97 Abs. 3 HGO).

Die Haushaltssatzung – als Pflichtsatzung der Gemeinde – ist zeitlich begrenzt. Gemäß § 94 Abs. 1 HGO ist sie grundsätzlich für jedes Haushaltsjahr zu erlassen.[7] Sollte eine Gemeinde, vertreten durch die Gemeindevertretung, nicht bereit sein, eine Haushaltssatzung zu erlassen, greifen die Aufsichtsmittel nach §§ 135 ff. HGO.

Haushaltsjahr ist nach § 94 Abs. 4 HGO das Kalenderjahr, also der Zeitraum vom 1.1. bis 31.12. eines Jahres. Eine Ausnahme ist nur zulässig, wenn durch Gesetz oder Rechtsverordnung etwas anderes bestimmt ist. Die GemHVO enthält keine Regelungen über ein abweichendes Wirtschaftsjahr. Auch außerhalb der GemHVO ist eine solche Regelung derzeit nicht getroffen.

Nach § 94 Abs. 3 Satz 2 HGO kann die Haushaltssatzung Festsetzungen für zwei Jahre enthalten, allerdings nach Jahren getrennt (Doppelhaushalt).[8]

Vorteil eines Doppelhaushaltes, auch Zwei-Jahres-Haushalt genannt, ist zum einen die Verbindlichkeit und Verlässlichkeit einer längerfristigen Planung, zum anderen wird häufig auch die Arbeitsersparnis bei der Aufstellung genannt, die sich beim zweiten Haushaltsjahr auswirkt.

Als Nachteil ist festzuhalten, dass schon ein Haushaltsjahr aufgrund der schnell wechselnden Finanzsituationen kaum wirklich sicher planbar ist und in den meisten Gemeinden daher im Laufe des Haushaltsjahres mindestens eine Nachtragssatzung (vgl. Kap. 14) erforderlich wird, ggf. müssen sogar mehrere Nachtragssatzungen erlas-

6 Es ist auch ein Erlass für zwei Haushaltsjahre, nach Jahren getrennt, zulässig (§ 94 Abs. 3 Satz 2 HGO).

7 Es ist auch ein Erlass für zwei Haushaltsjahre zulässig, siehe vorstehende Fußnote.

8 Siehe hierzu auch *Daneke* in KVR Hessen, § 94 HGO, Rdnrn. 39–51a.

sen werden. Das gilt erst recht für das zweite Jahr des Doppelhaushaltes. Die Arbeitsersparnis für das zweite Jahr kann daher durch den Mehraufwand für die erforderlichen Nachtragssatzungen durchaus wieder aufgezehrt werden.

Wenn die Gemeinde sich für einen Doppelhaushalt entscheidet, bedeutet dies nicht, dass das Haushaltsjahr dann 24 Monate umfasst, sondern dass gleichzeitig zwei Jahre geplant werden, **aber jedes Jahr getrennt**. Würde die Gemeinde z. B. einen Doppelhaushalt für die Jahre 2024 und 2025 aufstellen wollen, müssten alle Ansätze im Haushaltsplan getrennt nach den beiden Jahren gebildet werden (siehe auch § 7 Abs. 1 GemHVO), die Muster für den Ergebnis- und Finanzhaushalt (Muster 7 und 8) sowie für die Teilergebnis- und Teilfinanzhaushalte (Muster 9 und 10) sowie weitere Muster (siehe Nr. 1 Hw. zu § 7 GemHVO) würden entsprechend um eine Jahresspalte erweitert. In der Haushaltsatzung werden ebenfalls in den jeweiligen Paragrafen die Festsetzungen nach Jahren getrennt getroffen.

Bei Aufstellung eines Doppelhaushaltes z. B. für die Jahre 2024 und 2025 hat die Gemeinde Nr. 2 Hw. zu § 7 GemHVO zu beachten, wonach der Gemeindevorstand die Fortschreibung der mittelfristigen Ergebnis- und Finanzplanung (siehe Kap. 12) um ein weiteres Planungsjahr vor Beginn des zweiten Haushaltsjahres (also 2025) des „Doppelhaushalts“ der Gemeindevertretung vorzulegen und die neuesten Unterlagen nach § 1 Abs. 5 Nr. 9 und 10 GemHVO beizufügen hat. Für den Finanzstatusbericht (§ 1 Abs. 5 Nr. 11 GemHVO) gilt, dass dieser für das zweite Jahr (2025) spätestens zum 30. November des ersten Jahres (2024) der Gemeindevertretung sowie der Aufsichtsbehörde vorzulegen ist, siehe auch Nr. 3 Hw. zu § 7 GemHVO.

Letztlich ist noch festzuhalten, dass die Haushaltssatzung immer – evtl. rückwirkend – am 1. Januar des Jahres in Kraft tritt, für das sie erlassen wird, völlig unabhängig davon, wann sie bekannt gemacht wird (§ 94 Abs. 3 i. V. m. Abs. 4 HGO).

Die beschlossene Haushaltssatzung ist der Aufsichtsbehörde vorzulegen, diese Vorlage soll spätestens einen Monat vor Beginn des Haushaltsjahres erfolgen. Dies ist unabhängig davon, ob die Haushaltssatzung genehmigungsbedürftige Festsetzungen enthält.

11.2 Inhalt der Haushaltssatzung

11.2.1 Gesetzliche Grundlagen

Die Gemeindeordnung schreibt im § 94 Abs. 2 HGO vor, welche Regelungen in der Haushaltssatzung getroffen werden müssen. Weitere Regelungen können gemäß § 94 Abs. 2 Satz 2 HGO in die Haushaltssatzung aufgenommen werden, sofern sie sich auf die Erträge, Einzahlungen, Aufwendungen und Auszahlungen sowie auf das Haushaltssicherungskonzept und den Stellenplan des Haushaltsjahres beziehen. Verpflichtungsermächtigung werden hier nicht genannt, was aber nicht bedeutet, dass hierzu keine Regelungen getroffen werden dürfen, zumindest sollte es seitens der Aufsichtsbehörden nicht beanstandet werden, wenn Regelungen zu Verpflichtungsermächtigungen getroffen werden. Der Gesetzgeber sollte bei nächster Gelegenheit die Bestimmung vervollständigen, ebenso die Fußnote 3 im Muster 1.

Im Umkehrschluss ergibt sich, dass in die Haushaltssatzung keine Bestimmungen aufgenommen werden dürfen, die sich sachlich nicht auf die Erträge, Einzahlungen, Aufwendungen, Auszahlungen, das Haushaltssicherungskonzept oder den Stellenplan (sog. sachliches Bepackungsverbot) des Haushaltsjahres (sog. zeitliches Bepackungsverbot) beziehen.

Eine Regelung in der Haushaltssatzung 2024, wonach für das Haushaltsjahr 2025 eine Stellenbesetzungssperre verfügt wird, ist zwar sachlich (Stellenplan) zulässig, aber nicht zeitlich, da sie nicht das Haushaltsjahr 2024 betrifft (Verstoß gegen das zeitliche Bepackungsverbot). Sie kann daher nur mit der Haushaltssatzung 2025 getroffen werden.

Die vorgeschriebenen Regelungen des § 94 Abs. 2 HGO sind auch im Wortlaut verbindlich festgelegt. Auf Grund des § 154 Abs. 3 und 4 HGO wurde durch die GemHVO der Inhalt der Haushaltssatzung bezüglich der Mindestinhalte bestimmt durch Muster 1 zu § 60 Nr. 1 GemHVO (§ 94 i. V. m. § 97 HGO).

11.2.2 Pflichtinhalte der Haushaltssatzung (§ 94 Abs. 2 HGO)

11.2.2.1 Festsetzung des Haushaltsplans

In der Satzung sind gemäß Muster 1 zur GemHVO

- die Erträge und Aufwendungen des Ergebnishaushaltes, getrennt nach ordentlichem und außerordentlichem Ergebnis (siehe Ziff. 6.5.1.1) und der sich daraus ergebende Saldo,
- im Finanzhaushalt der **Saldo** aus den Einzahlungen und Auszahlungen aus laufender Verwaltungstätigkeit[9], die Einzahlungen und Auszahlungen und der Saldo daraus der Investitionstätigkeit und der Einzahlungen und Auszahlungen und der Saldo daraus der Finanzierungstätigkeit[10] und der sich daraus ergebende Gesamtsaldo

festzustellen.

9 Insofern weicht das Muster 1 vom Wortlaut des § 94 HGO ab, weil dieser die Festsetzung im Finanzhaushalt unter Angabe des Gesamtbetrages der Einzahlungen und Auszahlungen aus laufender Verwaltungstätigkeit und des sich daraus ergebenden Saldos fordert; Muster 1 sieht aber nur die Saldoangabe aus laufender Verwaltungstätigkeit ohne Angabe des Gesamtbetrages der Einzahlungen und Auszahlungen vor.

10 Zur Struktur des Finanzhaushaltes siehe Ziff. 6.5.

Nach dem verbindlichen Muster 1 hat die Festsetzung wie folgt zu erfolgen:

§ 1	
Der Haushaltsplan für das Haushaltsjahr … wird	
im Ergebnishaushalt	
im ordentlichen Ergebnis	
mit dem Gesamtbetrag der Erträge auf	… EUR
mit dem Gesamtbetrag der Aufwendungen auf	… EUR
mit einem Saldo von	… EUR
im außerordentlichen Ergebnis	
mit dem Gesamtbetrag der Erträge auf	… EUR
mit dem Gesamtbetrag der Aufwendungen auf	… EUR
mit einem Saldo von	… EUR
ausgeglichen[11]/mit einem Überschuss/Fehlbedarf von	… EUR,
im Finanzhaushalt	
mit dem Saldo aus den Einzahlungen und Auszahlungen aus laufender Verwaltungstätigkeit auf	… EUR
und dem Gesamtbetrag der	
Einzahlungen aus Investitionstätigkeit auf	… EUR
Auszahlungen aus Investitionstätigkeit auf	… EUR
mit einem Saldo von	… EUR
Einzahlungen aus Finanzierungstätigkeit auf	… EUR
Auszahlungen aus Finanzierungstätigkeit auf	… EUR
mit einem Saldo von	… EUR
ausgeglichen/mit einem Zahlungsmittelüberschuss/ Zahlungsmittelbedarf des Haushaltsjahres von	… EUR
festgesetzt	

Die Erträge und Aufwendungen des Ergebnishaushaltes und die Einzahlungen und Auszahlungen des Finanzhaushaltes, die in § 1 der Haushaltssatzung festgesetzt werden, sind die Endsummen des Ergebnishaushaltes gemäß Muster 7 GemHVO und des Finanzhaushaltes gemäß Muster 8 zur GemHVO. Es handelt sich somit um eine Addition der Einzelansätze. Bei der Überleitung der Angaben des Muster 7 (Ergebnishaushalt) ist zu beachten, dass die Beträge in den Zeilen 10 (Summe der ordentlichen Erträge) und 21 (Finanzerträge) insgesamt den Gesamtbetrag der Erträge im ordentlichen Ergebnis (Zeile 24) darstellen und dass die Beträge in den Zeilen 19 (Summe der or-

11 Das Wort „ausgeglichen" darf hier nicht im Sinne von Haushaltsausgleich verstanden werden, sondern lediglich als Angabe, dass die gesamten Erträge und die gesamten Aufwendungen des Ergebnishaushaltes gleich hoch sind. Haushaltsausgleich im eigentlichen Sinne besteht, wenn die ordentlichen Erträge die ordentlichen Aufwendungen decken, also das ordentliche Ergebnis ausglichen ist, siehe hierzu auch Kap. 10. Dem Verordnungsgeber ist anzuraten, den Aufbau des Muster 1 an dieser Stelle der Ausgleichslogik des Ergebnishaushalts folgen zu lassen.

dentlichen Aufwendungen) und 22 (Zinsen und ähnliche Aufwendungen) insgesamt den Gesamtbetrag der Aufwendungen im ordentlichen Ergebnis (Zeile 25) darstellen.

Der Haushaltsplan selbst hat keine Satzungsqualität. Erst durch die Einbeziehung in die Haushaltssatzung erhält er Rechtsverbindlichkeit. Die Festsetzung des Haushaltsplanes ist somit notwendiger und unverzichtbarer Bestandteil der Haushaltssatzung. Mit der Festsetzung der Gesamtbeträge erfolgt gleichzeitig die Festsetzung der Einzelansätze der Erträge, Aufwendungen, Einzahlungen und Auszahlungen. Die Verwendung und die Höhe der einzelnen Ermächtigung im Haushaltsplan werden festgelegt. Auch die Haushaltsvermerke und gegebenenfalls die für verbindlich erklärten Erläuterungen erhalten Rechtsnormcharakter. Sie können grundsätzlich nur durch eine Änderung der Satzung (Nachtragssatzung) verändert werden.

Diese Bindungswirkung kann nicht in gleichem Umfang auf die Einnahmeseite übertragen werden. Während die Haushaltssatzung i. V. m. dem Haushaltsplan die Ermächtigungsgrundlage für die Aufwendungen, Auszahlungen und Verpflichtungsermächtigungen der Gemeinde darstellt, sind die Ertrags-/Einzahlungsansätze des Haushaltes „nur" die Vorstellungen der Gemeinde zur Finanzierung ihrer Ausgaben. Die tatsächliche Erhebung der Erträge und Einzahlungen im laufenden Haushaltsjahr wird nicht etwa durch die Höhe der jeweiligen Ansätze begrenzt. Eine Begrenzung gilt lediglich für die Kreditaufnahme durch die in § 2 der Haushaltssatzung gegebene Kreditermächtigung. Mit der Festsetzung in der Haushaltssatzung soll unterstrichen werden, dass – auch mit Blick auf den Haushaltsausgleich (§ 92 Abs. 4 HGO) – die Verpflichtung besteht, diese Ansätze nach Möglichkeit zu erreichen.

11.2.2.2 Festsetzung der Kreditermächtigung

In der Satzung ist der Gesamtbetrag der vorgesehenen Kreditaufnahmen festzusetzen. Nach dem verbindlichen Muster hat die Festsetzung wie folgt zu erfolgen:

§ 2

Der Gesamtbetrag der Kredite, deren Aufnahme im Haushaltsjahr ... zur Finanzierung von Investitionen und Investitionsförderungsmaßnahmen erforderlich ist, wird auf ...... EUR festgesetzt.
(*Alternativ*: Kredite werden nicht veranschlagt.)

Sofern die Gemeinde Kredite aus dem Hess. Investitionsfonds aufnimmt, ist Nr. 3 der Hinweise zu § 94 HGO zu beachten.

Als Kredite, die in § 2 der Haushaltssatzung festgesetzt werden, gelten die Kredite i. S. v. § 58 Nr. 21 GemHVO, das ist das unter der Verpflichtung zur Rückzahlung von Dritten oder von Sondervermögen mit Sonderrechnung aufgenommene Kapital, insbesondere Kredite für die Finanzierung von Investitionen und Investitionsförderungsmaßnahmen, mit Ausnahme der Liquiditätskredite. Es ist der Gesamtrückzahlungsbetrag (ohne Abzug der Kreditbeschaffungskosten) festzusetzen (§ 10 Abs. 1 GemHVO). Zur Thematik der Kredite insgesamt siehe Kap. 9.

Umschuldungsbeträge sind zwar im Haushaltsplan zu veranschlagen, nicht aber in den § 2 der Haushaltssatzung aufzunehmen. Näheres dazu siehe bei Ziff. 9.2.7.

Kreditähnliche Geschäfte i. S. d. § 103 Abs. 7 HGO finden keine Aufnahme in § 2 der Haushaltssatzung, weil es sich nicht um Kredite i. S. d. § 58 Nr. 21 GemHVO handelt.

Die Kreditermächtigung ist eine der Voraussetzungen zur Aufnahme von Krediten durch die Gemeinde. Der Gesetzgeber hat nicht zuletzt wegen der erheblichen Folgewirkungen der Kreditaufnahmen auf die gemeindliche Haushaltswirtschaft eine besondere Ermächtigungsgrundlage in der Form einer satzungsrechtlichen Regelung geschaffen.

Die Kreditermächtigung bewirkt, dass die Gemeinde nur bis zur Höhe des Gesamtbetrages lt. § 2 der Haushaltssatzung Kredite aufnehmen darf. Eine evtl. erforderlich werdende Überschreitung dieses Betrages bedarf des Erlasses einer Nachtragssatzung (§ 98 HGO), siehe hierzu auch Kap. 14. Die tatsächliche Inanspruchnahme der Kreditermächtigung ist aber genau wie bei der Haushaltsplanung unter den Kriterien des § 93 Abs. 3 HGO zu sehen.

11.2.2.3 Festsetzung des Gesamtbetrages der Verpflichtungsermächtigungen

Der Gesamtbetrag der im Haushaltsplan veranschlagten Verpflichtungsermächtigungen ist in der Satzung festzusetzen. Das verbindliche Muster schreibt die Festsetzung wie folgt vor:

> **§ 3**
> Der Gesamtbetrag von Verpflichtungsermächtigungen im Haushaltsjahr ... zur Leistung von Auszahlungen in künftigen Jahren für Investitionen und Investitionsförderungsmaßnahmen wird auf ...... EUR festgesetzt.
> (*Alternativ*: Verpflichtungsermächtigungen werden nicht veranschlagt.)

Die Thematik der Verpflichtungsermächtigungen wird in Kap. 8 dieses Buches behandelt.

Der Gesamtbetrag der Verpflichtungsermächtigungen ist eine Addition der Einzelansätze, die in den jeweiligen Teilfinanzhaushalten veranschlagt sind.

Die Aufnahme von Verpflichtungsermächtigungen in die Haushaltssatzung soll darauf verweisen, welche Belastungen diese Ermächtigungen für die künftige Haushaltswirtschaft darstellen. Sie präjudizieren die künftige Haushaltsgestaltung. In den Jahren, in denen die Zahlungsverpflichtungen aus den in Anspruch genommenen Verpflichtungsermächtigungen fällig werden, ist bezüglich der dann in den Haushaltsplan aufzunehmenden Auszahlungsansätze kein Entscheidungsspielraum mehr gegeben.

Durch die Aufnahme der Verpflichtungsermächtigungen in die Haushaltssatzung wurde auch erreicht, dass bei einer erforderlichen Erhöhung des Gesamtbetrages im laufenden Haushaltsjahr und der damit zwangsläufig verbundenen Erhöhung der künftigen Jahresbelastungen eine Nachtragshaushaltssatzung erlassen werden muss (siehe hierzu auch Kap. 14).

11.2.2.4 Festsetzung des Höchstbetrages der Liquiditätskredite

Der Höchstbetrag der Kredite zur Sicherung der Zahlungsfähigkeit der Kasse (Liquiditätskredite) ist in der Haushaltssatzung festzusetzen. Nach dem verbindlichen Muster hat die Festsetzung wie folgt zu erfolgen:

§ 4

Der Höchstbetrag der Liquiditätskredite, die im Haushaltsjahr … zur rechtzeitigen Leistung von Auszahlungen in Anspruch genommen werden dürfen, wird auf …… EUR festgesetzt.
(*Alternativ*: Liquiditätskredite werden nicht beansprucht.)

Zur Frage der Liquiditätskredite siehe Ziff. 9.5.

Während die Regelungen in den §§ 1 bis 3 der Haushaltssatzung unmittelbar der Festsetzung des Haushaltsplanes dienen, soll die Festsetzung des Höchstbetrages der Liquiditätskredite in der Haushaltssatzung die Sicherung der kassenmäßigen (liquiditätsmäßigen) Abwicklung des Haushaltsplanes gewährleisten. Somit hat der Liquiditätskredit auch unmittelbar keine Verbindung zum Haushaltsplan. Nur die Kosten des Liquiditätskredites (Zinsen usw.) finden ihren Niederschlag im Haushaltsplan.

Ein Anhaltspunkt für die Höhe der voraussichtlich benötigten Liquiditätskredite ergibt sich aus der Darstellung der Zahlungsmittelsalden im Finanzhaushalt. Die Gemeinde muss aber auch unterjährige Schwankungen berücksichtigen, sodass die Ermächtigung zur Aufnahme von Liquiditätskrediten in der Haushaltssatzung ggf. deutlich höher sein kann bzw. muss als der im Finanzhaushalt ausgewiesene Jahresendstand des Zahlungsmittelbestandes. Zum Nachweis der Höhe der voraussichtlich benötigten Liquiditätskredite muss die Gemeinde eine Liquiditätsplanung erstellen (§ 105 Abs. 2 HGO), siehe Ziff. 9.5.

Liquiditätskredite sind zwar auch Darlehen i. S. d. § 488 Abs. 1 BGB, aber im kommunalen Bereich haushaltsrechtlich nicht mit den Krediten gemäß § 58 Nr. 21 GemHVO gleichzusetzen.

Im kommunalen Bereich muss begrifflich streng zwischen Krediten für Investitionen und Investitionsförderungsmaßnahmen einerseits sowie Liquiditätskrediten andererseits unterschieden werden, damit eine zutreffende Zuordnung zu den jeweiligen Festsetzungen in §§ 2 und 4 der Haushaltssatzung erfolgen kann.

In Muster 15 Zeilen 35 und 36 ist die gesonderte Ausweisung der Liquiditätskredite und ihrer Tilgung vorgesehen. Dies kann sich jedoch nur auf Liquiditätskredite beziehen, die als sog. Festbetragskredite aufgenommen werden.

11.2.2.5 Festsetzung der Realsteuerhebesätze

Die Haushaltssatzung hat die Festsetzung der Steuersätze zu enthalten, die für jedes Haushaltsjahr neu festzusetzen sind. Hierbei handelt es sich um die Realsteuern[12], diese umfassen nach § 3 Abs. 2 AO die Grundsteuer und die Gewerbesteuer. Laut verbindlichem Muster hat die Festsetzung folgenden Wortlaut:[13]

> **§ 5**
>
> Die Steuersätze für die Gemeindesteuern werden für das Haushaltsjahr ... wie folgt festgesetzt:
>
> 1. Grundsteuer
>   a) für die land- und forstwirtschaftlichen Betriebe
>   (Grundsteuer A) auf ...... %
>   b) für die Grundstücke
>   (Grundsteuer B) auf ...... %
> 2. Gewerbesteuer auf ...... %

Nach Art. 106 Abs. 6 GG steht das Aufkommen der Realsteuern den Gemeinden zu. Im Rahmen der Finanzgarantie des Grundgesetzes wird hier für die Gemeinden die Realsteuergarantie zum verfassungsrechtlichen Anspruch. Art. 106 Abs. 6 Satz 2 GG bestimmt in diesem Zusammenhang ferner, dass den Gemeinden das Recht einzuräumen ist, die Hebesätze der Realsteuern im Rahmen der Gesetze festzusetzen. Nach Art. 105 Abs. 2 i. V. m. Art. 72 Abs. 2 GG fällt die Schaffung des rechtlichen Rahmens in die konkurrierende Gesetzgebungskompetenz des Bundes. Demnach sind vom Bund das Grundsteuergesetz[14] und das Gewerbesteuergesetz erlassen worden.

Das Land Hessen hat mit dem „Gesetz über die Zuständigkeit der Gemeinden für die Festsetzung und Erhebung der Realsteuern“ vom 3.12.1981 (GVBl. I S. 413) bestimmt, dass für die Festsetzung und Erhebung der Realsteuern die hebeberechtigten Gemeinden zuständig sind.

Derzeit besitzen die Gemeinden das Recht, die Hebesätze für die Grundsteuern A und B[15] und die Gewerbesteuer festzusetzen. Da es sich um einen Akt der Rechtsetzung handelt, bedarf es hierzu einer Satzung. Das nach Art. 106 Abs. 5 GG mögliche Hebesatzrecht für den Gemeindeanteil an der Einkommensteuer[16] wurde bisher nicht verwirklicht.[17]

---

12 Siehe Ziffn. 2.3.1 und 3.3.

13 Zu beachten ist, dass der Hebesatz der Gewerbesteuer mindestens 200 v. H. beträgt, auch wenn er niedriger festgesetzt ist, dies ergibt sich aus § 16 Abs. 4 Satz 2 Gewerbesteuergesetz.

14 Zur Thematik der Grundsteuerreform ab dem Jahre 2025 und der speziellen hessischen Regelungen dazu für die Grundsteuer B siehe Ziff. 2.3.1.5.5.

15 Ab dem Jahr 2025 kann auch eine Grundsteuer C für unbebaute, aber baureife Grundstücke erhoben werden, siehe vorhergehende Fußnote.

16 Siehe Ziff. 3.3.2.2.

17 Siehe im Einzelnen hierzu *Mutschler*.

Die Hebesätze werden in v. H.-Sätzen festgesetzt. Die Festsetzung hat gemäß § 25 Abs. 2 GrStG und § 16 GewStG für ein oder mehrere Kalenderjahre zu erfolgen. In der Regel erfolgt die Festsetzung der Hebesätze mit der Haushaltssatzung (§ 94 Abs. 2 Nr. 3 HGO), also mit der Folge einer jährlichen Festsetzung. Eine Änderung der Hebesätze mit dem Ziel der Erhöhung kann nur bis zum 30.6. eines Jahres erfolgen (§ 25 Abs. 3 GrStG bzw. § 16 Abs. 3 GewStG), allerdings dann mit Rückwirkung auf den 1.1. eines Jahres. Nach dem 30.6. darf die Festsetzung der Hebesätze die Höhe der letzten Festsetzung nicht überschreiten; siehe hierzu auch Kap. 14.

Will die Gemeinde die Realsteuerhebesätze für einen längeren Zeitraum als ein Jahr festsetzen, kann sie dieses nur mittels einer gesonderten Hebesatzsatzung. In der Praxis wird eine solche Satzung häufig auch dann erlassen, wenn die Hebesätze erhöht werden sollen, weil die Hebesatzsatzung genehmigungsfrei ist. Das ermöglicht, dass die erhöhten Hebesätze unabhängig von der Bekanntmachung der Haushaltssatzung angewendet werden können, da ja ansonsten gewartet werden müsste, bis die Haushaltssatzung bekanntgemacht ist, was ggf. deutlich nach dem Beginn des Haushaltsjahres sein kann.

Nachfolgend ist ein Beispiel einer solchen Hebesatzsatzung abgedruckt, wobei die Festsetzung auch nur für ein Jahr erfolgen kann:

Satzung
über die Festsetzung der Steuersätze für die
Grund- und Gewerbesteuer in der Gemeinde G

Auf Grund des § 25 des Grundsteuergesetzes vom 7. August 1973 (BGBl. I S. 965), zuletzt geändert durch Artikel 21 des Gesetzes vom 16. Dezember 2022 (BGBl. I S. 2294), des § 16 des Gewerbesteuergesetzes in der Fassung der Bekanntmachung vom 15. Oktober 2002 (BGBl. I S. 4167), zuletzt geändert durch Artikel 10 des Gesetzes vom 16. Dezember 2022 (BGBl. I S. 2294) und des § 1 des Gesetzes über die Zuständigkeit der Gemeinden für die Festsetzung und Erhebung der Realsteuern vom 3.12.1981 (GVBl. I S. 413) i. V. m. § 5 der Hessischen Gemeindeordnung in der ab 1. April 2005 geltenden Fassung (GVBl. I S. 142), zuletzt geändert durch Artikel 2 des Gesetzes vom 16. Februar 2022 (GVBl. S. 90, 93) hat die Gemeindevertretung der Gemeinde G am …… die nachstehende Satzung beschlossen:

§ 1

Die Hebesätze für die Grundsteuern und für die Gewerbesteuer werden für das Gebiet der Gemeinde G wie folgt festgesetzt:

1. Grundsteuer	
a) für die land- und forstwirtschaftlichen Betriebe (Grundsteuer A)	170 %
b) für die Grundstücke (Grundsteuer B)	300 %
2. Gewerbesteuer	380 %

§ 2

Die vorstehenden Hebesätze gelten für die Haushaltsjahre 2024, 2025 und 2026.

§ 3

Diese Satzung tritt am 1.1.2024 in Kraft.

Ist eine Hebesatzsatzung erlassen,[18] hat der dennoch jährlich in die Haushaltssatzung aufzunehmende § 5 nur deklaratorische Bedeutung. Die Haushaltssatzung hat dann keine Außenwirkung und ist nur eine Satzung im formellen Sinn. Die nachrichtliche Aufnahme der Hebesätze in der Haushaltssatzung ist kenntlich zu machen (z. B. „die Gemeindesteuern **sind** festgesetzt").[19]

Der Prozentsatz des Realsteuerhebesatzes führt durch Vervielfältigung des so genannten Steuermessbetrages (§ 13 GrStG, § 14 GewStG) zur Steuerschuld. Der Steuermessbetrag wird durch die Finanzbehörden (Finanzämter) per Bescheid festgesetzt. Erst durch die Vervielfältigung mit den gemeindlichen Hebesätzen wird die Steuerschuld, ggf. von Gemeinde zu Gemeinde unterschiedlich, der Höhe nach bestimmt. Zur Verdeutlichung dieser Ausführungen dient folgendes vereinfachtes Beispiel:

Grundstückseigentümer A besitzt in der Gemeinde G und in der Gemeinde K je ein völlig wertgleiches Grundstück (je ein Einfamilienhaus mit Einliegerwohnung). Die Steuermessbeträge lauten dabei auf jeweils 90,00 €. Die Gemeinde G hat den Hebesatz für die Grundsteuer B auf 370 % festgesetzt und die Gemeinde K auf 400 %. Somit hat A in der Gemeinde G 333,00 € (90,00 € x 370 %) und in der Gemeinde K 360,00 € (90,00 € x 400 %) Grundsteuer zu zahlen.[20]

An diesem Beispiel wird deutlich, in welchem Umfange einer Gemeinde die Möglichkeit verbleibt, ihr Steueraufkommen zu bestimmen. Veränderungen im Bereich der Basisberechnung (also bei der Ermittlung des Steuermessbetrages etwa durch höhere Freibeträge usw.) führen ohne Einflussnahme der Gemeinde zu Minder- oder Mehrerträgen bei den Realsteuern, siehe auch Ziffn. 2.3.1.5.4 und 2.3.1.5.5.

Aber auch im eigenen Einflussbereich bestehen für die Gemeinde Grenzen bei der Festsetzung der Höhe der Hebesätze. Nach § 10 HGO hat die Gemeinde ihr Vermögen und ihre Einkünfte so zu verwalten, dass die Gemeindefinanzen gesund bleiben. Auf die wirtschaftliche Leistungsfähigkeit der Abgabepflichtigen ist Rücksicht zu nehmen. Ferner bestimmt § 93 Abs. 2 HGO eine Rangfolge bei der Erzielung der Erträge und Einzahlungen, wobei Steuern erst nach Ausschöpfung aller sonstigen Einnahmemöglichkeiten (mit Ausnahme der Kredite) erhoben werden dürfen.

---

18 Siehe auch OVG NRW, Urt. vom 6.8.1990, der gemeindehaushalt 1991, S. 189.

19 Siehe Fußnote 2 zu Muster 1 zu § 60 Nr. 1 GemHVO (§ 94 i. V. m. § 97 HGO).

20 Näheres zur Ermittlung und Festsetzung der Realsteuern siehe Ziff. 2.3.1.5 sowie bei *Mutschler*.

In der Haushaltssatzung der Landkreise und des Landeswohlfahrtsverbandes werden an Stelle der Steuerhebesätze im § 5 der Haushaltssatzung die Prozentsätze der Kreisumlage bzw. der Verbandsumlage festgesetzt (§ 53 HKO, § 14 Gesetz über den Landeswohlfahrtsverband Hessen).[21]

Die sonstigen kommunalen Steuern werden ausschließlich auf Grund von Spezialgesetzen bzw. des KAG jeweils i. V. m. kommunalen Steuersatzungen erhoben. Derzeit bestehen in Hessen keine speziellen Steuergesetze für die kommunalen Steuern. Alle Steuererhebungen der Gemeinde erfolgen auf Basis des § 7 Abs. 2 KAG (Steuerfindungsrecht) i. V. m. der jeweiligen Steuersatzung nach § 2 KAG (z. B. Hundesteuer, Spielapparatesteuer, Zweitwohnungssteuer, die Kulturförderabgabe, auch als „Bettensteuer“ bezeichnet, und neuerdings die Verpackungssteuer). Die Erhebung dieser Steuern ist also völlig unabhängig von der Haushaltssatzung und kann demnach auch in der vorläufigen Haushaltsführung (siehe Ziff. 7.2.5) uneingeschränkt erfolgen.

11.2.2.6 Festsetzung des Haushaltssicherungskonzeptes

Sofern ein Haushaltssicherungskonzept aufzustellen ist (siehe hierzu Ziff. 10.5), wird dies von der Gemeindevertretung im Rahmen der Haushaltssatzung beschlossen, § 92a Abs. 3 Satz 1 HGO. Dies gilt für jedes Jahr, für das es aufzustellen ist. Auch durch § 94 Abs. 2 Nr. 4 HGO wird geregelt, dass die Haushaltssatzung die Festsetzung zum Haushaltssicherungskonzept enthält.

Diese Festsetzung wird in § 6 des verbindlichen Musters getroffen und hat folgenden Wortlaut:

§ 6

Es gilt das von der Gemeindevertretung am … beschlossene Haushaltssicherungskonzept.
(*Alternativ*: Ein Haushaltssicherungskonzept wurde nicht beschlossen.)

11.2.2.7 Festsetzung des Stellenplanes

Der Stellenplan[22] für die Beamten und Arbeitnehmer ist nach § 95 Abs. 3 Satz 2 HGO, § 1 Abs. 1 Nr. 3 GemHVO, Nr. 1 Hw. zu § 95 HGO, Nr. 1 Hw. zu § 1 GemHVO Teil des Haushaltsplanes. Der Stellenplan enthält gemäß § 5 Abs. 1 GemHVO die im Haushaltsjahr erforderlichen Stellen der Beamten und der nicht nur vorübergehend eingestellten Arbeitnehmer. Für die Aufstellung ist das Muster 13 GemHVO (zu § 5 Abs. 1 und 2) zu verwenden.

21 Näheres zur Ermittlung und Festsetzung von Umlagen siehe Ziff. 3.4.2.4 sowie bei *Mutschler*.
22 Siehe auch Ziff. 6.3.5.

Da der Stellenplan Teil des Haushaltsplanes ist, erstreckt sich die Beschlussfassung über die Haushaltssatzung auch auf die Festsetzung des Stellenplanes. Dies erfolgt in § 7 der Haushaltssatzung. Die Gemeinde hat also in der Haushaltssatzung einen § 7 mit folgendem Wortlaut aufzunehmen, wobei als Datum das Datum des Beschlusses über die Haushaltssatzung einzusetzen ist:

§ 7

Es gilt der von der Gemeindevertretung als Teil des Haushaltsplanes am ... beschlossene Stellenplan.

11.2.3 Fakultative (freiwillige) Inhalte der Haushaltssatzung

Nach § 94 Abs. 2 Satz 2 HGO kann die Haushaltssatzung weitere Vorschriften enthalten, die sich auf die Erträge, Einzahlungen, Aufwendungen und Auszahlungen sowie auf das Haushaltssicherungskonzept und den Stellenplan des Haushaltsjahres beziehen, siehe auch Nr. 2 Hw. zu § 94 HGO. Diese dürfen aber nicht gegen das sachliche oder zeitliche Bepackungsverbot (siehe oben) verstoßen.

Von dieser Möglichkeit machen die Gemeinden zunehmend mehr Gebrauch. Denkbar sind z. B.

- Bestimmungen im Zusammenhang mit der Bewirtschaftung der Aufwands- und Auszahlungsansätze, der Ansätze für Verpflichtungsermächtigungen und des Stellenplans,
- globale oder spezielle Sperrungen von Ansätzen im Ergebnis- bzw. Finanzhaushalt,
- Festsetzung von Betragsgrenzen i. S. d. §§ 98, 100 HGO; §§ 11 Satz 3, 12 Abs. 1 GemHVO,
- Regelungen zur Handhabung der Haushaltsvermerke und
- Regelungen zur Budgetierung.

In der Praxis werden diese Probleme vielfach auch in besonderen internen Geschäftsanweisungen bzw. in besonderen Beschlüssen der Gemeindevertretung gelöst, was zu mehr Flexibilität bei Änderungen führt. Der Transparenz der Haushaltswirtschaft würde es sicherlich dienen, wenn derartige Regelungen in die Haushaltssatzung übernommen würden.

Beispiele für weitere Regelungen in der Haushaltssatzung sind:

§ 8 Die Aufwandsansätze der Kontengruppe 60 und 61 sind zu 90 v. H. freigegeben. Der Restbetrag bedarf der Freigabe durch den Finanzausschuss.

§ 9 (1) Als erheblich im Sinne von § 98 Abs. 2 Nr. 1 HGO gilt ein Fehlbetrag, wenn er 10 % der gesamten Aufwendungen im Ergebnishaushalt überschreitet.

(2) Als erheblich im Sinne von § 98 Abs. 2 Nr. 2 HGO gilt, wenn die Deckung der ordentlichen Tilgung einschließlich der Auszahlungen an die Hessenkasse und abzüglich hierfür zweckgebundener Einzahlungen durch den Zahlungsmittelüberschuss im Saldo der laufenden Verwaltungstätigkeit unter 50 % sinkt.

(3) Als unerheblich im Sinne von § 98 Abs. 3 Nr. 1 HGO gilt ein Betrag bis zu 20.000 €.

§ 10 Als erheblich im Sinne des § 100 Abs. 1 letzter Satz HGO gelten im Finanzhaushalt über- und außerplanmäßige Auszahlungen, wenn sie 100.000 € im Einzelfall übersteigen.

11.3 Zustandekommen der Haushaltssatzung

11.3.1 Überblick

Entsprechend der Bedeutung der Haushaltssatzung für die kommunale Aufgabenerfüllung und der Auswirkungen, die Haushaltssatzung und Haushaltsplan auf das örtliche Gemeinschaftsleben haben, ist das Verfahren über das Zustandekommen der Haushaltssatzung (somit auch des Haushaltsplanes) sehr genau geregelt (§ 97 HGO und Hinweise hierzu). Hierdurch wird im erhöhten Maße die Rechtssicherheit gewährleistet. Gleichzeitig wurde besonderer Wert auf eine weitgehende Unterrichtung und ggf. Mitwirkung der Öffentlichkeit gelegt. Das nachstehende Schaubild soll zunächst einen Überblick vermitteln.

Zustandekommen der Haushaltssatzung

Vorverfahren (vgl. Nr. 1 Satz 2 Hw. zu § 97 HGO, evtl. Beteiligung der Einwohner, Bürgerhaushalt): Vorschläge der budgetverantwortlichen Stellen mit zentraler Zusammenstellung in der Finanzverwaltung, ggf. auch dezentrale Erstellung der Teilhaushalte gem. § 4 GemHVO, siehe auch Kap. 6

Vorbereitung des Entwurfes durch den für die Verwaltung des Finanzwesens bestellten Beigeordneten (Kämmerer) bzw. wenn ein solcher nicht vorhanden ist durch den Bürgermeister

Feststellung des Entwurfs durch den Gemeindevorstand

↓

Vorlage an die Gemeindevertretung evtl. mit abweichender Meinung des Kämmerers

Sofern vorhanden bzw. betroffen Anhörung der Ortsbeiräte (§ 82 Abs. 3 HGO), des Ausländerbeirates (§ 88 HGO) und des Jugendhilfeausschusses (§ 71 Abs. 3 Kinder- und Jugendhilfegesetz, jetzt Achtes Buch Sozialgesetzbuch)[23]

↓

Beratung durch den Finanzausschuss, dabei ggf. mündliche Stellungnahme des Kämmerers bei abweichender Auffassung, ggf. Beratung in den weiteren Ausschüssen

Beratung und Beschlussfassung der Gemeindevertretung über die Haushaltssatzung in öffentlicher Sitzung, dabei ggf. mündliche Stellungnahme des Kämmerers bei abweichender Auffassung

↓

Vorlage an die Aufsichtsbehörde

↙ ↘

Genehmigung der genehmigungsbedürftigen Teile der Haushaltssatzung (sofern gegeben) durch die Aufsichtsbehörde

↘

öffentliche Bekanntmachung der Haushaltssatzung mit Hinweis auf die Auslegung des Haushaltsplanes mit Wortlaut der aufsichtsbehördlichen Genehmigung bzw. unter Berücksichtigung der Wartefristen nach §§ 97 Abs. 4 und 112 Abs. 6 HGO

öffentliche Auslegung des Haushaltsplanes an sieben Tagen

Rechtswirksamkeit nach vollendeter Bekanntmachung[24]	Inkrafttreten zum 1. Jan. des Haushaltsjahres, ggf. rückwirkend

---

23 Bei Landkreisen ist auch § 50 Abs. 5 Satz 2 FAG zu beachten, wonach die zur Umlage Verpflichteten (also die kreisangehörigen Gemeinden) vorher anzuhören sind, wenn die Kreisumlage erhöht werden soll. Das Ergebnis der Anhörung ist dem Kreistag vor der Beschlussfassung über die Erhöhung mitzuteilen.

24 Siehe unten Ziff. 11.3.9.

Die Dauer des Verfahrens ist von Gemeinde zu Gemeinde unterschiedlich. Die Beschlussfassung über die Haushaltssatzung soll jedoch zu einem solchen Zeitpunkt erfolgen, dass die ausgefertigte Haushaltssatzung bis zum 30. November (ein Monat vor Beginn des Haushaltsjahres) der Aufsichtsbehörde vorliegt, unabhängig von der Genehmigungsbedürftigkeit. Die Gemeinde muss also das Verfahren so rechtzeitig beginnen, dass sie unter Berücksichtigung ihrer Zeitbedarfe für die einzelnen Verfahrensschritte diesen Vorlagetermin einhalten kann, sofern nicht besondere Gründe eine Ausnahme rechtfertigen.

Es soll an dieser Stelle jedoch nicht verschwiegen werden, dass in der Praxis die wenigsten Gemeinden tatsächlich diese Zeitvorgaben einhalten. In den meisten Gemeinden ist zu Beginn des Haushaltsjahres die Haushaltssatzung noch nicht bekannt gemacht, sodass zunächst die Vorschriften über die vorläufige Haushaltsführung (siehe Ziff. 7.2.7.2) greifen. Auch wenn es die Gemeinde im Einzelfall schafft, die Haushaltssatzung noch im „alten" Jahr zu beschließen, ist das folgende aufsichtsbehördliche Genehmigungsverfahren (wenn die Haushaltssatzung genehmigungsbedürftige Teile enthält) i. d. R. nicht mehr so rechtzeitig abgeschlossen, dass die Haushaltssatzung noch vor Beginn des Haushaltsjahres bekanntgemacht werden kann (siehe unten). Aber auch wenn keine genehmigungsbedürftigen Teile vorliegen, muss die Gemeinde zunächst einen Monat abwarten, ob die Aufsichtsbehörde Bedenken wegen Rechtsverletzung erhebt. Ein weiterer Hinderungsgrund für die Bekanntmachung ergibt sich aus § 112 Abs. 6 HGO im Hinblick auf die Unterrichtung der Gemeindevertretung über den Jahresabschluss, siehe hierzu unten Ziff. 11.3.9.

11.3.2 Erstellung des Verwaltungsentwurfes der Haushaltssatzung

11.3.2.1 Allgemeines

Die Zuständigkeit für die Aufstellung des Haushaltsplanes liegt beim Gemeindevorstand (§ 66 Abs. 1 Satz 3 Nr. 6 HGO) als Verwaltungsbehörde der Gemeinde. Auch wenn diese Vorschrift nur vom Haushalts**plan** spricht, ist damit zwangsläufig die Aufstellung der Haushaltssatzung eingeschlossen, da Satzung und Plan einander bedingen und der Haushaltsplan ein notwendiger Bestandteil der Haushaltssatzung ist und durch sie festgesetzt wird. Diese Folge ergibt sich auch daraus, dass – als Endpunkt des Aufstellungsverfahrens durch die Verwaltungsbehörde – der Gemeindevorstand den Entwurf der Haushalts**satzung** feststellt, was wiederum den Entwurf des Haushaltsplanes einschließt.

Sofern für die Verwaltung des Finanzwesens ein Beigeordneter, der sog. „Kämmerer" (bezüglich der Aufgaben und der Stellung des Kämmerers siehe Ziff. 5.1), bestellt ist, bereitet er den Entwurf vor. Hierbei handelt es sich um eine Spezialvorschrift gegenüber § 70 Abs. 1 Satz 1 HGO, wonach der Bürgermeister die Beschlüsse des Gemeindevorstandes vorbereitet. Ist ein Kämmerer nicht bestellt, so wird der Entwurf vom Bürgermeister vorbereitet, der in diesem Fall automatisch die Kämmererfunktion innehat.

Nach der Vorbereitung durch den bestellten Kämmerer oder ansonsten durch den Bürgermeister wird der Entwurf vom Gemeindevorstand festgestellt (§ 66 Abs. 1 Satz 3 Nr. 6 HGO), das umfasst insbesondere die Entwurfsfeststellung nach § 97 Abs. 1 HGO, was den Haushaltsplan mit seinen Anlagen einschließt, denn ohne Haushaltsplan kann eine Haushaltssatzung nicht aufgestellt werden, denn sie fasst die Einzelbeträge des Haushaltsplanes wie oben dargestellt zusammen.

Bezüglich des Begriffes „Anlagen“ in § 97 HGO ist zu beachten, dass dieser in unterschiedlicher Bedeutung verwendet wird. Gemäß Nr. 2 Hw. zu § 97 HGO sind Anlagen grundsätzlich der Haushaltsplan mit dessen Anlagen (§ 1 Abs. 5 GemHVO). Die Anlagen zum Haushaltsplan sind nach diesem Hinweis jedoch nicht in die Beschlussfassung über die Haushaltssatzung einbezogen.[25] Im Sinne des § 97 Abs. 2 Satz 1 HGO ist unter Anlagen also der Haushaltsplan in seinen Bestandteilen im Sinne des § 1 Abs. 1 und 2 GemHVO (Gesamthaushalt, unterteilt in Ergebnis- und Finanzhaushalt, Teilhaushalte und Stellenplan) ohne Anlagen nach Abs. 5 gemeint, in allen anderen Regelungen des § 97 HGO umfasst der Begriff „Anlagen“ den Haushaltsplan in seinen Bestandteilen und **mit seinen Anlagen** gemäß § 1 Abs. 5 GemHVO. Zum Begriff der Bestandteile und Anlagen des Haushaltsplanes siehe Ziff. 6.5 und 6.6. Zusammenfassend ist demnach festzuhalten, dass sich die Beschlussfassung der Gemeindevertretung auf die Haushaltssatzung und den Haushaltsplan in seinen Bestandteilen bezieht und alle anderen Verfahrensschritte sich auf die Haushaltssatzung und den Haushaltsplan in seinen Bestandteilen und **mit seinen Anlagen** beziehen.

Soweit Anlagen eines Beschlusses bedürfen, ist dieser nicht vom Beschluss über die Haushaltssatzung umfasst, sondern erfolgt gesondert, dieses betrifft das Haushaltssicherungskonzept und das Investitionsprogramm, siehe auch Nr. 3 der Hw. zu § 97 HGO.

Kämmerer bzw. Bürgermeister stellen den Entwurf natürlich nicht ohne Mitwirkung der Verwaltung auf, faktisch wird das interne Aufstellungsverfahrens ja immer von der für die Finanzverwaltung zuständigen Organisationseinheit der Gemeindeverwaltung (z. B. Kämmereiamt, Fachdienst Finanzen o. Ä.) durchgeführt. Wie sich dieses Verfahren abwickelt und ob Bürger oder Gewerbe vorab angehört werden („Bürgerhaushalt“), regelt jede Gemeinde in eigener Verantwortung (Nr. 1 Satz 2 Hw. zu § 97 HGO).

Spätestens zeitgleich mit der Aufstellung des Haushaltsplanes erfolgt auch die Aufstellung der Ergebnis- und Finanzplanung und des Entwurfes des Investitionsprogramms gemäß § 101 HGO (siehe hierzu auch Kap. 12), da nach § 1 Abs. 4 GemHVO im Ergebnis- und Finanzhaushalt neben den Ergebnissen des Haushaltsvorvorjahres, den Ansätzen des Haushaltsvorjahres und des Haushaltsjahres die Planungsdaten der folgenden drei Haushaltsjahre, für jedes Haushaltsjahr getrennt, gegenüberzustellen sind. Die Ergebnis- und Finanzplanung wird danach in den Ergebnis- und Finanzhaushalt darstellungsmäßig integriert. Da der Ergebnis- und Finanzplanung nach § 101 Abs. 3 HGO der Entwurf des Investitionsprogrammes zu Grunde zu legen ist, muss dieser

25 Investitionsprogramm und Haushaltssicherungskonzept werden von der Gemeindevertretung gesondert beschlossen.

natürlich spätestens dann vorliegen, wenn der Ergebnis- und der Finanzhaushalt einschließlich der Daten der folgenden drei Haushaltsjahre erstellt wird.

Nach diesen Vorbemerkungen wird nun das eigentliche Vorverfahren dargestellt.

11.3.2.2 Anforderung der Vorschläge zum Haushaltsplan, zur Ergebnis- und Finanzplanung und zum Investitionsprogramm

Der Kämmerer bzw. der Bürgermeister (in der praktischen Abwicklung natürlich die für die Aufstellung zuständige Organisationseinheit) fordert bei entsprechender Terminsetzung von den Fachverwaltungen die Vorschläge und Unterlagen für den Haushaltsplan sowie die Ergebnis- und Finanzplanung und das Investitionsprogramm an.

Die erforderlichen Ansatzberechnungen und dergl. sowie die weiteren Unterlagen (z. B. nach § 12 GemHVO, Erläuterungen gem. § 17 GemHVO) sind üblicherweise mit vorzulegen. Das Verfahren der formalen Gestaltung kann z. B. in einer Geschäftsanweisung über die Aufstellung des Haushaltsplanes sowie der Ergebnis- und Finanzplanung und des Investitionsprogramms geregelt sein.

11.3.2.3 Zusammenstellung der Meldungen

Empfänger der Meldungen und Unterlagen ist die Finanzverwaltung der Gemeinde. Sie hat unter Beachtung der haushaltsrechtlichen Bestimmungen die Anforderungen der Ämter/Fachbereiche zu prüfen und evtl. Korrekturen vorzunehmen (z. B. Umwandlung eines angemeldeten Ansatzes oder eines Teilbetrages davon in eine Verpflichtungsermächtigung, wenn nach den vorgelegten Bauzeitplänen von einer Kassenwirksamkeit zu erteilender Aufträge im zu planenden Haushaltsjahr nicht auszugehen ist). Einschließlich der von der Finanzverwaltung selbst zu ermittelnden Daten führt die Zusammenstellung der Meldungen zum sog. „Verwaltungsentwurf" der Pläne. Das Ergebnis dieser Zusammenstellung kann im günstigsten Fall zu einem Ausgleich zwischen den Erträgen und Aufwendungen im Ergebnishaushalt bzw. den Einzahlungen und Auszahlungen im Finanzhaushalt führen. Das wird in der Regel aber eine Wunschvorstellung bleiben. Tatsächlich sind in den meisten Gemeinden die Aufwands- bzw. Auszahlungsanmeldungen – teilweise erheblich – höher als die entsprechenden Deckungsmittel.

11.3.2.4 Bestrebungen zum Ausgleich des Haushaltsplanes und des Finanzplanes

Nach § 92 Abs. 4 HGO und § 9 Abs. 4 GemHVO muss (im Sinne einer Soll-Vorschrift) die Haushaltswirtschaft der Gemeinde ausgeglichen sein (siehe hierzu auch Kap. 10). Aufgabe der Finanzverwaltung, des Kämmerers oder Bürgermeisters und letztlich des Gemeindevorstandes ist es nun, die Anforderungen der Ämter/Fachbereiche mit den gegebenen Möglichkeiten, also der Finanzierbarkeit, in Einklang zu bringen. Dieses bedeutet nun, dass die Aufwendungen, Auszahlungen und Verpflichtungsermächtigungen, aber auch die Erträge und Einzahlungen so verändert werden (durch Streichungen, Ansatzerhöhungen usw.), dass das Ziel „Haushaltsausgleich" erreicht wird.

Die so gewonnenen „Erkenntnisse" werden dann mit der Fachverwaltung abgestimmt; d. h. die Veränderungen sollten nach Möglichkeit einvernehmlich vorgenommen werden. Letztlich wird der Bürgermeister bzw. der Kämmerer aber die letzte Entscheidung fällen, da er für die finanzwirtschaftliche Ausgewogenheit des dem Gemeindevorstand vorzulegenden Entwurfes verantwortlich ist.

11.3.3 Formale Erstellung des Entwurfs der Haushaltssatzung

Der vom Kämmerer bzw. Bürgermeister (zusammen mit der Finanzverwaltung der Gemeinde) vorbereitete Entwurf ist gemäß § 97 Abs. 1 HGO vom Gemeindevorstand festzustellen. Hierzu ist notwendig, dass dem Gemeindevorstand dieser Entwurf vom Kämmerer bzw. Bürgermeister vorgelegt wird. Mit der Feststellung ist das Aufstellungsverfahren im Sinne des § 66 Abs. 1 Satz 3 Nr. 6 HGO abgeschlossen. Die Feststellung des Entwurfs der Haushaltssatzung durch den Gemeindevorstand erfolgt durch Beschlussfassung in einer Sitzung des Gemeindevorstands (Nr. 1 Satz 1 Hw. zu § 97 HGO). Im Rahmen des Feststellungsbeschlusses können durch den Gemeindevorstand noch Änderungen im Haushaltsplan bzw. in der Haushaltssatzung vorgenommen werden.

11.3.4 Einbringung der Haushaltssatzung

Nach Feststellung durch den Gemeindevorstand wird der Entwurf gemäß § 97 Abs. 1 HGO der Gemeindevertretung zur Beratung und Beschlussfassung zugeleitet.

Der Kämmerer ist berechtigt, der Gemeindevertretung seine abweichende Stellungnahme zu dem Entwurf des Gemeindevorstandes vorzulegen. Dies wird immer dann der Fall sein, wenn der Gemeindevorstand gegenüber dem vom Kämmerer zur Feststellung vorgelegten Entwurf Änderungen vorgenommen hat, die der Kämmerer nicht für vereinbar mit den finanzwirtschaftlichen Gegebenheiten der Gemeinde hält, die also im Ergebnis vom Gemeindevorstand gegen das Votum des Kämmerers gefasst wurden. Damit hat die Gemeindevertretung die Möglichkeit, eingehend die unterschiedlichen Auffassungen und Argumente zu werten.

Das Recht, eine abweichende Stellungnahme vorzulegen, steht dann auch dem Bürgermeister zu, wenn der Bürgermeister die Aufgaben des Kämmerers selbst wahrnimmt. Da der Bürgermeister zugleich aber auch „Sprecher" des Gemeindevorstandes ist und als solcher dessen Beschlüsse gegenüber der Gemeindevertretung zu vertreten hat, tritt er dann in einer Doppelfunktion auf. Es muss also klar sein, dass er seine abweichende Stellungnahme in seiner Eigenschaft als Kämmerer abgibt, in seiner Eigenschaft als

Sprecher des Gemeindevorstandes steht ihm dieses Recht natürlich nicht zu. Allerdings gibt § 59 Satz 4 HGO dem Bürgermeister allgemein das Recht, im Rahmen der Sitzungen der Gemeindevertretung, und i. V. m. § 62 Abs. 5 HGO der Sitzungen der Ausschüsse, eine von der Auffassung des Gemeindevorstandes abweichende Meinung zu vertreten.

Mit der Vorlage des Entwurfes der Haushaltssatzung und ihrer Anlagen an die Gemeindevertretung sind die Entwürfe offiziell existent. Diese Vorlage geschieht in der Form der so genannten Einbringung (Nr. 4 Satz 1 Hw. zu § 97 HGO[26]) in die Gemeindevertretung. Das bedeutet, dass der Tagesordnungspunkt „Einbringung des Entwurfes der Haushaltssatzung mit ihren Anlagen" in einer entsprechenden Sitzung der Gemeindevertretung behandelt werden muss. Üblicherweise ist damit eine Einbringungsrede des Bürgermeisters bzw. des Kämmerers verbunden, in der der Entwurf begründet wird und die kommunalen und gesamtwirtschaftlichen Rahmenbedingungen für dessen Gestaltung dargelegt werden.

Die Gemeindevertretung verweist dann den Entwurf der Haushaltssatzung mit ihren Anlagen zur Beratung an den gemäß § 62 Abs. 1 Satz 2 HGO pflichtmäßig zu bildenden Finanzausschuss, ggf. auch an weitere Fachausschüsse, Nr. 6 Hw. zu § 97 HGO. Sofern vorhanden, ist der Entwurf auch den Ortsbeiräten (§ 82 Abs. 3 HGO, Nr. 7 Hw. zu § 97 HGO) und dem Ausländerbeirat (§ 88 Abs. 2 HGO) bzw. der Integrationskommission (§ 89 Abs. 3 i. V. m. § 88 Abs. 2 HGO) zuzuleiten. Eine Verletzung dieser Vorschriften erfährt eine Heilung durch Zeitablauf, § 5 Abs. 4 HGO. Bei den Landkreisen und den Gemeinden, die Jugendhilfeträger sind, erfolgt die Zuleitung auch an den Jugendhilfeausschuss.[27] Bei Landkreisen ist auch § 50 Abs. 5 Satz 2 HFAG zu beachten, wonach die zur Umlage Verpflichteten (also die kreisangehörigen Gemeinden) vorher anzuhören sind, wenn die Kreisumlage erhöht werden soll. Das Ergebnis der Anhörung ist dem Kreistag vor der Beschlussfassung über die Erhöhung mitzuteilen.

11.3.5 Unterrichtung der Einwohner

Durch Gesetz vom 7. Mai 2020 u. a. zur Änderung von Vorschriften der HGO (GVBl. S. 318) wurde § 97 Abs. 2 HGO gestrichen. Die Vorschrift sah vor, dass der Entwurf der Haushaltssatzung mit ihren Anlagen nach vorheriger öffentlicher Bekanntmachung an sieben Tagen öffentlich auszulegen war, wobei der erste Auslegungstag spätestens 12 Tage vor der Beschlussfassung liegen musste.

Eine Verpflichtung zur Auslegung des Entwurfes der Haushaltssatzung mit ihren Anlagen besteht demnach nicht mehr. Es ist der Gemeinde aber freigestellt, den Entwurf gleichwohl der Öffentlichkeit bekannt zu machen, dies wird von vielen Gemeinden in der Weise praktiziert, dass der Entwurf im Internet zur Einsicht bereitgestellt wird, siehe auch Nr. 5 Hw. zu § 97 HGO.

---

26 Satz 2 dieses Hinweises ist nach Streichung des § 97 Abs. 2 HGO a. F. gegenstandslos.

27 Siehe hierzu ausführlich *Daneke*, KVR Hessen, § 97 HGO, Rdnrn. 11–16.

11.3.6 Beratung im Finanzausschuss und den Fachausschüssen

Gemäß § 97 Abs. 2 Satz 2 HGO, Nr. 6 Hw. zu § 97 HGO soll der Entwurf der Haushaltssatzung mit ihren Anlagen vor der Beratung und Beschlussfassung durch die Gemeindevertretung eingehend im Finanzausschuss der Gemeindevertretung behandelt werden. Einen Finanzausschuss muss die Gemeindevertretung gemäß § 62 Abs. 1 Satz 2 HGO bilden.

Die Verpflichtung zur eingehenden Behandlung ist als Sollvorschrift formuliert, von daher ist ein Abweichen von dieser Pflicht nur bei Vorliegen besonderer Umstände zulässig. Wichtig ist insbesondere, dass die Gemeinde durch eine entsprechende Terminplanung ausreichend Zeit für die eingehende Behandlung im Finanzausschuss einplant.

Der Gemeindevertretung steht es darüber hinaus natürlich frei, den Entwurf auch in den anderen Ausschüssen, die sie gebildet hat, behandeln zu lassen. Dies gilt zumindest dann, wenn der Aufgabenbereich des jeweiligen Fachausschusses von den Festsetzungen des Haushaltsplanes oder der Haushaltssatzung betroffen ist.

Die Art und Weise der Beratung ist von Gemeinde zu Gemeinde recht unterschiedlich. Während vor allem in kleineren Gemeinden nahezu jede einzelne Haushaltsposition (Beträge, Produkte, Ziele, Kennzahlen usw.) erörtert wird (ohne dass dies automatisch zu einer Änderung führt), beschränkt sich die Beratung in anderen Gemeinden häufig auf die Anträge der Fraktionen, mit denen diese eine Änderung oder Streichung von Ansätzen oder das Einstellen völlig neuer Ansätze begehren.

Der Finanzausschuss gibt eine Beschlussempfehlung an die Gemeindevertretung, die als Zustimmung zum Entwurf oder Ablehnung des Entwurfes der Haushaltssatzung zu fassen ist.

Der Kämmerer ist berechtigt, seine abweichende Auffassung in der Beratung der Gemeindevertretung und ihrer Ausschüsse zu vertreten. Dies bedeutet die mündliche Darlegung und Begründung der abweichenden Auffassung zum Entwurf des Gemeindevorstandes.

11.3.7 Beschlussfassung durch die Gemeindevertretung

Da die Haushaltssatzung eine Pflichtsatzung der Gemeinde ist, muss die Gemeindevertretung einen positiven Beschluss fassen. Stimmt sie dem Entwurf des Gemeindevorstandes nicht zu, muss sie diesen veranlassen, einen Entwurf der Haushaltssatzung vorzulegen, der ihren Vorstellungen entspricht. Eine bloße Ablehnung des Entwurfes ohne weitere Vorgaben ist rechtswidrig und muss vom Bürgermeister beanstandet werden (§ 63 Abs. 1 HGO).

Die Beschlussfassung erfolgt über die Haushaltssatzung mit Anlagen, wobei hierunter der Haushaltsplan in seinen Bestandteilen, aber ohne seine Anlagen zu verstehen ist (siehe oben). Der Beschluss muss einheitlich gefasst werden, da Haushaltssatzung und Haushaltsplan finanzwirtschaftlich eine Einheit bilden. Dies schließt nicht aus, dass zu einzelnen Festsetzungen der Haushaltssatzung und des Haushaltsplanes Einzelbeschlüsse gefasst werden, vgl. auch Nr. 8 Hw. zu § 97 HGO.

Werden im Rahmen der Beratungen Änderungen an der vom Gemeindevorstand vorgelegten Haushaltssatzung beschlossen, so muss aus dem gefassten Beschluss unzweifelhaft der gewollte (neue) Inhalt der Haushaltssatzung, insbesondere die in ihr festzulegenden Kredite und Steuerhebesätze, hervorgehen, Nr. 8 Satz 3 Hw. zu § 97 HGO. Sinngemäß gilt das Gleiche für Änderungen des Haushaltsplans.

Am Ende der Beratung durch die Gemeindevertretung, die Einzelbeschlüsse umfassen kann, muss entsprechend dem Wesen der Haushaltssatzung als Pflichtsatzung ein positiver und einheitlicher Beschluss hierüber gefasst werden. Der Beschlussfassung gehen, je nach örtlichen Gepflogenheiten, eingehende Stellungnahmen der Fraktionen und Debatten und Beschlüsse zu Einzelpositionen voraus. Die Beschlussfassung über die Haushaltssatzung kann die Gemeindevertretung gem. § 51 Nr. 7 HGO nicht übertragen.

Die Beratungsdauer zwischen Einbringung und Beschlussfassung ist örtlich sehr unterschiedlich. Die Beschlussfassung muss jedoch i. d. R. zu einem Zeitpunkt erfolgen, der es ermöglicht, den Vorlagetermin 30. November (einen Monat vor Beginn des Haushaltsjahres gemäß § 97 Abs. 3 Satz 2 HGO) auch unter Berücksichtigung evtl. Planüberarbeitung, Neudruck usw. einzuhalten.

Die Beratung und Beschlussfassung der Haushaltssatzung mit ihren Anlagen muss zwingend in öffentlicher Sitzung der Gemeindevertretung erfolgen, d. h. die Öffentlichkeit kann zu den jeweiligen Tagesordnungspunkten nicht ausgeschlossen werden. Man spricht hier insgesamt vom **Grundsatz der Öffentlichkeit** oder der **Publizität.**[28] Datenschutz und Steuergeheimnis müssen jedoch gewahrt werden, Nr. 8 Satz 2 Hw. zu § 97 HGO.

In der Beratung kann der Kämmerer ebenso wie in der Beratung des Finanzausschusses seine abweichende Auffassung zum Entwurf des Gemeindevorstandes vertreten.

Die Beschlussfassung über die Haushaltssatzung erfolgt mit der Mehrheit der abgegebenen Stimmen (§ 54 Abs. 1 HGO).

11.3.8 Vorlage an die Aufsichtsbehörde

Die von der Gemeindevertretung beschlossene Haushaltssatzung ist vollständig mit allen Anlagen der Aufsichtsbehörde vorzulegen (§ 97 Abs. 3 HGO, Nr. 9 Hw. zu § 97 HGO). Die Bestandteile und bestimmte Anlagen des Haushaltsplans sind den Aufsichtsbehörden in elektronischer Form zur Verfügung zu stellen (§ 60 Satz 2 GemHVO).

Wer Aufsichtsbehörde ist, richtet sich für die Gemeinden nach § 136 HGO und für die Landkreise nach § 54 Abs. 1 HKO sowie für den Landeswohlfahrtsverband nach § 17 Gesetz über den Landeswohlfahrtsverband Hessen.

28 Siehe hierzu auch Ziff. 7.2.8.

Danach ist Aufsichtsbehörde
- für die Landeshauptstadt Wiesbaden und die Stadt Frankfurt am Main sowie den Landeswohlfahrtsverband der Minister des Innern
- für die sonstigen kreisfreien Städte und Sonderstatus-Städte und für die Landkreise der Regierungspräsident
- für die übrigen Gemeinden der Landrat als untere staatliche Verwaltungsbehörde

Die Vorlage soll spätestens einen Monat vor Beginn des Haushaltsjahres erfolgen (§ 97 Abs. 3 Satz 2 HGO), also spätestens am 30.11. des Vorjahres. Damit soll sichergestellt sein, dass eine evtl. notwendige Genehmigung der Aufsichtsbehörde noch so rechtzeitig erteilt werden kann, dass die Bekanntmachung der Haushaltssatzung vor Beginn des Haushaltsjahres, also spätestens bis zum 31. Dezember, vollendet werden kann (Grundsatz der Vorherigkeit). Diese Sollvorschrift erlaubt jedoch auch eine spätere Vorlage, wenn begründete Ausnahmefälle dieses erfordern (siehe auch Ziff. 7.2.7.2). Hierdurch wird die Rechtswirksamkeit der Haushaltssatzung und ihrer Anlagen nicht beeinträchtigt. Bei Nichtvorlage bzw. nicht rechtzeitiger Vorlage kann die Aufsichtsbehörde von ihren Aufsichtsmitteln Gebrauch machen (§§ 137 ff. HGO).

Die Verpflichtung zur Vorlage gilt unabhängig davon, ob die Haushaltssatzung genehmigungsbedürftige Festsetzungen enthält oder nicht, Nr. 9 Satz 2 Hw. zu § 97 HGO.

Genehmigungsbedürftige Festsetzungen in der Haushaltssatzung sind nach § 97a HGO:
- eine Abweichung von den Vorgaben zum Haushaltsausgleich (siehe Kap. 10) in der Planung,
- das Haushaltssicherungskonzept (siehe Kap. 10),
- der Gesamtbetrag der Verpflichtungsermächtigungen in § 3 der Haushaltssatzung, wobei dies nach § 102 Abs. 4 HGO nur gilt, wenn in den Jahren, zu deren Lasten sie veranschlagt sind, Kreditaufnahmen vorgesehen sind (siehe hierzu Kap. 8),
- der Gesamtbetrag der Kredite für Investitionen und Investitionsförderungsmaßnahmen in § 2 der Haushaltssatzung gemäß § 103 Abs. 2 HGO (siehe hierzu Kap. 9) und
- der Höchstbetrag der Liquiditätskredite in § 4 der Haushaltssatzung gemäß § 105 Abs. 2 GemHVO (siehe hierzu Kap. 9).

Zudem gilt für die Landkreise, dass der Hebesatz für die Kreisumlage (festgesetzt in § 5 der Haushaltssatzung des Kreises) der Genehmigung durch die Aufsichtsbehörde bedarf, wenn er den Hebesatz des Vorjahres um mehr als einen halben Prozentpunkt überschreitet, § 50 Abs. 6 HFAG. Dies betrifft jedoch nicht den Zuschlag zur Kreisumlage, die Schulumlage. Siehe zu den Umlagen Ziff. 3.4.2.4.

Bezüglich der für die Erteilung oder Versagung der Genehmigung maßgeblichen Umstände wird auf die Ausführungen in den o. g. Kapiteln verwiesen. Daneben wird die Aufsichtsbehörde im Rahmen der Rechtsaufsicht weitere Betrachtungen zur Haushaltssatzung und zum Haushaltsplan mit seinen Anlagen anstellen, insbesondere, ob die für die Aufstellung und die Haushaltswirtschaft insgesamt geltenden Vorschriften eingehalten wurden und bei Verstößen mit den entsprechenden aufsichtsbehördlichen Instrumenten (§§ 137 ff. HGO) reagieren.

Auch wenn die Genehmigung grundsätzlich erteilt werden kann, muss die Aufsichtsbehörde diese zurückstellen, bis sie darüber in Kenntnis gesetzt ist, dass die Gemeindevertretung über den aufgestellten Jahresabschluss (siehe Ziff. 15.8) unterrichtet wurde. Für die Haushaltssatzung des Haushaltsjahres 2024, sofern sie vor Beginn dieses Jahres vorgelegt wird, bedeutet das, dass die Gemeinde den Jahresabschluss 2022 aufgestellt und die Gemeindevertretung über dessen wesentliche Ergebnisse unterrichtet haben muss. Dies soll nach § 112 Abs. 5 HGO innerhalb von vier Monaten erfolgen, also bis zum 30. April 2023. Solange dies noch nicht erfolgt ist, kann die Genehmigung zur Haushaltssatzung nicht erteilt werden. Sofern die Vorlage innerhalb der ersten vier Monate des Jahres 2024 erfolgt, ist ebenfalls das Jahr 2022 maßgeblich, erfolgt sie später, also nach dem 30. April 2024, ist der Abschluss des Jahres 2023 maßgeblich.

11.3.9 Ausfertigung und Bekanntmachung der Haushaltssatzung

Zwingende Voraussetzung für eine wirksame Bekanntmachung ist die Ausfertigung der Haushaltssatzung. Das bedeutet, sie wird unter Angabe des Ortes und des Tages vom Bürgermeister unterschrieben. Mit der Ausfertigung wird bestätigt, dass der Inhalt der Satzung mit dem hierzu ergangenen Beschluss der Gemeindevertretung übereinstimmt und dass die für die Rechtswirksamkeit maßgebenden Verfahrensvorschriften eingehalten wurden, dies beinhaltet auch das Vorliegen notwendiger Genehmigungen bzw. das Einhalten der vorgeschriebenen Wartefrist. Die Ausfertigung kann also erst erfolgen, wenn diese Voraussetzungen erfüllt sind, die Haushaltssatzung also „bekanntmachungsreif“ ist. Die in der Praxis häufig anzutreffende Unterzeichnung der Haushaltssatzung durch den Bürgermeister vor Zuleitung an die Aufsichtsbehörde ist zwar nicht schädlich, stellt aber keine wirksame Ausfertigung dar, weil zu diesem Zeitpunkt noch nicht alle notwendigen Verfahrensschritte erfolgt sind.[29]

Nach § 97 Abs. 4 HGO, Nr. 10 und 11 Hw. zu § 97 HGO ist die Haushaltssatzung – wie jede andere gemeindliche Satzung – öffentlich bekannt zu machen (§ 5 Abs. 3 Satz 1 HGO). Die Bekanntmachung erfolgt unverzüglich nach der Beschlussfassung der Gemeindevertretung über die Haushaltssatzung. Die Form der Bekanntmachung ist verbindlich vorgeschrieben (Muster 1 zu § 60 GemHVO). Enthält die Haushaltssatzung genehmigungsbedürftige Teile (s. o.), so darf die Bekanntmachung erst erfolgen, wenn die Entscheidung über die Genehmigung aller genehmigungsbedürftigen Teile nach § 97a HGO vorliegt, Nr. 12 Hw. zu § 97 HGO. Mit der Bekanntmachung der Haushaltssatzung ist der Wortlaut der Genehmigung bekannt zu machen (§ 7 Bekanntmachungsverordnung, siehe auch v. g. Muster).

Enthält die Haushaltssatzung keine genehmigungsbedürftigen Teile, muss die Gemeinde eine Wartefrist zwischen Vorlage bei der Aufsichtsbehörde, also dem Eingang dort, und der Bekanntmachung einhalten, diese Wartefrist beträgt einen Monat. Dadurch soll der Aufsichtsbehörde Gelegenheit gegeben werden, die Haushaltssatzung mit -plan zu prüfen und evtl. Bedenken wegen Rechtsverletzung zu erheben. Erst

29 Siehe hierzu auch *Bennemann* in KVR Hessen, § 5 HGO Rn. 85 und ab 110.

nach Ablauf dieser Monatsfrist (oder wenn die Aufsichtsbehörde schon vorher mitteilt, dass keine Bedenken erhoben werden) darf die Haushaltssatzung bekannt gemacht werden, sofern keine Bedenken erhoben werden. Die Bekanntmachung einer nicht genehmigungsbedürftigen Haushaltssatzung ist zudem dann und solange gehindert, bis die Gemeindevertretung über den Jahresabschluss unterrichtet wurde, bezüglich der jeweils relevanten Jahre siehe das Beispiel oben bei 11.3.8

Die Bekanntmachung erfolgt gemäß den durch die Hauptsatzung der Gemeinde getroffenen Bestimmungen (§ 7 Abs. 3 HGO).

Nach der Bekanntmachung ist der Haushaltsplan mit seinen Anlagen an sieben Tagen öffentlich auszulegen (§ 97 Abs. 4 Satz 1 HGO). Zeit und Ort sind in der Bekanntmachung anzugeben. Die sieben Auslegungstage müssen nicht aufeinander folgende Kalendertage sein, eine Beschränkung auf Arbeitstage ist möglich. Die Auslegung kann jedoch auch an arbeitsfreien Tagen (Samstag, Sonntag, Feiertag) erfolgen, wenn an diesen Tagen die Möglichkeit der Einsicht besteht. Die Auslegung muss vorher, d. h. vor dem ersten Auslegungstag, öffentlich bekannt gemacht werden. Die Bekanntmachung ist mit Ablauf des letzten Auslegungstages vollendet,[30] erst zu diesem Zeitpunkt ist die Haushaltssatzung rechtsgültig zu Stande gekommen.

Die Haushaltssatzung tritt unabhängig von dem v. g. Zeitpunkt mit Beginn des Haushaltsjahres (1. Januar) in Kraft; wird sie nach Beginn des Haushaltsjahres bekannt gemacht, rückwirkend zu diesem Datum.

11.4 Übungen

Siehe hierzu die Sachverhalte 1 bis 6 zu Kap. 11 im Übungsband.

30 Siehe § 6 Abs. 3 i. V. m. § 3 der Verordnung über öffentliche Bekanntmachungen der Gemeinden und Landkreise (GemLKrBekV) vom 12.10.1977, GVBl. I 1977, 409, zuletzt geändert durch Art. 12 des Gesetzes vom 16.12.2011 (GVBl. I S. 786, 803).

– Kapitel 12 –

Inhaltsverzeichnis

12. Mittelfristige Ergebnis- und Finanzplanung und Investitionsprogramm

12.1 Begriffliche Abgrenzungen

12.1.1 Allgemeines

Zum besseren Verständnis folgen zunächst einige Abgrenzungen und Erläuterungen.

Planung wird allgemein als Vorbereitung von bestimmten Maßnahmen (Entscheidungen und Handlungen) beschrieben, die auf ein bestimmtes Ziel gerichtet sind. „Planung" will durch gedankliche Vorwegnahme künftigen Handelns bzw. Geschehens unter Beachtung des Rationalprinzips die Sinnhaftigkeit gegenwärtiger Entscheidungen sichern oder diese überhaupt erst ermöglichen.[1]

Die Planungstätigkeit ist vielseitig und kennt u. a. die

- Zielplanung,
- Aufgabenplanung,
- Mittelplanung,
- Ressourcenplanung (d. h. Summe aller einsetzbaren, zielgerichteten Mittel und Maßnahmen) und
- Wegeplanung (wie Mittel zur Zielerreichung eingesetzt werden).

Von der Planung zu unterscheiden ist der **Plan** selbst. Nicht jede Planung mündet in einen Plan.

Prognose wird eine wissenschaftlich begründete und empirisch nachprüfbare Aussage über eine Erwartung genannt. Sie ist Grundlage und Teil der Planung.

Programm stellt einen durch Eliminierung der Handlungsalternativen aus der Planung abgeleiteten, durch Übersetzung in eine operable Sprache konkretisierten Teilverwirklichungsplan (Aktionsplan, Maßnahmenkatalog, Ordnungsmodell) mit Entscheidungsrelevanz (Verbindlichkeit, Realisationschancen und Berechenbarkeit) dar.[2]

12.1.2 Kommunale finanzielle Planung

Die Gemeinden planen bei ihrer Aufgabenwahrnehmung in vielen unterschiedlichen Bereichen, z. B. Flächennutzungsplan, Organisationsplan, Bebauungsplan, Verkehrsplan, Schulentwicklungsplan, Sozialplan etc. Da sich dieses Buch mit dem Haushaltsrecht befasst, wird hier nur näher auf die gemeindlichen Planungen im Haushaltsrecht eingegangen.

1 *Meichsner/Seeger/Steenbock*, Kommunale Finanzplanung, Erl. Grundlagen B 1.11, S. 1.
2 *Meichsner/Seeger/Steenbock*, Kommunale Finanzplanung, Erl. Grundlagen B 1.11, S. 2.

Die gemeindlichen finanziellen Planungen lassen sich unter dem zeitlichen Aspekt wie folgt einordnen:[3]

- kurzfristige Planung = Haushaltsplan (Ein-Jahres-Zeitraum)
- mittelfristige Planung = Finanzplanung (Fünf-Jahres-Zeitraum)
- langfristige Planung = Investitionsbedarfsplanung, Finanzperspektiven, strategische Ziele, Prioritätenkataloge (länger als fünf Jahre)

Auf der Grundlage der gesetzlichen Vorgaben wird im Haushaltsrecht grundsätzlich unterschieden in „Haushaltsplanung" und „Finanzplanung". Während die Haushaltsplanung unter Kap. 6 beschrieben wird, soll hier die Finanzplanung dargestellt werden. Nachfolgendes Schaubild verdeutlicht, dass die Finanzplanung den Oberbegriff für zwei Planungskomponenten darstellt.

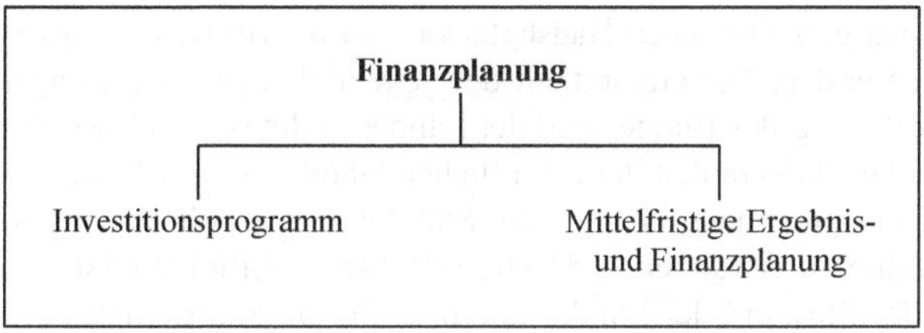

Unter Finanzplanung wird allgemein eine mittelfristige monetäre Planung verstanden, die sich – nach den gesetzlichen Vorschriften – über einen Fünf-Jahres-Zeitraum erstreckt (siehe hierzu auch Ziff. 12.3).

Die Ergebnis- und Finanzplanung ist eine Einschätzung der erwarteten Entwicklung der Haushaltswirtschaft über einen **mittelfristigen** Zeitraum, wobei neben den Prognosen zur gesamtwirtschaftlichen Entwicklung auch **kommunalpolitische Schwerpunkte** und **Besonderheiten der Gemeinde** zu berücksichtigen sind (Nr. 1 Hw. zu § 101 HGO).

12.2 Bedeutung der Finanzplanung

12.2.1 Gesamtwirtschaftliche Bedeutung

Die Ausführungen im Zusammenhang mit den Aufgaben und Zielen der öffentlichen Finanzwirtschaft (siehe Ziff. 1.5) haben bereits deutlich gemacht, dass die öffentliche Hand im erheblichen Maße die Gesamtwirtschaft beeinflusst. Daher ist es erforder-

3 Der Planungszeitraum im Rahmen der Ergebnis- und Finanzplanung (kurz-, mittel- und langfristig) korrespondiert **nicht** mit den für Verbindlichkeiten verwendeten Fristen (siehe Ziff. 9.2.1.2).

lich, dass die Haushaltswirtschaft von Bund, Ländern und Gemeinden[4] nicht nur jahresbezogen (kurzfristig), sondern auch mittelfristig geplant wird.

Die Einbeziehung der Gemeinden in die Finanzplanung ist auch deshalb besonders wichtig, weil die Gemeinden einen erheblichen Anteil aller Investitionen der öffentlichen Hand tätigen. Insofern sind die kommunalpolitischen Investitionsentscheidungen von erheblicher Bedeutung für die Konjunkturpolitik und tangieren somit die in § 1 StabG formulierten Ziele, nämlich die Beachtung des gesamtwirtschaftlichen Gleichgewichts.

Darüber hinaus kommt die gesamtwirtschaftliche Bedeutung der kommunalen finanziellen Planungen auch bei der Beurteilung der Konvergenzkriterien im Rahmen des Maastricht-Vertrages zum Ausdruck, wie z. B. Defizitquote, Schuldenstandsquote, da die kommunale Verschuldung bei der Einhaltung der Grenzwerte berücksichtigt wird.[5]

Eine Darstellung der **kommunalen** Planungen im Rahmen der gesamtstaatlichen Finanzplanung ist also unverzichtbar und die Erforderlichkeit hat daher auch in § 16 StabG und in den gemeindlichen Haushaltsvorschriften (in Hessen: § 101 HGO) ihren Niederschlag gefunden. Die Gesamtheit der gemeindlichen Finanzplanung zusammen mit der Finanzplanung des Bundes und der Länder bildet somit eine wichtige Entscheidungshilfe für die Maßnahmen der öffentlichen Hand i. S. v. § 1 StabG.

In diesem Zusammenhang ist auch der Stabilitätsrat als ein wichtiges Gremium für die Finanzplanung zu erwähnen (§ 51 HGrG)[6]. Der Stabilitätsrat ist ein gemeinsames Gremium des Bundes und der Länder und u. a. für die Koordinierung der Haushalts- und Finanzplanungen des Bundes, der Länder, der Gemeinden und Gemeindeverbände zuständig. Seine Hauptaufgabe besteht allerdings in der Überwachung der Haushalte des Bundes und der Länder (Art. 109a GG) sowie der Feststellung von drohenden Haushaltsnotlagen (§ 4 StabiRatG).[7]

Dem Stabilitätsrat gehören an:

- der Bundesminister für Finanzen,
- der Bundesminister für Wirtschaft und Klimaschutz,
- die Länderfinanzminister und -senatoren.

Den Vorsitz führen gemeinsam der Bundesminister der Finanzen und der Vorsitzende der Finanzministerkonferenz der Länder.

Der Stabilitätsrat berät die gesamt- und finanzwirtschaftlichen Rahmenbedingungen bei der Aufstellung der Haushalts- und Finanzpläne und gibt Empfehlungen zur Koordinierung der Finanzplanung auf allen drei Ebenen (Bund, Länder und Gemeinden). Die Koordinierung erstreckt sich auf

- eine einheitliche Systematik,

---

4 Gemeinden sind an dieser Stelle umfassend zu verstehen und schließen die Gemeindeverbände/Kreise ein.

5 Vgl. *Schwarting*, Der kommunale Haushalt, Rdnr. 326.

6 Mit dem Gesetz zur Abschaffung des Finanzplanungsrates (BT-Drs. 17/983) wurden die Aufgaben auf den Stabilitätsrat übertragen (Stabilitätsratsgesetz – StabiRatG BGBl. 2009 I S. 2702).

7 Mehr zum Thema Stabilitätsrat ist auf der homepage des Bundesministeriums der Finanzen zu finden.

- einheitliche volks- und finanzwirtschaftliche Annahmen (Orientierungsdaten, siehe Ziff. 12.5) und
- die Schwerpunktermittlung für eine den gesamtwirtschaftlichen Erfordernissen entsprechende Erfüllung der öffentlichen Aufgaben (§ 51 Abs. 2 HGrG).

Der Stabilitätsrat berücksichtigt
- die vom Konjunkturrat (§ 18 StabG) für die öffentliche Hand für erforderlich gehaltenen Maßnahmen zur Erreichung der Ziele des Stabilitätsgesetzes,
- die von den Arbeitskreisen für Steuerschätzung[8] erarbeiteten Daten und
- die Daten und Prognosen der Wirtschaftsinstitute, Forschungsinstitute usw.

12.2.2 Gemeindewirtschaftliche Bedeutung

Wie bereits unter Ziff. 6.2.2 dargestellt, ist die Ergebnis- und Finanzplanung die Grundlage der Haushaltsplanung. § 101 HGO bestimmt, dass die Gemeinde ihrer Haushaltswirtschaft eine fünfjährige Ergebnis- und Finanzplanung zu Grunde zu legen hat. Eine Haushaltsplanung losgelöst von der Ergebnis- und Finanzplanung ist angesichts der umfangreichen Aufgaben der Gemeinden undenkbar und würde zwangsläufig auf Dauer die stetige Erfüllung der Aufgaben nach § 92 Abs. 1 HGO gefährden.

Mit der Umstellung des Haushaltsrechts auf ein ressourcenverbrauchsorientiertes Rechnungswesen (siehe auch Ziffn. 4.3.4 und 4.3.5) wird die gemeindewirtschaftliche Bedeutung der Ergebnis- und Finanzplanung deutlich aufgewertet, da zukünftig die Steuerung der Kommunalverwaltungen durch die Vorgabe von Zielen für die kommunalen Produkte (Output-Steuerung) erfolgen soll.[9] Dies hat zur Folge, dass die Gemeinden strategische und operative Ziele[10] formulieren (schriftlich fixieren) und vereinbaren müssen, die sich nicht nur auf das nächste Haushaltsjahr beschränken, sondern eben gerade zukunftsorientiert ausgerichtet sind. Auf dieser Basis erfolgt die mittelfristige finanzielle Planung. **Dies verdeutlicht den engen Zusammenhang zwischen Zielsetzung, Zielvereinbarung und Finanzplanung. Hierdurch wird zudem er-**

8 Dem Arbeitskreis „Steuerschätzungen" gehören neben dem federführenden BMF, das BMWK, die fünf großen Wirtschaftsforschungsinstitute, das Statistische Bundesamt, die Deutsche Bundesbank, der Sachverständigenrat zur Begutachtung der gesamtwirtschaftlichen Entwicklung, die Länderfinanzministerien und die Bundesvereinigung kommunaler Spitzenverbände an. Er tagt in der Regel zweimal jährlich und nimmt für jede in der Bundesrepublik erhobene Steuerart (mit Ausnahme der Kirchensteuer) eine Schätzung vor. Im Mai erfolgt eine mittelfristige Schätzung für den Zeitraum der anstehenden mittelfristigen Finanzplanung, im Herbst werden die Steuereinnahmen für das jeweils laufende und für das kommende Haushaltsjahr noch einmal überprüft. Die aktuellen Steuerschätzungen sind im Internet auf der homepage des Bundesfinanzministeriums hinterlegt.

9 Vgl. *Schneider*, Mehr Wirkungsorientierung in Kommunen, Bd. 4/2015, *Adrian* u. a. Handbuch Kommunalpolitik Hessen, S. 144 sowie Berichte der KGSt zu den Themen Outputorientierung, Kommunale Steuerung.

10 An dieser Stelle wird nicht vertieft auf die Bereiche Zielfindung, Zielvereinbarungen und Zielbeziehung eingegangen. Dies bleibt der Fachliteratur vorbehalten, z. B. *Fischer/Unger*, Die neue Kommunalverwaltung Band 3, Führung und Organisation.

reicht, dass sich der Fokus bei den Haushaltsberatungen verstärkt auch auf die Entwicklung in den folgenden Jahren richtet und eben nicht nur auf das kommende Haushaltsjahr.[11] Dieser Planungsmechanismus trägt dem Gedanken der Globalsteuerung Rechnung. Allerdings ist die Ergebnis- und Finanzplanung immer nur eine **unverbindliche Planung**, die jederzeit verändert werden kann (siehe Ziffn. 12.6.1 und 12.7.1).

Neben dieser grundsätzlichen Bedeutung erfüllt die Finanzplanung aber noch weitere Funktionen bzw. Steuerungsmechanismen. Diese sind im Wesentlichen:

- Informationsfunktion und Transparenz
  Die Finanzplanung dient den Gemeindeorganen, dem Staat, den Gewerbetreibenden und den Einwohnern als Orientierungshilfe und Informationsquelle über die beabsichtigten kommunalpolitischen Zielsetzungen und deren finanzwirtschaftliche Auswirkungen auf den Haushalt der Gemeinde.
- Koordinationsfunktion
  Die Finanzplanung integriert und koordiniert die verschiedenen Fachplanungen (Kommunalentwicklungsplan, Bebauungsplan, Verkehrsplan, Klimaschutzplan, Schulentwicklungsplan usw.) unter dem Aspekt der finanziellen Möglichkeiten. Zwangsläufig sind die Fachplanungen der teilweise konkurrierenden Aufgabenbereiche aufeinander abzustimmen bzw. zu harmonisieren. Fehl-, Früh- und Doppelplanungen können somit in der Regel vermieden werden.
- Stabilisierungsfunktion
  Durch die – über ein Haushaltsjahr hinausgehende – mittelfristige Planung der gemeindlichen Finanzen kann eine beständige und gleichmäßige Haushaltspolitik betrieben werden. Der Einsatz von Eigen- und Fremdkapital und die steuerliche Belastung der Einwohner werden mittelfristig geplant.[12]
- Entscheidungshilfe
  Die Finanzplanung ist eine wichtige Grundlage bei der Entscheidung bzw. Verwirklichung der Gemeindeentwicklungsplanung. Eine mittelfristige Aussage über die Finanzierbarkeit der einzelnen Planungen ist für die weitere Entwicklung einer Gemeinde wichtig. In diesem Kontext ist auch der Grundsatz der stetigen Aufgabenerfüllung nach § 92 Abs. 1 HGO zu sehen (siehe Ziff. 7.2.1.1).
- Rationalisierungs- und Sicherungsaufgabe
  Das wirtschaftliche Handeln einer Gemeinde wird durch eine planvolle Mittelbeschaffung, verbunden mit einer entsprechend abgestimmten Investitionspolitik, erheblich gefördert. Auch innerhalb der Verwaltung ist z. B. ein Einsatz der Arbeitskräfte für Planung und Ausführung von Investitionsmaßnahmen sowie zur Erledigung der übrigen Verwaltungstätigkeit leichter. Hierdurch wird die Effektivität der Verwaltung erhöht.
- Frühwarnsystem/Risikoanalyse
  Nach § 9 Abs. 4 GemHVO soll die mittelfristige Ergebnis- und Finanzplanung in den einzelnen Jahren ausgeglichen sein. Ist die Ergebnis- und Finanzplanung in **jedem**

11 Vgl. *Henneke/Strobl/Diemert*, Recht der kommunalen Haushaltswirtschaft, § 6 Rdnr. 5.

12 Vgl. § 10 Satz 2 HGO: „Auf die wirtschaftliche Leistungsfähigkeit der Abgabepflichtigen **ist** Rücksicht zu nehmen."

der Planungsjahre ausgeglichen, kann angenommen werden, dass die stetige Erfüllung der gestellten Aufgaben (§ 92 Abs. 1 HGO) gewährleistet ist (Nr. 1 Hw. zu § 101 HGO). Ist hingegen in den Finanzplanungsjahren **kein** Haushaltsausgleich mehr gewährleistet[13], z. B.

- durch hohe Folgekosten für getätigte Investitionen, die erst nach deren Fertigstellung zu berücksichtigen sind,
- durch Übertragung neuer Aufgaben auf die Kommunen ohne angemessenen bzw. ausreichenden finanziellen Ausgleich,
- durch staatliche Einflussnahme auf die gemeindlichen Finanzen, die erst mit zeitlicher Verzögerung wirksam werden,

ist dies ein Indikator dafür, dass die stetige Aufgabenerfüllung nicht mehr gesichert ist (Nr. 1 Hw. zu § 101 HGO). In diesem Zusammenhang kommt der Finanzplanung die Aufgabe eines **Frühwarnsystems** hinsichtlich der Beurteilung der finanziellen Leistungsfähigkeit einer Gemeinde zu.[14] Dieses Frühwarnsystem kann allerdings nur dann greifen, wenn sichergestellt ist, dass insbesondere alle Folgekosten in der Finanzplanung berücksichtigt werden.[15] Vor diesem Hintergrund darf es keine starren Wertfortschreibungen der Haushaltsansätze in den Finanzplanungsjahren geben. Insbesondere sind absehbare Tarifsteigerungen bei den Personal- und Versorgungsaufwendungen, Inflationssteigerungen bei den Aufwendungen für Sach- und Dienstleistungen sowie die finanziellen Auswirkungen der Haushaltskonsolidierungsmaßnahmen zu berücksichtigen. Diese Planungsschwächen sind auch im Kommunalbericht 2020 der überörtlichen Prüfung im Rahmen der Qualitätsprüfung der Finanzplanung festgestellt worden.[16]

Sofern keine spezifischen Informationen aus der Kosten- und Leistungsrechnung generiert werden können, sollten zumindest Durchschnittswerte eingepflegt werden, um eine realistische Aussagekraft der Finanzplanung zu gewährleisten.[17] Dazu kann sich die Gemeinde mehrerer Hilfsmittel bedienen, siehe Ziff. 12.5.

Nur wenn die Finanzplanung auf vollständigen Daten basiert, kann die Gemeinde der „Soll-Vorschrift" gemäß § 101 Abs. 6 HGO nachkommen. Hiernach soll die Gemeinde rechtzeitig geeignete Maßnahmen treffen, die erforderlich sind, um eine geordnete Haushaltsentwicklung unter Berücksichtigung ihrer voraussichtlichen Leistungsfähigkeit im Finanzplanungszeitraum zu sichern. Kurz: Sie soll rechtzeitig Gefahren und Risiken anhand der Finanzplanung **erkennen und konsequent**

13 Die Kommunen sind zur Aufstellung eines Haushaltssicherungskonzepts bereits dann verpflichtet, wenn die Ergebnis- und Finanzplanung unausgeglichen ist (siehe auch Ziff. 10.1, 10.4, 12.6.2).

14 Sind nach der Ergebnis- und Finanzplanung im Planungszeitraum Fehlbeträge oder ein negativer Zahlungsmittelbestand zu erwarten, hat die Gemeinde die Pflicht, ein Haushaltssicherungskonzept zu erstellen, siehe § 92a Abs. 1 Nr. 2 HGO.

15 Die Folgekosten (Betriebskosten, Abschreibungen, Aufwendungen für Instandhaltungs- und Instandsetzungsmaßnahmen, Finanzierungskosten) sind in der Ergebnis- und Finanzplanung zu berücksichtigen. Für die Berechnung der Folgekosten wird auf die Hinweise zu § 12 GemHVO und auf Anlage 1 zur GemHVO „Muster zur Berechnung jährlicher Folgekosten" verwiesen, Nr. 2 Hw. zu § 101 HGO.

16 Siehe *Hessischer Rechnungshof (Hrsg.)*, Kommunalbericht 2020 (LT-Drs. 20/3456), Kap. 3.1.1.

17 Vgl. auch *Schwarting*, Der kommunale Haushalt, Rdnr. 344.

gegensteuern, z. B. in Form von Änderung der Zielvorgaben, Reduzierung der Standards, Verschiebung oder Streichung von geplanten Investitionen etc.

12.3 Zeitlicher Rahmen der Finanzplanung

Gemäß § 101 Abs. 1 HGO umfasst die Finanzplanung fünf Haushaltsjahre und ist damit der mittelfristigen Planung zuzurechnen (siehe Ziff. 12.1.2). Erstes Planungsjahr ist das **„laufende"** Haushaltsjahr.

Zum Beispiel wird der Haushaltsplan 2024 in 2023 erstellt,[18] *sodass das* ***laufende*** *Haushaltsjahr 2023 gleichzeitig das erste Jahr der Finanzplanung ist. Die Finanzplanung zum Haushalt 2024 umfasst demnach die Jahre 2025 bis 2027.*

1. Finanz-planungsjahr	**2. Finanz-planungsjahr**	**3. Finanz-planungsjahr**	**4. Finanz-planungsjahr**	**5. Finanz-planungsjahr**
Laufendes Haushaltsjahr	Haushaltsjahr (neu zu planendes Jahr)	Planungsjahre der mittelfristigen Ergebnis- und Finanzplanung sowie des Investitionsprogramms		
2023	2024	2025	2026	2027

Das vorstehende Beispiel verdeutlicht, dass faktisch nur drei weitere Jahre (hier: 2025 bis 2027) **über** das Haushaltjahr (hier: 2024) hinaus geplant werden; man spricht in diesem Zusammenhang von den „echten" Finanzplanungsjahren.

Erstellt die Kommune einen Doppelhaushalt, erweitert sich die Ergebnis- und Finanzplanung **im ersten Doppelhaushaltsjahr nicht** um ein zusätzliches Jahr, sondern es werden in diesem Fall lediglich die dem Doppelhaushalt **folgenden zwei Haushaltsjahre als Finanzplanungsjahre** dargestellt, § 1 Abs. 4 GemHVO. Folgendes Beispiel dient der Veranschaulichung:

1. Finanz-planungsjahr	**2. Finanz-planungsjahr**	**3. Finanz-planungsjahr**	**4. Finanz-planungsjahr**	**5. Finanz-planungsjahr**
Laufendes Haushaltsjahr	Doppelhaushaltsjahre (neu zu planende Jahre)		Planungsjahre der mittelfristigen Ergebnis- und Finanzplanung sowie des Investitionsprogramms	
2023	2024	2025	2026	2027

Eine Fortschreibung der Ergebnis- und Finanzplanung für das zweite Doppelhaushaltsjahr, d. h. die Planung des Finanzplanungsjahres 2028, ist erst **vor Beginn des zweiten Haushaltsjahres des Doppelhaushalts** (also am Ende des Haushaltsjahres 2024) der Gemeindevertretung **und der Aufsichtsbehörde** nach § 7 Abs. 2 GemHVO vorzulegen. Dies ist Aufgabe des Gemeindevorstandes. In diesem Zusammenhang sind die neuesten Wirtschaftspläne und Jahresabschlüsse der Sondervermögen sowie der

18 Vgl. § 97 Abs. 3 HGO sowie Ziff. 11.3.

Unternehmen und Einrichtungen mit eigener Rechtspersönlichkeit i. S. v. § 1 Abs. 5 Nr. 9 und 10 GemHVO beizufügen, vgl. Nr. 2 Hw. zu § 7 GemHVO. Insbesondere ist der Finanzstatusbericht nach § 1 Abs. 5 Nr. 11 GemHVO für das zweite Doppelhaushaltsjahr spätestens zum 30. November des ersten Doppelhaushaltsjahres der Gemeindevertretung und der Aufsichtsbehörde vorzulegen, Nr. 3 Hw. zu § 7 GemHVO.

Vor dem Hintergrund der weitreichenden Bedeutung der Finanzplanung (siehe Ziff. 12.2) stellt sich die Frage, ob die drei Finanzplanungsjahre über das Haushaltsjahr hinaus diesen Anforderungen gerecht werden. Für eine Erweiterung des Planungszeitraumes spricht, dass auch die Folgekosten der in den Finanzplanungsjahren geplanten Investitionsmaßnahmen transparent werden (Folgekosten entstehen i. d. R. erst nach Fertigstellung der Investitionsmaßnahme).[19] Diese Überlegung gewinnt gerade in den Jahren an Bedeutung, in denen vom Bund und/oder vom Land Konjunkturprogramme zur Stützung der Wirtschaft[20] bzw. Kommunalinvestitionsförderungsprogramme für finanzschwache Kommunen[21] aufgelegt werden. Die Gemeinden werden hierdurch animiert, verstärkt antizyklisch zu investieren, um in den Genuss der staatlichen Zuweisungen zu kommen, ohne die tatsächlichen Auswirkungen auf den Ergebnishaushalt in den folgenden Jahren (d. h. außerhalb des gesetzlich vorgeschriebenen Finanzplanungszeitraumes) zu kennen.[22] Fakt ist, dass durch neue Investitionen die Folgekosten tendenziell ansteigen. Dies führt zwangsläufig zu einer zunehmenden Einschränkung des finanziellen Spielraums des Ergebnishaushalts in den Folgejahren (bzw. erhöht u. U. die ausgewiesenen Defizite), die nicht mehr Gegenstand der Finanzplanung sind (Folgekostenfalle).

Andererseits könnten aber gerade bei energetischen Sanierungen[23] spürbare Reduzierungen des Energiebedarfs zu Entlastungen im Ergebnishaushalt führen, die allerdings erst zeitlich verzögert wirksam werden und daher möglicherweise nicht innerhalb der gesetzlich vorgeschriebenen Finanzplanungsjahre transparent werden.

---

19 Vgl. auch *Schwarting,* Der Kommunale Haushalt, Rdnr. 344 ff.

20 Z. B. Wirtschafts- und Finanzkrise 2009/2010; hier wurden die Konjunkturpakete I und II aufgelegt, die u. a. insbesondere eine Erhöhung öffentlicher Investitionen im Rahmen des Zukunftsinvestitionsgesetzes beinhalteten.

21 Bundesgesetz zur Förderung von Investitionen finanzschwacher Kommunen (KInvFG) vom 24.6.2015 (BGBl. I S. 974, 975). Hier stellt der Bund – über die Länder – im Rahmen eines Sondervermögens im Zeitraum von Juli 2015 bis Dezember 2025 Fördermittel zu Verfügung. Der Förderungsschwerpunkt der Investitionen liegt hier in den Bereichen Infrastruktur (z. B. Krankenhäuser, Straßen- und Städtebau) sowie Bildungsinfrastruktur einschl. kommunale Schulträger (Erweiterung des Förderungsbereichs in 2017).
Landesgesetz zur Stärkung der Investitionstätigkeit von Kommunen und Krankenhausträgern (Kommunalinvestitionsprogrammgesetz – KIPG) vom 25.11.2015 GVBl. I S. 414.
Förderung kommunaler Investitionen mittels des Sondervermögens Hessenkasse (Hessenkassegesetz) vom 8.5.2018, GVBl. I, S. 60.

22 *Vgl. Tebbe/Gnädinger*, Mit dem Konjunkturpaket in die Folgekostenfalle? S. 32–33.

23 Vgl. § 3 Nr. 1 und 2 Bundesgesetz zur Förderung von Investitionen finanzschwacher Kommunen (KInvFG) vom 24.6.2015 (BGBl. I S. 974, 975), insbesondere energetische Sanierung von Schulen, frühkindlichen Bildungseinrichtungen und sonstigen kommunalen oder gemeinnützigen Einrichtungen der Weiterbildung.

Gegen eine Erweiterung des Planungszeitraumes spricht der hohe Unsicherheitsfaktor, da die Erfahrungen zeigen, dass sich erhebliche Differenzen zwischen den Finanzplanungsdaten und den tatsächlich eingetretenen Entwicklungen ergeben. Diese teilweise erheblichen Differenzen sind i. d. R. nicht auf mangelhafte Planungen zurückzuführen, sondern zum einen auf veränderte politische Zielsetzungen und damit einhergehend eine veränderte Prioritätensetzung; und zum anderen auf veränderte Rahmenbedingungen, die die Gemeinden nicht zu vertreten haben, z. B.

- gesetzliche Änderungen im Steuerrecht,
- veränderte Förderungs- und Zuwendungsmodalitäten
  z. B. spätere Finanzierungszusagen/Bewilligungsbescheide, Streichung von Förder-„töpfen"
- gesetzliche Übertragung neuer Aufgaben
  z. B. nach dem Infektionsschutzgesetz
- veränderte bzw. neue Anforderungen bei der Aufgabenerfüllung z. B. Digitalisierung, Klimaschutz, Energiepolitik, Hochwasserschutz
- die zunehmende Globalisierung und deren unmittelbare Auswirkung auf die deutsche Wirtschaft (weltweite Finanzkrisen – „Krisenjahr 2009", Flüchtlingskrise ab 2015, Corona-Pandemie 2020, Ukrainekrieg 2022).

In der Praxis ist man dazu übergegangen, zumindest im Investitionsprogramm bei Investitionen und Investitionsförderungsmaßnahmen, die über den Finanzplanungszeitraum hinausgehen, eine weitere Spalte für „spätere Haushaltsjahre" vorzusehen.[24]

Unter bestimmten Umständen kann ebenso bei der mittelfristigen Ergebnis- und Finanzplanung eine Planung über den Finanzplanungszeitraum **hinaus erforderlich** werden, z. B. wenn der Haushaltsausgleich nach dem Haushaltssicherungskonzept erst **nach** dem Finanzplanungszeitraum erreicht werden kann.[25]

12.4 Umfang und Form der Finanz- und der Investitionsplanung

12.4.1 Einheitlichkeit

Wegen der gesamtwirtschaftlichen Bedeutung der Finanzplanung ist nach einem einheitlichen Planungssystem vorzugehen. Es muss eine Vergleichbarkeit der Kommunen untereinander, aber auch der Kommunen mit den staatlichen Ebenen möglich sein. Dieses herbeizuführen ist u. a. Aufgabe des Stabilitätsrates (siehe Ziff. 12.2.1).

---

24 Siehe hierzu Ziff. 12.4.3.1, Muster eines Teilfinanzhaushalts mit integriertem Investitionsprogramm.

25 Nach § 92a Abs. 2 Satz 2 HGO ist im Haushaltssicherungskonzept der Zeitpunkt zu benennen, zu dem der Haushaltsausgleich in der Planung schnellstmöglich erreicht werden kann.

12.4.2 Vollständigkeit der Planungsträger

Die Finanzplanung muss umfassend sein, d. h. alle Träger der öffentlichen Hand haben sie zu erstellen, also auch sämtliche Gemeinden und Gemeindeverbände mit ihren Sondervermögen (§ 115 HGO), Treuhandvermögen (§ 116 HGO) und Mehrheitsbeteiligungen (§ 122 HGO, insbes. Abs. 4 Nr. 1 b). In diesem Zusammenhang wird darauf hingewiesen, dass die Finanzplanung der kommunalen Eigenbetriebe, sonstiger kommunaler Sondervermögen und Treuhandvermögen mit Sonderrechnung von dem Hessischen Ministerium des Innern und für Sport im Einvernehmen mit dem Hessischen Ministerium für Soziales und Integration im Erlassverfahren[26] geregelt wird (Nr. 2 Hw. zu § 9 GemHVO).

12.4.3 Inhalt und Form

In Hessen umfasst die **Finanzplanung** sowohl die mittelfristige Ergebnis- und Finanzplanung als auch das Investitionsprogramm (siehe Ziff. 12.1.2). Vor diesem Hintergrund werden die beiden Planungskomponenten **getrennt** betrachtet. Bereits an dieser Stelle wird darauf hingewiesen, dass die allgemeinen Haushaltsgrundsätze (siehe Ziff. 7.2) auch bei der Aufstellung der Finanzplanung – also bei beiden Planungskomponenten – sinngemäß anzuwenden sind.[27] Dem Planungsgrundsatz der Vollständigkeit kommt hier eine besondere Bedeutung zu, um die Aussagekraft der Finanzplanung zu stärken (siehe Ziff. 12.2). Somit sind auch die im Haushaltssicherungskonzept enthaltenen Maßnahmen nicht nur in der Haushaltsplanung, sondern ebenso bei der mittelfristigen Ergebnis- und Finanzplanung zu berücksichtigen, Nr. 5 Hw. zu § 101 HGO i. V. m. Nr. 4 Hw. zu § 92a HGO.

12.4.3.1 Investitionsprogramm

Nach § 101 Abs. 3 HGO ist der **Entwurf** des Investitionsprogramms Grundlage für die Ergebnis- und Finanzplanung, so dass zunächst das Investitionsprogramm näher dargestellt werden soll.

Da der Entwurf des Investitionsprogramms (d. h. das noch von der Gemeindevertretung zu beschließende Investitionsprogramm) Grundlage für die Ergebnis- und Finanzplanung ist, kann hieraus abgeleitet werden, dass der **Planungszeitraum** des Investitionsprogramms **mindestens** den der Ergebnis- und Finanzplanung umfassen muss, obwohl dies nicht ausdrücklich geregelt ist.

26 Vgl. StAnz. Land Hessen 13/2018, S. 402 ff. Dieser Erlass hat auch Gültigkeit für kommunale Krankenhäuser sowie für Mehrheitsbeteiligungen nach § 122 Abs. 4 Nr. 1 HGO.

27 Vgl. Nr. 1 Hw. zu § 92 HGO.

Nach Nr. 2 Hw. zu § 101 HGO beinhaltet das Investitionsprogramm die in dem Planungszeitraum

- **vorgesehenen** Investitions- und Investitionsförderungsmaßnahmen mit den **voraussichtlichen** Anschaffungs- bzw. Herstellungskosten[28] **und**
- deren Finanzierungsmöglichkeiten (z. B. Zuweisungen[29], Zuschüsse, Beiträge, eigene Mittel[30], Kredite[31]).

Damit wird die Darstellung der Finanzierungsmöglichkeiten im Investitionsprogramm zum Standard erhoben, was bis 2011 als freiwillige Angabe angesehen wurde. Dies wird ausdrücklich begrüßt, da durch diese zusätzlichen Informationen die Beratungen und Beschlussfassung in der Gemeindevertretung und in den Ausschüssen erleichtert wird und insgesamt zu einer verbesserten Transparenz beiträgt. Die Folgekosten, z. B. Betriebskosten, Finanzierungskosten usw. sind hingegen in der Ergebnis- und Finanzplanung zu berücksichtigen (Nr. 2 Hw. zu § 101 HGO).

Hinsichtlich der Form des Investitionsprogramms ist zunächst festzustellen, dass es nach § 60 GemHVO **kein verbindliches Muster** für die Gemeinden gibt. Allerdings beschreibt § 9 Abs. 2 GemHVO neben den bereits genannten Inhalten nach § 101 HGO weitere formelle Anforderungen, sogenannte Mindestanforderungen[32]. Danach sind die im Planungszeitraum (siehe Ziff. 12.3) **vorgesehenen** Investitionen und Investitionsförderungsmaßnahmen **nach Jahresabschnitten**, d. h. getrennt nach den einzelnen Finanzplanungsjahren, aufzunehmen. Zudem **sollen** in jedem Planungsjahr getrennt die **fortzuführenden und neuen Maßnahmen** mit den auf das betreffende Jahr entfallenden Teilbeträgen wiedergegeben werden. Diese geforderte **Trennung** in fortzuführende und neue Maßnahmen zielt darauf ab, bei einer unausgeglichenen Ergebnis- und Finanzplanung u. U. neue investive Maßnahmen, die nicht zu dem pflichtigen Aufgabenbereich der Gemeinde gehören, zu verschieben oder gänzlich zu

28 Vgl. § 41 Abs. 2 und 3 GemHVO einschließlich Hinweise.

29 Soweit es sich um zweckgebundene Zuweisungen handelt, ist die Zuordnung zu einzelnen Investitionen unproblematisch. Sofern es sich allerdings um pauschale Investitionsförderungen im Ländlichen Raum handelt (Investitionsstrukturpauschale im Ländlichen Raum bzw. Investitionspauschale für Mittelzentren im Ländlichen Raum nach § 46 HFAG), müssen die Investitionspauschalen auf die in Betracht kommenden Investitionen verteilt werden; dies ist nur durch weitere Zusatzberechnungen möglich.

30 Der Gesetzgeber hat nicht geregelt, was unter „eigene Mittel" als Finanzierungsmöglichkeit zu verstehen ist. Es könnte sich z. B. um Verkaufserlöse aus Abgängen von Vermögensgegenständen des Anlagevermögens, aber auch um Zahlungsmittelüberschüsse aus laufender Verwaltungstätigkeit handeln (siehe hierzu ausführlich Ziff. 13.6.4.3). Während sich die Verkaufserlöse noch relativ einfach als Finanzierungsmöglichkeit einer Investition zurechnen lassen, gestaltet sich dies bei einem Zahlungsmittelüberschuss aus laufender Verwaltungstätigkeit schon etwas aufwendiger. Es stellt sich daher die Frage, ob es an dieser Stelle nicht einfacher ist, lediglich den „noch von der Gemeinde zu finanzierenden Anteil" darzustellen.

31 Diese Anforderung nach maßnahmenbezogener Darstellung der Kredite kann nur dann ohne weitere Zusatzberechnungen erfüllt werden, sofern es sich um zweckgebundene Kredite handelt bzw. wenn Kredite dezentral veranschlagt werden. Die dezentrale Veranschlagung von Krediten ist allerdings widersprüchlich geregelt (§ 4 Abs. 4 GemHVO und Nr. 12 Hw. zu § 4 GemHVO); weitere Ausführungen siehe Ziff. 6.5.2.4.2.

32 Siehe Nr. 3 Hw. zu § 9 GemHVO.

streichen, um die finanzielle Leistungsfähigkeit in den zukünftigen Jahren zu gewährleisten.

Im Hinblick auf den geforderten Ausgleich der Ergebnis- und Finanzplanung werden im Investitionsprogramm i. d. R. nur die Maßnahmen veranschlagt, die im Finanzplanungszeitraum finanzierbar sind **und** deren Folgekosten den Ausgleich der Ergebnis- und Finanzplanung nicht gefährden. Alle weiteren beabsichtigten, aber nicht finanzierbaren Maßnahmen können dann in sogenannten Prioritätenlisten vorgehalten und als weitere Anlagen im Sinne von Nr. 10 Hw. zu § 1 GemHVO dem eigentlichen Investitionsprogramm beigefügt werden.

Das Investitionsprogramm ist jährlich der Entwicklung anzupassen und fortzuführen, § 101 Abs. 5 HGO. Ergeben sich in diesem Zusammenhang, also bei der **Aufstellung** oder **Fortschreibung, wesentliche** Änderungen für die folgenden Jahre, sind diese entsprechend zu erläutern, § 9 Abs. 2 GemHVO.

Als Voraussetzung für die Veranschlagung von **„neuen“** Investitionen und Investitionsförderungsmaßnahmen[33] von erheblicher finanzielle Bedeutung im Investitionsprogramm (also in den „echten“ Finanzplanungsjahren) sind nach dem Grundsatz der Sparsamkeit und Wirtschaftlichkeit (Ziff. 7.2.2) zumindest die nach § 12 Abs. 1 GemHVO erforderlichen Wirtschaftlichkeitsvergleiche[34] zu erstellen, während die nach § 12 Abs. 2 GemHVO notwendigen umfangreichen Unterlagen (Pläne, Kostenberechnungen usw.) erst zu dem Zeitpunkt vollständig vorliegen müssen, zu dem eine Veranschlagung von Auszahlungen oder Verpflichtungsermächtigungen im Teilfinanzhaushalt erfolgt (Ziff. 7.3.6 und 8.4).

Investitionen und Investitionsförderungsmaßnahmen, deren Investitionssumme[35] eine von der Gemeinde im Vorfeld festgelegte Wertgrenze[36] **unterschreitet**, können zusammengefasst werden. Der Verordnungsgeber zielt demnach darauf ab, dass aus Gründen der Übersichtlichkeit und Praktikabilität solche Maßnahmen zusammengefasst werden können, deren Investitionssumme von geringer finanzieller Bedeutung ist. Nach Nr. 3 Hw. zu § 9 GemHVO muss aber auch in diesen Fällen die Trennung nach Jahren bestehen bleiben. Indikatoren für die Auslegung des unbestimmten Rechtsbegriffs „geringe finanzielle Bedeutung“ orientieren sich an den individuellen örtlichen Verhältnissen, z. B. an der Größe der Gemeinde, deren Finanzkraft und an dem Investitionsvolumen. Sinnvoll ist die Festlegung von Festbeträgen.

33 Für die fortzuführenden Investitionen müssen die Voraussetzungen nach § 12 Abs. 1 und 2 GemHVO **bereits** vorliegen; siehe hierzu Ziff. 7.3.6.

34 Nach dem Haushaltsgrundsatz der Sparsamkeit und Wirtschaftlichkeit (§ 92 Abs. 2 HGO) ist unter mehreren in Betracht kommenden Möglichkeiten durch einen Wirtschaftlichkeitsvergleich, mindestens einen Vergleich der Anschaffungs- oder Herstellungskosten sowie der Folgekosten, die für die Kommune wirtschaftlichste Lösung zu ermitteln, vgl. § 12 Abs. 1 GemHVO i. V. m. Nr. 1 Hw. hierzu.

35 Der Verordnungsgeber konkretisiert in § 9 Abs. 2 GemHVO, dass eine Zusammenfassung von Investitionen und Investitionsförderungsmaßnahmen nur unter dem finanziellen Aspekt möglich ist.

36 Die Festlegung von Wertgrenzen im Rahmen des Haushaltsrechts kann in der Haushaltssatzung (fakultativer Teil, siehe Ziff. 11.2.3) oder durch einfachen Beschluss der Gemeindevertretung erfolgen.

Im Gegensatz zu § 11 GemHVO[37] ist in § 9 Abs. 2 GemHVO allerdings nicht explizit geregelt, welches Organ der Gemeinde die Wertgrenze festlegt. Da die Festlegung einer Wertgrenze i. S. v. § 9 Abs. 2 GemHVO grundsätzlich das Etatrecht der Gemeindevertretung berührt, wird in Anlehnung an § 11 GemHVO hier ebenfalls eine Zuständigkeit zu Gunsten der Gemeindevertretung gesehen.

Nr. 3 Hw. zu § 9 GemHVO macht deutlich, dass der Verordnungsgeber für das Investitionsprogramm nur **Mindestanforderungen** hinsichtlich des Inhalts und der Form des Investitionsprogramms vorsieht; insbesondere wird darauf hingewiesen, dass die **weitere Ausgestaltung des Investitionsprogramms** freigestellt ist. Dies lässt den Schluss zu, dass die Gemeinde das Investitionsprogramm sowohl in zeitlicher als auch in sachlicher Hinsicht ausdehnen darf. So kann die Gemeinde in das Investitionsprogramm z. B. um ein weiteres Jahr, das über die gesetzlich geforderten Finanzplanungsjahre hinausgeht, aufnehmen. In der Praxis wird dazu eine weitere Jahresspalte mit der Bezeichnung **„spätere Jahre“** in das Investitionsprogramm aufgenommen.

Der Aufbau eines Investitionsprogramms unter Berücksichtigung der vorstehenden Mindestanforderungen wird in dem nachfolgenden Beispiel (Auszug) des Investitionsprogramms einer mittelgroßen Stadt (2023 bis 2027) dargestellt:

37 Nach § 11 GemHVO kann die Gemeindevertretung bestimmen, dass Verpflichtungsermächtigungen für Investitionen unterhalb einer vor ihr festzulegenden Wertgrenze zusammengefasst ausgewiesen werden.

Investitionsprogramm 2023 – 2027 (Auszug)

Maßnahme	Gesamt-auszahlung T€	bis 2022 finan-ziert T€	Finanzierungsraten					Finanzierungsmöglichkeiten B = Beiträge E = eigene Mittel K = Kredite Z = Zuweisungen/Zuschüsse				
			2023 T€	2024 T€	2025 T€	2026 T€	2027 T€	2023 T€	2024 T€	2025 T€	2026 T€	2027 T€
<u>Produktbereich:</u> **Verkehrsflächen und -anlagen, ÖPNV**												
<u>Fortführung</u> Neugestaltung Bahnhofsvorplatz West	1.100	100	500	500	0	0	0	500 (K)	200 (Z) 100 (K)	200 (Z)	0	0
<u>Neu</u> Grundhafte Erneuerung der Berliner Allee *	2.100	0	0	0	100	900	1.100	0	0	100 (K)	900 (K)	1.050 (B) 50 (K)
<u>Fortführung</u> Neubau S-Bahn-Haltestelle	3.205	0	235	970	2.000	0	0	235 (E)	550 (Z) 420 (K)	1.500 (Z) 500 (K)	0	0

Auf die Darstellung der Spalte „**spätere Haushaltsjahre**“ wurde in diesem Beispiel verzichtet.

* Einstufung der Berliner Allee: innerörtlicher Durchgangsverkehr.

Die Option, das Investitionsprogramm mit den jeweiligen Teil**finanz**haushalten zu verbinden (§ 9 Abs. 2 letzter Satz GemHVO), wird in der Praxis von vielen Kommunen genutzt.[38] Dies bietet sich an, da der Teilfinanzhaushalt neben den Einzahlungen aus Investitionstätigkeit folgende weitere Daten vorhält (siehe § 4 Abs. 5 GemHVO):

- Gesamtauszahlungsbedarf,
- Summe der bisher bereitgestellten Haushaltsmittel,
- Summe der benötigten Verpflichtungsermächtigungen,
- Ansatz des Haushaltsjahres (= des zu planenden Haushaltsjahres),
- Ansatz des Vorjahres (= des laufenden Haushaltsjahres) sowie
- das Ergebnis des letzten Jahresabschlusses.

Es sind dann lediglich die drei dem Haushaltsjahr folgenden Jahre (die „echten" Finanzplanungsjahre – siehe Ziff. 12.3) zu ergänzen.

Bei der Integration des Investitionsprogramms in den Teilfinanzhaushalt wird neben der gesetzlich geforderten fünfjährigen Planung auch das Ergebnis des letzten Jahresabschlusses dargestellt, so dass dann insgesamt sechs Jahre nachgewiesen werden.[39] Darüber hinaus ist es der Gemeinde freigestellt, aus Gründen der Nachvollziehbarkeit und Plausibilität noch eine weitere Spalte zu ergänzen, in der die erforderlichen Mittel für spätere Jahre (über den Finanzplanungszeitraum hinausgehende Jahre) dargestellt werden können.

Für die Integration des Investitionsprogramms in den Teilfinanzhaushalt spricht, dass

- an einer Stelle die gesamte Investitionsmaßnahme (Beginn, Verlauf und voraussichtlicher Abschluss der Maßnahme) dokumentiert ist. Dies erhöht die Transparenz und erleichtert den Überblick.
- sich die Gremien während der Beratungsphasen konzentrierter und detaillierter mit dem einzelnen Projekt beschäftigen können.

38 In NRW gibt es kein separates Investitionsprogramm mehr, da die gesamte Finanzplanung in den Haushaltsplan integriert wird. Vgl. § 84 GO NRW und § 6 Abs. 1 GemHVO NRW sowie *Fritze/ Mutschler/Stockel-Veltmann*, Kommunales Finanzmanagement, Kap. 7. Ebenso *Adam*, der gemeindehaushalt 7/2005, S. 151, 152, 156.

39 In Rheinland-Pfalz sind in dem Ergebnis- und Finanzhaushalt sowie in den Teilergebnis- und Teilfinanzhaushalten immer die Werte von sechs Jahren nebeneinander darzustellen. Vgl. § 1 Abs. 2 GemHVO RhPf. Siehe auch *Adam*, der gemeindehaushalt, S. 151.

Die Vorteile einer derartigen Gestaltung des Investitionsprogramms werden insbesondere bei einer zeitgleichen Aufstellung von Haushaltsplan mit Ergebnis- und Finanzplanung und Investitionsprogramm deutlich (siehe auch Ziff. 11.3.2.1). Auch bei einer zeitversetzten Planung[40] ist die Entwicklung des Teilfinanzhaushalts aus dem gültigen Investitionsprogramm – insbesondere bei einem Einsatz technischer Hilfsmittel – möglich.

Bereits an dieser Stelle sei darauf hingewiesen, dass durch die Integration des Investitionsprogramms in den Teilfinanzhaushalt eine separate Beschlussfassung des Investitionsprogramms i. S. v. § 101 Abs. 3 HGO **nicht entbehrlich** wird (siehe Ziff. 12.6). Explizit weist das HMdIS in Nr. 3 Hw. zu § 101 HGO darauf hin, dass das Investitionsprogramm kein Bestandteil des Haushaltsplans ist und damit nicht in die Beschlussfassung über die Haushaltssatzung einbezogen. Unabhängig von der Darstellungsform ist das Investitionsprogramm immer gesondert zu beschließen, Nr. 3 Hw. zu § 97 HGO.

Beispiel eines Investitionsprogramms, welches in den Teil**finanz**haushalt integriert wird:

40 Das Investitionsprogramm kann bereits vor Einbringung der Haushaltssatzung in der Gemeindevertretung beraten und beschlossen werden, siehe Ziff. 12.6.1.

Teilfinanzhaushalt mit integriertem Investitionsprogramm 2023 – 2027 (Auszug)

Produktbereich:	Verkehrsflächen und –anlagen, ÖPNV	Muster 10
Produktgruppe:	Gemeindestraßen	§ 4 Abs. 4 GemHVO
Produkt:	Herstellung und Betrieb öffentlicher Infrastruktureinrichtungen	

Nr.	Bezeichnung	Haushaltsansatz			Ergebnis des Jahresabschlusses 2022	Investitionen und Inv.-förderungsmaßnahmen		Erl.	Investitionsprogramm in T€			
		2024	VE	2023		Gesamtauszahlungsbedarf	davon bisher bereitgestellt		2025	2026	2027	spätere Jahre
1	2	3	4	5	6	7	8	9	10	11	12	13
	Einzahlungen aus Investitionstätigkeit											
	Investitionszuweisungen und -zuschüsse sowie aus Investitionsbeiträgen	0		53.000	0,00				200	250	400	0
	Abgängen von Vermögensgegenständen des Sachanlagevermögens und des immateriellen Anlagevermögens	150.000		27.000	0,00				0	0	0	0
	Einzahlungen aus Finanzierungstätigkeit *											
	Aufnahme von Krediten											
	Summe investive Einzahlungen	150.000		80.000	0,00				200	250	400	0
	Auszahlungen aus Investitionstätigkeit											
	Erwerb von Grundstücken und Gebäuden	30.000		0	0,00	30.000	0		0	0	0	0
	Auszahlungen Baumaßnahmen	270.000	200.000	100.000	240.299,48	2.210.300	340.300	VE: fällig in 2024	500	300	800	0
	Auszahlungen aus Finanzierungstätigkeit *											
	Tilgung von Krediten und wirtschaftlich vergleichbaren Vorgängen für Investitionen											
	Summe investive Auszahlungen	300.000	200.000	100.000	240.299,48	2.240.300	340.300		500	300	800	0
	Saldo aus Investitionstätigkeit (Einzahlungen ./. Auszahlungen)	-150.000		-20.000	-240.299,48				-300	-50	-400	0

* Die maßnahmenbezogene Darstellung der Kredite (= dezentrale Veranschlagung) kann nur dann ohne weitere Zusatzberechnungen erfüllt werden, sofern es sich um zweckgebundene Kredite handelt. Dies gilt für die Tilgung von Krediten entsprechend. Die dezentrale Veranschlagung von Krediten ist allerdings widersprüchlich geregelt (§ 4 Abs. 4 GemHVO und Nr. 12 Hw. zu § 4 GemHVO); weitere Ausführungen siehe Ziffer 6.5.2.4.2.

In der Praxis werden i. d. R. die einzelnen Investitionsvorhaben im Bereich der Gemeindestraßen gesondert darstellt, wobei in diesem Zusammenhang gemäß § 17 Abs. 1 Nr. 2 GemHVO **erläutert** wird,

- ob es sich jeweils um eine **Fortführungsmaßnahme** oder um eine **neue Maßnahme** handelt und wie sich die bisherige Abwicklung der Maßnahme gestaltet.
- wie sich im Einzelfall die Finanzierungsmöglichkeiten darstellen; sofern die Kredite **zentral** veranschlagt werden (wie im Beispiel), kann der auf die einzelne Maßnahme entfallende Kreditbetrag (ebenso die Tilgung) sowie die Finanzierung aus Zahlungsmittelüberschüssen aus laufender Verwaltungstätigkeit bzw. Verkaufserlösen aus anderen Produktbereichen dargestellt werden.

12.4.3.2 Mittelfristige Ergebnis- und Finanzplanung

Während die HGO die Überschrift von § 101 „nur" als „Ergebnis- und Finanzplanung" betitelt, spricht die GemHVO von der „**mittelfristigen** Ergebnis- und Finanzplanung" (§ 9 GemHVO). Beide gesetzlichen Regelungen gehen von einem fünfjährigen Planungszeitraum aus (siehe Ziff. 12.3). Im Folgenden wird aus Gründen der Praktikabilität von der „Ergebnis- und Finanzplanung" gesprochen.

Grundlage für die Erstellung der Ergebnis- und Finanzplanung ist der Entwurf eines Investitionsprogramms (siehe Ziff. 12.4.3.1 i. V. m. § 101 Abs. 3 HGO). Vor dem Hintergrund, dass die Auszahlungen für Investitionen und Investitionsförderungsmaßnahmen die Finanzplanung und die vornehmlich aus den Investitionen resultierenden Folgekosten (z. B. Unterhaltungsaufwand, Bewirtschaftungsaufwand, Abschreibungen usw.) die Ergebnis- und Finanzplanung berühren, ist dies auch begründet und nachvollziehbar (siehe Ziffn. 12.2.2 und 12.3).

§ 101 Abs. 2 HGO bestimmt, dass in der Ergebnis- und Finanzplanung

- der Umfang und die Zusammensetzung der voraussichtlichen Aufwendungen **sowie**
- die Auszahlungen für Investitionen und Investitionsförderungsmaßnahmen **und**
- deren Deckungsmöglichkeiten, d. h.
  a. Erträge als Deckungsmöglichkeiten der voraussichtlichen Aufwendungen
  b. Einzahlungen als Deckungsmöglichkeiten der zahlungswirksamen Aufwendungen und Auszahlungen für Investitionen und Investitionsförderungsmaßnahmen

darzustellen sind. Die GemHVO konkretisiert in § 9 Abs. 1 GemHVO den Inhalt der Ergebnis- und Finanzplanung. Hiernach besteht sie aus Übersichten

1. über die Entwicklung der Erträge und Aufwendungen **und** des geplanten Ergebnisses des Ergebnishaushalts – entsprechend der Ordnung nach § 2 Abs. 1 GemHVO,
2. über die vorgesehene Verwendung von Rücklagen,

3. über die Entwicklung des Zahlungsmittelüberschusses oder Zahlungsmittelfehlbedarfs aus **laufender Verwaltungstätigkeit** entsprechend der Ordnung nach § 3 Abs. 1 GemHVO,
4. über die Entwicklung der Einzahlungen und Auszahlungen sowie des Zahlungsmittelüberschusses oder Zahlungsmittelfehlbedarfs aus **Investitionstätigkeit** entsprechend der Ordnung nach § 3 Abs. 1 GemHVO,
5. über die Entwicklung der Einzahlungen und Auszahlungen sowie des Zahlungsmittelüberschusses oder Zahlungsmittelfehlbedarfs aus **Finanzierungstätigkeit** entsprechend der Ordnung nach § 3 Abs. 1 GemHVO,

wobei nach den einzelnen Finanzplanungsjahren zu differenzieren ist.

Um diese Anforderungen („entsprechend der Ordnung" der jeweiligen Rechtsgrundlagen nach der GemHVO) zu erfüllen und damit einen besseren Überblick über die Entwicklung der Gemeindefinanzen zu erreichen[41], wird durch die Änderung der GemHVO ab 2021 in § 1 Abs. 4 GemHVO vorgeschrieben, dass die Ergebnis- und Finanz**planung** mit dem Ergebnis- bzw. dem Finanz**haushalt** verbunden wird.[42] Dies geschieht in der Art und Weise, dass der Ergebnishaushalt (Muster 7 zur GemHVO) sowie der Finanzhaushalt (Muster 8 zur GemHVO) um die drei „echten" Finanzplanungsjahre nach § 101 HGO ergänzt werden. Damit wird die Ergebnis- und Finanzplanung gemäß § 1 Abs. 4 GemHVO i. V. m. den verbindlich vorgeschriebenen Muster 7 und 8 zur GemHVO formell zwar Bestandteil des Ergebnis- und des Finanzhaushalts (Nr. 1 Hw. zu § 9 GemHVO), aber wegen fehlender **Beschlussfassung** durch die Gemeindevertretung stellt sie keine Ermächtigungsgrundlage dar. Es handelt sich vielmehr lediglich um eine Einschätzung der erwarteten Entwicklung der Haushaltswirtschaft, Nr. 1 Hw. zu § 101 HGO. Dies hat zur Konsequenz, dass die in den Finanzplanungsjahren veranschlagten Aufwendungen und Erträge sowie Einzahlungen und Auszahlungen der Ergebnis- und Finanz**planung keine Ermächtigungswirkung im Sinne von § 96 HGO entfalten**, d. h. der Gemeindevorstand wird durch die Finanzplanungsansätze nicht zur Leistung der Auszahlungen und Aufwendungen bzw. zum Eingehen von Verpflichtungen ermächtigt.

Die nachfolgenden Beispiele stellen einen Auszug aus der Ergebnis- und der Finanzplanung dar:

41 Darstellung mehrere Haushaltsjahre insbesondere einschl. der Finanzplanungsjahre „auf einen Blick".

42 Bis 2020 gab es kein verbindliches Muster für die Erstellung der Ergebnis- und Finanzplanung; den Gemeinden wurde lediglich eine Anlage zur GemHVO zur Verfügung gestellt, die den Anforderungen nach § 9 Abs. 1 GemHVO nur bedingt Rechnung getragen hat.

I. Ergebnisplanung

Muster 7
zu § 2

Ergebnishaushalt

- Euro -

Nr.	Konten	Bezeichnung	Ergebnis des Jahresabschlusses 20..	Haushaltsansatz		Planungsdaten		
				20..[1]	20..[2]	20..[3]	20..[4]	20..[5]
1	2	3	4	5	6	7	8	9
1	50	Privatrechtliche Leistungsentgelte						
2	51	Öffentlich-rechtliche Leistungsentgelte						
11	62, 63, 640-643, 647-649, 65	Personalaufwendungen						
12	644-646	Versorgungsaufwendungen						
13	60, 61, 67-69	Aufwendungen für Sach- und Dienstleistungen						

Haushaltsplanung (Spalten 5–6) | Ergebnisplanung (Spalten 7–9)

1 Vorjahr
2 Haushaltsjahr
3 Haushaltsfolgejahr
4 zweites Haushaltsfolgejahr
5 drittes Haushaltsfolgejahr

II. Finanzplanung

Muster 8
zu § 3 Abs. 1 i. V. m. § 47 Abs. 1

Finanzhaushalt

- Euro -

Nr.	Konten	Bezeichnung	Ergebnis des Jahres-abschlusses 20..	Haushaltsansatz		Planungsdaten		
				20..[1]	20..[2]	20..[3]	20..[4]	20..[5]
1	2	3	4	5	6	7	8	9
1	810	Privatrechtliche Leistungsentgelte						
2	811	Öffentlich-rechtliche Leistungsentgelte						
10	830	Personalauszahlungen						
11	831	Versorgungsauszahlungen						

Haushaltsplanung **Finanzplanung**

1 Vorjahr
2 Haushaltsjahr
3 Haushaltsfolgejahr
4 zweites Haushaltsfolgejahr
5 drittes Haushaltsfolgejahr

Erstellt die Kommune einen Doppelhaushalt, erweitert sich die Ergebnis- und Finanzplanung **nicht** um ein zusätzliches Jahr, sondern es werden in diesem Fall lediglich die dem Doppelhaushaltsjahr folgenden zwei Haushaltsjahre als Finanzplanungsjahre dargestellt, § 1 Abs. 4 GemHVO. Allerdings hat der Gemeindevorstand die Fortschreibung der mittelfristigen Ergebnis- und Finanzplanung um ein weiteres Planungsjahr **vor Beginn des zweiten Haushaltsjahres des Doppelhaushalts** der Gemeindevertretung und der Aufsichtsbehörde vorzulegen und die neuesten Unterlagen nach § 1 Abs. 5 Nr. 9 bis 11 GemHVO beizufügen, § 7 Abs. 2 i. V. m. Nr. 2 und 3 Hw. GemHVO. Ausführliche Ausführungen hierzu siehe unter Ziff. 12.3.

Nicht gesetzlich vorgeschrieben hingegen ist, dass auf der Ebene der **Teilhaushalte** (Teilergebnis- und Teilfinanzhaushalt) ebenfalls die Finanzplanungsjahre dargestellt werden müssen. Vielmehr ist dies den Kommunen freigestellt. In der Praxis wird auf der Ebene der **Teilfinanzhaushalte** die Option der Darstellung einschl. der Finanzplanungsjahre häufig genutzt; man spricht in diesem Zusammenhang von der Verbindung des Investitionsprogramms mit den Teilfinanzhaushalten, § 9 Abs. 2 letzter Satz GemHVO, siehe Ziff. 12.4.3.1.

Um den Zahlungsmittelüberschuss bzw. -fehlbedarf aus laufender Verwaltungstätigkeit **vollständig** abzubilden, müssen, sofern in den Finanzplanungsjahren des Finanzhaushalts (also in den Spalten der echten Finanzplanungsjahre) Auszahlungen aus der Inanspruchnahme von **Rückstellungen** vorgesehen sind, diese im Finanzhaushalt berücksichtigt werden. Dazu ist das Muster 8 zur GemHVO (Finanzhaushalt) um eine **zusätzliche Zeile** mit der Bezeichnung „Auszahlungen aus der Inanspruchnahme von Rückstellungen" zu ergänzen, vgl. Nr. 3 Hw. zu § 39 GemHVO.

Allerdings liefern weder der „um die Finanzplanungsjahre erweiterte" Ergebnishaushalt noch der „um die Finanzplanungsjahre erweiterte" Finanzhaushalt eine Übersicht über die vorgesehene **Verwendung von Rücklagen**, da die Verwendung (Entnahme bzw. Zuführung) von Rücklagen[43] weder Erträge noch Einzahlungen darstellen und sie somit nicht unter die Deckungsmöglichkeiten i. S. v. § 101 Abs. 2 HGO subsumiert werden können. Es handelt sich hier vielmehr um die Verwendung von bilanziellen Vorjahresergebnissen.[44] Um den gesetzlichen Anforderungen Rechnung zu tragen, könnte eine separate Übersicht erstellt werden, die sich an Muster 5 zur GemHVO „Übersicht über den voraussichtlichen Stand der Rücklagen",

- Nr. 1.1 „Rücklagen aus Überschüssen des ordentlichen Ergebnisses"
- Nr. 1.2 „Rücklagen aus Überschüssen des außerordentlichen Ergebnisses"

anlehnt, z. B. durch die Erweiterung des Musters um die drei Finanzplanungsjahre.

43 Sowohl die Zuführungen der Überschüsse in die Rücklagen als auch die Entnahmen aus den Rücklagen zum Ausgleich des Haushalts dürfen **nicht** im Haushalt und somit auch nicht in der Ergebnis- und Finanzplanung veranschlagt werden, Nr. 3 Hw. zu § 25 GemHVO.

44 Auf die zeitliche Problematik, die bei der Inanspruchnahme von Rücklagen im Rahmen der Planungsjahre zu beachten ist (Rückgriff auf Rücklagenbestände erst nach Jahresabschluss des Vorjahres möglich), wird an dieser Stelle nicht näher eingegangen. Siehe hierzu Kap. 10.

Zusammengefasst bleibt festzuhalten, dass es sich bei der Ergebnis- und Finanzplanung um eine Darstellung der Aufwendungen und Auszahlungen sowie der Erträge und Einzahlungen auf der Ebene des **Gesamthaushalts** (des Ergebnis- und Finanzhaushalts) über einen Fünf-Jahres-Zeitraum handelt. Hierbei sind die Werte jährlich der neuesten Entwicklung anzupassen, d. h. Überarbeitung und Aktualisierung bestehender Planungsjahre sowie Ergänzung des jeweils neu hinzukommenden Finanzplanungsjahres (ein Jahr fällt fort/ein neues Jahr kommt hinzu) gemäß § 101 Abs. 5 HGO.

12.5 Hilfsmittel für die Ergebnis- und Finanzplanung

Eine Ergebnis- und Finanzplanung ist bzw. wird dann eine reale Grundlage für die Haushaltswirtschaft einer Gemeinde, wenn diese alle verfügbaren Statistiken bzw. Orientierungshilfen bei ihrer Planung berücksichtigt.

Insbesondere weisen § 101 Abs. 2 HGO als auch § 9 Abs. 3 GemHVO auf die Anwendung der jährlich vom Hessischen Ministerium des Innern und für Sport im Einvernehmen mit dem Hessischen Ministerium der Finanzen erlassenen Orientierungsdaten (sog. Finanzplanungserlass) hin. Hierdurch erhalten die Kommunen Hinweise auf die nach gegenwärtigem Sach- und Rechtsstand voraussichtlichen Entwicklungen wichtiger Ertrags- und Aufwandspositionen in ihren Haushalten, Hinweise hinsichtlich der Haushalts- und Wirtschaftsführung **sowie** aufsichtsrechtliche Vorgaben für die jeweiligen Haushaltsgenehmigungen. Der Finanzplanungserlass wird jährlich im Staatsanzeiger des Landes Hessen und auf der Internetseite des Hessischen Ministeriums des Innern und für Sport veröffentlicht (Nr. 6 Hw. zu § 101 HGO).

Auszug aus den Orientierungsdaten für die Finanzplanung der hessischen Gemeinden/GV[45]

– Veränderungen gegenüber dem Vorjahr in vom Hundert –

Bezeichnung	*2023*	*2024*	*2025*	*2026*
A. **Steuereinnahmen**				
1.1 Gemeindeanteil an Lohnsteuer, veranl. Einkommensteuer und Zinsabschlag[1)]	+8	+5 ½	+5	+5 ½
1.2 Kompensationsmittel Familienleistungsausgleich[2)]	+3	+3	+2 ½	+2 ½
2. Gemeindeanteil an den Steuern vom Umsatz[3)4)]	+3 ½	+2	+2	+2
3. Gewerbesteuer (brutto)[5)]	+13 ½	+7	+5 ½	+3 ½
4. Grundsteuer A	0	0	0	0
5. Grundsteuer B	0	+1	+1	+1
B. **Kommunaler Finanzausgleich**				
1. KFA-Volumen[6)]	+7	- 1	+5	+4
2. Schlüsselzuweisungen[7)]	+9	+1	+8	+5
C. **Ausgaben**				
1. Gewerbesteuerumlage[8)]	+13 ½	+7	+5 ½	+3 ½
2. Heimatumlage	+13 ½	+7	+5 ½	+3 ½

1) Istwert 2021 bzw. geschätzter Vergleichswert für 2022: 3.968,4 Mio. Euro 3.944,5 Mio. Euro

2) Istwert 2021 bzw. geschätzter Vergleichswert für 2022: 254,0 Mio. Euro 262,0 Mio. Euro
Nach der Übereinkunft zwischen der Hessischen Landesregierung und den Kommunalen Spitzenverbänden in Hessen zum Umgang mit den Kommunalmitteln des Sondervermögens „Hessens gute Zukunft sichern" vom 6. November 2020 werden die Mittel des Familienleistungsausgleichs bis 2024 betraglich fixiert und erst in 2025 gemäß § 62 HFAG mit der Zuwachsrate des gesamtdeutschen Umsatzsteueraufkommens fortgeschrieben.

3) Istwert 2021 bzw. geschätzter Vergleichswert für 2022: 776,7 Mio. Euro 682,1 Mio. Euro

4) *Nach dem Gesetz zur Beteiligung des Bundes an den Integrationskosten der Länder und Kommunen in den Jahren 2020 und 2021 vom 9. Dezember 2019 wurde der USt-Festbetrag der Gemeinden für das Jahr 2020 um 1.364 Mio. Euro und für 2021 um 1.275 Mio. Euro angehoben. Nach jetzigem Rechtsstand sinkt dieser Festbetrag ab 2022 wieder auf 2,4 Mrd. Euro.*

5) Istwert 2021 bzw. geschätzter Vergleichswert für 2022 6.244,1 Mio. Euro 5.721,0 Mio. Euro

6) *Die Schätzungen für die Entwicklung des KFA-Volumens basieren auf der Mai-Steuerschätzung 2022. Abrechnungswerte nach §11 HFAG sind in den Jahren 2022-2024 nicht berücksichtigt.*

7) Teilschlüsselmassen	2023	2024	2025	2026
kreisangehörige Gemeinden	14 %	-1 %	8 %	5 %
kreisfreie Städte	-2 %	2 %	8 %	5 %
Landkreise	10 %	2 %	8 %	5 %

8) Istwert 2021 bzw. geschätzter Vergleichswert für 2022: 498,1 Mio. Euro 493,0 Mio. Euro
Nach § 6 Abs. 3 Gemeindefinanzreformgesetz entfiel ab 2020 die erhöhte Gewerbesteuerumlage.

Die Vorschrift nach § 9 Abs. 3 GemHVO ist als **Soll-Vorschrift**[46] formuliert. Hiernach sollen bei der Aufstellung und Fortschreibung der mittelfristigen Ergebnis- und Finanzplanung die bekannt gegebenen Orientierungsdaten berücksichtigt werden. Da es sich bei den Orientierungsdaten um landesweite Durchschnittswerte handelt und strukturelle Unterschiede nicht angemessen berücksichtigt werden können, weisen § 9 Abs. 3 GemHVO sowie der Finanzplanungserlass explizit darauf hin, dass es Aufgabe der Gemeinden bleibt, auf der Grundlage der landesweiten Durchschnittswerte unter Berücksichtigung der jeweiligen örtlichen Gegebenheiten die für ihre Planung maßgebenden Einzelwerte in eigener Verantwortung zu ermitteln. Als Beispiel für **besondere örtliche Gegebenheiten** dient die Gewerbesteuer, die besonders deutlichen Schwankungen unterliegen kann.[47] Bei der Ermittlung der Daten für die Ergebnis- und Finanz-

45 StAnz. Land Hessen 44/2022, S. 1223 ff., Ausführungen zu I.

46 Zum Charakter einer Soll-Vorschrift siehe Ziff. 10.1.

47 Vgl. StAnz. Land Hessen 44/2022, S. 1223 ff., Ausführungen zu I.

planung müssen in diesem Zusammenhang ebenso die aufgrund der Schwankung der Gewerbesteuer resultierenden Auswirkungen berücksichtigt werden.[48]

Beispiel: Abwanderung gewerbesteuerpflichtiger Unternehmen in 2023
- *Reduzierung der Gewerbesteuererträge in 2023*
- *Reduzierung der Aufwendungen der Gewerbesteuerumlage (§ 6 GemFinRefG) und der Heimatumlage (§ 1 HeimatUmlG HE) in 2023*
- *Rückgang der Steuerkraftmesszahl nach § 21 Abs. 4 bzw. § 27 Abs. 4 HFAG*[49] *führt im Folgejahr (2024) zu einem* ***Anstieg*** *der Erträge aus Schlüsselzuweisung*
- *Rückgang der Umlagegrundlage nach § 50 Abs. 2 HFAG führt im Folgejahr (2024) zu einer Reduzierung der Aufwendungen für Kreis- und Schulumlagen bei kreisangehörigen Kommunen.*

Besondere örtliche Gegebenheiten kommen bei den Gemeindeanteilen an der Einkommensteuer und Umsatzsteuer **nicht** in Betracht. Insofern sind hier die Orientierungsdaten verbindlich anzuwenden.[50]

Neben den o. g. Orientierungsdaten können zur Ermittlung aussagekräftiger Werte bei der Aufstellung und Fortschreibung der mittelfristigen Ergebnis- und Finanzplanung folgende weitere Instrumente herangezogen werden:
- Zielvorgaben und Zielvereinbarungen der Politik,
- weitere Statistiken[51], z. B. zur demographischen Entwicklung, Hessische Gemeindedatenbank – Land hat Zukunft, Bevölkerungsprognosen, sonstige statistische Indexzahlen (Bauwirtschaft, Arbeitslosenzahlen, Zu- und Abwanderungsentwicklung usw.),
- eigene Statistiken, Analyse der eigenen Haushaltswirtschaft anhand der Rechnungsdaten aus mehreren Vorjahren sind ebenfalls eine gute Basis zur Ermittlung der Veränderungsdaten im Planungszeitraum; ferner die spezielle Ermittlung von Einzelwerten durch die Fachabteilungen/Fachbereiche in der Gemeindeverwaltung (unter Berücksichtigung der Zielvorgaben und -vereinbarungen), Bauzeitpläne usw.
- absehbare rechtliche bzw. tatsächliche Veränderungen[52].

Um die Planungsgrundlagen, die wesentlichen Veränderungen und die Entwicklung wichtiger Planungskomponenten innerhalb des Zeitraums der Ergebnis- und Finanzplanung nachvollziehen zu können, sind im Vorbericht unter dem Punkt „Ausblick“ entsprechende Ausführungen zu machen (§ 6 Abs. 2 GemHVO, siehe ausführlich

48 Der HSGB stellt hierfür Arbeitshilfen (Berechnungsschemata) auf seiner Internetseite zur Verfügung.

49 Bei der Berechnung der Finanzkraft nach § 21 Abs. 4 HFAG wird der Rückgang der Gewerbesteuererträge 2023 erst im Jahr 2024 berücksichtigt (1. Halbjahr 2023).

50 Vgl. *HSGB* 15/2022, ED 188 vom 15.11.2022.

51 Herausgeber weiterer valider Statistiken sind z. B. das Hess. Ministerium für Wirtschaft, Energie, Verkehr und Wohnen, Hessen Agentur u. a. die für die hessischen Städte und Gemeinden Prognosen bis 2035 zur Verfügung stellen.

52 Z. B. Aufbau einer Liquiditätsreserve ab 2020 gemäß § 106 Abs. 1 HGO.

Ziff. 6.6). In diesem Zusammenhang soll insbesondere dargestellt werden, welche Auswirkungen sich durch die erwartete Bevölkerungsentwicklung auf die Gemeinde und ihre Einrichtungen voraussichtlich ergeben werden, § 6 Abs. 2 GemHVO i. V. m. Nr. 3 Hw. hierzu.

12.6 Zustandekommen der Ergebnis- und Finanzplanung sowie des Investitionsprogramms

12.6.1 Rechtliche Erwägungen

Im Zusammenhang mit dem Zustandekommen der Haushaltssatzung (siehe Ziff. 11.3) ist bereits die Erstellung der Ergebnis- und Finanzplanung sowie des Investitionsprogramms behandelt worden. Insofern kann hierauf grundsätzlich verwiesen werden.

§ 101 Abs. 3 HGO enthält hierzu Vorschriften, die im Wesentlichen inhaltsgleich mit den Bestimmungen über das Zustandekommen der Haushaltssatzung sind, auch bezüglich der besonderen Stellung des „Kämmerers". Besonders hervorzuheben ist an dieser Stelle noch einmal, dass die Gemeindevertretung das **Investitionsprogramm** gesondert[53] beschließen muss, da das Investitionsprogramm kein **Bestandteil** des Haushaltsplanes ist – auch dann nicht, wenn es in die Teilfinanzhaushalte integriert wird (Nr. 3 Hw. zu § 101 HGO). Darüber hinaus handelt es sich bei der Beschlussfassung des Investitionsprogramms um eine Aufgabe, die **nicht übertragbar** ist (§ 101 Abs. 3 i. V. m. § 51 Nr. 7 HGO). Durch diese Beschlussfassung wird das Investitionsprogramm zur Leitlinie der Investitionsplanung und ist vom Gemeindevorstand und der Verwaltung dahingehend zu beachten bzw. umzusetzen, als dass z. B. alle Vorbereitungen getroffen werden, um die für die Veranschlagung der Investitionen erforderlichen Voraussetzungen nach § 12 Abs. 2 GemHVO zu erfüllen. Vom Investitionsprogramm kann nur abgewichen werden, wenn die Gemeindevertretung dem zustimmt.

Allerdings ermächtigt das beschlossene Investitionsprogramm den Gemeindevorstand **nicht, Verpflichtungen einzugehen oder Auszahlungen zu leisten**, Nr. 4 Hw. zu § 101 HGO. Dazu bedarf es immer einer entsprechenden Ermächtigung (Veranschlagung) im Haushaltsplan (§ 96 Abs. 1 HGO).

Haushaltsrechtlich nicht ausdrücklich bestimmt ist, wer die **Ergebnis- und Finanzplanung** aufstellt. § 101 Abs. 4 HGO bestimmt lediglich, dass die Ergebnis- und Finanzplanung der Gemeindevertretung **zur Unterrichtung** vorzulegen ist. Es kann daher zunächst einmal von der allgemeinen Zuständigkeit des Gemeindevorstandes nach § 66 Abs. 1 Satz 3 Nr. 2 HGO ausgegangen werden. Auch ohne eindeutige gesetzliche Regelung wird man auf Grund der besonderen und grundlegenden Bedeutung der Ergebnis- und Finanzplanung für die Haushaltswirtschaft davon ausgehen können, dass dem Kämmerer bei der Aufstellung der Ergebnis- und Finanzplanung die gleichen Funktionen und Rechte zustehen wie bei der Haushaltssatzung und dem Investitionsprogramm. Im Gegensatz zum Investitionsprogramm wird die Ergebnis- und Finanz-

53 Separater Tagesordnungspunkt in der Sitzung der Gemeindevertretung und gesonderter Beschluss.

planung von der Gemeindevertretung nur zur Kenntnis genommen („zur Unterrichtung vorgelegt"). Sie fasst keinen Beschluss hierüber. Aus diesem Grund, aber auch deswegen, weil die Ergebnis- und Finanzplanung „nur" eine „Vorausschau" der gemeindlichen Haushaltswirtschaft darstellt, entfaltet sie hinsichtlich der Ermächtigung zur Leistung von Aufwendungen und Auszahlungen **im Sinne von § 96 HGO keine Bindungswirkung**.

Bezüglich des Zeitpunktes der Vorlage der Ergebnis- und Finanzplanung bestimmt § 101 Abs. 4 HGO, dass sie **spätestens** mit dem Entwurf der Haushaltssatzung der Gemeindevertretung vorzulegen ist.[54] Da die Ergebnis- und Finanzplanung auf dem Investitionsprogramm beruht (Investitionsprogramm ist Grundlage für die Ergebnis- und Finanzplanung, § 101 Abs. 3 Satz 1 HGO) und das Investitionsprogramm von der Gemeindevertretung beschlossen wird, wäre ein zeitlicher Ablauf idealerweise so zu gestalten, dass zunächst der Gemeindevorstand den **Entwurf** des Investitionsprogramms aufstellt und der Gemeindevertretung zur Beratung und Beschlussfassung vorlegt. Auf der Grundlage des beschlossenen Investitionsprogramms kann dann der Gemeindevorstand den Entwurf der Haushaltssatzung des neuen Jahres sowie den dazugehörigen Entwurf des Haushaltsplans, dessen Bestandteil der Ergebnis- und Finanzhaushalt mit integrierter Ergebnis- und Finanzplanung ist, aufstellen und nach § 97 Abs. 1 HGO feststellen (Feststellungsbeschluss), siehe Kap. 11.

Dieser Verfahrensablauf ist jedoch in den allermeisten Gemeinden auf Grund des erheblichen zeitlichen Aufwands nicht zu leisten und auf Grund der gesetzlichen Bestimmungen auch nicht notwendig, da nach § 101 Abs. 3 Satz 1 HGO Grundlage für die Ergebnis- und Finanzplanung der vom Gemeindevorstand aufgestellte **Entwurf** des Investitionsprogramms ist. Daraus folgt, dass in der Regel vom Gemeindevorstand (nach Vorbereitung durch den Kämmerer, vgl. Ziff. 11.3.2.1) auf der Basis des **Entwurfs** des Investitionsprogramms zeitgleich

- der **Entwurf** der **Haushaltssatzung** des neuen Jahres
- mit dem dazugehörigen **Entwurf** des **Haushaltsplans** (dessen Bestandteile der Ergebnis- und Finanzhaushalt mit integrierter Ergebnis- und Finanzplanung sind)

erstellt sowie festgestellt (beschlossen) werden und diese Unterlagen demnach auch zeitgleich, nämlich durch die Einbringung, der Gemeindevertretung vorgelegt werden. Kommt es während der Beratungs- und Beschlussphase in der Gemeindevertretung zu Änderungen im Entwurfsstand des Investitionsprogramms, sind diese Änderungen entsprechend einzupflegen sowie in der Ergebnis- und Finanzplanung zu berücksichtigen.[55]

54 Wird ein Haushaltsplan für zwei Jahre erstellt (sog. „Doppelhaushalt") ist § 7 Abs. 2 GemHVO einschl. Hinweis Nr. 2 und 3 hierzu zu beachten. Siehe ausführlich Ziff. 12.3. und 12.4.3.

55 Unter Umständen können Änderungen im Entwurf des Investitionsprogramms auch zu Änderungen im Ergebnis- und Finanzhaushalt führen.

12.6.2 Ausgleich der Ergebnis- und Finanzplanung

Nach § 9 Abs. 4 GemHVO **soll**[56] die mittelfristige Ergebnis- und Finanzplanung in den einzelnen Jahren ausgeglichen sein. Dies ist ein Indikator dafür, dass die Aufgabenerfüllung auch über das Haushaltsjahr hinaus als gesichert angesehen werden kann, siehe Ziff. 12.2.2 – Frühwarnsystem. Für den Ausgleich der Ergebnis- und Finanzplanung gelten die gleichen gesetzlichen Vorschriften wie für den Haushaltsausgleich selbst. Ebenso sind für den Ausgleich der Ergebnis- und Finanzplanung alle Finanzierungsmöglichkeiten auszuschöpfen und die Aufwendungen und Auszahlungen sparsam und wirtschaftlich zu planen. Wie bei dem Haushaltsausgleich im Rahmen der Haushaltsplanung, ist eine getrennte Betrachtung des Ausgleichs für die Ergebnis**planung** und für die Finanz**planung** vorzunehmen. Der Haushaltsausgleich im Ergebnis- und Finanzhaushalt sowie der Ausgleich der Ergebnis- und Finanzplanung sind ausführlich in Kap. 10 dargestellt. Allerdings bestehen folgende Unterschiede:

- Eine unausgeglichene Ergebnis- und Finanzplanung ist nicht unter § 97a Nr. 1 HGO zu subsumieren, da es sich hier nicht um die Planung des Haushalts, sondern um die mittelfristige Ergebnis- und Finanzplanung handelt, so dass hier kein genehmigungspflichtiger Tatbestand vorliegt.
- Unabhängig davon, ob in den einzelnen Finanzplanungsjahren (jahresbezogen) die Ergebnis- und Finanzplanung im Sinne von § 92 Abs. 5 Nr. 1 und Nr. 2 HGO ausgeglichen sind, besteht nach § 92a Abs. 1 Nr. 2 HGO nur dann die Verpflichtung zur Aufstellung eines Haushaltssicherungskonzepts, wenn nach der Ergebnis- und Finanzplanung im Planungszeitraum Fehlbeträge erwartet werden oder ein negativer Zahlungsmittelbestand erwartet wird. Damit wird die Pflicht zur Erstellung eines Haushaltssicherungskonzepts dahingehend erleichtert, dass insbesondere in den drei echten Finanzplanungsjahren keine Einzelbetrachtung (jahresbezogen), sondern eine Gesamtbetrachtung zulässig ist.

Hinsichtlich des Beschluss- und Genehmigungsverfahrens, der Ausgestaltung und der Inhalte des verpflichtend aufzustellenden Haushaltssicherungskonzepts wird auf Ziff. 10.5 verwiesen.

12.7 Gemeinsamkeiten und Unterschiede zwischen dem Haushaltsplan und der Ergebnis- und Finanzplanung

- Auf der Ebene des Gesamthaushalts wird die Ergebnis- und Finanzplanung ab dem Haushaltsjahr 2021 in den Ergebnis- und den Finanzhaushalt durch die verbindlich vorgegebenen Muster 7 und 8 zur GemHVO integriert. Damit wird eine vergangenheitsorientierte, aktuelle und zukunftsorientierte Betrachtung bzw. Entwicklung ermöglicht, was insbesondere die Bedeutung der Finanzplanung aufwertet (siehe Ziff. 12.2).

---

56 Zum Charakter einer Soll-Vorschrift siehe Ziff. 10.1.

Auf der Ebene der Teilhaushalte im Sinne von § 4 GemHVO hingegen werden Erträge und Aufwendungen sowie Einzahlungen und Auszahlungen grundsätzlich nur für das **aktuelle Haushaltsjahr**, für **das Vorjahr** sowie das **Ergebnis des Jahresabschlusses** für das Vorvorjahr[57] (also eher vergangenheitsorientierte und aktuelle Werte) dargestellt.[58] Gemäß § 9 Abs. 2 letzter Satz kann allerdings das Investitionsprogramm mit den **Teilfinanzhaushalten** verbunden werden, so dass in diesem Fall ebenso die Finanzplanungsjahre integriert werden können, siehe Ziff. 12.4.3.1. Ebenso ist eine Erweiterung des Teilergebnishaushalts möglich, da nach dem Hinweis zu § 60 GemHVO Ergänzungen der verbindlichen Muster zur GemHVO zur Verbesserung der Aussagefähigkeit zulässig sind.

- Die Hauptertragsquellen der Kommunen in Form von Steuern, Schlüsselzuweisungen sowie Umlagen, die bis 2020 detailliert in der Ergebnis- und Finanzplanung darzustellen waren, sind jetzt im Finanzstatusbericht (Kategorie „Details Ergebnishaushalt“), einer Pflichtanlage zum Haushaltsplan[59] gemäß § 1 Abs. 5 Nr. 11 GemHVO zu finden.
- Für die Ergebnis- und Finanzplanung und den Haushaltsplan gilt gleichermaßen der Grundsatz der Vollständigkeit (siehe Ziffn. 12.2 und 12.4.3 sowie Ziff. 7.3.1).
- Die Verbindlichkeit des Haushaltsplans ist für Gemeindeorgane und Verwaltung gegeben, und zwar durch die Beschlussfassung der Gemeindevertretung über die Haushaltssatzung. Hierdurch wird der Haushaltsplan eine konkrete und verbindliche Handlungsgrundlage für die gemeindliche Haushaltswirtschaft (§ 95 Abs. 1 HGO).
  Die Ergebnis- und Finanzplanung ist zwar ab 2021 Bestandteil des Ergebnis- und des Finanz**haushalts**, wird aber **nicht von der Gemeindevertretung beschlossen**, sondern lediglich zur Kenntnis genommen, § 101 Abs. 4 HGO. Sie stellt praktisch eine prognostizierende und quantifizierende Finanzvorschau dar (siehe Ziff. 12.6.1).[60]
- Die finanzrechtliche Funktion des Haushaltsplans legt § 96 Abs. 1 HGO fest (Ermächtigung des Gemeindevorstands Aufwendungen und Auszahlungen zu leisten sowie Verpflichtungsermächtigungen einzugehen).
  Die Ergebnis- und Finanzplanung ist zwar hierzu in enger Verbindung zu sehen, da sie für mehrere Jahre den Haushalt und damit auch die stetige Aufgabenerfüllung sichern und für eine Abstimmung der Haushaltspolitik sorgen soll, allerdings ermächtigt weder die Ergebnis- und Finanzplanung noch das Investitionsprogramm (auch wenn es durch die Gemeindevertretung beschlossen wird) den Gemeindevorstand, Verpflichtungen einzugehen bzw. Auszahlungen zu leisten. Hierzu bedarf es immer einer entsprechenden Ermächtigung im Haushaltsplan selbst (Nr. 4 Hw. zu § 101 HGO).

57 Vgl. § 60 GemHVO i. V. m. Muster 9 – Teilergebnishaushalt und Muster 10 – Teilfinanzhaushalt zur GemHVO.

58 Im Teilfinanzhaushalt sind für die Auszahlungen von Investitionen und Investitionsförderungsmaßnahmen darüber hinaus noch weitere Angaben zu machen, z. B. Gesamtauszahlungsbedarf, Verpflichtungsermächtigungen usw., siehe § 4 Abs. 5 GemHVO.

59 Zum Finanzstatusbericht siehe Ziff. 6.6 (Nr. 11).

60 Von der Gemeindevertretung hingegen beschlossen werden muss das Investitionsprogramm (§ 101 Abs. 3 Satz 2 HGO). Siehe hierzu ausführlich Ziff. 12.4.3.1.

- Für beide Planungswerke gilt das Gebot des Haushaltsausgleichs (§ 92 Abs. 5 HGO und § 9 Abs. 4 GemHVO, vgl. auch Ziff. 12.6.2 und Kap. 10).
  Durch § 92a Abs. 1 Nr. 2 HGO wird auch dem Ausgleich der mittelfristigen Ergebnis- und Finanzplanung eine besondere Bedeutung beigemessen, da die Kommunen zur Aufstellung eines Haushaltssicherungskonzepts bereits dann verpflichtet sind, wenn die Ergebnis- und Finanzplanung Fehlbeträge oder einen negativen Zahlungsmittelbestand erwarten lässt (siehe auch Ziffn. 6.2.2, 10.1, 10.4 und 12.6.2).
- Erläuterungen im Vorbericht
  Nach § 6 Abs. 1 GemHVO soll der Vorbericht einen Überblick über den Stand und die Entwicklung der Haushaltswirtschaft im Haushaltsjahr unter Einbeziehung der beiden Vorjahre geben. Ebenso sind im Vorbericht im Rahmen eines Ausblicks auch Aussagen hinsichtlich der wesentlichen Veränderung der Rahmenbedingungen der Planung und die Entwicklung wichtiger Planungskomponenten innerhalb des Zeitraums der Ergebnis- und Finanzplanung darzustellen (§ 6 Abs. 2 GemHVO).
- Haushaltsplan **und** Ergebnis- und Finanzplan in der Gesamtheit aller Gemeinden und in Verbindung mit Bund und Land erfüllen eine wirtschaftspolitische Funktion, indem sie das gesamtwirtschaftliche Leistungsvermögen beeinflussen. Sie werden in die Zielprojektion der Gesamtwirtschaft eingepasst (siehe Ziff. 12.2.1).
- Sowohl der Haushaltsplan als auch die Ergebnis- und Finanzplanung sind ein globales Orientierungsmittel für die private Wirtschaft. Durch die Offenlegung der finanzpolitischen Ziele und Absichten kann die Unternehmenspolitik beeinflusst werden.

12.8 Übungen

Siehe hierzu Sachverhalt 1 zu Kap. 12 im Übungsband.

– Kapitel 13 –

Inhaltsverzeichnis

13. Ausführung und Überwachung des Haushaltsplans, Kassen- und Anordnungswesen

13.1 Mittelbewirtschaftende Stellen

Je nach örtlicher Organisation der Gemeindeverwaltung (siehe auch Ziff. 5.2) finden sich in der kommunalen Praxis sehr unterschiedliche Regelungen über die Zuständigkeiten und das Verfahren für die Ausführung des Haushaltsplanes, also die Inanspruchnahme der mit dem Haushalt gegebenen Ermächtigungen.[1] Die Stellen innerhalb der Gemeindeverwaltung, die mit der Ausführung des Haushaltsplanes befasst sind, nennt man üblicherweise **„mittelbewirtschaftende Stellen"**, wobei dieser Begriff weder in der HGO noch in der Gemeindehaushaltsverordnung genannt oder definiert ist.

Der Begriff besitzt jedoch in der staatlichen Haushaltswirtschaft eine rechtliche Bedeutung, siehe § 9 LHO. Danach ist bei jeder (Landes)-Dienststelle, die Haushaltsermächtigungen bewirtschaftet, ein Beauftragter für den Haushalt zu bestellen, soweit der Leiter der Dienststelle diese Aufgabe nicht selbst wahrnimmt.[2]

Wie schon bei Ziff. 5.2 dargestellt, kann die Institution des Beauftragten für den Haushalt, insbesondere unter den Rahmenbedingungen des NKRS, auch für die Gemeinde Modell für eine Organisation der Mittelbewirtschaftung bei dezentraler Ressourcenverantwortung und großen Finanzvolumen von Teilhaushalten (vgl. Ziff. 6.5.2) sein.

Auf der Gemeindeebene ist jedoch zunächst der Bürgermeister der finanzwirtschaftlich Verantwortliche. Sofern ein Beigeordneter für die Verwaltung des Finanzwesens (Kämmerer, vgl. Ziff. 5.1) bestellt ist, ist dieser der finanzwirtschaftlich Verantwortliche. Der Bürgermeister bzw. Kämmerer ist aber nicht für die Ausführung des Haushaltsplanes bei jeder einzelnen Haushaltsposition, sondern nur für die Gesamtfinanzabwicklung zuständig (Näheres zur Abgrenzung siehe Kap. 5).

Daraus ergibt sich, dass die mittelbewirtschaftenden Stellen auf Gemeindeebene besonders zu betrachten sind. Auch unter den Bedingungen des Haushalts- und Rechnungswesens nach den Grundsätzen der doppelten Buchführung finden sich in der kommunalen Praxis Organisationsformen von mittelbewirtschaftenden Stellen, die dem früheren kameralen Recht entstammen, u. a.:

- jeder Sachbearbeiter für die Finanzen seines Sachgebietes
- spezieller Haushaltssachbearbeiter in einer Abteilung, einem Amt oder Fachbereich
- Haushaltsabteilungen in größeren Städten
- zentrale Rechnungsstellen für Dezernate
- zentrale Rechnungsstellen für die Gesamtverwaltung, entweder bei der Finanzverwaltung oder beim Hauptamt

Diese Stellen bzw. Organisationseinheiten führen in der Regel auch die Haushaltsüberwachung (zum Begriff s. u. Ziff. 13.2.4) durch, denn eine mittelbewirtschaftende

1 Zur Ermächtigungswirkung des Haushaltsplanes siehe Ziff. 6.4.
2 LHO in der Fassung vom 1. April 2022 (GVBl. S. 184).

Stelle ist natürlich nur funktionsfähig, wenn sie über den jeweiligen Stand der Mittelinanspruchnahme informiert ist.

Der Begriff der mittelbewirtschaftenden Stelle ist allerdings nicht mit dem Begriff der Anordnungsbefugnis (s. u. Ziff. 13.6.2.2) zu verwechseln, der die Ermächtigung umschreibt, Kassenanordnungen zu erteilen, also insbesondere die Gemeindekasse (s. u. Ziff. 13.6.1) anzuweisen, Auszahlungen zu leisten oder Einzahlungen anzunehmen. Inwieweit die Anordnungsbefugnis deckungsgleich mit der Bewirtschaftungsbefugnis ist, wird von Gemeinde zu Gemeinde unterschiedlich geregelt sein. Es muss jedoch festgehalten werden, dass unter den Rahmenbedingungen des NKRS und der über die Teilhaushaltsbildung und Budgetierung (siehe Ziff. 6.5.2) eingeführten dezentralen Ressourcenverantwortung die Befugnisse zur Bewirtschaftung der Haushaltsmittel und die Befugnisse zur Anordnungserteilung (als Endpunkt von Bewirtschaftung) deckungsgleich sein sollten.

Unter den Rahmenbedingungen des NKRS stellt sich ohnehin die Frage, auf welche Strukturen des Haushaltes sich die „Bewirtschaftung", auch im Sinne von Steuerung, bezieht. Während das kamerale Haushaltsrecht die Bewirtschaftung vorwiegend auf die einzelne im Haushaltsplan genannte Position, die frühere „Haushaltsstelle" bezog, steht bei der Bewirtschaftung nach Maßgabe des heutigen doppischen Haushaltsrechts das „Budget" im Vordergrund, das aus dem jeweiligen Teilhaushalt (siehe Ziff. 6.5.2) entwickelt ist. Die in einem Budget (vgl. zum Begriff § 58 Nr. 10 GemHVO) zusammengefassten Haushaltspositionen werden also gemeinsam bewirtschaftet und die Mittelinanspruchnahme wird im Hinblick auf die mit dem Budget verbundene Aufgabenstellung (Produktzielerreichung) und die budgetbezogenen Erträge (vgl. § 10 Abs. 3 GemHVO) gesteuert.

13.2 Zuweisung, Bewirtschaftung und Überwachung von Haushaltsmitteln und Verpflichtungsermächtigungen

13.2.1 Zuweisung von Haushaltsmitteln und Verpflichtungsermächtigungen

Spezielle Rechtsgrundlage für die gemeindliche Finanzwirtschaft ist die Haushaltssatzung. Der Haushaltsplan als Bestandteil des § 1 der Haushaltssatzung regelt die Mittelverteilung durch die sachliche Zuordnung der Gesamterträge bzw. -einzahlungen und Gesamtaufwendungen bzw. -auszahlungen zu den einzelnen Teilhaushalten. Das gleiche gilt für die Verpflichtungsermächtigungen, die durch § 3 der Haushaltssatzung festgesetzt werden. Da die Haushaltssatzung gemäß § 94 Abs. 3 HGO mit Beginn des Haushaltsjahres in Kraft tritt und für das gesamte Haushaltsjahr gilt, erfolgt die Zuweisung der Haushaltsansätze und Verpflichtungsermächtigungen – für jedes Haushaltsjahr neu – auf Grund des Haushaltsplans. Die dort vorhandenen Positionen stellen die Ermächtigung dar, Aufwendungen und Auszahlungen zu leisten und Verpflichtungen einzugehen. Gleichzeitig beauftragen sie die mittelbewirtschaftenden Stellen, die veranschlagten Erträge bzw. Einzahlungen zu bewirtschaften (s. u. Ziff. 13.4).

Die Zuweisung von Haushaltsansätzen und Verpflichtungsermächtigungen erfolgt somit auf Grund des Haushaltsplans, natürlich unter der Voraussetzung, dass die zugehörige Haushaltssatzung rechtsgültig zustande gekommen ist, denn damit tritt die Ermächtigungswirkung des § 96 HGO ein, siehe auch Ziff. 6.4. Insbesondere bei größeren Verwaltungen erfolgt die Zuweisung zudem förmlich durch hausinterne Rundschreiben oder Ähnliches.

Ohne vorhandene rechtswirksame Haushaltssatzung (vorläufige Haushaltsführung) geschieht die Mittelverwaltung nach den Vorschriften des § 99 HGO (siehe dazu Ziff. 7.2.7.2), allerdings erfolgt keine konkrete Mittelzuweisung.

Die Gemeindevertretung, der Gemeindevorstand, der Bürgermeister bzw. der Kämmerer oder auch die Kämmerei können die Zuweisung von Haushaltsmitteln beschränken. So werden z. B. in der Praxis bestimmte Aufwendungs- bzw. Auszahlungsansätze oder Teile davon erst mit Zeitablauf (z. B. jeweils ein Zwölftel der Ansätze zu Beginn eines jeden Monats) oder aufgrund besonderer Entscheidungen freigegeben. Solche „Sperren" können aus der Sicht der Gesamtfinanzverwaltung erforderlich sein, um eine möglichst gleichmäßige Mittelverwendung über das gesamte Jahr zu erreichen, sodass Liquiditätskredite (siehe Ziff. 9.5) vermieden bzw. möglichst gering gehalten werden können oder der Haushaltsausgleich von vornherein zentral beeinflusst werden kann. Solche Regelungen stellen keine haushaltswirtschaftlichen Sperren i. S. d. § 107 HGO dar, weil diese nur bei konkreten Gefährdungen des Haushaltsausgleichs anzuwenden sind und dafür ein besonderes Verfahren erforderlich ist (s. u. Ziff. 13.3.1). Man bezeichnet solche Beschränkungen vielmehr als Kassenbewirtschaftungspläne, weil sie regelmäßig die Aufgabe haben, die Kassenliquidität zu unterstützen.

Die weitere Zuweisung von Haushaltsansätzen und Verpflichtungsermächtigungen innerhalb eines Budgets erfolgt i. d. R. durch die Leitung der Organisationseinheit, die für das Budget verantwortlich ist.

13.2.2 Bewirtschaftung der Haushaltsmittel und Verpflichtungsermächtigungen

13.2.2.1 Grundsätze für den Gesamthaushalt

Unter „Bewirtschaftung" ist generell die Inanspruchnahme und Überwachung der im Haushaltsplan erteilten Ermächtigungen durch die Verwaltung im Rahmen des Haushaltsvollzuges zur Erreichung der Budgetziele zu verstehen, dabei ist ein effizienter (= wirtschaftlicher) und effektiver (= wirksamer) Umgang mit den gegebenen Haushaltsermächtigungen geboten.[3]

Die sachgerechte Inanspruchnahme der durch den Haushaltsplan zugewiesenen Haushaltsmittel bedarf weiterer Erwägungen. § 27 Abs. 1 GemHVO bestimmt deshalb auch ausdrücklich, dass die Haushaltsansätze so zu bewirtschaften sind, dass sie für die im Haushaltsjahr anfallenden Aufwendungen und Auszahlungen ausreichen.

3 Siehe auch Ziff. 7.2.2.1.

Die konkrete Aufgabe der mittelbewirtschaftenden Stellen liegt also darin, ihre Ermächtigungen so in Anspruch zu nehmen, dass diese für das gesamte Haushaltsjahr ausreichen. Der Begriff „Inanspruchnahme“ umfasst dabei bereits die Auftragsvergaben und sonstige Bindungen, weil hierdurch spätere Auszahlungen begründet werden, siehe auch Nr. 1 Hw. zu § 27 GemHVO. Bewirtschaftung von Haushaltsansätzen bedeutet somit konkret die Verfügung über die Haushaltsmittel, sei es durch vertragliche oder sonstige Bindungen (z. B. durch Bewilligungsbescheide für Zuweisungen in Form eines Verwaltungsaktes) oder durch direkte Aufwendungen bzw. Auszahlungen.

Ein weiterer Aspekt der Mittelbewirtschaftung ist in § 27 Abs. 1 GemHVO angesprochen, wonach die Haushaltsmittel erst in Anspruch genommen werden dürfen, wenn die Aufgabenerfüllung es erfordert. Dieses Prinzip stellt auf die Sparsamkeit gemäß § 92 Abs. 2 HGO ab (vgl. Ziff. 7.2.2), denn solange eine Auszahlung nicht geleistet ist, können für die nicht eingesetzten Zahlungsmittel Zinserträge erzielt bzw. bei nicht vorhandenen Kassenmitteln Zinsaufwendungen für Liquiditätskredite erspart werden. Dieser Grundsatz bedarf einer konkreten Auslegung. Es kann nämlich im Einzelfall aus sachlichen oder haushaltsrechtlichen Gründen notwendig sein, eine Auszahlung früher zu leisten, als nach der Aufgabenerfüllung notwendig ist. Beispiele dafür sind, wenn eine bestimmte Ware nur zu einem feststehenden Termin im Handel ist (Vorratslagerung) oder wenn Preisnachlässe termingebunden gewährt werden. In diesen Fällen steht der Termin der Warenverwendung hinter dem der Warenbeschaffung zurück. In der Regel ist allerdings der letztmögliche Beschaffungs- bzw. Zahlungstermin im Rahmen der Zahlungsfristen (siehe auch unten Fußnote bei 13.6.2.1, Finanzplanungserlass) als wirtschaftlichste Lösung auszunutzen, so z. B. bei der Zahlung von Schuldendienstleistungen oder bei Mieten.

Für die Verpflichtungsermächtigungen gelten die Bewirtschaftungsgrundsätze gemäß § 27 Abs. 4 GemHVO, Nr. 6 Hw. zu § 27 GemHVO entsprechend.

13.2.2.2 Besondere Grundsätze für Auszahlungen für Investitionen des Finanzhaushalts

Bezüglich der Auszahlungsansätze für Investitionen[4] des Finanzhaushaltes[5] enthält § 27 Abs. 2 GemHVO zusätzliche Bewirtschaftungsgrundsätze. Während bei der Inanspruchnahme der Aufwendungen des Ergebnishaushaltes die Deckung (Finanzierung) der Aufwendungen im Einzelfall[6] nicht zu beachten ist, dürfen die Ermächtigungen für Investitionen erst in Anspruch genommen werden, wenn die rechtzeitige

4 Die Vorschrift differenziert an dieser Stelle nicht zwischen Investitionen und Investitionsförderungsmaßnahmen, es wird gleichwohl davon ausgegangen, dass der Verordnungsgeber hier die Investitionsförderungsmaßnahmen mit eingeschlossen hat, zumal Investitionsförderungsmaßnahmen eine Teilmenge der Investitionen darstellen, siehe auch Fußnote bei Ziff. 6.4.3.

5 Die Vorschrift im Wortlaut nennt den Finanzhaushalt und die Teilfinanzhaushalte. Der Finanzhaushalt enthält jedoch keine einzelnen Investitionen und ihre Finanzierung, sondern nur deren Gesamtbetrag. Die einzelne Investition findet sich im jeweiligen Teilfinanzhaushalt.

6 Die Beachtung der Deckung kann sich z. B. aus einem Verminderungsvermerk nach § 19 GemHVO ergeben, siehe Ziff. 7.4.3.1.

Bereitstellung der Deckungsmittel gesichert werden kann („... soweit die Deckungsmittel rechtzeitig bereitgestellt werden können.").

Als Inanspruchnahme der Haushaltsansätze im Sinne des § 27 Abs. 1 GemHVO sind bereits die Ausschreibung von Leistungen bzw. die Erteilung von Aufträgen und ähnliche Maßnahmen, die Zahlungsverpflichtungen der Gemeinde begründen können, anzusehen (Nr. 1 Hw. zu § 27 GemHVO).

Bei den Deckungsmitteln ist zwischen den speziellen Einzahlungen für die Maßnahme und den allgemeinen Deckungsmitteln zu unterscheiden. Die Sicherung der speziellen Einzahlungen, im Finanzhaushalt regelmäßig Zuweisungen und mit der Maßnahme zusammenhängende Verkaufserlöse bzw. Beiträge, kann in der Regel von den zuständigen Fachdienststellen beurteilt werden, während über die allgemeinen Deckungsmittel wie Kredite oder allgemeine Veräußerungserlöse und damit über die Gesamtfinanzsituation nur die Finanzverwaltung Erkenntnisse besitzt. Die mittelbewirtschaftende Stelle kann somit gar nicht vollständig selbst darüber entscheiden, ob die Deckung der Auszahlung im Einzelfall gesichert ist. In der Praxis bestehen deshalb regelmäßig Dienstanweisungen, nach denen der Beginn einer Investitionsmaßnahme, also bereits die erste Auftragsvergabe, von der Zustimmung des Kämmerers bzw. der Finanzverwaltung abhängig ist, sofern nicht die Finanzverwaltung in Bezug auf die allgemeinen Deckungsmittel vorab Freigaben erteilt hat.

Der Begriff „rechtzeitige Bereitstellung" i. S. d. § 27 Abs. 2 GemHVO ist jedoch weit auszulegen. Einmal bedeutet dieses die Sicherstellung des Zahlungseinganges generell, sodass die Deckungsmittel nicht vor Beginn der Maßnahme auch tatsächlich bei der Kasse eingegangen sein müssen. Dieses ist ja auch vor allem bei Zuweisungen kaum möglich, weil die Zahlungen nach dem jeweiligen Baufortschritt, also nachträglich, geleistet werden. Zum anderen brauchen die Deckungsmittel nicht unbedingt rechtlich abgesichert zu sein. Die Gemeinde muss lediglich, bei realistischer Betrachtung, damit rechnen können, dass die erforderlichen Finanzierungsmittel im Laufe des Haushaltsjahres verfügbar sind.

Inwieweit die rechtzeitige Bereitstellung der Deckungsmittel für die Auszahlungen als gesichert angesehen werden kann, hängt von der jeweiligen Finanzierungsart ab. Die Gemeinde muss bei vorsichtiger Abwägung aller in Betracht kommenden Umstände damit rechnen können, dass die erforderlichen Mittel bei eintretendem Bedarf verfügbar sind (vgl. Nr. 3 Hw. zu § 27 GemHVO). Zuweisungen und Zuschüsse sind als gesichert anzusehen, wenn entsprechende Bewilligungsbescheide oder sonstige rechtlich verbindliche Zusagen vorliegen. Beiträge sind als gesichert anzusehen, wenn eine entsprechende Satzung rechtsgültig besteht und die Maßnahme die rechtlichen Voraussetzungen für eine Beitragserhebung erfüllt. Kredite sind dann gesichert, wenn die Haushaltssatzung und damit die entsprechende Kreditermächtigung rechtsgültig zustande gekommen ist (vgl. Ziff. 11.3), sofern nicht die Aufsichtsbehörde Auflagen oder Vorbehalte ausgesprochen hat (vgl. Ziff. 9.2.3). Bei speziellen Kreditformen wie Förderkrediten muss ggf. der Abschluss eines entsprechenden Kreditvertrages oder der Eingang einer entsprechenden verbindlichen Zusage abgewartet werden.

Eine Finanzierungsproblematik kann sich ggf. dann ergeben, wenn Grundstücks- oder sonstige Vermögensveräußerungen zur Finanzierung dienen sollen. In diesen Fällen müsste die Gemeinde im Zweifelsfall die Realisierung der Veräußerung abwarten und einen Maßnahmenbeginn bis dahin zurückstellen, was in der Praxis aufgrund des Gesamtdeckungsgrundsatzes (siehe Ziff. 7.4.2) erhebliche Probleme mit sich bringen kann, denn bis zum Abschluss der Veräußerung könnte danach keine Investitionsmaßnahme begonnen werden, die zumindest anteilig aus der Veräußerung finanziert wird. Hier wird man davon ausgehen müssen, dass sich der Begriff „Deckungsmittel" auf die Veräußerungserlöse bezieht, die maßnahmenbezogen eingesetzt werden sollen, will man nicht den Haushaltsvollzug im investiven Bereich lahmlegen.

Eine weitere Voraussetzung für die Verfügung über Mittel für Investitionen ist gemäß § 27 Abs. 2 Satz 2 GemHVO, dass die Finanzierung anderer, bereits begonnener Maßnahmen nicht beeinträchtigt werden darf. Die Gemeinde darf also nicht Finanzierungsmittel, die bei einer bereits begonnenen Maßnahme benötigt werden, zu einer später beginnenden Maßnahme „umschichten", wenn dadurch die Finanzierung der zuerst begonnenen Maßnahme gefährdet wird. Dadurch sollen „Investitionsruinen" verhindert werden.

§ 27 Abs. 2 GemHVO soll also insgesamt verhindern, dass investive Maßnahmen nicht beendet werden können, weil die zur Finanzierung vorgesehen Einzahlungen nicht oder nicht vollständig zur Verfügung stehen.

Auch wenn die haushaltsmäßige Finanzierung gesichert ist, muss die Gemeinde insbesondere Zuweisungen und Zuschüsse von Dritten, und wenn die Maßnahme beitragsfähig ist, meist auch Beiträge, vorfinanzieren, da diese i. d. R. erst eingehen, wenn die Investitionsauszahlungen bereits geleistet sind. Sofern die Gemeinde nicht über dafür ausreichende Zahlungsmittelbestände verfügt, muss sie sicherstellen, dass eine ausreichende Ermächtigung für Liquiditätskredite in § 4 der Haushaltssatzung besteht, da diese auch zur Vorfinanzierung von speziellen Investitions- bzw. Finanzierungseinzahlungen verwendet werden dürfen.

13.2.3 Auftragsvergaben

Bei der Vergabe von Aufträgen handelt es sich um Geschäftsabwicklungen im Rahmen des bürgerlichen Rechts. Ein Vertrag kommt durch ein Angebot und die Annahme des Angebotes zustande. Die Annahme eines Angebotes wird in der Verwaltung regelmäßig als Auftragsvergabe bezeichnet.

Der Grundsatz der Wirtschaftlichkeit und Sparsamkeit (§ 92 Abs. 2 HGO)[7] verpflichtet die Gemeinde, das für die jeweils benötigte Leistung wirtschaftlichste Angebot zu ermitteln und anzunehmen. Die rechtlichen Regelungen hierzu werden unter dem Begriff „Vergaberecht" zusammengefasst.

7 Siehe hierzu auch Ziff. 7.2.2.

Das Vergaberecht hat sich in den letzten Jahren zu einem sehr komplexen (und damit auch fehleranfälligen) Rechtsbereich entwickelt, das zeigt sich nicht zuletzt auch an der Herausbildung einer anwaltlichen Spezialisierung (Fachanwalt für Vergaberecht).

Für die Gemeinden bedeutet das Vergaberecht vor allem aus zwei Aspekten eine nicht unbedeutende Risikoquelle:

- Einerseits kann durch ein sog. Nachprüfungsverfahren eine Auftragserteilung um Monate oder sogar Jahre verzögert werden, sofern Verstöße gegen das Vergaberecht erkannt oder zumindest behauptet werden.
- Andererseits knüpfen Zuwendungsgeber, hier vor allem der Bund und das Land Hessen, die Zuwendung regelmäßig an die strikte Einhaltung des Vergaberechts, mit der Folge, dass auch schon bei geringen Verstößen die Zuwendung teilweise oder auch ganz zurückgefordert wird.

Das Vergaberecht ist wesentlich durch die Vorgaben der Europäischen Union geprägt, mit denen auch sichergestellt werden soll, dass die Vorstellung eines europaweiten frei zugänglichen Binnenmarktes auch für die öffentlichen Aufträge realisiert ist.

Mit der umfassenden Vergaberechtsreform vom 18.4.2016 wurde die „Richtlinie über die öffentliche Auftragsvergabe" der Europäischen Union (2014/24/EU) in das deutsche Vergaberecht umgesetzt. Damit waren umfangreiche Änderungen im Gesetz gegen Wettbewerbsbeschränkungen (GWB) und den damit zusammenhängenden vergaberechtlichen Vorschriften verbunden. Die Bestimmungen des GWB und der weiteren damit verbundenen vergaberechtlichen Vorschriften (z. B. die Verordnung über die Vergabe öffentlicher Aufträge – VgV) gelten für die Gemeinden jedoch nur dann, wenn der geschätzte Auftragswert (netto, also ohne Mehrwertsteuer) die folgenden sog. Schwellenwerte erreicht oder übersteigt:

Bauaufträge gemäß der Vergabe- und Vertragsordnung für Bauleistungen (VOB)[8]:	5.382.000 €
alle anderen Liefer- und Dienstleistungsaufträge:	215.000 €

Diese Schwellenwerte werden durch EU-Verordnung festgesetzt und alle zwei Jahre angepasst (aktuell zum 1.1.2022, Amtsblatt der EU vom 10. November 2021, 2021/L398/19 ff.).

Liegt der geschätzte Auftragswert darunter, finden die landesrechtlichen Vorschriften des Haushaltsrechts Anwendung, also für die Gemeinden insbesondere § 29 GemHVO, der nunmehr lediglich[9] regelt, dass die mit Verwaltungsvorschriften der zuständigen

8 Die Vergabe- und Vertragsordnungen (VOB für Bauleistungen, VOL für Lieferungen und Leistungen außer Bauleistungen) sind Normenwerke, die von den öffentlichen Auftraggebern und der Auftrag nehmenden Privatwirtschaft in entsprechenden Ausschüssen erarbeitet und durch Bekanntmachung des Bundesministeriums für Wirtschaft und Technologie veröffentlichet werden. Die VOL wurde inzwischen auch in Hessen abgelöst durch die sog. „Unterschwellenvergabeordnung" (UVgO).

9 In der vorhergehenden Fassung des § 29 GemHVO wurde der Vorrang der öffentlichen Ausschreibung festgelegt, dieser ist sowohl durch die Vergaberechtsnovelle 2016 (insbesondere § 119 GWB, § 14 VgV), das HVTG (§ 12) als auch durch den Vergabeerlass mit Verweis auf die VOB/A Abschnitt 1 (§ 3a) und die UVgO (§ 8) relativiert.

Ministerien bekannt gegebenen Vergabegrundsätze anzuwenden sind. Die Hinweise zu § 29 verweisen auf den sog. „Vergabeerlass" (Gemeinsamer Runderlass zum öffentlichen Auftragswesen in der Fassung der Bekanntmachung vom 10.8.2021. Dieser Runderlass ist in bestimmten Ziffern für die Gemeinden verbindlich (z. B. in der Anwendung der Vergabe- und Vertragsordnungen, Ziff. 1.1), in den anderen wird er zur Anwendung empfohlen. Die aktuellen Rechtsgrundlagen zum Vergaberecht stehen öffentlich auf der Internet-Seite der Auftragsberatungsstelle Hessen zur Verfügung.

Zwischen dem „oberschwelligen" (auch als EU- oder Kartellvergaberecht bezeichneten) Vergaberecht des GWB und der VgV und dem „unterschwelligen" sog. Haushaltsvergaberecht bestehen weite Übereinstimmungen, aber auch einige Unterschiede.

So gilt für die Eigenbetriebe und Mehrheitsgesellschaften der Gemeinde das Kartellvergaberecht (§ 99 GWB, öffentliche Auftraggeber), während im Haushaltsvergaberecht die Eigenbetriebe mangels entsprechender Rechtsverordnung nach § 15 Abs. 3 EigBGes nicht von § 29 GemHVO und damit vom Vergabeerlass erfasst sind. Für die Eigenbetriebe gelten aber die Regelungen des Hessischen Vergabe- und Tariftreuegesetz (HVTG). Sie müssen demnach die mit dem HVTG eingeführten Grundsätze, insbesondere den Gleichbehandlungs- und Transparenzgrundsatz beachten (§ 2 HVTG). Beteiligungen der Gemeinde sind vom Haushaltsvergaberecht grundsätzlich nicht erfasst.

Der öffentliche Auftraggeber hat im Oberschwellenbereich ein Wahlrecht zwischen dem offenen Verfahren und dem nicht offenen Verfahren mit Teilnahmewettbewerb (§ 119 GWB, § 14 VgV). § 12 Abs. 1 HVTG trifft für den Unterschwellenbereich nunmehr die gleiche Regelung. Das HVTG bestimmt zudem in § 12 Abs. 2 Fälle, in denen bei einer beschränkten Ausschreibung auf einen Teilnahmewettbewerb verzichtet werden kann. Zu den Verfahrensarten im Einzelnen siehe Tabelle unten.

Im Oberschwellenbereich findet die Vergabe- und Vertragsordnung für Leistungen Teil A (VOL/A) keine Anwendung mehr, die entsprechenden Regelungen der VOL wurden in die VgV übernommen. Durch die Neufassung des Vergabeerlasses vom 10.8.2021 wurde im Unterschwellenbereich die VOL/A durch die Unterschwellenvergabeordnung (UVgO)[10] abgelöst, diese ist auch von den Gemeinden anzuwenden (Ziff. 2.1 Vergabeerlass). Durch den Vergabeerlass wird jedoch die Anwendung der UVgO in diversen Punkten modifiziert, was aber in der Detaildarstellung den Rahmen dieses Lehrbuches sprengen würde.

Das Hessische Vergabe- und Tariftreuegesetz (HVTG) regelt Grundsätze für die Vergabe von Aufträgen u. a. der Gemeinden und Gemeindeverbände und ihrer Eigenbetriebe und gilt ab einem Netto-Auftragswert (also ohne Umsatzsteuer) von 10.000 €. Es gilt dabei im Unterschwellenbereich und teilweise, vgl. § 1 Abs. 1 Satz 2 HVTG, auch im Oberschwellenbereich, insbesondere im Hinblick auf die Themen der Tariftreue.

10 Am 2.2.2017 wurde im Bundesanzeiger die sog. „Unterschwellenvergabeordnung" (UVgO) bekannt gemacht, mit der das Verfahren im unterschwelligen Bereich an das oberschwellige Verfahren angeglichen werden soll einschließlich der Ersetzung der VOL/A durch die UVgO. Die UVgO muss aber explizit in das jeweilige Haushaltsrecht des Bundes und der Länder übernommen werden, was für den Bund und die Mehrzahl der Bundesländer inzwischen erfolgt ist, teilweise unterschiedlich nach staatlichem und kommunalem Bereich.

Gemäß Ziff. 2.2 des Vergabeerlasses (die Ziffer ist den Gemeinden zur Anwendung empfohlen) können Beschaffungen (das meint Auftragsvergaben insgesamt) mit einem geschätzten Auftragswert von bis zu 10.000 € netto

- bei **Lieferleistungen** ohne Pflicht zur Einholung von förmlichen Angeboten durchgeführt werden; ab einem geschätzten Auftragswert von 7.500 € sind grundsätzlich zwei weitere Preise zu ermitteln (z. B. durch Internetrecherche oder fernmündliche Preisabfrage)
- bei **Bau- und Dienstleistungen** ohne Pflicht zur Einholung von Vergleichsangeboten durchgeführt werden.

Die Grundsätze der Wirtschaftlichkeit und Sparsamkeit müssen auch hierbei beachtet und die Beschaffungen müssen dokumentiert werden.

Die durch Bekanntmachungen nach dem Gemeindehaushaltsrecht geltenden Vergabe- und Vertragsvorschriften, also die VOB/A Abschnitt 1 und die UVgO, die durch Ziff. 2.1 des Vergabeerlasses für die Gemeinden verbindlich sind, bleiben unberührt, soweit sie diesem Gesetz nicht widersprechen (§ 1 Abs. 6 HVTG), bei Divergenzen gilt also das HVTG.

Für die Gemeinden stellt sich in der Praxis die Situation so dar, dass aufgrund des Schwellenwertes von 5.382.000 € Bauaufträge i. d. R. nach den Bestimmungen des unterschwellenwertigen Bereiches zu behandeln sind, während Aufträge zur Beschaffung von Lieferungen und Leistungen außer Bauleistungen doch recht häufig den Schwellenwert von derzeit 215.000 € erreichen und damit nach den Bestimmungen des Oberschwellenbereiches abzuwickeln sind, was insbesondere eine EU-weite Ausschreibung nach sich zieht. Allein aufgrund der Regelung, dass Daueraufträge (z. B. zur Reinigung des Verwaltungsgebäudes) bis zum 48-fachen des Monatswertes anzusetzen sind, wird der Schwellenwert leicht erreicht.

In nachstehender Tabelle sind die wesentlichen Rechtsgrundlagen für das Vergaberecht getrennt nach Ober- bzw. Unterschwellenbereich sowie getrennt nach den Leistungsarten aufgeführt:

<table>
<tr><th></th><th colspan="2">Oberschwellenbereich</th><th colspan="2">Unterschwellenbereich</th></tr>
<tr><td>Bauleistungen</td><td rowspan="2">§§ 97 ff. GWB

§ 1 Abs. 1 Satz 2 HVTG</td><td>§ 2 VgV

VOB/A Abschnitt 2</td><td rowspan="2">HVTG

§ 29 GemHVO i. V. m. Vergabeerlass</td><td>VOB/A Abschnitt 1 mit Modifizierungen gem. Nr. 2.1.2 Vergabeerlass und soweit nach HVTG keine gegenteiligen Bestimmungen</td></tr>
<tr><td>Lieferungen und sonstige Leistungen</td><td>VgV</td><td>UVgO mit Modifizierungen gem. Nr. 2.1.1 Vergabeerlass und soweit nach HVTG keine gegenteiligen Bestimmungen</td></tr>
</table>

Aus den Bestimmungen des § 119 GWB i. V. m. der VgV und der UVgO[11] lassen sich folgende Vergabearten unterscheiden:

Verfahren	Definition nach GWB	Definition nach UVgO
Offenes Verfahren (siehe auch § 15 VgV) bzw. öffentliche Ausschreibung (§ 9 UVgO)	Das offene Verfahren ist ein Verfahren, in dem der öffentliche Auftraggeber eine unbeschränkte Anzahl von Unternehmen öffentlich zur Abgabe von Angeboten auffordert.	Bei einer Öffentlichen Ausschreibung fordert der Auftraggeber eine unbeschränkte Anzahl von Unternehmen öffentlich zur Abgabe von Angeboten auf. Jedes interessierte Unternehmen kann ein Angebot abgeben.
Nicht offenes Verfahren (siehe auch § 16 VgV) bzw. beschränkte Ausschreibung (§§ 10, 11 UVgO)	Das nicht offene Verfahren ist ein Verfahren, bei dem der öffentliche Auftraggeber nach vorheriger öffentlicher Aufforderung zur Teilnahme eine beschränkte Anzahl von Unternehmen nach objektiven, transparenten und nichtdiskriminierenden Kriterien auswählt (Teilnahmewettbewerb), die er zur Abgabe von Angeboten auffordert.	Bei einer Beschränkten Ausschreibung mit Teilnahmewettbewerb fordert der Auftraggeber eine unbeschränkte Anzahl von Unternehmen im Rahmen eines Teilnahmewettbewerbs öffentlich zur Abgabe von Teilnahmeanträgen auf. Jedes interessierte Unternehmen kann einen Teilnahmeantrag abgeben. Bei einer Beschränkten Ausschreibung ohne Teilnahmewettbewerb fordert der Auftraggeber ohne vorherige Durchführung eines Teilnahmewettbewerbs mehrere, grundsätzlich mindestens drei Unternehmen zur Abgabe eines Angebots auf. Für die Auswahl darf der Auftraggeber nur geeignete Unternehmen auffordern, bei denen keine Ausschlussgründe vorliegen.
Verhandlungsverfahren (siehe auch § 17 VgV, § 12 UVgO)	Das Verhandlungsverfahren ist ein Verfahren, bei dem sich der öffentliche Auftraggeber mit oder ohne Teilnahmewettbewerb an ausgewählte Unternehmen wendet, um mit einem oder mehreren dieser Unternehmen über die Angebote zu verhandeln.	Der Auftraggeber kann eine Verhandlungsvergabe mit oder ohne Teilnahmewettbewerb durchführen. Bei einer Verhandlungsvergabe mit Teilnahmewettbewerb gilt § 10 Abs. 1 und 2 entsprechend. Bei einer Verhandlungsvergabe ohne Teilnahmewettbewerb fordert der Auftraggeber mehrere, grundsätzlich mindestens drei Unternehmen zur Abgabe eines Angebots oder zur Teilnahme an Verhandlungen auf. § 11 Abs. 2 gilt entsprechend.

11 Die seit 1.9.2021 geltende Fassung des HVTG nimmt keine Definition der Vergabearten mehr vor, diese ergeben sich nunmehr aus der UVgO.

Verfahren	Definition nach GWB	Definition nach UVgO
Wettbewerblicher Dialog (siehe auch § 18 VgV)	Der wettbewerbliche Dialog ist ein Verfahren zur Vergabe öffentlicher Aufträge mit dem Ziel der Ermittlung und Festlegung der Mittel, mit denen die Bedürfnisse des öffentlichen Auftraggebers am besten erfüllt werden können. Nach einem Teilnahmewettbewerb eröffnet der öffentliche Auftraggeber mit den ausgewählten Unternehmen einen Dialog zur Erörterung aller Aspekte der Auftragsvergabe.	nicht vorgesehen
Innovationspartnerschaft (siehe auch § 19 VgV)	Die Innovationspartnerschaft ist ein Verfahren zur Entwicklung innovativer, noch nicht auf dem Markt verfügbarer Liefer-, Bau- oder Dienstleistungen und zum anschließenden Erwerb der daraus hervorgehenden Leistungen. Nach einem Teilnahmewettbewerb verhandelt der öffentliche Auftraggeber in mehreren Phasen mit den ausgewählten Unternehmen über die Erst- und Folgeangebote.	nicht vorgesehen

Bei einem Teilnahmewettbewerb fordert die Gemeinde interessierte Unternehmen öffentlich auf, sich um die Zulassung zur Teilnahme zu bewerben, und wählt dann unter den Bewerbungen nach vorab definierten Kriterien diejenigen aus, die sie beim nicht offenen Verfahren bzw. der beschränkten Ausschreibung zur Angebotsabgabe auffordern oder beim Verhandlungsverfahren bzw. der freihändigen Vergabe beteiligen will.

Für die Durchführung einer öffentlichen Ausschreibung wird die beabsichtigte Leistung (Bau einer Straße, Errichtung einer Schule, Kauf von Schreibtischen, Tischlerarbeiten) öffentlich ausgelobt. Dieses geschieht nunmehr immer unter Beschreibung des Leistungsumfanges elektronisch in der Hessischen Ausschreibungsdatenbank (HAD). Es handelt sich dabei um eine Pflichtbekanntmachung (§ 13 Satz 1 HVTG, siehe auch Nrn. 2.1.1 f. und 2.1.2 a. Vergabeerlass). Die Veröffentlichung und Einsichtnahme in die Bekanntmachungen sind kostenfrei. Der Gemeinde steht es frei, die Bekanntmachung zusätzlich in anderen Medien, z. B. Anzeigen der Tagespresse, in Fachzeitschriften usw. vorzunehmen. Nachstehend ist je ein Beispiel einer solchen Bekanntmachung nach VOB/A Teil 1 und nach UVgO wiedergegeben:

121

(Bekanntmachung Öffentliche Ausschreibung)

a) Öffentlicher Auftraggeber (Vergabestelle)

Name	Stadt Langen		
Straße	Südliche Ringstraße 80		
PLZ, Ort	63225 Langen		
Telefon	+49 6103203-605	Fax	+49 6103203-746
E-Mail	vergabe@langen.de	Internet	www.langen.de

b) Vergabeverfahren **Öffentliche Ausschreibung, VOB/A**

Vergabenummer LAN-2022-0016

c) Angaben zum elektronischen Vergabeverfahren und zur Ver- und Entschlüsselung der Unterlagen

Zugelassene Angebotsabgabe

☒ elektronisch
- ☒ in Textform
- ☐ mit fortgeschrittener/m Signatur/Siegel
- ☐ mit qualifizierter/m Signatur/Siegel

☐ schriftlich

d) Art des Auftrags

☒ Ausführung von Bauleistungen
☐ Planung und Ausführung von Bauleistungen
☐ Bauleistungen durch Dritte (Mietkauf, Investor, Leasing, Konzession)

e) Ort der Ausführung

Mörfelder Landstraße 61
63225 Langen

f) Art und Umfang der Leistung, ggf. aufgeteilt nach Losen

Art der Leistung: Freianlagen

Umfang der Leistung: Die nachfolgend im LV beschrieben und positionsweise detailliert aufgeführten Leistungen enthalten unter anderem:
- Landschaftsbauarbeiten
- Erdarbeiten
- Kabelleitungstiefbauarbeiten
- Abbrucharbeiten
- Vorbereitungsmaßnahmen

Genaueres siehe Vergabeunterlagen

g) Angaben über den Zweck der baulichen Anlage oder des Auftrags, wenn auch Planungsleistungen gefordert werden

Zweck der baulichen Anlage Siehe Vergabeunterlagen
Zweck des Auftrags Siehe Vergabeunterlagen

h) Aufteilung in Lose (Art und Umfang der Lose siehe Buchstabe f)

☒ nein
☐ ja, Angebote sind möglich
- ☐ nur für ein Los
- ☐ für ein oder mehrere Lose
- ☐ nur für alle Lose (alle Lose müssen angeboten werden)

i) Ausführungsfristen

Beginn der Ausführung:
Fertigstellung oder Dauer der Leistungen: Siehe Bauzeitenplan

121

(Bekanntmachung Öffentliche Ausschreibung)

weitere Fristen:

j) Nebenangebote

☐ zugelassen
☐ nur in Verbindung mit einem Hauptangebot zugelassen
☒ nicht zugelassen

k) mehrere Hauptangebote

☒ zugelassen
☐ nicht zugelassen

l) Bereitstellung/Anforderung der Vergabeunterlagen

Vergabeunterlagen werden

☒ elektronisch zur Verfügung gestellt unter: https://www.had.de/NetServer/TenderingProcedureDetails?function=_Details&TenderOID=54321-Tender-182485b9bf0-18dfb0de9a177f7a

☐ nicht elektronisch zur Verfügung gestellt. Sie können angefordert werden bei:
Stadt Langen
Südliche Ringstraße 80
63225 Langen
Deutschland
Tel.: +496103203-605
Fax: +496103203-746
E-Mail: vergabe@langen.de

☐ Maßnahmen zum Schutz vertraulicher Informationen:
- ☐ Abgabe Verschwiegenheitserklärung
- ☐ andere Maßnahme:

Der Zugang wird gewährt, sobald die Erfüllung der Maßnahmen belegt ist.

Nachforderung
Fehlende Unterlagen, deren Vorlage mit Angebotsabgabe gefordert war, werden

☒ nachgefordert
☐ teilweise nachgefordert und zwar folgende Unterlagen:

☐ nicht nachgefordert

o) Ablauf der Angebotsfrist	**am 25.08.2022 um 10:15 Uhr**
Ablauf der Bindefrist	am 26.09.2022
p) Adresse für elektronische Angebote	**www.had.de**
Anschrift für schriftliche Angebote	-ENTFÄLLT- (es sind ausschließlich elektronische Angebote zugelassen)

q) Sprache, in der die Angebote abgefasst sein müssen: Deutsch

r) Zuschlagskriterien

☒ siehe Vergabeunterlagen
☐ nachfolgende Zuschlagskriterien, ggf. einschl. Gewichtung:

s) Eröffnungstermin	**am 25.08.2022 um 10:15 Uhr**
Ort	Stadt Langen Südliche Ringstraße 80

63225 Langen
Deutschland

Personen, die bei der Eröffnung anwesend sein dürfen
Es sind gemäß § 14 Abs. 1 VOB/A ausschließlich elektronische Angebote zugelassen. Eine Bieterbeteiligung ist nicht vorgesehen.

t) geforderte Sicherheiten

Siehe Vergabeunterlagen

u) Wesentliche Finanzierungs- und Zahlungsbedingungen und/oder Hinweise auf die maßgeblichen Vorschriften, in denen sie enthalten sind

Siehe Vergabeunterlagen

v) Rechtsform der/Anforderung an Bietergemeinschaften

Siehe Vergabeunterlagen

w) Beurteilung der Eignung

Hinweis zu den ggf. von Ihnen geforderten Nachweisen: Sind diese Erklärungen/Nachweise in einem Präqualifikationsregister der Auftragsberatungsstelle Hessen e.V, der DIHK Service GmbH, des Vereins für Präqualifikation von Bauunternehmen e.V. oder vergleichbarer Stellen hinterlegt, genügt dies als Nachweis der Eignung. Bewerber oder Bieter können die geforderten Erklärungen/Nachweise auch durch einreichen von Einzelerklärungen und -nachweisen erbringen. Eine Auflistung der von Ihnen geforderten Erklärungen/ Nachweise muss an dieser Stelle der Bekanntmachung erfolgen.
Das Formblatt „Eigenerklärung zur Eignung“ ist erhältlich
Siehe Vergabeunterlagen

Darüber hinaus hat der Bieter zum Nachweis seiner Fachkunde folgende Angaben gemäß § 6a Absatz 3 VOB/A zu machen:
Siehe Vergabeunterlagen

x) Nachprüfung behaupteter Verstöße

Nachprüfungsstelle (§ 21 VOB/A)
Vergabekammer des Landes Hessen beim Regierungspräsidium Darmstadt, Dienstgebäude: Hilpertstraße 31; Fristenbriefkasten: Luisenplatz 2, 64295 Darmstadt

Ausschreibungsbekanntmachung

Öffentliche Ausschreibung

Vergabenummer/Aktenzeichen: LAN-2022-0018

a) Auftraggeber (Vergabestelle):
Offizielle Bezeichnung: Stadt Langen
Südliche Ringstraße 80
63225 Langen
Deutschland
Telefon: +49 6103203-605
Fax:
E-Mail: vergabe@langen.de

Einreichung der Angebote:
Offizielle Bezeichnung:
Telefon: +49 6103203-605
Fax: +49 6103203-746
E-Mail: vergabe@langen.de

b) Art der Vergabe: Öffentliche Ausschreibung

c) Form, in der Angebote einzureichen sind:
☐ über den Postweg ☐ mittels Telekopie ☐ direkt ☐ elektronisch

d) Bezeichnung des Auftrags:
Art und Umfang der Leistung: Eine S/W-Hausdruckereimaschine, zugehörigen Dienstleistungen, Verbrauchsmaterialien, Wartung, Service und Support über 60 Monate (weitere Infos siehe LV)
Produktschlüssel (CPV): 30232100
Ort der Leistung: Stadtverwaltung Langen
Fachienst 34 - Interner Service
Südliche Ringstraße 80
63225 Langen
NUTS-Code: DE71C

e) Unterteilung in Lose: Nein

f) Nebenangebote: Nebenangebote sind nicht zugelassen

g) Ausführungsfrist:
Siehe Leistungbeschreibung.
Beginn: 03.04.2023
Ende:

h) Anfordern der Unterlagen bei:
Offizielle Bezeichnung: Stadt Langen
Südliche Ringstraße 80
63225 Langen
Deutschland
Telefon: +496103203-605
Fax:
E-Mail: vergabe@langen.de
digitale Adresse (URL): www.langen.de
Anforderungsfrist:
Ort der Einsichtnahme in Vergabeunterlagen:
Offizielle Bezeichnung:
$%string_is_not_empty%VOL_GRUNDDATEN%auskunftsstelle_telefonnummer$Telefon:
+496103203-605

$%string_is_not_empty_end$Fax: +496103203-746
$%string_is_not_empty_end$E-Mail: vergabe@langen.de
$%string_is_not_empty%VOL_GRUNDDATEN%AuskunftsstelleURL$digitale Adresse (URL): www.langen.de

i) Ablauf der Angebotsfrist:09.01.2023 10:00 Uhr
Bindefrist: 16.02.2023

j) Sicherheitsleistungen: Nachweis einer Berufs- oder Betriebshaftpflichtversicherung in bestimmter geeigneter Höhe:
Betriebshaftpflichtversicherung für Personenschäden in Höhe von mindestens 2.000.000 €
für sonstige Schäden (Sach- und Vermögensschäden) in Höhe von mindestens 500.000 €

k) Zahlungsbedingungen: siehe Leistungsverzeichnis.

l) Unterlagen zum Nachweis der Eignung: siehe Vergabeunterlagen.

m) Kosten der Vergabeunterlagen:

n) Angabe der Zuschlagskriterien:

Das wirtschaftlich günstigste Angebot in Bezug auf:
die Kriterien, die in den Vergabe-/Ausschreibungsunterlagen, der Aufforderung zur Angebotsabgabe oder zur Verhandlung bzw. in der Beschreibung zum wettbewerblichen Dialog aufgeführt sind.

o) Nichtberücksichtigte Angebote:

p) Weitere Anforderungen nach dem Hessischen Vergabe- und Tariftreuegesetz:
siehe Vergabeunterlagen
Vertragsstrafe wegen schuldhaften Verstosses gegen eine sich aus der Verpflichtungserklärung zu Tariftreue und Mindestentgelt ergebenden Verpflichtung wird vereinbart:
Soziale, ökologische, umweltbezogene und innovative Anforderungen:

q) Sonstige Informationen:

Den interessierten Bietern stehen nun entweder unmittelbar elektronisch durch die HAD oder durch Überlassung durch die Gemeinde die Einzelunterlagen (Leistungsverzeichnisse) über den Umfang und die Ausführung der gewünschten Leistung bzw. Lieferung zur Verfügung.[12]

Bis zu einem bestimmten Termin müssen die Angebote der Unternehmen bei der Gemeinde eingehen. An diesem Termin erfolgt die so genannte Submission, die Öffnung der bis dahin verschlossenen bzw. bei elektronischer Abgabe verschlüsselten Angebote. Die Anwesenheit von Bietern ist dabei nicht zulässig.

Die Submissionsunterlagen erhält dann die zuständige Sachbearbeitung zur rechnerischen, technischen und wirtschaftlichen Prüfung. Verhandlungen über die Preise der Angebote sind nicht zulässig, lediglich klärende Nachfragen sind erlaubt. Erscheinen der Gemeinde die Preise zu hoch, kann sie lediglich die gesamte Ausschreibung aufheben und muss dann neu ausschreiben.

Die Auftragsvergabe erfolgt jetzt nicht nach dem billigsten Angebot, sondern nach dem Grundsatz der Wirtschaftlichkeit.

Gemäß § 127 Abs. 1 GWB (Oberschwellenbereich) wird der Zuschlag auf das wirtschaftlichste Angebot erteilt. Grundlage dafür ist eine Bewertung des öffentlichen Auftraggebers, ob und inwieweit das Angebot die vorgegebenen Zuschlagskriterien erfüllt. Das wirtschaftlichste Angebot bestimmt sich nach dem besten Preis-Leistungs-Verhältnis. Zu dessen Ermittlung können neben dem Preis oder den Kosten auch qualitative, umweltbezogene oder soziale Aspekte berücksichtigt werden.

Vergleichbare Regelungen treffen § 16d VOB/A und § 43 UVgO für den Unterschwellenbereich.

Gemäß § 3 HVTG steht es den öffentlichen Auftraggebern bei der Auftragsvergabe frei, soziale, ökologische, umweltbezogene und innovative Anforderungen zu berücksichtigen, wenn diese mit dem Auftragsgegenstand in Verbindung stehen oder Aspekte des Produktionsprozesses betreffen und sich aus der Leistungsbeschreibung ergeben. Diese Anforderungen sowie alle anderen Zuschlagskriterien und deren Gewichtung müssen in der Bekanntmachung und in den Vergabeunterlagen genannt werden.

Auf jeden Fall muss die Gemeinde bei einem offenen Verfahren bzw. einer öffentlichen Ausschreibung, wobei die Gemeinde eben nicht steuern kann, welche Bieter sich bewerben, neben dem Angebotspreis zumindest folgende Aspekte berücksichtigen:

- erforderliche Sachkunde des Bieters einschließlich dessen Leistungsfähigkeit
- Zuverlässigkeit des Bieters
- technische und wirtschaftliche Mittel des Bieters.

Durch den Zuschlag, der schriftlich zu erfolgen hat, kommt der Vertrag zwischen der Gemeinde und dem nach diesen Kriterien günstigsten Bieter zustande. Dies ist Geschäft der laufenden Verwaltung im Rahmen der Ermächtigungswirkung (§ 96 HGO) des Haushaltsplanes.

12 Es ist davon auszugehen, dass die Auftragsvergabeverfahren künftig in rein elektronischer Form abgewickelt werden, wie dies im EU-Vergaberecht bereits vorgeschrieben ist.

Nicht in jedem Fall ist es sinnvoll, eine öffentliche Ausschreibung bzw. ein offenes Verfahren durchzuführen. § 119 GWB stellt es bei Vergaben im Oberschwellenbereich ohnehin in das Ermessen der Gemeinde, ob sie das offene Verfahren oder das nicht offene Verfahren, das aber stets einen Teilnahmewettbewerb erfordert, wählt.

Die Gründe für die Anwendung des Verhandlungsverfahrens mit bzw. ohne Teilnahmewettbewerb im Oberschwellenbereich ergeben sich aus § 14 Abs. 3 und 4 der VgV.

Das HVTG räumt in § 12 Abs. 1 nunmehr auch für den Unterschwellenbereich ein Wahlrecht zwischen Öffentlicher Ausschreibung oder beschränkter Ausschreibung mit Teilnahmewettbewerb ein und regelt in § 12 Abs. 2 die Fälle, in denen ein Teilnahmewettbewerb entfallen kann.

Die Voraussetzungen für eine freihändige Vergabe bzw. Verhandlungsvergabe[13] im Unterschwellenbereich ergeben sich aus § 12 Abs. 3 HVTG. Dies betrifft zunächst die Fälle, in denen diese Vergabeart durch die VOB/A Teil 1 bzw. die UVgO zugelassen ist, siehe § 3a VOB/A Teil 1 bzw. § 8 Abs. 4 UVgO. Im weiteren werden in § 12 Abs. 3 HVTG entsprechende Wertgrenzen benannt, in den dort genannten Fällen sind jedoch mindestens drei Unternehmen zur Angebotsabgabe aufzufordern.

Eine Übersicht über die jeweils aktuellen Vergabefreigrenzen stellt die Auftragsberatungsstelle Hessen auf ihrer Internet-Seite zur Verfügung.

Auf örtlicher Ebene haben die Gemeinden regelmäßig ergänzende Vorschriften zu den vergaberechtlichen Bestimmungen in Form von Dienstanweisungen zur Auftragsvergabe erlassen. Darin sind u. a. die Entscheidungs- und Prüfungsbefugnisse sowie die konkreten betragsbezogenen Auslegungen für die Anwendung der beschränkten Ausschreibung mit und ohne Teilnahmewettbewerb bzw. der freihändigen Vergabe/ Verhandlungsvergabe enthalten.

Die Vergabeordnungen einschließlich der örtlichen Ergänzungen stellen Regelungen für das Verhalten der Gemeinden bei Vertragsabschlüssen dar. Sie sind deshalb keine vertragsbegründende Willenserklärung für Angebot und Annahme. Dieses wird durch einen förmlichen Auftrag der Gemeinde erreicht (Auftragsschreiben), wobei die Gemeinden im Rahmen des Auftrages regelmäßig die Bestimmungen der VOB bzw. UVgO zum Vertragsinhalt machen.

Aus haushaltsrechtlicher Sicht ist der vorstehende Überblick, der durch die nachfolgenden Übungen ergänzt wird, ausreichend. Das Vergaberecht hat sich durch die Anforderungen des gemeinsamen Marktes innerhalb der Europäischen Union und durch die europäische und nationale Gesetzgebung und Rechtsprechung[14] zu einer außeror-

13 Die VOB/A Teil 1 verwendet den Begriff „Freihändige Vergabe", die UVgO verwendet den Begriff „Verhandlungsverfahren".

14 Exemplarisch wird hierzu auf die Problematik der Ausschreibungspflicht für gemeindliche Grundstücksverkäufe verwiesen, vgl. hierzu insbesondere die Entscheidung des Europäischen Gerichtshofes vom 25.3.2010 – Rs.C 451/08 –, mit der reine Grundstücksverkäufe als ausschreibungsfrei erklärt wurden, auch wenn der Verkauf im Rahmen städtebaurechtlicher Vorgaben der Gemeinde wie Bauleitplanung oder städtebauliche Verträge erfolgt. Ausschreibungspflichtig sind aber demnach Verkäufe, mit denen die Kommune ein unmittelbares wirtschaftliches Interesse verfolgt, z. B. eigene Beschaffungszwecke.

dentlich komplexen Spezialmaterie entwickelt, sodass zur Vertiefung der Thematik auf die jeweils aktuelle Spezialliteratur verwiesen wird.

Nachstehend wird der Ablauf eines förmlichen Vergabeverfahrens im Schaubild dargestellt:

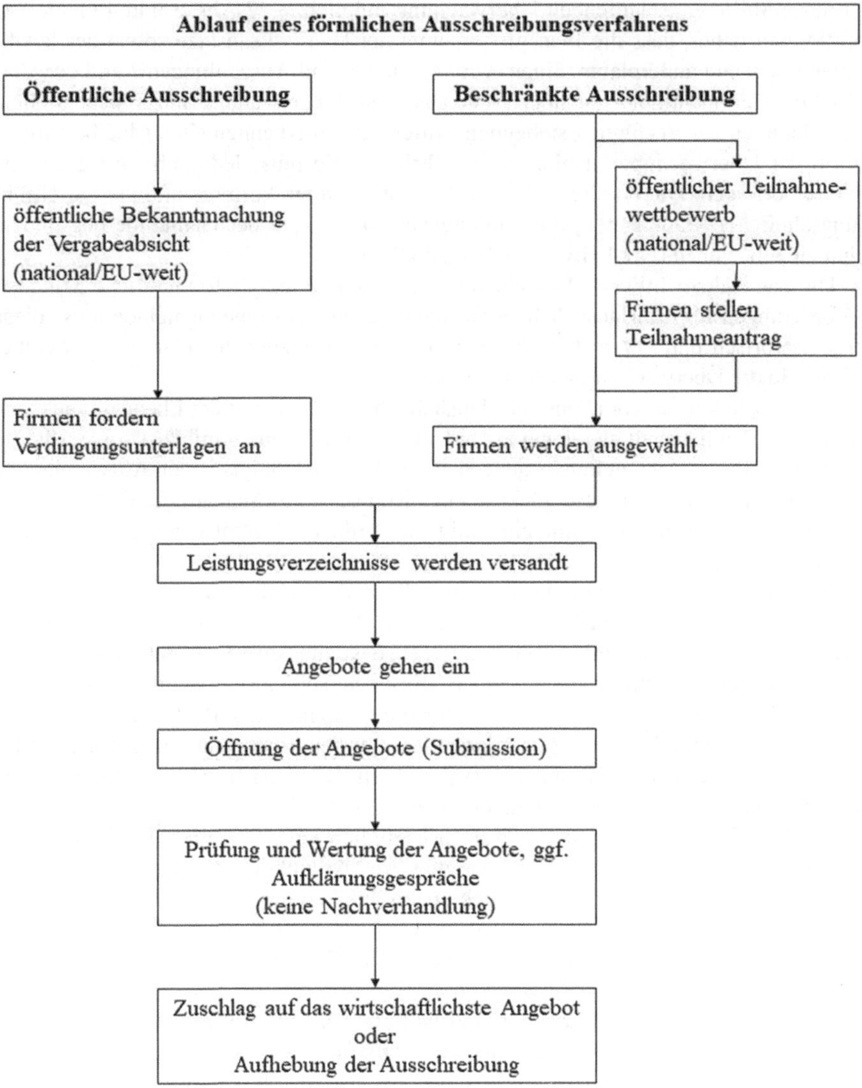

13.2.4 Überwachung der Haushaltsmittel und Verpflichtungsermächtigungen

Die Bewirtschaftung von Haushaltsmitteln und Verpflichtungsermächtigungen, besonders in Bezug auf die Einhaltung der Ansätze (vgl. Nr. 4 Satz 2 Hw. zu § 27 GemHVO), ist nur mithilfe einer laufenden Überwachung möglich. § 27 Abs. 3 und 4 GemHVO bestimmen daher, dass die Inanspruchnahme der Haushaltsansätze sowie der bewilligten über- und außerplanmäßigen Aufwendungen und Auszahlungen[15] und der Verpflichtungsermächtigung zu überwachen ist. Die Überwachung muss sicherstellen, dass die noch zur Verfügung stehenden Mittel stets zu erkennen sind. Eine bestimmte Form der Überwachung ist nicht vorgeschrieben, sie muss lediglich „auf geeignete Weise“ erfolgen. Die erteilten, aber noch nicht erfüllten Aufträge und die Durchführung ähnlicher Maßnahmen, die Zahlungsverpflichtungen der Gemeinde begründen, sind einzubeziehen (Nr. 4 Hw. zu § 27 GemHVO).

Die haushaltsrechtlichen Vorschriften stellen daher lediglich inhaltliche Mindestanforderungen für die Haushaltsüberwachung auf. Die einzelne Gemeinde muss diese organisatorisch und DV-technisch umsetzen. Sie muss zunächst klären, auf welcher Ebene sie die Überwachung vornehmen will.

In Betracht kommt vor allem, die Haushaltsüberwachung auf der Ebene des aus dem jeweiligen Teilhaushalt abgeleiteten Budgets vorzunehmen, zumindest soweit die im Budget kraft Gesetzes geltende gegenseitige Deckungsfähigkeit der Aufwendungen bzw. Auszahlungen nicht beschränkt worden ist. Dies ergibt sich aus der Definition des Budgets als Finanzrahmen mit eindeutig zugeordneter Verantwortung, § 58 Nr. 10 GemHVO.

Als weitere Überwachungsebene kommt die Zeilenposition aus dem Muster 10 des jeweiligen Teilergebnishaushaltes (die sich i. d. R. aus dem Muster 7 entwickelt, vgl. auch Ziff. 6.5.2) in Betracht. Das bedeutet z. B., dass alle Aufwendungen für den Bezug von Sach- und Dienstleistungen eines bestimmten Teilhaushaltes oder Produktes in Summe überwacht werden. Dies dürfte für die Gemeinde i. d. R. die sinnvollste und verwaltungsökonomischste Lösung darstellen. Für den Finanzhaushalt gilt dies natürlich entsprechend (Muster 8 und 10), wobei die Investitionsauszahlungen regelmäßig auf der Ebene der einzelnen Maßnahme überwacht werden.

Letztlich kann die Überwachung auch bezüglich jeder einzelnen Buchungsstelle, die sich aus dem aus Muster 11 abgeleiteten Produkt und dem Konto nach Muster 12 (KVKR) zur GemHVO, insgesamt auch als Produktkonto bezeichnet, ergibt, erfolgen. Aufgrund der außerordentlich großen Zahl derartiger Produktkonten, die im Haushaltsvollzug zu bebuchen sind, und des entsprechenden Überwachungsaufwandes kann dies nur für kleine Gemeinden in Betracht kommen.

Die technische Durchführung der Haushaltsüberwachung auf der jeweils gewählten Ebene ist sehr stark von der eingesetzten Softwarelösung für das Finanzwesen abhängig. Daraus ergibt sich i. d. R. auch, ob die Überwachung zentral oder dezentral organisiert ist. Unabhängig von der Organisation muss es für die jeweils mittelbewirtschaftende

15 Nähere Ausführungen hierzu finden sich in Ziff. 14.2.

Stelle jederzeit erkennbar sein, welche Haushaltsmittel (Ermächtigungen) noch zur Verfügung stehen.

Für die Ertrags- bzw. Einzahlungsseite ist eine Haushaltsüberwachung nicht vorgeschrieben und auch nicht erforderlich, weil diese Ansätze keine Beschränkungen des tatsächlichen Umfanges dieser Beträge bedeuten und die Informationen über den Stand jederzeit aus den geführten Konten für die Erträge und Einzahlungen zu beziehen sind. Dieses dient der vom Verordnungsgeber geforderten Überwachung der Erträge und Forderungen (§ 26 GemHVO).

Bezüglich der Verpflichtungsermächtigungen ist darauf hinzuweisen, dass einerseits ihre Inanspruchnahme an sich zu überwachen ist (§ 27 Abs. 4 GemHVO), andererseits die aus ihrer Inanspruchnahme ergebenden Zahlungsverpflichtungen dann aber auch in die Haushaltsüberwachung der Jahre hineinwirken, in denen diese Zahlungen fällig werden, da sie die verfügbaren Mittel dieser Jahre mindern.

13.2.5 Übungen

Siehe zu diesem Abschnitt Sachverhalte 1 bis 4 zu Kap. 13 im Übungsband.

13.3 Haushaltswirtschaftliche Sperre und Berichtspflichten gegenüber der Gemeindevertretung

13.3.1 Haushaltswirtschaftliche Sperre

Bereits bei Ziff. 13.2 wurde festgestellt, dass die mit dem Haushaltsplan gegebenen Ermächtigungen (Ansätze) nicht uneingeschränkt zur Verfügung stehen. Neben praktischen Einschränkungsmöglichkeiten wie in Form von Kassenbewirtschaftungsplänen enthält § 27 GemHVO beschränkende Bewirtschaftungsgrundsätze. Eine besondere Form der Verfügungsbeschränkung beinhaltet § 107 HGO, nämlich die haushaltswirtschaftliche Sperre. Die Vorschrift ist in engem Zusammenhang mit den Regelungen des § 28 GemHVO, der Unterrichtungspflicht, zu sehen, siehe unten Ziff. 13.3.2.

Nach § 107 HGO kann der Gemeindevorstand die Inanspruchnahme von Aufwendungs- oder Auszahlungsansätzen und Verpflichtungsermächtigungen sperren, sofern die Entwicklung der Erträge, der Einzahlungen, der Aufwendungen oder der Auszahlungen es erfordert. Sperren bedeutet dabei nach dem Wortlaut der Vorschrift, dass der Gemeindevorstand – als Organ – im Einzelfall selbst über die Leistung von Aufwendungen und Auszahlungen oder das Eingehen von Verpflichtungen bei den von der Sperre betroffenen Haushaltspositionen entscheidet und nicht mehr die mittelbewirtschaftende Stelle innerhalb der Verwaltung, siehe auch Nr. 1 Hw. zu § 107 HGO.

Mit der „Entwicklung der Erträge, der Einzahlungen, der Aufwendungen oder der Auszahlungen“ können nur negative Tendenzen angesprochen sein, die den Haushaltsausgleich[16] gefährden. Eine positive Entwicklung dagegen bedingt zwangsläufig nicht die Notwendigkeit einer haushaltswirtschaftlichen Sperre.

Die Möglichkeit, Einfluss auf das Ausgabegebaren im Haushaltsjahr bzw. bei Verpflichtungsermächtigungen auf die Entwicklung der Finanzplanung zu nehmen, ist in Planungsschwierigkeiten begründet. Der Haushaltsplan eines Jahres wird bereits im Vorjahr erstellt, sodass Vorausberechnungen und Schätzungen etwa einen Zeitraum von eineinhalb Jahren umfassen und deshalb in vielen Bereichen sehr schwierig sind. Dazu kommt, dass konjunkturelle Veränderungen auf die gemeindlichen Haushaltspläne sehr kurzfristig einwirken. Im laufenden Jahr können zwar die Haushaltspläne durch Nachtragspläne so geändert werden, dass der Ausgleich herbeigeführt werden kann. Jedoch bedingt das Instrument der Nachtragsplanung ein schwerfälliges und zeitraubendes Verfahren auf Grund der Formvorschriften des § 98 Abs. 4 i. V. m. § 97 HGO.

Es war deshalb eine Möglichkeit zu schaffen, um im Bedarfsfall kurzfristig und wirkungsvoll einer Gefährdung des Haushaltsausgleichs entgegensteuern zu können. Dieses Instrument muss das Verwaltungsorgan der Gemeinde besitzen, weil die Gemeindevertretung nicht unmittelbar über die notwendigen Finanzinformationen verfügt und auch die Herbeiführung eines Beschlusses der Gemeindevertretung einen gewissen Zeitaufwand erfordert. Dem Gemeindevorstand wird deshalb gemäß § 107 HGO das Recht zum Erlass einer haushaltswirtschaftlichen Sperre zugesprochen.

Er hat somit die Möglichkeit, die Ausführung von Beschlüssen der Gemeindevertretung zu verhindern, weil der Haushaltsplan ja im Rahmen der Haushaltssatzung von der Gemeindevertretung erlassen wurde. Er befindet sich demnach in einer sehr starken Position. Die HGO enthält keine ausdrücklichen Regelungen darüber, ob die Gemeindevertretung die vom Gemeindevorstand verhängte Sperre aufheben kann. Dies wird nach den allgemeinen Regelungen des Kommunalverfassungsrechts zu entscheiden sein. Insgesamt legen diese jedoch die Annahme nahe, dass die Gemeindevertretung berechtigt ist, die Sperre wieder aufzuheben, allerdings könnte der Bürgermeister diesem Beschluss nach § 63 Abs. 1 Satz 2 HGO widersprechen, sofern durch die Aufhebung der Sperre das Wohl der Gemeinde gefährdet ist.

Wie bereits angedeutet, muss der Haushaltsausgleich bei einer Fortdauer der uneingeschränkten Ausführung des Haushaltsplanes gefährdet sein, damit der Gemeindevorstand von dem Instrument des § 107 HGO Gebrauch machen kann. Bei einem bereits unausgeglichen festgesetzten Haushalt besteht die Gefährdung in der Überschreitung des Defizitbetrages, siehe auch Nr. 1 Hw. zu § 107 HGO.

Dieses liegt insgesamt dann vor, wenn sich abzeichnet, dass die Gesamterträge nicht mehr die Höhe der Gesamtaufwendungen erreichen bzw. die Gesamtauszahlungen nicht mehr durch die Gesamteinzahlungen gedeckt sind. Solche Fälle sind im Wesentlichen auf Verschiebungen der Ertragsseite zurückzuführen, wenn also Erträge und damit verbundene Einzahlungen nicht wie geplant eingehen. Wenn sich z. B. ein im Haushaltsplan veranschlagtes Steueraufkommen von 40 Mio. € auf 35 Mio. € verringert, weist der Ergebnishaushalt eine Deckungslücke von 5 Mio. € auf mit entsprechender Auswirkung im Saldo aus laufender Verwaltungstätigkeit des Finanzhaushaltes. Diese Deckungs-

16 Siehe zum Haushaltsausgleich insgesamt Kap. 10.

lücke kann dadurch geschlossen werden, dass zahlungswirksame Aufwendungsermächtigungen im selben Umfang gesperrt werden, sodass der Haushaltsausgleich wieder hergestellt wird, wenn auch bei einem geringeren Gesamtvolumen des Haushaltes.

Eine Gefährdung geht von der Aufwand- bzw. Auszahlungsseite in der Regel nicht aus, weil Mehrbeträge gemäß § 100 Abs. 1 HGO nur zulässig sind, wenn eine Deckung[17] vorliegt. Die Mehrbeträge werden also jeweils vom Gesamthaushalt aufgefangen. Zeichnen sich jedoch unvorhergesehene allgemeine Kostensteigerungen ab, wie z. B. außergewöhnliche Bau- oder Energiekostenerhöhungen oder nicht voraussehbar hohe Abschlüsse von Tarifverträgen, kann auch von dieser Seite der Haushaltsausgleich gefährdet werden. Durch eine jetzt (vgl. auch Nr. 2 Satz 2 Hw. zu § 107 HGO) einsetzende haushaltswirtschaftliche Sperre dürfen andere im Haushaltsplan vorgesehene Aufwendungen bzw. Auszahlungen nicht geleistet werden, sodass diese Einsparungen zur Deckung der vorgenannten ausgleichsgefährdenden Mehrbeträge eingesetzt werden können. Dadurch werden die später erforderlichen Bewilligungen nach § 100 Abs. 1 HGO möglich. Insgesamt werden Ermächtigungen verschoben, sodass der Haushaltsausgleich bei Beibehaltung des Gesamthaushaltsvolumens wieder hergestellt wird.

Verpflichtungsermächtigungen bewirken Auszahlungen in späteren Haushaltsjahren. Ist der Haushaltsausgleich im Rahmen der Finanzplanung gefährdet, kann die haushaltswirtschaftliche Sperre auf die Verpflichtungsermächtigungen ausgedehnt werden.

Gemäß Nr. 1 Satz 2 Hw. zu § 107 HGO kann sich die Sperre auch auf die Besetzung von Planstellen beziehen, z. B. könnte eine Sperre dahingehend erlassen werden, dass freie Stellen nicht mehr besetzt werden dürfen.

Der Erlass einer haushaltswirtschaftlichen Sperre liegt im pflichtgemäßen Ermessen des Gemeindevorstandes. Der Ermessensspielraum wird jedoch dann „auf Null" reduziert, wenn der Haushaltsausgleich nur durch eine haushaltswirtschaftliche Sperre erreicht werden kann. Form und Umfang der Sperre sind durch die Gemeindehaushaltsverordnung nicht vorgegeben. In der Praxis erfolgen regelmäßig prozentuale Ansatzkürzungen für den Ergebnishaushalt, wobei einzelne Teilhaushalte oder bestimmte Positionen innerhalb von Teilhaushalten ausgenommen werden können. Daneben gibt es natürlich die Möglichkeit, gezielt Haushaltsansätze ganz oder anteilig zu sperren, vor allem bei freiwilligen Aufwendungen und nicht begonnenen Investitionsmaßnahmen des Finanzhaushaltes. Im Einzelfall ist die Entscheidung nach ihrem Wirkungsgrad und den tatsächlichen Möglichkeiten zu treffen. Auch eine haushaltswirtschaftliche Sperre kann Ansprüche oder Verbindlichkeiten nicht aufheben (vgl. § 96 Abs. 2 HGO und Ziff. 6.4). Deshalb sollte sich die Sperre auf Haushaltsansätze, denen eine rechtliche Verpflichtung (vertragliche Bindung, gesetzliche Verpflichtung) zu Grunde liegt, naturgemäß nicht beziehen.

Dabei sei noch einmal deutlich darauf verwiesen, dass nicht erst gewartet werden darf, bis der Haushalt auch tatsächlich nicht mehr ausgeglichen ist, sondern dass das Instrument der haushaltswirtschaftlichen Sperre gerade diesen Tatbestand verhindern soll. Es muss gehandelt werden, sobald sich eine Gefährdung des Haushaltsausgleichs abzeichnet.

17 Vgl. Ziff. 14.2.

Der Gemeindevorstand kann die von ihm verhängte haushaltswirtschaftliche Sperre natürlich selbst ganz oder teilweise wieder aufheben oder modifizieren. Dieses ergibt sich zwangsläufig aus der Ermächtigung, die Sperre auszusprechen. Ansonsten endet die Sperre, sobald die betroffene haushaltsrechtliche Ermächtigung erlischt, also i. d. R. mit dem Ablauf des Haushaltsjahres (Nr. 3 Hw. zu § 107 HGO). Allerdings wird man davon ausgehen müssen, dass, soweit Ermächtigungen über das Haushaltsjahr hinaus fortgelten,[18] auch die Sperre fortgilt, sofern sie nicht ausdrücklich aufgehoben wird.

13.3.2 Unterrichtungspflichten gegenüber der Gemeindevertretung

Wie bereits oben dargestellt, bestimmt die Gemeindevertretung durch den Haushaltsplan die finanzpolitischen Richtlinien für die Verwaltung, gleichzeitig ermächtigt der Haushaltsplan die Verwaltung, Aufwendungen und Auszahlungen zu leisten und Verpflichtungen einzugehen. Daraus resultiert ein Anspruch der Gemeindevertretung darauf, über die Inanspruchnahme der Ermächtigungen und über gewichtige Verschiebungen des Finanzrahmens informiert zu werden. Eine solche Unterrichtung erfolgt zwar generell mit der Vorlage des Jahresabschlusses im folgenden oder sogar übernächsten Jahr (vgl. § 114 Abs. 1 HGO), ggf. auch schon mit der Unterrichtung über die wesentlichen Ergebnisse des Abschlusses nach § 112 Abs. 5 HGO, was aber beides keine Reaktionen der Gemeindevertretung mit Wirkung für das aktuelle Jahr mehr zulässt. § 28 GemHVO normiert daher eine Berichtspflicht für das laufende Haushaltsjahr, die in regelmäßige und anlassbezogene Unterrichtungspflichten differenziert.

Nach § 28 Abs. 1 GemHVO ist die Gemeindevertretung mehrmals jährlich über den Haushaltsvollzug unter Einbeziehung von produktorientierten Zielen und Kennzahlen zu unterrichten. Ein regelmäßiges Berichtswesen ist für die Steuerung und Kontrolle des Haushaltsvollzugs unverzichtbar. In den Berichten ist auch darzustellen, inwieweit die Produkt-, Leistungs- und sonstigen Ziele, die sich aus § 4 Abs. 2 letzter Satz GemHVO ergeben, erreicht werden (vgl. § 10 Abs. 3 GemHVO und Nr. 1 Hw. zu § 28 GemHVO).

Die Anzahl der jährlichen Berichte ist von den örtlichen Verhältnissen abhängig. Der Gemeindevorstand hat der Gemeindevertretung mindestens zweimal im Haushaltsjahr einen Bericht vorzulegen. Die Berichte sind so zeitgerecht vorzulegen, dass die Gemeindevertretung noch in der Lage ist, Maßnahmen mit finanziellen Auswirkungen auf das laufende Haushaltsjahr zu beschließen (Nr. 2 Hw. zu § 28 GemHVO). Zu beachten ist hier, dass Beschlüsse zur Anhebung der Hebesätze der Gewerbesteuer und der Grundsteuern, sofern solche erforderlich werden, bis zum 30. Juni gefasst werden müssen (§ 16 GewStG, § 25 GrStG) und die Gemeindevertretung daher entsprechend rechtzeitig zu unterrichten ist.

Mit der GemHVO-Änderung zum 31.12.2016 wurde der Finanzstatusbericht (siehe auch Ziff. 6.6) als weitere Anlage zum Haushaltsplan eingeführt. Gleichzeitig wurde § 28 Abs. 1 GemHVO um die Bestimmung ergänzt, dass die sich aus dem Finanzsta-

18 Vgl. Ziff. 7.4.4, Übertragbarkeit.

tusbericht ergebende Bewertung der Gemeinde in die Berichtspflicht einzubeziehen ist. Daraus folgt, dass der Gemeindevorstand zu jedem Berichtstermin nach § 28 Abs. 1 Satz 1 GemHVO den Finanzstatusbericht jedenfalls soweit fortschreiben muss, dass die Gemeindevertretung über den Fortbestand oder die Veränderung der sich daraus ergebenden Bewertung unterrichtet werden kann. Durch Nr. 3 der Hw. zu § 28 GemHVO wird gefordert, dass das regelmäßige Berichtswesen nach § 28 Abs. 1 GemHVO eine Gefährdung des Haushaltsvollzugs entsprechend § 28 Abs. 2 Nr. 1 GemHVO frühzeitig erkennen lassen soll und es daher notwendig ist, dass der Bericht eine Prognose des ordentlichen Ergebnisses zum 31. Dezember enthält.

Anlassbezogen ist der Gemeindevertretung nach § 28 Abs. 2 GemHVO unverzüglich zu berichten, wenn sich das geplante Ergebnis des Ergebnishaushalts oder des Finanzhaushalts wesentlich verschlechtert, wenn sich die Gesamtauszahlungen einer Maßnahme der Teilfinanzhaushalte (Investitions- oder Investitionsförderungsmaßnahme) wesentlich erhöhen werden oder die Gemeinde die aufgenommenen Liquiditätskredite nicht nach § 105 Abs. 1 Satz 3 HGO bis zum Ende des Haushaltsjahres zurückführen kann, im Einzelnen:

- **Ergebnisverschlechterung**
  Der Gemeindevorstand muss die Gemeindevertretung unverzüglich unterrichten, wenn sich abzeichnet, dass sich das geplante Ergebnis des Ergebnishaushalts (Zeile 30 des Muster 7 zur GemHVO) oder des Finanzhaushalts (Zeile 34 des Muster 8 zur GemHVO) wesentlich verschlechtert.[19] Dies erfolgt unabhängig davon, ob der Gemeindevorstand eine haushaltswirtschaftliche Sperre nach § 107 HGO erlassen hat oder nicht. Was jeweils als wesentlich anzusehen ist, muss die Gemeinde nach eigenem Ermessen aufgrund ihrer örtlichen Situation festlegen.
  Wenn eine haushaltswirtschaftliche Sperre nach § 107 HGO erlassen wurde, liegen dieser, wie oben ausgeführt, Umstände zu Grunde, die einer Ergebnisverschlechterung entsprechen. Daher ist in diesen Fällen immer auch die Unterrichtungspflicht gegeben.
  Die Situation, dass eine wesentliche Ergebnisverschlechterung eintritt, ohne dass eine haushaltswirtschaftliche Sperre nach § 107 HGO ausgesprochen wird, kann z. B. im letzten Quartal des Haushaltsjahres eintreten, wenn eine haushaltswirtschaftliche Sperre keine Wirkung mehr entfalten kann, weil über die Ansätze weitgehend verfügt ist, oder wenn im Haushalt der Gemeinde überhaupt nur Ansätze enthalten sind, denen eine zwingende rechtliche Verpflichtung zu Grunde liegt.
- **Wesentliche Erhöhung der Gesamtauszahlungen einer Investitionsmaßnahme eines Teilfinanzhaushaltes**
  Die Selbstverwaltung einer Gemeinde zeigt sich nicht zuletzt an der Investitionskapazität. Hier trifft die Gemeindevertretung im Rahmen des Haushaltsplanes noch auf echte Handlungsalternativen und kann politisch entscheiden. Die Entscheidung zeigt sich letztlich in der Veranschlagung der einzelnen Investitionsmaßnahmen in den Teilfinanzhaushalten. Werden die veranschlagten Auszahlungen wesentlich über-

19 Hier wird zumindest vom Wortlaut der Vorschrift her nicht auf die Vorgaben zum Haushaltsausgleich im Ergebnis- und Finanzhaushalt nach § 92 Abs. 5 HGO abgestellt. Die Berücksichtigung dieser Vorgaben im Berichtswesen ergibt sich aber aus Nr. 3 Hw. zu § 28 GemHVO.

schritten, ist die Gemeindevertretung darüber unverzüglich zu informieren. Der Begriff „wesentlich" ist auch hier von jeder Gemeinde auszulegen. In der Praxis werden konkrete Regelungen entweder in die Hauptsatzung oder Haushaltssatzung aufgenommen bzw. im Rahmen eines einfachen Beschlusses der Gemeindevertretung festgelegt. Dies erfolgt entweder durch prozentuale Festlegungen oder Festbeträge oder als Kombination beider Möglichkeiten.

- **Die Gemeinde kann die Liquiditätskredite nicht bis zum Ende des Haushaltsjahres zurückführen**
  Nach § 105 Abs. 1 Satz 3 HGO sollen Liquiditätskredite (siehe Ziff. 9.5) spätestens bis zum Ende des Haushaltsjahres zurückgeführt, also an den Kreditgeber zurückgezahlt werden. Sofern das nicht möglich ist, muss die Gemeindevertretung hierüber unterrichtet werden.

Die Unterrichtung der Gemeindevertretung erfolgt durch den Gemeindevorstand. Alle Berichte nach § 28 GemHVO, die der Gemeindevorstand der Gemeindevertretung vorlegt, sind gemäß § 28 Abs. 3 GemHVO zeitgleich auch der Aufsichtsbehörde und dem Landkreis vorzulegen.

13.4 Erhebung von Einzahlungen[20]

13.4.1 Erfassung der Erträge und rechtzeitige Einziehung der Forderungen

Wie schon mehrfach beschrieben, stehen über der gesamten Haushaltswirtschaft die obersten Grundsätze der Wirtschaftlichkeit und Sparsamkeit einerseits und des Haushaltsausgleichs andererseits (§ 92 Abs. 2 und 4 HGO). Ein Aspekt dieses Prinzips ist der Auftrag des § 26 GemHVO, die Erträge vollständig zu erfassen und die Forderungen rechtzeitig einzuziehen, siehe auch Hw. zu § 26 GemHVO. Als Forderung ist jeder auf die Zahlung von Geld gerichtete Anspruch zu verstehen. Die Gemeinde muss darauf bedacht sein, dass die Einzahlungen bei Fälligkeit auch auf den Konten der Gemeindekasse eingehen. Dieses bringt auf der einen Seite Zinsgewinne durch Guthaben auf den Girokonten bzw. durch angelegte Festgelder. Auf der anderen Seite wird die Kasse möglichst liquide gehalten, so dass Zinsaufwendungen für Liquiditätskredite vermieden bzw. verringert werden. Darin zeigt sich konkret ein Aspekt des wirtschaftlichen Verhaltens der Gemeinde. Diese Aufgabenstellung wird heute auch als „Forderungsmanagement" bezeichnet.

Die Aufgabe der Forderungseinziehung, also die Realisierung des Zahlungsanspruches, trifft natürlich primär die Gemeindekasse (s. u. Ziff. 13.6.1), die die Einzahlungen notfalls per Zwang einzuziehen hat. Ohne Annahmeanordnung (s. u. Ziff. 13.6.2) der Fachdienststellen der Verwaltung hat aber die Gemeindekasse keine Kenntnis über die Höhe und Fälligkeit eines Betrages, sodass zunächst einmal die rechtlichen Voraus-

20 Der Begriff „Einzahlungen" wird in dieser Ziffer aus Vereinfachungsgründen zusammenfassend sowohl für die (einzahlungswirksamen) Erträge des Ergebnishaushaltes als auch für die Einzahlungen des Finanzhaushaltes verwendet.

setzungen für die Einziehung von Einzahlungen durch die mittelbewirtschaftenden Stellen geschaffen werden müssen.

Aber nicht nur die mittelbewirtschaftenden Stellen sind durch § 26 GemHVO angesprochen. Vielmehr muss die Verwaltung auch die rechtlichen Voraussetzungen zur Begründung der Einzahlungen rechtzeitig, d. h. frühestmöglich im Haushaltsjahr schaffen. Z. B. müssen Erschließungsbeiträge abgerechnet, Zuweisungen beantragt und abgerufen oder Gebühren kostendeckend kalkuliert und erhoben werden, siehe auch Nr. 1 Hw. zu § 26 GemHVO.

Auch der Finanzverwaltung als zentraler Stelle kommt in diesem Bereich eine wichtige Funktion zu. Sie hat vor allem die allgemeinen Deckungsmittel, insbesondere die Krediteinzahlungen, so zeitig zu beschaffen, dass die Kasse die anfallenden Auszahlungen ohne Überziehung ihrer Konten leisten kann.

Die Einziehung der Einzahlungen ist nicht durch den Haushaltsansatz der entsprechenden Haushaltsposition begrenzt. Es bestehen weder rechtliche noch praktische Bedenken, höhere Beträge einzuziehen, als im Haushaltsplan veranschlagt sind. Die zusätzlichen Einzahlungen bedürfen auch keiner Bewilligung, weil sie keine Gefährdung des Haushaltsausgleichs bedeuten, sondern diesen sogar begünstigen. Steht für eine Einzahlungsart im Haushaltsplan keine entsprechende Buchungsstelle (Produktkonto) zur Verfügung, kann die Finanzverwaltung ohne Weiteres eine solche einrichten.

13.4.2 Überwachung der Einzahlungen

Aus der Verpflichtung zur vollständigen Erfassung der Erträge, die der Gemeinde zustehen, und dem rechtzeitigen Einzug der Forderungen leitet sich die Verpflichtung ab, den Eingang der Einzahlungen zu überwachen. Diese Überwachungsfunktion obliegt der Gemeindekasse. Sie erhält die Annahmeanordnungen und übernimmt die Beträge als Forderungen in die entsprechenden Bücher bzw. Konten. Bei einem Zahlungseingang erfolgt dann die entsprechende Ausgleichsbuchung. Durch sog. „Offene-Posten-Listen" kann jederzeit nachverfolgt werden, welche fällig gewordenen Forderungen noch nicht ausgeglichen sind.

Daneben haben natürlich die mittelverwaltenden Stellen Interesse am Zahlungseingang. Im Einzelfall wollen auch sie Schlüsse aus der Zahlungsmoral von Dritten ziehen (z. B. kein Verkauf von Stadtplänen an zahlungsunfähige Buchhandlungen). Aus dieser praktischen Erwägung heraus hat die Gemeindekasse die mittelbewirtschaftenden Stellen über Besonderheiten beim Zahlungseingang zu unterrichten. Regelmäßig werden dafür in den Gemeinden konkrete Regelungen in Dienstanweisungen aufgenommen. Bei Bedarf werden auch die zuständigen Sachbearbeiter der mittelbewirtschaftenden Stellen den tatsächlichen Eingang einer Forderung mit Hilfe der Datenverarbeitung verfolgen.

Vor allem bei größeren Forderungen wird sich auch die Finanzverwaltung wegen der Auswirkungen auf den Gesamthaushalt einschalten. In der Praxis enthalten die Dienstanweisungen für die Gemeindekasse regelmäßig Regelungen über Berichtspflichten der Kasse gegenüber der Finanzverwaltung.

13.4.3 Kleinbeträge

Im privaten Rechtsverkehr ist es üblich, auf die Einziehung von geringfügigen Beträgen zu verzichten, vor allem dann, wenn die Kosten der Einziehung größer sind als die Forderung selbst. Diese Überlegungen gibt es auch auf Gemeindeebene, wo das Prinzip der Wirtschaftlichkeit gemäß § 92 Abs. 2 HGO konkret anzuwenden ist. Beim Verzicht auf den Einzug von Einzahlungen bedeutet dieses, dass die mittelbewirtschaftenden Stellen erst gar keine Annahmeanordnungen fertigen, sondern in den Akten (Büroverfügung) den Verzicht begründen. Die Kasse erhält von solchen Entscheidungen keine Kenntnis. Diese Möglichkeit ist nicht mit einer Niederschlagung oder einem Erlass (s. u.) zu verwechseln, weil dort zunächst eine Buchung der Forderung durch Annahmeanordnung erfolgt.

§ 31 GemHVO sieht folglich auch die Möglichkeit vor, auf die Einziehung von Beträgen unter 10 € zu verzichten. Da aber die Forderungen der Gemeinde unterschiedlicher Rechtsnatur sind (öffentlich-rechtlich und privatrechtlich in den verschiedenen Unterarten), ist zunächst zu untersuchen, auf welche Einzahlungsarten § 31 GemHVO Anwendung findet.

Im Hinblick auf die Rechtsgrundlagen ergibt sich dabei folgender Überblick:[21]

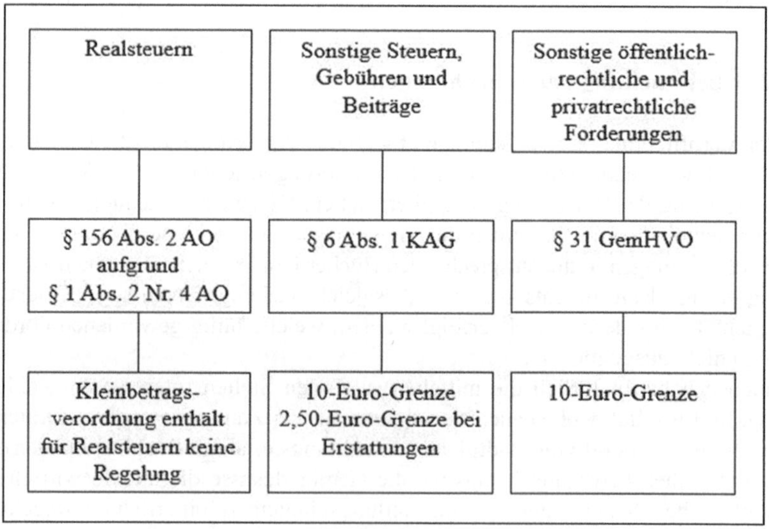

Gemäß § 1 Abs. 2 Nr. 4 AO sind die Bestimmungen des § 156 AO auch für die Grund- und Gewerbesteuern der Gemeinde (Realsteuern) anwendbar. Als Bundesrecht geht diese Bestimmung sowohl dem Kommunalabgabengesetz als auch der Gemeindehaushaltsverordnung vor. § 156 Abs. 1 Nr. 1 AO gibt dem Bundesfinanzminister die Ermächtigung, eine konkrete Betrags-Grenze für Kleinbeträge festzusetzen, allerdings

21 Siehe auch Hw. zu § 31 GemHVO.

höchstens bis zu 10 €. Die Bestimmungen des § 1 der Kleinbetragsverordnung vom 19. Dezember 2000 (BGBl. I S. 1790, 1805, geändert durch Artikel 3 des Gesetzes vom 18. Juli 2016 (BGBl. I S. 1679) sehen zwar für eine Reihe von Steuerarten Kleinbetragsregelungen vor, nicht aber für die Grund- und Gewerbesteuer.[22] Insofern besteht für die Realsteuern keine spezielle Kleinbetragsregelung.

Unabhängig davon besteht nach § 156 Abs. 2 AO die Möglichkeit, auf die Einziehung einer Realsteuereinzahlung zu verzichten, wenn die Kosten der Einziehung außer Verhältnis zur Einzahlungshöhe stehen. Hierbei ist der Betrag nicht entscheidend.

Das Kommunalabgabengesetz ist die Rechtsgrundlage für alle gemeindlichen Abgaben, soweit spezielle bundes- oder landesrechtliche Regelungen dieses nicht einschränken (§ 1 Abs. 1 KAG). Für die Kleinbeträge der Realsteuern ist – wie oben dargestellt – zunächst die Abgabenordnung anzuwenden, sodass § 6 KAG für die verbleibenden Gemeindesteuern sowie für Gebühren und Beiträge anzuwenden ist. Für die auf Grund anderer Gesetze zu erhebenden Abgaben, dazu gehören auch die Realsteuern und die Erschließungsbeiträge nach Baugesetzbuch, bestimmt § 1 Abs. 2 KAG ausdrücklich, dass die Vorschriften (u. a.) des § 6 KAG auch hier gelten, sofern die anderen Gesetze keine Regelungen treffen. Wie oben festgestellt, trifft die AO keine Regelungen über Kleinbeträge bei den Realsteuern. Daher kann die Vorschrift des § 6 Abs. 1 KAG auch für die Realsteuern herangezogen werden.

Gemäß § 6 KAG kann davon abgesehen werden, kommunale Abgaben festzusetzen, zu erheben oder nachzufordern, wenn der Betrag niedriger ist als 10,00 €. Von einer Erstattung kann abgesehen werden, wenn der Betrag niedriger ist als 2,50 €.

§ 31 GemHVO (als Rechtsverordnung auch gegenüber dem Kommunalabgabengesetz als formelles Recht nachrangig) kann somit nur noch die sonstigen öffentlich-rechtlichen Forderungen wie z. B. aus öffentlich-rechtlichen Verträgen und im Wesentlichen die privatrechtlichen Einzahlungen umfassen. Die Grenze für Kleinbeträge liegt hier bei 10 €.

Bei den §§ 6 KAG und 31 GemHVO handelt es sich um „Kann-Vorschriften". Es liegt also im pflichtgemäßen Ermessen der Gemeinde, ob auf die Einziehung verzichtet wird. Allerdings verengt sich der Ermessensspielraum bei einmal erfolgten positiven Entscheidungen durch den Gleichbehandlungsgrundsatz. Sofern die Einziehung von Kleinbeträgen aus grundsätzlichen Erwägungen geboten ist (z. B. bei Buß- oder Verwarnungsgeldern sowie bei Verwaltungsgebühren und Eintrittsentgelten, aber auch bei Säumniszuschlägen und Vollstreckungskosten – ein Verzicht würde hier dem Sinn der Einzahlung widersprechen) sind die Gemeinden verpflichtet, auch Kleinbeträge einzuziehen.

Zwischen den juristischen Personen des öffentlichen Rechts können gemäß § 31 Satz 2 GemHVO im Falle der Gegenseitigkeit abweichende Regelungen getroffen werden, nach denen auch höhere Beträge nicht festgesetzt und angefordert werden. Dieses ist aber nicht im Rahmen der Abgabenordnung und des Kommunalabgabengesetzes möglich, weil dort die Ermächtigungsgrundlagen fehlen. Lediglich § 31 GemHVO

22 Die Festsetzung eines Kleinbetrages von 2,00 € bzw. 5,00 € in § 2 der Kleinbetragsverordnung bezieht sich nur auf den Gewerbesteuer**mess**betrag, den das Finanzamt festsetzt, und nicht auf die Gewerbesteuer selbst.

lässt dieses zu, somit also nur für den Bereich der sonstigen öffentlich-rechtlichen Forderungen sowie privatrechtlichen Ansprüche. Auf Grund der Bestimmungen der Bundes- und Landeshaushaltsordnungen werden Forderungen zwischen Bund und Ländern bis zu bestimmten Beträgen nicht festgesetzt. Die Gemeinden sind in diese Regelungen nicht einbezogen. Sie könnten aber mit Bund und Ländern sowie untereinander entsprechende Vereinbarungen abschließen. Allerdings sind solche Absprachen bisher nicht bekannt und auch weitgehend überflüssig, weil der Zahlungsverkehr in diesem Bereich doch nicht sehr umfangreich ist bzw. sich nicht in geringfügigen Größenordnungen abspielt.

Die Kleinbetragsregelungen orientieren sich an den Kosten der Einziehung von Einzahlungen. Berechnungen der Praxis haben ergeben, dass erst die Einziehung von Einzahlungen ab einem bestimmten Betrag wirtschaftlich sinnvoll ist.

13.4.4 Rundungen

In früheren Zeiten des überwiegenden Bargeldverkehrs gab es bei den Gemeindekassen oft Engpässe, vor allem wenn Pfennige als Wechselgeld benötigt wurden. Es bestand somit ein Bedarf, die Forderungen der Gemeinden abrunden zu können (Rundung nach unten zu Gunsten des Schuldners). Heute im Zeitalter des bargeldlosen Verkehrs erübrigt sich eigentlich eine solche Möglichkeit, weil es für die Beteiligten rechtlich und praktisch ohne Bedeutung ist, ob die Überweisung einer Forderung nun z. B. mit 141,28 € oder 141,20 € erfolgt. Auch bei der DV-Bearbeitung ist dieses ohne Belang.

Die GemHVO hat deshalb darauf verzichtet, Abrundungsmöglichkeiten bei Forderungen vorzusehen. Allerdings sind im Kommunalabgabengesetz Vorschriften über Rundungen enthalten, was aus den oben geschilderten Gründen jedoch entbehrlich ist.

Der nachstehende Überblick über das Thema der Rundungen reicht wegen der geringen praktischen Bedeutung für die Gesamtdarstellung aus.

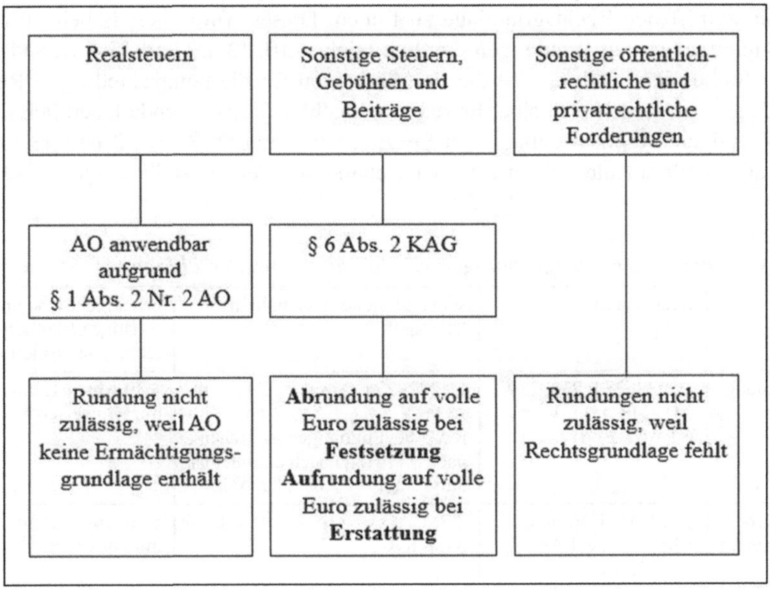

13.4.5 Übungen

Siehe zu diesem Abschnitt Sachverhalt 5 zu Kap. 13 im Übungsband.

13.5 Stundung, Niederschlagung und Erlass

13.5.1 Generelle Begriffsabgrenzungen

Bevor die Materie im Einzelnen dargestellt wird, sind zum Grundverständnis die einzelnen Begriffe zu definieren und voneinander abzugrenzen (siehe auch die Begriffsbestimmungen in § 58 Nrn. 14, 24 und 32 GemHVO).

Stundung: (Nr. 32)	Gewährung eines Zahlungs- oder Leistungsaufschubes
Niederschlagung: (Nr. 24)	Zurückstellung der Weiterverfolgung eines fälligen Anspruchs ohne Verzicht auf den Anspruch selbst
Erlass: (Nr. 14)	Verzicht auf einen Anspruch

13.5.2 Rechtsgrundlagen

Bei der Bewirtschaftung von Einzahlungen kommt es auf die Art der Einzahlung an, um die zutreffende Rechtsgrundlage zu finden. Dieses wurde bereits beim Problem der Kleinbeträge und Rundungen deutlich (siehe Ziff. 13.4.3 und 13.4.4), sodass an dieser Stelle nicht noch einmal die Begründungen für die unterschiedlichen Rechtsgrundlagen zu wiederholen sind. Es reicht deshalb der nachstehende Überblick, wobei die in einigen Gesetzen enthaltenen Spezialregelungen (z. B. §§ 32 und 33 GrStG, § 42 SGB I für soziale Leistungen) der Behandlung der Spezialliteratur vorbehalten sind.

Übersicht über die Rechtsgrundlagen von Stundung, Niederschlagung und Erlass[23]

	Realsteuern	sonstige Steuern, Gebühren, Beiträge	privatrechtliche und sonstige öffentlich-rechtliche Forderungen
Stundung	§§ 222, 234, 238, 239, 241–248 AO i. V. m. § 1 Abs. 2 Nr. 5 AO	§§ 222, 234, 238, 239, 241–248 AO i. V. m. § 4 Abs. 1 Nr. 5 KAG bei einmaligen Beiträgen nach § 11 KAG auch unmittelbar aufgrund § 11 Abs. 12 KAG	§ 30 Abs. 1 GemHVO mit Hinweisen[24]
Niederschlagung	§ 261 AO i. V. m. § 1 Abs. 2 und § 4 Abs. 1 Nr. 6 KAG	§ 261 AO i. V. m. § 4 Abs. 1 Nr. 6 KAG	§ 30 Abs. 2 GemHVO mit Hinweisen[24]
Erlass	§§ 47, 227 AO i. V. m. § 1 Abs. 2 Nr. 2 bzw. Nr. 5 AO	§§ 47, 227 AO i. V. m. § 4 Abs. 1 Nr. 2b bzw. Nr. 5a KAG	§ 30 Abs. 3 GemHVO mit Hinweisen[24]

Für Übungen im Auffinden der zuständigen Rechtsnorm bieten sich sinngemäß die Fälle des Sachverhalts Nr. 5 zu Kap. 13 im Übungsband an, bei denen ähnliche Probleme für Kleinbeträge und Rundungen anstanden.

13.5.3 Stundung

13.5.3.1 Voraussetzungen

Die Vorschriften über die Stundung in den §§ 222 AO und 30 Abs. 1 GemHVO stimmen textlich weitgehend überein. § 222 AO enthält lediglich noch folgenden zusätzlichen Text: „Die Stundung soll in der Regel auf Antrag und gegen Sicherheitsleistung erfolgen". Dazu kommt noch § 234 AO mit der Regelung der Verzinsungspflicht gestundeter Beträge, während diese Bestimmung unmittelbar in den § 30 Abs. 1 GemHVO eingearbeitet ist. Wegen der weitgehenden Gleichheit der Vorschriften kann

23 Siehe auch Nr. 11 Hw. zu § 30 GemHVO.

24 Die Hinweise zu § 30 GemHVO sind, ggf. sinngemäß, auch auf die anderen Forderungsarten anzuwenden.

die Materie gemeinsam für alle Forderungsarten behandelt werden, zumal auch bei Stundungen nach § 30 Abs. 1 GemHVO von den Gemeinden im Bedarfsfall Sicherheiten verlangt werden, siehe auch Nr. 3 Hw. zu § 30 GemHVO.

Wie bereits bei der generellen Definition angesprochen, bedeutet eine Stundung die Gewährung eines Zahlungs- oder Leistungsaufschubs, somit die Hinausschiebung eines Fälligkeitstermins. Ob nun der Fälligkeitstermin für die Gesamtforderung verschoben oder ob Ratenzahlung gewährt wird, richtet sich nach der Notwendigkeit des Einzelfalles. In der Praxis werden überwiegend Ratenzahlungen gewährt, weil die Schuldner die Zahlung wegen ihrer Höhe nicht auf einmal leisten können. Denkbar wäre aber auch ein Gesamtaufschub, z. B. wenn ein Schuldner erst zu einem bestimmten Termin über die notwendigen Zahlungsmittel verfügt.

Die Stundung wird regelmäßig vom Zahlungspflichtigen beantragt, weil dieser Interesse am Zahlungsaufschub hat. Die Stundungsbewilligung erfolgt überwiegend in der Form des Verwaltungsaktes als Stundungsbescheid, auch wenn nach den Vorschriften des § 30 Abs. 1 GemHVO entschieden wird; es sei denn, es handelt sich um eine rein privatrechtliche Forderung, dann ist auch die Stundung in privatrechtlicher Vertragsform zu bewilligen.

Eine Stundung ist nur zulässig, wenn die Einziehung von Ansprüchen eine erhebliche Härte für den Schuldner bedeuten würde und der Anspruch durch die Stundung nicht gefährdet erscheint. Die „erhebliche Härte für den Schuldner" ist im konkreten Einzelfall zu beurteilen. Sie kann z. B. dann vorliegen, wenn auf Grund ungünstiger wirtschaftlicher Verhältnisse der Schuldner sich vorübergehend in ernsthaften Zahlungsschwierigkeiten befindet oder eine fristgerechte Einziehung der Forderung dieses bewirken würde. Das ist sicherlich z. B. immer dann gegeben, wenn die Existenz eines Unternehmens dadurch gefährdet würde. Zahlungsunwillige sowie notorische Nichtzahler erfüllen die Voraussetzungen dagegen nicht.

Wie bereits erwähnt, darf als weitere Voraussetzung der Anspruch nicht gefährdet werden. Es dürfen also keine Anzeichen dafür vorhanden sein, dass z. B. der Schuldner durch die Stundung frei werdende Mittel oder Vermögensgegenstände anderweitig einsetzt. Auch darf der Schuldner die Stundung nicht dazu benutzen, sich durch Wohnsitzwechsel oder wegen des Fehlens eines festen Wohnsitzes seinen Verpflichtungen und damit dem Zugriff der Gemeinde zu entziehen. Eine Entscheidung kann nur im pflichtgemäßen Ermessen in jedem Einzelfall getroffen werden.

Regelmäßig hat der Schuldner eine entsprechende Sicherheitsleistung zu erbringen, so z. B. durch Bürgschaften, Abtretungen, Sicherheitsübereignungen oder gar durch Hypotheken und Grundschulden. Dadurch wird das Stundungsrisiko (Forderungsausfall) für die Gemeinde verringert.

Nach Nr. 2 der Hw. zu § 30 GemHVO sollten Stundungen grundsätzlich unter dem Vorbehalt des jederzeitigen Widerrufs ausgesprochen werden, weil nicht ausgeschlossen werden kann, dass während der Stundungsfrist Tatsachen bekannt werden, die die Forderung als gefährdet erscheinen lassen.

Durch die Novellierung des KAG mit Gesetz vom 21.11.2012 wurde ein spezieller Stundungstatbestand für einmalige Beiträge (siehe zum Beitragsrecht Ziff. 2.3.3) in § 11 Abs. 12 KAG eingeführt. Danach soll bei einmaligen Beiträgen auf Antrag eine

Zahlung in Raten eingeräumt werden, wenn die Beitragsschuldnerin oder der Beitragsschuldner ein berechtigtes Interesse nachweist. Der Antrag ist vor Fälligkeit des Beitrags zu stellen. Höhe und Fälligkeit der Rate werden durch Bescheid bestimmt, wobei die Beitragsschuld in bis zu fünf aufeinander folgenden Jahresraten (inzwischen auf 20 Jahre verlängert) zu begleichen ist. Der jeweilige Restbetrag ist jährlich mit höchstens 3 % (inzwischen vermindert auf 1 %) über dem zu Beginn des Jahres geltenden Basiszinssatz nach § 247 des Bürgerlichen Gesetzbuches zu verzinsen.

In der Gesetzesbegründung heißt es dazu u. a.: Der neue Abs. 12 ermöglicht eine Stundung und Ratenzahlung. Diese spezielle Stundungsregelung findet neben dem allgemeinen Stundungstatbestand nach § 4 Abs. 1 Nr. 5a i. V. m. § 222 AO Anwendung. Sie gilt nur für einmalige Beiträge und nicht für wiederkehrende Beiträge, die nach § 222 AO zu stunden sind. Im Stundungsantrag muss ein berechtigtes Interesse dargelegt werden, sodass nicht jedermann diese Stundung in Anspruch nehmen kann. Insbesondere können die finanzielle Leistungsfähigkeit des Beitragspflichtigen und soziale Gesichtspunkte berücksichtigt werden. Die Regelung führt zum einen zu einer zeitlichen Streckung der Beitragsschuld, zum anderen beschränkt sie die Stundung auf einen für den Beitragsberechtigten absehbaren Zeitraum.

13.5.3.2 Verzinsung der gestundeten Forderungen

Sowohl § 234 AO als auch § 30 Abs. 1 GemHVO sehen vor, dass die gestundeten Beträge zu verzinsen sind. Damit soll die Gemeinde vor allem für den Zinsverlust, verursacht durch die ausstehende Einzahlung, entschädigt werden. Die Verzinsung hat aber auch die Bedeutung, dass der Schuldner sich genau zu überlegen hat, ob er eine Stundung beantragt, weil diese mit zusätzlichen Kosten verbunden ist. Die Stundung soll damit keine kostengünstige Alternative zu einem Kapitalmarktkredit sein.

§ 238 AO sieht eine Verzinsung von 0,5 %[25] für jeden vollen Monat vor, wobei jede Forderung auf den nächsten durch 50 € teilbaren Betrag abzurunden ist. Dagegen spricht § 30 Abs. 1 GemHVO nur von einer angemessenen Verzinsung, ohne konkrete Prozentsätze zu nennen. Gemäß Nr. 4 Hw. zu § 30 GemHVO kann ein Zinssatz von drei Prozentpunkten über dem jeweiligen Basiszins (§ 247 BGB) der Europäischen Zentralbank (EZB) als angemessen angesehen werden.

Zur Verzinsung bei der Stundung von einmaligen Beiträgen nach § 11 Abs. 12 KAG wird auf die vorhergehende Ziffer verwiesen.

Auf die Verzinsung kann ausnahmsweise verzichtet werden. Einmal ist dieses im Rahmen der Wirtschaftlichkeit allgemein bei Kleinbeträgen gemäß §§ 156 AO in Verbindung mit der Kleinbetragsverordnung, 6 KAG und 31 GemHVO möglich (siehe Ziff. 13.4.3). Zum anderen kann ein Verzicht ausgesprochen werden, wenn die Erhebung der Zinsen eine unbillige Härte bedeuten würde, sodass in diesen Fällen auf die

25 Dieser Zinssatz gilt auch weiterhin u. a. für Stundungen. Die Entscheidung des BVerfG vom 8.9.2021 zur Verfassungswidrigkeit dieses Zinssatzes betrifft lediglich die Erstattungs- und Nachzahlungszinsen nach § 233a der Abgabenordnung, nicht jedoch die Stundungszinsen.

wirtschaftliche Situation des Schuldners abgestellt wird, siehe auch Nr. 5 Hw. zu § 30 GemHVO.

13.5.3.3 Bewilligungsverfahren

Über die Stundungsbewilligung kann nur die Dienstelle innerhalb der Verwaltung (Amt, Abteilung, Fachbereich usw.) entscheiden, die den Anspruch festgesetzt hat. Nur diese verfügt über den Sachbezug. Da der Gemeindekasse jedoch die Einziehung der Forderung obliegt und diese vielleicht sogar schon Maßnahmen der Beitreibung eingeleitet hat, kann die Entscheidung nur in Absprache mit der Kasse erfolgen. Insofern sieht § 15 Abs. 1 GemKVO auch folgerichtig vor, dass Stundungsentscheidungen nur im Benehmen mit der Gemeindekasse zu fällen sind. Gemäß Nr. 1 Hw. zu § 15 GemKVO sollen bei der Vorbereitung der Entscheidung über die Gewährung einer Stundung durch die Fachdienststelle etwaige Informationen der Gemeindekasse über die Solvenz des Zahlungspflichtigen, die sie zum Beispiel im Rahmen eines bereits laufenden Vollstreckungsverfahrens erhalten hat, einbezogen werden.

Nur ausnahmsweise kann die Gemeindekasse selbst mit der Stundungsbearbeitung beauftragt werden, was in der Praxis wegen der Trennung der Anordnungs- und Ausführungsgeschäfte wohl kaum Anwendung findet.

Die Stundungsentscheidung wird der Kasse unverzüglich mitgeteilt. Bei Bewilligung wird eine so genannte Stundungsmitteilung in Schriftform gefertigt. Durch diese Mitteilung wird die Ursprungsanordnung für die jetzt gestundete Forderung in Bezug auf die darin enthaltenen Zahlungstermine geändert. Unterschriftsbefugt für Stundungsmitteilungen ist deshalb auch funktionsbezogen nur derjenige, der zur Unterzeichnung der Annahmeanordnung berechtigt ist (siehe auch Nr. 2 Hw. zu § 15 GemKVO). Eine erneute Kassenanordnung im Sinne von § 6 Abs. 1 GemKVO ist nicht erforderlich.

Durch die Stundung wird die periodenmäßige Zuordnung (vgl. Ziff. 7.3.2) nicht verändert. Die Erträge bzw. Einzahlungen werden am Jahresende in der noch nicht ausgeglichenen Höhe als Forderungen in der Vermögensrechnung (Bilanz) nachgewiesen.

Die einzelnen Zuständigkeiten zwischen Gemeindevertretung und Gemeindevorstand bzw. Gemeindevorstand und Verwaltung sollten durch Grundsatzbeschlüsse, diejenigen innerhalb der Verwaltung sollten in einer Dienstanweisung geregelt werden.

Die Zuständigkeitsregelungen werden regelmäßig nach der Höhe der Einzelforderungen festgesetzt, z. B. bis 5.000 € der Amtsleiter (Fachbereichsleiter), über 5.000 € bis 10.000 € der Bürgermeister oder der Dezernent, über 10.000 € bis 50.000 € der Gemeindevorstand. Über größere Beträge entscheidet dann die Gemeindevertretung.

Die Dienstanweisung sollte aber nicht nur die Zuständigkeiten abgrenzen, sondern das gesamte Verfahren regeln, um eine Vereinheitlichung innerhalb der Verwaltung herbeizuführen. Ein Beispiel für eine solche Dienstanweisung ist bei Ziff. 13.5.6 abgedruckt.

13.5.4 Niederschlagung

13.5.4.1 Voraussetzungen

Bei den Steuern, Gebühren und Beiträgen sind auf Grund der Verweisungsregelung des § 4 Abs. 1 Nr. 6 KAG die Vorschriften des § 261 AO anzuwenden. Dies gilt auch für die Realsteuern, da § 261 AO nicht im Verweisungskatalog des § 1 Abs. 2 AO enthalten ist und somit § 1 Abs. 2 KAG greift. Niederschlagungen von sonstigen Forderungen der Gemeinde sind nach § 30 Abs. 2 GemHVO zu entscheiden. Beide Vorschriften stimmen jedoch inhaltlich überein, so dass sich eine einheitliche Besprechung anbietet.

Bei einer Niederschlagung handelt es sich um die Rückstellung der Weiterverfolgung eines fälligen Anspruchs ohne Verzicht auf den Anspruch selbst, siehe auch Nr. 6 Hw. zu § 30 GemHVO. Die Niederschlagung ist somit nicht mit der Problematik der Kleinbeträge (siehe Ziff. 13.4.3) oder eines Erlasses (siehe Ziff. 13.5.5) zu verwechseln, weil in diesen Fällen endgültig auf die Einziehung der Forderung verzichtet wird.

Ansprüche dürfen nur niedergeschlagen werden, wenn zu erwarten ist, dass die Einziehung keinen Erfolg haben wird oder die Kosten der Einziehung außer Verhältnis zur Höhe des Anspruches stehen. Das Vorliegen dieser Voraussetzungen ist nach Zweckmäßigkeits- und Wirtschaftlichkeitsgesichtspunkten zu prüfen. Die Gemeinde soll bei der Einziehung des Anspruches nicht zu aussichtslosen oder unverhältnismäßig kostspieligen Schritten veranlasst werden.

Die genannten Voraussetzungen richten sich nach objektiven, auf den Erfolg der Einziehung bezogenen Kriterien, d. h. wenn die Beitreibung fruchtlos verlaufen ist und auch in absehbarer Zeit keinen Erfolg haben wird oder wenn die Beitreibung nicht möglich ist, weil der Schuldner nicht erreicht werden kann (unbekannter Aufenthaltsort, Firma wurde aufgelöst). Bei der Niederschlagung bleibt die subjektive Lage des Schuldners (erhebliche Härte o. Ä.) außer Betracht.

Um einen Anspruch niederzuschlagen, muss das Vorliegen einer der beiden genannten Voraussetzungen feststehen; die bloße Möglichkeit genügt nicht. Besonders die Erfolglosigkeit der Beitreibung muss durch Tatsachen begründet werden und darf nicht auf Vermutungen fußen.

In Abgrenzung zur Stundung ist noch darauf zu verweisen, dass der Fälligkeitstermin für die Forderung bei einer Niederschlagung bestehen bleibt und nicht wie bei einer Stundung verschoben wird. Die weitere Rechtsverfolgung wird somit nicht aufgehoben, sondern lediglich aufgeschoben. Eine Mitteilung der Niederschlagung an den Schuldner ist nicht erforderlich (Nr. 6 Satz 2 Hw. zu § 30 GemHVO).

13.5.4.2 Arten

Zu unterscheiden ist gemäß § 58 Nr. 24 GemHVO zwischen einer befristeten und einer unbefristeten Niederschlagung.

Bei der **befristeten Niederschlagung** kann von einer Weiterverfolgung des Anspruchs vorläufig abgesehen werden, wenn die Beitreibung **vorübergehend** keinen Erfolg haben würde, z. B. wenn der Schuldner unbekannt verzogen oder wegen Krankheit oder Arbeitslosigkeit vorübergehend nicht zahlungsfähig ist, im Falle einer GmbH der Ausgang eines Insolvenzverfahrens abzuwarten ist und dergl. Eine Kontrolle über die Fälle der befristeten Niederschlagungen ist wegen der Vorläufigkeit der Maßnahmen notwendig. Durch Nr. 7 Hw. zu § 30 GemHVO werden die Gemeinden angehalten, bei der befristeten Niederschlagung die Ansprüche in Niederschlagungslisten nachzuhalten und dort weiterzuverfolgen. Anhand der Niederschlagungsliste ist die Zahlungsbereitschaft bzw. Zahlungsfähigkeit des Schuldners in angemessenen Zeitabständen zu überprüfen. Dieses sollte zumindest einmal im Haushaltsjahr erfolgen. Gegebenenfalls ist die Verjährung rechtzeitig zu unterbrechen. Insofern erfüllen die Niederschlagungslisten die Funktion einer „Wiedervorlage“, wie sie ansonsten im übrigen Geschäftsablauf Anwendung findet.

Eine **unbefristete Niederschlagung** kommt nur in Frage, wenn die Einziehung wegen der wirtschaftlichen Verhältnisse des Schuldners (z. B. mehrmalige erfolglose Vollstreckungsversuche mit nicht zu erwartender Besserungsaussicht) oder aus anderen Gründen (z. B. Tod, Löschung einer GmbH wegen Vermögenslosigkeit) dauernd ohne Erfolg bleiben wird, siehe auch Nr. 7 Hw. zu § 30 GemHVO. Die unbefristete Niederschlagung ist außerdem zulässig, wenn die Kosten der Beitreibung im Verhältnis zur Höhe des Anspruches zu groß sind. Zu den Kosten der Beitreibung zählt auch der anteilige sonstige Verwaltungsaufwand. Bei einer unbefristeten Niederschlagung darf von einer weiteren Verfolgung des Anspruches abgesehen werden, sodass sich hier die Führung von Niederschlagungslisten erübrigt.

In diesem Fall erlischt der Anspruch gemäß § 47 AO durch Eintritt der Zahlungsverjährung nach § 228 AO. Dieses Erlöschen kann jedoch von der Gemeinde verhindert werden, wenn sie rechtzeitig vor Eintritt der Zahlungsverjährung eine Unterbrechungshandlung i. S. d. § 231 AO bewirkt.

Sowohl bei der befristeten als auch bei der unbefristeten Niederschlagung ist die Beitreibung der Forderungen erneut zu versuchen, wenn sich Anhaltspunkte dafür ergeben, dass sie Erfolg haben könnte.

13.5.4.3 Praktisches Verfahren

Da die Niederschlagung aus der Sicht der Gemeinde erfolgt, geht ihr kein Antrag des Schuldners voraus. Bei dieser verwaltungsinternen Maßnahme ergeht deshalb auch kein Niederschlagungsbescheid. Das zuständige Fachamt, welches die Forderung per Annahmeanordnung erzeugt hat, entscheidet über die Niederschlagung. Dieses muss natürlich in Zusammenarbeit mit der Gemeindekasse geschehen, weil nur diese über die Informationen der Einziehungsproblematik verfügt.

Buchungstechnisch wird der niedergeschlagene Betrag weiterhin als Ertrag des Haushaltsjahres ausgewiesen, dem er als Ressourcenzuwachs zugeordnet wurde. Die Forderung wird in der Debitorenbuchhaltung ausgebucht und erzeugt eine korrespondierende Aufwendungsbuchung in Form einer Abschreibung auf Forderungen wegen Uneinbringlichkeit (Konto 667x[26]), insbesondere bei unbefristeten Niederschlagungen, oder in Form einer Einzelwertberichtigung beim Konto 667x[26] in Höhe des voraussichtlichen Forderungsausfalles bei befristeter Niederschlagung, siehe auch Nr. 12 Hw. zu § 30 GemHVO. In beiden Fällen wird das Ergebnis des Ergebnishaushaltes geschmälert.

Wie bei der Stundung sollte das Verfahren in einer Dienstanweisung geregelt werden, die auch die Entscheidungsbefugnisse genau festsetzt. Ein solches Beispiel ist bei Ziff. 13.5.6 abgedruckt.

13.5.4.4 Pauschalwertberichtigung

Die Pauschalwertberichtigung ist eine summarische Korrektur der Positionen des Forderungsbestandes, die hinsichtlich ihres Einganges zweifelhaft erscheinen.

Da die Pauschalwertberichtigung keine einzelne konkrete Forderung betrifft und insofern nicht als Niederschlagung anzusehen ist, wird sie hier nicht weiter behandelt, auf die entsprechenden Ausführungen in Ziff. 17.2.3.1 wird verwiesen.

13.5.5 Erlass

13.5.5.1 Voraussetzungen

Der Erlass einer Forderung bedeutet den endgültigen Verzicht auf den Anspruch. Rechtsgrundlagen können die § 227 AO oder § 30 Abs. 3 GemHVO sein, je nachdem, um welche Forderungsart es sich handelt (siehe Ziff. 13.5.2). § 30 Abs. 3 GemHVO stellt als Voraussetzung für einen Erlass darauf ab, dass die Einziehung der Forderung eine besondere Härte für den Schuldner bedeuten muss. § 227 AO geht dagegen weiter, in dem er den Erlass zulässt, wenn die Einziehung einer Forderung unbillig wäre.

Darunter fallen zunächst einmal die persönlichen Billigkeitsgründe des Schuldners, wie sie in § 30 Abs. 3 GemHVO und Nr. 9 Hw. zu § 30 GemHVO umschrieben sind. Der Erlass einer Forderung wäre z. B. möglich, wenn eine Steuereinziehung die Fortführung eines Gewerbebetriebes erheblich gefährden oder dadurch die Lebensexistenz eines einzelnen derart beeinträchtigt würde, dass er Sozialhilfe beantragen müsste. Vorrangig sind jedoch immer Stundung und Niederschlagung zu prüfen, weil ein einmal ausgesprochener Erlass eines Anspruches dauerhaft ist. Daraus ergibt sich, dass ein Erlass nur im äußersten Ausnahmefall ausgesprochen werden kann. So z. B. wäre bei der vorgenannten Steuerzahlung zunächst zu prüfen, ob nicht eine Stundung oder Niederschlagung in Frage kommt. Ein Erlass wäre erst dann zu erwägen, wenn z. B. das die Steuer schuldende Unternehmen vererbt und nur fortgeführt wird, wenn keine Steuerforderungen mehr auf dem Betrieb lasten.

26 Die Benummerung der Konten ab der 4. Stelle ist den Gemeinden freigestellt.

Neben den persönlichen Billigkeitsgründen sind nach der Abgabenordnung auch sachliche Billigkeitsgründe möglich. Sie müssen objektiv gegeben sein, also unabhängig von der wirtschaftlichen Situation des Schuldners vorliegen. Dieses ist dann gegeben, wenn eine Besteuerung im Einzelfall der Gesetzesabsicht zuwiderlaufen würde, weil der Gesetzgeber diesen besonderen Fall nicht bedacht hat. Das ist natürlich äußerst selten. An einem konstruierten Beispiel soll es erläutert werden: A erbt von seinem Vater einige Kunstgegenstände, die sich als Leihgabe in einem staatlichen Museum befinden. A will die Leihgabe weiter auf Dauer dem Museum belassen. Da er juristisch der Erbe ist, würde für diese Kunstgegenstände Erbschaftssteuer anfallen. Aus sachlichen Gründen wäre aber eine Besteuerung durch den Staat, der ja die Leihgabe nutzt, nicht gerechtfertigt, so dass ein Steuererlass gewährt werden kann.

13.5.5.2 Praktisches Verfahren

Dem Erlass hat ein Antrag des Schuldners vorauszugehen, über den die zuständige Dienststelle entscheidet. Zwar erfolgt die Entscheidung regelmäßig in Form eines Verwaltungsaktes, jedoch bei privatrechtlichen Forderungen gemäß § 397 BGB durch einen privatrechtlichen Vertrag und nicht durch eine einseitige Willenserklärung.

Ein Erlass führt zu einem Entfall des Anspruches, folglich kann dieser nicht realisiert werden und ist daher auszubuchen (Nr. 12 Hw. zu § 30 GemHVO), was zu einem Abschreibungsaufwand wegen Uneinbringlichkeit (Konto 667x[27]) führt.

13.5.6 Beispiel einer Dienstanweisung

Nr. 10 Hw. zu § 30 GemHVO empfiehlt den Gemeinden, nähere Einzelheiten über Voraussetzungen, Zuständigkeiten und Verfahren bei Stundung, Niederschlagung und Erlass von Ansprüchen unter Beachtung von weiteren gesetzlichen Regelungen (z. B. §§ 9, 51, 66, 77 HGO) in einer Dienstanweisung oder Satzung zu regeln und verweist auf entsprechende Landesvorschriften.

Nachstehend ist als Beispiel hierfür die „Dienstanweisung über das Forderungsmanagement" der Stadt Langen (Hessen) auszugsweise wiedergegeben:

27 Siehe Fußnote oben.

Dienstanweisung über das Forderungsmanagement bei der Stadt Langen

(Auszug)

Teil C - STUNDUNG

9 Begriff

9.1 Die Stundung ist eine Maßnahme, durch die die Fälligkeit eines Anspruchs hinausgeschoben wird.

10 Voraussetzungen

10.1 Forderungen dürfen ganz oder teilweise nur dann gestundet werden, wenn

10.1.1 ihre Einziehung bei Fälligkeit eine erhebliche Härte für den/die Schuldner/-in bedeuten würde und

10.1.2 die Forderung durch die Stundung nicht gefährdet erscheint.

10.2 Eine erhebliche Härte für den/die Schuldner/-in liegt insbesondere vor, wenn er/sie sich vorübergehend in ernsthaften Zahlungsschwierigkeiten befindet oder durch die Zahlung in solche geraten würde. Das Vorliegen einer erheblichen Härte muss vom Schuldner/von der Schuldnerin in der Regel durch Vorlage des ausgefüllten Stundungsantrags (...) zusammen mit den entsprechenden Nachweisen belegt werden.

10.3 Eine Gefährdung der Forderung ist z.B. anzunehmen, wenn die konkrete Möglichkeit besteht, dass der/die Schuldner/-in sich der Verpflichtung zur Leistung entziehen will oder wenn Umstände vorliegen, die auf eine wesentliche Verschlechterung seiner/ihrer wirtschaftlichen Verhältnisse schließen lassen.

10.4 Keine Gefährdung ist anzunehmen, wenn von dem Schuldner / der Schuldnerin eine Sicherheit angeboten oder auf Verlangen der Stadt gestellt wird.

11 Verfahren

11.1 Stundung ist in der Regel nur auf schriftlichen Antrag zu gewähren.
Hierbei ist darauf zu achten, dass der Stundungsantrag vollständig ausgefüllt ist und alle erforderlichen Nachweise vorliegen. Die Einkommens- und Vermögensverhältnisse des Schuldners/der Schuldnerin sind zu prüfen.
Eine Sicherheitsleistung ist zu fordern, wenn zweifelhaft ist, ob der/die Schuldner/-in bei Fälligkeit seinen/ihren Zahlungsverpflichtungen nachkommen kann.

11.2 Vor der Entscheidung über den Antrag ist bei der Stadtkasse nachzufragen, ob

11.2.1 weitere Rückstände des Schuldners / der Schuldnerin vorhanden sind,

11.2.2 wegen der Zahlungsmoral des Schuldners / der Schuldnerin Bedenken bestehen,

11.2.3 bereits Beitreibungs- bzw. Vollstreckungsmaßnahmen eingeleitet sind.

11.3 Öffentlich-rechtliche Forderungen werden durch Verwaltungsakt (Stundungsverfügungen), privatrechtliche Forderungen durch vertragliche Vereinbarungen gestundet.

Die Entscheidung über den Antrag ist dem/der Schuldner/-in schriftlich mitzuteilen.

Bei Stundungen mit Ratenzahlung ist in der Widerrufsklausel vorzusehen, dass der Gesamtbetrag fällig wird, wenn einer der Teilbeträge (Raten) nicht pünktlich, d.h. binnen drei Tagen nach Fälligkeit, gezahlt wird.

11.4 Die Stadtkasse erhält ein Duplikat der Stundungsverfügung bzw. -vereinbarung.

11.5 Gestundete Beträge sind grundsätzlich angemessen zu verzinsen.

Die Zinsberechnung richtet sich bei öffentlichen Abgaben nach den gesetzlichen Bestimmungen.
Privatrechtliche Forderungen sind vom Tage der Stundung an mit einem Zinssatz von 3 % über dem Basiszinssatz der Europäischen Zentralbank, mindestens aber mit 6 % zu verzinsen.
Im Falle nicht nur kurzfristiger Stundungen privatrechtlicher Forderungen sind jeweils die Zinsen zu erheben, die die Sparkasse Langen-Seligenstadt in der infrage kommenden Zeit für langfristige Darlehen berechnen würde.
Stundungszinsen unter 10 € sind nicht zu erheben.
In besonders gelagerten Einzelfällen kann auf eine Verzinsung ganz oder teilweise verzichtet werden. Die Entscheidung hierüber trifft - in Abhängigkeit von der Höhe des Zinsbetrages, auf dessen Erhebung verzichtet werden soll – der/die nach Ziffer 20 Zuständige.

12 Zuständigkeiten

12.1 Die Zuständigkeiten ergeben sich aus Anlage 1 Ziffer 1 zu dieser Dienstanweisung. (hier nicht abgedruckt)

Teil D - NIEDERSCHLAGUNG

13 Begriff

13.1 Niederschlagung ist die befristete oder unbefristete Zurückstellung der Weiterverfolgung eines fälligen Anspruchs der Stadt ohne Verzicht auf den Anspruch selbst.

13.2 Die Niederschlagung ist eine verwaltungsinterne Maßnahme, die keines Antrags des Schuldners / der Schuldnerin bedarf.
Durch die Niederschlagung erlischt der Anspruch nicht; die weitere Rechtsverfolgung wird daher nicht ausgeschlossen. Die Niederschlagung unterbricht auch nicht die Verjährung.

13.3 Eine Mitteilung an den/die Schuldner/-in ist nicht erforderlich.
Wird dennoch eine Mitteilung gemacht, ist darin das Recht vorzubehalten, den Anspruch später erneut geltend zu machen.

14 Voraussetzungen

14.1 Forderungen der Stadt dürfen befristet niedergeschlagen werden, wenn ihre Einziehung wegen der wirtschaftlichen Verhältnisse des Schuldners / der Schuldnerin oder aus anderen Gründen vorübergehend keinen Erfolg haben würde und eine Stundung nicht zweckmäßig ist (befristete Niederschlagung).

z.B. - zwei fruchtlose Pfändungsversuche oder
- zwei fruchtlose Aufenthaltsermittlungsversuche.

14.2 Eine unbefristete Niederschlagung kommt nur in Betracht, wenn feststeht, dass die Kosten der Einziehung in keinem wirtschaftlichen Verhältnis zur Höhe der Forderungen stehen oder wenn die Einziehung wegen der wirtschaftlichen Verhältnisse des Schuldners / der Schuldnerin oder auch aus anderen Gründen dauernd ohne Erfolg bleiben wird (unbefristete Niederschlagung).

z.B. bei Forderungen gegen eine Kapitalgesellschaft, bei der das Insolvenzverfahren erfolglos durchgeführt wurde, wenn die zwangsweise Beitreibung einer Forderung erfolglos durchgeführt wurde,

wenn der/die Schuldner/-in verstorben ist und die Vollstreckung gegen die Erben nicht möglich ist,

wenn der/die Schuldner/-in infolge fortgeschrittenen Alters, unheilbarer Krankheit oder körperlichen Gebrechens dauernd erwerbsunfähig und sein/ihr Unvermögen zur Erfüllung der Forderung erwiesen ist.

15 Verfahren

15.1 Die Niederschlagung setzt eine eingehende Prüfung der wirtschaftlichen Verhältnisse des Schuldners / der Schuldnerin voraus.
Die Nichteinziehbarkeit einer Forderung ist durch die Niederschrift über den fruchtlosen Pfändungsversuch und darüber hinaus ggf. durch Abnahme der eidesstattlichen Versicherung nachzuweisen.
Diese Voraussetzungen sind von der Stadtkasse zu prüfen.

15.2 Die notwendige Abgangsanordnung wird von der Stadtkasse erstellt und dann von dem jeweils betroffenen Fachdienst unterschrieben. Dies ist gleichzeitig die Mitteilung über die erfolgte Niederschlagung.

15.3 Die befristet niedergeschlagenen Beträge sind von der Stadtkasse in einer "Überwachungsliste für befristet niedergeschlagene Forderungen" festzuhalten.

15.4 Bei befristet niedergeschlagenen öffentlich-rechtlichen Forderungen ist die Beitreibung jährlich zu versuchen.
Bei privatrechtlichen Ansprüchen sind Vollstreckungsmaßnahmen jährlich zu wiederholen. Die entsprechenden Bearbeitungsvermerke sind in die Überwachungsliste einzutragen.

15.4.1 Ist abzusehen, dass die Beitreibung einer befristet niedergeschlagenen Forderung dauernd erfolglos bleiben wird, ist sie unbefristet niederzuschlagen.
Darüber ist ein Aktenvermerk zu fertigen.

15.4.2 Auch bei unbefristet niedergeschlagenen Forderungen ist eine erneute Einziehung zu versuchen, falls sich Anhaltspunkte für einen Erfolg ergeben.
Die zur Unterbrechung bzw. Hemmung einer drohenden Verjährung notwendigen Maßnahmen sind rechtzeitig durchzuführen. Für öffentlich-rechtliche Forderungen gelten die in § 231 AO genannten Unterbrechungshandlungen. Bei privatrechtlichen Forderungen gelten die §§ 203 ff. BGB; hierbei ist zu berücksichtigen, dass die schriftliche Mahnung keine Hemmung der Verjährung bewirkt.

15.5 Auf die Niederschlagung von Forderungen unter 25 € wird nach zweimaligen fruchtlosen Pfändungs- oder Aufenthaltsermittlungsversuchen verzichtet. Diese Beträge sind auszubuchen.

16 Zuständigkeiten

16.1 Die Zuständigkeiten ergeben sich aus Anlage 1 Ziffer 2 zu dieser Dienstanweisung. (hier nicht abgedruckt)

Teil E – Erlass

17 Begriff

17.1 Erlass ist der gänzliche oder teilweise Verzicht auf eine festgelegte Forderung der Stadt. Die Forderung erlischt hierdurch endgültig, bei teilweisem Erlass in Höhe des Betrages, um den die Forderung herabgesetzt wird.

18 Voraussetzungen

18.1 Forderungen dürfen ganz oder zum Teil erlassen werden, wenn ihre Einziehung nach Lage des einzelnen Falls für den/die Schuldner/-in eine besondere Härte bedeuten würde oder unbillig wäre. Das gleiche gilt für die Rückzahlung oder Anrechnung von geleisteten Beträgen.

18.2 Eine besondere Härte ist insbesondere anzunehmen, wenn sich der/die Schuldner/-in in einer unverschuldeten, nicht nur vorübergehenden wirtschaftlichen Notlage befindet und zu befürchten ist, dass die Weiterverfolgung der Forderung zu einer Existenzgefährdung führen würde.
Unbillig ist, was dem Rechtsempfinden nicht genügt, d. h. mit ihm unvereinbar ist. Sachliche Unbilligkeitsgründe sind solche, die aus dem Tatbestand selbst hervorgehen und von den außerhalb des Tatbestandes liegenden persönlichen Gründen unabhängig sind.
Persönliche Unbilligkeitsgründe liegen vor, wenn die Einziehung nach der wirtschaftlichen Lage des Schuldners / der Schuldnerin unbillig erscheint, d. h. wenn im Falle des Versagens der Billigkeitsmaßnahme das wirtschaftliche Bestehen des Schuldners / der Schuldnerin gefährdet wäre.

18.3 Für den Erlass eines Anspruchs bedarf es in der Regel eines Antrages des Schuldners / der Schuldnerin.

19 Verfahren

19.1 Die erlassenen Forderungen sind abzuschreiben (auszubuchen). Der Verzicht auf die Geltendmachung eines Anspruches kommt einem Erlass gleich (Nr. 10 der Verwaltungsvorschriften zu § 43 GemHVO).
Für bereits niedergeschlagene Forderungen ist ein entsprechender Aktenvermerk zu fertigen.

20 Zuständigkeiten

20.1 Die Zuständigkeiten ergeben sich aus Anlage 1 Ziffer 3 zu dieser Dienstanweisung. (hier nicht abgedruckt)

Teil F - VERGLEICH

21 Begriff

21.1 Vergleich ist ein Vertrag, durch den der Streit oder die Ungewissheit der Parteien über ein Rechtsverhältnis oder die Unsicherheit über die Verwirklichung eines Anspruchs durch gegenseitiges Nachgeben beseitigt wird.

22 Grundsätze und Zuständigkeiten

22.1 Für die Verfügung über Geldforderungen der Stadt im Wege des Vergleichs, die eine Stundung, Niederschlagung oder einen Erlass enthalten, gelten - abgesehen von den Zuständigkeiten - die gleichen Grundsätze wie für Stundung, Niederschlagung oder Erlass.

22.2 Die Berechtigung des Fachdienstes Rechtsamt, mit Zustimmung des Haftpflichtversicherers Vergleiche abzuschließen, wird hiervon nicht berührt.

22.3 Prozessvergleiche dürfen grundsätzlich nur vorbehaltlich eines befristeten Widerrufs und ggf. vorbehaltlich der Genehmigung der städtischen Organe geschlossen werden, wobei für den Widerruf oder die Genehmigung eine ausreichende Frist auszubedingen ist, damit die Entscheidungen der zuständigen Stellen eingeholt werden können.

22.4 Ein Ratenzahlungsvergleich kann haushaltsrechtlich sowohl im Stundungsverfahren als auch im befristeten Niederschlagungsverfahren abgewickelt werden. Der Stadtkasse sind vom Fachbereich die vereinbarten Raten und die Fälligkeitstage mitzuteilen.
Die aufgrund des Ratenzahlungsvergleichs anfallenden Zinsen sind mindestens einmal jährlich anzuordnen.

22.5 Die Zuständigkeiten ergeben sich aus Anlage 1 Ziffer 4 zu dieser Dienstanweisung. (hier nicht abgedruckt)

Teil G - GEMEINSAME VORSCHRIFTEN

23 Eingang von Stundungs- und Erlassanträgen

23.1 Die Stadtkasse ist von dem Eingang von Stundungs- und Erlassanträgen unverzüglich schriftlich zu benachrichtigen. Aus dem Schreiben muss hervorgehen, bis wann mit der Entscheidung gerechnet wird. Kann die Entscheidung über einen Erlassantrag nicht innerhalb von 14 Tagen erfolgen, ist zunächst eine Stundung vorzuschlagen.

23.2 Soweit bereits die Vollstreckung eingeleitet ist, hat die Stadtkasse die Vollstreckungsstelle vom Eingang des Stundungs- bzw. Erlassantrags zu benachrichtigen bzw. zu veranlassen, dass die Vollstreckung vorläufig ausgesetzt wird.

24 Besonders bedeutsame Angelegenheiten, Jahresbericht

24.1 Der Magistrat ist unverzüglich durch den gemäß Anlage 1 (hier nicht abgedruckt) jeweils zuständigen Fachbereich zu unterrichten, wenn über Stundungen, Niederschlagungen oder Erlasse entschieden wurde, die sich wegen ihrer Höhe oder wegen der Person des Schuldners / der Schuldnerin als besonders bedeutsam darstellen.

24.2 Nach Abschluss eines jeden Haushaltsjahres ist dem Magistrat vom Fachdienst 33 - Controlling und Finanzen, Referat Kasse und Steuern, ein Bericht über die Stundungen, Niederschlagungen und Erlasse des abgelaufenen Jahres vorzulegen, die nicht vom Magistrat entschieden wurden.

25 Mehrere Forderungen

25.1 Soweit sich mehrere Forderungen der Stadt gegen einen/eine Schuldner/-in richten, sind die Bestimmungen dieser Dienstanweisung stets auf die Einzelforderung zu beziehen.

Teil H - EINLEGEN VON RECHTSMITTELN

26 Einlegen von Rechtsmitteln

26.1 Durch die Einlegung eines Rechtsmittels (Widerspruch, Anfechtungsklage) wird die Vollziehung des angefochtenen Verwaltungsakts, mit dem öffentliche Abgaben und Kosten im Sinne von § 80 Abs. 2 Nr. 1 Verwaltungsgerichtsordnung (VwGO) angefordert werden, nicht gehemmt, insbesondere die Erhebung eines fälligen

Betrages nicht aufgehalten. Öffentliche Abgaben in diesem Sinne sind insbesondere alle Steuern, Gebühren und öffentlich-rechtlichen Beiträge.

26.2 Der Fachbereich, der den angefochtenen Verwaltungsakt erlassen hat, kann die Vollziehung aussetzen. Die Vollziehung kann auch gegen Sicherheit ausgesetzt werden (§ 80 Abs. 4 Satz 1,2 VwGO). Die Aussetzung soll erfolgen, wenn ernstliche Zweifel an der Rechtmäßigkeit des angefochtenen Verwaltungsakts bestehen oder wenn die Vollziehung für den Betroffenen eine unbillige, nicht durch überwiegende öffentliche Interessen gebotene Härte zur Folge hätte (§ 80 Abs. 4 Satz 3 VwGO).

26.3 Die Stadtkasse ist von der Vollziehungsaussetzung schriftlich zu benachrichtigen.

26.4 Im Übrigen haben Widerspruch und Anfechtungsklage gegen Verwaltungsakte, mit denen eine öffentlich-rechtliche Geldforderung festgesetzt wird, aufschiebende Wirkung (§ 80 Abs. 1 VwGO).

Teil I - BEWERTUNG STÄDTISCHER FORDERUNGEN - BILANZTECHNISCHE VORGEHENSWEISE

Bei zweifelhaften Forderungen ist regelmäßig und zeitnah zu prüfen, ob diese nach den Vorschriften in Teil D dieser Dienstanweisung niedergeschlagen werden können.

Nach dem Abschlussstichtag (31.12.) eines jeden Jahres ist der gesamte Forderungsbestand zu bewerten und sind Wertberichtigungen gemäß den nachfolgenden Grundsätzen vorzunehmen. Niedergeschlagene Forderungen sind dabei nicht mehr zu berücksichtigen, da sie unterjährig in Abgang gestellt wurden und daher im zu bewertenden Forderungsbestand nicht mehr enthalten sind.

27 Einzelwertberichtigung

27.1. Bei der Einzelwertberichtigung werden einzelne Forderungen separat im Wert berichtigt - z. B. Forderungen, die durch Insolvenz des Schuldners besonders risikobehaftet sind.

27.2. Bei der pauschalierten Einzelwertberichtigung findet eine pauschale Wertberichtigung in Abhängigkeit von bestimmten Kriterien statt; entscheidende Kriterien sind hierbei die Forderungsart, das Alter der Forderung und die erfahrungsgemäße Durchsetzbarkeit.

28 Pauschalwertberichtigung

28.1. Bei der Pauschalwertberichtigung werden die nicht durch Einzelwertberichtigung oder pauschalierte Einzelwertberichtigung korrigierten Forderungen abschließend pauschal im Wert berichtigt. Auch bei diesen Forderungen ist dem allgemeinen Ausfallrisiko Rechnung zu tragen - z. B. wegen unvorhersehbarer Ereignisse im Umfeld der Schuldner, abschwächender Konjunktur etc.

13.5.7 Übungen

Siehe zu diesem Abschnitt Sachverhalte 6 bis 8 zu Kap. 13 im Übungsband.

13.6 Kassen- und Anordnungswesen

Das Kassenwesen regelt die Aufgaben, die Organisation und den Geschäftsgang der Gemeindekasse, die Kassenanordnungen, den Zahlungsverkehr, die Verwaltung der Kassenmittel und Wertgegenstände, die Buchführung und den Abschluss der Bücher[28] sowie die örtliche Prüfung der Gemeindekasse. Das Kassenwesen umfasst ebenso die Besorgung von Kassengeschäften durch Stellen außerhalb der Gemeindeverwaltung und Sonderregelungen für Sonderkassen und wirtschaftliche Unternehmen.

Die gesetzlichen Grundlagen des Kassenwesens der hessischen Kommunen sind geregelt in:[29]

- der Hessischen Gemeindeordnung (HGO) einschließlich der dazu erlassenen Hinweise,
  § 110 HGO – Gemeindekasse,
  § 111 HGO – Übertragung von Kassengeschäften, Automation,
- der Verordnung über die Aufstellung und Ausführung des Haushaltsplanes der Gemeinden (Gemeindehaushaltsverordnung – GemHVO) einschließlich der dazu erlassenen Hinweise,
  §§ 32 ff. GemHVO – Buchführung und das Inventar
- der Verordnung über die Kassenführung der Gemeinden (Gemeindekassenverordnung – GemKVO) einschließlich der dazu erlassenen Hinweise.

  Das HMdIS hat mit Erlass vom 24. Januar 2016 neue Anwendungshinweise zur GemKVO bekanntgegeben, um eine einheitliche Anwendung der kassenrechtlichen Vorschriften in der Praxis zu erleichtern. Darüber hinaus können die Gemeinden in Dienstanweisungen ergänzende Regelungen treffen, um den örtlichen Gegebenheiten Rechnung zu tragen.[30] Gemäß § 33 Abs. 1 GemKVO bedürfen diese Regelungen aus Sicherheitsgründen immer der Schriftform.[31]

  Anmerkung zur GemKVO:[32]

  Nach der GemKVO sind einzelne Zuständigkeiten und Regelungsbefugnisse dem Bürgermeister zugewiesen. Dies **schließt nicht aus**, dass sie von dem für die Verwaltung des Finanzwesens zuständigen Beigeordneten (Kämmerer) wahrgenommen werden können.

---

28 Der Abschluss der Bücher der Buchführung ist eine Kassenaufgabe nach § 1 Abs. 1 Nr. 4 i. V. m. § 24 GemKVO und Grundlage für die Erstellung des Jahres- und ggf. Gesamtabschlusses. Nicht zu den Kassenaufgaben hingegen gehört die eigentliche Erstellung des Jahres- und ggf. Gesamtabschlusses, da der Jahresabschluss aus mehreren Bestandteilen und Anlagen besteht, siehe §§ 112, 112a HGO.

29 Nach § 154 Abs. 3 Nr. 9 HGO kann der Minister des Innern im Einvernehmen mit dem Minister der Finanzen das Kassenwesen durch Rechtsverordnungen regeln. Zudem können Hinweise bzw. Verwaltungsvorschriften erlassen werden.

30 Vgl. StAnz. Land Hessen 11/2016, S. 319, Vorbemerkungen Nr. 1 und 3 zu den Hinweisen der GemKVO.

31 Muster-Dienstanweisungen stellt z. B. der Hessische Städte- und Gemeindebund seinen Mitgliedskommunen zur Verfügung. Weitere Muster-Dienstanweisungen siehe *Burth, Andreas,* Portal zur öffentlichen Haushalts- und Finanzwirtschaft, HaushaltsSteuerung.de, Online.

32 Vgl. StAnz. Land Hessen 11/2016, S. 319, Vorbemerkung Nr. 2 zu den Hinweisen der GemKVO.

Um Doppelungen zu vermeiden, wird zu den Themen Buchführung, Inventar sowie zu dem Jahres- und Gesamtabschluss auf die Ausführungen in den Kap. 15 bis 18 verwiesen und zu dem Thema örtliche Prüfung der Gemeindekasse auf Ziff. 21.2.4.

13.6.1 Gemeindekasse

13.6.1.1 Stellung (Einheitskasse)

Nach § 110 Abs. 1 HGO erledigt die Gemeindekasse **alle** Kassengeschäfte[33] der Gemeinde. Aus dieser gesetzlichen Grundlage lässt sich ableiten, dass

- eine Gemeindekasse **einzurichten ist**, soweit nicht unter den besonderen Voraussetzungen des § 111 HGO eine Ausnahme zulässig ist (siehe Ziff. 13.6.1.5). Sie ist damit Bestandteil der Gemeindeverwaltung.
- die Gemeindekasse **alle Kassengeschäfte** zu erledigen hat. Für die Bündelung der Kassengeschäfte an einer Stelle in der Verwaltung sprechen sowohl organisatorische sowie wirtschaftliche Überlegungen (z. B. Erleichterung des Überblicks über die Liquiditäts- und Finanzlage der Gemeinde, Zinsvorteile bei der Anlage von Zahlungsmitteln, effektiver Personal- und DV-Einsatz, bessere Gewährleistung der Kassensicherheit usw.). Hieraus lässt sich der **Grundsatz der Einheitskasse** ableiten.

Von dem **Grundsatz der Einheitskasse** gibt es eine **Ausnahme**:

Nach § 117 HGO ist die Gemeindekasse (Einheitskasse) **nicht für die Kassengeschäfte von Sonder- und Treuhandvermögen** (§§ 115, 116 HGO, siehe Ziff. 16.5) zuständig. Hierfür sind vielmehr sogenannte **Sonderkassen** einzurichten, die die Kassenvorgänge der Sonder- und Treuhandvermögen zwar getrennt von den übrigen gemeindlichen Kassengeschäften in der Buchführung und den Abschlüssen nachweisen, aber mit der Gemeindekasse verbunden werden sollen (Nr. 1 Hw. zu § 1 GemKVO).[34]

Durch diese „Verbindung" der Sonderkassen mit der Gemeindekasse soll eine wirtschaftliche und sparsame Kassenorganisation ermöglicht und Synergieeffekte im personellen, fachlichen und technischen Bereich genutzt werden (z. B. gemeinsames Personal, gemeinsames Forderungsmanagement, gemeinsame Liquiditätsplanung, gemeinsame Softwarenutzung usw.).[35]

---

33 Die „Kassengeschäfte" im Sinne von § 110 Abs. 1 HGO sind in § 1 GemKVO definiert; vgl. Nr. 1 Hw. zu § 110 HGO und Nr. 1 Hw. zu § 1 GemKVO. Siehe hierzu auch Ziff. 13.6.1.2 – Aufgaben.

34 Auch wenn die Sonderkassen mit der Gemeindekasse verbunden sind, müssen diese Kassenvorgänge (z. B. Buchungen) getrennt von den Kassenvorgängen der Gemeinde gebucht werden, um eine selbständige Rechnungslegung zu ermöglichen, siehe Nr. 6 Satz 2 Hw. zu § 2 GemKVO. Nimmt die Gemeinde die Aufgaben von Sonderkassen nach § 117 HGO wahr, handelt es sich um fremde Kassengeschäfte im Sinne von § 2 GemHVO, siehe Nr. 5 Hw. zu § 2 GemKVO.

35 Siehe hierzu auch *Hagemann,* Zu den rechtlichen Möglichkeiten von Kooperation bei den Kassenaufgaben im kommunalen Beteiligungsmanagement, S. 129 ff.

Der Grundsatz der Einheitskasse verlangt nicht, dass **alle** Kassengeschäfte einer Gemeinde **räumlich und organisatorisch** an einer Stelle zusammenzufassen sind. Dies würde insbesondere bei größeren Städten zu organisatorischen Problemen führen und die Kundenorientierung/Bürgernähe behindern. Daher besteht die Möglichkeit zur Dezentralisierung der Kassengeschäfte nach den §§ 3 und 4 GemKVO, wonach – soweit es erforderlich ist – Zahlstellen, Handvorschüsse, Einzahlungskassen und Zahlungen mithilfe von Automaten (in bar, mittels Geldkarte oder über ein Girokonto) eingerichtet werden können. Hierbei handelt es sich um Einrichtungen bzw. Maßnahmen zur Erleichterung des Zahlungsverkehrs, die das Prinzip der Einheitskasse nicht durchbrechen.

Der Aufbau der Gemeindekasse im Überblick:

Gemeindekasse/Einheitskasse
nach § 110 HGO

⇔ **Verbindung** ⇔

Sonderkasse
nach § 117 HGO

- organisatorisch selbstständige Einrichtungen neben der Gemeindekasse
- getrennte Buchführung für Sonder- und Treuhandvermögen sowie getrennte Rechnungslegung, vgl. Nr. 6 Hw. zu § 2 GemKVO

Teile der Gemeindekasse

⇩

Zahlstellen als Teil der Gemeindekasse (§ 3 Abs. 1 GemKVO einschl. Hinweise):

- ausgelagerte, dezentrale Teile der Gemeindekasse, die Kassengeschäfte vor Ort wahrnehmen, z. B. in Schwimmbädern, Theatern, Büchereien, Museen, Zoos, Schlachthöfen usw.
- nur, wenn aus zwingenden Gründen Zahlstellen erforderlich sind, vgl. Nr. 1 Hw.
- Bürgermeister regelt die Einrichtung, Aufgaben, Abrechnungsverfahren, Prüfung … vgl. Nr. 2 Hw.
- in Erledigung von Kassenaufgaben bleiben die Zahlstellen Teile der Gemeindekasse; sie unterstehen dabei **fachlich dem Kassenverwalter**; die GemKVO gilt unmittelbar, vgl. Nr. 3 Hw.
- Ein- und Auszahlungen sind in die Bücher der Gemeindekasse zu übernehmen; spätestens zum Jahresabschluss, falls kein anderer Termin vorgegeben wird, vgl. Nr. 4 Hw.
- die Zahlstellen sind jedes Jahr von dem Rechnungsprüfungsamt zu prüfen; näheres zu der Zahl und dem Inhalt der Prüfungen sowie zum Prüfungsbericht sind in den §§ 27 bis 29 GemKVO einschl. Hinweise geregelt, siehe ebenso Ziff. 21.2.4.

Zahlstellen *nicht* als Teile der Gemeindekasse (§ 3 Abs. 2 GemKVO):

- Einrichtung nur, sofern Kassengeschäfte in **„geringem Umfang"** erledigt werden: „Ob dies gegeben ist, wird sich letztlich daran bemessen, ob der Umfang der Kassengeschäfte die fachliche Unterstellung unter die Gemeindekasse erforderlich macht oder nicht."[36]
- unterstehen fachlich **nicht** der Gemeindekasse, sondern der zuständigen Fachbereichsleitung/Produktbereichsleitung (je nach Organisationsform)
- der Bürgermeister hat für eine ordnungsgemäße Verwaltung und Prüfung dieser Zahlstellen zu sorgen; § 3 Abs. 1 GemKVO gilt ansonsten entsprechend

Handvorschüsse, Einzahlungskassen und Zahlungen mit Hilfe von Automaten (§ 4 GemKVO einschl. Hinweise):

- an einzelne Personen (z. B. Vollziehungsbeamte) oder einzelne Dienststellen können **zur Leistung von geringfügigen Zahlungen die regelmäßig anfallen oder als Wechselgeld** Handvorschüsse (in bar, mittels Geldkarte oder bargeldlos über ein Girokonto mit Zweckbindung) gewährt werden (z. B. für Porto, Teilnehmergebühren, Frachtkosten usw.), vgl. Nrn. 1 bis 3 Hw.
- damit dürfen diese Personen auch außerhalb der Räume der Gemeindekasse Zahlungen entgegen nehmen, vgl. Nr. 4 und 6 Hw. sowie § 12 Abs. 2 GemKVO
- der Bürgermeister bestimmt die Dienststellen/Bediensteten sowie die Höchstbeträge, die Abrechnungstermine, die Verwaltung sowie die Prüfung der Handvorschüsse, vgl. Nr. 5 Hw.
- die Bediensteten, die Handvorschüsse verwalten, unterstehen organisatorisch i. d. R. **nicht** der Gemeindekasse. Die zuständige Fachbereichsleitung/Produktbereichsleitung (je nach Organisationsform) hat die ordnungsgemäße Abwicklung der Handvorschüsse zu überwachen
- die Handvorschüsse sind mindestens jährlich einmal unvermutet zu prüfen, § 27 Abs. 3 GemKVO; Näheres zu der Zahl und dem Inhalt der Prüfungen sowie zum Prüfungsbericht ist in den §§ 27 bis 29 GemKVO einschl. Hinweise geregelt, siehe ebenso Ziff. 21.2.4
- (Geld-)Automaten i. S. v. § 4 GemKVO sind z. B. Parkschein-, Eintrittskarten- oder Wechselgeldautomaten, vgl. Nr. 7 Hw.
- für Einzahlungskassen (Geldannahmestellen) und für Zahlungen mit Hilfe von Automaten gelten die Vorschriften für Handvorschüsse entsprechend, § 4 Abs. 2 und 3 GemKVO i. V. m. Nr. 7 Hw.

---

36 *Daneke* in KVR Hessen, § 110 HGO Rn. 39.

13.6.1.2 Aufgaben

Wie bereits unter Ziff. 13.6.1.1 ausgeführt, erledigt die Gemeindekasse alle Kassengeschäfte. Der Begriff **„Kassengeschäfte"** ist in § 1 Abs. 1 Satz 1 sowie in Nr. 1 Hw. zu § 1 GemKVO definiert. Bevor die Aufgaben der Gemeindekasse im Überblick dargestellt werden, ist folgende Differenzierung vorzunehmen:

Grundsätzlich wird unterschieden in **(eigene)** Kassenaufgaben nach § 1 GemKVO und **fremde** Kassengeschäfte nach § 2 GemKVO.

(Eigene) Kassenaufgaben nach § 1 GemKVO
Die eigenen Kassenaufgaben nach § 1 GemKVO lassen sich in folgende Bereiche einteilen:

1. **Kassengeschäfte**
   - originäre Kassengeschäfte;
     es handelt sich hier um Kassengeschäfte, die von der Gemeindekasse zu erledigen **sind**, soweit sie nicht an eine Stelle **außerhalb** der Gemeindeverwaltung übertragen wurden (§ 111 HGO).
   - Kassengeschäfte, mit denen auch andere Stellen **innerhalb** der Gemeindeverwaltung beauftragt werden können (§ 110 Abs. 1 Satz 2 HGO sowie § 1 Abs. 1 Satz 1 Nr. 4 und Satz 2 GemKVO), soweit nicht in anderen Rechtsvorschriften (z. B. vollstreckungsrechtlichen Bestimmungen) etwas Abweichendes bestimmt ist.
2. **Weitere Kassenaufgaben**
   - Zu den weiteren Kassenaufgaben gehören die in § 1 Abs. 1 Satz 2 GemKVO aufgezählten Aufgaben des Rechnungswesens – siehe nachfolgende Übersicht „Aufgaben der Gemeindekasse" – sowie
   - die Aufgaben, die der Gemeindekasse vom Bürgermeister übertragen werden **können** (§ 1 Abs. 2 GemKVO) – siehe nachfolgende Übersicht „Aufgaben der Gemeindekasse".

Aufgaben der Gemeindekasse

Kassengeschäfte		Weitere Kassenaufgaben	
Originäre Kassengeschäfte (§ 1 Abs. 1 Satz 1 GemKVO)	Kassengeschäfte, mit denen **auch andere Stellen innerhalb der Gemeindeverwaltung beauftragt werden können** (§ 110 Abs. 1 Satz 2 HGO sowie § 1 Abs. 1 Satz 1 Nr. 4 GemKVO)	**Weitere Kassenaufgaben** (§ 1 Abs. 1 Satz 2 i. V. m. Nr. 4 und 5 Hw. GemKVO)	**Weitere Kassenaufgaben, die der Gemeindekasse übertragen werden können** (§ 1 Abs. 2 GemKVO)
• die Annahme der Einzahlungen und die Leistung der Auszahlungen, • die Verwaltung der Kassenmittel, • die Verwahrung von Wertgegenständen	• Buchführung einschließlich der Sammlung der Belege, vgl. Nr. 1 und 3 Hw. zu § 1 GemKVO	• Mahnung, Beitreibung und Einleitung der Zwangsvollstreckung (zwangsweise Einziehung) von Forderungen * • Festsetzung, Stundung, Niederschlagung und der Erlass von Mahngebühren, Vollstreckungskosten und Nebenforderungen (Zinsen und Säumniszuschläge) unter Beachtung von § 1 Abs. 3 GemKVO	• Sofern der Aufgabenüber-tragung die Vorschriften der HGO und der GemKVO nicht entgegenstehen • Übertragung der Aufgaben nur subsidiär, d.h. wenn die Erledigung der Aufgaben nach § 1 Abs. 1 GemHVO **nicht beeinträchtigt** wird • z. B. Aufstellung der Finanzstatistik

* So kann z. B. die Einleitung der Zwangsvollstreckung dem Rechtsamt übertragen werden.

- Originäre Kassengeschäfte
  Die der Gemeindekasse originär zugewiesenen Kassengeschäfte können ihr **nicht** entzogen werden. Das schließt nicht aus, sie mit anderen Stellen der Gemeindeverwaltung organisatorisch zu verbinden. Dabei müssen die Befugnisse des Kassenverwalters ohne Einschränkung erhalten bleiben, vgl. Nr. 3 Hw. zu § 110 HGO.
- Kassengeschäfte, mit denen auch andere Stellen **innerhalb** der Gemeindeverwaltung beauftragt werden können
  Durch die heute üblichen DV-gestützten Buchführungssysteme ist eine Abtrennung der Buchführung (einschließlich der Sammlung der Belege) von den Kassengeschäften weit verbreitet, vgl. Nr. 3 Hw. zu § 1 GemKVO. Vor dem Hintergrund der dezentralen Ressourcenverantwortung wurden in größeren Kommunen Teilaufgaben der Buchführung (z. B. Kontierung und Erfassung von Geschäftsvorfällen, Anlagenbuchführung) teilweise den Fachbereichen/Produktbereichen mit großem Buchungsaufkommen übertragen – sogenannte dezentrale Buchführung. In den letzten Jahren hingegen ist eher die Tendenz wieder zu einer **zentralen** Finanzbuchhaltung zu erkennen, die überwiegend dem Fachbereich Finanzen zugeordnet wird. Als Vorteile der Zentralität werden Einheitlichkeit, hohe Buchungsqualität, Bündelung des Knowhows, Sicherstellung eines zentralen Liquiditätsmanagements[37], zentrales Belegwesen (einschl. Digitalisierung der Belege) und insbesondere die Einführung von E-Rechnungen sowie eines automatisierten Anordnungswesens angeführt, um nur einige zu nennen.[38]
- Weitere Kassenaufgaben
  Die **weiteren Kassenaufgaben** nach § 1 Abs. 1 Satz 2 GemKVO können durch den Bürgermeister auch auf eine andere Stelle innerhalb der Gemeindeverwaltung übertragen werden, z. B. dem Rechtsamt, siehe Nr. 5 Hw. zu § 1 GemKVO.
  Nicht der Dispositionsbefugnis des Bürgermeisters unterliegen die Aufgaben, die aufgrund **eines Spezialgesetzes direkt der Gemeindekasse zugewiesen** werden, z. B. Vollstreckung von Geldleistungen nach § 16 Hessischen Verwaltungsvollstreckungsgesetz, siehe Nr. 6 und 7 Hw. zu § 1 GemKVO. Es handelt sich hier um eine hoheitliche Aufgabe[39], die ausdrücklich der Gemeindekasse zugewiesen ist. Hingegen kann die Mahnung, die zwar Vollstreckungsvoraussetzung, aber nicht Vollstreckungshandlung ist, einer anderen Stelle (z. B. dem Rechtsamt) übertragen werden, vgl. Nr. 7 Hw. zu § 1 GemKVO.
- Weitere Kassenaufgaben, die der Gemeindekasse übertragen werden können
  Hierunter sind Aufgaben zu verstehen, die aus praktischen bzw. organisatorischen Gründen von der Gemeindekasse erledigt werden können, z. B. Erstellung der Finanzstatistik, sonstige statistische Auswertungen.

37 Siehe hierzu Ziff. 13.6.4.1.

38 Siehe auch das Gesetz zur Förderung der elektronischen Verwaltung (Hess. E-Government-Gesetz) vom 12.9.2018 beschlossen (GVBl. I S. 570).

39 Ausführliche Begründung siehe Nr. 6 und 7 Hw. zu § 1 GemKVO.

Zur Abgrenzung von den fremden Kassengeschäften handelt es sich bei den oben genannten weiteren Kassenaufgaben der Gemeinde um solche, die **der Gemeinde selbst obliegen.**[40]

Fremde Kassengeschäfte
Darüber hinaus darf die Gemeindekasse nach § 2 GemKVO auch sogenannte **fremde Kassengeschäfte**, d. h. **alle** Aufgaben nach § 1 Abs. 1 GemKVO für **andere Aufgabenträger**, übernehmen (Kassengeschäfte sowie weitere Kassenaufgaben)[41]. Voraussetzung ist, dass dies

- **durch Gesetz** oder aufgrund eines Gesetzes bestimmt wird,
  z. B. dass für Gemeinden **ohne** eigene Vollziehungsbeamte oder Vollstreckungsstellen die Kasse des Landkreises vollstreckt, dem die Gemeinde angehört, § 16 Abs. 2
  HessVwVG, vgl. Nr. 1 und 3 Hw. zu § 2 GemKVO. Damit handelt es sich aus Sicht der Kreiskasse um ein fremdes Kassengeschäft.
- oder **durch den Bürgermeister angeordnet** ist
  Eine solche Anordnung durch den Bürgermeister ist nur zulässig, wenn die Übernahme der Kassengeschäfte im **Interesse der Gemeinde** liegt **und** gewährleistet ist, dass die fremden Kassengeschäfte bei der Prüfung der Gemeindekasse mitgeprüft werden können, § 2 Abs. 1 Satz 2 GemKVO. Beispiele hierfür sind die Kassengeschäfte eines Zweckverbandes, bei dem die Gemeinde Mitglied ist[42], vgl. Nr. 2 Hw. zu § 2 GemKVO oder die Führung von Sonderkassen für Sonder- und Treuhandvermögen, insbesondere von Eigenbetrieben, vgl. Nr. 5 Hw. zu § 2 GemKVO.[43]

Nicht zu den fremden Kassengeschäften gehören die Kassengeschäfte, die von der Gemeinde im Wege der **Amtshilfe** übernommen werden, vgl. Nr. 4 Hw. zu § 2 GemKVO.

Im Rahmen der Prüfung der Voraussetzungen nach § 2 GemKVO sollte auch das Leistungsentgelt für die Erledigung der fremden Kassengeschäfte berücksichtigt werden, da in aller Regel die fremden Kassengeschäfte von der Gemeindekasse gegen Entgelt erledigt werden. Dies ergibt sich aus den Grundsätzen der Erzielung von Erträgen und Einzahlungen nach § 93 HGO.

40 Vgl. *Daneke* in KVR Hessen, § 110 HGO Rn. 13.

41 Insofern sollte § 2 GemKVO in „Fremde Kassen**aufgaben**" umbenannt werden.

42 Nach § 24 Abs. 1 des Gesetzes über kommunale Gemeinschaftsarbeit (KGG) können Gemeinden und Landkreise vereinbaren, dass eine der beteiligten Gebietskörperschaften einzelne Aufgaben (z. B. Kassengeschäfte) der übrigen Beteiligten in ihre Zuständigkeit übernimmt, insbesondere den übrigen Beteiligten die Mitbenutzung einer von ihr betriebenen Einrichtung gestattet oder für die übrigen Beteiligten durchzuführt (Mandatierung).

43 Ebenso *Henneke/Pünder/Waldhoff*, Recht der Kommunalfinanzen, § 36 Rdnr. 5.

13.6.1.3 Einrichtung, Geschäftsgang und Personal

Die Mindestanforderungen für die Einrichtung und den Geschäftsgang der Gemeindekasse einschließlich des Einsatzes automatisierter Verfahren sind ausführlich in § 5 GemKVO und den dazu erlassenen Hinweisen geregelt.

In der Praxis werden die Kassengeschäfte überwiegend ganz oder teilweise **innerhalb** der Gemeindeverwaltung geführt.[44] Nach § 110 Abs. 2 HGO hat die Gemeinde dann einen **Kassenverwalter**[45] und einen **Stellvertreter** zu bestellen. Aufgrund der besonderen Stellung und Verantwortung des Kassenverwalters und seines Stellvertreters ist die Bestellung nach § 73 Abs. 1 Satz 1 HGO Aufgabe des Gemeindevorstands.[46] Die Zustimmung der Gemeindevertretung hingegen ist **nicht** erforderlich.

Der Kassenverwalter ist verantwortlich für den gesamten Geschäftsablauf der Gemeindekasse. Hält der Kassenverwalter die räumliche, personelle und/oder sachliche Ausstattung der Gemeindekasse für unzureichend, hat er den Bürgermeister darüber zu unterrichten. Darüber hinaus verteilt der Kassenverwalter die Geschäfte auf die Beamten und Arbeitnehmer der Gemeindekasse, siehe Nr. 1 und 2 Hw. zu § 5 GemKVO.

Bei der Bestellung des Kassenverwalters und seines Stellvertreters sind jedoch folgende **Hinderungsgründe** bzw. Befangenheitsverhältnisse **zwingend** zu beachten, um Interessenskonflikte zu vermeiden und nicht den Anschein entstehen zu lassen, dass durch verwandtschaftliche Beziehungen die Unvoreingenommenheit verloren geht:

- Der Leiter und die Prüfer des Rechnungsprüfungsamtes (siehe Kap. 21) können **nicht gleichzeitig** die Aufgaben des Kassenverwalters oder seines Vertreters wahrnehmen (§ 110 Abs. 3 HGO).
- Anordnungsbefugte Gemeindebedienstete können **nicht gleichzeitig** die Aufgaben des Kassenverwalters oder seines Vertreters wahrnehmen (§ 110 Abs. 3 HGO, Ziff. 13.6.2.2).
- Der Kassenverwalter und sein Vertreter dürfen miteinander oder mit dem Bürgermeister, den Beigeordneten sowie dem Leiter und den Prüfern des Rechnungsprüfungsamtes **nicht** bis zum dritten Grade verwandt oder bis zum zweiten Grade verschwägert[47] oder durch Ehe oder durch eingetragene Lebenspartnerschaft verbunden sein (§ 110 Abs. 4 HGO). Entsteht ein solches Verhältnis nachträglich, sind die sich daraus ergebenden Folgen gemäß § 43 Abs. 2 Satz 2 und 3 HGO zu beachten, siehe hierzu auch Ziff. 5.4.

---

44 Zur Übertragung von Kassengeschäften an Stellen außerhalb der Gemeindeverwaltung siehe Ziff. 13.6.1.5.

45 Kassenverwalter und Stellvertreter können Tarifbeschäftigte oder Beamte sein.

46 Vgl. Hess. VGH, Beschl. vom 3.5.1994 – 1 TG 2991/93 –, in: HSGB 1994, S. 299. Hiernach ist die Bestellung und Abberufung des Kassenverwalter und seines Stellvertreters **nicht** als eine laufende Verwaltungsangelegenheit im Sinne von § 70 Abs. 2 HGO (Zuständigkeit des Bürgermeisters) eingestuft worden, sondern eine Personalangelegenheit im Sinne von § 73 Abs. 1 Satz 1 HGO, wonach die Zuständigkeit beim Gemeindevorstand liegt.

47 Vgl. §§ 1589 ff. BGB.

Darüber hinaus ist nach Nr. 3 Hw. zu § 5 GemKVO darauf zu achten, dass die Beamten und Arbeitnehmer der Gemeindekasse **untereinander und** mit den in § 110 Abs. 4 HGO genannten Personen nicht bis zum dritten Grade verwandt oder bis zum zweiten Grade verschwägert oder durch Ehe oder durch eingetragene Lebenspartnerschaft verbunden sind.

13.6.1.4 Grundsatz der Trennung von Anordnung und Ausführung

Für die Kassengeschäfte gilt der Grundsatz der Trennung zwischen Anordnung und Ausführung, d. h. dass bei den einzelnen Kassengeschäften grundsätzlich zwei organisatorisch getrennte Stellen beteiligt sein müssen, um Fehler und Veruntreuungen zu vermeiden (Vier-Augen-Prinzip), siehe Ziff. 4.7.3. Praktisch bewirkt der Grundsatz, dass es ausschließlich Aufgabe der Verwaltung ist, Zahlungen, Buchungen und die Verwahrung von Gegenständen anzuordnen (das bedeutet die Befugnis, der Kasse Anordnungen zu erteilen, siehe Ziff. 13.6.2), während es ausschließlich Aufgabe der Kasse ist, die Anordnungen der Verwaltung kassenmäßig auszuführen.

Der Grundsatz der Trennung von Anordnung und Ausführung lässt sich aus folgenden Rechtsgrundlagen herleiten:

- § 110 Abs. 3 HGO
  Die anordnungsbefugten Personen können nicht gleichzeitig die Aufgaben eines Kassenverwalters wahrnehmen.
- § 110 Abs. 5 HGO
  Der Kassenverwalter, sein Stellvertreter und die anderen in der Gemeindekasse beschäftigten Beamte und Arbeitnehmer sind **nicht befugt**, Zahlungen anzuordnen.
- § 6 Abs. 1 GemKVO
  Die Gemeindekasse darf nur aufgrund einer schriftlichen oder bei automatisierten Verfahren in elektronischer Form übermittelten Anordnung (Kassenanordnungen im Sinne von § 6 Abs. 1 Nr. 1 bis 3 GemKVO) tätig werden, soweit keine Ausnahmen nach § 10 GemKVO vorliegen.
- § 6 Abs. 3 GemKVO
  Beamte und Arbeitnehmer der Gemeindekasse dürfen **keine** Kassenanordnungen erteilen.

Siehe hierzu auch Ausführungen zu Ziff. 13.6.2 – Kassenanordnungen.

In diesem Zusammenhang ist ebenso zu erwähnen, dass der Leiter und die Prüfer des Rechnungsprüfungsamtes nach § 130 Abs. 5 HGO Zahlungen **weder anordnen noch ausführen dürfen**; dies ergibt sich naturgemäß aus ihrer Aufgabenstellung, nämlich der Prüfung der Kassengeschäfte (siehe zum Prüfungswesen insgesamt Kap. 21).

13.6.1.5 Übertragung von Kassengeschäften

Kassengeschäfte können nach § 111 HGO **ganz oder teilweise** auf eine Stelle **außerhalb der Gemeindeverwaltung** übertragen werden. Hierzu sieht § 111 HGO zwei Möglichkeiten vor:

1. Erledigung der Kassengeschäfte durch einen **Geschäftsbesorgungsvertrag** (= privatrechtliche Übertragung) nach § 111 Abs. 1 Satz 1 HGO
   Voraussetzung dafür ist, dass die ordnungsgemäße Erledigung **(Ordnungsmäßigkeit)**, die örtliche und überörtliche Prüfung[48] **(Prüffähigkeit)** der Kassengeschäfte nach den für die Gemeinde geltenden Vorschriften sowie die Beachtung des **Datenschutz** nach § 4 Hessisches Datenschutzgesetz (Nr. 2 Hw. zu § 111 HGO)[49] sichergestellt ist.
   Die Gemeinde bleibt bei dieser Art der Übertragung der Kassengeschäfte für die ordnungsgemäße Erledigung der übertragenen Kassengeschäfte verantwortlich.[50]
   Im Rahmen des Geschäftsbesorgungsvertrages ist u. a. verbindlich zu regeln, welche Kassengeschäfte und inwieweit (ganz oder teilweise) sie übertragen werden. Sofern die Kassengeschäfte des Zahlungsverkehrs und/oder der Buchführung übertragen werden, sind insbesondere die §§ 25 und 26 GemKVO einschließlich der dazu erlassenen Hinweise zu beachten. Nicht auf einen Geschäftsbesorger übertragbar sind die Aufgaben nach § 1 Abs. 1 Satz 2 GemKVO, wenn es sich um öffentlich-rechtliche Forderungen handelt, vgl. Nr. 6 Hw. zu § 1 GemKVO.
2. Erledigung der Kassengeschäfte durch **öffentlich-rechtliche Übertragung** aufgrund des Gesetzes über kommunale Gemeinschaftsarbeit (KGG) nach § 111 Abs. 1 Satz 3 HGO
   Die öffentlich-rechtlichen Formen der interkommunalen Zusammenarbeit[51] sind in Hessen im KGG geregelt. Nach § 2 KGG können für die gemeinsame Wahrnehmung von Aufgaben kommunale Arbeitsgemeinschaften (§§ 3 ff. KGG) und Zweckverbände (§§ 5 ff. KGG) gebildet, öffentlich-rechtliche Vereinbarungen (§§ 24 ff. KGG) geschlossen und gemeinsame kommunale Anstalten (§§ 29a ff. KGG) und Gemeindeverwaltungsverbände als Sonderform des Zweckverbandes (§§ 30 ff. KGG) gebildet werden, sofern nicht durch Gesetz eine besondere ausschließliche Rechtsform vorgeschrieben ist.
   Die Zuständigkeit und Verantwortung der Kassengeschäfte geht auf die jeweils gewählte öffentlich-rechtliche Organisationsform über.[52]

---

48 Siehe Nr. 1 Hw. zu § 111 HGO.

49 An Stelle des § 4 HDSG ist nunmehr Art. 28 der Datenschutz-Grundverordnung (DSGVO) der Europäischen Union getreten.

50 Vgl. *Daneke* in KVR Hessen, § 111 HGO Rn. 3.

51 Informationen zum Thema IKZ-Interkommunale Zusammenarbeit sowie bestehender Förderprogramme siehe Internetseite des IKZ-Kompetenzzentrums Hessen.

52 Vgl. *Daneke* in KVR Hessen, § 111 HGO Rn. 1.

Die Option, Kassengeschäfte ganz oder teilweise auf eine Stelle außerhalb der Gemeindeverwaltung zu übertragen, beruht auf dem Grundsatz der Wirtschaftlichkeit und Sparsamkeit (§ 92 Abs. 2 HGO), z. B. wenn Dritte über technische Einrichtungen verfügen, deren Vorhaltung und Unterhaltung im Hinblick auf ihren Ausnutzungsgrad für die einzelne Verwaltung zu kostspielig wären, vorhandenes Know-how nutzen usw. Ein weiterer Grund ist die Sicherung der Zukunftsfähigkeit kleinerer Kommunen, die Verwaltungsstrukturen und Verwaltungsaufgaben gemeinsam erledigen, ohne ihre gemeindliche Selbständigkeit aufzugeben (interkommunale Zusammenarbeit).[53]

13.6.2 Kassenanordnungen

Die Kassenanordnungen sind im zweiten Abschnitt der Verordnung über die Kassenführung der Gemeinden (§ 6 ff. GemKVO) geregelt.

Kassenanordnungen sind hiernach:
schriftliche oder bei automatisierten Verfahren in elektronischer Form übermittelte Anordnungen der mittelbewirtschaftenden Stellen[54] an die Kasse zur Vornahme bestimmter Kassengeschäfte (§ 6 Abs. 1 GemKVO i. V. m. Nr. 1 Hw.).

Nach § 6 GemKVO gilt für das gemeindliche Kassenwesen der **Anordnungszwang**, d. h. die Kasse darf grundsätzlich nur auf besondere schriftliche oder bei automatisierten Verfahren in elektronischer Form übermittelte Anordnungen (Kassenanordnungen) hin tätig werden.[55] Im Umkehrschluss bedeutet dies, dass die Kasse nicht befugt ist, aufgrund mündlicher Anordnungen tätig zu werden. Dies schließt auch mündlich erteilte Anordnungen des Bürgermeisters oder des Kämmerers ein.

Darüber hinaus darf die Gemeindekasse Kassenanordnungen, die in der Form nicht den Vorschriften entsprechen oder die sonst zu Bedenken Anlass geben, erst ausführen, wenn die anordnende Stelle die Kassenanordnung berichtigt hat oder sie aufrechterhält.

Ausnahmen von dem Erfordernis der Zahlungsanordnung sind in § 10 GemKVO geregelt, auf diese wird in Ziff. 13.6.2.1 näher eingegangen.

53 Mehrere Kommunen im Wetteraukreis haben den Zweckverband GeKaWe – Gemeinschaftskasse Wetterau – gegründet, der nach § 3 der Zweckverbandssatzung alle Kassengeschäfte übernimmt.

54 Zu dem Begriff mittelbewirtschaftende Stelle siehe Ziff. 13.1.

55 Soweit keine Ausnahmen nach § 10 GemKVO vorliegen.

13.6.2.1 Arten

Nach § 6 Abs. 1 GemKVO werden drei Arten von Kassenanordnungen unterschieden:

Arten der Kassenanordnungen

Zahlungsanordnungen (§ 6 Abs. 1 Nr. 1 GemKVO)	**Buchungsanordnungen** (§ 6 Abs. 1 Nr. 2 GemKVO)	**Einlieferungs- und Auslieferungsanordnungen** (§ 6 Abs. 1 Nr. 3 GemKVO)
• ordnen die Annahme der Einzahlungen und die Leistung der Auszahlungen an sowie die Vornahme der damit verbundenen Buchungen	• ordnen an, Buchungen vorzunehmen, die das Ergebnis in den Büchern ändern und die sich nicht in Verbindung mit einer Zahlung ergeben	• ordnen an, Gegenstände zur Verwahrung anzunehmen[56] oder verwahrte Gegenstände ausliefern und die damit verbundenen Buchungen vorzunehmen

Der Schwerpunkt der Kassenanordnungen liegt im Bereich der **Zahlungsanordnungen**, d. h. bei den Anordnungen für Einzahlungen und Auszahlungen und den damit verbundenen Buchungen. Um eine ordnungsgemäße Abwicklung der Zahlungsvorgänge zu gewährleisten, regelt § 7 Abs. 1 GemKVO den **Mindestinhalt** einer Zahlungsanordnung, z. B muss die Zahlungsanordnung den anzunehmenden oder auszuzahlenden Betrag, den Grund der Zahlung, den Zahlungspflichtigen bzw. Empfangsberechtigten, den Fälligkeitstag usw. enthalten.

Nach § 7 Abs. 2 GemKVO sind **Zahlungsanordnungen unverzüglich zu erteilen**, sobald die Verpflichtung zur Leistung, der Zahlungspflichtige oder Empfangsberechtigte, der Betrag und die Fälligkeit feststehen. Insbesondere sind Auszahlungen nach § 16 Abs. 1 GemKVO zu den Fälligkeitsterminen und unter Berücksichtigung des Gesetzes zur Bekämpfung von Zahlungsverzug im Geschäftsverkehr[57] zu leisten, sofern keine Aufrechnungsmöglichkeit besteht. Nur dann kann eine effektive und wirtschaftliche Überwachung und Bewirtschaftung der Haushaltsmittel sichergestellt werden (siehe Ziff. 13.2.4).

Besondere Zahlungsanordnungen im Sinne von § 7 GemKVO sind:

- Allgemeine Zahlungsanordnungen nach § 8 GemKVO
  sind zulässig für **geringfügige Auszahlungen**, die **regelmäßig sofort bar bezahlt** werden sowie für **Auszahlungen** für Gebühren, Zinsen und ähnliche Kosten, die bei der **Erledigung der Kassengeschäfte** anfallen.
- Auszahlungsanordnung für das Lastschriftverfahren nach § 9 GemKVO

56 Vgl. §§ 20 und 21 GemKVO.

57 Mit dem Gesetz zur Bekämpfung von Zahlungsverzug im Geschäftsverkehr vom 29.7.2014 (BGBl. I 2014 S. 1218 ff.) wurde die 2011/7/EU in deutsches Recht umgesetzt. Sinn und Zweck dieses Gesetzes ist es, die Zahlungsmoral im Geschäftsverkehr zwischen Unternehmen bzw. zwischen Unternehmen und den öffentlichen Stellen zu verbessern und damit die Liquidität der Gläubiger zu sichern, siehe ausführlich zu Ziff. 13.6.3.

sind zulässig, wenn zu erwarten ist, dass der Empfangsberichtigte ordnungsgemäß mit der Gemeindekasse abrechnet und die Forderungen des Empfangsberechtigten zeitlich und der Höhe nach abzuschätzen sind sowie gewährleistet ist, dass das Kreditinstitut den abgebuchten Betrag auf dem Konto der Gemeindekasse wieder gutschreibt, wenn die Gemeinde in angemessener Frist widerspricht. Typische Beispiele sind Abbuchungen für Telefon, Strom usw.

Auf die weiteren Ausführungen zu den §§ 8 und 9 GemKVO sowie auf die dazu erlassenen Hinweise wird verwiesen.

Wie bereits unter Ziff. 13.6.2 ausgeführt, darf die Kasse grundsätzlich nur auf schriftliche oder bei automatisierten Verfahren in elektronischer Form übermittelte Anordnungen (Kassenanordnungen) hin tätig werden. § 10 GemKVO regelt **Ausnahmen von dem Erfordernis der Zahlungsanordnungen**. Hiernach darf die Gemeindekasse **Einzahlungen** ohne Zahlungsanordnung annehmen und buchen, wenn für sie zu erkennen ist, dass sie empfangsberechtigt ist (z. B. bei Forderungen der Gemeinde). Die entsprechende Zahlungsanordnung ist jedoch in diesem Fall **unverzüglich** nachträglich einzuholen (§ 10 Abs. 1 GemKVO).

Gänzlich ohne Zahlungsanordnung darf die Gemeindekasse lediglich in folgenden Fällen Zahlungen annehmen bzw. leisten und buchen (§ 10 Abs. 2 und 3 GemKVO):

Ohne Annahmeanordnung[58] (Einzahlungsanordnung)

- Kassenmittel[59], die die Gemeindekasse von einer anderen Stelle für Auszahlungen für Rechnungen dieser Stelle erhält,
- Einzahlungen, die irrtümlich bei der Gemeindekasse eingezahlt werden (und die an den Einzahler zurückgezahlt oder an die empfangsberechtigte Stelle weitergeleitet werden), siehe Nr. 1 Hw. zu § 10 GemKVO,
- Einzahlungen, die die Gemeindekasse im Rahmen ihrer Zuständigkeit nach § 1 Abs. 1 Satz 2 GemKVO selbst festsetzt (z. B. Mahngebühren, Vollstreckungskosten, Säumniszuschläge usw.).

Ohne Auszahlungsanordnung

- die an eine andere Stelle abzuführenden Mittel, die für deren Rechnung angenommen wurden,
- irrtümlich einbezahlte Beträge, die an den Einzahler zurückgezahlt oder an den Empfangsberechtigten weitergeleitet werden, siehe Nr. 1 Hw. zu § 10 GemKVO.

58 Annahmeanordnung ist nach wie vor der Terminus technicus nach der GemKVO.
59 Vgl. § 34 Nr. 6 GemKVO.

13.6.2.2 Anordnungsbefugnis

Die Anordnungsbefugnis wird in § 6 Abs. 2 GemKVO geregelt.

Unter der **Anordnungsbefugnis** versteht man das Recht, der Kasse Anordnungen zu erteilen.

Die Erteilung von Kassenanordnungen gehört zu den Geschäften der laufenden Verwaltung. Bei der Anordnungsbefugnis ist zu unterscheiden in

- die Anordnungsbefugnis **kraft Gesetz**
  für den Bürgermeister und die hauptamtlichen Beigeordneten aufgrund der allgemeinen Regelung der HGO über die Erledigung der laufenden Verwaltungsangelegenheiten (§ 70 Abs. 1 und 2 HGO). Die Übertragung von Arbeitsgebieten an hauptamtliche Beigeordnete durch den Bürgermeister schließt die Anordnungsbefugnis für das betreffende Arbeitsgebiet ein.
- die Anordnungsbefugnis **durch Auftrag**
  § 6 Abs. 2 GemKVO regelt die **Übertragung** der Anordnungsbefugnis auf die Bediensteten der Gemeinde. Demnach regelt der Bürgermeister[60] die Befugnis, Kassenanordnungen zu erteilen.[61] Die Namen der Personen, die Anordnungen erteilen dürfen, sowie Form und Umfang der Anordnungsbefugnis – einschließlich Unterschriftsproben und die mit der elektrischen Signatur verbundenen Identifizierungsdaten – sind der Gemeindekasse **und** dem Rechnungsprüfungsamt mitzuteilen, siehe Nr. 4 Hw. zu § 6 GemKVO.
  Die Anordnungsbefugnis an Bedienstete sollte auf ihre **Produktbereiche, Produktgruppen bzw. Produkte beschränkt** sein und **kann** auf **Höchstbeträge** der einzelnen Anordnungen begrenzt werden.[62]

Der Anordnungsbefugte übernimmt mit der Unterschrift (vgl. § 7 Abs. 1 Nr. 8 GemKVO) **die Verantwortung dafür, dass die haushaltsrechtlichen Voraussetzungen zur Erteilung der Kassenanordnung zu Lasten des Haushalts vorliegen** (§ 7 Abs. 3 GemKVO), d. h. dass die Haushaltsmittel zur Verfügung stehen und keiner haushaltsrechtlichen Sperre (s. o. Ziff. 13.3.1) unterliegen.[63]

60 Dies schließt nicht aus, dass die Übertragung Anordnungsbefugnis von dem für die Verwaltung des Finanzwesens zuständigen Beigeordneten wahrgenommen werden kann. Vgl. Vorbemerkungen Nr. 2 zu den Hinweisen der GemKVO im StAnz. Land Hessen 11/2016, S. 319.

61 Die Regelung des Bürgermeisters (bzw. des zuständigen Beigeordneten) ist als Sicherheits- und Berechtigungskonzept zu verstehen, in dem die Anordnungs- und Feststellungsbefugnis sowie etwaige andere haushaltsrechtliche Befugnisse festgelegt werden, siehe Nr. 3 Hw. zu § 11 GemKVO.

62 Vgl. Nr. 3 Hw. zu § 6 GemKVO.

63 Vgl. Nr. 3 Hw. zu § 7 GemKVO sowie *Henneke/Strobl/Diemert*, Recht der kommunalen Haushaltswirtschaft, § 12 Rdnr. 56.

Nicht anordnungsbefugt sind:

- der Kassenverwalter, sein Stellvertreter und die anderen in der Gemeindekasse beschäftigten Bediensteten (§ 110 Abs. 5 HGO, § 6 Abs. 3 GemKVO, siehe auch Ziff. 13.6.1.4).
- der Leiter und die Prüfer des Rechnungsprüfungsamts (§ 130 Abs. 5 HGO).

Wer nach § 11 GemKVO die sachliche und rechnerische Feststellung trifft, **soll** nach § 6 Abs. 2 Satz 2 GemKVO nicht auch die Zahlungsanordnung erteilen, siehe hierzu auch Ziff. 13.6.2.3.

Anzumerken ist in diesen Zusammenhang, dass die Angabe der Amtsbezeichnung bzw. seiner Entgeltgruppe des Anordnungsbefugten **nicht zulässig** ist, da es sich um personenbezogene Daten handelt, die geschützt sind, vgl. Nr. 4 Hw. zu § 11 GemKVO.

13.6.2.3 Feststellungsbefugnis

Die Feststellungsbefugnis (sachliche und rechnerische Feststellung) wird in § 11 GemKVO geregelt.

> Unter der **Feststellungsbefugnis** versteht man das Recht, durch schriftliche oder durch eine elektronische Signatur erstellte Bescheinigung die Richtigkeit des Anspruchs bzw. der Zahlungsverpflichtung zu erklären.

Nach § 11 Abs. 1 GemKVO ist **jeder Anspruch und jede Zahlungsverpflichtung auf ihren Grund und ihre Höhe zu prüfen**. Die Richtigkeit ist schriftlich oder durch eine elektronische Signatur[64] zu bescheinigen (= sachliche und rechnerische Feststellung). Die sachliche Feststellung schließt eine erforderliche fachtechnische Feststellung ein, Nr. 1 Hw. zu § 11 GemKVO. In den Fällen, in denen eine Ausnahme von dem Erfordernis der Zahlungsanordnung besteht, entfällt naturgemäß auch eine sachliche und rechnerische Feststellung (§ 10 Abs. 2 Nr. 1 und 2 und Abs. 3 GemKVO).

Die sachliche und rechnerische Feststellung bei Zahlungsanordnungen im Sinne von § 7 GemKVO ist **vor Erteilung einer Anordnung** zu treffen (§ 11 Abs. 2 GemKVO). Ansonsten ist die Feststellung nach Eingang oder Leistung der Zahlung **unverzüglich** nachzuholen. Die anordnungsbefugte Stelle hat der Gemeindekasse eine Bestätigung, dass die Feststellung vorliegt, als Beleg zuzuleiten, sofern die Feststellung nicht mit der Anordnung verbunden ist.

Der Bürgermeister[65] regelt die Befugnis für die sachliche und rechnerische Feststellung und deren Form.[66] Mit der Feststellung der sachlichen und rechnerischen Rich-

64 Vgl. § 34 Nr. 5 GemKVO.

65 Die Zuständigkeit des Bürgermeisters nach den Vorschriften GemKVO schließt nicht aus, dass sie vom zuständigen Beigeordneten wahrgenommen werden können. Vgl. Vorbemerkungen Nr. 2 zu den Hinweisen der GemKVO im StAnz. Land Hessen 11/2016, S. 319.

tigkeit **dürfen nur Beamte und Arbeitnehmer beauftragt** werden, **die alle Sachverhalte, deren Richtigkeit zu bescheinigen ist, übersehen und beurteilen können**, Nr. 6 Hw. zu § 11 GemKVO. Die Feststellungsbefugnis **sollte** in den Angelegenheiten, die ihre eigene Person oder ihre Angehörigen betreffen, nicht abgegeben werden (Widerstreit der Interessen).

Beamten und Arbeitnehmern der Gemeindekasse darf nach § 11 Abs. 3 Satz 3 GemKVO die Feststellungsbefugnis nur erteilt werden, wenn und soweit **der Sachverhalt nur von ihnen beurteilt werden kann**; dies bezieht sich insbesondere auf die Festsetzung, Stundung, Niederschlagung und dem Erlass von Mahngebühren, Vollstreckungskosten und Nebenforderungen. Allerdings dürfen diese Gemeindebediensteten aus Gründen der Kassensicherheit dann **nicht** mit der Annahme von Einzahlungen oder der Leistung von Auszahlungen beauftragt werden, § 1 Abs. 3 GemKVO i. V. m. Nr. 7 Hw. zu § 11 GemKVO.

Wer nach § 11 GemKVO die sachliche und rechnerische Feststellung trifft, **soll** nach § 6 Abs. 2 Satz 2 GemKVO nicht auch die Zahlungsanordnung erteilen, siehe hierzu auch Ziff. 13.6.2.2.

Die GemKVO enthält in dem Hinweis Nr. 1 zu § 11 GemKVO weitere Ausführungen zum Feststellungsverfahren und dem Inhalt der Feststellung. So umfasst die sachliche und rechnerische Feststellung die Bestätigung, dass

- die in der Anordnung und in den begründenden Unterlagen enthaltenen, für die Zahlung und Buchung maßgebenden Angaben vollständig und richtig sind,
- nach den geltenden Vorschriften, insbesondere nach den Grundsätzen der Wirtschaftlichkeit, verfahren worden ist. Hierzu gehört, dass
  - die Lieferung oder Leistung als solche und auch die Art ihrer Ausführung geboten war,
  - die Lieferung oder Leistung entsprechend der zugrunde liegenden Vereinbarung oder Bestellung sachgemäß und vollständig ausgeführt worden ist,
  - Abschlagszahlungen, Vorauszahlungen, Pfändungen und Abtretungen vollständig und richtig berücksichtigt worden sind,
  - die haushaltsrechtlichen Voraussetzungen für die Zahlung vorliegen,
  - die angeforderte Zahlung nach Rechtsgrund und Höhe richtig ermittelt worden ist.

Auch bei der Feststellung der sachlichen und rechnerischen Richtigkeit ist die Angabe der Amtsbezeichnung bzw. seiner Entgeltgruppe des Feststellungsbefugten nicht zulässig, da es sich um personenbezogene Daten handelt, die geschützt sind, Nr. 4 Hw. zu § 11 GemKVO.

66 Die Regelung des Bürgermeisters (bzw. des zuständigen Beigeordneten) ist als Sicherheits- und Berechtigungskonzept zu verstehen, in dem die Anordnungs- und Feststellungsbefugnis und etwaige andere haushaltsrechtliche Befugnisse festgelegt werden, siehe Nr. 3 Hw. zu § 11 GemKVO.

13.6.3 Zahlungsverkehr

Grundsätzlich können Zahlungen durch die Übergabe von Zahlungsmitteln (bar) oder durch Überweisung von bzw. auf das Konto der Gemeinde (unbar) erfolgen. § 12 Abs. 1 GemKVO präferiert allerdings, den Zahlungsverkehr[67] nach Möglichkeit **unbar** abzuwickeln,[68] um eine größere Sicherheit für die Gemeindekasse zu erreichen, aber auch aus Gründen der Arbeitserleichterung. Der Sicherheitsaspekt kommt insbesondere in § 12 Abs. 2 GemKVO i. V. m. Nr. 2 der Hinweise hierzu zum Ausdruck, wonach Zahlungsmittel nur in den Räumen der Gemeindekasse und nur von den damit beauftragten Personen (Kassenpersonal) angenommen oder ausgezahlt werden dürfen.

Ein weiterer Aspekt, den Zahlungsverkehr unbar abzuwickeln, ist der Schutz vor Falschgeld.[69] Nach Nr. 4 Hw. zu § 12 GemKVO regelt der Bürgermeister, wie mit zweifelhaften oder beschädigten Euro-Münzen und Euro-Banknoten zu verfahren ist. In den Hinweisen Nr. 4.1 bis 4.4 zu § 12 GemKVO sind Gestaltungshinweise zu finden.

Allerdings gibt es auch Aufgabenbereiche, die eine Ausnahmeregelung erforderlich werden lassen. Ausnahmen gelten für die ermächtigten Personen bzw. Dienststellen, die Handvorschüsse nach § 4 Abs. 1 GemKVO verwalten, z. B. Gelderheber, Vollziehungsbeamte, Sozialarbeiter. Eine weitere Ausnahme stellen Einzahlungskassen (Geldannahmestellen/Geldautomaten) dar, die in den letzten Jahren vermehrt in den Verwaltungsgebäuden aufgestellt wurden, siehe § 4 Abs. 2 GemKVO i. V. m. Nr. 7 Hw. Des Weiteren darf ausnahmsweise nach § 12 Abs. 3 GemKVO einem Beamten oder Arbeitnehmer der Gemeinde ein Zahlungsmittel (z. B. Schecks) zur Weitergabe an andere ausgehändigt werden, sofern es sich hier um einen Dienstauftrag handelt, z. B. wenn das Zahlungsmittel im Rahmen einer Ehrung von einem Vertreter der Gemeinde übergeben wird, siehe Nr. 3 Hw. zu § 12 GemKVO.

Neben Bargeld in Form von Euro-Münzen und Euro-Banknoten dürfen **Einzahlungen** auch mittels Geldkarten, Debitkarten, Kreditkarten oder Schecks entgegengenommen werden (§ 13 Abs. 1 GemKVO)[70]. **Auszahlungen** hingegen **sollen nur ausnahmsweise** mittels Debit- oder Kreditkarten geleistet werden (§ 13 Abs. 2 GemKVO). Letztendlich liegt die Entscheidung bei dem Bürgermeister bzw. dem zuständigen Beigeordneten. Da sich in den letzten Jahren in Deutschland zunehmend das Internetbe-

67 Vgl. Begriffsbestimmung gemäß § 34 Nr. 8 GemKVO.

68 Auf die Besonderheiten bei den Auszahlungen der Transferleistungen im sozialen Bereich wird an dieser Stelle nicht vertieft eingegangen. Allerdings ist in diesem Zusammenhang anzumerken, dass eine bargeldlose Abwicklung dann nicht möglich ist, wenn der Hilfeempfänger über kein Bankkonto verfügt.

69 Einer Erhebung der Deutschen Bundesbank zufolge wurden im ersten Halbjahr 2019 rund 27.600 falsche Euro-Banknoten mit einem Nennwert von 1,6 Mio. € registriert. Vgl. *Mallien, J.*, Handelsblatt/Geldpolitik (26.7.2019).

70 Vgl. Begriffsbestimmung gemäß § 34 Nr. 7 GemKVO sowie Anlage zu § 13 Abs. 1 und § 32 S. 1 GemKVO.

zahlverfahren[71] etabliert,[72] besteht seit Dezember 2016 nach § 13 Abs. 3 GemKVO die Option (Kann-Bestimmung), dass der Bürgermeister die über das Internet betriebenen elektronischen Zahlungsvarianten zulässt.

Hinsichtlich der Anforderungen an **Einzahlungsquittungen** und **Auszahlungsnachweise** sowie insbesondere auf die Pflichtangaben einer Quittung als beweiskräftige Unterlagen wird auf §§ 14 und 17 GemKVO einschließlich der dazu erlassenen Hinweise verwiesen.

Zur Überleitung auf das Thema Verwaltung der Kassenmittel ist an dieser Stelle festzuhalten, dass die Gemeindekasse

- **die Auszahlungen zu den Fälligkeitsterminen zu leisten hat.**
  Der Fälligkeitstermin ergibt sich aus dem der Auszahlung zugrunde liegenden Rechtsverhältnis (siehe Ziff. 7.3.2.5). Diese Regelung beinhaltet zwei Aspekte, die zu beachten sind:
  1. Verbot der vorzeitigen Leistung nach § 27 Abs. 1 GemHVO
  2. Gebot der rechtzeitigen Leistung nach dem Gesetz zur Bekämpfung des Zahlungsverzugs im Geschäftsverkehr
     Mit dem Gesetz zur Bekämpfung von Zahlungsverzug im Geschäftsverkehr vom 29.7.2014 (BGBl. I 2014, S. 1218 ff.) wurde die Richtlinien 2011/7/EU in deutsches Recht umgesetzt. Sinn und Zweck dieses Gesetzes ist es, die Zahlungsmoral im Geschäftsverkehr zwischen Unternehmen und **zwischen Unternehmen und den öffentlichen Stellen** zu verbessern und damit die Liquidität der Gläubiger zu sichern (Einführung der Kultur der unverzüglichen Zahlung). Dabei geht es sowohl um die Lieferung von Waren als auch die Erbringung von Dienstleistungen. Geschäfte mit Verbrauchern sind hiervon nicht betroffen.[73]
- **Forderungen eines Empfangsberechtigten gegen Forderungen der Gemeinde aufrechnen soll,** wenn die Voraussetzungen vorliegen (§ 16 Abs. 1 Satz 2 GemKVO), insbesondere wenn zu befürchten ist, dass die Forderung der Gemeinde sonst nicht erfüllt wird. Hierbei ist zu beachten, dass bei Aufrechnungen die Vorschriften der §§ 387 ff. BGB, bei **Steuern** und **Abgaben zusätzlich** § 226 AO und § 4 Abs. 1 Nr. 5 KAG zu beachten sind, siehe Hinweis zu § 16 GemKVO.
- **ein wirkungsvolles Mahnwesen einrichtet sowie eine zeitnahe Beitreibung und Einleitung der Zwangsvollstreckung veranlasst.** Dadurch soll sichergestellt wer-

71 Internetbezahlverfahren: Verfahren, die auf Überweisungen im Onlinebanking des Zahlers basieren (z. B. giropay, paydirekt, Sofort-Überweisung) sowie spezielle elektronische Zahlverfahren über das Internet, die eine Abwicklung der primären Zahlung innerhalb des eigenen Netzwerks ermöglichen (z. B. PayPal) und mit dem Zahlungskonto oder einer Zahlungskarte verknüpft werden, vgl. *Deutsche Bundesbank* (Hrsg.), Zahlungsverhalten in Deutschland 2017, Vierte Studie über die Verwaltung von Bargeld und unbaren Zahlungsinstrumenten, Kap. 6.

72 *Deutsche Bundesbank* (Hrsg.), Zahlungsverhalten in Deutschland 2021, Stand: Juli 2022.

73 Siehe Nr. 5 Hw. zu § 27 GemHVO i. V. m. Umsetzung des Gesetzes zur Bekämpfung des Zahlungsverzugs im Geschäftsverkehr z. B. durch den neuen § 271a BGB; hiernach werden insbesondere Vereinbarungen über Zahlungsfristen eingeschränkt, z. B. Zahlungsfristen zwischen Unternehmen und öffentlichen Stellen dürfen nur unter besonderen Voraussetzungen 30 Tage überschreiten, mehr als 60 Tage dürfen es keinesfalls sein, § 271a Abs. 2 Nr. 1 und 2 BGB. Des Weiteren kann nach § 288 Abs. 2 BGB bei Verzug ein Zinssatz von 9 % angesetzt werden; siehe hierzu *HSGB* Nr. 8/2016 ED 94 sowie Ziff. 13.6.2.1.

den, dass die Zahlungen rechtzeitig eingehen und die entsprechende Liquidität zur Verfügung steht (Nr. 2 Hw. zu § 26 GemHVO).

13.6.4 Verwaltung der Kassenmittel

Nach § 110 HGO i. V. m. §§ 1 Abs. 1 Nr. 2 und 18 GemKVO ist es Aufgabe der Gemeindekasse, die Kassenmittel zu verwalten. Ziel dieser Pflichtaufgabe ist die nach § 106 Abs. 1 HGO geforderte Sicherstellung der stetigen Zahlungsfähigkeit der Gemeinde.

Die Sicherstellung der stetigen Zahlungsfähigkeit ist unerlässliche Voraussetzung, um den Grundsatz der stetigen Aufgabenerfüllung nach § 92 Abs. 1 HGO sowie den Grundsatz der Wirtschaftlichkeit und Sparsamkeit nach § 92 Abs. 2 HGO zu gewährleisten.[74] Unter einer stetigen Zahlungsfähigkeit versteht man, termingerecht und dauerhaft den Zahlungsverpflichtungen nachkommen zu können, d. h. auch über die Finanzplanungsjahre[75] hinaus.

Die Verwaltung der Kassenmittel ist in § 18 GemKVO geregelt. Bei den **Kassenmitteln** im Sinne von § 18 GemKVO handelt es sich nach § 34 Nr. 6 GemKVO zu einen um

- **Zahlungsmittel** z. B. Bargeld, Schecks, Geld-, Debit- und Kreditkarten (§ 34 Nr. 7 GemKVO) und zum anderen um
- **Bestände auf den Konten** der Gemeindekasse oder Sonderkassen **mit Ausnahme** der Geldanlagen[76].

Aufgabe der Gemeindekasse ist es, darauf zu achten, dass die erforderlichen Kassenmittel zur Leistung der Auszahlungen rechtzeitig verfügbar sind (§ 18 Abs. 1 Satz 1 GemKVO). Aus dieser Verpflichtung erwachsen grundsätzlich folgende Aufgabenbereiche:

Verwaltung der Kassenmittel nach § 18 GemKVO

↓ Anlage von nicht benötigten Kassenmittel

↓ Aufnahme und Rückzahlung von Liquiditätskrediten

74 Der Gemeinde soll nicht zusätzlicher Aufwand für z. B. Säumniszuschläge, Verzugszinsen entstehen, vgl. Nr. 1 Hw. zu § 106 HGO.

75 Siehe Ziff. 12.3.

76 Bei den Geldanlagen handelt es sich um die Anlage von im Kassenbestand enthaltenen Zahlungsmitteln bei Instituten der Finanzwirtschaft nach Nr. 5 Hw. zu § 108 HGO. Siehe ebenso Ziff. 13.6.4.4.

D. h. bei Liquiditätsüberschüssen sind vorübergehend nicht benötigte Kassenmittel sicher und Ertrag bringend anzulegen (§ 108 Abs. 2 HGO, § 18 Abs. 1 Satz 3 GemKVO, § 22 Abs. 1 GemHVO) und bei Liquiditätslücken sind entsprechende Liquiditätskredite aufzunehmen bzw. diese wieder zurückzuzahlen, sobald sie zur Liquiditätssicherung nicht mehr benötigt werden (§ 105 HGO, § 18 Abs. 3 GemKVO).

Diese Aufgaben werden heute als Liquiditätsmanagement bezeichnet und haben in den letzten Jahren immer mehr an Bedeutung gewonnen, da insbesondere die Verschuldung der hessischen Kommunen im Bereich der Kassenkredite (ab 1.1.2019 Liquiditätskredite) ab dem Jahr 2009 stark angestiegen ist.[77]

13.6.4.1 Liquiditätsmanagement

Unter Liquidität versteht man die Fähigkeit einer Kommune, ihren Zahlungsverpflichtungen **termingerecht** und **vollständig** nachzukommen, § 58 Nr. 22 GemHVO. In Ermangelung einer allgemein verbindlichen Definition des Begriffs **Liquiditätsmanagement**[78] **für den öffentlichen Bereich** kann sich an der Definition des Portals zur öffentlichen Haushalts- und Finanzwirtschaft orientiert werden. Hiernach wird unter Liquiditätsmanagement die Steuerung der liquiden Mittel einer Gebietskörperschaft verstanden. Dazu ist es erforderlich, dass alle Informationen über Einzahlungen und Auszahlungen gesammelt und verarbeitet werden, um jederzeit die Zahlungsfähigkeit der Gebietskörperschaft zu gewährleisten sowie möglichst hohe Zinserträge zu generieren aber auch unnötige Zinsbelastungen zu vermeiden.[79] Ziel ist es, die stetige (dauernde) Zahlungsfähigkeit der Gemeinde sicherzustellen. Aus dieser Umschreibung lässt sich ein Bündel an Aufgaben ableiten, z. B.:

- **Liquiditätsplanung** (Gegenüberstellung der geplanten Einzahlungen und Auszahlungen zur Erstellung von kurz-, mittel- und langfristigen Liquiditätsplanungen),

77 Auslöser für den starken Anstieg der Kassenkredite (jetzt: Liquiditätskredite) und damit die Gefährdung der stetigen Aufgabenerfüllung in Hessen in den Jahren 2009–2016 waren u. a. zum einen die Auswirkungen der Finanz- und Wirtschaftskrise 2008–2010 und zum anderen die Bewältigung der Flüchtlingskrise ab 2015, die zu unausgeglichenen Haushalten führten. Ein weiterer Grund, der die Höhe der Kassenkreditverschuldung tangierte, war die teilweise zweckwidrige Nutzung der Kassenkredite, z. B. als sogen. Vorratskredite (d. h. solche, die nicht zur akuten Liquiditätssicherung, sondern bei defizitären Kommunen zur Finanzierung zahlungswirksamer Aufwendungen benötigt wurden) sowie sogen. verkappte Investitionskredite (d. h. die nicht zur kurzfristigen, sondern aufgrund günstiger Zinskonditionen zur längerfristigen Vorfinanzierung – länger als ein Jahr – von Investitionen dienten) – siehe hierzu Finanzplanungserlass 2018, StAnz. Land Hessen 42/2017, S. 997, II. Nr. 2a. Diese zweckwidrige Nutzung soll durch die Änderung des § 105 HGO (zum 1.1.2019) unterbunden werden. Insbesondere ist nach Nr. 8 Hw. zu § 92 HGO, die Aufnahme von Liquiditätskrediten zum Zweck der gewinnbringenden Wiederanlage unzulässig. Siehe hierzu auch Kap. 9.

78 Wird in der Betriebswirtschaftslehre auch als Cash Management bezeichnet.

79 *Burth*, HaushaltsSteuerung.de. Online.

- **Finanzbedarfsdeckung** (Liquiditätskredite sollen erst in Anspruch genommen werden, wenn es die Aufgabenerfüllung erfordert; Aufbau einer Liquiditätsreserve),
- **Finanzanlagemanagement** (Vermeidung überschüssiger Liquidität – sichere und Ertrag bringende Zwischenanlagen),
- **Liquiditätsanalyse** (Bewertung mit Kennzahlen),
- **Funktionierendes Forderungsmanagement** (zeitnahe Mahnungen, Vollstreckung/ Beitreibung),
- **Zentrale Steuerung** von ein- und ausgehenden Zahlungen zur Synchronisierung der Zahlungsströme (Bündelung von Zahlungsströmen, sog. Payment Factory),
- **Risikomanagement** (kontinuierlicher Soll-Ist-Abgleich, Abweichungsanalysen, Einleitung von entsprechenden Maßnahmen).
- **Optimierung der Zusammenarbeit** von Kernverwaltungen und kommunalen Beteiligungen zur Optimierung und Bündelung der Liquidität (sog. Cash Pooling)

Diese Beispiele sollen als Orientierung dienen.[80] Die Notwendigkeit eines voll umfassenden Liquiditätsmanagement ist überwiegend bei den Kommunen angekommen, die Implementierung/Umsetzung hingegen ist noch recht unterschiedlich. Im Rahmen dieses Fachbuches wird auf die Liquiditätsplanung, Finanzbedarfsdeckung und Finanzanlagen, als Teilaufgaben des Liquiditätsmanagements, näher eingegangen.

13.6.4.2 Liquiditätsplanung

Um die Liquidität, d. h. die termingerechte, vollständige und stetige Zahlungsfähigkeit der Kommune sicherzustellen, werden bei der Liquiditätsplanung die Zahlungsströme Einzahlungen und Auszahlungen gegenübergestellt, um so eine bedarfs- und zeitpunktgerechte Finanzmittelplanung aufzustellen. Dabei sind neben den im Haushalt geplanten Einzahlungen und Auszahlungen ebenso aus Verbindlichkeiten und Forderungen aus Vorjahren resultierenden Einzahlungen und Auszahlungen zu berücksichtigen sowie die Einzahlungen aus Geldanlagen und die Auszahlungen für die Rückzahlung von Liquiditätskrediten (siehe ausführlich Muster 3 zu Hinweis Nr. 6 zu § 106 HGO).

Darüber hinaus ist zusätzlich die sogenannte gebundene Liquidität des jeweiligen Haushaltsjahres zu ermitteln. Es handelt sich hier um Auszahlungen für die Inanspruchnahme von gebildeten Rückstellungen und für die Finanzierung von aus Vorjahren übertragenen Haushaltsermächtigungen, evtl. Auszahlungen für Sondertilgungen oder Auszahlung für die Finanzierung von Sonderposten der gebührenrechnenden Einrichtungen (z. B. Wasser, Abwasser, Abfall oder Schulumlage), siehe auch hier ausführlich Muster 3 zu Nr. 6 Hw. zu § 106 HGO.

80 Eine weitere Vertiefung bleibt der Fachliteratur vorbehalten.

Eine sachgerechte Liquiditätsplanung erfordert daher eine **Analyse der maßgeblichen Liquiditätsströme** und damit einhergehend die

- **Identifikation von regelmäßigen und planbaren Ein- und Auszahlungen**, z. B. Einzahlungen aus Schlüsselzuweisungen, Anteile an den Gemeinschaftssteuern, Grundsteuer, Wasser-, Abwasser- und Müllgebühren, Umlagen bei den Landkreisen, Auszahlungen für Beamtenbesoldung, Entgeltzahlungen an Beschäftigte, Zins- und Tilgungsleistungen, Versicherungsbeiträge, Mieten, ..., also alle Einzahlungen und Auszahlungen aufgrund bestehender vertraglicher Vereinbarungen und gesetzlicher Vorgaben.
- **Identifikation von besonderen Zahlungsströmen, die nicht regelmäßig und nur schwer planbar sind**, z. B. größere Instandsetzungs- und Baumaßnahmen (abhängig von Auftragsvergabe[81] und Wettereinflüssen), Gewerbesteuer (abhängig von der Konjunkturentwicklung[82]), Zahlungsverhalten der Debitoren usw.

Um in diesen Fällen die Liquiditätssituation einzuschätzen zu können, wird man u. a. auch auf Daten des Rechnungswesens der Vorjahre zurückgreifen müssen, um Erkenntnisse über das Zahlungsverhalten der Vergangenheit zu gewinnen (Ermittlung von Mittelwerten). Ebenso können Wirtschaftsprognosen, Steuerschätzungen u. Ä. herangezogen werden, wobei die örtlichen Verhältnisse zu berücksichtigen sind.

Im Rahmen der Liquiditätsplanung wird in der Fachliteratur[83] grundsätzlich in folgende Zeithorizonte unterschieden, wobei die Bezeichnungen unterschiedlich verwendet werden und die Phasen fließend sind:

- Liquiditätsdisposition
  Tagesgenaue Betrachtung der liquiden Mittel; tagesgenaue Liquiditätsplanung
- Kurzfriste Liquiditätsplanung
  Sicherstellung der Zahlungsfähigkeit **der Kasse**; wird auch als operative Planung bezeichnet z. B. monatliche, quartalsweise Planung bis hin zu einem Jahr
- Mittel- bis langfristige Liquiditätsplanung
  Sicherstellung der Zahlungsfähigkeit **der Gemeinde**; wird auch als strategische Planung bezeichnet, z. B. zwei bis fünf Jahre.

Zur Zeit überwiegt bei den Kommunen die operative Liquiditätsplanung, da längerfristige Planungen aufgrund von gesetzliche Änderungen, Konjunkturschwankungen sowie unsicheren Zuweisungen und Zuschüssen mit deutlichen Ungenauigkeiten behaftet sind.

81 Baufirmen waren in den Jahren 2017 – 2022 insbesondere durch die Schaffung von neuem Wohnraum „ausgebucht“.

82 Große Unsicherheit herrscht über die Entwicklung der Gewerbesteuer nicht nur wegen der Folgen der Corona-Pandemie 2020, sondern auch im Hinblick auf die Energiekrise, gestörte Lieferketten und hohe Inflationsraten als Folge des Ukrainekrieges 2022.

83 Vgl. *Wöhe*, Kap. 4.4; *Million*, Kap. 2, Online; *Horstmann*, Haushaltsausgleich und strategische Liquiditätsplanung.

Um die stetige Zahlungsfähigkeit nach § 106 Abs. 1 HGO sicherzustellen und damit systemimmanent auch die Einhaltung des Grundsatzes der stetigen Aufgabenerfüllung nach § 92 Abs. 1 HGO, **fordert der hessische Gesetzgeber ab 2019** die Erstellung und Vorlage einer sachgerechten **Liquiditätsplanung**, sofern Liquiditätskredite[84] in der Haushaltssatzung vorgesehen sind, § 105 Abs. 2 HGO i. V m. Nr. 3 Hw. Zur Dokumentation der bedarfsgerechten Berechnung und Festsetzung des Höchstbetrages der Liquiditätskredite in der Haushaltssatzung **soll** das vorgegebene Muster zur Liquiditätsplanung[85] verwendet **und** der Aufsichtsbehörde vorgelegt werden.

Das Muster zur Liquiditätsplanung[86] liefert folgende Informationen:

Liquiditätsplanung gemäß Hinweis Nr. 3 zu § 105 HGO zur
Ermittlung des genehmigungsfähigen Höchstbetrages der Liquiditätskredite

Eintragungen bitte nur in den blau hinterlegten Feldern und in Euro vornehmen
Zahlungsmittelbestand, Liquiditätskreditbestand, Einzahlungen und Auszahlungen bitte als positiven Wert eintragen

1.) Betrachtung laufende Verwaltungstätigkeit des Haushaltsjahres
Einzahlungen und Auszahlungen beziehen sich nur auf die laufende Verwaltungstätigkeit

Liquiditätsplanung für das Haushaltsjahr

Gemäß Haushaltssatzung vorgesehener Höchstbetrag Liquiditätskredite

Monate	Zusätzliche Parameter	Einzahlungen	Auszahlungen	Saldo/Monat	Liquiditätsbedarf zum Monatsende unter Berücksichtigung vorhandener Liquidität und Liquiditätskrediten
Zahlungsmittelbestand zum 31.12. des Vorjahres					
Bestand an Liquiditätskrediten zum 31.12. des Vorjahres					
Differenz	0				
Januar				-€	-€
Februar				-€	-€
März				-€	-€
April				-€	-€
Mai				-€	-€
Juni				-€	-€
Juli				-€	-€
August				-€	-€
September				-€	-€
Oktober				-€	-€
November				-€	-€
Dezember				-€	-€
Summe		-€	-€	-€	
Werte gemäß Haushaltsplan					
Differenz		-€	-€		
höchster monatsbezogener Zahlungsmittelbedarf				-€	
höchster monatsbezogner Liquiditätskreditbedarf					-€

84 Weitergehende Ausführungen zu dem Thema Liquiditätskredite siehe Ziff. 9.5.

85 Vgl. ebenso Nr. 8 Hw. zu § 3 GemHVO i. V. m. Muster zur Liquiditätsplanung im Downloadbereich des HMdIS.

86 Muster zur Liquiditätsplanung im Downloadbereich des HMdIS. Ebenso ist das Muster zur Liquiditätsplanung im Muster 20 zur GemHVO (Finanzstatusbericht) integriert.

2. nachrichtliche Betrachtung Liquiditätskreditstand aus Vorjahren - Zwischenfinanzierungen

Liquiditätskreditbestand zum davon für		31.12.	-1	0,00
Zwischenfinanzierung Investitionen	Kreditermächtigung wird voraussichtlich in Anspruch genommen am:		-1	
Zwischenfinanzierung Investitionen	Kreditermächtigung wird in Anspruch genommen am:		-2	
Zwischenfinanzierung Investitionen		vor	-2	
Zwischenfinanzierung von öffentlich-rechtlichen Forderungen (nachrichtliche Angabe, da die Auszahlungen oben bei der laufenden Verwaltungstätigkeit berücksichtigt sind)				
Verbleibender Liquiditätskreditbestand aus Vorjahren				0,00

3. Betrachtung der Kredittilgungen und Zwischenfinanzierung von Investitionen des Haushaltsjahres

Saldo lfd. VwT gem Haushaltssatzung	
vorgesehene belastende Tilgung (Tilgungszuschüsse im Rahmen von Sonderprogrammen sind zu berücksichtigen)	
verbleibender Saldo	0,00
Beitrag zur Hessenkasse	
Differenz	0,00
vorgesehene Auszahlungen für Investitionen	

4. Betrachtung der Liquiditätsreserve

Berechnung Liquiditätsreserve gem. § 106 Abs. 1 HGO

Auszahlungen laufende Verwaltungstätigkeit			
Vorjahr	Planzahl	-1	
Vorvorjahr	Ist	-2	
3. Vorjahr	Ist	-3	
Summe			**0,00**
Durchschnitt			0,00
davon 2 v. H. als Liquiditätsreserve			**0,00**
voraussichtlicher Zahlungsmittelbestand zum 1.1. des Haushaltsjahres		0	0,00
Vorgaben des § 106 Abs. 1 HGO erfüllt			ja

nachrichtlich:	Haushaltsjahr		
Höchstbetrag Liquiditätskredite		-1	
höchste Inanspruchnahme		-1	

Erläuterungen zum Muster Liquiditätsplanung:

1. **Betrachtung laufende Verwaltungstätigkeit des Haushaltsjahres**

   Unter Punkt 1 werden nur die **Einzahlungen** und **Auszahlungen aus laufender Verwaltungstätigkeit** für das gesamte Haushaltsjahr betrachtet. Es handelt sich hier um eine Art monatliche „Liquiditätsvorschau" für das jeweilige Haushaltsjahr und ist das Herzstück der Liquiditätsplanung. Die monatliche Gegenüberstellung der Einzahlungen und Auszahlungen gibt Aufschluss darüber, ob genügend Einzahlungen (Kassenmittel) vorhanden sind, um die Auszahlungen vollständig und termingerecht leisten zu können.

   Um die Auszahlungen zeit- und bedarfsgerecht zu planen, müssen in der Spalte „Auszahlungen" auch weitere Auszahlungen, z. B. für die Inanspruchnahme von Rückstellungen, für übertragene Haushaltsermächtigungen[87], Sondertilgungen berücksichtigt werden, während in der Spalte „Einzahlungen" auch prognostizierbare Einzahlungsausfälle einzubeziehen sind (z. B. Zunahme von Stundungsanträgen wegen Verschlechterung der Konjunktur oder sonstigen Entwicklungen[88]).

87 Siehe zum Thema übertragene Haushaltsermächtigungen Ziff. 7.4.4.3 i. V. m. § 21 GemHVO.
88 Z. B. Corona-Virus-Pandemic 2020.

Sollte es im Laufe des Jahres zu Liquiditätsengpässen kommen (Spalte: Liquiditätsbedarf zum Monatsende … ist negativ) und stehen keine anderen Mittel zur Verfügung,[89] muss die Gemeinde zur Sicherung ihrer Zahlungsfähigkeit den Kassenbestand durch die Aufnahme von Liquiditätskrediten verstärken. Sollte es hingegen zu Liquiditätsüberschüssen kommen und sind keine Liquiditätskredite in Anspruch genommen, könnten die Beträge, die über der Liquiditätsreserve[90] liegen, sicher und Ertrag bringend angelegt werden, siehe auch Ziff. 13.6.4.4.
Der höchste monatsbezogene Liquiditätskreditbedarf, der im Muster der Liquiditätsplanung automatisch berechnet wird, dient zur Orientierung der Festsetzung des Höchstbetrages der Liquiditätskredite in der Haushaltssatzung. Daneben sind noch individuelle örtliche Gegebenheiten zu berücksichtigen, z. B. inwieweit ein Liquiditätsbedarf zur Vor- bzw. Zwischenfinanzierung von Investitionen im Laufe des Haushaltsjahres benötigt wird. Der Höchstbetrag wäre entsprechend anzupassen (siehe folgenden Punkt 2).

2. **Nachrichtliche Betrachtung des Liquiditätskreditbestands aus Vorjahren – Zwischenfinanzierungen**
Nach Nr. 5 Hw. zu § 105 HGO dürfen Liquiditätskredite ausnahmsweise auch für die rechtzeitige Leistung von Auszahlungen für Investitionen aufgenommen werden, jedoch ausschließlich zur kurzfristigen Vor- und Zwischenfinanzierung. Daher erfolgt an dieser Stelle eine Analyse des Bestand an Liquiditätskredite zum 31.12. des Vorjahres bzw. zum Stand 1.1. des laufenden Jahres dahingehend, in welcher Höhe Liquiditätskredite für die Vor- bzw. Zwischenfinanzierung von Investitionen verwendet wurden. Durch diese Differenzierung der Liquiditätskredite nach ihrer Verwendung können die „echten" Liquiditätskredite aus Vorjahren ermittelt werden. Als „echte Liquiditätskredite" werden in diesem Sinne die Liquiditätskredite verstanden, die **nicht** zur Vor- und Zwischenfinanzierung von Investitionen erforderlich sind. Im Idealfall sollte der „verbleibende Liquiditätskreditbestand **aus Vorjahren**", d. h. die echten Liquiditätskredite, keinen positiven Betrag ausweisen, da nach § 105 Abs. 1 Satz 3 HGO die Liquiditätskredite für die Sicherstellung der Zahlungsfähigkeit der laufenden Verwaltungstätigkeit bis zum Ende des Haushaltsjahres zurückgeführt werden sollen.
Um diese Differenzierung zu ermöglichen, wird unter Punkt 2 des Musters zur Liquiditätsplanung prognostiziert,
   a) zu welchem Zeitpunkt die Liquiditätskredite für die Vor- bzw. Zwischenfinanzierung von Investitionen durch die Aufnahme von investiven Krediten (endgültige Finanzierung) voraussichtlich wieder abgebaut werden sollen. Dies ist

89 Vgl. Nr. 1 Hw. zu § 105 HGO, z. B. Zahlungsmittelbestände der Sondervermögens. Siehe ebenso Ziff. 13.6.1.1 – Verbindung der Sonderkassen von Sonder- und Treuhandvermögens mit der Gemeindekasse nach Nr. 1 Hw. zu § 1 GemKVO.

90 Der im Sinne von § 18 Abs. 1 Satz 2 GemKVO „notwendige Umfang" des Bestandes an Bargeld und Guthaben auf den für den Zahlungsverkehr bei Kreditinstituten errichteten Konten schließt die vorzuhaltende Liquiditätsreserve ein. So auch *HSGB* Nr. 7/2018, ED 114.

dem Umstand geschuldet, dass die Kreditermächtigungen für investive Maßnahmen nach § 103 Abs. 3 HGO nur zeitlich befristet Gültigkeit haben.[91]

b) welche öffentlich-rechtlichen Forderungen zwischenfinanziert werden müssen, da die Einzahlungen später eingehen. Lt. Vordruck handelt es sich um eine nachrichtliche Angabe, da die Auszahlungen bei der laufenden Verwaltungstätigkeit bereits unter Nr. 1 des Musters zur Liquiditätsplanung berücksichtigt sind. Daraus ist zu schließen, dass es sich hier **nur um zwischenfinanzierte Einzahlungen aus laufender Verwaltungstätigkeit** handeln kann.
Insofern wäre das Muster zur Liquiditätsplanung unvollständig bzw. missverständlich, da die zwischenfinanzierten **Einzahlungen aus Investitionstätigkeit** nicht berücksichtigt würden, z. B. insbesondere bei Zuweisungen, die nur nach Baufortschritt abgerufen werden können und die Gemeinde die Auszahlungen bereits vorfinanziert hat.
Des Weiteren würden sich unter der Position „Zwischenfinanzierung von öffentlich-rechtlichen Forderungen" nicht solche zwischenfinanzierten Einzahlungen aus Investitionstätigkeit subsumieren lassen, die keine öffentlich-rechtlichen Forderungen darstellen, z. B. zweckgebundene Spenden, Sponsoring, Verkaufserlöse.[92]

Grundsätzlich ist die Vorgehensweise der Berechnung nachvollziehbar. Allerdings sollte, um Missverständnisse zu vermeiden, das Muster zur Liquiditätsplanung entsprechend angepasst werden.

3. **Betrachtung der Kredittilgungen und der Zwischenfinanzierung von Investitionen des Haushaltsjahres**
Unter Punkt 3 des Musters erfolgt die Darstellung, inwieweit der Zahlungsmittelfluss aus laufender Verwaltungstätigkeit im Rahmen der Haushaltsplanung (Saldo zwischen Einzahlungen und Auszahlungen aus laufender Verwaltungstätigkeit)
   - die Auszahlungen zur ordentlichen Tilgung von Krediten sowie an das Sondervermögen Hessenkasse decken kann. Dieser Indikator gibt Auskunft darüber, ob die Gemeinde den nach § 92 Abs. 5 HGO geforderten Haushaltsausgleich des Finanzhaushalts im laufenden Haushaltsjahr erfüllt,
   - und inwieweit darüber hinaus noch Liquidität vorhanden ist, um z. B. Vor- und Zwischenfinanzierungen von Investitionen zu ermöglichen.[93]
4. **Betrachtung der Liquiditätsreserve**
Unter Punkt 4 des Musters erfolgt die Berechnung der Höhe der Liquiditätsreserve und die Prüfung, ob zu Beginn des Haushaltsjahres der Mindestbestand nach § 106 Abs. 1 Satz 2 HGO ohne Inanspruchnahme von Liquiditätskrediten vorgehalten werden kann.

91 Zur Vertiefung der Thematik befristete Gültigkeit der Kreditermächtigung siehe Ziff. 9.2.5.

92 Die Gemeinde müsste ggfs. ergänzende Angaben machen, um ein vollständiges Abbild der Liquiditätslage geben zu können.

93 Der Einsatz liquider Mittel zur Bildung des Mindestbetrages der Liquiditätsreserve nach § 106 Abs. 1 Satz 2 HGO hat Vorrang vor der Vermeidung von Investitionskrediten, vgl. Nr. 3 Hw. zu § 93 HGO.

Neben dem Muster zur Liquiditätsplanung, welches in den Finanzstatusbericht integriert ist (verbindliches Muster 20 zu § 60 GemHVO), werden in Hessen keine weitergehenden inhaltlichen oder sonstigen Anforderungen an die Liquiditätsplanung vorgegeben. Die Organisation sowie die weitere Ausgestaltung der Liquiditätsplanung im Laufe des Haushaltsjahres evtl. einschließlich der Finanzplanungsjahre liegt somit grundsätzlich im Ermessen der Gemeinde. Allerdings sollten folgende Mindestanforderungen für eine sachgerechte, kurzfristige Liquiditätsplanung erfüllt sein:[94]

- Schriftliche Dokumentation der Liquiditätsplanung,
- Planungszeitraum zwölf Monate,
- Rollierende unterjährige Liquiditätsplanung,
- Regelmäßige Bereitstellung von Finanzdaten durch die Fachbereiche (mittelbewirtschaftenden Stellen[95]), wenn mit größeren Ein- und Auszahlungen zu rechnen ist, § 18 Abs. 2 GemKVO; hier könnten Betragsgrenzen festgelegt werden (z. B. unterschiedliche Betragsgrenzen bei Ein- und Auszahlungen, bei investiven und konsumtiven Ein- und Auszahlungen usw.) Auch die Häufigkeit der Rückmeldungen könnte geregelt werden, z. B. sofortige/wöchentliche/monatliche Meldungen relevanter Zahlungsvorgänge,
- Regelung der Verantwortlichkeiten zur Erstellung bzw. Fortschreibung der Liquiditätsplanung,
- Getrennte Cashflow-Rechnung für laufende Verwaltungstätigkeit, Investitionstätigkeit sowie Finanzierungstätigkeit.

Damit wird die **Liquiditätsplanung Grundlage für die Genehmigung des Höchstbetrages der Liquiditätskredite**. Unabhängig davon, ob die Kommune Liquiditätskredite in der Haushaltssatzung festgesetzt hat, wird sie dennoch eine Liquiditätsplanung betreiben (müssen), um Folgendes sicherzustellen:

- Erstellung von Liquiditätsnachweisen für die Aufsichtsbehörde
  Alle Kommunen haben ab dem Haushaltsjahr 2020 folgende **Berichte der Aufsichtsbehörde bis zum 31. Januar** vorzulegen:
  - Bericht über den Stand der Liquiditätskredite zum 31.12. des Vorjahres
    Nach Nr. 9 Hw. zu § 105 HGO hat die Gemeinde der Aufsichtsbehörde über den Stand der Liquiditätskredite zum 31.12. des Vorjahres und deren Verwendung mit Begründung zu berichten. Insbesondere ist dazulegen, aus welchen Gründen die Liquiditätskredite bis zum 31.12. des Vorjahres nicht zurückgeführt werden konnten. Hierbei ist auch eine vorläufige Finanzrechnung vorzulegen.
  - Bericht über den Stand der Liquidität zum 31.12. des Vorjahres
    Nach Nr. 5 Hw. zu § 106 HGO hat die Gemeinde der Aufsichtsbehörde über den Stand der liquiden Mittel (ohne Differenzierung ihrer Zweckbindung) zum 31.12. des Vorjahres zu berichten. Dieser Bericht ist ebenso der Gemeindevertretung zur Kenntnis zu geben.

94 *Hess. Rechnungshof*, Online, Kommunalbericht 2013, S. 221/222 sowie *Fachverband der Kommunalkassenverwalter e. V.*, Fragen Nr. 19 und 20.

95 Siehe Ziff. 13.1.

- Berichtspflicht bei nicht ausgeglichenem Finanzhaushalt über den Stand der gebundenen Liquidität **bis zum 30. April**
  Nach Nr. 6 Hw. zu § 106 HGO hat die Gemeinde spätestens bis zum 30.4. der Aufsichtsbehörde über den Stand der gebundenen Liquidität zum 31.12. des Vorjahres zu berichten, sofern der Finanzhaushalt nicht ausgeglichen ist. Unter gebundener Liquidität sind Zahlungsmittel zu verstehen, die im Folgejahr für Investitionsauszahlungen, Sondertilgungen, Auszahlungen für Rückstellungen und Auszahlungen aus zu übertragenden Haushaltsermächtigungen Verwendung finden, vgl. Nr. 6 Satz 2 Hw. zu § 106 HGO.
  Für den Bericht an die Aufsichtsbehörde ist das den Hinweisen beigefügte Muster 3 zu Nr. 6 Hw. zu § 106 HGO[96] (Ermittlung ungebundene Liquidität) zu verwenden. Darüber hinaus ist dieser Bericht der Vertretungskörperschaft zur Kenntnis zu geben.
- Sicherstellung der stetigen Zahlungsfähigkeit der Gemeinde im laufenden Haushaltsjahr
  Nach Nr. 1 Hw. zu § 22 GemHVO erfordert die Sicherstellung der stetigen Zahlungsfähigkeit eine **sachgerechte Liquiditätsplanung**, d. h. eine rollierende Planung (Anpassung bzw. Überarbeitung) im Laufe des Haushaltsjahres in kürzeren Planungsintervallen, z. B. täglich, monatlich oder quartalsweise.[97] In dem Hinweis zu § 22 GemHVO wird auf die Anwendung des Musters zur Liquiditätsplanung im Finanzstatusbericht verwiesen, so dass die Liquiditätsplanung im Rahmen des Finanzstatusberichts nicht nur eine Anlage zum Haushaltsplan nach § 1 Abs. 5 Nr. 11 GemHVO ist, sondern auch im Laufe des Haushaltsjahres eingesetzt werden kann. Nur im Rahmen dieser unterjährigen Liquiditätsplanung können die Zahlungsströme überwacht und ausgewertet, Bestellungen, Auftragsvergaben etc. berücksichtigt[98] und die mittelbewirtschaftenden Fachbereiche[99] eingebunden werden.

13.6.4.3 Liquiditätsreserve

Um die stetige Zahlungsfähigkeit, d. h. die termingerechte und vollständige Leistung der Auszahlungen zu gewährleisten, **soll** ab dem 1.1.2019 nach § 106 Abs. 1 Satz 2 HGO eine **Liquiditätsreserve** (Liquiditätspuffer) vorgehalten werden. Hierunter ist der Bestand an flüssigen Mitteln ohne Liquiditätskredite zu verstehen.

Ziel und Zweck der gesetzlich geforderten Liquiditätsreserve ist neben der Sicherstellung der stetigen Zahlungsfähigkeit nach Nr. 3 und 4 Hw. zu § 106 HGO der Ausgleich von Schwankungen des Saldos aus der laufenden Verwaltungstätigkeit und die Vermeidung der Aufnahme von Liquiditätskrediten. Darüber hinaus ist eine Verwen-

96 Siehe im Downloadbereich des HMdIS.

97 Vgl. auch *Wöhe*, Kap. 4.4.3 und *Million*, Kap. 2, Online.

98 Sowie anstehende Inanspruchnahmen aus Rückstellungen und aus Vorjahren übertragene Ermächtigungen, zu erwartende Mehr- bzw. Mindereinzahlungen z. B. aus Steuern usw.

99 Nach § 18 Abs. 3 GemKVO haben die anordnenden Stellen die Gemeindekasse unverzüglich zu unterrichten, wenn mit größere Ein- und Auszahlungen zu rechnen ist.

dung zur kurzfristigen Vorfinanzierung von Investitionen zulässig, soweit die Mittel nicht für Auszahlungen im Rahmen der laufenden Verwaltungstätigkeit benötigt werden.

Es stellt sich die Frage, wie eine solche Liquiditätsreserve aufgebaut werden kann. Der Aufbau einer Liquiditätsreserve kann vorrangig nur durch Zahlungsmittelüberschüsse aus laufender Verwaltungstätigkeit unter Berücksichtigung der Auszahlungen für die ordentliche Tilgung von Investitionskrediten und der Auszahlungen an das Sondervermögen Hessenkasse gelingen, Nr. 3 S. 2 Hw. zu § 106 HGO. Hinweis Nr. 7 zu § 3 GemHVO, sieht dabei folgende **Reihenfolge** vor:

„Soweit der Zahlungsmittelüberschuss aus laufender Verwaltungstätigkeit (Saldo) den abzudeckenden Betrag der ordentlichen Tilgung sowie der Auszahlungen an das Sondervermögen „Hessenkasse" übersteigt, soll der übersteigende Betrag zunächst zur Rückzahlung von Liquiditätskrediten verwendet werden. Ein danach noch verbleibender Restbetrag ist vorrangig zum Aufbau der Liquiditätsreserve nach § 106 Abs. 1 Satz 2 HGO zu verwenden."

Damit hat der Ausgleich des Finanzhaushalts (sowie der Finanzrechnung im Rahmen des Jahresabschlusses) sowie die Rückzahlung von Liquiditätskrediten **Vorrang** vor dem Aufbau einer Liquiditätsreserve. Folgendes Beispiel soll zur Veranschaulichung dienen:

Haushaltsjahr		***2024***
Einzahlungen lfd. Verwaltungstätigkeit *Auszahlungen lfd. Verwaltungstätigkeit*		*12.500.000 €* *–10.000.000 €*
Zahlungsmittelüberschuss (+), Zahlungsmittelfehlbedarf (–) aus laufender Verwaltungstätigkeit (Saldo)		*2.500.000 €*
abzüglich: *ordentliche Tilgung einschl. Hessenkasse*	*1.100.000 €*	*–1.000.000 €*
Berücksichtigung zweckgebundene Einzahlungen für Tilgung	*–100.000 €*	
Zahlungsmittelüberschuss (+), Zahlungsmittelfehlbedarf (–) nach Abzug der Tilgungsleistungen (≥ 0, dann Ausgleich Finanzhaushalt)		*1.500.000 €*
abzüglich: *Rückzahlung bestehender Liquiditätskredite (im Beispiel: 100 T€), sofern ein ausreichender Zahlungsmittelüberschuss nach Abzug der Tilgungsleistung besteht*		*–100.000 €*
verbleibender Zahlungsmittelüberschuss (+) *Bestand an liquiden Mitteln zum Aufbau der Liquiditätsreserve*		*1.400.000 €*

Exkurs:
*Erst nachdem der verbleibende Zahlungsmittelüberschuss in Höhe von 1.400.000 € aufgebraucht ist **und** andere verfügbare Zahlungsmittelbestände – auch die der Sondervermögen – nicht zur Verfügung stehen (also ein **Liquiditätsengpass** entsteht), dürfen wieder neue Liquiditätskredite zur rechtzeitigen Leistung der Auszahlungen aufgenommen werden, siehe Nr. 1 Hw. zu § 105 HGO sowie Ziff. 9.5. und 13.6.4. Muss der Kassenbestand vorübergehend durch Liquiditätskredite verstärkt werden, hat die Gemeindekasse unverzüglich die Weisung des Bürgermeisters einzuholen, § 13 Abs. 3 GemKVO.*

Der **Mindestbestand an flüssigen Mitteln ohne Liquiditätskredite** (Liquiditätsreserve) soll sich i. d. R. auf mindestens 2 % der Summe der Auszahlungen aus laufender Verwaltungstätigkeit nach dem Durchschnitt der drei dem Haushaltsjahr vorangehenden Jahre belaufen. Aufgrund der in den Jahren 2020–2023 unsicheren finanziellen Rahmenbedingungen[100] erfolgt seitens der Aufsichtsbehörden keine Beanstandung, wenn die Kommunen die gesetzlich Liquiditätsreserve nicht bilden bzw. nicht bis zum Jahresende mehr vollständig vorhalten können.

Berechnungsbeispiel für eine mittelgroße Stadt für das Jahr 2024:	
Auszahlungen aus laufender Verwaltungstätigkeit 2023 (Planzahl)	
Plan-Zahl, da zum Zeitpunkt der Aufstellung der neuen Haushaltssatzung für 2024 noch keine Ist-Zahlen vorliegen können	*117.000.000 €*
Auszahlungen aus laufender Verwaltungstätigkeit 2022 (Ist-Zahl)	*116.999.501 €*
Auszahlungen aus laufender Verwaltungstätigkeit 2021 (Ist-Zahl)	*115.500.499 €*
Summe:	*349.500.000 €*
Durchschnittwert der drei vorangegangenen Jahre	*116.500.000 €*
davon 2 %	
Liquiditätsreserve für 2024	***2.330.000 €***

Da sich die Auszahlungen aus laufender Verwaltungstätigkeit jedes Jahr ändern, ist für **jedes Haushaltsjahr eine jährliche Neuberechnung erforderlich.**

Die Berechnung der Mindesthöhe der Liquiditätsreserve basiert auf den Auszahlungen aus laufender Verwaltungstätigkeit; nicht berücksichtigt sind hierbei die Auszahlungen für Investitionen sowie für Finanzierungstätigkeit (Tilgung). Dies kann damit begründet werden, dass die Investitionsauszahlungen in den einzelnen Jahren stark schwanken können (nicht in jedem Haushaltsjahr fallen hohe Investitionen an) und die Finanzierung neuer Investitionen – sofern keine vorrangigen Deckungsmittel zur Verfügung stehen – durch Investitionskredite gedeckt werden können. Zum anderen kann der Aufbau einer Liquiditätsreserve nur durch Zahlungsmittelüberschüsse aus laufender Verwaltungstätigkeit erfolgen. Vor diesem Hintergrund ist die Beschränkung

100 Wirtschaftliche Folgen der Corona-Pandemie, hohe Inflationsraten bedingt durch Störungen internationaler Lieferketten und der Energiekrise ausgelöst durch den Ukrainekrieg.

der Berechnung der Liquiditätsreserve auf die Auszahlungen aus laufender Verwaltungstätigkeit sachgerecht.

Nicht nachvollziehbar ist allerdings, ob es sich bei der 2-Prozent-Grenze um ein optimales Liquiditätspolster handelt. Grundsätzlich haben hohe Zahlungsmittelbestände den Vorteil guter Vorsorge gegen das Überschuldungsrisiko (vgl. § 92 Abs. 7 HGO), andererseits haben sie den Nachteil fehlender Verzinsung.[101] Es liegt die Vermutung nahe, dass man sich bei der Festlegung der 2-Prozent-Grenze an der Regelung aus dem kameralen Recht[102] orientiert hat, wonach ein Sockelbetrag der Allgemeinen Rücklage in Höhe von 2 % der Ausgaben des Verwaltungshaushalts zur rechtzeitigen Leistung von Ausgaben vorzuhalten war.

Eine über den Mindestbestand hinausgehende Liquiditätsreserve liegt im Ermessen der jeweiligen Kommune und ist vor dem Hintergrund der jeweiligen örtlichen Verhältnisse zu beurteilen, vgl. Nr. 3 Satz 3 Hw. zu § 106 HGO.

Zur Beurteilung der Liquiditätslage der jeweiligen Kommune wird die Liquiditätsreserve des Haushaltsjahres (im Beispiel: Haushaltsjahr 2024) dem Zahlungsmittelbestand[103] **zum Beginn des Haushaltsjahres** (im Beispiel: 1.1.2024) gegenübergestellt. Sollten in dem Zahlungsmittelbestand zum 1.1. Liquiditätskredite enthalten sein, müssen diese vorher bereinigt werden, da für die Gegenüberstellung der **Zahlungsmittelbestand ohne Liquiditätskredite** maßgebend ist.

Bestand an Zahlungsmitteln zum 1.1.	*2.100.000 €*	
In Anspruch genommene Liquiditätskredite zum 1.1.	*–100.000 €*	
*Zahlungsmittelbestand **ohne** Liquiditätskredite am 1.1., (Nettoliquidität);*		*2.000.000 €*
Liquiditätsreserve nach § 106 HGO (Berechnung siehe oben)		*2.330.000 €*

Die Gegenüberstellung zeigt, dass die nach § 106 Abs. 1 Satz 2 HGO vorzuhaltende Liquiditätsreserve **zwar nicht zu 100 % aber zu ca. 86 % erreicht** wird. Damit kann diese Kommune grundsätzlich Schwankungen des Saldos aus laufender Verwaltungstätigkeit ausgleichen und zunächst die Aufnahme von Liquiditätskredite vermeiden, vgl. Nr. 3 und 4 zu § 106 HGO.

Seit 2019 ist die Beurteilung der Liquiditätslage (Berechnung siehe oben) eine von mehreren Indikatoren zur insgesamten Beurteilung der finanziellen Leistungsfähigkeit einer Kommune im Rahmen des kommunalen Auswertungssystems Hessen (kash).[104] Die Entwicklung der finanziellen Situation der hessischen Kommunen zeigt, dass in **09/2019** (also vor Corona) insgesamt 327 Kommunen (73,6 %) die Liquiditätsreserve vollständig nachweisen konnten, während lediglich 43 Kommunen (9,7 %) dazu nicht

101 Vgl. *Wöhe*, Kap. 4.3.

102 Siehe § 20 GemHVO 1974 sowie *Daneke* in KVR Hessen, § 106 HGO Rn. 3a.

103 Siehe Muster 20 – Finanzstatusbericht, Tabelle: Finanzielle Leistungsfähigkeit, Nr. 4.2.

104 *Georg/Gnädinger/Hardt*, der gemeindehaushalt, S. 110 ff.. Siehe auch Ziff, 6.6 (Finanzstatusbericht).

in der Lage waren. Insgesamt 74 Kommunen (16,7 %) konnten die Liquiditätsreserve zumindest teilweise vorhalten.[105]

Abschließend stellt sich noch die Frage, welche Voraussetzungen bzw. Anforderungen im Rahmen der Planung bzw. der Rechnungslegung (Jahresabschluss) erfüllt sein müssen, um Zahlungsmittelüberschüsse aus laufender Verwaltungstätigkeit zur (endgültigen) Finanzierung von Investitionen heranziehen zu können. Dass dies grundsätzlich auch eine Zielsetzung der Liquiditätssicherung ist, geht aus Nr. 2 Hw. zu § 106 HGO, hervor. Hiernach dient der Aufbau von Liquidität nicht nur der Sicherung der Zahlungsfähigkeit, sondern ebenso dazu, den Fremdfinanzierungsanteil (Kredite nach § 103 HGO) nachhaltig zu reduzieren, um die in § 93 HGO geregelt Finanzierungsreihenfolge einzuhalten (oder um Sondertilgungen, sogenannte außerordentliche Tilgungen, zu leisten).

Wenn als Maßstab eine nachhaltige und stetige Aufgabenerfüllung zugrunde gelegt werden soll, die auch den Ausgleich der Ergebnis- und Finanzplanung im Blick behält und die Zielsetzungen des § 106 Abs. 1 HGO (Ausgleich von Schwankungen des Saldos aus laufender Verwaltungstätigkeit und Vermeidung der Aufnahme von Liquiditätskrediten) nicht aushebeln möchte, dürften Zahlungsmittelüberschüsse aus laufender Verwaltungstätigkeit nur dann zur (endgültigen) Finanzierung von Investitionen nur herangezogen werden, wenn

- die Liquidität aus laufender Verwaltungstätigkeit **über dem Mindestbestand der vorgeschriebenen Liquiditätsreserve liegt** (sogenannte freie Liquidität bzw. Innenfinanzierungspotential vorhanden ist) **und**
- die Kommune **insgesamt**, d. h. einschließlich der Finanzplanungsjahre als finanziell leistungsfähig eingestuft werden kann,[106] insbesondere der Saldo aus laufender Verwaltungstätigkeit die ordentliche Tilgung von Krediten sowie die Auszahlungen an das Sondervermögen Hessenkasse in voller Höhe decken kann. Weitere maßgebliche Indikatoren hierfür ergeben sich aus dem kommunalen Auswertungssystem Hessen.[107]

In Nr. 3 Hw. zu § 93 HGO wird zumindest geregelt, dass die Bildung des Mindestbestandes der Liquiditätsreserve Vorrang vor der Vermeidung von Investitionskrediten hat. So könnten grundsätzlich liquide Mittel über dem Mindestbestand zur Finanzierung von Investitionen verwendet werden, sofern die über dem Mindestbestand vorhandenen liquiden Mittel ungebunden sind, d. h. dass sie nicht für Auszahlungen aus Rückstellungen, aus übertragenen Haushaltsermächtigungen, Sondertilgung u. Ä. benö-

105 *HMdIS*, Entwicklung 2019 der Finanzsituation der hessischen Kommunen. Online.

106 Wegen der Sicherstellung der **stetigen** Zahlungsfähigkeit (d. h. auch in den Finanzplanungsjahren) ist im Hinblick auf die Eigenfinanzierung von Investitionen vorrangig die Entwicklung der Finanzlage in den Finanzplanungsjahren zu beachten, d. h. sofern die Liquidität aus laufender Verwaltungstätigkeit in den Finanzplanungsjahren **nicht** den Mindestbestand der Liquiditätsreserve nachweisen kann (also eine Verschlechterung der finanzielle Leistungsfähigkeit eintritt) oder sogar Liquiditätskredite aufgenommen werden müssen, sollten im laufenden Haushaltsjahr keine Investitionen aus dem Zahlungsmittelüberschuss aus laufender Verwaltungstätigkeit finanziert werden können.

107 Muster Kommunales Auswertungssystem Hessen „kash“ 2.0 in Downloadbereich des HMdIS.

tigt werden. Es bleibt abzuwarten, welche Anforderungen sich in der aufsichtsbehördlichen Praxis etablieren werden.

Zweckverbände sowie Wasser- und Bodenverbände können nach Nr. 7 Hw. zu § 106 HGO auf die Bildung der Liquiditätsreserve verzichten, da es sich hier um umlagefinanzierte Verbände handelt.

13.6.4.4 Geldanlage

Eine Liquiditätsplanung ist ebenso erforderlich, sofern vorübergehend **nicht** benötigte Kassenmittel, das meint den Bestand an Bargeld und die Guthaben auf den für den Zahlungsverkehr bei Kreditinstituten errichteten Konten[108] angelegt werden sollen bzw. überwacht werden müssen, damit sie bei Bedarf wieder verfügbar sind, § 18 Abs. 1 GemKVO. Nach § 22 Abs. 1 GemHVO können allerdings nur die flüssigen Mittel, welche die **Liquiditätsreserve nach § 106 Abs. 1 Satz 2 HGO übersteigen** und aufgrund der Liquiditätsplanung absehbar **nicht** für Auszahlungen benötigt werden, angelegt werden.[109]

Nach § 108 Abs. 2 GemHVO sind die Vermögensgegenstände pfleglich und wirtschaftlich zu verwalten und ordnungsgemäß nachzuweisen. Unter diesen Vermögensbegriff im Sinne von § 108 Abs. 2 HGO sind auch Geldanlagen zu subsumieren. Unter einer Geldanlage versteht man die Anlage von im Kassenbestand enthaltenen Zahlungsmitteln bei Institutionen der Finanzwirtschaft, Nr. 5 Hw. zu § 108 HGO. **Nicht** zu den Geldanlagen gehören die Guthaben auf den Giro- und Postgirokonten, die dem laufenden Zahlungsverkehr dienen, § 34 Nr. 6 GemKVO.

Für Geldanlagen gelten folgende Grundsätze und genau in dieser Reihenfolge (§ 108 Abs. 2 Satz 2 HGO i. V. m. Nr. 5 Hw. zu § 108 HGO):

1. Sicherung des Kapitalstocks
2. Sicherheit des erwirtschafteten Ertrags
3. Angemessenheit des Ertrags.

Damit hat die Sicherheit der Geldanlage Vorrang vor der Höhe des Ertrages. Dies gilt auch in Zeiten von Niedrig- und Negativzinsen. Durch diese Grundsätze i. V. m. dem Haushaltsgrundsatz der stetigen Aufgabensicherung (§ 92 Abs. 1 HGO) sind folglich Spekulationsgeschäfte ausgeschlossen.

Die bis 2022 anhaltende Niedrigzinsphase führt dazu, dass bewährte Anlageformen unattraktiv geworden sind und die Gemeinden bei manchen Geldanlagen sogar negative Renditen hinnehmen müssen. Hinzu kommt der Wegfall des freiwilligen Einla-

108 Z. B. Giro- und Postgirokonten.

109 Der im Sinne von § 18 Abs. 1 Satz 2 GemKVO „notwendige Umfang" des Bestandes an Bargeld und Guthaben auf den für den Zahlungsverkehr bei Kreditinstituten errichteten Konten schließt die vorzuhaltende Liquiditätsreserve ein. So auch *HSGB* Nr. 7/2018, ED 114.

gensicherungsfonds bei Kreditinstituten für Einlagen der Kommunen.[110] Damit stehen die Kommunen, die Geld anlegen können und wollen, vor großen Herausforderungen. Standardlösungen können nicht angeboten werden, es werden vielmehr recht unterschiedliche Maßnahmen in der Fachliteratur vorgestellt.[111] Die Hinweise Nrn. 6 bis 17 zu § 108 HGO geben zumindest einen groben Rahmen vor.

Die Hinweise Nrn. 5 bis 17 zu § 108 HGO ersetzen die Hinweise des Hess. Ministeriums des Innern und für Sport zu Geldanlagen und Einlagensicherung vom 29.5.2018 und gelten nur für Geldanlagen, die nach Inkrafttreten dieses Erlasses vorgenommen werden. Bestehende Geldanlagen, die auf der Grundlage vom 29.5.2018 oder der außer Kraft getretenen Anlagerichtlinien des Hess. Ministeriums des Innern und für Sport zu kommunalen Anlagegeschäften und derivativen Finanzgeschäften (StAnz. Land Hessen 209, S. 701) getätigt wurden bleiben von diesen Bestimmunen unberührt, Nr. 18 Hw. zu § 108 HGO.

In diesem Zusammenhang wird darauf hingewiesen, dass die Gemeinden Anlagerichtlinien zu erlassen haben, die die Sicherheitsanforderungen (inkl. des erforderlichen Ratings der Gesamt- und Einzelanlage), die Verwaltung der Geldanlagen durch die Gemeinde und regelmäßige Berichtspflichten regeln. Diese Richtlinien sind von der kommunalen Vertretungskörperschaft zu beschließen, Nr. 14 Hw. zu § 108 HGO, unterliegen aber nicht der Genehmigung der Aufsichtsbehörde. Allerdings sind sie der Aufsichtsbehörde zur Kenntnis zu überlassen, Nr. 17 Hw. zu § 108 HGO.

Sofern nicht etwas anderes bestimmt ist, hat die Gemeindekasse den Bürgermeister über die Anlage vorübergehend nicht benötigter Kassenmittel **regelmäßig zu unterrichten**, § 18 Abs. 2 und 3 GemKVO.

Insgesamt ist festzustellen, dass die Liquiditätsplanung incl. Geldanlage zukünftig immer mehr an Bedeutung gewinnt. Dies ist nicht zuletzt den Ergebnissen der Studie zum kommunalen Liquiditätsmanagement des Fachverbandes der Kommunalkassenverwalter e. V. in Kooperation mit der Unternehmensberatung PricewaterhouseCoopers (PwC) vom 29.12.2014 geschuldet, sondern auch der Insolvenz der Greensill-Bank 2021, von der auch einige hessische Kommunen hart getroffen wurden. Vor diesem Hintergrund wird bzw. wurde bereits in diversen Kommunen ein über eine Liquiditätsplanung hinausgehendes kommunales Liquiditätsmanagement[112] implementiert.

110 D. h. die Geldanlagen von Bund, Ländern und Kommunen sind ab 1.10.2017 nicht mehr von dem freiwilligen Einlagensicherungsfonds der Kreditinstitute geschützt, da lt. dem Bankenverband diese Marktteilnehmer über notwendige Kenntnisse verfügen, um Risiken aus Geldanlagen einschätzen zu können. Geldanlagen, die vor diesem Stichtag angelegt wurden, genießen Bestandsschutz. Siehe hierzu auch *Schelberg/Dumele*, der gemeindehaushalt 7/2019, S. 156 ff.

111 Vgl. *Rottmann/Krampe/Beuter*, Ausgabe 1/2018, S. 11 sowie *Schelberg/Dumele*, der gemeindehaushalt 7/2019, S. 156 ff.

112 Wird in der Betriebswirtschaftslehre auch als Cash Management bezeichnet.

13.6.5 Verwaltung von Wert- und anderen Gegenständen

Nach § 110 HGO i. V. m. § 1 GemKVO ist es weiterhin Aufgabe der Gemeindekasse, die Wert- und anderen Gegenstände zu verwahren, § 1 Abs. 1 Nr. 3 und §§ 19 bis 21 GemKVO.

Die Zahlungsmittel, die Vordrucke für Schecks und Überweisungsaufträge sowie die technischen Hilfsmittel zur Identifikation im Zahlungsverkehr sind sicher aufzubewahren. Entsprechende Sicherheitsvorkehrungen bestimmt der Bürgermeister (siehe § 19 Abs. 1 GemKVO). Der Zugang zum Kassenbehälter (Tresor, Stahlschrank) sollte so geregelt werden, dass zwei Bedienstete nur gemeinsam den Kassenbehälter öffnen können, vgl. Nr. 2 Hw. zu § 19 GemKVO. In diesem Zusammenhang sind ebenso die Sicherheitsvorkehrungen für die Beförderung von Zahlungsmitteln zu regeln.

Die Verwahrung von Wert- und anderen Gegenständen ist in den §§ 19 bis 21 GemKVO einschl. der hier bekanntgegebenen Hinweise geregelt.

13.6.6 Gemeindekasse und Finanzbuchhaltung

Die Einführung des NKRS in Hessen berührte auch das Kassenwesen, insbesondere die Hauptaufgaben Buchführung und Zahlungsverkehr. Vor allem die Buchführung, die alle Geschäftsvorfälle und die sich aus ihnen ergebenden Auswirkungen auf das Gemeindevermögen aufzeichnet, entwickelt sich zu einer Finanzbuchhaltung nach kaufmännischem Vorbild.[113] In den Gemeindeordnungen von Nordrhein-Westfalen und Schleswig-Holstein wird daher anstelle des Begriffs „Gemeindekasse" der Begriff **„Finanzbuchhaltung"** verwendet.

Auch die Länder Niedersachsen, Rheinland-Pfalz, Saarland und Nordrhein-Westfalen haben auf diese Entwicklung reagiert und als Folge davon die Gemeindekassenverordnungen aufgehoben; grundsätzliche Vorschriften für die Zahlungsabwicklung und über die Finanzbuchhaltung wurden in die Gemeindeordnungen und die Gemeindehaushaltsverordnungen integriert.[114] Das Land Hessen hat sich dieser Entwicklung **nicht** angeschlossen und hat die zum 1.1.2012 neugefasste und durch Verordnung vom 7. Dezember 2016[115] geänderte Verordnung über die Kassenführung der Gemeinden (Gemeindekassenverordnung – GemKVO) beibehalten. Diese tritt mit Ablauf des 31. Dezember 2024 außer Kraft, § 37 GemKVO.

113 Vgl. *Henneke/Strobl/Diemert*, Recht der kommunalen Haushaltswirtschaft, § 12 Rdnr. 1.
114 Vgl. *Henneke/Strobl/Diemert*, Recht der kommunalen Haushaltswirtschaft, § 12 Rdnr. 98.
115 Siehe GVBl. I, S. 254.

Insgesamt stellt sich zurzeit die Situation in Hessen wie folgt dar: Die haushaltsrechtlichen Regelungen, die Buchführung und das Inventar sowie der Jahres- und Gesamtabschluss sind in der GemHVO geregelt, während die kassenrechtlichen Vorschriften nach wie vor in der GemKVO zu finden sind. Um eine einheitliche Anwendung der kassenrechtlichen Vorschriften in der Praxis zu erleichtern, wurden nach Anhörung der kommunalen Spitzenverbände in Hessen im November 2016 Hinweise zur GemKVO erlassen. Ob und inwieweit Hessen dem Beispiel der o. g. Bundesländer folgt, lässt sich derzeit nur schwer einschätzen.

Weitergehende Ausführungen zu den Themen Buchführung, Inventar sowie Jahres- und Gesamtabschluss sind den speziellen Kap. 15–18 vorbehalten.

– Kapitel 14 –

Inhaltsverzeichnis

14. Nachtragssatzung, Nachtragshaushaltsplan und Bewilligung von zusätzlichen Haushaltsmitteln

14.1 Nachtragssatzung und Nachtragshaushaltsplan

14.1.1 Notwendigkeit der Nachtragssatzung

Die GemHVO trägt der Philosophie des NKRS Rechnung[1] und bestimmt, dass jeder Teilhaushalt kraft Verordnung eine Bewirtschaftungseinheit (Budget) bildet (§ 4 Abs. 1 GemHVO). So kann im Rahmen der Budgetierung – je nach individueller örtlicher Ausgestaltung – ein Großteil der unterjährig auftretenden Abweichungen aufgefangen werden (siehe Ziffn. 6.2.5 und 7.4.3).

Allerdings können im Laufe eines Haushaltsjahres[2] – trotz sorgfältiger Vorbereitungen und Planungen sowie größtmöglicher Flexibilisierung bei der Ausführung des Haushalts – immer wieder Umstände eintreten, die eine Änderung bzw. Ergänzung der ursprünglichen Haushaltssatzung notwendig machen. Gerade in den letzten Jahren wurde deutlich, dass durch die zunehmende Globalisierung und deren unmittelbare Auswirkungen auf die kommunalen Haushalte[3] kurzfristig, d. h. noch innerhalb des laufenden Haushaltsjahres, Anpassungen bzw. Fortschreibungen unumgänglich werden. Zudem spielt auch der Zeitpunkt der Aufstellung des Haushaltsplans eine Rolle. Da diese bereits Mitte des Vorjahres beginnt, sind zu diesem Zeitpunkt nicht alle (finanziellen, konjunkturellen …) Entwicklungen und Tendenzen erkennbar oder prognostizierbar. § 98 HGO trägt dem Rechnung und regelt, dass die ursprüngliche Haushaltssatzung (siehe Kap. 11) durch „Nachtragssatzung“ geändert werden kann.[4] Hierbei ist die Anzahl der Nachtragssatzungen nicht begrenzt. Demnach ist es möglich, dass mehrere Nachtragssatzungen innerhalb eines Haushaltsjahres verabschiedet werden können. Um die Fortschreibungen nachzuvollziehen, werden die Nachtragssatzungen nummeriert, 1. Nachtragssatzung, 2. Nachtragssatzung usw.[5] Die Nachtragssatzungen müssen spätestens bis zum Ablauf des Haushaltsjahres (31.12.) von der Gemeindevertretung beschlossen werden (§ 98 Abs. 1 HGO, siehe ebenso Ziff. 14.1.4). In Anbetracht dieser zeitlichen Vorgabe ist naturgemäß die Anzahl der Nachtragssatzungen pro Haushaltsjahr begrenzt. Zu beachten ist in diesem Zusammenhang, dass für die

---

1 *Adrian* u. a., Handbuch Kommunalpolitik Hessen, Kap. II.4.1.6. *„Nach der Philosophie des NKRS sollten Nachtragssatzungen dem Grunde nach überflüssig werden, da über die Budgets die Finanzströme flexibler gehandhabt werden können, als dies bislang über die einzelnen Veranschlagungen in den Haushaltsplänen der Fall war.“*

2 Siehe § 94 Abs. 4 HGO: Das Haushaltsjahr entspricht dem Kalenderjahr.

3 Banken- und Finanzkrise 2008/2009, Flüchtlingskrise 2015/2016, Corona-Pandemie 2020–2022, Energiekrise ausgelöst durch den Ukraine-Krieg 2022/2023.

4 Im Bereich der Haushaltswirtschaft bezeichnet man die Änderungssatzung gemäß § 98 HGO als Nachtragssatzung.

5 So hat z. B. der Bundestag im Haushaltsjahr 2015 (Flüchtlingskrise) und das Land Hessen im Haushaltsjahr 2020 zwei Nachtragssatzungen (Corona-Pandemie) erlassen.

Anhebung der Hebesätze der Realsteuern der Beschluss der Gemeindevertretung bis zum 30.6. gefasst werden muss,[6] siehe hierzu Ziff. 14.1.4.

Vor diesem Hintergrund und der beschriebenen Planungsunsicherheit erlassen die Gemeinden in der Regel Haushaltssatzungen für ein Haushaltsjahr; grundsätzlich besteht auch die Möglichkeit des Erlasses einer Haushaltssatzung für zwei Jahre nach § 94 Abs. 3 HGO. Zu den Vor- und Nachteilen eines Doppelhaushalts siehe Ziff. 11.1.

Nach Nr. 1 Hw. zu § 98 HGO ist allerdings in den Fällen **keine Nachtragssatzung** zu erlassen, in denen die Gemeindevertretung selbst ihren Beschluss über die Haushaltssatzung ändern möchte, bevor diese Haushaltssatzung rechtswirksam geworden ist, d. h. es soll eine Änderung vorgenommen werden, **noch bevor** diese Haushaltssatzung öffentlich bekannt gemacht und damit rechtswirksam zustande gekommen ist. In der Praxis könnte sich ein solcher Fall ergeben, wenn das Genehmigungsverfahren bei der Aufsichtsbehörde – aus welchen Gründen auch immer – längere Zeit in Anspruch nimmt, die Gemeindevertretung aber eine, aus ihrer Sicht dringende, Änderung der Haushaltssatzung vornehmen möchte. In diesem Fall ist ein erneuter Beschluss der Gemeindevertretung über die Haushaltssatzung erforderlich und die geänderte Haushaltssatzung ist dann der Aufsichtsbehörde nachzureichen.[7] Anlass für einen solchen Beschluss, der eine Änderung einer noch nicht in Kraft getretenen Haushaltssatzung bewirken soll, kann auch eine Auflage der Aufsichtsbehörde im Rahmen des haushaltsrechtlichen Genehmigungsverfahrens sein; man spricht dann von einem „Beitrittsbeschluss“, mit dem sich die Gemeindevertretung das Verlangen der Aufsichtsbehörde zu eigen macht.

Da der Haushaltsplan Bestandteil der Haushaltssatzung ist (§ 94 Abs. 2 HGO), bedingt eine Planfortschreibung die Änderung der Haushaltssatzung. Eine Änderung der Haushaltssatzung ohne gleichzeitige Haushaltsplanänderung ist zwar denkbar (z. B. nur Erhöhung der Liquiditätskreditermächtigung in § 4 der Haushaltssatzung), jedoch in der Praxis kaum anzutreffen. Durch die Nachtragssatzung einschließlich Nachtragshaushaltsplan werden Haushaltssatzung und Haushaltsplan ergänzt, fortgeschrieben, berichtigt oder geändert.

Grundsätzlich steht es der Gemeinde frei, ob und zu welchem Zeitpunkt sie **innerhalb eines Haushaltsjahres** Nachtragssatzungen erlässt, d. h. sie kann jederzeit Nachtragssatzungen erlassen, wenn sie es für notwendig oder angebracht hält.[8] Neben dieser im Ermessen der Gemeinde stehenden Möglichkeit, eine Nachtragssatzung zu erlassen, muss die Gemeinde in verschiedenen Situationen auf Grund gesetzlicher Regelung zwingend eine Nachtragssatzung erlassen. Diese besonderen Regelungen bedürfen einer gezielten Betrachtung.

Für das formelle Erlassverfahren der Nachtragssatzungen gelten die Vorschriften für die Haushaltssatzung entsprechend (§ 98 Abs. 4 HGO i. V. m. §§ 97 und 97a HGO).

---

6 Für die Landkreise ist bei der Anhebung der Kreis- und Schulumlage § 50 Abs. 5 HFAG zu beachten.

7 Siehe auch Ausführungen bei *Daneke* in KVR Hessen, § 98 HGO Rn. 2.

8 Vgl. Nr. 3 Hw. zu § 98 HGO.

Die Nachtragssatzungen treten nach der vollendeten Bekanntmachung rückwirkend zum 1.1. des Haushaltsjahres in Kraft (siehe Ziffn. 11.1.2 und 11.3).

14.1.2 Pflicht zum Erlass einer Nachtragssatzung

14.1.2.1 Überblick

Die wichtigsten Tatbestandsmerkmale, die zum Erlass einer Nachtragssatzung **zwingen**, enthält § 98 Abs. 2 HGO; es gibt jedoch darüber hinaus noch weitere Erfordernisse, die einen Erlass einer Nachtragssatzung notwendig machen können. Zunächst daher folgende Übersicht zur Systematisierung:

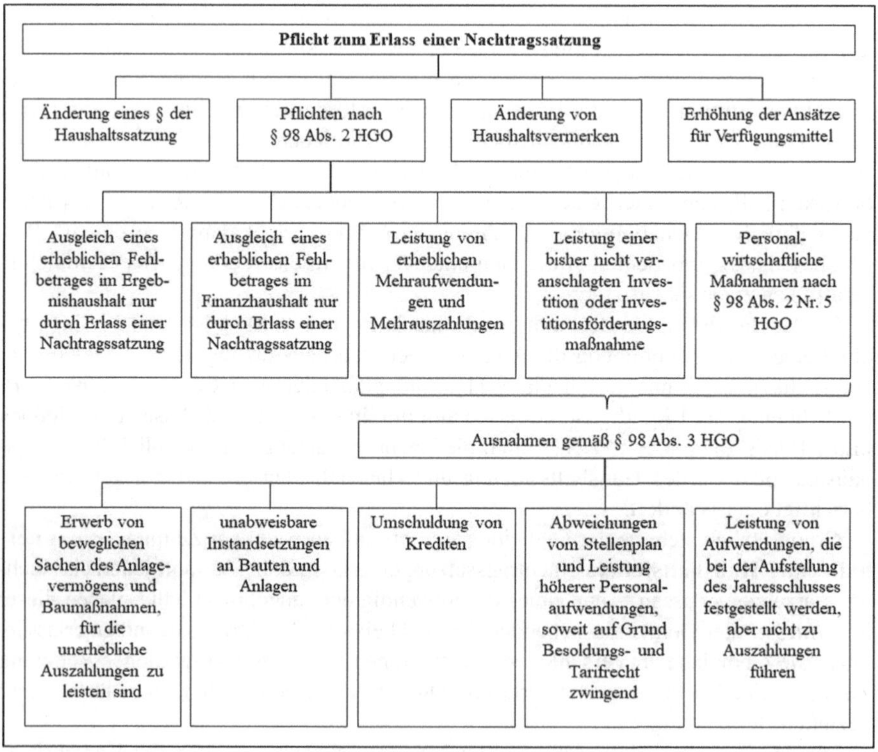

Die einzelnen – zunächst schlagwortartig aufgeführten – Pflichten bedürfen einer eingehenden Erläuterung.

14.1.2.2 Änderung eines Paragrafen der Haushaltssatzung

Soweit die Gemeinde Festsetzungen der ursprünglichen Haushaltssatzung ändern möchte, bedarf es naturgemäß des Erlasses einer Nachtragssatzung (eine Haushaltssatzung kann nur durch eine Nachtragssatzung geändert werden). Dies kann insbesondere dann der Fall sein, wenn durch Änderungen im Laufe des Haushaltsjahres der Ursprungsplan insgesamt nicht mehr den Vorstellungen der Gemeinde entspricht, z. B.:

§ 1 der Haushaltssatzung bedarf bei einer Fortschreibung des Haushalts**planes** einer Änderung, da die Gesamtsummen des § 1 (für den Ergebnis- und Finanzhaushalt) in der Nachtragssatzung neu festgesetzt werden.[9] Dieses gilt auch dann, wenn trotz Änderung einzelner Haushaltspositionen die Gesamtsummen des Ergebnis- bzw. des Finanzhaushalts unverändert bleiben. Rechtlich gesehen handelt es sich dabei um eine Neufestsetzung, da die Addition der Ansätze der Haushaltspositionen, die zu den jeweiligen Gesamtsummen führen, sich **inhaltlich** geändert hat. Die Änderung des Haushaltsplanes erfordert ausnahmslos den Erlass einer Nachtragssatzung. Nicht darunter fallen die Bewilligungen von über- und außerplanmäßigen Aufwendungen und Auszahlungen i. S. v. § 100 HGO,[10] siehe hierzu auch Ziff. 14.1.3.

Bei einer Änderung des Kreditvolumens ist **§ 2 der Haushaltssatzung** entsprechend anzupassen.[11]

Die Erhöhung des Gesamtbetrages der Verpflichtungsermächtigungen führt zu einer Änderung des **§ 3 der Haushaltssatzung**. Wie aus den Darstellungen zu Ziff. 14.3 ersichtlich ist, sind über- und außerplanmäßige Verpflichtungsermächtigungen nur zulässig, wenn in gleicher Höhe Einsparungen bei anderen Verpflichtungsermächtigungen vorhanden sind (§ 102 Abs. 5 HGO). Demnach darf die Gemeinde den in § 3 der Haushaltssatzung festgesetzten Gesamtbetrag der Verpflichtungsermächtigungen nicht überschreiten. Den Gesamtbetrag überschreitende zusätzliche Verpflichtungsermächtigungen können somit nur über eine Nachtragssatzung bereitgestellt werden, auch dann, wenn es sich nur um geringfügige Überschreitungen handelt.

Wenn eine Änderung des Höchstbetrages der Liquiditätskredite erforderlich wird, ist **§ 4 der Haushaltssatzung** entsprechend zu ändern. Ausnahmeweise lässt das HMdIS nach Nr. 6 Hw. zu § 105 HGO ein notwendiges Überschreiten des Höchstbetrages der Liquiditätskredite vor Erlass der zwingend erforderlichen Nachtragssatzung in den Fällen zu, wenn **unvorhersehbare Ereignisse** zu sofortigen Auszahlungen führen, z. B. größere Steuerrückzahlungen, Finanzbedarfe nach Naturkatastrophen. Voraussetzung dafür ist, dass vorab eine entsprechende Beschlussfassung der Gemeindevertretung sowie eine Abstimmung mit der zuständigen Aufsichtsbehörde erfolgt.

Auch die Hebesätze der Realsteuern in **§ 5 der Haushaltssatzung** können durch Nachtragssatzung geändert werden. Bei einer Erhöhung muss jedoch gemäß § 25 Abs. 3 GrStG bzw. § 16 Abs. 3 GewStG der Beschluss der Gemeindevertretung bis

---

9 Vgl. Muster 2 zu § 60 Nr. 2 GemHVO.

10 Vgl. § 8 Abs. 1 Satz 2 i. V. m. Nr. 2 Hw. zu § 8 GemHVO.

11 Einer Änderung der Festsetzung des Kreditvolumens (§ 2 der Haushaltssatzung) geht systemimmanent immer auch eine Änderung des § 1 der Haushaltssatzung im Bereich des Finanzhaushalts (Einzahlung/Auszahlung aus Investitionstätigkeit) voraus.

zum 30.6. des laufenden Haushaltsjahres erfolgen (Näheres siehe Ziffn. 11.2.2.5 sowie 14.1.4).[12]

Sofern ein Haushaltssicherungskonzept nach § 92a HGO aufzustellen und im Rahmen von **§ 6 der Haushaltssatzung** zu beschließen war (siehe Ziff. 10.5), führen Änderungen hinsichtlich der Festlegungen über Konsolidierungsmaßnahmen oder Änderungen hinsichtlich des Konsolidierungszeitraumes zwingend zum Erlass einer Nachtragssatzung, da es sich hier um verbindliche Festlegungen handelt. Insbesondere bei der Verlängerung des Konsolidierungszeitraumes ist u. U. nach § 92a Abs. 3 HGO das Einvernehmen der oberen Aufsichtsbehörde einzuholen.

Will die Gemeinde den Stellenplan ändern, kann sie dies ebenfalls nur durch Nachtragssatzung umsetzen, da der gültige Stellenplan durch **§ 7 der Haushaltssatzung** festgesetzt wird, siehe Nr. 2 Hw. zu § 95 HGO. In der Nachtragssatzung ist dann in § 7 das Datum des Beschlusses über den geänderten Stellenplan einzusetzen. Das ist in der Regel das Datum der Beschlussfassung über die Nachtragssatzung, da der Stellenplan als Bestandteil des Haushaltsplanes (§ 95 Abs. 3 Satz 2 HGO, § 1 Abs. 1 Nr. 3 GemHVO) Anlage zur Haushaltssatzung und damit auch Anlage zur Nachtragssatzung ist.

Letztlich sind auch die fakultativen (freiwilligen) Festsetzungen in den **§§ 8 ff. der Haushaltssatzung** nur durch eine Nachtragssatzung änderbar.[13]

14.1.2.3 Pflichten nach § 98 Abs. 2 HGO

§ 98 Abs. 2 HGO regelt Voraussetzungen, nach denen **zwingend** und **unverzüglich** eine Nachtragssatzung zu erlassen ist.[14] Nach § 100 Abs. 5 HGO bleiben die Vorschriften des § 98 Abs. 2 HGO unberührt. Dies hat zur Konsequenz, dass zunächst geprüft werden muss, ob ein Sachverhalt vorliegt, der den Erlass einer Nachtragssatzung zwingend zur Folge hat, **bevor über- und außerplanmäßige Aufwendungen und Auszahlungen nach § 100 HGO möglich sind.**

---

12 Für die Erhöhung der Hebesätze der Kreis- und Schulumlage, die von Landkreisen festgesetzt werden, muss der Beschluss des Kreistages bis zum 31. August des laufenden Haushaltsjahres erfolgen gemäß § 50 Abs. 5 HFAG.

13 Fakultative Festsetzungen in der Haushaltssatzung sind in Ziff. 11.2.3 näher beschrieben. Durch die Aufnahme in die Haushaltssatzung erhalten die fakultativen Regelungen **Satzungscharakter** und können daher nur durch eine Nachtragssatzung geändert werden. Es empfiehlt sich, fakultative Regelungen so zu gestalten, dass sie unterjährig unter bestimmten Voraussetzungen „geöffnet" werden können, z. B.: „Über die Aufhebung der Stellenbesetzungssperre entscheidet die Gemeindevertretung oder der Finanzausschuss".

14 Nur ausnahmsweise in besonders dringenden Einzelfällen (z. B. zur Stabilisierung konjunktureller Entwicklungen oder zur Beseitigung eines dringenden Investitions- und Instandhaltungsstaus im Schul- und Hochschulbereich) kann das Land Hessen per Gesetz festlegen, dass **keine Pflicht zum Erlass einer Nachtragssatzung besteht**, z. B. im Gesetz über die Anwendung kommunalrechtlicher Vorschriften bei der Umsetzung des Hessischen Sonderinvestitionsprogrammgesetzes (GVBl. I 2009, S. 93), **oder der gesetzlichen Verpflichtung bis auf weiteren nicht nachgekommen werden muss** (z. B. zur Bewältigung der Folgen der Corona-Pandemie 2020), z. B. durch Gesetz zur Sicherung der kommunalen Entscheidungsfähigkeit (GVBl. I 2020 S. 201).

Vor diesem Hintergrund sind die Ausführungen in diesem Kapitel so strukturiert, dass zunächst die Vorschriften zur Nachtragssatzung (Ziff. 14.1) und anschließend die Regelungen für über- und außerplanmäßige Aufwendungen und Auszahlungen (Ziff. 14.2) dargestellt werden.

Ausgleich eines erheblichen Fehlbetrages[15] des Ergebnishaushalts (Nr. 1)
Diese Regelung bezieht sich ausschließlich auf den Ergebnishaushalt, in dem gemäß § 2 GemHVO Aufwendungen und Erträge veranschlagt werden. Grundsätzlich zeichnet sich ein Fehlbetrag ab, wenn im Laufe des Jahres ersichtlich ist, dass

- die tatsächlichen Erträge hinter den geplanten Erträgen zurückbleiben, z. B. bedingt durch Steuerausfälle, insbesondere bei der Gewerbesteuer,
- und/oder die **Summe**[16] der tatsächlichen Aufwendungen höher wird als die der geplanten Aufwendungen, z. B bei der Energiekrise 2022.

Nach dem Gesetzestext muss dieser Fehlbetrag **„erheblich"** sein. Die Pflicht zum Erlass einer Nachtragssatzung besteht auch dann, wenn ein bereits veranschlagter Fehlbedarf (Planung) sich **wesentlich erhöht**. In welchen Fällen ein Fehlbetrag **erheblich** ist bzw. ein Fehlbedarf sich **wesentlich erhöht**, richtet sich z. B. nach der Größe der Gemeinde, nach deren Haushaltsvolumen, nach deren finanzieller Leistungsfähigkeit, sodass die Gemeindeordnung dazu keine konkrete Aussage trifft.[17] Eine sachgerechte Beurteilung der Erheblichkeit ist letztlich den Gemeinden überlassen.[18] Den Gemeinden wird empfohlen, eine örtliche Regelung durch Hauptsatzung, Haushaltssatzung oder einfachen Beschluss (Richtlinienbeschluss) der Gemeindevertretung herbeizuführen. In der Praxis werden prozentuale Festlegungen (etwa 2 bis 8 %) in Bezug auf Erträge und Aufwendungen des Ergebnishaushalts vorgenommen. Daneben sind vereinzelt auch Festbeträge als Maßstab anzutreffen (siehe Beispiele zu Ziff. 14.1.2.5).

Die bloße Feststellung eines erheblichen Fehlbetrages reicht aber für die Nachtragspflicht alleine nicht aus, sondern es muss zunächst versucht werden, diesen Fehlbetrag durch Ausnutzung jeder Sparmöglichkeit zu reduzieren.[19] Bereits § 92 Abs. 2 HGO beinhaltet den Grundsatz der Sparsamkeit, der insbesondere in dieser Situation konkret anzuwenden ist. Als wirksame Maßnahme ist z. B. eine haushaltswirtschaftliche Sperre nach § 107 HGO denkbar (siehe Ziff. 13.3). Ebenso sind auf der Ertragsseite alle Möglichkeiten, Erträge unter Beachtung des § 93 HGO zu erhöhen, auszuschöpfen, z. B. durch Anhebung der Gebühren o. ä.

15 Ein Defizit wird im Rahmen der Planung als Fehl**bedarf** und im Rahmen des Jahresabschlusses (in der Rechnung) als Fehl**betrag** bezeichnet; siehe hierzu auch § 92 Abs. 5 und 6 HGO sowie §§ 24 und 25 GemHVO.

16 **Einzelfälle** sind nach § 98 Abs. 2 Nr. 3 HGO zu prüfen.

17 In diesem Zusammenhang sind sicherlich ebenso die individuelle finanzielle Lage und die Entwicklungsperspektive der Gemeinde sowie die speziellen örtlichen Besonderheiten zu berücksichtigen.

18 Vgl. *Daneke* in KVR Hessen, § 98 HGO Rn. 11.

19 Im Rahmen der Energiekrise 2022/2023 wurden z. B. Hallenbäder und Saunen vorübergehend geschlossen, Raum bzw. Wassertemperaturen abgesenkt, Beleuchtungen gedrosselt u. a.

Wenn trotz Ausnutzung zusätzlicher Erträge und aller Sparmöglichkeiten ein „erheblicher“ Fehlbetrag verbleibt, ist für die Nachtragspflicht **zudem noch Voraussetzung**, dass die Deckung des Fehlbetrages[20] nur durch Änderung der Haushaltssatzung erreicht werden kann. Diese weitere Voraussetzung ist sinnvoll, denn was sollte eine Pflichtnachtragssatzung bewirken, wenn der Haushaltsausgleich dadurch nicht herbeigeführt werden kann? Eine bloße Information der Gemeindevertretung über die Gefährdung des Haushaltsausgleichs hat ohnehin gemäß § 28 Abs. 2 GemHVO zu erfolgen.[21]

Da die Aufwandseite keine Ausgleichsmöglichkeiten mehr bietet (alle Sparmöglichkeiten sind ausgenutzt), muss der Ausgleich im Fall des § 98 Abs. 2 Nr. 1 HGO über Mehrerträge erzielt werden. Konkret wäre dies im Rahmen einer Nachtragssatzung nur durch die Erhöhung der in § 5 der Haushaltssatzung festgesetzten Realsteuerhebesätze erreichbar. Diese Änderung muss jedoch bis zum 30.6. des laufenden Jahres durch die Gemeindevertretung beschlossen sein (näheres siehe Ziff. 14.1.4).[22]

Die Änderung anderer Paragrafen der Haushaltssatzung kommt nicht in Betracht, weil dadurch **keine weiteren Erträge** realisiert werden können. Die §§ 2, 3 und 4 der Haushaltssatzung scheiden bereits aus der Natur ihrer Bestimmungen heraus aus (keine Ertragsbegründungen). Alleine eine Neufestsetzung des § 1 der Haushaltssatzung bewirkt ebenfalls keine zusätzliche Ertragsbeschaffung, sofern für die Erhöhung der Erträge die rechtlichen Grundlagen fehlen, z. B. Anhebung der Gebührensätze in bestehenden Satzungen oder sonstigen Nutzungsentgelten, Erlass neuer Gebührensatzungen usw.

Der Rechtsnorm ist allerdings nicht zweifelsfrei zu entnehmen, welcher Fehlbetrag des Ergebnishaushalts gemeint ist, da nach § 2 Abs. 2 GemHVO im Ergebnishaushalt für jedes Haushaltsjahr ein „ordentliches Ergebnis“ und ein „Jahresergebnis“ (einschl. außerordentlicher Aufwendungen und Erträge) dargestellt wird.[23]

Vor dem Hintergrund, wonach die Rechtsnorm darauf abzielt, einen „Haushaltsausgleich“ herbeizuführen, kann gefolgert werden, dass es sich hier nur um das **ordentliche Ergebnis** handeln kann.[24] Für das ordentliche Ergebnis als Maßstab spricht zudem die im Gesetz vorgesehene Ausgleichsmöglichkeit, wenn man unterstellt, dass der Gesetzgeber **nicht** durch die Erhöhung der Realsteuerhebesätze das außerordentliche Ergebnis ausgleichen wollte. Es wäre auch nicht sachgerecht, Fehlbeträge des außerordentlichen Ergebnisses, die auf Grund von periodenfremden, seltenen und unregelmäßigen Vorgängen[25] entstanden sind, über die Erhöhung laufender, regelmäßiger (also ordentlicher) Erträge auszugleichen.

Ausgleich eines erheblichen Fehlbetrages des Finanzhaushalts (Nr. 2)

Diese Regelung bezieht sich ausschließlich auf den Finanzhaushalt, in dem gemäß § 3 GemHVO **Einzahlungen und Auszahlungen** veranschlagt werden. Die derzeitige ge-

20 Oder zumindest die anteilmäßige Deckung des Fehlbetrages.

21 Vgl. Ziff. 13.3.2.

22 Bei den Landkreisen ist nach § 50 Abs. 5 HFAG eine Anhebung der Hebesätze der Kreis- und Schulumlage bis zum 30. August möglich.

23 Ergebnisspaltung in ordentliches und außerordentliches Ergebnis.

24 Siehe § 92 Abs. 4 bis 6 HGO i. V. m. § 24 GemHVO sowie Kap. 10.

25 Vgl. § 58 Nr. 6 GemHVO: Definition außerordentlicher Erträge und Aufwendungen.

setzliche Regelung in § 98 Abs. 2 Nr. 2 HGO wurde allerdings nicht mit den ab 2019 geltenden Anforderung an den Ausgleich des Finanzaushalts (siehe § 92 Abs. 6 Nr. 2 HGO) synchronisiert, so dass der Betriff „Fehlbetrag" in diesem Sinne irreführend ist. Die seit 2019 geltenden Vorschriften für den Ausgleich des Finanzhaushalts sowohl in der Planung als auch in der Rechnung (§ 92 Abs. 5 und 6 HGO) haben die Intention, dass mindestens so viel Liquidität (Zahlungsmittelüberschuss) aus laufender Verwaltungstätigkeit generiert werden muss, um die Auszahlungen zur ordentlichen Tilgung von Krediten sowie an das Sondervermögen „Hessenkasse" leisten zu können, soweit die Auszahlungen zur ordentlichen Tilgung von Investitionskrediten nicht durch zweckgebundene Einzahlungen[26] gedeckt werden können, siehe hierzu ausführlich Ziff. 10.3.

Vor diesem Hintergrund und der eigentlichen Funktion des Finanzhaushaltes[27], der im Wesentlichen die Liquiditätsströme der Gemeinde sowie die Entwicklung des Zahlungsmittelbestandes abbilden soll, wird davon ausgegangen, dass der Gesetzgeber unter einem „Fehlbetrag im Finanzhaushalt" in Sinne von § 98 Abs. 2 Nr. 2 HGO das Entstehen einer **„Liquiditätslücke"** versteht und damit der Zahlungsmittelüberschuss aus laufender Verwaltungstätigkeit nicht mehr die gesetzlich geforderte Mindesthöhe nach § 92 Abs. 5 und 6 HGO erreicht. Ursächlich hierfür können sein, dass

- die tatsächlichen Einzahlungen aus laufender Verwaltungstätigkeit hinter den geplanten Einzahlungen aus laufender Verwaltungstätigkeit zurückbleiben, z. B. durch das Wegbrechen von zahlungswirksamen Erträgen bei der Gewerbesteuer aus konjunkturellen Gründen und/oder durch die vermehrte Gewährung von Zahlungsaufschüben (Stundung von Forderungen, Herabsetzung von Steuervorauszahlungen) auf Grund besonderer Entwicklungen[28],
- die tatsächlichen Auszahlungen aus laufender Verwaltungstätigkeit höher sind als die geplanten Auszahlungen.[29]

Die Nachtragspflicht nach § 98 Abs. 2 Nr. 2 HGO gilt folglich auch dann, wenn der Finanzhaushalt bereits in der Planung **nicht ausgeglichen** war und sich im Laufe des Haushaltsjahres die bereits bestehende Liquiditätslücke erheblich erhöht.

Hinsichtlich der Auslegung des Begriffs der „Erheblichkeit" könnte sich an den Indikatoren zur Beurteilung der finanziellen Leistungsfähigkeit orientiert werden, insbesondere an der Bewertung des Indikators für den Zahlungsmittelfluss aus laufender Verwaltungstätigkeit.[30] Z. B. könnte nach Auffassung der Autoren eine Erheblichkeit angenommen werden, wenn der Saldo aus laufender Verwaltungstätigkeit unter den Betrag von 50 % der gesetzlich geforderten Mindesthöhe nach § 92 Abs. 5 und 6 HGO sinkt (siehe Ziff. 14.1.2.5).

Um zahlungsfähig zu bleiben, sofern keine Zahlungsmittelbestände aus Vorjahren zur Verfügung stehen, erwächst eine Nachtragspflicht daraus, dass die Schließung der

26 Z. B. Tilgungszuschüsse im Rahmen von Investitionsförderprogrammen.
27 Vgl. Nr. 1 und 3 Hw. zu § 3 GemHVO.
28 Z. B. Corona-Pandemie 2020–2022.
29 Z. B. Flüchtlingskrise 2015/2016, Energiekrise 2022/2023.
30 Vgl. Finanzstatusbericht, Muster 20 zur GemHVO. Siehe auch Ziff. 6.6.

Liquiditätslücke nur durch Änderung der Haushaltssatzung erreicht werden kann. In Betracht kommen hier insbesondere folgende Möglichkeiten:

- **Änderung des § 5 der Haushaltssatzung** (Erhöhung der Realsteuerhebesätze) Diese Änderung muss jedoch bis zum 30.6. des laufenden Jahres durch die Gemeindevertretung beschlossen sein (näheres siehe Ziff. 14.1.4).[31]
- **Änderung des § 4 der Haushaltssatzung** (Festsetzung bzw. Erhöhung von Liquiditätskrediten)
  Lassen sich keine weiteren Einzahlungen aus laufender Verwaltungstätigkeit generieren und sind alle Möglichkeiten der Einsparung bei zahlungswirksamen Aufwendungen ausgeschöpft, bleibt als letzte Möglichkeit nur die Festsetzung bzw. Erhöhung von Liquiditätskrediten in § 4 der Haushaltssatzung, um die Zahlungsfähigkeit der Gemeinde sicherzustellen. **Es wird ausdrücklich darauf hingewiesen, dass die Aufnahme von Liquiditätskrediten nicht dazu dient, den Finanzhaushalt auszugleichen,** siehe ausführlich Kap. 9. Insofern ist die Regelung des § 98 Abs. 2 Nr. 2 HGO vom Gesetzgeber anzupassen.

Ebenso könnte eine negative Veränderung des Zahlungsmittelsaldos aus Investitionstätigkeit eine Nachtragspflicht im Sinne von § 98 Abs. 2 Nr. 2 HGO auslösen. In Betracht kommen könnte hier die Situation, dass zusätzliche Kreditaufnahmen für Investitionen und Investitionsförderungsmaßnahmen benötigt werden (Änderung des § 2 der Haushaltssatzung), da geplante Einzahlungen aus Investitionstätigkeit nicht eingehen. Dies führt in der Folge zu einer „Verschlechterung" des Zahlungsmittelsaldos aus Investitionstätigkeit. Grundsätzlich darf die Gemeinde nach § 27 Abs. 2 GemHVO über Auszahlungsansätze für Investitionen nur verfügen, soweit die Deckungsmittel rechtzeitig bereitgestellt werden können. Ausnahmsweise könnte aber im Laufe des Haushaltsjahres der Fall eintreten, dass Deckungsmittel, die als bisher „rechtzeitig bereitgestellt" eingestuft wurden, nicht oder nicht in voller Höhe eingehen (z. B. fällt die Rechtsgrundlage für eine Beitragserhebung auf Grund neuer Rechtsprechung weg). In diesem Fall ist eine Änderung des § 2 der Haushaltssatzung (Veranschlagung bzw. Erhöhung von Krediten) erforderlich. Dies führt in der Konsequenz zu der Pflicht, eine Nachtragssatzung zu erlassen. Die Gemeindevertretung ist vorab gem. § 28 Abs. 2 Nr. 2 GemHVO zu unterrichten, siehe auch Ziff. 13.3.2.

Leistung von erheblichen Mehraufwendungen und Mehrauszahlungen (Nr. 3)
Die betragliche Bindung an **einzelne Ansätze** des Haushaltsplanes ist durch die Budgetbildung gemäß § 4 Abs. 1 GemHVO i. V. m. § 20 Abs. 1 und 3 GemHVO nur noch bedingt als Grundsatz vorhanden; die betragliche Bindung entfaltet nach der GemHVO vielmehr ihre Gültigkeit auf der Budgetebene. Darüber hinaus lässt § 20 Abs. 2 GemHVO unter bestimmten Voraussetzungen eine budgetübergreifende Deckungsmöglichkeit zu. Hierdurch wird eine weitreichende Flexibilität im Rahmen der Haushaltsausfüh-

31 Bei den Landkreisen ist nach § 50 Abs. 5 HFAG eine Anhebung der Hebesätze der Kreis- und Schulumlage bis zum 30. August möglich.

rung gewährleistet, im Regelfall innerhalb der Budgets und darüber hinaus per Vermerk zwischen sachlich zusammenhängenden Budgets (Teilhaushalten).

Erhebliche Abweichungen von vorgegebenen Finanzrahmen (Budgets) durch bisher nicht veranschlagte oder zusätzliche zahlungswirksame und nicht zahlungswirksamen[32] Aufwendungen sowie zusätzliche investive Auszahlungen wirken sich hingegen auf die Struktur des Gesamthaushaltes aus. Deshalb hat der Gesetzgeber für erhebliche nicht veranschlagte oder zusätzliche Aufwendungen und Auszahlungen bei „einzelnen" Ansätzen oder vorgegebenen Finanzrahmen (Budgets) **eine Pflichtnachtragssatzung** vorgesehen, unabhängig davon, ob es sich bei den Aufwendungen um ordentliche oder außerordentliche Mehraufwendungen (siehe § 58 Nr. 5 und 6 GemHVO) handelt.[33] Wegen ihrer finanziellen Bedeutung sollen solche Änderungen **nicht** im vereinfachten Verfahren nach § 100 HGO (siehe Ziff. 14.2) abgewickelt werden. Hier kommt nur das umfangreiche Verfahren eines Satzungsbeschlusses in Betracht.

Bei geringfügigen Veränderungen ist das für den Gesamthaushalt unproblematisch, da die Mehraufwendungen und Mehrauszahlungen durch Einsparungen bei anderen Haushaltspositionen oder vorhandenen Mehrerträge bzw. Mehreinzahlungen ausgeglichen werden können.

Da der Gesetzgeber in § 98 HGO nicht zwischen Auszahlungen für zahlungswirksame Aufwendungen und Auszahlungen für Investitionen differenziert, wird an dieser Stelle darauf hingewiesen, dass für alle **bisher nicht veranschlagten Auszahlungen für Investitionen** § 98 Abs. 2 Nr. 4 HGO **unmittelbar** anzuwenden ist, während § 98 Abs. 2 Nr. 3 HGO **nur für zusätzliche Auszahlungen für Investitionen von erheblichem Umfang** Anwendung findet.

Nach Nr. 5 Hw. zu § 98 HGO bedarf es in diesen Fällen auch dann einer Nachtragssatzung, wenn die auf Grund dieser Aufwendungen entstehenden Auszahlungen in einem der folgenden Haushaltsjahre zu leisten sind. Daraus ist zu schließen, dass die erheblichen Mehraufwendungen nicht auch gleichzeitig in dem Jahr des Entstehens zahlungswirksam werden müssen (sondern erst in späteren Jahren), z. B. bei einer Rückstellungsbildung für anhängige Gerichtsverfahren oder drohende Verpflichtungen aus Bürgschaften usw.[34]

Hiervon abzugrenzen sind die nicht veranschlagten oder zusätzlichen Aufwendungen, **die erst im Rahmen des Jahresabschlusses festgestellt werden können** und nicht zu Auszahlungen führen. Es handelt sich hier um zahlungsunwirksame Aufwendungen der Rechnungsperiode, für die der Jahresabschluss aufgestellt wird, Nr. 6 Hw. zu § 98 HGO. Sie führen nach § 98 Abs. 3 Nr. 4 HGO **nicht** zum Erlass einer Nachtragssatzung, siehe hierzu Ausführungen 14.1.2.4 – Ausnahmetatbestand gem. § 98 Abs. 3 Nr. 4 HGO.

---

32 Z. B. Bildung einer erheblichen Rückstellung wegen drohender Inanspruchnahme aus einer Bürgschaft oder eines anhängigen Gerichtsverfahrens.

33 Ob dies auch für nicht veranschlagte Aufwendungen gilt, die aus Vermögensveräußerungen entstehen (Einzahlungen i. V. m. Verkauf unter dem Buchwert), ist aus dem derzeitigen Gesetzestext nicht eindeutig zu erkennen. Da der Gesetzgeber nicht differenziert, ist davon auszugehen, dass die Regelung für alle Aufwendungen gilt.

34 Vgl. *Daneke* in KVR Hessen, § 98 HGO Rn. 23.

Die Begriffe **„nicht veranschlagt"** und **„zusätzlich"** stehen für die haushaltsrechtlichen Bezeichnungen **„außerplanmäßig"** und **„überplanmäßig"**, wie sie in § 58 Nrn. 7 und 34 GemHVO definiert sind. Erhebliche Mehraufwendungen und Mehrauszahlungen im Rahmen der Deckungsfähigkeit nach den §§ 19 und 20 GemHVO bedingen **dagegen keine Pflicht** zum Erlass einer Nachtragssatzung. Gemäß der Fiktion in § 19 Abs. 3 und Abs. 4 GemHVO gelten Mehraufwendungen und Mehrauszahlungen im Rahmen der unechten Deckungsfähigkeit nicht als überplanmäßige Aufwendungen bzw. Auszahlungen, während bei den Mehraufwendungen und Mehrauszahlungen nach § 20 GemHVO durch die Möglichkeit der Plananpassung nach § 20 Abs. 6 GemHVO keine Überplanmäßigkeit entstehen kann.[35] Damit sind allein Mehraufwendungen und Mehrauszahlungen i. S. d. § 100 HGO angesprochen, bei denen im Rahmen der „Erheblichkeit" die Vorrangigkeit des Nachtrages zu beachten ist.

Wann eine Mehraufwendung und Mehrauszahlung erheblich ist, muss auch hier jede Gemeinde im Rahmen ihres pflichtgemäßen Ermessens selbst bestimmen (siehe oben). In der Praxis haben sich dafür Prozentsätze (2 bis 5 % der gesamten Aufwendungen bzw. Auszahlungen) bewährt, die zum Teil auch mit Festbeträgen gekoppelt werden. Dabei ist darauf zu achten, dass gemäß § 98 Abs. 2 Nr. 3 HGO die Erheblichkeit der Mehraufwendungen und Mehrauszahlungen bei einzelnen vorgegebenen Finanzrahmen (Budget) und damit auch der Prozentsatz **sich auf das Verhältnis zu den gesamten Aufwendungen und Auszahlungen des Haushaltes** (Ergebnis- bzw. Finanzhaushalt) und **nicht** auf den bisherigen Ansatz bzw. den bisher vorgegebenen Finanzrahmen (Budget) beziehen (siehe Beispiele zu Ziff. 14.1.2.5).

Leistung von Auszahlungen für bisher nicht veranschlagte Investitionen oder Investitionsförderungsmaßnahmen (Nr. 4)

Die gemeindliche Finanzhoheit im Rahmen der Selbstverwaltung kommt besonders bei der Entscheidung über die Verwendung freier Finanzmittel zum Ausdruck. Da die Gemeinde nach § 19 HGO die Aufgabe hat, im Rahmen ihrer Leistungsfähigkeit die erforderlichen wirtschaftlichen, sozialen, sportlichen und kulturellen öffentlichen Einrichtungen für ihre Einwohner bereitzustellen, sind Entscheidungen über die Vornahme von Investitionen[36] wichtige Entscheidungen im Rahmen der kommunalen Selbstverwaltung. Dazu zählen auch die Investitionsförderungsmaßnahmen[37]. Die Gemeindevertretung bestimmt die Selbstverwaltung der Gemeinde und damit auch die Investitions- und Investitionsförderungstätigkeit. Sie realisiert dies über Haushaltssatzung und Haushaltsplan. Sollen **neue** Maßnahmen, die im laufenden Haushaltsjahr noch nicht in der Haushaltssatzung bzw. im Haushaltsplan enthalten sind, durchgeführt werden, kann dies zwangsläufig nur über eine Änderung des Haushaltsplanes und der Haushaltssatzung erfolgen. Somit wird sichergestellt, dass **neue Investitionen und Investitionsförderungen** (und die i. d. R. damit verbundenen Folgekosten) im Rahmen des Erlasses einer Nachtragssatzung eingehend beraten werden. Zudem müssen sich die Finanzierungen dieser Maßnahmen voll im Haushaltsplan der Gemeinde widerspiegeln.

35 Zur weiteren Begründung siehe ausführliche Darstellung bei Ziff. 7.4.3.2.
36 Vgl. § 58 Nr. 18 GemHVO.
37 Vgl. § 58 Nr. 19 GemHVO und Ziff. 6.4.3.

Bei dieser Nachtragspflicht handelt es sich immer um **bisher nicht veranschlagte Investitionen**, für die also bisher keine Ermächtigungen (Auszahlungen) vorgesehen waren. Es kann sich deshalb auch nur um **außerplanmäßige Auszahlungen** handeln. Mehrauszahlungen für bereits veranschlagte Maßnahmen erfordern somit keine Nachtragssatzung nach dieser Vorschrift, sondern sind nach § 98 Abs. 2 Nr. 3 HGO zu beurteilen. Im Bereich der Bauinvestitionen kann die Veranschlagung von Planungskosten nicht als „bereits veranschlagte Investitionsauszahlung" angesehen werden, da gemäß § 12 Abs. 2 GemHVO vor Veranschlagung einer Bauinvestition die notwendigen Pläne erst vorliegen müssen.

Bisher nicht veranschlagte Investitionsförderungsmaßnahmen können ebenfalls nur über einen Nachtrag eingestellt werden. Hierbei handelt es sich um investive Transferleistungen an Dritte, die in der Regel freiwilliger Natur sind.

Mit dieser Regelung will der Gesetzgeber erreichen, dass Auszahlungen für bisher nicht veranschlagte Investitionen und Investitionsförderungsmaßnahmen nur im umfangreichen Verfahren der Nachtragsplanung (nach § 98 Abs. 4 HGO i. V. m. §§ 97 und 97a HGO) und nicht durch einen einfachen Beschluss bereitgestellt werden. Grund hierfür ist, dass mit – teilweise erheblichen – Folgekosten für diese Maßnahmen gerechnet werden muss und diese finanziellen Auswirkungen auch im Gesamtzusammenhang mit der Ergebnis- und Finanzplanung beraten werden sollen. Ausnahmetatbestände, z. B. bei unerheblichen Auszahlungen für Investitionen, werden unter Ziff. 14.1.2.4 behandelt.

Einstellung, Beförderung oder Einstufungen in eine höhere Entgeltgruppe von Beamten oder Arbeitnehmern[38], wenn der Stellenplan die hierzu notwendigen Stellen nicht enthält (Nr. 5)

Wie oben ausgeführt, ist der Stellenplan Bestandteil des Haushaltsplanes. Der Gemeindevorstand ist damit bei der Personalwirtschaft in gleicher Weise an den Stellenplan gebunden wie bei der Haushaltswirtschaft an den Haushaltsplan. Er kann die Personalwirtschaft nur insoweit führen, als der Stellenplan die hierzu notwendigen Stellen enthält. Gemäß § 5 GemHVO enthält der Stellenplan die Stellen für die Beamten und der **nicht nur vorübergehend** eingestellten Arbeitnehmer. Darüber hinaus ist dem Stellenplan eine Übersicht über die vorgesehene Zahl der Beamten im Vorbereitungsdienst, der Auszubildenden und der Praktikanten beizufügen (§ 5 Abs. 3 Nr. 2 GemHVO).

Damit ist klargestellt, dass die befristete, also vorübergehende Beschäftigung von Arbeitnehmern (z. B. Vertretungskräfte im Fall von Krankheit oder Erziehungszeiten, Aushilfskräfte u. Ä.) ohne Rücksicht darauf vorgenommen werden kann, ob der Stellenplan die entsprechenden Stellen enthält (Nr. 5 Hw. zu § 5 GemHVO). In diesen Fällen kommt es lediglich darauf an, ob die notwendigen Haushaltsmittel für die Personalaufwendungen bereitstehen. Anders verhält es sich jedoch bei der unbefristeten Beschäftigung von Arbeitnehmern und bei den Beamten. Hier ist die Bindung an den

38 Der Gesetzgeber verwendet hier nicht die neue tarifliche Terminologie. Durch den TVöD wurde die Unterscheidung in Angestellte und Arbeiter aufgegeben und der Begriff „**Beschäftigte**" eingeführt. Die §§ 5 GemHVO und 98 HGO verwenden hingegen den noch etwas allgemeineren Begriff „Arbeitnehmer", der im Weiteren Verwendung findet.

Stellenplan gegeben, d. h. der Gemeindevorstand als zuständiges Organ für die Personalentscheidungen (§ 73 Abs. 1 HGO) darf nur insoweit Einstellungen vornehmen, als der Stellenplan freie Stellen hierfür nachweist und er darf nur Beförderungen (bei den Beamten) und Höherstufungen (bei Arbeitnehmern) vornehmen, als der Stellenplan Stellen in dieser Wertigkeit vorsieht.

Wenn diese Voraussetzungen nicht vorliegen, besteht nach § 98 Abs. 2 Nr. 5 HGO i. V. m. Nr. 1 Hw. zu § 1 GemHVO die Pflicht, den Stellenplan im Wege einer Nachtragssatzung zu ändern, um die haushaltsrechtlichen Voraussetzungen zu schaffen.

Hingegen besteht in den Fällen **keine** Nachtragspflicht, in denen die Gemeindevertretung in der Haushaltssatzung Regelungen über die Bewirtschaftung des Stellenplans trifft, z. B. Möglichkeiten der Umsetzung von Stellen zu einer anderen Organisationseinheit aus organisatorischen Gründen, Nr. 1 Satz 3 Hw. zu § 1 GemHVO i. V. m. Nr. 4 Hw. zu § 5 GemHVO. Diese Änderungen sind im Stellenplan der nächsten Haushalts- bzw. Nachtragssatzung zu berücksichtigen.

14.1.2.4 Ausnahmen von der Verpflichtung zum Erlass einer Nachtragssatzung nach § 98 Abs. 3 HGO

§ 98 Abs. 2 HGO regelt die Tatbestände, bei deren Vorliegen die Gemeinde zum Erlass einer Nachtragssatzung verpflichtet ist. Allerdings gibt es hierzu aus Gründen der Praktikabilität und Verhältnismäßigkeit nach § 98 Abs. 3 HGO Ausnahmetatbestände. Diese Ausnahmen beziehen sich nur auf § 98 Abs. 2 Nr. 3–5 HGO.[39] Folglich bestehen zu den Nachtragspflichten nach § 98 Abs. 2 Nr. 1 und 2 HGO **keine** Ausnahmeregelungen.

Ausnahmeregelungen gem. § 98 Abs. 3 Nr. 1 HGO

Die Nachtragspflicht gemäß § 98 Abs. 2 Nr. 3–5 HGO findet keine Anwendung auf den **Erwerb von beweglichen Sachen des Anlagevermögens und Baumaßnahmen, für die unerhebliche Auszahlung zu leisten sind** (§ 98 Abs. 3 Nr. 1 HGO).

Diese Ausnahmeregelung bezieht sich auf § 98 Abs. 2 Nr. 4 HGO. In dieser Vorschrift wird bestimmt, dass für bisher nicht veranschlagte Investitionen und Investitionsförderungsmaßnahmen eine Nachtragspflicht besteht, § 98 Abs. 3 Nr. 1 HGO nimmt hiervon die unerheblichen Auszahlungen für bewegliche Sachen des Anlagevermögens und Baumaßnahmen aus. Eine Nachtragspflicht für solche Maßnahmen widerspräche dem Grundsatz der Wirtschaftlichkeit und Sparsamkeit.

Was als unerheblich anzusehen ist, muss die Gemeinde anhand ihrer Gegebenheiten eigenverantwortlich bestimmen. Dies geschieht häufig durch Festbeträge, etwa 10.000 € bis 100.000 € je nach Gemeindegröße. Durch diese Regelung wird vermieden, dass die Gemeinde in allen Fällen einer außerplanmäßigen Auszahlung für bewegliche Sachen des Anlagevermögens und für Baumaßnahmen eine Nachtragssatzung erlassen muss. Eine Nachtragspflicht wird in solchen Fällen nur bei erheblichen

39 Es ist offensichtlich, dass im Gesetzestext der HGO ein Schreibfehler vorliegt; hiernach beziehen sich die Ausnahmetatbestände auf Absatz 2 Nr. **2** bis 5. Richtig ist, dass sich die Ausnahmetatbestände auf Absatz 2 Nr. **3** bis 5 beziehen.

Auszahlungen begründet. Daraus folgt aber auch, dass für **andere Investitionen** (z. B. Erwerb von Grundstücken oder Beteiligungen) und insbesondere für Investitionsförderungsmaßnahmen[40], unabhängig von der Höhe der hierfür zu leistenden, nicht veranschlagten Auszahlungen, **keine Ausnahme von der Nachtragspflicht besteht**.

Im Falle der Anwendung der Ausnahmeregelung greifen jedoch die Vorschriften des § 100 HGO, wonach die außerplanmäßigen Auszahlungen unvorhergesehen, unabweisbar und gedeckt sein müssen. Ist eine dieser Voraussetzungen nicht erfüllt, kann die Bereitstellung der notwendigen Mittel nur im Wege der Nachtragssatzung nach § 98 Abs. 1 HGO erfolgen (siehe Ziff. 14.2.3.2).

Die Nachtragspflicht gemäß § 98 Abs. 2 Nr. 3–5[41] HGO findet weiterhin keine Anwendung auf **Instandsetzungen an Bauten und Anlagen, die unabweisbar sind** (§ 98 Abs. 3 Nr. 1 HGO).

Diese Ausnahmeregelung bezieht sich auf § 98 Abs. 2 Nr. 3 HGO, wonach eine Nachtragssatzung zu erlassen ist, wenn bisher nicht veranschlagte oder zusätzliche Aufwendungen und Auszahlungen bei einzelnen Haushaltspositionen[42] bzw. einzelnen vorgegebenen Budgets in einem im Verhältnis zu den gesamten Aufwendungen und Auszahlungen erheblichen Umfang geleistet werden müssen. § 98 Abs. 3 Nr. 1 HGO nimmt hiervon die Aufwendungen für Instandsetzungen an Bauten und Anlagen[43], die unabweisbar sind – **unabhängig** von ihrer Größenordnung – aus. **Unabweisbar sind Aufwendungen und Auszahlungen dann, wenn sie zeitlich unaufschiebbar und sachlich notwendig sind.**[44] Zur Auslegung dieser Begriffe wird auf die Ausführungen in Ziff. 14.2.3.2 verwiesen. Eine Unabweisbarkeit kann z. B. bestehen bei Unwetter- oder Brandschäden, bei drohender Verletzung der Verkehrssicherungspflicht oder bei der Notwendigkeit des Weiterbetriebes einer Einrichtung zur Vermeidung wirtschaftlicher Schäden. Mit dieser Vorschrift wird die Gemeinde in die Lage versetzt, die notwendigen Maßnahmen unabhängig von den damit verbundenen Aufwendungen und Auszahlungen schnellstmöglich zu treffen, ohne ein längeres Verfahren der Aufstellung, Beschlussfassung und ggf. Genehmigung der Nachtragssatzung abwarten zu müssen. Auch für diese Maßnahmen werden die Mittel im Wege der über- oder außerplanmäßigen Aufwendungen und Auszahlungen gemäß § 100 HGO bereitgestellt. Zu beachten ist aber auch hier, dass alle Voraussetzungen nach § 100 HGO vorliegen müssen, insbesondere muss die Deckung gewährleistet werden. Ist dies nicht der Fall, muss eine Nach-

---

40 Vor dem Hintergrund der Verhältnismäßigkeit ist dies nicht nachvollziehbar. Auch hier könnte die Nachtragspflicht für unerhebliche Auszahlungen entfallen.

41 Es ist offensichtlich, dass im Gesetzestext der HGO ein Schreibfehler vorliegt; hiernach beziehen sich die Ausnahmetatbestände auf Absatz 2 Nr. **2** bis 5. Richtig ist, dass sich die Ausnahmetatbestände auf Abs. 2 Nr. **3** bis 5 beziehen.

42 Da nach § 4 Abs. 1 GemHVO jeder Teilhaushalt ein Budget bildet und alle Ansätze einem Teilhaushalt zugeordnet werden, kann es keine „einzelnen Ansätze" außerhalb eines Budgets geben. Gesetzestext und Verordnungstext sollten hier aufeinander abgestimmt werden.

43 Instandsetzungsmaßnahmen sind Aufwendungen, die erforderlich sind, um einen Vermögensgegenstand der Gemeinde wieder betriebsbereit zu machen, siehe Nr. 2 Hw. zu § 12 GemHVO. Siehe hierzu ebenso Abgrenzung von Herstellungs- und Erhaltungsaufwand Nr. 7 und 10 Hw. zu § 41 GemHVO.

44 Vgl. *Daneke* in KVR Hessen, § 100 HGO Rn. 14 ff.

tragssatzung gem. § 98 Abs. 1 HGO erlassen werden (siehe Ziff. 14.2.3.2), um die Finanzierung zu sichern.[45]

Ausnahmeregelungen gem. § 98 Abs. 3 Nr. 2 HGO

Die Pflicht zum Erlass einer Nachtragssatzung besteht **nicht** bei der **Umschuldung** von Krediten. Umschuldung ist die Ablösung von Krediten durch andere Kredite verbunden mit einem Gläubigerwechsel, wodurch der Schuldenstand der Gemeinde nicht erhöht wird. Zudem sind Umschuldungen in Einzahlungen und Auszahlungen ausgeglichen, sodass hierdurch keine ungedeckte Auszahlung entstehen kann. Sofern die weiteren Voraussetzungen nach § 100 HGO erfüllt werden, können die Mittel im Wege der über- oder außerplanmäßigen Auszahlungen bereitgestellt werden. Näheres dazu siehe bei Ziff. 9.2.7.

Diese Vorschrift ist ebenfalls eine Ausnahmeregelung zu § 98 Abs. 2 Nr. 3 HGO. Sie soll die Gemeinde in die Lage versetzen, Umschuldungen möglichst flexibel vornehmen zu können, um im Rahmen des Liquiditätsmanagements optimal agieren zu können. Der zeitaufwendige Erlass einer Nachtragssatzung bei Umschuldungen, die zu bisher nicht veranschlagten oder zusätzlichen Auszahlungen (die ja zudem durch die entsprechenden Einzahlungen gedeckt sind) in erheblichem Umfang führen könnten, würde das Bestreben der Gemeinde nach einem optimalen Kreditmanagement, das mitunter sehr kurzfristige Entscheidungen notwendig macht, erheblich behindern.

Ausnahmeregelungen gem. § 98 Abs. 3 Nr. 3 HGO

Die Nachtragspflicht gemäß § 98 Abs. 2 Nr. 3–5[46] HGO findet keine Anwendung, soweit sie **auf Grund des Besoldungs- oder Tarifrechts zwingend erforderlich** sind, auf

- **Abweichungen vom Stellenplan**
  Diese Vorschrift ist eine Ausnahmeregelung zu § 98 Abs. 2 Nr. 5 HGO, wonach eine Nachtragspflicht besteht, wenn Beamte oder Arbeitnehmer[47] eingestellt, befördert oder in eine höhere Vergütungs- oder Lohngruppe eingestuft werden sollen und der Stellenplan die hierzu notwendigen Stellen nicht enthält. Dies bezieht sich weniger auf die Einstellung als vielmehr auf die Beförderung (bei Beamten) bzw. Höhergruppierung (bei Arbeitnehmern). Insbesondere im tariflichen Bereich (Arbeitnehmer) bestehen auf Grund der Tätigkeitsmerkmale ggf. Ansprüche auf eine Eingruppierung, die den übertragenen Tätigkeitsmerkmalen entspricht (siehe hier-

45 Sofern eine Deckung nicht über Mehrerträge bzw. Minderaufwendungen möglich ist (siehe hierzu ausführlich Ziff. 14.2.3.2 f), muss u. U. bei konsumtiven Maßnahmen der Höchstbetrag der Liquiditätskredite in der Haushaltssatzung angehoben werden, um die Finanzierung sicherzustellen.

46 Es ist offensichtlich, dass im Gesetzestext der HGO ein Schreibfehler vorliegt; hiernach beziehen sich die Ausnahmetatbestände auf Absatz 2 Nr. **2** bis 5. Richtig ist, dass sich die Ausnahmetatbestände auf Absatz 2 Nr. **3** bis 5 beziehen.

47 Der Gesetzgeber verwendet hier nicht die neue tarifliche Terminologie. Durch den TVöD wurde die Unterscheidung in Angestellte und Arbeiter aufgegeben und der Begriff „Beschäftigte" eingeführt. Die §§ 5 GemHVO und 98 HGO verwenden hingegen den noch etwas allgemeineren Begriff „Arbeitnehmer", der im Weiteren Verwendung findet.

zu beispielsweise §§ 12, 13 TVÖD). Diese Ansprüche bestehen unabhängig davon, ob im Stellenplan eine entsprechend dotierte Stelle vorhanden ist oder nicht.[48] Einem gegebenen tariflichen Höhergruppierungsanspruch muss die Gemeinde also entsprechen, daher nimmt § 98 Abs. 3 Nr. 3 HGO diese Fälle von der Nachtragspflicht aus. Im Beamtenbereich gibt es eine dem Tarifrecht vergleichbare Anspruchsgrundlage nicht.[49]

- **die Leistung höherer Personalaufwendungen**
  Diese Vorschrift ist wiederum eine Ausnahmeregelung zu § 98 Abs. 2 Nr. 3 HGO, wonach eine Nachtragspflicht besteht, wenn bisher nicht veranschlagte oder zusätzliche Aufwendungen bei einzelnen Haushaltspositionen[50] bzw. einzelnen vorgegebenen Budgets in einem im Verhältnis zu den gesamten Aufwendungen erheblichen Umfang geleistet werden müssen. Die Ausnahmeregelung findet dann Anwendung, wenn es auf Grund des Besoldungs- oder Tarifrechtes zwingend erforderlich ist, höhere (als im Haushaltsplan vorgesehene) Personalaufwendungen zu leisten. Die Vorschrift beinhaltet insbesondere die Fälle, in denen die Besoldungs- und Tariferhöhungen höher ausfallen als dies bei der Aufstellung des Haushaltes geplant wurde und dadurch zusätzliche Aufwendungen entstehen, die im Sinne des § 98 Abs. 2 Nr. 3 HGO erheblich sind. Da die Bediensteten auf Grund des Besoldungs- oder Tarifrechtes Anspruch auf die Leistung einer erhöhten Besoldung und höheren Entgelte haben und diesem Anspruch nicht entgegengehalten werden kann, dass die hierzu notwendigen Haushaltsmittel erst im Wege einer zeitaufwendigen Nachtragssatzung bereitzustellen wären, macht eine Nachtragspflicht keinen Sinn, sodass § 98 Abs. 3 Nr. 3 HGO diese Mehraufwendungen von der Nachtragspflicht des Abs. 2 Nr. 3 ausnimmt.[51]

Im Falle der Anwendung dieser Ausnahmeregelung greifen ebenso die Vorschriften des § 100 HGO, wonach die über- bzw. außerplanmäßigen Auszahlungen unvorhergesehen, unabweisbar und gedeckt sein müssen. Ist eine dieser Voraussetzungen nicht erfüllt, kann die Bereitstellung der notwendigen Mittel nur im Wege der Nachtragssatzung nach § 98 Abs. 1 HGO erfolgen (siehe Ziff. 14.2.3.2).

Ausnahmeregelungen gem. § 98 Abs. 3 Nr. 4 HGO
Die Nachtragspflicht gemäß § 98 Abs. 2 Nr. 3–5[52] HGO findet ebenfalls keine Anwendung auf **nicht veranschlagte oder zusätzliche Aufwendungen, die bei der**

48 Insofern gehen das Tarifrecht und die daraus resultierenden Vertragsansprüche dem Haushaltsrecht vor.

49 Zu den Besonderheiten des Beamtenrechts in dieser Thematik wird auf die Fachliteratur verwiesen. Siehe zu dieser Thematik auch *Daneke* in KVR Hessen, § 98 HGO Rn. 36.

50 Da nach § 4 Abs. 1 GemHVO jeder Teilhaushalt ein Budget bildet und alle Ansätze einem Teilhaushalt zugeordnet werden, kann es keine „Ansätze" außerhalb eines Budgets geben. Der Gesetzestext berücksichtigt hier noch nicht den Verordnungstext.

51 Siehe zu dieser Thematik auch *Daneke* in KVR Hessen, § 98 HGO Rn. 37.

52 Es ist offensichtlich, dass im Gesetzestext der HGO ein Schreibfehler vorliegt; hiernach beziehen sich die Ausnahmetatbestände auf Absatz 2 Nr. **2** bis 5. Richtig ist, dass sich die Ausnahmetatbestände auf Absatz 2 Nr. **3** bis 5 beziehen.

Aufstellung des Jahresabschlusses festgestellt werden und nicht zu Auszahlungen führen.

Diese Vorschrift ist wiederum eine Ausnahmeregelung zu § 98 Abs. 2 Nr. 3 HGO, wonach eine Nachtragspflicht besteht, wenn bisher nicht veranschlagte oder zusätzliche **Aufwendungen** bei einzelnen Haushaltspositionen[53] bzw. einzelnen vorgegebenen Budgets in einem im Verhältnis zu den gesamten Aufwendungen erheblichen Umfang geleistet werden müssen.

Die Ausnahmeregelung findet auf die Sachverhalte Anwendung, **die typischerweise in zeitlicher und sachlicher Nähe zum Jahresabschluss auftreten** und deren Notwendigkeit erst im Rahmen der Aufstellung des Jahresabschlusses festgestellt werden[54] (so genannte Jahresabschlussarbeiten), z. B.[55]

- Überprüfung und konkrete Ermittlung von rückstellungspflichtigen Posten nach § 39 GemHVO, die abschließend nur im Rahmen des Jahresabschlusses ermittelt werden können (z. B. Rückstellungen für Pensionen und Beihilfen, Sanierung von Altlasten u. Ä.),
- Überprüfung der Werthaltigkeit im Bereich der Forderungen (z. B. Pauschalwertberichtigungen bzw. pauschalierte Einzelwertberichtigungen am Jahresende),
- Außerplanmäßige Abschreibungen, die erst bei Aufstellung des Jahresabschlusses ermittelt werden können, z. B. bei Finanzanlagen.

In diesem Zusammenhang können grundsätzlich erhebliche, ungeplante Aufwendungen auftreten. Voraussetzung für diese Aufwendungen ist, dass sie zwar Einfluss auf das laufende Ergebnis haben, aber in dieser Rechnungsperiode **keine Auszahlungen nach sich ziehen,**[56] es sich also **nicht** um pagatorische Größen handelt.[57] *„Diese Haushaltsansatzüberschreitungen können auch gar nicht durch eine Nachtragshaushaltssatzung legitimiert werden, weil sie erst nach dem Termin festgestellt werden können, an dem die Nachtragshaushaltssatzung spätestens beschlossen werden muss (31. Dezember).“*[58]

Die Regelung von § 98 Abs. 3 Nr. 4 HGO ist **nicht auf die Fälle anzuwenden**, für die kein oder ein zu niedriger Haushaltsansatz veranschlagt war, obwohl auf Grund von Erfahrungswerten aus Vorjahren mit diesen Aufwendungen und auch in dieser Höhe gerechnet werden musste. Ferner ist diese Regelung **nicht anwendbar**, wenn bereits im Laufe des Haushaltsjahres Informationen vorliegen, die z. B. zu einer Bildung bzw. erheblichen Erhöhung von Rückstellungen oder außerordentlichen bzw. erhöhten Abschreibung führen.

---

53 Da nach § 4 Abs. 1 GemHVO jeder Teilhaushalt ein Budget bildet und alle Ansätze einem Teilhaushalt zugeordnet werden, kann es keine „Ansätze“ außerhalb eines Budgets geben. Der Gesetzestext berücksichtigt hier noch nicht den Verordnungstext.

54 Vgl. Nr. 6 Hw. zu § 98 HGO.

55 Vgl. Nr. 1 Hw. zu § 112 HGO.

56 Gleichwohl kann durch die Bildung einer neuen oder höheren Rückstellung eine Auszahlung in einem folgenden Haushaltsjahr entstehen, nämlich dann, wenn eine Inanspruchnahme der Rückstellung erfolgt.

57 Vgl. Nr. 6 Hw. zu § 98 HGO.

58 Begründung der Landesregierung zu § 114e HGO – jetzt § 98 HGO (LT-Drs. 16/2463 S. 28 ff.).

In diesen Fällen wäre bei erheblichen nicht veranschlagten bzw. **erheblichen** zusätzlichen Aufwendungen nach § 98 Abs. 2 Nr. 3 HGO eine Nachtragssatzung zu erlassen gewesen, was aber auf Grund des Ablaufs des Haushaltsjahres nicht mehr möglich ist.[59]

Es stellt sich daher die Frage, wie mit Sachverhalten, die bereits im Laufe des Haushaltsjahres bekannt waren, aber nicht aufgegriffen wurden, im Rahmen des Jahresabschlusses umzugehen ist. Eine gesetzliche Regelung, die diese Problematik behandelt, gibt es weder in der HGO noch in der der GemHVO. Unter der Voraussetzung, dass die erforderlichen Abschlussbuchungen richtig und vollständig im Jahresabschluss berücksichtigt werden müssen (z. B. erforderliche Rückstellungen sind im Jahresabschluss enthalten) und somit „nur" die für die Überschreitung der Haushaltsansätze notwendige Beschlussfassungen nach § 98 Abs. 2 Nr. 3 HGO bzw. § 100 Abs. 1 HGO fehlen, wird die Rechnungsprüfung in dem Abschlussbericht feststellen (ausführlich Kap. 21), dass

- gegen die Ordnungsmäßigkeit der Haushaltswirtschaft wegen Überschreitung der Haushaltsansätze zur Bildung der erforderlichen Rückstellung ohne Vorliegen der entsprechenden Beschlussfassung verstoßen wurde (§ 128 Abs. 1 Nr. 1 HGO). Folglich würde eine eingeschränkte Ordnungsmäßigkeit der Haushaltswirtschaft im Schlussbericht festgestellt werden.
- der Jahresabschluss in allen weiteren Prüfbereichen des § 128 HGO, insbesondere die Darstellung der tatsächlichen Verhältnisse der Vermögens-, Finanz- und Ertragslage der Gemeinde, nicht zu beanstanden ist. Insofern ist der Abschluss korrekt und kann von der Gemeindevertretung beschlossen werden (§ 114 HGO).

Im Rahmen der Beschlussfassung des geprüften Jahresabschlusses der Gemeindevertretung nach § 114 HGO entscheidet die Gemeinde zugleich über die Entlastung des Gemeindevorstandes, siehe Kap. 21. Die Entlastung des Gemeindevorstandes durch die Gemeindevertretung bewirkt insoweit eine Nachbewilligung der Überschreitung der Haushaltsansätze im Sinne von § 98 Abs. 2 Nr. 3 und § 100 Abs. 1 HGO.

14.1.2.5 Praktische Anwendung der unbestimmten Rechtsbegriffe des § 98 HGO

§ 98 HGO enthält eine Vielzahl von unbestimmten Rechtsbegriffen, die zu konkretisieren sind. Wie schon mehrfach betont, liegt die Auslegung bzw. konkrete Festsetzung im pflichtgemäßen Ermessen der Gemeindevertretung. In diesem Zusammenhang sind sicherlich die individuelle finanzielle Lage und die Entwicklungsperspektive der Gemeinde sowie die speziellen örtlichen Besonderheiten zu berücksichtigen. Die Gemeinde darf also nicht willkürlich handeln und unterliegt in ihren Festsetzungen der Kommunalaufsicht im Rahmen der Rechtskontrolle. Es empfiehlt sich, genaue Regelungen in der Hauptsatzung oder der Haushaltssatzung oder per Richtlinienbeschluss zu treffen. Nachstehend sind **Beispiele** für Regelungen im Sinne von § 98 HGO dargestellt.

59 In diesen Fällen ist ebenso § 100 Abs. 4 GemHVO **nicht** anwendbar. Siehe hierzu Ziff. 14.2.1.

Bei der Auswahl der Basisgrößen/Berechnungsgrundlagen sollte aus Gründen der Praktikabilität und Kontinuität darauf geachtet werden, dass

- ein enger Bezug zu der jeweiligen Festsetzung vorhanden ist,
- sie schnell, einfach und nachvollziehbar ermittelt werden können, z. B. aus dem Finanzstatusbericht bzw. den Indikatoren zur Beurteilung der finanziellen Leistungsfähigkeit generiert werden können,
- sie keinen größeren Schwankungen unterliegen (z. B. Neutralisierung von periodenfremden, seltenen oder unregelmäßigen Erträgen oder Aufwendungen).

1. *Als erheblich i. S. d. § 98 Abs. 2 Nr. 1 HGO gilt ein Fehlbetrag im Ergebnishaushalt, der 5 % der Summe der ordentlichen Erträge des Ergebnishaushalts übersteigt.*
   Eine Erheblichkeit i. S. d. § 98 Abs. 2 Nr. 2 HGO für den Finanzhaushalt liegt vor, wenn der Zahlungsmittelüberschuss aus laufender Verwaltungstätigkeit unter den Betrag von ... % (z. B. 50 %.) der gesetzlich geforderten Mindesthöhe nach § 92 Abs. 5 HGO sinkt (alternativ: ...den Betrag von ... %. nicht erreicht).
2. *Als erheblich sind Mehraufwendungen i. S. d. § 98 Abs. 2 Nr. 3 HGO dann anzusehen, wenn sie im Einzelfall 3 % der Summe der ordentlichen Aufwendungen des Ergebnishaushalts übersteigen.*
   Als erheblich sind investive Mehrauszahlungen i. S. d. § 98 Abs. 2 Nr. 3 HGO dann anzusehen, wenn sie im Einzelfall 3 % der Summe der Auszahlungen aus Investitionstätigkeit übersteigen.
3. *Als unerheblich i. S. d. § 98 Abs. 3 Nr. 1 HGO gelten Auszahlungen für den Erwerb von beweglichen Sachen des Anlagevermögens und Baumaßnahmen, die nicht mehr als ... € (Angabe eines Festbetrages) betragen.*

14.1.2.6 Änderung von Haushaltsvermerken

Haushaltsvermerke sind gemäß Nr. 5 Hw. zu § 17 GemHVO einschränkende oder erweiternde Bestimmungen zu Ansätzen des Haushaltsplans, insbesondere Vermerke über

- die Beschränkung der Verwendung von Erträgen und Einzahlungen für bestimmte Aufwendungen und Auszahlungen nach § 19 Abs. 1 und 4 GemHVO (Zweckbindung),
- die Auswirkungen von Mehr- und Mindererträgen auf Aufwandsermächtigungen bzw. Mehr- und Mindereinzahlungen auf Auszahlungsermächtigungen (unechte Deckungsfähigkeit nach § 19 Abs. 2 und 4 GemHVO),
- die echte Deckungsfähigkeit nach § 20 Abs. 1 GemHVO innerhalb der Budgets, wenn diese eingeschränkt werden soll,
- die echte Deckungsfähigkeit nach § 20 Abs. 2 und 5 GemHVO,
- die Übertragbarkeit im Ergebnishaushalt (§ 21 Abs. 1 GemHVO) sowie
- die Beschränkung der Inanspruchnahme von Haushaltsmitteln nach § 17 Nr. 8 i. V. m. Nr. 5 Hw. zu § 17 GemHVO (sogenannte Sperrvermerke).

Soll ein solcher Vermerk geändert oder neu angebracht werden, bedarf es einer Fortschreibung des Haushaltsplanes, z. B. im Teilfinanzhaushalt in der Spalte „Erläuterungen“[60] oder an einer anderen Stelle im Haushaltsplan[61] oder im fakultativen Bereich der Haushaltssatzung[62]. Da der Haushaltsplan durch die Festsetzung der Gesamtbeträge in § 1 der Haushaltssatzung Bestandteil der Haushaltssatzung ist (siehe Ziff. 11.2), stellt die Vermerkänderung eine Änderung des § 1 der Haushaltssatzung dar. Wie bereits bei Ziff. 14.1.2.1 dargestellt, bedarf es dazu einer Nachtragssatzung. Die bei den Gemeinden zuweilen geübte Handhabung des einfachen Beschlusses der Gemeindevertretung zur Herbeiführung einer Vermerkänderung reicht dazu nicht aus.

Das Gleiche gilt, wenn die Gemeinde während des Haushaltsjahres die Ausgestaltung bzw. die Rahmenbedingungen der Budgetierung ändern möchte. Befinden sich solche Regelungen in einem Paragrafen der Haushaltssatzung (im fakultativen Bereich, siehe Ziff. 11.2.3), ergibt sich offensichtlich eine Nachtragssatzungspflicht. Auch wenn die Rahmenbedingungen der Budgetierung nicht in der Haushaltssatzung, sondern lediglich im Haushaltsplan vermerkt sind, kann eine Änderung nur durch Nachtragsatzung erfolgen, weil der Haushaltsplan über die Festsetzung in § 1 der Haushaltssatzung Bestandteil der Haushaltssatzung ist.

In der Praxis ist natürlich zu überlegen, ob eine gewünschte Vermerkänderung den Aufwand einer Nachtragssatzung rechtfertigt bzw. verhältnismäßig ist.

Ein spezielles Problem stellt der „Pflicht“-Zweckbindungsvermerk nach § 19 Abs. 1 Satz 1 GemHVO (siehe hierzu auch Ziff. 7.4.2.1) dar.

Danach **sind** zahlungswirksame Erträge auf die Verwendung für bestimmte Aufwendungen zu beschränken, wenn
- sich dieses aus der Herkunft oder Natur der Erträge ergibt,
- ein sachlicher Zusammenhang dies erfordert **und** durch die Zweckbindung die Bewirtschaftung der Mittel erleichtert wird.

Entsprechendes gilt für Einzahlungen und Auszahlungen gemäß § 19 Abs. 4 GemHVO.

Die Worte „**sind** zu beschränken“ bewirken ausdrücklich die Anbringung eines Zweckbindungsvermerkes in diesen Fällen. Erhält nunmehr z. B. eine Gemeinde eine nicht im Haushaltsplan veranschlagte zweckgebundene Landeszuweisung (Einzahlung), müsste sie die Zweckbindung für diese Zuweisung aussprechen. Für die außerplanmäßige Einzahlung wäre keine Nachtragssatzung notwendig, wohl aber für den notwendigen Vermerk. **Haushaltsvermerke können nämlich nur in Haushaltsplänen bzw. im fakultativen Bereich der Haushaltssatzungen angebracht werden**, sodass damit ein Nachtragshaushalt und eine Nachtragssatzung notwendig wären. Diese Rechtsfolge kann jedoch in der Praxis nicht umgesetzt werden, wenn man bedenkt, wie viele zweckgebundene Zuweisungen oder Zuschüsse (zum Teil auch geringfügige Beträge) bei der Haushaltsplanung nicht bekannt waren und damit „außerplanmäßig“ eingehen. Die Gemeinden würden in einer Vielzahl von Fällen wegen der Pflichtvermerke Nach-

60 Die Spalte „Erläuterungen“ gibt es nach den verbindlich vorgeschriebenen Mustern für die Teilhaushalte nur noch im Teilfinanzhaushalt (Muster 10 zur GemHVO).

61 Vgl. Haushaltssatzung 2022/2023 des Lahn-Dill-Kreises, Gliederungsziffer 5.5.

62 Vgl. Haushaltssatzung 2022 der Universitätsstadt Gießen.

tragshaushalte und Nachtragssatzungen auflegen müssen. Unabhängig davon, ob ein Nachtrag für die Anbringung eines Zweckbindungsvermerks aufgestellt wird, ist die Beschränkung trotzdem verpflichtend. Ohne Vermerk kann jedoch **keine** unechte Deckungsfähigkeit nach § 19 Abs. 1 Satz 2 GemHVO erfolgen. Hier wäre ggf. ein Verfahren nach § 100 HGO durchzuführen (Ziff. 14.2).

14.1.2.7 Erhöhung der Ansätze der Verfügungsmittel

Gemäß § 13 Satz 2 GemHVO dürfen die Ansätze für Verfügungsmittel[63] nicht überschritten werden. Es handelt sich hierbei um Mittel für dienstliche Zwecke, für die keine zweckgezogenen Aufwendungen veranschlagt sind, § 58 Nr. 38 GemHVO. Aufwendungen für Verfügungsmittel über den Ansatz hinaus sind somit unzulässig. Diese ausdrückliche gesetzliche Regelung in Bezug auf die Verfügungsmittel widerspricht grundsätzlich dem Budgetgedanken, wird aber historisch damit begründet, dass es sich hier um sogenannte „**zweckfreie** Ansätze“ handelt, auf die – wegen ihrer Zweckfreiheit – ein besonderes Augenmerk gerichtet werden soll.

Benötigt die Gemeinde bei der Haushaltsposition Verfügungsmittel zusätzliche Haushaltsmittel, verbleibt ihr nur die Änderung des Haushaltsplanes mit Erhöhung des entsprechenden Ansatzes. In einem Nachtragshaushalt kann die Gemeinde **alle Ansätze** ändern, also auch die der Verfügungsmittel.[64] Ein Nachtragshaushalt bedingt aber wegen der bereits mehrfach beschriebenen Verbindung zu § 1 der Haushaltssatzung ebenso eine Nachtragssatzung.

Auch hier sind die bei Ziff. 14.1.2.6 geäußerten Bedenken der Effizienz der Nachtragssatzung angebracht.

14.1.2.8 Änderung von Zielen und Kennzahlen

Auf Grund der Regelung des § 10 Abs. 3 GemHVO i. V. m. § 4 Abs. 2 GemHVO **sollen nach den örtlichen Steuerungsbedürfnissen für die wesentlichen Produkte** produktorientierte (Leistungs-) Ziele sowie Kennzahlen zur Messung der Zielerreichung in den Teilhaushalten bestimmt werden.

Diese haushaltsrechtliche Vorgabe in Hessen, aber auch in anderen Bundesländern, ist auf die Reform des Gemeindehaushaltsrechts zurückzuführen. Ein wesentlicher Bestandteil dieser Reform ist u. a. die Steuerung der Kommunalverwaltung durch die Vorgabe von Zielen für die kommunalen Dienstleistungen (Output-Steuerung) statt durch die herkömmliche Bereitstellung von Ausgabeermächtigungen (Input-Steuerung) zu ermöglichen.[65] In der praktischen Umsetzung bedeutet dies, dass für wesentliche Pro-

63 Siehe hierzu auch Ziff. 7.3.5.2

64 Bei der Erhöhung des Ansatzes der Verfügungsmittel ist Nr. 4 Hw. zu § 13 GemHVO zu beachten.

65 Ständige Konferenz der Innenminister und -senatoren der Länder (IMK), Auszug aus der Sammlung der zur Veröffentlichung freigegebenen Beschlüsse der 173. Sitzung am 21. November 2003 in Jena, TOP 18, S. 19.

dukte Ziele[66] in den Teilhaushalten dargestellt werden sollen. Diese Ziele sind zum einen die **Grundlage der Planung und Steuerung** des Haushalts und zum anderen wird deutlich, mit welchen Produkten und Dienstleistungen die Gemeinde diese Ziele erreichen will, Nr. 3 Hw. zu § 4 GemHVO. Die Kontrolle der Zielerreichung[67] erfolgt durch zu definierende Kennzahlen, die ebenfalls in den Teilhaushalten dargestellt werden sollen. Sie geben Auskunft darüber, ob und in welchem Maße die gesteckten Ziele erreicht worden sind, gemäß Nrn. 3 und 6 Hw. zu § 4 GemHVO.[68] Damit **beeinflussen die Ziele und Kennzahlen in den meisten Fällen unmittelbar** den Planungs- und Steuerungskreislauf und somit den Ressourcenverbrauch und das Ressourcenaufkommen des jährlichen Haushalts.

Allerdings werden diese haushaltsrechtlichen Vorgaben, zum einen im Hinblick auf die Ausprägung und zum anderen wegen der engen Verknüpfung zwischen Planungs- und Steuerungsfunktion, derzeit in den Verwaltungen unterschiedlich stark bzw. nicht flächendeckend angewendet. Es stellt sich daher, insbesondere bezogen auf die Nachtragspflicht, konkret die Frage, inwieweit unterjährige Veränderungen der in den Teilhaushalten dargestellten Ziele und Kennzahlen eine Nachtragspflicht auslösen. Da der Haushaltsplan durch die Festsetzung der Gesamtbeträge in § 1 der Haushaltssatzung Bestandteil der Haushaltssatzung ist und unter der Voraussetzung, dass die in den Teilhaushalten (als Bestandteile des Haushaltsplanes) festgelegten Ziele und Kennzahlen als verbindlich anzusehen sind, würde folgerichtig eine Änderung dieser ebenso zu dem Erlass einer Nachtragssatzung führen (siehe oben).

Bisher hat der Verordnungsgeber lediglich geregelt, dass der **Nachtragshaushalt neben** den haushaltswirtschaftlichen Vorgängen, die nach § 98 HGO zum Erlass einer Nachtragssatzung verpflichten, nur die erheblichen Änderungen der Ansätze von Erträgen, Aufwendungen, Einzahlungen und Auszahlungen, die im Zeitpunkt der Aufstellung des Nachtragshaushalts übersehbar sind, **sowie** die damit in Zusammenhang stehenden Änderungen der Ziele und Kennzahlen enthalten **muss**, gemäß § 8 Abs. 1 Satz 1 GemHVO.[69]

Nicht geregelt ist bisher, ob bzw. inwieweit eine **Änderung** der in den Teilhaushalten dargestellten **Ziele und Kennzahlen** im Rahmen des Haushaltsvollzugs **ohne eine Änderung der Ansätze** von Erträgen, Aufwendungen, Einzahlungen und Auszahlungen eine Nachtragspflicht auslösen. Eine gesetzliche Verpflichtung hierzu besteht derzeit nicht.

---

66 Nach Nr. 4 Hw. zu § 4 GemHVO sind Ziele Aussagen, über erreichbare, angestrebte Zustände, die als Ergebnisse von Entscheidungen durch die Realisierung von Produkten bzw. Maßnahmen eintreten sollen. Die GemHVO spricht von Produkt-, Leistungs- und sonstigen Zielen gemäß Nr. 1 Hw. zu § 28 GemHVO. Zur Konkretisierung und zu beispielhaft formulierten Zielen wird auf Nr. 5 zu § 4 GemHVO verwiesen.

67 Vgl. § 28 GemHVO i. V. m. Nr. 1 Hw. Hiernach ist in den regelmäßigen Berichten über den Ablauf der Haushaltswirtschaft darzustellen, inwieweit die Ziele erreicht werden.

68 Zur Vertiefung dieser Thematik wird auf die Fachliteratur verwiesen sowie Kennzahlenkonzepte der interkommunalen Vergleichsringe.

69 Vgl. Nr. 1 Hw. zu § 8 GemHVO und Ziff. 14.1.3.

14.1.3 Inhalt des Nachtragshaushaltsplanes

Wenn sich aus den bei Ziff. 14.1.2 dargestellten Gründen eine Pflicht zum Erlass einer Nachtragssatzung mit Nachtragshaushalt ergibt oder die Gemeinde freiwillig einen solchen aufstellt, ist es sinnvoll, diesen so auszugestalten, dass der Ursprungsplan in allen Bereichen auf den neuesten Stand der Haushaltswirtschaft gebracht wird. Damit wird der Haushalt umfassend fortgeschrieben und bleibt verbindlicher Rahmen für die Haushaltsausführung.

Es wäre aber viel zu aufwendig, jede auch noch so kleine Änderung in den Nachtragshaushalt aufzunehmen. Deshalb muss der Nachtragshaushalt gemäß § 8 Abs. 1 GemHVO auch nur die **erheblichen Änderungen** der Erträge, Aufwendungen, Einzahlungen, Auszahlungen und der Verpflichtungsermächtigungen, die im Zeitpunkt seiner Aufstellung überschaubar sind, enthalten. Nur bei diesen erheblichen Änderungen **sind auch** die damit im Zusammenhang stehenden Änderungen der Ziele und Kennzahlen darzustellen.[70] Der unbestimmte Rechtsbegriff „erheblich" ist von der Gemeinde auszulegen, **allerdings unabhängig von der Erheblichkeit im Sinne des § 98 HGO**. In der Praxis schwanken die Beträge je nach Größenordnung der Gemeinden zwischen 1.000 € und 50.000 €. Insgesamt ist festzustellen, dass der für den Haushaltsplan geltende Grundsatz der Vollständigkeit (§ 95 Abs. 2 HGO, siehe auch Ziff. 7.3.1) beim Nachtragshaushalt durchbrochen wird.

Trotz Vorliegen der Voraussetzung „Erheblichkeit" **nicht aufgenommen** werden müssen gemäß § 8 Abs. 1 Satz 2 GemHVO die bereits nach § 100 HGO bewilligten über- und außerplanmäßigen Aufwendungen und Auszahlungen.[71] Der Nachtragshaushalt soll also nicht die Funktion haben, über bereits verfügte Finanzpositionen Auskunft zu geben. Insofern gibt der Nachtragshaushalt nur eingeschränkt die laufende Entwicklung des Haushaltsjahres wieder. Dieses ist vertretbar, weil entweder die Gemeindevertretung selbst die über- oder außerplanmäßigen Bewilligungen beschlossen hat oder gemäß § 100 Abs. 1 Satz 3 zweiter Halbsatz HGO über unerhebliche Mittelbereitstellungen informiert wurde. Außerdem hätte eine Erhöhung des Ansatzes nur eine rein deklaratorische Bedeutung, da über die Mittel bereits verfügt wurde. In der Praxis ist eine Reihe von Gemeinden aus Gründen der Haushaltsklarheit (Ziff. 7.3.3.1) aber dazu übergegangen, freiwillig auch die erheblichen über- und außerplanmäßigen Aufwendungen und Auszahlungen in den Nachtragshaushalt zu übernehmen.

---

70 Vgl. Ziff. 14.1.2.8.

71 Vgl. Nr. 2 Hw. zu § 8 GemHVO. Hiernach setzt § 8 Abs. 1 Satz 2 GemHVO voraus, dass § 100 Abs. 1 HGO eingehalten wurde, wonach über- und außerplanmäßige Aufwendungen bzw. Auszahlungen u. a. nur zulässig sind, wenn ihre Deckung gewährleistet ist.

Eine Pflicht zur Aufnahme bereits über- und außerplanmäßig bewilligter Aufwendungen und Auszahlungen in den Nachtragshaushalt besteht gemäß § 8 Abs. 2 GemHVO allerdings dann, wenn Mehrerträge bzw. Mehreinzahlungen oder Kürzungen von Aufwendungen und Auszahlungen veranschlagt werden, die zur Deckung dieser über- und außerplanmäßigen Beträge verwendet wurden. Diese Regelung erreicht, dass die Mehrerträge bzw. Mehreinzahlungen oder Minderaufwendungen bzw. Minderauszahlungen als Haushaltsverbesserungen nicht ein zweites Mal zur Deckung herangezogen werden. Das nachstehende Beispiel soll dies verdeutlichen:

Die kreisfreie Stadt S wird im Haushaltsjahr über 200.000 € Mehrerträge bei den Schlüsselzuweisungen erzielen. Zwischenzeitlich wurde eine überplanmäßige Aufwendung für Transferleistungen im Produktbereich Soziale Leistungen in Höhe von 40.000 € aus diesem Mehrertrag gedeckt. Da diese Transferleistungen bereits entstanden und ausgezahlt sind, brauchen sie grundsätzlich gemäß § 8 Abs. 1 Satz 2 GemHVO nicht mehr in den Nachtrag aufgenommen zu werden. Die Mehrerträge von 200.000 € dagegen gehören in den Nachtragshaushaltsplan, weil sie in der Stadt S als erheblich gelten. Sie sind aber nur noch zu einem Betrag von 160.000 € frei verfügbar. Würde man also die damit gedeckten überplanmäßigen Aufwendungen nicht in den Nachtrag aufnehmen, würde unberechtigterweise der gesamte Betrag im Rahmen der Gesamtdeckung freie Finanzierungsmittel darstellen. ***Es muss somit wie folgt veranschlagt werden:***

Erhöhung der Erträge aus Schlüsselzuweisung	+	*200.000 €*
Erhöhung der Aufwendung Transferleistung	+	*40.000 €*
Es verbleiben frei verfügbare zusätzliche Mittel von		*160.000 €*

Eine Erleichterung des Verfahrens nach § 8 Abs. 1 GemHVO liegt darin, dass geringfügige Mehraufwendungen bzw. Mehrauszahlungen nicht in den Nachtragshaushaltsplan aufzunehmen sind. Sie werden ohnehin durch ebenfalls nicht veranschlagte geringfügige Mehrerträge bzw. Mehreinzahlungen und/oder Minderaufwendungen bzw. Minderauszahlungen in Regel ausgeglichen, sodass der Gesamthaushalt unbeeinflusst bleibt.

Als Entscheidungshilfe für das praktische Vorgehen bietet sich folgendes Raster an, welches sich auf den Ergebnishaushalt bezieht. Es ist im Finanzhaushalt, d. h. für Einzahlungen, Auszahlungen und Verpflichtungsermächtigungen gleichermaßen anzuwenden:

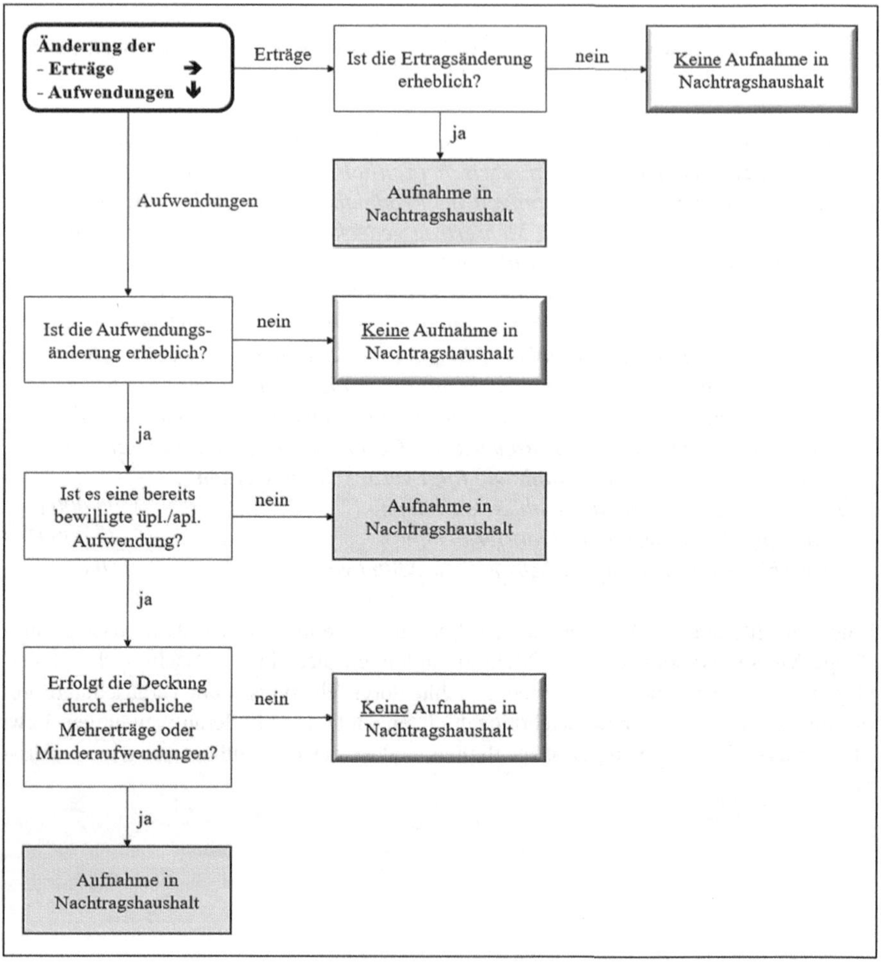

Werden **neue Verpflichtungsermächtigungen** (siehe Kap. 8) im Nachtragshaushalt veranschlagt, sind nach § 8 Abs. 3 GemHVO deren Auswirkungen auf die mittelfristige Ergebnis- und Finanzplanung anzugeben. Hierdurch soll sichergestellt werden, dass die Finanzierung der aus der Inanspruchnahme entstehenden Auszahlungen in den künftigen Haushaltsjahren gewährleistet werden kann. Grundsätzlich ist gemäß § 11 Satz 2 GemHVO bei jeder Veranschlagung von Verpflichtungsermächtigungen anzugeben, wie sich die Belastungen voraussichtlich auf die künftigen Haushaltsjahre verteilen (siehe ausführlich Kap. 8 und 12).

Der Begriff **„neue Verpflichtungsermächtigungen"** muss so verstanden werden, dass er sowohl die erstmalige Veranschlagung von Verpflichtungsermächtigungen als auch die Erhöhung eines bereits veranschlagten Betrages erfasst. Außerdem ist die dem Nachtragshaushalt gemäß § 1 Abs. 5 Nr. 4 GemHVO beizufügende „Übersicht über die aus Verpflichtungsermächtigungen in den einzelnen Jahren voraussichtlich fällig werdenden Auszahlungen" entsprechend zu aktualisieren, da diese Übersicht sowie die Ergebnis- und Finanzplanung Grundlagen für die Genehmigungsbedürftigkeit des Gesamtbetrages der Verpflichtungsermächtigungen sind (siehe Ziff. 8.5).

Während für die Nachtrags**satzung** ein verbindliches Muster (Muster 2 zur GemHVO) vorgeschrieben ist, fehlen für den Nachtrags**haushaltsplan** entsprechende Muster sowohl für den Ergebnis- und Finanzhaushalt als auch für die Teilergebnis- und Teilfinanzhaushalte. In Anlehnung an die Angaben in der Nachtrags**satzung** (neuer Betrag, alter Betrag, Veränderungsbetrag) sollten ebenso die Kopfzeilen des Nachtrags**haushaltsplans** mindestens folgende Angaben enthalten:

Teilergebnishaushalt
Produktbereich 01 Innere Verwaltung
Produktgruppe 01 Verwaltungssteuerung und -service

Bezeichnung	*Ansatz **2024** (alt)*	*I. Nachtrag **2024** (neu)*	*Abweichungen mehr (+) / weniger (–)*
z. B. Personalaufwendungen	*400.0000 €*	*450.000 €*	*+ 50.000 €*

Bei Investitionen und Investitionsförderungsmaßnahmen im Teilfinanzhaushalt gelten diese Spalten auch für **Verpflichtungsermächtigungen**. Darüber hinaus müssen im Nachtraghaushalt des Teilfinanzhaushalts noch folgende Spalten enthalten sein:

- Gesamtauszahlungsbedarf[72]
- davon bisher bereitgestellt[73]

Teilfinanzhaushalt
Produktbereich 01 Innere Verwaltung
Produktgruppe 01 Verwaltungssteuerung und -service

Bezeichnung	*Ansatz **2024** (alt)*	*I. Nachtrag **2024** (neu)*	*Abweichungen mehr (+) / weniger (–)*	*VE **2024** (alt)*	*I. Nachtrag **2024** (neu)*	*Abweichungen mehr (+) / weniger (–)*	*Gesamtauszahlungsbedarf*	*Bisher bereitgestellt*

72 Unter Umständen ist der Gesamtauszahlungsbedarf anzupassen. Im Rahmen des Nachtragshaushalts ist der neue Gesamtauszahlungsbedarf, d. h. einschl. Änderungen anzugeben.

73 Siehe hierzu Inhalte des Teilfinanzhaushalts in Ziff. 6.5.2.4.2.

14.1.4 Zustandekommen der Nachtragssatzung

Besteht gemäß § 98 Abs. 2 HGO die Pflicht zum Erlass einer Nachtragssatzung, so ist diese **unverzüglich** zu erlassen. Die Verwaltung der Gemeinde muss also ohne schuldhaftes Verzögern nach Bekanntwerden des begründenden Tatbestandes mit den Vorbereitungen beginnen und schnellstens einen Beschluss der Gemeindevertretung herbeiführen.

Eine Nachtragssatzung ist spätestens bis zum Ablauf des Haushaltsjahres – gemäß § 94 Abs. 4 HGO ist das Haushaltsjahr mit dem Kalenderjahr identisch – von der Gemeindevertretung zu beschließen. Entscheidend für die zeitliche Komponente ist somit ausschließlich der **Beschluss** bis zum 31.12. des entsprechenden Jahres. Nach Nr. 2 Hw. zu § 98 HGO ist das etwaige Genehmigungsverfahren, die Bekanntmachung der Nachtragssatzung und die öffentliche Auslegung des Nachtragsplans auch dann durchzuführen, wenn das Haushaltsjahr abgelaufen ist. Die Nachtragssatzung tritt rückwirkend zum 1. Januar des Haushaltsjahres in Kraft, für das sie erlassen wurde.

Es drängt sich grundsätzlich die Frage auf, ob der Erlass einer Nachtragssatzung am Ende des Haushaltsjahres überhaupt noch Wirkung entfalten kann bzw. ob dies sinnvoll ist. Es ist u. a. dann sinnvoll, eine Nachtragsatzung am Ende eines Haushaltsjahres zu erlassen, wenn durch sie Änderungen vorgenommen werden, die über das abgelaufene Haushaltsjahr hinaus Wirksamkeit entfalten, z. B.

- bei der Erhöhung der Kreditermächtigung, da diese auch noch im Folgenden und ggf. sogar im danach folgenden Haushaltsjahr gilt, § 103 Abs. 3 HGO.
- bei der Erhöhung von Auszahlungen in Teilfinanzhaushalten, da diese Mittel durch die Übertragbarkeit kraft Verordnung auch noch in den folgenden Haushaltsjahren zur Verfügung stehen, § 21 Abs. 2 GemHVO.
- bei der Erhöhung von Aufwendungen in Teilergebnishaushalten, sofern ein Übertragbarkeitsvermerk angebracht ist, § 21 Abs. 1 GemHVO.

Andererseits sind für den Erlass der Nachtragssatzung bestimmte Stichtage zwingend zu beachten, z. B. müssen nach § 25 Abs. 3 GrStG und § 16 Abs. 3 GewStG Anhebungen der Hebesätze der Realsteuern bis spätestens zum 30. Juni für das laufende Jahr von der Gemeindevertretung **beschlossen** sein, um „rückwirkend" zum Beginn des Kalenderjahres Wirksamkeit zu entfalten.[74] Dieses entspricht dem Gedanken einer gewissen Voraussehbarkeit bei Steuererhöhungen (Vertrauensschutz). Insofern wird durch Steuergesetze (spezialgesetzliche Regelungen) der durch § 98 Abs. 1 HGO vorgegebene Beschlusszeitpunkt für die Nachtragssatzung eingeschränkt.

Für den **Erlass einer Nachtragssatzung** sind gemäß § 98 Abs. 4 HGO die Vorschriften des § 97 HGO „Erlass der Haushaltssatzung" in vollem Umfang anzuwenden (siehe dazu Ziff. 11.3).

Ebenso gilt für die **Genehmigungsbedürftigkeit der Nachtragssatzung** § 97a HGO (siehe hierzu ausführlich Ziff. 11.3.8). **Alle** in § 97a HGO aufgezählten Tatbe-

74 Für die Erhöhung der Hebesätze der Kreis- und Schulumlage, die von Landkreisen festgesetzt werden, muss der Beschluss des Kreistages bis zum 31. August des laufenden Haushaltsjahres erfolgen, gemäß § 50 Abs. 5 HFAG.

stände bedürfen im Rahmen der Nachtragssatzung **der Genehmigung durch die Aufsichtsbehörde bzw. des Einvernehmens der oberen Aufsichtsbehörde** (§ 92a Abs. 3 HGO), **auch dann**, wenn in der Nachtragssatzung von den ursprünglichen Festsetzungen der Haushaltssatzung **nicht** abgewichen wurde, Nr. 4 Hw. zu § 98 HGO. Bei den Landkreisen kann in diesem Zusammenhang eine zusätzliche Genehmigungsbedürftigkeit hinsichtlich des Hebesatzes der Kreisumlage entstehen, wenn der Hebesatz des Vorjahres um mehr als einen halben Prozentpunkt angehoben wird,[75] § 50 Abs. 6 HFAG.

Eine Genehmigungsbedürftigkeit besteht dagegen nicht, wenn durch die Nachtragssatzung die entsprechenden Festsetzungen auf **„Null" reduziert** werden.

Für die Rechtswirksamkeit der Nachtragssatzung ist nach § 97 Abs. 4 HGO ebenso die öffentliche Bekanntmachung einschl. Auslegung des Nachtragsplanes erforderlich (siehe ausführlich Ziff. 11.3.9). Erst nach Ablauf der Auslegungsfrist ist die Bekanntmachung der Nachtragssatzung vollendet[76] und sie tritt somit rückwirkend zum 1.1. des jeweiligen Nachtragsjahres in Kraft. Somit kann erst nach Vollendung der Auslegung auf die neu in der Nachtragssatzung veranschlagten Ermächtigungen zugegriffen werden. Allerdings kann es **außergewöhnliche Umstände** geben, die ein Abwarten des Inkrafttretens der Nachtragssatzung nicht rechtfertigen, z. B. bei unvorhersehbaren Finanzbedarfen auf Grund von Naturkatastrophen, größeren Steuerrückzahlungen oder drastischen Steuerausfällen o. Ä. Um die Zahlungsfähigkeit der Gemeinde sicherzustellen, müssen in diesen Fällen u. U. sowohl Liquiditätskredite (§ 4 der Haushaltssatzung) als auch Investitionskredite (§ 2 der Haushaltssatzung) erhöht werden. Dies erfordert nach § 98 Abs. 1 HGO zwingend den Erlass einer Nachtragssatzung.[77] Im Rahmen dieser außergewöhnlichen Umstände hat der Gesetzgeber in der Gesetzesbegründung zu § 105 HGO (Hessenkasse-Gesetzgebung, LT-Drs. 19/5957, S. 25) folgendes ausgeführt:

> *„Bei Eintritt unvorhersehbarer Ereignisse, wie z. B. bei größeren Steuerrückzahlungen oder Finanzbedarfen nach Naturkatastrophen, ist eine Nachtragssatzung mit der Festlegung von Konsolidierungsmaßnahmen erforderlich. Gleichwohl kann die Gemeinde z. B. Steuerrückzahlungen vor Inkrafttreten der Nachtragssatzung veranlassen, auch wenn dies den Höchstbetrag der ursprünglich genehmigten Liquiditätskredite übersteigt.*
> *Den Subsidiaritätscharakter der tatsächlichen Inanspruchnahme von Liquiditätskrediten unterstreicht die unveränderte Voraussetzung, dass keine anderen Mittel zur Verfügung stehen."*

75 Die Regelung des § 50 Abs. 6 HFAG bezieht sich nur auf die Kreisumlage, nicht auf die Summe der Hebesätze aus Kreis- und Schulumlage.

76 Vgl. § 6 Abs. 3 Verordnung über öffentliche Bekanntmachungen der Gemeinden und Landkreise in Hessen.

77 Unter Umständen ist in diesem Zusammenhang auch die Festlegung neuer Konsolidierungsmaßnahmen erforderlich, so dass ein Haushaltssicherungskonzept erstellt bzw. ein bestehendes aktualisiert werden muss, siehe § 92a HGO.

Konkretisiert wird dieser Ausnahmetatbestand in Nr. 6 Hw. zu § 105 HGO, wonach ein **notwendiges Überschreiten des Höchstbetrages der Liquiditätskredite** auf Grund unvorhersehbarer Ereignisse, insbesondere größeren Steuerrückzahlungen oder Finanzbedarfen nach Naturkatastrophen bzw. sonstigen Notsituationen, **zumindest der Beschlussfassung der Gemeindevertretung und der Abstimmung mit der Aufsichtsbehörde bedarf.**[78]

14.1.5 Übungen

Siehe zu diesem Abschnitt Sachverhalte 1 und 2 zu Kap. 4 im Übungsband.

14.2 Über- und außerplanmäßige Aufwendungen und Auszahlungen

14.2.1 Begriff der über- und außerplanmäßigen Aufwendungen und Auszahlungen

Bereits bei der Problematik der Pflichtnachtragssatzung gemäß § 98 Abs. 2 HGO sind mehrfach die Begriffe „überplanmäßig" und „außerplanmäßig" angesprochen und vereinfachend mit den Begriffen „zusätzlich" bzw. „bisher nicht veranschlagt" gleichgestellt worden. Im Zusammenhang mit den Regelungen des § 100 HGO müssen diese Definitionen jetzt ergänzt und präzisiert werden.

78 Auf Grund der **außergewöhnlichen Notsituation** während der Corona-Pandemie konnte nach dem extra für diese Notsituation erlassenen § 51a HGO (LT-Drs. 20/2591 vom 23.3.2020) anstelle der Gemeindevertretung der **Finanzausschuss** bzw. der für **Eilentscheidungen gebildete besondere Ausschuss** über die isolierte Anpassung des Höchstbetrages der Liquiditätskredite entschieden. Über die Genehmigung der Neufestsetzung des Höchstbetrages der Liquiditätskredite entscheiden die Aufsichtsbehörden binnen einer Woche (Erlass des HMdIS vom 30.3.2020 – Hinweise zur Anwendung des Kommunalen Haushaltsrechts im Umgang mit den wirtschaftlichen Folgen der Corona-Pandemie). In diesem Zusammenhang wurde auch geregelt, dass auf Grund der schwer einschätzbaren Lage **die Verpflichtung zur unverzüglichen Aufstellung einer Nachtragssatzung und eines Haushaltssicherungskonzepts bis auf weiteres nicht gerechtfertigt ist**.

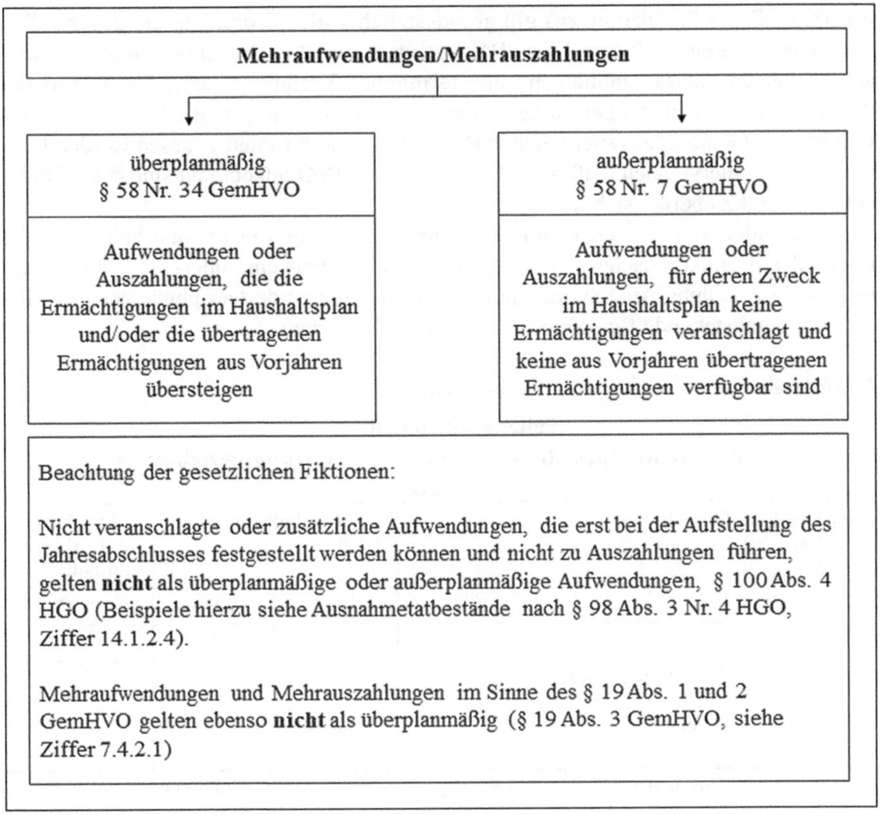

Sowohl der Begriff „überplanmäßig“ als auch der Begriff „außerplanmäßig“ haben den Plan, also den Haushaltsplan, als Wortbestandteil. Sie drücken damit gewisse Abweichungen von den Ermächtigungen bzw. Ansätzen[79] des Haushaltsplanes aus.

In der Haushaltswirtschaft nach den Grundsätzen der doppelten Buchführung werden die Abweichungen von Haushaltsermächtigungen nicht an einzelnen Aufwands- bzw. Auszahlungs**konten** nach dem KVKR[80] bzw. an den einzelnen Haushaltspositionen der Muster 9 und 10 zur GemHVO gemessen, sondern an dem Finanzrahmen des jeweiligen Budgets.[81] Vor dem Hintergrund der **Output-orientierten Steuerung** weist die Gemeindevertretung durch die Beschlussfassung der Haushaltssatzung (und damit auch der Teilhaushalte) den Organisationseinheiten zur Erstellung der vorgesehenen Produkte (zur Erreichung der Ziele nach § 10 Abs. 3 GemHVO) einen Finanzrahmen zur selbständigen und eigenverantwortlichen Bewirtschaftung zu (§ 58 Nr. 10 GemHVO).

79 Der Begriff „Haushaltsansatz“ ergibt sich aus den Mustern zur GemHVO, die nach § 60 GemHVO verbindlich sind.

80 Vgl. Muster 12 zur GemHVO.

81 Nach § 4 Abs. 1 GemHVO bildet jeder Teilhaushalt ein Budget (Bewirtschaftungseinheit).

Innerhalb dieses Finanzrahmens gilt grundsätzlich kraft Verordnung die gegenseitige Deckungsfähigkeit (§ 20 Abs. 1 GemHVO), sodass zwischen den Budgetansätzen Mehraufwendungen/Mehrauszahlungen ohne förmliches Verfahren durch Minderaufwendungen/Minderauszahlungen aufgefangen werden können (siehe Ziff. 7.4.3.2). Sofern bei der Gemeinde weitergehende Budgetierungsrichtlinien erlassen werden bzw. Deckungsvermerke nach § 20 Abs. 2, 3 und 5 GemHVO angebracht sind,[82] sind diese entsprechend zu berücksichtigen.

Entscheidet sich eine Gemeinde z. B. für die Bildung von Teilhaushalten auf der Ebene der Produktbereiche (Mindestgliederung), entsteht eine über- bzw. außerplanmäßige Aufwendung/Auszahlung immer in Bezug zu dem dort ausgewiesenen Finanzrahmen. Nachstehende Beispiele sollen dies verdeutlichen:[83]

Produktbereich: 04 Kultur und Wissenschaft

Teilergebnishaushalt –
vereinfachte Darstellung ohne interne Leistungsbeziehungen

– Euro –

Nr.	Konten[84]	Bezeichnung	Haushaltsansatz		Ergebnis des Jahresabschlusses
			2024	2023	2022
1	2	3	4	5	6
		Ordentliche Erträge Öffentlich-rechtliche Leistungsentgelte …	46.000	40.000	36.000,00
		Summe der ordentlichen Erträge	46.000	40.000	36.000,00
		Ordentliche Aufwendungen			
		Personalaufwendungen	550.000	510.000	499.000,00
		Versorgungsaufwendungen	95.000	90.000	80.000,00
		Aufwendungen für Sach- und Dienstleistungen	800.000	750.000	749.000,00
		Abschreibungen	100.000	100.000	90.000,00
		Aufwendungen für Zuweisungen u. Zuschüsse sowie besonderen Finanzaufwendungen …	0	0	5.000,00
		Summe der ordentlichen Aufwendungen	1.545.000	1.450.000	1.423.000,00
		Verwaltungsergebnis	**–1.499.000**	**–1.410.000**	**–1.387.000,00**

82 Die Deckungsfähigkeit nach § 20 Abs. 2 GemHVO stellt auf den budgetübergreifenden sachlichen Zusammenhang ab, siehe Ziff. 7.4.3.2.2.

83 Der Teilergebnisplan (Muster 9 zur GemHVO) ist nur auszugsweise dargestellt.

84 Auf die Angabe der Konten wird hier verzichtet, da sie in diesem Zusammenhang von untergeordneter Bedeutung sind. Insofern wird auf die Muster 7 und 9 zur GemHVO verwiesen.

Nr.	Konten[84]	Bezeichnung	Haushaltsansatz		Ergebnis des Jahresabschlusses
			2024	2023	2022
1	2	3	4	5	6
		Finanzerträge Finanzaufwendungen			
		Finanzergebnis			
		Ordentliches Ergebnis (Verwaltungsergebnis und Finanzergebnis)			
		Außerordentliche Erträge Außerordentliche Aufwendungen			
		Außerordentliches Ergebnis			

Beispiel 1:
Werden z. B. innerhalb des Budgetansatzes „Aufwendungen für Sach- und Dienstleistungen" 10.000 € mehr als geplant für Büromaterial benötigt und werden gleichzeitig im gleichen Teilhaushalt Kultur und Wissenschaft entsprechende Mittel bei den Aufwendungen für den Verbrauch von Energie eingespart, entstehen noch keine überplanmäßigen Aufwendungen, da der Budgetansatz „Aufwendungen für Sach- und Dienstleistungen" insgesamt nicht überschritten wird. Insofern haben die von der Gemeinde evtl. unterhalb der jeweiligen Budgetansätze (also auf Kontenebene) geplanten Werte bei verschiedenen Aufwandsarten keine Außenwirkung, sondern stellen nur einen internen Bewirtschaftungsplan dar.

Beispiel 2:
Können im gleichen Ausgangsfall die zusätzlichen Aufwendungen nicht (oder nicht in voller Höhe) innerhalb des Budgetansatzes „Aufwendungen für Sach- und Dienstleistungen" aufgefangen werden, aber im Budgetansatz der „Personalaufwendungen" sind entsprechende Einsparungen zu verzeichnen, so entstehen auch in diesem Fall keine überplanmäßigen Aufwendungen, da dann die gegenseitige Deckungsfähigkeit kraft Verordnung gemäß § 20 Abs. 1 GemHVO greift, sofern keine einschränkenden Haushaltsvermerke angebracht wurden.

Beispiel 3:
Erst wenn den zusätzlichen zahlungswirksamen Aufwendungen von 10.000 € keine ausreichenden Einsparungen bei anderen zahlungswirksamen Budgetansätzen gegenüberstehen (und keine übertragenen Haushaltsermächtigungen aus Vorjahren sowie keine Mehrerträge im Rahmen der unechten Deckungsfähigkeit zur Verfügung stehen und keine Verpflichtung zum Erlass einer Nachtragssatzung nach § 98 Abs. 2 HGO besteht), liegt ein überplanmäßiger Bedarf vor.

Beispiel 4:
Ein außerplanmäßiger Bedarf liegt vor, wenn z. B. ein „Aufwand für Zuweisungen und Zuschüsse“ (§ 2 Abs. 1 Nr. 14 GemHVO) im Laufe des Haushaltsjahres entsteht, aber

- *kein entsprechender Budgetansatz im jeweiligen Teilergebnishaushalt vorhanden ist,*[85] *Dieser Mehrbedarf kann auch nicht im Rahmen der Deckungsfähigkeit nach § 20 Abs. 1 GemHVO durch andere Budgetansätze aufgefangen werden, da die gegenseitige Deckungsfähigkeit nach dem Wortlaut der GemHVO nur zwischen „veranschlagten“ Aufwendungen Gültigkeit entfaltet.*[86] *Warum der Gesetzgeber hier nur auf die „veranschlagten“ Aufwendungen/ Auszahlungen abstellt, lässt sich auch aus den Hinweisen zu § 20 GemHVO nicht nachvollziehen und widerspricht dem eigentlichen Budgetgedanken, wonach die Organisationseinheiten innerhalb des vorgegebenen Finanzrahmens und Leistungsumfangs selbständig und eigenverantwortlich wirtschaften dürfen.*
- *und keine Verpflichtung zum Erlass einer Nachtragssatzung nach § 98 Abs. 2 HGO besteht.*

Für den **Teilfinanzhaushalt** gelten diese Ausführungen entsprechend, wobei dann lediglich auf Auszahlungspositionen für Investitionen und Investitionsförderungsmaßnahmen abzustellen ist und sich die Deckungsfähigkeit kraft Verordnung dann auf Grund § 20 Abs. 3 i. V. m. Abs. 1 GemHVO ergibt.

Überplanmäßige Bedarfe[87] liegen demnach vor, wenn
a) die Ermächtigungen des Haushaltsjahres, genauer des Finanzrahmens je Budget überschritten werden (§ 20 GemHVO) **und**
b) keine zweckgebundenen Mehrerträge/Mehreinzahlungen zur Verfügung stehen (§ 19 GemHVO) **und**
c) keine Haushaltsermächtigungen aus Vorjahren vorhanden sind bzw. bereits voll in Anspruch genommen wurden (§ 21 GemHVO) **und**
d) keine Verpflichtung zum Erlass einer Nachtragssatzung besteht (§ 98 Abs. 2 HGO).

Außerplanmäßige Bedarfe[88] liegen vor, wenn
a) keine Ermächtigung im laufenden Haushaltsplan veranschlagt sind und dadurch § 20 GemHVO nicht anwendbar wird[89] **und**
b) keine Ermächtigung aus Vorjahren vorhanden sind (§ 21 GemHVO) **und**
c) keine Verpflichtung zum Erlass einer Nachtragssatzung besteht (§ 98 Abs. 2 HGO).

---

85 Dabei wird unterstellt, dass auch keine Aufwandsermächtigungen aus Vorjahren übertragen wurden, was bei „Aufwendungen für Zuweisungen und Zuschüssen sowie besonderen Finanzaufwendungen“ i. d. R. auch nicht der Fall sein dürfte.
86 Ausführungen zur Deckungsfähigkeit nach § 20 GemHVO siehe Ziff. 7.4.3.2.
87 Vgl. Nr. 2 Hw. zu § 100 HGO i. V. m. § 19 Abs. 3 und § 58 Nr. 34 GemHVO.
88 Vgl. Nr. 2 Hw. zu § 100 HGO i. V. m.§ 58 Nr. 7 GemHVO.
89 Ausführungen zur Deckungsfähigkeit nach § 20 GemHVO siehe Ziff. 7.4.2.3.

Für Haushaltsmittel, die von der Deckungsfähigkeit kraft Verordnung eingeschränkt bzw. ausgeschlossen wurden (§ 20 Abs. 1 GemHVO),[90] ist der jeweilige Einzelansatz bzw. die jeweilige Einzelermächtigung bei der Beurteilung maßgebend (siehe Ziff. 7.4.3).

Um den Besonderheiten der Haushaltswirtschaft nach den Grundsätzen der doppelten Buchführung gerecht zu werden, enthält § 100 Abs. 4 HGO eine gesetzliche Fiktion für den **Ergebnishaushalt** dahingehend, dass ebenfalls **nicht** als über- oder außerplanmäßige **Aufwendungen gelten**:

- nicht veranschlagte oder zusätzliche Aufwendungen, die erst bei der Aufstellung des Jahresabschlusses festgestellt werden können **und**
- **in dieser Rechnungsperiode** nicht zu Auszahlungen führen (damit wird zumindest der Finanzhaushalt dieser Rechnungsperiode nicht tangiert).

Es handelt sich typischerweise um die Fälle, bei denen im Zusammenhang mit der Erstellung des Jahresabschlusses, **also nach Ablauf des Haushaltsjahres**, Aufwendungen erkennbar werden und mit denen keine Auszahlungen[91] in dieser Rechnungsperiode verbunden sind, also kein Zahlungsmittelabfluss erfolgt, z. B.

- Überprüfung und konkrete Ermittlung von rückstellungspflichtigen Posten nach § 39 GemHVO, die abschließend nur im Rahmen des Jahresabschlusses ermittelt werden können (z. B. Rückstellungen für Pensionen und Beihilfen, Sanierung von Altlasten u. Ä.),
- Überprüfung der Werthaltigkeit im Bereich der Forderungen (z. B. Pauschalwertberichtigungen bzw. pauschalierte Einzelwertberichtigungen am Jahresende),
- Außerplanmäßige Abschreibungen, die erst bei Aufstellung des Jahresabschlusses ermittelt werden können, z. B. bei Finanzanlagen.[92]

Dies hat zur Folge, dass in diesen Fällen die Regelungen für über- und außerplanmäßige Aufwendungen nach § 100 HGO **keine Anwendung** finden (in diesen Fällen besteht ebenso keine Nachtragspflicht, siehe § 98 Abs. 3 Nr. 4 HGO, Ziff. 14.1.2.4 und 15.8).

Die Regelung von § 100 Abs. 4 HGO ist **nicht auf die Fälle anzuwenden**, für die kein oder ein zu niedriger Haushaltsansatz veranschlagt war, obwohl auf Grund von Erfahrungswerten aus Vorjahren mit diesen Aufwendungen und auch in dieser Höhe

90 Nach § 20 Abs. 1 GemHVO i. V. m. Nr. 1 Hw. zu § 20 GemHVO kann die gegenseitige Deckungsfähigkeit kraft Verordnung durch einen ausdrücklichen Haushaltsvermerk eingeschränkt oder ausgeschlossen werden. Dies ist eine individuelle Entscheidung der jeweiligen Kommune.

91 Zur Auslegung der Regelung in § 100 Abs. 4 HGO verweist Nr. 9 Hw. zu § 100 HGO auf Nr. 6 Hw. zu § 98 HGO. Danach bezieht sich die **Zahlungsunwirksamkeit** der Aufwendungen im Sinne von § 100 Abs. 4 HGO **nur auf die Rechnungsperiode**, für die der Jahresabschluss aufgestellt wird. Wird z. B. im Rahmen des Jahresabschlusses die Bildung oder Erhöhung einer Rückstellung notwendig, wird diese Aufwandbuchung zwar in dieser Rechnungsperiode nicht mehr zahlungswirksam, aber wahrscheinlich werden in späteren Haushaltsjahren Zahlungen anfallen. Siehe zu dieser Thematik auch *Daneke* in KVR Hessen, § 100 HGO Rn. 40 ff. und § 98 HGO Rn. 39 ff.

92 Weitere Beispiele können der Arbeitshilfe der hessischen Revisionsämter zur Anwendung von § 100 Abs. 4 HGO entnommen werden, Stand: 18.10.2018.

gerechnet werden musste. Ferner ist diese Regelung nicht anwendbar, wenn bereits im Laufe des Haushaltsjahres Informationen vorliegen, die **z. B. zu einer Bildung bzw. Erhöhung** von Rückstellungen oder außerordentlichen bzw. erhöhten Abschreibung führen.

In diesen Fällen wäre bei nicht veranschlagten bzw. zusätzlichen Aufwendungen Beschlussfassung nach § 100 Abs. 1 HGO notwendig gewesen, was aber aufgrund des Ablaufs des Haushaltsjahres nicht mehr möglich ist (Grundsatz der Jährlichkeit, siehe Ziff. 7.3.7.1).[93]

Ebenfalls liegen per gesetzlicher Fiktion nach § 19 Abs. 3 GemHVO keine über- und außerplanmäßigen Aufwendungen/Auszahlungen vor, sofern es sich um Mehraufwendungen/Mehrauszahlungen im Sinne von § 19 Abs. 1, 2 und 4 GemHVO handelt (Ziff. 7.4.2.1).

Wie später festzustellen sein wird, hat die Begriffsunterscheidung in „überplanmäßig“ und „außerplanmäßig“ **bei der Prüfung der Voraussetzungen** des § 100 Abs. 1 HGO – **mit Ausnahme der Fälle des § 100 Abs. 2 HGO** – keine rechtliche Wirkung. Sie charakterisiert lediglich die Art der Mehraufwendung bzw. Mehrauszahlungen in Relation zu den Haushaltsermächtigungen.

14.2.2 Verhältnis zur Nachtragssatzung und zu anderen Bereitstellungsmöglichkeiten für Mehraufwendungen/Mehrauszahlungen

Überplanmäßige Aufwendungen und Auszahlungen stellen Abweichungen von der betraglichen Bindung des Haushaltsplanes dar, während bei außerplanmäßigen Aufwendungen und Auszahlungen keine Ermächtigungen im Haushaltsplan vorgesehen sind. Diese Mehrbedarfe kommen in der Praxis immer wieder vor, da bei der Aufstellung des Haushaltsplanes eine Reihe von Ansätzen nur geschätzt werden können. Auch bei weitgehend vorausberechenbaren Ansätzen können Mehrbedarfe entstehen, da der Haushaltsplan bereits etwa Mitte des Vorjahres aufgestellt wird und im Zeitraum von ca. 18 Monaten auch bei diesen Ansätzen unvorhergesehene Veränderungen eintreten können. Diesen Tatsachen hat auch die Gemeindeordnung Rechnung getragen, indem sie ein formelles Verfahren zur Bereitstellung von über- und außerplanmäßigen Aufwendungen und Auszahlungen vorsieht, welches weiter unten noch ausführlich dargestellt wird.

Bei Ziff. 14.1.2 wurde bereits festgestellt, dass bestimmte Mehraufwendungen und Mehrauszahlungen nicht nach dem oben angedeuteten Verfahren, sondern nur durch Nachtragssatzung bereitgestellt werden können. Bei den Ziffn. 7.4.3.1 und 7.4.3.2 werden als echte und unechte Deckungsfähigkeit zwei einfache Bereitstellungsverfahren auf Grund Verordnung (Budgetierung) und auf Grund von Haushaltsvermerken vorgestellt, die ebenfalls nicht zu über- bzw. außerplanmäßigen Aufwendungen und Auszahlungen führen. Aus dieser Vielzahl von Deckungsmöglichkeiten für Mehrbedarfe ergibt sich die Notwendigkeit, eine gewisse Reihenfolge zu schaffen, um die Prüfung

93 Siehe hierzu ausführlich Ziff. 14.1.2.4 – Ausnahmeregelung gemäß § 98 Abs. 3 Nr. 4 HGO.

zur Bereitstellung von Mehraufwendungen und Mehrauszahlungen durchführen zu können.

Die Frage nach der Reihenfolge des Einsatzes der Bereitstellungsverfahren wird nach dem Verwaltungsaufwand[94] und dem Sinn der Vorschriften entschieden. Es ist naturgemäß wirtschaftlicher, ein Verfahren ohne großen Verwaltungsaufwand zu wählen, als die Gemeindevertretung und die Aufsichtsbehörde einzubinden, damit die Mehrbedarfe gedeckt werden können. Die Prüfung der Frage „Wie können Mittel für die Mehrbedarfe bereitgestellt werden?“ muss deshalb immer in der nachstehend aufgeführten und begründeten Reihenfolge der Bereitstellungsarten erfolgen.

a) Mittelbereitstellung auf Grund eines Zweckbindungsvermerks gemäß § 19 Abs. 1 GemHVO oder Verstärkungsvermerks gemäß § 19 Abs. 2 GemHVO (unechte Deckungsfähigkeit)
   Gemäß § 19 Abs. 1 Satz 1 GemHVO **sind** unter den dort genannten Voraussetzungen zahlungswirksame Erträge auf die Verwendung für bestimmte Aufwendungen zu beschränken (zweckzubinden).[95] Unter Beachtung dieser Voraussetzungen dürfen nach § 19 Abs. 1 Satz 2 GemHVO zweckgebundene Mehrerträge für entsprechende Mehraufwendungen verwendet werden. Ein Zweckbindungsvermerk beinhaltet demnach also immer auch die **Wirkung** der unechten Deckungsfähigkeit. Dies gilt gemäß § 19 Abs. 4 GemHVO auch für Einzahlungen und Auszahlungen des Finanzhaushalts.
   Treffen die Voraussetzungen gemäß § 19 Abs. 1 GemHVO **nicht** zu, kann nach § 19 Abs. 2 und Abs. 4 GemHVO **durch Haushaltsvermerk**[96] bestimmt werden, dass zahlungswirksame Mehrerträge bzw. Mehreinzahlungen bestimmte Ansätze für Aufwendungen bzw. Auszahlungen erhöhen („klassische“ unechte Deckungsfähigkeit).[97]
   Die Vorschriften des § 100 HGO sind **nicht anzuwenden**, wenn die Haushaltsansatzüberschreitungen (Mehrbedarfe) durch zweckgebundene Mehrerträge (§ 19 Abs. 1 GemHVO) oder durch Verstärkungsvermerke im Rahmen der unechten Deckungsfähigkeit[98] (§ 19 Abs. 2 GemHVO) gedeckt werden können, vgl. Nr. 2 Hw. zu § 100 HGO.
   Ein formelles Bereitstellungsverfahren und damit ein besonderer Verwaltungsaufwand ist in den Fällen des § 19 GemHVO nicht erforderlich, sodass diese Art der Bereitstellung von zusätzlichen Ermächtigungen (neben der echten Deckungsfähigkeit – siehe b) den geringsten Verwaltungsaufwand verursacht; die Bearbeitung

---

94 Verwaltungsaufwand sowohl aus der zeitlichen als auch aus der finanziellen Perspektive (z. B. Bindung von Personal).

95 Siehe zur Zweckbindung insgesamt Ziff. 7.4.2.1.

96 Vgl. Nr. 4 Hw. zu § 19 GemHVO.

97 Vgl. Ziff. 7.4.3.1.

98 Der Hinweis Nr. 2a zu § 100 HGO ist missverständlich formuliert. Die „unechte“ Deckungsfähigkeit, die nicht mit zweckgebundenen Mehrerträgen/Mehreinzahlungen nach § 19 Abs. 1 GemHVO verwechselt werden darf und ebenfalls in § 19 GemHVO geregelt ist, allerdings im Abs. 2, ist nicht aufgeführt. Es kann aber davon ausgegangen werden, dass auch bei der unechten Deckungsfähigkeit die Vorschriften des § 100 HGO **nicht** anzuwenden sind, da nach § 19 Abs. 3 GemHVO die Mehraufwendungen/Mehrauszahlungen nach § 19 Abs. 2 und Abs. 4 GemHVO nicht als überplanmäßige Aufwendungen gelten.

und Entscheidung verbleibt im Fachbereich bzw. bei den Produkt(bereichs)verantwortlichen/Budgetverantwortlichen. Voraussetzung für die Anwendung ist allein das Erfüllen der Voraussetzungen nach § 19 Abs. 1 und 4 GemHVO bzw. der bereits genannte Haushaltsvermerk (Verstärkungsvermerk) nach § 19 Abs. 2 und 4 HGO im Haushaltsplan.
Darüber hinaus stellt § 19 Abs. 3 GemHVO eindeutig fest, dass Mehraufwendungen nach § 19 Abs. 1 und Abs. 2 GemHVO **nicht** als überplanmäßige Aufwendungen gelten. Gemäß § 19 Abs. 4 GemHVO gilt diese gesetzliche Fiktion ebenso für Mehrauszahlungen.

b) Echte Deckungsfähigkeit gemäß § 20 GemHVO[99]
Einsparungen bei einer Aufwandsposition können für Mehraufwendungen bei einer anderen Aufwandsposition verwendet werden. Voraussetzung dafür ist, dass sich die betroffenen Aufwandspositionen in einem gemeinsamen Budget befinden und dass die kraft Verordnung geltende Deckungsfähigkeit nicht durch Haushaltsvermerk eingeschränkt bzw. gänzlich ausgeschlossen ist (§ 20 Abs. 1 GemHVO). Entsprechendes gilt für Auszahlungen für Investitionen nach § 20 Abs. 3 GemHVO.
Für die von der gesetzlichen Deckungsfähigkeit ausgenommenen Aufwendungs- bzw. Auszahlungsansätze sowie für die budgetübergreifende Deckungsfähigkeit nach § 20 Abs. 2 GemHVO gilt die echte Deckungsfähigkeit nur, sofern ein entsprechender Deckungsvermerk angebracht ist.
Eine besondere Form der echten Deckungsfähigkeit ist in § 20 Abs. 5 GemHVO geregelt, wonach **zahlungswirksame Aufwendungen** eines Budgets zu Gunsten von **Investitionsauszahlungen dieses Budgets** für **einseitig** deckungsfähig **erklärt werden** können (siehe Ziff. 7.4.3.2).
Nach Nr. 2a Hw. zu § 100 HGO sind die Vorschriften des § 100 HGO **nicht anzuwenden**, wenn die Haushaltsansatzüberschreitungen (Mehrbedarfe) im Rahmen der nach § 20 GemHVO vorgesehenen Deckungsmöglichkeiten gedeckt werden können.
Auch bei der echten Deckungsfähigkeit ist kein formelles Bereitstellungsverfahren erforderlich; die Bearbeitung verbleibt bis zur Entscheidungsfindung beim Fachbereich bzw. bei dem Produkt(bereichs)verantwortlichen/Budgetverantwortlichen, sodass die echte Deckungsfähigkeit ebenso wie die unechte Deckungsfähigkeit weniger aufwendig ist, als die nachfolgenden Verfahren.

c) Pflichtnachtragssatzung (§ 100 Abs. 5 HGO i. V. m. § 98 Abs. 2 HGO)
Nach § 98 Abs. 2 HGO kann bei bestimmten Fällen vorrangig die Pflicht zum Erlass einer Nachtragssatzung bestehen (siehe Ziff. 14.1.2.3), sofern kein Ausnahmetatbestand nach § 98 Abs. 3 HGO vorliegt (siehe Ziff. 14.1.2.4). Auf den Vorrang des § 98 Abs. 2 HGO im Verhältnis zu § 100 HGO wird ausdrücklich in Nr. 1 Hw. zu § 100 HGO hingewiesen, d. h. sofern eine Verpflichtung zum Erlass einer Nachtragssatzung besteht, können die Vorschriften des § 100 **nicht** angewendet werden.
Dies ist (mit der freiwilligen Nachtragssatzung unter Buchstabe e) die aufwendigste Bereitstellungsmöglichkeit für Mehrbedarfe – sowohl für Aufwendungen als auch

99 Siehe hierzu Ziff. 7.4.3.2.

für Auszahlungen –, weil hierfür nach § 98 Abs. 4 HGO das gesamte formelle Verfahren des § 97 HGO für den Erlass einer Haushaltssatzung durchzuführen ist (siehe Kap. 11).

d) Bewilligung von überplanmäßigen Aufwendungen und Auszahlungen (§ 100 HGO)
Finden die Buchstaben a) bis c) **keine Anwendung oder konnten die Mehrbedarfe im Rahmen der §§ 19 und 20 GemHVO nicht vollständig gedeckt werden**, verbleibt nur die Bereitstellung als überplanmäßige Aufwendung bzw. Auszahlung. Dazu – und das wird noch ausführlich zu erläutern sein – hat der mittelbewirtschaftende Fachbereich bzw. Produkt(bereichs)- bzw. Budgetverantwortliche einen Bewilligungsantrag an den Fachbereich Finanzen zu richten. Die Entscheidung über die Bewilligung trifft entweder der Gemeindevorstand oder die Gemeindevertretung, siehe Ziff. 14.2.3.3. Gegenüber der echten und unechten Deckungsfähigkeit tritt somit der Bearbeitungsvorgang erstmals aus dem Fachbereich (aus der Produkt(bereichs)- bzw. Budgetverantwortung) heraus und wird damit formeller und aufwendiger, sodass dieses Verfahren insofern nachrangig zu prüfen ist.

e) freiwillige Nachtragssatzung (§ 98 Abs. 1 HGO)
Die freiwillige Nachtragssatzung ist ebenso wie die Pflichtnachtragssatzung mit einem sehr aufwendigen Verfahren verbunden, so dass in der Praxis zur Bereitstellung für **einzelne** Mehraufwendungen bzw. Mehrauszahlungen aus Gründen der Wirtschaftlichkeit wohl kaum eine Nachtragssatzung mit Nachtragshaushalt erlassen wird. Wenn die Gemeinde jedoch aus anderen Gründen[100] zeitgleich einen Nachtragshaushaltsplan vorbereitet, können einzelne Mehraufwendungen bzw. Mehrauszahlungen natürlich berücksichtigt werden.

Nicht veranschlagte bzw. außerplanmäßige Aufwendungen und Auszahlungen können nicht in diesem Schema abgehandelt werden, da solche Mehrbedarfe nicht in den Verfahren zu a) und b) bereitgestellt werden können. Sie erfordern immer eine Bearbeitung nach § 98 oder § 100 HGO, da die Verfahren zu a) und b) immer einen Budgetansatz ohne einschränkenden Haushaltsvermerk bzw. Budgetansätze mit entsprechenden Haushaltsvermerken voraussetzen.

14.2.3 Bewilligung von über- und außerplanmäßigen Aufwendungen und Auszahlungen

14.2.3.1 Ermittlung des Mehrbedarfs

Der Ausgangspunkt für das Bewilligungsverfahren einer Mehraufwendung bzw. Mehrauszahlung nach § 100 HGO ist die Feststellung der Höhe des über- bzw. außerplanmäßigen Bedarfs. Dabei müssen die im Bereich der Begriffsabgrenzung (siehe Ziff. 14.2.1) vorgestellten Definitionen (überplanmäßige bzw. außerplanmäßige Aufwendungen und Auszahlungen) in Bezug auf die Höhe des Mehrbedarfs präzisiert werden.

---

100 Veränderte politische Zielsetzungen, Veränderung der Prioritätensetzung usw.

Grundlage ist zunächst der **Mehrbedarf bis zum Ende des Haushaltsjahres.**

Beispiel:
Weiß die Verwaltung z. B. im August des Haushaltsjahres bereits, dass die Haushaltsmittel erschöpft sind und eine Rechnung über 20.000 € vorliegt sowie ein weiterer Auftrag über 10.000 € im Dezember zu erteilen ist[101]*, so ist der Mehrbedarf auf insgesamt 30.000 € festzusetzen.*

Der augenblickliche Bedarf allein ist nicht maßgebend. Dieses ergibt sich allein schon aus dem **Grundsatz der Jährlichkeit** (Haushaltswirtschaft für ein Jahr, siehe Ziff. 7.3.7), das dem gesamten Haushaltsrecht zu Grunde liegt.

§ 100 Abs. 3 HGO bestätigt für die über- und außerplanmäßigen Aufwendungen und Auszahlungen diesen Grundsatz, da hiernach sogar Maßnahmen, die erst später über- oder außerplanmäßige Mehrbedarfe verursachen könnten (z. B. beim Eingehen von Zahlungsverpflichtungen durch Erlass von Bewilligungsbescheiden, Auftragsvergaben, Bestellungen, Vertragsabschlüsse usw.), einer Bewilligung nach § 100 HGO im Vorfeld bedürfen und **nicht erst** bei Vorliegen der Rechnung bzw. Ausführung einer sonstigen Zahlungsverpflichtung.[102] Nach Nr. 8 Hw. zu § 100 HGO ist in diesen Fällen die Entscheidung über die Zulassung einer Haushaltsansatzüberschreitung bereits herbeizuführen, **bevor Maßnahmen getroffen werden, durch die überplanmäßige oder außerplanmäßige Aufwendungen und Auszahlungen entstehen können.** Das oft in der Praxis geübte Verfahren, Mittel für Mehrbedarfe in Teilbeträgen bereitzustellen, obwohl der Gesamtbedarf schon erkennbar ist, ist somit unzulässig.

Während bei außerplanmäßigen Aufwendungen und Auszahlungen der zusätzliche Bedarf auch gleichzeitig den Umfang des Mehrbedarfs ausmacht, ergibt sich bei einer überplanmäßigen Aufwendung und Auszahlung der Mehrbedarf auf Grund der nachstehenden Berechnung, wobei auf das entsprechende Budget bzw. die entsprechende Haushaltsposition abzustellen ist. Die konkreten Werte sind der Haushaltsüberwachung[103] zu entnehmen (siehe Ziff. 13.2.4).

Dieses Berechnungsschema ist „neutral" formuliert, so dass es für Aufwendungen und Auszahlungen verwendet werden kann.

Um die Gesamtermächtigung des Haushaltsjahres zu ermitteln, sind als Ausgangswerte die Haushaltsermächtigung des Ursprungsplanes sowie bestehende aus Vorjahren übertragene Ermächtigungen[104] zu Grunde zu legen. Diese Ermächtigung kann sich durch

- Veränderungen in Nachtragsplänen,

101 Vgl. Nr. 1 Hw. zu § 27 GemHVO.

102 Insbesondere soll damit sichergestellt werden, dass sich die Unabweisbarkeit nicht dadurch ergibt, dass eine z. B. durch Auftragsvergabe eingegangene Zahlungsverpflichtung nunmehr erfüllt werden muss. In diesem Zusammenhang kommt der Haushaltsüberwachung nach § 27 Abs. 3 GemHVO eine besondere Bedeutung zu.

103 Siehe dazu § 27 Abs. 3 GemHVO und Nr. 4 Hw. zu § 27 GemHVO.

104 Die Inanspruchnahme von Haushaltsermächtigungen aus Vorjahren (§ 21 GemHVO) stellt keine überplanmäßige Aufwendung bzw. Auszahlung dar. In diesen Fällen sind die Vorschriften des § 100 HGO nicht anzuwenden, siehe Nr. 2b Hw. zu § 100 HGO.

- Ermächtigungen nach § 19 GemHVO (Zweckbindung **sowie** Verstärkungs- bzw. Verminderungsvermerk),
- Ermächtigungen nach § 20 GemHVO,
- sowie durch bereits bewilligte überplanmäßige Beträge

erhöhen oder verringern. Unter Umständen wird die Gesamtermächtigung von bestehenden **Haushaltssperren** (siehe Ziff. 13.3.1) negativ tangiert.

Haushaltsansatz lt. Haushaltsplan
+ Ermächtigungen aus Vorjahren (§ 21 GemHVO)
+/– Veränderungen durch Nachträge
+/– Ermächtigungen nach § 19 GemHVO
+/– Ermächtigungen nach § 20 GemHVO
+/– bereits bewilligte üpl./apl. Beträge
– Haushaltssperren

Gesamtermächtigung

– bisherige Inanspruchnahme
– Vormerkungen (z. B. Aufträge o. Ä. Maßnahmen, die Zahlungsverpflichtungen auslösen)
– noch bestehender, aber noch nicht vorgemerkter Bedarf (bis zum Jahresende) **einschl. des überplanmäßigen Mehrbedarfs**

Ergebnis

↓ **Positiver Betrag oder Null**

Ermächtigung reicht aus, es besteht kein überplanmäßiger Bedarf.

↓ **Negativer Betrag**

1. Sofern eine Haushaltssperre[105] besteht, ist vorrangig die Aufhebung dieser Sperre zu prüfen.
2. Besteht keine Haushaltssperre oder ist trotz Aufhebung der Haushaltssperre das Ergebnis negativ, ist dieser Saldo der Betrag des überplanmäßigen Bedarfs.

Von der ermittelten Gesamtermächtigung abzusetzen sind die bereits in Anspruch genommenen Beträge. Außerdem sind die Vormerkungen zu berücksichtigen. „Vorgemerkter Betrag“ ist ein haushaltsrechtlicher Ausdruck im Bereich der Haushaltsüberwachung. In der Regel sind es vertragliche Verpflichtungen (z. B. Aufträge, Verträge), die die Gemeinde bereits eingegangen ist.[106] Diese Beträge werden als bereits in Anspruch genommen behandelt. Zu berücksichtigen sind zudem noch die bis zum Jahresende entstehenden Bedarfe, die noch nicht „vorgemerkt“ sind **einschließlich des Mehrbedarfs** (siehe Beispiel oben).

Das Ergebnis, also die Differenz zwischen der Summe der Gesamtermächtigung und der verfügten Beträge (einschl. der Vormerkungen sowie des noch benötigten Bedarfs inkl. des Mehrbedarfs), gibt Auskunft, ob ein überplanmäßiger Bedarf besteht.

105 Siehe Ziff. 13.3.1.

106 Siehe Nr. 1 Hw. zu § 27 GemHVO. Hiernach liegt eine Inanspruchnahme der Haushaltsansätze im Sinne von § 27 Abs. 1 GemHVO bereits bei der Ausschreibung von Leistungen bzw. der Erteilung von Aufträgen und ähnlichen Maßnahmen, die Zahlungsverpflichtungen der Gemeinde begründen können, vor.

Dies ist dann der Fall, wenn der Saldo negativ ausfällt. Zwingend zu prüfen ist zudem, ob durch die Aufhebung einer u. U. bestehenden Haushaltssperre der Mehrbedarf gedeckt werden kann. Ist hingegen der Differenzbetrag positiv oder Null, kann der Mehrbedarf im Rahmen der Ermächtigung des Haushaltsjahres gedeckt werden. Ein Verfahren nach § 100 HGO ist nicht erforderlich.

14.2.3.2 Voraussetzungen für die Bewilligung

Die Bewilligung von über- und außerplanmäßigen Aufwendungen und Auszahlungen ist gemäß § 100 Abs. 1 Satz 1 HGO nur zulässig, wenn sie unvorhergesehen **und** unabweisbar sind **und** die Deckung gewährleistet ist. Diese unmittelbaren Voraussetzungen nach § 100 HGO sind aber nur dann zu prüfen, wenn nicht eine vorrangige Pflicht zur Nachtragssatzung gemäß § 98 Abs. 2 HGO besteht oder ein überplanmäßiger Bedarf wegen der Art der Haushaltsposition (siehe § 13 GemHVO – Verfügungsmittel) ausscheidet. Aus diesem Grund erfolgt eine Bewilligungsprüfung jeweils im Ablauf der nachstehend noch einmal aufgezeigten Stufen, die in der Reihenfolge „von links nach rechts" zu behandeln sind.

Auf die Besonderheit der Mittelbereitstellung nach § 100 Abs. 2 HGO wird unter Ziff. 14.2.4 eingegangen.

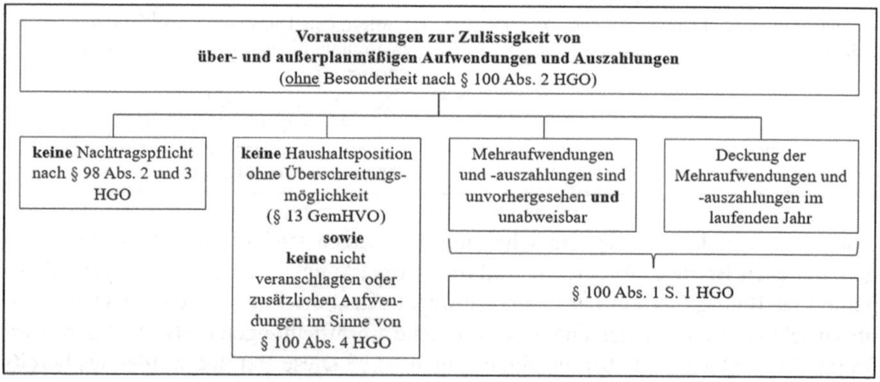

Dabei ist zu beachten, dass **sämtliche** Voraussetzungen vorliegen müssen. Die einzelnen Stufen bedürfen einer eingehenden Erläuterung.

a) **Pflichtnachtragssatzung**[107]
Eine Pflichtnachtragssatzung ist bei bisher nicht veranschlagten oder zusätzlichen Aufwendungen und Auszahlungen in den Fällen des § 98 Abs. 2 Nr. 3 und 4 HGO erforderlich, soweit keine Ausnahmetatbestände nach § 98 Abs. 3 HGO vorliegen. Wenn sich hieraus eine Nachtragspflicht ergibt, kann das Verfahren nach § 100 HGO

107 Siehe § 100 Abs. 5 i. V. m. Nr. 1 Hw. zu § 100 HGO.

nicht angewandt werden. Insofern ist § 98 Abs. 2 HGO gegenüber § 100 HGO vorrangig anzuwenden. Zur Erläuterung der Pflichtnachtragssatzung siehe Ziff. 14.1.2.

b) **Nicht überschreitbare Haushaltsposition**
Überplanmäßige Aufwendungen sind bei den Verfügungsmitteln unzulässig, da nach § 13 Satz 2 GemHVO die Ansätze hierfür weder überschritten noch für deckungsfähig oder übertragbar erklärt werden dürfen. Insofern gilt für die Verfügungsmittel, die nur für dienstliche Zwecke, für die keine zweckbezogenen Aufwendungen veranschlagt sind,[108] eine Sonderregelung. Der Gesetzgeber will die „persönlichen Mittel" des Gemeindevorstandes/Bürgermeisters und des Vorsitzenden der Gemeindevertretung besonders überwachen und deshalb nicht im einfachen Verfahren nach § 100 HGO bereitstellen. Daher darf die einmal geschaffene Haushaltsermächtigung nicht überschritten werden.

c) **Nicht veranschlagte oder zusätzliche Aufwendungen im Rahmen der Erstellung des Jahresabschlusses, die nicht zu Auszahlungen führen**
Siehe hierzu ausführlich Ziff. 14.2.1.

Erst wenn die bei a) bis c) zu prüfenden Tatbestände **nicht** vorliegen, wird der Weg zum eigentlichen Bewilligungsverfahren der über- und außerplanmäßigen Aufwendungen und Auszahlungen frei. Dabei ist das Vorliegen der in § 100 Abs. 1 Satz 1 HGO genannten Begriffe „unvorhergesehen", „unabweisbar" und „Deckung gewährleistet" zu prüfen. **Sollte eine der drei nachfolgenden Voraussetzungen nicht vorliegen, kann eine Mittelbereitstellung nur in Form einer freiwilligen Nachtragssatzung nach § 98 Abs. 1 HGO erfolgen.**

d) **„unvorhergesehen"**[109]
Ein Mehrbedarf ist nach den Hinweisen zur HGO dann **nicht** unvorhergesehen, wenn zum Zeitpunkt der Beschlussfassung über die Haushaltssatzung bereits bekannt war, dass eine Aufwendung bzw. Auszahlung in Laufe des Haushaltsjahres zu leisten sein wird **und dafür trotzdem kein Ansatz**[110] im Haushaltsplan vorgesehen wurde, siehe Nr. 4 Satz 2 Hw. zu § 100 HGO.
Nach dem Wortlaut der Hinweise (… dafür trotzdem …) könnte hier ein vorsätzliches Handeln (mit Wissen und Wollen) unterstellt werden. Folglich wäre ein Mehrbedarf nur **dann nicht unvorhergesehen**, wenn im **Entwurf** des Haushaltsplans des Gemeindevorstandes ausreichende Mittel für einen bestimmten Zweck vorgesehen waren, diese aber durch die Gemeindevertretung im Beratungs- und Beschlussfassungsverfahren soweit reduziert oder gänzlich gestrichen wurden, dass sie für die Leistung der später tatsächlich anfallenden Aufwendungen und Auszahlungen nicht mehr ausreichen bzw. vorhanden sind.[111]

108 Siehe § 58 Nr. 38 i. V. m. Nr. 1 Hw. zu § 13 GemHVO.
109 Siehe hierzu auch *Daneke* in KVR Hessen, § 100 HGO Rn. 12 ff.
110 Dies schließt die Veranschlagung eines nicht ausreichenden Ansatzes ein.
111 Unter Umständen müssen hier der Bürgermeister oder der Gemeindevorstand diesem Beschluss widersprechen; siehe hierzu auch *Daneke* in KVR Hessen, § 100 HGO Rn. 13.

Diese enge Auslegung würde allerdings der eigentlichen Intention der geforderten Voraussetzung – nämlich das Vermeiden der Bereitstellung von Haushaltsmitteln, u. U. in nicht unerheblichem Maße, mittels eines einfachen Beschlussverfahren (d. h. ohne intensive Beratungen in den Fachausschüssen) – nur bedingt gerecht werden. Vielmehr soll bei der Beurteilung, ob ein Mehrbedarf unvorhergesehen ist, das Kriterium zugrunde gelegt werden, dass **bei allen am Aufstellungs- und Beschlussverfahren Beteiligten**[112] **die erforderliche Sorgfalt nicht außer Acht gelassen wurde.**[113]

Das Kriterium „unvorhergesehen" ist in der Praxis sehr problematisch und zwar insbesondere dann, wenn bekannt war, dass eine rechtliche (gesetzliche oder vertragliche) Verpflichtung zur Leistung besteht, aber hierfür keine Mittel im Haushalt veranschlagt waren (z. B. Veranschlagungsfehler, Übertragungsfehler). Diese Mittel könnten dann bei **enger Auslegung des Begriffs** „unvorhergesehen" nur im Wege eines Nachtrages bereitgestellt werden, welcher i. d. R. ein längerfristiges Verfahren zur Folge hat und dem Grundsatz der Wirtschaftlichkeit widerspricht. Auch die Regelung nach § 96 Abs. 2 HGO, wonach Ansprüche und Verbindlichkeiten der Gemeinde gegenüber Dritten durch den Haushaltsplan nicht aufgehoben werden, schafft nach derzeitiger hessischer Rechtslage keinen Ausnahmetatbestand von dem Kriterium „unvorhergesehen".[114]

e) „unabweisbar"[115]

Ein Mehrbedarf ist unabweisbar, wenn er sich zwingend aus der Aufgabenerfüllung der Gemeinde ergibt und ein dringendes sachliches Bedürfnis zur Erfüllung der Aufgabe besteht **sowie** eine Verschiebung der Aufwendungen und Auszahlungen auf einen Zeitpunkt, zu dem Haushaltsmittel hierfür zur Verfügung stehen (durch Nachtrag oder den Haushaltsplan des folgenden Jahres), nicht möglich ist oder wirtschaftlich unzweckmäßig wäre. Nach Nr. 4 Satz 3 Hw. zu § 100 HGO bedeutet Un-

112 Z. B. die Verwaltung, der Gemeindevorstand sowie die Gemeindevertretung (incl. Ausschüsse).

113 So sind z. B. im Jahr 2020 die Aufwendungen und Auszahlungen zur Bewältigung der Corona-Pandemie unvorhersehbar und unabweisbar, vgl. Erlass des HMdIS vom 30.11.2020, Anwendung des Kommunalen Haushaltsrechts im Umgang mit den wirtschaftlichen Folgen der Corona-Pandemie.
BW, NRW, NI und TH haben auf Grund dieser Problematik von dieser Zulässigkeitsvoraussetzung für üpl./apl. Aufwendungen und Auszahlungen in den Gemeindeordnungen Abstand genommen. Auch der hessische Gesetzgeber sollte diese gesetzliche Anforderung nach § 100 Abs. 1 HGO überdenken.
Siehe zu dieser Problematik auch Fachaufsatz von *Bernhardt*, S. 97 ff.

114 BW, NRW, NI und TH haben auf Grund dieser Problematik von dieser Zulässigkeitsvoraussetzung für üpl./apl. Aufwendungen und Auszahlungen in den Gemeindeordnungen Abstand genommen. Auch der hessische Gesetzgeber sollte diese gesetzliche Anforderung nach § 100 Abs. 1 HGO überdenken.
Siehe zu dieser Problematik auch Fachaufsatz von *Bernhardt*, S. 97 ff.

115 Siehe hierzu auch *Daneke* in KVR Hessen, § 100 HGO Rn. 14 ff.

abweisbarkeit, dass die Aufwendungen bzw. Auszahlungen für die Weiterführung einer kommunalen Aufgabe erforderlich sind.[116]

Bei der Prüfung des Vorliegens des Kriteriums „unabweisbar“ ist also einerseits auf die **sachliche Notwendigkeit** und andererseits auf die **zeitliche Unaufschiebbarkeit** abzustellen.

- Die sachliche Notwendigkeit ist dann gegeben, wenn aus rechtlichen Gründen, also insbesondere auf Grund von Gesetzen oder bestehenden Verträgen, eine Verpflichtung zum Handeln, hier speziell zur Leistung von Aufwendungen und Auszahlungen, besteht. Dies gilt insbesondere für den Betrieb und die Funktionsfähigkeit der Einrichtungen, zu deren Vorhalten die Gemeinde verpflichtet ist, für die Aufrechterhaltung der öffentlichen Sicherheit und Ordnung und für die Einhaltung der Verkehrssicherungspflicht.
- Die zeitliche Unaufschiebbarkeit ist dann gegeben, wenn mit der Leistung der Aufwendungen und Auszahlungen nicht abgewartet werden kann, bis die hierzu notwendigen haushaltsrechtlichen Ermächtigungen durch eine Nachtragssatzung für das laufende Haushaltsjahr oder die Haushaltssatzung für das folgende Jahr bereitgestellt sind.

  Die Frage, ob die Leistung unabweisbar ist, muss im Zweifelsfall auch aus dem Grundsatz der Wirtschaftlichkeit und Sparsamkeit (§ 92 Abs. 2 HGO) heraus beantwortet werden. **Die Leistung der Aufwendungen bzw. Auszahlungen ist folglich auch dann unabweisbar, wenn ein Aufschub unwirtschaftlich wäre.**

Zur weiteren praktischen Auslegung des Begriffes „unabweisbar“ ist anzumerken, dass in der Praxis diese Bewilligungsvoraussetzung zum Teil sehr weit ausgelegt wird. Dieses gilt vor allem im Bereich der freiwilligen Aufgaben, wo die Unabweisbarkeit als Folge der politischen Vorgaben (Beschlüsse der Gemeindevertretung u. Ä.) entsteht. Entscheidungen **ohne** Alternativen gibt es dagegen vor allem bei gesetzlichen oder vertraglichen Zahlungsbindungen (z. B. im Bereich der Personalaufwendungen, der Energiekosten, Wartungsverträgen, Leistung der Sozialhilfe).

f) Deckung der über- und außerplanmäßigen Aufwendungen und Auszahlungen

Diese zwingende Zulässigkeitsvoraussetzung ergibt sich aus dem Gebot des Haushaltsausgleichs nach § 92 Abs. 4 bis 6 HGO.[117] Danach dürfen über- und außerplanmäßige Aufwendungen und Auszahlungen nur geleistet werden, wenn der Haushalt diese zusätzlichen Aufwendungen bzw. Auszahlungen auch tragen kann, d. h. der Haushaltsausgleich weder im Ergebnis- noch im Finanzhaushalt gefährdet wird. Konkret bedeutet dies,

- dass durch die Leistung von über- und außerplanmäßigen **Aufwendungen** der Haushaltsausgleich (siehe Kap. 10) im ordentlichen Ergebnis (§ 92 Abs. 4 HGO) **nicht** gefährdet werden darf (bei Gemeinden, deren Ergebnishaushalt nicht ausgeglichen ist, der ausgewiesene Fehlbedarf nicht erhöht wird).

116 So sind z. B. im Jahr 2020 die Aufwendungen und Auszahlungen zur Bewältigung der Corona-Pandemie unvorhersehbar und unabweisbar, vgl. Erlass des HMdIS vom 30.3.2020, Anwendung des Kommunalen Haushaltsrechts im Umgang mit den wirtschaftlichen Folgen der Corona-Pandemie.

117 Vgl. Nr. 3 Hw. zu § 100 HGO.

Daraus folgt, dass ein **Mehrbedarf im ordentlichen Ergebnis** auch nur durch ordentliche Deckungsmöglichkeiten gedeckt werden kann, da ansonsten der Haushaltsausgleich, der nach § 92 Abs. 5 Nr. 1 und Abs. 6 Nr. 1 HGO am ordentlichen Ergebnis gemessen wird, nicht gewährleistet werden kann (bzw. der im ordentlichen Ergebnis ausgewiesene Fehlbedarf erhöht werden würde). Deckungsmöglichkeiten durch die Inanspruchnahme der gebildeten Rücklagen des ordentlichen Ergebnishaushalts im Sinne von § 25 Abs. 2 GemHVO sind nach Ansicht der Autoren nach der derzeitigen Rechtslage **nur im Rahmen des Jahresabschlusses möglich.**

Ein Haushaltsausgleich im **außerordentlichen Ergebnis** ist im Rahmen der Planung und der Rechnung nicht ausdrücklich gesetzlich vorgesehen. Allerdings kommt in § 25 Abs. 4 GemHVO zu Ausdruck, dass auch ein Jahres**fehlbetrag** im außerordentlichen Ergebnis auszugleichen ist. Vor diesem Hintergrund ist ein **Mehrbedarf im außerordentlichen Ergebnis** vorrangig durch außerordentliche Deckungsmöglichkeiten zu decken. Die Inanspruchnahme der gebildeten Rücklagen des außerordentlichen Ergebnisses im Sinne von § 25 Abs. 4 GemHVO ist auch hier nur im Rahmen des Jahresabschlusses möglich.[118]

– dass sich durch die Leistung von über- und außerplanmäßigen **zahlungswirksamen Aufwendungen und Auszahlungen nicht** die Liquiditätslage (der Saldo) im Finanzhaushalt gegenüber der Planung verschlechtern darf. Dies bezieht sich zunächst auf den Finanzhaushalt insgesamt. Insbesondere ist bei zahlungswirksamen Aufwendungen sicherzustellen, dass die Anforderung des § 92 Abs. 6 GemHVO im Hinblick auf die Höhe des Saldos des Zahlungsmittelflusses aus laufender Verwaltungstätigkeit noch erfüllt ist, soweit für die Tilgung von Investitionskrediten keine zweckgebundenen Einzahlungen zur Verfügung stehen.[119]

Es müssen somit an einer anderen Stelle im Haushalt Deckungsmittel vorhanden sein, die für den Mehrbedarf einsetzbar sind.

Nach dem Wortlaut des Gesetzes **muss** die Deckung gewährleistet sein. Dieses kann sich wegen des Grundsatzes der Jährlichkeit nur auf das laufende Haushaltsjahr beziehen und grundsätzlich nicht darüber hinausgehen. Da die Deckung „im selben Haushaltsjahr" gewährleistet sein muss, kann z. B. ein Mehrbedarf im März des Jahres durch eine zu erwartende Deckung gegen Ende des Haushaltsjahres finanziert werden. Allerdings muss zum Zeitpunkt der Entscheidung über die Leistung der über- oder außerplanmäßigen Aufwendung/Auszahlung die Deckung als „gesichert" angesehen werden können.[120]

118 Ausführliche Darstellung zum Ausgleich des außerordentlichen Ergebnisses siehe Ziff. 10.2.2.

119 Der Saldo des Zahlungsmittelflusses aus laufender Verwaltungstätigkeit **soll mindestens** so hoch sein, dass daraus die Auszahlungen zur ordentlichen Tilgung von Krediten sowie an das Sondervermögen Hessenkasse geleistet werden können, soweit die Auszahlungen zur ordentlichen Tilgung von Investitionskrediten nicht durch zweckgebundene Einzahlungen gedeckt sind.

120 Analoge Anwendung der Nr. 3 Hw. zu § 27 GemHVO hinsichtlich der Auslegung, unter welchen Rahmenbedingungen die „Deckung als gesichert angesehen werden kann".

Es gibt unterschiedliche Auslegungen, ob Mehraufwendungen bzw. Mehrauszahlungen bei einem insgesamt unausgeglichenen Haushalt zulässig sind. Soweit dieses verneint wird, stellt man auf die nicht bestehende Möglichkeit ab, eine Deckung aus dem Haushalt wegen der Unterdeckung insgesamt zu erzielen. Nach Auffassung der Verfasser besteht die Möglichkeit der Deckung doch sehr wohl auch bei unausgeglichenen Haushaltsplänen, sofern konkrete Einsparungen oder Mehrerträge bzw. Mehreinzahlungen bei anderen Haushaltspositionen innerhalb des Haushaltes gegeben sind. Die Gemeinde muss sich innerhalb ihres – wenn auch unausgeglichenen Haushaltsplanes – bewegen können. In diesem Rahmen kann die Deckung herbeigeführt werden. Im Ergebnis bedeutet dies, dass eine über- oder außerplanmäßige Aufwendung bzw. Auszahlung bei unausgeglichenem Ergebnis- bzw. Finanzhaushalt dann möglich ist, wenn dadurch der bereits bestehende Fehlbedarf nicht erhöht wird.

Die Deckungsmöglichkeiten stellen sich im Überblick wie folgt dar:

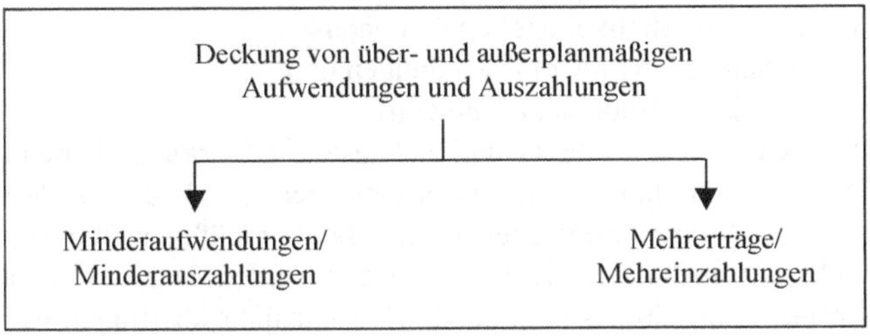

- Minderaufwendungen bzw. -auszahlungen treten auf, wenn die bei der jeweiligen Haushaltsposition veranschlagten Mittel bis zum Jahresende **tatsächlich nicht benötigt** werden.
- Mehrerträge bzw. -einzahlungen liegen dann vor, wenn die bei der jeweiligen Haushaltsposition gebuchten bzw. gesichert zu erwartenden Beträge die geplanten Ansätze übersteigen.[121]

Wie bereits oben schon ausgeführt, darf es bei der Deckung der über- und außerplanmäßigen Aufwendungen und Auszahlungen **nicht zur einer Verschlechterung der Salden des Ergebnis- und Finanzhaushalts** kommen. In diesem Zusammenhang ist zu beachten, dass über- und außerplanmäßige **Aufwendungen im Ergebnishaushalt, die in der Regel zahlungswirksam sind**[122] – also zu Auszahlungen führen – auch **nur durch zahlungswirksame Minderaufwendungen und/oder zahlungswirksame Mehrerträge gedeckt werden können**. Dies ist zwar nicht ausdrücklich im Gesetzestext geregelt, es ergibt sich aber aus dem unmittelbaren Einfluss der zahlungswirksamen Mehraufwendungen auf den Finanzhaushalt, da hier der Mittelabfluss (die eigentliche Zahlung) erfolgt. Möglich wird der Mittelabfluss nur dann, wenn im Finanzhaushalt auch eine ausreichende Liquidität vorhanden ist.

121 Vgl. *Daneke* in KVR Hessen, § 100 HGO Rn. 22.

122 Es sei denn, es handelt sich um Abschreibungen, Zuführungen zu Rückstellungen o. Ä.

Entsprechend bedeutet dies auch, dass zahlungsunwirksame Aufwendungen im Ergebnishaushalt durch Minderaufwendungen und/oder Mehrerträge unabhängig von ihrer Zahlungswirksamkeit gedeckt werden können.
Eine Differenzierung nach Zahlungswirksamkeit bzw. Zahlungsunwirksamkeit entfällt im Teilfinanzhaushalt; hier werden nur zahlungswirksame Rechengrößen dargestellt.
Die vorgenannten Deckungsmöglichkeiten stehen rechtlich gleichrangig nebeneinander. Im Sinne der Budgetierung sollten zunächst die Deckungsmöglichkeiten im eigenen Verantwortungsbereich genutzt werden, die im Rahmen der §§ 19 und 20 wegen fehlender Deckungsvermerke nicht in Anspruch genommen werden konnten.[123] Bei einer außerhalb des eigenen Budgets möglichen Deckung sollten aus Gründen der Sparsamkeit (§ 92 Abs. 2 HGO) zunächst Minderaufwendungen bzw. Minderauszahlungen herangezogen werden.

Minderaufwendungen/Minderauszahlungen
Die erste Deckungsmöglichkeit stellen demnach
→ im Ergebnishaushalt Minderaufwendungen und
→ im Finanzhaushalt Minderauszahlungen
außerhalb des eigenen Budgets dar.[124] Diese zur Deckung dienenden Einsparungen müssen auf das Jahresende ausgerichtet sein. Das bedeutet, dass die Beträge nicht nur zum Zeitpunkt des über- bzw. außerplanmäßigen Bedarfs „frei" sind, sondern auch bis zum Jahresende **nicht** benötigt werden. Dazu zählt auch, dass sie nicht als Ermächtigung in das kommende Haushaltsjahr übertragen werden sollen. Die Inanspruchnahme bei den entsprechenden Haushaltspositionen sind von der Buchhaltung zu vermerken und im Rahmen der Haushaltsüberwachung zu berücksichtigen, damit eine weitere Verwendung ausgeschlossen wird.
Nach dem Grundsatz der Gesamtdeckung gemäß § 18 GemHVO können diese Einsparungen somit grundsätzlich für Mehrbedarfe unabhängig von der Zuordnung zu den Budgets verwendet werden.[125] Diese außerhalb des eigenen Budgets mögliche Inanspruchnahme steht allerdings im Widerspruch zu dem Grundgedanken und den Zielen der Budgetierung, insbesondere zu der aus der Budgetverantwortung resultierende Budgetsicherheit und Budgetgarantie.[126] Daher sollte auf Einsparungen aus anderen Budgets nur in Ausnahmefällen zurückgegriffen werden (z. B.

123 Deckungsmöglichkeiten im eigenen Verantwortungsbereich könnten zum Tragen kommen, sofern z. B. Mehrerträge entstehen, bei denen kein Deckungsvermerk nach § 19 GemHVO angebracht ist. Siehe hierzu Übungen zu Kap. 14, Sachverhalt 4.

124 An dieser Stelle sind nur Minderaufwendungen/Minderauszahlungen gemeint, die nicht bereits im Rahmen der Deckungsfähigkeit nach § 20 GemHVO als Deckung herangezogen wurden (vgl. Nr. 2 Hw. zu § 100 HGO).

125 Der Grundsatz der Gesamtdeckung bezieht sich nach dem Wortlaut der Vorschrift auf die Deckung der Aufwendungen durch Erträge bzw. Auszahlungen durch Einzahlungen und in einem weiteren Verständnis bezieht er sich aber auch auf die Deckung von Mehraufwendungen durch Minderaufwendungen im Ergebnishaushalt bzw. Mehrauszahlungen durch Minderauszahlungen im Finanzhaushalt.

126 Vgl. *Bals/Hack/Reichard*, Neues kommunales Finanz- und Produktmanagement, Kap. 4.

bei wichtigem gesamtgemeindlichem Interesse), da ansonsten die Budgetakzeptanz unterlaufen wird.
Des Weiteren kann auf Einsparungen bei Haushaltspositionen zurückgegriffen werden, die durch Haushaltsvermerk zwar von der gesetzlichen Deckungsfähigkeit nach § 20 Abs. 1 letzter Teilsatz ausgenommen sind,[127] aber den geplanten Haushaltsansatz nicht bis zum Jahresende ausschöpfen.
Zwingend zu beachten ist allerdings, dass Einsparungen bei Aufwendungen oder Auszahlungen, denen zweckgebundene Erträge oder Einzahlungen gegenüberstehen, nur dann zur Deckung in Anspruch genommen werden dürfen, wenn die zweckgebundenen Erträge oder Einzahlungen auch zweckentsprechend abgewickelt werden können.[128] Minderaufwendungen bzw. Minderauszahlungen können dann **nicht** zur Deckung herangezogen werden, wenn sie auf einem sog. Verminderungsvermerk nach § 19 Abs. 2 GemHVO basieren, da in diesen Fällen die Minderaufwendungen/ Minderauszahlungen die Mindererträge/Mindereinzahlungen auffangen.[129]
Der Grundsatz der Gesamtdeckung gilt auch für Ermächtigungen, die aus dem Vorjahr übertragen wurden. Werden aus dem Vorjahr übertragene Ermächtigungen **ganz oder teilweise innerhalb ihres Budgets nicht mehr benötigt**, können auch sie als Aufwands- oder Auszahlungseinsparungen angesetzt werden.[130]

Abschließend ist noch die Möglichkeit zu beleuchten, ob und inwiefern zahlungswirksame Minderaufwendungen (z. B. eingesparte Unterhaltungsaufwendungen oder Energiekosten) zur Deckung von investiven Mehrauszahlungen (z. B. Kauf von zusätzlichem beweglichem Anlagevermögen) herangezogen werden können. Dass diese „einseitige" Querfinanzierung zwischen dem Ergebnis- und Finanzhaushalt grundsätzlich zulässig ist, bestätigt § 20 Abs. 5 GemHVO. Voraussetzung ist hierbei, dass sich diese einseitige Deckungsfähigkeit auf das gleiche Budget bezieht und durch einen ausdrücklichen Haushaltsvermerk erklärt werden muss, siehe Ziff. 7.4.3.2.2.
Unabhängig von der Deckungsfähigkeit nach § 20 Abs. 5 GemHVO, d. h. unabhängig von dem jeweiligen Budget, führen zahlungswirksame Minderaufwendungen gegenüber der Planung

→ zum einen zu einer Verbesserung des Ergebnisses des Ergebnishaushalts **und**
→ zum anderen zu einer höheren Liquidität im Rahmen des Zahlungsmittelflusses aus laufender Verwaltungstätigkeit.[131]

---

127 Z. B. wenn eine Kommune einzelne Aufwendungen oder Auszahlungen mittels eines Haushaltsvermerks aus den Budgets herausgenommen hat, vgl. Nr. 1 Hw. zu § 20 GemHVO.

128 Z. B. wenn der Spender keinen Eigenanteil der Kommune erwartet.

129 Siehe hierzu auch *Daneke* in KVR Hessen, § 100 HGO Rn. 22.

130 Auf Grund der Gestaltung der Muster zur GemHVO für die Teilergebnisrechnung ist eine Dokumentation einer solchen Inanspruchnahme schwierig. Die Gemeinde müsste ggf. zusätzliche Spalten verwenden, um einen Nachweis der Inanspruchnahme der übertragenen Ermächtigungen als Deckung nachzuweisen.

131 Damit verbessert sich der Zahlungsmittelfluss aus laufender Verwaltungstätigkeit im Finanzhaushalt.

Demnach könnten grundsätzlich **Minderaufwendungen, die zu Minderauszahlungen aus laufender Verwaltungstätigkeit führen, zur Deckung von Mehrauszahlungen aus Investitionstätigkeit** herangezogen werden. Entsprechendes gilt auch für zahlungswirksame Mehrerträge (siehe Ziff. 10.3).

Der Gesetzgeber hat in der seit 2019 geltenden Fassung erstmals in § 92 Abs. 5 und 6 den Ausgleich des Finanzhaushalts geregelt. Hiernach reicht es nicht aus, dass die Einzahlungen aus laufender Verwaltungstätigkeit die Auszahlungen aus laufender Verwaltungstätigkeit decken, sondern es muss ein Zahlungsmittelüberschuss (Liquiditätsüberschuss) aus laufender Verwaltungstätigkeit erwirtschaftet werden, der mindestens so hoch sein muss, dass damit die Auszahlungen zur ordentlichen Tilgung von Krediten sowie an das Sondervermögens Hessenkasse geleistet werden können, soweit die Auszahlungen zur ordentlichen Tilgung von Investitionskrediten nicht durch zweckgebundene Einzahlungen gedeckt sind. Damit soll sichergestellt werden, dass die Auszahlungen für die ordentliche Tilgung und an die Hessenkasse **vollumfänglich** aus Liquiditätsüberschüssen aus laufender Verwaltungstätigkeit gedeckt werden können, um die ansonsten notwendige Inanspruchnahme von Liquiditätskrediten zu vermeiden.[132]

Darüber hinaus stellt der Gesetzgeber an den Zahlungsmittelüberschuss (Liquiditätsüberschuss) aus laufender Verwaltungstätigkeit **noch weitere Anforderungen**:[133]

– Soweit der Zahlungsmittelüberschuss aus laufender Verwaltungstätigkeit den abzudeckenden Betrag für die ordentliche Tilgung von Krediten und an die Hessenkasse übersteigt, **soll der übersteigende Betrag zunächst zur Rückzahlung von in Anspruch genommenen Liquiditätskrediten** verwendet werden.
– Ein danach noch verbleibender Zahlungsmittelüberschuss aus laufender Verwaltungstätigkeit **ist vorrangig zum Aufbau einer Liquiditätsreserve** nach § 106 HGO zu verwenden.

Nachvollziehbar ist, dass zahlungswirksame Mehrerträge bzw. zahlungswirksame Minderaufwendungen, die den Zahlungsmittelfluss aus laufender Verwaltungstätigkeit verbessern, dann **nicht** zur Deckung von investiven Mehrauszahlungen im Sinne von § 100 HGO herangezogen werden dürfen, sofern diese Verbesserung für die Leistung der Auszahlungen der ordentlichen Tilgung und der Hessenkasse **benötigt werden.** Insofern hat der Haushaltsausgleich im Finanzhaushalt Vorrang gegenüber der Deckung von investiven Mehrauszahlungen.

Nachvollziehbar ist ebenfalls, dass zahlungswirksame Mehrerträge bzw. zahlungswirksame Minderaufwendungen, die den Zahlungsmittelfluss aus laufender Verwaltungstätigkeit verbessern, dann **nicht** zur Deckung von investiven Mehrauszahlungen im Sinne von § 100 HGO herangezogen werden dürfen, sofern Liquiditätskredite, die für die laufende Verwaltungstätigkeit in Vorjahren aufgenommen wurden, noch nicht zurückgezahlt werden konnten (Abdeckung von Liquiditätslücken aus Vorjahren). In diesem Fall wären zunächst die bestehenden Liquiditätskredite abzulösen bzw. zurückzuzahlen, um ein weiteres Ansteigen zu verhindern (bzw.

132 Vgl. Nr. 5 und 6 Hw. zu § 3 GemHVO.
133 Vgl. Nr. 7 Hw. zu § 3 GemHVO sowie Ziff. 13.6.4.3.

eine Verschiebung von investiven Krediten zu Liquiditätskrediten zu vermeiden), Nr. 7 Hw. zu § 3 GemHVO.
Sollte danach immer noch ein Zahlungsmittelüberschuss aus laufender Verwaltungstätigkeit vorhanden sein, ist dieser vorrangig zum Aufbau der Liquiditätsreserve nach § 106 Abs. 1 Satz 2 HGO i. V. m. Nr. 3 Hw. zu § 93 HGO zu verwenden. Diese Liquiditätsreserve wird gleichzeitig als sogenannte **„ungebundene Liquidität“** angesehen.[134] Die Bezeichnung ungebundene Liquidität impliziert, dass es sich hier um frei verfügbare Liquidität handelt.[135] Als gebundene Liquidität hingegen sind Zahlungsmittel zu verstehen, die im Folgejahr für Investitionsauszahlungen, Sondertilgungen, Auszahlungen für Rückstellungen und Auszahlungen aus zu übertragenden Haushaltsermächtigungen (sowohl konsumtiv als auch investiv) Verwendung finden, Nr. 6 Hw. zu § 106 HGO. Zudem soll sie den Fremdfinanzierungsanteil für Investitionen nachhaltig reduzieren, was insbesondere dem Grundsatz der Nachrangigkeit von Kreditaufnahmen Rechnung trägt.[136]
Eine Verbesserung im Saldo des Zahlungsmittelüberschusses aus laufender Verwaltungstätigkeit aufgrund von zahlungswirksamen Mehrerträgen bzw. zahlungswirksamen Minderaufwendungen im Ergebnishaushalt kann also nur insoweit **zur unterjährigen Deckung** von Mehrauszahlungen aus Investitionstätigkeit nach § 100 Abs. 1 HGO herangezogen werden, als diese nicht für die vorgenannten Zwecke benötigt wird.

Mehrerträge/Mehreinzahlungen
Die zweite Deckungsmöglichkeit stellen Mehrerträge bzw. Mehreinzahlungen dar. Im Rahmen der Gesamtdeckung können solche Erträge bzw. Einzahlungen, die bisher **nicht** bzw. **niedriger** eingeplant sind, zusätzlich für nicht vorgesehene Mehraufwendungen bzw. Mehrauszahlungen verwendet werden. In diesem Zusammenhang ist aber darauf zu achten, dass die Mehrerträge bzw. Mehreinzahlungen auch tatsächlich eintreten bzw. sie müssen als gesichert im Sinne von Nr. 3 Hw. zu § 27 GemHVO einzustufen sein.[137]

134 Vgl. StAnz. Land Hessen 44/2022, S. 1223 ff., Finanzplanungserlass, Ausführungen zu II. Nr. 5.
135 Zur Begrifflichkeit freie bzw. ungebundenen Liquidität siehe Muster 3 zu Hinweis Nr. 6 zu § 106 HGO.
136 Vgl. StAnz. Land Hessen 44/2022, S. 1223 ff., Finanzplanungserlass, Ausführungen zu II. Nr. 5.
137 Der Eingang einer als Deckung dienenden Mehreinzahlung bzw. die Realisierung eines als Deckung dienenden Mehrertrags muss noch nicht tatsächlich erfolgt sein, aber es muss unzweifelhaft klar sein, dass der Eingang des Mehrertrags bzw. Mehreinzahlung als gesichert im Sinne von Nr. 3 Hw. zu § 27 GemHVO angesehen werden kann, z. B. durch Eingang eines Bewilligungsbescheides, verbindliche Vereinbarungen. Siehe auch *Daneke* in KVR Hessen, § 100 HGO Rn. 24. Im Kommentar zu § 100 HGO werden Bedenken dahingehend geäußert, dass eine Deckung durch Mehrerträge bei der Gewerbesteuer nicht gewährleistet wäre, da in diesem Fall nie sicher ist, ob nicht zu einem späteren Zeitpunkt eine Rückzahlung der Gewerbesteuer geleistet werden muss. Siehe *Daneke* in KVR Hessen, § 100 HGO Rn. 21.

Bezogen auf die Deckungsmöglichkeiten nach § 100 HGO ist die Gesamtdeckung gemäß § 18 GemHVO auf die **jeweiligen „Gesamthaushalte" (Ergebnis- bzw. Finanzhaushalt)** beschränkt, d. h.

- Mehrerträge des Ergebnishaushalts können nur zur Deckung der Aufwendungen des Ergebnishaushalts,
- Mehreinzahlungen des Finanzhaushalts nur zur Deckung der Auszahlungen des Finanzhaushalts herangezogen werden,

soweit nichts anderes in der GemHVO geregelt ist.

In § 19 GemHVO ist etwas anderes geregelt. Die Zweckbindung gemäß § 19 GemHVO ist eine Ausnahme vom Grundsatz der Gesamtdeckung.[138] Hiernach dürfen zweckgebundene Mehrerträge bzw. Mehreinzahlungen **nicht im Rahmen der Gesamtdeckung** herangezogen werden, da sie nur für entsprechende Mehraufwendungen bzw. Mehrauszahlungen zu verwenden sind (Einzeldeckung).

Sollten zahlungswirksame Mehrerträge zu einer höheren Liquidität im Rahmen des Zahlungsmittelflusses aus laufender Verwaltungstätigkeit führen (die also nicht im Ergebnishaushalt benötigt werden), könnte unter Beachtung der oben beschriebenen Voraussetzung ebenfalls eine Deckung von investiven Mehrauszahlungen erfolgen.

Unabdingbare Deckungspflicht

Die **Vorschrift über die unabdingbare Deckungspflicht** in § 100 Abs. 1 Satz 1 HGO stößt schon seit längerer Zeit in Praxis und Literatur auf heftige Kritik, da sie praxisfremd ist. Ist nämlich eine Mehraufwendung oder Mehrauszahlung unvorhergesehen und unabweisbar, muss die Gemeinde sie leisten, auch wenn eine Deckung nicht vorhanden ist. Müssen z. B. Beamtengehälter oder Sozialhilfeleistungen überplanmäßig oder die Beseitigung von Elementarschäden außerplanmäßig gezahlt werden, ohne dass die Gemeinde diese Mehraufwendungen decken kann, darf sie die Zahlung nicht mit Hinweis auf § 100 Abs. 1 Satz 1 HGO verweigern. **Vorrangige Rechtsnormen verlangen die Auszahlung dieser Beträge, unabhängig von ihrer haushaltsmäßigen Deckung.**[139] Darüber hinaus ist anzumerken, dass sich diese gesetzliche Deckungspflicht unwirtschaftlich auswirken kann, wenn wegen geringfügigen Mehraufwendungen/Mehrauszahlungen eine Nachtragssatzung zu erlassen ist. Die Normierung nimmt also bewusst in Kauf, dass die Gemeinden keine andere Wahl haben, als in begründeten Einzelfällen gegen das Gesetz zu verstoßen.[140]

138 Siehe Nr. 1 Hw. zu § 19 GemHVO.

139 Insofern ist der Gesetzgeber dringend dazu aufgerufen, die Deckungsregelung in § 100 Abs. 1 HGO in eine Soll-Vorschrift umzuwandeln. Siehe hierzu auch den Fachaufsatz von *Bernhardt*, S. 97 ff.

140 Im Rahmen der Corona-Pandemie wird erstmals eine Deckung im folgenden Jahr zugelassen, siehe Erlass HMdIS vom 30.3.2020, Hinweise zur Anwendung des kommunalen Haushaltsrechts im Umgang mit den wirtschaftlichen Folgen der Corona-Pandemie, Ziff. 3.

14.2.3.3 Entscheidungszuständigkeit

Die Zustimmung zu überplanmäßigen und außerplanmäßigen Aufwendungen und Auszahlungen fällt **nach Maßgabe des § 100 HGO** in die ausschließliche Zuständigkeit der Gemeindevertretung (§ 51 Nr. 8 HGO). Gemäß § 100 Abs. 1 Satz 2 HGO entscheidet über die Leistung von über- und außerplanmäßigen Aufwendungen und Auszahlungen grundsätzlich der Gemeindevorstand. Allerdings steht dies gemäß 2. Hs. dieser Vorschrift unter dem Vorbehalt, dass die Gemeindevertretung keine andere Regelung getroffen hat. Es ist also möglich, dass die Gemeindevertretung generell oder für bestimmte Fälle eine Regelung treffen kann, wonach sie selbst über die Bewilligung dieser Mehraufwendungen bzw. Mehrauszahlungen entscheidet, Nr. 5 Hw. zu § 100 HGO. Dabei sollten möglichst betragliche Wertgrenzen festgelegt werden. Auch eine Delegation dieser Aufgabe auf einen Ausschuss (i. d. R. der Finanzausschuss) ist möglich, § 62 Abs. 1 HGO.[141]

Unterschiedlich gesehen werden die Fälle, in denen es um eine Delegation „nach unten“ (also auf den Bürgermeister, den Kämmerer oder einzelne Bedienstete) geht. Fraglich ist hierbei insbesondere, ob dies nur auf Grund von § 100 Abs. 1 Satz 2, 2. Hs. HGO durch die Gemeindevertretung möglich ist oder der Gemeindevorstand selbst entsprechende Regelungen treffen kann. Bei weder nach Umfang oder Bedeutung erheblichen über- und außerplanmäßigen Aufwendungen und Auszahlungen gehen die Autoren davon aus, dass der Gemeindevorstand berechtigt ist, die ihm durch § 100 Abs. 1 Satz 2, 1. Hs. HGO übertragene Entscheidungskompetenz für über- und außerplanmäßige Aufwendungen und Auszahlungen auf den Bürgermeister oder auf andere Personen zu übertragen, zumal deren Entscheidungen als Entscheidungen des Gemeindevorstandes der Gemeindevertretung zur Kenntnis zu geben sind, was unten noch näher erläutert wird.[142]

Eine ausschließliche Zuständigkeit der Gemeindevertretung in Sinne einer **vorherigen Zustimmung** ergibt sich aus § 100 Abs. 1 Satz 3 i. V. m. Nr. 6 Satz 1 Hw. zu § 100 HGO für diejenigen über- und außerplanmäßigen Aufwendungen und Auszahlungen, die **nach Umfang** ***oder*** **Bedeutung erheblich** sind. Es handelt sich hierbei wiederum um unbestimmte Rechtsbegriffe, die von der Gemeinde sachgerecht auszulegen sind.

Nach dem **Umfang** erhebliche Mehraufwendungen bzw. Mehrauszahlungen lassen sich betragsmäßig oder prozentual festlegen. Abzuleiten sind diese Werte aus der Summe der Erträge oder Aufwendungen des Ergebnishaushalts bzw. der Einzahlungen oder Auszahlungen aus Investitions- und Finanzierungstätigkeit[143] oder der Größe der Gemeinde. Festzuhalten ist dabei insbesondere, dass die **Beträge deutlich niedriger sein müssen** als die Beträge, die nach § 98 Abs. 2 HGO als erheblich anzusehen sind. Es empfiehlt sich, eine konkrete Abgrenzung in der Hauptsatzung, der Haushaltssatzung oder durch Beschluss der Gemeindevertretung vorzunehmen. In der Praxis werden z. B.

141 Vgl. *Daneke* in KVR Hessen, § 100 Rn. 25.

142 Siehe zur Problematik der Entscheidungszuständigkeit auch *Daneke* in KVR Hessen, § 100 HGO Rn. 25–28.

143 Vgl. Ziff. 14.1.2.4.

für Gemeinden in der Größe von 20.000 bis 30.000 Einwohnern Beträge zwischen 10.000 und 50.000 € als erheblich im Sinne von § 100 Abs. 1 Satz 3 HGO angesehen.

Beispiel aus dem Lahn-Dill-Kreis (Auszug aus § 7 der Haushaltssatzung 2022/2023)

§ 7

Weitere Vorschriften

(1) Als im Umfang unerheblich im Sinne des § 100 Abs. 1 Satz 3 HGO und damit nicht der vorherigen Zustimmung des Kreistages bedürfend gelten

1. *im **Ergebnishaushalt***
   a. *überplanmäßige Aufwendungen bis zu einem Betrag von 50 % der im Teilergebnishaushalt bei der maßgeblichen Position (Kontengruppe/Ergebniskonto) veranschlagten Aufwendungen, höchstens jedoch 250.000 € im Einzelfall,*
   b. *außerplanmäßige Aufwendungen bis zu einem Betrag von 100.000 € im Einzelfall,*
   c. *über- und außerplanmäßige Aufwendungen, soweit sie auf gesetzlicher, vertraglicher oder tariflicher Verpflichtung beruhen,*
2. *im **Finanzhaushalt** (Investitionsprogramm)*
   a. *überplanmäßige Auszahlungen für Investitionen und Investitionsförderungsmaßnahmen bis zu einem Betrag von 50 % der im jeweiligen Teilfinanzhaushalt (Investitionsprogramm) veranschlagten Programmposition, höchstens jedoch 250.000 € im Einzelfall,*
   b. *außerplanmäßige Auszahlungen für Investitionen und Investitionsförderungsmaßnahmen bis zu einem Betrag von 100.000 € im Einzelfall,*

soweit keine Deckungsfähigkeit gegeben ist. Über die Leistung der nach Satz 1 unerheblichen Aufwendungen und Auszahlungen entscheidet der Kreisausschuss.

(2) Über- und außerplanmäßige Aufwendungen und Auszahlungen, die nach ihrer Bedeutung erheblich sind, bedürfen unbeschadet ihrer Höhe der vorherigen Zustimmung des Kreistages.

(3) Für über- und außerplanmäßige Verpflichtungsermächtigungen gilt auf Grund § 102 Abs. 5 HGO Abs. 1 Nr. 2 entsprechend.

(4) ...

Zu beurteilen, ob eine über- oder außerplanmäßige Aufwendung oder Auszahlung von ihrer **Bedeutung** her erheblich ist, dürfte in der Praxis wesentlich problematischer sein. Hier könnte sich u. U. eine Erheblichkeit bereits bei weitaus geringeren Beträgen als bei der Erheblichkeit nach dem Umfang ergeben. Denkbar wäre der Fall der Leistung einer über- oder außerplanmäßigen Aufwendung bzw. Auszahlung für einen Zweck, der kommunalpolitisch höchst umstritten ist.

Die ausschließliche, also nicht delegierbare Zuständigkeit der Gemeindevertretung für diejenigen über- und außerplanmäßigen Aufwendungen und Auszahlungen, die nach Umfang **oder** Bedeutung erheblich sind, ergibt sich neben der Regelung in § 100 Abs. 1 Satz 3 HGO auch aus § 51 Nr. 8 HGO.

Im Zweifel darüber, ob die Haushaltsüberschreitungen nach Umfang oder Bedeutung erheblich sind, ist die Zustimmung der Gemeindevertretung einzuholen, damit keine Konflikte zwischen den Gemeindeorganen entstehen, Nr. 6 Satz 2 Hw. zu § 100 HGO.

Die Haushaltsüberschreitungen, die von der Gemeindevertretung nicht selbst bewilligt worden sind, müssen ihr spätestens bis zum **Ende des Kalendervierteljahres**, das nach dem Tag der Bewilligung beginnt, zur Kenntnis gebracht werden, § 100 Abs. 1 letzter Hs. i. V. m. Nr. 7 Hw. zu § 100 HGO.[144]

14.2.3.4 Übertragbarkeit der über- und außerplanmäßigen Aufwendungen und Auszahlungen

Unter Umständen kann die Übertragung der über- und außerplanmäßigen Aufwendungen und Auszahlungen erforderlich werden, und zwar in den Fällen, in denen nach § 100 Abs. 3 HGO über- und außerplanmäßige Ermächtigungen bewilligt **und** bis zum Ende des Haushaltsjahres in Anspruch genommen wurden (z. B. Vergabe von Aufträgen, Abschluss von vertraglichen Bindungen, Erlass von Bewilligungsbescheiden usw.), **aber** noch keine Lieferung erfolgt bzw. Leistung erbracht ist (siehe Nr. 3 Hw. zu § 21 GemHVO und Ziff. 7.4.4.5).

Die Übertragbarkeit der **beschlossenen** über- und außerplanmäßigen Aufwendungen und Auszahlungen ist in § 21 Abs. 3 GemHVO geregelt. Hiernach gelten die Regelungen der Übertragbarkeit des § 21 GemHVO (Abs. 1 und 2) **entsprechend**. In diesen besonderen Einzelfällen (Verzögerung bei Abwicklung der nach § 100 HGO beschlossenen über- und außerplanmäßigen Aufwendungen und Auszahlungen) wirkt ausnahmsweise die Bewilligung nach § 100 HGO **über das Haushaltsjahr** hinaus, ohne dass ein förmlicher Übertragbarkeitsvermerk im Sinne von Nr. 5 Hw. zu § 17 GemHVO erforderlich wird.[145]

Da nach § 21 Abs. 3 GemHVO die Absätze 1 und 2 des gleichen Paragrafen **entsprechend** gelten, gilt die Übertragbarkeit

- für **über- und außerplanmäßige Aufwendungen** *nicht* kraft Verordnung, sondern muss nach Absatz 1 „erklärt" werden. Da ein nachträglicher Haushaltsvermerk im Sinne von Nr. 5 Hw. zu § 17 GemHVO nicht angebracht werden kann, muss im Rahmen der Bewilligungsentscheidung die Übertragbarkeit und deren Dauer (längstens bis zum Ende des zweiten auf die Bewilligung folgenden Jahres) gleich mit geregelt werden.[146]
- für **über- und außerplanmäßige Auszahlungen und für Investitionen sowie Investitionsförderungsmaßnahmen** kraft Verordnung, d. h. sie bleiben ohne weite-

144 Beispiel: Eine vom Gemeindevorstand am 15. Mai bewilligte Mehraufwendung ist der Gemeindevertretung bis zum 30. September zur Kenntnis zu bringen.

145 Dies dürfte sich in der Praxis auf ganz wenige Fälle beschränken, wenn man voraussetzt, dass die Unabweisbarkeit (hier: Unaufschiebbarkeit) gegeben ist. Es kann sich hier nur um solche Maßnahmen handeln, bei denen es trotz Dringlichkeit zu Verzögerungen bei der Durchführung gekommen ist, z. B bedingt durch Störungen internationaler Lieferketten, Probleme bei der Rohstoffversorgung.

146 Vgl. *Rauber* in GemHR Hessen, § 21 GemHVO, Rn. 11–14 und Ziff. 7.4.4.5.

res Zutun bis zur Fälligkeit der letzten Zahlung für ihren Zweck verfügbar, bei Baumaßnahmen und Beschaffungen längstens jedoch zwei Jahre nach Schluss des Haushaltsjahres, in dem der Bau oder der Gegenstand in seinen wesentlichen Teilen genutzt werden kann.

14.2.3.5 Praktisches Beantragungs- und Bewilligungsverfahren

Der Mehrbedarf wird vom mittelbewirtschaftenden Fachamt/Fachbereich bzw. von dem Produkt(bereichs)verantwortlichen/Budgetverantwortlichen festgestellt. Sobald der Bedarf ermittelt ist, also **bereits vor** der Auftragsvergabe, muss eine über- bzw. außerplanmäßige Aufwendung bzw. Auszahlung beantragt werden. Dieses geschieht in der Regel mittels Antragsvordruck an den Fachbereich/Fachdienst Finanzen (Kämmerei) als sachbearbeitende Stelle. Sollte es sich um eine über- bzw. außerplanmäßige **Aufwendung** handeln, kann es sinnvoll sein,[147] die Übertragbarkeit und deren Dauer (längstens bis zum Ende des zweiten auf die Bewilligung folgenden Jahres) gemäß § 21 Abs. 3 und Abs. 1 GemHVO gleich mit zu beantragen. Dort werden die Voraussetzungen überprüft und die Entscheidung der zuständigen Stelle (siehe Ziff. 14.2.3.3) herbeigeführt. Die Entscheidung wird dem antragstellenden Fachamt/Fachbereich bzw. Produkt(-bereichs)verantwortlichen/Budgetverantwortlichen, der Finanzbuchhaltung und ggf. dem Rechnungsprüfungsamt mitgeteilt. Erst dann kann über den benötigten Betrag verfügt bzw. eine vertragliche Bindung eingegangen werden. Das Verfahren führt – wie bereits mehrfach angedeutet – zur Möglichkeit einer Ansatzüberschreitung in Höhe der genehmigten über- bzw. außerplanmäßigen Aufwendungen bzw. Auszahlungen. Eine Veränderung des Haushaltsansatzes erfolgt nicht.

Gemäß § 100 Abs. 1 letzter Halbsatz HGO sind die vom Gemeindevorstand (oder auf Grund der Delegationsmöglichkeit „nach unten" von dem Bürgermeister, Kämmerer usw.) bewilligten über- und außerplanmäßigen Aufwendungen und Auszahlungen der Gemeindevertretung alsbald zur Kenntnis zu bringen, damit diese über die gesamte Abwicklung des von ihr beschlossenen Haushaltsplanes unterrichtet ist. In Nr. 7 Hw. zu § 100 HGO wird diese Verpflichtung konkretisiert, siehe Ziff. 14.2.3.3.

14.2.4 Deckung von überplanmäßigen Auszahlungen im folgenden Haushaltsjahr

14.2.4.1 Voraussetzungen der Bewilligung

Beim vorangehenden Gliederungspunkt wurde festgestellt, dass die Bewilligung von über- und außerplanmäßigen Auszahlungen nur dann zulässig ist, wenn alle drei Voraussetzungen des § 100 Abs. 1 HGO (unvorhergesehen, unabweisbar **und** Deckung

147 Z. B. in den Fällen, in denen die Bewilligung der üpl./apl. Aufwendungen erst zum Ende des Haushaltsjahres erfolgt.

– im laufenden Haushaltsjahr – gewährleistet) vorliegen. Im Investitionsbereich gibt es in Bezug auf die Deckung zwar keine Ausnahme, jedoch eine Besonderheit gemäß § 100 Abs. 2 HGO. Unter bestimmten Voraussetzungen ist nämlich eine Deckung nicht im selben Haushaltsjahr, sondern im kommenden Jahr zulässig, wenn die Deckung im laufenden Jahr nur durch Erlass einer Nachtragssatzung möglich wäre. Auf die **Deckung im laufenden Jahr** wird in diesen Fällen verzichtet. Dieses ist auch die einzige Abweichung von den zwingenden Voraussetzungen des § 100 Abs. 1 HGO.

Die Voraussetzungen des § 100 Abs. 2 HGO im Einzelnen:

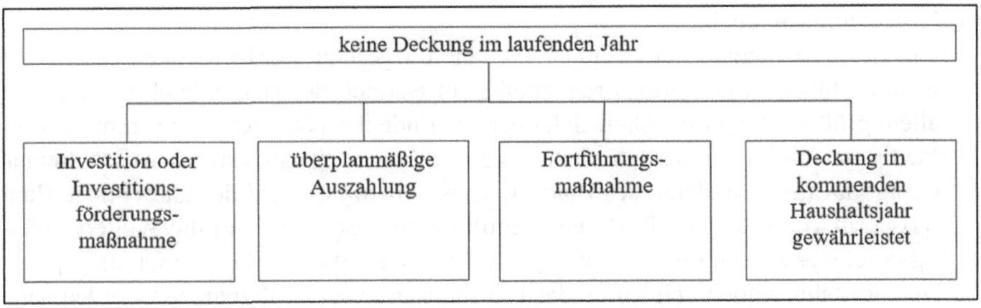

Aus der Vielzahl der Voraussetzungen wird ersichtlich, dass die Möglichkeit, die Deckung von überplanmäßigen Mehrauszahlungen ins nächste Haushaltsjahr zu verschieben, nur die **Ausnahme** bei der Bewilligung von investiven Mehrauszahlungen sein kann. Die Nachrangigkeit gegenüber § 100 Abs. 1 HGO kommt durch die Formulierung „**... auch dann zulässig ...**“ zum Ausdruck.

Sinn und Zweck des § 100 Abs. 2 HGO ist, die Gemeinde auch in angespannten Finanzsituationen nicht zur Einstellung begonnener Investitionen, vor allem im Bausektor, zu zwingen, wenn im nächsten Jahr die Mittel ohnehin zur Verfügung stehen. Da **ausschließlich auf die Mittel der nächsten Periode abgestellt wird**, bezeichnet man dieses Verfahren auch als **„Haushaltsvorgriff“**. Es muss jedoch deutlich darauf hingewiesen werden, dass auch bei diesem Haushaltsvorgriff die sonstigen Bestimmungen des § 100 HGO zwingend eingehalten werden müssen: Für die jeweilige Mehrauszahlung darf kein Fall einer Nachtragspflicht nach § 98 Abs. 2 Nr. 3 HGO (Erheblichkeit) vorliegen und sie muss unvorhergesehen und unabweisbar sein. Auch gelten bezüglich der Mehrauszahlung nach § 100 Abs. 2 HGO die vorstehend geschilderten Zuständigkeits- bzw. Entscheidungsbefugnisse unverändert.

Der Sinn des § 100 Abs. 2 HGO wird besonders bei den nachstehenden Erläuterungen der Bewilligungsvoraussetzungen deutlich.

a) Deckung im laufenden Jahr nur durch Erlass einer Nachtragssatzung möglich
   Die Anwendung des § 100 Abs. 2 HGO beschränkt sich auf die Fälle, in denen es der Gemeinde nicht möglich ist, durch Mehreinzahlungen und/oder Minderauszahlungen (s. o.) eine Deckung im laufenden Jahr bereitzustellen, was zur Folge hat, dass sie eine Nachtragssatzung erlassen müsste, insbesondere zur Erhöhung der Kreditermächtigung.

b) Investition oder Investitionsförderungsmaßnahme[148]
Die Mehrauszahlungen müssen bei Investitionen gemäß § 58 Nr. 18 GemHVO **oder** bei Investitionsförderungsmaßnahmen gemäß § 58 Nr. 19 GemHVO anfallen.[149]

c) überplanmäßige Auszahlungen
Es muss sich um **über**planmäßige Auszahlungen i. S. d. § 58 Nr. 34 GemHVO handeln (zum Begriff siehe Ziff. 14.2.1).
Außerplanmäßige Auszahlungen für Investitionen und Investitionsförderungsmaßnahmen sind somit von diesem Verfahren ausgeschlossen und können nur durch eine Nachtragssatzung mit Nachtragshaushalt bereitgestellt bzw. müssen in das nächste Haushaltsjahr verschoben werden.[150]

d) Fortsetzungsmaßnahme
Die Investition muss im kommenden Jahr fortgesetzt werden. Fortsetzungsmaßnahmen fallen in der Praxis regelmäßig im Bereich der Baumaßnahmen an. Vor allem größere Projekte ziehen sich über das Ende des Haushaltsjahres hinaus, vielfach sogar über mehrere Jahre. Die Veranschlagung der investiven Auszahlungen erfolgt auf der Grundlage des Bauzeitplanes. Allerdings wird der tatsächliche Baufortschritt von mehreren Faktoren beeinflusst, insbesondere sind die Wetterverhältnisse schwer zu kalkulieren. Erfolgt z. B. der Baufortschritt langsamer als geplant, sind am Jahresende noch Mittel des Haushaltsansatzes verfügbar. Sie werden dann erst im kommenden Haushaltsjahr benötigt. Gemäß § 21 Abs. 2 GemHVO bleiben sie im Rahmen der aus Vorjahren übertragenen Ermächtigungen auch der Haushaltswirtschaft des nächsten Jahres erhalten.
Vollzieht sich die Abwicklung der Baumaßnahme hingegen zügiger als geplant, sind im Haushaltsjahr zur Begleichung der jetzt zusätzlich anfallenden Rechnungen überplanmäßige Auszahlungen erforderlich, die jedoch im Rahmen des Investitionsprogramms erst für das kommende Jahr eingeplant sind. Damit solche, insgesamt finanzierte, Investitionen wegen fehlender Deckung im einzelnen Haushaltsjahr nicht gestoppt werden müssen, was u. U. zu wirtschaftlichen Nachteilen für die Gemeinde führen könnte (Forderungen des Unternehmens bei Baustillstand, erneute Rüstkosten für die Baufortsetzung im kommenden Jahr usw.), hat der Gesetzgeber mit § 100 Abs. 2 HGO den Vorgriff auf Deckungsmittel des kommenden Jahres zugelassen. Der Haushaltsvorgriff ist das Gegenstück zur übertragenen Ermächtigung aus Vorjahren nach § 21 Abs. 2 GemHVO.
Aus der Darstellung dieser Voraussetzung wird die Intention des Gesetzgebers für die Schaffung des § 100 Abs. 2 HGO sehr deutlich, die in den besonderen Fällen der Investitionsfortsetzungen den Grundsatz der Jährlichkeit zu Gunsten einer flexiblen Haushaltsführung zurücktreten lässt.

148 Zur Problematik des Begriffs Investitionsförderungsmaßnahme siehe Ziff. 6.4.3.

149 Es könnte auch sinnvoll sein, den Haushaltsvorgriff auf Erhaltungsaufwendungen auszudehnen, z. B. bei größeren Gebäudesanierungen. Siehe hierzu auch Fachaufsatz von *Bernhardt*, S. 97 ff.

150 Es handelt sich hier nicht um Fortsetzungsmaßnahmen. Für sie ist nach § 98 Abs. 2 Nr. 4 HGO regelmäßig eine Pflichtnachtragssatzung zu erlassen, es sei denn, es handelt sich um einen Ausnahmetatbestand nach § 98 Abs. 3 Nr. 1 HGO. In diesen Fällen gilt dann die Zulässigkeitsvoraussetzung nach § 100 Abs. 1 HGO, wonach die Deckung im laufenden Haushaltsjahr gewährleistet sein muss.

e) Deckung im kommenden Haushaltsjahr
Wie bereits dargestellt, entfällt zwar die Deckung im laufenden Haushaltsjahr, sie wird jedoch durch eine Deckung **im kommenden Jahr** ersetzt, sodass der Grundsatz „Mehrauszahlungen dürfen nur bei einer vorhandenen Deckung geleistet werden" erhalten bleibt.
Der in § 100 Abs. 2 HGO verwandte Begriff „Deckung" ist mit dem in Abs. 1 derselben Vorschrift aufgeführten Wort „Deckung" identisch. Da Investitionen und Investitionsförderungsmaßnahmen dem Finanzhaushalt zuzuordnen sind, verbleiben als mögliche Deckungen Mehreinzahlungen und Minderauszahlungen dieses Haushalts (siehe grundsätzliche Darstellungen der Deckungsmöglichkeiten bei Ziff. 14.2.3).
Der typische Fall der Deckung im Rahmen des § 100 Abs. 2 HGO ist die Einsparung bei derselben Haushaltsposition im kommenden Haushaltsjahr. Es findet dann ein **„konkreter Haushaltsvorgriff"** statt, weil die Investitionskosten[151] sich nicht insgesamt erhöhen, sondern sich nur im Zeitablauf der Maßnahme verschieben. Die vorgesehenen Jahresbeträge sind dem Investitionsprogramm zu entnehmen.

Beispiel sei der Bau einer Sporthalle, die wegen der günstigen Witterungsbedingungen **schneller** als geplant abgewickelt werden kann.

Haushaltsjahr	Ansatz laut Haushaltsplan bzw. Investitionsprogramm €	tatsächliche Auszahlungsabwicklung €
2024	2.000.000	2.100.000
2025	1.500.000	1.400.000
Insgesamt	**3.500.000**	**3.500.000**

Der Gesamtauszahlungsbedarf bleibt gleich, es verschieben sich lediglich die Teilbeträge in den Haushaltsjahren, sodass innerhalb der Maßnahme die Deckung erfolgen kann (Einsparungen in 2025 decken Mehrauszahlungen in 2024).
Die Deckung braucht aber nicht zwingend aus den vorgesehenen Gesamtkosten der Maßnahme erfolgen. Dieses ist vor allem immer dann auch nicht möglich, wenn die Mehrauszahlungen **nicht auf Grund einer Zeitverschiebung, sondern auf Kostenerhöhungen zurückzuführen** sind. Das Gesamtauszahlungsvolumen der Maßnahme wird somit überschritten. Bezogen auf das vorstehende Beispiel würde im Haushaltsjahr 2025 der Betrag **nicht** eingespart werden können, sondern die Gesamtkosten erhöhen sich durch die Mehrauszahlung in 2024 um 100.000 € auf 3.600.000 €. Die Maßnahme selbst kann diese Mehrauszahlungen nun nicht mehr auffangen, sodass der Finanzhaushalt des kommenden Jahres die Deckung übernehmen muss.
Dieses ist im Rahmen der mittelfristigen Ergebnis- und Finanzplanung einschließlich der im Zeitpunkt des Auftretens des überplanmäßigen Bedarfs vorliegenden Fortschreibungserkenntnisse zu beurteilen. Z. B. können schon Mehreinzahlungen

151 Gesamtauszahlungsbedarf im Sinne des § 4 Abs. 5 GemHVO.

oder Minderauszahlungen gegenüber der dem Haushaltsplan beizufügenden mittelfristigen Ergebnis- und Finanzplanung erkennbar sein. Es können z. B. alle weiteren Finanzierungsmittel des Finanzhaushaltes herangezogen werden. Notfalls muss die Gemeinde, um die Deckung der überplanmäßigen Auszahlungen sicherzustellen, Maßnahmen im Investitionsprogramm des nächsten Jahres finanziell kürzen, verschieben bzw. sonstige – vor allem freiwillige – Auszahlungen sperren, um die Deckung durch konkrete Einsparungen im Investitionsprogramm herbeizuführen. Darüber hinaus ist es auch möglich, dass **zahlungswirksame Mehrerträge** im folgenden Jahr, die gegenüber der ursprünglichen Ergebnis- und Finanzplanung eintreten, unter Beachtung der gesetzlichen Voraussetzungen zur Deckung herangezogen werden können.[152]

Wichtig ist noch einmal der deutliche Hinweis, dass die Deckung der Mehrauszahlung nach § 100 Abs. 2 HGO ausschließlich im **nächsten** Haushaltsjahr und nicht in anderen Jahren der Ergebnis- und Finanzplanung zu erfolgen hat.

Durch diese Art der Deckung wird vom Gesetzgeber in Kauf genommen, dass im laufenden Haushaltjahr eine Verschlechterung des Zahlungsmittelsaldos aus Investitionstätigkeit eintritt, der jedoch im nächsten Jahr durch die dann erfolgende Deckung der Zahlung wieder beseitigt wird. In diesem Zusammenhang ist zu beachten, dass die Zahlungsfähigkeit im laufenden Haushaltsjahr durch genügend Spielraum im Rahmen der Liquiditätskreditermächtigung vorhanden sein muss.[153]

Das praktische Bewilligungsverfahren stimmt mit dem nach § 100 Abs. 1 HGO vollständig überein.[154] Wegen der Besonderheit der Deckungsmöglichkeit im folgenden Haushaltsjahr ist die überplanmäßige Auszahlung vom Fachamt/Fachbereich bzw. vom Produkt-(bereichs-) bzw. Budgetverantwortlichen besonders **sorgfältig zu begründen** und vom Fachbereich/Fachdienst Finanzen (Kämmerei) unter Einbeziehung der Finanzbuchhaltung entsprechend zu überprüfen sowie nachzuhalten. Diese Verpflichtung lässt sich aus § 27 Abs. 3 GemHVO ableiten. Hiernach ist nicht nur die Inanspruchnahme der Haushaltsansätze, sondern ausdrücklich auch die Inanspruchnahme der bewilligten über- und außerplanmäßigen Aufwendungen und Auszahlungen zu überwachen. Ein bestimmtes Verfahren hinsichtlich der Haushaltsüberwachung ist vom Verordnungsgeber nicht vorgeschrieben; es wird sich vielmehr an dem technischen Fortschritt – insbesondere an dem jeweils eingesetzten DV-Verfahren – orientieren.

152 Beachtung der Voraussetzungen nach § 92 Abs. 5 und 6 HGO u. a., siehe ausführlich zu Ziff. 14.2.3.2 – Mehraufwendungen/Mehrauszahlungen. Siehe ebenso *Daneke* in KVR Hessen, § 100 HGO Rn. 35.

153 Berücksichtigung im Rahmen der Liquiditätsplanung, siehe Ziff. 13.6.4.2.

154 Siehe § 100 Abs. 2 Satz 2 HGO.

14.2.5 Exkurs: Praxisgerechtes Gesamtprüfungsverfahren für die Bereitstellung von Mehraufwendungen und Mehrauszahlungen

Wie bereits bei den vorangegangenen Unterpunkten des Kapitels deutlich geworden ist, können Mehraufwendungen bzw. Mehrauszahlungen nach verschiedenen Verfahren bereitgestellt werden. Diese Verfahren sind jeweils für sich ausführlich vorgestellt und diskutiert worden. Für die Praxis und auch für die Klausurbearbeitung im Studien- und Ausbildungsbereich soll an dieser Stelle eine schematische Gesamtdarstellung eines lückenlosen Subsumtions- bzw. Prüfungsschemas angeboten werden, mit dem alle Fragen des Inhalts „Wie können Mehraufwendungen bzw. Mehrauszahlungen bereitgestellt werden“ abschließend zu prüfen sind.[155]

1. ***Vorliegen eines Bedarfs***
2. ***Ermittlung der sachlich zuständigen Haushaltsposition/Planungsstelle Zuordnung zu den Teilhaushalten nach § 4 Abs. 3 bzw. 4 bis 5 GemHVO Zuordnung zu den Produktbereichen nach § 4 Abs. 2 GemHVO bei produktorientierten Haushalten***
3. ***Ermächtigt der Haushaltsplan zur Leistung nach § 96 HGO? Ansonsten Ermittlung des Mehrbedarfs bei überplanmäßigen Bedarfen bzw. Feststellung des außerplanmäßigen Bedarfs***
   Haushaltsansatz
   \+ *aus Vorjahren übertragene Ermächtigungen gemäß § 21 GemHVO (Haushaltsreste)*
   +/– *Ansatzveränderungen aus Nachtragsplänen*
   +/– *bisherige Veränderungen gemäß §§ 19, 20 GemHVO*
   – *Sperren*
   – *bisherige Inanspruchnahme*
   – *Vormerkungen (Aufträge)*
   – *noch bestehender nicht vorgemerkter Bedarf*
   = ***Betrag des benötigten Mehrbedarfs (negative Summe)***[156]
4. ***Bereitstellung nach § 19 Abs. 1 und 4 GemHVO (unechte Deckungsfähigkeit im Rahmen der Zweckbindung)***
   a) Besteht eine zulässige Zweckbindung zu Gunsten der Haushaltsposition, bei der der Mehrbedarf anfällt, aus der Herkunft oder der Natur des Ertrages bzw. Einzahlung oder aus dem Erfordernis des sachlichen Zusammenhangs?
   b) Ist diese Zweckbindung durch Haushaltsvermerk ausgewiesen?

155 Ausführliche Fallbehandlungen mit Musterlösungen sind im Übungsband in Kap. 14 enthalten. Weitere Übungen bei *Mutschler/Schlösser*, Praktische Fälle aus dem externen Rechnungswesen und kommunalen Finanzmanagement.

156 Sofern eine Haushaltssperre besteht, ist vorrangig die Aufhebung dieser Sperre zu veranlassen. Der benötigte Mehrbedarf verringert sich entsprechend. Siehe auch Ziff. 14.2.3.1 – Ermittlung des Mehrbedarfs.

c) *Sind zahlungswirksame Mehrerträge bzw. Mehreinzahlungen vorhanden bzw. kann mit einem gesicherten Eingang gerechnet werden?*
d) *Rechtsfolge bei Vorliegen aller Voraussetzungen:*
In Höhe der zahlungswirksamen Mehrerträge bzw. Mehreinzahlungen kann der Planansatz für Aufwendungen/Auszahlungen überschritten werden; nach der gesetzlichen Fiktion gemäß § 19 Abs. 3 GemHVO handelt es sich dann ***nicht um überplanmäßige Aufwendungen bzw. Auszahlungen****.*

5. ***Bereitstellung nach § 19 Abs. 2 und 4 GemHVO (unechte Deckungsfähigkeit)***
a) *Besteht ein zulässiger Haushaltsvermerk (Verstärkungsvermerk)?*
b) *Sind zahlungswirksame Mehrerträge/Mehreinzahlungen vorhanden bzw. kann mit einem gesicherten Eingang gerechnet werden?*
c) *Rechtsfolge bei Vorliegen aller Voraussetzungen:*
In Höhe der zahlungswirksamen Mehrerträge bzw. der Mehreinzahlungen kann der Planansatz überschritten werden; nach der gesetzlichen Fiktion gemäß § 19 Abs. 3 GemHVO handelt es sich ***nicht um überplanmäßige Aufwendungen bzw. Auszahlungen****.*

6. ***Bereitstellung nach § 20 GemHVO (echte Deckungsfähigkeit)***
a) *Tritt der Mehrbedarf innerhalb eines Budgets auf und besteht uneingeschränkte Deckungsfähigkeit (kein einschränkender Haushaltsvermerk)?*
In diesem Zusammenhang ist zu prüfen, ob es sich um ***veranschlagte, zahlungswirksame*** *Aufwendungen handelt.*
oder:
Ist auf Grund eines ausdrücklichen Haushaltsvermerks (§ 20 Abs. 2 GemHVO – selbständige Bewirtschaftungseinheit) eine budgetübergreifende Deckung möglich?
Diese Variante gilt für ebenso für ***zahlungsunwirksame*** *Aufwendungen!*
oder:
Handelt es sich um Aufwendungen, die von der Deckungsfähigkeit ausgeschlossen sind (§ 13, § 20 Abs. 4 GemHVO)?
b) *Werden die Einsparungen bei der deckungspflichtigen Haushaltsposition bis zum Jahresende tatsächlich* ***nicht*** *benötigt?*
c) *Rechtsfolge bei Vorliegen aller Voraussetzungen:*
In Höhe der Einsparung bei der deckungspflichtigen Haushaltsposition kann eine Mehraufwendung/Mehrauszahlung bei der deckungsberechtigten Haushaltsposition erfolgen.

7. ***Bereitstellung nach § 20 Abs. 5 GemHVO (echte Deckungsfähigkeit – einseitig – kraft Vermerk) zwischen Ergebnis- und Finanzhaushalt bei Budgetierung***
a) *Betrifft die Mehrauszahlung eine Haushaltsposition für Investitionsauszahlungen und ist eine Deckungsfähigkeit nach § 20 Abs. 3 i. V. m. Abs. 1 bzw. Abs. 2 GemHVO nicht gegeben bzw. nicht ausreichend?*
b) *Besteht ein zulässiger Deckungsvermerk nach § 20 Abs. 5 GemHVO?*

c) Tritt tatsächlich bis zum Jahresende eine Einsparung bei einer zum ***gleichen Budget*** *gehörenden deckungspflichtigen Aufwandsposition des Ergebnishaushalts ein und ist dieser Minderaufwand zahlungswirksam?*

d) Rechtsfolge bei Vorliegen aller Voraussetzungen:
In Höhe der Einsparung bei der deckungspflichtigen Aufwandsposition kann eine Mehrauszahlung bei der deckungsberechtigten Haushaltsposition im Teilfinanzhaushalt ***des gleichen Budgets*** *erfolgen.*

8. Überprüfung der Notwendigkeit einer Pflichtnachtragssatzung

a) Besteht nach § 98 Abs. 2 Nr. 1 bis 5 HGO eine Pflicht zum Erlass einer Nachtragssatzung?
Wenn ja, siehe b):

b) Bestehen Ausnahmetatbestände nach § 98 Abs. 3 Nr. 1 bis 4 HGO?

c) Greift kein Ausnahmetatbestand nach § 98 Abs. 3 HGO, ***muss*** *eine Nachtragssatzung erlassen werden.*

9. Bewilligung einer über- bzw. außerplanmäßigen Aufwendung/Auszahlung nach § 100 HGO

a) Liegt ein Ausnahmetatbestand nach § 100 Abs. 4 HGO vor?

b) Ist der Mehrbedarf ***unvorhergesehen*** *und (sachlich und zeitlich)* ***unabweisbar****?*

c) Ist die Deckung im selben Haushaltsjahr gewährleistet?

d) Falls c) verneint wurde: Handelt es sich um einen investiven überplanmäßigen Mehrbedarf? Und ist eine Deckung der Mehrauszahlung gemäß § 100 Abs. 2 HGO möglich?

e) Wer entscheidet über die Bewilligung (Gemeindevorstand/Gemeindevertretung)?
Sofern der Gemeindevorstand zuständig ist, Bekanntgabe an die Gemeindevertretung mindestens vierteljährlich (siehe Nr. 7 Hw. zu § 100 HGO)

f) Rechtsfolge bei Vorliegen der Voraussetzungen:
Die über- bzw. außerplanmäßige Aufwendung/Auszahlung darf geleistet werden.

10. Freiwillige Nachtragssatzung mit Nachtragshaushaltsplan (§ 98 Abs. 1 HGO)

Falls durch die vorangehenden Bereitstellungsverfahren nicht die gesamten Mehraufwendungen/Mehrauszahlungen zur Verfügung gestellt wurden, kann nur noch ein Nachtrag die Mittelbereitstellung (z. B. durch Kredit- oder Steuererhöhung) herbeiführen. Dabei bleibt die Möglichkeit eines unausgeglichenen Nachtragsplanes unberührt.

14.3 Über- und außerplanmäßige Verpflichtungsermächtigungen

Nicht nur bei Aufwendungen und Auszahlungen, sondern auch bei Verpflichtungen, die künftige Haushaltsjahre mit Auszahlungen für Investitionen und Investitionsförderungsmaßnahmen belasten, kann es im Laufe eines Haushaltsjahres zu einem Mehrbedarf kommen.[157]

Beispiel:[158]
Im Haushaltsplan 2024 der Gemeinde E ist für die Beschaffung eines neuen Dienstfahrzeuges eine Verpflichtungsermächtigung in Höhe von 30.000 € veranschlagt. Die Bestellung soll in 2024, die Lieferung und die Zahlungen sollen in 2025 erfolgen. Die durchgeführte Ausschreibung hat ergeben, dass der wirtschaftlichste Bieter bei 31.000 € liegt. Zur Abwicklung der Bestellung wird somit eine überplanmäßige Verpflichtungsermächtigung in Höhe von 1.000 € notwendig.

Dem trägt § 102 Abs. 5 HGO Rechnung und ermöglicht der Gemeinde, über- und außerplanmäßige Verpflichtungen zur Leistung von Auszahlungen in künftigen Jahren für Investitionen und Investitionsförderungsmaßnahmen einzugehen.[159]

Bevor allerdings das Verfahren nach § 102 Abs. 5 HGO zur Anwendung kommt, besteht zunächst die Möglichkeit, den Mehrbedarf an Verpflichtungsermächtigungen über § 20 Abs. 3 GemHVO bereitzustellen. Hiernach gelten für Verpflichtungsermächtigungen die Bestimmungen über die echte Deckungsfähigkeit nach § 20 Abs. 1 GemHVO entsprechend, d. h. innerhalb eines Budgets sind die Verpflichtungsermächtigungen gegenseitig deckungsfähig, soweit keine Einschränkung erfolgt. Darüber hinaus können Verpflichtungsermächtigungen budgetübergreifend nach § 20 Abs. 2 GemHVO für gegenseitig oder einseitig deckungsfähig erklärt werden, wenn sie sachlich zusammenhängen (siehe Ziff. 7.4.3.2.2). Der Vorteil der Bereitstellungsmöglichkeit nach § 20 GemHVO ist, dass sie nur einen geringen Verwaltungsaufwand verursacht und die Entscheidung im Fachamt/Fachbereich bzw. bei den Produkt-(bereichs-) verantwortlichen/Budgetverantwortlichen verbleibt (siehe Ziff. 14.2.2).

Auffallend ist, dass § 20 Abs. 3 GemHVO nur von Verpflichtungsermächtigungen für Investitionen – nicht für Investitionsförderungsmaßnahmen – spricht. Es wird daher davon ausgegangen, dass, wenn der Verordnungsgeber diese Regelungen für Investitionsförderungsmaßnahmen ausschließen wollte, er dies deutlicher zum Ausdruck hätte bringen müssen. Ohnehin sind zumindest bilanziell betrachtet Investitionsförderungsmaßnahmen eine Untermenge der Investitionen.[160]

Bei der Bewilligung der zusätzlichen Ermächtigung (§ 102 Abs. 5 Satz 2 HGO) lehnt sich der Gesetzgeber an die Regelungen für über- und außerplanmäßige Aufwendungen und Auszahlungen des § 100 HGO an. Über- und außerplanmäßige Verpflichtungsermächtigungen gemäß § 102 Abs. 5 HGO sind demnach zulässig, wenn sie **unvor-**

157 Siehe zu dieser Thematik auch *Daneke* in KVR Hessen, § 102 HGO Rn. 34 ff.

158 Die Berechnung des Mehrbedarfs für Verpflichtungsermächtigungen findet in Anlehnung an Ziff. 14.2.3.1 statt; allerdings ist hierbei zu beachten, dass es keine Ermächtigungen aus Vorjahren und keine unechte Deckungsfähigkeit in diesem Zusammenhang gibt, siehe hierzu auch § 27 Abs. 4 GemHVO einschl. der hierzu erlassenen Hinweise.

159 Zum Begriff und zur Abwicklung der Verpflichtungsermächtigungen siehe Kap. 8.

160 Zur Problematik des Begriffs der Investitionsförderungsmaßnahme siehe Ziff. 6.4.3.

hergesehen und **unabweisbar** sind und der in **der Haushaltssatzung festgesetzte Gesamtbetrag der Verpflichtungsermächtigungen nicht überschritten** wird. Bezüglich der Begriffe „unvorhergesehen“ und „unabweisbar“ wird auf die obigen Ausführungen zu Ziff. 14.2.3.2 verwiesen. Bei der Unabweisbarkeit ist insbesondere auf die sachliche Notwendigkeit[161] und zeitliche Unaufschiebbarkeit abzustellen. Die „Deckung“ wird dadurch gewährleistet, dass der in § 3 der Haushaltssatzung festgesetzte Gesamtbetrag der Verpflichtungsermächtigungen **nicht überschritten** werden darf (Nr. 4 zu § 102 HGO). Das bedeutet, dass bei anderen Verpflichtungsermächtigungen „Einsparungen“ in entsprechender Höhe erzielt werden müssen, also entsprechend geringere Inanspruchnahmen der anderen Verpflichtungsermächtigungen erfolgen.

Bei dem Vergleich der Rechtsfolgen zwischen § 98 Abs. 2 Nr. 4 und Abs. 3 HGO einerseits und § 102 Abs. 5 HGO andererseits ist festzustellen, dass bei Vorliegen der Voraussetzungen für die Zulässigkeit von **außerplanmäßigen Verpflichtungsermächtigungen** für die Leistungen von Auszahlungen in künftigen Jahren

- für den Erwerb von beweglichen Sachen des Anlagevermögens und für Baumaßnahmen von erheblicher Höhe sowie
- für alle sonstigen Investitionen und Investitionsförderungsmaßnahmen, unabhängig von ihrer Höhe,

keine Pflicht zum Erlass einer Nachtragssatzung besteht. Nach den derzeitigen Rechtsgrundlagen wird die Zulässigkeit von außerplanmäßigen Verpflichtungsermächtigungen weniger streng geregelt, als wenn es sich um bisher nicht veranschlagte Auszahlungen für Investitionen im laufenden Jahr handelt.[162]

Ebenfalls besteht **keine Pflicht zum Erlass einer Nachtragssatzung**, wenn ein zusätzlicher, also **überplanmäßiger Bedarf** bei einer Verpflichtungsermächtigung entsteht, auch wenn dieser als erheblich im Sinne von § 98 Abs. 2 Nr. 3 HGO anzusehen ist.

Fazit:

Weder aus § 98 Abs. 2 HGO noch aus § 102 Abs. 5 HGO ergibt sich bezüglich eines über- oder außerplanmäßigen Bedarfes bei einer Verpflichtungsermächtigung eine Nachtragspflicht, d. h. § 98 Abs. 2 HGO ist hier nicht zu prüfen.

Da § 102 Abs. 5 Satz 2 HGO auf die sinngemäße Anwendung der Bestimmungen des § 100 Abs. 1 Satz 3 HGO verweist, gelten die oben dargestellten Zuständigkeitsregelungen für über- und außerplanmäßige Aufwendungen und Auszahlungen entsprechend.

Das in § 102 Abs. 5 HGO geregelte Verfahren bezüglich der Deckung (Einhaltung des Gesamtbetrages im Sinne von § 102 Abs. 5 HGO) ist für die Praxis unbefriedigend gelöst. Wenn man das obige Beispiel mit dem Mehrbedarf von 1.000 € betrachtet, dann ist die überplanmäßige Verpflichtungsermächtigung nur zulässig, wenn Einsparungen bei anderen Verpflichtungsermächtigungen zu erzielen sind. Kann dieses nicht erreicht

161 In diesem Zusammenhang sind für die Verpflichtungsermächtigungen ebenso die Voraussetzungen nach § 12 GemHVO zu beachten (siehe Ziff. 7.3.6).

162 Eine Möglichkeit, diese Problematik zu entschärfen, aber auch um nach wie vor eine flexible Haushaltsausführung zu gewährleisten, könnte die Einführung einer Erheblichkeitsgrenze bringen.

werden, müsste die Gemeinde eine Nachtragssatzung erlassen, um die 1.000 € bereitzustellen. Dieser Weg ist praxisfremd.

Die derzeitige Regelung widerspricht somit einem verantwortungsbewussten, modernen und flexiblen Finanzmanagement. Sachlich gerechtfertigt wäre z. B. bei der Deckung auf das Haushaltsjahr abzustellen, in dem die aus der Verpflichtung entstehende Auszahlung in späteren Jahren anfällt. Bezogen auf das obige Beispiel wäre danach die überplanmäßige Verpflichtung zulässig, wenn in 2024 die Deckung der 1.000 € gesichert werden kann oder die Pflicht zur Einhaltung des Gesamtbetrages im Sinne von § 102 Abs. 5 HGO in eine Soll-Vorschrift umgewandelt wird.[163]

14.4 Übungen

Siehe zu diesem Abschnitt Sachverhalte 3 bis 6 zu Kap. 14 im Übungsband.

163 Der Gesetzgeber ist aufgerufen, in diesem Sinne eine Fortschreibung der Bestimmungen vorzunehmen.

– Kapitel 15 –

Inhaltsverzeichnis

15. Buchführung und Jahresabschluss

Die nachfolgenden Ausführungen orientieren sich stark am betrieblichen Rechnungswesen, wie es außerhalb der öffentlichen Verwaltung über Jahrhunderte entwickelt wurde und im HGB seinen Niederschlag gefunden hat. Daneben wird auf die Besonderheiten der Doppik für die Kommunalverwaltungen in Hessen eingegangen. Diese Vorgehensweise erscheint sinnvoll, da die Grundzüge des kommunalen Rechnungswesens aus der kaufmännischen Buchhaltung abgeleitet und lediglich hinsichtlich der kommunalen Besonderheiten angepasst wurden.

Die fortschreitende Verengung des finanziellen Gestaltungsspielraumes ist für große Bereiche der öffentlichen Verwaltung inzwischen zur zentralen Triebkraft für Reformen geworden. Aus dieser Situation heraus wird die Forderung nach mehr Kostenbewusstsein und wirtschaftlicherem Handeln oft an erster Stelle der Reformziele erhoben.

Buchführung dient grundsätzlich den Zwecken der Dokumentation, Information und Rechenschaftslegung. In Verbindung mit einer verbindlichen Planung dient sie auch der Kontrolle des Planvollzuges. Insofern kann bereits an dieser Stelle festgehalten werden, dass im Rahmen der Haushaltsplanung grundsätzlich Planzahlen veranschlagt werden, wohingegen die Buchhaltung der Kommunen die tatsächlichen Ist-Zahlen ausweist.

15.1 Einordnung in das betriebliche Rechnungswesen

Man kann das betriebliche Rechnungswesen als eine Dienstleistungsabteilung innerhalb des Betriebes auffassen. Während in den Fertigungsabteilungen eines Industriebetriebs Sachgüter, in Verwaltungsbetrieben Dienstleistungen erzeugt werden, besteht die Aufgabe des Rechnungswesens darin, Informationen zu produzieren. Grundlage bilden hierbei die Belege, in denen die Geschäftsvorfälle dokumentarisch festgehalten werden. Ausgehend von den auf Belegen erfassten Daten werden in einem Prozess der Informationsverdichtung beziehungsweise -verarbeitung zahlenmäßige Berichte (wie etwa ein Jahresabschluss) erstellt und an Personen innerhalb oder außerhalb des Betriebes weitergeleitet, die sich für die wirtschaftliche Lage des Betriebes interessieren. Versucht man diese Vorstellung vom Rechnungswesen etwas schärfer zu fassen, so kann man zu folgender begrifflichen Abgrenzung gelangen:

Als betriebliches Rechnungswesen bezeichnet man die systematische, regelmäßig oder fallweise durchgeführte Erfassung, Aufbereitung, Auswertung und Übermittlung der das Betriebsgeschehen betreffenden quantitativen Daten (Mengen- und Wertgrößen) mit dem Ziel, sie für Planungs-, Steuerungs- und Kontrollzwecke innerhalb des Betriebes sowie zur Information und Beeinflussung Außenstehender (z. B. Eigenkapitalgeber, Gläubiger, Mitarbeiter, Gewerkschaften, Staat, Gesellschaft, Parteien, Interessengruppen, im kommunalen Bereich auch die Aufsichtsbehörden) zu verwenden.

Für das hier angestrebte Ziel der Einordnung der kaufmännischen Buchführung in das Gesamtsystem des betrieblichen Rechnungswesens ist es zweckmäßig, auf die häufig vorgenommene Einteilung in externes und internes Rechnungswesen zurückzugreifen.

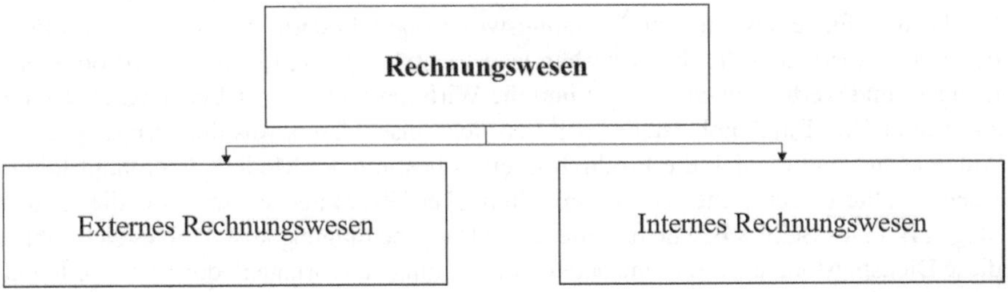

Externes und internes Rechnungswesen unterscheiden sich vor allem hinsichtlich ihres Informationsgegenstandes und der Informationsempfänger, also hinsichtlich der Fragen, welche Ausschnitte des wirtschaftlichen Geschehens zahlenmäßig dargestellt werden und an wen berichtet wird.

Das externe Rechnungswesen bildet die Vorgänge finanzieller Art ab, die sich zwischen dem Betrieb und seiner Umwelt abspielen. Zur Umwelt zählen vor allem die Partner auf den verschiedenen Beschaffungs- und Absatzmärkten (Lieferanten von Sachgütern, Dienstleistungen und menschlicher Arbeitskraft; Kunden), die Kapitalgeber und -empfänger sowie der Staat.

Das **externe Rechnungswesen** erfasst also hauptsächlich die Beschaffungsvorgänge und Absatzaktivitäten des Betriebes einschließlich der damit verbundenen Geldab- und -zuflüsse (= leistungswirtschaftliche Sphäre) sowie die (lediglich) finanzwirtschaftlich bedingten Zahlungsmittelbewegungen (= finanzwirtschaftliche Sphäre). Seinen zusammenfassenden Abschluss findet das externe Rechnungswesen in der Vermögensrechnung (Bilanz) und in der Ergebnisrechnung (Gewinn- und Verlustrechnung), in dem sogenannten Jahresabschluss. Als dritter Teil ist noch die Finanzrechnung zu berücksichtigen, die so nicht im Handelsrecht vorgesehen ist und nur bei börsennotierten Unternehmen unter der Bezeichnung Kapitalflussrechnung geführt wird. Die Ausgestaltung des externen Rechnungswesens ist für privatwirtschaftliche Betriebe im HGB und für die Städte und Gemeinden in der GemHVO normiert. So wird zumindest eine grundlegende Vergleichbarkeit der Jahresabschlussergebnisse sichergestellt.

Der Jahresabschluss dient in erster Linie der vergangenheitsorientierten Dokumentation und Rechenschaftslegung. Da er sich auch an externe Informationsempfänger (z. B. Kapitalgeber[1])) richtet, die in der Regel keine sonstigen Einblicksmöglichkeiten in das Unternehmen haben, existieren umfangreiche gesetzliche (handels-, steuer- und haushaltsrechtliche) Vorschriften für die Erstellung des Jahresabschlusses und die Gestaltung des ihm zugrundeliegenden Rechenwerkes, das man auch als Finanz- beziehungsweise Geschäftsbuchhaltung bezeichnet.

Das **interne Rechnungswesen** – gelegentlich spricht man in der Fachliteratur auch vom innerbetrieblichen Rechnungswesen – bildet wirtschaftlich bedeutsame Vorgänge ab, die sich innerhalb des Betriebes abspielen und die in starkem Ausmaß oder gänzlich durch die im Betrieb tätigen Personen beeinflusst bzw. gesteuert werden können.

1 Banken werden möglicherweise demnächst auch von Kommunen vor der Vergabe von Krediten die Vorlage von Jahresabschlüssen verlangen.

Die Hauptaufgabe des internen Rechnungswesens besteht darin, den Verzehr von Produktionsfaktoren und die damit verbundene Entstehung von Leistungen (Produkten) mengen- und wertmäßig zu erfassen und die Wirtschaftlichkeit der Leistungserstellung zu überwachen. Ein Autohersteller will beispielsweise wissen, was die Fertigung eines Autos kostet und ob sich die Produktion eines bestimmten Modells überhaupt lohnt. Ebenso sollte es den Leiter eines Verwaltungsbetriebes interessieren, was die Erstellung z. B. eines Beihilfebescheides oder einer Baugenehmigung kostet, ob es sich lohnt, diese Dienstleistung auch für eine andere Verwaltung zu erbringen oder ob es vielleicht wirtschaftlicher wäre, selbst auf das Angebot eines Dritten, z. B. auch einer anderen Verwaltung, zur Erbringung dieser Dienstleistung zurückzugreifen.

Sieht man von einigen Ausnahmen ab, so kann man für den Bereich der Privatwirtschaft sagen, dass die Zahlen und Kalkulationen **des internen Rechnungswesens nicht veröffentlicht werden**, sondern zur Information von Betriebsangehörigen in leitender Position dienen, die sie zur Planung, Steuerung und Kontrolle des Betriebsgeschehens verwenden. Sie erhalten die Ergebnisse auf Anforderung oder, sofern sie turnusgemäß informiert werden, in vergleichsweise kurzen, meist monatlichen, Abständen. Im Vergleich dazu trifft die Bezeichnung „internes Rechnungswesen" für die Kommunen nur bedingt zu, da im Bereich der öffentlichen Verwaltung Teilbereiche des „internen" Rechnungswesens auch öffentlich in der Gemeindevertretung diskutiert werden bzw. im Rahmen verwaltungsgerichtlicher Klärung von Abgabenansprüchen offenbart werden müssen. Zudem ist mit der Überarbeitung des KAG im Jahr 2013 im § 10 Abs. 7 ein grundsätzliches Einsichtsrecht für die Kostenrechnung bzw. Kalkulation von grundstücksbezogenen Benutzungsgebühren gesetzlich verankert worden.

Der unterschiedlichen Aufgabenstellung entsprechend gibt es für das interne Rechnungswesen im Gegensatz zum externen Rechnungswesen kaum zwingende gesetzliche Vorschriften. Hieran knüpft eine weitere Bezeichnungsweise an, die zwischen rechtlich normiertem und nicht normiertem Rechnungswesen unterscheidet.

15.2 Übung

Aufgabenstellung Nr. 1

Welche Aspekte können herangezogen werden, um die kaufmännische Buchführung als externes Rechnungswesen zu charakterisieren?

Lösung:

Die kaufmännische Buchführung wird als externes Rechnungswesen bezeichnet, weil sie

- die wirtschaftlichen Transaktionen zwischen dem Betrieb und seiner externen Umwelt abbildet,
- als Informationsquelle nicht nur für „Insider", sondern auch für externe Interessenten (Finanzamt, Banken, Gläubiger) zur Verfügung steht.

Aufgabenstellung Nr. 2

Worin unterscheidet sich das externe Rechnungswesen vom internen Rechnungswesen?

Lösung:
Im internen Rechnungswesen (im Wesentlichen Kosten- und Leistungsrechnung) werden im Gegensatz zum externen Rechnungswesen (im Wesentlichen Jahresabschluss mit Gewinn- und Verlustrechnung bzw. Ergebnisrechnung) auch innerbetriebliche Transaktionen (z. B. Leistungsaustausch zwischen einzelnen Organisationseinheiten) abgebildet, seine Informationen stehen i. d. R. nur innerhalb des Betriebes für das Management zur Verfügung. Diese Unterscheidung kann allerdings für die Kommunalverwaltung so nicht in allen Fällen aufrechterhalten werden, weil die Ergebnisse der Kostenrechnung im Rahmen des Gebührenrechts allen betroffenen Gebührenpflichtigen auf Anfrage bereitgestellt werden müssen (§ 10 Abs. 7 Satz 1 KAG). Insofern müssen Ergebnisse des internen Rechnungswesens mitunter auch an externe Personen oder Institutionen weitergegeben werden.

Als weiterer wichtiger Unterschied ist anzuführen, dass für das externe Rechnungswesen detaillierte rechtliche Regelungen bestehen, die sicherstellen sollen, dass die Inhalte gleichmäßig entwickelt und gleichmäßig von allen Adressaten verstanden werden können. Für das interne Rechnungswesen existieren allenfalls in Einzelfällen spezialgesetzliche Vorschriften.[2] Die inhaltliche Ausgestaltung bleibt bei der grundsätzlichen Kosten- und Leistungsrechnung aber den betrieblichen Bedürfnissen und vorhandenen betriebswirtschaftlichen Kenntnissen vorbehalten.

Insofern ist es für die Kommunalverwaltung zutreffender, zwischen normierten und nicht normierten Teilen des Rechnungswesens zu unterscheiden, dennoch hat sich die traditionelle betriebswirtschaftliche Unterscheidung zwischen internem und externem Rechnungswesen auch im Bereich der Kommunalverwaltung durchgesetzt.

15.3 Rechtsgrundlagen der doppelten Buchführung

Die Grundzüge des Rechnungswesens der öffentlichen Verwaltung in der Bundesrepublik Deutschland werden durch das Haushaltsgrundsätzegesetz (HGrG) bundeseinheitlich geregelt. Seit 2003 gestattet das Haushaltsgrundsätzegesetz auch die Einführung eines dort als „staatliche Doppik" bezeichneten, an den kaufmännischen Grundsätzen ordnungsmäßiger Buchführung ausgerichteten Rechnungswesens, von dem inzwischen auch mehrere Bundesländer – u. a. auch das Land Hessen[3] – Gebrauch gemacht haben. So hat das Land Hessen in § 4 Abs. 1 Satz 1 LHO explizit auf die doppelte Buchführung bzw. staatliche Doppik verwiesen.

Schon seit Jahrzehnten führen Eigenbetriebe (§ 20 EigBGes) und Eigengesellschaften ihre Rechnung nach den Regeln der kaufmännischen doppelten Buchführung. Landesbetriebe haben ebenfalls nach den Regeln der kaufmännischen doppelten Buchführung zu buchen (§ 105 Abs. 1 LHO). Für GmbH und Aktiengesellschaft gelten die Regelungen des Handelsgesetzbuches unmittelbar (§§ 13 Abs. 3, 41 GmbHG, § 91 AktG, § 6, 238 ff. HGB.

2 So z. B. für das Gebühren- und Beitragsrecht. Hier müssen einheitliche Rechtsanwendungen sichergestellt werden, die bei Bedarf auch gerichtlich überprüfbar sind.

3 Vgl. §§ 1a und 7a HGrG und §§ 92 ff. HGO.

Jahresabschluss und Lagebericht sind für Eigenbetriebe und kommunale Gesellschaften nach den für **große Kapitalgesellschaften** geltenden Vorschriften des **3. Buches des Handelsgesetzbuches** (§ 267 HGB) aufzustellen und zu prüfen (§ 22 EigBGes, § 122 Abs. 1 Nr. 4 HGO). Für die Landesbetriebe gelten die Vorgaben des ersten Abschnitts und des ersten und zweiten Unterabschnitts des zweiten Abschnitts des dritten Buches Handelsgesetzbuch entsprechend (§ 105 Abs. 1 LHO i. V. m. § 4 Abs. 1 LHO).

15.4 Das Kreislaufsystem der doppelten Buchführung (Doppik)

Das System der kaufmännischen doppelten Buchführung wird als Kreislaufsystem bezeichnet, weil sie am Anfang des Geschäftsjahres mit einer Eröffnungsbilanz beginnt, die zum Zwecke der Verbuchung der laufenden Geschäftstätigkeit in einzelnen Konten aufgelöst, dort fortlaufend bebucht, am Ende des Geschäftsjahres wieder zur Abschlussbilanz zusammengeführt und schließlich mit dieser, die gleichzeitig Eröffnungsbilanz für das folgende Geschäftsjahr ist, der nächste Jahreskreislauf begonnen wird.

15.4.1 Eröffnungsbilanz

Ausgangspunkt des sogenannten Bilanzkreislaufes ist das der Eröffnungsbilanz zugrunde liegende Inventar:

Gemäß § 240 Abs. 1 HGB hat jeder Kaufmann bei dem Beginn seines Handelsgewerbes

- seine Grundstücke,
- seine Forderungen[4]
- und Schulden,
- den Betrag seines baren Geldes und
- seine sonstigen Vermögensgegenstände

genau zu verzeichnen und dabei den Wert der einzelnen Vermögensgegenstände und Schulden anzugeben. § 108 HGO und § 35 GemHVO treffen inhaltsgleiche Festlegungen. Daneben sind für die Eröffnungsbilanz auch die besonderen Vorschriften von § 59 GemHVO zu beachten.

Der Erstellung des geforderten Verzeichnisses hat eine **Inventur** voranzugehen, nämlich eine körperliche Aufnahme aller Vermögensgegenstände des Betriebes. Die einzelnen Vermögensgegenstände und Schulden müssen nach Art und Menge lückenlos aufgenommen werden. Zum Vermögen gehören beispielsweise Warenvorräte, Bank-

4 Unter einer Forderung versteht man im kaufmännischen Sprachgebrauch einen Anspruch, von einem anderen eine Zahlung zu verlangen. Wenn also eine Person A einer Person B eine Zahlung schuldet (dies wird später als Verbindlichkeit bezeichnet) dann hat B eine Forderung gegenüber A und A eine Verbindlichkeit gegenüber B. Forderung und Verbindlichkeit bezeichnen insoweit das gleiche Rechtsverhältnis, aber jeweils aus entgegengesetzter Perspektive. Explizite Definitionen finden sich im kommunalen Umfeld für die Forderung in Nr. 21 Hw. zu § 49 GemHVO und für die Verbindlichkeit in § 58 Nr. 37 GemHVO.

guthaben und Bargeld. Zu den Schulden gehören z. B. Verbindlichkeiten an Lieferanten und Bankdarlehen. Aufgenommen wird nach Möglichkeit „körperlich" durch Zählen, Messen oder Wiegen. Bankguthaben und Bankschulden lassen sich mit Kontenauszügen des betreffenden Kreditinstituts nachweisen. Daneben gibt es auch Forderungen gegenüber Kunden und Verbindlichkeiten gegenüber Lieferern, die sich nur anhand der noch nicht beglichenen Rechnungen (= Belege) feststellen lassen. Um eine ordnungsgemäße Inventur zu gewährleisten, können von den Kunden und Lieferanten „Bestandsbestätigungen" eingeholt werden. Letztlich können erst diese den tatsächlichen Inventurwert ausweisen. Schließlich müssen die ermittelten Vermögensgegenstände und Schulden mit einem Betrag bewertet werden. Diese Vorgänge des Aufnehmens und Bewertens von Vermögen und Schulden werden Inventur genannt.

Das Ergebnis dieser Inventur wird in Listenform festgehalten und als **Inventar** bezeichnet. Es enthält alle bei der Inventur ermittelten Vermögensgegenstände nach Art, Menge, Wert, Ort der Aufbewahrung usw.

Beispiel:
Hans Müller[5] ist gelernter Kaufmann und beabsichtigt, sich selbstständig zu machen. Vor Beginn seiner geschäftlichen Aktivitäten verschafft er sich einen Überblick über seine Vermögenslage, indem er wie folgt auflistet:

Eröffnungsinventar des Einzelkaufmanns Hans Müller zum 1.3.xx

Nr.	*Gegenstand*	*Wert*
1	***Grundstücke***	
1.1	*Wohn- und Geschäftsgrundstück Hauptstraße 7*	*350.000,00 €*
1.2	*Lagerplatz Talweg 15*	*12.000,00 €*
	Summe Grundstücke	*362.000,00 €*
2	***Forderungen***	
2.1	*Bankguthaben bei SK Dingelskirchen Konto Nr. 789123456*	*4.132,74 €*
3	***Bargeld***	*825,40 €*
4	***Sonstige Vermögensgegenstände***	
4.1	*VW Passat Fahrgestellnummer D1234567*	*14.500,00 €*
4.2	*Computeranlage HP9845*	*2.500,00 €*
	Summe sonstige Vermögensgegenstände	*17.000,00 €*
5	***Schulden***	
5.1	*Bankkredit bei SK Dingelskirchen Konto 678912345*	*175.800,00 €*

5 Alle hier genannten Gegenstände finden sich auch im Inventar einer Gemeinde, allerdings umfasst das Inventar eine Gemeinde sehr viel mehr, unter Umständen mehrere Tausend Gegenstände, deshalb geht dieses Beispiel aus didaktischen Gründen in nachvollziehbarer und übersichtlicher Weise vom Inventar einer Einzelperson am Beginn ihrer Geschäftstätigkeit aus.

Nach § 242 Abs. 1 HGB hat der Kaufmann zu Beginn seines Handelsgewerbes und für den Schluss eines jeden Geschäftsjahres einen das Verhältnis des Vermögens und der Schulden darstellenden Abschluss (Eröffnungsbilanz, Bilanz) aufzustellen. Für die Kommunen in Hessen wird mit §§ 108 und 112 HGO eine sinngleiche Festlegung getroffen.

Der das Verhältnis des Vermögens und der Schulden darstellende Abschluss wird Bilanz (Vermögensrechnung) genannt. Auf der linken Seite dieser Gegenüberstellung wird das Vermögen bzw. die Mittelverwendung notiert. Diese Seite wird Aktivseite, die dort verzeichneten Vermögenswerte werden **Aktiva** genannt. Auf der rechten Seite der Bilanz, die Passivseite genannt wird, werden die **Passiva**, das sind die Schulden und der Unterschiedsbetrag zwischen Vermögen und Schulden, dargestellt. Dieser Unterschiedsbetrag wird als Reinvermögen bezeichnet. Da alle Vermögenswerte entweder fremdfinanziert oder selbst erwirtschaftet wurden, wird die Passivseite der Bilanz auch als Mittelherkunft bezeichnet. Der in der Eröffnungsbilanz einer Gemeinde festgestellte Differenzbetrag wird als Netto-Position (§ 58 Nr. 23 GemHVO) bezeichnet. Damit verfügt jede Bilanz jeweils über gleiche Summen auf der Aktiv- und Passivseite; **die Bilanz ist formal immer ausgeglichen**.

Auf der Aktivseite werden demnach die **Vermögenswerte** dargestellt (Grundstücke, Bargeld usw.) und auf der Passivseite die **Vermögensquellen** (Schulden bzw. Fremdkapital und Reinvermögen bzw. Eigenkapital). Die Aufzählung beginnt jeweils bei den langfristigen und endet bei den kurzfristigen Vermögensgegenständen bzw. Kapitalanteilen. Auf der Aktivseite unterscheidet man grob zwischen **Anlagevermögen** (Vermögensgegenstände, die dazu bestimmt sind, dauernd der kommunalen Aufgabenerfüllung zu dienen; § 58 Nr. 4 GemHVO) und **Umlaufvermögen** (Vermögensgegenstände, die nicht dazu bestimmt sind, dauernd dem Geschäftsbetrieb zu dienen; § 58 Nr. 36 GemHVO). Auf der Passivseite erscheint zuerst das Eigenkapital, dann das langfristige Fremdkapital und zuletzt die kurzfristigen Schulden.

Grundstruktur der Bilanz:

Aktiva — Bilanz	Passiva
Anlagevermögen Umlaufvermögen	Eigenkapital (Reinvermögen) Fremdkapital (Schulden)

Aktiva — Bilanz	Passiva
Vermögen = gegenständliche Erscheinungsform des Kapitals	Kapital = Herkunft des Vermögens

In der Regel sind die Schulden geringer als das Vermögen. Tritt in einem Ausnahmefall das Gegenteil ein, so wird der bilanzierende Betrieb als überschuldet bezeichnet. Der Geschäftsführer eines solchen Unternehmens ist verpflichtet, das Insolvenzverfahren einzuleiten, falls nicht kurzfristig, z. B. durch einen Zuschuss eines Eigentümers, die Überschuldung zu beheben ist. Für Kommunen ist diese Konsequenz zwar nicht vorgesehen (§ 146 HGO), dennoch hat die Gemeinde in solchen Fällen den Unterschiedsbetrag zwischen Vermögen und Schulden auf der Aktivseite der Bilanz als „nicht durch Eigenkapital gedeckten Fehlbetrag" auszuweisen (§ 49 Abs. 3 Nr. 4 GemHVO). In einem solchen Fall wäre eine, eigentlich verbotene, Überschuldung nach § 92 Abs. 7 HGO i. V. m. § 58 Nr. 35 GemHVO faktisch eingetreten. Näheres dazu in Ziff. 16.3.4.

Die Gegenüberstellung von Vermögen und Schulden (Bilanz) ist aus dem Inventar abzuleiten. Im Falle des oben bereits genannten Kaufmannes Hans Müller sieht diese Bilanz folgendermaßen aus:

Eröffnungsbilanz des Einzelkaufmanns Hans Müller zum 1.3.xx			
Aktiva			Passiva
Grundstücke	362.000,00 €	Eigenkapital	208.158,14 €
Sonst. Vermögensgegenst.	17.000,00 €	Schulden	175.800,00 €
Forderungen	4.132,74 €		--------------
Bargeld	825,40 €		--------------
Summe der Aktiva	383.958,14 €	Summe der Passiva	383.958,14 €

Im Falle des Eigenbetriebes und der GmbH wird der feststehende, durch Satzung oder Gesellschaftsvertrag bestimmte Teil des Eigenkapitals als **Stammkapital**, bei der Aktiengesellschaft als **Grundkapital** bezeichnet. Über das Stamm- oder Grundkapital hinausreichende Beträge werden als **Rücklagen** bezeichnet. In der kommunalen Vermögensrechnung wird die im Rahmen der Eröffnungsbilanz festzustellende positive Differenz zwischen Vermögen auf der Aktivseite sowie Sonderposten und Schulden auf der Passivseite als Netto-Position bezeichnet (§ 58 Nr. 23 GemHVO).

15.4.2 Buchung der Geschäftsvorfälle

Mit Aufnahme des Geschäftsbetriebes muss jeder Kaufmann (und jeder, der einen Betrieb kaufmännisch führt) systematisch aufschreiben

- was er seinen Lieferanten und sonstigen Gläubigern schuldet und
- was er von seinen Kunden zu fordern hat.

Aus diesen Aufzeichnungen muss er sich jederzeit einen Überblick über die wirtschaftliche Lage seines Betriebes verschaffen, also insbesondere den Stand der Schulden und des Vermögens beziffern können. Die Buchführung muss so beschaffen sein, dass sich auch ein sachverständiger Dritter in angemessener Zeit einen vollständigen Überblick über die Geschäftslage verschaffen kann.

§ 238 HGB fordert deshalb

- vollständige Aufzeichnungen über alle Geschäftsvorfälle;
  insbesondere auch Wareneingänge und Warenausgänge,
- bei Geschäftsaufnahme und danach jeweils zum Jahresende die Aufstellung von Bilanz und Gewinn- und Verlustrechnung.

Für die hessischen Kommunen stellt § 32 GemHVO eine ähnliche Verpflichtung zur Buchführung auf.

Geschäftsvorfälle

Als Geschäftsvorfälle werden alle Vorgänge bezeichnet, durch die sich der im Inventar verzeichnete Bestand an Schulden und Vermögensgegenständen verändert, insbesondere Aufwendungen und Erträge sowie Auszahlungen und Einzahlungen (vgl. § 32 GemHVO). Aufgabe der Buchhaltung ist es, dem Kaufmann jederzeit einen Überblick über die Geschäftsvorfälle und die Lage seines Unternehmens zu verschaffen. Die Buchhaltung muss deshalb diese Geschäftsvorfälle systematisch aufzeichnen. Erforderlich ist die Aufzeichnung sowohl in zeitlicher als auch in sachlicher Ordnung (§ 34 GemHVO).

Alle Geschäftsvorfälle können einer der folgenden vier Kategorien zugeordnet werden:

1. **Aktiv-Passiv-Mehrung (Bilanzverlängerung)**
   Sowohl auf der Aktivseite als auch auf der Passivseite vergrößern sich die Bilanzpositionen, die Bilanzsumme wird größer (z. B. Einkauf auf Rechnung; der eingekaufte Vermögenswert erhöht die Aktivseite, der geschuldete Rechnungsbetrag erhöht die Passivseite).
2. **Aktiv-Passiv-Minderung (Bilanzverkürzung)**
   Sowohl auf der Aktiv- als auch auf der Passivseite verringern sich Bilanzpositionen, die Bilanzsumme wird kleiner (z. B. Begleichung einer Lieferantenrechnung; durch den für die Begleichung der Rechnung benutzten Zahlungsmittelabfluss verringert sich die Aktivseite, gleichzeitig verringern sich die Schulden auf der Passivseite).
3. **Aktivtausch**
   Während eine Aktivposition zunimmt, verringert sich eine andere, die Bilanzsumme bleibt unverändert (z. B. Einkauf gegen Barzahlung; der eingekaufte Gegenstand vermehrt die Sachvermögenswerte, die dafür hingegebenen Zahlungsmittel verringern den Bargeldbestand, beides ist als Veränderung von Positionen der Aktivseite darzustellen).
4. **Passivtausch**
   Während eine Passivposition zunimmt, verringert sich eine andere, die Bilanzsumme bleibt unverändert (z. B. Umwandlung von Lieferantenverbindlichkeiten in langfristige Schulden).

Adressaten der Buchhaltung

Die kaufmännische Buchhaltung ist in erster Linie eine interne Rechnung für den Eigentümer, Geschäftsleiter, Manager, bei den Kommunen auch für Gemeindevertretung und Aufsichtsbehörde. Ein berechtigtes Interesse haben jedoch auch z. B. die Banken als Gläubiger zur Beurteilung der Bonität als Schuldner, die Belegschaft, Lieferanten und nicht zuletzt das Finanzamt zum Zwecke der Steuerermittlung.

Wer nach anderen Gesetzen als den Steuergesetzen Bücher und Aufzeichnungen zu führen hat, die für die Besteuerung von Bedeutung sind, hat die Verpflichtungen, die ihm nach den anderen Gesetzen obliegen, auch für die Besteuerung zu erfüllen (§ 140 AO).

Grundsätze ordnungsmäßiger Buchführung (GoB)
Diverse Anwendungsgrundsätze haben sich im Laufe der praktischen Umsetzung des Systems der kaufmännischen Buchführung als Gewohnheitsrecht herausgebildet. Diese sog. Grundsätze ordnungsmäßiger Buchführung sind nur teilweise gesetzlich normiert, dennoch sind sie sowohl bei privatrechtlichen Unternehmen als auch im kommunalen Umfeld allgemein anerkannt.

Als wichtige Grundsätze ordnungsgemäßer Buchführung sind u. a. folgende Prinzipien zu nennen:

- Grundsatz der **Richtigkeit und Nachvollziehbarkeit**, Eintragungen in den Büchern sind richtig und nachprüfbar vorzunehmen (§ 33 Abs. 2 GemHVO und § 239 Abs. 2 HGB). Sachverständige Dritte müssen sich innerhalb angemessener Zeit ein Bild von der finanziellen Lage der Kommune verschaffen können (§238 Abs. 1 HGB).
- **Belegprinzip** „Keine Buchung ohne Beleg"; für Geschäftsvorfälle, die nicht durch fremde Lieferscheine, Rechnungen oder andere Dokumente belegt sind, werden Eigenbelege (Ersatzbelege) erstellt, die den Inhalt der jeweiligen Buchung auch für Außenstehende transparent zu machen imstande sind (§ 34 Abs. 4 GemHVO).
- **Vollständigkeit**: Alle Geschäftsvorfälle werden vollständig gebucht. Alle Vermögenswerte sind genauso wie alle Schulden in der Bilanz vollständig auszuweisen (§ 38 Abs. 1 GemHVO und § 239 Abs. 2 HGB).
- **Zeitgerechte** und **zeitnahe** Verbuchung der Geschäftsvorfälle, unverzüglich und in der Reihenfolge ihrer Entstehung. Speziell im sog. Journal sind die Buchungen entsprechend ihrer zeitlichen Reihenfolge vorzunehmen (§ 34 Abs. 1 GemHVO und § 239 Abs. 2 HGB).
- Grundsatz der **Einzelbewertung,** Vermögensgegenstände, Rückstellungen und Schulden sind nach § 40 Nr. 2 GemHVO und § 252 Abs. 1 Nr. 3 HGB **grundsätzlich** einzeln zu bewerten. Verschiedene Spezialvorschriften lassen Ausnahmen diesbezüglich zu.
- **Saldierungsverbot bzw. Bruttoprinzip:** Posten der Aktivseite dürfen nicht mit Posten der Passivseite, Aufwendungen nicht mit Erträgen und Einzahlungen nicht mit Auszahlungen verrechnet werden (§ 38 Abs. 2 GemHVO und § 246 Abs. 2 HGB). Durch diese Bruttodarstellung wird stets ein vollständiger Überblick über die Vermögens-, Finanz- und Ertragslage der Kommune gewährleistet.
- **Vorsichtsprinzip:** Bei allen Buchungsfragen ist generell vorsichtig zu bewerten (§ 40 Nr. 3 GemHVO und § 252 Abs. 1 Nr. 4 HGB). Vorhersehbare Risiken und Verluste, die bis zum Abschlussstichtag entstanden sind, sind zu berücksichtigen, selbst wenn diese erst zwischen dem Abschlussstichtag und dem Tag der Aufstellung des Jahresabschlusses bekannt geworden sind (sog. Imparitätsprinzip). Im Gegenzug sind mögliche Gewinne jedoch nur zu erfassen, wenn sie zum Abschlussstichtag bereits realisiert wurden (sog. Realisationsprinzip).

- Nach dem Grundsatz der **Bilanzidentität** müssen die Werte der Eröffnungsbilanz exakt den Werten der Schlussbilanz des Vorjahres entsprechen (§ 40 Nr. 1 GemHVO und § 252 Abs. 1 Nr. 1 HGB). Dieser Grundsatz lässt keine Ausnahmen zu.
- Der Grundsatz der **Stetigkeit** besagt nach § 40 Nr. 5 GemHVO (und § 252 Abs. 1 Nr. 6 HGB), dass die angewandten Bewertungsmethoden und -wahlrechte in aller Regel beibehalten werden sollen. Begründete Abweichungen sind zwar in Einzelfällen möglich, müssen aber nach § 50 Abs. 2 Nr. 2 GemHVO im Anhang zum Jahresabschluss erläutert werden.

15.4.3 Auflösung der Bilanz in Konten (Bestandskonten)

Die sachliche Ordnung der Buchführung wird durch die Verwendung unterschiedlicher Konten für alle zu unterscheidenden Arten von Schulden und Vermögensgegenständen erreicht (Bestandskonten). Verwendet werden entweder T- oder Staffelkonten. T-Konten entsprechen dem Bild der Bilanz und verfügen über eine Soll- und eine Habenseite. Beide Seiten besitzen mindestens Spalten für die Buchungsnummer, das Buchungsdatum, die Bezeichnung des Gegenkontos und des Betrages. In der Praxis werden weitere Spalten für den Buchungstext (z. B. Zahlungsempfänger, Zweck oder Zahlungsgrund) verwendet, damit die Buchungen leichter verständlich werden und nicht in jedem Falle die zugehörigen Belege herangezogen werden müssen. Staffelkonten trennen nur die Betragsspalte in Soll und Haben, alle anderen für T-Konten genannten Spalten sind nur einmal vorhanden.

Auflösung der Bilanz in Konten:

Aktiva	Bilanz		Passiva
Maschinen	50.000 €	Eigenkapital	40.000 €
Rohstoffe	20.000 €	Darlehen	30.000 €
Kassen	10.000 €	Verbindlichkeiten	10.000 €
Bilanzsumme	80.000 €	Bilanzsumme	80.000 €

Aktivkonten:

S	Maschinen	H
AB	50.000 €	

S	Rohstoffe	H
AB	20.000 €	

S	Kasse	H
AB	10.000 €	

Passivkonten:

S	Eigenkapital	H
	AB	40.000 €

S	Darlehen	H
	AB	30.000 €

S	Verbindlichkeiten	H
	AB	10.000 €

Links stehen die Aktivpositionen, aus denen Aktivkonten entstehen. Aktivkonten übernehmen die Anfangsbestände (AB) von der Aktivseite der Eröffnungsbilanz auf die Sollseite und stellen alle **Zugänge ebenfalls auf der Sollseite (S)** dar. **Abgänge von Vermögensgegenständen werden auf der Habenseite (H) verbucht**.

Rechts stehen die Passivpositionen, aus denen die Passivkonten entstehen. Passivkonten übernehmen die Anfangsbestände von der Passivseite der Eröffnungsbilanz auf die Habenseite und stellen alle **Zugänge ebenfalls auf der Habenseite** dar. **Abgänge (z. B. die Tilgung von Schulden) werden auf der Sollseite gebucht**.

Die Begriffe „Soll" und „Haben" sind lediglich Bezeichnungen für die linke und die rechte Kontoseite. Ob sie einen positiven oder einen belastenden Vorgang ausweisen, kann nur im Zusammenhang mit einem konkreten Konto beurteilt werden. Möglicherweise haben Sie diese Begriffe bisher nur auf dem Kontoauszug Ihrer Bank kennen gelernt und deshalb mit bestimmten Vorstellungen verknüpft. Von diesen Vorstellungen müssen Sie sich jetzt unbedingt trennen bzw. Sie müssen diese Vorstellungen weiterentwickeln, um das System der kaufmännischen Buchführung zu verstehen. Wenn Ihre Bank auf Ihrem Kontoauszug ein „Haben" ausgewiesen hat, bedeutet dies, dass die Bank Ihnen den dort ausgewiesenen Betrag schuldet. Aus Ihrer Sicht handelt es sich also um ein Guthaben bzw. kaufmännisch ausgedrückt um eine Forderung. Auf Ihrem Konto „Bank" muss sich dieser Betrag also auf der linken Seite (Soll) niederschlagen. Weist der Kontoauszug Ihrer Bank dagegen ausnahmsweise ein „Soll" auf, so handelt es sich um eine Schuld (Verbindlichkeit) von Ihnen gegenüber Ihrer Bank. Auf Ihrem Konto „Bank" in Ihrer Buchhaltung muss dies auf der rechten Seite (Haben) ausgewiesen werden. Sie haben also bisher – unbewusst – diese Zuordnung aus der fremden Perspektive, nämlich aus der Perspektive Ihrer Bank kennen gelernt.

15.4.4 Eröffnungsbilanzkonto

Nach den GoB muss jeder Buchung auf der Sollseite eines Kontos eine gleich hohe Buchung auf der Habenseite gegenüberstehen, Buchungen bzw. sog. Buchungssätze **müssen sich also immer ausgleichen**. Eine in der Praxis oft gebrauchte Möglichkeit ist die Eröffnung eines Eröffnungsbilanzkontos, das als Gegenkonto zu allen Eröffnungsbuchungen dient. Es wird in der Praxis gern auch als Saldovortragskonto bezeichnet. Auf diese Weise entsteht genau ein **Spiegelbild der Bilanz** mit allen Aktivkonten auf der Habenseite und allen Passivkonten auf der Sollseite.

Das Eröffnungsbilanzkonto zur oben dargestellten Auflösung der Bilanz in Konten würde also wie folgt aussehen:

Soll	Eröffnungsbilanzkonto		Haben
Eigenkapital	40.000 €	Maschinen	50.000 €
Darlehen	30.000 €	Rohstoffe	20.000 €
Verbindlichkeiten	10.000 €	Kasse	10.000 €
Summe	80.000 €	Summe	80.000 €

In der Praxis dauert die Erstellung des Jahresabschlusses oft mehrere Monate, wobei einzelne Konten nacheinander abgeschlossen werden. Die Anfangsbestände können dann ebenfalls sukzessive übertragen werden. Der Stand des Eröffnungsbilanzkontos verrät dann auf einen Blick, welche Bestände schon vorgetragen wurden und bei welchen Konten dies noch erfolgen muss. Im Arbeitsalltag werden diese Vorgänge natürlich über eine Software abgewickelt.

15.4.4.1 Konteneröffnung

Für alle in der Eröffnungsbilanz verzeichneten Vermögens- und Schuldenpositionen werden Konten eröffnet und der jeweilige Bestand aus der Eröffnungsbilanz übernommen. Sobald durch Geschäftsvorfälle Zugänge anderer, bisher noch nicht vorhandener Arten von Vermögen oder Schulden zu verzeichnen sind, müssen hierfür weitere Konten angelegt werden.

15.4.4.2 Buchungen auf den Konten

Jeder Geschäftsvorfall vermehrt oder vermindert Vermögen und Kapital. Die Veränderung (= Mehrung oder Minderung) ist stets auf zwei Konten festzuhalten. Einmal auf einem Konto im Soll und ein zweites Mal auf einem anderen Konto (= Gegenkonto) im Haben. Ein Geschäftsvorfall betrifft somit mindestens zwei Konten.

Aktivkonten führen den Anfangsbestand von der Aktivseite der Eröffnungsbilanz und alle Zugänge auf der Sollseite. Abgänge von Vermögensgegenständen werden auf der Habenseite verbucht.
Passivkonten führen den Anfangsbestand von der Passivseite der Eröffnungsbilanz und alle Zugänge auf der Habenseite. Abgänge (z. B. die Tilgung von Schulden) werden auf der Sollseite gebucht.

Erwirbt z. B. eine Kommune ein Grundstück, so tritt mit dem Zeitpunkt der Inbesitznahme ein Zugang auf dem Konto Grundstücke ein, der dort auf der Sollseite zu verbuchen ist, gleichzeitig ist ein Zugang an Schulden gegenüber dem Verkäufer des Grundstücks zu verzeichnen, welcher auf der Habenseite des Kontos Verbindlichkeiten verbucht werden muss.

15.4.4.3 Buchungssätze

Kaufmännische Angestellte, die in der Praxis des Rechnungswesens mit der Erfassung von Geschäftsvorfällen betraut sind, versehen jeden anfallenden Beleg mit dem entsprechenden Buchungshinweis. Er gibt an, welches Konto den zu erfassenden Betrag im Soll aufnimmt und welches im Haben. Diese Information über die sachgerechte Kontierung muss allgemeingültig sein, d. h. von allen kaufmännischen Sachbearbeitern inhaltlich gleich verstanden werden. Dabei handelt es sich um den Buchungssatz. Zur Vorbereitung der Buchungen werden aus den Geschäftsvorfällen Buchungssätze gebildet. Diese enthalten in einer formelhaften Sprache nur die für die Verbuchung erforderlichen Fakten des Geschäftsvorfalles. Zuerst werden die auf der Sollseite berührten Konten mit den jeweiligen Beträgen genannt, dann folgt das Trennwort „an" und schließlich folgen die auf der Habenseite betroffenen Konten und die dort zu buchenden Beträge.

Beispiel: Erwerb eines Grundstücks
Grundstücke an Verbindlichkeiten 10.000 €

Geschäftsvorfälle, die sich auf mehr als zwei Konten auswirken, erfordern die Formulierung eines „zusammengesetzten" Buchungssatzes.

Zusammengesetzte Buchungen:

„Soll"	x €	an	„Haben"	y €
		an	und „Haben"	z €
„Soll"	x €	an		
und „Soll"	y €	an	„Haben"	z €
„Soll"	a €	an	„Haben"	c €
und „Soll"	b €	an	und „Haben"	d €

In jedem Buchungssatz muss die Summe der Beträge auf der Sollseite der Summe der Beträge auf der Habenseite entsprechen.

Als Alternative zur Bildung zusammengesetzter Buchungssätze kommt in Betracht, die zu buchenden Beträge so aufzuteilen, dass jeweils nur zwei Konten beteiligt sind. Diese einfachen Buchungssätze sind zunächst für Ungeübte leichter zu verstehen. Im Ergebnis ist es nicht entscheidend ob „einfache" oder „zusammengesetzte" Buchungssätze formuliert werden. Wichtig ist, die richtigen Beträge auf den richtigen Konten in den korrekten Rechnungsperioden zu erfassen.

15.4.4.4 Abschluss der Bestandskonten, Schlussbilanzkonto

Sobald alle Geschäftsvorfälle eines Geschäftsjahres verbucht sind oder aus besonderem Anlass ein Zwischenabschluss erforderlich wird, müssen alle Konten abgeschlossen werden. Dazu ist zunächst in einer Proberechnung zu ermitteln, welche Seite des Kontos die größere Summe aufweist. Auf der Kontoseite, die die geringere Summe aufweist – bei einem Aktivkonto ist dies i. d. R. die Habenseite, bei einem Passivkonto die Sollseite – muss der **Kontensaldo** verbucht werden. Die Gegenbuchung ist auf dem **Schlussbilanzkonto** vorzunehmen. Als letzter Eintrag auf einem solchermaßen abgeschlossenen Konto ist unter den letzten Buchungen auf beiden Kontoseiten die jetzt auf beiden Seiten gleiche Summe aufzuführen.

Da die Eröffnungsbilanz ausgeglichen war und bei der Verbuchung von Geschäftsvorfällen stets gleich hohe Beträge auf Soll- und Habenseiten der Konten zu verbuchen waren, **muss auch das nach Abschluss aller anderen Konten entstandene Schlussbilanzkonto ausgeglichen sein**. Jede Abweichung weist auf Buchungsfehler hin, die unverzüglich aufzuklären sind.

Das Konto „Bank" weist zum Abschlussstichtag folgende Umsätze auf:

Soll		Bank	Haben
Eröffnungsbilanzkoto (AB)	4.000 €	Verbindlichkeiten	500 €
Forderungen	3.000 €	Verbindlichkeiten	200 €
Forderungen	1.000 €	Verbindlichkeiten	700 €
		Verbindlichkeiten	800 €

Im Rahmen des Kontoabschlusses sind also zunächst die Summen sowohl auf der Sollseite (8.000 €) als auch auf der Habenseite (2.200 €) und schließlich deren Differenz (5.800 €) zu bestimmen. Die Kontoseite mit der höheren Summe bestimmt stets die Kontosumme (hier ist das die Sollseite mit 8.000 €). Im vorliegenden Beispiel ergibt sich demnach folgender Buchungssatz für die Abschlussbuchung:

Schlussbilanzkonto an Bank 5.800 €

Danach zeigt das abgeschlossene Konto folgendes Bild:

Soll		Bank	Haben
Eröffnungsbilanzkoto (AB)	4.000 €	Verbindlichkeiten	500 €
Forderungen	3.000 €	Verbindlichkeiten	200 €
Forderungen	1.000 €	Verbindlichkeiten	700 €
	--------	Verbindlichkeiten	800 €
	--------	**Schlussbilanzkonto**	**5.800 €**
Summe	8.000 €	Summe	8.000 €

Die Schlussbilanz entsteht schließlich als geordnete Abschrift des Schlussbilanzkontos, wobei die einzelnen Positionen grundsätzlich nach der Dauer der betrieblichen Bindung geordnet werden. Eine verbindliche Gliederung der Bilanz ist § 49 GemHVO zu entnehmen (vgl. auch § 266 HGB).

15.4.5 Übungen

Siehe zu diesem Abschnitt die Sachverhalte 1 und 2 zu Kap. 15 im Übungsband.

15.5 Erfolgskonten (Ergebniskonten)

Jede Form wirtschaftlicher Betätigung erfordert zunächst einmal den Einsatz von Produktionsfaktoren wie Arbeit, Roh-, Hilfs- und Betriebsstoffen, Energie u. v. a. m. Diese Güter und Dienstleistungen werden im Rahmen der betrieblichen Tätigkeit verbraucht. In der Buchhaltung schlägt sich dieser Verbrauch in Form von Rechnungen entsprechender Lieferanten nieder. Es entstehen also Verbindlichkeiten, als Gegenkonten werden hier sogenannte Aufwandskonten angesprochen.

Als Aufwand wird der Wert der in einer Abrechnungsperiode verbrauchten Güter und Dienstleistungen bezeichnet.[6]

In der Praxis des Rechnungswesens entsteht fortlaufend eine große Zahl unterschiedlicher Arten von Aufwendungen. Der mit Abstand bedeutungsvollste Aufwand öffentlicher Verwaltungen entsteht im Rahmen der Beschäftigung von Mitarbeitern als Personalaufwand (Dienstbezüge und Entgelte), daneben sind bei den Gemeindeverbänden die Aufwendungen für soziale Transferleistungen von sehr großer Bedeutung. Sachaufwendungen entstehen für Miete, Büromaterial, Porto, Gebühren; Fracht- und Speditionsaufwendungen; Verbrauch von Strom, Heizöl, Gas, Wasser; Reise- und Werbeaufwendungen; Kraftstoffverbrauch und Wartungsaufwand für Kraftfahrzeuge; Instandhaltung und Pflege von Gebäuden sowie Geschäftsräumen; Zinsen für aufgenommene Darlehen; Versicherungsbeiträge; Betriebssteuern u. a.

Alle diese Aufwandsarten gehen zu Lasten des Eigenkapitals. Kaufleute, Städte und Gemeinden werden durch derartige Geschäftsvorfälle also „ärmer". Allerdings verdeutlicht bereits obige Aufzählung, dass das Konto Eigenkapital völlig überlastet wäre, wollten dort sämtliche Aufwendungen auf der Sollseite erfasst werden. Weder die zeitliche und sachliche Übersicht noch eine effiziente Kontrolle über Größe und Entwicklung der einzelnen Aufwandsarten wären gewährleistet. Doch gerade dies ist eine zwingende betriebswirtschaftliche Notwendigkeit, wenn der Betrieb auf die Dauer wirtschaftlich arbeiten soll. Diese Überlegungen haben dazu geführt, für jede Aufwandsart ein eigenes Aufwandskonto einzurichten. Damit tritt an die Stelle der Sollbuchung auf dem Eigenkapitalkonto die Sollbuchung auf dem betreffenden Aufwandskonto.

Beispiel:
Buchungssatz für die Verbuchung von Aufwand:

Aufwandskonto an Lieferantenverbindlichkeiten Betrag

Aufwandskonten nehmen Zugänge im Soll, Abgänge und den Abschlusssaldo im Haben auf. Der aus der Gegenüberstellung resultierende Abschlusssaldo wird am Jahresende gebildet und auf die Sollseite des Gewinn- und Verlustkontos (Ergebniskontos) übertragen. Aufwandskonten werden demzufolge in aller Regel ausschließlich im Soll bebucht. Lediglich die Korrektur von Aufwandsbuchungen erfolgt im Haben.

6 Vgl. auch § 58 Nr. 5 GemHVO.

Der Buchungssatz für den Abschluss lautet also:

GuV an Aufwandskonto Betrag

Verglichen mit der großen Zahl unterschiedlicher Aufwandsarten ist die Vielfalt der Ertragsarten im Betrieb und in der Kommune grundsätzlich geringer.

> ***Beispiele:***
> *Der mit Abstand bedeutungsvollste Ertrag (= Umsatzerlös) eines Dienstleistungsbetriebs entsteht beim Absatz seiner Produkte. Für Betriebe der öffentlichen Verwaltung spielen daneben Erträge aus der Erhebung von Steuern und anderen Abgaben eine besondere Rolle.*

Bei den Erträgen gilt dasselbe wie bei den Aufwendungen: Zugunsten der besseren Übersicht und einer wirksamen Kontrolle werden die Erträge nicht unmittelbar dem Konto Eigenkapital gutgeschrieben. Vielmehr wird für jede wichtige Ertragsart ein gesondertes Ertragskonto geführt. Zunächst bleibt auf diese Weise auch hier das Eigenkapitalkonto unberührt. Stattdessen wird ein Ertrag auf der Habenseite des betreffenden Ertragskontos erfasst. Im Rahmen erfolgreicher wirtschaftlicher Tätigkeit entstehen Güter und Dienstleistungen, die am Markt verkauft werden können, hier entstehen einerseits Forderungen (Soll) und andererseits Erträge (Haben).

Als Ertrag bezeichnet man den Wertzuwachs, der innerhalb eines Wirtschaftsjahres entsteht (§ 58 Nr. 15 GemHVO). Dieser kann aus den im Rahmen der betrieblichen Tätigkeit entstehenden Gütern und Dienstleistungen erwachsen. Daneben können aber auch andere Vorgänge Erträge „erzeugen“ (z. B. Vermögensveräußerung über Buchwert). Im Bereich der Kommunalverwaltung treten in der Praxis vor allem Erträge aus Steuern, Zuweisungen, Umlagen und Entgelten auf. Diese Ertragsarten stellen regelmäßig die größten Ertragspositionen im kommunalen Haushalt dar. Im Ergebnis bleibt demnach festzuhalten, dass Städte und Gemeinden durch Ertragsbuchungen „reicher“ werden. Im Vergleich dazu tritt bei Buchungen zwischen Bilanz- bzw. Bestandskonten lediglich ein Tausch von Vermögenswerten ein. Beim Kauf eines Dienstwagens tauscht die Kommune beispielsweise finanzielle Mittel gegen ein Fahrzeug ein. Sie wird durch einen solchen Geschäftsvorfall weder reicher noch ärmer.

Ertragskonten nehmen Zugänge auf der Habenseite, Abgänge und den Schlusssaldo auf der Sollseite auf. Letzterer wird auf die Habenseite des GuV-Kontos[7] übertragen, weil es sich bei diesem Vorgang letztlich um eine Erhöhung des Eigenkapitals handelt. Ertragskonten werden demzufolge in aller Regel ausschließlich im Haben gebucht. Lediglich die Korrektur von Ertragsbuchungen erfolgt im Soll.

7 Im KVKR ist diese aus dem Handelsrecht resultierende Bezeichnung des Ergebniskontos erhalten geblieben.

Auf diesen Konten werden keine Anfangsbestände geführt (§ 46 Abs. 1 Satz 1 GemHVO), sondern Aufwendungen oder Erträge werden auf diesen Konten während des Geschäftsjahres gesammelt, am Jahresende im Gewinn- und Verlustkonto zusammengefasst, dessen Saldo das Eigenkapital verändert. Erfolgskonten sind somit Unterkonten des Eigenkapitalkontos.

Mögliche Resultate der Gewinn- und Verlustrechnung bzw. Ergebnisrechnung:

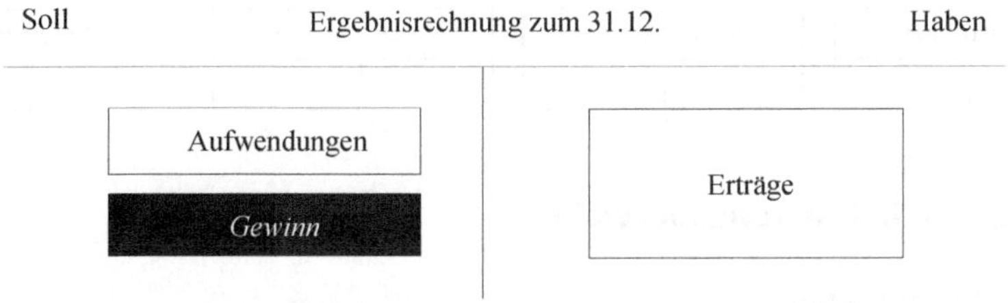

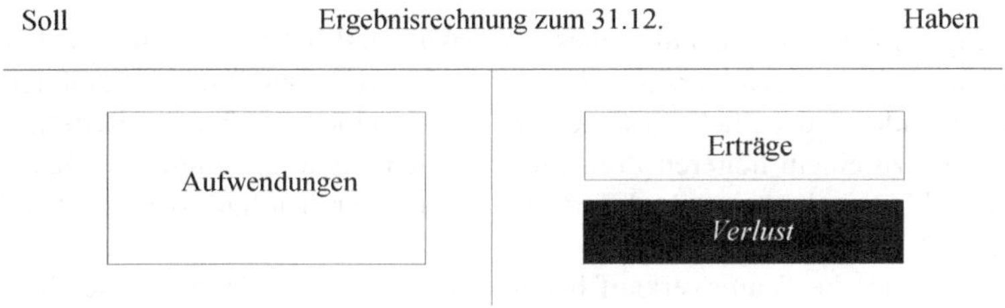

Jeder Aufwand vermindert letztendlich das Eigenkapital, jeder Ertrag vermehrt das Eigenkapital.

Übersicht über die Kontentypen der kaufmännischen Buchführung

A Bilanz	P
Anlagevermögen	Eigenkapital
Umlaufvermögen	Fremdkapital

Ergebnisrechnung	
Aufwand	Ertrag
…	…

Typische Merkmale der jeweiligen Konten:

Bestandskonten

Aktivkonten	
Anfangsb.	Abgänge
Zugänge	Schlussb.
Summe	Summe

Passivkonten	
Abgänge	Anfangsb.
Schlussb.	Zugänge
Summe	Summe

Erfolgskonten

Aufwandskonten	
Aufwand	(Korrektur) Saldo
Summe	Summe

Ertragskonten	
(Korrektur) Saldo	Ertrag
Summe	Summe

Beispiele

Grundstücke	Eigenkapital	Löhne	Umsatzerlöse
Fuhrpark	Darlehensverb.	Geschäftsaufw.	Zinsertrag
Forderungen	Lieferantenverb.	Versicherungen	Mietertrag

15.6 Spezielle Buchungsbereiche

15.6.1 Warenverkehr

Die häufigsten Geschäftsvorfälle eines privatwirtschaftlichen Kaufmanns[8] betreffen den Warenverkehr. Waren werden gekauft, angeliefert, verkauft und ausgeliefert, aber auch beanstandet und zurückgeschickt. Der Erfolg eines Kaufmanns besteht i. Allg. darin, Waren zu einem höheren Preis zu verkaufen, als er sie eingekauft hat. Dieser Preisunterschied findet seine Rechtfertigung in der Bereitstellungs- und Verteilungsleistung des Kaufmanns.

Jeder erfolgreiche Warenverkauf bedeutet zwar eine Verringerung des Warenbestandes, aber die dafür erlangte Forderung ist größer als der in der Buchhaltung verzeichnete Einstandswert der Bestandsveränderung. Das Warengeschäft hat deshalb i. d. R. eine Bestands- und eine Erfolgskomponente.

Grundsätzlich könnte der gesamte Warenverkehr über ein einziges Konto verbucht werden. Es ist jedoch zweckmäßig, zwischen einem Waren-Einkaufs-(Warenbestands-) und einem Waren-Verkaufs-(Warenerfolgs-)konto zu unterscheiden, um z. B. sofort erkennen zu können, ob eine Buchung die Lieferung neuer Ware durch einen Großhändler (Zugang auf der Sollseite des Wareneinkaufskontos) oder die Rückgabe einer beanstandeten Lieferung an einen Kunden (Abgang auf der Sollseite des Warenverkaufskontos) beinhaltet.

In jedem Fall aber stellt sich die Frage, wie Bestands- und Erfolgskomponente unterschieden werden können. Die aufwendigste Möglichkeit besteht darin, für jeden Geschäftsvorfall den Wareneinsatz zu verbuchen. Damit kann zu jedem Zeitpunkt der buchmäßige Warenbestand aus dem Warenbestandskonto erkannt werden. Moderne informationstechnische Systeme, in denen Finanzbuchhaltung und Warenwirtschaft gemeinsam geführt werden, leisten diesen zusätzlichen Buchungsaufwand automatisch.

8 Warenverkäufe sind im kommunalen Bereich zwar eher selten, kommen jedoch auch dort vor; zudem kann an Warenein- und -verkäufen die Methodik des nachfolgend dargestellten Vorsteuerabzuges besonders anschaulich erläutert werden.

Weniger aufwendig ist dagegen die einmalige Verbuchung des Wareneinsatzes am Jahresende. Zum Abschluss des Warenbestandskontos ist zunächst durch Inventur und Warenein- und -ausgangsbücher der Endbestand festzustellen und mit dem Buchungssatz „Schlussbilanzkonto an Warenbestand" zu übertragen. Anschließend muss der Saldo zwischen Anfangsbestand und Zugängen einerseits und Abgängen und Endbestand andrerseits ermittelt und mit dem Buchungssatz „Warenbestandskonto an Gewinn- und Verlustrechnung" weitergegeben werden.

Neben dieser Bruttomethode, die durch § 275 HGB seit 1985 verbindlich vorgegeben ist, war früher in vielen Betrieben die Nettoverbuchung üblich. In diesem Falle wurde der als Saldo ermittelte Wareneinsatz an das Warenerfolgskonto übertragen und dieses lieferte dann den um den Wareneinsatz geschmälerten Warenroherfolg an das GuV-Konto ab.

15.6.2 Verbuchung der Umsatzsteuer (Mehrwertsteuer)

Mit jedem Warengeschäft, aber auch mit den meisten Dienstleistungen verbindet sich nach dem Umsatzsteuergesetz[9] ein steuerlicher Geschäftsvorfall: Mit jedem Verkauf einer Ware oder Dienstleistung muss der Kaufmann von seinem Kunden die Mehrwertsteuer von zzt. 19 % fordern. Diese Forderung gegenüber dem Kunden ist jedoch für den Kaufmann kein Ertrag, sondern eine Verbindlichkeit gegenüber dem Finanzamt; vom Kunden werden 119 % gefordert, wovon 100 % Rohertrag des Kaufmanns und 19 % Verbindlichkeit des Kaufmanns gegenüber dem Finanzamt darstellen. Hierzu muss das entsprechende Steuerkonto eingerichtet werden.

Im kommunalen Kernbereich spielt die Umsatzsteuer zwar eine untergeordnete, aber eine keinesfalls zu vernachlässigende Rolle. Bis zum 31.12.2016[10] war für die Umsatzsteuerpflicht der aus dem Körperschaftssteuerrecht stammende Begriff des Betriebs gewerblicher Art (BgA) maßgeblich.

§ 2 Abs. 3 Satz 1 UStG (bis 31.12.2016):
Die juristischen Personen des öffentlichen Rechts sind nur im Rahmen ihrer Betriebe gewerblicher Art und ihrer land- und forstwirtschaftlichen Betriebe gewerblich oder beruflich tätig.

9 Siehe auch Ziff. 2.3.1.5.

10 Die angesprochene Rechtslage galt bis zum 31.12.2016. Allerdings hatten jPöR mit der Übergangsregelung in § 27 Abs. 22 bzw. Abs. 22a UStG die Möglichkeit, gegenüber dem Finanzamt zu erklären, das bisher geltende Recht bis zum 31.12.2020 weiterhin anwenden zu wollen. Von dieser Option haben alle den Autoren bekannten Kommunen Gebrauch gemacht. Die Übergangsregelung wurde anschließend mit dem Corona-Steuerhilfegesetz vom 19.6.2020 (BGBl. I S. 1385) bis zum 31.12.2022 verlängert. Im Rahmen des Jahressteuergesetzes 2022 vom 16.12.2022 (BGBl. I S. 2294) erfolgte eine weitere Verlängerung der Übergangsregelung bis zum 31.12.2024. Verschiedene Kommunen arbeiten mittlerweile allerdings schon mit dem neuen Recht.

§ 4 Abs. 1 KStG:
Betriebe gewerblicher Art von juristischen Personen des öffentlichen Rechts im Sinne des § 1 Abs. 1 Nr. 6 sind vorbehaltlich des Abs. 5 alle Einrichtungen, die einer nachhaltigen wirtschaftlichen Tätigkeit zur Erzielung von Einnahmen außerhalb der Land- und Forstwirtschaft dienen und die sich innerhalb der Gesamtbetätigung der juristischen Person wirtschaftlich herausheben. Die Absicht, Gewinn zu erzielen, und die Beteiligung am allgemeinen wirtschaftlichen Verkehr sind nicht erforderlich.

Insofern kann festgehalten werden, dass Kommunen meist hoheitliche und gewerbliche Tätigkeiten ausführen. Umsatzsteuerbar waren bisher jedoch nur die Betriebe gewerblicher Art, also die Aufgabenbereiche, die keine hoheitlichen, sondern gewerbliche Aufgaben wahrnehmen. Klassische hoheitliche Tätigkeiten, die auf einem Über- bzw. Unterordnungsverhältnis beruhen, fallen nicht unter die Umsatzsteuer.

Wichtigste Auswirkung für die Praxis ergibt sich bei der Unterscheidung zwischen Wasserver- und Abwasserentsorgung. Das Bundesministerium der Finanzen sieht in seinem Schreiben vom 11. Dezember 2009[11] die Kriterien für einen BgA bei der Wasserversorgung als erfüllt an, bei der Abwasserentsorgung jedoch nicht. Das führt dazu, dass bei den Wassergebühren 7 % Umsatzsteuer anfallen, die Gebührenpflichtigen beim Abwasser jedoch nur den Nettobetrag zahlen müssen.

Zurückgeführt wird diese Unterscheidung auf die Möglichkeit nach § 30 Abs. 2 des Hessischen Wassergesetzes, wonach die Versorgung der Bevölkerung mit Trinkwasser auch auf private Dritte übertragen werden kann. Für die Abwasserentsorgung besteht diese Möglichkeit jedoch nicht. Deswegen begründet die Trinkwasserversorgung einen BgA, die Abwasserentsorgung aber nicht.

Im Zweifelsfall muss stets genau geprüft werden, ob eine vorwiegend hoheitliche oder gewerbliche Tätigkeit vorliegt. Dies könnte sich bei Parkhäusern, Sporthallen, Bürgerhäusern oder diversen Dienstleistungen ergeben.

Ab dem 1. Januar 2025 wird der Begriff des BgA zumindest für das Umsatzsteuerrecht seine Bedeutung verlieren. Im neuen § 2 UStG wurde eine Anpassung an das europäische Umsatzsteuerrecht vorgenommen, so dass die zuvor in § 2 Abs. 3 definierte Ausnahme des BgA nicht mehr weitergilt. Fortan unterliegen alle Tätigkeiten der Kommune der Umsatzsteuer, die nicht unter die Ausnahmetatbestände des neu eingeführten § 2b UStG fallen.

Dort ist in Abs. 1 festgelegt, dass jPöR nicht als Unternehmer gelten, soweit sie Tätigkeiten ausüben, die ihnen im Rahmen der **öffentlichen Gewalt** obliegen. Diese Vorschrift kommt jedoch nicht zum Tragen, soweit die Behandlung als Nichtunternehmer **zu größeren Wettbewerbsverzerrungen** führen würde. Abs. 2 und Abs. 3 konkretisieren daraufhin, unter welchen Rahmenbedingungen eine größere Wettbewerbsverzerrung nicht anzunehmen ist.

11 BMF-Schreiben vom 11.12.2009 – IV C 7 – S 2706/07/10006 –.

Es wird dementsprechend in vielen Fällen auf die konkrete Ausgestaltung der Vertragsbeziehungen ankommen. Liegt der geschäftlichen Tätigkeit eine Satzung zugrunde, dürfte der Tätigkeitsbereich tendenziell eher den hoheitlichen Tätigkeiten zuzuordnen sein. Handelt es sich im Vergleich dazu, um eine Aufgabe die unter Berücksichtigung von privatrechtlichen Verträgen und AGBs wahrgenommen wird, könnte es sich eher um ein umsatzsteuerpflichtiges Produkt handeln.

Da das neue Umsatzsteuerrecht erst ab dem 1. Januar 2025 verpflichtend angewendet werden muss, fehlen momentan noch einschlägige Urteile und Kommentierungen, um die Auswirkungen genauer einordnen zu können. Die Ausführungen werden im Rahmen der nächsten Auflage ggf. konkretisiert.

Die Festlegung, dass eine Kommune Umsatzsteuer abführen muss, ist nicht unbedingt nur nachteilig. Mit der Pflicht zur Abführung von Umsatzsteuer geht immer auch das Recht einher, die gezahlte Vorsteuer vom Finanzamt zurückzufordern (§ 15 UStG). Das bedeutet in der Praxis, die Gemeinde muss zwar im Wasserbereich 7 % Mehrwertsteuer auf die Wassergebühren erheben, kann aber gleichzeitig auch gezahlte Umsatzsteuer (auch als Vorsteuer bezeichnet) bei allen Anschaffungen vom Finanzamt zurückfordern (sog. Vorsteuerabzugsberechtigung). Bei größeren Investitionen kann die Vorsteuer die Umsatzsteuer sogar übersteigen, so dass die Kommune per Saldo entlastet wird. Im Fachjargon wird dieser Umstand als sog. Vorsteuerüberhang bezeichnet.

Die Buchungssätze für einen umsatzsteuerpflichtigen Geschäftsvorfall lauten:

Kundenforderungen	an	Ertragskonto	100 €
Kundenforderungen	an	Umsatzsteuer	19 €

In der Regel ist die von einem Kaufmann bezogene Ware bereits mit Umsatzsteuer belastet. Dieser Betrag darf als Vorsteuer von der o. g. Umsatzsteuerverbindlichkeit abgezogen werden, er wird auf einem gesonderten Konto **Vorsteuer** gebucht. Das Vorsteuerkonto stellt somit eine Forderung gegenüber dem Finanzamt dar.

Die Buchungssätze für einen vorsteuerbelasteten Geschäftsvorfall lauten dann:

Aufwandskonto	an	Lieferantenverbindlichkeiten	1.000 €
Vorsteuer	an	Lieferantenverbindlichkeiten	190 €

Jeweils am Ende eines Umsatzsteueranmeldungszeitraumes (je nach Umsatz monatlich oder quartalsweise) sind die Konten Vorsteuer (Kto. 260) und Umsatzsteuer (Kto. 480) gegeneinander aufzurechnen. Falls im Anmeldungszeitraum z. B. durch Investitionen oder andere große Anschaffungen mehr Vorsteuer gezahlt als Umsatzsteuer erhoben wurde (Vorsteuerüberhang), kann der Kaufmann die Erstattung des Differenzbetrages vom Finanzamt einfordern, andernfalls ist die bestehende Umsatzsteuerverbindlichkeit (Zahllast) durch Banküberweisung an das Finanzamt zu begleichen. Das Vorsteuerkonto und das Umsatzsteuerkontowerden monatlich abgeschlossen und durch die Umsatzsteueranmeldung mit dem Finanzamt abgerechnet.

Die Buchungssätze in diesem Zusammenhang lauten:

Umsatzsteuer	an	Vorsteuer	*Vorsteuersaldo*

a) im Falle einer Zahllast zum 10. des Folgemonats

Umsatzsteuer	an	Bank	*Zahllast*

b) im Falle eines Vorsteuerüberhanges bei Eingang der Zahlung des Finanzamtes

Bank	an	Umsatzsteuer	*Vorsteuerüberhang*

Beispiel:
Im Bereich der Wasserversorgung werden in der Gemeinde X folgende Geschäftsvorfälle getätigt:
- *Anschaffung eines Unimogs zum Preis von 29.750 €.*
- *Versenden von Gebührenbescheiden über insgesamt 100.000 €.*
- *Zahlung der Wassergebühren 80.000 € per Banküberweisung.*

Die Buchungssätze lauten daraufhin:
- *Fuhrpark 25.000 € und Vorsteuer 4.750 € an Verbindlichkeiten LuL 29.750 €*
- *Forderungen aus Gebühren 100.000 € an Gebührenerträge 93.457,94 € und Umsatzsteuer 6.542,06 €*
- *Bank 80.000 € an Forderungen aus Gebühren 80.000 €*
- *Umsatzsteuer 4.750 € an Vorsteuer 4.750 €*
  (Die abzuführende Umsatzsteuer übersteigt die gezahlte Vorsteuer letztlich um 1.792,06 €. Dieser Betrag muss von der Kommune im Rahmen der nächsten Umsatzsteuervoranmeldung an das Finanzamt überwiesen werden.)

15.6.3 Abschlussbuchungen – Bestandskonten, Erfolgskonten

Beim Abschluss der Konten muss stets dafür gesorgt werden, dass beide Kontoseiten gleiche Summen aufweisen. Dazu müssen zunächst beide Kontoseiten addiert und anschließend die Kontoseite mit dem kleineren Betrag um den Differenzbetrag (Saldo) ergänzt werden. Abschließend wird unter der letzten Buchung ein Summenstrich gezogen und auf beiden Seiten die nun identischen Summen eingetragen und doppelt unterstrichen. Die ungenutzten Buchungszeilen zwischen der letzten Buchung und dem Summenstrich werden durch die „Buchhalternase" entwertet.

Ein Sollsaldo eines Aktiv- oder Aufwandskontos erscheint auf der Habenseite und drückt aus, dass die Buchungen auf der Sollseite des Kontos größer waren. Dieser Sollsaldo wird an die Bilanz (Aktiva) oder GuV (Aufwand) oder ein Zwischenkonto abgegeben und erscheint dort wieder auf der Sollseite. Ein Habensaldo eines Passiv- oder Ertragskontos verhält sich entsprechend spiegelbildlich.

Nach jeder Buchung müssen die Summen aller im Soll gebuchten Beträge stets mit den Summen aller im Haben gebuchten Beträge übereinstimmen. Soll und Haben werden auf den verschiedenen Konten durch jede Buchung im gleichen Umfang verändert.

15.6.4 Vermögensveränderungen – Erfolgsermittlung

Ob und in welchem Umfang Erfolg zu verzeichnen war, kann aus der Veränderung des Eigenkapitalkontos abgelesen werden. Mit welchen Geschäftstätigkeiten dieser Erfolg erwirtschaftet wurde, ob aus Steuererträgen, der Veräußerung von Anlagevermögen oder Zinsen für Geldanlagen, hierüber muss die Gewinn- und Verlustrechnung bzw. die Ergebnisrechnung Auskunft geben.

Das Gewinn- und Verlustkonto ist in diesem Zusammenhang als Unterkonto des Eigenkapitalkontos zu verstehen. Alle Erfolgskonten – also alle Aufwands- und Ertragskonten – übertragen ihren Abschlusssaldo an das Gewinn- und Verlustkonto. Die Gewinn- und Verlustrechnung bzw. Ergebnisrechnung ist als geordnete Abschrift nach § 275 HGB zu erstellen. Für die Ergebnisrechnung als kommunaler Entsprechung gilt § 46 i. V. m. § 2 GemHVO.

15.6.5 Übung

Siehe zu diesem Abschnitt Sachverhalt 3 zu Kap. 15 im Übungsband.

15.6.6 Verbuchung kontinuierlichen Werteverzehrs

Der Bezug und Verbrauch von Energie, Wasser u. dgl. erfolgt in der Regel kontinuierlich. Eine ständige Buchung von derartigen Verbräuchen würde hier zu unwirtschaftlichem Aufwand führen. Die GoB lassen deswegen hier eine Vereinfachung zu: Die Verbuchung erfolgt erst im Rahmen der Abrechnung bzw. der Zahlung, spätestens jedoch zum Zeitpunkt des Rechnungsabschlusses.

15.6.7 Personalaufwand (Entgelte und Dienstbezüge)

Bei der Verbuchung des Personalaufwandes (Besoldung, Vergütungen und Löhne) ist zu berücksichtigen, dass im Tarifbereich neben den tariflichen Bruttoentgelten auch die Arbeitgeberanteile der Sozialversicherungsbeiträge zu verbuchen sind. Für die Arbeitgeberanteile werden deshalb besondere Aufwandskonten geführt. Die Verbuchung erfolgt im Zusammenhang der Auszahlung der Nettoentgelte an die Beschäftigten. Die Sozialversicherungsbeiträge sowie Lohn- und Kirchensteuer werden dagegen nicht bei jedem Zahlungstermin überwiesen, sondern auf Verbindlichkeitskonten gegenüber der Sozialversicherung bzw. dem Finanzamt gesammelt und monatlich mit diesen abgerechnet. Dabei entstehen folgende Buchungssätze:

bei Fälligkeit der Entgelte:

Personalaufwand	an	Bank	3.650 €
Personalaufwand	an	Verb. Sozialversicherung	750 €
Personalaufwand	an	Verb. Lohn- u. Kirchensteuer	600 €
Arbeitgeberanteil SV (Aufwand)	an	Verb. Sozialversicherung	750 €

zum Abrechnungstermin:

Verb. Sozialversicherung	an	Bank	1.500 €
Verb. Lohn- u. Kirchensteuer	an	Bank	600 €

Die Salden der Konten Personalaufwand und Arbeitgeberanteile an der Sozialversicherung werden beim Jahresabschluss auf das Gewinn- und Verlustkonto übertragen. Die Verbindlichkeitenkonten sind dagegen in die Schlussbilanz zu übernehmen, soweit sie nicht bis zum Abschlusszeitpunkt ausgeglichen wurden.

15.6.8 Rabatte, Skonti, Boni

15.6.8.1 Rabatte

Rabatte bezeichnen Veränderungen gegenüber dem gewöhnlichen (Listen-)Preis und dem tatsächlich im Einzelfall zu zahlenden (Netto-)Preis. Es ist davon auszugehen, dass die Frage, ob und ggf. in welchem Umfang Rabatte gewährt werden, stets geklärt ist, sobald ein buchungsrelevantes Verfügungsgeschäft stattfindet. Rabatte finden grundsätzlich keinen Eingang in die Buchhaltung. Es werden stets die rabattbereinigten Beträge gebucht.

15.6.8.2 Skonti

Skonti sind Vergünstigungen für frühzeitige Zahlungen. Ob sie in Anspruch genommen werden können, steht bei Ausführung des Verfügungsgeschäftes noch nicht fest. Allerdings empfiehlt sich dies meistens, sofern es die Liquiditätslage der Kasse bzw. des Bankkontos zulässt.

Skonto wird i. Allg. als letzter Posten auf der Rechnung ausgewiesen und umfasst damit auch die Umsatzsteuer. Sofern vom Skonto Gebrauch gemacht wird, reduzieren sich Warenpreis und Steuerbetrag im gleichen Verhältnis.

Im Rahmen der Buchhaltung muss unterschieden werden zwischen den Skonti, die von den Lieferanten eingeräumt werden, den Lieferantenskonti, und den Skonti, die das Unternehmen den Kunden einräumt, den Kundenskonti.

Die Grundsätze ordnungsmäßiger Buchführung bieten jeweils zwei Methoden des Umganges mit Kunden- und Lieferantenskonti: Brutto- und Nettomethode.

Beide Methoden sollen auf der Grundlage folgenden Beispiels verdeutlicht werden:

Beispiel:

Kauf eines Lastkraftwagens:

Listenpreis	*200.000 €*
./. 25 % Rabatt	*50.000 €*
Rechnungspreis	*150.000 €*
+ 19 % MwSt.	*28.500 €*
Rechnungsbetrag	*178.500 €*
zahlbar in 30 Tagen	
bei Zahlung in 10 Tagen	
./. 2 % Skonto	*3.570 €*
Rechnungsbetrag nach Skontoabzug	*174.930 €*

Vom Skontobetrag entfallen auf

den Warenpreis	*3.000 €*
die MwSt.	*570 €*

Bruttomethode

Die Bruttomethode geht zunächst vom vollen Rechnungsbetrag aus und berücksichtigt den Skontoabzug erst dann, wenn die Zahlung innerhalb der Frist geleistet wird. Bei Lieferung wird also der volle Betrag verbucht. Bei frühzeitiger Zahlung entsteht ein Lieferantenkontoertrag. Die Buchungssätze lauten dann:

a) bei Lieferung:

Fuhrpark	an	Verbindlichkeiten	150.000 €
Vorsteuer	an	Verbindlichkeiten	28.500 €

b) bei Zahlung innerhalb der Skontofrist sind zu verbuchen:

aa) der Zahlungsvorgang unter Abzug des Skontobetrages:

Verbindlichkeiten	an	Bank	174.930 €

bb) die dadurch notwendige Korrektur der Verbindlichkeiten und der Vorsteuer:

Verbindlichkeiten	an	Fuhrpark	3.000 €
Verbindlichkeiten	an	Vorsteuer	570 €

c) alternativ bei späterer Zahlung (nach Ablauf der Skontofrist)

Verbindlichkeiten	an	Bank	178.500 €

Nettomethode

Sofern regelmäßig von Skonto Gebrauch gemacht wird, bietet die Nettomethode den Weg des geringsten Buchungsaufwandes. Sie geht davon aus, dass sich der Rechnungspreis aus einem Preis für die Ware und einen Preis für den eingeräumten Kredit zusammensetzt, wobei letzterer nicht gezahlt zu werden braucht, wenn die Leistung nicht in Anspruch genommen wird. Die Nettomethode führt zu folgenden Buchungssätzen:

a) bei Lieferung:

Fuhrpark	an	Verbindlichkeiten	147.000 €
Vorsteuer	an	Verbindlichkeiten	27.930 €

b) bei Zahlung innerhalb der Skontofrist

Verbindlichkeiten	an	Bank	174.930 €

c) bei späterer Zahlung

Verbindlichkeiten	an	Bank	178.500 €
Fuhrpark	an	Verbindlichkeiten	3.000 €
Vorsteuer	an	Verbindlichkeiten	570 €

Für Kundenskonti gelten entsprechende Überlegungen.

15.6.8.3 Boni

Boni werden in der Regel erst am Jahresende für umfangreiche oder besonders erfolgreiche Geschäftsbeziehungen gewährt. Hier kommt deshalb nur die Bruttoverbuchung in Betracht. Es ist jedoch zu bedenken, dass sich Boni im privatwirtschaftlichen Bereich i. d. R. auf umsatzsteuerpflichtige Umsätze beziehen und deshalb auch eine Berichtigung der Mehrwertsteuer bei Kundenboni und damit auch der Vorsteuer bei Lieferantenboni vorgenommen werden muss.

15.7 Kontenrahmen und Kontenplan

Das Rechnungswesen eines jeden Betriebes ist ein zentrales Informationssystem, aus dem die Betriebsleitung und zahlreiche andere Beteiligte wichtige Informationen entnehmen müssen. Als Informationssystem kann das Rechnungswesen jedoch nur dann funktionieren, wenn alle Beteiligten unter den verwendeten Begriffen das Gleiche verstehen. Zu diesem Zweck wurden im Verlauf der Zeit verschiedene Kontenrahmen entwickelt, die dem konkreten Kontenplan der jeweiligen Institution zugrunde liegen. Kontenrahmen haben dabei die Funktion, für Vergleichbarkeit zwischen verschiedenen Institutionen zu sorgen, indem vergleichbare Sachverhalte auf Konten mit gleicher Bezeichnung verbucht werden. Auf der Grundlage des ausgewählten Kontenrahmens ist für jede Institution ein exakter Kontenplan zu entwickeln, der detailliert festlegt, welche Konten gebildet und was exakt auf diesen Konten zu verbuchen ist bzw. wie die einzelnen Konten zu unterscheiden sind. Hierzu verfügen größere Institutionen über ein Kontierungshandbuch. Für die Hessischen Kommunen wurde der KVKR (Muster 12 zur GemHVO einschließlich Erläuterungen) erarbeitet.

Bei der Auswahl einer geeigneten Basisstruktur für das neue Rechnungswesen der öffentlichen Verwaltung wurde der auf Grundlage des Bilanzrichtliniengesetzes novellierte Industriekontenrahmen (IKR) ausgewählt, der vom Bundesverband der Deutschen Industrie e. V. 1986 herausgegeben wurde. Auf dieser Grundlage wurden 1997 in einer Reihe von Arbeitsgruppen Aufbaulogik, Klassen, Kontengruppen und Hauptkonten analysiert, auf Verwendbarkeit für die öffentliche Verwaltung geprüft und in vielen Fällen um Spezifika der öffentlichen Verwaltung ergänzt bzw. deutlich modifiziert.

Im Ergebnis weist der KVKR lt. Muster 12 zu § 33 Abs. 4 GemHVO folgende Kontenklassen aus:

Klasse 0 – Immaterielle Vermögensgegenstände und Sachanlagen
Klasse 1 – Finanzanlagen
Klasse 2 – Umlaufvermögen und Aktive Rechnungsabgrenzung
Klasse 3 – Eigenkapital, Sonderposten, Rückstellungen
Klasse 4 – Verbindlichkeiten und Passive Rechnungsabgrenzung
Klasse 5 – Erträge
Klasse 6 – Betriebliche Aufwendungen
Klasse 7 – Weitere Aufwendungen
Klasse 8 – Finanzkonten und sonstige Konten
Klasse 9 – Kosten- und Leistungsrechnung

In der Praxis zeigt die erste Ziffer der Kontonummer somit auf, um welche Kontoart es sich handelt. Dies erleichtert die praktische Abwicklung der Buchhaltung ganz erheblich. Bei den Konten der Klassen 0 bis 2 handelt es sich um Aktivkonten, die also im Soll zunehmen und im Haben abnehmen. Die Konten der Klassen 3 und 4 bilden im Vergleich dazu die Passivseite der Bilanz ab. Sie nehmen also im Haben zu und im Soll ab. Die Ergebnisrechnung teilt sich in die Klassen 5 bis 7 auf. Kontenklasse 5 stellt die Ertragskonten dar, die im Haben gebucht werden. Mit 6 oder 7 beginnen die Aufwandskonten, die in aller Regel im Soll gebucht werden.

Der KVKR lt. Muster 12 zu § 33 Abs. 4 GemHVO bildet einen sog. Kontenrahmen. Er bildet also den Rahmen, in dem sich die Städte und Gemeinden bewegen können. Diese müssen jedoch auf Grundlage des KVKR daraufhin ihren eigenen Kontenplan erstellen. Da jede Kommune andere Anforderungen an das Rechnungswesen hat, ist es unbedingt erforderlich den Kontenrahmen hinsichtlich der eigenen Rahmenbedingungen anzupassen.

Grundsätzlich sind die Kontenklassen, Kontengruppen und Hauptkonten verbindlich. Demzufolge sind die ersten drei Ziffern der Kontonummern im Allgemeinen vorgegeben. Die weitere Untergliederung obliegt daraufhin jedoch den einzelnen Kommunen.[12]

15.8 Jahresabschluss

Der handelsrechtliche Jahresabschluss ist in § 242 HGB geregelt:

(1) Der Kaufmann hat zu Beginn seines Handelsgewerbes und für den Schluss eines jeden Geschäftsjahrs einen das Verhältnis seines Vermögens und seiner Schulden darstellenden Abschluss (Eröffnungsbilanz, Bilanz) aufzustellen.

12 In der Praxis wird schon aus abrechnungstechnischen Gründen eine weitergehende Untergliederung des Kontenrahmens erforderlich.

(2) Er hat für den Schluss eines jeden Geschäftsjahrs eine Gegenüberstellung der Aufwendungen und Erträge des Geschäftsjahrs (Gewinn- und Verlustrechnung) aufzustellen.
(3) Die Bilanz und die Gewinn- und Verlustrechnung bilden den Jahresabschluss.
(4) …

Entsprechende Regelungen gelten mit Einführung der Doppik auch für die Gemeinden in Hessen. Nach Ablauf des Haushaltsjahres sind die Ergebnisse der Haushaltswirtschaft, die im Rahmen der GoB dokumentiert wurden, im Jahresabschluss zusammenzuführen (§ 112 HGO).

Der kommunale Jahresabschluss hat nach § 112 Abs. 1 Satz 4 HGO die tatsächliche Vermögens-, Finanz- und Ertragslage der Gemeinde (sog. VFE-Lage) darzustellen. Der Jahresabschluss bildet somit das Gegenstück zum Haushaltsplan und ist zentrales Steuerungsinstrument für die kommunalen Gremien. Seiner Steuerungsfunktion kann er in diesem Zusammenhang natürlich nur gerecht werden, wenn er von der Verwaltung auch zeitnah erstellt wird.

15.8.1 Bestandteile und Anlagen des Jahresabschlusses

Gem. § 112 Abs. 2 HGO besteht der Jahresabschluss aus
1. der Vermögensrechnung (Bilanz) (siehe Kap. 16)
2. der Ergebnisrechnung (siehe Kap. 17) und
3. der Finanzrechnung (siehe Kap. 18).

Der Jahresabschluss ist durch einen Rechenschaftsbericht zu erläutern (§ 112 Abs. 3 HGO i. V. m. § 51 GemHVO).

Dem Jahresabschluss sind als Anlagen beizufügen (§ 112 Abs. 4 HGO):
1. ein Anhang, in dem die wesentlichen Posten des Jahresabschlusses zu erläutern sind, mit Übersichten über das Anlagevermögen, die Forderungen und die Verbindlichkeiten sowie
2. eine Übersicht über die in das folgende Jahr zu übertragenden Haushaltsermächtigungen.

Übersicht über die Bestandteile und Anlagen des Jahresabschlusses (§ 112 HGO):

• Vermögensrechnung	→ § 49 GemHVO, Muster 18
• Ergebnisrechnung	→ § 46 GemHVO, Muster 14
• Finanzrechnung	→ § 47 GemHVO, Muster 15
• Anhang (Erläuterungen)	→ § 50 GemHVO
– Anlagenübersicht	→ § 52 Abs. 1 GemHVO, Muster 19
– Verbindlichkeitenübersicht	→ § 52 Abs. 2 GemHVO

- – Übersicht über die Rückstellungen → § 52 Abs. 3 GemHVO
- – Forderungsübersicht → § 52 Abs. 4 GemHVO
- Übersicht über die übertragenen Ermächtigungen → § 112 Abs. 4 Nr. 2 HGO
- Übersicht über fremde Finanzmittel → § 50 Abs. 2 Nr. 9 GemHVO
- Rechenschaftsbericht → § 51 GemHVO

15.8.2 Verfahrensweisen

Der Gemeindevorstand soll den Jahresabschluss der Gemeinde innerhalb von vier Monaten nach Ablauf des Haushaltsjahres aufstellen und die Gemeindevertretung sowie die Aufsichtsbehörde unverzüglich über die wesentlichen Ergebnisse der Abschlüsse unterrichten (§ 112 Abs. 5 HGO).

Das nachfolgende Schaubild verdeutlicht die grundsätzliche Beziehung der im Jahresabschluss enthaltenen Rechenwerke Vermögensrechnung (Bilanz) und Ergebnisrechnung (Gewinn- und Verlustrechnung):

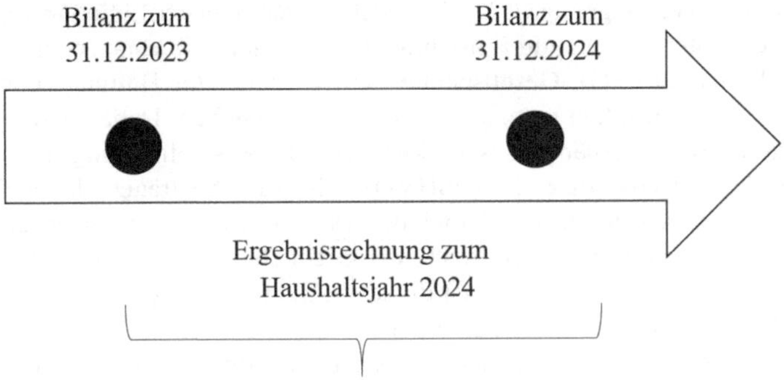

Übersicht über die Beziehungen zwischen Vermögensrechnung und Ergebnisrechnung

Die Umsetzungsschritte zur Erstellung des Jahresabschlusses sind in der nachfolgenden Übersicht dargestellt:

Übersicht über die Verfahrensschritte zur Erstellung des Jahresabschlusses

- zeitgerechte und vollständige **Buchung** der Geschäftsvorfälle
- stichtagsbezogene Inventur (Einzelbewertung, Bestandfortschreibung)
- **Abschreibungen** des Werteverzehrs (planmäßig, außerplanmäßig)
- Bildung von **Rückstellungen**
- **Rechnungsabgrenzung**

15.8.3 Zusammengefasster Abschluss („Konzernbilanz“)

Gemäß § 112a Abs. 1 HGO ist der Jahresabschluss der Gemeinde mit den Jahresabschlüssen

1. der Sondervermögen, für die Sonderrechnungen geführt werden,
2. der Unternehmen und Einrichtungen mit eigener Rechtspersönlichkeit, ausgenommen die Sparkassen und Sparkassenzweckverbände, an denen die Gemeinde beteiligt ist,
3. der Zweckverbände und Arbeitsgemeinschaften nach dem Gesetz über die kommunale Gemeinschaftsarbeit, bei denen die Gemeinde Mitglied ist,
4. der Wasser- und Bodenverbände nach dem Wasserverbandsgesetz vom 12.2.1991 (BGBl. I S. 405), geändert durch Gesetz vom 15.5.2002 (BGBl. I S. 1578), bei denen die Gemeinde Mitglied ist,
5. der rechtlich selbstständigen örtlichen Stiftungen, die von der Gemeinde errichtet worden sind, von ihr verwaltet werden und in die sie Vermögen eingebracht hat,
6. der Aufgabenträger, deren finanzielle Grundlage wegen rechtlicher Verpflichtung wesentlich durch die Gemeinde gesichert wird,

zusammenzufassen.

Bei den Sondervermögen nach Nr. 1 handelt es sich in erster Linie um Eigenbetriebe. Unter den Unternehmen und Einrichtungen mit eigener Rechtspersönlichkeit sind Aktiengesellschaften (AG), Gesellschaften mit beschränkter Haftung (GmbH) aber auch rechtsfähige Anstalten gem. § 126a HGO zu verstehen. Dabei sind Sparkassen und Sparkassenzweckverbände ausdrücklich von der Konsolidierung ausgenommen (vgl. auch Nr. 2.17 Hw. zu § 53 GemHVO). Als Aufgabenträger, deren finanzielle Grundlage wesentlich durch die Gemeinde gesichert wird, kommen in erster Linie Kinderbetreuungseinrichtungen in freier oder kirchlicher Trägerschaft in Betracht.

In diesem sog. Gesamtabschluss ist die tatsächliche Vermögens-, Finanz- und Ertragslage der Kommune so darzustellen, als ob die in die Konsolidierung einbezogenen Aufgabenträger und die Gemeinde insgesamt ein Aufgabenträger wären (Grundsatz der Einheitsfiktion, Nr. 1.2 Hw. zu § 53 GemHVO).

Die Verpflichtung, einen solchen Gesamtabschluss aufzustellen, galt ursprünglich erstmals für den Jahresabschluss zum 31. Dezember 2015 (§ 112 Abs. 5 Satz 2 HGO, Fassung bis zum 15. Mai 2020). Zum 16. Mai 2020 ist eine HGO-Änderung[13] in Kraft getreten, die dem Gesamtabschluss mit dem § 112a HGO eine separate Rechtsnorm zugewiesen hat. Nach § 112a Abs. 2 HGO hat die Gemeinde nunmehr spätestens die zum 31. Dezember 2021 aufzustellenden Jahresabschlüsse zusammenzufassen.

Analog zum Einzelabschluss der Gemeinde umfasst auch der zusammengefasste Jahresabschluss bzw. Gesamtabschluss nach § 53 GemHVO eine Bilanz, eine Ergebnis- und eine Finanzrechnung sowie einen Anhang und einen Konsolidierungsbericht.

13 GVBl. Nr. 26 vom 15.5.2020, S. 318 ff.

Übersicht Gesamtabschluss[14]

Gesamtabschluss				
zusammengefasster Jahresabschluss			Kapitalflussrechnung (zusammengefasste Finanzrechnung)	Konsolidierungsbericht
zusammengefasste Ergebnisrechnung	zusammengefasste Vermögensrechnung	Anhang mit zugehörigen Übersichten		

Zweck dieser Regelungen ist die Unterstützung und Verbesserung der Gesamtsteuerungsfähigkeit der Kommune. Einem sehr ähnlichen Zweck dient auch der sog. Beteiligungsbericht gem. § 123a HGO (vgl. Ziff. 20.6.2), wobei der Gesamtabschluss eine wesentlich umfangreichere und genauere Darstellung der finanziellen Situation des „Konzerns Kommune" ermöglicht. Kommunen, die wesentliche Tätigkeitsbereiche ausgelagert haben, sind eben unter keinen Umständen mit Städten und Gemeinden vergleichbar, die z. B. Wasserver- oder Abwasserentsorgung noch im kommunalen Haushalt betreiben.

Der Grundsatz der Einheitsfiktion setzt voraus, dass im Rahmen der Konsolidierung alle gegenseitigen Geschäftsbeziehungen im Rahmen des Gesamtabschlusses eliminiert werden. Übrig bleiben sollen nur noch Beziehungen zu externen Kunden und Lieferanten. Dies kann je nach Komplexität der Beteiligungsstruktur ein äußerst schwieriges und umfangreiches Unterfangen sein.

Empirische Untersuchungen zeigen, dass die Konsolidierung der kommunalen Jahresabschlüsse mit den konsolidierungspflichtigen Abschlüssen der einzelnen Beteiligungen erhebliche Ressourcen bindet. Ob dies durch den damit zu erlangenden Erkenntnisgewinn zu rechtfertigen ist, darf an dieser Stelle durchaus in Frage gestellt werden.

Dieser Ansicht hat sich mittlerweile auch der Gesetzgeber angeschlossen. Mit der HGO-Änderung zum 16. Mai 2020 wurden umfangreiche Befreiungstatbestände für den kommunalen Gesamtabschluss normiert.

Gem. § 112b Abs. 1 HGO sind Gemeinden mit weniger als 20.000 Einwohnern von der Pflicht, einen Gesamtabschluss aufzustellen, generell befreit.

Darüber hinaus legt Absatz 2 fest, dass Gemeinden von 20.000 bis zu 50.000 Einwohnern von der Pflicht, einen Gesamtabschluss aufzustellen, befreit sind, wenn der auf die Gemeinde entfallende Anteil der Bilanzsumme der nach § 112a Abs. 4 Satz 1 voll zu konsolidierenden Aufgabenträger[15] **zusammen den Wert von 20 %** der in der Vermögensrechnung der Gemeinde ausgewiesenen Bilanzsumme sowohl für das Jahr der Aufstellung als auch für das Vorjahr nicht übersteigt. Somit ist in dieser Größenklasse genau zu prüfen, welches Bilanzvolumen die ausgelagerten Beteiligungen haben.

Der Verzicht auf die Aufstellung eines Gesamtabschlusses ist in beiden Fällen gem. Absatz 3 von der Gemeindevertretung zu beschließen.

14 *Hahn/Ziegler* 2018, S. 193.

15 Die „voll zu konsolidierenden Aufgabenträger" werden unter Ziff. 16.6.1 vertieft. Grundsätzlich handelt es sich gem. § 112a Abs. 4 Satz 1 HGO um Aufgabenträger, bei denen der Gemeinde die Mehrheit der Stimmrechte zusteht.

15.8.3.1 Konsolidierungserfordernis

Die Jahresabschlüsse der in § 112a Abs. 1 HGO genannten Aufgabenträger müssen nicht einbezogen werden, wenn sie für die Darstellung der tatsächlichen Vermögens-, Ertrags- und Finanzlage der Gemeinde von nachrangiger Bedeutung sind (§ 112a Abs. 2 Satz 3 HGO).

Diese Vorgabe gilt unabhängig von der Einwohnerzahl der Kommune. Ein zusammengefasster Abschluss muss dementsprechend auch bei größeren Kommunen (> 50.000 Einwohner) nicht aufgestellt werden, wenn die Bilanzsummen der oben beschriebenen Aufgabenträger weniger als 20 % der Bilanzsumme der Kernverwaltung ausmachen (Nr. 1.9 Hw. zu § 53 GemHVO). So soll sichergestellt werden, dass ein so komplexes Vorhaben nur umgesetzt werden muss, wenn die Beteiligungen in der maßgeblichen Kommune auch einen entsprechenden Stellenwert haben.

15.8.3.2 Konsolidierungskreis

Der Konsolidierungskreis ist dem Grunde nach in § 112a Abs. 1 HGO (vgl. Ziff. 15.8.3) beschrieben. Sofern die vorstehend dargestellte Prüfung ein Konsolidierungserfordernis ergeben hat, ist unter dem Leitsatz des § 112a Abs. 2 Satz 3 HGO eine weitere Prüfung im Hinblick auf die Notwendigkeit der Einbeziehung jedes einzelnen Aufgabenträgers vorzunehmen.

Eine nachrangige Bedeutung ist im Zweifel anzunehmen, wenn der auf die Gemeinde entfallende Anteil der ordentlichen Erträge und die Bilanzsumme dauerhaft maximal fünf vom Hundert der (nicht konsolidierten) Bilanzsumme und maximal fünf vom Hundert der Summe aller (nicht konsolidierten) ordentlichen Erträge der Aufgabenträger und der Gemeinde ausmachen. Diese Aufgabenträger brauchen dann nicht einbezogen werden. Wenn die Betrachtung einzelner Indikatoren zu unterschiedlichen Ergebnissen führt, ist anhand einer wertenden Gesamtbetrachtung zu entscheiden. Als dauerhaft kann ein Zeitraum von zwei aufeinanderfolgenden Jahren angesehen werden. Der Verzicht auf die Einbeziehung nach Satz 1 ist im Anhang zum Gesamtabschluss zu begründen (vgl. Nr. 2.13 Hw. zu § 53 GemHVO).

Im Grunde muss also bei Gemeinden mit mehr als 20.000 Einwohnern ein dreistufiges Prüfverfahren erfolgen, um zu ermitteln ob und in welchem Umfang ein Gesamtabschluss zu erstellen ist:

Dreistufiges Prüfverfahren zum Gesamtabschluss[16]

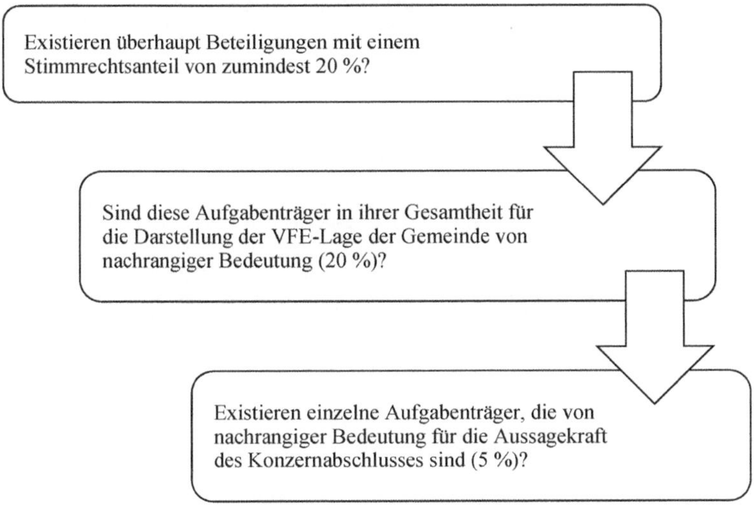

15.8.3.3 Konsolidierungsverfahren

Für konsolidierungspflichtige Abschlüsse der im Mehrheitsbesitz der Gemeinde befindlichen Aufgabenträger ist eine Vollkonsolidierung herbeizuführen, bei wesentlicher Beteiligung (Geschäftsanteile bzw. Stimmrechte zwischen 20 % und 50 %) erfolgt eine Konsolidierung „at Equity" und für sonstige Beteiligungen eine Konsolidierung „at Cost".

Bezüglich der Details des Konsolidierungsverfahrens verweist § 112a Abs. 4 HGO auf die einschlägigen Vorschriften des Handelsgesetzbuches (HGB). Bis zum 15. Mai 2020 waren die Vorschriften des Handelsgesetzbuches in der Fassung der Änderung vom 6. Dezember 2011 (BGBl. I S. 2481) anzuwenden (§ 112 Abs. 7 HGO, gültig bis 15.5.2020). Mit diesem statischen Verweis auf das HGB sollte verhindert werden, dass spätere Änderungen des HGB automatisch für den kommunalen Gesamtabschluss übernommen werden. Dieser Passus ist im neuen § 112a HGO (gültig ab 16. Mai 2020) nicht mehr enthalten. Da Nr. 3.1 Hw. zu § 53 GemHVO jedoch auch weiterhin auf das HGB zum 6. Dezember 2011 abstellt, ist davon auszugehen, dass die damalige Rechtslage auch weiterhin für die Konsolidierung anzuwenden ist.

16 *Hahn/Ziegler* 2018, S. 194.

Den Gemeinden wird empfohlen, eine Gesamtabschlussrichtlinie zu erstellen. Damit können Grundsätze für die Zusammenfassung der Bilanzposten und der Posten der Ergebnisrechnungen beziehungsweise GuV aufgestellt werden (Nr. 11.4 Hw. zu § 53 GemHVO).

Weitere Informationen enthalten die nachfolgenden Kap. 16 ff. Eine weitere Vertiefung dieses Spezialthemas bleibt der einschlägigen Spezialliteratur vorbehalten.[17]

17 Z. B. *Fudalla* u. a.: Bilanzierung und Jahresabschluss in der Kommunalverwaltung. 4. Aufl., Köln 2017; *Gräfer/Scheld*: Grundzüge der Konzernrechnungslegung. 13. Aufl., Berlin 2016.

– Kapitel 16 –

Inhaltsverzeichnis

16. Die kommunale Vermögensrechnung (Bilanz) – Ansatz, Ausweis und Bewertung in den einzelnen Posten

Gem. § 108 Abs. 3 HGO haben die Gemeinden zum Schluss eines jeden Haushaltsjahres eine Vermögensrechnung (Bilanz) aufzustellen, in der die Vermögensgegenstände und Schulden mit ihren Werten unter Beachtung der Grundsätze ordnungsmäßiger Inventur vollständig aufzunehmen sind. Die Vermögensrechnung (Bilanz) ist die Gegenüberstellung von Vermögen (Aktiva) und Kapital (Passiva). Die Aktiva weisen die Mittelverwendung aus und die Passiva die Mittelherkunft.

16.1 Inventur, Inventar

Für die Erstellung der Eröffnungsbilanz zum Stichtag des Beginns des ersten Jahres mit doppelter Buchführung[1] ist allein das Ergebnis der für diesen Stichtag durchzuführenden Inventur maßgebend. Die Bilanzen der Folgejahre sind jeweils als abgestimmtes Ergebnis von Inventur und Buchführung zu erstellen.

16.1.1 Begriff und Inhalt

Die Inventur ist die mengen- und wertmäßige Bestandsaufnahme aller Vermögenswerte, Schulden und Rechnungsabgrenzungsposten einer Kommune durch körperliche Bestandsaufnahme oder durch eine buch- bzw. belegmäßige Bestandsfeststellung (vgl. §§ 35 ff. GemHVO).

Das Inventar ist ein auf der Grundlage der Inventur erstelltes Vermögens- und Schuldenverzeichnis mit Wertangaben. Auf der Grundlage des Inventars wird unter Verzicht auf Einzelangaben und mittels Zusammenfassung die Bilanz erstellt (§ 58 Nr. 16 GemHVO).

Die Inventur hat grundsätzlich zum Bilanzstichtag zu erfolgen. Es ist eine zeitnahe Inventur im Zeitraum von zehn Tagen vor bis zehn Tagen nach dem Abschlussstichtag möglich, wobei Bestandsveränderungen zwischen Abschlusszeitpunkt und tatsächlichem Inventurtag anhand von Belegen oder Aufzeichnungen berücksichtigt werden müssen.[2]

Fehlt die Inventur, so ist die Buchführung nicht ordnungsmäßig. Hierdurch kann die Beweiskraft der Buchführung für den Bereich des Vermögens und der Schulden – zumindest teilweise – verloren gehen. Die Rahmenbedingungen für die Ordnungsmäßigkeit von Inventur bzw. der Erstellung des Inventars leiten sich aus den Grundsätzen ordnungsmäßiger Buchführung (siehe Ziff. 15.4.2) ab.

---

1 Siehe Ziff. 4.3.4.

2 Auf die Möglichkeiten der zeitversetzten oder permanenten Inventur wird später eingegangen.

U. a. gelten folgende Grundsätze ordnungsmäßiger Inventur:

- Vollständigkeit der Bestandsaufnahme
- Richtigkeit der Bestandsaufnahme
- Einzelerfassung der Bestände
- Dokumentation und Nachprüfbarkeit der Bestandsaufnahme (daher zumindest Vier-Augen-Prinzip)
- Grundsatz der Wirtschaftlichkeit

Hiernach sind grundsätzlich alle Vermögensgegenstände und Schulden bezogen auf den Bilanzstichtag auf ihren Bestand nach Vollständigkeit und Richtigkeit zu prüfen. Analog dem Prinzip der Einzelbewertung gilt grundsätzlich das Prinzip der Einzelerfassung für Vermögensgegenstände und Schulden. Insbesondere gilt ein Saldierungsverbot zwischen Vermögensposten und Schulden. Hinsichtlich der Nachprüfbarkeit ist die Bestandsaufnahme zu dokumentieren. Hier gilt zumindest das Vier-Augen-Prinzip. Die Inventur unterliegt im Rahmen des Jahresabschlusses auch der Rechnungsprüfung. Daher sind gem. Nr. 3 Hw. zu § 35 GemHVO das Verfahren und die Ergebnisse der Inventur so zu dokumentieren, dass diese für sachverständige Dritte nachvollziehbar sind.

Zur Gewährleistung einer ordnungsmäßigen Inventur ist eine Inventuranweisung erforderlich (Nr. 2 Hw. zu § 35 GemHVO), die vom Bürgermeister oder vom Kämmerer erlassen werden sollte. Als Mindestinhalte sind zu empfehlen:

- Ausführungen zu den Grundsätzen ordnungsmäßiger Inventur
- Ansatzvorschriften
  - wirtschaftliches Eigentum
  - Definition und inhaltliche Darstellung zu Vermögensgegenständen
  - Definition und inhaltliche Darstellung zu Schulden
  - Definition und inhaltliche Darstellung zu Rechnungsabgrenzungsposten
  - Bruttoprinzip (Trennung bzw. Verrechnungsverbot von Forderungen und Verbindlichkeiten)
- Inventarbildung (Zuordnung von Werten zu einzelnen Vermögensgegenständen und Schulden)
- Arten und Fristen der Inventuraufnahme (hierbei mindestens alle drei bis fünf Jahre körperliche Inventur, Nr. 3 Hw. zu § 36 GemHVO)
- Anforderungen zur Dokumentation des Verfahrens und der Ergebnisse (Anforderung: Nachvollziehbarkeit für sachverständige Dritte)
- Inventurverfahren (Grundsatz körperliche Inventur, Voraussetzungen für Buch- oder Beleginventur)
- Gestaltungsspielräume beim Inventurverfahren (Stichprobeninventur)
- Inventurvereinfachungen (geringwertige Vermögensgegenstände, Verbrauchsfiktion für aus dem Lager abgegebene Vorratsbestände)
- Aufbewahrung von Inventurunterlagen

Die Inventuranweisung muss weiterhin enthalten einen

- **Personalplan** (wer führt die Inventur durch)
- **Sachplan** (welche Teile des Vermögens und der Schulden werden von welchen Personen inventarisiert)
- **Zeitplan** (in welchen Zeiträumen hat die Inventur stattzufinden)

Im Rahmen der Grundsätze ordnungsmäßiger Inventur ist auch der Grundsatz der Wirtschaftlichkeit zu berücksichtigen. Steht dieser anderen Grundsätzen gegenüber, muss eine Abwägung hinsichtlich der Gesamtbedeutung und der Erheblichkeit der jeweiligen Einschränkung erfolgen. Aus diesem Abwägungsprozess erfolgt die Ausgestaltung des Einzelfalles.

Beispiel:
Für das Abonnement einer Fachzeitschrift sind jährlich im Voraus im Monat Dezember 120 € zu bezahlen. Die Kommune kann in den von ihr aufzustellenden Regelungen über die Durchführung der Inventur festlegen, dass Geschäftsprozesse mit einem Abgrenzungsvolumen unter 150 € nicht in den Abgrenzungsposten der Bilanz zu erfassen sind, weil der Buchungsaufwand für die Abgrenzungsbuchungen gegenüber der periodengerechten Abbildung des Ressourcenverbrauchs nicht angemessen ist.

16.1.2 Inventurverfahren

Das Inventurverfahren ist davon abhängig, ob der Vermögensgegenstand physisch erfassbar ist oder nicht. Für das physisch erfassbare Vermögen gilt der Grundsatz der körperlichen Inventur. Das bedeutet, dass die Vermögensgegenstände in Augenschein zu nehmen und in Zähllisten zu erfassen sind. Neben dem althergebrachten Zählen, Messen, Wiegen ist insbesondere bei Beschädigungen oder anderen wertmindernden Veränderungen eine Zustandsaussage zu treffen. Für nicht physisch erfassbares Vermögen bzw. Schulden ist eine Buch- oder Beleginventur durchzuführen. Hier erfolgt die Inventur auf der Grundlage der Aufzeichnungen in der Buchführung.

Beispiel:
Für die Forderungen einer Kommune werden die Abschlüsse der einzelnen Forderungskonten (Debitoren) der Forderungsbuchhaltung (Debitorenbuchhaltung) zu Grunde gelegt.

Eine Buchinventur für den Bereich des Sachanlagevermögens ist nach § 36 Abs. 2 GemHVO als Inventurvereinfachungsverfahren auch möglich, wenn Vollständigkeit der Buchführung in der Anlagenbuchhaltung bzw. der Anlagekartei sichergestellt ist. Hierbei müssen alle Zu- und Abgänge einschließlich sämtlicher Umbuchungen sowie Abschreibungen zeitnah und ordnungsgemäß erfasst werden. Für den Inventurstichtag muss der buchmäßige Endbestand anhand der Anlagenbuchhaltung bzw. Anlagenkartei ermittelt werden können. Auch in solchen Fällen ist mindestens alle drei bis fünf Jahre eine körperliche Bestandsaufnahme durchzuführen.

Es bestehen wie im kaufmännischen Bereich auch Gestaltungsmöglichkeiten zum Inventurverfahren. So ist gem. § 36 Abs. 1 GemHVO auch eine Stichprobeninventur zulässig. Hierbei hat eine stichprobenartige Bestandsaufnahme zu erfolgen, durch die ein Rückschluss auf den tatsächlichen Bestand und Wert gewährleistet ist. Dies muss durch ein mathematisch-statistisches, wahrscheinlichkeitstheoretisch abgesichertes Verfahren erfolgen. Der Vorbereitungsaufwand für ein solches Verfahren führt i. d. R. dazu, dass eine Vereinfachungs- bzw. Rationalisierungswirkung nicht wirksam werden kann. Zudem ist das Vorkommen entsprechend selten.

Im Rahmen der Entscheidungen über die Anwendung von Vereinfachungen nach § 36 GemHVO sollte auch Rücksicht auf Informationsbedarfe der Kostenrechnung (§ 14 GemHVO) genommen werden. Mitunter werden für eine zielführende Kostenrechnung oder die Kalkulation von Benutzungsgebühren Daten benötigt, die aufgrund von Inventurvereinfachungen nicht erhoben wurden.

16.1.3 Inventurzeitpunkte

Es ist möglich, die stichtagsbezogene Inventur zeitlich zu verlegen. Der Inventurstichtag weicht hierbei vom Bilanzstichtag ab. Denkbar sind eine vorverlegte oder eine nachverlegte Inventur. Hierdurch wird es erforderlich, dass der Bestand vom Inventurstichtag auf den Bilanzstichtag fortgeschrieben oder zurückgerechnet wird.

Die zu berücksichtigenden Veränderungen werden durch die beiden folgenden Berechnungsverfahren deutlich:

Vorverlegte Inventur:
Bestand Inventurstichtag/Aufnahmetag
\+ Zugänge zwischen Inventur- und Bilanzstichtag
– Abgänge zwischen Inventur- und Bilanzstichtag
= Bestandswert am Bilanzstichtag

Nachverlegte Inventur:
Bestand Inventurstichtag/Aufnahmetag
– Zugänge zwischen Inventur- und Bilanzstichtag
\+ Abgänge zwischen Inventur- und Bilanzstichtag
= Bestandswert am Bilanzstichtag

16.1.4 Übungen

Siehe zu diesem Abschnitt die Sachverhalte 1 bis 3 zu Kap. 16 im Übungsband.

16.2 Allgemeine Grundlagen der Bewertung im kommunalen Haushaltsrecht

16.2.1 Vermögensgegenstand

Das Haushaltsrecht orientiert sich am kaufmännischen Begriff des Vermögensgegenstandes. Einigkeit besteht hinsichtlich der folgenden Merkmale für die Bestimmung als Vermögensgegenstand:

a) Nur Güter mit einem wirtschaftlichen Wert stellen einen Vermögensgegenstand dar.
b) Nach den Grundsätzen ordnungsmäßiger Buchführung – Prinzip der Einzelerfassung bzw. -bewertung – müssen Vermögensgegenstände einzeln verwertbar (veräußerbar) sein.
c) Es muss tatsächliche Verfügungsmacht ausgeübt werden können (wirtschaftliches Eigentum gem. § 39 AO).

16.2.1.1 Wirtschaftliches Eigentum

Ein Vermögensgegenstand ist nach den Grundsätzen ordnungsmäßiger Buchführung (GoB) im Vermögensbestand der Aktivseite der Bilanz zu erfassen, wenn die Kommune wirtschaftlicher Eigentümer ist. Hiermit werden auch im Sinne der Abbildung des Ressourcenverbrauchs analog dem kaufmännischen Rechnungswesen die tatsächlichen wirtschaftlichen Verhältnisse zu Grunde gelegt. Wirtschaftliches Eigentum liegt vor, wenn eine eigentumsähnliche wirtschaftliche Sachherrschaft über einen Vermögensgegenstand besteht, wodurch ermöglicht wird, Dritte auf Dauer von der Nutzung auszuschließen.

Der Übergang des wirtschaftlichen Eigentums ist durch den Übergang der Verfügungsmacht sowie von Gefahren und Lasten auf den Erwerber gekennzeichnet.

Zumeist fallen rechtliches und wirtschaftliches Eigentum zusammen. Abweichungen können sich jedoch insbesondere bei Sicherungsübereignung, Eigentumsvorbehalt und Übereignung zu treuen Händen sowie beim Grundstückserwerb ergeben. Des Weiteren ergeben sich bei Leasing unterschiedliche Zuordnungskonstellationen (siehe Ziff. 16.2.1.3).

Beispiel 1:
Zur Sicherung eines Arbeitnehmerdarlehens übereignet der Mitarbeiter der Kommune sein Auto. Privatrechtlich gehört das Auto der Kommune. Es verbleibt jedoch im Besitz des Mitarbeiters, der eine eigentumsähnliche Sachherrschaft (Nutzung, Pflege, Verfügungsgewalt) ausübt. Das wirtschaftliche Eigentum am Auto liegt jedoch beim Arbeitnehmer. Es wird demnach bei der Kommune nicht aktiviert.

Beispiel 2:
Beim Erwerb von Büro- und Geschäftsausstattung liefert die beauftragte Firma unter Eigentumsvorbehalt. Zivilrechtlich gehört die Büro- und Geschäftsausstattung bis zur Bezahlung noch dem Verkäufer. Die gelieferten Sachen sind jedoch schon mit Übergang von Gefahren und Lasten wirtschaftlich dem Käufer zuzurechnen. Aufgrund des wirtschaftlichen Eigentums ist der Erwerb mit der Lieferung (und nicht erst mit der Bezahlung) zu aktivieren.

Beispiel 3:
Die Stadt errichtet auf eigene Kosten auf einem gepachteten Grundstück ein Asylheim. Sie hat das Recht, das Gebäude jederzeit baulich zu verändern und wieder abzureißen. Sie trägt auch den Werteverzehr des Gebäudes. Nach § 94 BGB ist das Asylheim ein wesentlicher Bestandteil des Grundstücks, so dass es zivilrechtlich dem Grundstückseigentümer zuzuordnen ist. Wirtschaftlich übt die Kommune sämtliche eigentumsähnlichen Rechte aus, so dass sie wirtschaftlicher Eigentümer (Bilanzposten: Gebäude auf fremden Grund und Boden) ist. Demnach hat eine Aktivierung in der kommunalen Bilanz zu erfolgen.

16.2.1.2 Selbstständige Verwertbarkeit

Die selbstständige Verwertbarkeit nach GoB knüpft an die Schuldendeckungsfähigkeit an. Danach ist ein Vermögensgegenstand selbstständig verwertbar, wenn er ohne weitergehende Bearbeitung in seinem bestehenden Zustand durch Veräußerung, Belastung oder Nutzung gegenüber Dritten in Liquidität umgewandelt werden kann.

Nicht selbstständig verwertbare Gegenstände werden demnach den zugehörigen und für eine Verwertung notwendigen Bestandteilen zugeordnet.

Beispiel 1:
Die Drehleiter als Bestandteil eines Drehleiterfahrzeuges ist ohne Ausbau nicht zu verkaufen. Demnach wird das Drehleiterfahrzeug einschließlich der Drehleiter als Vermögensgegenstand erfasst.

Beispiel 2:
Anders ist dies bei der Beladung mit feuerwehrtechnischen Geräten bei einem Löschfahrzeug. Die einzelnen Geräte könnten ohne weitergehende Bearbeitung dem Fahrzeug entnommen und einzeln verkauft werden. Demnach sind die auf einem Löschfahrzeug befindlichen feuerwehrtechnischen Geräte einzeln als Vermögensgegenstände zu erfassen. Weitergehende Ausführungen hinsichtlich Inventur- und Bewertungsvereinfachungen bei diesem Beispiel siehe Ziff. 16.2.8.2.

16.2.1.3 Leasing

In sämtlicher Literatur zum Leasing wird stets einleitend auf ein Grundsatzurteil des Bundesfinanzhofes (BFH) vom 26.1.1970 Bezug genommen, wonach die steuerrechtlich getroffenen Regelungen auch für den handelsrechtlichen Bereich gelten. Mangels alternativer Regelungen knüpft das Haushaltsrecht somit an die Regelungen des kaufmännischen Referenzmodells und somit in diesem Fall an die steuerrechtlichen Regelungen an.

Diese zentralen steuerrechtlichen Inhalte sind die drei folgenden Leasing-Erlasse, welche die Grundlage für die Zuordnung des geleasten Anlagevermögens bilden:
- BMF-Schreiben vom 19.4.1971, BStBl. 1971 I S. 264 zur ertragssteuerlichen Behandlung von Leasing-Verträgen über bewegliche Wirtschaftsgüter (sog. Mobilien-Erlass im Rahmen der Vollamortisation)
- BMF-Schreiben vom 21.3.1972, BStBl. 1972 I S. 188 zur ertragssteuerlichen Behandlung von Finanzierungs-Leasing-Verträgen über unbewegliche Wirtschaftsgüter (sog. Immobilien-Erlass im Rahmen der Vollamortisation)
- BMF-Schreiben vom 23.12.1991, BStBl. 1992 I S. 13 zur ertragssteuerlichen Behandlung von sog. Teilamortisations-Verträgen beim Immobilien-Leasing (sog. Teilamortisations-Erlass)

Weitere Erläuterungen zu Leasingfragen waren bisher im Erlass zu „Leasing-Finanzierung im kommunalen Bereich“ vom 7. Juli 1997 (StAnz. 30/1997, S. 2174) zu finden. Der entsprechende Erlass ist zwar zwischenzeitlich ausgelaufen, dürfte jedoch zumindest sinngemäß weiterhin anzuwenden sein.

Folgende Arten der Vertragsgestaltung beim Leasing bestehen:
- Operatives Leasing; diese Verträge entsprechen rechtlich Mietverträgen, wobei dem Leasingnehmer bei Einhaltung gewisser Fristen auch ein Kündigungsrecht zugestanden wird.
- Finanzierungs-Leasing; nach der unkündbaren Grundmietzeit wird dem Leasingnehmer eine Verlängerungs- oder Kaufoption eingeräumt.
- Sale-and-lease-back; die Gemeinde veräußert einen Vermögensgegenstand und least ihn anschließend zurück, um die eigene Nutzung fortzusetzen.
- Cross-Border-Leasing; auf Grund der früher vor allem in den USA gegebenen steuerlichen Möglichkeiten wurden Vermögensteile (z. B. Kanalsysteme und Kläranlagen, Gebäudekomplexe) langfristig an amerikanische Investoren verkauft und sofort zur gemeindlichen Nutzung zurückgeleast. Die Gemeinde blieb nach deutschem Recht weiterhin Eigentümerin des Vermögens, sodass keine Veräußerung im Sinne von § 109 Abs. 1 Satz 1 HGO vorlag.

Beim operativen Leasing erfolgt die Bilanzierung immer beim Leasinggeber.

Die Bilanzierung beim Finanzierungsleasing erfolgt bei Leasingverträgen ohne Optionsrecht beim Leasinggeber, wenn die Grundmietzeit zwischen 40 % und 90 % der betriebsgewöhnlichen Nutzungsdauer des Leasingobjektes beträgt, ansonsten hat die Bilanzierung beim Leasingnehmer zu erfolgen. Bei Leasingverträgen mit Kaufoption knüpft die Bilanzierung beim Leasinggeber an zwei Bedingungen. Die Grundmietzeit muss zwischen 40 % und 90 % der betriebsgewöhnlichen Nutzungsdauer des Leasingobjektes liegen und im Fall der Ausübung der Option darf der Kaufpreis weder den durch lineare Abschreibung ermittelten Buchwert noch den niedrigeren gemeinen Wert im Veräußerungszeitpunkt unterschreiten, ansonsten erfolgt die Bilanzierung beim Leasingnehmer. Bei Leasingverträgen mit Mietverlängerungsoption gelten grundsätzlich die gleichen Voraussetzungen, wobei jedoch anstelle der Höhe des Kaufpreises die Höhe der Anschlussmiete zu berücksichtigen ist.

Bei Fragen des Leasings empfiehlt es sich generell, zunächst zu überprüfen, ob der Leasinggeber den Vermögensgegenstand in seiner Bilanz ausweist. Neben den steuerrechtlichen Vorschriften ist es stets oberstes Gebot, eine Doppelbilanzierung von Vermögensgegenständen zu vermeiden.

16.2.2 Anlagevermögen

Zum Anlagevermögen gehören alle Vermögensgegenstände, die dazu bestimmt sind, dauernd der Aufgabenerfüllung der Gemeinde zu dienen (§ 58 Nr. 4 GemHVO). Merkmale für die Dauerhaftigkeit sind, dass der Vermögensgegenstand nicht zur Veräußerung bestimmt ist und seine Zweckbestimmung darin besteht, dass er dem Geschäftsbetrieb dauernd (mehrere Jahre) dienen soll. Das Anlagevermögen setzt sich lt. § 49 Abs. 3 GemHVO zusammen aus

- immateriellem Anlagevermögen
- Sachanlagevermögen und
- Finanzanlagevermögen.[3]

16.2.3 Abgrenzung zum Umlaufvermögen

Zum Umlaufvermögen gehören alle Vermögensgegenstände, die nicht dazu bestimmt sind, dauerhaft dem Geschäftsbetrieb der Kommune zu dienen (§ 58 Nr. 36 GemHVO). Merkmale für die Nichtdauerhaftigkeit ist eine vorgesehene Zweckbestimmung durch die Kommune, die einen Verbrauch, Verkauf oder eine nur kurzfristige Nutzung vorsieht. Somit gehören Gegenstände bzw. Vorräte, die zur Weiterverarbeitung oder zum Verkauf bestimmt sind, nicht zum Anlagevermögen.

> ***Beispiele:***
> *Der Papiervorrat der Hausdruckerei und der Heizölvorrat sind als Umlaufvermögen zu führen, sofern sie nicht bereits als verbraucht gelten. Dagegen sind*

3 § 49 Abs. 3 GemHVO sieht als weiteren Bestandteil des Anlagevermögens die „sparkassenrechtlichen Sonderbeziehungen" vor. Da diese Bilanzposition nur in ausgewählten Kommunen bedeutsam ist, wird auf eine weitere Vertiefung verzichtet.

die für die Feuerwehr oder andere Betriebszwecke vorgehaltenen Fahrzeuge dem Anlagevermögen zuzurechnen.

16.2.4 Erhaltene Schenkungen von Anlagevermögen

Eine Ausnahme der Aktivierung der Anschaffungskosten für einen Vermögensgegenstand stellt eine Schenkung dar. Gem. Nr. 15 Hw. zu § 41 GemHVO ist wahlweise eine Aktivierung mit dem Erinnerungswert bzw. zu den sich tatsächlich ergebenden Anschaffungs-(neben)kosten (z. B. Transport, Versicherung, bei Grundstücken Notar- und Gerichtskosten, Grunderwerbssteuer) oder eine Aktivierung mit dem aktuellen Marktwert möglich. Wird der aktuelle Marktwert aktiviert, so ist dem Zeitwert des Vermögensgegenstandes ein Sonderposten in Höhe der Zuwendung (= Zeitwert des Vermögensgegenstandes) gegenüberzustellen.

Beispiel:
Die Gemeinde G erhält eine Grünanlage geschenkt. Der Wert beträgt nach einem vorliegenden Wertgutachten 500.000 €. Anschaffungs-(neben-)kosten sind für die Gemeinde G nicht angefallen. Nach dem „Bruttoprinzip" kann der Zeitwert des Vermögensgegenstandes in Höhe von 500.000 € aktiviert werden, dann ist ein gleichlautender Wert als Sonderposten zu passivieren.

16.2.5 Anschaffungs- und Herstellungskosten

Das kommunale Haushaltsrecht in Hessen knüpft hinsichtlich der Bewertung mit Anschaffungs- und Herstellungskosten (§ 41 Abs. 1 GemHVO) eng an die traditionellen handelsrechtlichen Vorschriften an. In § 255 HGB werden die einzelnen Wertbestandteile sowohl für die Anschaffungskosten als auch die Herstellungskosten dargestellt. Auch die ermittelten Wertansätze sind in der Eröffnungsbilanz auf der Grundlage von vorsichtig geschätzten Zeitwerten gem. § 59 Abs. 2 GemHVO auf den Anschaffungszeitpunkt zurückzuindizieren – Ausnahmen gelten gem. § 108 Abs. 4 HGO nur für vor dem Jahre 2005 sachgerecht ermittelte Wertansätze.

Ob mit dieser Fixierung auf historische Anschaffungswerte eine sachgerechte Bewertung des Anlagevermögens erzielt werden kann, wird zunehmend auch im internationalen Kontext streitig diskutiert. Im traditionellen deutschen Handelsrecht wird dieses Prinzip in erster Linie mit dem Ziel des Gläubigerschutzes begründet. Dieses Ziel wird jedoch mit der kommunalen Bilanz bislang nicht verfolgt. Weiterhin wird angeführt, dass Anschaffungswerte objektiv bestimmbar sind, während Zeitwerte nur durch Schätzung ermittelt werden können und insofern stets auch eine subjektive Komponente enthalten. Diese subjektive Komponente ist allerdings durch Rückindizierung keineswegs zu eliminieren. Der Gesetzgeber in Nordrhein-Westfalen hat sich – im Gegensatz zu Hessen – deshalb im Falle der Wertermittlung durch Schätzung gegen eine

Rückindizierung entschieden, um in diesen Fällen wirklichkeitsnähere Werte in die kommunale Bilanz aufzunehmen. Dies erschwert u. a. länderübergreifende Vergleiche.

Mit fortgeschriebenen historischen Anschaffungskosten kann der wirkliche Wert langlebigen immobilen Vermögens nur sehr eingeschränkt dargestellt werden. Das gesetzlich definierte Ziel, „die tatsächliche Vermögenslage" darzustellen, ist unter der Einschränkung der Verwendung fortgeschriebener historischer Anschaffungskosten kritisch zu sehen. Auch das Ziel der intergenerativen Gerechtigkeit leidet darunter, wenn abnutzbares kommunales Vermögen, welches mit der Kaufkraft der 50er und 60er Jahre des vorigen Jahrhunderts geschaffen wurde, mit den nominalen Zahlen der Herstellung fortgeführt und davon Abschreibungen abgeleitet werden, die mit gleichen Beträgen der aktuellen Kaufkraft abgegolten werden. Auf diese Weise kann lediglich eine nominale, nicht aber eine reale Substanzerhaltung dargestellt werden. Da jedoch schon diese nominale Substanzerhaltung vielen Kommunen schwerfällt, wird sie als willkommener Ausweg aus der viel schwieriger zu erlangenden realen Substanzerhaltung gern akzeptiert.

Bevor sich jedoch die Frage nach der Bewertung einzelner Vermögensgegenstände stellt, ist zunächst zu prüfen, ob überhaupt eine Investition vorliegt.

Investition

Bei Investitionen handelt es sich nach § 58 Nr. 18 GemHVO um Auszahlungen für die Veränderung des Anlagevermögens. Die gleiche Bedeutung im kommunalen Haushaltsrecht haben die sog. Investitionsförderungsmaßnahmen. Bei Investitionsförderungsmaßnahmen handelt es sich nach § 58 Nr. 19 GemHVO um Zuweisungen, Zuschüsse und Darlehen für Investitionen Dritter und für Investitionen der Sondervermögen mit Sonderrechnung.

Investitionsförderungsmaßnahmen erhöhen letztendlich auch das Anlagevermögen, so dass sie im Grunde eine Teilmenge der Investitionen darstellen.[4] Geleistete Zuweisungen und Zuschüsse sind in aller Regel als Zugang bei den immateriellen Vermögensgegenständen auszuweisen (Nr. 2 Hw. zu § 38 GemHVO), Darlehen für Investitionen Dritter fallen hingegen unter die Finanzanlagen, die wiederrum auch Teil des Anlagevermögens sind.

Im Ergebnis gehen mit der Einstufung als Investition bzw. Investitionsförderungsmaßnahme verschiedene Konsequenzen einher. Investitionsmaßnahmen sind im jeweiligen Teilfinanzhaushalt zu veranschlagen und dürfen über Kredite finanziert werden (§ 103 Abs. 1 Satz 1 HGO). Darüber hinaus erhöhen Investitionen im Rahmen der Rechnungslegung das Anlagevermögen. Die Vermögensgegenstände des Anlagevermögens (deren Nutzung zeitlich begrenzt ist) werden daraufhin nach Maßgabe des § 43 Abs. 1 GemHVO über ihre voraussichtliche Nutzungsdauer abgeschrieben. Dementsprechend verteilen sich die Anschaffungskosten für den Vermögensgegenstand buchungstechnisch über die Nutzungsdauer und belasten die Ergebnisrechnung nicht so stark in den einzelnen Haushaltsjahren. Handelt es sich im Vergleich dazu nicht um eine Investition, sondern lediglich um Instandhaltungs- bzw. Reparaturaufwand, geht ein solcher Aufwand voll zu Lasten des jeweiligen Haushaltsjahres.

4 Vgl. auch Ziff. 6.4.3.

Anschaffungen von Fahrzeugen oder anderer Geschäftsausstattung sind ebenso unstrittig als Investitionen einzuordnen wie alle denkbaren Neubauten. Schwierige Entscheidungen sind in diesem Zusammenhang oftmals bei Baumaßnahmen zu treffen. Hierbei kann es zu strittigen Einzelfällen kommen, die auf Erweiterung, Instandsetzung oder Verbesserung des Standards abzielen.

§ 41 Abs. 3 Satz 1 GemHVO spricht diesbezüglich von der Herstellung bzw. der Erweiterung eines Vermögensgegenstandes oder eine über seinen ursprünglichen Zustand hinausgehende wesentliche Verbesserung. Zur Unterscheidung zwischen Investition und regelmäßigem Aufwand verweist Nr. 7 Hw. zu § 41 GemHVO zudem auf das BMF-Schreiben vom 18. Juli 2003. Entscheidend ist in diesem Kontext die Frage, inwieweit eine Hebung des Standards konstatiert werden kann. Sobald eine Hebung des Standards vorliegt, können die Kosten der Maßnahme als Anschaffungskosten aktiviert werden (Ziff. 9 des BMF-Schreibens). Das BMF-Schreiben definiert zu diesem Zweck in Ziff. 10 zentrale Ausstattungsmerkmale (Heizungs-, Sanitär- und Elektroinstallationen sowie die Fenster). Führt ein Bündel von Maßnahmen bei mindestens drei der genannten Ausstattungsmerkmale zu einer Erhöhung und Erweiterung des Gebrauchswertes, ist von einer Hebung des Standards auszugehen.

Das angesprochene BMF-Schreiben entstand zur Klarstellung steuerrechtlicher Fragestellungen. Im Steuerrecht verfolgen die Betroffenen meist das Ziel, möglichst viele Maßnahmen als laufenden Aufwand einzuordnen, um so ihre steuerpflichtigen Einkünfte bzw. Gewinne zu reduzieren. Im kommunalen Bereich ist die Zielsetzung jedoch oftmals eine andere, da die Städte und Gemeinden ausgeglichene Haushalte vorweisen müssen. Der Haushaltsausgleich (vgl. Kap. 10) definiert sich bekanntlich auch über das ordentliche Ergebnis, welches durch Reparatur- und Instandhaltungsaufwendungen direkt belastet wird. Daher möchten die Städte und Gemeinden meist möglichst viele Maßnahmen als Investition erfassen. Die Ausführungen des BMF-Schreibens passen daher nicht immer zu den Rahmenbedingungen im öffentlichen Sektor. Weitere Ausführungen zur Unterscheidung zwischen Herstellungskosten und Erhaltungsaufwand finden sich unter Ziff. 16.2.7.

Anschaffungskosten

Die dem Vermögensgegenstand einzeln zurechenbaren Anschaffungskosten sind nach § 41 Abs. 2 GemHVO die Aufwendungen, die geleistet werden, um einen Vermögensgegenstand zu erwerben **und ihn in einen betriebsbereiten Zustand zu versetzen**, soweit sie dem Vermögensgegenstand einzeln zugeordnet werden können. Zu den Anschaffungskosten gehören auch die Anschaffungsnebenkosten sowie die nachträglichen Anschaffungskosten. Minderungen des Anschaffungspreises sind abzusetzen.[5]

5 Im Rahmen der letzten Überarbeitung der Hinweise zur GemHVO (Erl. vom 27.9.2021) wurde in Nr. 1 Hw. zu § 41 GemHVO das Vorzeichen bei den Anschaffungskostenminderungen verändert. Bisher waren Anschaffungskostenminderungen (bspw. Skonto) abzuziehen, nunmehr sind sie zu addieren. Hier muss es sich offenbar um einen redaktionellen Fehler handeln. Minderungen des Anschaffungspreises können in keinem Fall zu einer Erhöhung der bilanziellen Anschaffungskosten führen. Zudem werden die Herstellungskostenminderungen gemäß Nr. 2 Hw. zu § 41 GemHVO auch abgezogen.

Aus dieser Definition ergibt sich folgendes Herleitungsschema für die Anschaffungskosten (Nr. 1 Hw. zu § 41 GemHVO):

	Anschaffungspreis	**Ansatzpflicht**
+	Aufwendungen zur Herstellung der Betriebsbereitschaft	
+	Anschaffungsnebenkosten	
+	Eigenleistungen, wenn direkt zurechenbar	
+	nachträgliche Anschaffungskosten	
+	Anschaffungspreisminderungen[6]	
=	**Anschaffungskosten**	

Anschaffungspreis

Den Anschaffungspreis stellt der Kaufpreis i. d. R. einschließlich der zu leistenden Umsatzsteuer dar. Nur bei Anschaffungen für vorsteuerabzugsberechtigte Betriebe ist der abzugsfähige Vorsteueranteil abzusetzen (Nr. 4 Hw. zu § 41 GemHVO).

Anschaffungsnebenkosten

Die Anschaffungsnebenkosten können anhand von drei Entstehungsbereichen unterschieden werden. Danach untergliedern sich die Anschaffungsnebenkosten in

- Erwerbsnebenkosten
- Bezugsnebenkosten
- Nebenkosten der Inbetriebnahme

Erwerbsnebenkosten fallen insbesondere bei der Anschaffung von Immobilien an. Zu ihnen zählen insbesondere Notariats- und Gerichtsgebühren, Maklerprovisionen und die Grunderwerbssteuer.

Bezugsnebenkosten fallen insbesondere im Bereich des beweglichen Vermögens an. Zu den Bezugsnebenkosten gehören Transportversicherungen, Verpackungen und Frachten.

Nebenkosten der Inbetriebnahme fallen an, soweit das Anlagegut nach Lieferung noch nicht vollständig einsatzfähig ist. Die für die Versetzung in einen betriebsbereiten Zustand anfallenden Einzelkosten sind als Nebenkosten der Inbetriebnahme gleichfalls Anschaffungsnebenkosten. Zu den Nebenkosten der Inbetriebnahme gehören Montage- und Anschlusskosten oder Fundamentierungskosten.

Anschaffungspreisminderungen

Anschaffungspreisminderungen vermindern die Anschaffungskosten. Zu den Anschaffungspreisminderungen gehören insbesondere Rabatte, Skonti oder andere Preisnachlässe. Entstehen Anschaffungspreisminderungen erst nach Zahlung des Rechnungsbetrages, so sind sie nachträglich von den Anschaffungskosten abzusetzen.

6 Siehe Fußnote zuvor.

Nachträgliche Anschaffungskosten
Fallen nach Anschaffung eines Vermögensgegenstandes noch Anschaffungs- oder Anschaffungsnebenkosten an, sind diese als nachträgliche Anschaffungskosten zu berücksichtigen. Nachträgliche Anschaffungskosten sind beispielsweise nachträgliche Fundamentierungen oder notwendige Ausbauarbeiten, die noch im Zusammenhang mit der Anschaffung stehen. Entstehen nachträgliche Anschaffungskosten erst in späteren Haushaltsjahren, so sind diese so zu berücksichtigen, als wären sie zum 1.1. des Haushaltsjahres der Entstehung der nachträglichen Anschaffungskosten angefallen und erhöhen für diesen Zeitpunkt den bestehenden Buchwert des Vermögensgegenstandes entsprechend.

Beispiel
Ein medizinisches Gerät des Gesundheitsamtes wird am 15.4.2022 zum Preis von 7.500 € angeschafft; die Nutzungsdauer beträgt fünf Jahre. Am 9.12.2022 fallen nachträgliche Anschaffungskosten in Höhe von 500 € an. Für das Jahr der Anschaffung 2022 ist gem. § 43 Abs. 2 GemHVO eine Abschreibung für neun volle Monate vorzunehmen. Die Jahresabschreibung 2022 ist vom Gesamtbetrag in Höhe von 8.000 € zu berechnen und beträgt anteilig für neun Monate 1.200 €.

Abwandlung
Die nachträglichen Anschaffungskosten aus dem obigen Beispiel für das medizinische Gerät fallen erst im Folgejahr am 10.3.2023 an. Im Jahr der Anschaffung 2022 beträgt die Jahresabschreibung anteilig 1.125 €, in den Folgejahren 2023 bis 2026 gerundet 1.618 €. Hierzu folgendes Berechnungsschema:

	Anschaffungskosten 2022	*7.500 €*
–	*Anteilige Jahresabschreibung 2022 (9 Monate)*[7]	*1.125 €*
=	*(Rest-)Buchwert am 31.12.2022*	*6.375 €*
+	*Nachträgliche Anschaffungskosten 2023*	*500 €*
=	*Fortgeschriebener (Rest-)Buchwert 1.1.2023*	*6.875 €*
:	*Restnutzungsdauer 4 Jahre und 3 Monate (51 Monate)*	
=	*Abschreibung in 2023 (rund 1.617,65 €) – gerundet –*	*1.618 €*

Im Jahr 2027 fallen noch drei Abschreibungsmonate an, danach beträgt die Abschreibung im Jahr 2027 aufgrund der vorherigen Rundung 403 € (anteilig rechnerisch auf der Basis des fortgeschriebenen Buchwerts 1.1.2023 beträgt die Abschreibung 404,41 €).

Zu den nachträglichen Anschaffungskosten für Grundstücke gehören nach Nr. 3 Hw. zu § 49 GemHVO auch Erschließungsbeiträge, beispielsweise für die erstmalige Herstellung einer Straße. Demselben Hinweis ist zu entnehmen, dass **wiederkehrende** Bei-

7 Nach § 43 Abs. 2 GemHVO werden alle Nutzungsmonate bei der Abschreibung berücksichtigt, hier die Monate April bis Dezember.

träge nach § 11a KAG im Vergleich dazu jedoch als ordentlicher Aufwand zu erfassen sind und somit nicht den Grundstückswert erhöhen.

Gleichzeitig wurde im genannten Hinweis zur GemHVO festgelegt, dass Gemeinden, die Beiträge erheben, für eigene beitragspflichtige Grundstücke keine Aktivierung vornehmen dürfen. Dementsprechend ist im Rahmen der Beitragserhebung bei eigenen Grundstücken weder ein Sonderposten noch ein Anlagenzugang in der Bilanz auszuweisen.

Im Liegenschaftsbereich können sich nachträgliche „positive als auch negative Anschaffungskosten" durch eine spätere Vermessung eines erworbenen Grundstücks ergeben. Es ist teilweise zur zeitnahen Abwicklung des Grundstücksgeschäfts durchaus üblich, im Kaufvertrag einen „Zirka-Grundstücksflächenwert" zu vereinbaren. Nach der exakten Vermessung erhöht bzw. reduziert sich der Kaufpreis um einen im ursprünglichen Kaufvertrag vereinbarten Quadratmeterpreis.

Nachträgliche Anschaffungspreisminderungen

Sollten sich nachträgliche Anschaffungspreisminderungen erst im folgenden Haushaltsjahr nach der Anschaffung ergeben, so ist analog dem Verfahren der nachträglichen Anschaffungskosten zu verfahren. Die nachträglichen Anschaffungspreisminderungen reduzieren den „fortgeschriebenen" Anschaffungswert (Restbuchwert).

Beispiel

Der Kaufpreis einer am 15.4.2022 angeschafften Druckmaschine von 10.000 € reduziert sich durch eine im Folgejahr gewährte Minderung aufgrund von Lackschäden um 10 % des Neupreises. Die Nutzungsdauer beträgt zehn Jahre. Im ersten Jahr beträgt die Abschreibung 9/12 von 1.000 €. In den Folgejahren reduziert sich die Abschreibung auf 889 €. Hierzu folgendes Berechnungsschema:

	Anschaffungskosten 2022	*10.000 €*
–	*Jahresabschreibung 2022; (9 Monate)*	*750 €*
=	*(Rest)-Buchwert am 31.12.2022*	*9.250 €*
–	*Nachträgliche Anschaffungspreisminderung 2023*	*1.000 €*
=	*Fortgeschriebener (Rest-)Buchwert*	*8.250 €*
:	*Restnutzungsdauer 9 Jahre u. 3 Monate (111 Monate)*	
=	*Abschreibung in 2023 (gerundet)*	*892 €*

Anschaffungskosten zur Herstellung der Betriebsbereitschaft[8]

Speziell im Immobilienbereich sind Aufwendungen, die grundsätzlich Instandsetzungs- oder Modernisierungsaufwendungen darstellen, nach § 41 Abs. 2 GemHVO als Anschaffungskosten zu behandeln, wenn sie die Betriebsbereitschaft eines Gebäudes herstellen.

Betriebsbereitschaft besteht, wenn ein Gebäude entsprechend seiner Zweckbestimmung genutzt werden kann. Wird das Gebäude ab dem Anschaffungszeitpunkt genutzt,

8 Vgl. BMF-Schreiben vom 18.7.2003 (BStBl. I S.386) Rd-Nr. 1–4.

ist grundsätzlich von einer Betriebsbereitschaft auszugehen. Instandsetzungs- und Modernisierungsaufwendungen stellen dann keine Anschaffungskosten dar.

Wird das Gebäude ab dem Anschaffungszeitpunkt nicht genutzt, ist hinsichtlich des Vorliegens der Betriebsbereitschaft eine weitergehende Prüfung zur Funktionstüchtigkeit vorzunehmen. Hierbei umfasst die Betriebsbereitschaft die beiden Voraussetzungen objektive und subjektive Funktionstüchtigkeit.

Die Betriebsbereitschaft liegt somit im Umkehrschluss nicht vor, wenn

- objektive Funktionsuntüchtigkeit oder
- subjektive Funktionsuntüchtigkeit

vorliegen.

Objektiv funktionsuntüchtig ist ein Gebäude, sofern für dessen Nutzung wesentliche Gebäudeteile bautechnisch grundlegend nicht nutzbar sind. Abgrenzend hierzu liegt dagegen eine Funktionsuntüchtigkeit nicht schon vor, wenn Mängel, die insbesondere durch Verschleiß hervorgerufen sind, vor einer Nutzung erst beseitigt werden. Letztlich bestimmt die Herrichtung der Funktionstüchtigkeit von wesentlichen Gebäudeteilen, inwieweit Anschaffungskosten vorliegen.

Beispiel

Die Gemeinde schafft ein Gebäude an, für das eine Schadstoffsanierung erforderlich ist. Vor Nutzung als Altentagesstätte erfolgen daher bauliche Maßnahmen zur Schadstoffsanierung. Alle Aufwendungen, die unmittelbar aus den Instandsetzungsarbeiten der Schadstoffsanierung resultieren, stellen Anschaffungskosten dar.

Subjektiv funktionsuntüchtig ist ein Gebäude, sofern für die vorgesehene Zweckbestimmung eine Nutzung noch nicht möglich ist. Aufwendungen für bauliche Maßnahmen, um die von der Gemeinde zweckbestimmten Nutzungsvoraussetzungen zu schaffen, stellen daher Anschaffungskosten nach § 41 Abs. 2 GemHVO dar.

Beispiel

Die bisherige Nutzung als Wohngebäude soll in eine Nutzung als Bürogebäude umgewandelt werden. Sämtliche baulichen Aufwendungen für die Herrichtung im Rahmen des neuen Nutzungszwecks stellen Anschaffungskosten dar.

Des Weiteren können Kosten für die Instandsetzung von Gebäuden als Anschaffungskosten klassifiziert werden, wenn sie dazu dienen, das Gebäude von einem einfachen auf einen mittleren oder von einem mittleren auf einen gehobenen Standard zu heben.

Aufteilung eines Gesamtkaufpreises auf mehrere Anlagegüter

Wird bereits beim Erwerb mehrerer Vermögensgegenstände (z. B. Grundstück mit Gebäude und Inventar) im Kaufvertrag eine Aufteilung des Kaufpreises vereinbart und erscheint diese Aufteilung wirtschaftlich vernünftig, stellen die dort vereinbarten Einzelpreise die Anschaffungskosten der einzelnen Vermögensgegenstände dar. Diese Vorgehensweise basiert auf dem Grundsatz der Einzelbewertung (§ 40 Nr. 2 GemHVO), wonach jeder Gegenstand mit seinen Anschaffungskosten in der Höhe anzusetzen ist, die nach dem erklärten Willen der Vertragspartner den einzelnen Vermögensgegenständen beigemessen wird.

In der Regel unterbleibt jedoch im Kaufvertrag die Aufteilung des Gesamtkaufpreises auf die einzelnen Vermögensgegenstände. Nach dem Grundsatz der Einzelbewertung muss der vereinbarte Gesamtkaufpreis in einem angemessenen Verhältnis auf die einzelnen selbstständig auszuweisenden Vermögensgegenstände aufgeteilt werden. Besonders komplex stellt sich dies dar, sofern bewegliches Anlagevermögen im Gesamtkaufpreis einer Immobilie enthalten ist. Hier ist die Aufteilung nach dem Verhältnis der Zeitwerte (aktuelle Verkehrswerte) vorzunehmen. Grundlage hierfür können die Unterlagen bilden, welche im Rahmen der Vereinbarung des Kaufpreises der Vertragspartner maßgeblich waren. In Betracht kommen hierbei Sachverständigengutachten, Berechnungen (beispielsweise orientiert am Neuwert und aus dem Verhältnis Restnutzungsdauer zur Gesamtnutzungsdauer) oder auch Restwerttabellen oder -listen.

Vielfach wird auch im Rahmen von Ankäufen im Immobilienbereich ein Wertgutachten der Bewertungsstelle oder des Gutachterausschusses erstellt. Dies stellt eine idealtypische Grundlage zur Aufteilung des Gesamtkaufpreises auf die einzelnen Vermögensgegenstände dar.

Beispiel
Beim Kauf eines bebauten Grundstücks mit zwei Gebäuden ist ein Gesamtkaufpreis vereinbart worden. Dieser ist in einem angemessenen Verhältnis auf die beiden Gebäude und den Grund und Boden aufzuteilen. Dies kann entweder auf der Basis eines vor Erwerb erstellten Wertgutachtens erfolgen oder auf der Basis anderer Unterlagen, die zur Bildung des Gesamtkaufpreises beider Vertragspartner geführt haben. Für den Grund und Boden kommt auch als Basis der gültige Bodenrichtwert in Betracht. Besonderheiten (z. B. Grundstückszuschnitt) sind hier zu beachten.

Anschaffung durch Tausch
Werden Vermögensgegenstände im Rahmen eines Tausches angeschafft, so sind diese mit ihrem vertraglich vereinbarten Wert anzusetzen. Fehlt diese Vereinbarung, so ist dem Vermögensgegenstand bei der Aktivierung der Zeitwert (z. B. Verkehrswert, neuwertorientierte Ableitung) beizulegen.

Herstellungskosten
Die dem Vermögensgegenstand zurechenbaren Herstellungskostenbestandteile sind nach § 41 Abs. 3 GemHVO die Aufwendungen, die durch den Verbrauch von Gütern und die Inanspruchnahme von Diensten für die Herstellung eines Vermögensgegenstands, seine Erweiterung oder für eine über seinen ursprünglichen Zustand hinausgehende wesentliche Verbesserung entstehen. Dazu gehören verbindlich die Materialeinzelkosten, die Fertigungseinzelkosten und die Sonderkosten der Fertigung. Die Fertigungs- und Materialgemeinkosten können einbezogen werden.

Hier räumt das kommunale Haushaltsrecht analog dem HGB den Kommunen für bestimmte Herstellungskostenbestandteile ein Ansatzwahlrecht ein. Für Fertigungs- und Materialgemeinkosten, die dem hergestellten Vermögensgegenstand nicht direkt zurechenbar sind, besteht ein solches Wahlrecht. Abweichend vom § 255 Abs. 2 Satz 3 HGB besteht dieses Wahlrecht in Städten und Gemeinden jedoch nicht für Kosten der allgemeinen Verwaltung; diese Kosten sind bei den Herstellungskosten nicht zu berücksichtigen (vgl. Nr. 3 Hw. zu § 41 GemHVO).

Die Herstellungskosten sind nach folgendem Berechnungsschema zu ermitteln (Nr. 2 Hw. zu § 41 GemHVO):

Materialeinzelkosten	Ansatzpflicht
+ Materialgemeinkosten	Ansatzwahlrecht
+ Fertigungseinzelkosten	Ansatzpflicht
+ Fertigungsgemeinkosten	Ansatzwahlrecht
+ Werteverzehr des Anlagevermögens	Ansatzwahlrecht
+ Sonderkosten der Fertigung	Ansatzpflicht
+ Zinsen für den Fertigstellungszeitraum[9]	Ansatzwahlrecht
– Herstellungskostenminderungen	Ansatzpflicht
= **Herstellungskosten**	

Abgrenzung von Einzel- und Gemeinkosten

Aufgrund des Unterschiedes der Ansatzpflicht für Herstellungseinzelkosten und des Ansatzwahlrechts für Herstellungsgemeinkosten ist es erforderlich, Einzel- und Gemeinkosten inhaltlich abzugrenzen.

Die Einzelkosten sind Kosten, die sich bei der Herstellung eines Vermögensgegenstandes diesem exakt zurechnen lassen. Sie fallen unmittelbar mit der Herstellung eines Vermögensgegenstandes an und können diesem direkt zugerechnet werden.

Die Gemeinkosten sind Kosten, die sich bei der Herstellung eines Vermögensgegenstandes diesem nicht exakt zurechnen lassen. Sie fallen gemeinsam für mehrere, auch unterschiedliche Leistungen an und können nur auf der Basis einer Gemeinkostenschlüsselung in einem angemessenen Verhältnis auf die einzelnen Leistungen verrechnet werden. Daher dürfen durch die Schlüsselung mittels Mengen-, Zeit- oder physikalisch-technischer Größen nur die für die Herstellung des Vermögensgegenstandes notwendigen Gemeinkosten verrechnet bzw. angesetzt werden.

Materialeinzelkosten

Materialeinzelkosten stellen die unmittelbar für die Herstellung des einzelnen Vermögensgegenstandes verbrauchten Materialien (Roh-, Hilfs- und Betriebsstoffe) dar.

9 Gem. § 41 Abs. 4 GemHVO dürfen Zinsen für Fremdkapital, das zur Finanzierung der Herstellung eines Vermögensgegenstands verwendet wird, als Herstellungskosten angesetzt werden, soweit sie auf den Zeitraum der Herstellung entfallen. Ansonsten gehören Zinsen für Fremdkapital nicht zu den Herstellungskosten.

Materialgemeinkosten
Materialgemeinkosten fallen in Materialstellen an, die für die Beschaffung, Prüfung und Lagerung von Herstellungsmaterialien zuständig sind. Die dort entstehenden Kosten sind einem einzelnen hergestellten Vermögensgegenstand nicht eindeutig zurechenbar. Zu den Materialgemeinkosten zählen beispielsweise die Gehälter der im Einkauf, im Lager und der bei Prüfung beschäftigten Personen, Kosten für ein Lagergebäude und Sachversicherungen.

Beispiel
Bei der Lagerung von Vermögensgegenständen fallen u. a. Kosten für die dort tätigen Beschäftigten, Abschreibungen auf das Lagergebäude, Versicherungsbeiträge für das Lagergebäude und die Bestände sowie Energiekosten an. Eine Zuordnung dieser entstandenen Lagerkosten zu den gelagerten Gütern ist einzeln nicht möglich. Die Lagerkosten stellen somit Materialgemeinkosten dar und müssen mit geeigneten Gemeinkostenschlüsseln in einem angemessenen Verhältnis verteilt werden.

Fertigungseinzelkosten
Für die Fertigungseinzelkosten ist die direkte Zurechenbarkeit zum hergestellten Vermögensgegenstand maßgeblich. Zu den Fertigungseinzelkosten zählen die Fertigungslöhne oder -gehälter. Des Weiteren zählen auch Sondereinzelkosten der Fertigung hierzu. Zu den Sondereinzelkosten gehören Spezialwerkzeugkosten, Kosten für Sonderanfertigungen, Kosten für Materialanalysen oder anzufertigende Modelle.

Fertigungsgemeinkosten
Fertigungsgemeinkosten entstehen im Rahmen der Fertigung, können aber dem hergestellten Vermögensgegenstand nicht direkt zugerechnet werden. Mittels Gemeinkostenschlüsselung werden diese Kosten verrechnet. Zu den Fertigungsgemeinkosten gehören beispielsweise Energiekosten, Hilfslöhne, Hilfsmaterialien sowie anteilige Abschreibungen und Zinsen, soweit diese dem Vermögensgegenstand nur mittelbar zugerechnet werden können.

Werteverzehr von Anlagevermögen
Die Abschreibungen auf Fertigungsanlagen zur Fertigung von Erzeugnissen werden im § 41 Abs. 3 GemHVO ausdrücklich erwähnt. Der Charakter dieses Werteverzehrs kann nicht eindeutig den Fertigungseinzelkosten bzw. den Fertigungsgemeinkosten zugeordnet werden. Einer der Grundgedanken des kommunalen doppischen Haushaltsrechts ist es jedoch, dass im Rahmen der periodengerechten Darstellung des Ressourcenverbrauchs die Aufwendungen zu berücksichtigen sind, die während der Erstellung entstehen. Insofern erscheint es im Sinne des kommunalen Haushaltsrechts, dass der Ressourcenverbrauch aus Abschreibungen zur Erstellung eines Vermögensgegenstandes (der Werteverzehr von Anlagevermögen) auch im Hinblick auf eine einheitliche Wertbasis für Vermögensgegenstände ein Ansatzwahlrecht darstellt, so dass beim Einsatz von Vermögensgegenständen zur Herstellung eines anderen Vermögensgegen-

standes die für den Zeitraum der Herstellung anfallenden Abschreibungen als Herstellungskosten angesetzt werden können. Denkbar sind hier die anteiligen Abschreibungen für einen Radlader der Kommune, der für die Errichtung eines Gebäudes eingesetzt wurde.

Nachträgliche Herstellungskosten oder -minderungen
Fallen nachträgliche Herstellungskosten oder nachträgliche Minderungen der Herstellungskosten erst in späteren Jahren an, so sind diese so zu berücksichtigen, als wären sie zum 1.1. des Jahres ihres Entstehens angefallen.

> ***Beispiel:***
> *Eine Kläranlage muss 2023, im 6. Betriebsjahr, um einen unselbstständigen Anlagenteil erweitert werden. Die notwendigen Arbeiten werden im Juni 2023 vom Baubetriebshof der Gemeinde abgeschlossen. Die nachträglichen Herstellungskosten sind somit ab Juni 2023 auf die Restnutzungsdauer der Kläranlage zu verteilen.*

Fallen nach der Herstellung bzw. Betriebsbereitschaft eines Vermögensgegenstandes noch nachträgliche Herstellungskosten oder Herstellungskostenminderungen an, sind diese bei den Herstellungskosten unmittelbar nach deren Auftreten noch zu berücksichtigen.

Übungen
Siehe zu diesem Abschnitt die Sachverhalte 4 bis 6 zu Kap. 16 im Übungsband.

16.2.6 Verhältnis zu anderen Bewertungszwecken

Die Bewertungsvorschriften der HGO und GemHVO entfalten nur für die kommunale Haushaltswirtschaft Gültigkeit. Bestehende Bewertungen und Bewertungsverfahren für andere kommunale Bewertungszwecke bleiben unberührt und werden durch die o. g. Bewertungsvorschriften nicht ersetzt. Festlegungen für eine bestehende Kosten- und Leistungsrechnung können gleichfalls beibehalten werden.

Somit können nebeneinander abweichende Bewertungen für einzelne Vermögensgegenstände neben der Bewertung für das Haushaltsrecht bestehen:
- Steuerrecht
- Gebührenrecht
- Kostenrechnung

Im Einzelfall ist jedoch stets zu prüfen, ob der zusätzliche Informationsgewinn das Führen einer separaten Anlagebuchhaltung mit anderen Bewertungen tatsächlich rechtfertigt.

16.2.6.1 Steuerrecht

Kommunen haben für Betriebe gewerblicher Art für Zwecke der Besteuerung die Werte des Anlagevermögens nach den einschlägigen Bewertungsvorschriften des Steuerrechts zu führen.

Die Bewertung des Anlagevermögens für steuerliche Zwecke erfolgt zwar dem Wortlaut nach ebenfalls zu Anschaffungs- und Herstellungskosten. Jedoch gelten für das Steuerrecht als eine Abweichung immer die historischen Anschaffungs- oder Herstellungskosten und nicht die evtl. vor dem Jahre 2005 auf Zeitwertbasis ermittelten Anschaffungs- und Herstellungskosten der kommunalen Eröffnungsbilanz.

Aufgrund des eingeräumten Ansatzwahlrechts des § 41 Abs. 3 GemHVO bei den Herstellungskosten können auch im Regelbetrieb weitere Abweichungen entstehen. Nach dieser Regelung besteht eine Ansatzpflicht für Material- und Fertigungseinzelkosten sowie für Sonderkosten der Fertigung.[10] Dagegen besteht ein Ansatzwahlrecht für Material- und Fertigungsgemeinkosten. Steuerrechtlich können diesbezüglich andere Regelungen gelten, so dass ggf. für das Finanzamt ein separater Jahresabschluss erstellt werden muss.

Des Weiteren ist zu berücksichtigen, dass Betriebe gewerblicher Art ganz oder zum Teil vorsteuerabzugsberechtigt (siehe Ziff. 2.3.1.5) sind, so dass dieser Abzug bei den Herstellungskosten zu berücksichtigen ist. In vielen Fällen werden die Betriebe gewerblicher Art aber ohnehin in einer separaten Rechtsform betrieben, so dass für den Eigenbetrieb, die GmbH oder die AG schon rein rechtlich ein eigener Jahresabschluss erstellt werden muss.

16.2.6.2 Gebührenrecht

Für kostenrechnende Einrichtungen sind nach § 10 KAG Benutzungsgebühren[11] zu erheben. Hierzu sind in den Gebührenkalkulationen Abschreibungen und Zinsen, die nach betriebswirtschaftlichen Grundsätzen ansatzfähig sind, zu berücksichtigen.

Diese unterscheiden sich in der Regel von den in der kommunalen Haushaltswirtschaft zu buchenden Wertgrößen. So dürfen in Hessen kalkulatorische Abschreibungen (zur Entgeltkalkulation) beispielsweise von Wiederbeschaffungszeitwerten berechnet werden (§ 10 Abs. 2 Satz 5 KAG). Die kalkulatorischen Zinsen sind dagegen auf der Basis historischer Anschaffungs- oder Herstellungskosten unter Berücksichtigung von Zuwendungen und Beiträgen zu berechnen (§ 10 Abs. 2 Satz 2 u. 3 KAG).

Die Wahlrechte im Gebührenrecht ermöglichen es den Kommunen, von den starren Festlegungen des Haushaltsrechts abzuweichen und so ein gewisses Maß an Flexibilität im Rahmen der kommunalen Gebührenfestsetzung walten zu lassen. Das Gebührenrecht ist grundsätzlich Landesrecht, weshalb die Festlegungen in den Abgabenge-

10 Dies entspricht den minimalen Herstellungskosten des § 255 Abs. 2 HGB.

11 Zu weiteren Erläuterungen in diesem Zusammenhang muss auf die einschlägige Fachliteratur zum Gebührenrecht verwiesen werden (z. B. *Driehaus*, Kommentar KAG, *Herner* (Loseblatt), Erläuterungen zu § 6 KAG NRW).

setzen zwischen Bundesländern genauso voneinander abweichen wie auch im Haushaltsrecht.

16.2.6.3 Kosten- und Leistungsrechnung

Die Kosten- und Leistungsrechnung[12] soll neben der Preiskalkulation und der Wirtschaftlichkeitskontrolle einzelner Fachbereiche insbesondere als Instrument zur Fundierung und Kontrolle von Entscheidungen (z. B. Make-or-buy-Probleme) dienen. Hierbei werden die Rahmenbedingungen für kalkulatorische Abschreibungen und Zinsen durch interne Richtlinien oder Anweisungen einer jeden Gemeinde festgelegt. Im Vergleich zur kommunalen Vermögenswirtschaft stellen die kalkulatorischen Eigenkapitalzinsen Zusatzkosten, die kalkulatorischen Abschreibungen in Abhängigkeit der Regelungen der Kostenrechnung Anderskosten dar.

Die Ausgestaltung der kommunalen Kosten- und Leistungsrechnung orientiert sich an den ureigenen Zielsetzungen der Gemeinde. Diese können sich wie folgt unterschiedlich ausrichten:

- Wirtschaftlichkeitsüberlegungen
- Vergleichbarkeit mit Privatwirtschaft (z. B. Make-or-buy-Entscheidung)
- Einheitliche Vorgehensweise mit dem NKRS (Minderung des Nutzungspotenzials)
- Einheitliche Vorgehensweise mit Vorschriften des KAG (Wiederbeschaffungs- und Kostendeckungsprinzip)
- Vergleiche mit anderen Kommunen, u. a. im Rahmen des sog. „Benchmarkings"

Die unterschiedlichen Zielsetzungen bedingen eine unterschiedliche Ausgestaltung der KLR. Die Einführung einer KLR ist den Kommunen zwar nach § 14 GemHVO vorgeschrieben, deren konkrete Umsetzung ist jedoch weitestgehend den Städten und Gemeinden überlassen.

Die Wertbasis im Anlagevermögen kann sich alternativ an Anschaffungs- und Herstellungskosten oder Wiederbeschaffungszeitwerten (Wertfortschreibung) orientieren. Die Abschreibungsvorgaben können sich unterscheiden bei der Nutzungsdauer und der Abschreibungsmethode. Hier kann sich die Nutzungsdauer an gebührenrechtlichen Grundlagen nach AfA-Tabellen, an der haushaltsrechtlichen Rahmenabschreibungstabelle bzw. der eigenen kommunalen Abschreibungstabelle oder an Herstellerangaben orientieren.

Bei der Wahl der Abschreibungsmethode ist die Kosten- und Leistungsrechnung völlig frei. Denkbar ist die lineare, degressive, progressive oder leistungsbezogene Abschreibungsmethode. Ggf. können verschiedene Verfahren auch nebeneinander praktiziert werden, je nachdem für welchen Bereich und zu welchem Zweck die KLR dienen soll.

---

12 Zur Kosten- und Leistungsrechnung insgesamt vgl. Kap. 19.

16.2.7 Abgrenzung von Herstellungskosten und Erhaltungsaufwand

Für die Veranschlagung und Buchung im Drei-Komponenten-System ist es erforderlich, dass Herstellungskosten und Erhaltungsaufwand[13] eindeutig abgegrenzt werden. Von besonderer Bedeutung ist diese Abgrenzung im Immobilienbereich.

Bei der Berücksichtigung von nachträglichen Herstellungskosten bei Immobilien sind die zugehörigen Sachverhalte auf ihre Aktivierungsfähigkeit anhand der nachfolgenden Kriterien zu prüfen.

Herstellungskosten werden bei einem Vermögensgegenstand aktiviert. Sie werden in die Bilanz eingestellt und führen im Bereich des abnutzbaren Vermögens auf der Basis einer festgelegten Nutzungsdauer zu Abschreibungen. Diese Abschreibungen belasten fortan als ordentlicher Aufwand das ordentliche Ergebnis der Ergebnisrechnung. Herstellungskosten werden im Finanzhaushalt bzw. in der Finanzrechnung abgebildet, die hieraus resultierenden Abschreibungen dagegen im Ergebnishaushalt bzw. der Ergebnisrechnung. Anders ist dies bei Erhaltungsaufwand, der immer im Ergebnishaushalt und der Ergebnisrechnung zu berücksichtigen ist, wobei der diesbezügliche Liquiditätsabfluss sich auch im Finanzhaushalt und in der Finanzrechnung niederschlägt.

Die Abgrenzung erfolgt in der Form, dass Grundvoraussetzungen für Sachverhalte zu prüfen sind, nach denen eine Aktivierung als Herstellungskosten erfolgt. Erfüllt der Sachverhalt nicht die Voraussetzungen, stellt er somit immer Instandhaltungs- bzw. Instandsetzungsaufwand[14] dar.

Für die Aktivierungsfähigkeit als Herstellungskosten sind drei grundlegende Sachverhaltskonstellationen zu betrachten (§ 41 Abs. 3 GemHVO):

- die Erweiterung eines Vermögensgegenstandes
- die über den ursprünglichen Zustand hinausgehende Wertverbesserung
- das Zusammentreffen von Herstellungskosten und Erhaltungsaufwand

16.2.7.1 Erweiterung eines Vermögensgegenstandes

Im Immobilienbereich liegt eine Erweiterung eines Vermögensgegenstandes vor, wenn durch Anbau, Aufstockung oder Vergrößerung die Nutzfläche erweitert bzw. eine Mehrung der Substanz erreicht wird. Anbauten, z. B. der Anbau bei Schulgebäuden, stellen hinsichtlich der Abgrenzung zwischen Herstellungskosten und Erhaltungsaufwand kein Problem dar.

Ein Anbau, eine Aufstockung bzw. Vergrößerung der Nutzfläche liegt dagegen nicht vor, wenn lediglich ein Flachdach durch ein Satteldach ersetzt wird. Die Schaffung zusätzlicher Raumhöhe reicht zur Aktivierungsfähigkeit nicht aus. Wird das Sat-

13 Die Ausführungen in dieser Ziffer basieren auf dem Schreiben des Bundesministeriums für Finanzen vom 18.7.2003 – IV C 3 – S 2211 – 94/03 –, www.bundesfinanzministerium.de. Nr. 7 Hw. zu § 41 GemHVO verweist explizit auf dieses BMF-Schreiben.

14 Auch bei Kommunen können in Analogie zur Steuerbilanz Herstellungskosten im Rahmen einer Erweiterung von nicht mehr als 4.000 € (ohne USt.) als Erhaltungsaufwand verbucht werden (vgl. Nr. 7 Hw. zu § 41 GemHVO).

teldach aber dazu genutzt, zusätzliche Nutzfläche durch gleichzeitigen Ausbau des entstandenen Dachgeschosses zu schaffen, liegt dagegen ein aktivierungsfähiger Sachverhalt vor.

Auch die Substanzvermehrung durch zusätzliche Bauteile, sowohl bei Immobilien als auch beim beweglichen Vermögen, stellt grundsätzlich aktivierungsfähigen Sachverhalt dar. Im Bereich des beweglichen Vermögens ist beispielsweise die Aufrüstung eines Feuerwehrfahrzeuges mit einer Schnelllöschvorrichtung ein aktivierungsfähiger Sachverhalt. Im Immobilienbereich stellt der nachträgliche Einbau eines Fahrstuhls einen aktivierungsfähigen Sachverhalt dar.

Anders ist dies, wenn zusätzliche Bauteile im Immobilienbereich nur eine Anpassung an den aktuellen bautechnischen Standard darstellen. So stellen Fassadenverkleidungen zu Wärme- und Schallschutzzwecken in der Regel keine aktivierungsfähigen Sachverhalte dar. Gleiches gilt auch für den Ersatz von einfachen Fenstern durch moderne Wärme- und/oder Schallschutzfenster bzw. den Ersatz einer Einzelofenbeheizung durch eine Zentralheizung. Ein neuer Gebäudebestandteil ist auch dann als bisheriger Gebäudebestandteil anzusehen, wenn dieser lediglich deshalb hinzugefügt wird, um bereits eingetretene Schäden zu beseitigen oder einen drohenden Schaden abzuwenden. Ein Beispiel hierfür stellt die Anbringung einer Betonvorsatzschale als Schutz vor einer weiteren Durchfeuchtung des Fundamentes dar.

16.2.7.2 Über den ursprünglichen Zustand hinausgehende Wertverbesserung

Fallen Instandsetzungs- oder Erhaltungsaufwendungen (z. B. Modernisierung) im engen zeitlichen Zusammenhang mit der Anschaffung eines Gebäudes an, sind diese als anschaffungsnahe Aufwendungen den Anschaffungskosten zuzurechnen.

> ***Beispiel:***
> *Ein Gebäude wird aufgrund seiner günstigen Lage von der Gemeinde G als Standort einer Kindertageseinrichtung erworben. Die Immobilie wird in wesentlichen Teilen aufgewertet, so dass die Kindertageseinrichtung nicht mehr mittleren, sondern gehobenen Ansprüchen genügt.*

Ansonsten sind die Instandsetzungs- oder Modernisierungsaufwendungen daraufhin zu prüfen, ob diese zu einer über den ursprünglichen Zustand hinausgehende wesentliche Verbesserung führen. Liegt diese wesentliche Wertverbesserung vor, sind die Instandsetzungs- oder Modernisierungsaufwendungen als Herstellungskosten zu aktivieren.

Maßgeblich für den ursprünglichen Zustand ist grundsätzlich der Zustand des Gebäudes im Zeitpunkt der Herstellung und Anschaffung. Dieser ist zu vergleichen mit dem Zustand, in den das Gebäude durch die Instandsetzungs- oder Modernisierungsaufwendungen versetzt wurde. Dies gilt natürlich nicht, wenn die ursprünglichen Anschaffungs- oder Herstellungskosten verändert wurden (z. B. durch nachträgliche Anschaffungs- oder Herstellungskosten). Anstelle des ursprünglichen Zustands tritt dann der Zustand, der für die Abschreibung maßgebend ist.

Beispiel:
Ursprünglich wurde ein Verwaltungsgebäude mit einem einfachen kleinen Regenschutzdach im Eingangsbereich ausgestattet. Aufgrund der Nutzung zu Repräsentationszwecken wurde das Regenschutzdach im Eingangsbereich zwei Jahre später zur Verbesserung des Erscheinungsbildes durch eine aufwendige Marmor-Aluminium-Glaskonstruktion ersetzt. Aufgrund schlechter Verarbeitung ist die neue Konstruktion baufällig und wird vollständig erneuert. Maßgeblich ist der Zustand zwei Jahre später, also mit der aufwendigen Marmor-Aluminium-Glaskonstruktion, mit der jetzigen Veränderung. Es ergibt sich keine über den ursprünglichen Zustand hinausgehende wesentliche Verbesserung, demzufolge ist die Erneuerung Instandsetzungsaufwand, der nicht aktivierungsfähig ist. Bei einem Vergleich der jetzigen Veränderung mit dem einfachen kleinen Regenschutzdach hätte sich dagegen eine über den ursprünglichen Zustand hinausgehende wesentliche Verbesserung ergeben.

Bei Immobilien liegt lt. BMF-Schreiben vom 18. Juli 2003 eine wesentliche Verbesserung vor, wenn der Gebrauchswert des Gebäudes wesentlich erhöht wird (Rd-Nr. 28 des BMF-Schreibens). Hierbei ist von einem ordnungsgemäßen Zustand auszugehen, so dass Instandhaltungsrückstände bei der Beurteilung nicht einzubeziehen sind. Vielmehr muss es sich um eine über zeitgemäße substanzerhaltende Erneuerung hinausgehende Instandsetzungs- oder Modernisierungsmaßnahme handeln.

Zu einer wesentlichen Verbesserung zählen eine deutliche Erhöhung des Gebrauchswertes und die Schaffung einer erweiterten Nutzungsmöglichkeit für die Zukunft. Die erweiterte Nutzungsmöglichkeit kann zum einen in einer erheblichen Verlängerung der Nutzungsdauer liegen, wobei die Nutzungsdauer des Gebäudes bestimmende Bauteile (z. B. das Fundament) erneuert werden. Zum anderen kann die erweiterte Nutzungsmöglichkeit auch in einer wesentlichen zukunftsorientierten Umgestaltung (z. B. Entkernung eines Gebäudes mit einer anschließenden Neugestaltung) liegen. Von einer deutlichen Erhöhung des Gebrauchswertes ist auszugehen, wenn eine Standardverbesserung erfolgt. Hierbei kann eine Standardverbesserung

- von einem sehr einfachen auf einen mittleren Standard oder
- von einem mittleren auf einen sehr anspruchsvollen Standard

erfolgen.

Ein sehr einfacher Standard liegt vor, wenn die zentralen Ausstattungsmerkmale nur im nötigen Umfang oder in einem technisch überholten Zustand vorhanden sind. Ein mittlerer Standard besteht, wenn die zentralen Ausstattungsmerkmale durchschnittlichen und selbst höheren Ansprüchen genügen. Der sehr anspruchsvolle Standard beinhaltet nicht nur die optimale zweckmäßige Ausstattung, vielmehr kommt hierbei noch die Verwendung außergewöhnlich hochwertiger Materialien hinzu.

Die Standardverbesserung konkretisiert sich anhand von Verbesserungen bei zentralen Ausstattungsmerkmalen. Der Standard bezieht sich auf die Eigenschaften der Vermögensnutzung. Wesentliche Ausstattungsmerkmale sind lt. BMF-Schreiben (Rd-Nr. 10) bei Wohnungen vor allem Umfang und Qualität der Zentralgewerke Heizungs-, Sanitär- und Elektroinstallationen sowie der Fenster. Durch die Formulierung „vor allem" ist die Berücksichtigung anderer Gewerke als zentrale Ausstattungsmerkmale möglich. Denkbar sind hier ganzheitliche Wärmedämmungsmaßnahmen am Gebäude. Fußböden und Türen gehören dagegen in der Regel nicht zu einer Verbesserung der zentralen Ausstattungsmerkmale.

Für die Aktivierung als Herstellungskosten im Rahmen der Standardverbesserung wird konkretisiert, dass eine Verbesserung von mindestens drei Bereichen der zentralen Ausstattungsmerkmale erfolgen muss oder in Verbindung mit einer aktivierungsfähigen Herstellungsmaßnahme mindestens zwei Bereiche der zentralen Ausstattungsmerkmale verbessert werden müssen.

Beispiel:
Die Gemeinde G ist Eigentümerin eines 1930 erbauten Verwaltungsgebäudes, an dem seit 1980 keine größeren Renovierungen und Reparaturen mehr vorgenommen wurden. Teilweise sind Räumlichkeiten an kleinere Firmen vermietet. Die Gemeinde lässt das Gebäude renovieren. Hierbei werden folgende Arbeiten durchgeführt: Austausch der Einfachverglasung gegen Isolierverglasung, Aufwertung der Fassade durch eine ganzheitliche Gebäudewärmedämmung, Erneuerung der Elektro- und Sanitäranlagen und Ersatz der Nachtspeicherheizungen durch eine Gaszentralheizung. Die Sanierungsaufwendungen stellen aufgrund der Verbesserung von mindestens drei Ausstattungsmerkmalen eine Standardverbesserung dar, die zu einer Aktivierungsfähigkeit der Sanierungskosten als Herstellungskosten führt.

Teilen sich Aufwendungen für Baumaßnahmen planmäßig über mehrere Haushaltsjahre auf („Sanierung in Raten"), wobei diese für sich jeweils noch keine wesentliche Verbesserung darstellen, bildet die Gesamtmaßnahme den Maßstab für die Aktivierungsfähigkeit. Führt diese insgesamt zu einer Hebung des Standards, liegt für die Gesamtmaßnahme eine Aktivierungsfähigkeit vor. Zeitlich ist von einer „Sanierung in Raten" auszugehen, wenn die Maßnahme innerhalb von fünf Jahren durchgeführt wird.[15]

Grundsätzlich stellt die Frage Herstellungskosten oder Erhaltungsaufwand immer ein strittiges Thema im Rahmen der Jahresabschlussprüfung dar. Die Kommunen tendieren dazu, Maßnahmen eher als Investition zu deklarieren, die Rechnungsprüfungsämter haben im Vergleich dazu auf eine konsequente Umsetzung der haushaltsrechtlichen Vorschriften zu achten. Letztendlich können viele Einzelfälle immer nur unter Berücksichtigung der individuellen Rahmenbedingungen beurteilt werden.

15 Vgl. Nr. 7 Hw. zu § 41 GemHVO und BMF-Schreiben vom 18.7.2003 zur Abgrenzung von Anschaffungskosten, Herstellungskosten und Erhaltungsaufwendungen, Rd-Nr. 31.

16.2.7.3 Zusammentreffen von Herstellungskosten und Erhaltungsaufwendungen

Fallen im Rahmen einer umfassenden Instandsetzungs- und Modernisierungsmaßnahme Arbeiten zur Erweiterung des Gebäudes bzw. über eine zeitgemäße substanzerhaltende Erneuerung hinausgehende Maßnahmen mit Erhaltungsarbeiten zusammen, sind die hierauf jeweils entfallenden Aufwendungen in Herstellungs- und Erhaltungsaufwendungen aufzuteilen. Dies gilt auch, wenn sie einheitlich in Rechnung gestellt wurden. Können diese nicht eindeutig anhand der Rechnung aufgeteilt werden, hat eine Schätzung zu erfolgen.

Aufwendungen, die mit beiden Aufwendungsarten im Zusammenhang stehen, z. B. eine für die Gesamtmaßnahme übertragene Bauleitung oder Aufwendungen für Absperrmaßnahmen durch Bauzäune, sind entsprechend dem Verhältnis von Herstellungs- und Erhaltungsaufwendungen diesen zuzuordnen.

Fallen Aufwendungen für eine Vielzahl von Einzelmaßnahmen an, die für sich genommen teilweise Herstellungs- und teilweise Erhaltungsaufwendungen darstellen, sind diese insgesamt als Herstellungskosten zu beurteilen, soweit die Arbeiten in engem sachlichem Zusammenhang stehen.

Ein sachlicher Zusammenhang in diesem Sinne liegt vor, wenn die einzelnen Baumaßnahmen – die sich auch über mehrere Jahre erstrecken können – bautechnisch ineinandergreifen. Ein bautechnisches Ineinandergreifen ist gegeben, wenn die Erhaltungsarbeiten

- Vorbedingung für die Schaffung des betriebsbereiten Zustandes,
- Vorbedingung für die Herstellungsarbeiten oder
- durch bestimmte Herstellungsarbeiten veranlasst (verursacht) worden sind.

> ***Beispiel 1:***
> *Um einen Anbau an ein vorhandenes Verwaltungsgebäude vornehmen zu können, sind zunächst Ausbesserungsarbeiten an den Fundamenten des vorhandenen Gebäudes notwendig.*
>
> ***Beispiel 2:***
> *Im Dachgeschoss eines mehrgeschossigen Wohngebäudes, das als Asylheim genutzt wird, werden erstmals Bäder eingebaut. Diese Herstellungsarbeiten machen das Verlegen von größeren Fallrohren bis zum Anschluss an das öffentliche Abwassernetz erforderlich. Die hierdurch entstandenen Aufwendungen sind ebenso wie die Kosten für die Beseitigung der Schäden, die durch das Verlegen der größeren Fallrohre in den Badezimmern der darunter liegenden Stockwerke entstanden sind, den Herstellungskosten zuzurechnen.*

Von einem bautechnischen Ineinandergreifen ist nicht allein deswegen auszugehen, weil solche Herstellungsarbeiten zum Anlass genommen werden, auch sonstige anstehende Renovierungsarbeiten vorzunehmen. Allein die gleichzeitige Durchführung der Arbeiten, z. B. um die mit den Arbeiten verbundenen Unannehmlichkeiten abzukürzen, reicht für einen solchen sachlichen Zusammenhang nicht aus. Ebenso wird ein sachlicher Zusammenhang nicht dadurch hergestellt, dass die Arbeiten unter dem Gesichtspunkt der rationellen Abwicklung eine bestimmte zeitliche Abfolge der einzelnen Maßnahmen erforderlich machen, die Arbeiten aber ebenso unabhängig voneinander hätten durchgeführt werden können.

Beispiel 1:
Wie das vorherige Beispiel, jedoch werden die Arbeiten in den Bädern der übrigen Stockwerke zum Anlass genommen, diese Bäder vollständig neu zu verfliesen und neue Sanitäranlagen einzubauen. Diese Modernisierungsarbeiten greifen mit den Herstellungsarbeiten (Verlegung neuer Fallrohre) nicht bautechnisch ineinander. Die Aufwendungen führen daher zu Erhaltungsaufwendungen. Die einheitlich in Rechnung gestellten Aufwendungen für die Beseitigung der durch das Verlegen der größeren Fallrohre entstandenen Schäden und für die vollständige Neuverfliesung sind dementsprechend in Herstellungs- und Erhaltungsaufwendungen aufzuteilen.

Beispiel 2:
Durch das Aufsetzen einer Dachgaube wird die nutzbare Fläche des Gebäudes geringfügig vergrößert. Diese Maßnahme wird zum Anlass genommen, gleichzeitig das alte, schadhafte Dach neu einzudecken. Die Erneuerung der gesamten Dachziegel steht insoweit nicht in einem bautechnischen Zusammenhang mit der Erweiterungsmaßnahme. Die Aufwendungen für Dachziegel, die zur Deckung der neuen Gauben verwendet werden, sind Herstellungskosten, die Aufwendungen für die übrigen Dachziegel sind Erhaltungsaufwendungen.

Beispiel 3:
Aufgrund der Erweiterung einer Feuerwache erhält das Gebäude zusätzliche Fenster. Hiermit verbunden wird die Einfachverglasung der bereits vorhandenen Fenster durch Isolierverglasung ersetzt. Die Erneuerung der bestehenden Fenster ist nicht durch die Erweiterungsmaßnahme und das Einsetzen der zusätzlichen Fenster veranlasst, greift daher bautechnisch nicht mit diesen Maßnahmen ineinander. Nur die Kosten für die zusätzlichen Fenster stellen Herstellungsaufwendungen dar. Die auf die Fenstererneuerung entfallenden Aufwendungen stellen dagegen Erhaltungsaufwendungen dar.

16.2.7.4 Übungen

Siehe zu diesem Abschnitt die Sachverhalte 7 bis 9 zu Kap. 16 im Übungsband.

16.2.8 Bilanzierungsgrundsätze

§ 40 GemHVO verweist hinsichtlich der Bilanzierungsgrundsätze nicht ausdrücklich auf die Anwendung der Grundsätze ordnungsmäßiger Buchführung[16], greift aber die vom Verordnungsgeber als besonders wichtig angesehenen Grundsätze auf.

16.2.8.1 Bilanzidentität

Nach § 40 Nr. 1 GemHVO müssen die Bilanzansätze zu Beginn des folgenden Haushaltsjahres immer mit den im Rahmen eines Jahresabschlusses ermittelten Bilanzansätzen übereinstimmen. Hieraus ergibt sich die Verpflichtung, die formelle Übereinstimmung (Bilanzposten) sowie die materielle Übereinstimmung (Bilanzwerte) sicherzustellen.

16.2.8.2 Einzelbewertung

Nach § 40 Nr. 2 GemHVO sind Vermögensgegenstände grundsätzlich einzeln zu erfassen und zu bewerten. Ausnahmen hiervon ergeben sich aus folgenden Vereinfachungsverfahren:

- Festwertbewertung[17] nach § 35 Abs. 2 GemHVO und
- Gruppenbewertung[18] nach § 35 Abs. 3 GemHVO

Die im Handels- und Steuerrecht bestehenden Inventur- und Bewertungsvereinfachungen der Festwertbildung und der Gruppenbewertung wurden durch § 35 GemHVO übernommen.

16.2.8.2.1 Festwertbildung

Voraussetzung für die Festwertbildung ist gem. § 35 Abs. 2 GemHVO, dass der Bestand in Größe, Wert und Zusammensetzung der Vermögensgegenstände nur geringen Schwankungen unterliegen darf, d. h., dass die Vermögensgegenstände regelmäßig ersetzt werden müssen. Des Weiteren muss der Gesamtwert von nachrangiger Bedeutung sein. Eine Festwertbildung ist nur für Vermögensgegenstände des Sachanlagevermögens sowie für Roh-, Hilfs- und Betriebsstoffe und Waren zulässig. Sie

16 Unter den Grundsätzen ordnungsmäßiger Buchführung (GoB) werden Regelungen verstanden, die sich aus den Gepflogenheiten der ordentlichen Kaufleute, der Rechtsprechung, der Wissenschaft und einschlägiger Berufsverbände (z. B. der Wirtschaftsprüfer) herausgebildet haben, und die bei der Buchführung zu beachten sind. Nur ein Teil dieser Regelungen wurde vom Gesetzgeber aufgegriffen und kodifiziert, im Übrigen verweist der Gesetzgeber an zahlreichen Stellen (§§ 108, 112 HGO; §§ 32 Abs. 2, 33, 36, 42 GemHVO) auf die GoB, die auch bei fehlender gesetzlicher Normierung dennoch gültig sind.

17 Siehe ausführlich Ziff. 16.2.8.2.1.

18 Siehe ausführlich Ziff. 16.2.8.2.2.

ist grundsätzlich für immaterielle Vermögensgegenstände sowie für Finanzanlagen ausgeschlossen.

Die Rahmenbedingungen für eine Festwertbildung sind:

- Es wird ein unveränderter Wertansatz für den Bestand bestimmter Vermögensgegenstände über mehrere Haushaltsjahre ermöglicht.
- Die ständige Abnutzung wird durch laufende Wiederbeschaffungen ungefähr ausgeglichen.
- Der Zweck besteht in der Erleichterung der Inventur und der Bewertung.
- Abschreibungen fallen nach einer Festwertbildung nicht an, vielmehr stellen die Ersatzbeschaffungen Aufwand in der Anschaffungsperiode dar.
- Die jährliche Inventurverpflichtung einer grundsätzlich körperlichen Bestandsaufnahme wird auf drei Jahre erweitert.

Liegen die Voraussetzungen für eine Festwertbewertung vor, ist je nach Alter und Abnutzung der Vermögensgegenstände bei der erstmaligen Bildung des Festwertes ein Abschlag in Höhe von 50 % von den ursprünglichen Anschaffungs- oder Herstellungskosten vorzunehmen. Typische Beispiele sind Werkzeuge, Geräte und Kantinengeschirr.

> ***Beispiel:***
> *Der Bestand an Spielgeräten, Bänken, Wegen, Pflanzen etc. im Park der Gemeinde G ist im Rahmen der stetigen Unterhaltung der Grünanlage grundsätzlich gleichbleibend. Die Voraussetzungen für eine Festwertbildung sind aufgrund unerheblicher Schwankungen – zulässig sind geringe Schwankungen – hinsichtlich des Bestandes, des Werts und der Zusammensetzung der Vermögensgegenstände erfüllt. Alle Vermögensgegenstände des Parks dürfen daher nach § 35 Abs. 2 GemHVO zu einem Festwert zusammengezogen werden. Weiterhin ist bei diesem Beispiel anzumerken, dass es im Rahmen des Grundsatzes der Wirtschaftlichkeit nicht erforderlich ist, die Bäume und Blumen einzeln zu bewerten und zum Festwert zusammenzuziehen. Die Bewertung der Pflanzen kann pauschal erfolgen.*

Verändert sich der Festwert offensichtlich um mehr als 10 %, so ist innerhalb des Zeitraums der vorgenannten dreijährigen Inventurpflicht eine Wertanpassung des Festwertes erforderlich. Übersteigt der ermittelte Wert den bisherigen Festwert dagegen um nicht mehr als 10 %, so kann beim Anlagevermögen[19] der bisherige Festwert beibehalten werden. Wird ein niedrigerer Festwert ermittelt, so kann der ermittelte Wert als neuer Festwert angesetzt werden.[20] Ist für die Zukunft dauerhaft von einem niedri-

---

19 Dies ist anders beim Umlaufvermögen: Aufgrund des strengen Niederstwertprinzips – siehe Ziff. 16.2.8.3 – hat im Rahmen der jährlichen Inventur eine kontinuierliche Wertanpassung zu erfolgen.

20 Bei diesen Anpassungsregelungen handelt es sich um einen allgemein angewandten kaufmännischen Grundsatz, der im Einkommensteuerrecht festgelegt ist (vgl. hierzu auch Einkommensteuerrichtlinien 2012, EStR 5.4 Abs. 3).

geren Festwert auszugehen, verwandelt sich das Wahlrecht eines neuen Festwertansatzes in eine Ansatzpflicht.

Beispiel (Festwertbildung)
Im Gesundheitsamt wird auf Dauer eine gleichbleibende Anzahl gleichartiger Geräte eingesetzt. Zum Zeitpunkt der Festwertbildung sind 45 Geräte vorhanden. Die ursprünglichen Anschaffungskosten werden mit rund 500 € pro Gerät angesetzt.

Berechnung des Festwertansatzes			
ursprünglicher Wert	*500 €*	*x 45 Stück*	*22.500 €*
anzusetzender Festwert	*22.500 €*	*x 50 %*	*11.250 €*

16.2.8.2.2 Gruppenbewertung

Die Gruppenbewertung nach § 35 Abs. 3 GemHVO ist ein Verfahren der Pauschalbewertung. Sie hat mit einem gewogenen Durchschnittswert zu erfolgen. Voraussetzung für eine Gruppenbewertung ist, dass es sich um gleichartige Vermögensgegenstände des Vorratsvermögens oder andere gleichartige oder annähernd gleichwertige bewegliche Vermögensgegenstände handelt. Diese dürfen zu einer Gruppe zusammengefasst und mit einem gewogenen Durchschnittswert angesetzt werden. Die Vorgehensweise der Bewertung mit einem gewogenen Durchschnittswert wird durch folgendes Berechnungsschema deutlich:

Vermögensgegenstand 1	Anzahl x	Einzelwert =	Gesamtwert der Art Vermögensgegenstand 1
Vermögensgegenstand 2	Anzahl x	Einzelwert =	Gesamtwert der Art + Vermögensgegenstand 2
Vermögensgegenstand 3	Anzahl x	Einzelwert =	Gesamtwert der Art + Vermögensgegenstand 3
			= Gesamtwert der Vermögensgegenstände 1–3
: Gesamtanzahl der Vermögensgegenstände 1–3			= Gewogener Einzelwert der Vermögensgegenstände 1–3

16.2.8.3 Vorsichtsprinzip

Nach § 40 Nr. 3 GemHVO gilt für das Vermögen, dass im Rahmen des Niederstwertprinzips die Bewertung vorsichtig unter Berücksichtigung aller vorhersehbaren Wertminderungen, die bis zum Bilanzstichtag entstanden sind, durchgeführt werden muss. Hierbei ist zu unterscheiden nach dem strengen und gemilderten Niederstwertprinzip.

Das strenge Niederstwertprinzip gilt für das Umlaufvermögen, wonach stets der aus unterschiedlichen Bewertungsmöglichkeiten (Anschaffungs- oder Herstellungskosten, Börsen- oder Marktwert) niedrigste Wert anzusetzen ist. Diese Bewertungsmaxime ist vor allem für die Bewertung der kommunalen Forderungen maßgeblich. Für Vermögensgegenstände des Anlagevermögens gilt nach den Grundsätzen ordnungsmäßiger Buchführung und § 43 Abs. 3 GemHVO das gemilderte Niederstwertprinzip, wonach nur bei einer **dauerhaften** Wertminderung der niedrigere Wert anzusetzen ist und die Wertminderung sich in einer außerplanmäßigen Abschreibung darstellt.

Dies gilt im Rahmen der Wertaufhellung auch dann, wenn die bis zum Bilanzstichtag entstandenen Wertminderungen erst zwischen dem Abschlussstichtag und dem Tag der Aufstellung des Jahresabschlusses bekannt geworden sind.

Beispiel:
Die Gemeinde G unterhält für ihre Fahrzeuge auf dem Betriebshof eine eigene Tankstelle. Aufgrund des sinkenden Dollarkurses sind die Preise für Benzin erheblich gesunken. Da der Treibstoff in der kommunalen Bilanz bei den Roh-, Hilfs- und Betriebsstoffen im Umlaufvermögen ausgewiesen wird (§ 49 Abs. 3 Nr. 2.1 GemHVO), gilt hier das strenge Niederstwertprinzip. Im Rahmen der Bilanzierung hat die Gemeinde G demnach den am Bilanzstichtag bestehenden niedrigeren Wert des Benzins zu berücksichtigen.

Dagegen gilt für Wertsteigerungen, dass diese am Abschlussstichtag realisiert sein müssen (§ 40 Nr. 3 GemHVO). Im Rahmen des Anschaffungswertprinzips bilden die Anschaffungskosten, insbesondere bei Zuschreibungen, wertmäßig die Obergrenze für den Bilanzansatz (§ 41 Abs. 1 GemHVO).

Beispiel:
Gleicher Sachverhalt wie beim vorherigen Beispiel. Bei der Bilanzierung im Folgejahr liegt der Wert für Benzin am Bilanzstichtag jedoch weit über den Anschaffungskosten. Aufgrund des Anschaffungswertprinzips kann der Bilanzansatz nur bis zur Höhe des Wertes der Anschaffung erfolgen. Darüber hinausgehende Wertsteigerungen dürfen nicht im Bilanzansatz berücksichtigt werden.

Regelungen für den Schuldenbereich wurden im Gesetzestext nur teilweise[21] getroffen. Hier gilt im Rahmen des Vorsichtsprinzips das Höchstwertprinzip, wonach die höchstmögliche Schuldverpflichtung zu berücksichtigen ist.

Des Weiteren gehört inhaltlich zum Vorsichtsprinzip, dass nur realisierte Erträge ausgewiesen werden dürfen (Realisationsprinzip).

21 Vgl. § 108 Abs. 3 HGO und § 41 Abs. 1 GemHVO.

Beispiel:
Ein kommunales Grundstück wird in der Gemeindebilanz mit den Anschaffungskosten und nicht mit dem deutlich höheren Verkehrswert ausgewiesen. Ein außerordentlicher Ertrag darf von der Kommune erst ausgewiesen werden, wenn mit einem Käufer ein tatsächlicher Grundstückskaufvertrag geschlossen werden konnte.

Andererseits sind bereits für wahrscheinlich entstehende Verpflichtungen Rückstellungen zu bilden (Imparitätsprinzip).

Beispiel:
Eine Gebührensatzung der Gemeinde A wurde in letzter Instanz für nichtig erklärt, weil in der Kalkulation der Gebühren bestimmte Kosten nicht ansatzfähig sind. Die zu viel erhobenen Gebühren hat die Gemeinde A den Gebührenzahlern zu erstatten. Die Gemeinde G hat die gleichen Kosten in ihrer Kalkulation berücksichtigt. Es ist wahrscheinlich, dass in einem Klageverfahren auch die Gebührensatzung der Gemeinde G für nichtig erklärt wird und eine Gebührenerstattung erfolgen muss. Aufgrund dieser wahrscheinlich entstehenden Verpflichtung hat die Gemeinde G in Höhe der zu erstattenden Gebühren eine Rückstellung zu bilden. Mit einer solchen Rückstellung ordnet die Gemeinde den daraus resultierenden Aufwand der Rechnungsperiode zu, in dem er wirtschaftlich entstanden ist.

16.2.8.4 Periodisierungsprinzip

Nach § 40 Nr. 4 GemHVO sind im Haushaltsjahr die entstandenen Aufwendungen und erzielten Erträge unabhängig von den Zeitpunkten der entsprechenden Zahlung im Jahresabschluss zu berücksichtigen.[22]

16.2.8.5 Stetigkeit der Bewertungsmethode

Nach § 40 Nr. 5 GemHVO sollen die auf den vorhergehenden Jahresabschluss angewandten Bewertungsmethoden beibehalten werden. Das bedeutet, dass die einmal im Rahmen der Abschreibungsplanung bei der Anschaffung oder Herstellung festgelegten Bewertungs- und Abschreibungsmethoden für jeden Vermögensgegenstand grundsätzlich bindend sind. Ein späterer Wechsel der festgelegten Methoden ist nur in begründeten Einzelfällen zulässig.

22 Das Periodisierungsprinzip wird im Kap. 15, Jahresabschluss, dargestellt. In Bezug auf die Veranschlagung siehe Ziff. 7.3.2.

Beispiel
In der kommunalen Abschreibungstabelle ist vorgesehen, Feuerwachen über 40 Jahre abzuschreiben. Aus Ergebnis bezogenen Erwägungen soll im Jahre 2023 die Abschreibungsdauer auf 50 Jahre „gestreckt" werden. Ab 2027 soll wieder die Nutzung über 40 Jahre gelten. Grundsätzlich erfolgt im Rahmen der Abschreibungsplanung eine einmalige Festlegung der Abschreibungskomponenten. Ein einmaliger begründeter Wechsel im Rahmen einer besseren Abbildung des tatsächlichen Ressourcenverbrauchs wäre noch begründbar. Der nochmalige geplante Wechsel auf die ursprüngliche Abschreibungsdauer ist aus Gründen der Stetigkeit der Bewertungsmethode nicht zulässig.

16.2.8.6 Vollständigkeit

Nach den Grundsätzen ordnungsmäßiger Buchführung i. V. m. § 38 GemHVO sind im Rahmen der Bilanzierung grundsätzlich sämtliches Vermögen und sämtliche Schulden zu bilanzieren. Maßstab für die Vermögensbilanzierung ist, dass der Kommune das wirtschaftliche Eigentum zuzurechnen ist. Einschränkungen hinsichtlich des Vollständigkeitsgrundsatzes ergeben sich nur auf der Grundlage der Ausübung von eingeräumten Wahlrechten oder Bilanzierungsverboten (z. B. selbst geschaffenes immaterielles Vermögen).

16.2.8.7 Saldierungsverbot (bilanzielles Bruttoprinzip)

Nach § 38 Abs. 2 GemHVO sowie dem speziellen Regelungsinhalt des § 38 Abs. 4 GemHVO zu Zuwendungen und Beiträgen für Investitionen dürfen die Werte der Vermögensgegenstände nicht mit erhaltenen Investitionsförderungen, erhaltenen Beiträgen oder selbstständig zu bewertenden Schulden verrechnet werden. Diese Vorgehensweise dient dazu, die Transparenz der kommunalen Bilanz zu erhöhen, in dem alle Vermögensgegenstände und Schulden vollständig und in voller Höhe ausgewiesen werden.

16.3 Die Posten der kommunalen Bilanz

Die kommunale Bilanz unterscheidet sich von der handelsrechtlichen Bilanz insbesondere dadurch, dass neben der Vermögensart auch die kommunale Vermögensverwendung in ihren bedeutenden Bereichen abgebildet werden soll. Nachfolgend die Mindestgliederung der kommunalen Musterbilanz nach § 49 GemHVO[23].

23 Siehe Muster 18 zur GemHVO.

AKTIVA

1. Anlagevermögen
   - 1.1. Immaterielle Vermögensgegenstände
     - 1.1.1. Konzessionen, Lizenzen und ähnliche Rechte
     - 1.1.2. Geleistete Investitionszuweisungen und -zuschüsse
   - 1.2. Sachanlagen
     - 1.2.1. Grundstücke, grundstücksgleiche Rechte
     - 1.2.2. Bauten einschließlich Bauten auf fremden Grundstücken
     - 1.2.3. Sachanlagen im Gemeingebrauch, Infrastrukturvermögen
     - 1.2.4. Anlagen und Maschinen zur Leistungserstellung
     - 1.2.5. Andere Anlagen, Betriebs- und Geschäftsausstattung
     - 1.2.6. Geleistete Anzahlungen und Anlagen im Bau
   - 1.3. Finanzanlagen
     - 1.3.1. Anteile an verbundenen Unternehmen, Sondervermögen
     - 1.3.2. Ausleihungen an verbundene Unternehmen
     - 1.3.3. Beteiligungen
     - 1.3.4. Ausleihungen an Unternehmen, mit denen ein Beteiligungsverhältnis besteht
     - 1.3.5. Wertpapiere des Anlagevermögens
     - 1.3.6. Sonstige Ausleihungen (sonstige Finanzanlagen)
   - 1.4. Sparkassenrechtliche Sonderbeziehungen
2. Umlaufvermögen
   - 2.1 Vorräte einschließlich Roh-, Hilfs- und Betriebsstoffe
   - 2.2 Fertige und unfertige Erzeugnisse, Leistungen und Waren
   - 2.3 Forderungen und sonstige Vermögensgegenstände
     - 2.3.1. Forderungen aus Zuweisungen, Zuschüssen, Transferleistungen, Investitionszuweisungen und -zuschüssen und Investitionsbeiträgen
     - 2.3.2. Forderungen aus Steuern und steuerähnlichen Abgaben, Umlagen
     - 2.3.3. Forderungen aus Lieferungen und Leistungen
     - 2.3.4. Forderungen gegen verbundene Unternehmen und gegen Unternehmen, mit denen eine Beteiligungsverhältnis besteht, und Sondervermögen
     - 2.3.5. Sonstige Vermögensgegenstände
   - 2.4 Flüssige Mittel
3. Rechnungsabgrenzungsposten
4. Nicht durch Eigenkapital gedeckter Fehlbetrag

PASSIVA

1. Eigenkapital
   - 1.1 Netto-Position
   - 1.2 Rücklagen, Sonderrücklagen. Stiftungskapital
     - 1.2.1 Rücklagen aus Überschüssen des ordentlichen Ergebnisses
     - 1.2.2 Rücklagen aus Überschüssen des außerordentlichen Ergebnisses
     - 1.2.3 Sonderrücklagen
     - 1.2.4 Stiftungskapital
   - 1.3 Ergebnisverwendung
     - 1.3.1 Ergebnisvortrag
       - 1.3.1.1 Ordentliche Ergebnisse aus Vorjahren
       - 1.3.1.2 außerordentl. Ergebnisse aus Vorjahren
     - 1.3.2 Jahresüberschuss/Jahresfehlbetrag
       - 1.3.2.1 Ord. Jahresüberschuss / Jahresfehlbetrag
       - 1.3.2.2 Außerordentlicher Jahresüberschuss/ Jahresfehlbetrag
2. Sonderposten
   - 2.1 Sonderposten für erhaltene Investitionszuweisungen, -zuschüsse und Investitionsbeiträge
     - 2.1.1 Zuweisungen vom öffentlichen Bereich
     - 2.1.2 Zuschüsse vom nichtöffentlichen Bereich
     - 2.1.3 Investitionsbeiträge
   - 2.2 Sonderposten für den Gebührenausgleich
   - 2.3 Sonderposten für Umlagen nach § 50 Abs. 3 des Hessischen Finanzausgleichsgesetzes
   - 2.4 Sonstige Sonderposten
3. Rückstellungen
   - 3.1 Rückstellungen für Pensionen und ähnliche Verpflichtungen
   - 3.2 Rückstellungen für Umlageverpflichtungen nach dem Hessischen Finanzausgleichsgesetz und für Verpflichtungen im Rahmen von Steuerschuldverhältnissen
   - 3.3 Rückstellungen für die Rekultivierung und Nachsorge von Abfalldeponien
   - 3.4 Rückstellung für die Sanierung von Altlasten
   - 3.5 Sonstige Rückstellungen
4. Verbindlichkeiten
   - 4.1 Verbindlichkeiten aus Anleihen davon: mit einer Restlaufzeit bis einschließlich einem Jahr
   - 4.2 Verbindlichkeiten aus Kreditaufnahmen für Investitionen und Investitionsförderungsmaßnahmen davon: mit einer Restlaufzeit bis einschließlich einem Jahr
     - 4.2.1 gegenüber Kreditinstituten davon mit einer Restlaufzeit bis einschließlich einem Jahr
     - 4.2.2 gegenüber öffentlichen Kreditgebern davon mit einer Restlaufzeit bis einschließlich einem Jahr
     - 4.2.3 gegenüber sonstigen Kreditgebern davon mit einer Restlaufzeit bis einschließlich einem Jahr
   - 4.3 Verbindlichkeiten aus Kreditaufnahmen für die Liquiditätssicherung
   - 4.4 Verbindlichkeiten aus kreditähnlichen Rechtsgeschäften
   - 4.5 Verbindlichkeiten aus Zuweisungen und Zuschüssen, Transferleistungen und Investitionszuweisungen und -zuschüssen, Investitionsbeiträgen
   - 4.6 Verbindlichkeiten aus Lieferungen und Leistungen
   - 4.7 Verbindlichkeiten aus Steuern und steuerähnlichen Abgaben
   - 4.8 Verbindlichkeiten gegenüber verbundenen Unternehmen und gegen Unternehmen, mit denen ein Beteiligungsverhältnis besteht, und Sondervermögen
   - 4.9 Sonstige Verbindlichkeiten
5. Rechnungsabgrenzungsposten

16.3.1 Anlagevermögen

Die Vermögensgegenstände des Anlagevermögens sind dazu bestimmt, dauernd der Aufgabenerfüllung der Gemeinde (GV) zu dienen. Die Terminologie „auf Dauer" zielt jedoch nicht auf einen bestimmten Zeitraum (zum Beispiel länger als ein Jahr) ab, sondern auf die stetige Nutzung des Vermögensgegenstandes (Gebrauchsgut im Gegensatz zum Verbrauchsgut, vgl. § 58 Nr. 4 GemHVO und Nr. 1 Hw. zu § 49 GemHVO).

16.3.1.1 Grundsätzliches

Der Wert des Anlagevermögens ist für die kommunale Vermögensrechnung prägend. Die weiteren Positionen auf der Aktivseite der Bilanz (Umlaufvermögen, Rechnungsabgrenzungsposten, „nicht durch Eigenkapital gedeckter Fehlbetrag") sind i. d. R. von eher untergeordneter Bedeutung. Dies ergibt sich hauptsächlich aus dem Umstand, dass Kommunen keine klassischen Produkte oder Waren herstellen und mit Gebäuden, Wasserleitungen, Kanälen und Straßen sehr anlagenintensiv sind. Das Anlagevermögen wird weiter untergliedert in

- immaterielles Anlagevermögen
- Sachanlagevermögen
- Finanzanlagevermögen[24]

16.3.1.2 Immaterielles Anlagevermögen

Immaterielle Vermögensgegenstände sind nichtstoffliche Vermögenswerte einer Kommune. Die breite Fächerung der unterschiedlichen Vermögenswerte und die Bedeutung im privatwirtschaftlichen Bereich (z. B. Konzessionen, gewerbliche Schutzrechte, Geschäfts- oder Firmenwerte) ist im kommunalen Bereich nicht gegeben. Dies dokumentiert auch die wesentlich tiefere Gliederung in der kaufmännischen Bilanz; die kommunale Bilanz beschränkt sich auf den pflichtigen Bilanzposten „immaterielles Vermögen" mit den Untergliederungen

1.1.1 Konzessionen, Lizenzen und ähnliche Rechte
1.1.2 Geleistete Investitionszuweisungen und -zuschüsse

Um die Vermögenswerte des immateriellen Vermögens in der Buchhaltung konkret zu erfassen, sieht der Kommunale Verwaltungskontenrahmen (KVKR) in den Gemeinden eine Trennung in

- 021 Konzessionen,
- 022 Gewerbliche Schutzrechte
- 023 Ähnliche Rechte und Werte

---

24 § 49 Abs. 3 GemHVO sieht als weiteren Bestandteil des Anlagevermögens die „sparkassenrechtlichen Sonderbeziehungen" vor. Da diese Bilanzposition nur in ausgewählten Kommunen bedeutsam ist, wird auf eine weitere Vertiefung verzichtet.

- 024 Lizenzen, DV-Software
- 035 Geleistete Investitionszuweisungen, -zuschüsse und Investitionsbeiträge und
- 040 Geleistete Anzahlungen auf immaterielle Vermögensgegenstände

vor. Das Hauptkonto 031 Geschäfts- oder Firmenwert ist im KVKR zwar vorgesehen, ist aber nur im Rahmen der Konzernbilanzierung nach § 53 GemHVO relevant.

16.3.1.2.1 Konzessionen, Lizenzen und ähnliche Rechte

Lizenzen stellen Rechte dar, die einem Dritten zustehen, bei denen dieser jedoch der Kommune gegen Entgelt ein Nutzungsrecht auf Zeit oder auf Dauer einräumt. Denkbar ist jedoch auch, dass die Rechte gegen Entgelt auf die Kommune übertragen werden. Hauptsächlich dürfte das immaterielle Vermögen aus angeschaffter EDV-Software bestehen. Diese ist getrennt von den beweglichen Sachanlagen der EDV (Hardware) zu crfassen.

Rechte an Trivialprogrammen, dies sind EDV-Programme mit einem Anschaffungswert bis einschließlich 800 € (ohne Umsatzsteuer), sind wie geringwertige Vermögensgegenstände des beweglichen Anlagevermögens zu behandeln.

Grundstücksgleiche Rechte gehören zum unbeweglichen Anlagevermögen und somit nicht zu den immateriellen Vermögensgegenständen (Nr. 2 Hw. zu § 49 GemHVO).

In der Bilanz sind nach § 38 Abs. 3 GemHVO nur die Aufwendungen für entgeltlich erworbene immaterielle Vermögensgegenstände zu erfassen. Für selbst geschaffene bzw. nicht entgeltlich erworbene immaterielle Vermögensgegenstände besteht analog der zum Zeitpunkt des Erlasses der GemHVO geltenden handelsrechtlichen Regelung (§ 248 Abs. 2 HGB) ein Aktivierungsverbot. Handelsrechtlich wurde dieses Aktivierungsverbot inzwischen in ein Wahlrecht umgewandelt. Entgeltlich ist ein Erwerb immer dann, wenn ein Leistungsaustausch (z. B. aufgrund Kauf- oder Tauschvertrages) zugrunde liegt.

16.3.1.2.2 Geleistete Investitionszuweisungen und -zuschüsse

Von der Gemeinde gewährte Investitionszuweisungen, -zuschüsse und Investitionsbeiträge sind gem. § 38 Abs. 4 GemHVO als immaterielle Vermögensgegenstände in der Vermögensrechnung (Bilanz) auszuweisen und nach Maßgabe der Erfüllung der Verpflichtung aus dem Zuwendungsverhältnis zeitbezogen aufzulösen.

Der Abschreibungszeitraum richtet sich nach der Dauer der im Bewilligungsbescheid festgelegten Zweckbindung. Alternativ kann die Gemeinde gem. § 43 Abs. 5 GemHVO jährlich mit einem Zehntel abschreiben, wenn die Abschreibung über die betriebsgewöhnliche Nutzungsdauer des betreffenden Vermögensgegenstands für die Gemeinde zu aufwendig wäre.

Von der Gemeinde geleistete Zuweisungen und Zuschüsse für **Investitionen** sind gem. Nr. 2 Hw. zu § 38 GemHVO zu aktivieren, wenn sie **an einen bestimmten Zweck gebunden** und unter **Geltendmachung eines Rückforderungsanspruchs** geleistet werden. Ausnahmen sind bei Investitionsfördermaßnahmen von untergeordneter Bedeutung zulässig. Nur wenn die drei genannten Voraussetzungen kumulativ vorliegen, kommt eine Aktivierung einer solchen Zuweisung in Betracht. Sobald eine Voraussetzung fehlt, ist die Zuweisung bzw. der Zuschuss als laufender Aufwand in der Ergebnisrechnung zu erfassen.

Die Möglichkeit, geleistete Investitionszuweisungen und -zuschüsse zu aktivieren, stellt eine Besonderheit des hessischen doppischen Haushaltsrechtes dar. Kommunen verfolgen mit der Förderung von Investitionen Dritter i. d. R. den Zweck, die Schaffung von Einrichtungen durch Dritte zu unterstützten, die sie anderenfalls ggf. vollständig mit eigenen Mitteln schaffen müsste, z. B. die kommunale Förderung des Ausbaus des öffentlichen Nahverkehrs, die finanzielle Unterstützung des Neubaus einer Sozialeinrichtung eines anderen Trägers, die Subventionierung der Anschaffung von Anlagevermögen eines Vereins (vgl. Nr. 3 Hw. zu § 49 GemHVO).

Durch die Aktivierungsfähigkeit dieser Zuwendungen besteht auch die Möglichkeit, Investitionszuweisungen durch Kredite zu finanzieren, wie dies vor Einführung der Doppik auch möglich war. Dennoch erscheint die Aktivierungsfähigkeit von Investitionszuweisungen auch insofern problematisch, als es den zu bildenden Aktivposten an typischen Merkmalen wie der Einzelveräußerlichkeit in der Regel mangeln dürfte (der Rückforderungsanspruch entsteht nur, wenn der im Zuwendungsbescheid fixierte Zweck nicht gewahrt wird). Andere Bundesländer haben für diesen Zweck lediglich eine Bilanzierungshilfe (Ausweisung als Rechnungsabgrenzungsposten) zugelassen.

Nicht zu aktivieren sind Investitionsfördermaßnahmen von untergeordneter Bedeutung, diese sind in der Kontengruppe 71 sofort vollständig als Aufwand zu verbuchen. Es bestehen keine Bedenken, Beträge bis 1.000 € als unwesentlich einzustufen (vgl. Nr. 2 Hw. zu § 38 GemHVO und Erl. zu Hauptkonto 035).

16.3.1.3 Sachanlagevermögen

16.3.1.3.1 Begriff des Sachanlagevermögens

Im Gegensatz zu den immateriellen Vermögensgegenständen stellen Sachanlagen materielle Vermögensgegenstände dar. Das Sachanlagevermögen umfasst nach § 49 Abs. 3 GemHVO

- Grundstücke und grundstücksgleiche Rechte
- Bauten einschließlich Bauten auf fremden Grundstücken
- Sachanlagen im Gemeingebrauch, Infrastrukturvermögen
- Anlagen und Maschinen zur Leistungserstellung
- andere Anlagen, Betriebs- und Geschäftsausstattung
- geleistete Anzahlungen, Anlagen im Bau

Die Nutzungsdauer des Sachanlagevermögens kann zeitlich begrenzt sein, wenn es einer Abnutzung und somit einem wirtschaftlichen Verbrauch unterliegt (z. B. Gebäude, Grundstücksaufbauten, Fahrzeuge). Die Nutzungsdauer kann aber auch unbegrenzt sein (i. d. R. Grund und Boden). Daher ist es zur Ermittlung des Ressourcenverbrauchs aus Abschreibungen erforderlich, dass die abnutzbaren und nicht abnutzbaren Vermögensgegenstände wertmäßig getrennt voneinander abgebildet werden.

Des Weiteren ist der Bereich des Sachanlagevermögens noch zu unterscheiden nach:
- unbeweglichem Sachanlagevermögen
- beweglichem Sachanlagevermögen

Diese Unterscheidung ist jedoch nur für die Anwendbarkeit der Gruppenbewertung relevant.

16.3.1.3.2 Abgrenzung unbewegliches und bewegliches Sachanlagevermögen

Eine notwendige Regelung hinsichtlich der Unterscheidung zwischen beweglichem und unbeweglichem Vermögen steht noch aus. In Anlehnung an § 68 des Bewertungsgesetzes (BewG) gehören zum unbeweglichen Sachanlagevermögen insbesondere
- die Grundstücke
- die Bauten
- die grundstücksgleichen Rechte
  - Erbbaurechte
  - sowie auch Wohnungseigentumsrechte.

Des Weiteren stellen auch Kulturdenkmäler i. d. R. unbewegliches Vermögen dar, die in der kommunalen Bilanz mit Kunstgegenständen, die i. d. R. bewegliches Vermögen darstellen, in einem Bilanzposten gemeinsam auszuweisen sind.

Zum beweglichen Sachanlagevermögen gehören dagegen
- Anlagen und Maschinen zur Leistungserstellung
- Betriebs- und Geschäftsausstattung

Unter den Bilanzposten des Infrastrukturvermögens werden u. U. bewegliches und unbewegliches Vermögen im gleichen Bilanzposten dargestellt, so dass eine diesbezügliche Trennung in unterschiedlichen Konten (der Anlagenbuchhaltung) sinnvoll ist.

Eine Besonderheit stellen im steuerrechtlichen Bereich die sonstigen Vorrichtungen aller Art dar, die zu einer Betriebsanlage gehören (Betriebsvorrichtungen, z. B. Aufzüge), welche dort per gesetzlicher Definition bewegliches Vermögen darstellen, obwohl es sich tatsächlich um unbewegliche Gegenstände handelt (Nr. 11 Hw. zu § 41, Nr. 2 Hw. zu § 43 und Nr. 8.5 Hw. zu § 59 GemHVO).

Der Ausweis der Betriebsvorrichtungen erfolgt grundsätzlich in der zugehörigen Vermögensart. Ein getrennter bilanzieller Ausweis vom zugehörigen Vermögensgegenstand hat nur zu erfolgen, sofern es sich bei der Betriebsvorrichtung um eine Maschine oder technische Anlage handelt.

Unabhängig von einem gemeinsamen Bilanzausweis einer Betriebsvorrichtung mit dem zugehörigen Vermögensgegenstand hat jedoch eine eigenständige Abbildung des Vermögensgegenstandes „Betriebsvorrichtung“ hinsichtlich der Festlegung der Abschreibungsplanung zu erfolgen (vgl. Nr. 2 Hw. zu § 43 GemHVO). Die Abschreibungsplanung des zugehörigen Vermögensgegenstandes hat grundsätzlich für die Abschreibungsplanung der Betriebsvorrichtung keine Bedeutung.

Beispiel 1:
Der Lastenaufzug in einem Verwaltungsgebäude wird losgelöst vom zugehörigen Vermögensgegenstand Verwaltungsgebäude im Posten „Maschinen und technische Anlagen" ausgewiesen.

Beispiel 2:
In einem Verwaltungsgebäude ist eine Tresoranlage untergebracht. Deren Stahltüren und Stahlkammern sind Betriebsvorrichtungen. Sie stellen weder eine Maschine noch eine technische Anlage dar. Diese Betriebsvorrichtungen werden daher mit dem Verwaltungsgebäude gemeinsam in der Bilanz unter dem Posten „Bauten" ausgewiesen. Die Abschreibungsplanung für die Stahltüren und Stahlkammern erfolgt eigenständig, losgelöst von den diesbezüglichen Festlegungen für das zugehörige Verwaltungsgebäude.

16.3.1.3.3 Unbewegliches Sachanlagevermögen

a) Grundstücksbegriff
Der kommunale Grundstücksbegriff lehnt sich an § 70 BewG an, wonach die wirtschaftliche Einheit des unbeweglichen Sachanlagevermögens ein Grundstück bildet. Hiernach können mehrere grundbuchrechtlich abgebildete Einzelgrundstücke oder Flurstücke ein Grundstück darstellen. Denkbar ist aber auch, dass nur ein Teil eines Flurstücks ein Grundstück in der maßgeblichen Form einer wirtschaftlichen Einheit darstellt.

Beispiel:
Die Gemeinde G erwirbt ein Flurstück, auf dem eine Schule und ein Kindergarten errichtet werden. Die Schule und der Kindergarten stellen eigene wirtschaftliche Einheiten dar, sie sind auch in der Bilanz getrennt voneinander auszuweisen. Der Grund und Boden des Flurstücks wird entsprechend der Nutzung teilweise den wirtschaftlichen Einheiten Schule und Kindergarten zugeordnet, obwohl es grundbuchrechtlich weiterhin ein Flurstück darstellt.

Zu aktivieren ist auch ein Gebäude, das auf fremdem Grund und Boden errichtet oder in sonstigen Fällen einem anderen als dem Eigentümer des Grunds und Bodens zuzurechnen ist, selbst wenn es wesentlicher Bestandteil des Grunds und Bodens geworden ist. Hierauf basierend ist ein eigener Bilanzposten „Bauten auf fremden Grund und Boden" in die Bilanz aufgenommen worden, da es eine eigenständige wirtschaftliche Einheit bildet.

Beispiel:
Die Gemeinde G ist wirtschaftlicher Eigentümer eines Asylheims auf einem gepachteten Grundstück. Sie hat das Recht, das Gebäude jederzeit baulich zu verändern und wieder abzureißen. Sie trägt auch den Werteverzehr des Gebäudes. Nach § 94 BGB ist das Asylheim ein wesentlicher Bestandteil des Grunds und

Bodens. Nach Haushaltsrecht bilanziert der Eigentümer des Grunds und Bodens diesen als Grundstück in seiner Bilanz, wie die Gemeinde G das Gebäude im Bilanzposten „Bauten auf fremden Grund und Boden" in seiner Bilanz ausweist.

b) Grundstücksgleiche Rechte

Grundstücksgleiche Rechte bezeichnen dingliche Rechte, die aufgrund einer eigenständigen grundbuchrechtlichen Eintragung wie Grundstücke zu behandeln sind. Die gebräuchlichsten Beispiele für grundstücksgleiche Rechte sind Erbbau-, Abbau-, sowie Wohnungseigentumsrechte. In der kommunalen Bilanz stehen grundstücksgleiche Rechte den Grundstücken gleich und werden somit in gemeinsamen Posten ausgewiesen.

c) Bauten

Zu diesem Begriff wurde ein Erlass[25] der obersten Finanzbehörden der Länder hinsichtlich der Gebäudedefinition herausgegeben. Die Definition lautet dort wie folgt:

„Ein Bauwerk ist als Gebäude anzusehen, wenn es Menschen oder Sachen durch räumliche Umschließung Schutz gegen Witterungseinflüsse gewährt, den Aufenthalt von Menschen gestattet, fest mit dem Grund und Boden verbunden, von einiger Beständigkeit und ausreichend standfest ist."

Beispiel:

Unterkünfte für Tiere, in denen Menschen sich nur vorübergehend aufhalten können, sind entsprechend der Gebäudedefinition kein Gebäude (große Käfige). Sie dienen unmittelbar dem Betriebszweck des Zoos und stellen daher Betriebsvorrichtungen dar. Hiervon zu unterscheiden sind die durch seine bauliche Anlagestruktur als Besuchsbereich ausgestaltete bauliche Objekte, in denen die Unterkünfte von Tieren (Raubtierhaus, Tropenhaus) abgegrenzt werden und eher einen Nebenzweck bilden.

d) Bauten auf fremdem Grund und Boden

Diesem Bilanzposten sind die Vermögensgegenstände zuzuordnen, die sich auf fremdem Grund und Boden befinden. Das bestehende Rechtsverhältnis zwischen dem Eigentümer des Grund und Bodens und der Kommune als Eigentümer der aufstehenden Bauten ist dadurch gekennzeichnet, dass nicht wie bei den grundstücksgleichen Rechten eine Grundbucheintragung besteht, sondern das Rechtsverhältnis für die aufstehenden Bauten mittels Vertrag geregelt ist. Insbesondere bei technischen Betriebsvorrichtungen, wie Trafo- oder Druckreglerstationen, wird dieses vertragliche Verfahren angewandt, um sich hierdurch das aufwendigere Verfahren einer dinglichen Sicherung mittels Grundbucheintragung zu ersparen.

25 Eine ausführliche Darstellung zu den einzelnen Elementen der Gebäudedefinition kann im BStBl. I 1992, Nr. 10, S. 342 ff. nachgelesen werden.

Beispiel:
Aufgrund von zahlreichen Schulbausanierungen ist es erforderlich, für einen Übergangszeitraum für die Aufrechterhaltung des Schulbetriebs Pavillons zu nutzen. Diese werden von der Gemeinde G auf fremden Grund und Boden, der für diesen Zweck zeitlich begrenzt gepachtet wurde, aufgestellt. Sämtliche Rechte an den Schulpavillons liegen bei der Kommune, das Rechtsverhältnis der Nutzung als gepachtetes Schulgrundstück wurde mittels Vertrages geregelt.

16.3.1.3.4 Sachanlagen im Gemeingebrauch, Infrastrukturvermögen

Unter dem Infrastrukturvermögen sind haushaltsrechtlich die öffentlichen Einrichtungen zu verstehen, die im engeren Sinne eine Grundvoraussetzung für das Leben in einer Kommune bilden. Der Bilanzausweis unter diesem Posten umfasst daher nur Verkehrs- sowie Ver- und Entsorgungseinrichtungen.

16.3.1.3.5 Anlagen und Maschinen zur Leistungserstellung

a) Anlagen und Maschinen zur Leistungserstellung
Unter diesem Bilanzposten sind nur solche Vermögensgegenstände zu bilanzieren, die im unmittelbaren Zusammenhang mit der Herstellung von Leistungen beziehungsweise Erzeugnissen (interne und externe) stehen. Darunter fallen zum Beispiel Energieversorgungsanlagen, Kühlanlagen, Transportanlagen, Medienbestände der Bibliotheken (Nr. 8 Hw. zu § 49 GemHVO).

b) Andere Anlagen, Betriebs- und Geschäftsausstattung
Im Gegensatz zur vorhergehenden Position sind hier lediglich Vermögensgegenstände mit nur mittelbarem Leistungsbezug auszuweisen. Zu diesem Bilanzposten gehören beispielsweise Gegenstände der Büro- und Werkstatteinrichtung, Werkzeuge, Fernsprech- und PC-Anlagen, Kopiergeräte. Teilweise ist die Abgrenzung zwischen den Bilanzposten „Anlagen und Maschinen zur Leistungserstellung" sowie „Andere Anlagen, Betriebs- und Geschäftsausstattung" bei technischen Geräten recht schwierig. Die Zuordnung ist abhängig von der Komplexität des technischen Geräts und dem Betriebszweig, in dem es eingesetzt wird. Erste Anhaltspunkte für die Zuordnung lassen sich aus den Konten des KVKR (Muster 12 zur GemHVO) entnehmen.

c) Geringwertige Vermögensgegenstände[26]
Nach § 36 Abs. 4 GemHVO kann auf eine Erfassung der abnutzbaren, beweglichen Vermögensgegenstände des Anlagevermögens, deren Anschaffungs- und Herstellungs-

26 Der Begriff „Geringwertige Vermögensgegenstände" entspricht inhaltlich dem im Steuerrecht verwandten Begriff der „Geringwertigen Wirtschaftsgüter". Geringwertige Wirtschaftsgüter beschränken sich allerdings auf bewegliches Sachanlagevermögen. Die Wertgrenze gem. § 6 Abs. 2 des Einkommensteuergesetzes wurde mit Änderungsgesetz vom 27.6.2017 (BGBl. I S. 2074) von 410 auf 800 € angehoben.

kosten im Einzelnen wertmäßig den Betrag von 800 € ohne Umsatzsteuer nicht überschreiten, verzichtet werden.

Gemäß § 41 Abs. 5 Satz 1 GemHVO können die Anschaffungs- oder Herstellungskosten eines abnutzbaren beweglichen Vermögensgegenstandes, der einer selbstständigen Nutzung fähig ist, im Haushaltsjahr der Anschaffung oder Herstellung in voller Höhe als Aufwand behandelt werden, wenn die Anschaffungs- oder Herstellungskosten, vermindert um einen darin enthaltenen Vorsteuerbetrag, für den einzelnen Vermögensgegenstand 800 € nicht übersteigen. Die Anwendung dieser Vorschrift bewirkt gleichzeitig, dass die entsprechenden geringwertigen Vermögensgegenstände weder im Inventar noch in der Anlagenbuchhaltung geführt werden.

Neben der dargestellten Variante, Vermögensgegenstände mit einem Wert von bis zu 800 € direkt als Aufwand zu verbuchen, bietet die GemHVO in § 41 Abs. 5 Satz 2 noch die Möglichkeit, der sog. Pool-Abschreibung. Bei dieser Vorgehensweise werden alle abnutzbaren beweglichen Vermögensgegenstände, die einer selbstständigen Nutzung fähig sind und deren Netto-Anschaffungskosten zwischen 250 und 1.000 € liegen, in einem sog. Sammelposten zusammengefasst. Dieser Sammelposten ist im Haushaltsjahr seiner Bildung und den folgenden vier Haushaltsjahren mit jeweils einem Fünftel ergebniswirksam aufzulösen (abzuschreiben). Dabei ist es unerheblich zu welchem Zeitpunkt innerhalb eines Jahres die jeweiligen Vermögensgegenstände angeschafft wurden.

Beispiel 1:
Im Haushaltsjahr 2023 schafft die Gemeinde X folgende Vermögensgegenstände an:

- *15.2.2023: Kauf eines Kopiergerätes für 750 € netto*
- *15.5.2023: Kauf einer lediglich landwirtschaftlich nutzbaren Fläche für 900 €.*
- *12.9.2023: Anschaffung eines Diensthandys für den Wassermeister (Anschaffungspreis 400 € netto)*
- *18.11.2023: Kauf eines Beamers für den Sitzungsraum (Preis 1.071 €)*

Ergebnis bei Durchführung der Pool-Abschreibung:

Der Kopierer, das Handy und der Beamer bilden gemeinsam den Sammelposten 2023. Der Kopierer und das Handy liegen mit ihren Anschaffungskosten (ohne Mehrwertsteuer) zwischen 250 und 1.000 €. Der Beamer kostet rein netto 900 € und fällt damit ebenfalls noch unter die entsprechende Regelung. Die landwirtschaftliche Fläche ist kein beweglicher Vermögensgegenstand und fällt daher nicht unter die Vereinfachungsvorschrift der Pool-Abschreibung. Der Sammelposten 2023 beläuft sich damit auf 2.439,50 € (unter Berücksichtigung der entsprechenden Mehrwertsteuerbeträge) und ist über fünf Jahre aufzulösen.

Hinsichtlich der selbstständigen Nutzung ergibt sich in der Regel dann eine Abgrenzungsproblematik bei beweglichen Vermögensgegenständen, wenn Vermögensgegenstände gemeinsam genutzt werden.

Ein beweglicher Vermögensgegenstand kann selbstständig genutzt werden, wenn er für seine Zweckbestimmung ohne andere Vermögensgegenstände genutzt werden kann. Ein beweglicher Vermögensgegenstand ist dagegen nicht selbstständig nutzbar, wenn er für seine Zweckbestimmung nur zusammen mit anderen Vermögensgegenständen genutzt werden kann und diese hierfür technisch aufeinander abgestimmt sind.

Beispiel 1:
Der Rechner, der Bildschirm und die Tastatur einer PC-Anlage[27] *sind jeweils für sich gesehen nicht selbstständig nutzbar. Die Nutzungsfähigkeit ergibt sich in ihrer Verbindung als PC-Anlage. Demnach stellen die einzelnen Vermögensgegenstände wegen fehlender selbstständiger Nutzungsfähigkeit – sofern der Gesamtwert 800 € übersteigt – keine geringwertigen Vermögensgegenstände dar.*

Beispiel 2:
Der kommunale Fuhrpark rüstet die Dezernentenfahrzeuge mit Pkw-Sonderzubehör nach. Dieses Sonderzubehör ist nur in Zusammenhang mit den Dezernentenfahrzeugen nutzungsfähig. Demnach stellt das Sonderzubehör aufgrund fehlender selbstständiger Nutzungsfähigkeit keinen geringwertigen Vermögensgegenstand dar und ist daher buchungstechnisch zu aktivieren.

Sofern einzelne Vermögensgegenstände nicht selbstständig nutzbar sind, kommt grundsätzlich eine Bilanzierung als sog. Sachgesamtheit nach Nr. 9.1 Hw. zu § 59 GemHVO in Betracht. Eine Sachgesamtheit stellt demnach „die Zusammenfassung mehrerer Gegenstände zu einem einheitlichen Ganzen dar, wenn diese entweder technisch oder nach Art, Stil oder sonstigem Verwendungszweck aufeinander abgestimmt sind". So sind beispielsweise einzelne Teile einer aufeinander abgestimmten Büroausstattung nicht selbstständig nutzungsfähig. Die Ausstattung ergibt nur zusammen wirklich Sinn, weshalb sie folglich als Sachgesamtheit zu bewerten wäre.

Überschreitet der Einzelwert selbstständig nutzungsfähiger Vermögensgegenstände oder der Gesamtwert nicht selbstständig nutzungsfähiger Vermögensgegenstände die Wertgrenze von 800 € bzw. 1.000 € ohne Umsatzsteuer, ist eine Vollabschreibung als geringwertiger Vermögensgegenstand oder eine Pool-Abschreibung ausgeschlossen.

Nicht abnutzbare Vermögensgegenstände kommen nach § 36 Abs. 4 GemHVO als geringwertige Vermögensgegenstände nicht in Betracht, da hier die Abnutzung des Vermögensgegenstandes eine Voraussetzung für das Bewertungswahlrecht ist.

Für die Feststellung, ob es sich um einen geringwertigen Vermögensgegenstand handelt oder nicht, ist es nach § 36 Abs. 4 bzw. § 41 Abs. 5 GemHVO unerheblich, ob eine Vorsteuerabzugsberechtigung besteht oder nicht, da für die Ermittlung hinsichtlich der Wertgrenze 800 € gilt, dass Anschaffungs- oder Herstellungskosten ohne Umsatzsteuer (Vorsteuer) zu Grunde gelegt werden.

27 Im Gegensatz dazu werden Drucker heute oftmals direkt mit Netzwerken verbunden und sind nicht mehr auf einzelne PC-Anlagen ausgerichtet. Im Zuge dieser technischen Entwicklung kommt es zu einer neuen Verkehrsauffassung, dass Drucker (an jedem Netzwerk) selbständig nutzungsfähig sind.

Grundsätzlich handelt es sich bei den vorgestellten Möglichkeiten um Vereinfachungsmöglichkeiten für die Städte und Gemeinden. Die Kommunen haben nach wie vor die Möglichkeit auch kleinere Anschaffungen in der Bilanz zu aktivieren und über ihre betriebsgewöhnliche Nutzungsdauer abzuschreiben (Nr. 6 Hw. zu § 41 GemHVO).

16.3.1.3.6 Geleistete Anzahlungen, Anlagen im Bau

Geleistete Anzahlungen sind Vorauszahlungen an einen Lieferanten oder Hersteller, ohne bereits in den Besitz des Vermögensgegenstandes oder der vereinbarten Leistung gekommen zu sein. Nach Erfüllung des Rechtsgeschäftes ist der als geleistete Anzahlung gebuchte Betrag entsprechend seiner Verwendung umzubuchen.

Um Anlagen im Bau handelt es sich bei Vermögensgegenständen, die in mehreren Arbeitsschritten hergestellt werden. Sie sind hierdurch über eine längere Zeit unfertig und somit nicht betriebsbereit. Gerade große Baumaßnahmen werden meist über mehrere Jahre realisiert und daher regelmäßig über die Bilanzposition „Anlagen im Bau“ abgewickelt.

Aus Bilanz- und Buchhaltungssicht bestehen zwei relevante Phasen:
- Im-Bau-Phase
- Nutzungsphase

Im Rahmen der Herstellung durchlaufen Anlagen diese beiden Phasen, wobei der jeweilige Baustatus zu einem unterschiedlichen Bilanzausweis führt.

Der Bilanzposten Anlagen im Bau dient der Sammlung der einzelnen aktivierungsfähigen Bestandteile der Herstellungskosten, die bei endgültiger Fertigstellung bzw. Betriebsbereitschaft summiert auf die endgültige Anlage nach der Vermögensverwendung (z. B. Schule) umgebucht werden. Während der Im-Bau-Phase werden die unterschiedlichsten Zugänge zu einer Investition wie
- Fremdleistungen
- Eigenleistungen oder
- Entnahme von Lagermaterial

auf der Anlage im Bau gesammelt.

Mit der Umbuchung wird die Anlage im Bau entsprechend ihrer Vermögensverwendung aktiviert. Gleichzeitig beginnt die Phase der (Ab-)Nutzung, die durch Abschreibungen darzustellen ist. Deshalb wird eine Abschreibungsplanung für den Vermögensgegenstand vorgenommen, der die Grundlage für die planmäßigen Abschreibungen bildet.

Im Rahmen des Jahresabschlusses sind nach dem Grundsatz der Vollständigkeit bereits Zugänge auf Anlagen im Bau zu buchen, wenn die Kommune wirtschaftliche Eigentümerin der Teilleistung am Vermögensgegenstand geworden ist, auch wenn der Kommune noch keine Rechnung vorliegt. Der Wert des zugegangenen Vermögensgegenstandes ist dann vorsichtig zu schätzen.

Beispiel:
Im Rahmen eines Kindergartenneubaus in der Gemeinde G wurde Anfang Dezember 2023 der Rohbau fertig gestellt. Eine Abrechnung dieses Bauabschnitts ist vor Februar 2024 nicht zu erwarten. Aufgrund der Kalkulation des Hochbauamtes liegt der Wert des Rohbaus bei 400.000 €. Der unfertige Bau ist der Gemeinde G zuzurechnen. Für die Anlage im Bau „Kindergartenneubau“ ist bereits im Rahmen des Jahresabschlusses ein Zugang über 400.000 € zu buchen. Als Gegenbuchung wird eine sonstige Verbindlichkeit ausgewiesen.

Im Rahmen der Rechnungsstellung zu Anlagen im Bau ist stets zu prüfen, welche Rechnungspositionen aktivierungsfähige Anschaffungs- oder Herstellungskosten darstellen. Nur diese dürfen auf die Anlage im Bau gebucht werden. Vor der Aktivierung der Anlage im Bau sollte daher nochmals geprüft werden, ob alle gesammelten Kosten tatsächlich aktivierungsfähige Herstellungskosten darstellen.

Beispiel:
Im Rahmen eines Schulanbaus wurden neben dem Eindecken des neuen Daches auch Reparaturen am Dach des alten Schulgebäudes vorgenommen. Die Leistungen wurden einheitlich in Rechnung gestellt und auf die Anlage im Bau gebucht. Im Rahmen der Aktivierung wird dies festgestellt. Die in Rechnung gestellten Leistungen sind für die Umbuchung zu trennen. Die Leistungen für das Eindecken verbleiben auf dem Konto „Anlage im Bau“ und werden mit dieser aktiviert, die Instandhaltungsleistungen für das alte Gebäude werden als Instandhaltungsaufwand umgebucht.

Für Anlagen im Bau dürfen keine planmäßigen Abschreibungen vorgenommen werden. Bei außerordentlichen Ereignissen während des Herstellungszeitraumes, die zu einer dauerhaften Wertminderung führen, sind der Wertminderung entsprechend außerplanmäßige Abschreibungen durchzuführen.

Zusammenfassend als Grafik die Buchungssystematik bei Anlagen im Bau:

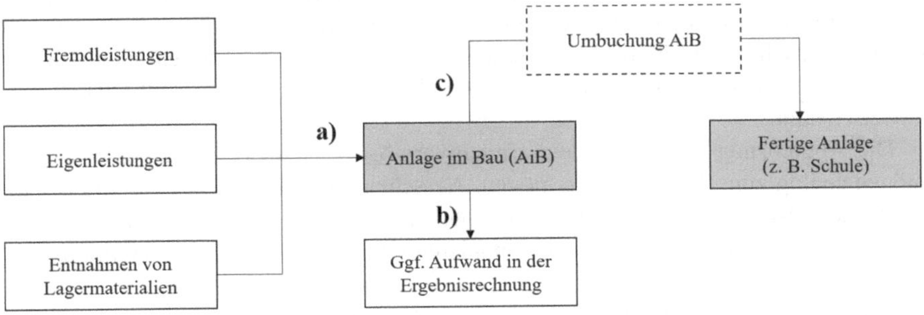

Erläuterungen zum Schaubild:

a) Zunächst werden die Herstellungskostenelemente auf der Anlage im Bau gesammelt.
b) Nach Fertigstellung bzw. Betriebsbereitschaft erfolgt vor Aktivierung der Anlage im Bau eine Prüfung hinsichtlich der Aktivierungsfähigkeit, ggf. mit einer Umbuchung als Aufwand in die Ergebnisrechnung.
c) Es erfolgt die Umbuchung der Anlage im Bau entsprechend ihrer Vermögensverwendung (hier Schule an AiB).

16.3.1.4 Finanzanlagen

Die bilanzielle Aufgliederung der Finanzanlagen nach § 49 Abs. 3 Nr. 1.3 GemHVO soll die Möglichkeiten beziehungsweise das unterschiedliche Ausmaß der Einflussnahme auf das Unternehmen, in das investiert wurde, erkennen lassen. In der Regel handelt es sich dabei um Anteile an verbundenen Unternehmen, Beteiligungen, Wertpapiere sowie verschiedene Formen sogenannter Ausleihungen. Wertpapieranlagen der Gemeinde, welche nicht auf Dauer beziehungsweise nur zur Ausnutzung von Liquiditätsreserven gebildet worden sind, werden nicht als Finanzanlagen klassifiziert. Derartige Vermögensgegenstände werden generell dem Umlaufvermögen zugeordnet, da sie jederzeit relativ problemlos aufgelöst werden können.

Für eine spätere Konsolidierung innerhalb des kommunalen Konzerns wurde der Bereich der Finanzanlagen in Anlehnung an die handelsrechtliche Bilanz ausgestaltet. Danach umfasst das kommunale Finanzanlagevermögen

- Anteile an verbundenen Unternehmen
- Ausleihungen an verbundene Unternehmen
- Beteiligungen
- Ausleihungen an Beteiligungen
- Wertpapiere des Anlagevermögens
- sonstige Ausleihungen

Aus den Konsolidierungsregelungen des § 112a Abs. 1 HGO ist herzuleiten, dass öffentlich-rechtlich selbstständige Organisationsformen (z. B. Zweckverband) entsprechend den nachfolgend in 16.3.1.4.1 und 16.3.1.4.2 genannten Kriterien unter den Bilanzposten „Anteile an verbundenen Unternehmen und Beteiligungen" analog auszuweisen sind.

Die Abgrenzung gegenüber dem Umlaufvermögen erfolgt beim Finanzanlagevermögen analog zum Sachanlagevermögen. Ausschlaggebend ist hierbei ebenfalls eine auf Dauer bestimmte Nutzung. Bei den Unternehmensverbindungen ist der Wille der Kommune ausschlaggebend. Bei Wertpapieren und Ausleihungen ist deren „Fristigkeit" maßgeblich.

Grundsätzlich sind Wertpapiere als Anlagevermögen zu aktivieren. Sie sind nur dann dem Umlaufvermögen zuzuordnen, wenn sie als kurzfristige Anlage liquider Mittel bis zu einem Jahr bestimmt sind. Aufgrund des für Kommunen gültigen Spekulationsverbotes (Nr. 6 Hw. zu § 92 und Nr. 5 Hw. zu § 108 HGO) dürften die meisten Wertpapiere auf Dauer angelegt sein und daher unter das Anlagevermögen fallen.

Eine entsprechende fristenbezogene Regelung des Bilanzausweises zur Abgrenzung von Ausleihungen (im Anlagevermögen) zu Forderungen (im Umlaufvermögen) gibt es nicht. Maßstab für den Bilanzausweis bilden die spezifischen inhaltlichen Merkmale einer Ausleihung. Bei Ausleihungen erfolgt eine Kapitalhingabe der Kommune an einen Dritten mit der Maßgabe, dass dieser das hingegebene Kapital in einem vertraglich bestimmten Zeitraum an die Kommune zurückzahlt. Alle anderen Forderungen (z. B. aus Lieferung und Leistung, Transferleistungen), die nicht durch Hingabe von Kapital entstanden sind, stellen demnach Forderungen des Umlaufvermögens dar.

16.3.1.4.1 Anteile an verbundenen Unternehmen

Hinsichtlich des Ausweises unter diesem Bilanzposten knüpft das Haushaltsrecht an den beherrschenden Einfluss einer Kommune an. Nach Nr. 11 Hw. zu § 49 GemHVO kann man ab einem Stimmrechtsanteil von mehr als 50 % von einem beherrschenden Einfluss ausgehen. In Einzelfällen kann auch bei niedrigeren Stimmrechtsanteilen bereits ein beherrschender Einfluss vorliegen. So z. B. wenn die Gemeinde mittelbar über andere Beteiligungen noch weitere Stimmrechte hält.

Eigenbetriebe sind in diesem Zusammenhang stets als verbundene Unternehmen zu bilanzieren. Aus der Rechtsnatur der Eigenbetriebe ergibt sich bereits, dass sie letztlich eine rechtlich unselbstständige Beteiligung darstellen und insofern immer vollständig der Gemeinde zuzurechnen sind.

Sind die Kriterien des verbundenen Unternehmens nicht erfüllt, kommt ein Ausweis der Anteile als Beteiligung in Betracht.

16.3.1.4.2 Beteiligungen

Beteiligungen sind Anteile der Kommune an Gesellschaften und sonstigen juristischen Personen, die in der Absicht gehalten werden, eine dauerhafte Verbindung zu diesen Unternehmen und Einrichtungen herzustellen, die gleichzeitig aber nicht unter die verbundenen Unternehmen fallen (Nr. 12 Hw. zu § 49 GemHVO). Demnach ist bei einer Beteiligungsquote von 20 bis 50 % zunächst von einer Beteiligung auszugehen. Diese Vermutung ist im Rahmen der Gesamtumstände grundsätzlich widerlegbar, sofern sich Anhaltspunkte ergeben, die eher für eine Bilanzierung als verbundenes Unternehmen oder Wertpapier sprechen.[28]

Die Mitgliedschaft in einem Zweckverband nach dem KGG ist nach Nr. 14 Hw. zu § 49 GemHVO generell als Beteiligung auszuweisen. Im Gegensatz zum Eigenbetrieb ist der Zweckverband die klassische Rechtsform für die interkommunale Zusammenarbeit **mehrerer Kommunen**. Deswegen wird die Mitgliedschaft in einem Zweckverband auch bilanziell direkt den Beteiligungen zugeordnet.

28 Gemäß Nr. 14 Hw. zu § 49 GemHVO ist die Beteiligung am kommunalen Gebietsrechenzentrum (ekom 21) lediglich mit einem Erinnerungswert zu bilanzieren.

16.3.1.4.3 Wertpapiere des Anlagevermögens

Unternehmensanteile, die weder als Anteile an verbundenen Unternehmen noch als Beteiligung anzusehen sind, und sonstige Wertpapiere (z. B. Pfandbriefe, Obligationen, Anleihen), die auf Dauer angelegt sind, werden als Wertpapiere des Anlagevermögens ausgewiesen (Nr. 16 Hw. zu § 49 GemHVO). Dabei kommt es vorrangig auf die Beteiligungsquote und die Dauer der Beteiligung an. Klassisches Beispiel in der Praxis sind Kleinstbeteiligungen an örtlichen Energieversorgern. Diese sind zwar auf Dauer angelegt, aber in der Regel so niedrig bemessen, dass von einer wirklichen Einflussnahme der Kommune keine Rede sein kann. In solchen Fällen ist die Bilanzierung als Wertpapier des Anlagevermögens geboten.[29]

16.3.1.4.4 Ausleihungen

Ausleihungen stellen langfristige Forderungen aus Geld- oder Finanzgeschäften dar. Zu den Ausleihungen zählen vor allem Darlehen, Hypotheken-, Grund- und Rentenschulden sowie stille Beteiligungen (soweit diese nicht am Verlust teilnehmen).

Aufgrund der inhaltlichen Gleichheit werden in dieser Ziffer die drei unterschiedlichen Bilanzposten

- Ausleihungen an verbundene Unternehmen
- Ausleihungen an Beteiligungen
- sonstige Ausleihungen

gemeinsam betrachtet, da das Unterscheidungsmerkmal der einzelnen Unternehmensverbindungen bereits erläutert wurde (vgl. Ziff. 16.3.1.4.1 ff.).

Für Ausleihungen besteht hinsichtlich der Bewertung beim Anschaffungswertprinzip eine Besonderheit. „Ausleihungen können eine übliche Verzinsung haben, wobei die Verzinsung sich nicht allein durch Geldleistungen, sondern auch gleichwertig in anderen vertretbaren Sachen oder Rechten (z. B. Belegungsrecht im sozialen Wohnungsbau, Verpflichtung zur Aufrechterhaltung von Arbeitsplätzen in der Kommune) darstellen kann. Ausleihungen können aber auch niederverzinslich bzw. unverzinslich sein. Dies hat zwar keinen Einfluss auf die Anschaffungskosten der Forderung. jedoch betreffen die Niederverzinslichkeit bzw. die Unverzinslichkeit den Teilwert der Forderung."[30] Das Handelsrecht (§ 253 Abs. 3 Satz 6 HGB) sieht in diesen Fällen keine Abzinsungsverpflichtung, sondern ein Abzinsungswahlrecht vor, da es sich nicht um eine dauernde Wertminderung handelt. Vielmehr besteht nur eine vorübergehende Wertminderung, da der Barwert vom Zeitpunkt der Kapitalhingabe bis zum Zeitpunkt der Kapitalrückzahlung laufend steigt und zum Fälligkeitszeitpunkt den Nennwert erreicht.

Gemäß Nr. 14 Hw. zu § 41 i. V. m. Nr. 18 Hw. zu § 49 GemHVO besteht für das Haushaltsrecht jedoch eine Verpflichtung zur Abzinsung. Andererseits erfolgt nach diesen Vorschriften eine Abzinsung nicht, soweit auf eine Verzinsung wegen anderer Gegenleistungen (verdeckte Verzinsung) verzichtet worden ist. Wenn das Wohnungsbauunternehmen im vorstehenden Beispiel der Gemeinde im Gegenzug unentgeltliche

29 Keine Wertpapiere des Anlagevermögens sind die Wertpapiere, die nicht dauerhafte Anlage flüssiger Mittel sind. Sie gehören zum Umlaufvermögen (Nr. 16 Hw. zu § 49 GemHVO).

30 *Falterbaum, Bolk, Reiß*, Grüne Reihe, Band 10, Buchführung und Bilanz, 19. Aufl., 2003, S. 693 f.

oder vergünstigte Belegungsrechte an Wohnungen eingeräumt hätte, wäre eine Abzinsung nicht vorzunehmen. Da in aller Regel, allein schon aus dem Grundsatz der Wirtschaftlichkeit, die Gemeinde nur dann auf eine übliche Verzinsung verzichtet bzw. verzichten darf, wenn sie eine anderweitige Gegenleistung erhält, dürfte eine Abzinsungsnotwendigkeit in der Praxis kaum vorkommen.

Beispiel:
Die Gemeinde G gewährt dem Wohnungsbauunternehmen W im Rahmen einer allgemeinen Förderung des Wohnungsbaus ein Darlehen, dessen Teilwert (Barwert) jährlich dargestellt werden soll. Das Darlehen in Höhe von 50.000 € wird jährlich nur mit 2 % verzinst. Die Rückzahlung hat nach zehn Jahren in einer Summe zu erfolgen. Im Rahmen der Barwertermittlung wird der aktuelle Wert des in zehn Jahren zurückfließenden Darlehens (beispielsweise abgeleitet aus dem Veräußerungswert dieser Forderung) ermittelt. Hierbei wird eine angemessene Verzinsung i. H. v. z. B. 6 % unterstellt. Die Differenz zwischen tatsächlicher Verzinsung i. H. v. 2 % und angemessener Verzinsung i. H. v. 6 % beträgt demnach 4 %. Diese bildet die Grundlage für die Abzinsung. Aus finanzmathematischen Abzinsungstabellen kann entsprechend der Laufzeit und des Prozentsatzes der entsprechende Abzinsungsfaktor (AbF) abgelesen werden. Beim vorstehenden Sachverhalt errechnet sich der Barwert wie folgt:

Rückzahlungsbetrag	***AbF (4 % 10 Jahre)***	***Formel***	***Barwert zum Zeitpunkt der Ausleihung***
50.000,00 €	*0,675564*	*K(n) x AbF*	*33.778,20 €*

Sofern das Wohnungsbauunternehmen eine gewisse Gegenleistung für das vergünstigte Darlehen erbringt, kann auf eine Abzinsung verzichtet werden (Nr. 14 Hw. zu § 41 GemHVO). Man spricht in diesem Zusammenhang von einer verdeckten Verzinsung. Diese könnte sich z. B. daraus ergeben, dass sich das Unternehmen bereit erklärt, einen gewissen Anteil der Wohnungen besonders günstig als Sozialwohnungen zur Verfügung zu stellen.

16.3.1.4.5 Übungen

Siehe zu diesem Abschnitt die Übungen 10 bis 12 zu Kap. 16 im Übungsband.

16.3.2 Umlaufvermögen

Wie bereits im Rahmen des Anlagevermögens abgegrenzt, gehören zum Umlaufvermögen alle Vermögensgegenstände, die nicht dazu bestimmt sind, dauerhaft dem Geschäftsbetrieb der Kommune zu dienen (§ 58 Nr. 36 GemHVO). Merkmale für die Nichtdauerhaftigkeit ist eine vorgesehene Zweckbestimmung durch die Kommune, die einen Verbrauch, Verkauf oder eine nur kurzfristige Nutzung vorsieht. Somit gehören Vermögensgegenstände, die zur Weiterverarbeitung oder zum Verkauf bestimmt sind, zum Umlaufvermögen.

Zu den Bilanzposten des Umlaufvermögens gehören gem. § 49 GemHVO:
- Vorräte einschl. Roh-, Hilfs- und Betriebsstoffe,
- fertige und unfertige Erzeugnisse, Leistungen und Waren
- Forderungen und sonstige Vermögensgegenstände
  - Forderungen aus Zuweisungen, Zuschüssen, Transferleistungen, Investitionszuweisungen, -zuschüssen und Investitionsbeiträgen
  - Forderungen aus Steuern und steuerähnlichen Abgaben
  - Forderungen aus Lieferungen und Leistungen
  - Forderungen gegen verbundene Unternehmen und gegen Unternehmen, mit denen ein Beteiligungsverhältnis besteht, und Sondervermögen
  - Sonstige Vermögensgegenstände
- liquide Mittel

Für die Vermögensgegenstände des Umlaufvermögens gilt das strenge Niederstwertprinzip. Nach § 43 Abs. 4 GemHVO ist bei den Vermögensgegenständen stets der niedrigste Wert aus
- Anschaffungs- oder Herstellungskosten
- Börsen- oder Marktpreis und
- dem am Abschlussstichtag beizulegenden Wert[31]

anzusetzen. Vor allem im Bereich der Forderungen kann es deswegen zu einem möglichen Abwertungsbedarf kommen. Oftmals sind Forderungen aufgrund der Gesamtumstände (z. B. Eröffnung des Insolvenzverfahrens oder gescheiterte Vollstreckungsversuche) zumindest als kritisch einzustufen.

16.3.2.1 Vorräte

Die grundsätzlich einem kurzfristigen Verzehr unterworfenen Vorräte untergliedern sich in Roh-, Hilfs- und Betriebsstoffe sowie Waren. Rohstoffe stellen den Hauptbestandteil, Hilfsstoffe einen Nebenbestandteil eines erzeugten Produktes dar. Betriebsstoffe werden dagegen nicht zum Bestandteil des erzeugten Produktes, sondern dienen dem Erstellungsprozess.

Waren sind veräußerbare Vermögensgegenstände, die selbst erstellt oder angekauft wurden (z. B. Familienstammbücher, Touristiksouvenirs).

Grundsätzlich haben Roh-, Hilfs- und Betriebsstoffe sowie Waren im Rahmen der kommunalen Bilanzierung trotz des Vorkommens in den technischen Fachbereichen

31 Sofern für die Bewertung der Beschaffungsmarkt ausschlaggebend ist (z. B. Roh-, Hilfs-, Betriebsstoffe, Waren), entspricht der beizulegende Wert den Wiederbeschaffungs- oder Reproduktionskosten. Auf eine Darstellung bei Maßgeblichkeit des Absatzmarktes (z. B. unfertige oder fertige Erzeugnisse ohne Fremdbezug) hinsichtlich einer retrograden Wertermittlung wird mangels Praxisbezugs im kommunalen Bereich verzichtet.

einer Kommune aufgrund der Beschränkung auf interne Produktionsbedürfnisse nur eine untergeordnete Bedeutung.

Es bestehen zwei mögliche Buchungsverfahren für die Abbildung der Vorratswirtschaft im Rechnungswesen. Die exaktere, aber auch mit erheblichem Betriebsaufwand verbundene Methode ist die Verwaltung der Gegenstände des Vorratsvermögens mittels einer Lagerbuchhaltung. Hierbei sind sämtliche Vermögenszugänge zu aktivieren. Sie werden erst im Rahmen des Verbrauchs im Leistungserstellungsprozess als Aufwand gebucht.

Die zulässige Alternative hierzu bildet die direkte Buchung im Rahmen der Beschaffung als Aufwand. Nr. 19 Hw. zu § 49 GemHVO sieht diese Vereinfachungsmöglichkeit explizit vor, sofern **einzelne Lagerbestände** keinen Wert über 10.000 € haben und die Vorräte zum sofortigen Verbrauch bestimmt sind. Im Rahmen des Jahresabschlusses werden auf dem Bilanzkonto der Anfangsbestand und der Schlussbestand abgeglichen. Hieraus resultiert die in der Ergebnisrechnung zu berücksichtigende Bestandsveränderung. Da das Element einer aufwendigen Lagerbuchhaltung entfällt, sollte im Rahmen der Beschaffung von Vorräten, soweit möglich und sinnvoll, eine direkte Aufwandsbuchung festgelegt werden.

Beispiel Lagerbuchung:
Beim Einkauf von Unkrautvernichtungsmitteln wird der Bestandszugang des Lagers auf dem Bestandskonto unter Begleichung der Rechnung gebucht. Aufgrund der Lagerbuchhaltung werden die Lagerentnahmen als Aufwand in der Teilergebnisrechnung und als Minderung des Bestandskontos berücksichtigt. Ggf. wird im Rahmen des Jahresabschlusses aufgrund bei der Inventur festgestellter Inventurdifferenzen eine Bestands- und Aufwandskorrektur erforderlich.

Beispiel Aufwandsbuchung:
Der Einkauf von Unkrautvernichtungsmitteln wird ohne Einbeziehung des Bestandskontos unter Begleichung der Rechnung vollständig in die Teilergebnisrechnung als Aufwand gebucht. Im Rahmen der Inventur beim Jahresabschluss wird die Bestandsveränderung festgestellt und der Aufwand korrigiert (Aufwandserhöhung bei Bestandsminderung; Aufwandsminderung bei Bestandserhöhung).

§ 35 Abs. 3 GemHVO lässt als Vereinfachungsverfahren für Vorratsvermögen das Durchschnittspreisverfahren zu. § 42 GemHVO lässt jedoch auch sämtliche Verbrauchsfolgeverfahren zu, soweit sie den Grundsätzen ordnungsmäßiger Buchführung entsprechen. Somit können auch die im kaufmännischen Rechnungswesen genutzten Lifo-[32] und Fifo-Verfahren[33] angewendet werden.

32 Lifo = last in, first out, d. h. die zuletzt erworbenen Waren werden zuerst wieder verbraucht.
33 Fifo = first in, first out, d. h. die zuerst erworbenen Waren werden zuerst wieder verbraucht.

16.3.2.2 Forderungen und sonstige Vermögensgegenstände

Eine Forderung ist der Anspruch gegenüber einem Dritten aus einem Schuldverhältnis. Das Schuldverhältnis kann aufgrund öffentlich-rechtlicher oder privatrechtlicher Grundlage bestehen. Eine Forderung erlischt in der Regel durch Zahlung (Nr. 21 Hw. zu § 49 GemHVO). Forderungen haben innerhalb des Umlaufvermögens eine große Bedeutung. Deshalb erfolgt hier eine weitergehende Untergliederung.

16.3.2.2.1 Forderungen aus Zuweisungen, Zuschüssen, Transferleistungen, Investitionszuweisungen, -zuschüssen und Investitionsbeiträgen

Zuweisungen sind Geldleistungen innerhalb des öffentlichen Bereichs. Zuschüsse sind Geldleistungen zwischen dem öffentlichen Bereich und den sonstigen Bereichen (Nr. 22 Hw. zu § 49 GemHVO). Transferleistungen sind Geldleistungen, die ohne Anspruch auf eine konkrete Gegenleistung erbracht werden. Sie beruhen i. d. R. auf einseitigen Geschäftsvorfällen und nicht auf einem Leistungsaustausch. Forderungen aus Transferleistungen sind z. B. Schlüssel- und Bedarfszuweisungen, Umlagen, Schuldendiensthilfen.

16.3.2.2.2 Forderungen aus Steuern und steuerähnlichen Abgaben, Umlagen

Auch Steuern, steuerähnliche Abgaben und Umlagen stellen in diesem Sinne Transferleistungen dar, wegen ihrer besonderen Bedeutung für den öffentlichen Bereich werden die aus diesen Rechtbeziehungen resultierenden Forderungen aber unter diesem Posten getrennt ausgewiesen. Infrage kommen hier sowohl die Realsteuern als auch andere Kommunalsteuern, soweit sie festgesetzt, aber noch nicht eingezahlt worden sind.

16.3.2.2.3 Forderungen aus Lieferungen und Leistungen

Unter diesem Posten sind sowohl privatrechtliche Forderungen (z. B. für Mieten oder Holzverkauf) als auch öffentlich-rechtliche Entgelte wie Verwaltungs- und Benutzungsgebühren auszuweisen. Insbesondere an dieser Position ist ablesbar, inwieweit die Gemeinde über ein effektives Forderungsmanagement verfügt, da es sich hier um regelmäßig anfallende Positionen handelt, um deren fristgerechte Erhebung die Gemeinde bemüht sein muss.

16.3.2.2.4 Forderungen gegen verbundene Unternehmen und gegen Unternehmen, mit denen ein Beteiligungsverhältnis besteht, und Sondervermögen

Unter Forderungen gegen verbundene Unternehmen und solchen Unternehmen, mit denen ein Beteiligungsverhältnis besteht, sind sämtliche Forderungen auszuweisen, die nicht den Ausleihungen (Finanzanlagevermögen) zuzuordnen sind. Dieses Verfahren erleichtert die Erstellung des Gesamtabschlusses. Gleichzeitig wird die finanzielle Verflechtung auch auf der Ebene des Umlaufvermögens deutlich.

16.3.2.3 Sonstige Vermögensgegenstände

Der Bilanzposten sonstige Vermögensgegenstände stellt eine Sammelposition dar, unter der Vermögensposten auszuweisen sind, die keiner spezielleren Zuordnungsregelung unterliegen.

Unter dem Sammelposten „Sonstige Vermögensgegenstände" werden zum Beispiel anrechenbare Vorsteuer, Forderungen aus Sozialversicherung, Forderungen gegen Bedienstete und Organmitglieder, Forderungen aus durchlaufenden Posten, Forderungen aus Versorgungsrücklagen erfasst.

16.3.2.4 Flüssige Mittel

Es handelt sich um Geldmittel, die den Kommunen zur Zahlungsbereitschaft zu Verfügung stehen. In diesem Bilanzposten sind folgende Inhalte auszuweisen:
- Kassenbestand
- Guthaben bei Bundesbank und Europäischer Zentralbank
- Guthaben bei Kreditinstituten

Von der Kommune angelegte Tages- und Festgelder gehören zu den Guthaben bei Kreditinstituten und verbleiben im Bilanzausweis unter „liquide Mittel" (vgl. Nr. 10 Hw. zu § 49 GemHVO).

16.3.3 Rechnungsabgrenzungsposten (aktiv)

Die aktive Rechnungsabgrenzung beinhaltet transitorische Posten, d. h. es handelt sich um Geschäftsvorfälle, die im laufenden Haushaltsjahr zu Ausgaben führen, die aber erst im folgenden Haushaltsjahr Aufwand darstellen (§ 45 Abs. 1 GemHVO).

> ***Beispiel:***
> *Die Gemeinde zahlt im Oktober 2023 im Voraus Miete für die Monate Oktober 2023 bis März 2024. Es fließt im laufenden Haushaltsjahr Liquidität für sechs Monate ab, aufwandsmäßig gehören jedoch nur Mietzahlungen für drei Monate in die Ergebnisrechnung des laufenden Haushaltsjahres. Die anderen drei Monate an Mietzahlungen sind aufwandsmäßig im folgenden Haushaltsjahr zu berücksichtigen. Dieser Teilbetrag wird deshalb zum 31.12.2023 als aktiver RAP in der Bilanz ausgewiesen und fließt erst im darauffolgenden Haushaltsjahr 2024 als Aufwand in die Ergebnisrechnung 2024 ein.*

Ist der Rückzahlungsbetrag einer Verbindlichkeit höher als der Auszahlungsbetrag, so ist nach § 45 Abs. 3 GemHVO der Unterschiedsbetrag in den aktiven Rechnungsabgrenzungsposten aufzunehmen. Diese Regelung beschreibt die aktive Rechnungsabgrenzung von Disagio im Rahmen von Kreditaufnahmen.[34] Der Unterschiedsbetrag ist über die Laufzeit des Darlehens als Zinsaufwand aufzulösen. So wird in der Ergebnisrechnung verdeutlicht, dass ein solches Disagio vorweggenommenen Zinsaufwand für die gesamte Kreditlaufzeit darstellt.

In der Praxis ist vor allem die Beamtenbesoldung als aktiver Rechnungsabgrenzungsposten zu erfassen. Beamte erhalten ihre Besoldung im Voraus, dementsprechend wird die Besoldung für den Monat Januar bereits Ende Dezember überwiesen. Um diesen Sachverhalt in der Buchhaltung ordnungsgemäß abbilden zu können, ist es erforderlich, die Zahlung am 31.12. zunächst als aktiven RAP in der Bilanz auszuweisen, um den Betrag im Folgejahr zu den Aufwendungen umzubuchen.

16.3.4 Eigenkapital

Das kommunale Eigenkapital untergliedert sich nach § 49 GemHVO in folgende Posten:

- Netto-Position
- Rücklagen und Sonderrücklagen
  - Rücklagen aus Überschüssen des ordentlichen Ergebnisses
  - Rücklagen aus Überschüssen des außerordentlichen Ergebnisses
  - Sonderrücklagen
    - Stiftungskapital
    - sonstige Sonderrücklagen
- Ergebnisverwendung
  - Ergebnisvortrag
    - ordentliche Ergebnisse aus Vorjahren
    - außerordentliche Ergebnisse aus Vorjahren
  - Jahresüberschuss / Jahresfehlbetrag
    - ordentlicher Jahresüberschuss / Jahresfehlbetrag
    - außerordentlicher Jahresüberschuss / Jahresfehlbetrag

Ergibt sich bei der Eigenkapitalermittlung im Rahmen der Eröffnungsbilanzierung oder folgender Jahresabschlüsse nach § 25 Abs. 6 GemHVO ein Überschuss der Passivposten über die Aktivposten, ist die sich ergebende Saldogröße auf der Aktivseite als „Nicht durch Eigenkapital gedeckter Fehlbetrag" gesondert auszuweisen. Sobald diese Konstellation in der Praxis eintritt, gilt die Gemeinde zudem als „überschuldet" im Sinne von § 92 Abs. 7 HGO.

16.3.4.1 Netto-Position

Die „Netto-Position" stellt das Basiskapital der Gemeinde (GV) dar, das bei der Aufstellung der Eröffnungsbilanz festgestellt wird (vgl. Nr. 13.2 Hw. zu § 59 GemHVO).

34 Siehe hierzu auch Kap. 9 und zur Veranschlagung Ziff. 7.3.4.

Der Posten Netto-Position stellt also eine Saldogröße dar. Der Bilanzausweis resultiert aus der erstmaligen Gegenüberstellung sämtlicher Aktivposten abzüglich sämtlicher Passivposten außer der Netto-Position selbst. Ergibt sich eine positive Saldogröße, stellt diese die Netto-Position dar.

Ist die Saldogröße negativ, ist diese unter dem Posten „Nicht durch Eigenkapital gedeckter Fehlbetrag“ auf der Aktivseite der Bilanz auszuweisen (§ 49 Abs. 3 Nr. 4).

16.3.4.2 Rücklagen und Sonderrücklagen

Der hier verwendete Begriff der Rücklagen ist von dem in der früheren Kameralistik verwendeten gleichlautenden Begriff deutlich zu unterscheiden. Bei den Rücklagen im Sinne der doppischen Buchführung handelt es sich nicht um Zahlungsmittelbestände, sondern um durch Erzielung von Überschüssen der Erträge über die Aufwendungen erwachsene Veränderungen des Eigenkapitals. I. d. R. sollten mit derartigen Überschüssen allerdings auch Zahlungsmittelbestände erwachsen sein, die allerdings auf der Aktivseite der Bilanz auszuweisen sind. Rücklagen sind auch dann noch in der Bilanz auszuweisen, wenn die evtl. korrespondierenden Zahlungsmittelbestände bereits zur Finanzierung von Investitionen oder Vorräten abgeflossen sind. Diese Rücklagen werden sinngemäß erst durch den Verzehr des damit geschaffenen Anlagevermögens aufgelöst, soweit sie nicht durch entsprechend hohe Erträge erhalten bleiben.

Rücklagen können aus Überschüssen des ordentlichen Ergebnisses sowie aus Überschüssen des außerordentlichen Ergebnisses entstehen. Sie sind nach den Vorgaben der GemHVO getrennt auszuweisen.

16.3.4.2.1 Rücklagen aus Überschüssen des ordentlichen Ergebnisses

Sobald in Jahresabschlüssen Überschüsse der ordentlichen Erträge und der Finanzerträge über die ordentlichen Aufwendungen und die Finanzaufwendungen (ordentliches Ergebnis) erwirtschaftet werden und keine negativen Ergebnisvorträge mehr auszugleichen sind, sind diese zunächst als ordentlicher Jahresüberschuss in der Ergebnisrechnung und in der Vermögensrechnung auszuweisen und im Folgejahr in entsprechender Anwendung der §§ 106 Abs. 2 Satz 1 HGO und 25 Abs. 1 GemHVO in die Rücklage aus ordentlichen Ergebnissen umzubuchen. Diese Buchung hat bereits rein rechtlich zu erfolgen, ein Beschluss ist hierzu nicht erforderlich (vgl. Nr. 4 Hw. zu § 25 GemHVO). Erwirtschaftete Überschüsse können daraufhin zur Abdeckung in späteren Jahren auftretender Fehlbeträge im ordentlichen Ergebnis verwendet werden.

16.3.4.2.2 Rücklagen aus Überschüssen des außerordentlichen Ergebnisses

Sobald in Jahresabschlüssen Überschüsse der außerordentlichen Erträge über die außerordentlichen Aufwendungen im außerordentlichen Ergebnis erwirtschaftet werden, sind diese nach § 25 Abs. 3 GemHVO zunächst als außerordentlicher Jahresüberschuss in der Ergebnisrechnung und in der Vermögensrechnung auszuweisen und im Folgejahr in die Rücklage aus Überschüssen des außerordentlichen Ergebnisses umzubuchen. Diese Überschüsse können daraufhin gem. § 25 Abs. 4 Nr. 1 GemHVO zur Abdeckung in späteren Jahren erwirtschafteter Fehlbeträge (des außerordentlichen Ergebnisses) verwendet werden. Die Verwendung von Überschüssen des außerordentlichen Ergebnisses zum Ausgleich des ordentlichen Ergebnisses ist nach § 25 Abs. 2 GemHVO lediglich in den Haushaltsjahren 2021 und 2022 möglich.

Somit ist das außerordentliche vom ordentlichen Ergebnis grundsätzlich zu trennen. Das ordentliche Ergebnis bildet die gewöhnliche Geschäftstätigkeit der Kommune ab und ist dementsprechend die zentrale Kennzahl für den Haushaltsausgleich (§ 24 GemHVO). Das außerordentliche Ergebnis gibt im Vergleich dazu selten und unregelmäßig auftretende Geschäftsvorfälle wieder und ist daher schlecht planbar und auch weniger aussagekräftig für die finanzielle Situation einer Kommune. Eine Verrechnung zwischen beiden Bereichen kommt nach § 25 Abs. 4 GemHVO nur in Betracht, wenn ein Fehlbetrag im außerordentlichen Ergebnis nach fünf Jahren noch nicht ausgeglichen werden konnte und Mittel aus dem ordentlichen Ergebnis bzw. der entsprechenden Rücklage zur Verfügung stehen. Die umgekehrte Vorgehensweise ist, außer für die Haushaltsjahre 2021 und 2022, nicht vorgesehen (vgl. auch Nr. 1 Hw. zu § 25 GemHVO).

Letztlich bleibt noch festzuhalten, dass in der kommunalen Bilanz entweder negative Ergebnisvorträge oder entsprechende Ergebnisrücklagen auszuweisen sind. Der Ausgleich von Vorträgen hat stets Vorrang vor der Bildung von Rücklagen, so dass ein gleichzeitiger Ausweis von Ergebnisvorträgen und -rücklagen im ordentlichen oder außerordentlichen Ergebnis nicht möglich ist (Nr. 8 Hw. zu § 106 HGO).

16.3.4.2.3 Weitere Rücklagen

Nach § 106 Abs. 2 Satz 2 HGO können für bestimmte Zwecke Sonderrücklagen gebildet werden. Gemäß Hw. 13.3 zu § 59 GemHVO zählen zu den Sonderrücklagen solche, die aus Mitteln gebildet werden, die der Gemeinde mit der Verpflichtung zugeflossen sind, die Mittel für einen bestimmten Zweck zu verwenden (zum Beispiel die ÖPNV-Rücklage). Weitere Rücklagen sind jedoch zulässig (§ 23 Abs. 1 Satz 2 GemHVO).

Für Sondervermögen nach § 115 Abs. 1 Nr. 2 (rechtlich unselbstständige örtliche Stiftungen) der Hessischen Gemeindeordnung ist gem. § 23 Abs. 2 GemHVO eine Sonderrücklage zu bilden.

Sonderrücklagen, zu deren Bildung keine rechtliche Verpflichtung besteht, dürfen nur gebildet werden, wenn der Ergebnishaushalt insgesamt keinen Fehlbetrag ausweist (Nr. 3 Hw. zu § 23 GemHVO). In der Praxis kommt dieser Vorschrift eine eher geringe Bedeutung zu.

16.3.4.3 Ergebnisverwendung

Die Verwendung des Jahresüberschusses ist durch § 25 GemHVO vorgegeben. Danach sind Überschüsse sowohl im ordentlichen als auch im außerordentlichen Ergebnis alsbald in entsprechende Rücklagen einzustellen, soweit sie nicht mit Fehlbeträgen aus Vorjahren (Ergebnisvorträge) zu verrechnen sind. Ein Fehlbetrag im ordentlichen

Ergebnis soll nach § 25 Abs. 2 Satz 3 GemHVO unverzüglich mit Überschüssen der Folgejahre ausgeglichen werden. Ein Fehlbetrag im außerordentlichen Ergebnis soll gem. § 25 Abs. 4 Satz 2 GemHVO innerhalb von fünf Jahren ausgeglichen werden. Eine Verwendung von Mitteln des ordentlichen Ergebnisses zum Ausgleich des außerordentlichen Ergebnisses ist nach § 25 Abs. 4 GemHVO erst nach fünf Jahren möglich. Die umgekehrte Variante ist rechtlich nicht vorgesehen, zu Ausnahmen siehe Ziff. 10.2.1.

16.3.4.3.1 Ordentliche Ergebnisse aus Vorjahren

Sofern für die Abdeckung eines Fehlbetrages des Vorjahres weder ausreichende Beträge der Rücklage aus Überschüssen des ordentlichen Ergebnisses noch aktuelle Überschüsse verfügbar sind, muss zunächst ein „Verlustvortrag" erfolgen. Die Vortragskonten 331 und 332 dienen ausschließlich der Darstellung von Verlustvorträgen und sind daher immer mit einem negativen Vorzeichen auszuweisen.

16.3.4.3.2 Außerordentliche Ergebnisse aus Vorjahren

Die Rechtslage gilt entsprechend für die Fehlbeträge aus den außerordentlichen Ergebnissen, wobei diese nach § 25 Abs. 4 GemHVO nicht unverzüglich, sondern innerhalb von fünf Jahren wieder auszugleichen sind. Sollte dies aufgrund der schlechten Planbarkeit des außerordentlichen Ergebnisses nicht möglich sein, kommt unter den dort genannten Voraussetzungen ein Ausgleich durch das ordentliche Ergebnis in Betracht.

16.3.4.4 Jahresüberschuss/Jahresfehlbetrag

Der Posten Jahresüberschuss bzw. Jahresfehlbetrag ermittelt sich aus dem Abschluss der Ergebnisrechnung eines Haushaltsjahres, wobei jeweils zwischen dem ordentlichen und dem außerordentlichen Ergebnis zu unterscheiden ist. Das ordentliche Ergebnis ist in diesem Kontext entscheidende Kennzahl für die Frage des Haushaltsausgleichs im Ergebnishaushalt und die Beurteilung, inwieweit die dauerhafte Leistungsfähigkeit der Kommune gesichert erscheint (vgl. Nr. 1 Hw. zu § 2 GemHVO).

Aufgrund der eindeutigen Begriffsverwendung in den Bilanzposten des § 49 Abs. 4 Nr. 1.3.2.1 und 1.3.2.2 GemHVO „Jahresüberschuss und Jahresfehlbetrag" wird deutlich, dass die kommunale Bilanz ohne Berücksichtigung einer Verwendung des Jahresergebnisses aufzustellen ist. Zudem ist die frühere Formulierung „vor Abschluss der Bücher" in § 24 GemHVO inzwischen entfallen. Somit ist der Jahresüberschuss genauso wie ein etwaiger Jahresfehlbetrag in der Bilanz auszuweisen und erst im Folgejahr der Rücklage zuzuführen oder mit dem Ergebnisvortrag zu verrechnen.

Das Jahresüberschuss-/Jahresfehlbetragskonto in der Vermögensrechnung ist im Rahmen des Jahresabschlusses die Gegenbuchungsposition zum Saldo der Ergebnisrechnung.

Ist das Eigenkapital durch Jahresfehlbeträge aufgebraucht und ergibt sich hierdurch ein Überschuss der Passivposten über die Aktivposten, so ist dieser Betrag nach § 25

Abs. 6 GemHVO am Schluss der Bilanz auf der Aktivseite gesondert unter der Bezeichnung „Nicht durch Eigenkapital gedeckter Fehlbetrag“ auszuweisen.

16.3.4.4.1 Ordentlicher Jahresüberschuss/Jahresfehlbetrag

Ein ordentlicher Jahresüberschuss eines Haushaltsjahres stellt die positive Differenz zwischen der Summe aus ordentlichen Erträgen und Finanzerträgen einerseits und der Summe aus ordentlichen Aufwendungen und Finanzaufwendungen andererseits dar. Ein ordentlicher Jahresfehlbetrag ergibt sich aus der entsprechenden negativen Differenz.

16.3.4.4.2 Außerordentlicher Jahresüberschuss/Jahresfehlbetrag

Ein außerordentlicher Jahresüberschuss stellt die positive Differenz zwischen außerordentlichen Erträgen und außerordentlichen Aufwendungen eines Haushaltsjahres dar. Ein außerordentlicher Jahresfehlbetrag ergibt sich aus der entsprechenden negativen Differenz.

16.3.4.4.3 Überschuldung

Sobald die aufgelaufenen Jahresfehlbeträge das kommunale Eigenkapital übersteigen, ist erstens nach § 25 Abs. 6 GemHVO auf der Aktivseite der Bilanz die Position „nicht durch Eigenkapital gedeckter Fehlbetrag“ auszuweisen, und zweitens die kommunale Überschuldung festzustellen. Eine solche Überschuldung ist den Kommunen nach § 92 Abs. 7 HGO jedoch grundsätzlich untersagt.

Im privatwirtschaftlichen Bereich würde ein derartiger Umstand in aller Regel den Gang zum Insolvenzrichter notwendig machen. Nach § 19 Abs. 1 der Insolvenzordnung (InsO) ist die Überschuldung Eröffnungsgrund für das Insolvenzverfahren. Nach Abs. 2 liegt auch im Sinne der Insolvenzordnung Überschuldung vor, sobald „das Vermögen des Schuldners die bestehenden Verbindlichkeiten nicht mehr deckt“.

Zwar wird die Zulässigkeit eines Insolvenzverfahrens nach § 12 Abs. 1 Nr. 1 InsO lediglich für Bund und Länder eindeutig verneint, jedoch kann das Insolvenzverfahren für jPöR, die der Aufsicht des Landes unterstehen, im Rahmen des Landesrechtes explizit ausgeschlossen werden. In Hessen hat das Land in § 146 HGO klargestellt, dass ein Insolvenzverfahren über das Vermögen der Gemeinden unzulässig ist. Somit sind die kommunalen Geschäfte auch im Rahmen einer Überschuldung nach § 25 Abs. 6 GemHVO weiterzuführen.

Beispiel 1 Ergebnisverwendung:
Gemeinde A weist zum 31.12.2022 eine Rücklage aus ordentlichen Ergebnissen von 500.000 € und eine Rücklage aus außerordentlichen Ergebnissen von 100.000 € aus. Die Ergebnisrechnung für das Haushaltsjahr 2022 kommt zu einem ordentlichen Jahresüberschuss von +50.000 € und zu einem außerordentlichen Fehlbetrag von –120.000 €.

Zum 31.12.2023 ist eine Rücklage aus ordentlichen Jahresergebnissen (Kto. 325) von 550.000 € und ein Ergebnisvortrag aus außerordentlichen Jahresergebnissen (Kto. 332) von -20.000 € in der Bilanz darzustellen. Eine gegenseitige Verrechnung der beiden Positionen ist zunächst nicht vorgesehen.

Beispiel 2 Ergebnisverwendung:
Gemeinde B hat zum 31.12.2022 in der kommunalen Bilanz eine Netto-Position von 250.000 €, einen ordentlichen Ergebnisvortrag von –120.000 € und eine Rücklage aus Überschüssen des außerordentlichen Ergebnisses von 30.000 € vorzuweisen. Die Ergebnisrechnung des Haushaltsjahres 2022 weist sowohl im ordentlichen als auch im außerordentlichen Ergebnis ein Defizit von jeweils 90.000 € aus.

Die Verrechnung der Jahresergebnisse mit den Rücklagen bzw. Ergebnisvorträgen hat zwar erst im Folgejahr zu erfolgen, dennoch ist das Eigenkapital bereits am 31.12.2022 aufgebraucht, weshalb auf der Aktivseite die Position „nicht durch Eigenkapital gedeckter Fehlbetrag" mit 20.000 € auszuweisen ist. Ohne die Darstellung dieser Position ist die Bilanz rein buchungstechnisch ohnehin nicht auszugleichen, da den Schulden auf der Passivseite keine entsprechenden Gegenwerte auf der Aktivseite gegenüberstehen.

16.3.5 Sonderposten

Die kommunale Bilanz unterscheidet folgende Sonderposten:
- Sonderposten aus (investiven) Zuwendungen vom öffentlichen Bereich
- Sonderposten aus (investiven) Zuschüssen vom nicht öffentlichen Bereich
- Sonderposten aus Investitionsbeiträgen
- Sonderposten für den Gebührenausgleich
- Sonderposten für Umlagen nach § 50 Abs. 3 des Finanzausgleichsgesetzes
- sonstige Sonderposten

Gemäß § 38 Abs. 4 GemHVO sind von der Gemeinde empfangene Investitionszuweisungen, -zuschüsse und Investitionsbeiträge als Sonderposten in der Vermögensrechnung (Bilanz) auszuweisen. In § 38 Abs. 4 GemHVO wird die Sonderpostenbildung aus Zuwendungen, Zuschüssen und Beiträgen für Investitionen geregelt. Weitere Regelungen zur Bildung von Sonderposten enthält § 41 GemHVO in den Absätzen 7 und 8. Eine Regelung für sonstige Sonderposten wird vom Gesetzgeber offengelassen.[35]

Zuwendungen ist der Oberbegriff für Zuweisungen und Zuschüssen. Zuweisungen sind zwischen öffentlichen Aufgabenträgern übertragene Finanzmittel. Zuschüsse sind zwischen dem öffentlichen Bereich und dem unternehmerischen oder übrigen Bereich übertragene Finanzmittel (Nr. 22 Hw. zu § 49 GemHVO).

35 Siehe hierzu Ziff. 16.3.5.6.

16.3.5.1 Funktion und inhaltliche Grundlagen

Der Vermögensfinanzierung durch Investitionszuwendungen (Zuweisungen und Zuschüsse) kommt eine besondere Bedeutung zu. Durch die Gewährung von Investitionszuwendungen kann insbesondere das Land Hessen orientiert an der Leistungsfähigkeit der Kommunen und mit Blick auf landespolitische Prioritäten und volkswirtschaftliche Erfordernisse deren Investitionstätigkeit steuern. Die projektbezogenen Zuwendungen für die Anschaffung oder Herstellung von Vermögensgegenständen stellen ein Steuerungsinstrument des Zuwendungsgebers dar, mit dem deutlich auf die kommunale Willensbildung Einfluss genommen wird. Teilweise wurde dieses Steuerungsinstrument in einigen Bereichen durch Gewährung pauschalierter Zuwendungen auch aus Gründen einer Verteilungsgerechtigkeit in die Hände der Kommunen zurückgegeben. Sowohl die investitionsbezogenen Zuwendungen für die Anschaffung oder Herstellung bestimmter Vermögensgegenstände als auch die pauschalierten Zuwendungen sind im Haushaltsplan und im Jahresabschluss abzubilden.

Den Sonderposten kommt auf der Finanzierungsseite der Bilanz die Funktion zu, erhaltene investitionsbezogene Zuwendungen und erhobene Beiträge für durchgeführte Investitionsmaßnahmen bilanziell getrennt vom Eigenkapital der Gemeinde abzubilden.

Der Finanzierungscharakter dieser Sachverhalte stellt eine Mischform von Eigen- und Fremdfinanzierung dar. Die Zweckbestimmung der Zuwendung und des Beitrags lassen eine Abbildung im Eigenkapital nicht zu, da hierdurch zwar der Kommune Finanzierungsmittel zufließen, diese aber eine Verpflichtung für spätere Haushaltsjahre beinhaltet. Sonderposten stellen gewissermaßen „Treuhandkapital" dar, über dessen Verwendung die Kommune den Kapitalgebern besondere Rechenschaft schuldet. Dementsprechend wird z. B. zur Ermittlung der Eigenkapitalquote eine eigenständige Eigenkapitalquote II unter Berücksichtigung der investiven Sonderposten[36] gebildet. Die Sonderposten sind quasi kein direktes Eigenkapital, entwickeln sich aber über die regelmäßige ertragswirksame Auflösung der Sonderposten sukzessive zu Eigenkapital.

Das kaufmännische Rechnungswesen sieht neben diesem passivischen Ausweis von Zuwendungen als Alternative eine aktivische Minderung vor. Dies bedeutet, dass die Zuwendung die Anschaffungs- oder Herstellungskosten auf der Aktivseite reduziert. Hierdurch verringert sich die Wertbasis, von der die Abschreibungen vorgenommen werden. Das kaufmännische Wahlrecht einer aktivischen Minderung der Anschaffungs- oder Herstellungskosten durch Zuwendungen ist nach § 38 Abs. 2 und Abs. 4 GemHVO nicht zulässig, da kein „saldierter" Ressourcenverbrauch dargestellt, sondern der vollständige Ressourcenverbrauch aus Abschreibungen dem Ressourcenaufkommen aus Erträgen aus der Auflösung von Sonderposten in der Ergebnisrechnung gegenübergestellt, werden soll.

Die investive Zuwendung teilt hinsichtlich der Abschreibungsdeterminanten (Nutzungsdauer und Abschreibungsverfahren) das „Schicksal" des zugehörigen Vermögensgegenstandes. Nr. 3 Hw. zu § 38 GemHVO stellt dies explizit heraus: „Der Auflösungs-

36 Sonderposten für den Gebührenausgleich oder Sonderposten für Umlagen nach § 50 Abs. 3 FAG (Schulumlage) haben keinen Eigenkapitalcharakter und sind daher nicht Bestandteil der Eigenkapitalquote II.

zeitraum muss mit dem Abschreibungszeitraum des Vermögensgegenstandes übereinstimmen“. Der Sonderposten hängt also direkt mit dem bezuschussten Vermögensgegenstand zusammen und die ertragswirksame Auflösung des jeweiligen Sonderpostens bildet daher die Gegenposition zur aufwandswirksamen Abschreibung des Vermögenswertes.

Sofern mittels unterschiedlicher Ertragskonten seitens der Gemeinde eine Unterscheidung nach Zuwendungsgebern vorgesehen ist, müssen die Bilanzkonten gleichfalls diese Unterscheidung ausweisen, um eine eindeutige Ertragszuordnung sicherzustellen.

Hierbei ist weiterhin zu berücksichtigen, dass ein Vermögensgegenstand gleichzeitig von unterschiedlichen Zuwendungsgebern anteilig finanziert worden sein kann. Demnach bedarf es in der Anlagenbuchhaltung einer Zuordnungssystematik, die die Zuwendungsfinanzierung durch unterschiedliche Zuwendungsgeber zulässt.

16.3.5.2 Sonderpostenbildung für pauschalierte Zuwendungen

Im Rahmen der Finanzierung von Investitionen gibt es z. B. im Gesetz über den kommunalen Finanzausgleich unterschiedliche pauschalierte Zuwendungsverfahren. Neben den allgemeinen Investitionspauschalen kommen u. a. privaten Zuschüsse in Betracht. Auch die Zuflüsse dieser Mittel sind in Sonderposten einzustellen. Im KVKR sind hierfür die Konten des Hauptkontos 362 bzw. 363 vorgesehen.

Können empfangene pauschale Investitionszuweisungen und -zuschüsse nicht maßnahmenbezogen zugeordnet werden, darf der Sonderposten jährlich mit einem Zehntel des Ursprungsbetrags aufgelöst werden (§ 38 Abs. 4 Satz 2 GemHVO).

16.3.5.3 Ansatz von investitionsbezogenen Beiträgen

Eine Besonderheit in der Sonderpostenbildung für Beiträge besteht darin, dass die Kommune nach Fertigstellung des Vermögensgegenstandes das Gesamtinvestitionsvolumen (z. B. Erschließungsanlage) einzelgrundstücksbezogen aufgrund bestimmter Verteilungsschlüssel aufteilt und die Beiträge per Bescheid gegenüber den einzelnen Beitragspflichtigen (z. B. Grundstückseigentümer) erhebt. Zwischen Fertigstellung und somit Aktivierung des Vermögensgegenstandes und der einzelgrundstücksbezogenen Bescheidung der Beitragspflichtigen entsteht ein zeitlicher Versatz, der eine parallele Auflösung des Sonderpostens mit der Abschreibung des Vermögensgegenstandes aufgrund der Abschreibungsplanung problematisch macht.[37]

37 Einen alternativen Darstellungsansatz, in Form eines Forderungspostens „bestimmbare Forderung“ (z. B. gegenüber den Grundstückseigentümern der Hausnummern A–Z) in Höhe des Gesamtinvestitionsvolumens mit gleichzeitiger Einbuchung eines Sonderpostens zwecks Gewährleistung eines parallelen Verlaufs von Abschreibung und ertragswirksamer Auflösung des Sonderpostens, sieht das Gesetz nicht vor.

Der Sachverhalt noch nicht erhobener Beiträge aus fertiggestellten Erschließungsmaßnahmen sollte vielmehr entsprechend § 50 GemHVO im Anhang zur Bilanz dargestellt werden. Im Rahmen dieser Festlegung waren zwei für das kommunale Haushaltsrecht vorgegebene Grundsätze gegeneinander abzuwägen, wobei im Ergebnis das Realisationsprinzip über das Ressourcenverbrauchskonzept gestellt wurde. Der Sonderposten kann daher nach § 38 Abs. 4 GemHVO trotz vorheriger rechtlicher Entstehung mit der Fertigstellung des Vermögensgegenstandes erst mit der Realisation der Forderung mittels Beitragsbescheid gegenüber den Beitragspflichtigen gebucht werden.

So wird es möglich sein, dass aufgrund eines zeitlichen Versatzes der Geltendmachung gegenüber den Beitragspflichtigen und somit bei einem zeitlichen Versatz bei der Sonderpostenbildung gegenüber der Aktivierung des Vermögensgegenstandes die Erträge aus der Auflösung des Sonderpostens die Aufwendungen aus Abschreibungen übersteigen.

Beispiel:

Gesamtinvestitionsvolumen Straße:	*1.200.000 €*
Nutzungsdauer/Abschreibung:	*40 Jahre linear; entspricht 30.000 € jährlich*
Beitragsanspruch:	*90 %, entspricht gesamt 1.080.000 €*
zeitlicher Versatz bis Bescheiderteilung:	*5 Jahre*
Erträge aus Auflösung Sonderposten	*Rund 30.857 €*

(Beitragsanspruch 1.080.000 € verteilt auf 35 Jahre Restnutzungsdauer der Straße ab Bescheiderteilung)

Zur Vermeidung solcher atypischen Bilanz- und Ergebnisdarstellungen sind die Kommunen gehalten, die aus der Aufteilung der Gesamtkosten der Maßnahme resultierende Veranlagung möglichst zeitnah vorzunehmen.

Alternative Vorgehensweise:

Auflösung der Sonderposten	*40 Jahre (parallel zur Abschreibung)*
Erträge aus Auflösung Sonderposten	*27.000 € (Beitragsanspruch 1.080.000 €/40 Jahre)*

Im Jahr der Bescheiderteilung und Bildung des Sonderpostens sind die auf die Vorjahre (seit Fertigstellung der Maßnahme und Abschreibungsbeginn) entfallenden Erträge aus Auflösung des Sonderpostens als periodenfremde Erträge dem außerordentlichen Ergebnis[38] zuzuschreiben.

38 Die Erheblichkeit im Sinne von § 58 Nr. 6a GemHVO wird in diesem Beispiel unterstellt.

16.3.5.4 Sonderposten für den Gebührenausgleich

Im Rahmen der Überarbeitung der GemHVO im Jahre 2011 hat sich der Verordnungsgeber entschieden, dem Beispiel anderer Länder zu folgen und Gebührenüberschüsse nicht mehr als Rücklagen, sondern ebenfalls als Sonderposten auszuweisen. Demnach regelt § 41 Abs. 7 GemHVO:

> *„Übersteigen in einem Haushaltsjahr die Benutzungsgebühren, die von der Gemeinde für die Benutzung einer ihrer öffentlichen Einrichtungen nach § 10 des Gesetzes über kommunale Abgaben in der Fassung der Bekanntmachung vom 24. März 2013 (GVBl. S. 134), zuletzt geändert durch Gesetz vom 28. Mai 2018 (GVBl. S. 247), erhoben werden, die Kosten dieser Einrichtung, ist der Unterschiedsbetrag in der Schlussbilanz dieses Haushaltsjahres auf der Passivseite als Sonderposten für den Gebührenausgleich anzusetzen."*

Der Sonderposten für den Gebührenausgleich wird bei der Aufstellung des Jahresabschlusses gebildet, wenn die Erlöse der Einrichtung höher sind als die Kosten. Dieser Betrag muss nach dem Äquivalenzprinzip den Gebührenzahlern wieder zu Gute kommen (Nr. 17 Hw. zu § 41 GemHVO)[39].

Beispiel:
Eine nach § 10 KAG durchgeführte Nachkalkulation der Wassergebühren hat ergeben, dass die vereinnahmten Erlöse 100.000 € über den zugehörigen Kosten lagen. Dieser gebührenrechtliche Überschuss ist in den nächsten Jahren gebührenmindernd zu berücksichtigen und bis dahin als Sonderposten in der Bilanz darzustellen. So wird gegenüber dem Bilanzleser verdeutlicht, dass es sich hierbei um Mittel handelt, die in naher Zukunft den Gebührenzahlern wieder gutgebracht werden müssen.

16.3.5.5 Sonderposten für Umlagen nach § 50 Abs. 3 des Finanzausgleichsgesetzes

Ein weiterer Sonderposten ist in § 41 Abs. 8 GemHVO definiert: Übersteigen in einem Haushaltsjahr die tatsächlichen Erträge der nach § 50 Abs. 3 des Finanzausgleichsgesetzes zu erhebenden Umlage die tatsächlichen Aufwendungen, zu deren Ausgleich die Umlage zu erheben ist, ist der Unterschiedsbetrag in der Schlussbilanz dieses Haushaltsjahres auf der Passivseite als Sonderposten für die Rückzahlung von Umlagen anzusetzen. Der Sonderposten ist im folgenden Haushaltsjahr ertragswirksam aufzulösen. Diese Regelung betrifft allerdings nur die Kreise als Gläubiger der Schulumlage.

Der Sonderposten für die Rückzahlung von Umlagen (Abs. 8) wird bei der Aufstellung des Jahresabschlusses gebildet, wenn die tatsächlichen Erträge der Schulum-

39 Der genannte Hinweis spricht hier etwas missverständlich von Erträgen und Aufwendungen. Tatsächlich ist dem KAG als speziellerer Rechtsgrundlage jedoch der Vorzug einzuräumen, insofern ist bei der Sonderpostenbildung auf Kosten und Erlöse abzustellen.

lage (§ 50 Abs. 3 FAG) in dem Haushaltsjahr höher waren als die Aufwendungen, die mit der Schulumlage finanziert werden sollen (Kosten der Schulträgerschaft). Der gebildete Sonderposten ist im folgenden Haushaltsjahr ertragswirksam aufzulösen; dadurch wird der Umlagebedarf dieses Haushaltsjahres entsprechend reduziert (vgl. Nr. 18 Hw. zu § 41 GemHVO).

16.3.5.6 Sonstige Sonderposten

Dieser Bilanzposten ist ein Sammelposten für weitere Sachverhalte, die eine Sonderpostenbildung erforderlich machen. Die sonstigen Sonderposten bilden als Bilanzposition alle Geschäftsvorfälle ab, die die Voraussetzungen für die Sonderpostenbildung erfüllen, aber nicht unter die bereits erläuterten Positionen fallen, z. B.

- Unentgeltlicher Erwerb ökologische Ausgleichs- und Ersatzmaßnahmen (auch Öko-Konto genannt) und
- für die Ablösung von der Verpflichtung zur Erstellung von Stellplätzen.
- Unentgeltlicher Erwerb von weiteren Vermögensgegenständen. Gemäß Nr. 15 Hw. zu § 41 GemHVO müssen unentgeltlich erworbene Vermögensgegenstände des Anlagevermögens und Finanzanlagen aktiviert werden. Die Vermögensgegenstände können mit dem Erinnerungswert, dem Marktpreis oder dem beizulegenden Wert bewertet werden. Wenn solche Vermögensgegenstände mit dem Marktpreis oder dem beizulegenden Wert bewertet werden, ist auf der Passivseite der Bilanz ein entsprechender Sonderposten in gleicher Höhe auszuweisen.

Beide Sachverhalte beinhalten als Besonderheit, dass der Leistende für seine erbrachte Geldleistung keinen Rückzahlungsanspruch besitzt, sondern sich von einer rechtlichen Leistungsverpflichtung „freikauft", die basierend auf einer Geldleistung nunmehr durch die Kommune wahrgenommen wird. Bei den ökologischen Ausgleichs- und Ersatzmaßnahmen kommt hinzu, dass die erhaltenen Geldleistungen sowohl für investive als auch für konsumtive ökologische Maßnahmen verwandt werden können. Zahlungseingang und sachgerechte Verwendung sind getrennt voneinander zu betrachten.

Mangels Gegenleistungsverpflichtung gegenüber dem Leistenden ist bei Forderungseinbuchung die Gegenposition stets der jeweilige Sonderposten für Ausgleichs- und Ersatzflächen bzw. für die Ablösung von der Verpflichtung zur Erstellung von Stellplätzen.

Bei zweckbestimmter Verwendung erfolgt für eine investive Verwendung (z. B. Anschaffung eines Vermögensgegenstandes) eine Umbuchung in der Form, dass einem angeschafften oder hergestellten Vermögensgegenstand der Sonderposten zugeordnet wird. Mit dieser Umbuchung wird aus einem „globalen" Sonderposten ein einem Vermögensgegenstand zugehöriger Sonderposten, mit der Konsequenz, dass parallel zur Abschreibung aufgrund der Abschreibungsplanung des zugehörigen Vermögensgegenstandes in analoger Form eine ertragswirksame Auflösung dieses Sonderpostens erfolgt.

16.3.5.7 Übung

Siehe zu diesem Abschnitt den Sachverhalt 13 zu Kap. 16 im Übungsband.

16.3.6 Rückstellungen

Durch die Verbuchung und den bilanziellen Ausweis von Rückstellungen werden die in einem Haushaltsjahr verursachten Aufwendungen (Prinzip der periodengerechten Abgrenzung) mit den in späteren Haushaltsjahren aus diesem Grund wahrscheinlich notwendigen Auszahlungen verknüpft. Im Idealfall sollten deshalb im Haushaltsjahr der Verursachung Zahlungsmittelüberschüsse entstehen, die der Haushaltswirtschaft so lange zur Verfügung stehen, bis die daraus resultierenden Auszahlungen zu leisten sind. Wird die Notwendigkeit der Bildung einer Rückstellung erst später erkannt, so ist die Bildung der Rückstellung unverzüglich nachzuholen.

Der Ausweis von Rückstellungen in der Vermögensrechnung ermahnt, spätestens zum Zeitpunkt der wahrscheinlichen Auszahlung entsprechende Zahlungsmittel bereitzuhalten. Der wirtschaftliche Vorteil des Zeitweilig-verfügbar-Bleibens der Zahlungsmittel ist u. U. explizit bei der Berechnung der Höhe der zu bildenden Rückstellung zu berücksichtigen. Tritt der Zahlungsmittelfluss zu dem späteren Zeitpunkt in der erwarteten Höhe ein, so kann die Auszahlung erfolgsneutral durchgeführt werden, d. h. im Jahr der Auszahlung ist kein Aufwand auszuweisen. Übersteigt die tatsächliche Zahlung die erwartete Höhe, so ist der übersteigende Teil als periodenfremder Aufwand nachzuweisen. Ist die tatsächliche Zahlung geringer als die hierfür gebildete Rückstellung oder fällt der Grund der Rückstellung gänzlich weg, so ist der Differenzbetrag bzw. die gesamte Rückstellung als ordentlicher Ertrag erfolgswirksam aufzulösen.

16.3.6.1 Voraussetzungen der Rückstellungsbilanzierung

a) Rückstellungsbildung

Das neue kommunale Rechnungswesen verfolgt den zentralen Zweck, in jeder Periode den vollständigen Ressourcenverbrauch auszuweisen. Da jedoch in vielen Fällen Ressourcenverbrauch und Zahlungsmittelabfluss zeitlich auseinanderfallen, müssen spezielle Instrumente genutzt werden, mit denen diese Diskrepanz ausgeglichen wird. Bei Investitionen liegt der Zahlungsmittelabfluss vor dem Ressourcenverbrauch, der dann mit Abschreibungen abgebildet wird. Fällt jedoch der Zahlungsmittelabfluss in eine spätere Rechnungsperiode als seine wirtschaftliche Verursachung und ist der Zahlungsmittelabfluss in seiner Höhe oder dem Grunde nach nicht völlig sicher, so sind hierfür Rückstellungen zu bilden. Die Bildung einer Rückstellung hat hierbei zum einen den Zweck, den Aufwand periodengerecht abzubilden und zum anderen idealtypisch in einer späteren Periode im Rahmen der Auszahlung keinerlei Aufwand entstehen zu lassen.

Elemente des Prinzips der Periodenabgrenzung durch Rückstellungen:
- Aufwandsdarstellung in der wirtschaftlich zugehörigen Periode
- Zahlungsmittelabfluss später in einer anderen Periode
- Rückstellungen mit Funktion der Verbindung des Aufwands- und des Auszahlungsteils eines Geschäftsvorfalls bei der erforderlichen Darstellung in unterschiedlichen Perioden

Die in § 58 Nr. 30 GemHVO enthaltene Definition:

> *„30. Rückstellung*
> *Passivposten der Bilanz, der dazu dient, durch zukünftige Handlungen bedingte Wertminderungen der Rechnungsperiode als Aufwand zuzurechnen; sie ist bezüglich ihres Eintretens oder ihrer Höhe nach nicht völlig sicher"*

ist insofern missverständlich, als es im wirtschaftlichen Sinne nicht um zukünftige Handlungen, sondern um gegenwärtigen Ressourcenverbrauch durch Handlungen und Ereignisse geht, die allerdings erst später (höchst-)wahrscheinlich zu Auszahlungen führen werden. Nr. 2 Hw. zu § 39 GemHVO führt hierzu etwas passender aus: „Mit der Bildung einer Rückstellung wird eine zu diesem Zeitpunkt noch ungewisse Verbindlichkeit der Rechnungsperiode zugeordnet, in der sie rechtlich bzw. wirtschaftlich verursacht wurde."

Die Rückstellungen gehören bilanziell zu den Fremdkapitalposten. Rückstellungen stellen Verpflichtungen gegenüber Dritten oder gegenüber sich selbst[40] (Instandhaltungsrückstellungen) dar, die dem Grunde oder der Höhe nach ungewiss sind. Gemäß Nr. 1 Hw. zu § 39 GemHVO geht es um Sachverhalte, die bezüglich ihres Eintretens bzw. ihrer Höhe nicht völlig sicher sind und bei denen eine Inanspruchnahme wahrscheinlich ist. Die Bildung der Rückstellung erfolgt grundsätzlich nach folgendem Buchungssatz:

Aufwandskonto (Unterscheidung nach Aufwandsarten)	an	Rückstellungskonto (Unterscheidung nach Rückstellungsarten)

b) Rückstellungsposten in der kommunalen Bilanz
Gem. § 49 Abs. 4 GemHVO sind die Rückstellungen in der kommunalen Bilanz mindestens zu gliedern in:
- Rückstellungen für Pensionen und ähnliche Verpflichtungen
- Rückstellungen für Umlageverpflichtungen nach dem Hessischen Finanzausgleichsgesetz und für Verpflichtungen im Rahmen von Steuerschuldverhältnissen
- Rückstellungen für die Rekultivierung und Nachsorge von Abfalldeponien
- Rückstellungen für die Sanierung von Altlasten
- sonstige Rückstellungen

40 Verpflichtungen gegenüber sich selbst stellen inhaltlich keine Schulden bzw. kein Fremdkapital dar.

Der § 39 Abs. 1 GemHVO greift inhaltlich im Wesentlichen die Bilanzstruktur der einzelnen Rückstellungsposten auf und stellt prägnant die kommunalen **Pflichtrückstellungen** dar.

Demnach sind Rückstellungen zu bilden für folgende ungewisse Verbindlichkeiten und Aufwendungen:

1. die Pensionsverpflichtungen aufgrund von beamtenrechtlichen oder vertraglichen Ansprüchen,
2. die Beihilfeverpflichtungen gegenüber Versorgungsempfängern sowie Beamten und Arbeitnehmern für die Zeit nach dem Ausscheiden aus dem aktiven Dienst beziehungsweise Arbeitsverhältnis,
3. die Bezüge- und Entgeltzahlung für Zeiten der Freistellung von der Arbeit im Rahmen von Altersteilzeitarbeit und ähnlichen Maßnahmen,
4. im Haushaltsjahr unterlassene Aufwendungen für Instandhaltung, die im folgenden Haushaltsjahr nachgeholt werden sollen,
5. die Rekultivierung und Nachsorge von Abfalldeponien,
6. die Sanierung von Altlasten,
7. unbestimmte Aufwendungen in künftigen Haushaltsjahren bei Umlagen nach dem Hessischen Finanzausgleichsgesetz aufgrund von ungewöhnlich hohen Steuereinnahmen des Haushaltsjahres, die in die Berechnung der Umlagegrundlage einbezogen werden,
8. drohende Verpflichtungen aus Bürgschaften, Gewährleistungen und anhängigen Gerichtsverfahren und
9. drohende Verluste aus schwebenden Geschäften.

Für weitere ungewisse Verbindlichkeiten **können** gem. Abs. 2 Rückstellungen gebildet werden, insbesondere für

1. Urlaubsansprüche und geleistete Überstunden,
2. die Aufbewahrung von Geschäftsunterlagen,
3. die Erstellung und Prüfung von Eröffnungsbilanzen und Jahresabschlüssen.

Aus der Formulierung „insbesondere“ in § 39 Abs. 2 GemHVO ergibt sich, dass diese Aufzählung nicht abschließend ist. Dementsprechend können weitere Rückstellungen gebildet werden, sofern die rechtlichen Voraussetzungen nach § 39 GemHVO und der zugehörigen Hinweise vorliegen.

Inhaltlich zu unterscheiden sind Rückstellungen mit Schuldcharakter, bei denen Rückstellungen für dem Grunde oder der Höhe nach ungewisse Verpflichtungen aufgrund bestehender Rechtsbeziehungen zu Dritten zu bilden sind, und Rückstellungen mit einer Aufwandsverpflichtung gegen sich selbst, bei denen Aufwendungen dem abgelaufenen Haushaltsjahr oder früheren Haushaltsjahren zuzuordnen sind.

Zur Verdeutlichung der begrifflichen Abgrenzung zwischen Schulden und Rückstellungen werden in der nachfolgenden Darstellung die zugehörigen inhaltlichen Komponenten dargestellt, wobei die Verbindlichkeitsrückstellungen quasi als begriffliche Schnittmenge sowohl den Schulden als auch den Rückstellungen zuzuordnen sind.

<table>
<tr><td colspan="2">Schulden umfassen alle Verpflichtungen gegenüber Dritten, gleichgültig, ob gewiss oder ungewiss.</td><td rowspan="2">Aufwandsrückstellungen
stellen Verpflichtungen gegen sich selbst dar, sie sind somit keine Schulden.</td></tr>
<tr><td rowspan="2">Verbindlichkeiten
sind dem Grunde und der Höhe nach feststehend (gewiss).</td><td>Verbindlichkeits-rückstellungen</td></tr>
<tr><td colspan="2">Rückstellungen
sind dem Grunde und / oder der Höhe nach ungewiss.</td></tr>
</table>

c) Inanspruchnahme der Rückstellungen

Die vorläufige Verbuchung als Rückstellung verbindet den einem früheren Haushaltsjahr zuzuordnenden Aufwand mit einer in einem späteren Haushaltsjahr wahrscheinlich zu leistenden Auszahlung. Durch die Inanspruchnahme für den speziellen Rückstellungszweck stellt die Rückstellung die Gegenbuchungsposition für die Auszahlung dar.

Aufgrund des bereits in früheren Perioden erfassten Aufwandes darf in einer späteren Periode der Aufwand im Rahmen der Inanspruchnahme **nicht noch einmal** in einem späteren Jahresabschluss (Verbot der Doppelerfassung) dargestellt werden, so dass die Rückstellung den Aufwand durch Absetzung idealtypisch neutralisiert. Die Inanspruchnahme der Rückstellung erfolgt danach durch folgende Buchungssätze:

spezifisches Aufwandskonto	an	Verbindlichkeiten/liquide Mittel
Rückstellungen	an	spezifisches Aufwandskonto

d) Ertragswirksame Auflösung von Rückstellungen

Im Einklang mit den handelsrechtlichen Vorschriften ist eine Rückstellung nach § 39 Abs. 3 GemHVO ertragswirksam aufzulösen, wenn der Grund hierfür entfallen ist. Dies ist der einzige Grund für eine ertragswirksame Auflösung von Rückstellungen. Festzuhalten bleibt hierbei, dass die Inanspruchnahme ergebnisneutral ist, die Auflösung einer Rückstellung jedoch Ertrag darstellt. Nach Nr. 2 Hw. zu § 39 GemHVO ist die Auflösung von Rückstellungen stets auf dem Konto 538, also als ordentlicher Ertrag zu erfassen.

Rückstellungen	an	Erträge aus der Auflösung von Rückstellungen

16.3.6.2 Pensionsrückstellungen

Alle Pensionsverpflichtungen nach den beamtenrechtlichen Bestimmungen sind nach § 39 Abs. 1 Nr. 1 i. V. m. § 41 Abs. 6 GemHVO mit ihrem im Teilwertverfahren zu ermittelnden Barwert als Rückstellung anzusetzen. Dies bedeutet, dass alle entstandenen Verpflichtungen gegenüber aktiv Beschäftigten, allen Pensionären und allen Hinterbliebenen in der Bilanz darzustellen sind. Dazu gehören auch andere fortgeltende Ansprüche von Personen nach dem Ausscheiden aus dem aktiven Dienst (z. B. Beihilfeansprüche).

Im Einkommensteuerrecht (§ 6a Abs. 3 EStG) haben sich verbindliche Verfahrensweisen für die Bemessung von Pensionsrückstellungen herausgebildet, deren Anwendung im kommunalen Bereich nichts entgegensteht.

Das Teilwertverfahren bildet die Verpflichtungsentwicklung hinsichtlich der Pensionsrückstellungen der Gemeinde gegenüber den Beamten idealtypisch ab. Hierbei sind folgende Entwicklungsabschnitte zu berücksichtigen:

Zeitliche Abschnitte bei Pensionsrückstellungen	Was hat die Gemeinde zu tun?
Diensteintritt	Der Diensteintritt stellt den Beginn der Wartezeit bis zur Pensionszusage dar. Durch den Diensteintritt entsteht noch kein Pensionsanspruch. Erst nach fünf Jahren Dienstzeit realisiert sich die gesetzlich bestimmte Pensionszusage durch die Gemeinde. Würde während dieser Zeit allerdings eine Beendigung des Beamtenverhältnisses erfolgen, entstünde ein Zahlungsmittelabfluss zur Nachversicherung in der Rentenversicherung, der entstandene Aufwand kann auch hier nur durch Bildung einer Rückstellung periodengerecht zugeordnet werden. Im Übrigen ist nach bisherigen Erfahrungen eine Überleitung in ein dauerhaftes Beamtenverhältnis wahrscheinlich, was wiederum eine Rückstellung zur Darstellung des vollständigen Ressourcenverbrauchs rechtfertigt.
Ansammlungsphase	Es erfolgt während der aktiven Dienstzeit eine Ansammlung der Pensionsverpflichtungen in jährlichen Raten.
Pensionsantritt	Mit Pensionsantritt wird der Barwert der Verpflichtung als Rückstellungsbestand erreicht.
Zahlung der Pensionen	Der Rückstellungsbestand soll den Aufwand, der im Rahmen der Pensionszahlungen entsteht, decken. Hierbei stellen die Pensionszahlungen in der Ergebnisrechnung zunächst Aufwand dar, der im Rahmen der Auflösung der Rückstellung im Rahmen des Jahresabschlusses idealtypisch neutralisiert werden sollte. In der Regel werden sich hierbei Abweichungen ergeben, die überwiegend zu einem verbleibenden Aufwand führen werden (Barwert-Effekt = 6 % Barwertdifferenz für ein Jahr). Theoretisch kann es jedoch auch per Saldo zu Erträgen aus der Auflösung von Pensionsrückstellungen kommen.
Versterben des Beamten	Idealtypisch werden die Pensionsrückstellungen anhand von Sterbetafeln gebildet. Beim Versterben eines einzelnen Beamten kann es zu einer Unterschreitung der vorgesehenen Lebenszeit kommen, hier würde ein Rest in der Pensionsrückstellung entstehen. Bei Überschreiten der vorgesehenen Lebenszeit würde sich ein zusätzlicher Rückstellungsbedarf ergeben. Da zwar die ungewissen Verbindlichkeiten einzeln bewertet werden, die Pensionsrückstellung aber die Gesamtheit der Anspruchsberechtigten abbildet, führt dies in der Regel zu einer Nivellierung untereinander.

Die Bewertung der Ansprüche jedes einzelnen Beschäftigten erfolgt mittels eines versicherungsmathematischen Gutachtens. Die Ermittlung kann durch ein Gutachten eines Versicherungsmathematikers, einer Versorgungskasse oder eigenständig anhand einer zertifizierten Software erfolgen.

Pensionsrückstellungen sind personenbezogen zu bilden. Es bleibt den Gemeinden (GV) überlassen, durch wen sie die erforderlichen finanzmathematisch-qualifizierten Berechnungen erstellen lassen. Die hessischen kommunalen Versorgungskassen bieten den Gemeinden (GV) die Erstellung der erforderlichen finanzmathematisch-qualifizierten Berechnungen an (Nr. 5 Hw. zu § 39 GemHVO).

Gem. § 41 Abs. 6 GemHVO hat der Berechnung der Pensionsrückstellungen ein fester Rechnungszinsfuß von 6 % zugrunde zu liegen. Sofern dieser Zinssatz höher als der von der deutschen Bundesbank bekanntgegebene Abzinsungssatz nach § 253 Abs. 2 HGB liegt, sind die daraus resultierenden **höheren Rückstellungswerte** im Anhang zu nennen (Nr. 5 Hw. zu § 39 GemHVO). In der Niedrigzinsphase der vergangenen Jahre waren die verbindlich vorgeschriebenen 6 % deutlich zu hoch. Dies hatte zur Folge, dass die Rückstellungswerte in der kommunalen Bilanz entschieden zu niedrig ausgewiesen wurden, da der angesprochene Zinssatz von 6 % die Grundlage für eine Ab- und nicht für eine Aufzinsung darstellte. Inzwischen hat sich diese Problematik durch ein wieder steigendes Zinsniveau deutlich entschärft.

Für über die Pensionsansprüche hinausgehende Ansprüche auf Beihilfen sowie andere Ansprüche außerhalb des Beamtenversorgungsgesetzes kann eine vereinfachte prozentuale Ermittlung auf der Basis der bestehenden Versorgungsbezüge vorgenommen werden. Der Prozentsatz ergibt sich aus dem Verhältnis der gezahlten Beihilfeleistungen zum Volumen der gezahlten Versorgungsbezüge.

16.3.6.3 Rückstellungen für Finanzausgleich und Steuerschuldverhältnisse

Im Rahmen des kommunalen Finanzausgleichs stellt vor allem die Unstetigkeit des Gewerbesteuerertrages ein relevantes Problem dar, das mit Hilfe der Rückstellungsbildung entschärft werden kann. Treten in einem Haushaltsjahr überraschend hohe Gewerbesteuerzahlungen (z. B. aufgrund finanzamtlicher Nachfeststellungen bei größeren Gewerbebetrieben oder konjunkturellen Entwicklungen) ein, so bewirken sie höhere Umlageverpflichtungen in nachfolgenden Haushaltsjahren. Diese Umlageverpflichtung kann durch die aufwandswirksame Bildung einer Rückstellung periodengerecht dem verursachenden Haushaltsjahr zugeordnet werden, wodurch im Jahr des höheren Zahlungseinganges kein überhöhter Überschuss und in den späteren Jahren kein ungerechtfertigt negatives Ergebnis entsteht. Allerdings kann mit dieser Rückstellung dem Wortlaut entsprechend nicht der ebenfalls mit dem erhöhten Gewerbesteuerertrag verbundene Rückgang der Schlüsselzuweisungen in den Folgejahren ausgeglichen werden.

Von „ungewöhnlich hohen Steuererträgen“ ist entsprechend Nr. 13 Hw. zu § 39 GemHVO auszugehen, wenn die Plandaten des HFAG eine um 10 % höhere Steuerkraftmesszahl vorsehen als die Plandaten des Vorjahres.

Aus dem Wortlaut des § 39 GemHVO und der zugehörigen Hinweise ergibt sich, dass es bei Rückstellungen grundsätzlich um Aufwendungen geht. Die Bildung von Rückstellungen für rückläufige oder fehlende Erträge (z. B. bei rückläufigen Gewerbesteuererträgen) ist demnach ausgeschlossen.

Die in der Privatwirtschaft an dieser Stelle zu erörternden Rückstellungen für die aus dem Jahresüberschuss zu leistenden Ertragssteuern sind im kommunalen Umfeld lediglich für die Betriebe gewerblicher Art relevant.

16.3.6.4 Rückstellungen für die Rekultivierung und Nachsorge von Deponien

Für die Rekultivierung und Nachsorge kommunaler Deponien sowie für die Sanierung von Altlasten sind nach § 39 Abs. 1 GemHVO als Rückstellung die zu erwartenden Gesamtkosten bezogen auf den voraussichtlichen Zeitpunkt der Rekultivierungs- und Nachsorgemaßnahmen zu ermitteln.

Das Rückstellungsvolumen für kommunale Deponien orientiert sich an den voraussichtlichen Gesamtauszahlungen zum Zeitpunkt der Rekultivierung und an der Verfüllmenge des Nutzungsjahres im Verhältnis zur Gesamtverfüllmenge. I. d. R. werden zur betraglichen Bemessung der Rückstellung in diesem Zusammenhang Gutachten bzw. Stellungnahmen entsprechender Fachleute vorgelegt.

16.3.6.5 Rückstellungen für die Sanierung von Altlasten

Bei der Bildung von Rückstellungen für die Sanierung von Altlasten kommt eine besondere Problematik zum Tragen: Altlasten werden i. d. R. nicht im Zeitpunkt ihrer wirtschaftlichen Verursachung, sondern stets erst verspätet als solche erkannt. Dennoch ermöglicht auch hier die Bildung einer Rückstellung, den Aufwand einer früheren Periode zuzuordnen als die später zu leistenden Auszahlungen für die Sanierung. Dies ist von besonderer Bedeutung für alle zum Zeitpunkt der Erstinventarisierung und der Erstellung der Eröffnungsbilanz bekannten Altlasten, deren Auszahlungen für Sanierungen nicht mehr spätere doppische Ergebnisrechnungen tangieren und deren Ausgleich damit nicht erschweren.

Altlasten sind z. B. beim aus späterer Sicht nicht umweltgerechten Betrieb von Abfalldeponien, Gaswerken, Tankstellen oder anderen umweltrelevanten Anlagen oder Tätigkeiten entstanden. Sobald das Vorliegen einer Altlast und die Sanierungsverantwortlichkeit der Gemeinde (GV) erkannt wird, ist eine entsprechende Rückstellung basierend auf einem technischen Gutachten über den Sanierungsumfang und die dafür nötigen Auszahlungen zu bilden.

16.3.6.6 Instandhaltungsrückstellungen

Analog zum kaufmännischen Rechnungswesen beinhaltet das Haushaltsrecht aufgrund seiner Zielsetzung einer periodengerechten Abbildung des Ressourcenverbrauchs und -aufkommens eine dynamische Bilanzauffassung[41].

In § 39 Abs. 1 GemHVO werden die Rückstellungen für unterlassene Instandhaltung bei Sachanlagen als einzige Art der Aufwandsrückstellungen[42] zugelassen, da diese den gebräuchlichsten Fall der Aufwandsrückstellungen darstellen und in diesen Rückstellungen auch eine hohes Ansatzpotenzial für den Bilanzausweis steckt. Unterlassene Instandhaltungen sind nach § 39 Abs. 1 GemHVO pflichtig als Rückstellungen auszuweisen, wenn die Nachholung der Instandhaltung so hinreichend konkret beabsichtigt ist, dass sie im folgenden Jahr nachgeholt wird (Nr. 12 Hw. zu § 39 GemHVO) und die Instandhaltung als bisher unterlassen bewertet werden muss.[43] Sofern eine Aufwandsrückstellung aufgrund unterlassener Instandhaltung nicht gebildet wird, hat die Gemeinde zu prüfen, ob und in welcher Höhe eine außerplanmäßige Abschreibung beim Vermögensgegenstand erfolgen muss (§ 43 Abs. 3 GemHVO).

Als abbildungsfähige Sachverhalte für Rückstellungen aufgrund unterlassener Instandhaltung sind im Rahmen der hierunter zu subsumierenden Teilbegriffe Instandsetzung, Wartung und Inspektion zu verstehen:

- „Zur Instandsetzung gehören alle Maßnahmen der Verschleißbeseitigung mit dem Ziel, den ursprünglichen Zustand der Anlage wiederherzustellen.
- Der Wartung dienen alle Maßnahmen der (vorbeugenden) Verschleißhemmung.
- Inspektionen dienen der regelmäßigen Feststellung des Grades der Leistungsfähigkeit bzw. des eingetretenen technischen Verschleißes von Anlagen.“[44]

Mit der Verpflichtung zur Bildung von Rückstellungen für unterlassene Instandhaltung wird der Aufwand in dem Haushaltsjahr erfasst, in dem er wirtschaftlich entstanden oder verursacht wurde, auch wenn die vorgesehene Maßnahme in das folgende Haus-

41 Die dynamische Bilanzauffassung geht zurück auf *Schmalenbach* (vgl. *Schmalenbach, Eugen*: Grundlagen dynamischer Bilanzlehre, in: Zeitschrift für handelswissenschaftliche Forschung, 13. Jg. [1919]) und wurde u. a. von *Kosiol* weiterentwickelt und ist so in das Bilanzmodell des HGB und schließlich auch in die GemHVO eingeflossen (vgl. auch *Moxter, Adolf*: Grundsätze ordnungsgemäßer Rechnungslegung, Düsseldorf 2003).

42 Grundsätzlich verbindet sich mit der Bildung einer Rückstellung immer eine Aufwandsbuchung. Als Aufwandsrückstellungen werden aber nur solche Rückstellungen bezeichnet, die zwar als Aufwand in die Ergebnisrechnung einfließen, denen aber (noch) keine Verbindlichkeit gegenüber einem Dritten gegenübersteht, die also nur als Verpflichtung gegenüber der Erhaltung des eigenen Vermögens aufgefasst werden können (wie bei der Instandhaltungsrückstellung, solange weder ein Instandsetzungsauftrag erteilt noch ein solcher ausgeführt, sondern lediglich ein Instandsetzungsbedarf festgestellt wurde). Rückstellungen, bei deren Verbuchung dem Aufwand bereits eine ungewisse Verbindlichkeit gegenübersteht, werden deshalb zur Unterscheidung von Aufwandsrückstellungen als Schuldrückstellungen bezeichnet.

43 § 249 HGB regelt dies für den handelsrechtlichen Bereich anders. Wird die Instandhaltung innerhalb von 3 Monaten im folgenden Geschäftsjahr nachgeholt, sind Rückstellungen für unterlassene Instandhaltung pflichtig zu bilden.

44 Vgl. *Adler/Düring/Schmaltz*, Rz. 168 zu § 249 HGB, S. 460.

haltsjahr verschoben wird. Des Weiteren unterstützt diese Verpflichtung zur Bildung von Rückstellungen für unterlassene Instandhaltung die Zielsetzung der Dokumentation der intergenerativen Gerechtigkeit. Gleichzeitig wird hiermit eine bessere Vergleichbarkeit der einzelnen Jahresabschlussergebnisse erreicht.

Beispiel:
Der Rückstellungszweck ist eine Fenstererneuerung, die im abgelaufenen Haushaltsjahr veranschlagt war, aber nicht durchgeführt wurde. Grundlage für die Schätzung der Höhe bietet die Zahl der zu erneuernden Fenster, die Ausstattungsqualität der Fenster und übliche Marktpreise, z. B. abgeleitet aus anderen gleich gelagerten Maßnahmen.

Die Instandhaltung muss nach § 39 Abs. 1 Nr. 4 GemHVO als bisher unterlassen bewertet werden. Dies bedeutet, dass der Aufwand, der zur Rückstellungsbildung führt, im laufenden Haushaltsjahr oder einem früheren Haushaltsjahr entstanden sein muss.

Beispiel:
In der Instandhaltungsplanung des Hochbauamtes war eine Neueindeckung eines Schuldaches für das Haushaltsjahr 2022 vorgesehen. Aufgrund von Verzögerungen bei der Ausschreibung soll die Neueindeckung im Haushaltsjahr 2023 erfolgen. Der Aufwand für die Neueindeckung liegt im laufenden Haushaltsjahr. Das zeitliche Kriterium ist im Sachverhalt gleichfalls erfüllt.

Die Durchführung der vorgesehenen Maßnahme, welche bei Nichtbildung einer Instandhaltungsrückstellung ansonsten zu Aufwendungen in späteren Haushaltsjahren führen würde, muss wahrscheinlich oder sicher sein. Wahrscheinlich bedeutet, dass eher von einer Durchführung der Maßnahme als von einer Nichtdurchführung auszugehen ist.

Bei einer hohen Anzahl und einem hohen Finanzvolumen an Instandhaltungsrückstellungen muss sich die Gemeinde aber auch fragen, ob sie überhaupt in der Lage ist, anhand ihrer Umsetzungskapazitäten und ihrer finanzwirtschaftlichen Leistungsfähigkeit weitere Aufwandsrückstellungen zu realisieren.

Beispiel:
Seit mehreren Jahren bildet die Gemeinde G für ihre Schulen Rückstellungen für unterlassene Instandhaltung. Vom eingestellten Finanzvolumen wurden in jedem der Bildung der Rückstellung folgenden Haushaltsjahr nur 10 % nachgeholt. In den Jahresabschlussprüfungen wurde dies seitens des Rechnungsprüfungsamtes auch bemängelt. Neben der Frage, ob die für ein Haushaltsjahr vorgesehenen Instandhaltungsrückstellungen wahrscheinlich sind, muss sich die Gemeinde G auch fragen, ob eine Realisierung der Maßnahmen, aufgrund der bereits Instandhaltungsrückstellungen eingestellt wurden, noch wahrscheinlich ist.

Die Unbestimmtheit von Höhe und Zeitpunkt des Eintritts bzw. der Realisation einer Maßnahme ist ein allgemeines Kriterium bei der Rückstellungsbildung.

Beispiel:
Eine vorgesehene Schadstoffsanierung an einem kommunalen Gebäude konnte im laufenden Haushaltsjahr nicht mehr abgewickelt werden. Zwar ist vorgesehen die Maßnahme im folgenden Haushaltsjahr nachzuholen, ein genauer Zeitpunkt der Nachholung besteht jedoch noch nicht. Die betragliche Höhe der vorgesehenen Maßnahme liegt zwar in einer bestimmten Größenordnung vor, der letztendlich zu leistende Betrag steht jedoch nicht fest und ist somit unbestimmt.

Im jeweiligen Einzelfall ist immer zu bewerten, ob es sich noch um eine Rückstellung oder schon um eine Verbindlichkeit handelt. Wenn die Aufwendung eben nicht mehr unbestimmt oder ungewiss ist, sondern schon wirklich konkret, ist der Ansatz als Verbindlichkeit gegenüber einer Rückstellung vorzuziehen.

Beispiel:
Im Dezember des Haushaltsjahres 2022 wurden auf dem kommunalen Schulgelände Baumfällarbeiten zum Festpreis von 20.000 € durchgeführt. Die Rechnung liegt im Rahmen der Erstellung des Jahresabschlusses noch nicht vor, weshalb Gemeindevertreter Schlau die Bildung einer Rückstellung vorschlägt.

Da die Arbeiten bereits durchgeführt wurden, kommt eine Rückstellung für ***unterlassene*** *Instandhaltungen ohnehin nicht mehr in Betracht. Die notwendigen Arbeiten wurden ja bereits durchgeführt. Denkbar wäre jedoch eine freiwillige Rückstellung nach § 39 Abs. 2 GemHVO, da die Formulierung „insbesondere" weitere Rückstellungen für ungewisse Aufwendungen zulässt. In Frage käme z. B. eine Rückstellung für noch ausstehende Rechnungen. Im Ergebnis muss jedoch auch diese Rückstellung verneint werden, da die Arbeiten zum Festpreis vergeben wurden. Die Arbeiten wurden durchgeführt, der Preis vorher festgelegt, dementsprechend könnte direkt eine Verbindlichkeit in der entsprechenden Höhe eingebucht werden. In der Praxis wird jedoch in vielen Fällen zunächst der Eingang der Rechnung abgewartet.*

16.3.6.7 Rückstellungen für drohende Verpflichtungen aus Bürgschaften, Gewährleistungen und anhängigen Gerichtsverfahren

§ 39 Abs. 1 Nr. 8 GemHVO sieht Pflichtrückstellungen für drohende Verpflichtungen aus Bürgschaften, Gewährleistungen und anhängigen Gerichtsverfahren vor. Für die kommunale Praxis dürften vor allem die Bürgschaftsverpflichtungen und die anhängigen Gerichtsverfahren relevant sein.

Bürgschaftsverpflichtungen, bei denen sich abzeichnet, dass eine Inanspruchnahme der Gemeinde wahrscheinlich, aber noch nicht sicher ist (vgl. Nr. 14 Hw. zu § 39 GemHVO), sind über eine Rückstellung im Jahresabschluss zu dokumentieren. Sobald die Inanspruchnahme der Bürgschaft nicht mehr wahrscheinlich, sondern schon sicher ist, ist eine Verbindlichkeit und keine Rückstellung darzustellen. Wenn es bei der Bürgschaft aber keinerlei Hinweise auf einen möglichen Zahlungsausfall gibt, ist die Bürgschaft lediglich im Anhang zu erwähnen (§ 50 Abs. 2 Nr. 4 bzw. Nr. 8 GemHVO). Es wird also deutlich, dass auch hier im Einzelfall genau zu prüfen ist, welche Darstellungsweise passend ist.

Hinsichtlich der Gerichtsverfahren ist sorgfältig abzuwägen, inwieweit der Ansatz einer Rückstellung sachgerecht ist. Im jeweiligen Einzelfall ist zu entscheiden, wie wahrscheinlich eine negative Entscheidung im gerichtlichen Verfahren ist und welche finanziellen Folgen diese Niederlage nach sich ziehen könnte.

16.3.6.8 Drohverlustrückstellungen

Die im Anwendungsbereich des HGB übliche Bildung von Rückstellungen für drohende Verluste (Drohverlustrückstellungen) ist mittlerweile auch im Rahmen der GemHVO vorgeschrieben (vgl. § 39 Abs. 1 Nr. 9 GemHVO).

Es geht diesbezüglich um drohende Verluste aus schwebenden Geschäften, die ebenfalls objektiv abzuschätzen sind. Nr. 15 Hw. zu § 39 GemHVO sieht als Beispiel explizit Verluste aus Derivatgeschäften vor. Derivate sind Termingeschäfte mit Finanzinstituten, die im öffentlichen Umfeld in der Regel genutzt werden, um Zinssicherung für die eigene Verschuldung zu betreiben. Sobald am aktuellen Kapitalmarkt verhältnismäßig niedrige Zinsen festzustellen sind, können sich die Marktteilnehmer diese Konditionen gegen Gebühr langfristig sichern. Sofern das Zinsniveau daraufhin jedoch weiter sinkt, gehen mit diesen Termingeschäften zusätzliche Kosten einher. Da derartige Zinssicherungsgeschäfte in vielen Fällen über Jahrzehnte laufen, sind die mitunter zu erwartenden Verluste zunächst nur schätzbar. Erst am Ende der Laufzeit können die Kosten exakt ermittelt werden.

Beispiel:
Im Sommer 2018 hatten Recherchen der WELT mögliche Verluste in Milliardenhöhe für Zinsderivate des Landes Hessen nahegelegt.[45] *Die hauptsächlich im Jahr 2011 abgeschlossenen Zinssicherungsgeschäfte des Landes sollten die zum damaligen Zeitpunkt historisch niedrigen Zinsen über mehrere Jahrzehnte sichern. Unglücklicherweise ist das Zinsniveau seitdem weiter zurückgegangen, so dass am Ende der Laufzeit finanzielle Schäden in Höhe von mehreren Milliarden Euro drohen. Zur Aufklärung des Sachverhalts hat der Hessische Rechnungshof mittlerweile eine Schwerpunktprüfung der hessischen Derivatepraxis eingeleitet.*[46]

45 Vgl. *Die Welt*, Online-Ausgabe vom 27.8.2018 „Die Exekutive zockt und die Legislative wird hinters Licht geführt“ und vom 26.10.2018 „Hessen verzockt mehr als drei Milliarden Euro“, online.

46 Vgl. *Hessischer Rechnungshof*, Pressemitteilung vom 27.8.2018, online.

Drohende Verluste aus schwebenden Geschäften sind letztlich in der Vermögensrechnung transparent zu machen. Insbesondere die Verpflichtungen aus Derivatgeschäften würden ansonsten möglicherweise erst Jahrzehnte später erkennbar werden.

16.3.6.9 Sonstige Rückstellungen

Für nicht im § 39 Abs. 1 GemHVO erfasste ungewisse Verbindlichkeiten dürfen weitere Rückstellungen gebildet werden. Hierunter fallen z. B. Rückstellungen für die übernommenen Wiederherstellungsverpflichtungen gemieteter Räume, Rückstellungen für bisher nicht in Anspruch genommene Urlaubsansprüche sowie noch nicht in Anspruch genommener Freizeitausgleich für geleistete Überstunden der Mitarbeiter, soweit diese nicht § 39 Abs. 1 Nr. 3 GemHVO unterfallen. Daneben können hier Verbindlichkeiten für erteilte und ausgeführte Aufträge berücksichtigt werden, deren Höhe wegen fehlender Abrechnung durch den Auftragnehmer noch nicht eindeutig bestimmt werden kann.

a) Rückstellungen für ungewisse Verbindlichkeiten
Aus dem Prinzip der Periodenabgrenzung für die einzelnen Haushaltsjahre bilden die zu den sonstigen Rückstellungen zählenden Rückstellungen für ungewisse Verbindlichkeiten für den Aufwandsbereich eine eher übliche Abgrenzungsmethode aus der Bewirtschaftung heraus. Die trifft z. B. zu, wenn ein Auftrag der Gemeinde zur Erbringung einer Leistung im laufenden Haushaltsjahr erteilt und ausgeführt wurde, bei Abschluss des laufenden Haushaltsjahres jedoch noch die Rechnung zur Bestimmung der genauen Höhe einer Verbindlichkeit fehlt.

Auch wenn der Wortlaut des § 39 Abs. 2 GemHVO auf ein Wahlrecht hindeutet, so besteht in diesen Fällen unter Beachtung der Abgrenzungsregeln der §§ 38 und 46 GemHVO eine Pflicht zur Ausweisung zumindest einer Rückstellung, wenn eine Verbindlichkeit mangels ausreichender Bestimmtheit der Verpflichtung noch nicht ausgewiesen werden kann.

Dieser Sachverhalt wird durch den § 39 Abs. 2 GemHVO geregelt. Danach können für Verpflichtungen, die dem Grunde oder der Höhe nach zum Abschlussstichtag noch nicht genau bekannt sind, Rückstellungen passiviert werden. Somit besteht für die kommunale Bilanzierung ein Ansatzwahlrecht für ungewisse Verbindlichkeiten. Diese Passage des Gesetzestextes beinhaltet bereits auch die Definition für die Bezeichnung „ungewiss“. Danach muss zumindest eins der beiden Merkmale einer Verbindlichkeit

- dem Grunde nach oder
- der Höhe nach

noch nicht genau bekannt sein.

Als weitere Voraussetzungen für die Bildung von Rückstellungen für ungewisse Verbindlichkeiten legen die GoB sowie Nrn. 1 und 2 Hw. zu § 39 GemHVO fest, dass

- es wahrscheinlich sein muss, dass eine Verbindlichkeit zukünftig entsteht,
- die wirtschaftliche Ursache vor dem Abschlussstichtag liegt und
- die zukünftige Inanspruchnahme voraussichtlich erfolgen wird.

Die Voraussetzung, dass die wirtschaftliche Ursache vor dem Abschlussstichtag liegen muss, ist bereits aus den Ausführungen zu den anderen Rückstellungsposten bekannt. Dies ist für Rückstellungen eine durchgängige Voraussetzung. Die beiden weiteren Voraussetzungen, „dass es wahrscheinlich sein muss, dass eine Verbindlichkeit zukünftig entsteht" und „dass die zukünftige Inanspruchnahme voraussichtlich erfolgen wird" beinhalten das Gleiche, nämlich die spätere Wahrscheinlichkeit der Inanspruchnahme, wodurch dann die Verbindlichkeit entsteht.

Grundsätzlich ist in diesem Zusammenhang allerdings immer der Grundsatz der Richtigkeit des Jahresabschlusses zu beachten. Nach § 112 Abs. 1 Satz 4 HGO hat der Jahresabschluss „die tatsächliche Vermögens-, Finanz- und Ertragslage der Gemeinde darzustellen". In Verbindung mit dem Leitgedanken der richtigen Periodenzuordnung von Aufwendungen und Erträgen (vgl. § 40 Nr. 4 GemHVO), kann sich eine Wahlrückstellung nach § 39 Abs. 2 GemHVO unter Umständen zur Pflichtrückstellung konkretisieren. Wenn also die Nichtbildung von einer Wahlrückstellung der richtigen Wiedergabe der Vermögens-, Finanz- und Ertragslage zuwiderlaufen würde, ist der Aussagekraft des Jahresabschlusses unbedingt Vorrang einzuräumen.

Bei den eindeutigen sonstigen Rückstellungssachverhalten (Leistung durch den Dritten ist erfolgt – Rechnung liegt noch nicht vor) stellt die Prüfung dieser Voraussetzung kein Problem dar. Es gibt jedoch auch Sachverhalte, bei denen die Voraussetzung „wahrscheinliche Inanspruchnahme" intensiv anhand von Sachverhaltsfakten aufbereitet werden muss. Ist danach die Wahrscheinlichkeit einer Inanspruchnahme größer als eine Nichtinanspruchnahme, muss eine Rückstellung für ungewisse Verbindlichkeiten gebildet werden.

Beispiel:
Hinsichtlich der gewählten Abschreibungsbasis bei einer Gebührenkalkulation sind Klageverfahren gegen die Gemeinde G anhängig. Bisher hatte das Verwaltungsgericht die Gebührenkalkulation der Gemeinde G bestätigt. Die Stadt S, die ihre Gebührenkalkulation analog zu Gemeinde G vornimmt, ist in letztinstanzlicher gerichtlicher Entscheidung zur Gebührenerstattung zu viel veranlagter Gebühren rechtskräftig verurteilt worden. Das gleiche Gericht ist auch für die Entscheidung in den Klageverfahren der Gemeinde G zuständig. Bis zur Entscheidung gegenüber der Stadt S gab es keinerlei Gründe, eine Rückstellung zu bilden, da das Verwaltungsgericht die Gebührenkalkulation bisher bestätigt hatte. Mit der Entscheidung gegen die Stadt S wird eine Inanspruchnahme jedoch wahrscheinlich, so dass eine Rückstellung zu bilden ist. Sämtliche Fakten sprechen dafür. Die Entscheidung ist letztinstanzlich und rechtskräftig ergangen. Das gleiche Gericht ist auch für die Gemeinde G zuständig. Fakten, die für eine Nichtinanspruchnahme sprechen, bestehen nicht mehr. Es ist somit eine Rückstellung für ungewisse Verbindlichkeiten zu bilden. Die Höhe ist im Rahmen der möglichen Inanspruchnahme bzw. der Erstattungspflicht zu ermitteln.

b) Überstunden- und Urlaubsrückstellungen

Zwei weitere Arten an sonstigen Rückstellungen sind die Rückstellungen für nicht in Anspruch genommenen Urlaub und Rückstellungen für geleistete Überstunden. Die Gemeinden haben in der Regel verwaltungsweit zum jeweiligen 31. Dezember stichtagsbezogen festzustellen, in welcher Höhe Ansprüche der Beschäftigten aus Urlaub und Überstundenüberhängen für das abgelaufene Rechnungsjahr bestehen.

Der im Haushaltsjahr aufgelaufene Anspruch der Beschäftigten bzw. der Beamtinnen und Beamten zwecks Ausgleichs von Überstunden stellt einen Aufwand des laufenden Haushaltsjahres dar. Es besteht alternativ die Möglichkeit, die Überstunden im Folgejahr gegen Freizeit oder Bezahlung auszugleichen. Im Rahmen der Rückstellungsbildung erfolgt keine Differenzierung zwischen diesen beiden Formen der Überstundenabgeltung, im Rahmen einer periodengerechten Aufwandszuordnung sind entsprechende Rückstellungen zu bilden.

Gleitzeitguthaben sind hierbei grundsätzlich im Rahmen der Wesentlichkeit mit einzubeziehen. Arbeitszeitdefizite sind mangels Realisation der Forderung auf Arbeitsleistung durch die Gemeinde nicht darzustellen bzw. nicht mit dem bestehenden Rückstellungsvolumen zu verrechnen.

Die Ermittlung erfolgt jeweils stichtagsbezogen analog dem dargestellten Ermittlungs- und Berechnungsschema. Hierbei werden die jeweiligen Überstunden einer Vergütungs- bzw. Besoldungsgruppe mit dem jeweiligen Überstundensatz, bei Beschäftigten zzgl. einem 25 %igen Zuschlag[47], multipliziert.

Berechnungsschema:

Ermittlung der Überstundenrückstellung				
Vergütungs-, Besoldungsgruppe der Beschäftigten des Fachbereiches	**Überstunden-anspruch**	**Überstunden-satz in EUR**	**Für Beschäftigte: Zuschlag 25 %**	**Höhe der Rückstellung für die Teilrechnung[48]**
für Beschäftigte				
...				
für Beamte				
...				
			Summe:	**EUR**

Das Berechnungsverfahren für Urlaubsrückstellungen entspricht grundsätzlich dem Berechnungsverfahren für Überstundenrückstellungen. Der Jahresurlaubsanspruch der

47 Der 25 %ige Zuschlag stellt einen Vorschlagswert dar. Er beinhaltet nach dem Vorsichtsprinzip den Sozialversicherungsanteil des Arbeitgebers, wobei der Anteil für die Krankenkassen je nach Zugehörigkeit differieren kann.

48 Nach § 48 i. V. m. § 4 Abs. 2 GemHVO können die Teilrechnungen nach Produktbereichen, -gruppen oder Produkten sowie nach Verantwortungsbereichen dargestellt werden.

Beschäftigten bzw. der Beamten stellt einen Aufwand der laufenden Periode dar. Üblicherweise wird von den Beschäftigten ein Teil ihres Jahresurlaubs erst im Folgejahr (im Beamtenbereich bis zum 30. September) genommen. Für die Zahlung der Beschäftigungsentgelte während dieser periodenfremden Urlaubszeit sind entsprechende Rückstellungen zu bilden.

Zur Berechnung der Urlaubsrückstellung werden bezogen auf die Beschäftigten bzw. Beamten folgende Werte herangezogen:

Es sind strukturiert nach Vergütungs- und Besoldungsgruppe sämtliche noch nicht in Anspruch genommene Urlaubstage aus dem laufenden Jahr zum Bilanzstichtag zu ermitteln. Für jeden Urlaubstag wird anteilig bei Vollzeitbeschäftigten das durchschnittliche Stundenarbeitsvolumen je Tag (z. B. 7,7 Stunden je Tag bei einer 38,5-Stunden-Woche) zugrunde gelegt. Bei Teilzeitbeschäftigten geschieht dies entsprechend der anteiligen Arbeitszeit. Aufgrund der sachlichen Gliederung des kommunalen Haushalts sind aufgrund Aufwandsverteilung die offenen Urlaubstage der Beschäftigten bzw. Beamten den Teilergebnisrechnungen zuzuordnen. Sofern eine Person für unterschiedliche Teilergebnisrechnungen tätig sein sollte, ist der Rückstellungsaufwand auf diese aufzuteilen.

Die Multiplikation der errechneten Stundenzahl der Urlaubstage mit dem aktuellen Überstundensatz ergibt den Rückstellungsbetrag.

Die Buchungssätze lauten:

Aufwendungen für Rückstellungen für nicht in Anspruch genommenen Urlaub (z. B. 622x) an Rückstellungen für nicht in Anspruch genommenen Urlaub (z. B. 399x)

bzw.

Aufwendungen für Rückstellungen für geleistete Überstunden (z. B. 620x) an Rückstellungen für nicht in Anspruch genommene Überstunden (z. B. 399x)

c) Sonstiges

Nach GoB ist der Posten sonstige Rückstellungen hinsichtlich seiner Aufgliederung zu erläutern, sofern es sich um wesentliche Beträge im Vergleich mit den gesamten Rückstellungen handelt. Das relevante Abgrenzungsmerkmal der sonstigen Rückstellungen zu den vorher dargestellten Aufwandsrückstellungen ist, dass die ungewisse Verbindlichkeit gegenüber einem Dritten besteht.

Rückstellungen dürfen nach § 39 Abs. 3 GemHVO nur aufgelöst werden, wenn der Grund hierfür entfallen ist. Aus dieser Vorschrift ist abzuleiten, dass Rückstellungen analog zu Vermögensgegenständen einer jährlichen Inventur zu unterziehen sind, um festzustellen, ob die Rückstellung noch zu Recht bilanziert ist. Entgegen der gewählten Formulierung besteht hier kein Wahlrecht; die Auflösung ist zwingend, wenn der Grund für die Bildung der Rückstellung nicht mehr besteht (Vgl. Nr. 2 Hw. zu § 39 GemHVO). Buchungstechnisch hat die Auflösung von Rückstellungen grundsätzlich über das Ertragskonto „538 – Erträge aus der Auflösung von Rückstellungen“

zu erfolgen. Die Auflösung von Rückstellungen führt demnach zu Erträgen, die dem ordentlichen Ergebnis in der Ergebnisrechnung zugerechnet werden.

16.3.6.10 Übungen

Siehe zu diesem Abschnitt die Sachverhalte 14 bis 17 zu Kap. 16 im Übungsband.

16.3.7 Verbindlichkeiten

Eine Verbindlichkeit[49] ist der auf die Zahlung einer bestimmten Summe Geldes gerichtete Anspruch eines Dritten gegen die Gemeinde (GV) aus einem Schuldverhältnis. Das Schuldverhältnis kann aufgrund öffentlich-rechtlicher oder privatrechtlicher Grundlage bestehen. Eine Verbindlichkeit erlischt in der Regel durch Zahlung. Eine Begriffsdefinition ist in § 58 Nr. 37 GemHVO zu finden.

Als Verbindlichkeiten sind alle am Bilanzstichtag dem Grunde, der Höhe und der Fälligkeit nach feststehenden Schulden auszuweisen. Zu den Verbindlichkeiten zählen insbesondere Anleihen, Rückzahlungsverpflichtungen aus Kreditaufnahmen, erhaltene Anzahlungen von Dritten sowie entstandene Zahlungsverpflichtungen aus Lieferung und Leistung. Verbindlichkeiten sind mit ihrem Rückzahlungsbetrag anzusetzen.

Aufgrund der Bedeutung von Krediten für die kommunale Finanzierung wurden die Verbindlichkeiten aus Krediten durch die Bilanzgliederung pflichtig nach unterschiedlichen Bereichen von Kreditgebern untergliedert. In der Verbindlichkeitenübersicht, nach § 52 Abs. 2 GemHVO eine Anlage zur Bilanz, wird diese Untergliederung hinsichtlich der Fälligkeiten (bis zu einem, ein bis fünf und mehr als fünf Jahre) nochmals erweitert.

Folgende Arten von Verbindlichkeiten sind getrennt voneinander auszuweisen:

a) Anleihen
b) Verbindlichkeiten aus Kreditaufnahmen für Investitionen und Investitionsförderungsmaßnahmen
   aa) gegenüber Kreditinstituten
   bb) gegenüber öffentlichen Kreditgebern
   cc) gegenüber sonstigen Kreditgebern
c) Verbindlichkeiten aus Kreditaufnahmen für die Liquiditätssicherung
d) Verbindlichkeiten aus kreditähnlichen Rechtsgeschäften
e) Verbindlichkeiten aus Zuweisungen und Zuschüssen, Transferleistungen und Investitionszuweisungen und -zuschüssen sowie Investitionsbeiträge
f) Verbindlichkeiten aus Lieferungen und Leistungen
g) Verbindlichkeiten aus Steuern und ähnlichen Abgaben
h) Verbindlichkeiten gegenüber verbundenen Unternehmen und gegen Unternehmen, mit denen ein Beteiligungsverhältnis besteht, und Sondervermögen
i) sonstige Verbindlichkeiten

49 Einzelheiten zum Themenbereich Fremdfinanzierung des Haushalts werden in Kap. 9 dargestellt.

16.3.7.1 Anleihen

Die Anleihe stellt ein festverzinsliches Wertpapier dar, bei der das benötigte Kapital von einer unbestimmten Zahl von Geldgebern durch den Kauf von Wertpapieren (auch als Obligationen oder Schuldverschreibungen bezeichnet) aufgebracht wird.[50]

In der kommunalen Praxis sind Anleihen gegenüber Krediten von Kreditinstituten von geringerer Bedeutung.

16.3.7.2 Verbindlichkeiten aus Kreditaufnahmen für Investitionen und Investitionsförderungsmaßnahmen

Aufgrund der Bedeutung von Krediten für die Finanzierung kommunaler Investitionen wurden auch diese Kreditverbindlichkeiten durch die Bilanzgliederung pflichtig nach unterschiedlichen Bereichen von Kreditgebern untergliedert. Diese stellt sich in der Bilanz wie folgt dar:

- Verbindlichkeiten gegenüber Kreditinstituten
- Verbindlichkeiten gegenüber öffentlichen Kreditgebern
- Verbindlichkeiten gegenüber sonstigen Kreditgebern

Kreditverbindlichkeiten sind stets mit ihrem Rückzahlungsbetrag anzusetzen. Der Betrag der Rückzahlungsverpflichtung kann höher als der zugeflossene Auszahlungsbetrag sein. Diese Differenz wird üblicherweise als Disagio angesprochen. Der Unterschiedsbetrag wird nach § 45 Abs. 3 GemHVO über aktive Rechnungsabgrenzungsposten und schließlich als zinsähnlicher Aufwand in der Ergebnisrechnung abgebildet.

16.3.7.3 Verbindlichkeiten aus Krediten zur Liquiditätssicherung

Kredite dürfen gem. § 103 Abs. 1 HGO nur für Investitionen und zur Umschuldung aufgenommen werden. § 106 Abs. 1 S. 1 HGO sieht vor, dass die Gemeinde ihre Zahlungsfähigkeit durch angemessene Liquiditätsplanung sicherzustellen hat. § 105 HGO sieht im Rahmen dieser Zielsetzung vor, dass die Gemeinde zwecks rechtzeitiger Leistung der Auszahlungen auch Kredite zur Liquiditätssicherung bzw. Liquiditätskredite aufnehmen kann. Der Höchstbetrag der Kredite zur Liquiditätssicherung ist in der Haushaltssatzung (siehe Ziff. 11.2.2.4) zu regeln. Die Darstellung der Aufnahmen der Liquiditätskredite beschränkt sich auf die Bewirtschaftung bzw. den Jahresabschluss. Eine Darstellung im Haushaltplan ist dagegen nicht vorgesehen. Die Ermächtigung der Haushaltssatzung gilt über das Haushaltsjahr hinaus bis zum Erlass einer neuen Haushaltssatzung.

---

50 Vgl. Erl. zu Kontengruppe 41 des KVKR.

16.3.7.4 Verbindlichkeiten aus kreditähnlichen Rechtsgeschäften

Nach § 103 Abs. 7 HGO bedarf die Gemeinde für die Begründung einer Zahlungsverpflichtung, die wirtschaftlich einer Kreditverpflichtung gleichkommt, einer Genehmigung der Aufsichtsbehörde. Eine Genehmigung ist nicht erforderlich für die Begründung solcher Zahlungsverpflichtungen im Rahmen der laufenden Verwaltung. Die Verpflichtungen aus diesen Verbindlichkeiten müssen mit der dauernden Leistungsfähigkeit der Gemeinde in Einklang stehen.

Kreditähnliche Rechtsgeschäfte können z. B. durch Leasingverträge, Schuldübernahmen, Leibrentenverträge oder Öffentlich-Private Partnerschaften (ÖPP) entstehen. Die Bilanzierung ist abhängig von der konkreten Vertragsgestaltung. Die entsprechenden Leasingerlasse (z. B. des Bundesministeriums der Finanzen) und § 50 Abs. 2 Nr. 8 GemHVO und Nr. 5 Hw. zu § 50 GemHVO (Anhang) sind zu berücksichtigen.[51]

Beispielhaft werden nachfolgend die wohl gebräuchlichsten Formen von Verbindlichkeiten aus Vorgängen, die Kreditaufnahmen wirtschaftlich gleichkommen, kurz dargestellt.

a) Leibrentenverträge

Für eine einmalige Leistung eines Dritten, in der Regel für eine Übertragung eines Grundstücks, sichert die Gemeinde diesem wiederkehrende Geldzahlungen zu, die an dessen Lebenszeit geknüpft sind. Die Ermittlung der Rentenzahlung erfolgt auf der Basis versicherungsmathematischer Regelungen (z. B. Sterbetafeln). Aufgrund der stetig steigenden Lebenserwartungen nehmen viele Gemeinden bereits Abstand von solchen Verträgen.

b) Leasingverträge[52]

Leasing verkörpert eine besondere Vertragsform der Vermietung und Verpachtung, die auch für den kommunalen Bereich eine attraktive Alternative zum Kauf von beweglichem und unbeweglichem Anlagevermögen darstellt. Das Leasingobjekt kann entweder direkt vom Hersteller geleast werden (direktes Leasing) oder von einer speziellen Leasinggesellschaft (indirektes Leasing).

Ist der Leasing-Gegenstand als wirtschaftliches Eigentum (Ziff. 16.2.1.1) dem Leasinggeber zuzurechnen, so ist der Leasing-Vertrag als Mietvertrag anzusehen.

16.3.7.5 Verbindlichkeiten aus Zuweisungen und Zuschüssen, Transferleistungen und Investitionszuweisungen und -zuschüssen sowie Investitionsbeiträgen

Bei diesem Sammelposten handelt es sich wie bei den nachfolgenden Verbindlichkeiten aus Lieferung und Leistungen zumeist um kurzfristige Verbindlichkeiten, die

51 Vgl. Erläuterung zu Hauptkonto 428 KVKR.
52 Siehe hierzu auch Ziff. 16.2.1.3.

entstehen, wenn Ansprüche der benannten Arten gegen die Gemeinde (GV) in einem früheren Haushaltsjahr entstehen, als die erfüllenden Zahlungen geleistet werden. Sie sind jedoch von den nachfolgenden Verbindlichkeiten aus Lieferung und Leistungen zu unterscheiden, da sie nicht auf einer wirtschaftlichen Austauschbeziehung, sondern auf einem einseitigen Rechtsakt (Bewilligung von Zuweisungen, Zuschüssen oder Transferleistungen oder der Heranziehung zu Investitionsbeiträgen) beruhen.

16.3.7.6 Verbindlichkeiten aus Lieferung und Leistungen

Dieser Bilanzposten erfasst noch zu erbringende Zahlungen an Dritte, die aufgrund von erbrachten Lieferungen und Leistungen zu leisten sind. Die Bilanzierung erfolgt zum Rechnungsbetrag.

16.3.7.7 Verbindlichkeiten aus Steuern und steuerähnlichen Abgaben

Hierzu gehören insbesondere Verbindlichkeiten aus Steuern (z. B. Umsatzsteuer, Lohnsteuer) oder abzuführender Sozialabgaben (z. B. Krankenkassenbeiträge).

16.3.7.8 Verbindlichkeiten gegenüber verbundenen Unternehmen und gegen Unternehmen, mit denen ein Beteiligungsverhältnis besteht, und Sondervermögen

Zur Verdeutlichung der wirtschaftlichen Verflechtung und zur Vorbereitung eines evtl. notwendigen Gesamtabschlusses sind Verbindlichkeiten gegenüber den hier angesprochenen Beteiligungsunternehmen getrennt auszuweisen. Im Übrigen wird auf die Ausführungen zu den korrespondierenden Forderungen (Ziff. 16.3.1.4) Bezug genommen.

16.3.7.9 Sonstige Verbindlichkeiten

Der Bilanzposten „sonstige Verbindlichkeiten" stellt einen Restposten dar, in dem alle sonstigen Verbindlichkeiten gegenüber Dritten auszuweisen sind. In diesem Bereich werden vor allem Verbindlichkeiten aus regelmäßigen Lohnzahlungen dargestellt (z. B. Verbindlichkeiten aus den Nettoentgelten oder gegenüber den Sozialversicherungsträgern).

16.3.8 Rechnungsabgrenzungsposten (passiv)[53]

Die passive Rechnungsabgrenzung beinhaltet transitorische Posten, d. h. es handelt sich um Geschäftsvorfälle, die im laufenden Haushaltsjahr zu Einnahmen führen, die aber erst im folgenden Haushaltsjahr Ertrag darstellen (§ 45 Abs. 2 GemHVO).

> ***Beispiel:***
> *Die Gemeinde erhält im Oktober 2022 Mietvorauszahlungen für die Monate Oktober 2022 bis März 2023. Es fließt im laufenden Haushaltsjahr Liquidität für sechs Monate zu, ertragsmäßig gehören jedoch nur Mietzahlungen für drei Monate in die Ergebnisrechnung des laufenden Haushaltsjahres. Die anderen drei Monate an Mietzahlungen sind ertragsmäßig im folgenden Haushaltsjahr zu berücksichtigen.*

Neben dieser üblichen Rechnungsabgrenzung ist im kommunalen Bereich der Ansatz von passiven Rechnungsabgrenzungsposten für die Vergabe von Nutzungsrechten an Grabstellen von besonderer Bedeutung. Da sich das Nutzungsrecht auf 25, 30 oder sogar 40 Jahre erstreckt, sind die Erträge über die vereinbarte Nutzungsdauer abzugrenzen (siehe auch Nr. 3 Hw. zu § 45 GemHVO).

16.3.9 Übungen zum Bilanzausweis

Siehe zu diesem Abschnitt den Sachverhalt 18 zu Kap. 16 im Übungsband.

16.4 Erwerb, Verwaltung und Veräußerung von Vermögen

16.4.1 Erwerb und Verwaltung von Vermögen[54]

Gemäß § 108 Abs. 1 HGO soll die Gemeinde Vermögensgegenstände nur erwerben, wenn dies zur Erfüllung ihrer Aufgaben in absehbarer Zeit erforderlich ist. Auch diese Regelung spricht den Grundsatz der Aufgabenerfüllung (vgl. Ziff. 7.2.1) an, der gemäß § 92 Abs. 1 HGO das gesamte Haushaltsrecht durchzieht.

Die typischen Vermögenserwerbe sind der unmittelbaren bzw. sofortigen Aufgabenerfüllung zuzuordnen. So kauft die Gemeinde z. B. ein Grundstück, um darauf einen Kindergarten zu errichten oder sie erwirbt ein Fahrzeug zur Durchführung der Abfallentsorgung. Im Rahmen der zeitlichen Komponente müssen Vermögenserwerb und Aufgabenerfüllung jedoch nicht immer übereinstimmen. So ist es durchaus zulässig, bereits jetzt ein Grundstück zu erwerben, um darauf in etwa zehn Jahren eine Schule zu errichten, weil dieses Grundstück, das für diesen Zweck besonders geeignet ist,

53 Das Thema Rechnungsabgrenzung wird eingehend in Kap. 15 beim Jahresabschluss dargestellt.
54 Siehe hierzu auch *Daneke*, KVR Hessen, § 108 HGO.

gerade jetzt zum Kauf angeboten wird. Insofern tritt der Grundsatz der Wirtschaftlichkeit (§ 92 Abs. 2 HGO) hinzu, der solche gezielten Vorratskäufe rechtfertigt.

Aber auch der ungezielte Vermögenserwerb für einen derzeit nicht absehbaren Verwendungszweck kann durchaus nach § 108 Abs. 1 HGO vertretbar sein, was auch durch Nr. 1 Hw. zu § 108 HGO ausdrücklich bestätigt wird. Dazu gehören u. a. Grundstückskäufe ohne direkte Aufgabenzuordnung, z. B. für Vorratsgelände für spätere Bauten oder gar zur Verwendung als Tauschobjekt, um andere Grundstücksflächen später leichter erwerben zu können. Auch diese Vermögenserwerbe dienen der Aufgabenerfüllung der Gemeinde, sodass daran die Breite des Begriffes recht deutlich wird. Kriterium für die Verwendung ist die Absehbarkeit des Vermögenseinsatzes im Rahmen der Erfüllung gemeindlicher Aufgaben.

Hinzu kommt, dass öffentliche Aufgaben außerhalb der Pflichtaufgaben von den Gemeinden selbst bestimmt werden, sodass die Erwerbsgründe recht unterschiedlich sind und somit die Erwerbsarten nicht normiert werden können. Hat sich eine Gemeinde z. B. zum Betreiben eines Museums entschlossen, gehört der Erwerb von kostspieligen Gemälden zu den gemeindlichen Aufgaben. Bei einer Gemeinde ohne diese Aufgabenart wäre die Anschaffung solcher Gemälde gemäß § 108 Abs. 1 HGO nicht vertretbar, erst recht nicht zur Ausschmückung von Diensträumen. Für die Verwaltung zeitweilig überschüssiger liquider Mittel gelten besondere Regeln (§ 106 HGO).

Wenn auch der § 108 Abs. 1 HGO eine „Sollvorschrift“ darstellt, findet hier doch eine kaum zu überbietende Verdichtung zu einer „Muss-Regelung“ statt, weil ein Vermögenserwerb außerhalb der Aufgabenerfüllung der Gemeinde zwar als begründeter Ausnahmefall möglich wäre, jedoch am Grundsatz der Wirtschaftlichkeit scheitert. Eine weite Auslegung der Normierung des § 108 Abs. 1 HGO bietet sich deshalb nur insoweit an, als die Aufgabenerfüllung selbst einen dehnbaren Begriff darstellt.

Die Entscheidung über den Erwerb von Vermögensgegenständen hat die Gemeindevertretung zu treffen, sofern es sich nicht um Geschäfte der laufenden Verwaltung handelt. Diese Entscheidungen unterliegen gemäß §§ 9 Abs. 2, 66 Abs. 1 HGO der Zuständigkeit des Gemeindevorstandes.

Die Vermögensgegenstände sind pfleglich und wirtschaftlich zu verwalten. Diese in § 108 Abs. 2 HGO enthaltenen Grundsätze greifen nicht nur auf die allgemeine Vorschrift der Wirtschaftlichkeit in § 92 Abs. 2 HGO zurück, sondern füllen konkret den § 10 Satz 1 HGO aus, wonach die Gemeinden ihr Vermögen so zu verwalten haben, dass die Gemeindefinanzen gesund bleiben.

Aus der Vermögensverwaltung dürfen somit nur die unabdingbar notwendigen Folgekosten entstehen, wie z. B. die Reparatur von Fahrzeugen oder der Anstrich von Gebäuden. Zu vermeiden sind dagegen außergewöhnliche Instandsetzungen, die dann anfallen, wenn die notwendige begleitende Betreuung der Vermögensgegenstände unterbleibt. Solche gegenüber einer regelmäßigen Unterhaltung erheblichen höheren Aufwendungen gehen zu Lasten der allgemeinen Haushaltswirtschaft und gefährden diese. Bedauerlicherweise werden in der Praxis bei einer Mittelverknappung immer wieder Unterhaltungsaufwendungen gestrichen oder zeitlich verschoben. Der dann entstehende „Unterhaltungsstau“ mit nachfolgendem Sanierungsaufwand ist aus Gründen der Wirtschaftlichkeit nicht vertretbar.

Für die Verwaltung und Bewirtschaftung des Gemeindewaldes gelten eine Reihe spezieller Vorschriften. Dazu gehört u. a. das Hess. Forstgesetz. Diese Regelungen tragen der Besonderheit dieser Vermögensart Rechnung. Einmal besitzt der Wald eine Erholungsfunktion für die Bevölkerung, zum anderen stellt er ein forstwirtschaftliches Unternehmen der Gemeinde dar und ist somit Vermögensbestandteil.

Eine wirtschaftliche Vermögensverwaltung setzt auch einen ordnungsgemäßen Nachweis des Vermögens voraus, siehe hierzu die obigen Ausführungen zur Vermögensrechnung.

16.4.2 Veräußerung von Vermögen[55]

Die Gemeinde darf Vermögensgegenstände, die sie zur Erfüllung ihrer Aufgaben in absehbarer Zeit nicht braucht, veräußern. Vermögensgegenstände dürfen in der Regel nur zu ihrem vollen Wert veräußert werden (§ 109 HGO).

Die Gemeinde verliert mit der Veräußerung eines Vermögensgegenstandes einen Teil ihres Eigentums und damit das Verfügungsrecht über diesen Vermögensgegenstand.

Andererseits ergibt sich aus § 109 Abs. 1 HGO für die Gemeinde keine Veräußerungsverpflichtung, wenn der Vermögensgegenstand nicht mehr benötigt wird. Die Gemeinde kann die einmal erworbenen Vermögensgegenstände auch ohne konkreten Aufgabenbezug vorhalten, wenn zu erwarten ist, dass der Vermögensgegenstand in absehbarer Zeit einer weiteren Verwendung zugeführt werden kann. Dieses ergibt sich auch aus dem Grundsatz der Wirtschaftlichkeit (§ 92 Abs. 2 HGO). So ist auch zu überprüfen, ob z. B. ein nicht benötigtes Gebäude veräußert werden soll, wenn die Unterhaltungs- und Betriebsaufwendungen höher als die Erträge aus dem Gebäude sind.

Vermögensgegenstände dürfen gemäß § 109 Abs. 1 Satz 2 HGO in der Regel nur zu ihrem vollen Wert veräußert werden. Dabei handelt es sich um den jeweiligen Zeitwert und nicht um frühere Anschaffungsbeträge. Der Begriff des Zeitwertes umfasst auch durchaus außergewöhnliche Wertsteigerungen wie z. B. Planungsgewinne, die die Gemeinde wie eine Privatperson nutzen darf. Der mögliche Verkaufserlös ergibt sich somit immer am Markt aus dem Verhältnis zwischen Angebot und Nachfrage. Bei Grundstücken kann der Zeitwert durch die öffentlich-rechtlichen Gutachterausschüsse der Kreise und kreisfreien Städte festgestellt werden.

Eine ausgezeichnete Definition des Begriffes „voller Wert" enthält Ziff. 3 Hw. zu § 63 LHO:

> *„Der volle Wert wird durch den Preis bestimmt, der im gewöhnlichen Geschäftsverkehr nach der Beschaffenheit des Gegenstandes bei einer Veräußerung zu erzielen wäre; dabei sind alle Umstände, die den Preis beeinflussen, nicht jedoch ungewöhnliche oder persönliche Verhältnisse, zu berücksichtigen. Ist der Marktpreis feststellbar, bedarf es keiner besonderen Wertermittlung."*

55 Siehe hierzu auch *Daneke*, KVR Hessen, § 109 HGO.

Allerdings wird die Veräußerung zum vollen Wert durch § 109 Abs. 1 Satz 2 HGO nur zur Regel erhoben. Damit trägt das Gesetz der Tatsache Rechnung, dass der Markt nicht immer einen Verkaufserlös des Gegenstandes zum Zeitwert zulässt. So z. B. muss die Gemeinde ein gebrauchtes Abfallentsorgungsfahrzeug ggf. für die Hälfte des Restbuchwertes abgeben, wenn das Fahrzeug nicht mehr wirtschaftlich verwendet werden kann und am Markt nur eine geringe Bereitschaft zur Abnahme dieses Fahrzeugtyps besteht.

Andererseits kann die Wahrnehmung einer öffentlichen Aufgabe bewusst die Veräußerung eines Vermögensgegenstandes unterhalb des Zeitwertes erfordern; evtl. sogar eine unentgeltliche Überlassung. Beispiel dafür kann die Überlassung eines Grundstückes an eine Kirchengemeinde zur Errichtung einer dringend benötigten Kindertagesstätte zu nur 10 % des Zeitwertes oder die unentgeltliche Übereignung (oder kostenlose Überlassung der Nutzung) eines Fahrzeuges für die Jugendarbeit eines Sportvereines sein.

An diesen Beispielen wird die Begründung für solche Veräußerungen bereits deutlich. Durch ihre Handlungsweise fördert die Gemeinde eine Aufgabe, die sie sonst selbst hätte wahrnehmen müssen, sodass sie jetzt die Folgekosten der Beibehaltung bzw. Schaffung der Einrichtungen sich erspart und somit wirtschaftlich entschieden hat. Ansonsten findet man solche Veräußerungen unter Wert bei der Wirtschaftsförderung (Verbilligung von Baugrundstücken) und im sozialen Bereich (Schenkungen an karitative Verbände), die jeweils in der konkreten Aufgabenerfüllung begründet sind.

Für die Überlassung der Nutzung eines Gegenstandes (Eigentum verbleibt bei der Gemeinde) gelten gemäß § 109 Abs. 2 HGO die vorstehend beschriebenen Grundsätze sinngemäß. Dieses bedeutet, dass die Überlassung von Vermögensgegenständen regelmäßig gegen ein marktübliches Entgelt zu erfolgen hat. Dieses geschieht durch Miet- oder Pachtverträge. Nachlässe bzw. unentgeltliche Überlassungen (Leihe/kostenlose Grundstücksnutzung) sind wiederum aus den bei der Veräußerung von Vermögensgegenständen näher beschriebenen Gründen zulässig.

Die Veräußerung eines Vermögensgegenstandes ist für die Gemeinde regelmäßig mit dem Risiko verbunden, dass sich nach einem gewissen Zeitablauf herausstellt, dass der veräußerte Gegenstand doch noch benötigt wird. Dieses ist vor allem bei Grundstücken beachtlich, weil Grundvermögen nicht beliebig vermehrbar und deshalb nicht ohne weiteres am Markt ersetzbar ist. Eine besonders reifliche Überlegung bedarf es bei einer unentgeltlichen Veräußerung, weil Gemeindevermögen ohne direkte Gegenleistung, also ohne finanziellen Ausgleich, abgebaut wird. Bei Gemeindevermögen mit besonderem Wert für die Allgemeinheit wie z. B. bei Kunstgegenständen oder geschichtlichen Dokumenten muss die Gemeinde neben ihrer eigentlichen Aufgabenerfüllung weitergehende Belange für die Gesamtgesellschaft berücksichtigen.

Eine Genehmigungspflicht durch die Aufsichtsbehörde bei Vermögensveräußerungen sieht die HGO nicht vor. Ebenfalls ist keine Anzeige der Rechtsgeschäfte vorgesehen. Es besteht lediglich die allgemeine Rechtsaufsicht nach den §§ 135 ff. HGO. Sie ist aber in der Regel bei Veräußerungen von kommunalen Vermögen wirkungslos. Die Aufsichtsbehörde erfährt nicht vor Abschluss solcher Vermögensveräußerungsverträge von dem beabsichtigten Rechtsgeschäft, sondern ggf. erst im Rahmen von nachgehenden Prüfungen. Zu diesem Zeitpunkt kann in privatrechtliche Rechtsgeschäfte natürlich nicht mehr eingegriffen werden.

Ein besonderes Problem stellen die so genannten „Sale-and-lease-back-Geschäfte" dar. Aus Gründen der Finanznot wird kommunales Vermögen an einen privaten Investor veräußert und dann von diesem zurückgeleast. Dadurch verschafft sich die Gemeinde oft dringend benötigte liquide Mittel, schafft gleichzeitig aber auch eine langfristig wirkende Belastung zur Erfüllung der aus dem Vertrag resultierenden Zahlungsverpflichtungen. Die öffentliche Aufgabe kann durch das „Rück-Leasing" des Objektes gesichert werden.

Die Verfasser sind der Auffassung, dass solche Finanzierungen allein unter dem Grundsatz der Wirtschaftlichkeit zu betrachten sind. § 109 Abs. 1 HGO steht diesen Geschäften – entgegen der z. T. geäußerten Auffassung in der Literatur[56] – nicht entgegen, weil die öffentliche Aufgabe sachgerecht auch mit einem geleasten Vermögensgegenstand erledigt werden kann. Da es sich bei einem Leasinggeschäft jedoch um ein kreditähnliches Geschäft handelt, besteht in diesem Fall gemäß § 103 Abs. 7 HGO eine Genehmigungsbedürftigkeit durch die Aufsichtsbehörde.

Es muss allerdings sichergestellt sein, dass die Gemeinde ein Rückkaufrecht des Gegenstandes erhält, wobei dann die Finanzierung des Rückkaufbetrages abzusichern ist durch das Vorhalten bzw. kontinuierliche Ansammeln der benötigten liquiden Mittel. Volkswirtschaftlich zu beachten ist aber die Problematik, dass durch den Erwerb kommunaler Vermögenssubstanz durch private Investoren steuermindernde Abschreibungen bei öffentlichen Objekten anfallen.

16.4.3 Übungen

Siehe zu diesem Abschnitt die Sachverhalte 19 bis 21 zu Kap. 16 im Übungsband.

16.5 Sondervermögen, Treuhandvermögen, Gemeindegliedervermögen, Stiftungen

Neben den Eigenbetrieben (siehe Ziff. 20.3.2) kennt die HGO noch einige weitere besonders zu behandelnde Bereiche der Vermögensverwaltung, auf die in den §§ 115 bis 120 HGO gesondert eingegangen wird.

Die besonderen Vermögensformen bilden mit Ausnahme der Eigenbetriebe, die in vielen Gemeinden auch für Bauhöfe und ähnliche Hilfsbetriebe gegründet werden, sicherlich keinen Schwerpunkt gemeindlicher Aufgabenerfüllung. Insofern kann sich die Darstellung zu diesem Gliederungspunkt auf einen knappen Überblick beschränken.

56 So z. B. bei *Scheel/Steup/Schneider/Lienen*, Gemeindehaushaltsrecht Nordrhein-Westfalen, 5. Aufl., Köln 1997, Erl. 2 zu § 90 GO.

Der Charakter des Sondervermögens wird dadurch bestimmt, dass es sich um Mittel und Gegenstände handelt, die zur Erfüllung bestimmter Zwecke vom Haushalt der Gemeinde abgesondert wurden, weil sie z. B. von einem Dritten an die Gemeinde für einen bestimmten Zweck übereignet worden oder durch sonstige Rechtsakte unter Zweckbindung auf die Gemeinde übergegangen sind. Aus dieser Definition ergibt sich, dass das Sondervermögen vom übrigen Vermögen des Haushaltes (siehe Übersicht bei Ziff. 16.3) abzutrennen und besonders zu behandeln ist.[57]

Einige Bereiche werden lediglich in besonderen Budgets des kommunalen Haushalts dargestellt, während für andere (wie für die Eigenbetriebe) besondere Haushalts- oder Wirtschaftspläne aufgestellt und von der Gemeindevertretung beschlossen werden.

Die Arten des Sondervermögens sind abschließend in den §§ 115–120 HGO aufgelistet und rechtlich behandelt. Danach ergibt sich folgender Überblick:

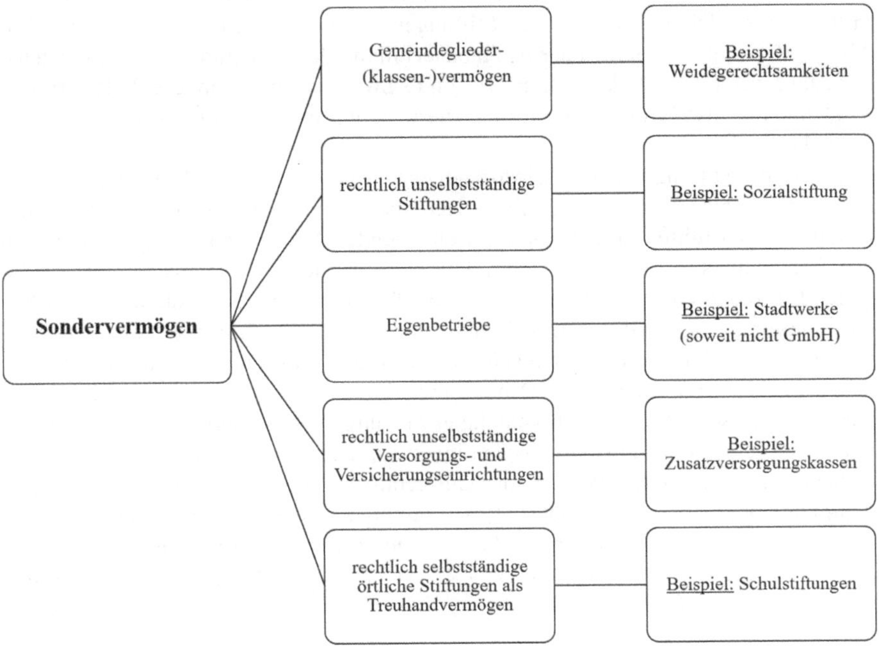

Das Gemeindeglieder(klassen)vermögen unterliegt gemäß § 115 Abs. 2 HGO den Vorschriften über die Haushaltswirtschaft, sodass die Bewirtschaftung dieses Sondervermögens im Haushaltsplan der Gemeinde erfolgt, allerdings in besonderen Teilhaushalten. Rechtlich gesehen steht das Gemeindeglieder(klassen)vermögen (§ 119 HGO) nicht der Gemeinde, sondern sonstigen Berechtigten zu, ohne allerdings Privatvermögen zu sein. Diese besondere rechtliche Konstruktion ergibt sich aus alten Vorschriften oder Gewohnheiten. Das Vermögensrecht steht nicht allen Einwohnern,

57 Siehe hierzu auch *Schneider/Dressler/Rauber/Risch*, Hessische Gemeindeordnung, Kommentar, Erl. zu § 115 HGO.

sondern nur bestimmten Gruppen zu. Diese Art Sondervermögen ist aus der geschichtlichen Entwicklung zu betrachten und kommt heute nur noch selten vor. Beispiel dafür können auf Grundeigentum lastende Nutzungsberechtigungen wie Wald- und Weidegerechtsamkeiten sein, die aufgrund alter Ortsstatuten oder sonstigen Vereinbarungen noch bestehen. Durch diese Regelung ist die Gemeinde zur Verwaltung des Gemeindeglieder(klassen)vermögens gezwungen.

Die Problematik der Stiftungen ist generell dem allgemeinen Verwaltungsrecht zuzuordnen, wenn die Besprechung der juristischen Personen des öffentlichen Rechts ansteht. Nähere Regelungen des Gemeinderechts für die Stiftungen des privaten Rechts finden sich in § 120 HGO. Außerdem ist das Stiftungsrecht zu beachten, welches das Stiftungsverfahren näher beschreibt. Die Rechtsnormen der Gemeindeordnung gehen generell davon aus, dass es sich um Stiftungen Dritter handelt, die von der Gemeinde verwaltet werden. Will die Gemeinde aus ihren Mitteln oder ihrem Vermögen selbst Stiftungen einrichten oder sich an Stiftungen beteiligen, darf dieses gemäß § 120 Abs. 3 HGO nur im Rahmen der Aufgabenerfüllung der Gemeinde erfolgen und auch nur dann, wenn der mit der Stiftung verfolgte Zweck nicht auf andere Weise erreicht werden kann. Insofern kann die Aufgabenerledigung in Form einer Stiftung nur eine Ausnahme sein.

Sofern die Stiftung rechtlich selbstständig ist – sie wird dann als Treuhandvermögen bezeichnet –, sind gemäß § 116 Abs. 1 HGO besondere Haushaltspläne und Sonderrechnungen zu führen, allerdings mit weitgehender Anwendung des gemeindlichen Haushaltsrechtes (§ 120 Abs. 1 HGO). Dieses ergibt sich aber bereits aus der Überlegung, dass rechtlich selbstständige juristische Personen eine Eigenständigkeit der Bewirtschaftung erfahren müssen. Lediglich unbedeutendes rechtlich selbständiges Stiftungsvermögen kann im Haushaltsplan der Gemeinde im entsprechenden Teilhaushalt gem. Muster 9 zur GemHVO nachgewiesen werden (§ 116 Abs. 2 HGO). Das Vermögen der rechtlich unselbstständigen Stiftungen ist gemäß § 115 Abs. 2 HGO immer im gemeindlichen Haushaltsplan im entsprechenden Teilhaushalt abzuwickeln, wobei dann zwangsläufig auch die haushaltsrechtlichen Vorschriften der Hess. Gemeindeordnung und der Gemeindehaushaltsverordnung unmittelbar Anwendung finden.

Bei den wirtschaftlichen Unternehmen ohne eigene Rechtspersönlichkeit handelt es sich um die Eigenbetriebe, die bei Ziff. 20.3.2 näher erläutert werden. Rechtlich unselbstständige öffentliche Einrichtungen, für die aufgrund gesetzlicher Vorschriften Sonderrechnungen zu führen sind (§ 115 Abs. 1 Nr. 3 HGO), sind nach derzeitiger Rechtslage die Krankenhäuser gemäß der Verordnung über den Betrieb kommunaler Krankenhäuser (§ 5 Krankenhausverordnung vom 11. Dezember 2012 – GVBl. 2012, 615).

Rechtlich unselbstständige Versicherungs- und Versorgungseinrichtungen im Eigentum der Gemeinde sind gemäß § 115 Abs. 1 Nr. 4 HGO als Sondervermögen zu behandeln. Nach § 115 Abs. 4 HGO steht der Gemeinde ein Wahlrecht zu, diese Art Sondervermögen über den gemeindlichen Haushaltsplan oder über einen separaten Wirtschaftsplan abzuwickeln. Bei einer Aufnahme in den Haushaltsplan hat diese als besonderes Produkt zu erfolgen. Die haushaltsrechtlichen Vorschriften finden dann volle Anwendung. Entscheidet sich die Gemeinde für die Darstellung in einem eigenen Wirtschaftsplan sind die für die Wirtschaftsführung und das Rechnungswesen der Eigenbetriebe geltenden Vorschriften sinngemäß anzuwenden (§ 115 Abs. 4 HGO). Beispiele für solche rechtlich unselbstständigen Versorgungs- und Versicherungseinrichtungen sind Zusatzversorgungskassen, Eigenunfallversicherungen und Viehseuchenkassen.

16.6 Zusammengefasste Vermögensrechnung (Konzernbilanz)

Wie bereits in Ziff. 15.8.3 beschrieben, haben Gemeinden i. d. R. die Bilanzen der in § 112a Abs. 1 HGO beschriebenen Aufgabenträger zusammenzufassen.[58] Dabei ist zu unterscheiden zwischen

1. Aufgabenträgern, an denen die Gemeinde eine Stimmrechtsmehrheit besitzt (einschließlich der Eigenbetriebe und Eigengesellschaften),
2. Aufgabenträger, auf die die Gemeinde einen wesentlichen Einfluss ausübt (Stimmrechtsanteile von 20 % und mehr) und
3. sonstige Beteiligungen (weniger als 20 % Stimmrechtsanteile)

Die Aufgabenträger der ersten Gruppe werden im Allgemeinen als verbundene Unternehmen (§ 271 Abs. 2 HGB), die der zweiten Gruppe als assoziierte Unternehmen (§ 311 HGB) bezeichnet. Für die erste Gruppe ist i. d. R. eine Vollkonsolidierung vorzunehmen, für die zweite Gruppe eine Konsolidierung „at Equity“.

16.6.1 Vollkonsolidierung

Gem. § 112a Abs. 4 Satz 1 HGO sind die Jahresabschlüsse der Aufgabenträger nach Abs. 1, bei denen der Gemeinde die Mehrheit der Stimmrechte zusteht, entsprechend den §§ 300 bis 307 des Handelsgesetzbuches in die Zusammenfassung nach Abs. 2 mit der Maßgabe einzubeziehen, dass die jeweiligen Buchwerte in den Abschlüssen der Aufgabenträger mit denen des Abschlusses der Gemeinde zusammengefasst werden. Während hier also in der HGO eine eindeutige Regelung getroffen wird, scheint Nr. 5.2 Hw. zu § 53 GemHVO ein Wahlrecht zwischen der zuvor erörterten Buchwertmethode und der Neubewertungsmethode vorzusehen.

Diese Regelung der HGO bedeutet in der Praxis eine wesentliche Erleichterung, weil die ansonsten im HGB übliche Zusammenfassung in Abkehr vom Niederstwertprinzip eine Neubewertung des gesamten Vermögens und der Schulden auf den Zeitwert (vgl. § 301 HGB) erübrigt. Stattdessen dürfen die Buchwerte der Einzelabschlüsse beibehalten werden (vgl. Nr. 2.3 Hw. zu § 53 GemHVO).

Der Vollkonsolidierung liegt die Konzeption zugrunde, dass an die Stelle der Anteile an den Aufgabenträgern im Gesamtabschluss die Vermögensgegenstände, Son-

58 Auf die Ausnahmen für Kommunen mit weniger als 20.000 bzw. zwischen 20.000 und 50.000 Einwohnern wird unter Ziff. 15.8.3 genauer eingegangen.

derposten, Schulden und Rechnungsabgrenzungsposten des einbezogenen Aufgabenträgers treten (Nr. 4.2 Hw zu § 53 GemHVO).

Unter dieser Voraussetzung sind alle gleichartigen Bilanzpositionen der hier zu berücksichtigenden Aufgabenträger zur **Summenbilanz** aufzuaddieren.

Im nächsten Schritt sind alle Anteile an den konsolidierten Aufgabenträgern mit den darauf entfallenden Eigenkapitalanteilen zu verrechnen **(Kapitalkonsolidierung)** und schließlich alle zwischen den zusammenzufassenden Abschlüssen ausgewiesenen Forderungen und Verbindlichkeiten aufzurechnen **(Schuldenkonsolidierung)**. Hierbei ist die Kontengliederung insbesondere im Finanzanlagevermögen eine wesentliche Hilfe.

In der Summenbilanz sind auf der Aktivseite sowohl der Geschäftsanteil (der Kernverwaltung an dem Aufgabenträger), als auch die Summe der Vermögenswerte des Aufgabenträges enthalten. Auf der Passivseite der Summenbilanz stehen neben dem Eigenkapital des konsolidierten Aufgabenträgers auch der Anteil des Eigenkapitals (aus der Bilanz der Kernverwaltung) der sich aus dem Geschäftsanteil ergibt. Hier muss eine Korrektur vorgenommen werden, indem der Geschäftsanteil (auf der Aktivseite) mit dem anteiligen Eigenkapital auf der Passivseite verrechnet werden (Kapitalkonsolidierung). Zur praktischen Umsetzung dieser Verrechnung ist im KVKR das Hauptkonto 031 „Geschäfts- oder Firmenwert" vorgesehen. Ein auszuweisender Geschäfts- oder Firmenwert ist entweder über maximal 15 Jahre linear abzuschreiben oder mit den Rücklagen ergebnisneutral zu verrechnen (Nr. 5.3 Hw. zu § 53 GemHVO).

Die Kapitalkonsolidierung ist die Verrechnung des Bilanzansatzes für die Anteile eines einbezogenen Aufgabenträgers mit dem auf diese Anteile entfallenden Eigenkapital der einbezogenen Aufgabenträger (Nr. 5.1 Hw. zu § 53 GemHVO).

Daneben bestehen oft in der Bilanz der Kernverwaltung Forderungen gegenüber den verbundenen Unternehmen, die in deren Bilanzen als Verbindlichkeiten gegenüber der Kernkommune ausgewiesen sind und umgekehrt.

Werden im Rahmen der Vollkonsolidierung Aufgabenträger konsolidiert, an denen der Gemeinde zwar die Mehrheit der Stimmrechte, aber nicht alle Stimmrechte zustehen, so ist gem. § 307 HGB auf der Passivseite ein **Ausgleichsposten für die Anteile der anderen Gesellschafter** in Höhe ihres Anteils am Eigenkapital unter dem Posten „nicht beherrschende Anteile" innerhalb des Eigenkapitals gesondert auszuweisen.

Schuldenkonsolidierung ist die Verrechnung der Ausleihungen, anderen Forderungen und Rechnungsabgrenzungsposten gegen einbezogene Aufgabenträger mit den entsprechenden Verbindlichkeiten, Rückstellungen und Rechnungsabgrenzungsposten gegenüber einbezogenen Aufgabenträgern (Nr. 6.1 Hw. zu § 53 GemHVO).

Auf die Zwischenergebniskonsolidierung nach Nrn. 7 ff. Hw. zu § 53 GemHVO wird nicht näher eingegangen und auf einschlägige Fachliteratur verwiesen (siehe Ziff. 15.8.3.3).

Zur Aufwands- und Ertragskonsolidierung siehe Kap. 17.

16.6.2 Konsolidierung „at Equity“

Die Jahresabschlüsse der Aufgabenträger nach § 112a Abs. 1 HGO, bei denen der Gemeinde nicht die Mehrheit der Stimmrechte zusteht, sind entsprechend den §§ 311 und 312 des Handelsgesetzbuches in die Zusammenfassung nach Abs. 2 einzubeziehen.

Hierunter fallen insbesondere Aufgabenträger, bei denen der Gemeinde mindestens 20 % der Stimmrechte zustehen. Man spricht hier von assoziierten Unternehmen, auf die ein wesentlicher Einfluss ausgeübt wird (vgl. § 311 HGB).

Aufgabenträger, die unter maßgeblichem Einfluss der Gemeinde stehen, werden mit dem fortgeschriebenen anteiligen Eigenkapital (At-Equity-Bewertung) in den Gesamtabschluss einbezogen. Maßgeblicher Einfluss wird vermutet, wenn die Gemeinde bei einem Aufgabenträger mindestens über den fünften Teil der Stimmrechte verfügt. (Nr. 2.4 Hw. zu § 53 GemHVO)

Die Beteiligung an einem assoziierten Aufgabenträger ist mit dem anteiligen Eigenkapital dieses Aufgabenträgers im Gesamtabschluss anzusetzen. Bei der At-Equity-Bewertung von Aufgabenträgern soll die Buchwertmethode (vgl. § 312 HGB) angewendet werden. Dabei ist jeweils der letzte Jahresabschluss des assoziierten Aufgabenträgers zugrunde zu legen. Stellt dieser Aufgabenträger einen (Teil-)Konzernabschluss auf, so ist von diesem und nicht vom Jahresabschluss des Aufgabenträgers auszugehen (Nr. 10.1 Hw. zu § 53 GemHVO).

Beispiel:
Gemeinde G hat einen Geschäftsanteil von 25 % an der X-GmbH erworben für einen Kaufpreis von 500.000 €. Dieser Betrag wird im Einzelabschluss der Kernverwaltung (gem. Niederstwertprinzip) ausgewiesen.

Durch erfolgreiche Geschäftstätigkeit ist das Eigenkapital der X-GmbH inzwischen auf 3.000.000 € angewachsen. Nach der Equity-Methode ist im Gesamtabschluss der Gemeinde ein Geschäftsanteil von 750.000 € auszuweisen, was auch zu einer entsprechenden Vermehrung des Eigenkapitals im Gesamtabschluss führt. Wäre dagegen das Eigenkapital der X-GmbH durch verlustbringende Geschäftstätigkeit geschrumpft, muss dies ggf. wegen des Niederstwertprinzips gem. § 43 Abs. 3 GemHVO bereits im Einzelabschluss der Gemeinde berücksichtigt werden.

Weitere Hinweise incl. Begriffsbestimmungen und Darstellungsmustern enthalten die Hinweise zu § 53 GemHVO.

Der Unterschiedsbetrag zwischen dem Buchwert und dem anteiligen Eigenkapital des assoziierten Unternehmens sowie ein darin enthaltener Geschäfts- oder Firmenwert oder passiver Unterschiedsbetrag sind im Konzernanhang anzugeben.

16.6.3 Konsolidierung „at Cost“

Aufgabenträger, bei denen die Gemeinde über Stimmrechtsanteile von weniger als einem Fünftel verfügt, sind grundsätzlich mit ihren fortgeführten Anschaffungskosten (At-Cost-Bewertung) aus dem Einzelabschluss unter dem Finanzanlagevermögen im Gesamtabschluss auszuweisen (Nr. 2.5 Hw. zu § 53 GemHVO), dies entspricht i. d. R. dem Ansatz im Einzelabschluss der Gemeinde. Sollten zum Zeitpunkt der Aufstellung des Einzelabschlusses der Gemeinde entsprechende Informationen noch nicht vorgelegen haben, ist ggf. im Rahmen der Aufstellung des Gesamtabschlusses eine entsprechende Korrektur vorzunehmen.

Sofern in einem Gesamtabschluss ausschließlich Beteiligungen At-Cost zu konsolidieren sind, kann auf die Erstellung eines Gesamtabschlusses gänzlich verzichtet werden, da der Konzernabschluss im Ergebnis ohnehin nur den Einzelabschluss der Gemeinde wiedergeben würde. Dieser Umstand kann gerade für größere Kommunen von besonderem Interesse sein, da § 112b HGO für Städte und Gemeinden mit mehr als 50.000 Einwohnern ansonsten keine Ausnahmetatbestände vorsieht.

16.6.4 Übung

Siehe zu diesem Abschnitt den Sachverhalt 22 zu Kap. 16 im Übungsband.

– Kapitel 17 –

Inhaltsverzeichnis

17. Die Ergebnisrechnung – Grundlagen und Einzelpositionen

Die Ergebnisrechnung ist neben der Vermögensrechnung und der Finanzrechnung wesentlicher Bestandteil des Jahresabschlusses (§ 112 Abs. 2 HGO). In der Ergebnisrechnung sind die dem Haushaltsjahr zuzurechnenden Erträge und Aufwendungen gegenüberzustellen (§ 46 Abs. 1 GemHVO). Die Ergebnisrechnung entspricht in ihrer Grundstruktur der kaufmännischen Gewinn- und Verlustrechnung (GuV) gem. § 275 HGB.

Die Ergebnisrechnung stellt im Rahmen der kommunalen Finanzwirtschaft das Spiegelbild zum Ergebnishaushalt dar. Das amtliche Muster 14 zu § 46 GemHVO für die Ergebnisrechnung folgt deshalb dem Muster 7 für den Ergebnishaushalt. Dieser grundsätzliche Aufbau ist auch für die Teilergebnisrechnungen gem. Muster 16 zu § 48 GemHVO als Mindestinhalt verbindlich, allerdings treten in den Teilergebnisrechnungen die internen Leistungsbeziehungen hinzu, die sich in der Gesamtergebnisrechnung inhaltlich wechselseitig aufheben und daher nicht ausgewiesen werden.

Die Ergebnisrechnung ist in Staffelform aufzustellen (§ 46 Abs. 2 GemHVO). Sie ist mindestens in der Gliederung nach § 2 GemHVO aufzustellen. Eine tiefere Gliederung im Hinblick auf für die jeweilige Gemeinde wichtige Einzelkonten ist zulässig. Den Werten der Ergebnisrechnung sind die fortgeschriebenen Ansätze des Ergebnishaushaltes (Ziff. 6.5.1.1) gegenüber zu stellen. Für die Ergebnisrechnung ist das Muster 14 (für die Teilergebnisrechnungen das Muster 16) zur GemHVO verbindlich.

Die bereits im Ergebnishaushalt (vgl. Ziff. 6.5.1.1) vorgesehene Ergebnisspaltung gem. § 2 Abs. 2 GemHVO (Muster 14, übernächste Seite) gilt auch für die Ergebnisrechnung, danach sind

- die ordentlichen Erträge
- den ordentlichen Aufwendungen gegenüber zu stellen,
- deren Saldo das Verwaltungsergebnis bildet.
- Weiterhin sind Finanzerträge und Finanzaufwendungen gegenüberzustellen,
- deren Saldo das Finanzergebnis und
- zusammengefasst mit dem Verwaltungsergebnis das ordentliche Ergebnis darstellt, an dem u. a. der Haushaltsausgleich (vgl. Kap. 10) sowohl in der Planung als auch im Jahresabschluss gemessen wird.

Weiterhin sind die außerordentlichen Erträge den außerordentlichen Aufwendungen gegenüberzustellen und im außerordentlichen Ergebnis zu saldieren.

Nur in den Teilergebnishaushalten und den Teilergebnisrechnungen sind zusätzlich noch die internen Leistungsverrechnungen und ggf. weitere Elemente der Kosten- und Leistungsrechnung gem. § 14 GemHVO darzustellen. Hierunter fallen die kalkulatorische Verzinsung des eingesetzten Anlagekapitals, kalkulatorische Abschreibungen und kalkulatorische Rückstellungen, soweit diese von den bilanziellen Positionen abweichen, sowie das kalkulatorische Wagnis für unversicherte Risiken und kalkulatorische Mieten für nicht anderweitig verrechnete Raumnutzungen. Die Kosten- und Leistungsrechnung wird in Kap. 19 näher dargestellt.

Für die Darstellung der geplanten Erträge und Aufwendungen im Ergebnishaushalt ist nach der aktuellen Rechtslage die aus § 2 Abs. 1 GemHVO ersichtliche Mindestgliederung für die Gemeinden (GV) verbindlich. Diese Mindestgliederung stimmt mit der Darstellung des Ergebnishaushaltes gem. Muster 7 zur GemHVO inhaltlich überein; lediglich die Nummerierung hat sich durch den Einschub der Salden gem. § 2 Abs. 2 GemHVO im Muster gegenüber der Rechtsvorschrift ab Nr. 11 verschoben.

Spätestens bei der Buchung der entsprechenden Geschäftsvorfälle ist jedoch die differenziertere Darstellung hinsichtlich der Konten gem. KVKR zu beachten. Welche Konten welcher Planposition zuzuordnen sind, kann dabei aus der übereinstimmenden Darstellung in den Mustern 7 und 14, Spalte 2, entnommen werden.

Im Rahmen der Buchung der Geschäftsvorfälle ist auch die periodengerechte Zuordnung der Aufwendungen und Erträge (§ 10 Abs. 2 i. V. m. § 40 Nr. 4 GemHVO) zu beachten, siehe auch Ziff. 7.3.2.

Zur besseren Zuordnung der Geschäftsvorfälle zu den Konten des KVKR sind inzwischen Erläuterungen des zuständigen Ministeriums erlassen worden.[1] Weitere Informationen sind den Hinweisen des HMdIS zur GemHVO zu entnehmen.

1 Erläuterungen zum KVKR vom 19.6.2009, StAnz. S. 1469 ff.

Ergebnisrechnung
– Euro –

Nr.	Konten	Bezeichnung	Ergebnis des Vorjahres 20..	Fortgeschriebener Ansatz des Haushaltsjahres 20..	Ergebnis des Haushaltsjahres 20..	Vergleich fortgeschriebener Ansatz / Ergebnis des Haushaltsjahres (Sp. 5 ./. Sp. 6)
1	2	3	4	5	6	7
1	50	Privatrechtliche Leistungsentgelte				
2	51	Öffentlich-rechtliche Leistungsentgelte				
3	548–549	Kostenersatzleistungen und -erstattungen				
4	52	Bestandsveränderungen und aktivierte Eigenleistungen				
5	55	Steuern und steuerähnliche Erträge einschließlich Erträge aus gesetzlichen Umlagen				
6	547	Erträge aus Transferleistungen				
7	540–543	Erträge aus Zuweisungen und Zuschüssen für laufende Zwecke und allgemeine Umlagen				
8	546	Erträge aus der Auflösung von Sonderposten				
9	53	Sonstige ordentliche Erträge				
10		**Summe der ordentlichen Erträge (Nr. 1 bis 9)**				
11	62, 63, 640–643, 647–649, 65	Personalaufwendungen				
12	644–646	Versorgungsaufwendungen				
13	60, 61, 67–69	Aufwendungen für Sach- und Dienstleistungen				
	(697)	davon: Einstellungen in Sonderposten				
14	66	Abschreibungen				
15	71	Aufwendungen für Zuweisungen und Zuschüsse sowie besondere Finanzaufwendungen				
16	73	Steueraufwendungen einschließlich Aufwendungen aus gesetzlichen Umlageverpflichtungen				
17	72	Transferaufwendungen				
18	70, 74, 76	Sonstige ordentliche Aufwendungen				
19		**Summe der ordentlichen Aufwendungen (Nr. 11 bis 18)**				
20		**Verwaltungsergebnis (Nr. 10 ./. Nr. 19)**				
21	56, 57	Finanzerträge				
22	77	Zinsen und andere Finanzaufwendungen				
23		**Finanzergebnis (Nr. 21 ./. Nr. 22)**				
24		**Gesamtbetrag der ordentlichen Erträge (Nr. 10 und Nr. 21)**				
25		**Gesamtbetrag der ordentlichen Aufwendungen (Nr. 19 und Nr. 22)**				
26		**Ordentliches Ergebnis (Nr. 24 ./. Nr. 25)**				
27	59	Außerordentliche Erträge				
28	79	Außerordentliche Aufwendungen				
29		**Außerordentliches Ergebnis (Nr. 27 ./. Nr. 28)**				
30		**Jahresergebnis (Nr. 26 und Nr. 29)**				

Die sachliche Gliederung der Buchhaltung erfolgt mit Hilfe von Konten. Dabei wird zwischen den Konten unterschieden, die direkt in die Bilanz einfließen (Bestandskonten) und den Konten, die zur Erstellung der Ergebnisrechnung (Erfolgskonten), der Finanzrechnung (Finanzrechnungskonten) oder auch zur Erstellung der Kosten- und Leistungsrechnung (Betriebsbuchführungskonten) benötigt werden. Der KVKR folgt dabei in seiner Gliederung dem Industriekontenrahmen.

In diesem Kapitel wird die Systematik der Erfolgskonten dargestellt und es werden die wesentlichen Kontierungsvorschriften für die Bebuchung dieser Konten vorgestellt.

Die nachfolgende Darstellung der Ergebnisrechnung folgt deshalb der durch § 2 GemHVO vorgegebenen Gliederung. Sie berücksichtigt dabei die Ergebnisspaltung in ein ordentliches und ein außerordentliches Ergebnis, wobei das Finanzergebnis im Rahmen des ordentlichen Ergebnisses eine besondere Beachtung findet. Damit soll eine deutliche Trennung zwischen der laufenden Verwaltungstätigkeit einerseits und besonderen, außergewöhnlichen Vorgängen andererseits herbeigeführt werden. Die Frage der dauerhaften wirtschaftlichen Leistungsfähigkeit ist dabei nach dem ordentlichen Ergebnis zu beurteilen (vgl. Ziff. 10 Haushaltsausgleich).

17.1 Ordentliche Erträge und Aufwendungen

17.1.1 Erträge (Kontenklasse 5)

Die ordentlichen Erträge gliedern sich gem. § 2 Abs. 1 GemHVO in folgende Positionen:

1. privatrechtliche Leistungsentgelte,
2. öffentlich-rechtliche Leistungsentgelte,
3. Kostenersatzleistungen und -erstattungen,
4. Bestandsveränderungen und aktivierte Eigenleistungen,
5. Steuern und steuerähnliche Erträge einschließlich Erträge aus gesetzlichen Umlagen,
6. Erträge aus Transferleistungen,
7. Erträge aus Zuweisungen und Zuschüssen für laufende Zwecke und allgemeine Umlagen,
8. Erträge aus der Auflösung von Sonderposten aus Investitionszuweisungen, -zuschüssen und Investitionsbeiträgen,
9. sonstige ordentliche Erträge

17.1.1.1 Privatrechtliche Leistungsentgelte (Kontengruppe 50)

Als privatrechtliche Leistungsentgelte werden diejenigen Entgelte ausgewiesen, für die eine konkrete Gegenleistung auf privatrechtlicher Grundlage erbracht wird. Dies können im Bereich der Kommunalverwaltung z. B. Mieten, Pachten, Verkaufserlöse, aber auch der Eintrittspreis in kommunalen Einrichtungen (Bäder, Theater, Zoos) oder das zu leistende Entgelt für die Teilnahme an Kursen oder Veranstaltungen der Kommune sein. Auch das Entgelt für die Nutzung der städtischen Bibliothek kann privatrechtlicher Natur sein.

Grundsätzlich ist festzustellen, dass in verschiedenen Bereichen die Kommunen bei der Zuordnung der Entgelte zum öffentlich-rechtlichen oder zum privatrechtlichen Bereich einen Gestaltungsspielraum haben. Das Rechnungswesen bildet dabei nur ab, wie die Kommune diesen Spielraum genutzt hat. Diverse Entgelte können demnach entweder per Satzung, also öffentlich-rechtlich, oder auf Grundlage privatrechtlicher Vertragsbeziehungen erhoben werden.

Der KVKR unterscheidet dabei verbindlich auf der Ebene von Hauptkonten

500 Umsatzerlöse
506 Umsatzerlöse aus Handelswaren
(z. B. Stammbücher, Wanderkarten, Stadtpläne, div. Produkte mit Lokalkolorit, die von der Gemeindeverwaltung weiterveräußert werden)
509 sonstige Umsatzerlöse

Das Konto 500 kann dabei so unterschiedliche Erträge wie z. B. Eintrittsgelder kommunaler Schwimmbäder oder auch Holzverkaufserlöse beinhalten. Der Gemeinde steht es frei, ihren Kontenplan tiefer auszudifferenzieren.

Grundsatz der periodengerechten Zuordnung – Rechnungsabgrenzung

Die Erträge aus privatwirtschaftlichen Leistungsentgelten sind unabhängig von der Rechnungsstellung, dem Eingang der Zahlung oder deren Fälligkeit in dem Haushaltsjahr zu verbuchen, in dem die wirtschaftliche Gegenleistung erbracht wurde (vgl. §§ 10 Abs. 2, 40 Nr. 4, 46 Abs. 1, 58 Nr. 15 GemHVO – Prinzip der periodengerechten Zuordnung in Abgrenzung zum früher geltenden Kassenwirksamkeitsprinzip, das jetzt nur noch in der Finanzrechnung weitergeführt wird)[2]. Aus diesem Grunde ist auf jeden Fall zum Ende des Haushaltsjahres eine Abrechnung der erbrachten Leistungen anzustreben, auch wenn aus rechtlichen Gründen ggf. eine spätere Fälligkeit der Zahlung zu beachten ist. Da hier die Kommune der Leistungserbringer und deshalb auch der Rechnungssteller ist, kann bei den Erträgen eine Rechnungsabgrenzung im Sinne der vorläufigen Verbuchung eines antizipatorischen[3] Rechnungsabgrenzungspostens (sonstige übrige Forderungen) meist vermieden werden. Erfolgt dagegen im Voraus eine Berechnung einer Leistung, die erst im darauffolgenden Haushaltsjahr erbracht wird, so muss hier ein passiver Rechnungsabgrenzungsposten gebildet werden, soweit die

2 Für den kaufmännischen Bereich siehe § 252 Abs. 1 Nr. 5 HGB.

3 Als antizipatorisch (zu Deutsch: vorwegnehmend) werden Rechnungsabgrenzungsposten bezeichnet, die wirtschaftlich schon entstanden sind, aber entsprechend den vertraglichen Regelungen noch nicht abzurechnen sind (z. B. anteilige Jahreszinsen für die Zeit seit dem letzten Zinstermin bis zum Bilanzstichtag, wenn der Zinstermin nicht auf den Bilanzstichtag, sondern z. B. auf den 15.4. fällt). Antizipatorische Rechnungsabgrenzungsposten werden als „übrige sonstige Forderungen" oder als „übrige sonstige Verbindlichkeiten" verbucht und im Jahresabschluss ausgewiesen im Gegensatz zu den transitorischen Rechnungsabgrenzungsposten, die allein unter der Bezeichnung „aktive Rechnungsabgrenzungsposten" oder „passive Rechnungsabgrenzungsposten" verbucht werden.

angeforderte oder geleistete Zahlung auf eine im Folgejahr von der Gemeinde zu erbringende Leistung entfällt.

Die Verbuchung hat selbst dann in der jeweiligen Ergebnisrechnung des abgelaufenen Haushaltsjahres zu erfolgen, wenn die Feststellung des Leistungsumfanges erst zum Ende des Haushaltsjahres und die Verarbeitung der dabei gewonnenen Informationen erst zu Beginn des Folgejahres erfolgen können. Verwirrende Auskünfte wie die folgende: „Warum hatten wir im Jahr 2022 so viel Wassergeld[4]?" – „Weil es 2021 warm und trocken war!" sollten damit der Vergangenheit angehören. Die Abgrenzung nach wirtschaftlicher Zugehörigkeit führt dazu, dass Erträge **unabhängig von den zugehörigen Zahlungsströmen** in dem Jahresergebnis ausgewiesen werden, in dem sie entstanden sind.

Bei der periodengerechten Abgrenzung von einzelnen Geschäftsvorfällen sollte der damit einhergehende Buchungsaufwand jedoch stets in einem vertretbaren Umfang bleiben. Diesen Gedanken der Wesentlichkeit und Wirtschaftlichkeit hat der Verordnungsgeber in zahlreichen Vorschriften einfließen lassen. So kann beispielsweise die Bildung eines Rechnungsabgrenzungspostens zur periodengerechten Abgrenzung von Erträgen und Aufwendungen nach Nr. 1 Hw. zu § 45 GemHVO wegen „Unerheblichkeit" unterbleiben.[5]

17.1.1.2 Öffentlich-rechtliche Leistungsentgelte (Kontengruppe 51)

Unter die hier zu buchenden öffentlich-rechtlichen Leistungsentgelte fallen diejenigen öffentlichen Abgaben, denen eine konkrete Gegenleistung gegenübersteht (Gebühren). Steuern und Beiträge fallen dagegen nicht in die Kontengruppe 51.

Im KVKR aufgeführt sind namentlich:
- Verwaltungsgebühren (Hauptkonto 510)
- Benutzungsgebühren (Hauptkonto 511)
- Erträge aus Bußgeldern und Verwarnungen (Hauptkonto 515)

Auch die Gebühren werden unter Beachtung der Periodenabgrenzung als Erträge gebucht; d. h. die Erträge sind dem Haushaltsjahr zuzuordnen, in dem die jeweilige Gegenleistung erbracht wurde (vgl. oben Ziff. 17.1.1).

Verwaltungsgebühren werden nach § 9 KAG als Gegenleistung für Amtshandlungen oder sonstige Verwaltungstätigkeiten, die die Behörde auf Veranlassung oder überwiegend im Interesse einzelner vornimmt, erhoben. Im Vergleich dazu ermächtigt § 10

4 Die hier angesprochene Ertragsart dürfte i. d. R. öffentlich-rechtlicher Natur sein, in der hier angesprochenen Betrachtung geht es allerdings nur um die wirtschaftliche Abgrenzung, die an diesem in der Praxis oft angesprochenen Beispiel besonders deutlich werden sollte: Die bisherige Behandlung nach dem Kassenwirksamkeitsprinzip statt nach dem Prinzip der wirtschaftlichen Zugehörigkeit führte in der Praxis immer wieder zu zeitlichen Verzögerungen in der Darstellung.

5 Siehe zur Definition einer Wesentlichkeitsgrenze beispielsweise *Watz, Jürgen*, Hessische Städte- und Gemeinde-Zeitung 07/08 2014, S. 214–217; Berechnung einer Erheblichkeitsgrenze für den Jahresabschluss.

KAG zur Erhebung von Benutzungsgebühren. Demnach können Gemeinden und Landkreise als Gegenleistung für die Inanspruchnahme ihrer öffentlichen Einrichtungen Benutzungsgebühren erheben. In die gleiche Richtung gehen auch die Erläuterungen zum KVKR vom 19. Juni 2009 (StAnz. S. 1469 ff.), wonach es sich bei Verwaltungsgebühren um „eine Geldleistung für eine Amtshandlung oder sonstige Verwaltungstätigkeit" handelt. Die Benutzungsgebühren werden dort als „Geldleistungen für die tatsächliche Inanspruchnahme bzw. Benutzung öffentlicher Einrichtungen" umschrieben. Verwaltungsgebühren werden demnach z. B. für Baugenehmigungen, Pässe oder Beglaubigungen fällig. Benutzungsgebühren fallen im Wesentlichen bei der Inanspruchnahme von öffentlichen Einrichtungen wie z. B. der Wasserver- oder Abwasserentsorgung oder den kommunalen Kindergärten an.

17.1.1.3 Kostenersatzleistungen und -erstattungen (Hauptkonten 548 und 549)

Unter die hier darzustellenden Erträge fallen Kostenersatzleistungen und -erstattungen, die nicht auf Sozialleistungsgesetze zurückzuführen sind (vgl. Hauptkonto 547). Darüber hinaus fallen Schuldendiensthilfen, die die Kommune erhält, unter diese Ertragsposition.

Erstattungen erhält die Kommune für Aufwendungen, die sie für eine andere Stelle erbracht hat. Die Kommune handelt in diesen Fällen im Auftrag eines Dritten. Kostenerstattungen liegen z. B. vor, wenn auf die Kommune Aufgaben von überörtlichen Trägern der Sozialhilfe delegiert werden. Zu unterscheiden ist dies dann insbesondere von den Transfererträgen. Hier wird die Kommune ursprünglich nicht im Auftrag eines Dritten, sondern in eigener Aufgabenwahrnehmung tätig. Erst zu einem späteren Zeitpunkt wird festgestellt, dass die geleisteten Transfers z. B. aufgrund der Nachrangigkeit der Sozialhilfe von einem Dritten erstattet werden müssen.

Kostenerstattungen erhalten Gemeinden z. B. auch für die Durchführung von Wahlen für Landtag und Bundestag, die Unterhaltung von Straßen oder den Katastrophenschutz.

Soweit die Aufwendungen, die im Auftrag eines Dritten geleistet wurden, nicht exakt berechnet, sondern nur pauschal ermittelt und erstattet werden, handelt es sich um den Fall einer Kostenumlage. An dieser Stelle ausdrücklich nicht gemeint sind die öffentlich-rechtlichen allgemeinen Umlagen zur Finanzierung der Umlageverbände (Landkreise, Landeswohlfahrtsverband, Zweckverbände), die auf der Ertragsseite dieser Verbände in die Kontengruppe 55 fallen.

17.1.1.4 Bestandsveränderungen und aktivierte Eigenleistungen (Kontengruppe 52)

- **Bestandsveränderungen**
  Zu der Kontengruppe 52 gehören ebenfalls die Bestandsveränderungen. Diese ergeben sich aus dem Unterschied zwischen den Inventurbeständen am Anfang und am Ende des Haushaltsjahres bei den fertigen und unfertigen Erzeugnissen sowie

bei den unfertigen Leistungen. Sie haben im Rahmen der kommunalen Haushaltsplanung in der Regel keine Relevanz und treten, wenn überhaupt, nur beim Jahresabschluss auf. Die Bestandsveränderungen sind weitestgehend im Industriebereich von Bedeutung. Im kommunalen Umfeld werden Bestandsveränderungen äußerst selten erfasst.

- **aktivierte Eigenleistungen**
  Unter Eigenleistungen versteht man Aufwendungen der Verwaltung, die zur Herstellung eines Anlageguts benötigt werden, das nicht für einen Verkauf, sondern zur Verwendung im Rahmen der Aufgabenerfüllung der Kommune bestimmt ist. Soweit für diese Aufwendungen kein Aktivierungsverbot besteht[6], sind sie als aktivierte Eigenleistungen zu verbuchen. Im Rahmen der Aktivierung entsteht hier ein Ertrag, da die eingesetzten Güter und Dienstleistungen nicht endgültig verbraucht sind, sondern hier ein Gegenwert entstanden ist, der der Kommune dauerhaft zur Nutzung zur Verfügung steht. Das Konto „Aktivierte Eigenleistung" ist ein Erfolgskonto, das über die Ergebnisrechnung abgeschlossen wird. Auf diesem Konto werden die zur Herstellung des Anlageguts bereits verbuchten Aufwendungen im Ergebnis neutralisiert. Die Gegenbuchung findet auf dem jeweiligen Bestandskonto des Anlagegutes statt.
  Zu beachten ist bei der Ermittlung der Eigenleistungen die Festlegung zur Ermittlung der Herstellungskosten gem. § 41 Abs. 3 GemHVO. Insbesondere dürfen – in Abgrenzung zum Handelsrecht (§ 255 Abs. 2 HGB) – keine Verwaltungsgemeinkosten, wohl aber nach Wahl der Gemeinde auf den Zeitraum der Herstellung entfallende Kreditzinsen aktiviert werden.
  Praktische Relevanz haben im Bereich der Eigenleistung sicherlich die Planungsleistungen der städtischen Ingenieure bei der Herstellung, Erweiterung oder wesentlichen Verbesserung von Gebäuden oder Infrastruktureinrichtungen. Jährlich werden die z. B. aus der Kostenrechnung ermittelten Planungsleistungen bei den entsprechenden Anlagegütern oder bei den Anlagen im Bau aktiviert. Werden z. B. die Eigenleistungen des Hochbauamtes für den Neubau des Rathauses mit 60.000 € ermittelt, wird dieser Betrag aktiviert und auf dem Ertragskonto gegengebucht.

054 Verwaltungsgebäude	an	525 Akt. Eigenleistungen	60.000 €

  In der Ergebnisrechnung wird der Betrag als „Aktivierte Eigenleistungen" ausgewiesen.[7] Durch die Planungsleistungen des Hochbauamtes ist demnach eine Ressourcenmehrung eingetreten, die gem. § 58 Nr. 15 GemHVO als Ertrag in der Ergebnisrechnung auszuweisen ist.
  Hingegen nicht aktivierungsfähig sind Kosten für die Aufstellung von Flächennutzungsplänen und Bebauungsplänen im Rahmen der allgemeinen Entwicklungsplanung der Gemeinde (Nr. 8 Hw. zu § 41 GemHVO).

6 Nicht aktivierungsfähig sind nach § 38 Abs. 3 GemHVO selbst erstellte oder nicht entgeltlich erworbene immaterielle Vermögensgegenstände des Anlagevermögens wie z. B. Software, die von Mitarbeiter/innen der Verwaltung programmiert wurde.

7 Eine entsprechende Position in der Finanzrechnung liegt nicht vor, da kein Zahlungseingang erfolgt.

17.1.1.5 Steuern und steuerähnliche Erträge einschließlich Erträge aus gesetzlichen Umlagen (Kontengruppe 55)

Für die Steuern ergibt sich die inhaltliche Abgrenzung zu anderen Erträgen aus der Legaldefinition des § 3 Abs. 1 Satz 1 AO: „Steuern sind Geldleistungen, die nicht eine Gegenleistung für eine besondere Leistung darstellen und von einem öffentlich-rechtlichen Gemeinwesen zur Erzielung von Einnahmen allen auferlegt werden, bei denen der Tatbestand zutrifft, an den das Gesetz die Leistungspflicht knüpft; die Erzielung von Einnahmen kann Nebenzweck sein."

Aus Sicht der Gemeindeverbände (Kreise oder Landeswohlfahrtsverband) spielen insbesondere die Kreis- bzw. Verbandsumlage eine bedeutende Rolle.

Der KVKR sieht für die Kontengruppe 55, Steuern und ähnliche Abgaben, eine weitere Differenzierung vor. Die Gemeinschaftssteuern sind unter dem Hauptkonto 550 auszuweisen (Einkommen- und Umsatzsteuer), die Kommunalsteuern fallen unter das Hauptkonto 555 (z. B. Grund- und Gewerbesteuer, Hundesteuer, etc.). Es empfiehlt sich, zumindest für die einzelnen Steuerarten Unterkonten zu bilden, um einerseits die Finanzstatistik korrekt bedienen zu können und um andererseits passende Steuerauswertungen aus dem Programm erstellen zu können.

Weiterhin sind lt. KVKR die Hauptkonten 558 Erträge aus Umlagen und 559 steuerähnliche Abgaben zu bilden. Das Hauptkonto 558 ist vor allem für die Landkreise und den LWV von Interesse. Die Erläuterungen zum KVKR vom 19. Juni 2009 sehen hier die Buchung der Kreis- und Schulumlage sowie der LWV-Umlage vor. Auf dem Hauptkonto 559 sind z. B. Abgaben von Spielbanken oder Abgaben aus Kur- oder Tourismusbeiträgen (vgl. § 13 KAG) darzustellen. Derartige Abgaben sind zwar rein rechtlich keine Steuern, kommen einer Steuer allerdings sehr nahe.

Die Erläuterungen zum KVKR vom 19. Juni 2009 sehen eine denkbare Untergliederung der Hauptkonten bereits vor. In dieser Aufstellung sind die aktuellen Steuerarten in der Kommunalverwaltung abgebildet. Soweit andere Steuern anfallen, sind gesonderte Konten an der entsprechenden Stelle im Kontenplan einzufügen.[8]

Die sachliche Abgrenzung der verschiedenen Steuerarten erfolgt grundsätzlich ohne Probleme, da eine Steuerforderung immer einer rechtlichen Grundlage und eines sich darauf beziehenden Verwaltungsakts bedarf.

Kritisch kann dagegen die zeitliche Abgrenzung der Steuererträge sein. Dabei ist grundsätzlich zu berücksichtigen, dass nicht der Zeitpunkt der Zahlung, sondern der Zeitpunkt der wirtschaftlichen Entstehung eines Ertrages maßgeblich für die periodengerechte Zuordnung ist.

Für die Abgrenzung von Steuererträgen erfolgt zur Vereinheitlichung eine Differenzierung nach

- Vorauszahlungen und
- endgültigen Festsetzungen (inkl. Nach- und Rückzahlungen).

8 Das Muster 12 gibt nur noch Hauptkonten vor, jegliche weitere Untergliederung obliegt den Kommunen im Rahmen der Erstellung und Pflege des eigenen Kontenplans.

Steuererträge, die durch Vorauszahlungsbescheide erhoben werden, sind nach dem Prinzip der wirtschaftlichen Zugehörigkeit der Periode zuzuordnen, auf die sich der Vorauszahlungsbescheid bezieht. Ergeben sich durch spätere Feststellungen Rückzahlungen, so regelt für diesen Fall § 16 Abs. 1 GemHVO ausdrücklich und abweichend vom Prinzip der wirtschaftlichen Zugehörigkeit, dass diese bei den Erträgen abzusetzen sind, auch wenn sie sich auf Erträge der Vorjahre beziehen. Weiterhin bekräftigt Nr. 1 Hw. zu § 10 GemHVO: „Ausnahmen vom Grundsatz der Periodenabgrenzung gelten für die Rückzahlungen von Abgaben, abgabenähnlichen Erträgen und allgemeinen Zuweisungen." D. h., Erträge und Ertragskorrekturen gelten immer im Jahr der Feststellung als periodengerecht, auch wenn sich diese Feststellungen auf frühere Jahre beziehen, was regelmäßig der Fall sein dürfte.

Nach § 16 Abs. 1 GemHVO sind die Rückzahlungen von Abgaben, abgabeähnlichen Erträgen und allgemeinen Zuweisungen auch dann bei den Erträgen abzusetzen, wenn sie sich auf Vorjahre beziehen. Dies kann in Einzelfällen auch dazu führen, dass bei erheblichen Rückzahlungen negative Ertragsansätze oder -ergebnisse entstehen, was sicherlich üblicher kaufmännischen Praxis und dem Periodisierungsprinzip widerspricht. Die Regelung des § 16 GemHVO wird mit den Anforderungen der Berechnungsgrundlagen für Zuweisungen und Umlagen nach dem Finanzausgleichsgesetz begründet (siehe Hw. zu § 16 GemHVO).

Beispiele:

1. Grundsteuer A (endgültige Festsetzung)

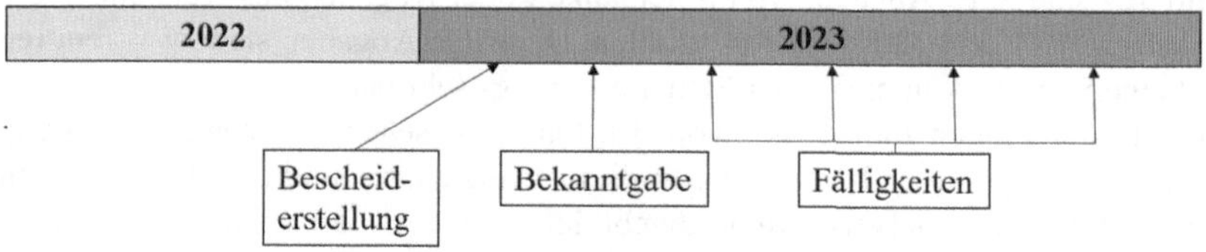

Der Grundsteuerbescheid für 2023 wird im Januar erstellt und kurz darauf dem Steuerpflichtigen bekannt gegeben. Die Fälligkeitstermine sind der 15.2., 15.5., 15.8. und 15.11.2023. Die Forderung wird mit der Bescheiderstellung im Jahr 2023 eingebucht. Bei Zahlungseingang erfolgt ein Ausgleich auf dem Debitorenkonto.

a) Einbuchung der Forderung und des Ertrags zum Zeitpunkt der Bescheiderstellung (2023):

230 Debitor[9] *an* *5551 Grundsteuer A*[10]

9 In der gängigen Literatur zur kaufmännischen Buchführung werden bei den Buchungssätzen die Hauptbuchkonten angesprochen. Das wäre in diesem Fall das Konto 230 „Steuerforderungen". In der Praxis werden die Forderungs- und Verbindlichkeitskonten aber i. d. R. nicht direkt bebucht. Die Abwicklung der Forderungen und Verbindlichkeiten erfolgt in einer Nebenbuchhaltung über Personenkonten. Dies sind für Forderungen Debitorenkonten und für Verbindlichkeiten Kreditorenkonten. Um den Praxisbezug zu erhöhen, werden bei den Buchungssätzen i. d. R. die Personenkonten (Debitoren oder Kreditoren) angesprochen.

10 Sofern im vorliegenden Kapitel Kontonummern verwendet werden, die länger als die dreistelligen Hauptkonten des amtlichen Musters 12 sind, entstammen diese aus dem erläuterten KVKR aus 2009.

b) Ausgleich der Forderung durch Zahlungseingang
280 Bank an Debitor

2. Vergnügungssteuer (endgültige Festsetzung)
Die Erstellung des Vergnügungssteuerbescheids 2023 erfolgt bereits in 2022. Die Fälligkeit der Forderungen liegt erst im Jahr 2023. Erfolgt die Zahlung jedoch bereits im Jahr 2022, ist daher im Jahresabschluss 2022 ein passiver Rechnungsabgrenzungsposten zu bilden, der in 2023 wieder aufzulösen ist:

a) Einbuchung der Forderung und des Rechnungsabgrenzungspostens zum Zeitpunkt des Zahlungseinganges (2022):
230 Debitor an 490 passiver RAP
280 Bank an Debitor
b) Auflösung des Rechnungsabgrenzungspostens (2023):
490 passiver RAP an 555912 Vergnügungssteuer

Im Ergebnis dient die Regelung des § 16 GemHVO auch dazu, die Steuererträge als Hauptfinanzierungsinstrument der öffentlichen Verwaltung der gewöhnlichen Geschäftstätigkeit, also dem ordentlichen Ergebnis zuzuordnen. Der Haushaltsausgleich orientiert sich zudem auch am ordentlichen Ergebnis, so dass es systematisch sicherlich nicht sinnhaft wäre, die Steuererhebung im ordentlichen Ergebnis, notwendige Korrekturen der Steuererträge aber im außerordentlichen Ergebnis darzustellen.

17.1.1.6 Erträge aus Transferleistungen (Hauptkonto 547)

Volkswirtschaftlich stellen Transfers die Umleitung von Kaufkraft ohne die Schaffung zusätzlichen Einkommens dar. Unter Transfer wird im kommunalen Haushaltsrecht die Übertragung von Finanzmitteln ohne konkrete Gegenleistung verstanden, soweit es sich nicht um Steuern handelt. Mögliche Empfänger sind private Haushalte, Unternehmen oder auch öffentlich-rechtliche Körperschaften.[11]

Ausgehend von den im Kontenrahmen vorgeschlagenen Konten handelt es sich bei den Kostenerstattungen (Transfererträgen) überwiegend um die Erstattung von geleisteten Sozialtransfers im Rahmen der Nachrangigkeit der Sozialhilfe.

Ersatz von sozialen Leistungen (Transfererträge) liegen vor, wenn aufgrund rechtlicher Regelungen im sozialen Bereich konsumtive Zahlungen mit einer bestimmten sachlichen oder personenbezogenen Zweckbestimmung empfangen werden, z. B. Kostenbeiträge und Aufwendungsersatz, übergeleitete Ansprüche gegen Unterhaltsverpflichtete sowie Kostenerstattungen durch Träger von sozialen Leistungen. Dabei wird von Kostenersatzleistungen ausgegangen, wenn für bereits erfolgte eigene Leistungen entsprechende Gegenleistungen erbracht werden. Kostenerstattungen betreffen hingegen Gegenleistungen für die Leistungen Dritter (z. B. von Krankenkassen).[12]

11 Vgl. *Baßeler/Heinrich/Koch*, S. 407 f.
12 Vgl. Erläuterungen zum Hauptkonto 547 in den amtlichen Erläuterungen des HMdIS zum KVKR.

17.1.1.7 Erträge aus Zuweisungen, Zuschüssen für laufende Zwecke und allgemeine Umlagen (Hauptkonten 540–543)

Als Erträge aus empfangenen Zuweisungen und Zuschüssen sind hier die empfangenen Zuweisungen und Zuschüsse für laufende Zwecke zu betrachten, während die empfangenen Zuweisungen und Zuschüsse für Investitionen zunächst als Sonderposten zu passivieren (also zunächst nicht ertragswirksam zu verbuchen) und erst später ertragswirksam aufzulösen sind (vgl. Ziff. 16.3.5.). Dies sind Finanzhilfen zur Erfüllung der Aufgaben des Empfängers. Empfangene Zuweisungen sind dabei Übertragungen innerhalb des öffentlichen Bereiches. Die Gemeinden erhalten also Geldmittel von einem öffentlich-rechtlichen Aufgabenträger (z. B. Zuweisungen des Landes für die Kinderbetreuung). Empfangene Zuschüsse erhält die Gemeinde dagegen von privaten Personen, Personenvereinigungen und Kapitalgesellschaften. Soweit diese im Einzelfall erheblich sind und nicht regelmäßig eintreten, sind sie als außerordentliche Erträge (vgl. Ziff. 6.5.1.1 und § 58 Nr. 6a GemHVO) zu verbuchen (z. B. frei verfügbare Geldspende einer ortsansässigen Firma).[13]

Bei der Planung und Buchung der empfangenen Zuweisungen und Zuschüsse ist die Frage der Passivierungsfähigkeit von entscheidender Bedeutung. Als Ertrag ist grundsätzlich nur der Teil der Zuwendungen ergebnisverbessernd zu behandeln, der sich wirtschaftlich auf das betroffene Rechnungsjahr bezieht.

Grundsätzlich ist dabei zunächst zu unterscheiden zwischen

- Zuwendungen für die laufende Verwaltungstätigkeit und
- Zuwendungen für Investitionen.

Alle Zuwendungen, die nicht ausdrücklich für die Durchführung von Investitionen geleistet werden, werden der laufenden Verwaltungstätigkeit zugeordnet. Dies sind insbesondere die Schlüsselzuweisungen des Landes im Rahmen des Finanzausgleichsgesetzes (FAG) und andere Bedarfszuweisungen für laufende Zwecke. Diese Zuwendungen für laufende Zwecke werden – soweit nicht eine Periodenabgrenzung erforderlich ist – buchhalterisch unmittelbar als Ertrag erfasst. Bei Eingang des Bescheids für die Schlüsselzuweisungen im Januar des Jahres wird dementsprechend gebucht:

2201 Ford. aus allg. Zuwsg. vom Land an 54101 Schlüsselzuweisungen

17.1.1.8 Erträge aus der Auflösung von Sonderposten für Investitionszuweisungen, -zuschüssen und Investitionsbeiträgen (Hauptkonto 546)

Empfangene Zuwendungen für Investitionen werden gem. § 38 Abs. 4 GemHVO nicht unmittelbar als Ertrag gebucht, sondern als Sonderposten passiviert. Deren ertragswirksame Auflösung erfolgt nach Nr. 3 Hw. zu § 38 GemHVO parallel zur Abschreibung des jeweiligen Anlageguts. Dies ist darin begründet, dass sich die Zuwendung wirt-

13 Eine ausführliche Darstellung des Zuwendungsrechts enthält *Mutschler*, S. 287 ff.

schaftlich nicht nur auf das Jahr des Eingangs der jeweiligen Zuwendung bezieht, sondern auf alle Jahre, in denen das mit der Zuwendung finanzierte Anlagegut von der Gemeinde verwendet wird.

Nachfolgende Übersicht zeigt vereinfacht die Abwicklung der Anschaffung eines neuen Einsatzleitwagens für die städtische Feuerwehr, die mit 15 % vom Land bezuschusst wird:

Zunächst erfolgt die Anschaffung des neuen Fahrzeugs, die bei sofortiger Überweisung wie folgt gebucht wird:

081 Fuhrpark	an	280 Bank	800.000 €

Durch Bescheid wird nun der endgültige Förderbetrag des Landes festgelegt. Die Buchung lautet:

2251 Forderungen[14]	an	3601 Sonderposten (Zuw.)	120.000 €

Anschließend geht die Zuwendung auf dem Konto der Stadt ein:

280 Bank	an	2251 Forderungen	120.000 €

Bilanziell ergeben sich durch diese Buchungen nachfolgende Änderungen:

AKTIVA		PASSIVA	
Anlagevermögen		**Eigenkapital**	+/–0
Fuhrpark	+800.000		
		Sonderposten	
Umlaufvermögen		*Zuwendungen*	+120.000
Forderungen	+/–0		
Liquide Mittel	–680.000	**Fremdkapital**	+/–0
	+120.000		+120.000

Dabei wird deutlich, dass weder die Investition noch die Zuwendung über Erfolgskonten (Ertrags- oder Aufwandskonten) gebucht wurden. Die Eigenkapitalposition ist damit nicht berührt.

14 Um den Bezug zur Bilanz besser veranschaulichen zu können, wird hier das Konto „Forderungen aus Investitionszuweisungen gegen das Land“ angesprochen. In der Praxis werden bei der Buchung von Forderungen und Verbindlichkeiten die Konten der Nebenbücher (Debitoren- bzw. Kreditorenkonten) angesprochen.

Beispielhaft werden nun die Abschreibung des Fahrzeugs und die ertragswirksame Auflösung der Zuwendung im ersten Nutzungsjahr des Einsatzleitwagens mit Hilfe von T-Konten abgebildet:

1. Der Einsatzleitwagen wird über zwölf Jahre abgeschrieben. Da die Anschaffung im Januar erfolgte, wird bereits im ersten Jahr eine volle Jahresabschreibung (1/12 des Anschaffungspreises) durchgeführt:

Fuhrpark

Soll		Haben	
AB	800.000	1. Abschreibung	66.667

Abschreibung

Soll		Haben	
1. Fuhrpark	66.667		

2. Die Zuwendung wird parallel zur Abschreibung der Investition ertragswirksam aufgelöst. Die Auflösung erfolgt daher ebenfalls über zwölf Jahre über das Konto 546 „Erträge aus der Auflösung von Sonderposten aus Investitionszuweisungen vom öffentlichen Bereich"

Sonderposten

Soll		Haben	
Auflösung Sonderposten	10.000	AB	120.000

Erträge aus der Auflösung von Sonderposten

Soll		Haben	
		2. Sonderposten	10.000

3. Die Erfolgskonten werden zum Jahresabschluss über die Ergebnisrechnung abgeschlossen:

Erträge aus der Auflösung von Sonderposten

Soll		Haben	
Ergebnisrechnung	10.000	2. Sonderposten	10.000

Abschreibung

Soll		Haben	
1. Fuhrpark	66.667	Ergebnisrechnung	66.667

Damit ergibt sich in der Ergebnisrechnung im ersten Jahr der Nutzung des neuen Einsatzleitwagens allein aus diesem Geschäftsvorfall folgendes Bild:

Ergebnisrechnung		€
8	+ Erträge aus der Auflösung von Sonderposten aus Investitionszuweisung	10.000
10	= **Summe der ordentliche Erträge**	**10.000**
14	– Abschreibungen	66.667
19	= **Summe der ordentliche Aufwendungen**	**66.667**
20	= **Verwaltungsergebnis**	**–56.667**
26	= **ordentliches Ergebnis**	**–56.667**
30	= **Jahresergebnis**	**–56.667**

4. Nach Abschluss der Erfolgskonten erfolgt noch der Abschluss der Bestandskonten über das Schlussbilanzkonto (SBK):

Fuhrpark

Soll		Haben	
AB	800.000	1. Abschreibung	66.667
		Schlussbilanzkonto	733.333
	800.000		800.000

Sonderposten

Soll		Haben	
Auflösung Sonderposten	10.000	AB	120.000
Schlussbilanzkonto	110.000		
	120.000		120.000

Der Abschluss der Bestandskonten und der Ergebnisrechnung über die Bilanz hat folgendes Ergebnis:

AKTIVA		PASSIVA	
Anlagevermögen		**Eigenkapital**	–56.667
Fuhrpark	+733.333		
		Sonderposten	
Umlaufvermögen		*Zuwendungen*	+110.000
Forderungen	+/–0		
Liquide Mittel	–680.000	**Fremdkapital**	+/–0
	+53.333		+53.333

Wie bereits oben erwähnt, regelt § 38 Abs. 4 GemHVO die Behandlung der Investitionszuwendungen. Bei dieser Regelung bleibt ausdrücklich unberücksichtigt, dass die Nutzungsdauer des bezuschussten Vermögensgegenstandes und die Zweckbindungsdauer des Investitionszuschusses auseinanderfallen können. Dies wäre z. B. bei einem Investitionszuschuss für die Errichtung einer Unterkunft für Asylbewerber möglich. Hier stünde u. U. einer Zweckbindungsdauer von 15 Jahren eine Nutzungsdauer von 50 Jahren gegenüber. Nach § 38 Abs. 4 GemHVO hat die Auflösung des Sonderpostens „nach Maßgabe der Erfüllung der Verpflichtung aus dem Zuwendungsverhältnis" zu erfolgen, im genannten Beispiel also über 15 Jahre. Im Gegensatz dazu sagt Nr. 3 Hw. zu § 38 GemHVO: „Der Auflösungszeitraum muss mit dem Abschreibungszeitraum des Vermögensgegenstandes übereinstimmen." Somit müsste die Auflösung des Sonderpostens über 50 Jahre erfolgen. Dieser Widerspruch wurde vom Verordnungsgeber bisher noch nicht aufgelöst, eine Klarstellung wäre hier dringend erforderlich.

Wahlweise ist nach § 38 Abs. 4 Satz 2 GemHVO auch die pauschale Auflösung über zehn Jahre möglich, wenn die Investitionszuwendungen nicht maßnahmenbezogen zugeordnet werden können. Dies zielt besonders auf die Vorgehensweise für Investitionspauschalen ab.

Da es sich bei den von Kommunen erhobenen Beiträgen definitionsgemäß um Geldleistungen zur Finanzierung von Investitionen (§ 11 KAG) handelt, kommt eine direkte Erfassung dieser Leistungen als Ertrag nicht in Frage. Beiträge sind nach § 38 Abs. 4 GemHVO wie Investitionszuwendungen zu behandeln. Zunächst erfolgt dabei eine Passivierung des Beitrags als Sonderposten. Die ertragswirksame Auflösung dieses Sonderpostens über die Konten der Kontengruppe 54 wird anteilig über die Nutzungsdauer der mit dem Beitrag finanzierten öffentlichen Einrichtung oder Anlage durchgeführt.

17.1.1.9 Sonstige ordentliche Erträge (Kontengruppe 53)

Die sonstigen betrieblichen Erträge stellen ein Auffangbecken für alle Ertragsarten dar, die in den anderen Positionen nicht abgebildet werden können. Die konkreten Inhalte sind aus dem KVKR bzw. aus den zugehörigen Erläuterungen zum KVKR zu erkennen:

Hauptkonto	Bezeichnung	Erläuterung[15]
530	Nebenerlöse	Nebenerlöse resultieren zwar aus der gewöhnlichen Geschäftstätigkeit, sind aber Gegenleistung für Leistungen, die nicht Hauptzweck der Geschäftstätigkeit darstellen.

15 Vgl. Erläuterungen zum KVKR vom Juni 2009.

Hauptkonto	Bezeichnung	Erläuterung[15]
533	Erträge aus Schadensersatzleistungen	Leistungen von Versicherungen, z. B. Sach- und Kfz-Haftpflicht, Legalzessionen16; soweit die Leistungen in Zusammenhang mit außerordentlichem Aufwand stehen, erfolgt die Buchung unter Hauptkonto 599.
534	Erträge aus der Veräußerung von Wertpapieren	Verkaufserlös über Buchwert (Buchwert als Abgang bei der entsprechenden Bilanzposition)
535	Erträge aus der Veräußerung von Finanzderivaten	Auf die Definition der Finanzderivate bei Hauptkonto 276 wird verwiesen.
536	Erträge aus ähnlichen Entgelten	
538	Erträge aus der Herabsetzung und Auflösung von Rückstellungen	Vollständige oder teilweise Auflösung einer Rückstellung bei Wegfall der Begründung (vgl. § 39 Abs. 3 GemHVO).
539	Andere sonstige betriebliche Erträge	Z. B. Einbehaltungen aus Sicherheitsleistungen, Erträge aus der Veräußerung von Ökopunkten

17.1.2 Aufwendungen (Kontenklassen 6 und 7)

Aufwendungen stellen den Wert der innerhalb einer Periode, hier also innerhalb eines Haushaltsjahres, verbrauchten Güter und Dienstleistungen dar. Aus der Differenz von Erträgen und Aufwendungen ergibt sich der Erfolg, in den Begriffen der GemHVO das Jahresergebnis.

Neben den Aufwendungen für Sach- und Dienstleistungen sind hier die Personalaufwendungen, die Abschreibungen, die Transferaufwendungen, die Finanzaufwendungen und die außerordentlichen Aufwendungen zu betrachten.

17.1.2.1 Personalaufwendungen (Kontengruppen 62, 63, und 65 sowie Hauptkonten 640–643 und 647–649)

Personalaufwendungen sind alle Aufwendungen, die unmittelbar mit der Beschäftigung von Beamten und Arbeitnehmern in der Verwaltung zusammenhängen. Dies sind zunächst die Gehälter der Beamten und die Entgelte der Arbeitnehmer. Hierzu gehören auch Sach- und Sonderzuwendungen. Als Sachaufwendungen kommen z. B. Essenszuschüsse, die Möglichkeit der Privatnutzung von Dienstfahrzeugen oder die

16 Als „Legalzession“ bezeichnet man einen gesetzlichen Forderungsübergang; wenn z. B. ein Bürge an den Gläubiger leistet, geht die Forderung gegen den Schuldner auf den Bürgen über (§ 774 BGB).

Stellung einer Werkswohnung in Betracht.[17] Unter die Sonderzuwendungen fallen insbesondere das Urlaubs- und Weihnachtsgeld.

Unter die Personalaufwendungen fallen:

Kontengruppe	Bezeichnung
62	Entgelte Arbeitnehmer
63	Bezüge Beamte
64 (teilw.)	Soziale Abgaben und Aufwendungen für Altersversorgung und Unterstützung
65	Sonstige Personalaufwendungen

Grundsätzlich werden die Personalaufwendungen brutto erfasst. Die zu entrichtende Lohn- und Kirchensteuer sowie den Solidaritätsbeitrag und die Arbeitnehmeranteile zur Sozialversicherung (Renten-, Arbeitslosen-, Pflege- und Krankenversicherung) führt der Arbeitgeber auf Grund von gesetzlichen Verpflichtungen vom Gehalt des Arbeitnehmers an das Finanzamt bzw. die Sozialversicherungsträger ab. Der Arbeitnehmer ist dabei der Schuldner, so dass die entsprechenden Zahlungen in der Buchhaltung unter den Personalaufwendungen erfasst werden.

Beispielhafte Buchungssätze für Buchungen im Personalbereich:

a) Auszahlung der Nettoentgelte an die Tarifbeschäftigten:
620 Entgelte f. gel. Arbeit an 280 Bank x €

b) Buchung der Lohn- und Kirchensteuer:
620 Entgelte f. gel. Arbeit an 483 sonst. Steuerverbindlichk. x €

c) Buchung der Arbeitnehmeranteile an der gesetzlichen Sozialversicherung
620 Entgelte f. gel. Arbeit an 484 Verb. Sozialversicherung x €

d) Buchung des Arbeitgeberanteils an der gesetzlichen Sozialversicherung:
640 AG-Ant. Sozialversich. an 484 Verb. Sozialversicherung x €

e) Abführung der einbehaltenen Lohn- und Kirchensteuer an das Finanzamt zum gesetzlichen Fälligkeitstermin:
483 sonst. Steuerverbindlichk. an 280 Bank x €

f) Abführung der einbehaltenen Sozialversicherungsanteile an die Sozialversicherungsträger zum gesetzlichen Fälligkeitstermin:
484 Verb. Sozialversichg. an 280 Bank x €

Weiterhin fallen unter die Personalaufwendungen alle Aufwendungen des **Arbeitgebers** für die soziale Sicherung der Beschäftigten. Dies sind insbesondere die Arbeitgeberanteile zur Sozialversicherung und die Aufwendungen für Beihilfen. Hierfür sind separate Konten einzurichten.

Ebenfalls eine separate Kontengruppe ist für die Alterssicherung der Beamten vorgesehen. Da Beamte auf Grund ihrer Beschäftigung einen Pensionsanspruch gegen-

17 Vgl. z. B. *Brixner/Harms/Noe*, Verwaltungs-Kontenrahmen, München 2003, S. 411.

über ihrem Dienstherrn erwerben, entsteht bei dem Dienstherrn eine Verpflichtung, die allerdings in ihrer Höhe und in dem Zeitpunkt, in dem die Verpflichtung zu Auszahlungen führt, unbestimmt ist. In solchen Fällen unbestimmter Verpflichtungen hat die Kommune nach § 39 Abs. 1 GemHVO Rückstellungen zu bilden (Ziff. 16.3.6.2).

Die Zuführung von Beträgen zur Pensionsrückstellung für aktive Beschäftigte (Hauptkonto 646) fällt nach den im Muster 7 zur GemHVO getroffenen Festlegungen nicht unter den Personalaufwand, sondern unter die Versorgungsaufwendungen (Ziff. 17.1.2.2).

Zu differenzieren sind die Personalaufwendungen auch von der Kontengruppe 65 (Sonstige Personalaufwendungen). Dabei handelt es sich insbesondere um Personalnebenaufwendungen wie z. B. Aufwendungen für

- erforderliche Personalmaßnahmen (Einstellung, Umsetzung, Entlassung),
- die Aus- und Fortbildung,
- übernommene Fahrt- und Umzugskosten,
- die Zahlung von Trennungsgeld,
- den Gesundheitsschutz und die Arbeitssicherheit der Beschäftigten,
- Belegschaftsveranstaltungen,
- Dienstjubiläen u. Ä.

Die Aufwendungen für Aufwandsentschädigungen von Mandatsträgern (Gemeindevertreter, Gemeindevorstandsmitglieder) fallen nicht unter die Personalaufwendungen, da es sich bei diesem Personenkreis nicht um Personal der Verwaltung handelt. Sie sind auf dem Hauptkonto 678 (Aufwendungen für Aufsichtsrat bzw. Beirat oder dergl.) zu erfassen.

Die Aufwendungen für die Beschäftigung von Honorarkräften, z. B. im Bereich der Volkshochschule, der Musikschule oder des Gesundheitsamtes, die diese Tätigkeit nicht als abhängig Beschäftigte, sondern als selbstständige Tätigkeit ausüben, zählen zur Kontengruppe 61 (Aufwendungen für bezogene Leistungen) also nicht zu den Personalaufwendungen, sondern zu den Aufwendungen für Sach- und Dienstleistungen. Da bei dem Einsatz von Honorarkräften kein Beschäftigungs- oder Dienstverhältnis besteht, fallen die entstehenden Aufwendungen nicht unter die Personalaufwendungen.

17.1.2.2 Versorgungsaufwendungen (Hauptkonten 644–646)

Wie bereits in der vorhergehenden Ziff. 17.1.2.1 dargestellt, wird zwischen Personal- und Versorgungsaufwendungen unterschieden. Während unter die Personalaufwendungen insbesondere alle Bezüge der aktuell Beschäftigten fallen, sind unter den Aufwendungen für Altersversorgung die Aufwendungen zur Bildung von Rückstellungen, aus denen später die Bezüge der aus dem Dienst ausgeschiedenen Mitarbeiterinnen und Mitarbeiter (Versorgungsempfänger) geleistet werden, sowie die Arbeitgeberanteile für die Sozialversicherung der sozialversicherungspflichtig Beschäftigten zu buchen.

Die Höhe der Zuführung ergibt sich aus der versicherungsmathematischen Berechnung des Barwerts der Verpflichtungen (sog. Teilwert gem. § 6a EStG). Aus der Differenz dieses Barwerts am Ende und am Anfang der Rechnungsperiode ergibt sich die

Höhe der erforderlichen Zuführung. Wie die übrigen Personalaufwendungen sind auch die Zuführungen zur Pensionsrückstellung jeweils für die im Haushaltsplan ausgewiesenen Teilhaushalte separat zu erfassen und auszuweisen. Dies erfordert eine Differenzierung der Pensionsrückstellung mindestens nach den abgebildeten Teilhaushalten.

Die Bildung von Pensionsrückstellungen für Beamte ist unabhängig davon, ob die Kommune die Versorgungsbezüge später selbst leistet, oder ob sie sich einer Versorgungskasse angeschlossen hat, die über ein Umlageverfahren gedeckt wird. Da die Pensionäre bzw. die Hinterbliebenen in jedem Fall einen Anspruch gegenüber dem ursprünglichen Dienstherrn besitzen, ist die entsprechende Verpflichtung auch bei diesem als Pensionsrückstellung auszuweisen (Nr. 4 Hw. zu § 39 GemHVO). Demgegenüber bestehen die Ansprüche der Tarifbeschäftigten auf Zusatzversorgung regelmäßig gegenüber der entsprechenden Versorgungskasse, so dass hier die Bildung einer Rückstellung nicht zwingend zu erfolgen hat, obwohl auch hier weitergehende Verpflichtungen bestehen können, wenn die Zusatzversorgungskasse nicht nach dem Kapitaldeckungsprinzip verfährt.

Nach der Verpflichtung der Kommunen zur Bildung von Pensionsrückstellungen sollten die Aufwendungen grundsätzlich bereits während der aktiven Beschäftigungszeit der Versorgungsempfänger als Zuführung zur Pensionsrückstellung ergebniswirksam geworden sein. Dies trifft sowohl auf die Beamtenpensionen als auch auf die Beihilfegewährung für ehemalige Beschäftigte zu. Soweit für die Leistung der Pensionen ausreichende Rückstellungen zur Verfügung stehen, können diese Zahlungen zu Lasten der Rückstellung vorgenommen werden. Sie werden damit im Jahr der Zahlung nicht noch einmal ergebniswirksam. Als ergebniswirksamer Versorgungsaufwand sind alle Leistungen für die Versorgungsempfänger zu erfassen, für die zuvor Rückstellungen nicht oder in nicht ausreichender Höhe gebildet wurden. Ebenfalls als Versorgungsaufwand zu erfassen sind notwendige Zuführungen zur Pensionsrückstellung für ausgeschiedene Bedienstete. Eine solche Zuführung kann sich aus versicherungsmathematischen Änderungen, wie z. B. der Anpassung der Sterbetafel an die aktuellen Daten, oder durch eine gesetzliche Erhöhung des Pensionsanspruchs ergeben.

Als Versorgungsaufwendungen kommen ebenfalls Sachaufwendungen für Pensionäre oder ehemalige Beschäftigte in Frage. Dies wäre z. B. der geldwerte Vorteil eines ehemaligen Beschäftigten, der auch nach seinem Ausscheiden aus dem aktiven Dienst weiterhin eine Dienst- oder Werkswohnung bewohnt.

Bei der Erfassung der Zuführung zur Pensionsrückstellung und bei der Zahlung der Pensionen bzw. bei der Zahlung der Umlagen an die Versorgungskassen sind gegenüber dem normalen kaufmännischen Verfahren einige Besonderheiten zu beachten, die sich aus der

- Differenzierung der Personal- und Versorgungsaufwendungen,
- Darstellung der entsprechenden Zahlungen in der Finanzrechnung und
- der Ausweisung der jeweiligen Aufwandspositionen in den Teilergebnisrechnungen

ergeben.

Die verschiedenen Schritte im Umgang mit der Pensionsrückstellung werden an nachfolgendem Beispiel dargestellt:

1. *Während der Beschäftigungszeit werden für die Beamten der Gemeinde G Pensionsrückstellungen gebildet. Die Höhe der Zuführung zu dieser Rückstellung in einem Jahr ergibt sich aus der Differenz des jeweiligen Teilwertes zum Ende und zum Anfang des Haushaltsjahres. Liegt der Teilwert für den Amtsrat Fleißig am 1.1.2022 bei 196.000 € und am 31.12.2022 bei 209.000 €, sind für ihn im Jahr 2022 insgesamt 13.000 € zusätzliche Pensionsrückstellungen zu bilden. Auch wenn eine separate Buchung des Einzelfalls nicht erforderlich ist, so ist die Dokumentation und Erfassung der Teilwerte für jeden einzelnen Beschäftigten erforderlich, um die Bedienung der Teilergebnishaushalte zu gewährleisten und um im Versorgungsfall eine Umbuchung der Rückstellung vorzunehmen, die für die Differenzierung der Personal- und Versorgungsaufwendungen erforderlich ist. Die Zuführung zur Pensionsrückstellung stellt Versorgungsaufwand dar:*

646 Aufwand f. Pensionsrückst.	*an*	*3701 Pensionsrückst. (Aktive Beamte)*	*13.000 €*

2. *Am 1.1.2023 tritt Fleißig in den Ruhestand. Die für ihn gebildete Pensionsrückstellung muss bei einer Differenzierung der Rückstellungskonten nach Beschäftigten und Versorgungsempfängern umgebucht werden:*

3701 Pensionsrückst. (Aktive Beamte)	*an*	*3700 Pensionsrückst. (Pensionäre)*	*209.000 €*

3. *Im Jahr 2023 erhält Fleißig Pensionszahlungen und Beihilfen in Höhe von insgesamt 38.000 € (alternativ kann hier auch die Zahlung der Umlage an eine Versorgungskasse gebucht werden). Nach der sog. buchhalterischen Methode werden die Zahlungen zunächst auf dem Konto für den Versorgungsaufwand gebucht. Dabei kann gleichzeitig das entsprechende Finanzrechnungskonto bedient werden:*

644 Versorgungsaufwand	*an*	*Kreditor*	*38.000 €*

4. *Zum Ende des Jahres 2023 wird mittels eines Gutachtens oder durch den Einsatz entsprechender Software der neue Teilwert für den 1.1.2024 ermittelt. Dieser beträgt 180.000 €. Die bestehende Pensionsrückstellung kann damit im Rahmen des Jahresabschlusses 2023 um 29.000 € vermindert werden. Diese Minderung entlastet das Versorgungsaufwandskonto:*

3700 Pensionsrückst. (Pensionäre)	*an*	*644 Versorgungsaufwand*	*29.000 €*

Damit steht im Jahresabschluss des Jahres 2023 der Versorgungsauszahlung i. H. v. 38.000 € in der Finanzrechnung ein Versorgungsaufwand von 9.000 € in der Ergebnisrechnung gegenüber. Gleichzeitig verringert sich, allein be-

zogen auf Herrn Fleißig, in der Bilanz die Pensionsrückstellung für Versorgungsempfänger um 29.000 €.

In der Regel wird die Minderung der Pensionsrückstellung die tatsächlichen Pensionszahlungen vom Betrag her nicht erreichen, so dass Versorgungsaufwand ausgewiesen werden muss. Dies ergibt sich allein daraus, dass bei der Ermittlung der Teilwerte nach § 41 Abs. 6 GemHVO eine Abzinsung i. H. v. 6 % vorzunehmen ist, was zu einer niedrigeren Rückstellungszuführung während der aktiven Beschäftigungszeit führt. Daneben ist Nr. 4 Hw. zu § 39 GemHVO zu beachten. Im aktuellen Zinsumfeld erscheint dieser Abzinsungssatz außergewöhnlich hoch. Ein hoher Abzinsungssatz führt zu tendenziell zu niedrig ausgewiesenen Rückstellungen. Deswegen sind nach Nr. 5 Hw. zu § 39 GemHVO etwaige höhere Rückstellungswerte, die sich unter Berücksichtigung des von der Deutschen Bundesbank nach § 253 Abs. 2 HGB bekanntgegebenen Abzinsungssatzes ergeben würden, im Anhang zum Jahresabschluss darzustellen. Der Sonderfall eines theoretisch denkbaren negativen Versorgungsaufwands wird im Rahmen dieses Lehrbuchs nicht weiter behandelt, da er praktisch keine Rolle spielen wird.

Allerdings trägt die vorgeschriebene separate Darstellung von Versorgungs- und Personalaufwendungen im Haushalt nicht unbedingt zur Transparenz bei. Die Aufwendungen, die zur Sicherstellung der zukünftigen Beamtenversorgung während der aktiven Dienstzeit der Beamten durch die Bildung von Pensionsrückstellungen entstehen, stellen eigentlich Personalaufwendungen und keine Versorgungsaufwendungen dar, sie werden jedoch rechtlich so behandelt. Die Höhe der Versorgungsaufwendungen hängt indes nur davon ab, in welcher Höhe bereits Rückstellungen (als Personalaufwand) gebildet wurden. Die isolierte Betrachtung dieser Position hat deshalb keinen eigentlichen Erkenntniswert. Um diese komplizierten Zusammenhänge nicht allen Adressaten des Haushalts erläutern zu müssen, könnte in Ergebnishaushalt und -rechnung, wie in der kaufmännischen Gewinn- und Verlustrechnung, auf einen separaten Ausweis der Versorgungsaufwendungen verzichtet werden. Einen zusätzlichen Steuerungsnutzen haben diese Informationen ohnehin nicht.

17.1.2.3 Aufwendungen für Sach- und Dienstleistungen (Kontengruppen 60, 61 und 67–69)

Alle im Rahmen der Aufgabenerfüllung erhaltenen Sach- und Dienstleistungen, die mit Ressourcenverbrauch verbunden sind, werden im Rahmen der Planung im Ergebnishaushalt (Muster 7) unter der Planungsposition 13 erfasst. Für die Dokumentation und Rechenschaftslegung gelten jedoch die weitaus differenzierteren Unterscheidungsmerkmale des KVKR, die hier im Zusammenhang erörtert werden sollen. Um deutlich zu machen, wie vielfältig diese Aufwendungen sein können, sei an dieser Stelle nur auf die entsprechenden Hauptkonten hingewiesen, die weitere Differenzierung ist den dazu ergangenen Erläuterungen zu entnehmen:

Konten-gruppe	Haupt-konto	Konto	Bezeichnung
60			**Aufwendungen für Material, Energie und sonstige verwaltungswirtschaftliche Tätigkeit**
	600		Rohstoffe/Material/Vorprodukte/Fremdbauteile
	601		Verbrauchsmaterial
	602		Hilfsstoffe
	603		Betriebsstoffe/Verbrauchswerkzeuge
	604		Verpackungsmaterial (Materialbeschaffungskosten)
	605		Energie, Wasser, Abwasser
	606		Materialaufwendungen für Reparatur und Instandhaltung
	607		Aufwendungen für Berufskleidung, Arbeitsschutzmittel u. Ä.
	608		Sonstiger Materialaufwand
61			**Aufwendungen für bezogene Leistungen**
	610		Fremdleistungen für Erzeugnisse und andere Umsatzleistungen
	611		Fremdleistungen für die Auftragsgewinnung
	612		Entwicklungs-, Versuchs- und Konstruktionsarbeiten durch Dritte
	613		Aufwandsentschädigungen und sonstige Fremdleistungen
	614		Frachten und Fremdlager (inkl. Versicherungen und andere Nebenleistungen)
	615		Vertriebsprovisionen (sofern nicht Hkto. 676)
	616		Fremdinstandhaltung
	617		Sonstige Aufwendungen für bezogene Leistungen
	618		Skonti, Boni
67			**Aufwendungen für die Inanspruchnahme von Rechten und Diensten**
	670		Mieten, Pachten, Erbbauzinsen
	671		Leasing
	672		Lizenzen und Konzessionen
	673		Gebühren
	674		Leiharbeitskräfte (soweit nicht unter Hkto. 613)
	675		Bankspesen/Kosten des Geldverkehrs u. der Kapitalbeschaffung
	676		Provisionen
	677		Prüfung, Beratung, Rechtsschutz
	678		Aufwendungen für Aufsichtsrat bzw. Beirat oder dgl.
	679		Sonstige Aufwendungen für die Inanspruchnahme von Rechten und Diensten (auch Kostenerstattungen bei interkommunaler Zusammenarbeit, soweit nicht anderen Aufwandsarten zuzuordnen)

Konten-gruppe	Haupt-konto	Konto	Bezeichnung
68			**Aufwendungen für Kommunikation, Dokumentation, Information, Reisen, Werbung**
	681		Aufwendungen für Zeitungen und Fachliteratur der Verwaltung und ähnlicher Einrichtungen
	682		Porto und Versandkosten
	683		Telefon, Datenübertragungskosten
	684		Amtliche Bekanntmachungen
	685		Reisekosten
	686		Repräsentation und Öffentlichkeitsarbeit
	687		Werbung
	688		Aufwendungen für Fort- und Weiterbildung
	689		Sonstige Aufwendungen für Kommunikation
69			**Aufwendungen für Beiträge, Einstellung in Sonderposten, Sonstiges sowie Wertkorrekturen**
	690		Versicherungsbeiträge
	691		Beiträge zu Wirtschaftsverbänden und Berufsvertretungen, sonstige Vereinigungen
	692		Aufwendungen für Schadenersatzleistungen
	693		Aufwendungen für Sozialeinrichtungen
	694		Ausgleichsabgabe nach § 77 SGB IX
	697		Einstellungen in sonstige Sonderposten
	699		Andere sonstige betriebliche Aufwendungen

- **Aufwendungen für Material, Energie und sonstige verwaltungswirtschaftliche Tätigkeit (Kontengruppe 60)**
  Als Rohstoffe werden diejenigen Materialien verstanden, die Hauptbestandteil des späteren Produktes werden. Hilfsstoffe sind solche Güter, die zwar auch Bestandteil des Fertigfabrikates werden, aber wert- und mengenmäßig nur eine untergeordnete Rolle spielen. Betriebsstoffe werden bei der Produktion verbraucht, gehen aber nicht in das Produkt ein. Hierunter fallen vor allem Energie, aber auch Wasser oder Schmierstoffe. Da die Fertigung von Erzeugnissen in der Kommunalverwaltung nur in Ausnahmefällen vorkommt, spielen die Roh- und Hilfsstoffe hier nur eine untergeordnete Rolle. Ebenfalls von untergeordneter Bedeutung sind die Waren in der Verwaltung. Unter Waren werden Güter verstanden, die ohne weitere Verarbeitung zu Weiterveräußerung bestimmt sind. Dies ist z. B. denkbar im Bereich der Tourismusförderung, wo Kartenmaterial und Souvenirs in kommunalen Einrichtungen veräußert werden. Ein weiteres Beispiel sind die Stammbücher im Bereich des Standesamtes. Betriebsstoffe insbesondere in der Form von elektrischer Energie und Heiz-

material, aber auch als Wasser für Reinigungszwecke, spielen auch für Verwaltungsbetriebe eine wichtige Rolle. Als Aufwand zu buchen sind jeweils nur die im Haushaltsjahr verbrauchten Roh-, Hilfs- und Betriebsstoffe und Waren.[18]
Zur Ermittlung des Verbrauchs sind nach den Grundsätzen ordnungsmäßiger Buchführung verschiedene Methoden anwendbar.

a) Verbrauchsfiktion
Für Materialbestände untergeordneter Bedeutung, für die ein Lager nicht unterhalten wird, gilt die Verbrauchsfiktion: Diese Stoffe gelten nach Nr. 4 Hw. zu § 36 GemHVO und Nr. 19 Hw. zu § 49 GemHVO mit der Lieferung als verbraucht (z. B. Kraftstoff im Tank von Kraftfahrzeugen).

b) Inventurmethode
Die Ermittlung des Verbrauchs ergibt sich hier aus den per Inventur zu Anfang und zu Ende des Haushaltsjahres ermittelten Eröffnungs- und Schlussbilanzwerten und den Zugängen auf den entsprechenden Bilanzkonten (soweit dem nicht Nr. 4 Hw. zu § 36 GemHVO entgegen steht):

	Anfangsbestand (lt. Vorjahresinventur)
+	Zugänge im Haushaltsjahr
–	Endbestand (lt. Inventur am Jahresende)
=	Aufwendungen des Haushaltsjahres

c) Bestandsbuchführung
Buchungstechnisch kann die Ermittlung des Aufwands auch dadurch erfolgen, dass der Zukauf auf den Bestandskonten erfasst (aktiviert) wird und erst bei der Lagerentnahme als Aufwand gebucht wird. Hierfür ist eine leistungsfähige Lagerbuchhaltung (Materialentnahmescheine, Warenwirtschaftssystem) erforderlich. Ohne Einsatz einer Lagerbuchhaltung werden die Zugänge direkt als Aufwand gebucht. Anhand der Anfangs- und Endbestände lt. Inventur erfolgt am Jahresende die Ermittlung des tatsächlichen Ressourcenverbrauchs.

Bei den Aufwendungen für Energie, Abwasser und Wasser sind in sachlicher Hinsicht keine Besonderheiten zu berücksichtigen. Im Sinne der sachgerechten Periodenabgrenzung ist jedoch darauf hinzuweisen, dass entgegen früheren kameralen Gewohnheiten der Jahresverbrauch am Jahresende festzustellen und entsprechend zu verbuchen ist, auch wenn die Abrechnung erst nach Ablauf des Haushaltsjahres erstellt wird. Im Bereich des Heizöls und der Treibstoffe (in einer betriebseigenen Tankstelle) kann eine Aufwandsermittlung anhand der Differenzen der Inventurbestände (s. o.) erforderlich sein, wenn andernfalls eine zutreffende Abbildung des Ressourcenverbrauchs nicht gewährleistet ist. Soweit die Lagerbestandsänderungen von Bilanzstichtag zu Bilanzstichtag nur unwesentlich sind und eine genaue Bestandserfassung nur mit erheblichem Aufwand möglich ist, kann ggf. auf eine Abgrenzung verzichtet werden.

18 Vgl. *Wöhe*, S. 252.

Fallen Materiallieferungen im Zusammenhang mit weiteren Leistungen an, so sind diese unter der Kontengruppe 61 zu erfassen.[19]

- **Aufwendungen für bezogene Leistungen (Kontengruppe 61)**
  Unter die Aufwendungen für Sach- und Dienstleistungen fallen auch alle Aufwendungen für die Wartung, Instandhaltung, Reparatur und Bewirtschaftung des Sachanlagevermögens. Hier sind sowohl Materialaufwendungen für eigene Leistungen als auch Aufwendungen für Reinigungs-, Wartungsverträge oder Fremdinstandhaltung zu planen und zu buchen.
  Schülerbeförderungskosten, Aufwendungen für Lernmittel nach dem Lernmittelfreiheitsgesetz und Kostenerstattungen für Leistungen, die eine andere Stelle für die Kommune erbracht hat, sind ebenfalls hier zu erfassen.

- **Aufwendungen für die Inanspruchnahme von Rechten und Diensten (Kontengruppe 67)**
  Zu dieser Kontengruppe gehören
  - Aufwendungen für die Inanspruchnahme von Rechten und Diensten,
  - Aufwendungen für Honorar- oder Leiharbeitskräfte,

  Beispiele: Mieten, Pachten, Erbbauzinsen, Leasingraten

  Die einzelnen Aufwandsarten sind dem KVKR zu entnehmen. Besonderheiten bzgl. der Haushaltsplanung oder der Abwicklung in der Buchhaltung ergeben sich allenfalls bei der Behandlung von Leasingraten. Diese sind grundsätzlich als Aufwand zu buchen, wenn das geleaste Wirtschaftsgut dem Leasinggeber als wirtschaftliches Eigentum zugerechnet werden kann. Liegt das wirtschaftliche Eigentum[20] dagegen beim Leasingnehmer, ist dies zu aktivieren und sind die Leasingraten als Kaufpreisraten (d. h. als Investitionsauszahlungen) zu behandeln.[21]

- **Aufwendungen für Kommunikation, Dokumentation, Information, Reisen, Werbung (Kontengruppe 68)**
  Unter diese Kontengruppe fallen einige im Verwaltungsalltag durchaus wichtige Aufwendungsarten. Neben den bereits in der Überschrift genannten auch
  - Aufwendungen für Zeitungen und Fachliteratur, soweit diese nicht zu aktivieren ist
  - Porto und Versandkosten
  - Telefon- und Datenübertragungskosten
  - amtliche Bekanntmachungen
  - Fortbildung

19 Vgl. Erl. zu Kontengruppe 61 in den Erläuterungen zum KVKR.
20 Zum Begriff des wirtschaftlichen Eigentums siehe Kap. 16.
21 Vgl. *Brixner/Harms/Noe*, Verwaltungs-Kontenrahmen, München 2003, S. 425 f. mit Hinweisen auf die Leasing-Erlasse des Bundesministers der Finanzen (BMF).

- Repräsentation und Öffentlichkeitsarbeit
- Verfügungsmittel (§ 13 GemHVO), siehe Ziff. 7.3.5.2

Unter Kontengruppe 69 sind Beiträge, Einstellungen in Sonderposten, sonstiges sowie Wertkorrekturen darzustellen, insbesondere

- Versicherungsprämien,
- Aufwendungen für Schadenersatzleistungen,
- Einstellungen in Sonderposten, zumeist im Rahmen von Gebührenüberdeckungen (vgl. § 10 KAG),
- Aufwendungen für Sozialeinrichtungen.

17.1.2.4 Abschreibungen (Kontengruppe 66)

Abschreibungen werden im KVKR in zwei verschiedenen Kontengruppen angesprochen:

Kontengruppe	Bezeichnung
66	Abschreibungen auf Anlagevermögen, Vorräte und Forderungen
76	Abschreibungen auf Wertpapiere des Umlaufvermögens und Verluste aus entsprechenden Abgängen

Abschreibungen auf Anlagevermögen, Vorräte und Forderungen (Kontengruppe 66)

Vermögensgegenstände, die dazu bestimmt sind, der Aufgabenerfüllung der Gemeinde dauerhaft zu dienen, sind dem Anlagevermögen zuzuordnen. Soweit diese Vermögensgegenstände im Rahmen ihrer Verwendung einer Abnutzung unterliegen oder durch außergewöhnliche Vorfälle verbraucht werden, wird die hierdurch verursachte Wertminderung als bilanzielle Abschreibung ergebniswirksam erfasst (§ 43 GemHVO). Diese Erfassung erfolgt einerseits im Soll auf dem Aufwandskonto der Gruppe 66 (Abschreibungen) und im Haben auf dem jeweiligen Bestandskonto des Anlagevermögens mit Buchungssätzen nach folgendem Muster:

66xx Abschreibungen an 0xxx Anlagevermögen x €

Grundsätzlich ergibt sich durch die Abschreibung zunächst eine Bilanzverkürzung, da einerseits der Wert des Anlagevermögens verringert wird und andererseits durch die Erfassung als Aufwand die Abschreibung in gleicher Höhe das Eigenkapital mindert. Durch die Abschreibung ist damit nicht, wie häufig irrtümlich vermutet wird, automatisch die Finanzierung einer Ersatzinvestition sichergestellt. Diese Finanzierungsfunktion ergibt sich ausschließlich dann, wenn den Abschreibungen entsprechende Erträge gegenüberstehen, die die Minderung des Eigenkapitals ausgleichen und gleichzeitig auf der Aktivseite durch eine Erhöhung der Liquidität die Bilanz wieder verlängern.

Planmäßige Abschreibungen ergeben sich i. d. R. nach § 43 Abs. 1 GemHVO durch die gleichmäßige Verteilung der Anschaffungs- und Herstellungskosten des Anlagevermögens auf die betriebsgewöhnliche Nutzungsdauer des jeweiligen Vermögensgegenstandes (lineare Abschreibung).

$$\textbf{Abschreibung p. a.}^{22} = \frac{\textbf{Anschaffungs-/Herstellungskosten}}{\textbf{Nutzungsdauer}}$$

Gemäß Nr. 2 Hw. zu § 43 GemHVO ist bei der Bemessung der Abschreibungsdauer vorrangig auf die betriebsgewöhnliche Nutzungsdauer der jeweiligen Gemeinde abzustellen. Dabei sind die technische und die (meist kürzere) wirtschaftliche Nutzungsdauer zu beachten. Entsprechend dem Grundsatz der Vorsicht ist die kürzere Nutzungsdauer anzusetzen.

Gem. § 112 Abs. 1 HGO sind bei der Buchführung die GoB zu beachten. Diese übergeordneten Grundsätze beinhalten u. a. den Grundsatz der Richtigkeit. Danach sind z. B. nicht vertretbare Bewertungen von Aktiv- und Passivposten unzulässig. Ziel der Buchführung ist eine den tatsächlichen Verhältnissen entsprechende Darstellung der Vermögens- und Finanzsituation der Kommune. Damit unvereinbar wäre eine den tatsächlichen Verhältnissen widersprechende Bewertung der Aufwendungen für die Abnutzung des Anlagevermögens.

§ 43 Abs. 1 GemHVO lässt eine Abweichung von der linearen Abschreibung nur dann zu, wenn durch eine degressive Abschreibung oder eine Leistungsabschreibung der Ressourcenverbrauch nachweislich besser abgebildet wird als durch eine lineare Abschreibung (vgl. Nr. 3 Hw. zu § 43 GemHVO). Zudem kommt eine degressive Abschreibung oder eine Abschreibung nach Leistung (Leistungsabschreibung) nur für bewegliche Vermögensgegenstände, also bspw. nicht für Immobilien, in Betracht. Zulässig ist unter dieser Voraussetzung auch eine Kombination von degressiver und linearer Abschreibung. Unzulässig ist im Umkehrschluss die progressive Abschreibung, da durch steigende Abschreibungsbeträge eine unzulässige buchhalterische Verschiebung des Ressourcenverbrauchs in die Zukunft erfolgt, die mit dem Prinzip der intergenerativen Gerechtigkeit unvereinbar ist.

Bei der degressiven Abschreibung erfolgt die Verteilung der Anschaffungs- und Herstellungskosten auf die Nutzungsdauer mit sinkenden Beträgen. Die Ermittlung des Abschreibungsverlaufs kann sich mathematisch aus einer arithmetischen oder geometrischen Reihe ergeben. Bei einer geometrisch degressiven Abschreibung muss zur linearen Abschreibung gewechselt werden, sobald die gleichmäßige Verteilung des Restbuchwertes auf die Restnutzungsdauer zu einem höheren Abschreibungsbetrag führt als die Fortführung der Reihe der degressiven Abschreibungsbeträge, da sonst eine vollständige Abschreibung nicht möglich wäre (vgl. Nr. 4 Hw. zu § 43 GemHVO).

---

22 Im Gegensatz zur kalkulatorischen Abschreibung in der Kosten- und Leistungsrechnung wird bei der bilanziellen Abschreibung generell davon ausgegangen, dass der Vermögensgegenstand bis zum Ende der Nutzungsdauer im Besitz der Kommune bleibt. Geplante Liquidationserlöse vor oder nach Ablauf der Nutzungsdauer werden daher bei der Ermittlung der bilanziellen Abschreibung nicht berücksichtigt.

Rechenbeispiel:
Die nachfolgende Tabelle zeigt ein Beispiel der geometrisch degressiven Abschreibung mit Übergang zur linearen Abschreibung (Beträge in €):

Anschaffungswert				*100.000,00*
Nutzungsdauer				*10 Jahre*
Vervielfältiger für degressive Abschreibung				*3,0*
Abschreibungssatz				*30 %*
Periode	*geometrisch degressiv*	*linear vom Restwert*	*Abschreibungs-betrag*	*Restwert*
1	*30.000,00*	*10.000,00*	*30.000,00*	*70.000,00*
2	*21.000,00*	*7.777,78*	*21.000,00*	*49.000,00*
3	*14.700,00*	*6.125,00*	*14.700,00*	*34.300,00*
4	*10.290,00*	*4.900,00*	*10.290,00*	*24.010,00*
5	*7.203,00*	*4.001,67*	*7.203,00*	*16.807,00*
6	*5.042,10*	*3.361,40*	*5.042,10*	*11.764,90*
7	*3.529,47*	*2.941,23*	*3.529,47*	*8.235,43*
8	*2.470,63*	*2.745,14*	*2.745,14*	*5.490,29*
9	*1.647,09*	*2.745,14*	*2.745,14*	*2.745,14*
10	*823,54*	*2.745,14*	*2.745,14*	*0,00*

Bei der Leistungsabschreibung erfolgt die Ermittlung des Ressourcenverbrauchs eines Vermögensgegenstands nicht unter Berücksichtigung des Zeitablaufs, sondern unter Maßgabe der tatsächlichen Inanspruchnahme. Grundlage der Leistungsabschreibung sind die erzielbaren Leistungseinheiten des jeweiligen Vermögensgegenstandes während seiner gesamten Lebensdauer. Bei der Nutzung eines Kraftfahrzeugs könnte z. B. die Leistungsabschreibung anhand der Kilometerleistung erfolgen. Zur Ermittlung der jährlichen Abschreibungen wird der Abschreibungsausgangswert (Anschaffungs-/Herstellungskosten) durch die insgesamt erzielbaren Leistungseinheiten (Lebensleistung des Kfz in km) dividiert und anschließend mit der für die jeweilige Rechnungsperiode tatsächlich ermittelten Leistungsabgabe multipliziert.

Der Abschreibungsbeginn erfolgt mit dem Beginn des Monats, in dem die Nutzung des jeweiligen Vermögensgegenstandes startet. Bei einem Nutzungsbeginn im laufenden Jahr muss nach § 43 Abs. 2 Satz 1 GemHVO der jeweilige Jahresanteil nach Monaten bemessen werden. Dieses Verfahren stimmt mit den inzwischen üblichen steuerrechtlichen Vorgehensweisen überein.

Durch die divergierende Formulierung in § 43 Abs. 1 und 2 GemHVO stellt sich die Frage, ob für den Beginn der Abschreibung der Termin des Kaufs bzw. der Herstellung des Vermögensgegenstandes oder dessen Inbetriebnahme (Nutzungsbeginn) maßgeblich ist. Nach Absatz 1 dieser Vorschrift werden die Anschaffungs- und Herstellungskosten auf die Haushaltsjahre verteilt, in denen der Vermögensgegenstand voraussichtlich **genutzt** wird. Abgestellt wird hier eindeutig auf die tatsächliche Nutzung und nicht auf eine Betriebsbereitschaft. Nach dem Wortlaut des § 43 Abs. 2 GemHVO ist jedoch auf den Zeitpunkt der Anschaffung bzw. Herstellung abzustellen. Problematischerweise ist hier einerseits darauf abzustellen, dass Gegenstände u. U. nicht sofort nach der Anschaffung in Betrieb genommen werden bzw. andererseits Anlagen bereits in Betrieb gehen, die noch nicht als hergestellt gelten, weil ggf. Herstellungsmängel die Abnahme verzögern. Insbesondere im Hinblick auf die Abwälzung des Aufwandes auf die Nutzer der Einrichtung wäre hier einem Abstellen auf die Inbetriebnahme der Vorzug zu geben. Es sollte danach für den Beginn der Abschreibung auf die Inbetriebnahme und nicht auf einen möglicherweise deutlich vorher liegenden Kauf- oder Herstellungstermin abzustellen sein. Im Absatz 2 wird jedoch bezüglich der anteiligen Berechnung von Abschreibungen innerhalb eines Jahres ausdrücklich auf den Termin der Anschaffung bzw. Herstellung abgestellt.

Einen Sonderfall der Abschreibung stellt die sog. Pool-Abschreibung geringwertiger Wirtschaftsgüter (GWG) nach § 41 Abs. 5 Satz 2 f. GemHVO dar. Für die Pool-Abschreibung kommen bewegliche Vermögensgegenstände in Betracht, die

- zum beweglichen Anlagevermögen gehören,
- selbstständig genutzt werden können,
- einer Abnutzung unterliegen und
- deren Anschaffungs-/Herstellungskosten (ohne Umsatzsteuer) sich zwischen 250 und 1.000 € befinden.

Für diese Gegenstände besteht aus Vereinfachungsgründen die Möglichkeit einer pauschalen Abschreibung über fünf Jahre.

Alternativ besteht die Möglichkeit, geringwertige Wirtschaftsgüter mit einem Anschaffungswert von weniger als 800 € (ebenfalls ohne Umsatzsteuer) unmittelbar als Aufwand zu erfassen. Weitere Erläuterungen zur konkreten Behandlung von geringwertigen Vermögensgegenständen und der Abwicklung der sog. Pool-Abschreibung finden sich in Kap. 16 unter Ziff. 16.3.1.3.5.

Aus dem Bereich des Umlaufvermögens sind an dieser Stelle die Abschreibungen auf Forderungen besonders zu erwähnen, die dann auftreten, wenn ein Schuldner der Gemeinde seine Zahlungsverpflichtungen nicht erfüllen kann, also ein Ausfall eintritt oder zumindest droht. Zu unterscheiden sind dabei die Abschreibungen auf Forderungen wegen Uneinbringlichkeit, die Einzelwertberichtigungen und die Pauschalwertberichtigungen. Alle drei Varianten der Wertberichtigung werden über das Aufwandskonto 667 abgewickelt. Eine entsprechende Aufteilung der Konten ist von den Kommunen vorzunehmen.

Eine Forderung ist uneinbringlich, wenn sie definitiv nicht mehr zu realisieren ist, z. B. bei unbefristeter Niederschlagung oder Erlass (vgl. Ziffn. 13.5.4 und 13.5.5).

Eine Einzelwertberichtigung erfolgt, wenn die Realisierung einer Forderung zweifelhaft erscheint, aber noch kein endgültiger Ausfall eingetreten ist, z. B. bei befristeter Niederschlagung, vgl. Ziff. 13.5.4.2. Die Höhe der Abschreibung richtet sich nach der Ausfallwahrscheinlichkeit.

Vorstehend wurde beschrieben, wie mit dem Ausfall einzelner Forderungen umzugehen ist. Insofern wurde dafür der Begriff „Einzelwertberichtigung" bzw. „Abschreibung auf Forderungen wegen Uneinbringlichkeit" verwendet.

In der kommunalen Praxis werden jedoch auch pauschale Wertberichtigungen durchgeführt. Die Notwendigkeit ergibt sich daraus, einen Jahresabschluss zu erstellen, der ein den tatsächlichen Verhältnissen entsprechendes Bild der Ertragslage am Ende eines Haushaltsjahres entspricht (Bilanzerfordernis gemäß § 112 Abs. 1 HGO). Im Grunde ergibt sich die pauschale Wertberichtigung schon aus dem strengen Niederstwertprinzip nach § 43 Abs. 4 GemHVO. Explizit erwähnt wird sie innerhalb der rechtlichen Vorgaben jedoch nur in Nr. 12.1 Hw. zu § 59 GemHVO.

Probleme entstehen dadurch, dass der der Forderung zugrundeliegende Ertrag den Jahresabschluss positiv beeinflusst. Der tatsächliche Zahlungseingang bleibt dabei unberücksichtigt. Kann eine größere Zahl von Erträgen erfahrungsgemäß nicht realisiert und können Einzelwertberichtigungen in Form von Niederschlagungen aus rechtlichen Gründen noch nicht ausgesprochen werden, würden die gebuchten Erträge das Jahresergebnis zu positiv darstellen. Die notwendigen Wertberichtigungen würden dann spätere Perioden ungerechtfertigt belasten, wenn die Niederschlagungen ausgesprochen werden.

Das widerspricht der Periodengerechtigkeit im doppischen Buchungssystem. Vor allem bei der Gewerbesteuer weiß die Gemeinde aus Erfahrung, dass ein gewisser Prozentsatz der festgesetzten Forderungen nicht eingezogen werden kann, ohne schon konkret zu wissen, bei welchem Debitor dies der Fall sein wird. Aus diesem Grund wird der voraussichtliche Einzahlungsausfall pauschal auf der Grundlage von Erfahrungswerten geschätzt und mit einer Pauschalwertberichtigung bereinigt. Damit wird das Jahresergebnis „realitätsnäher" dargestellt. In den nachfolgenden Haushaltsjahren erfolgt dann eine Verrechnung mit den tatsächlichen Einzelwertberichtungen (konkrete Niederschlagungen).

Buchungstechnisch existieren die Wertberichtigungskonten sowohl als Bestands- als auch als Erfolgskonten. Die Wertberichtigungen von Forderungen werden als Sonderfall in der Buchungssystematik mit negativem Vorzeichen auf der Aktivseite der Bilanz ausgewiesen. So wird deutlich gemacht, dass die Forderungen zwar noch in voller Höhe bestehen, allerdings nicht mehr in vollem Umfang werthaltig sind.

Grundsätzlich bieten Einzelwertberichtigungen (EWB) die Möglichkeit, die angesprochene Wertminderung einer Forderung in der Bilanz kenntlich zu machen. Sie bilden bei „zweifelhaften Forderungen" die geschätzte Ausfallhöhe ab. Einmal in Form eines Aufwandskontos und einmal in Form eines passiven Bestandskontos, welches jedoch mit negativem Saldo auf der Aktivseite ausgewiesen wird.

Beispiel:
Ein Gewerbesteuerschuldner hat massive Zahlungsschwierigkeiten. Die Gemeinde geht davon aus, von der Forderung über 10.000 € nur noch 50 % wirklich eintreiben zu können.

Da ein teilweiser Ausfall der Forderung nicht absolut sicher, aber zumindest relativ wahrscheinlich ist, ist diese Wertminderung der Forderung in der Bilanz entsprechend darzustellen. Buchungssatz:

667x EWB	*5.000 €*	*an*	*239x EWB zu Forderungen aus Steuern*	*5.000 €*

Das passive Bestandskonto „EWB zu Forderungen aus Steuern" wird daraufhin mit –5.000 € unterhalb der Forderungen ausgewiesen. So wird deutlich gemacht, dass die gesamte Forderung von 10.000 € zwar weiterhin besteht, aber realistisch gesehen nur noch 5.000 € wert sein dürfte.

Hierarchisch betrachtet stellt die Abschreibung von Forderungen die nächste Eskalationsstufe dar. Sie ist einzuleiten, wenn die Forderung tatsächlich „uneinbringlich" geworden ist. In diesem Fall wird die Forderung wirklich ausgebucht, sie verschwindet also aus Bilanz und wird auch nicht weiter verfolgt.

Beispiel:
Herr Müller schuldet der Gemeinde Hundesteuer von 80 €. Er ist nach dem Kenntnisstand der Kommune unbekannt verzogen. Der Gemeindevorstand hat entschieden, die Forderung unbefristet niederzuschlagen, da die Weiterverfolgung nicht verhältnismäßig wäre. Buchungssatz:

667x Abschreibungen auf Forderungen	*80,00 €*	*an*	*230 Forderungen a. Steuern*	*80,00 €*

Eine Abschreibung ist endgültig und sollte daher nur vorgenommen werden, wenn feststeht, dass das Geld nicht mehr einzutreiben ist. Der Verordnungsgeber sieht in Nr. 12 Hw. zu § 30 GemHVO eine Abschreibung von Forderungen in aller Regel bei unbefristeten Niederschlagungen und bei dem Erlass von Forderungen vor.

Mit der pauschalen Wertberichtigung (PWB) wird dem „versteckten" Risiko in den verbleibenden (noch nicht wertberichtigten) Forderungen Rechnung getragen. Nach Hinweis 12.1 zu § 59 GemHVO „können Pauschalwertberichtigungen nach den tatsächlichen Verhältnissen vorgenommen werden. Soweit dies nach Art und Umfang nur mit unverhältnismäßig hohem Aufwand ermittelt werden kann, sind Pauschalwertberichtigungen in angemessener Höhe der Forderungen vom Gesamtbetrag der Forderungen abzusetzen". Zudem ergibt sich das Erfordernis zur pauschalen Wertberichtigung schon aus dem strengen Niederstwertprinzip nach § 43 Abs. 4 GemHVO.

Insofern bleiben der Kommune zwei Möglichkeiten zur Ermittlung der PWBs. Entweder ist die PWB am durchschnittlichen Forderungsausfall der letzten Jahre zu orientieren oder aus Vereinfachungsgründen wird ein pauschaler Prozentsatz gewählt, der angemessen erscheint. In der Praxis wählen die meisten Kommunen einen Satz von 1 oder 2 %. Ein Forderungsausfall in diesem Bereich gilt als normal.

Beispiel:
Der gesamte Forderungsbestand der Gemeinde X beläuft sich zum 31.12. auf 1.000.000 €. Forderungen über 30.000 € wurden bereits einzeln wertberichtigt. 100.000 € resultieren aus Forderungen ggü. dem Land und 70.000 € sind Forderungen ggü. dem gemeindlichen Eigenbetrieb. In der Vergangenheit sind regelmäßig etwa 3 % der Forderungen ausgefallen.

Die Forderungen ggü. dem Land gelten als absolut sicher und müssen daher nicht wertberichtigt werden. Die zuvor wertberichtigten Forderungen wurden bereits im Wert korrigiert, sind also schon korrekt bewertet. Forderungen ggü. verbundenen Unternehmen sind nach Nr. 12.1 Hw. zu § 59 GemHVO ebenfalls bei der Berechnung der PWBs außen vor zu lassen. Ansonsten würde die Kommune ja letztlich die eigene Kreditwürdigkeit anzweifeln.

3 % des verbleibenden „risikobehafteten" Forderungsbestandes von 800.000 € sind als PWB zu berücksichtigten. Buchungssatz:

667x PWB	*24.000 €*	*an*	*239x Pauschale Wertberichtigungen*	*24.000 €*

Die pauschalen Wertberichtigungen verhalten sich also buchungstechnisch genauso wie die Einzelwertberichtigungen. Sie werden jeweils PWB (Aufwand) an PWB (Bestandskonto) gebucht und dienen dazu, den Forderungen in der Bilanz einen realistischen Wert beizumessen. Letztlich ist diese Forderungsbewertung auch Ausfluss des Vorsichtsprinzips, indem der Forderungsbestand tendenziell zu konservativ bewertet wird.

Neben den planmäßigen Abschreibungen und den Sofortabschreibungen sowie den Forderungsabschreibungen können weiterhin gemäß § 43 Abs. 3 und 4 GemHVO vorkommen

- außerplanmäßige Abschreibungen und Sonderabschreibungen auf das Anlagevermögen,
- außerplanmäßige Abschreibungen auf Finanzanlagen und Wertpapiere,
- außerplanmäßige Abschreibungen auf das Umlaufvermögen.

Einzelheiten zur Notwendigkeit und Möglichkeit dieser Abschreibungen sind der Erläuterung der Bilanzposten im Kap. 16 zu entnehmen.

17.1.2.5 Aufwendungen für Zuweisungen, Zuschüsse sowie besondere Finanzaufwendungen (Kontengruppe 71) und Aufwendungen für sonstige Leistungen an Dritte (sog. Transferleistungen; Kontengruppe 72)

Geleistete Zuwendungen an den öffentlichen Bereich (Zuweisungen) oder an den privaten Bereich (Zuschüsse) sind als Transferaufwendungen[23] unmittelbar ergebniswirksam zu erfassen, soweit keine Aktivierungsfähigkeit der Zuwendung (als immaterieller

23 Vgl. zum Begriff der Transferaufwendungen auch die Erläuterungen zu Ziff. 17.1.2.7

Vermögensgegenstand) vorliegt. Unerheblich ist es dabei, ob es sich um Geld- oder Sachleistungen handelt.

Die Beurteilung der Aktivierungsfähigkeit der Zuwendungen ist ausschließlich aus der Sicht des Bilanzierenden (der Kommune) und keinesfalls aus Sicht des Zuwendungsempfängers zu beurteilen und bestimmt sich nach § 38 Abs. 4 GemHVO und Nr. 2 Hw. zu § 38 GemHVO. Demzufolge kommt eine Aktivierung von geleisteten Zuweisungen und Zuschüssen nur in Betracht, wenn folgende Voraussetzungen kumulativ vorliegen:

- Es handelt sich um eine **Investition**
- Die Zuweisung bzw. der Zuschuss sind an einen entsprechenden Zweck gebunden **(Zweckbindung)**
- Die Zuweisung bzw. der Zuschuss wird unter dem Vorbehalt der Rückforderung geleistet **(Rückforderungsvorbehalt)**

Sofern eine der vorgenannten Voraussetzungen nicht vorliegt, ist die Buchung der Zuweisung oder des Zuschusses als ordentlichem Aufwand geboten.

Schuldendiensthilfen stellen eine besondere Form der Zuwendungen dar, die auf die Erleichterung des Schuldendienstes beim Empfänger ausgerichtet sind. Da der Schuldendienst sich in der Regel aus Annuitäten ergibt, die sowohl Zins- als auch Tilgungsleistungen umfassen, ist vereinfachend davon auszugehen, dass i. d. R. keine Aktivierungsfähigkeit solcher Zuwendungen vorliegt. Dies ergibt sich daraus, dass eine Rückzahlungspflicht bei bestimmungsgemäßer Verwendung der Zuwendung i. d. R. ausgeschlossen ist.

17.1.2.6 Steueraufwendungen einschließlich Aufwendungen aus gesetzlichen Umlageverpflichtungen (Kontengruppe 73)

Unter dieser Position der Ergebnisrechnung treten in erster Linie gesetzliche Umlageverpflichtungen der Gemeinden und Gemeindeverbände in Erscheinung (vgl. Ziff. 3.4). Im Gegensatz zur gewählten Bezeichnung sind die eigentlichen Steueraufwendungen nach dem amtlichen Muster 14 anderen Positionen zugewiesen.

Steueraufwendungen werden überwiegend unter der Position „Sonstige ordentliche Aufwendungen" (Ziff. 17.1.2.8) dargestellt, das gilt insbesondere für die

- Kontengruppe 70 Betriebliche Steuern (z. B. Grundsteuer, Kfz-Steuer)
- Kontengruppe 74 Steuern vom Einkommen und Ertrag

Unter die Aufwendungen aus gesetzlicher Umlageverpflichtungen fallen insbesondere

- Kreis- und Schulumlage,
- LWV-Umlage,
- Krankenhausumlage- und
- Gewerbesteuerumlage
  (einschl. Finanzierungsbeteiligung der Gemeinden am Fonds Deutsche Einheit.[24])

24 Vgl. Erl. zum KVKR.

17.1.2.7 Transferaufwendungen (Kontengruppe 72)

Volkswirtschaftlich werden unter Transferaufwendungen alle Aufwendungen verstanden, denen keine Gegenleistung gegenübersteht, darunter würden auch die zuvor erörterten Positionen Zuwendungen und Steuern fallen (Vgl. Ziff. 17.1.1.6). Der Verordnungsgeber benutzt den Begriff Transferaufwendungen hier jedoch in einem erkennbar engeren Sinne, womit in erster Linie die Sozialtransfers gemeint sind.

Als Transferaufwendungen werden i. Allg. Übertragungen der Kommune an den öffentlichen oder den privaten Bereich erfasst, denen keine Gegenleistung gegenübersteht.

Wichtigster und umfangreichster Bestandteil der hier zu betrachtenden kommunalen Transferaufwendungen sind die Sozialtransfers, die sich i. d. R. aus der Sozialgesetzgebung ergeben. Dies sind insbesondere die Leistungen nach dem

- Sozialgesetzbuch XII,
- Kinder- und Jugendhilfegesetz SGB VIII,
- Unterhaltssicherungsgesetz,
- Asylbewerberleistungsgesetz,
- Wohngeldgesetz
- etc.

In der Ergebnisrechnung wird der Begriff Transferaufwendungen nur für den Bereich der sozialen Transfers der Kontengruppe 72 verwendet.

Grundlage für Transferaufwendungen können Rechtsnormen, Beschlüsse der Gemeindevertretung oder auch Verwaltungsentscheidungen sein. Eine bedeutsame Rolle spielen die Transferaufwendungen in aller Regel eher bei den Landkreisen und kreisfreien Städten und weniger bei den kreisangehörigen Städten und Gemeinden. So haben die Landkreise beispielsweise im Rahmen des SGB II die Kosten der Unterkunft zu tragen. Derartige Verpflichtungen werden bei den Landkreisen als Transferaufwendungen gebucht.

17.1.2.8 Sonstige ordentliche Aufwendungen (Kontengruppen 70, 74, 76)

In der Zeile 18 des Musters 14 zur GemHVO werden einige Aufwandsarten zusammengefasst, die insgesamt nicht von besonders großer Bedeutung sind, die jedoch ihre Ursache in recht unterschiedlichen Bereichen haben.

Hierunter fallen:

- betriebliche Steuern (Kontengruppe 70)
  dazu gehören:
  - Grundsteuer,
  - Kfz-Steuer,
  - Ein- und Ausfuhrzölle und
  - Verbrauchssteuern, soweit sie bei der Kommune als Erzeuger von mit Verbrauchsteuern belegten Produkten erhoben werden.
- Steuern vom Einkommen und Ertrag (Kontengruppe 74)

Steuern vom Einkommen und Ertrag fallen bei den Kommunen nur im Bereich der Betriebe gewerblicher Art als Körperschaftssteuer, Kapitalertragsteuer, Solidaritätszuschlag und ggf. Gewerbesteuer an. Im Hinblick auf die periodengerechte Zuordnung sind im Jahr der Erwirtschaftung steuerpflichtiger Erträge Rückstellungen zu bilden, die dann in Anspruch zu nehmen bzw. aufzulösen sind, wenn die Steuerzahlung durch Steuerbescheid endgültig festgesetzt ist.

Abschreibungen auf Wertpapiere des Umlaufvermögens und Verluste aus entsprechenden Abgängen (Kontengruppe 76)

Hier sind die außerplanmäßigen Abschreibungen auf Wertpapiere des Umlaufvermögens, Verluste aus dem Abgang von Wertpapieren des Umlaufvermögens sowie aus Verlustübernahmen darzustellen. z. B. Abschreibungen, die wegen gesunkener Stichtagskurse entsprechend dem Niederstwertprinzip (vgl. § 43 Abs. 4 GemHVO) vorzunehmen sind.

Im kommunalen Bereich sind dieser Aufwendungen i. d. R. von geringer Bedeutung, da die Anschaffung von Wertpapieren zum Zwecke der Weiterveräußerung engen rechtlichen Vorschriften unterliegt.[25]

17.2 Finanzerträge und -aufwendungen

17.2.1 Erträge aus Beteiligungen und aus anderen Wertpapieren und Ausleihungen des Finanzanlagevermögens (Kontengruppe 56)

Entsprechend dem Grad der möglichen Einflussnahme wird im Anlagevermögen zwischen verbundenen Unternehmen (i. d. R. mehr als 50 % Beteiligung), wesentlicher Beteiligung (20–50 % Beteiligung) und anderen Wertpapieren (weniger als 20 % Beteiligung) sowie zwischen der Bereitstellung als Eigenkapital (mit Gewinn- und ggf. Verlustbeteiligung und ohne Anspruch auf Verzinsung) bzw. als Fremdkapital (Ausleihung mit Zinsanspruch, ohne Gewinnbeteiligung) unterschieden. Diese Unterscheidung ist auch hinsichtlich der Kontierung der Erträge zu berücksichtigen. Erträge aus Wertpapieren des Umlaufvermögens sind dagegen der Kontengruppe 57 zuzuordnen. Bei Wertpapieren des Umlaufvermögens steht allein die Erzielung von Zinserträgen im Mittelpunkt.

Die Verbindlichkeitenübersicht nach § 52 Abs. 2 GemHVO sieht ebenso wie die kommunale Bilanz generell eine Differenzierung der Kredite nach den Gruppen der jeweiligen Schuldner vor. Es erscheint daher sinnvoll, auch im Bereich der Erfolgskonten eine Differenzierung der Finanzerträge nach Schuldnergruppen vorzunehmen. Insbesondere sind für die verbundenen Unternehmen, die Beteiligungen und die Sondervermögen separate Ertragskonten einzurichten, damit die konzerninternen Umsätze aus der Vergabe interner Darlehen und aus Ausschüttungen und Gewinnabführungen bei der Erstellung des Gesamtabschlusses nach § 112a HGO leicht konsolidiert werden können.

25 Vgl. Erläuterungen zum KVKR.

17.2.2 Zinsen und ähnliche Erträge (Kontengruppe 57)

Während Finanzerträge z. B. aus ausgegebenen Darlehen sowie Dividenden und andere Gewinnanteile von Beteiligungen, Ausleihungen und Wertpapieren des Finanzanlagevermögens in der Kontengruppe 56 auszuweisen sind, werden in dieser Position „Zinsen und ähnliche Erträge" ausgewiesen. Hierunter fallen auch die Erträge aus Wertpapieren des Umlaufvermögens (z. B. Tages- und Festgeldzinsen).

Neben Bankzinsen (Hauptkonto 571) sind hier auch Bürgschaftsprovisionen (Hauptkonto 573), Erträge aus Kredit-/Darlehensvergabe an Gebietskörperschaften oder sonstigen Bereich (Hauptkonto 574/575), Zinsen für Forderungen (Hauptkonto 576), sowie Erträge aus Wertpapieren des Umlaufvermögens (Hauptkonto 577) auszuweisen. Abschließend existiert mit dem Hauptkonto übrige sonstige Zinsen und ähnliche Erträge (Hauptkonto 579) eine Auffangposition für verbliebene Zinserträge, die zu keinem der zuvor genannten Konten passen.

17.2.3 Zinsen und ähnliche Finanzaufwendungen (Kontengruppe 77)

Die Kontengruppe 77[26] (Zinsen und ähnliche Aufwendungen) bildet gemeinsam mit der Kontengruppe 57 (Finanzerträge) die Grundlage für die Ermittlung des Finanzergebnisses nach § 2 Abs. 2 Nr. 2 GemHVO. Neben den Zinsaufwendungen werden in der Kontengruppe 77 auch sonstige Finanzaufwendungen abgebildet, die sich aus der Inanspruchnahme von Fremdkapital ergeben können.

Nicht zu den Zinsen und ähnlichen Aufwendungen gehören die allgemeinen Aufwendungen für den Geldverkehr wie z. B. Bankspesen und Kontoführungsgebühren. Hierbei handelt es sich um Aufwendungen für allgemeine Bankdienstleistungen, die dem Hauptkonto 675 (Bankspesen/Kosten des Geldverkehrs und der Kapitalbeschaffung) zuzuordnen sind.

17.3 Außerordentliche Erträge und Aufwendungen

Unter den Posten „außerordentliche Erträge" und „außerordentliche Aufwendungen" sind insbesondere Gewinne und Verluste aus der Veräußerung von Vermögensgegenständen des Anlagevermögens auszuweisen (§ 2 Abs. 3 GemHVO).

§ 58 Nr. 6 GemHVO definiert die entsprechenden Geschäftsvorfälle präziser: Danach sind außerordentliche Aufwendungen und Erträge:

a) im Einzelfall erhebliche Aufwendungen und Erträge die wirtschaftlich andere Haushaltsjahre betreffen, oder selten oder unregelmäßig anfallen,
b) Aufwendungen und Erträge aus Veräußerungen von Vermögensgegenständen des Anlagevermögens, die den Restbuchwert übersteigen beziehungsweise unterschreiten.

---

26 Eine Aufteilung zwischen Zinsen für Investitions- bzw. Liquiditätskredite ist in der Praxis empfehlenswert.

Mit der Revision der GemHVO im Jahre 2011 hat der Verordnungsgeber hier für die periodenfremden, selten oder unregelmäßig anfallen Positionen das zusätzliche Kriterium der Erheblichkeit eingeführt, das in der haushaltswirtschaftlichen Praxis der Auslegung bedarf, während Aufwendungen und Erträge aus der Veräußerung von Anlagevermögen in jedem Falle als außerordentlich qualifiziert werden. Darüber hinaus ist Nr. 3 Hw. zu § 2 GemHVO zu entnehmen, dass der Begriff der außerordentlichen Aufwendungen und Erträge tendenziell eher eng auszulegen ist. Eine Veranschlagung bzw. Buchung im Rahmen des ordentlichen Ergebnisses ist im Zweifelsfall zu bevorzugen.

Aus dieser Definition ist zu entnehmen, dass

- Erträge und Aufwendungen aus **Veräußerungen** von Vermögensgegenständen des **Anlagevermögens**, die den Restbuchwert übersteigen beziehungsweise unterschreiten auf jeden Fall als außerordentlich klassifiziert werden, während bei den
- Aufwendungen und Erträgen, die nicht dem Haushaltsjahr zuzuordnen sind **(periodenfremd)**;
- **selten** oder **unregelmäßig** anfallenden Erträgen und Aufwendungen;

zusätzlich das Merkmal der Erheblichkeit erfüllt sein muss, um außerordentliche Aufwendungen oder Erträge subsumieren zu können.

17.3.1 Außerordentliche Erträge (Kontengruppe 59)

Unter dem Posten „außerordentliche Erträge“ sind gemäß § 2 Abs. 3 GemHVO insbesondere Gewinne aus der Veräußerung von Vermögensgegenständen des Anlagevermögens auszuweisen. § 46 Abs. 4 GemHVO stellt klar, dass außerordentliche Erträge im Anhang zu erläutern sind, soweit sie für die Beurteilung der Ertragslage nicht von untergeordneter Bedeutung sind. Maßgebend für die Zuordnung der Veräußerungserlöse zum außerordentlichen Ergebnis soll allein die Ungewöhnlichkeit und voraussichtliche Einmaligkeit sein. Daneben gilt noch die Frage der Periodenfremdheit als alternatives Zuordnungskriterium.

Unter außerordentlichem Ertrag werden damit Vorgänge erfasst, die zwar durch die Aufgabenerfüllung der Kommune verursacht wurden, die jedoch für den normalen Ablauf der Verwaltung unüblich sind. Würde dieses außerordentliche Ergebnis in der Ergebnisrechnung des aktuellen Haushaltsjahres nicht besonders betrachtet, so entstünde hierdurch leicht ein falsches Bild der Ertragslage der Kommune.

Beispiele für außerordentliche Erträge sind vor allem die Veräußerungen von Sach- oder Finanzanlagen über dem Buchwert. Denkbar wäre z. B. die Veräußerung eines Dienstwagens über dem bilanziell ausgewiesenen Wert.

Beispiel:
Die Gemeinde X erzielt regelmäßig hohe Erträge aus dem Ankauf von Grundstücken und der anschließenden Vermarktung neuer Baugebiete. Einerseits ist es nicht originäre Aufgabe der Kommune, Erträge aus der Grundstücksvermarktung zu erzielen. Andererseits handelt es sich bei Grundstücken um eine endliche

Ressource. Ziel der Gemeinde kann es demnach nicht sein, den Haushaltsausgleich über die Erträge aus Immobiliengeschäften zu erwirtschaften. Im Sinne der Generationengerechtigkeit muss die dauernde Leistungsfähigkeit der Gemeinde über die gewöhnliche Geschäftstätigkeit (= ordentliches Ergebnis) sichergestellt werden.

Darüber hinaus fallen Spenden grundsätzlich in den Bereich der außerordentlichen Erträge (Hauptkonto 590). Zu bedenken ist hier allerdings auch, dass Spenden in bestimmten Verwaltungsbereichen (z. B. bei der Kinderbetreuung) weder unüblich noch selten sind und regelmäßig zur Finanzierung von Mehraufwendungen für einen verbesserten Ausstattungsstandard eingesetzt werden. In solchen Fällen handelt es sich um einen Zuschuss, der auf dem Hauptkonto 542 (Zuweisungen und Zuschüsse für laufende Zwecke) zu erfassen ist.

Beispiel:
Der Gemeinde X werden im laufenden Haushaltsjahr 50.000 € vererbt. Eine solch hohe Erbschaft kommt einerseits selten und unregelmäßig vor und ist andererseits sicherlich nicht Teil der kommunalen Kernaufgaben. Die Erbschaft sollte daher im außerordentlichen Ergebnis erfasst werden. Im Vergleich dazu könnten kleinere Zuwendungen an die örtlichen Kindergärten eher als gewöhnliches Geschäft interpretiert werden.

Weiterhin gehören zu den außerordentlichen Erträgen Erträge aus Zuschreibungen, mit denen frühere außerordentliche Abschreibungen ganz oder teilweise korrigiert werden, weil der Grund für diese außerordentlichen Abschreibungen weggefallen ist.

Erträge aus der Veräußerung von Gegenständen des Anlagevermögens entstehen bei einem Verkauf des Anlagegutes über dem aktuellen Buchwert. Wird z. B. der alte Dienstwagen des Kämmerers, der am 31.12.2022 noch einen Restbuchwert von 5.000 € und eine Restnutzungsdauer von einem Jahr hat, am 1.4.2023 für 6.000 € verkauft, ergibt sich hieraus ein „Außerordentlicher Ertrag". Buchhalterisch handelt es sich dabei um einen Anlagenabgang bei Buchgewinn, der in folgenden Schritten zu erfassen ist:

1. Zunächst ist der aktuelle Restbuchwert des Fahrzeugs zu ermitteln. Hierzu sind die Abschreibungen für den Zeitraum zwischen dem letzten Bilanzstichtag und dem Verkauf zu ermitteln und zu buchen. Im vorliegenden Beispiel beträgt der Restbuchwert am Anfang des letzten Buchungsjahres noch 5.000 €. Für die abgelaufenen drei Monate des Jahres 2023 sind noch einmal 3/12 des jährlichen Abschreibungsbetrages (3/12 x 5.000 € = 1.250 €) zu erfassen:

6643 Abschreibungen	an	081 Fuhrpark	1.250 €

2. Als nächstes ist der Anlagenabgang in der Buchhaltung nachzuvollziehen. Der Abgang erfolgt i. H. des gesamten Restbuchwerts des Fahrzeugs (5.000 € ./. 1.250 € = 3.750 €). Der Anlagenabgang wird im Soll auf dem außerordentlichen Ertragskonto 5912 „Erträge aus der Veräußerung von beweglichen Sachen" gebucht.

5912 Veräußerungserträge	an	081 Fuhrpark	3.750 €

3. Nun sind der Ertrag und die Forderung gegenüber dem Käufer (Debitor) einzubuchen[27]:

   240 Debitor an 5912 Veräußerungserträge 6.000 €

4. Bei Eingang der Zahlung wird das Debitorenkonto ausgeglichen:

   280 Bank an 240 Debitor 6.000 €

Im Ergebnis ergibt sich damit ein Aktivtausch „Bank an Fuhrpark" in Höhe des Restbuchwertes von 3.750 € und ein außerordentlicher Ertrag in Höhe von 2.250 €, der die Bilanz verlängert. Bei der Gegenüberstellung von Ergebnis- und Finanzrechnung wird deutlich, dass dem Ertrag aus Anlagenabgang von 2.250 € eine Einzahlung aus der Veräußerung von Sachanlagen von 6.000 € gegenübersteht. Soweit solche Geschäftsvorfälle planbar sind, hat hier eine differenzierte Planung von Ergebnis- und Finanzhaushalt zu erfolgen.[28]

17.3.2 Außerordentlicher Aufwand (Kontengruppe 79)

Außerordentliche Aufwendungen fallen insbesondere im Zusammenhang mit Naturkatastrophen (z. B. Stürme, Hochwasser, Erdbeben) an. Unter die außerordentlichen Aufwendungen fallen darüber hinaus Verluste aus dem Verkauf von Beteiligungen, Teilbetrieben, Zweigniederlassungen oder anderen Veräußerungsgeschäften.[29]

Daneben ergibt sich aus Nr. 2 Hw. zu § 39 GemHVO: Wurden **Rückstellungen in unzureichender Höhe** gebildet, so ist bei der Inanspruchnahme der übersteigende Betrag in der Kontengruppe 79 „Außerordentlicher Aufwand" (Hauptkonto 797 „Periodenfremde Aufwendungen") zu erfassen. Diese Buchungsvariante ist nur logisch, da Rückstellungen immer zum 31.12. eingebucht werden, die darauffolgende Inanspruchnahme kann also nur „periodenfremd" erfolgen.

Ist die gebildete Rückstellung größer als die Auszahlung, so ist der Differenzbetrag im Hauptkonto 538 „Erträge aus der Herabsetzung und Auflösung von Rückstellungen" (= ordentlicher Ertrag) zu buchen. An dieser Stelle nahmen die Instandhaltungsrückstellungen bis 2021 eine Sonderrolle ein. Deren Auflösung war entsprechend der damaligen Formulierung von Nr. 2 Hw. zu § 39 GemHVO explizit als **außer**ordentlicher Ertrag zu erfassen. Diese Spezialregelung ist jedoch mit der Überarbeitung der Hinweise zur GemHVO zum 27.9.2021 entfallen.

Verluste aus der Veräußerung von Gegenständen des Anlagevermögens entstehen bei einem Verkauf des Anlagegutes unter dem aktuellen Buchwert. Wird z. B. der alte

27 Alternativ können die unter 2. und 3. beschriebenen Buchungen auch in einer einzigen Buchung zusammengefasst werden: 240 Debitor 6.000 € an 081 Fuhrpark 3.750 € und 591 Veräußerungserträge 2.250 €.

28 Im Ergebnishaushalt wäre also ein außerordentlicher Ertrag (Pos. 27) darzustellen. Im Finanzhaushalt ist die Einzahlung in voller Höhe über 6.000 € auszuweisen.

29 Vgl. *Brixner/Harms/Noe*, Verwaltungs-Kontenrahmen, München, 2003, S. 436.

Dienstwagen des Kämmerers, der am 31.12.2022 noch einen Restbuchwert von 5.000 € und eine Restnutzungsdauer von einem Jahr hat, am 1.4.2023 für 3.000 € verkauft, ergibt sich hieraus ein „Verlust aus dem Abgang von Sachanlagen“. Buchhalterisch handelt es sich dabei um einen Anlagenabgang bei Buchverlust, der in folgenden Schritten zu erfassen ist:

1. Zunächst ist der aktuelle Restbuchwert des Fahrzeugs zu ermitteln. Hierzu sind die Abschreibungen für den Zeitraum zwischen dem letzten Bilanzstichtag und dem Verkauf zu ermitteln und zu buchen. Im vorliegenden Beispiel beträgt der Restbuchwert am Anfang des letzten Buchungsjahres noch 5.000 €. Für die abgelaufenen drei Monate des Jahres 2023 sind noch einmal 3/12 des jährlichen Abschreibungsbetrages (3/12 × 5.000 € = 1.250 €) zu erfassen:

6643 Abschreibungen	an	081 Fuhrpark	1.250 €

2. Als nächstes ist der Anlagenabgang in der Buchhaltung nachzuvollziehen. Der Abgang erfolgt zunächst i. H. des gesamten Veräußerungserlöses des Fahrzeugs in Höhe von 3.000 €.

240 Debitor	an	081 Fuhrpark	3.000 €

3. Nun ist der verbleibende Anlagenabgang im Soll auf dem Aufwandskonto 7941 „Verluste aus dem Abgang von Sachanlagen“ zu buchen[30]:

7941 Veräußerungsverluste	an	081 Fuhrpark	750 €

4. Bei Eingang der Zahlung wird das Debitorenkonto ausgeglichen:

280 Bank	an	240 Debitor	3.000 €

Im Ergebnis ergibt sich damit ein Aktivtausch „Bank an Fuhrpark“ in Höhe des Verkaufspreises von 3.000 € und ein außerordentlicher Aufwand in Höhe von 750 €, der die Bilanz verkürzt. Bei der Gegenüberstellung von Ergebnis- und Finanzrechnung wird deutlich, dass dem Verlust aus Anlagenabgang von 750 € eine Einzahlung aus der Veräußerung von Sachanlagen von 3.000 € gegenübersteht. Soweit solche Geschäftsvorfälle planbar sind, hat hier ebenfalls eine differenzierte Planung von Ergebnis- und Finanzhaushalt zu erfolgen.[31]

Außerordentliche Erträge und Aufwendungen sind im Anhang zum Jahresabschluss zu erläutern, soweit sie für die Beurteilung der Ertragslage nicht von untergeordneter Bedeutung sind (§ 46 Abs. 4 GemHVO).

---

30 Alternativ können die unter 2. und 3. beschriebenen Buchungen auch in einer einzigen Buchung zusammengefasst werden: 240 Debitor 3.000 € und 7941 Veräußerungsverluste 750 € an 081 Fuhrpark 3.750 €.

31 Im Ergebnishaushalt wäre also ein außerordentlicher Aufwand (Pos. 28) darzustellen. Im Finanzhaushalt wäre die Einzahlung in voller Höhe (3.000 €) zu buchen.

17.4 Übungen

Siehe zu diesem Abschnitt die Sachverhalte 1 bis 4 zu Kap. 17 im Übungsband.

17.5 Aufwands- und Ertragskonsolidierung

Falls die Gemeinde gem. § 112a Abs. 1 HGO einen zusammengefassten Abschluss zu erstellen hat, muss gem. § 112a Abs. 4 HGO i. V. m.§ 305 Abs. 1 HGB im Rahmen der Vollkonsolidierung von Mehrheitsbeteiligungen (vgl. Ziff. 16.6.1) auch eine Aufwands- und Ertragskonsolidierung stattfinden. D. h., Aufwendungen und Erträge, die zwischen Kernkommune und den voll zu konsolidierenden Aufgabenträgern stattgefunden haben, müssen gegenseitig aufgerechnet werden, da im Sinne der Einheitstheorie nur die Aufwendungen und Erträge ausgewiesen werden sollen, die zwischen dem Konzern und Dritten stattgefunden haben. Auch hier gilt wieder der Wesentlichkeitsgrundsatz, wonach auf die Eliminierung verzichtet werden kann, wenn die Beträge von untergeordneter Bedeutung sind (§ 305 Abs. 2 HGB).

Im Kern geht es darum, nur die Geschäftsbeziehungen auszuweisen, die mit externen Personen oder Unternehmen stattgefunden haben. So soll ein tatsächliches Bild der Ertragslage der Kommune ermöglicht werden.

Beispiel:
Die Gemeinde X wickelt die Wasserver- und Abwasserentsorgung über einen Eigenbetrieb ab. Der Eigenbetrieb hat einen separaten Jahresabschluss mit entsprechender Gewinn- und Verlustrechnung nach dem Handelsrecht zu erstellen. Im Haushaltsjahr 2022 hat der Eigenbetrieb Wassergebühren von 40.000 € und Abwassergebühren von 20.000 € für die Ver- und Entsorgung der gemeindlichen Immobilien veranlagt. Dies sind im Grunde keine wirklich werthaltigen Erträge, da sie sich innerhalb des „Konzerns“ abspielen. Im Sinne der Einheitsfiktion sind die entsprechenden Aufwendungen auf Seiten der Gemeinde und die Erträge in der Gewinn- und Verlustrechnung des Eigenbetriebs gegenseitig auszubuchen. Nur so kann die tatsächliche Ertragslage der Gemeinde über die Grenzen der Beteiligungen hinweg sachgerecht dargestellt werden.

Bezüglich der Frage wie detailliert eine Aufwands- und Ertragskonsolidierung durchzuführen ist, ist nach Nr. 8.3 und 2.13 Hw. zu § 53 GemHVO ebenfalls eine Grenze von 5 % anzuwenden. Sofern der auf die Gemeinde entfallende Anteil der ordentlichen Erträge und der auf die Gemeinde entfallende Anteil der Bilanzsumme eines Aufgabenträgers 5 % der Summe aller (nicht konsolidierten) ordentlichen Erträge und 5 % der (nicht konsolidierten) Bilanzsumme aller grundsätzlich zu konsolidierenden Aufgabenträger und der Gemeinde im Jahr der Aufstellung nicht übersteigen, kann in diesem Zusammenhang auf eine Aufwands- und Ertragskonsolidierung verzichtet werden.

Siehe zur Ertragskonsolidierung auch den Sachverhalt 22 zu Kap. 16 im Übungsband.

– Kapitel 18 –

Inhaltsverzeichnis

18. Die Finanzrechnung – Grundlagen und Einzelpositionen

Der Finanzhaushalt gem. § 3 GemHVO (Ziff. 6.5.1.2) und die Finanzrechnung gem. § 47 GemHVO dienen der Darstellung des Zahlungsmittelflusses der Kommune. Die Finanzrechnung als Teil des Jahresabschlusses ist nach Abschluss des Haushaltsjahres dem vor Beginn des Haushaltsjahres aufgestellten Finanzhaushalt gegenüberzustellen. Der Zahlungsmittel**bestand** der Kommune kann zu jedem Zeit**punkt** von den Zahlungsmittelkonten (Kontengruppe 28) abgelesen werden. Finanzhaushalt und Finanzrechnung erlauben aber auch eine auf das ganze Haushaltsjahr (Zeit**raum**) bezogene Betrachtung der Zahlungsmittel**ströme**. Finanzhaushalt und Finanzrechnung erlauben insbesondere eine Beurteilung der Liquiditätsentwicklung in der laufenden Verwaltungstätigkeit, der Finanzierung von Investitionen und der daraus erwachsenden Finanzierungstätigkeit.

Zudem sind die Zahlungsströme seit dem 1.1.2019 auch für die Frage des Haushaltsausgleichs heranzuziehen. Nach § 92 Abs. 5 Nr. 2 und Abs. 6 Nr. 2 HGO ist der Finanzhaushalt bzw. die Finanzrechnung ausgeglichen, wenn der Saldo des Zahlungsmittelflusses aus laufender Verwaltungstätigkeit mindestens so hoch ist, dass daraus die Auszahlungen zur ordentlichen Tilgung von Krediten sowie an das Sondervermögen „Hessenkasse“ geleistet werden können, soweit die Auszahlungen zur ordentlichen Tilgung von Investitionskrediten nicht durch zweckgebundene Einzahlungen gedeckt sind. Insofern kann die dauernde Leistungsfähigkeit ohne einen Blick in die Finanzrechnung nicht bewertet werden.

Als Zahlungsströme sind in diesem Zusammenhang alle Ein- und Auszahlungen zu definieren. Bei Auszahlungen handelt es sich nach § 58 Nr. 8 GemHVO um „Barzahlungen und bargeldlose Zahlungen, die die flüssigen Mittel vermindern“. Im Gegensatz dazu geht es bei Einzahlungen nach § 58 Nr. 13 GemHVO um „Barzahlungen und bargeldlose Zahlungen, die die flüssigen Mittel erhöhen“. Demzufolge ist in allen Fällen, in denen Bargeld oder Buchgeld transferiert wird, eine Buchung in der Finanzrechnung vorzunehmen.[1]

Die Finanzrechnung ist kein originärer Bestandteil des kaufmännischen Rechnungswesens, das der kommunalen Doppik als Vorbild gedient hat. Ihre Entwicklung ist auf die Kapitalflussrechnung (Cash-Flow) zurückzuführen, die als Ergebnis nachträglicher Analyse kaufmännischer Jahresabschlüsse aus den vorhandenen betriebswirtschaftlichen Daten die zahlungswirksamen Elemente herausfiltern sollte. Dementsprechend entstand die Kapitalflussrechnung zunächst als indirekte Rechnung, indem das in der Gewinn- und Verlustrechnung ausgewiesene Jahresergebnis um die nicht zahlungswirksamen Vorgänge vermindert und um die nicht ergebniswirksamen Zahlungsvorgänge ergänzt wurde. Gemäß Handelsgesetzbuch müssen nur kapitalmarktorientierte Kapitalgesellschaften (§ 264 HGB) und Konzerne (§ 297 HGB) eine solche Kapitalflussrechnung aufstellen. Im kommunalen Umfeld ist eine indirekte Finanzrechnung inzwischen nicht mehr vorgesehen. Die Zahlungsströme sind demnach ausschließ-

1 Zu den genannten Ein- und Auszahlungen gehören auch die fremden Zahlungsmittel nach § 15 GemHVO.

lich im Rahmen einer direkten Finanzrechnung in der von § 47 Abs. 1 GemHVO vorgegebenen Gliederung zu erfassen (vgl. Muster 15 zu § 47 Abs. 1 GemHVO).

Das originäre kaufmännische Rechnungswesen mit seinen Kernbestandteilen Bilanz und Gewinn- und Verlustrechnung informiert zwar über die Vermögensbestände, zu denen auch die Zahlungsmittelbestände gehören, es bietet aber nur eingeschränkte Informationen über den Zahlungsmittelfluss. Dieses Informationsdefizit kann die Kapitalflussrechnung schließen. Deshalb hat die Innenministerkonferenz im Jahre 2003 im Rahmen ihrer Beschlüsse zur kommunalen Haushaltsrechtsreform bestimmt, dass die kommunale Doppik auch mit einer Kapitalflussrechnung ausgestattet werden soll. Als ex-ante Betrachtung trägt sie die Bezeichnung Finanzhaushalt und als ex-post Rechnung die Bezeichnung Finanzrechnung.

Wie bereits im vorangegangenen Kapitel dargestellt, sieht der Kontenrahmen (Muster 12 zur GemHVO) eine eigene Kontenklasse für die Konten der Finanzrechnung vor. Hierzu ist, ausgehend vom Industriekontenrahmen (IKR), die dort weitgehend ungenutzte Kontenklasse 8 vorgesehen.

Die Finanzrechnung gemäß Muster 15 zur GemHVO wird nun zunächst im Überblick dargestellt:

Nr.	**Bezeichnung**	**Ergebnis des Vorjahres 20..**	**Fortgeschriebener Ansatz des Haushaltsjahres 20..**	**Ergebnis des Haushaltsjahres 20..**	**Vergleich fortgeschriebener Ansatz/ Ergebnis des Haushaltsjahres (Sp. 4 ./. Sp. 5)**
1	2	3	4	5	6
1	Privatrechtliche Leistungsentgelte				
2	Öffentlich-rechtliche Leistungsentgelte				
3	Kostenersatzleistungen und -erstattungen				
4	Steuern und steuerähnliche Erträge einschließlich Erträge aus gesetzlichen Umlagen				
5	Einzahlungen aus Transferleistungen				
6	Zuweisungen und Zuschüsse für laufende Zwecke und allgemeine Umlagen				
7	Zinsen und sonstige Finanzeinzahlungen				
8	Sonstige ordentliche Einzahlungen und sonstige außerordentliche Einzahlungen, die sich nicht aus Investitionstätigkeit ergeben				
9	**Summe Einzahlungen aus laufender Verwaltungstätigkeit (Nr. 1 bis 8)**				
10	Personalauszahlungen				
11	Versorgungsauszahlungen				
12	Auszahlungen für Sach- und Dienstleistungen				
13	Auszahlungen für Transferleistungen				
14	Auszahlungen für Zuweisungen und Zuschüsse für laufende Zwecke sowie besondere Finanzauszahlungen				
15	Auszahlungen für Steuern einschließlich Auszahlungen aus gesetzlichen Umlageverpflichtungen				
16	Zinsen und ähnliche Auszahlungen				
17	Sonstige ordentliche Auszahlungen und sonstige außerordentliche Auszahlungen, die sich nicht aus Investitionstätigkeit ergeben				

Nr.	Bezeichnung	Ergebnis des Vorjahres 20..	Fortgeschriebener Ansatz des Haushaltsjahres 20..	Ergebnis des Haushaltsjahres 20..	Vergleich fortgeschriebener Ansatz/ Ergebnis des Haushaltsjahres (Sp. 4 ./. Sp. 5)
18	**Summe Auszahlungen aus laufender Verwaltungstätigkeit (Nr. 10 bis 17)**				
19	**Zahlungsmittelüberschuss/Zahlungsmittelbedarf aus laufender Verwaltungstätigkeit (Nr. 9 ./. Nr. 18)**				
20	Einzahlungen aus Investitionszuweisungen und -zuschüssen sowie aus Investitionsbeiträgen; davon zweckgebundene Einzahlungen für die ordentliche Tilgung von Investitionskrediten				
21	Einzahlungen aus Abgängen von Vermögensgegenständen des Sachanlagevermögens und des immateriellen Anlagevermögens				
22	Einzahlungen aus Abgängen von Vermögensgegenständen des Finanzanlagevermögens				
23	**Summe Einzahlungen aus Investitionstätigkeit (Nr. 20 bis 22)**				
24	Auszahlungen für den Erwerb von Grundstücken und Gebäuden				
25	Auszahlungen für Baumaßnahmen				
26	Auszahlungen für Investitionen in das sonstige Sachanlagevermögen und immaterielle Anlagevermögen				
27	Auszahlungen für Investitionen in das Finanzanlagevermögen				
28	**Summe Auszahlungen aus Investitionstätigkeit (Nr. 24 bis 27)**				
29	**Zahlungsmittelüberschuss/Zahlungsmittelbedarf aus Investitionstätigkeit (Nr. 23 ./. Nr. 28)**				
30	**Zahlungsmittelüberschuss/Zahlungsmittelbedarf (Nr. 19 und 29)**				
31	Einzahlungen aus der Aufnahme von Krediten und inneren Darlehen und wirtschaftlich vergleichbaren Vorgängen für Investitionen				
32	Auszahlungen für die Tilgung von Krediten und inneren Darlehen und wirtschaftlich vergleichbaren Vorgängen für Investitionen sowie an das Sondervermögen Hessenkasse; davon Auszahlungen für die ordentliche Tilgung von Investitionskrediten				
33	**Zahlungsmittelüberschuss/Zahlungsmittelbedarf aus Finanzierungstätigkeit (Nr. 31 ./. Nr. 32)**				
34	**Änderung des Zahlungsmittelbestandes zum Ende des Haushaltsjahres (Nr. 30 und Nr. 33)**				
35	Haushaltsunwirksame Einzahlungen (u. a. fremde Finanzmittel, Rückzahlung von angelegten Kassenmitteln, Aufnahme von Liquiditätskrediten)				
36	Haushaltsunwirksame Auszahlungen (u. a. fremde Finanzmittel, Anlegung von Kassenmitteln, Rückzahlung von Liquiditätskrediten)				
37	**Zahlungsmittelüberschuss/Zahlungsmittelbedarf aus haushaltsunwirksamen Zahlungsvorgängen (Nr. 35 ./. Nr. 36)**				
38	**Bestand an Zahlungsmitteln zu Beginn des Haushaltsjahres**				
39	**Veränderung des Bestandes an Zahlungsmitteln (Nr. 34 und 37)**				
40	**Bestand an Zahlungsmitteln am Ende des Haushaltsjahres (Nr. 38 und 39)**				

In der kommunalen Buchungspraxis erfolgt die Buchung auf den Aufwands-, Debitoren- und Bankkonten. Im Regelfall wird automatisch ein Finanzrechnungskonto bebucht, sobald die Finanzbuchhaltung eine Buchung auf einem Konto der Kontengruppe „flüssige Mittel“ (Kontengruppe 28) vornimmt. Dabei kann z. B. anhand des Ausgleichs der Verbindlichkeit auf dem Debitorenkonto festgestellt werden, um welche Zahlungsart es sich handelt. Die Bebuchung des entsprechenden Finanzrechnungskontos erfolgt dann ohne Buchung eines Gegenkontos im Rahmen einer einfachen Nebenbuchhaltung. Das Buchhaltungsprogramm erkennt also automatisch, dass es sich im vorliegenden Fall beispielsweise um einen Reparaturaufwand handelt und nimmt völlig eigenständig die korrekte Buchung des Zahlungsstroms vor. Derartig automatisierte Verfahren erleichtern die Abwicklung der zahlreichen Buchungsfälle und steigern zudem die Transparenz des Rechnungswesens.

Die Wechselbeziehungen zwischen Konten der Ergebnisrechnung (Ertrag und Aufwand), der Vermögensrechnung (Forderungen, Verbindlichkeiten, Anlagevermögen) und der Finanzrechnung können der nachfolgenden Übersicht entnommen werden.

Übersicht über die Konten der Finanzrechnungund deren Zuordnung zu den Konten der Ergebnis- und Vermögensrechnung

Konten der kaufm. Buchführung		zugeordnete Finanzrechnungskonten; zum Zeitpunkt des Finanzmittelflusses statistisch mitzubebuchen		
Soll	**Haben**	**Konten-gruppe**	**Haupt-konto**	**Bezeichnung**
		81		**Einzahlungen aus Verwaltungstätigkeit**
24	50		810	Einzahlungen aus privatrechtlichen Leistungsentgelten
234	51		811	Einzahlungen aus öffentlich-rechtlichen Leistungsentgelten
	54		812	Einzahlungen aus Kostenerstattungen und Kostenumlagen
			813	Sonstige ordentliche Einzahlungen
230	55		814	Einzahlungen aus Steuern und ähnlichen Erträgen einschließlich Einzahlungen aus gesetzlichen Umlagen
227	547		815	Einzahlungen aus Transferleistungen
220	54		816	Einzahlungen aus Zuweisungen und Zuschüssen für laufende Zwecke und allgemeinen Umlagen
	56, 57		817	Zinsen und Finanzeinzahlungen
		82		**Sonstige Einzahlungen**
225, 236	36		820	Einzahlungen aus Investitionszuweisungen, -zuschüsse sowie Investitionsbeiträgen
24*	59, 0		822	Einzahlungen aus Abgängen von Vermögensgegenständen des Sachanlagevermögens und des immateriellen Anlagevermögens
24*	59, 1		823	Einzahlungen aus Abgängen von Vermögensgegenständen des Finanzanlagevermögens
	41, 42		826	Einzahlungen aus der Aufnahme von Krediten für Investitionen und Begebung von Anleihen
	59		828	Außerordentliche Einzahlungen
			829	Einzahlungen aus haushaltsunwirksamen Vorgängen
		83		**Auszahlungen aus Verwaltungstätigkeit**
			830	Personalauszahlungen
644, 37			831	Versorgungsauszahlungen
60, 61	44		832	Auszahlungen für Sach- und Dienstleistungen
72	437		833	Transferauszahlungen
71	430		834	Auszahlungen für Zuweisungen und Zuschüsse für laufende Zwecke sowie besondere Finanzausgaben
73, 74	45, 48		835	Auszahlungen für Steuern einschließlich Auszahlungen aus gesetzlichen Umlageverpflichtungen
77			836	Zinsen und sonstige Finanzauszahlungen
			837	Sonstige ordentliche Auszahlungen
		84		**Sonstige Auszahlungen**
03			840	Auszahlungen für aktivierte Investitionszuweisungen und -zuschüsse
05			841	Auszahlungen für den Erwerb von Grundstücken und Gebäuden
09	44*		842	Auszahlungen für Baumaßnahmen
07, 08	44*		843	Auszahlungen für Investitionen in das bewegliche Sachanlagevermögen und immaterielle Anlagevermögen
1			844	Auszahlungen für Investitionen in das Finanzanlagevermögen
42			846	Auszahlungen für die Tilgung von Investitionskrediten und Begebung von Anleihen sowie an das Sondervermögen Hessenkasse
79			848	Außerordentliche Auszahlungen
			849	Auszahlungen für haushaltsunwirksame Vorgänge

Auslöser für eine Buchung auf einem Finanzrechnungskonto ist i. d. R. eine Bewegung auf einem Zahlungsmittelkonto. Für diesen Vorgang sollte bereits die Buchung einer Forderung oder einer Verbindlichkeit vorliegen, bei deren Entstehung bereits ein Konto der Ergebnisrechnung (Ertrag oder Aufwand) oder der Vermögensrechnung (z. B. Anlagevermögen) angesprochen wurde. Aus diesen Konten kann dann auch stets eindeutig abgeleitet werden, welches Konto der Finanzrechnung mitzubebuchen ist. Diese Verknüpfung wird im jeweiligen Softwaresystem hinterlegt und die Zuordnung erfolgt deshalb im Regelfall automatisch. Bei einer Aufrechnung gemäß § 387 ff. BGB muss allerdings die Finanzrechnung eigenständig angestoßen werden, weil kein Zahlungsmittelfluss auf den Zahlungsmittelkonten stattfindet, gleichwohl aber nach dem Bruttoprinzip (vgl. § 10 Abs. 1 GemHVO) eine Darstellung des Zahlungsmittelflusses auf beiden betroffenen Konten in der Finanzrechnung zu erfolgen hat.

18.1 Die Finanzrechnung im Einzelnen

Für die Führung der Finanzrechnung wurden im KVKR die in der obigen Übersicht dargestellten Hauptkonten vorgesehen – die Übersicht stellt gleichzeitig die Beziehungen zu den korrespondierenden Konten der Ergebnisrechnung und der Vermögensrechnung her.

Der idealtypische Verwaltungsablauf ist dabei wie folgt zu skizzieren:
Auf der Einzahlungsseite:

1. Die Gemeinde erbringt eine Leistung und stellt die damit erlangte Forderung gegenüber dem Leistungsempfänger fest, dies führt zu folgendem Buchungssatz:
   24xx Forderung a. L.& L an 50xx Umsatzerlöse
2. Der Leistungsempfänger begleicht die ausgestellte Rechnung
   28xx Zahlungsmittel an 24xx Forderung a. L.& L
   statistische Mitbebuchung 81x Einzahlung aus Leistungsentgelten

Auf der Auszahlungsseite:

1. Die Gemeinde nimmt eine Leistung eines Dritten in Anspruch und stellt die damit entstandene Verbindlichkeit gegenüber dem Leistungserbringer fest, dies führt zu folgendem Buchungssatz:
   61 Aufwand für Fremdleistungen an 440 Verbindlichkeit a. L.& L
2. Die Gemeindekasse begleicht die empfangene Rechnung
   440 Verbindlichkeit a. L.& L an 28 Zahlungsmittel
   statistische Mitbebuchung 832 Auszahlung für Sach- und Dienstleistungen

Aus der oben dargestellten Übersicht ist nicht nur zu erkennen, dass jedem Aufwands- und Ertragskonto, das zu Zahlungen führen kann, ein Finanzrechnungskonto zugewiesen ist, sondern dass überwiegend auch auf der Ebene von Forderungen und Verbindlichkeiten eine der Finanzrechnung entsprechende Differenzierung eingehalten wird. In den wenigen Fällen, in denen ein Finanzrechnungskonto mit mehr als einem Forderungs- oder Verbindlichkeitenkonto korrespondiert (in der Übersicht sind diese Kontengruppen mit * gekennzeichnet), lässt sich der Kontenplan der Gemeinde im Rahmen des KVKR leicht entsprechend weiter ausdifferenzieren, um eine eindeutige Buchungsbeziehung herzustellen.

Grundsätzlich ist festzustellen, dass bei der Bebuchung der Finanzrechnung vier Fälle zu unterscheiden sind:

a) **Zahlung, die in derselben Rechnungsperiode in der gleichen Höhe Aufwand oder Ertrag darstellt (Buchungsfall 1)**
Der „normale" Buchungsfall ist der, bei dem Zahlung und Ressourcenverbrauch übereinstimmen und damit keine Differenzen zwischen Finanzrechnung und Ergebnisrechnung auftreten. Dies ist i. d. R. zu erwarten bei Personalauszahlungen, bei normalen Geschäftsauszahlungen wie Porto, Telefon, Werbung, bei Einzahlungen[2] für Grundsteuern, Verwaltungsgebühren etc. In all diesen Fällen kann die Bebuchung der Finanzrechnungskonten direkt aus der Erfolgsbuchung abgeleitet werden, sobald der Zahlungsmittelfluss erfolgt. Wichtig ist dabei, dass die Buchung in der Finanzrechnung immer erst dann erfolgt, wenn die Zahlung erfolgt und nicht schon bei Erfassung der Forderung oder Verbindlichkeit.

b) **Zahlung, die nicht in derselben Rechnungsperiode Aufwand oder Ertrag darstellt (Buchungsfall 2)**
Klassisches Beispiel für solche Zahlungen sind Auszahlungen für Investitionen. Dieser Auszahlungsart steht keine korrespondierende Aufwandsart gegenüber, da die Investition zu einer Aktivierung des Vermögensgegenstands (Zuwachs auf einem aktiven Vermögensrechnungskonto) führt. Durch die Abschreibung des Vermögensgegenstands kann allerdings in anderer Höhe ein Aufwand verursacht werden. Buchungstechnisch kann bei den Investitionen das Finanzrechnungskonto nicht aus einem korrespondierenden Aufwandskonto abgeleitet werden. Es muss aus dem entsprechenden Bestandskonto der Vermögensrechnung ermittelt werden.
Ein weiteres Beispiel für den Buchungsfall 2 ergibt sich aus dem Periodisierungsprinzip der Doppik (vgl. Ziff. 7.3.2). Zahlungen, die Leistungen betreffen, die wirtschaftlich einer anderen Rechnungsperiode zuzurechnen sind, stehen keine Aufwendungen bzw. Erträge in der gleichen Periode gegenüber.
Erfolgt die Zahlung vor der Leistung, spricht man von sog. „transitorischen Posten" (§ 45 GemHVO, z. B. Beamtenbezüge für den Monat Januar, die im Dezember ausgezahlt werden). In solchen Fällen ergibt sich die Notwendigkeit zur Bildung eines Rechnungsabgrenzungspostens. Im Fall einer Auszahlung wird dieser auf der Aktivseite der Bilanz gebildet, im Fall einer Einzahlung auf der Passivseite. Da die Rechnungsabgrenzung i. d. R. erst im Rahmen des Jahresabschlusses erfolgt, kann die Ermittlung des Finanzrechnungskontos auch in diesen Fällen aus den Erfolgskonten abgeleitet werden. Die Konten der Ergebnisrechnung werden anschließend durch eine entsprechende Abgrenzungsbuchung wieder entlastet, so dass die zutreffende Differenz zwischen Finanz- und Ergebnisrechnung im Jahresabschluss ausgewiesen wird.

2 Sofern keine Forderungen am Jahresende offen stehen.

Erfolgt dagegen die Zahlung in einer Rechnungsperiode nach der Leistung, spricht man von sog. antizipativen Posten. Die Abgrenzung der antizipativen Posten erfolgt über die Bilanzposten „Sonstige Forderungen“ bei Auszahlungen und „Sonstige Verbindlichkeiten“ bei Einzahlungen. Da zum Zeitpunkt der Zahlung der ergebniswirksame Vorgang schon buchhalterisch erfasst ist, erscheint es auch in diesen Fällen möglich, die Kontierung in der Finanzrechnung aus der Erfolgsbuchung abzuleiten. So muss z. B. beim Zahlungseingang eine Zuordnung zur offenen „Sonstigen Forderung“ erfolgen. Diese wiederum lässt sich auf die in der Vorperiode erfasste Ertragsbuchung zurückführen.

c) **Zahlung, die in derselben Rechnungsperiode nicht in der gleichen Höhe Aufwand oder Ertrag darstellt (Buchungsfall 3)**
Der Buchungsfall 3 ergibt sich i. d. R. ebenfalls aus dem Periodisierungsprinzip. Dabei bezieht sich die Zahlung zum Teil auf Leistungen in der laufenden Periode und zum anderen Teil auf Leistungen in einer bereits abgelaufenen oder einer zukünftigen Periode. In diesen Fällen gilt sinngemäß das Gleiche, was oben für die transitorischen und antizipativen Posten ausgeführt wurde. Allerdings ist es notwendig, zwischen den beiden Teilen des Geschäftsvorfalls zu differenzieren, d. h. die ergebniswirksamen und die ergebnisunwirksamen Zahlungen buchhalterisch voneinander zu trennen (s. u.).
Ebenfalls durch das Periodisierungsprinzip verursacht sind die Differenzen zwischen Finanz- und Ergebnisrechnung, die sich aus der Lagerung von Roh-, Hilfs-, Betriebsstoffen und Waren ergeben. Während alle Auszahlungen für Lagerzugänge in der Finanzrechnung zu erfassen sind, ergeben sich in der Ergebnisrechnung nur Aufwendungen in der Höhe, in der solche Stoffe tatsächlich verbraucht wurden, bzw. in der Höhe, in der die Waren oder Dienstleitungen veräußert wurden.[3] Die Erfassung der Auszahlungen für die Finanzrechnung ist dabei abhängig davon, ob eine Lagerbuchhaltung eingesetzt wird oder ob die Lagerzugänge zunächst als Aufwand gebucht werden. Werden Lagerzugänge bei Einsatz einer Lagerbuchhaltung nicht unmittelbar als Aufwand gebucht, kann die Buchung der Finanzrechnung nicht aus dem Aufwandskonto abgeleitet werden. Sie ist daher aus der Bestandsbuchung abzuleiten.
Neben diesen drei Buchungsfällen gibt es einen weiteren Buchungsfall, der für die korrekte Abgrenzung der Finanzrechnung von der Ergebnisrechnung relevant ist, aber nicht zu einer Buchung auf den Finanzrechnungskonten führt:

d) **Aufwand oder Ertrag, denen in der gleichen Rechnungsperiode bzw. (überhaupt) keine Zahlungen gegenüberstehen (Buchungsfall 4)**
Der Buchungsfall 4 ist quasi das Gegenstück zum Buchungsfall 1. In allen Fällen, in denen Ressourcen verbraucht werden oder der Kommune Erträge erwachsen, die aber keinen Zahlungseingang oder -ausgang in derselben Periode zur Folge haben, steht der Erfassung in der Ergebnisrechnung keine Position in der Finanzrechnung gegenüber. Beispiele hierfür sind insbesondere die Abschreibungen und die Bildung von Rückstellungen. Weiterhin sind hier die Aktivierung selbst erstellter Leistungen

3 Vgl. Ausführungen im Kap. 16 (Vermögensrechnung).

und die Auflösung von Sonderposten zu nennen. Auch bei den transitorischen und antizipativen Posten ergibt sich jeweils in einer Periode ein ergebniswirksamer Vorgang, der nicht in derselben Periode zahlungswirksam wird.

e) **Zusammenfassung: Systematische Behandlung der Abweichungen von Finanz- und Ergebnisrechnung bei direkter Finanzrechnung**
Anhand der bekannten Systematisierung der Rechnungsgrößen lassen sich die beschriebenen Buchungsfälle zuordnen. Der Buchungsfall 3 ist dabei jeweils als Kombination der Buchungsfälle 2 und 1 (Buchungsfall 3 a) oder 1 und 4 (Buchungsfall 3b) zu betrachten. In einem Geschäftsvorfall gibt es bei Vorliegen des Buchungsfalls 3 a sowohl zahlungsgleiche Aufwendungen oder Erträge als auch Zahlungen, denen keine Aufwendungen und Erträge gegenüberstehen. Im Buchungsfall 3b liegen z. T. zahlungsgleiche Aufwendungen und Erträge vor, zum anderen Teil liegen Aufwendungen oder Erträge vor, die in derselben Periode nicht zu Zahlungen führen. Zur korrekten Abbildung von Finanz- und Ergebnisrechnung ist in diesen Fällen der jeweilige Geschäftsvorfall in beide Bestandteile (2 und 1 bzw. 1 und 4) aufzuteilen und buchhalterisch separat zu erfassen.

Die nachfolgende Darstellung zeigt die Systematisierung im Überblick:

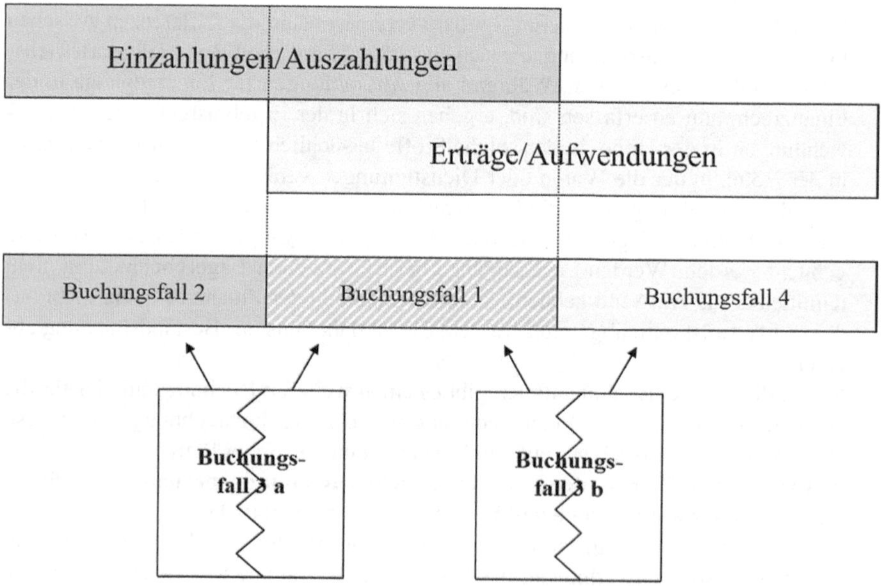

Bei der Bebuchung der Finanzrechnung sind für alle Varianten der Buchungsfälle 1 bis 3 Wege zur Erfassung der Geschäftsvorfälle auf den Konten der Finanzrechnung zu entwickeln. Dabei ist die Minimierung des Buchungsaufwands in den Vordergrund zu stellen, da bei der überwiegenden Zahl der Fälle eine Ableitung der Kontierung der Finanzrechnungskonten aus der Ergebnisrechnung möglich ist. Auch bei der überwiegenden Zahl der Buchungsfälle unter 3a ist dies möglich, da die Abgrenzung in der Ergebnisrechnung erst im Rahmen des Jahresabschlusses erfolgt.

18.2 Einzahlungen aus Investitionstätigkeit

Zu den Einzahlungen aus Investitionstätigkeit gehören

- Investitionszuwendungen, Beiträge (Hauptkonto 820),
- Einzahlungen aus Abgängen von Vermögensgegenständen des Sachanlagevermögens und des immateriellen Anlagevermögens (Hauptkonto 822) und
- Einzahlungen aus Abgängen von Vermögensgegenständen des Finanzanlagevermögens (Hauptkonto 823).

Diese Zahlungspositionen (§ 47 Abs. 1 GemHVO) werden in der Finanzrechnung zum Zeitpunkt des Zahlungseinganges in voller Höhe erfasst. Insbesondere im Bereich der Zuwendungen, der Veräußerungserlöse und der Beiträge ergeben sich bei der Betrachtung der Zahlungsströme in der Finanzrechnung individuelle Abweichungen zur Ertragssicht. Während bei Beiträgen und Zuwendungen der Ertrag sich aus der Verteilung der Einzahlungen auf den Nutzungszeitraum der damit finanzierten Investition ergibt, liegt ein Ertrag bei einer Vermögensveräußerung nur in Höhe der positiven Differenz zwischen Veräußerungserlös und Restbuchwert zum Zeitpunkt der Veräußerung vor. Die Erfassung in der Finanzrechnung ist bei diesen Positionen unproblematisch, da sich der Einzahlungsbetrag unmittelbar aus dem Zugang auf dem Bankkonto ergibt.

18.3 Einzahlungen aus Finanzierungstätigkeit (Hauptkonto 826)

Die Einzahlungen aus Finanzierungstätigkeit (§ 47 Abs. 1 Nr. 31 GemHVO) beinhalten zunächst die Kreditaufnahmen für die Investitionstätigkeit der Kommune. Die buchhalterische Abwicklung geschieht bei einer Kreditaufnahme für Investitionen in folgender Weise:

1. Abschluss eines Kreditvertrages über 1 Mio. € bei 100 % Auszahlung:
   Keine Buchung, da noch keine Änderung des Vermögensbestandes eingetreten ist
2. Eingang des Kreditbetrages auf dem Konto der Kommune:

280 Bank	an	420 Verb. Kredite f. Investitionen	1 Mio. €

Bei Zahlungseingang erfolgt gleichzeitig die Mitkontierung des passenden Finanzrechnungskontos 826 „Einzahlungen aus der Aufnahme von Krediten für Investitionen und Begebung von Anleihen". Da die Passivkonten der Kreditverbindlichkeiten tiefer unterteilt sind als die Finanzrechnungskonten, kann für die Mitkontierung der Finanzrechnung auch in diesem Fall eine Buchungslogik im Buchhaltungsprogramm hinterlegt werden.

18.4 Versorgungsauszahlungen (Hauptkonto 831)

Auszahlungen an Versorgungsempfänger (Pensionäre) oder andere ehemalige Beschäftigte, die auf Versorgungszusagen zurückzuführen sind, die während der aktiven Beschäftigungszeit gegeben wurden, fallen unter die Versorgungsauszahlungen.

Wesentlich sind dabei die Versorgungsauszahlungen für Beamte. Soweit für ehemalige Beschäftigte noch Sozialversicherungsbeiträge zu zahlen sind, werden diese ebenfalls als Versorgungsauszahlungen erfasst. Gleiches gilt für Beihilfen und sonstige Unterstützungsleistungen für ehemalige Beschäftigte.

Bei Erfassung der Auszahlungen für Versorgungsempfänger ist auf den Unterschied zur Ergebnisrechnung zu achten. Während als Versorgungsauszahlungen alle Beträge erfasst werden, die in einem Haushaltsjahr zahlungswirksam werden, ist in der Ergebnisrechnung auch die Zuführung zu den Pensionsrückstellungen und ihre evtl. Inanspruchnahme bzw. Auflösung zu erfassen.

18.5 Auszahlungen aus Investitionstätigkeit (Hauptkonten 840–844)

Die Hauptkonten 840 bis 844 umfassen alle Auszahlungen im Bereich der Investitionstätigkeit der Kommunen. Damit sind die Zeilen 24 bis 27 der Finanzrechnung (Muster 15) aus den Konten dieser Gruppe abzuleiten.

Als Investitionsauszahlungen werden alle Auszahlungen für den Erwerb von Vermögensgegenständen des Anlagevermögens einschließlich der Finanzanlagen erfasst (vgl. § 58 Nr. 18 GemHVO). Entscheidend für die Zuordnung der Auszahlungen als Investitionsauszahlungen ist die Aktivierbarkeit (vgl. Ziff. 16.3.1) der durch die Zahlung erworbenen Sach- oder Finanzanlagen.

Die Differenzierung der Auszahlungsarten im Bereich der Investitionsauszahlungen richtet sich nach den Anforderungen des Finanzhaushaltes (§ 3 Abs. 1 GemHVO) und der Finanzrechnung (§ 47 Abs. 1 GemHVO). Demnach sind hier separat zu erfassen:

- Auszahlungen für den Erwerb von Grundstücken und Gebäuden
- Auszahlungen für Baumaßnahmen
- Auszahlungen für Investitionen in das sonstige Sachanlagevermögen und immaterielle Anlagevermögen
- Auszahlungen für Investitionen in das Finanzanlagevermögen

Unter die Investitionsauszahlungen fallen demnach auch Investitionszuwendungen der Gemeinde an Dritte, die damit gleichzeitig eine Investition der Gemeinde darstellen. Dies stellt sicher eine Ausnahme dar und ist nur dann der Fall, wenn die allgemeinen Voraussetzungen der Aktivierungsfähigkeit vorliegen (vgl. Nr. 2 Hw. zu § 38 GemHVO und Ziff. 16.3.1).

18.6 Auszahlungen für die Tilgung von Investitionskrediten (Hauptkonto 846)

Als Auszahlungen im Bereich der Finanzierungstätigkeit sind die Tilgungen von Investitionskrediten, Krediten zur Liquiditätssicherung sowie die Leistungen an das Sondervermögen Hessenkasse zu erfassen. Die Tilgungen von Investitionskrediten werden in der Finanzrechnung (Muster 15) in der Zeile 32 ausgewiesen. Die Tilgungen von Krediten zur Liquiditätssicherung (Kassenkredite) werden ausschließlich im Jahresabschluss in der Finanzrechnung in Zeile 36 abgebildet.

Bei den Ein- und Auszahlungen im Bereich der Finanzierungstätigkeit (Kreditaufnahme und -tilgung) ist grundsätzlich zu beachten, dass sich durch unterjährige Umschuldungen im Bereich der Finanzrechnung erhebliche Abweichungen der Ergebnisse von den Planwerten ergeben können. Außerdem können die Kreditaufnahmen in den seltensten Fällen vollständig im jeweiligen Haushaltsjahr abgewickelt werden, da die zugehörigen Investitionen sich aus verschiedensten Gründen oftmals verzögern.

18.7 Übung

Siehe zu diesem Abschnitt Sachverhalt 1 zu Kap. 18 im Übungsband.

18.8 Kapitalflussrechnung als Teil des Gesamtabschlusses

Der zusammengefasste Jahresabschluss (Ziff. 15.8.3) ist gem. § 112a Abs. 5 HGO um eine Kapitalflussrechnung zu ergänzen. Nähere Regelungen dazu finden sich in § 54 GemHVO und den entsprechenden Hinweisen.

Neben der Zusammenfassung von Bilanzen und Gewinn- und Verlustrechnungen ist also auch eine Zusammenfassung der Finanzrechnung der Kernverwaltung mit den Zahlungsströmen der in § 112a Abs. 1 HGO beschriebenen Aufgabenträger vorzunehmen. In diesem Zusammenhang erweist es sich als besonders problematisch und arbeitsintensiv, dass für diese Aufgabenträger i. d. R. keine Finanzrechnungen oder Kapitalflussrechnungen vorliegen und diese Informationen analog der indirekten Finanzrechnung gewonnen werden müssen.

Diese Kapitalflussrechnung als dritte Säule der Rechnungslegung soll die Informationen aus zusammengefasster Vermögensrechnung und zusammengefasster Ergebnisrechnung um zusätzliche Informationen ergänzen, die die Finanzlage des „Konzerns Kommune“ abbilden und über Herkunft und Verwendung der liquiden Mittel im abgelaufenen Haushaltsjahr Auskunft geben. Dabei gilt ebenfalls die Einheitsfiktion nach Nr. 1.2 Hw. zu § 53 GemHVO. Auch die Zahlungsströme sind demnach um Transaktionen zu bereinigen, die sich zwischen den einzelnen Beteiligungen abspielen. Nur so liefert die Kapitalflussrechnung ein tatsächliches Bild der finanziellen Entwicklung des Konzerns Kommune.

Auf die Kapitalflussrechnung findet nach § 54 GemHVO der Deutsche Rechnungslegungsstandard Nr. 21 (DRS 21) – Kapitalflussrechnung – vom 4. Februar 2014 (BAnz AT 8. April 2014 B2) in der jeweils geltenden Fassung entsprechende Anwendung.

Der DRS 21 sieht in diesem Zusammenhang ebenso eine direkte Ermittlung der Finanzrechnung (wie sie bei hessischen Kommunen verpflichtend ist), wie auch eine indirekte Variante (wie sie im Handelsrecht geboten ist) vor. Als Mindestgliederung wird nach Nr. 2 Hw. zu § 54 GemHVO entweder die den Hinweisen zur GemHVO beigefügte Anlage Nr. 4 oder Anlage Nr. 5 empfohlen.

– Kapitel 19 –

Inhaltsverzeichnis

19. Kosten- und Leistungsrechnung

Zur Unterstützung der Verwaltungssteuerung und für die Beurteilung der Wirtschaftlichkeit und Leistungsfähigkeit bei der Aufgabenerfüllung ist eine Kosten- und Leistungsrechnung zu führen. Deren Ausgestaltung bestimmt die Gemeinde nach ihren örtlichen Bedürfnissen (§ 14 GemHVO). Mit dieser zurückhaltenden und offenen Formulierung gibt der Verordnungsgeber den Kommunen auf, moderne Weiterentwicklungen des Rechnungswesens nach örtlichem Bedarf einzuführen und zu nutzen. Die Einführung von Kosten- und Leistungsrechnung (KLR) ist als unverzichtbares Element eines Output-orientierten Rechnungswesens Pflicht, aber in der Ausgestaltung sind die Kommunen frei und müssen sich nur am eigenen Steuerungsbedarf, nicht an praxisfernen Festlegungen orientieren.

Aus betriebswirtschaftlicher Sicht ist diese gesetzgeberische Zurückhaltung sehr zu begrüßen, da jede Kommune andere Erwartungen an eine zielführende KLR haben dürfte. Es wird am Geschick von entwicklungsfähigen Verwaltungspraktikern und der Überzeugungskraft und Beharrlichkeit der Einrichtungen für die Verwaltungsausbildung liegen, in welchem Tempo sich dieser gesetzgeberisch wenig strukturierte, aber für die Zukunftsfähigkeit der Kommunen wichtige Bereich für die Verwaltungspraxis weiterentwickelt.

Die Reform des kommunalen Rechnungswesens hat inzwischen deutliche Fortschritte vorzuweisen. Nachdem nun viele Kommunen den Erstellungsrückstand bei kommunalen Jahresabschlüssen zumindest größtenteils aufgeholt haben dürften, gilt es, den Fokus neuen Aufgaben zuzuwenden. Hier dürfte vor allem die KLR zunehmend in den Mittelpunkt rücken. Eine individuell angepasste KLR kann zur Entscheidungsfindung beitragen, zusätzliche Wirtschaftlichkeitsinformationen liefern und komplexe Verfahrensabläufe transparent darstellen.

19.1 Zwecke der Kosten- und Leistungsrechnung

Unmittelbar aus § 14 GemHVO können die Zwecke

- Unterstützung der Verwaltungssteuerung und
- Verbesserung der Wirtschaftlichkeit der kommunalen Aufgabenerfüllung

entnommen werden. Darüber hinaus dient die KLR in einigen Verwaltungsbereichen schon seit längerem der

- Ermittlung von Produktkosten und
- Kalkulation kostendeckender Entgelte (inkl. Gebührenkalkulation nach KAG).

In den Hinweisen zu § 14 GemHVO führt das zuständige Ministerium aus:

1. *Die Kosten- und Leistungsrechnung ist in allen Produktbereichen der Gemeinde zu führen. Die Ausgestaltung der Kosten- und Leistungsrechnung in den einzelnen Produktbereichen ist von der Gemeinde nach ihren Bedürfnissen zu bestimmen.*

2. *Bestandteile der Kostenrechnung sind die Kostenartenrechnung, die Kostenstellenrechnung und die Kostenträgerrechnung.*
3. *Mit der Kosten- und Leistungsrechnung wird eine wirksame Steuerung und Kontrolle des Haushaltsvollzugs und der Haushaltsplanung ermöglicht. Durch die von der Kosten- und Leistungsrechnung zur Verfügung gestellten Informationen wird die Beurteilung der Wirtschaftlichkeit bei der Aufgabenerfüllung unterstützt. Sie kann zudem als Grundlage für eine umfassende Steuerungsunterstützung (Controlling) genutzt werden.*
4. *Mit den Ergebnissen der Kosten- und Leistungsrechnung wird transparent, welche Kosten der Gemeinde für die Produkte und Dienstleistungen entstehen. Diese Kostentransparenz ist insbesondere bei der Festlegung von kostendeckenden Gebühren und Entgelten unverzichtbar.*

Aus Nr. 4 Hw. zu § 14 GemHVO und § 10 KAG ergibt sich zudem, dass eine Kosten- und Leistungsrechnung zur Berechnung kostendeckender Gebühren unerlässlich ist. Nach § 10 Abs. 1 KAG sind die Gebührensätze für die Inanspruchnahme öffentlicher Einrichtungen in der Regel so zu bemessen, dass die **Kosten der Einrichtung** gedeckt werden. Gem. Abs. 2 sind die Kosten nach **betriebswirtschaftlichen Grundsätzen** zu ermitteln. Außerdem bekam die Kosten- und Leistungsrechnung mit der Neufassung des § 10 Abs. 7 KAG vom 24. März 2013 eine noch stärkere Bedeutung, da daraufhin die Gebührenpflichtigen grundstücksbezogener Benutzungsgebühren berechtigt sind, in die Kostenrechnung und die Gebührenkalkulation Einsicht zu nehmen.

19.2 Kostenartenrechnung

Während das frühere öffentliche Rechnungswesen allein auf die Dokumentation und die Steuerung von Zahlungsströmen ausgerichtet war, hat sich die Doppik die Dokumentation von Ressourcenaufkommen und -verbrauch zum Ziel gesetzt. Nach dem Prinzip der wirtschaftlichen Zugehörigkeit sind Aufwendungen und Erträge unabhängig von den damit ggf. zusammenhängenden Zahlungsströmen in Haushaltsplan und Jahresabschluss desjenigen Haushaltsjahres auszuweisen, dem sie wirtschaftlich zuzuordnen sind (vgl. § 10, § 40 Nr. 4 GemHVO). Maßgebend sind die im Rahmen der Grundsätze ordnungsmäßiger Buchführung (GoB) und von der Betriebswirtschaft geprägten Definitionen.

Aufwand ist nach § 58 Nr. 5 GemHVO der Wert der in einer Periode verbrauchten Güter und Dienstleistungen.

Ertrag ist lt. § 58 Nr. 15 GemHVO der Wertzuwachs in einer Periode.

Im Hinblick auf die angestrebten Zwecke der Wirtschaftlichkeitssteuerung und der Entgeltkalkulation und insbesondere durch die Prägung im Rahmen der GoB, auf die auch Aspekte der Steuergesetzgebung großen Einfluss genommen haben, dokumentieren die Aspekte von Aufwand und Ertrag aus Sicht der Betriebswirtschaftslehre immer noch nicht ausreichend das betriebliche Geschehen.

Bereits im vergangenen Jahrhundert hat die Betriebswirtschaftslehre neben dem durch rechtliche Rahmenbedingungen geprägten externen Rechnungswesen, dessen Kernbereich oft als kaufmännische Buchführung bezeichnet wird, ein **internes Rechnungswesen** entwickelt, das im Kern als Kosten- und Leistungsrechnung anzusprechen ist.

Dabei definiert die Betriebswirtschaftslehre diese Begriffe in mancher Hinsicht deutlich anders, als sie manch einer sonst zu verstehen meint. Eine sinnvolle Anwendung können diese Begriffe aber nur finden, wenn man sich ihrer speziellen Bedeutung in diesem Zusammenhang bewusst macht.

Die Kernbegriffe der Kosten- und Leistungsrechnung sind wie folgt definiert:

Kosten stellen den in Geldeinheiten bewerteten Verzehr an Produktionsfaktoren **zur Erstellung betrieblicher Leistungen** in einer Periode (Input) dar.

Leistungen sind der Wert der in einer Periode **durch die betriebliche Tätigkeit** erzeugten Güter oder Dienstleistungen (Output).

Erst durch die Messung von Leistungen und Kosten lassen sich sinnvolle Aussagen und Entscheidungen zur Wirtschaftlichkeit eines Betriebes treffen:

$$\text{Wirtschaftlichkeit} = \frac{\text{Leistungen}}{\text{Kosten}}$$

Worin nun unterscheiden sich Aufwendungen und Kosten einerseits sowie Erträge und Leistungen andererseits? Der Unterschied ist nur zum Teil aus den Definitionen ablesbar:

Kosten und Leistungen sind immer streng auf die betriebliche Produktion ausgerichtet, während Aufwendungen und Erträge oft auch abseits der Produktion eintreten. Nähere Einzelheiten sind den nachfolgenden Ziffern zu entnehmen.

19.2.1 Neutraler Aufwand

Der Begriff „neutraler Aufwand" kennzeichnet in der Betriebswirtschaftslehre denjenigen Verbrauch an Produktionsfaktoren, der erfolgt oder der festgestellt wird, ohne einen positiven Einfluss auf den Produktionserfolg des Betriebes zu nehmen. Hierbei wird zwischen außerordentlichem, periodenfremden und betriebsfremden Aufwand unterschieden, wobei oft auch Sachverhalte festzustellen sind, die die Bedingungen von mehr als einer der nachfolgenden Definitionen erfüllen, dies gilt namentlich für periodenfremden Aufwand, der oft auch außerordentlichen Aufwand darstellt.

19.2.1.1 Außerordentlicher Aufwand

Als außerordentlich wird derjenige Aufwand bezeichnet, der selten oder unregelmäßig anfällt, insbesondere fallen hierunter Schadensereignisse und Naturkatastrophen, die dazu führen, dass mitunter ein hoher Verzehr an Produktionsfaktoren auftritt, ohne dass überhaupt eine betriebliche Leistung erstellt wird. Insbesondere im Hinblick auf jede vernünftige Kalkulation von Entgelten, aber auch im Hinblick auf sinnvolle Vergleiche, müssen solche außergewöhnlichen Elemente, die die kaufmännische Buchführung nach den Regeln der GoB erfassen muss, aus der Betriebsbuchführung ausgeschieden werden. Dies ist in den geltenden Regeln der GemHVO insoweit bereits eingearbeitet, als ein außerordentliches Ergebnis getrennt vom ordentlichen Ergebnis der Haushaltswirtschaft darzustellen ist. Im kommunalen Verwaltungskontenrahmen (KVKR, Muster 12 zur GemHVO) ist die Kontengruppe 79 für außerordentlichen Aufwand vorgesehen.

19.2.1.2 Periodenfremder Aufwand

Unter dem Begriff des periodenfremden Aufwandes ist derjenige Verzehr an Produktionsfaktoren anzusprechen, der wirtschaftlich bereits einer abgeschlossenen Periode (einem früheren Haushaltsjahr) zuzuordnen ist, der aber erst nach Abschluss der Bücher des Jahres der Verursachung erkannt wird und deshalb nach den GoB alsbald in den noch offenen Büchern eines folgenden Jahres zu verbuchen ist. Im Bereich der öffentlichen Verwaltung spielen hier insbesondere Altlasten eine bedeutende Rolle, die mitunter vor Jahrzehnten durch Verhaltensweisen entstanden sind, die man damals nicht als umweltschädigend ansah, deren umweltschädigende Wirkung aber heute zu kostspieligen Beobachtungs-, Sicherungs- und Sanierungsmaßnahmen zwingt. Das Hauptkonto 797 ist im KVKR für periodenfremden Aufwand vorgesehen. Bereits der Begriff „Altlasten" verdeutlicht, dass die Verursachung dieses Aufwandes in der Vergangenheit liegt. In der kommunalen Praxis kann es zu einer Vielzahl von Aufwendungen kommen, die wirtschaftlich Vorjahren zuzuordnen sind.[1]

19.2.1.3 Betriebsfremder Aufwand

Als betriebsfremder Aufwand ist anzusprechen, wenn betriebliche Mittel für andere als die betrieblichen Zwecke eingesetzt werden. Dies dürfte im Rahmen der öffentlichen Verwaltung gegenüber den beiden vorher genannten Kriterien eher von geringerer Bedeutung sein. Wenn die anonyme Spende eines Unternehmers, von der wegen ihrer Anonymität nicht mal eine Werbewirkung für den Betrieb ausgeht, als betriebsfremd charakterisiert werden kann, so verfolgt diese Spende, wenn sie ausnahmsweise von einer öffentlichen Verwaltung für einen gemeinnützigen Zweck gegeben wird, zumeist auch wieder einen betrieblichen Zweck und kann so schwerlich als völlig betriebsfremd charakterisiert werden. Treffenderweise enthält der KVKR unter den Konten des außerordentlichen Ergebnisses keine Beschreibung für betriebsfremden Aufwand.

1 Die Ausgestaltung der Abgrenzung hat sich an den örtlichen Bedürfnissen zu orientieren.

Mit der getrennten Ausweisung außerordentlichen Aufwandes wurde im doppischen Haushaltsrecht für die hessischen Kommunen bereits ein erster wichtiger Schritt in Richtung KLR angelegt, wobei allerdings darauf hinzuweisen bleibt, dass ausweislich des KVKR im Haushaltsrecht der Begriff des außerordentlichen Aufwandes anstelle des in der Kostenrechnung üblichen Begriffes „Neutraler Aufwand" als Oberbegriff für den von der Kostenrechnung abzugrenzenden Aufwand benutzt wird.

19.2.2 Kalkulatorische Kosten

Unter dem Begriff der kalkulatorischen Kosten wird all derjenige produktionsbedingte Werteverzehr angesprochen, der aus verschiedenen Gründen noch gar nicht oder aus betriebswirtschaftlicher Sicht nicht zutreffend in die Betrachtung eingeflossen ist. Bisher nicht erfasste Kosten werden als **Zusatzkosten**, unzutreffend erfasste Kosten werden als **Anderskosten** bezeichnet. Es handelt sich dabei um die nachfolgend beschriebenen fünf kalkulatorischen Kostenarten.

Ein kalkulatorischer Unternehmerlohn, wie er in privatwirtschaftlichen Unternehmen angesetzt wird, kommt für Betriebe der öffentlichen Verwaltung nicht in Betracht, da hier nur abhängig Beschäftigte tätig werden.

19.2.2.1 Kalkulatorische Verzinsung

Jede Produktion von Gütern und Dienstleistungen erfordert den Einsatz von Kapital zur Finanzierung der Produktionsfaktoren. Es ist beispielhaft in den für die Erstellung der Leistungen genutzten Grundstücken, Gebäuden, Fahrzeugen, Maschinen und sonstigen Anlagen gebunden. Dieses Kapital kann entweder durch Fremdkapital oder durch Eigenkapital aufgebracht worden sein. Wird Fremdkapital eingesetzt, so verlangt der Kapitalgeber selbstverständlich Zinsen für die Kapitalbereitstellung. Diese Zinsen sind bereits in der Darstellung des Aufwandes erfasst. Stellt dagegen der Eigentümer des Betriebes Kapital zur Finanzierung des Betriebszweckes zur Verfügung, so verhindern die maßgeblich auch vom Steuerrecht geprägten GoB eine Erfassung von Zinsen als Aufwand, denn aus der Sicht des Steuerrechts stellen an den Eigentümer gewährte Zinsen zu versteuernden Gewinn dar. Betriebswirtschaftlich ist aber der produktive Beitrag von Kapital nicht sinnvoll danach zu unterscheiden, von wem dieses Kapital aufgebracht wurde. Jeder, der Kapital für Produktionsprozesse aufbringt, erwartet, dass sich dieses Kapital verzinst, sonst würde er dieses Kapital nicht in den Produktionsprozess investieren, sondern andere Anlageformen suchen, die seine Zinserwartungen erfüllen.

Aus diesen Überlegungen ergibt sich, dass auch das im Betrieb eingesetzte Eigenkapital verzinst werden muss. Dies wird unter dem Begriff „kalkulatorische Verzinsung" nachgeholt. Kalkulatorische Zinsen auf das Eigenkapital stellen Zusatzkosten dar, weil sie im bisherigen Abrechnungsprozess der Doppik überhaupt nicht erfasst wurden und deshalb in der Kostenrechnung vollständig hinzugerechnet werden müssen, um ein vollständiges Bild der von der Produktion verursachten Kosten zu entwickeln.

Im Hinblick auf die speziellen Verhältnisse der Kommunalverwaltung ergibt sich noch ein weiterer Aspekt: Die im Haushaltsrecht verankerte globale Kreditaufnahme verhindert oder erschwert zumindest eine konkrete Betrachtung, welche Teile des Produktivvermögens mit Fremd- oder Eigenkapital finanziert wurden. Die Vermögensrechnung liefert lediglich Informationen über die Höhe des insgesamt gebundenen Kapitals. Um sich aufwendige und vom Ergebnis her unergiebige Nebenrechnungen zu ersparen, bietet es sich deshalb an, das gesamte gebundene Kapital der kalkulatorischen Verzinsung zu unterwerfen. Dann ist es allerdings erforderlich, die für Fremdkapital berechneten Zinsen aus der Kostenrechnung zu eliminieren, weil sonst für Fremdkapital doppelt Zinsen in die Kostenrechnung einfließen würden. Im Hinblick auf die abrechnungstechnische Darstellung erhalten damit die kalkulatorischen Zinsen den Charakter von Anderskosten, weil die kalkulatorischen Zinsen letztlich mit anderen Beträgen in die Kostenrechnung einfließen als die in der Doppik erfassten Zinsen, die sich nur auf das eingesetzte Fremdkapital beziehen.

Zur konkreten Ermittlung der kalkulatorischen Verzinsung sind zwei Dinge zu klären:

- Wie hoch ist das in der jeweiligen Kostenrechnungsperiode **zu verzinsende Kapital**?
- Welcher **Zinssatz** ist darauf anzuwenden?

Im Hinblick auf die erste Frage ist darauf hinzuweisen, dass das im betrieblichen Produktionsprozess gebundene Kapital sich ständig verändert: Mit jeder produzierten Leistungseinheit sinkt der Wert der eingesetzten Produktionsanlagen durch Abnutzung, die durch Abschreibungen dargestellt werden. Mit jeder abgesetzten Leistungseinheit gewinnt der Betrieb Teile des gebundenen Kapitals zurück – vollständige Kostendeckung unterstellt. Diese ständige Veränderung kann allerdings in der Kostenrechnung nur unvollständig nachvollzogen werden. Üblicherweise hält man es für ausreichend, den Mittelwert aus den Buchwerten zum Periodenbeginn und zum Periodenende zu bilden und der Verzinsung zu unterwerfen.

In der Praxis wird gelegentlich auch ausschließlich auf den Jahresanfangs- oder den Jahresendwert abgestellt. Diese rechnerische Vereinfachung steht jedoch nicht mehr in einem nachvollziehbaren Verhältnis zu der damit erzielten Ungenauigkeit.[2] Ausgehend von der Verfahrensweise der Kostenvergleichsrechnung wird gelegentlich auch generell nur der halbe Anschaffungswert der Verzinsung unterworfen. Allerdings ist diese Methode so ungenau, dass sie im Rahmen von Entgeltkalkulationen nach KAG gerichtlich beanstandet wurde, weil sie die Belastung unzulässig in die Zukunft verschiebt. Betriebswirtschaftlich ist sie deshalb abzulehnen.

Die Festlegung des angemessenen Zinssatzes ist eine strategische Entscheidung des Verwaltungsbetriebes, die von der Betriebsleitung zentral zu treffen ist. Für den Bereich der Kalkulation von Benutzungsgebühren existieren Urteile, die Zinssätze von 5 % jedenfalls nicht als zu hoch ansehen.[3] Eine vernünftige betriebswirtschaftliche Beurteilung wird ihre Orientierung im Rahmen langfristig erzielbarer Zinssätze für Kapi-

2 Ein Abstellen auf den Jahresanfangswert würde gerichtlich keinen Bestand haben – ein Abstellen auf den Jahresendwert dagegen die Belastung nur unzureichend darstellen.

3 Vgl. VGH Kassel, Urt. vom 8.4.2014 – 5 A 1994.12 –.

talanlagen und Kredite suchen. Dabei ist der Unterschied zwischen den konkret oft als „Soll-“ und „Habenzinssätzen“ apostrophierten Zahlen oft geringer als deren Veränderung im Zeitablauf. Im Hinblick auf die von dieser Festlegung ausgehenden innerbetrieblichen Steuerungswirkung ist eine langfristige Orientierung sicher sinnvoll, unterjährige Veränderungen des kalkulatorischen Zinssatzes erscheinen problematisch. Im Grunde ist bei der Frage des Zinssatzes auch immer der jeweilige Betriebszweck zu berücksichtigen. Die Kostenrechnung in der Abwasserversorgung basiert auf Anlagegütern, die in der Regel 50 bis 80 Jahre genutzt werden. Da in den meisten Fällen auch entsprechend lange Finanzierungen abgeschlossen wurden, erscheint eine längerfristige Betrachtung der Zinsentwicklung durchaus sinnvoll, da die momentane Zinsphase möglicherweise nur eine Momentaufnahme darstellt. Im Vergleich dazu muss die Kostenrechnung im Bereich der IT von wesentlich kürzeren Nutzungs- und Finanzierungszeiträumen ausgehen und daher die günstigen Finanzierungskonditionen tendenziell früher in die maßgeblichen Berechnungen einbeziehen.

Berechnungsbeispiel:
gebundenes Kapital am Periodenanfang: 1.100.000 €
gebundenes Kapital am Periodenende: 900.000 €

durchschnittlich gebundenes Kapital (1.100.000 + 900.000) : 2 = 1.000.000 €

kalkulatorische Verzinsung pro Jahr = 1.000.000 × 5 % = 50.000 €

Schließlich bleibt noch festzuhalten, dass bei allen Betrachtungen zur Kostenrechnung wesentliche Unterschiede zwischen der allgemeinen Kosten- und Leistungsrechnung und der Kalkulation von Gebühren festzuhalten sind. Die allgemeine Kosten- und Leistungsrechnung, wie sie von § 14 GemHVO gefordert wird, dient als Entscheidungshilfe im Rahmen verschiedenster Wirtschaftlichkeitsvergleiche und -betrachtungen und der Berechnung interner Leistungsbeziehungen. Die Gemeinde ist hier weitestgehend frei in ihren Berechnungen. Im Vergleich dazu ist die Kostenrechnung, die im Rahmen von § 10 KAG zu Kalkulation von Gebühren dienen soll, direkt an die zugehörigen Rechtsvorschriften und vor allem an die ergangene Rechtsprechung gebunden. Die Gebührenzahler haben das Recht auf landesweit einheitliche Kalkulationen und können dies auf dem Gerichtsweg auch regelmäßig nachprüfen lassen.

19.2.2.2 Kalkulatorische Abschreibungen

Abschreibungen wurden bereits im Prozess der Aufwandserfassung nach den GoB verbucht. Im Rahmen der Kostenrechnung ist jedoch zu überprüfen, ob die erfassten Werte den betriebswirtschaftlichen Anforderungen entsprechen, insoweit sind kalkulatorische Abschreibungen als Anderskosten zu betrachten, weil sie u. U. mit anderen Werten in die Kostenrechnung eingehen als sie in der doppischen Ergebnisrechnung dargestellt sind. Veränderungen können sich in folgenden Bereichen ergeben:
- Wert des abzuschreibenden Produktionsfaktors

- Abschreibungsdauer
- Abschreibungsbeginn (und -ende)
- Abschreibungen für nicht aktivierungsfähige Vermögensgegenstände

Abschreibungen auf beitragsfinanzierte Investitionen dürfen gem. § 10 Abs. 2 Satz 4 KAG nur angesetzt werden, wenn die zu ihrer Finanzierung erhobenen Beiträge jährlich in einem der Abschreibung entsprechenden Zeitraum ertragswirksam aufgelöst werden. Damit soll verhindert werden, dass die gleiche Leistung doppelt vom Abgabenzahler finanziert wird.

In die GoB eingeflossene Regelungen des Steuerrechts schreiben für die bisher erfassten bilanziellen Abschreibungen vor, die Abschreibungen von den (historischen) **Anschaffungswerten** zu berechnen. Aus der Sicht der Betriebswirtschaftslehre müssen jedoch beachtliche Zweifel aufkommen, wenn z. B. ein im Jahre 1960 errichteter Abwasserkanal einen historischen Anschaffungswert von 20.000 € besitzt, der nach übereinstimmender Ansicht der Baufachleute heute in gleicher Dimension hergestellt Anschaffungskosten von 1.000.000 € verursachen würde. Die Betriebswirtschaftslehre hält es deshalb seit langem für berechtigt und sinnvoll, Abschreibungen von aktuellen **Wiederbeschaffungs*zeit*werten** statt von historischen Anschaffungswerten zu berechnen, obwohl Wiederbeschaffungszeitwerte nicht mit der gleichen Akribie zu ermitteln sind wie die tatsächlichen Anschaffungswerte.

Allerdings können sich exakt ermittelte Anschaffungswerte so weit von aktuellen Realitäten entfernen, dass der Verlust von Genauigkeit weitaus geringer wiegt als der Verlust von Realitätsbezug. Deshalb hat die Berücksichtigung von Wiederbeschaffungszeitwerten bereits positiven Einzug in die Rechtsprechung[4] von Verwaltungsgerichten zu Gebührenfragen gefunden und auch die Gesetzgebung einiger Bundesländer zu den Kommunalabgaben greift bereits den Begriff der Wiederbeschaffungszeitwerte ausdrücklich auf, ohne jedoch deren Anwendung zu erzwingen. Die Anwendung von Wiederbeschaffungszeitwerten in der kommunalen Kostenrechnung steht damit im Ermessen der jeweiligen Kommune, § 10 Abs. 2 Satz 5 KAG sieht die Berechnung der Abschreibungen von Wiederbeschaffungszeitwerten in Hessen als Wahlmöglichkeit der Gemeinde ausdrücklich vor.

Zur Ermittlung der Wiederbeschaffungszeitwerte kann die Kommune weder reale Erwerbsvorgänge noch Ausschreibungen heranziehen. In der Praxis bedient man sich zur Ermittlung aktueller Wiederbeschaffungszeitwerte der Indexmethode; d. h. der historische Anschaffungswert wird zu dem für das Anschaffungsjahr maßgeblichen Wert des zutreffenden Preisindex für den betroffenen Vermögensgegenstand ins Verhältnis gesetzt und schließlich mit dem aktuellen Wert für diesen Preisindex multipliziert. Das statistische Bundesamt stellt für derartige Zwecke eine Vielzahl von Preisindexreihen zur Verfügung.

4 Vgl. OVG NW, Urt. vom 5.8.1994 – 9 A 1248/92 –.

Berechnungsbeispiel:

Anschaffungswert eines Verwaltungsgebäudes im Jahre 1980:	*100.000 €*
Preisindex für die Errichtung von Bürogebäuden im Jahre 1980[5]	*44,5*
Preisindex für die Errichtung von Bürogebäuden im Jahre 2022[6]	*149,9*
aktueller Wiederbeschaffungszeitwert für das Verwaltungsgebäude	*336.850 €*
betriebsgewöhnliche Nutzungsdauer	*50 Jahre*
bilanzielle Abschreibung	*2.000 €*
kalkulatorische Abschreibung	*rd. 6.737 €*

Maßgebend für die Berechnung der planmäßigen Abschreibung ist die zu prognostizierende bei der Gemeinde betriebsgewöhnliche Nutzungsdauer.[7] Zur Unterstützung wurde von Seiten des Landes eine NKRS-Abschreibungstabelle veröffentlicht, die für diverse Vermögensgegenstände Orientierungsdaten liefert. Die dort niedergelegten Nutzungsdauern sind demzufolge nicht verbindlich vorgeschrieben, sondern geben Hilfestellung für die Festlegung individueller Nutzungsdauern vor Ort. So ordnet die NKRS-Abschreibungstabelle einem Pkw beispielsweise eine Nutzungsdauer von acht Jahren zu, obwohl kaum jemand einen acht Jahre alten PKW regelmäßig für wertlos halten würde und insbesondere auch in der Praxis der Kommunalverwaltung Dienstwagen häufig wesentlich länger wirtschaftlich genutzt werden.

Da jedoch in der Kommunalverwaltung i. d. R. durch erhöhte Abschreibungen keine Steuerbelastungen verringert werden können,[8] sollte bei der Festlegung von Abschreibungszeiträumen von vornherein ein realistischer Maßstab gewählt werden, um Verzerrungen in der Kostenrechnung zu vermeiden. Insoweit kann dann eine Neubewertung der Abschreibungen unterbleiben.

Hinsichtlich des Abschreibungsbeginns kann sich ein Korrekturbedarf aus der wortgetreuen Anwendung der Regelungen des § 43 Abs. 2 GemHVO ergeben, denn im Sinne der kalkulatorischen Abschreibung ist auf den Beginn der Nutzungsdauer (Inbetriebnahme) abzustellen, wobei jedoch eine monatsgenaue Abgrenzung stets als ausreichend betrachtet wird. Bei sinngemäßer Anwendung der Regelungen des § 43 lässt sich auch hier eine Neubewertung i. d. R. vermeiden.

Letztlich sind hier noch Abschreibungen für Vermögensgegenstände in Betracht zu ziehen, die nach GoB nicht aktiviert werden und auf die insofern auch keine bilanziellen Abschreibungen berechnet werden dürfen. In Betracht kommen z. B. selbst erstellte immaterielle Vermögensgegenstände, z. B. selbst erstellte Software. Auch wenn hier nach der Tradition des HGB aus Gründen des Gläubigerschutzes eine Aktivierung verboten ist, kann es betriebswirtschaftlich ausgesprochen sinnvoll sein, die Aufwendun-

5 Statistisches Bundesamt, www.destatis.de, Fachserie 17, Reihe 4, November 2022, Baupreise für Nichtwohngebäude, Bürogebäude.

6 Ebenda.

7 § 43 Abs. 1 GemHVO spricht hier zutreffend von der Dauer, in der der Vermögensgegenstand voraussichtlich genutzt werden kann.

8 Dieser Umstand ist gerade in der Privatwirtschaft der Hauptanreiz für möglichst kurze Nutzungsdauern.

gen der Erstellung dieser Software nicht dem in dieser Hinsicht noch unproduktivem Erstellungsjahr, sondern den nachfolgenden Jahren der produktiven Anwendung dieser Software mittels kalkulatorischer Abschreibungen zuzurechnen (wäre die gleiche Software von Drittanbietern oder einem ausgelagerten IT-Servicezentrum entgeltlich erworben worden, würde dies zweifelsohne so geschehen).

Im Übrigen sind aus kostenrechnerischer Sicht auch andere Abschreibungsvarianten denkbar. Die GemHVO sieht in § 43 in Ausnahmefällen neben der linearen Abschreibung die degressive oder auch die Leistungsabschreibung vor. Darüber hinaus wäre im Rahmen der Kosten- und Leistungsrechnung sogar die progressive Abschreibung grundsätzlich anwendbar.

19.2.2.3 Kalkulatorische Rückstellungen

Grundsätzlich sind hinsichtlich der kalkulatorischen Rückstellungen identische Überlegungen anzustellen wie zu den kalkulatorischen Abschreibungen. Da jedoch die Kriterien sowohl für bilanzielle als auch für kalkulatorische Rückstellungen i. d. R. nur im Rahmen eines fachlichen Gutachtens zu klären sind, verbieten sich an dieser Stelle weitergehende Ausführungen.

19.2.2.4 Kalkulatorische Miete

Die Bewertung des Verzehrs von abnutzbaren Vermögensgegenständen, also auch von Gebäuden und Räumen, erfolgt betriebswirtschaftlich regelmäßig über die Ermittlung von Abschreibung und Verzinsung. Dazu werden jedoch sachgerechte Wertansätze für diese Vermögensgegenstände benötigt, die mitunter nur mit hohem Aufwand zu schaffen sind. Ganz besonders trifft dies für historischen Gebäudealtbestand zu, dessen Substanz durch zahlreiche Um-, An- und Erweiterungsbauten immer wieder verändert wurde. Insbesondere für derartige Fälle bietet das Konzept der kalkulatorischen Miete eine leicht zu handhabende und zu erklärende Alternative, die den betriebswirtschaftlichen Erfordernissen voll entspricht.

Generell ist die kalkulatorische Miete für alle Vermögensgegenstände anwendbar, die einen wirtschaftlichen Beitrag zum Produktionsergebnis leisten, ohne schon anderweitig angemessen in die Kostenberechnung eingeflossen zu sein.

Für die praktische Anwendung z. B. auf Büroräume in historischen Gebäuden genügt es, die Grundfläche und den Quadratmetersatz der Vergleichsmiete im Umfeld dieses Gebäudes zu bestimmen. Zu- und Abschläge wegen der Besonderheiten des genutzten Gebäudes können dabei durchaus Beachtung finden.

Berechnungsbeispiel:

genutzte Bürofläche	*400 m²*
Vergleichsmiete für gewerblichen Büroraum am Standort, pro Monat	*10 €/m²*
Abschlag wegen ungünstiger Zuschnitte und hoher Heizkosten	*./. 10 %*
Kalkulatorische Miete pro Jahr	*43.200 €*

19.2.2.5 Kalkulatorisches Wagnis

Für die Anwendung im kommunalen Bereich ist zuletzt das kalkulatorische Wagnis in Betracht zu ziehen. Grundsätzlich gehen die Versicherungsprämien für versicherte Risiken selbstverständlich in die Kostenberechnung ein. Allerdings können nicht alle wirtschaftlichen Risiken, die sich mit der Produktion und dem Absatz von Gütern verbinden, versichert werden und betriebswirtschaftlich erscheint es auch nicht ratsam, Risiken, die der Betrieb selbst tragen kann, zu versichern. Gleichwohl sind diesen Risiken Kosten zuzumessen, auch wenn hier keine Versicherungsprämien gezahlt werden. Sinnvoller Maßstab für versicherbare Risiken ist die dadurch ersparte Versicherungsprämie. Probleme bereiten allerdings solche Risiken, für die keine Versicherung zu finden ist. Im Hinblick auf die angestrebte Steuerungsunterstützung der Kostenrechnung kann es unter dem Eindruck tendenzieller Überversicherung im Bereich der öffentlichen Verwaltung durchaus sinnvoll erscheinen, zunächst auf den Ansatz eines kalkulatorischen Wagnisses zu verzichten bzw. nur sehr zurückhaltende Ansätze zu wählen. Für längerfristige Überlegungen sollte aber das dahinter liegende Risiko nicht ohne Bewertung bleiben.

19.2.3 Abgrenzungsrechnung

Traditionell werden die Auswirkungen der vorstehenden Überlegungen zur Überleitung von der doppischen Ergebnisrechnung in die Kostenartenrechnung mit einer sogenannten Abgrenzungsrechnung dargestellt, die früher manuell nachträglich nach Abschluss der doppischen Buchungen erstellt wurde. Moderne finanzwirtschaftliche Software bietet das sofortige „Durchbuchen" von mit Aufwand verbundenen Geschäftsvorfällen bis in die Kostenrechnung an oder erzwingt diese sogar. Hier muss neben jeder ergebnisrechnungswirksamen Buchung sofort auch mitkontiert werden, auf welchem Kostenrechnungskonto sich dieser Zweckaufwand[9] niederschlagen soll, oder ob es sich um neutralen Aufwand handelt. Gleichwohl muss auch hier die Ermittlung von Zusatz- und Anderskosten angestoßen werden, weil hierfür der doppische Buchungsprozess keine ausreichenden Anhaltspunkte liefert.

Für das Gesamtverständnis der Kosten- und Leistungsrechnung bietet eine solche traditionelle Abgrenzungsrechnung noch immer besseres Anschauungsmaterial als die geschäftsvorfallbezogene Einzelfallbetrachtung; deshalb sei nachfolgend ein Beispiel einer solchen Abgrenzungsrechnung dargestellt.

9 Mit dem Begriff des Zweckaufwandes werden Aufwendungen beschrieben, die in gleicher Höhe Kosten darstellen.

Abgrenzungsrechnung des Betriebes G für das Jahr 2023
(Beträge in Euro)

	Bezeichnung	**Auszahlungen**	Abzüge	Hinzurechnungen	**Aufwand** (2)–(3)+(4)	Abzüge	Hinzurechnungen	**Kosten** (5)–(6)+(7)
	(1)	(2)	(3)	(4)	(5)	(6)	(7)	(8)
A	Personal	500.000		150.000	650.000			650.000
B	Rohstoffe	50.000	14.000	25.000	61.000			61.000
C	Betriebsstoffe	4.000	3.500	2.000	2.500			2.500
D	Miete				0		42.000	42.000
E	Grunderwerb	13.000	13.000		0			0
F	Neubau Lagerhalle	300.000	300.000		0			0
G	Wartung und Instandsetzung	24.000			24.000	3.000		21.000
H	Kredittilgung	70.000	70.000		0			0
I	Abschreibung			85.000	85.000	85.000	81.000	81.000
J	Kreditzinsen	25.000			25.000			25.000
K	Verzinsung				0		40.000	40.000
L	Wagnis				0		20.000	20.000
	Summe	986.000			847.500			942.500

Erläuterungen zu den Zeilen:	
A	Die Mitarbeiter haben Pensionsansprüche von 150.000 € erworben
B	Der Lagerbestand betrug am 1.1. 25.000 € und am 31.12. 14.000 €
C	Zum 1.1. waren noch Vorräte im Wert von 2.000 € vorhanden, am 31.12. 3.500 €.
D	Die Produktion findet in einem mietfrei zur Verfügung stehenden Gebäude statt: 500 m², Vergleichsmiete 7 €/m² p. M.
G	enthalten ist ein Sturmschaden von 3.000 €
I	nach Steuerrecht wären 85.000 € möglich, betriebswirtschaftlich verursachungsgerecht wären 81.000 €
K	Dem Betrieb stand ein durchschnittliches Eigenkapital in Höhe von 800.000 € zur Verfügung; 5 % gelten als angemessen
L	Die Versicherungsprämie für nicht versicherte Risiken würde 20.000 € betragen

Im Rahmen des doppischen kommunalen Rechnungs- und Steuerungssystems sind allerdings einige der notwendigen Schritte bereits angelegt, auf die die kostenrechnerische Abgrenzungsrechnung bereits aufsetzen kann:

Ansatzpunkt ist der Teilergebnishaushalt (Muster 9) bzw. die Teilergebnisrechnung (Muster 16), hier sind die nicht ergebniswirksamen Vorgänge bereits ausgegrenzt. Außerdem hat bereits eine Trennung zwischen ordentlichem Ergebnis (das in der Kostenrechnung weiterverarbeitet wird) und außerordentlichem Ergebnis (das in der Kostenrechnung außer Acht gelassen wird) stattgefunden. Weiterhin bietet die Darstellung der internen Leistungsbeziehungen Raum, die kalkulatorischen Kostenarten und die davon ausgehende Korrektur des ordentlichen Ergebnisses kostenstellenbezogen darzustellen.

Produktbereich/Produktgruppe/Produkt: Alternativ: Organisationseinheit: Produktbereich/Produktgruppe/Produkt:						
		Teilergebnisrechnung (Auszug) – Euro –				
Nr.	Konten	**Bezeichnung**	**Ergebnis des Vorjahres 20..**	**Fortgeschriebener Ansatz des Haushaltsjahres 20..**	**Ergebnis des Haushaltsjahres 20..**	**Vergleich fortgeschriebener Ansatz/ Ergebnis des Haushaltsjahres (Sp. 5 ./. Sp. 6)**
1	2	3	4	5	6	7
		Summe der ordentlichen Erträge				
		Summe der ordentlichen Aufwendungen				
		Verwaltungsergebnis				
		Finanzerträge Finanzaufwendungen				
		Finanzergebnis				
		Ordentliches Ergebnis (Verwaltungsergebnis und Finanzergebnis)				
		Außerordentliche Erträge Außerordentliche Aufwendungen				
		Außerordentliches Ergebnis				
		Jahresergebnis vor internen Leistungsbeziehungen				
		Erlöse aus internen Leistungsbeziehungen **Kosten aus internen Leistungsbeziehungen** – kalk. Verzinsung – kalk. Miete (Raumkosten) – Verrechnung Personalverwaltung, IT, Bauhof etc.				
		Ergebnis der internen Leistungsbeziehungen[10]				
		Jahresergebnis nach internen Leistungsbeziehungen				

10 Vgl. Ziff. 6.5.2.4.1.

19.3 Kostenstellenrechnung

Nachdem in der Kostenartenrechnung abschließend geklärt wurde, welche Kostenarten in welcher Höhe angefallen sind, beginnt mit der Kostenstellenrechnung der Weg, die angefallenen Kosten den erzeugten Leistungen zuzuordnen. Aufgrund betriebswirtschaftlicher Erfahrungen wird hier in mehreren Stufen vorgegangen:

- Zunächst werden die entstandenen Kosten den dafür verantwortlichen Organisationseinheiten und deren Verantwortungsträgern zugeordnet, um über Kostenverantwortung Kostenbewusstsein zu erzeugen. Dazu wird der gesamte Verwaltungsbetrieb entsprechend seiner Organisationsstruktur in steuerbare Teilbereiche gegliedert. Diese Teilbereiche werden in der Kostenrechnung als Kostenstellen bezeichnet.
- Diesen Kostenstellen werden schließlich die entstandenen Kosten unter Anwendung geeigneter, unten näher beschriebener Verfahrensweisen zugerechnet.

19.3.1 Gliederung des Betriebes in Kostenstellen

Im Gegensatz zur überwiegenden privatwirtschaftlichen Praxis kennt die kommunale Doppik bereits eine Gliederung in Teilhaushalte und Teilrechnungen. Insoweit ist zunächst zu prüfen, ob für Zwecke der Kostenrechnung eine weitere Differenzierung gegenüber den gebildeten Teilhaushalten notwendig oder sinnvoll erscheint.

Für die weitere Bearbeitung ist die Unterscheidung von Vorkostenstellen und Endkostenstellen von Bedeutung.

19.3.1.1 Endkostenstellen

Als Endkostenstellen werden diejenigen betrieblichen Verantwortungsbereiche angesprochen, die unmittelbar absetzbare Produkte erzeugen. Im betriebswirtschaftlichen Verständnis sind diese Kostenstellen in der Lage, über den Absatz ihrer Produkte Erlöse zu erzielen, aus denen die entstandenen Kosten getragen werden können. Beispiele sind das Wasserwerk, Kläranlagen, Kindergärten, Fachdienste für Baugenehmigungen, Standesamtsdienstleistungen, Personalausweise oder Reisepässe usw.

19.3.1.2 Vorkostenstellen

Daneben bestehen gerade in der öffentlichen Verwaltung zahlreiche Organisationsbereiche, die kaum gegenüber dem Bürger als Kunden in Erscheinung treten, sondern in erster Linie interne Service- oder Steuerungsdienste leisten. In der Kostenrechnung werden diese Bereiche als Vorkostenstellen angesprochen, weil es ihnen nicht möglich ist, die entstandenen Kosten direkt über Erlöse für ihre Produkte wiederzuerlangen. Diese Vorkostenstellen müssen die entstandenen Kosten im klassischen Verständnis der Vollkostenrechnung über die nachfolgend zu erörternden Verfahrensweisen auf die Endkostenstellen abwälzen.

19.3.2 Verfahrensweisen zur Kostenverrechnung

Sowohl in privatwirtschaftlich organisierten als auch in Betrieben der öffentlichen Verwaltung fallen vielfältige Kosten an, die nur dem Betrieb als Ganzes objektiv und verursachungsgerecht zugeordnet werden können (z. B. Heiz- und Stromkosten für das Betriebsgebäude, Kosten der zentralen Betriebsleitung, Telefonzentrale usw.). In der Sprache der Betriebswirtschaftslehre werden sie als Gemeinkosten bezeichnet. Gemeinkosten stehen den Einzelkosten gegenüber, die jeweils objektiv und verursachungsgerecht auf das jeweilige Kostenverrechnungsobjekt, z. B. ein Produkt, bezogen werden können. Diese Gemeinkosten müssen auf nachvollziehbaren Wegen zunächst den davon profitierenden Kostenstellen und schließlich den erzeugten Leistungen zugeordnet werden. Im traditionellen Aufbau der Vollkostenrechnung geschieht diese Kostenverrechnung im sogenannten Betriebsabrechnungsbogen (BAB).

19.3.2.1 Das Konzept der Betriebsabrechnung (BAB)

Der Betriebsabrechnungsbogen stellt eine Kostenverrechnungsmatrix dar, in der üblicherweise die verrechneten Kostenarten in Zeilen und die beteiligten Kostenstellen in Spalten angeordnet sind. Sie dient der Überwachung der Kostenverrechnung und verdeutlicht die Vollständigkeit des Verrechnungsganges.

19.3.2.2 Kostenverteilungsschlüssel

Das zentrale Problem der Kostenstellenrechnung ist die Definition geeigneter Kostenverteilungsschlüssel für die Umlage von Gemeinkosten auf die diversen Kostenstellen. Im Hinblick auf die Nachvollziehbarkeit und Überschaubarkeit der Verrechnungen werden meist einfache und robuste Schlüsselgrößen verwendet. So eignen sich für die Verrechnung von Kosten, die im Rahmen einer Kostenstelle „Gebäudemanagement“ gesammelt werden, insbesondere die Quadratmeterzahlen der von den verschiedenen Kostenstellen in Anspruch genommenen Büroräume. Für die Leistungen der Personalverwaltung wird gern auf die Anzahl der „Köpfe“ zurückgegriffen, oder, falls man negative Rückwirkungen auf Initiativen zur Teilzeitbeschäftigung befürchtet, auf die Zahl der besetzten Stellen ausgewichen. In Bereichen mit körperlichen Produkten wie z. B. einer Hausdruckerei kann man auch auf anschaulichere Größen, wie die Anzahl der hergestellten Drucksachen, zurückgreifen, wenn sich diese Zahl einfach und zuverlässig erfassen lässt.

19.3.2.3 Anbauverfahren

Im Rahmen des Anbauverfahrens werden alle auf Vorkostenstellen angefallenen Kosten, die sogenannten primären Kosten, sofort auf Endkostenstellen weiterverrechnet. Dabei werden alle Leistungsbeziehungen zwischen den diversen Vorkostenstellen völlig vernachlässigt. Dadurch wird das Abrechnungsverfahren recht einfach handhabbar.

Das Anbauverfahren basiert auf der Unterstellung, dass es zwischen den verschiedenen Vorkostenstellen eines Betriebes keinen Leistungsaustausch gibt bzw. es lässt solche leistungswirtschaftlichen Verflechtungen zwischen den Vorkostenstellen bewusst unberücksichtigt. Sämtliche primär für Vorkostenstellen erfassten Kosten werden unmittelbar auf die Endkostenstellen des Betriebes weiterverrechnet, so dass für keine Vorkostenstelle sekundäre Kosten[11] anfallen. Dass einem solchen Außerachtlassen innerbetrieblicher Leistungsverflechtungen Mängel anhaften, ist evident.

Übersicht Anbauverfahren

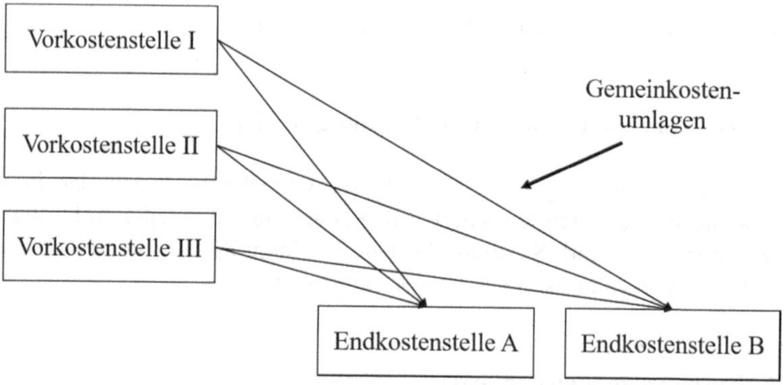

11 Als sekundäre Kosten werden in der KLR solche (Gemein-)Kosten bezeichnet, die erst im Wege der Verrechnung von (Gemeinkosten-)Umlagen die jeweilige Kostenstelle belasten – im Gegensatz zu den primären Kosten, die sofort auf der Kostenstelle verbucht werden.

Zur besseren Verständlichkeit hierzu folgendes Zahlenbeispiel (Beträge in €):

	Vorkostenstellen			Endkostenstellen		
	Behörden-leitung	Personal-stelle	Haus-druckerei	Fachabt. A	Fachabt. B	Fachabt. C
Primäre Kosten (Summe I)	250.000	270.000	300.000	2.000.000	3.200.000	1.900.000
Umlageschlüssel Behördenleitung:	primäre Kosten der Kostenstellen (siehe Vorzeile)					
Umlageschlüssel Personalstelle (Zahl der Mitarbeiter)	*) *2*	*5*	*3*	8	13	7
Umlageschlüssel Druckerei (Zahl der Drucksachen)	*100.000*	*400.000*		1.000.000	4.000.000	500.000
Umlage Behördenleitung	–250.000			**) 70.423	112.676	66.901
Umlage Personalstelle		–270.000		77.143	125.357	67.500
Umlage Hausdruckerei			–300.000	54.545	218.182	27.273
Summe II	0	0	0	2.202.111	3.656.215	2.061.674

*) *Die kursiv dargestellten Werte werden beim Anbauverfahren vernachlässigt, sie sind hier nur der Vollständigkeit wegen angegeben.*
**) *Berechnung: 250.000 × 2.000.000 : (2.000.000 + 3.200.000 + 1.900.000) = rd. 70.423*

19.3.2.4 Stufenleiterverfahren

Die Nachteile des Anbauverfahrens lassen sich in vielen Fällen zumindest teilweise durch das in der Praxis am häufigsten, vorwiegend in Klein- und Mittelbetrieben angewandte **Stufenleiterverfahren** (Treppenverfahren) vermeiden. Ein Arbeiten mit dieser Methode setzt allerdings voraus, dass sich die Kostenstellen in einer solchen Reihenfolge gruppieren lassen, bei der jede Vorkostenstelle nur (bzw. in weit überwiegendem Maße) Leistungen an nachgelagerte Vor- oder Endkostenstellen abgibt und ihrerseits nur (bzw. hauptsächlich) von vorgelagerten Kostenstellen Leistungen empfängt. Ausgehend von derartigen Prämissen werden z. B. in der Praxis üblicherweise zunächst die Kosten der allgemeinen Kostenstellen, die in der Regel für die meisten oder sogar für alle Betriebsbereiche Leistungen erbringen, verteilt. Erst anschließend legt man die Kosten der Hilfskostenstellen[12] um, weil von diesen nur Leistungsströme an die Endkostenstellen ausgehen.

12 Sowohl Allgemeine Kostenstellen als auch Hilfskostenstellen sind Vorkostenstellen.

Übersicht Stufenleiterverfahren

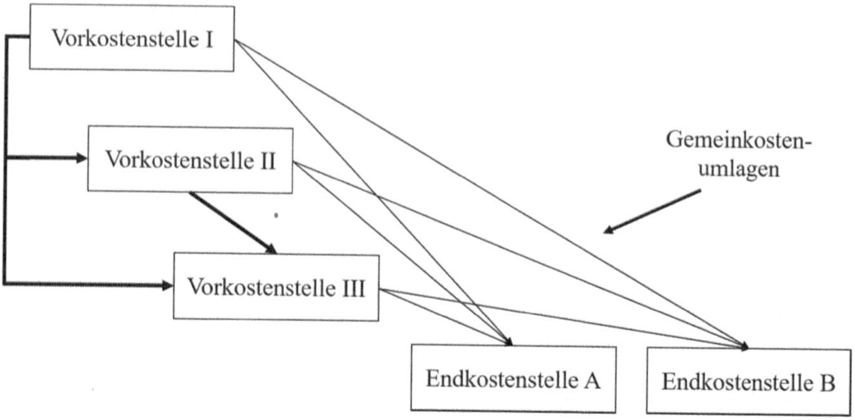

Auch hierzu ein Beispiel unter Verwendung der bereits für das Anbauverfahren benutzten Zahlen (Beträge in €):

	Vorkostenstellen			Endkostenstellen		
	Behördenleitung	Personalstelle	Hausdruckerei	Fachabt. A	Fachabt. B	Fachabt. C
Primäre Kosten der Kostenstellen	250.000	270.000	300.000	2.000.000	3.200.000	1.900.000
Umlageschlüssel Behördenleitung:	primäre Kosten der Kostenstellen (siehe Vorzeile)					
Umlageschlüssel Personalstelle (Zahl der Mitarbeiter)	*) *2*	5	3	8	13	7
Umlageschlüssel Druckerei (Zahl der Drucksachen)	*100.000*	*400.000*		1.000.000	4.000.000	500.000
Umlage Behördenleitung	–250.000	a) 8.801	9.778	65.189	104.302	61.930
Umlage Personalstelle		–278.801	b) 26.981	71.949	116.916	62.955
Umlage Hausdruckerei			–336.759	61.229	244.916	30.614
Summe II	0	0	0	2.198.366	3.666.134	2.055.499

*) *Die kursiv dargestellten Werte werden beim Stufenleiterverfahren vernachlässigt, sie sind hier nur der Vollständigkeit wegen angegeben.*

a) *Berechnung: 250.000 × 270.000 : (270.000 + 300.000 + 2.000.000 + 3.200.000 + 1.900.000) = rd. 8.801*

b) *Berechnung: 278.801 × 3 : (3 + 8 + 13 + 7) = rd. 26.981*

19.3.2.5 Gleichungs- oder Iterationsverfahren

In der Praxis ist es durchaus nicht selten, sondern eher die Regel, dass zwischen zwei oder mehreren Kostenstellen ein wechselseitiger Leistungsaustausch stattfindet, dass sich also verschiedene Leistungsbereiche des Betriebes gegenseitig beliefern. Es ist ein ins Gewicht fallender Nachteil der bisher besprochenen Verfahren, dass sie derartige wechselseitige Leistungsverflechtungen nicht (zumindest nicht vollständig) berücksichtigen. Die für diese Verfahren charakteristische sukzessive Kostenumlage trägt einem Leistungsaustausch nicht gebührend Rechnung und führt daher, wenn solche Bedingungen vorliegen, auch nicht zu aussagefähigen Verrechnungspreisen für innerbetriebliche Leistungen. Denn infolge der gegenseitigen Leistungsbeziehungen kann jede leistende und zugleich leistungsempfangende Stelle ihre Gesamtkosten nicht eher ermitteln und verteilen, bevor sie nicht mit Sekundärkosten für die von anderen Stellen „bezogenen" innerbetrieblichen Leistungen belastet wird. Dies offenbart die abrechnungstechnische Interdependenz.

Deren Bewältigung erfordert eine simultane Kosten- und Leistungsverrechnung, wie sie durch das Gleichungsverfahren, das man auch „mathematisches Verfahren" nennt, geboten wird. Diese Methode erfasst zunächst die innerbetrieblichen Leistungsverflechtungen durch ein System linearer Gleichungen, in das die Mengen der innerbetrieblichen Leistungen als bekannte, die gesuchten Verrechnungspreise dagegen als unbekannte Größen eingehen. Die Anzahl der Gleichungen entspricht der Zahl der in die Leistungsverrechnung einbezogenen Kostenstellen. Die Gleichungen drücken jeweils den Kostenwert der von einer Stelle insgesamt abgegebenen Leistungen (einschließlich der, wie dies manchmal vorkommt, selbst verbrauchten Eigenleistungen) als Summe der für diese Stelle primär erfassten und ihr sekundär angelasteten Kosten aus.

Der mathematische Hintergrund dieses exakten Abrechnungsverfahrens ist durchaus anspruchsvoll und für eine „manuelle" Lösung entsteht ein erheblicher Zeitbedarf, weil ein lineares Gleichungssystem aufgestellt und gelöst werden muss, das für jede beteiligte Kostenstelle eine Gleichung mit den Bestimmungsfaktoren für den Leistungsbezug von den anderen Kostenstellen enthält. Da jedoch moderne Kostenrechnungssysteme in jedem Fall softwaretechnisch unterstützt werden (ob Standard-Tabellenkalkulation oder Spezialsoftware wie SAP R/3 CO), lässt sich eine Lösung mit geringem manuellen Aufwand z. B. durch Iteration (mehrfach wiederholte Berechnung) erzielen.

Auch hierzu wieder ein Beispiel anhand der bereits verwendeten Zahlen (Beträge in €):

	Vorkostenstellen			Endkostenstellen		
	Behördenleitung	Personalstelle	Hausdruckerei	Fachabt. A	Fachabt. B	Fachabt. C
Primäre Kosten der Kostenstellen	250.000	270.000	300.000	2.000.000	3.200.000	1.900.000
Umlageschlüssel Behördenleitung:	primäre Kosten der Kostenstellen (siehe Vorzeile)					
Umlageschlüssel Personalstelle (Zahl der Mitarbeiter)	2	5	3	8	13	7
Umlageschlüssel Druckerei (Zahl der Drucksachen)	100.000	400.000		1.000.000	4.000.000	500.000
Umlage Behördenleitung	–273.951	9.644	10.715	71.434	114.295	67.863
Umlage Personalstelle	18.315	–302.189	27.472	73.258	119.044	64.101
Umlage Hausdruckerei	5.636	22.546	–338.187	56.364	225.458	28.182
Summe II	0	0	0	2.201.057	3.658.797	2.060.146

Übersicht Gleichungsverfahren (Iterationsverfahren)

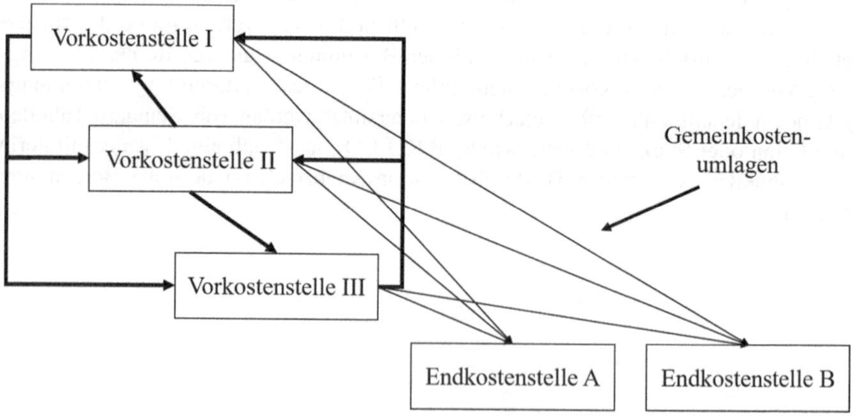

19.3.2.6 Kostenträgerverfahren

Abschließend sei noch auf eine weitere Verfahrensweise hingewiesen, die in der Fachliteratur gern als „Kostenträgerverfahren“ bezeichnet wird.

Kennzeichnend für das **Kostenträgerverfahren** ist, dass die innerbetrieblichen Leistungen wie Absatzleistungen als selbständige Kostenträger abgerechnet werden. Die für sie erfassten Einzelkosten sowie die ihnen nach den Prinzipien der Vollkostenrechnung anzulastenden Gemeinkosten werden mit Hilfe der im nächsten Abschnitt zu besprechenden Kalkulationsverfahren bestimmt. Man arbeitet also nicht mit summarischen Schlüsseln, sondern mit den präzise ermittelbaren Leistungsmengen, die zwischen den beteiligten Kostenstellen ausgetauscht wurden. Angewandt wird diese Methode vor allem

- für von einer Vorkostenstelle erstellte Leistungen (z. B. Hausdruckerei, IT-Leistungen und andere Servicebereiche)
- für die Abrechnung größerer selbständiger Fertigungsprojekte (wie Großreparaturen, selbstgebaute Maschinen u. Ä.) sowie speziell
- für die zeitliche Abgrenzung aktivierungspflichtiger Leistungen, wie auf Lager produzierte Zwischenerzeugnisse oder selbst erstellte Anlagen, deren Kosten aus der Betriebsabrechnung für die laufende Periode herauszurechnen sind und erst in die Kosten- bzw. Erfolgsrechnung der nächsten Abrechnungsperiode(n) – z. B. über die kalkulatorischen Abschreibungen – eingehen.

19.4 Kostenträgerrechnung

Als letzte Stufe der Kostenrechnung verrechnet die Kostenträgerrechnung die zunächst in der Kostenartenrechnung erfassten und dann in der Kostenstellenrechnung auf Endkostenstellen weitergewälzten Kosten auf die verschiedenen Kostenträger des Betriebes. Sie soll zeigen, **wofür** die einzelnen in den verschiedenen Kostenstellen angefallenen Kosten aufgewandt worden sind.

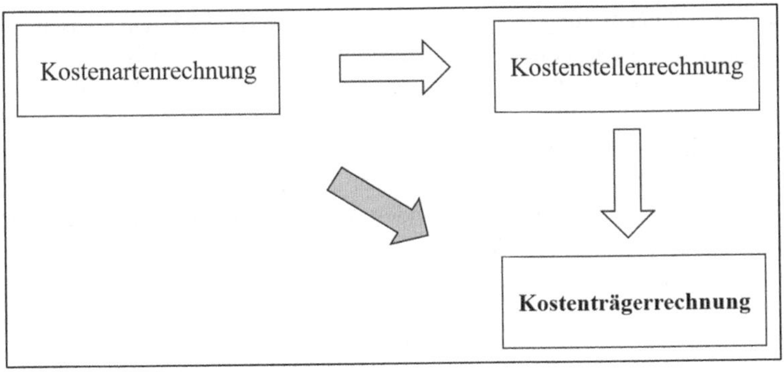

Kostenträger sind jene betrieblichen Leistungen, welche den Güter- und Dienstleistungsverzehr ausgelöst haben und demzufolge auch die Kosten „tragen" sollen. Optimal wäre eine unmittelbare Verrechnung der Kostenarten auf die jeweiligen Kostenträger. Diese Verfahrensweise ist jedoch insbesondere bei den Gemeinkosten nicht möglich, so dass zunächst eine Verteilung auf Kostenstellen erfolgen muss.

Welche Leistungen als eigenständige Kostenträger behandelt werden, hängt von den individuellen Betriebsstrukturen und den jeweiligen Informationsbedürfnissen ab.

Die wichtigsten **Kostenträger** sind die an die Bürger abgegebenen Leistungen der Verwaltung, die zuvor als Produkte der Verwaltung definiert wurden. Auf diese müssen letztlich im Sinne der Vollkostenrechnung sämtliche Kosten des kommunalen Verwaltungsbetriebes verrechnet werden. Dies können sowohl materielle als auch immaterielle Güter (Dienstleistungen) sein. Art und Anzahl der in der Kostenrechnung separat ausgewiesenen Kostenträger werden sehr stark vom Leistungsprogramm und den Produktionsverfahren des Betriebes beeinflusst. In kommunalen Verwaltungsbetrieben wird stets eine Mehrzahl von verschiedenen Produkten erstellt und an die Bürger abgegeben. Die im Rahmen der Kostenrechnung gebildeten Kostenstellen können noch danach unterschieden werden, ob auf ihr nur ein einzelnes Produkt, eine Mehrzahl von Produkten oder vielleicht nur eine für die Erstellung eines Produktes benötigte Teilleistung erstellt wird.

Wird im Rahmen der Kostenstellenrechnung beim Weiterverrechnen der primären Kosten das „Kostenträgerverfahren" angewandt, treten z. B. auch **innerbetriebliche Leistungen als „Zwischen-Kostenträger" auf**, speziell dann, wenn solche Eigenleistungen aktivierungspflichtig sind, so dass man für sie von der Kostenseite her Preise bestimmen muss. Sie haben die Kosten der sie erzeugenden Vorkostenstellen „zu tragen". Dies zeigt, dass zwischen Kostenstellen- und Kostenträgerrechnung im Grunde keine eindeutige Abgrenzung zu ziehen ist.

Die Kostenträgerrechnung wird als stückbezogene und als zeitbezogene Rechnung durchgeführt. Die **Kostenträgerstückrechnung (Kalkulation)** ermittelt die Kosten für die einzelnen Leistungseinheiten. Die **Kostenträgerzeitrechnung** dagegen erfasst als Periodenrechnung die Kosten eines Abrechnungszeitraums differenziert nach einzelnen Kostenträgerarten.

Durch Gegenüberstellung der Kosten mit den jeweils erzielten Erlösen wird die Kostenträgerzeitrechnung in der Praxis regelmäßig zu einer kurzfristigen Erfolgsrechnung erweitert. Im traditionellen System der Vollkostenrechnung dient die Kostenträgerrechnung demnach nicht nur der auf das einzelne Stück abstellenden Kalkulation, sondern auch der periodenbezogenen Ermittlung der Herstell- bzw. Selbstkosten. Speziell in Bezug auf die Kostenträgerstückrechnung kann man dabei unter zeitlichen Aspekten zwischen der ex ante erfolgenden **Vorkalkulation** und der ex post (also nach der Produktion bzw. nach dem Absatz) für Kostenkontrollzwecke durchgeführten **Nachkalkulation** unterscheiden.

Als Hauptaufgaben der Kostenträgerrechnung sind vor allem zu nennen:

- die im Laufe der Entwicklung der Vollkostenrechnung stark im Vordergrund stehende „externe Preiskalkulation", also die Ermittlung von kostendeckenden Ent-

gelten für die abzugebenden Produkte (im kommunalen Kontext betrifft dies vornehmlich die Gebührenkalkulation für öffentliche Einrichtungen),
- die Ermittlung kostenmäßiger kurz- und langfristiger Entgeltuntergrenzen, also das Kalkulieren jener Preise, die – wenn durch die Annahme zusätzlicher Aufträge keine Verluste entstehen sollen – nicht unterschritten werden dürfen,
- das in der Regel als „interne Preiskalkulation“ bezeichnete Bestimmen interner Verrechnungspreise, für die dezentrale pretiale Lenkung (= Lenkung durch Preise für innerbetriebliche Leistungen) und Steuerung der einzelnen Abteilungen des Gesamtbetriebes,
- die Bereitstellung von Kosteninformationen für die Bewertung der Lagerbestände und der selbsterstellten Anlagen,
- die Lieferung von Unterlagen für Planungs- und Kontrollrechnungen, so insbesondere für Verfahrensvergleiche, für die Wahl zwischen Eigenfertigung und Fremdbezug (auch bekannt als „make or buy“ Entscheidungen) usw.,
- das Bereitstellen von Kostendaten für nach Kostenträgerarten differenzierende kurzfristige Erfolgsrechnungen.

19.4.1 Produktdefinitionen

Für die Einführung der Kosten- und Leistungsrechnung in der öffentlichen Verwaltung ist an dieser Stelle Folgendes festzuhalten:

Kostenträger sind die Produkte

Auf dem Wege der Einführung einer Output-orientierten Steuerung von Verwaltungsleistungen ist hier eine Verknüpfung mit den unter dem Begriff „Produktdefinition“ bekanntgemachten Überlegungen im Rahmen des Neuen Steuerungsmodells herbeizuführen. In Anbetracht der verschiedenen Steuerungsebenen großer Verwaltungsbetriebe und deren Informationsbedarfe werden gemeinhin folgende Ebenen definiert:
- Produktbereich
- Produktgruppe
- Produkt
- Leistung
- Teilleistung

Nach der Definition der GemHVO in § 58 Nr. 26 ist das Produkt „das Ergebnis von Leistungsprozessen; soll im Ergebnis das Verwaltungshandeln darstellen und steuerbar machen und geht an Empfänger außerhalb der eigenen Organisationseinheit“. Dementsprechend steht das Produkt im Fokus des doppischen Rechnungswesens und ist zentrales Steuerungselement. Zur Verbesserung der Steuerbarkeit werden Produkte zur Produktgruppen und diese wiederum zu Produktbereichen zusammengefasst (vgl. Muster 11 zu § 4 Abs. 2 GemHVO). Zum Produktbereich 06 „Kinder-, Jugend- und Familienhilfe“ gehört gemäß Muster 11 die Produktgruppe „Tageseinrichtungen für Kinder", Hinweis Nr. 9 zu § 4 GemHVO sieht hier beispielsweise das Produkt „Förderung von Kindern in Tageseinrichtungen" vor. Letztlich ist die Produktgliederung Ausfluss der Outputorientierung und dient dazu, kommunales Handeln greifbar und steuerbar zu machen.

Anschließend sind die den Produkten zugeordneten Kosten den einzelnen Produktionseinheiten im Rahmen der Berechnung der Stückkosten durch

- Divisionskalkulation (homogene Produkte, z. B. m^3 Wasser)
- Äquivalenzziffernkalkulation (ähnliche Produkte z. B. Abfallgefäße)
- Zuschlagskalkulation (inhomogene Produktion, Einzelanfertigung)

zuzurechnen.

Mengen und Werte der produzierten Güter oder Dienstleistungen werden nach Endkostenstellen differenziert und den dort entstandenen Kosten gegenübergestellt. Die Gegenüberstellung bildet eine Grundlage für zukünftige Produktionsentscheidungen (z. B. Verstärkung, Einschränkung oder Einstellung der Produktion).

Zur Vermeidung gelegentlich problematischer Kostenzurechnungsschritte bietet sich als Alternative die Verfahren der Teilkostenrechnung an. Die Verfahren der Teilkostenrechnung vermeiden die Zuordnung von Gemeinkosten und beschränken sich auf die Verrechnung von eindeutig zuzuordnenden Einzelkosten auf die einzelnen Produkte. Im Rahmen der Teilkostenrechnung werden Deckungsbeiträge durch Abzug der Einzelkosten von den Leistungen (Wert der Produkte) ermittelt.

Zur Ermittlung kostendeckender Preise werden die Ergebnisse der Vollkostenrechnung benötigt, während betriebswirtschaftliche Entscheidungen über Einschränkung oder Ausweitung der Produktion nur mit einer Teilkostenrechnung zuverlässig beurteilt werden können.[13]

19.4.2 Kalkulationsverfahren

Die Kostenträgerstückrechnung auf Vollkostenbasis ermittelt die Kosten pro Leistungseinheit (z. B. Kosten pro Bescheid) unter Berücksichtigung der in dieser Abrechnungsperiode insgesamt angefallenen Kosten. Die Wahl des adäquaten Kalkulationsverfahrens hängt dabei von der Art der erbrachten Leistung und der Organisation des Leistungserstellungsprozesses ab.

19.4.2.1 Divisionskalkulation

Die Divisionskalkulation ist für **Einproduktbetriebe**, also für Betriebe mit auf lange Sicht gleichbleibender, einheitlicher Massenfertigung (wie z. B. für Elektrizitätswerke, Brauereien, Brennereien, Ziegeleien, bestimmte Betriebe der Grundstoffindustrie, aber auch für Wasserwerke u. dergl.) konzipiert. Dieses Verfahren ist relativ einfach

13 Einschränkung oder Ausweitung der Produktion können nur durch Teilkostenrechnung begründet werden, da die Gemeinkosten sowohl bei Einschränkung als auch bei Ausweitung der Produktion unverändert bleiben würden.

zu handhaben. Doch ist zu beachten, dass es in verschiedenen Varianten auftritt. Man kann vor allem zwischen ein-, zwei- und mehrstufiger Divisionskalkulation unterscheiden.

Die **einstufige** Divisionskalkulation erstreckt sich ohne weitere Differenzierung der Kosten auf den gesamten Prozess der Leistungserstellung und Verwertung. Sie ermittelt die Stückkosten, indem sie die betrieblichen Gesamtkosten der Periode durch die Anzahl der in diesem Zeitraum produzierten Leistungseinheiten dividiert.

Beispiel:

Die gesamten Kosten für ein kommunales Wasserwerk belaufen sich auf	*2.500.000 €*
die abgesetzte Produktionsmenge beträgt	*1.000.000 m³*
daraus ergeben sich Stückkosten von	*2,50 €/m³*

19.4.2.2 Äquivalenzziffernkalkulation

Betriebe, die in „Sortenfertigung" mehrere verschiedene, aber fertigungswirtschaftlich sehr eng (in den meisten Produktmerkmalen) verwandte Erzeugnisse herstellen, wie z. B. Bleche, Drähte, Garne oder Gewebe unterschiedlicher Stärke, können die sogenannte Äquivalenzziffernrechnung anwenden, die teilweise auch als Variante der Divisionskalkulation interpretiert wird. Dieses Verfahren basiert auf der Unterstellung, dass solche unterschiedlichen Sorten zwar keine identische, aber in der Regel doch eine sehr ähnliche Kostenstruktur aufweisen (wie etwa dann, wenn stets derselbe Rohstoff verarbeitet wird und nur die zeitliche Inanspruchnahme des Personals oder der Maschinen verschieden ist), genauer gesagt auf der Prämisse, dass die für die Herstellung bzw. den Verkauf anfallenden Kosten der verschiedenen Sorten in einem festen, durch empirische Beobachtungen oder Messungen vorherbestimmbaren Verhältnis, in einer proportionalen Beziehung zueinander stehen. Solche Kostenrelationen werden in Form von **Äquivalenzziffern** (als Kostengewichtungsfaktoren) angegeben. Deren Ermittlung ist das Kernproblem dieses Kalkulationsverfahrens.

Man schafft auf diese Weise – durch eine künstliche Homogenisierung der heterogenen Leistungsarten – die Voraussetzungen für die Anwendung des Grundprinzips der Divisionskalkulation. Dabei wird jeweils ein Produkt – meist jenes, von dem man die größten Mengen produziert – zur Bezugsbasis („Bezugssorte") erhoben und mit der Äquivalenzziffer 1 versehen. So bedeuten z. B. die Äquivalenzziffern 0,5 bzw. 1,5, dass das Erzeugnis, dem eine solche Äquivalenzziffer zugeordnet wird, im Vergleich zur Bezugssorte 50 % weniger (bzw. 50 % mehr) Kosten verursacht.

Indem man die Äquivalenzziffern jeweils mit den Produktionsmengen der einzelnen Sorten multipliziert, macht man diese rechnerisch gleichnamig (und damit addierbar). Für jede Sorte ergibt sich eine bestimmte Anzahl von „Rechnungseinheiten". Nach dem bereits geschilderten Prinzip der Divisionskalkulation werden die periodischen Gesamtkosten durch die Summe der ermittelten Rechnungseinheiten dividiert. Man erhält dann einen Kostensatz je Rechnungseinheit. Multipliziert man die Äquivalenzziffer einer Sorte mit diesem Kostensatz, so erhält man die Stückkosten jeder Sorte, die dann wieder als Basis für die Berechnung der Sorten-Gesamtkosten herangezogen werden können.

Berechnungsbeispiel:
Im Rahmen der städtischen Abfallentsorgung werden Gefäße in folgenden Größen entsorgt:

Gefäßgröße	*Anzahl der zu entsorgenden Gefäße*
80 l	*100*
120 l	*500*
240 l	*300*
360 l	*50*
Summe:	*950*

Im Rahmen differenzierter Untersuchungen wurde festgestellt, dass ein 80-l-Gefäß 80 %, ein 240-l-Gefäß dagegen 170 % und ein 360-l-Gefäß 220 % des Aufwandes verursachen, der durch ein 120-l-Gefäß als dem häufigsten Gefäß (Standardgefäß) verursacht wird.

Nach dem Verfahren der Äquivalenzziffernrechnung sind die Jahreskosten der städtischen Müllabfuhr in Höhe von 600.000 € nun wie folgt zu verrechnen:

Gefäßgröße	*Äquivalenzziffer*	*Anzahl der zu entsorgenden Gefäße*	*äquivalente Gefäße*
80 l	*0,80*	*100*	*80*
120 l	*1,00*	*500*	*500*
240 l	*1,70*	*300*	*510*
360 l	*2,20*	*50*	*110*
Summe:		*950*	*1200*

Kosten je äquivalentes Gefäß: (600.000 : 1.200) = 500 €/Gefäß

Für die verschiedenen Gefäßgrößen ergeben sich demnach folgende Stückkosten:

Gefäßgröße	*Äquivalenzziffer*	*Stückkosten je Gefäß*
80 l	*0,80*	*400 €*
120 l	*1,00*	*500 €*
240 l	*1,70*	*850 €*
360 l	*2,20*	*1.100 €*

19.4.2.3 Stundensatzrechnung

Stellt sich die Produktion als recht heterogen, also uneinheitlich dar, und ist die Kostenverursachung in erster Linie an der für den Produktionsprozess benötigten Zeit zu messen, so empfiehlt sich die Anwendung einer Stundensatzrechnung. Dabei ist es für den Gang der Berechnung unwichtig, ob die produktive Einheit in erster Linie durch einen oder mehrere Menschen, eine Maschine oder eine Kombination von diesen gebildet wird. Entscheidend für die Anwendbarkeit des Verfahrens ist die Bereitstellung folgender Daten:

- Gesamtkosten der produktiven Einheit (meist als Kostenstelle definiert) in einer Abrechnungsperiode (meist ein Haushaltsjahr)
- Zahl der „produktiven" Stunden in dieser Abrechnungsperiode
- Zeitbedarf für ein konkret zu erzeugendes Produkt

Der zur Verrechnung kommende Stundensatz wird dabei als Quotient der ersten beiden Bestimmungsgrößen gebildet und zur Errechnung der konkreten Stückkosten mit dem zuletzt genannten Faktor multipliziert.

Dieses Verfahren ist in weiten Bereichen flexibel genug, um sinnvolle Resultate zu erlangen, es ist aber auch noch ausreichend einfach, um einen Einstieg in eine produktorientierte Kostenkalkulation zu ermöglichen.

19.4.2.4 Zuschlagskalkulation

Auf die Erörterung weitergehender Kalkulationsverfahren insbesondere der mehrstufigen Zuschlagskalkulation soll an dieser Stelle verzichtet werden, bei Bedarf ist auf die einschlägige Literatur zu verweisen.[14]

19.5 Leistungsrechnung

Aufbau und Inhalt der Leistungsrechnung als Kehrseite zur Kostenrechnung werden in der betriebswirtschaftlichen Literatur bisher wenig behandelt. Im erwerbswirtschaftlichen Bereich stellt sich die Problematik als trivial dar, weil Entgelte für Güter und Leistungen einzeln anfallen und entsprechend der Struktur der Kostenrechnung aggregiert werden können.

Nach der klassischen betriebswirtschaftlichen Definition[15] versteht man unter Leistung den Wert von betriebstypischen Gütern und Dienstleistungen, die in einer Periode erstellt wurden.

19.5.1 Das Bewertungsproblem

In erwerbswirtschaftlichen Unternehmen schlägt sich diese Betriebsleistung in den Verkaufserlösen für erstellte Produkte nieder. Bestandsveränderungen an Halb- und Fertigprodukten spielen im Normalfall eine untergeordnete Rolle. Das Bewertungs-

14 Vgl. *Schmolke/Deitermann* 2021, S. 440 f.

15 Vgl. u. a. *Klümper/Möllers/Zimmermann* 2019, S. 18.

problem wird überwiegend durch den Markt gelöst: Der am Markt erzielte Preis ist der Wert des jeweiligen Produktes. Auf diese Weise ermittelte Werte lassen sich problemlos zur Leistung des Betriebes aggregieren.

Dieses „objektive“ Bewertungskriterium steht für solche Produkte, die nicht gegen (mindestens kostendeckendes) Entgelt am Markt abgesetzt werden, sondern als öffentliche Güter (mindestens teilweise) unentgeltlich bereitgestellt werden, nicht zur Verfügung.

Aus diesem Grund müssen Hilfskonstruktionen gefunden werden:
1. Bewertung zu Selbstkosten
2. Bewertung zu unterstellten „Marktpreisen“
3. Darstellung von Produktionsmengen – Umgehung des Bewertungsproblems
4. Bewertung zu Plankosten

19.5.2 Bewertung zu Selbstkosten

Dieser Weg entspricht der Vorstellungswelt des Kostendeckungsprinzips: Ein derart bewertetes Produkt wird (scheinbar) immer kostendeckend verwertet. Ob es jedoch wirtschaftlich produziert wird, kann aufgrund des im Bewertungsverfahren enthaltenen Zirkelschlusses hiernach nicht beurteilt werden. Damit entfällt der wichtigste Grund, weshalb eine solche Leistungsrechnung überhaupt erstellt werden sollte. Ein weiteres Problem entsteht daraus, dass die Kosten- und Leistungsrechnung simultan entstehen soll. Daraus ergibt sich, dass die Bewertung als Voraussetzung für die Verbuchung in der Leistungsrechnung vorgenommen sein muss, bevor die Kosten als Ergebnis der Kostenrechnung festgestellt sind. Deshalb muss entweder die Verbuchung der Leistungen bis zum Abschluss der Kostenrechnung zurückgestellt werden, was zusätzliche Handhabungsprobleme nach sich zieht, oder für die Bewertung müssen statt der Ist-Kosten Plankosten (z. B. Ist-Kosten der Vorperiode) herangezogen werden.

19.5.3 Bewertung zu unterstellten „Marktpreisen“

Dieser Weg bietet sich allenfalls für „marktgängige“ Leistungen an (als Beispiele mögen herhalten Entgelte für anwaltliche Leistungen, Prüfung von baustatischen Berechnungen, Beförderung im Taxi). Ansonsten eröffnet er eine unerschöpfliche und möglicherweise unerquickliche Diskussion über die „richtige“ Bewertung, die leicht den Blick für die eigentlichen Möglichkeiten der Leistungsrechnung verstellen kann.

19.5.4 Darstellung von Produktionsmengen

Aus den vorher dargestellten Gründen scheint vieles dafür zu sprechen, in der Leistungsrechnung lediglich Art und Menge der erstellten Leistungen bzw. Produkte darzustellen. Die Leistungsrechnung versperrt sich damit allerdings jegliche Möglichkeit aggregierter Betrachtung. Nur für jedes einzelne Produkt kann die „Leistung“ auf diese Art dargestellt und den Kosten gegenübergestellt werden. Für jedes Produkt ist eine eigene Mengendimension darzustellen, Mengen verschiedener Dimension können nicht addiert und auch nicht von den Kosten subtrahiert werden. Eine auf diese Art erstellte Leistungsrechnung bietet allerdings interessante Informationen für Perioden- und Betriebsvergleiche.

19.5.5 Bewertung zu Plankosten

In vielen Fällen müssen die Preise für Leistungen vor deren Herstellung festgelegt werden. Dies gilt im gewerblichen Bereich typischerweise für in Auftragsfertigung erstellte Leistungen – dies gilt aber auch für viele Leistungen, die von öffentlichen Verwaltungen zu erbringen sind, z. B. weil diese Preise durch Gesetze, Verordnungen oder Satzungen festzulegen sind. Auch wenn für viele Tätigkeitsbereiche öffentlicher Verwaltungen ein Kostenüberschreitungsverbot zu beachten ist, können demnach die Preise nicht unmittelbar aus den Ist-Kosten der individuell erbrachten Leistung abgeleitet werden, sondern müssen von den Produktionskosten vergleichbarer Leistungen in vorhergehenden Zeitabschnitten – ggf. korrigiert um zu erwartenden Veränderungen für die Planperiode – abgeleitet werden.

Grundlage für Preisfestlegungen nach dem Kostendeckungsprinzip sind deshalb Plankosten. Damit verliert allerdings die Gegenüberstellung von Kosten und Leistungen des gleichen Zeitabschnitts auch für den Fall der Anwendung in öffentlichen Verwaltungen die oben beschriebene Banalität. Der Vergleich von Kosten und Leistungen ist zugleich der Vergleich zwischen Plankosten und Ist-Kosten und eröffnet so wichtige Möglichkeiten der Wirtschaftlichkeitssteuerung, wie sie bereits anderen Stellen ausführlich diskutiert wurden.

19.5.6 Inhalt und Aufbau der Leistungsrechnung

Die Leistungsrechnung ist nach diesen Vorüberlegungen spiegelbildlich zur Kostenrechnung aufzubauen, wobei auf eine „Leistungsstellenrechnung“ verzichtet werden kann, wenn die Leistungen ausschließlich aus Einzel-Leistungen und nicht aus Gemein-Leistungen bestehen. Mit anderen Worten, wenn Leistung als Wert der erzeugten Güter und Dienstleistungen verstanden wird und die dazu notwendige Bewertung bei den einzelnen Produkten ansetzt, so sind die Leistungen den jeweiligen „Leistungsträgern“ zugeordnet; das Zuordnungsproblem, welches im Vordergrund der Kostenstellenrechnung steht, ist auf dieser Seite der Kosten- und Leistungsrechnung nicht anzutreffen.

Bewertungsmaßstab wird i. d. R. ein im Wege der Plankostenrechnung oder aus Ist-Kosten früherer Rechnungsperioden zu ermittelnder Preis sein, der je nach den politischen Absichten und betrieblichen Verhältnissen ausschließlich vom Nutzer, vom

Nutzer und politischem Auftraggeber gemeinsam oder ausschließlich vom politischen Auftraggeber aufzubringen ist.

19.5.7 Neutraler Ertrag

Entsprechend der Ausgrenzung des neutralen Aufwands in der Kostenrechnung ist in der Leistungsrechnung der neutrale Ertrag auszugrenzen, der sich z. B. aus der Veräußerung von Gegenständen des Anlagevermögens über dem jeweiligen Buchwert ergeben kann. Dies wird aber bereits im außerordentlichen Ergebnis des doppischen Rechnungswesens berücksichtigt.

19.5.8 Direkte betriebliche Erlöse

Nach Ausgrenzung der neutralen Erträge verbleibt somit zunächst das von den Leistungsempfängern einzunehmende Entgelt (Erlös) für das jeweilige Produkt. Da jedoch viele von der öffentlichen Verwaltung erstellte Produkte nur abgesetzt werden können, wenn sie durch Steuermittel subventioniert werden, muss die Leistungsrechnung um diesen Teil der anzurechnenden Erlöse ergänzt werden.

19.5.9 Kurzfristige produktbezogene Erfolgsrechnung

In der Gegenüberstellung von direkten betrieblichen Erlösen und Produktabgeltung einerseits und den Produktkosten andererseits ist im Ergebnis der Kosten- und Leistungsrechnung zu erkennen, ob die produzierende Organisationseinheit der Verwaltung wirtschaftlich gearbeitet hat oder ob dies nicht der Fall ist.

– Kapitel 20 –

Inhaltsverzeichnis

20. Wirtschaftliche Betätigung der Kommunen

Versteht man unter wirtschaftlicher Betätigung jegliche Tätigkeit zur Befriedigung menschlicher Bedürfnisse[1], so könnte die gesamte Tätigkeit der öffentlichen Verwaltung dem Begriff der wirtschaftlichen Betätigung zugerechnet werden, denn auch z. B. die Tätigkeit des Ordnungsamtes dient dem menschlichen Bedürfnis nach Sicherheit und Ordnung. **Im engeren Sinne des Begriffes**, wie er im § 121 HGO geprägt und für die nachfolgende Darstellung verwendet werden soll, versteht man unter wirtschaftlicher Betätigung allerdings nur diejenigen Tätigkeitsbereiche, die nicht den typischen Inhalt öffentlicher (zumal hoheitlicher) Verwaltung darstellen. Als wirtschaftliche Betätigung im Sinne von § 121 HGO wird der Tätigkeitsbereich verstanden, innerhalb dessen Teile öffentlichen Vermögens am Wirtschaftskreislauf in einem für die Privatwirtschaft typischen Austauschverhältnis von Leistung und Gegenleistung teilnehmen.

Eine Legaldefinition des Begriffes „wirtschaftliche Betätigung" kann dem Dritten Abschnitt im Sechsten Teil der Hessischen Gemeindeordnung, insbesondere § 121 HGO, **nicht** entnommen werden. Allerdings ist den Regelungen des § 121 HGO zu entnehmen, dass der Gesetzgeber unter dem Begriff der wirtschaftlichen Betätigung weder den Kernbereich der Verwaltungstätigkeit noch solche Tätigkeiten verstehen wollte, zu denen die Kommunalverwaltung gesetzlich verpflichtet ist (§ 121 Abs. 2 Nr. 1 HGO). Ebenfalls nicht zur wirtschaftlichen Betätigung rechnet der Gesetzgeber Tätigkeiten auf den Gebieten des Bildungs-, Gesundheits- und Sozialwesens, der Kultur, des Sports, der Erholung, der Abfall- und Abwasserbeseitigung sowie der Breitbandversorgung (§ 121 Abs. 2 Nr. 2 HGO). Betriebe, die auf diesen Gebieten tätig sind, werden in der Praxis häufig als „Hoheitsbetriebe" bezeichnet. Auch die Tätigkeiten zur Deckung des Eigenbedarfs (z. B. Betriebskantine, Bauhof, Hausdruckerei) zählt der Gesetzgeber nicht zur wirtschaftlichen Betätigung.

Aus dem Sinnzusammenhang der Regelungen des § 121 HGO ist vielmehr zu entnehmen, dass der Gesetzgeber unter dem Begriff der wirtschaftlichen Betätigung solche Tätigkeiten ansprechen wollte, bei denen die Kommunen mit Unternehmen der Privatwirtschaft in Konkurrenz treten. Diese Sichtweise wird verstärkt durch die in Hessen seit 2012 geltende Drittschutzklausel des § 121 Abs. 1b HGO. Typische und wichtige Bereiche derartiger wirtschaftlicher Betätigung sind Betriebe der Wasser-[2], Gas- und Stromversorgung, öffentlicher Personenverkehr, Häfen, Flughäfen.

Die wirtschaftliche Betätigung der Gemeinden stellt eine besondere Art der Aufgabenerfüllung dar. Sie kann unmittelbar aus § 19 Abs. 1 HGO abgeleitet werden, wonach die Gemeinden innerhalb der Grenzen ihrer Leistungsfähigkeit die für ihre Einwohner erforderlichen wirtschaftlichen, sozialen, sportlichen und kulturellen öffentlichen Einrichtungen bereitstellen. Dabei kann die unternehmerische Tätigkeit zur Erfüllung einer

---

1 Vgl. *Wöhe* 2020, S. 1.

2 Die Wasserversorgung ist Pflichtbetrieb gem. § 30 Hessisches Wassergesetz, sie wird dennoch entgegen dem Wortlaut des § 121 Abs. 2 als wirtschaftliche Betätigung angesehen, allerdings finden hier die Beschränkungen des § 121 Abs. 1 keine Anwendung, was der eigentliche Sinn der Eingangsformulierung des § 121 Abs. 2 ist.

Aufgabenart der Gemeinde erforderlich sein, allerdings handelt es sich nicht um eine regelmäßige Form der Aufgabenerfüllung.

Eine wirtschaftliche Betätigung der Gemeinde liegt bei Einrichtungen vor, die auch von Privatunternehmen mit der Absicht der Gewinnerzielung betrieben werden könnten (unternehmerische Tätigkeit einer Gemeinde). Unter wirtschaftlicher Betätigung der Gemeinde versteht man daher den Betrieb von Unternehmen, die als Hersteller, Anbieter oder Verteiler von Gütern oder Dienstleistungen am Markt tätig werden, sofern die Leistung auch von einem Privaten mit der Absicht der Gewinnerzielung erbracht werden könnte.[3]

Einige kommunale Aktivitäten gelten gemäß § 121 Abs. 2 HGO nicht als wirtschaftliche Betätigung im Sinne der §§ 121 ff. HGO. Mit dieser Fiktion wird erreicht, dass für solche Einrichtungen die Voraussetzungen des § 121 Abs. 1 HGO und die Rechtsfolgen wie z. B. die Anzeigepflicht und die Gewinnerzielung nicht anzuwenden sind.

Als wirtschaftliche Betätigung gelten nicht Tätigkeiten
1. zu denen die Gemeinde gesetzlich verpflichtet ist (z. B. Wasserversorgung; § 30 Hessisches Wassergesetz),
2. auf den Gebieten des Bildungs-, Gesundheits- und Sozialwesens, der Kultur, des Sports, der Erholung, der Abfall- und Abwasserbeseitigung sowie der Breitbandversorgung,
3. zur Deckung des Eigenbedarfs (z. B. Bauhof, Betriebskantine, Hausdruckerei).

Jedoch können auch diese Einrichtungen nach den Vorschriften über die Eigenbetriebe (§ 121 Abs. 2 Satz 2 HGO) oder in Form einer Gesellschaft (§ 122 Abs. 2 HGO) geführt werden.

Bankunternehmen darf die Gemeinde gemäß § 121 Abs. 9 HGO nicht betreiben, wobei allerdings der Erwerb von Genossenschaftsanteilen bei einer Volksbank oder Genossenschaftskasse als Voraussetzung zur Abwicklung einer Geschäftsverbindung nicht ausgeschlossen ist. Für das Sparkassenwesen gelten die besonderen Vorschriften des Sparkassenrechts.[4]

20.1 Grenzbereich zwischen Verwaltung und Wirtschaft

Die wirtschaftliche Betätigung der öffentlichen Hand im hier besprochenen Sinne bewegt sich somit in einer marktwirtschaftlich organisierten Volkswirtschaft in einem Grenzbereich zwischen öffentlicher Verwaltung und privater Wirtschaft. Um dieser besonderen Situation gerecht zu werden, hat der Gesetzgeber dieser Art der wirtschaftli-

---

3 In der einschlägigen Literatur als sog. Popitz-Formel dargestellt, da diese Formulierung auf einen im Jahre 1932 vom damaligen preußischen Finanzstaatsekretär Popitz veröffentlichten Aufsatz zurückgeht. Vgl. u. a. *Franz, Thorsten*: Einführung in die Verwaltungswissenschaft, Wiesbaden 2013, S. 193. Vgl. auch § 107 Abs. 1 GO NRW.

4 Hess. Sparkassengesetz in der Fassung vom 24.11.1991, zuletzt geändert am 29.9.2008 (GVBl. I S. 875).

chen Betätigung Einschränkungen auferlegt, die § 121 Abs. 1 HGO entnommen werden können. Danach ist die wirtschaftliche Betätigung der Gemeinde im Rahmen eines wirtschaftlichen Unternehmens nur zulässig, wenn

1. der öffentliche Zweck die Betätigung rechtfertigt,
2. die Betätigung nach Art und Umfang in einem angemessenen Verhältnis zur Leistungsfähigkeit der Gemeinde und zum voraussichtlichen Bedarf steht und
3. der Zweck nicht ebenso gut und wirtschaftlich durch einen privaten Dritten erfüllt wird oder erfüllt werden kann.

Die wirtschaftliche Betätigung ist demnach für die Gemeinde unzulässig, wenn auch nur eine dieser Anforderungen nicht erfüllt wird, weil z. B. kein öffentlicher Zweck verfolgt wird, der Zweck beispielsweise durch ein privatwirtschaftliches Unternehmen ebenso wirtschaftlich erfüllt werden kann oder ein Zweck verfolgt wird, der die Leistungsfähigkeit der Gemeinde übersteigt. Um diese Voraussetzungen sicherzustellen und die Gemeinden vor „wirtschaftlichen Abenteuern" zu bewahren, ist die Kommunalaufsicht frühzeitig (spätestens sechs Wochen vor Vollzug der Entscheidung) über derartige kommunale Entscheidungsprozesse zur Errichtung bzw. Übernahme oder wesentlicher Erweiterung derartiger wirtschaftlicher Unternehmen zu unterrichten (Anzeigepflicht[5] vgl. § 127a HGO). Andererseits sollen vor allem privatwirtschaftliche Wettbewerber vor ungleicher Konkurrenz geschützt werden, indem z. B. § 127b HGO den Missbrauch wirtschaftlicher Machtstellung verbietet und die Betätigungsverbote mit Drittschutzwirkung ausgestaltet wurden (§ 121 Abs. 1b HGO).

Der Vorrang privatwirtschaftlicher Betriebe nach § 121 Abs. 1 Nr. 3 HGO (sog. echte Subsidiaritätsklausel) hat erst im Rahmen der HGO-Novellierung 2005 Eingang in die HGO gefunden. Die Gesetzesbegründung nennt einerseits den Schutz privater Unternehmen vor subventionierter Konkurrenz der öffentlichen Hand und andererseits den Schutz der öffentlichen Hand vor unnötigen Ausflügen in die Privatwirtschaft als Gründe für diese Gesetzesänderung.[6]

Im Zuge der Umstellung der Energieversorgung auf erneuerbare Energien gelten für die wirtschaftliche Betätigung der Gemeinden auf diesem Sektor besondere Bestimmungen gem. § 121 Abs. 1a HGO. Diese Regelung trägt dem besonderen Charakter dieser Aufgabe Rechnung. In vielen Fällen müssen Betriebe der Energieversorgung über Gemeindegrenzen hinweg betrieben werden, um wirtschaftlich arbeiten zu können. Zudem bietet die Rechtsvorschrift die Möglichkeit, die Bürgerinnen und Bürger an den entsprechenden Einrichtungen zu beteiligen, z. B. im Rahmen einer Genossenschaft o. Ä.

5 Für die Prüfung von Anzeigen zur wirtschaftlichen Betätigung hat das HMdIS zusammen mit dem Hess. Rechnungshof ein Prüfraster erarbeitet, das auch für die anzeigenden Kommunen wertvolle Informationen im Hinblick auf die Vorbereitung der Anzeige nach § 127a HGO enthält. Das Aufsichtsraster im Rahmen wirtschaftlicher Betätigung von Kommunen kann von der Internetpräsenz des HMdIS heruntergeladen werden.

6 Vgl. LT-Drs. 16/2463, II. Begründung.

20.2 Gemischtwirtschaftliche Betriebe

Betriebe, deren Eigentümer sowohl Private als auch öffentliche Institutionen sind, werden als gemischtwirtschaftliche Betriebe bezeichnet. Sie sind unter dem Schlagwort „Public-Private-Partnership" gegenwärtig sehr beliebt, stellen jedoch marktwirtschaftlich auch ein Problem dar, wenn ein bislang demokratisch kontrolliertes Monopol sich durch die Kapitalbeteiligung Privater zunehmend der demokratisch legitimierten Kontrolle entzieht. Die Vorteile liegen in der Nutzung privatwirtschaftlichen Know-hows und Kapitals zur Lösung öffentlicher Aufgaben z. B. in den Bereichen Baulanderschließung, Abfallentsorgung oder Abwasserreinigung.

Kapitalbeteiligungen von juristischen Personen des öffentlichen Rechts ab 20 % werden als wesentliche oder qualifizierte Beteiligung bezeichnet. Ab einer Beteiligungsquote von mehr als 25 % können die Vertreter der öffentlichen Hand die Rechte einer Sperrminorität bei wichtigen Beschlüssen in der Gesellschafterversammlung ausüben. Als Rechtsformen für gemischtwirtschaftliche Betriebe kommen in der Regel nur solche des Privatrechts in Betracht. In Ausnahmefällen gestatten jedoch auch Regelungen des öffentlichen Rechts die Beteiligung Privater an öffentlichen Betrieben (vgl. § 5 Abs. 2 Satz 2 KGG[7]).

Auf der Grundlage vorstehender Erörterung ergibt sich folgende Typologie:

Hoheitliche Verwaltung	öffentlicher Betrieb	gemischtwirtschaftlicher Betrieb	private Unternehmung

Die Endpunkte dieser Typologie lassen sich wie folgt unterscheiden:

◄────────────────────────►

öffentliche Güter	private Güter
kein Markt – Gebühren – Steuern	Markt – Preis
Monopol	Wettbewerb
Anschluss- und Benutzungszwang	Vertragsfreiheit
„politischer Druck"	„Kostendruck"
Kosten – kein Gewinn	Kosten – Gewinn
politisch-demokratische Steuerung	Marktsteuerung

Öffentliche Betriebe nehmen dagegen bei den meisten Merkmalen eine Mittelstellung ein bzw. weisen mal eher diese, mal eher jene Ausprägung auf. Vorherrschendes Abgrenzungsmerkmal gegenüber privaten Unternehmen ist das Eigentum in der Hand öffentlich-rechtlicher Institutionen, wobei Betriebe, deren Eigentum teilweise bei der öffentlichen Hand und teilweise bei Privaten liegt – sogenannte gemischtwirtschaftliche Unternehmen – besondere Abgrenzungsprobleme bereiten. Gegenüber der öffentlichen Verwaltung ist die Abgrenzung nach den Merkmalen Leistungsaustausch, materieller Tätigkeitsbereich, Organisations- und Rechtsform zu ziehen, wobei vielfältige Überschneidungsmöglichkeiten vorkommen.

7 Gesetz über kommunale Gemeinschaftsarbeit vom 16.12.1969 (GVBl. I S. 307), zuletzt geändert durch Art. 1 des Gesetzes zur Änderung des Gesetzes über kommunale Gemeinschaftsarbeit und anderer Rechtsvorschriften vom 11.12.2019 (GVBl. S. 416).

20.3 Rechtsformen der wirtschaftlichen Betätigung

Das öffentliche Recht hat einige spezifische Rechtsformen für öffentliche Betriebe entwickelt. Diese Rechtsformen wurden speziell für die Anforderungen öffentlicher Aufgabenwahrnehmung optimiert:

- Regiebetrieb
- Eigenbetrieb[8]
- Rechtsfähige Anstalt
- Zweckverband
- Stiftung des öffentlichen Rechts

Daneben steht den Kommunen grundsätzlich auch die Gründung privatrechtlicher Rechtsformen offen:

- Einzelunternehmung (Einzelkaufmann, Minderkaufmann, Vollkaufmann)
- Personengesellschaft (Gesellschaft bürgerlichen Rechts, stille Gesellschaft, offene Handelsgesellschaft, Kommanditgesellschaft)
- Kapitalgesellschaft (Gesellschaft mit beschränkter Haftung, Aktiengesellschaft, Kommanditgesellschaft auf Aktien)
- Eingetragener Verein
- Eingetragene Genossenschaft

Mit dem Ziel der Begrenzung des wirtschaftlichen Risikos der Trägerkörperschaft hat der Gesetzgeber jedoch den Kommunen nahegelegt, diejenigen Rechtsformen auszuwählen, die ein **persönliches Risiko** des Unternehmers begrenzen (vgl. § 122 Abs. 1 Nr. 2 HGO), weshalb in aller Regel nur die im 3. bis 5. Spiegelpunkt genannten privatrechtlichen Rechtsformen neben den typischen Rechtsformen des öffentlichen Rechts in Betracht zu ziehen sind.

Die Wahl der geeigneten Rechtsform ist eine wichtige Entscheidung, die vor der Errichtung des Betriebes zu treffen und bei entsprechenden Entwicklungen später zu überprüfen und ggf. zu korrigieren ist.

Faktoren für die Wahl der Rechtsform für die wirtschaftliche Betätigung der öffentlichen Hand sind:

1. Leitung/Geschäftsführung
2. Mitbestimmung der Arbeitnehmer
3. Gewinnverteilung/Haftung
4. Finanzierung
5. steuerliche Behandlung
6. rechtsformabhängige Aufwendungen
   a) Beurkundung der Verträge
   b) Eintragung in öffentliche Register

8 Eine wirtschaftliche Betätigung wird meist in der Organisationsform eines Regiebetriebes aufgenommen und erst später in die gesetzliche Rechtsform des Eigenbetriebes überführt, wenn der Umfang der Geschäftstätigkeit ein Ausmaß angenommen hat, das einen solchen Schritt rechtfertigt.

c) Aufwendungen für besondere Organe
(Betriebskommission, Aufsichtsrat, Gesellschafterversammlung)
d) externe Rechnungsprüfung
7. Publizitätspflicht
8. Regelungen des Dienst- und Arbeitsrechtes

Die Gemeinden müssen ihre Entscheidung über die wirtschaftliche Betätigung mindestens sechs Wochen vor Vollzug der Entscheidung (z. B. sechs Wochen vor dem tatsächlichen Abschluss eines Kaufvertrages zum Erwerb von Aktien) der Aufsichtsbehörde mitteilen (§ 127a HGO). Im Rahmen der Rechtsaufsicht kann die Aufsichtsbehörde somit vorbeugend zum Schutz der Gemeinde tätig werden. Allerdings prüft sie auch die Einhaltung der gesetzlichen Vorschriften und Voraussetzungen. Eine spezielle Genehmigungspflicht sieht die Gemeindeordnung dagegen nicht vor, sodass das Einschreiten der Aufsichtsbehörde sich allein auf die allgemeinen Aufsichtsvorschriften der §§ 135 ff. HGO stützen kann.

Obwohl die Aufsichtsbehörde nach § 127a HGO über entsprechende Rechtsgeschäfte lediglich zu informieren ist, hat die Aufsichtsbehörde nach § 138 HGO immer die Möglichkeit, Beschlüsse der Gemeindevertretung, die geltendem Recht widersprechen, aufzuheben. Sofern die Beteiligung an einem wirtschaftlichen Unternehmen beispielsweise der Subsidiaritätsklausel nach § 121 Abs. 1 Nr. 3 HGO widerspricht, stehen die aufsichtsrechtlichen Möglichkeiten nach §§ 135 ff. HGO in vollem Umfang zur Verfügung. Wenn die notwendigen Beschlüsse bereits gefasst wurden, kann die Aufsichtsbehörde diese Entscheidungen rückgängig machen.

Vor der Entscheidung über die Errichtung, Übernahme oder wesentliche Erweiterung von wirtschaftlichen Unternehmen sowie über eine unmittelbare oder mittelbare Beteiligung ist die Gemeindevertretung auf der Grundlage einer Markterkundung umfassend über die Chancen und Risiken der beabsichtigten unternehmerischen Betätigung sowie über deren zu erwartende Auswirkungen auf das Handwerk und die mittelständische Wirtschaft zu unterrichten. Vor der Befassung in der Gemeindevertretung ist den örtlichen Handwerkskammern, Industrie- und Handelskammern sowie Verbänden Gelegenheit zur Stellungnahme zu geben, soweit ihr Geschäftsbereich betroffen ist. Die Stellungnahmen sind der Gemeindevertretung zur Kenntnis zu geben (§ 121 Abs. 6 HGO).

Weiterhin haben die Gemeinden mindestens einmal in jeder Wahlzeit zu prüfen, inwieweit ihre wirtschaftlichen Betätigungen noch die Voraussetzungen des § 121 Abs. 1 HGO erfüllen und inwieweit die Tätigkeiten privaten Dritten übertragen werden können (§ 121 Abs. 7 HGO).

Nachstehend werden die wesentlichen Organisations- bzw. Rechtsformen der wirtschaftlichen Betätigung dargestellt, zuvor wird in zwei Schaubildern ein Überblick dazu gegeben:

Übersicht über die „Wirtschaftliche Betätigung" der Gemeinde

Wirtschaftliche Betätigung/Unternehmen

Begriff:
Betrieb von Unternehmen, die als Hersteller, Anbieter oder Verteiler von Gütern oder Dienstleistungen am Markt tätig werden, sofern die Leistung auch von einem Privaten mit der Absicht der Gewinnerzielung erbracht werden könnte.

Voraussetzungen für die wirtschaftliche Betätigung (§ 121 Abs. 1 HGO):
Die Gemeinde darf sich wirtschaftlich betätigen, wenn
- der öffentliche Zweck die Betätigung rechtfertigt
- die Betätigung nach Art und Umfang in einem angemessenen Verhältnis zur Leistungsfähigkeit der Gemeinde und zum voraussichtlichen Bedarf steht
- der Zweck nicht ebenso gut und wirtschaftlich von einem privaten Dritten erfüllt wird oder erfüllt werden kann

Weiterhin zu beachtende wesentliche Vorschriften
- Markterkundung (§ 121 Abs. 6 HGO)
- Überprüfungsklausel (§ 121 Abs. 7 HGO)
- Wirtschaftsgrundsätze (§ 121 Abs. 8 HGO)

→

Organisationsformen (Regelfälle):
- Eigenbetriebe
  Sondervermögen gemäß § 115 Abs. 1 Nr. 3, Abs. 3 HGO, Eigenbetriebsgesetz, HGB
- rechtsfähige Anstalt des öffentlichen Rechts
  gem. § 126a HGO
- Gesellschaften
  §§ 122 Abs. 1 Nr. 1 – 4, 123 ff. HGO, GmbHG, AktG, HGB

Als wirtschaftliche Betätigung gelten gemäß § 121 Abs. 2 HGO nicht (Fiktion) Tätigkeiten,
- zu denen die Gemeinde gesetzlich verpflichtet ist
- auf den Gebieten des Bildungs-, Gesundheits- und Sozialwesens, der Kultur, des Sports, der Erholung, der Abfall- und Abwasserbeseitigung, der Breitbandversorgung
- zur Deckung des Eigenbedarfes (z. B. Bauhöfe, Gärtnereien, Druckereien u. Ä.)

→

Organisationsformen (Regelfälle):
- Regiebetriebe
  Vorschriften über die Haushaltswirtschaft
- Eigenbetriebe
  Sondervermögen gemäß § 115 Abs. 1 Nr. 3, Abs. 3 HGO, Eigenbetriebsgesetz, HGB
- rechtsfähige Anstalt des öffentlichen Rechts
  gem. § 126a HGO
- Gesellschaften
  §§ 122 Abs. 2 i. V. m. Abs. 1 Nr. 2 – 4, 123 ff. HGO, GmbHG, AktG, HGB

Unternehmen und Einrichtungen nach § 121 Abs. 2 HGO, die nach Art und Umfang eine selbstständige Verwaltung und Wirtschaftsführung erfordern

Durch Rechtsverordnung kann bestimmt werden, dass diese ganz oder teilweise nach den für die Eigenbetriebe geltenden Vorschriften (Eigenbetriebsgesetz mit Nebenvorschriften) zu führen sind (§ 121 Abs. 3 HGO), z. B. Krankenhäuser gem. § 5 Krankenhausverordnung vom 13. September 2018 – GVBl. 2018, 603

	Rechtsformen für die wirtschaftliche Betätigung der öffentlichen Hand					
Rechtsform	Regiebetrieb	Eigenbetrieb	rechtsf. Anstalt	GmbH	Aktiengesellsch.	sonstige juristische Pers. des	
						privaten Rechts	öffentl. Rechts
Rechtsgrundl.	HGO	EigBGes	§ 126a HGO	GmbHG	AktG		
Errichtung	innerorganisatorisch §§ 70, 97	Betriebssatzung § 1	Satzung § 126a Abs. 2	Gesellschaftsvertrag §§ 2,3	Satzung § 23 ff.	Vertrag, Satzung z. B. BGB	Gesetz, Satzung, öffentlich-re. Vertrag, z. B. KGG
Leitung	Bürgermeister § 70	Betriebsleitung §§ 2 – 4	Vorstand § 126a Abs. 5	Geschäftsführer §§ 6, 35 ff.	Vorstand §§ 76 ff.	Geschäftsführer	Präsident oder Vorsteher
Kontrolle	Gemeindevorstand § 66	Betriebskommission §§ 6, 7	Verwaltungsrat § 126a Abs. 6	ggf. Aufsichtsrat § 52	Aufsichtsrat §§ 95 ff.	Vorstand	Vorstand
	Gemeindevertretung § 50	Gemeindevertretung § 5	Gemeindevertretung § 126a Abs. 6	Gesellschafter-versammlung §§ 45 ff.	Hauptversammlung §§ 118 ff.	Mitglieder-versammlung	Verb.-versammlung Verwaltungsrat
Haftung	Gemeindevermögen	Gemeindevermögen	Gemeindevermögen § 126a Abs. 4	Gesellschaftsverm. § 13	Gesellschaftsverm. § 1		
Rechnungs-wesen	doppisch §§ 92 ff.	kaufmännisch (opt.) § 20	GemHVO oder Eigenbetriebsrecht § 126a Abs. 9	kaufmännisch § 13 i.V.m. §§ 6, 238 HGB	kaufmännisch § 3 i. V. m. §§ 6, 238 HGB	kaufmännisch	kameralistisch oder kaufmännisch
Prüfung	RPA § 128	Abschlussprüfer § 27 Abs. 2	RPA oder Abschlussprüfer	Abschlussrüfer § 316 HGB	Abschlussprüfer § 316 HGB		
Publizität	§§ 112 - 114	§ 27 Abs. 4		§ 325 HGB	§ 325 HGB		
Besteuerung	nur als BgA. *)	soweit BgA. *)	soweit BgA. *)	ja	ja	ja	soweit BgA. *)
Anmeldung	nein	Handelsregister A (seit 1998)		Handelsregister B	Handelsregister B		
Mitbestimmung der Beschäft.	Personalrat	2 Mitgl. des PR[10] in Betriebskomm.		nach den Regeln des Betriebsverfassungsgesetzes			Personalrat

20.3.1 Regiebetriebe

Der Begriff des Regiebetriebs ist gesetzlich nicht definiert. Er hat sich herausgebildet, um Formen der wirtschaftlichen Betätigung der öffentlichen Hand zu bezeichnen, die weder organisatorisch noch finanzwirtschaftlich von der Verwaltung ihrer Trägerkörperschaft getrennt wurden, sondern in deren Verwaltungs- und Haushaltsgliederung integriert sind.

Diese Rechtsform ist nur für sogenannte Hoheitsbetriebe oder Hilfsbetriebe (§ 121 Abs. 2 HGO) zulässig.

Öffentliche Einrichtungen im Sinne von § 121 Abs. 2 HGO werden i. d. R. in der Form des Regiebetriebes geführt, da sie der Fiktion („... gelten nicht als wirtschaftliche Betätigung ...“) unterliegen, gleichwohl können auch diese in die Organisationsform des Eigenbetriebes überführt werden (§ 122 Abs. 2 Satz 2 HGO).

Regiebetriebe entstehen durch die Aufnahme entsprechender Tätigkeiten bzw. die inner-organisatorische Bereitstellung entsprechender Ressourcen für diesen Zweck. Sie werden mit allen Erträgen und Einzahlungen bzw. Aufwendungen und Auszahlungen im Haushaltsplan des Trägers aufgeführt, man nennt sie deshalb auch Bruttobetriebe. Sie unterstehen im vollen Umfang der Weisungsbefugnis des Bürgermeisters oder des zuständigen Beigeordneten bzw. des Gemeindevorstandes und sind vollumfänglich in die Organisation der Gemeinde integriert.

20.3.2 Eigenbetriebe

Eigenbetriebe sind wirtschaftliche Unternehmen der Gemeinde ohne eigene Rechtspersönlichkeit. § 127 HGO weist aber schon deutlich auf eine praktische Abkopplung von der allgemeinen Verwaltung der Gemeinde hin, die zu einer gewissen Selbständigkeit der Eigenbetriebe führt. Insofern sind die Zuständigkeiten der Gemeindevertretung und des Gemeindevorstandes beschränkt.

Der Eigenbetrieb ist die gesetzliche Rechtsform für die wirtschaftlichen Unternehmen der Gemeinde ohne Rechtspersönlichkeit gem. § 121 Abs. 1 HGO und § 1 Abs. 1 EigBGes.[9] Es handelt sich dabei um einen wirtschaftlich, aber nicht rechtlich verselbstständigten Betrieb einer kommunalen Körperschaft. Für die Errichtung eines Eigenbetriebes ist der Erlass einer Eigenbetriebssatzung durch die Gemeindevertretung (§ 51 Nr. 11 HGO) gemäß Eigenbetriebsgesetz (§ 5 Nr. 1 EigBGes) erforderlich. Zur Leitung des Eigenbetriebes ist eine Betriebsleitung zu bestellen, die aus einer oder mehreren Personen bestehen kann. In der Praxis besteht die Betriebsleitung oft aus einem

9 Das Hessische Wassergesetz vom 22.1.1990 (GVBl. I S. 114) regelte in § 54: „Gemeinden bis zu 10.000 Einwohner können, Gemeinden mit mehr als 10.000 Einwohner haben ihre Wasserversorgungsbetriebe entsprechend den Vorschriften über Eigenbetriebe zu führen.“ Das inzwischen neu gefasste Hessische Wassergesetz vom 24.12.2010 (GVBl. I S. 548) enthält die Verpflichtung der Gemeinden zur Wasserversorgung in § 30, trifft aber keine Bestimmung über die Rechts- und Organisationsform mehr. Die Krankenhausverordnung sieht jedoch in § 5 den Betrieb kommunaler Krankenhäuser weiterhin in der Rechtsform des Eigenbetriebs vor.

kaufmännischen und einem technischen Betriebsleiter. Prägend für die Geschäftstätigkeit des Eigenbetriebes sollte § 127 Abs. 2 HGO sein: Der Betriebsleitung ist eine ausreichende Selbständigkeit der Entschließung einzuräumen. D. h., der Eigenbetrieb soll vorwiegend unter fachlichen, weniger dagegen unter politischen Gesichtspunkten geführt werden. Die Betriebsleitung wird überwacht von einer Betriebskommission, die sich wie folgt zusammensetzt (§ 6 EigBGes):

1. der Bürgermeister oder in seiner Vertretung ein von ihm bestimmtes Mitglied des Gemeindevorstandes als Vorsitzender
2. eine in der Betriebssatzung festzulegende Anzahl von Mitgliedern der Gemeindevertretung
3. mindestens zwei weitere Mitglieder des Gemeindevorstandes
4. zwei Mitglieder des Personalrates des Eigenbetriebes
5. ggf. weitere wirtschaftlich oder technisch besonders erfahrene Personen

Die finanzwirtschaftliche Eigenständigkeit wird u. a. durch § 15 EigBGes verwirklicht: Danach ist ein eigenständiger Wirtschaftsplan für jedes Wirtschaftsjahr aufzustellen.

Das Rechnungswesen des Eigenbetriebes ist nach den Regeln der kaufmännischen Buchführung, wie sie im Dritten Buch des Handelsgesetzbuches (HGB) niedergelegt sind, zu führen[10] (§ 20 EigBGes), der Jahresabschluss ist durch externe Abschlussprüfer zu prüfen.

Neben diesen eigenbetriebstypischen Organen (Betriebsleitung und Betriebskommission) behalten jedoch auch der Gemeindevorstand und die Gemeindevertretung bestimmte in den §§ 5 und 8 EigBGes geregelte Befugnisse, wodurch eine flexiblere Aufgabenerfüllung gegenüber einem Regiebetrieb nur bedingt ermöglicht wird.

Rechtsgrundlage für die Eigenbetriebe ist in Hessen das Eigenbetriebsgesetz[11]. Anhand einiger wichtiger Regelungen dieses Gesetzes sollen die Besonderheiten der Wirtschaftsführung gegenüber der allgemeinen Verwaltung und einer Eigengesellschaft verdeutlicht werden. Dadurch wird auch ein an dieser Stelle ausreichender Überblick über diese Wirtschaftsform geschaffen.[12]

10 Ähnlich wie zwischen 2005 und 2011 in § 92 HGO geregelt, lässt auch § 20 EigBGes optional eine entsprechende Verwaltungsbuchführung zu, die jedoch praktisch keine Anwendung findet.

11 Fassung vom 9.6.1989 (GVBl. I S. 151), zuletzt geändert durch Artikel 6 des Gesetzes vom 14.7.2016 (GVBl. S. 121)

12 Eine ausführliche Behandlung der Eigenbetriebe bleibt der Spezialliteratur vorbehalten, z. B.: *Zeiß*, Das Eigenbetriebsrecht der gemeindlichen Betriebe, Stuttgart (Loseblatt); *Bennemann*, Das Eigenbetriebsrecht in Hessen, Kommentar, 6. Aufl., Wiesbaden 2019.

Rechtsnorm des Eigenbetriebsgesetzes	Regelungsinhalt
§ 1	eigene Betriebssatzung
§ 2	weitgehend selbstständige Betriebsleitung; dadurch originäre Unterschriftsbefugnis auf eigenem Briefkopf; daneben natürlich Rechte der Betriebskommission, des Gemeindevorstandes und der Gemeindevertretung
§ 3	eigenständige rechtliche Vertretung des Eigenbetriebes durch die Betriebsleitung bei Entscheidungszuständigkeiten innerhalb der Betriebsleitung
§ 4	Aufgaben und Unterrichtungspflichten der Betriebsleitung
§ 5	Aufgaben der Gemeindevertretung
§§ 6, 7	Zusammensetzung und Aufgaben der Betriebskommission
§ 8	Aufgaben des Gemeindevorstandes
§ 9	Personalangelegenheiten Die Bediensteten des Eigenbetriebes sind Bedienstete der Gemeinde. Sie werden vom Gemeindevorstand eingestellt, angestellt, befördert und entlassen; dies kann durch die Betriebssatzung auf die Betriebsleitung übertragen werden. Der Bürgermeister ist Dienstvorgesetzter, soweit die Betriebssatzung nichts anderes bestimmt.
§§ 15–18	Wirtschaftsplan Der Wirtschaftsplan des Eigenbetriebes besteht aus dem Erfolgsplan, dem Vermögensplan und der Stellenübersicht
§ 19	Finanzplanung In der fünfjährigen Finanzplanung sind auch die Auswirkungen auf die Finanzplanung für den Haushalt der Gemeinde anzugeben.
§ 20	Buchführung und Kostenrechnung Für den Eigenbetrieb gelten die Regeln der doppelten kaufmännischen Buchführung.
§ 22 ff.	Jahresabschluss Maßgeblich für den Jahresabschluss sind die Vorschriften des Dritten Teils des HGB. Der Jahresabschluss besteht aus der Bilanz, der Gewinn- und Verlustrechnung und dem Anhang. Weiterhin ist ein Lagebericht zu erstellen.

Betreibt das Land Hessen einen organisatorisch und finanzwirtschaftlich, nicht aber juristisch verselbständigten Betrieb – ähnlich einem kommunalen Eigenbetrieb –, so wird dieser als **Landesbetrieb** bezeichnet.

Landesbetriebe sind rechtlich unselbstständige Teile der Landesverwaltung mit eigener Wirtschaftsführung (§ 105 Abs. 1 LHO). Landesbetriebe haben einen eigenen Wirtschaftsplan aufzustellen, sofern ein Wirtschaften nach dem Haushaltsplan des Landes nicht zweckmäßig ist (§ 105 Abs. 1 Satz 2 LHO). Ob diese Voraussetzung vorliegt, stellt der zuständige Minister im Einvernehmen mit dem Minister der Finanzen fest (VV zu § 26 LHO).

Eigenbetriebe und Landesbetriebe werden aus Sicht des Haushaltes der Trägerkörperschaft als **Sondervermögen** bezeichnet, weil sie rechtlich Teil des Vermögens der Trägerkörperschaft (Gemeinde, Gemeindeverband oder Land) sind, organisatorisch und finanzwirtschaftlich jedoch gesondert behandelt werden und im Haushaltsplan der Trägerkörperschaft nur mit dem sich aus ihren Wirtschaftsplänen ergebenden Überschüssen oder Defiziten veranschlagt werden. Man nennt sie deshalb auch Nettobetriebe (vgl. § 115 HGO, §§ 18 Abs. 2, 48 HGrG, §§ 26 Abs. 1 LHO). Die Sondervermögen des Landes werden durch den **Landesrechnungshof** geprüft (§ 81 Abs. 1 LHO). Die kommunalen Sondervermögen – soweit es sich um Eigenbetriebe handelt – werden vorrangig durch **Wirtschaftsprüfer** geprüft (§ 27 EigBGes). Die Prüfung der laufenden Kassenvorgänge der Eigenbetriebe obliegt jedoch den kommunalen **Rechnungsprüfungsämtern** (§ 131 Abs. 1 Nr. 3 HGO).

20.3.3 Eigengesellschaften und Beteiligungen

Die Gemeinde kann sich bei ihrer unternehmerischen Tätigkeit auch der Formen des Privatrechts bedienen (§ 122 HGO). Dies geschieht regelmäßig als Gesellschaft mit beschränkter Haftung (GmbH). In Betracht kommt gelegentlich auch die Aktiengesellschaft oder eine Beteiligung an einer Kommanditgesellschaft als Kommanditist[13] (KG oder GmbH & Co. KG). Allerdings ist die Beteiligung an einer AG in der Vergangenheit rechtlich massiv erschwert worden (genaueres hierzu unter Ziff. 20.3.3.2).

Diese Unternehmen werden in der Praxis als Eigengesellschaften bezeichnet, wenn die Gemeinde alleinige Eigentümerin (100 %) der Unternehmen ist. Ist die Gemeinde zusammen mit Anderen Eigentümerin, spricht man von Beteiligungsgesellschaften. Gesellschaftsanteile von mehr als 20 % bis 50 % werden als wesentliche Beteiligung, Anteile von mehr als 50 % als Mehrheitsbeteiligung bezeichnet.

Auf Grund des GmbH- bzw. Aktiengesetzes werden diese Einrichtungen nach kaufmännischen Gesichtspunkten geführt und abgerechnet, sodass lediglich die Gewinne und Verluste der Unternehmen sowie die Kapitalausstattungen durch die Gemeinde in die gemeindlichen Haushaltspläne einfließen.[14] Die Wahl der Unternehmensform liegt weitgehend im Ermessen der Gemeinde. Sie richtet sich oftmals nach verschiedensten Gesichtspunkten, z. B. nach steuerlichen Erwägungen oder tarifrechtlichen Vorgaben.

Die Voraussetzungen für die Gründung oder Beteiligung an einer Gesellschaft, die auf den Betrieb eines wirtschaftlichen Unternehmens gerichtet ist, sind in § 122 Abs. 1 HGO geregelt.

---

13 Kommanditist ist ein Gesellschafter einer Handelsgesellschaft, bei dem die Haftung gegenüber den Gesellschaftsgläubigern auf den Betrag einer bestimmten Vermögenseinlage beschränkt ist (vgl. § 161 HGB).

14 Betroffen sind hier hinsichtlich der Gewinne und Verluste die Konten der Kontengruppe 56 (Erträge aus Beteiligungen …) und des Hauptkontos 768 (Aufwendungen aus Verlustübernahme) nach dem KVKR, die in den Zeilen 21 (Finanzerträge) und 18 (Sonstige ordentliche Aufwendungen) im Ergebnishaushalt (Muster 7) sowie in der Ergebnisrechnung (Muster 14) darzustellen sind sowie hinsichtlich der Kapitalausstattung die Konten der Kontengruppen 11, 13 und 15 der Vermögensrechnung und 823 bzw. 844 der Finanzrechnung nach dem KVKR, die in den Zeilen 22 und 27 im Finanzhaushalt (Muster 8) sowie in der Finanzrechnung (Muster 15) auszuweisen sind.

Die Errichtung einer Gesellschaft, die auf den Betrieb eines wirtschaftlichen Unternehmens gerichtet ist, oder Beteiligung an einer solchen ist für Gemeinden gem. § 122 HGO[15] nur zulässig, wenn

1. die Voraussetzungen des § 121 Abs. 1 HGO erfüllt sind (s. o.)
2. die Haftung der Gemeinde auf einen angemessenen Betrag begrenzt ist,
3. die Gemeinde angemessenen Einfluss im Überwachungsorgan erhält und
4. der Jahresabschluss nach den für große Kapitalgesellschaften geltenden Rechtsvorschriften (§§ 267 ff. HGB) aufgestellt und geprüft wird.

Bei Eigengesellschaften und Mehrheitsbeteiligungen (> 50 %) ist der Wirtschaftsführung des Betriebes ein Wirtschaftsplan und eine fünfjährige Finanzplanung nach den für Eigenbetriebe geltenden Vorschriften zugrunde zu legen (§ 122 Abs. 4 HGO). Die Vertretung der Gemeinde in der Gesellschaft erfolgt durch den Gemeindevorstand und für diesen durch den Bürgermeister oder besonders bestellte Vertreter (§ 125 HGO).

Eine Unternehmensbeteiligung ist gemäß § 122 Abs. 1 Nr. 1 HGO nur unter den Voraussetzungen des § 121 Abs. 1 HGO möglich (siehe dazu Ziff. 20.1), also u. a. nur zur Erledigung einer konkreten gemeindlichen Aufgabe. Außerdem muss eine mögliche Haftung in einem angemessenen Verhältnis zur wirtschaftlichen Leistungsfähigkeit der Gemeinde stehen. Bei den meisten Kommunen dürfte dies nur anzunehmen sein, wenn es sich um Rechtsformen handelt, bei denen die Haftung auf einen bestimmten Betrag beschränkt ist. Dieses wird im Wesentlichen nur bei Gesellschaften mit beschränkter Haftung (Haftung in Höhe des Gesellschafteranteiles), Aktiengesellschaften (Haftung in Höhe der Aktienbeteiligung) und bei Kommanditgesellschaften, wobei die Gemeinde nur als Kommanditist (Haftung in Höhe der Einlage) fungieren kann, erfüllt. Außerdem ist zu gewährleisten, dass der Jahresabschluss und der Lagebericht entsprechend den für große Kapitalgesellschaften geltenden Vorschriften des Dritten Buches des HGB aufgestellt und geprüft werden. § 122 Abs. 4 HGO enthält weitere Voraussetzungen bei Unternehmen, bei denen sich eine Gemeinde mit mehr als 50 % beteiligen will.

Die Gemeinde darf auch eine Gesellschaft errichten oder sich daran beteiligen, die nicht auf den Betrieb eines wirtschaftlichen Unternehmens gerichtet ist, wenn ein **wichtiges Interesse**[16] der Gemeinde vorliegt (§ 122 Abs. 2 HGO). In diesem Fall gelten die Vorschriften des § 122 Abs. 1 HGO mit Ausnahme der Ziff. 1 entsprechend. Diese Vorschrift umfasst die Fälle, in denen die Gemeinde eine Einrichtung aus dem Katalog des § 121 Abs. 2 HGO in Form einer Gesellschaft führen möchte. Als Beispiel wäre die Gründung einer Bäder GmbH zu nennen, ggf. zusammen mit einem privaten Betreiber.

15 Für das Land und seine Betriebe enthält § 65 LHO weitgehend inhaltsgleiche Regeln.

16 Dazu Zahradnik in KVR Hessen, § 122 HGO, Rn. 10: „*Ob ein wichtiges Interesse vorliegt, liegt weitgehend an der Sichtweise der Gemeindevertretung. Die Gemeindevertretung besitzt einen gewissen Beurteilungsspielraum, der der Überprüfung durch Kommunalaufsicht und Verwaltungsgerichte weitgehend entzogen ist.*“

20.3.3.1 Gesellschaft mit beschränkter Haftung (GmbH)

Das Gesetz betreffend die Gesellschaften mit beschränkter Haftung (GmbHG) bietet die flexibelsten Möglichkeiten für die Errichtung und den Betrieb eines Unternehmens, dessen wirtschaftliches Risiko auf das Gesellschaftsvermögen begrenzt werden kann. Für seine Gründung ist der Abschluss eines notariell zu beglaubigenden Gesellschaftsvertrages (§ 2 GmbHG) durch einen oder mehrere Gesellschafter erforderlich. Das Stammkapital muss mindestens 25.000 € betragen (§ 5 GmbHG).

Der Betrieb wird von einem oder mehreren **Geschäftsführern** geleitet (§ 6 GmbHG). Geschäftsführer haften mit der Sorgfalt eines ordentlichen Kaufmanns. Sie sind auch für den in Ausführung eines Beschlusses der Gesellschafter verursachten Schaden verantwortlich (§ 43 GmbHG).

Die Bildung eines **Aufsichtsrates** geschieht fakultativ, ist jedoch bei GmbHs in öffentlichem Eigentum weit verbreitet, weil er die Möglichkeit bietet, ein Kontrollorgan nach politischem Proporz zusammenzusetzen, was in der **Gesellschafterversammlung** nicht möglich ist, weil hier jedem Gesellschafter nur eine Stimme zusteht, die lediglich im Verhältnis zu anderen Stimmen nach dem Anteil am Stammkapital zu gewichten, nicht jedoch aufzuteilen ist.

20.3.3.2 Aktiengesellschaft

Weitere Möglichkeiten zur Gründung öffentlicher Betriebe bietet das Aktiengesetz (AktG). Gegenüber dem GmbHG stellt das AktG weitaus höhere Anforderungen. So sind an der Feststellung des Gesellschaftsvertrages, der auch in diesem Falle notarieller Beurkundung bedarf, mindestens fünf Personen zu beteiligen, die die Aktien gegen Einlage zu übernehmen haben. Das Grundkapital muss mindestens 50.000 € betragen.

Der **Vorstand** leitet die Gesellschaft unter eigener Verantwortung (§ 76 AktG). Die Vertretungsbefugnis des Vorstandes kann nach außen nicht beschränkt werden (§ 82 AktG). Im Innenverhältnis hat der Vorstand die Weisungen der Satzung, des **Aufsichtsrates** und der **Hauptversammlung** zu beachten.

Allerdings beschränkt der im Jahre 2005 in Kraft getretene § 122 Abs. 3 HGO die Entscheidungsfreiheit der Gemeinde, indem von der Rechtsform der AG nur dann noch Gebrauch gemacht werden darf, wenn der öffentliche Zweck des Unternehmens nicht ebenso gut in einer anderen Rechtsform erfüllt werden kann. Diese Einschränkung beruht auf der gesetzlich besonders abgesicherten Unabhängigkeit des Vorstandes und des Aufsichtsrats von Aktiengesellschaften. Aufgrund dieser Unabhängigkeit „sind die rechtlichen Möglichkeiten der Gemeinde, das Unternehmen in ihrem Sinn zu steuern, bei Aktiengesellschaften stärker eingeschränkt als bei anderen Unternehmensformen“[17].

In der Praxis sind Neugründungen kommunaler Aktiengesellschaften mit dem Inkrafttreten dieser Vorschrift quasi untersagt. Es werden kaum Rechtfertigungsgründe zu fin-

17 LT-Drs. 16/2463, Begründung II.

den sein, weshalb eine wirtschaftliche Betätigung nicht ebenso gut als GmbH wahrgenommen werden kann.

20.3.4 Vereine

Als weitere privatrechtliche Organisationsform ist der eingetragene Verein gemäß §§ 21 bis 79 des Bürgerlichen Gesetzbuches (BGB) zu nennen, der sich jedoch für eine wirtschaftliche Betätigung im engeren Sinne kaum eignet. Volkshochschulen, Musikschulen und ähnliche kulturelle Einrichtungen werden gelegentlich in dieser Rechtsform unter Beteiligung von kommunalen Gebietskörperschaften betrieben.

20.3.5 Körperschaften, Anstalten und Stiftungen des öffentlichen Rechts

Zur Erfüllung öffentlicher Aufgaben dienen auch durch besondere Gesetze errichtete juristische Personen, z. B. Bundes- bzw. Landesversicherungsanstalten (Deutsche Rentenversicherung), Rundfunkanstalten, Stiftung preußischer Kulturbesitz. In diesem Zusammenhang sind auch Zweckverbände zu nennen, die auf der Grundlage des Gesetzes über kommunale Gemeinschaftsarbeit (KGG) von mehreren kommunalen Körperschaften gemeinsam errichtet werden, z. B. Wasserbeschaffungs- oder Abwasserverbände, Abfallentsorgungszweckverbände oder Verbände zur Erledigung von Aufgaben des öffentlichen Personennahverkehrs. Leitungs- und Kontrollgremien sind Verbandsvorstand und Verbandsversammlung.

Insbesondere die Rechtsform des **Zweckverbandes** wird von hessischen Kommunen intensiv genutzt, wenn es darum geht, bestimmte Aufgaben gemeindegebietsübergreifend zu erledigen.

Sieht man vom Sonderfall der Sparkassen ab, so stand hessischen Kommunen die Rechtsform der Anstalt des öffentlichen Rechtes – im Gegensatz zu einigen anderen Bundesländern – bis zum Jahre 2011 nicht zur Verfügung.

Mit der HGO-Novelle vom Dezember 2011 wurde nun auch für hessische Kommunen mit § 126a HGO die Möglichkeit geschaffen, **rechtsfähige Anstalten** zu errichten. Zu diesem Zweck bedarf es, wie beim Eigenbetrieb, einer Satzung, in der die Rechtsverhältnisse der Anstalt geregelt und ihr einzelne oder alle mit einem bestimmten Zweck zusammenhängende Aufgaben ganz oder teilweise übertragen werden. Als Organe der Anstalt sind ein Vorstand und ein Verwaltungsrat einzurichten. Der Verwaltungsrat berät und beschließt in öffentlicher Sitzung. Für die Haushalts- und Wirtschaftsführung der Anstalt gelten die Bestimmungen der HGO und der GemHVO, soweit nicht in der Satzung die entsprechende Anwendung des Eigenbetriebsrechtes bestimmt ist (§ 126a Abs. 9 HGO). Die Gemeinde haftet für die Verbindlichkeiten der Anstalt unbeschränkt.

Die Rechtsform der **Stiftung** setzt die Bereitstellung großer Vermögensbestände voraus, aus deren Erträgen der Stiftungszweck erfüllt werden soll. Diese Rechtsform ist deshalb – abgesehen von den in der Vergangenheit bereits entstandenen Stiftungen – nur in Ausnahmefällen in Betracht zu ziehen.[18]

20.4 Wirtschaftlichkeitsprinzip

Das Prinzip der Wirtschaftlichkeit ist für den Bereich der wirtschaftlichen Unternehmen der Gemeinden konkretisiert (§ 121 Abs. 8 HGO): Wirtschaftliche Unternehmen sollen einen Überschuss für die Haushaltswirtschaft der Gemeinde abwerfen, soweit dadurch die Erfüllung des öffentlichen Zweckes nicht beeinträchtigt wird.

Soweit die wirtschaftliche Betätigung durch Gebühren nach dem KAG finanziert wird (z. B. Wasserversorgung, Abwasser- und Abfallentsorgung), unterliegt jedoch die Entgeltgestaltung den gleichen Regelungen wie bei den kostenrechnenden Einrichtungen[19] als Regiebetrieben. Als Ertrag für die Haushaltswirtschaft ist hier im Wesentlichen nur die angemessene Verzinsung des von der Gemeinde aufgebrachten Eigenkapitals anzuführen, soweit diese nicht bei Betrieben gewerblicher Art noch durch die Körperschaftsteuer geschmälert wird. Als Umweg bleibt in solchen Fällen nur die Gründung einer privatrechtlichen Gesellschaft mit zugehörigen Allgemeinen Geschäftsbedingungen, um die Gebühren durch privatrechtliche Preise zu ersetzen. Obwohl die Gebühren dann nicht den Beschränkungen des KAG unterliegen, sind sie gleichwohl daraufhin an den Maßstäben des GWB zu bemessen und somit wieder nicht gänzlich frei festsetzbar.[20]

Ähnlich wie die Haushaltwirtschaft im Kernbereich der öffentlichen Verwaltung ist auch die wirtschaftliche Betätigung der Kommunen einer verbindlichen Planung zu unterziehen, die im Regelfall der Beschlussfassung durch die Gemeindevertretung unterliegt. Allerdings ist hier statt eines Haushaltsplanes ein Wirtschaftsplan von der Betriebsleitung aufzustellen. Die entsprechenden Regelungen der §§ 15 ff. des Eigenbetriebsgesetzes gelten unmittelbar für Eigenbetriebe, sie sind jedoch auch für Eigengesellschaften (GmbH, AG) und Gesellschaften unter mehrheitlicher Beteiligung der Gemeinde entsprechend anzuwenden (§ 122 Abs. 4 HGO).

---

18 Außerdem ist die Beschränkung von § 120 Abs. 3 HGO zu beachten. Zu vergleichbarer Rechtslage hat das OVG Münster am 19.12.2012 (A 1551/10) entschieden, dass diese Einschränkung der Umwandlung von Gemeindevermögen in Stiftungsvermögen auch für indirektes Gemeindevermögen in Form von Eigengesellschaften und Eigenbetrieben gilt (vgl. gemeindehaushalt 6/2013 S. 130 ff.).

19 Kostenrechnende Einrichtungen waren im § 12 der bisherigen GemHVO 1974 definiert als Einrichtungen, die i. d. R. überwiegend aus Entgelten finanziert werden. Unabhängig vom Wegfall der definierenden Rechtsvorschrift ist der Begriff weiterhin sinnvoll anzuwenden auf Bereiche mit überwiegender Entgeltfinanzierung.

20 Der BGH hat in seinem Beschluss KVR 66/08 vom 2.2.2010 beispielsweise die Sichtweise der hessischen Kartellbehörde bestätigt, wonach die Stadt Wetzlar ihre Wasserpreise wegen Verstößen gegen das GWB um 29 % absenken musste. Zwischenzeitlich bildet die Stadt Wetzlar die Pflichtaufgabe der Wasserversorgung wieder im kommunalen Haushalt ab. Sie hat sich also freiwillig wieder dem Gebührenrecht unterworfen.

20.4.1 Wirtschaftsplan

Der Wirtschaftsplan besteht aus
- dem Erfolgsplan,
- dem Vermögensplan und
- der Stellenübersicht

Der Erfolgsplan enthält alle voraussehbaren Erträge und Aufwendungen (§ 16 EigBGes), der Vermögensplan alle voraussehbaren Einnahmen und Ausgaben, die sich aus Anlagenänderung oder Kreditwirtschaft ergeben (§ 17 EigBGes).

Die Stellenübersicht hat die im Wirtschaftsjahr erforderlichen Stellen für Angestellte und Arbeiter zu enthalten. Beamte, die bei dem Eigenbetrieb beschäftigt werden, sind im Stellenplan der Gemeinde zu führen und in der Stellenübersicht des Eigenbetriebs nachrichtlich anzugeben (§ 18 EigBGes).

Eine Änderung des Wirtschaftsplanes durch einen Nachtrag ist im Gegensatz zum kommunalen Haushaltsplan nur dann erforderlich, wenn
- eine wesentliche Verschlechterung des Betriebsergebnisses droht,
- höhere Kreditaufnahmen oder erheblich höhere Zuführungen des Trägers erforderlich werden,
- zusätzliche Verpflichtungsermächtigungen in Anspruch genommen oder
- Änderungen der Stellenübersicht durchgeführt werden sollen.

Im Übrigen bedürfen Erfolg gefährdende Mehraufwendungen bzw. erhebliche Mehrausgaben des Vermögensplanes der vorherigen Zustimmung der Gemeindevertretung.

20.4.2 Buchführung

Das Rechnungswesen öffentlicher Betriebe ist nach den Kriterien der kaufmännischen (doppelten) Buchführung (sog. Doppik) oder einer entsprechenden Verwaltungsbuchführung zu organisieren (§ 20 EigBGes). Dabei sind jedoch die Regeln des Dritten Buches des Handelsgesetzbuches und nicht die der GemHVO anzuwenden. Für die jeweiligen Rechts- bzw. Beteiligungsformen existieren i. d. R. entsprechende spezialgesetzliche Vorschriften.

20.4.3 Besteuerung

Betriebe, deren Organisationsform auf Regelungen des Privatrechts beruht, unterliegen in vollem Umfang den Regelungen des Steuerrechts, insbesondere des Einkommen-, Körperschaft-, Umsatz- und Gewerbesteuerrechts. Für die Besteuerung von Rechtsformen des öffentlichen Rechts wurde der Begriff des Betriebes gewerblicher Art (BgA)[21] entwickelt, der im Wesentlichen danach unterscheidet, ob eine Tätigkeit hoheitlich ausgeübt und deshalb nicht besteuert oder im Wettbewerb ausgeübt und deshalb besteuert wird.

Die Besteuerung stellt betriebswirtschaftlich eine Kostenbelastung dar, die nach Möglichkeit zu vermeiden gesucht wird. Eine Ausnahme bildet das Umsatzsteuergesetz mit der Systematik des Vorsteuerabzuges[22]: Muss ein der Umsatzsteuer unterliegendes Unternehmen – insbesondere zu Beginn seiner Geschäftstätigkeit – größere Investitionen leisten, so kann es sich die auf diesen Investitionen lastende Umsatzsteuer erstatten lassen. Erst wenn die Investition durch Entgelte refinanziert wird, muss die Umsatzsteuer endgültig an das Finanzamt abgeführt werden. Diejenigen öffentlichen Betriebe, die nicht vorsteuerabzugsberechtigt sind, müssen dagegen auch die auf der Investitionssumme lastende Umsatzsteuer vorfinanzieren.

Wasserwerke werden stets als Betriebe gewerblicher Art angesehen. Betriebe der Abwasserreinigung und der Abfallentsorgung wurden dagegen bisher – trotz einer seit Jahren kontrovers geführten Diskussion – als Hoheitsbetriebe behandelt. Seitens der im Wettbewerb stehenden gewerblichen Wirtschaft werden seit Jahren zahlreiche Bemühungen unternommen, die Verfahrensweise der Finanzämter zu verändern. Dagegen wehren sich die Interessenvertreter der kommunalen Betriebe. In dieser Situation haben bisher weder der Gesetzgeber noch der Finanzminister mit ihren Möglichkeiten der Rechtsbarkeit geklärt werden müssen.

Für unternehmerische Tätigkeiten, die bisher nicht als Betriebe gewerblicher Art qualifiziert wurden, kann es betriebswirtschaftlich vorteilhaft sein, in eine privatrechtliche Rechtsform zu wechseln, wenn für diese Tätigkeit große Investitionen finanziert werden müssen. Auf diese Weise kann der Finanzierungsbedarf um die Vorsteuererstattung reduziert und die Umsatzsteuerbelastung auf den Zeitpunkt der Leistungserbringung verschoben werden.

Zum 1. Januar 2025 wird die Anlehnung des Umsatzsteuerrechts an den „Betrieb gewerblicher Art (BgA)" des Körperschaftssteuerrechts voraussichtlich aufgehoben. Ab diesem Zeitpunkt sind ausschließlich die dem EU-Recht entstammenden Vorgaben des § 2 bzw. § 2b UStG anzuwenden. Nähere Ausführungen zu diesem Thema finden sich in Kap. 15 und Ziff. 15.6.2.

20.5 Übung

Siehe zu diesem Abschnitt Sachverhalt 1 zu Kap. 20 im Übungsband.

---

21 § 4 Abs. 1 KStG definiert den Betrieb gewerblicher Art als Einrichtung, *„die einer nachhaltigen wirtschaftlichen Tätigkeit zur Erzielung von Einnahmen außerhalb der Land- und Forstwirtschaft dient und die sich innerhalb der Gesamtbetätigung der juristischen Person wirtschaftlich heraushebt"*.

22 Siehe auch Ziff. 2.3.1.5.

20.6 Ausgliederung und Reintegration

Traditionelle Fälle der wirtschaftlichen Unternehmen der Gemeinde sind im Bereich der Strom-, Gas-, Wasser- und Fernwärmeversorgung, beim öffentlichen Personennahverkehr sowie neuerdings im Rahmen der Breitbandversorgung zu finden. Zuweilen werden auch Steinbrüche, Kiesgruben und Ziegeleien als wirtschaftliche Unternehmen von den Gemeinden geführt. Allerdings erfolgt diese Art von Aufgabenwahrnehmung regelmäßig auf Grund alter Rechte und Pflichten, zumal diese Tätigkeit wohl kaum mit § 121 Abs. 1 HGO zu vereinbaren ist.

In der Praxis entschließen sich immer mehr Gemeinden, kommunale Aufgaben und Funktionen auf Eigenbetriebe bzw. Eigengesellschaften zu übertragen. Man verspricht sich dabei eine flexiblere Erfüllung der öffentlichen Aufgaben u. a. auch mit einem leistungsfähigeren Steuerungs- und Buchführungssystem sowie einem verbesserten Personalmanagement. Inzwischen wurden jedoch die Regelungen des Haushaltsrechts so weiterentwickelt, dass sich eine verstärkte „Ausgliederung" kommunaler Aufgaben unter diesem Gesichtspunkt erübrigt.

Die Loslösung bestimmter wirtschaftlicher Betätigungen von der Kernverwaltung erscheint sinnvoll, weil die Eigenbetriebe und Eigengesellschaften eine andere Art Aufgabenerfüllung als die übrige Verwaltung verwirklichen können, sodass dort eigenständige Maßstäbe und Entscheidungskriterien gelten. In vielen Fällen verspricht man sich von der Loslösung von der Kernverwaltung eine stärkere Professionalisierung: Fachliche Ziele und Maßstäbe sollen Vorrang vor politischen Zielen und Einflussnahmen erhalten. Obwohl rechtlich zur Gemeinde gehörend, bilden auch die Eigenbetriebe praktisch ausgegliederte Unternehmen der Gemeinde mit einer gewissen wirtschaftlichen Selbstständigkeit. Folgerichtig sieht § 127 Abs. 2 HGO für die Betriebsleitung auch eine weitgehende Entscheidungsbefugnis vor, die erheblich über die Befugnisse der Amtsleiter der übrigen Verwaltung hinausgeht.

Mit der Loslösung von der Kernverwaltung verbindet sich aber immer auch ein Verlust an Steuerungsmöglichkeiten im Gesamtinteresse der Kommune und der Überblick über die kommunalen Handlungsmöglichkeiten droht verlorenzugehen. Insbesondere bestand in der Vergangenheit oft eine wesentliche Motivation zur Gründung dieser Betriebsformen in der Möglichkeit, kommunale Kreditaufnahmen außerhalb des Kernhaushaltes zu verwirklichen. Es bleibt abzuwarten, ob durch die weitere Ausgestaltung der im Jahre 2009 grundgesetzlich verankerten Schuldenbremse diese Motivation noch verstärkt werden wird. Zudem dürfte sich mit der Einführung des kommunalen Gesamtabschlusses diese Motivation auch vielerorts erübrigt haben. Alle Kommunen, die über wesentliche Beteiligungen verfügen, müssen ohnehin einen übergreifenden Gesamtabschluss mit allen wesentlichen Beteiligungen erstellen. Die Kreditverpflichtungen stehen so letztendlich doch wieder in den Büchern der Kommune.

Im Mai 2020 wurden diesbezüglich Erleichterungen durch den hessischen Gesetzgeber eingeführt. Der neu geschaffene § 112b Abs. 1 HGO[23] entbindet Städte und Gemeinden mit weniger als 20.000 Einwohnern generell von der Pflicht, einen Gesamtab-

23 Vgl. GVBl. Nr. 26 vom 15.5.2020 S. 318 ff.

schluss aufstellen zu müssen. Für Kommunen mit 20.000 bis 50.000 Einwohnern gelten ebenfalls Spezialregelungen. Städte und Gemeinden dieser Größenklasse können ebenfalls auf die Erstellung eines Gesamtabschlusses verzichten, sofern der auf die Gemeinde entfallende Anteil der Bilanzsumme der voll zu konsolidierenden Aufgabenträger zusammen den Wert von 20 % der in der Vermögensrechnung der Gemeinde ausgewiesenen Bilanzsumme sowohl für das Jahr der Aufstellung als auch für das Vorjahr nicht übersteigt (vgl. Abs. 2). Der Verzicht auf den Gesamtabschluss ist nach Absatz 3 von der Gemeindevertretung zu beschließen. Weitere Ausführungen sind in diesem Zusammenhang unter Ziff. 15.8.3 zu finden.

Eine Verbindung zur Haushaltswirtschaft der Kernverwaltung wird bereits durch die Bestimmungen des § 1 Abs. 5 Nr. 9 und 10 GemHVO erreicht, wonach die Wirtschaftspläne und neuesten Jahresabschlüsse der Sondervermögen mit Sonderrechnung (im Wesentlichen also die Eigenbetriebe) und der Unternehmen und Einrichtungen mit eigener Rechtspersönlichkeit mit mehr als 50 %iger Gemeindebeteiligung dem Haushaltsplan als Anlage beizufügen sind. Vergleichbare Vorschriften enthielt bereits das frühere kamerale Haushaltsrecht.

Nachdem die Vielzahl der Ausgliederungen den politischen Steuerungsverlust hat deutlich werden lassen, wurden in jüngerer Zeit einige Instrumente entwickelt, die diese Entwicklung ausgleichen sollen, namentlich handelt es sich dabei um:

- Quartalsberichte
- Beteiligungsberichte
- Beteiligungscontrolling
- zusammengefasster Abschluss („Konzernbilanz“; vgl. Ziff. 15.8.3)

20.6.1 Quartalsberichte

Die Betriebsleitung hat gem. § 21 EigBGes den Gemeindevorstand und die Betriebskommission, jedoch nicht die Gemeindevertretung, vierteljährlich über die Entwicklung der Erträge und Aufwendungen sowie über die Abwicklung des Vermögensplans schriftlich zu unterrichten. Die konkrete Ausgestaltung dieser Berichte ist jedoch nicht vorgeschrieben.

20.6.2 Beteiligungsbericht

Die Gemeinde hat gem. § 123a HGO zur Information der Gemeindevertretung und der Öffentlichkeit jährlich einen Bericht über ihre Beteiligungen an Unternehmen in einer Rechtsform des Privatrechts zu erstellen. In dem Bericht sind alle Unternehmen aufzuführen, bei denen die Gemeinde mindestens über den fünften Teil der Anteile verfügt. Der Beteiligungsbericht ist gem. § 123a Abs. 1 Satz 2 HGO bis zum 30. September des Folgejahres aufzustellen.

In der Praxis werden diese Berichte oft auch auf die Eigenbetriebe und öffentlich-rechtlichen Beteiligungen sowie Beteiligungen von weniger als 20 % ausgedehnt. Zur

Unterrichtung der Öffentlichkeit wird inzwischen in vielen Fällen von den technischen Möglichkeiten des Internets Gebrauch gemacht.

Die gesetzliche Regelung sieht allerdings auch vor, dass über den Stand der Erfüllung des öffentlichen Zwecks durch das Unternehmen und das Vorliegen der Voraussetzungen des § 121 Abs. 1 HGO für das Unternehmen zu berichten ist. Inzwischen ist im kommunalen Bereich durchaus eine Entwicklung zur Reintegration von einstmals verselbständigten Aufgabenträgern in den Haushalt der Kernverwaltung zu beobachten, wobei sowohl die zuvor zitierte Vorschrift als auch die Notwendigkeit eines Konzernabschlusses (vgl. Ziff. 15.8.3) eine Rolle spielen könnten.

20.6.3 Beteiligungscontrolling

Insbesondere die zunehmende Verknappung der öffentlichen Mittel in den letzten Jahrzehnten hat inzwischen viele Kommunen dazu bewegt, die betriebswirtschaftlichen Instrumente des Controllings auch auf ihre Beteiligungen anzuwenden. Insbesondere kommen vordringlich zur Entlastung der Kernhaushalte zur Anwendung:

- Zielvereinbarungen über Gewinnabführungen oder Zuwendungen zum Verlustausgleich
- Mandatsbetreuung zur Wahrnehmung kommunaler Gesamtinteressen in den Aufsichtsgremien
- Beteiligungsreporting über die gesetzlich vorgeschriebenen Berichte hinaus

– Kapitel 21 –

Inhaltsverzeichnis

21. Rechnungsprüfung und Entlastung

Neben der operativ verantwortlichen Verwaltung und der den Zahlungsverkehr durchführenden Gemeindekasse ist abschließend eine weitere Funktion in der kommunalen Finanzwirtschaft anzusprechen, die der Rechnungsprüfung.

21.1 Funktion der Rechnungsprüfung

Der Haushaltsplan ist für die Haushaltswirtschaft verbindlich (vgl. § 95 Abs. 1 HGO). Die Verwaltung ist auf kommunaler Ebene der Gemeindevertretung über die Ausführung des Haushaltsplans rechenschaftspflichtig. Zur Kontrolle der Haushaltsführung sind auf allen Ebenen der öffentlichen Verwaltung Institutionen errichtet, die die Haushaltsführung aus der Sicht des Parlaments überprüfen und dem Parlament über das Ergebnis dieser Prüfung berichten. Diese Institutionen werden traditionell mit der Bezeichnung „Rechnungsprüfung“ versehen. Für die Kommunen im Land Hessen legt § 129 HGO fest, dass kreisfreie Städte und Sonderstatus-Städte[1] ein Rechnungsprüfungsamt (RPA) einrichten müssen, andere Gemeinden können es einrichten. In Gemeinden, für die kein Rechnungsprüfungsamt besteht, werden dessen Aufgaben durch das Rechnungsprüfungsamt des Landkreises wahrgenommen. Landkreise müssen gem. § 52 Abs. 2 HKO ein Rechnungsprüfungsamt einrichten. Kommunen bleibt grundsätzlich auch die Möglichkeit, sich zu einem Prüfungszweckverband gem. KGG zusammenzuschließen. Dies könnte Sinn machen, wenn der Betrieb eines eigenen RPA unter Wirtschaftlichkeitsgesichtspunkten unzweckmäßig wäre.

Gem. § 130 Abs. 1 HGO ist das Rechnungsprüfungsamt **bei der Durchführung von Prüfungen unabhängig**. Der Gemeindevorstand kann keine Weisungen erteilen, die den Umfang, die Art und Weise oder das Ergebnis der Prüfung betreffen. Die Gemeindevertretung kann sich des Rechnungsprüfungsamts bedienen, bestimmte Prüfungsaufträge erteilen und unmittelbare Auskünfte verlangen. Umgekehrt ist aber auch das Rechnungsprüfungsamt zu Weisungen gegenüber der Verwaltung nicht befugt. Allerdings besteht, um dem Prüfungsauftrag gerecht werden zu können, eine umfassende Auskunftspflicht der Verwaltung und ein umfassendes Informationsrecht des Rechnungsprüfungsamtes. Bei Meinungsverschiedenheiten zwischen Verwaltung und Rechnungsprüfung liegt die Entscheidung bei der Gemeindevertretung, in dessen Auftrag die Rechnungsprüfung tätig wird.

Die Rechnungsprüfung ist lediglich für die Prüfung kommunal- und haushaltsrechtlicher Sachverhalte (zu den konkreten Aufgaben später mehr) zuständig, über die daraufhin möglichen Konsequenzen hat jedoch entweder die Gemeindevertretung oder aber die jeweilige Aufsichtsbehörde zu entscheiden. Die Aufsicht über die Kom-

1 Gem. § 4a Abs. 1 HGO handelt es sich bei den Städten Darmstadt, Frankfurt am Main, Kassel, Offenbach am Main und Wiesbaden um kreisfreie Städte. Bad Homburg v. d. Höhe, Fulda, Gießen, Hanau, Marburg, Rüsselsheim am Main und Wetzlar sind gem. Abs. 2 Sonderstatus-Städte. Weitere Städte mit mehr als 50.000 Einwohnern können auf Antrag durch Beschluss der Landesregierung zur Sonderstatus-Stadt erklärt werden.

munen übt der Staat, also das Land Hessen, aus (vgl. § 135 HGO). Die Städte Wiesbaden und Frankfurt am Main unterstehen direkt der Aufsicht des Hessischen Ministers des Innern. Die Regierungspräsidenten sind die Aufsichtsbehörde der sonstigen kreisfreien Städte und Sonderstatus-Städte, die Landräte sind hingegen die Aufsichtsbehörde für die übrigen Gemeinden (vgl. § 136 HGO). Darüber hinaus sind die Regierungspräsidenten nach § 54 Abs. 2 HKO Aufsichtsbehörde über die Landkreise. Erst die Aufsichtsbehörden können auf Grundlage der Prüfergebnisse konkrete Anweisungen erteilen, Beschlüsse beanstanden oder sogar weitergehende Maßnahmen treffen.[2]

Das Rechnungsprüfungsamt ist neben der Gemeindekasse (§ 110 HGO) die einzige in der HGO definierte Organisationseinheit in der Gemeindeverwaltung. Zur Sicherstellung der Unabhängigkeit und Funktionsfähigkeit der Rechnungsprüfung gelten einige nachfolgend dargestellte Regelungen:

- Zur Bestellung der Leitung des Rechnungsprüfungsamts ist die Zustimmung der Gemeindevertretung erforderlich. Das Gleiche gilt für die Abberufung und für das Verbot der Führung der Dienstgeschäfte (§ 130 Abs. 3 HGO).
- Die Leitung des Rechnungsprüfungsamts soll über gründliche Erfahrung im Kommunalwesen, insbesondere auf dem Gebiet des gemeindlichen Haushalts-, Kassen- und Rechnungswesens, verfügen und darf mit dem Vorsitzenden der Gemeindevertretung, dem Bürgermeister und den Beigeordneten weder bis zum dritten Grade verwandt noch bis zum zweiten Grade verschwägert oder durch Ehe oder durch eingetragene Lebenspartnerschaft verbunden sein (§ 130 Abs. 4 HGO).
- Die Leitung und die Prüfer des Rechnungsprüfungsamtes dürfen Zahlungen weder anordnen noch ausführen (§ 130 Abs. 5 HGO).

Privatwirtschaftliche Gesellschaften werden durch externe Wirtschaftsprüfer geprüft. Im Vergleich dazu werden die Prüfungen auf kommunaler Ebene teilweise von eigenen Mitarbeitern vorgenommen.[3] Diese Vorgehensweise wird in der Öffentlichkeit immer wieder kritisiert, weil eine neutrale Prüfung so unter Umständen nicht gewährleistet ist. Gerade um eine unvoreingenommene Prüfung sicherzustellen, sind die zuvor genannten Sondervorschriften in der HGO festgeschrieben worden.

---

2 Weitergehende Erläuterungen zum Zusammenspiel von Rechnungsprüfung und Aufsichtsbehörde sowie zu den aufsichtsrechtlichen Befugnissen finden sich beispielsweise hier: *Groß, Johannes & Hahn, Dieter*, der gemeindehaushalt 08/2019, S. 184–188; Das Zusammenwirken von Aufsichtsbehörde und Rechnungsprüfungsamt in der kommunalen Finanzwirtschaft.

3 Landkreise, kreisfreie Städte sowie Sonderstatus-Städte haben zwingend ein eigenes RPA einzurichten. Kleinere Städte und Gemeinden können es. Dementsprechend führen Landkreise und größere Städte in jedem Fall Prüfungen in der eigenen Behörde durch. Kleinere Kommunen werden in aller Regel vom Landkreis geprüft, außer sie haben freiwillig ein eigenes RPA gegründet.

21.2 Aufgaben der Rechnungsprüfung

Im Rahmen der Rechnungsprüfung werden die Arbeitsergebnisse der Verwaltung daraufhin überprüft und bewertet, ob diese bestimmten formellen und materiellen im Haushaltsrecht und anderen einschlägigen Rechtsgebieten definierten Regeln entsprechen.

Neben der direkten Wirkung, Fehler und Irrtümer aufzudecken und auf deren Korrektur, zumindest aber deren künftige Vermeidung, hinzuwirken, kann auch von einer indirekten vorbeugenden Wirkung ausgegangen werden, die darin besteht, dass allein das Wissen um eine nachfolgende Überprüfung alle Handelnden dazu anhält, möglichst fehlerfrei zu arbeiten. Gerade das Risiko doloser Handlungen[4] wird durch diese präventive Wirkung entsprechend reduziert.

Die Aufgaben des Rechnungsprüfungsamtes sind in § 131 HGO festgelegt. Dabei ist zwischen den in Abs. 1 genannten Pflichtaufgaben zu unterscheiden, die das Rechnungsprüfungsamt in jedem Falle wahrzunehmen hat und den in Abs. 2 genannten Aufgaben, die dem Rechnungsprüfungsamt zusätzlich zugewiesen werden können.

Zu den **Pflichtaufgaben** gehören:
1. die Prüfung des Jahresabschlusses (§ 128),
2. die laufende Prüfung der Kassenvorgänge und Belege zur Vorbereitung der Prüfung des Jahresabschlusses,
3. die dauernde Überwachung der Kassen der Gemeinde und der Eigenbetriebe einschließlich der Sonderkassen sowie die Vornahme der regelmäßigen und unvermuteten Kassenprüfungen mit der Maßgabe, dass mit den Kassenprüfungen der Zahlstellen mit geringem Umsatz auch andere dafür geeignete Stellen der Gemeindeverwaltung beauftragt werden dürfen,
4. im Rahmen der Erfüllung der Aufgaben der Nr. 1 bis 4[5] zu prüfen, **ob zweckmäßig und wirtschaftlich** verfahren wird; dabei hat es die Umsetzung der Feststellungen der überörtlichen Prüfung kommunaler Körperschaften nach § 6 Abs. 1 Satz 3 sowie der allgemeinen Feststellungen nach § 6 Abs. 3 Satz 1 des Gesetzes zur Regelung der überörtlichen Prüfung kommunaler Körperschaften in Hessen vom 22. Dezember 1993 (GVBl. I S. 708), zuletzt geändert durch Gesetz vom 7. Mai 2020 (GVBl. S. 318), zu berücksichtigen.

Primäre Aufgabe des Rechnungsprüfungsamtes im doppischen System ist also die Prüfung des Jahresabschlusses. Der Jahresabschluss ist in der doppischen Haushaltssystematik zentrales Steuerungsinstrument und stellt den Gegenpart zum Haushaltsplan dar. Hierzu listet § 128 HGO folgende Teilaufgaben auf:

4 Der Duden spricht bei dolosen Handlungen von „arglistigen" Handlungen.

5 Hier müsste es eigentlich „Nr. 1 bis 3" heißen. Im Rahmen der HGO-Änderung durch Gesetz vom 7.5.2020 (GVBl. S. 318) wurde der damalige § 131 Abs. 1 Satz 1 Nr. 4 HGO aufgehoben, dementsprechend müsste die Formulierung hier nun „Nr. 1 bis 3" lauten.

Das Rechnungsprüfungsamt prüft den Jahresabschluss mit allen Unterlagen darauf hin, ob

1. der Haushaltsplan eingehalten ist,
2. die einzelnen Rechnungsbeträge sachlich und rechnerisch vorschriftsmäßig begründet und belegt sind,
3. bei den Erträgen, Einzahlungen, Aufwendungen und Auszahlungen sowie bei der Vermögens- und Schuldenverwaltung nach den geltenden Vorschriften verfahren worden ist,
4. die Anlagen zum Jahresabschluss vollständig und richtig sind,
5. die Jahresabschlüsse nach § 112 HGO ein den tatsächlichen Verhältnissen entsprechendes Bild der Vermögens-, Finanz- und Ertragslage der Gemeinde darstellen,
6. die Berichte zum Jahresabschluss eine zutreffende Vorstellung von der Lage der Gemeinde vermitteln.

Der Gemeindevorstand, der Bürgermeister, der für die Verwaltung des Finanzwesens bestellte Beigeordnete und die Gemeindevertretung können dem Rechnungsprüfungsamt gem. § 131 Abs. 2 HGO **weitere Aufgaben** übertragen, insbesondere

1. die Prüfung der Vorräte und Vermögensbestände,
2. die Prüfung von Anordnungen vor ihrer Zuleitung an die Kasse,
3. die Prüfung von Auftragsvergaben,
4. die Prüfung der Verwaltung auf Zweckmäßigkeit und Wirtschaftlichkeit,
5. die Prüfung der Wirtschaftsführung der Eigenbetriebe,
6. die Prüfung der Betätigung der Gemeinde bei Unternehmen in einer Rechtsform des privaten Rechts, an denen die Gemeinde beteiligt ist,
7. die Kassen-, Buch- und Betriebsprüfung, die sich die Gemeinde bei einer Beteiligung, bei der Hingabe eines Kredits oder sonst vorbehalten hat.

Die Prüfung der Vermögensgegenstände hat mit der Einführung der kommunalen Vermögensrechnung (siehe Kap. 16) einen erheblichen Bedeutungszuwachs erfahren. Das von der Verwaltung aufzustellende Inventar unterliegt der Nachprüfung durch das Rechnungsprüfungsamt.

Die Prüfung von Anordnungen vor ihrer Zuleitung an die Kasse – die sogenannte Visaprüfung – erfreute sich früher hoher Beliebtheit, wurde aber inzwischen weitgehend aufgegeben, da sie sehr viel Arbeitszeit erfordert und sich nicht als besonders wirkungsvoll herausgestellt hat. Inzwischen setzt man eher auf stichprobenhafte Prüfungen in systematischen Zusammenhängen und weniger auf das partikulare Nachvollziehen jedes Arbeitsschrittes der Verwaltung.

Die Prüfung von Auftragsvergaben (siehe Ziff. 13.2.3) zählt inzwischen zu den Standardaufgaben der Rechnungsprüfung, nachdem sich dieser Aufgabenbereich in den letzten Jahrzehnten als besonders korruptionsanfällig[6] erwiesen hat und deshalb

6 Konkrete Regelungen zur Korruptionsprävention können der „Richtlinie zur Korruptionsprävention und Korruptionsbekämpfung in der öffentlichen Verwaltung des Landes Hessen" (StAnz. 52/2019 S. 1357 ff.) und dem Erlass zur „Korruptionsvermeidung in hessischen Kommunalverwaltungen" (StAnz. 24/2015 S. 630 ff.) entnommen werden.

einen besonderen Handlungsbedarf erzeugte. Hierzu erscheint u. U. eine Teilnahme von Rechnungsprüfern an Submissionsterminen zweckmäßig. Viele Rechnungsprüfungsämter verfügen mittlerweile über entsprechendes Fachpersonal, welches sich ausschließlich den Vergabeprüfungen widmet.

Die fakultative Aufgabe der Prüfung der Verwaltung auf Zweckmäßigkeit und Wirtschaftlichkeit ist deutlich von der Pflichtaufgabe „im Rahmen der Erfüllung der Aufgaben der Nr. 1 bis 4 zu prüfen, ob zweckmäßig und wirtschaftlich verfahren wird" zu unterscheiden. Während die zuletzt genannte Annexaufgabe nur auf die jeweils ohnehin im Rahmen der Jahresabschlussprüfungen zu prüfenden finanzwirtschaftlichen Vorgänge abzielt, umfasst die zuerst genannte fakultative Aufgabenstellung ein umfassendes Prüfungsrecht, das z. B. auch Organisationsprüfungen und andere umfassende Untersuchungsansätze einschließt.

Hinsichtlich der Aufgaben 5 und 6 konkurriert die kommunale Rechnungsprüfung mit externen Wirtschaftsprüfern. Zur Vermeidung von unwirtschaftlichen Doppelprüfungen sind hier besondere Abstimmungen erforderlich. Im Idealfall sind bereits im Rahmen der Gründung solcher Beteiligungen konkrete Regelungen zu treffen, wem zukünftig die notwendigen Prüfungsaufgaben obliegen.

Dem Rechnungsprüfungsamt obliegt es darüber hinaus, gem. § 131 Abs. 3 HGO „die überörtliche Prüfung kommunaler Körperschaften insbesondere mit Daten und Informationen zur Vorbereitung von Empfehlungen allgemeiner Bedeutung" zu unterstützen. Insofern ist die örtliche Rechnungsprüfung zumindest mittelbar auch in die überörtliche Rechnungsprüfung (mehr dazu unter Ziff. 21.3.1) eingebunden.

Das Rechnungsprüfungsamt fasst die Ergebnisse seiner Jahresabschlussprüfung in einem Bericht zusammen (§ 128 Abs. 2 HGO), über deren Ergebnisse das kommunale Beschlussorgan (Gemeindevertretung, Kreistag) durch den Gemeindevorstand in Kenntnis zu setzen ist (§ 113 HGO). Nr. 1 Hw. zu § 113 HGO stellt klar, dass das Rechnungsprüfungsamt nicht berechtigt ist, den Prüfbericht direkt an die Gemeindevertretung weiterzuleiten.

Die Gemeindevertretung kann nach § 130 Abs. 2 HGO i. V. m. Nr. 4 Hw. zu § 113 HGO unmittelbare Auskünfte von Seiten des Rechnungsprüfungsamtes verlangen. Gemäß Nr. 4 Hw. zu § 113 HGO setzt dies jedoch einen entsprechenden Beschluss der Gemeindevertretung voraus, gegenüber einzelnen Gemeindevertretern besteht dementsprechend keine Auskunftspflicht seitens des Rechnungsprüfungsamtes.

Die Gemeindevertretung beschließt über den vom Rechnungsprüfungsamt geprüften Jahresabschluss, zusammengefassten Jahresabschluss und Gesamtabschluss bis spätestens 31. Dezember des zweiten auf das Haushaltsjahr folgenden Jahres und entscheidet zugleich über die Entlastung des Gemeindevorstands (§ 114 Abs. 1 HGO). Die uneingeschränkte Entlastung ist als Billigung des Ergebnisses der Haushaltswirtschaft zu verstehen, als Erklärung des Einverständnisses mit der Ausführung des Haushaltsplans einschließlich evtl. festgestellter Verstöße gegen haushaltsrechtliche oder sonstige Bestimmungen.[7] Verweigert die Gemeindevertretung die Entlastung oder

7 Weitergehende Ausführungen zur Entlastung m. w. N. finden sich z. B. bei *Zahradnik* in KVR Hessen, § 114 HGO.

spricht sie die Entlastung mit Einschränkungen aus, so hat sie dafür die Gründe anzugeben (§ 114 Abs. 1 Satz 2 HGO).

Die Verweigerung der Entlastung ohne Angabe von Gründen ist grundsätzlich nicht zulässig. Sofern eine Entlastung aus Gründen verweigert wird, die in diesem Zusammenhang nicht sachgerecht sind, kann die Kommunalaufsicht die Entlastung des Gemeindevorstandes anordnen. Dies ergibt sich aus § 139 HGO, wonach die Aufsichtsbehörde die Gemeinde anweisen kann, das Erforderliche zu veranlassen, sofern die Gemeinde ihren gesetzlichen Pflichten nicht selbst nachkommt.[8]

Der Bayerische Verwaltungsgerichtshof (BayVGH) hat in einer grundlegenden Entscheidung zu Rechtsfolgen und Inhalten der Entlastungsentscheidungen die Fallgestaltungen, die eine uneingeschränkte Entlastung rechtfertigen, von solchen abgegrenzt, die eine Einschränkung oder eine Versagung der Entlastung rechtfertigen.[9] Diese Grundsätze sind auf die hessische Rechtslage – für die keine vergleichbare Entscheidung vorliegt – uneingeschränkt übertragbar.[10]

Die Entlastung beinhaltet danach, dass das Ergebnis der Haushaltswirtschaft die Billigung der Gemeindevertretung findet, also haushaltwirtschaftliche und haushaltsrechtliche Beanstandungen nicht erhoben werden können und erkennbar gewordene Haushaltsüberschreitungen genehmigt werden. Sie beinhaltet demgegenüber keinen Verzicht auf etwaige Schadensersatzansprüche oder disziplinarrechtliche oder strafrechtliche Folgerungen.

Der Beschluss ist mit dem Schlussbericht des Rechnungsprüfungsamts unverzüglich der Aufsichtsbehörde vorzulegen (§ 114 Abs. 2 HGO). Darüber hinaus hat wie bei der Haushaltssatzung eine öffentliche Bekanntmachung des Jahresabschlusses mit entsprechender öffentlicher Auslage über sieben Tage zu erfolgen.

21.2.1 Ordnungsmäßigkeitsprüfung und Wirtschaftlichkeitsprüfung

Die Prüfungstätigkeit der örtlichen Rechnungsprüfung war traditionell auf die Kontrolle der Ordnungsmäßigkeit der Finanzwirtschaft konzentriert (Ordnungsmäßigkeitskontrolle). Erst in jüngerer Zeit sehen Rechnungsprüfungsinstitutionen zunehmend ihre Aufgabe auch in der Überprüfung der Wirtschaftlichkeit und Zweckmäßigkeit des Verwaltungshandelns.

Während die Ordnungsmäßigkeitsprüfung in dieser Hinsicht eher als rückwärtsgerichtet erscheinen mag, wird die Wirtschaftlichkeitsprüfung gern eher zukunftsgerichtet interpretiert.

---

8 Ein entsprechender Beschl. wurde vom OVG RhPf am 25.7.2018 getroffen (– 10 A 10433/18 –). Da der zugrundeliegende § 122 der Gemeindeordnung Rheinland-Pfalz exakt dem § 139 der Hessischen Gemeindeordnung entspricht, kann diese Rechtsauffassung auch für Hessen angenommen werden.

9 Vgl. BayVGH, Urt. vom 11.1.1984 – 4 B 81 A 2021 –, der gemeindehaushalt 1984.

10 Vgl. *HSGB*, Nr. 9/2013 ED, S. 7.

Beispiele für Aspekte der **Ordnungsmäßigkeitsprüfung**	Beispiele für Aspekte der **Wirtschaftlichkeitsprüfung**
• Wurde vom zuständigen Verwaltungszweig gehandelt? • Standen Haushaltsmittel zur Verfügung? • Liegen die notwendigen Beschlüsse vor? • Wurden die notwendigen Unterschriften geleistet? • Sind alle Belege vorhanden?	• War die geprüfte Handlung zweckmäßig? • Wurden Alternativen in Erwägung gezogen? • Wurde das wirtschaftlichste Verfahren angewendet? • Entspricht die eingesetzte Menge und Qualität der eingesetzten Ressourcen der vorliegenden Aufgabenstellung?

21.2.2 Rechnungsprüfung oder Revision?

Die Bezeichnung Rechnungsprüfungsamt leitet sich von der zentralen Aufgabe der Prüfung des Jahresabschlusses ab. Im Zuge der Modernisierung der öffentlichen Verwaltung und im Gegensatz zur gesetzlichen Bezeichnungsweise haben sich in jüngerer Zeit die Bezeichnungen (Innere) Revision bzw. Revisionsamt in der kommunalen Praxis durchgesetzt. Neben dem Aspekt der Modernisierung soll damit auch die umfassendere Aufgabenstellung verdeutlicht werden.

In der betriebswirtschaftlichen Literatur wird Revision folgendermaßen definiert: „Wird eine betriebswirtschaftliche Prüfung von unternehmungsinternen (mit der Unternehmung durch Arbeitsvertrag verbundenen) Mitarbeitern durchgeführt, wird hierfür i. d. R. der Terminus Revision (interne Revision) verwendet.“[11]

Im Rahmen der Kontrolle der verschiedenen Bereiche der Verwaltung erwächst bei den Rechnungsprüfungsämtern ein großer Erfahrungsschatz, der auch für die Beratung der Verwaltung genutzt werden kann. Dabei ist jedoch darauf zu achten, dass die Unabhängigkeit der Rechnungsprüfung nicht verloren geht.

Das Institut der Rechnungsprüfer e. V. (IDR) als Dachorganisation der Revisionsämter stellt hierzu in seiner „Bad Lauterberger Erklärung“ die Forderung auf: „Die Überwachung der Haushalte von der rückblickenden Kontrolle zu einer strategischen Beratung bei kommunalen Ausgaben auf Augenhöhe mit den politischen Entscheidern weiterzuentwickeln“[12]. Die Tendenz geht also dahin, die örtliche Rechnungsprüfung nicht nur als Kontrollinstanz zu sehen, sondern auch zur Beratung kommunaler Entscheidungsträger in Anspruch zu nehmen.

21.2.3 Jahresabschlussprüfung

In der Jahresabschlussprüfung liegt unzweifelhaft die wichtigste Aufgabe der Rechnungsprüfungsämter. Die Bedeutung dieser Aufgabe wird einerseits dadurch deutlich, dass nur diese Aufgabe mit dem § 128 HGO in einer separaten Rechtsnorm geregelt wurde.

11 *Gabler*, Wirtschaftslexikon, online.
12 *IDR*, Bad Lauterberger Erklärung, 2016, Präambel.

Im Vordergrund der Jahresabschlussprüfungen steht mittlerweile das Konzept der risikoorientierten Prüfung. Früher wurden Jahresabschlussprüfungen pauschal abgerechnet. Unter anderem deswegen war es möglich, zumindest einen Großteil der Belege einer detaillierten Prüfung zu unterziehen. Zwischenzeitlich ist der weitaus größte Teil der hessischen Rechnungsprüfungsämter dazu übergegangen, die eigenen Prüfungsleistungen mittels Stundensätzen entsprechend des jeweiligen Aufwandes abzurechnen.[13] Auch deswegen ist es inzwischen üblich, risikobehaftete Positionen (z. B. aufgrund von hohen Abweichungen im Vergleich zum Vorjahr) intensiver zu prüfen, wohingegen es vertretbar erscheint, andere weniger bedeutsame Positionen lediglich oberflächlich zu kontrollieren. So soll mit einem überschaubaren Zeitaufwand ein vertretbares Prüfungsergebnis sichergestellt werden.

Diesem Prüfungsansatz wird auch dadurch Rechnung getragen, dass der tatsächlichen Prüfung vor Ort in aller Regel eine detaillierte Prüfungsplanung vorausgeht. Im Rahmen dieser Prüfungsplanung werden Risiken identifiziert und Schwerpunkte gesetzt. So sollen die vorhandenen personellen und zeitlichen Ressourcen im Rahmen der Prüfung vor Ort möglichst zielführend eingesetzt werden.

Im Nachgang zur Jahresabschlussprüfung ist nach § 128 Abs. 2 HGO ein entsprechender Prüfbericht zu erstellen. Dieser Bericht schließt in aller Regel mit einem sog. Bestätigungsvermerk ab. Der Bestätigungsvermerk sollte gemäß Nr. 2 Hw. zu § 128 HGO ein klar zu formulierendes Gesamturteil über das Ergebnis der pflichtgemäß durchgeführten Prüfung des Jahresabschlusses darstellen.

Er hat Gegenstand, Art und Umfang der Prüfung zu beschreiben und dabei die angewandten Rechnungslegungsgrundsätze und Prüfungsgrundsätze anzugeben. Ferner wird im kommunalen Bestätigungsvermerk die Übereinstimmung der Buchführung, des Jahresabschlusses und des Rechenschaftsberichts mit den für die Rechnungslegung der Gemeinde geltenden Vorschriften beurteilt; aus dem Bestätigungsvermerk muss sich somit ergeben, ob die wirtschaftliche Lage sowie die Chancen und Risiken der zukünftigen Entwicklung im Jahresabschluss und im Rechenschaftsbericht unter Berücksichtigung der für die Gemeinde geltenden Vorschriften zutreffend abgebildet wurden (vgl. Nr. 4 Hw. zu § 128 HGO).

Außerdem hat der Bestätigungsvermerk nach Nr. 6 Hw. zu § 128 HGO klar darzustellen, ob die Bestätigung uneingeschränkt erteilt werden kann oder ob Einschränkungen festzustellen sind. Darüber hinaus ist auch eine generelle Versagung des Bestätigungsvermerks möglich, wenn schwerwiegende Gründe dies erfordern. Die Notwendigkeit eines Bestätigungsvermerks ist im Handelsrecht in § 322 Abs. 1 HGB seit jeher anerkannt. Im kommunalen Umfeld wurde diese Abschlussbemerkung zum Prüfbericht in der Vergangenheit kontrovers diskutiert, da bisher keine konkrete rechtliche Verpflichtung dazu bestand. Diese Unklarheit hat das HMdIS mit der Neugestaltung der Hinweise zur HGO beseitigt, indem es den Bestätigungsvermerk mittlerweile zur Pflicht gemacht hat.

Der Schlussbericht ist nach § 113 HGO dem Gemeindevorstand vorzulegen. Der Gemeindevorstand leitet daraufhin den geprüften Jahresabschluss mit dem zugehöri-

13 Vgl. § 129 Satz 3 HGO.

gen Bericht des Rechnungsprüfungsamtes an die Gemeindevertretung weiter, die daraufhin über die Entlastung des Gemeindevorstandes nach § 114 HGO zu entscheiden hat.

21.2.4 Örtliche Prüfung der Gemeindekassen

In der regelmäßigen Überprüfung der Gemeindekassen liegt ein weiterer wesentlicher Tätigkeitsbereich der Rechnungsprüfungsämter. Kassenprüfungen sind nach § 131 Abs. 1 Nr. 2 HGO i. V. m. §§ 27 bis 29 GemKVO zwingend vorgeschrieben. In jeder Kommune hat jährlich mindestens eine Kassenbestandsaufnahme und eine Kassenprüfung zu erfolgen (§ 27 Abs. 1 Satz 1 GemKVO). Weitere Prüfungen sind möglich. Die Kassenbestandsaufnahme umfasst lediglich die Abstimmung von Kassensoll- und Kassenistbestand. Die Kassenprüfung schließt hingegen weitergehende Prüfungshandlungen wie z. B. Zahlungsverkehrs- und Belegprüfungen oder die Prüfung der verwahrten Wertgegenstände mit ein (vgl. § 28 Abs. 2 GemKVO).

Die konkrete Abwicklung und die Dauer von Kassenprüfungen sind gesetzlich nicht vorgeschrieben. Die Ausgestaltung liegt im pflichtgemäßen Ermessen der Rechnungsprüfungsämter. Die Rechnungsprüfungsämter haben dafür Sorge zu tragen, dass sie am Jahresende ihren Prüfungspflichten in vollem Umfang nachgekommen sind.

Auch die Kassenprüfungen schließen nach § 29 GemKVO mit einem entsprechenden Prüfbericht ab. Dem Prüfbericht ist ein Bestandsnachweis beizufügen, aus dem sich Kassensoll- und Kassenistbestand ergeben. Unwesentliche Beanstandungen müssen nach § 29 Abs. 3 GemKVO im Bericht nicht erwähnt werden. Der Bericht ist dem Bürgermeister zu übersenden. Sofern sich aus dem Prüfbericht wesentliche Beanstandungen ergeben, ist der Bürgermeister nach dem Hw. zu § 29 GemKVO verpflichtet, die erforderlichen Maßnahmen zu veranlassen.

Sofern der Kassenverwalter ausscheidet, ist nach § 27 Abs. 2 GemKVO in jedem Fall eine zusätzliche Kassenprüfung vorzunehmen. So soll sichergestellt werden, dass ein reibungsloser Übergang erfolgt und zu diesem Zeitpunkt entstandene Auffälligkeiten dokumentiert werden.

21.3 Weitere Institutionen der Rechnungsprüfung

Neben der vorstehend beschriebenen örtlichen Rechnungsprüfung treten im kommunalen Bereich folgende Institutionen mit ähnlichen Aufgabenstellungen in Erscheinung:

- überörtliche Prüfung
- Landesrechnungshof
- öffentlich bestellte Wirtschaftsprüfer

Auf diese soll zum besseren Verständnis des Gesamtzusammenhanges nachfolgend kurz eingegangen werden.

21.3.1 Überörtliche Prüfung

Die im vorausgegangenen Abschnitt behandelte Rechnungsprüfung wird zur Abgrenzung von der nachfolgend dargestellten Institution auch als örtliche Rechnungsprüfung bezeichnet.

Obwohl seit langer Zeit bereits in § 132 HGO vorgesehen, wurde die überörtliche Prüfung in Hessen erst mit dem Gesetz zur Regelung der überörtlichen Prüfung kommunaler Körperschaften in Hessen vom 22. Dezember 1993 (ÜPKKG – GVBl. I S. 708), umgesetzt. Das Land Hessen war damit das letzte Bundesland, das eine solche überörtliche Prüfung der kommunalen Körperschaften eingerichtet hat.

Die überörtliche Prüfung kommunaler Körperschaften ist in den verschiedenen Bundesländern unterschiedlich geregelt (z. B. als Kommunaler Prüfungsverband in Baden-Württemberg oder als Teil der Kommunalaufsicht in Nordrhein-Westfalen).

Die überörtliche Prüfung kommunaler Körperschaften wurde in Hessen dem Präsidenten des Hessischen Rechnungshofes übertragen (§ 1 ÜPKKG).

Der Präsident des Landesrechnungshofes bedient sich zur Durchführung der Prüfungen, die in der Regel als vergleichende Prüfung (§ 3 Abs. 1 ÜPKKG) mehrerer kommunaler Körperschaften im Hinblick auf bestimmte Themenfelder angelegt sind, öffentlich bestellter Wirtschaftsprüfer, Wirtschaftsprüfungsgesellschaften und anderer geeigneter Dritter als fachkundige Gutachter (§ 5 Abs. 1 Satz 4 ÜPKKG). Nur in Ausnahmefällen wird Personal des Rechnungshofes selbst in dieser Funktion tätig. Beispielhafte Themenfelder für den Inhalt der Prüfungen sind in § 3 ÜPKKG aufgeführt:

- die Einhaltung der Grundsätze der Einnahmebeschaffung (§ 93 HGO),
- Prüfung, inwieweit die personelle Organisation zweckmäßig und die Bewertung der Stellen angemessen ist,
- Prüfung, ob bei Investitionen die Grenzen der Leistungsfähigkeit eingehalten, der voraussichtliche Bedarf berücksichtigt sowie die Planung und Ausführung sparsam und wirtschaftlich durchgeführt werden,
- wirtschaftliche Führung von Einrichtungen und die Erfüllung ihrer öffentlichen Zweckbestimmung,
- Anpassung von Krediten und Geldanlagen an sich ändernde Marktbedingungen,
- der Umfang freiwilliger Leistungen unter Berücksichtigung der Leistungsfähigkeit der Kommune,
- Prüfung, inwieweit Aufgaben nicht kostengünstiger in Betrieben anderer Rechtsformen erbracht oder durch Dritte erfüllt werden können,
- Untersuchung, ob die allgemeine Finanzkraft und der Stand der Schulden Anlass für Empfehlungen zur Änderung der künftigen Haushaltswirtschaft geben.

Jede kommunale Körperschaft soll in einem Zeitraum von fünf Jahren mindestens einmal in eine überörtliche Prüfung einbezogen werden (§ 5 Abs. 1 Satz 1 ÜPKKG). Die zu prüfende Kommune hat den beauftragten Prüfern alle erbetenen Auskünfte zu geben, Einsicht in Bücher und Belege, Akten und Schriftstücke zu gewähren, sie auf

Verlangen zu übersenden sowie Erhebungen an Ort und Stelle zu dulden (§ 5 Abs. 2 ÜPKKG).

Die Prüfung soll auf den Ergebnissen der örtlichen Rechnungsprüfung aufbauen. § 131 Abs. 3 HGO konkretisiert hierzu, dass die örtliche Rechnungsprüfung die überörtliche mit „Daten und Informationen" unterstützt. Doppelprüfungen sind zu vermeiden, soweit sie nach Einschätzung der Prüfer nicht erforderlich sind (§ 5 Abs. 5 ÜPKKG). Es geht also nicht darum, die Prüfungen der örtlichen Rechnungsprüfungsämter zu wiederholen, sondern vielmehr darum, auf Grundlage vergleichender Prüfungen Ergebnisverbesserungspotenziale zu erschließen und weiterführende Wirtschaftlichkeitsprüfungen durchzuführen.

Der Präsident des Rechnungshofes teilt der kommunalen Körperschaft die Prüfungsfeststellungen mit und gibt ihr Gelegenheit, dazu Stellung zu nehmen. Das Ergebnis der Prüfung wird in einem Schlussbericht zusammengefasst. Der Bericht ist der geprüften Körperschaft und der Aufsichtsbehörde zu übersenden. Er ist dem Beschlussorgan (Gemeindevertretung, Kreistag usw.) bekannt zu geben; mindestens eine Ausfertigung ist jeder Fraktion auszuhändigen (§ 6 Abs. 1 ÜPKKG). Mit dieser vergleichenden Prüfung wird damit eine betriebswirtschaftlich übliche Form des Benchmarkings institutionalisiert. Dabei kann dahingestellt bleiben, ob die mit der gesetzlich geregelten Form der Verbreitung der Prüfungsergebnisse eher zu einer Rechtfertigung der jeweiligen Verwaltung oder einem Lernprozess zur Verbesserung der Prozesse in der jeweiligen Kommune führt.

Der Präsident legt nach Abschluss eines jeden Jahres dem Landtag und der Landesregierung einen zusammenfassenden Bericht über die Feststellungen von allgemeiner Bedeutung bei der überörtlichen kommunalen Prüfung vor. Diese zusammenfassenden Berichte werden auch im Internet veröffentlicht und stehen damit jedem Interessierten als fundierte Informationsquelle zur Verfügung.

Die Kosten der überörtlichen Rechnungsprüfung werden überwiegend vom Land Hessen getragen. Die geprüften Kommunen müssen lediglich die bei ihnen selbst entstehenden Kosten für die Bereitstellung der Informationen tragen, die ihnen nicht erstattet werden.

21.3.2 Landesrechnungshof

Der Landesrechnungshof übt seine Funktionen auf der Grundlage der §§ 81–97 LHO und des Gesetzes über den Hessischen Rechnungshof vom 18. Juni 1986 (GVBl. I S. 157) innerhalb der Landesverwaltung in ähnlicher Weise wie die kommunale Rechnungsprüfung aus. Im kommunalen Bereich wird der Landesrechnungshof nur tätig, wenn es um die Prüfung der Verwendung von Landesmitteln z. B. im Rahmen kommunaler Projektförderung geht. Im Gegensatz zum kommunalen Rechnungsprüfungsamt sind alle Prüfer des Landesrechnungshofes mit richterlicher Unabhängigkeit ausgestattet.

21.3.3 Öffentlich bestellte Wirtschaftsprüfer

Neben den oben beschriebenen Funktionen im Rahmen der überörtlichen Rechnungsprüfung treten im kommunalen Bereich Wirtschaftsprüfer mit gesetzlichen Zuständigkeiten als Abschlussprüfer für Eigenbetriebe (§ 27 EigBGes) und Handelsgesellschaften (GmbH, AG; §§ 316 ff. HGB) mit kommunaler Beteiligung auf.

In den vergangenen Jahren sind in einigen Gemeinden vermehrt Rückstände bei der Erstellung und Prüfung kommunaler Jahresabschlüsse aufgelaufen. Im Rahmen der Aufarbeitung dieser Rückstände sind Wirtschaftsprüfer in vielen Fällen im Rahmen der Erstellung kommunaler Jahresabschlüsse, aber auch bei deren Prüfung, als Beauftragte der Revisionsämter, tätig geworden. Grundsätzlich sind aber auch öffentlich bestellte Wirtschaftsprüfer in Hessen nicht berechtigt, kommunale Jahresabschlussprüfungen in Eigenregie durchzuführen.

Stichwortverzeichnis

A

B

F

G

H

I

J

K

L

M

N

O

P

Q

R

S

T

U

V

W

Z